메가스터디
고등과학 기본서

투플러스 2+

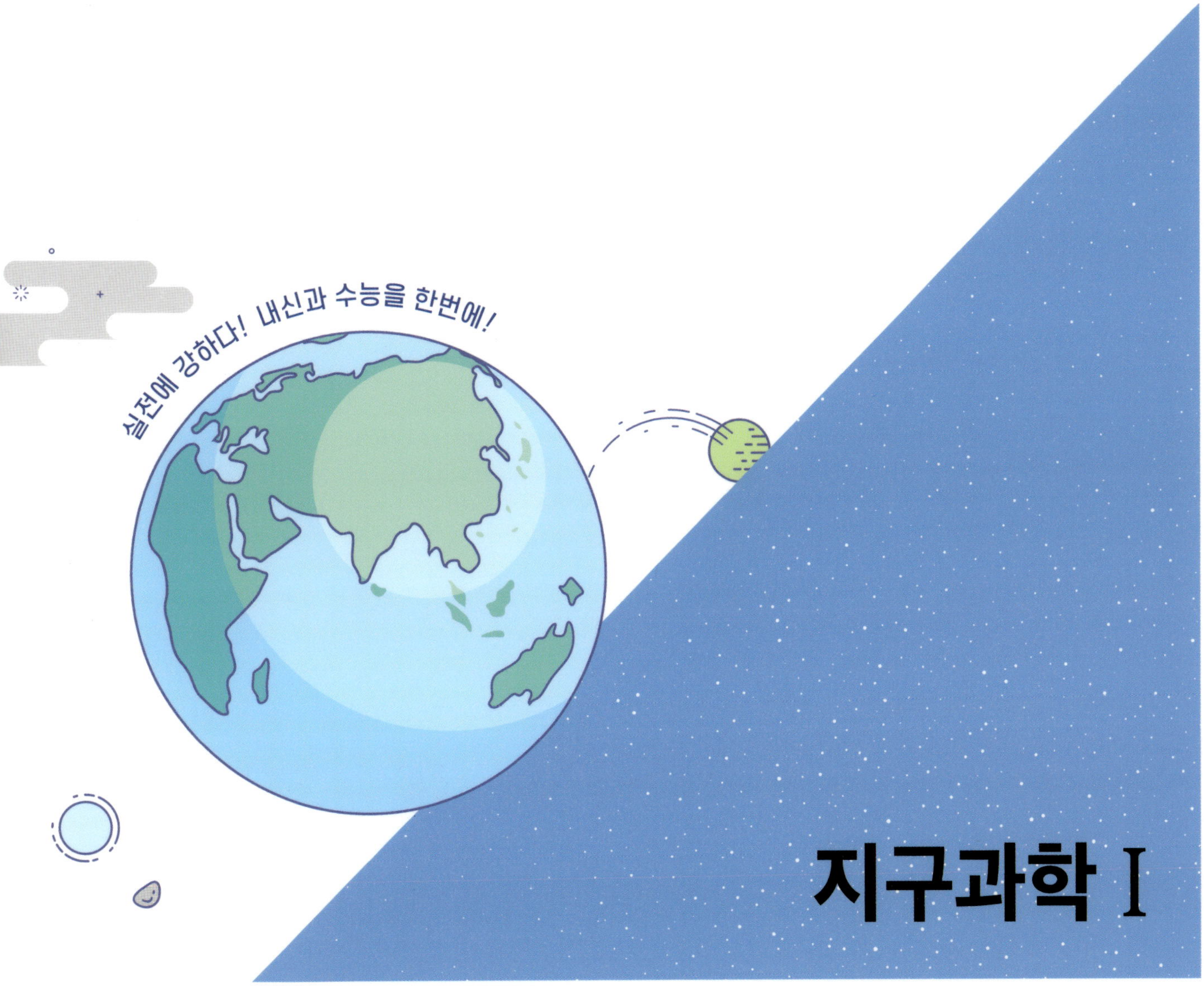
실전에 강하다! 내신과 수능을 한번에!

지구과학 I

내신 대비 + 수능 대비

5종 교과서 개념 정리 | 학교 시험 빈출 자료 | 최신 수능 빈출 자료 | 메가스터디 온라인 강의

진짜 공부 챌린지 내/가/스/터/디

메가스터디BOOKS

저자
이진우 선생님 前) 노원고등학교
김연귀 선생님 혜원여자고등학교
조광희 선생님 재현고등학교

총괄 감수
엄영대 선생님 메가스터디 지구과학 강사

 **2022년 메가스터디 온라인 강의 오픈**

지구과학 I

발행일	2021년 12월 31일
펴낸곳	메가스터디(주)
펴낸이	손은진
개발 책임	배경윤
개발	이지애, 유혜원, 김미정, 박성희
디자인	이정숙, 주희연
제작	이성재, 장병미
주소	서울시 서초구 효령로 304(서초동) 국제전자센터 24층
대표전화	1661.5431 (내용 문의 02-6984-6915 / 구입 문의 02-6984-6868,9)
홈페이지	http://www.megastudybooks.com
출판사 신고 번호	제 2015-000159호

메가스터디BOOKS

'메가스터디북스'는 메가스터디㈜의 출판 전문 브랜드입니다.
유아/초등 학습서, 중고등 수능/내신 참고서는 물론, 지식, 교양, 인문 분야에서 다양한 도서를 출간하고 있습니다.

탑플러스 투라+

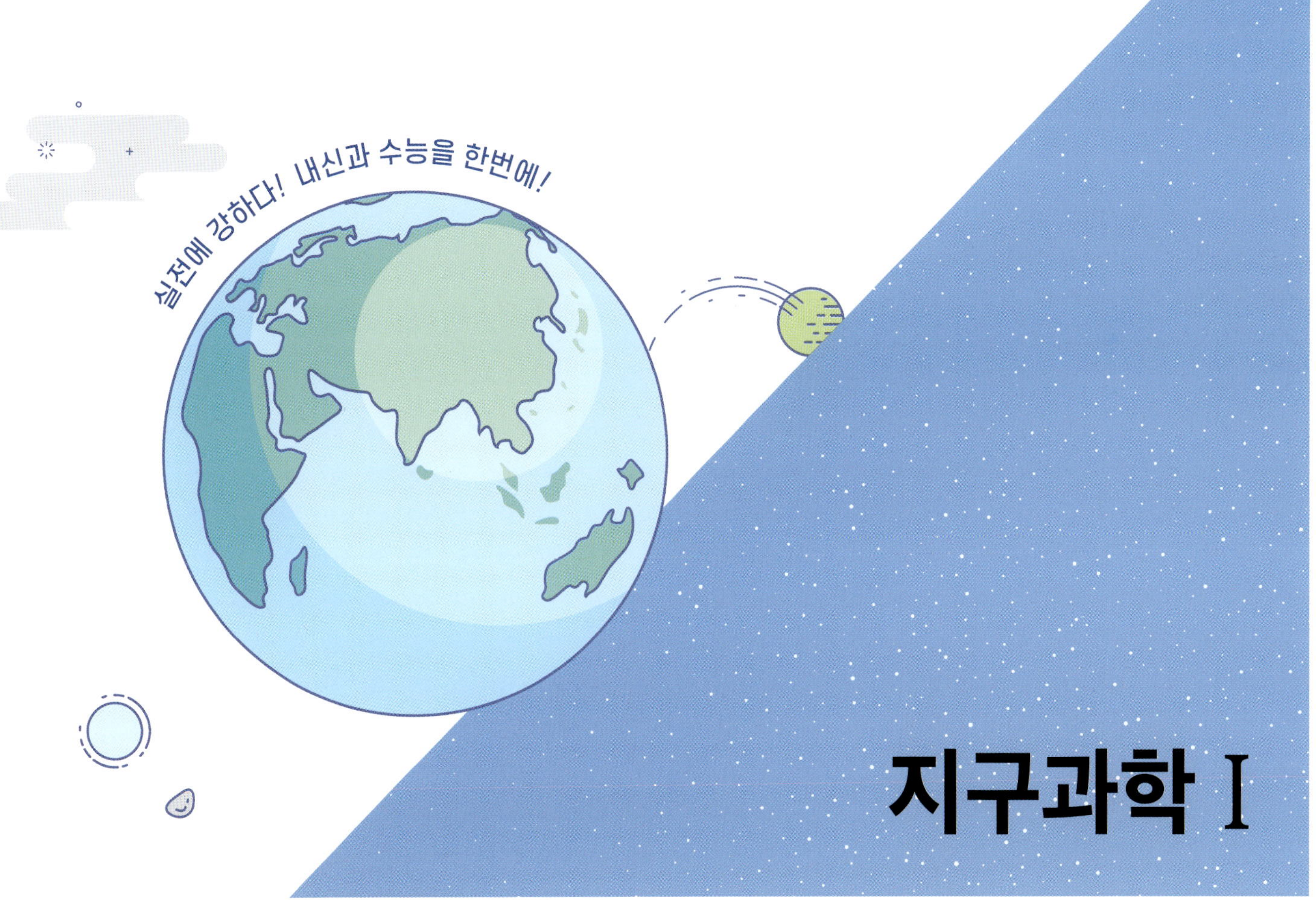

지구과학 Ⅰ

내신 대비

5종 교과서 개념 정리 · 학교 시험 빈출 자료 · 학교 시험 대비 문제

2+

지구과학 I 내신 대비서의 내신 1등급 완성 5단계 학습

교과서 개념 이해 → 탐구&자료 집중 분석 → 개념 다지기 문제 → 내신 빈출 자료 분석 → 내신 실전 문제 → 내신 1등급 완성!

탑 2+ 러스

지구과학 Ⅰ

내신 대비

구성과 특징

개념

체계적인 학습 단계를 통해 5종 교과서 "개념 잡고 분석력 기르기"

1 교과서 완벽 분석

주제별 내용 정리

5종 교과서의 중요 내용을
빠짐없이 정리했습니다.

개념

주제별 핵심 개념을 한 문장으로
제시했습니다.

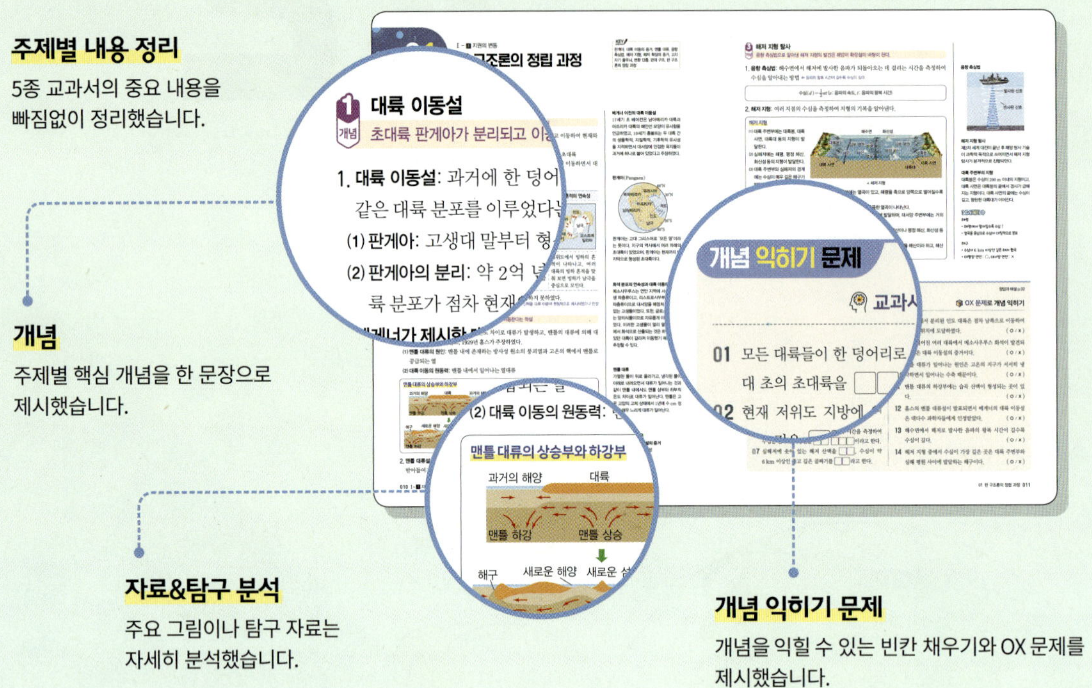

자료&탐구 분석

주요 그림이나 탐구 자료는
자세히 분석했습니다.

개념 익히기 문제

개념을 익힐 수 있는 빈칸 채우기와 OX 문제를
제시했습니다.

2 교과서 개념 더하기

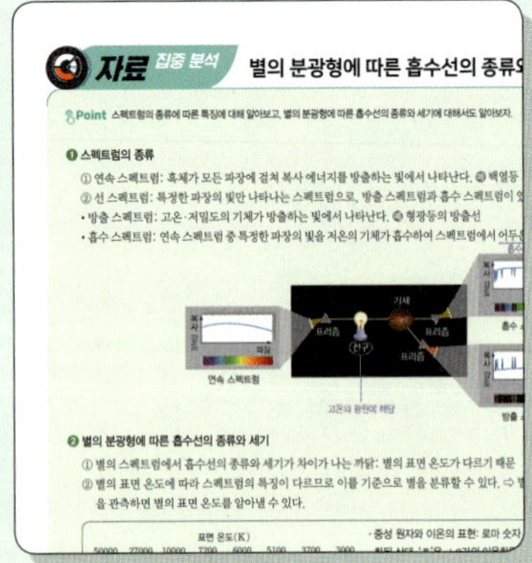

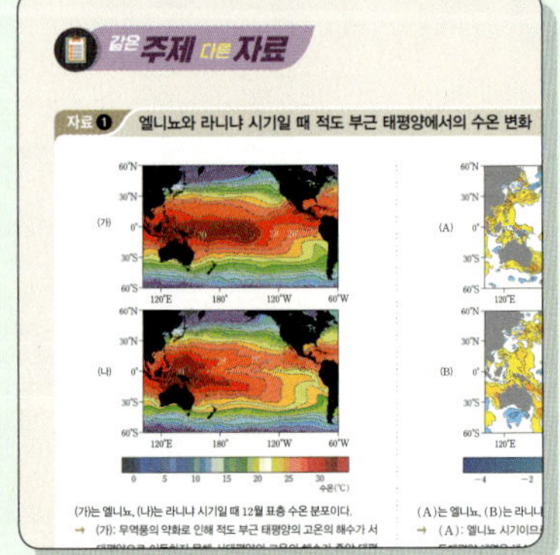

자료 집중 분석

중요 자료를 단계적으로 분석하고, 예제
를 제시하여 완벽하게 이해할 수 있습니다.

탐구 집중 분석

중요 탐구를 <과정&결과> – <분석>의 단계
로 자세하게 설명하고, 예제 를 제시하여
완벽하게 이해할 수 있습니다.

같은 주제 다른 자료

같은 주제에 대해 다양한 다른 자료를 제
시하고 분석하여 완벽하게 이해할 수 있습
니다.

3 문제로 개념 완벽 이해

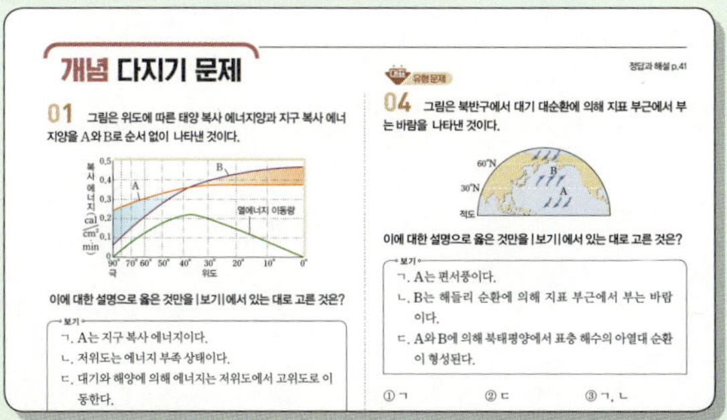

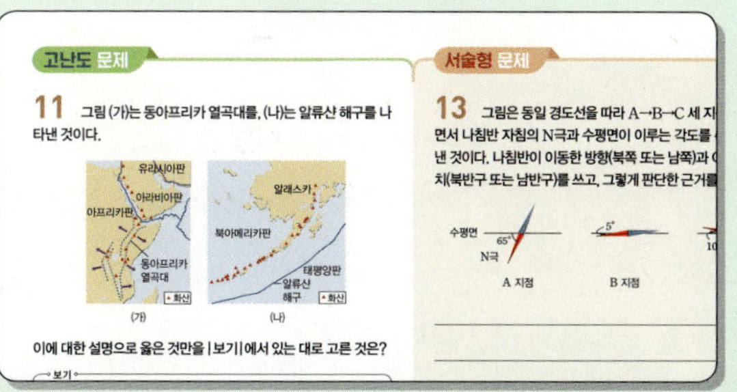

개념 다지기 문제

배운 개념을 문제로 확인하여 실력을 다질 수 있습니다. 학교 시험에 꼭 나올만한 중요한 문제는 **대표 유형문제** 로 표시했습니다.

고난도 문제

난이도 중상의 문제로 실력을 향상시킬 수 있습니다.

서술형 문제

학교 시험에 출제되는 서술형 문제 풀이를 통해 개념을 스스로 정리할 수 있습니다.

실전 ^{내신}

학교 기출 문제 분석을 통한 " 내신 1등급 완성하기 "

4 최신 학교 기출 문제 분석

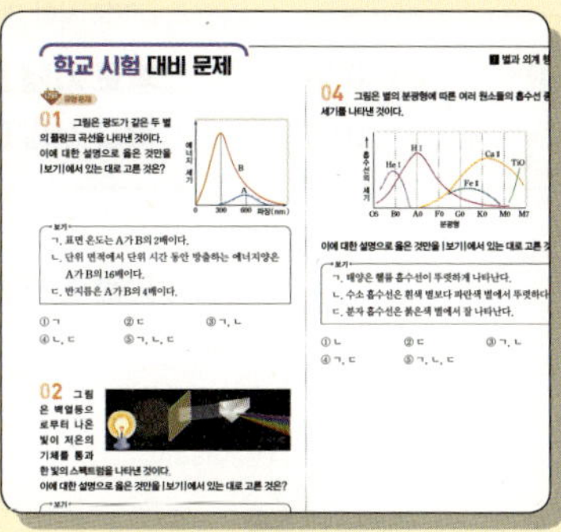

학교 시험 빈출 자료 마스터

전국의 학교 기출 문제 분석을 통해 중단원별 빈출 자료와 OX문제를 제시하여 빈출 개념을 정리할 수 있습니다.

학교 시험 대비 문제

중단원별 학교 시험 빈출 유형 문제를 빠짐없이 수록했으며, 고난도 문제와 서술형 문제를 통해 내신 1등급을 완벽하게 대비할 수 있습니다.

5 내신 1등급 완성

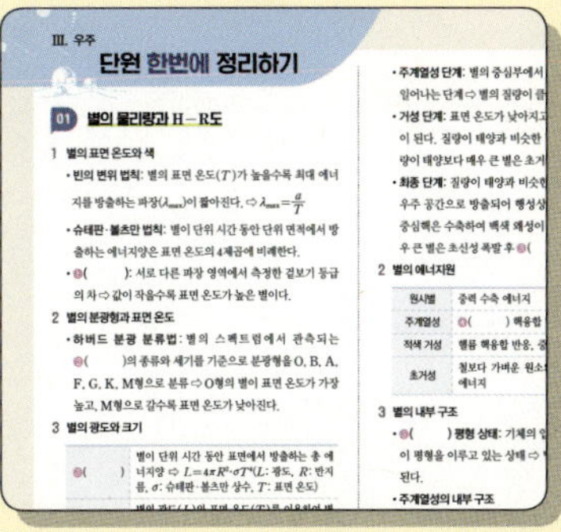

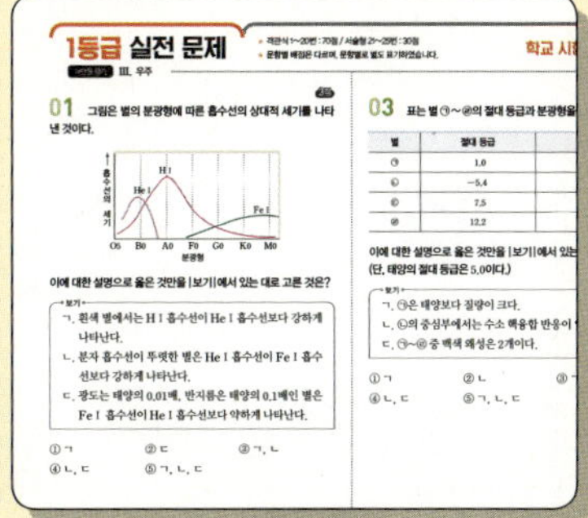

단원 한번에 정리하기

대단원별로 핵심 개념을 스스로 정리할 수 있도록 빈칸 채우기 문제를 수록했습니다.

1등급 실전 문제

실제 학교 시험에 대비할 수 있도록 학교 시험 형태로 서술형 문제를 포함하여 25문항을 수록했습니다.

차례

Contents

투플러스 vs 5종 교과서 함께 보기

I 고체 지구

중단원	소단원	투플러스	금성	미래엔	비상교육	천재	YBM
1 지권의 변동	**01** 판 구조론의 정립 과정	10~17	13~18	14~21	11~18	11~17	13~22
	02 대륙 분포의 변화	18~25	19~25	22~27	20~25	18~21	23~28
	03 맨틀의 운동과 화성암	26~35	27~37	28~35	26~33	22~38	29~37
2 지구의 역사	**04** 퇴적 구조와 지질 구조	48~55	45~51	46~53	39~48	47~56	45~54
	05 지층의 생성 순서와 나이	56~63	52~61	54~63	50~57	59~66	55~61
	06 지질 시대의 환경과 생물	64~71	62~71	64~71	58~65	67~72	62~72

II 대기와 해양

중단원	소단원	투플러스	금성	미래엔	비상교육	천재	YBM
1 대기와 해양의 변화	**01** 기압과 날씨 변화	92~99	79~83	82~89	77~83	81~85	81~88
	02 태풍과 우리나라의 주요 악기상	100~107	84~97	90~97	84~95	86~94	89~101
	03 해수의 성질	108~115	99~105	98~103	96~103	97~102	102~109
2 대기와 해양의 상호 작용	**04** 해수의 표층 순환과 심층 순환	126~133	113~119	114~121	109~117	111~117	117~127
	05 대기와 해양의 상호 작용	134~141	120~125	122~129	118~123	118~122	128~134
	06 지구의 기후 변화	142~149	127~137	130~136	124~132	125~138	135~145

I 고체 지구

01 판 구조론의 정립 과정

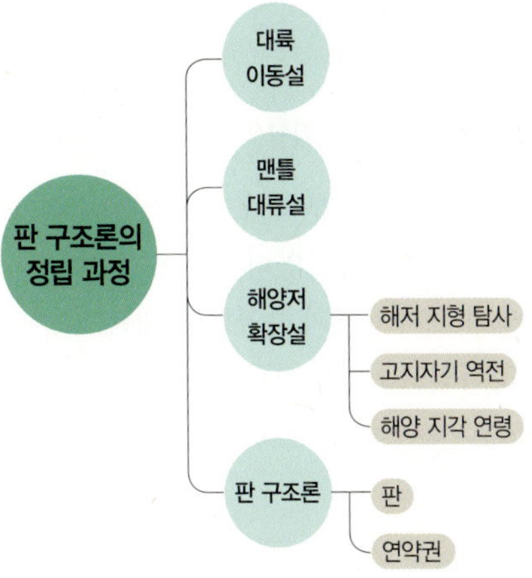

02 대륙 분포의 변화

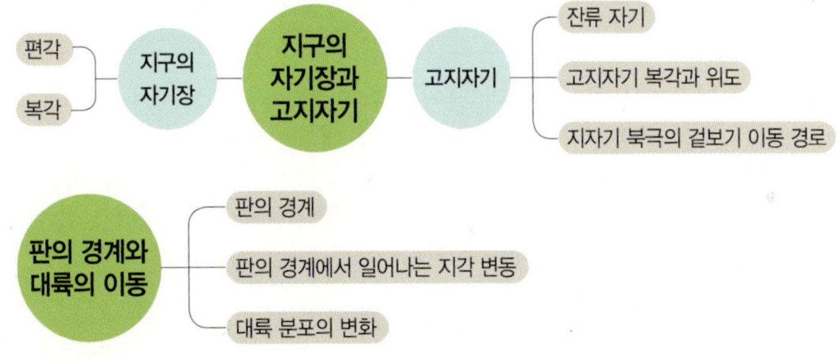

03 맨틀의 운동과 화성암

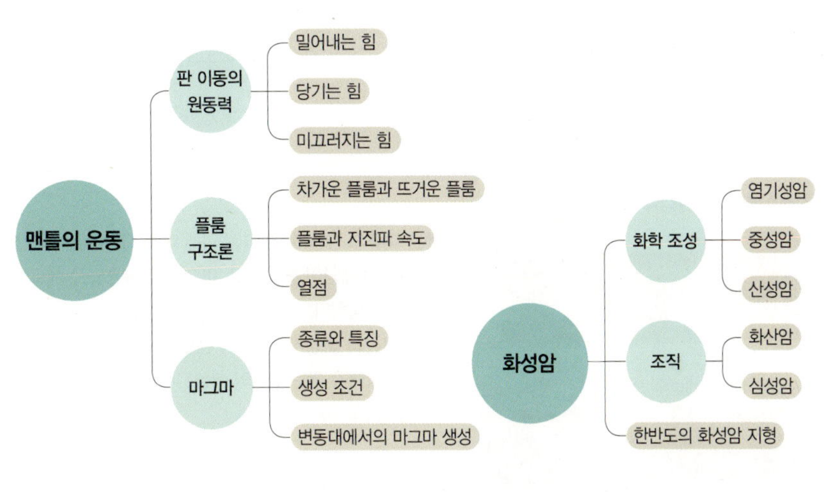

01 판 구조론의 정립 과정

① 대륙 이동설

개념 초대륙 판게아가 분리되고 이동하여 현재의 수륙 분포를 이루게 되었다는 학설

1. 대륙 이동설: 과거에 한 덩어리를 이루었던 초대륙 판게아가 분리되고 이동하여 현재와 같은 대륙 분포를 이루었다는 학설로, 1912년 베게너가 주장하였다.

 (1) **판게아**: 고생대 말부터 형성되기 시작하여 중생대 초까지 존재하였던 초대륙

 (2) **판게아의 분리**: 약 2억 년 전부터 분리되기 시작하였고, 여러 대륙들이 이동하면서 대륙 분포가 점차 현재와 비슷해졌다. 판게아가 분리되면서 대서양이 형성되었다.

2. 베게너가 제시한 대륙 이동의 증거

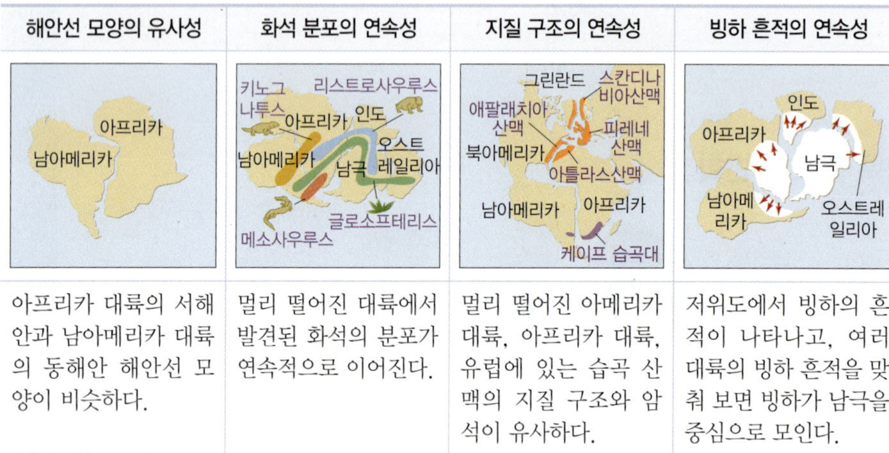

해안선 모양의 유사성	화석 분포의 연속성	지질 구조의 연속성	빙하 흔적의 연속성
아프리카 대륙의 서해안과 남아메리카 대륙의 동해안 해안선 모양이 비슷하다.	멀리 떨어진 대륙에서 발견된 화석의 분포가 연속적으로 이어진다.	멀리 떨어진 아메리카 대륙, 아프리카 대륙, 유럽에 있는 습곡 산맥의 지질 구조와 암석이 유사하다.	저위도에서 빙하의 흔적이 나타나고, 여러 대륙의 빙하 흔적을 맞춰 보면 빙하가 남극을 중심으로 모인다.

3. 대륙 이동설의 한계: 대륙 이동의 원동력을 명쾌하게 설명하지 못하였다.

베게너는 지구 자전에 의한 원심력 및 달과 태양의 인력을 대륙 이동의 원동력으로 제시하였으나 인정을 받지 못하였다.

② 맨틀 대류설

개념 맨틀 내에서 일어나는 대류로 인해 대륙이 분리되어 이동한다는 학설

1. 맨틀 대류설: 맨틀 상부와 하부의 온도 차이로 대류가 발생하고, 맨틀의 대류에 의해 대륙이 이동한다는 학설로, 1929년 홈스가 주장하였다.

 (1) **맨틀 대류의 원인**: 맨틀 내에 존재하는 방사성 원소의 붕괴열과 고온의 핵에서 맨틀로 공급되는 열

 (2) **대륙 이동의 원동력**: 맨틀 내에서 일어나는 열대류

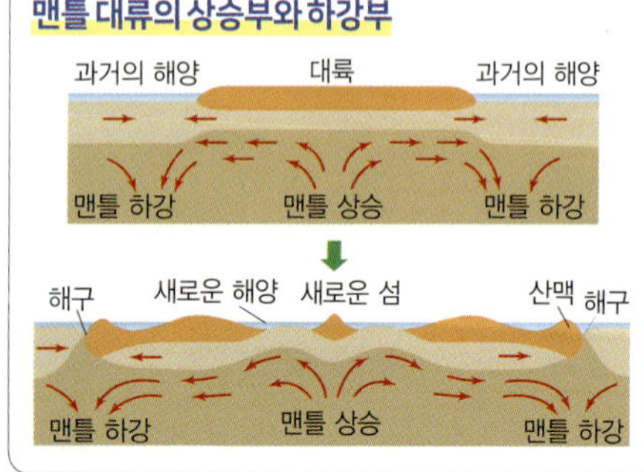

- **맨틀 대류의 상승부**: 장력에 의해 대륙 지각이 분리되면서 새로운 해양이 형성되고, 마그마의 활동으로 새로운 지각이 형성된다.
- **맨틀 대류의 하강부**: 지각이 맨틀 속으로 들어가고, 횡압력에 의해 두꺼운 산맥이 형성된다.

2. 맨틀 대류설의 한계: 당시의 탐사 기술로는 맨틀 대류를 확인할 수 없었으므로 학계에서 받아들여지지 않았다.

베게너 이전의 대륙 이동설
17세기 초 베이컨은 남아메리카 대륙과 아프리카 대륙의 해안선 모양이 유사함을 언급하였고, 19세기 훔볼트는 두 대륙 간의 생물학적, 지질학적, 기후학적 유사성을 지적하면서 대서양에 인접한 육지들이 과거에 하나로 붙어 있었다고 주장하였다.

판게아(Pangaea)

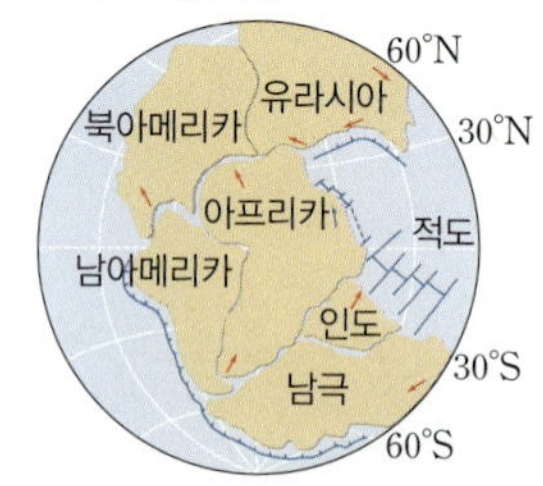

판게아는 고대 그리스어로 '모든 땅'이라는 뜻이다. 지구의 역사에서 여러 차례의 초대륙이 있었으며, 판게아는 현재까지 마지막으로 형성된 초대륙이다.

화석 분포의 연속성과 대륙 이동의 증거
메소사우루스는 연안 지역에 서식하는 수생 파충류이고, 리스트로사우루스는 육상 파충류이므로 대서양을 헤엄쳐 이동할 수 없는 고생물이었다. 또한, 글로소프테리스는 양치식물이므로 자유롭게 이동할 수 없었다. 이러한 고생물이 멀리 떨어진 대륙에서 화석으로 산출되는 것은 하나로 붙어 있던 대륙이 갈라져 이동했기 때문이라고 추정할 수 있다.

맨틀 대류
가열된 물이 위로 올라가고, 냉각된 물이 아래로 내려오면서 대류가 일어나는 것과 같이 맨틀 내에서도 맨틀 상부와 하부의 온도 차이로 대류가 일어난다. 맨틀은 고온 고압의 고체 상태에서 1년에 수 cm 정도로 매우 느리게 대류가 일어난다.

강의 포인트
베게너의 대륙 이동설의 증거
- 해안선 모양의 유사성
- 화석 분포의 연속성
- 지질 구조의 연속성
- 빙하 흔적의 분포

해저 지형 탐사

음향 측심법으로 알아낸 해저 지형의 발견은 해양저 확장설의 바탕이 된다.

1. 음향 측심법: 해수면에서 해저에 발사한 음파가 되돌아오는 데 걸리는 시간을 측정하여 수심을 알아내는 방법 ➡ 음파의 왕복 시간이 길수록 수심이 깊다.

$$수심(d) = \frac{1}{2}vt \ (v: 음파의 속도, \ t: 음파의 왕복 시간)$$

2. 해저 지형: 여러 지점의 수심을 측정하여 지형의 기복을 알아낸다.

해저 지형

⑴ 대륙 주변부에는 대륙붕, 대륙 사면, 대륙대 등의 지형이 발달한다.

⑵ 심해저에는 해령, 평정 해산, 화산섬 등의 지형이 발달한다.

⑶ 대륙 주변부와 심해저의 경계에는 수심이 매우 깊은 해구가 발달한다.(태평양형)

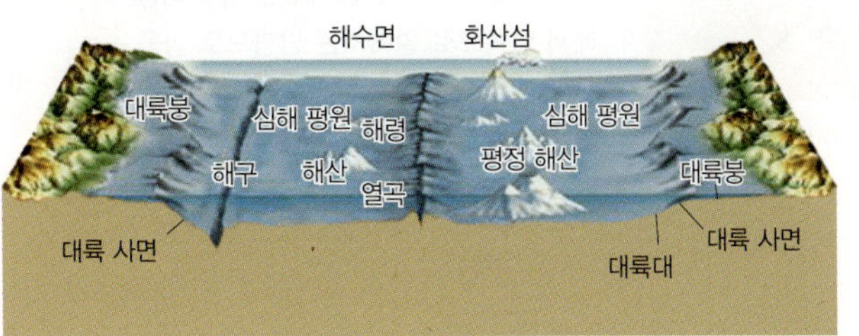

▲ 해저 지형

- **해령**: 심해저에 솟아 있는 해저 산맥으로, 해령의 중앙부에는 열곡이 있고, 해령을 축으로 양쪽으로 멀어질수록 수심이 깊어진다. 예 대서양 중앙 해령, 동태평양 해령 등
- **열곡**: 갈라진 계곡이라는 뜻으로, 해령의 중앙부에는 V자 모양으로 움푹한 열곡이 나타난다.
- **해구**: 수심이 약 6 km 이상인 좁고 깊은 골짜기이다. 주로 태평양 주변부에 발달하며, 대서양 주변부에는 거의 없다. 예 일본 해구, 알류샨 해구 등 대서양 주변부에는 해구가 발달하지 않는다.
- **심해 평원**: 심해저에 발달하는 평탄한 지형으로, 해저 지형의 대부분을 차지하며, 해산이나 평정 해산, 화산섬 등이 분포한다.
- **해산과 평정 해산**: 해저 화산 활동으로 솟아오른 지형 중에서 해수면 아래에 잠겨 있는 것을 해산이라 하고, 해산의 꼭대기가 깎여 평평해진 해산을 평정 해산이라고 한다.

음향 측심법

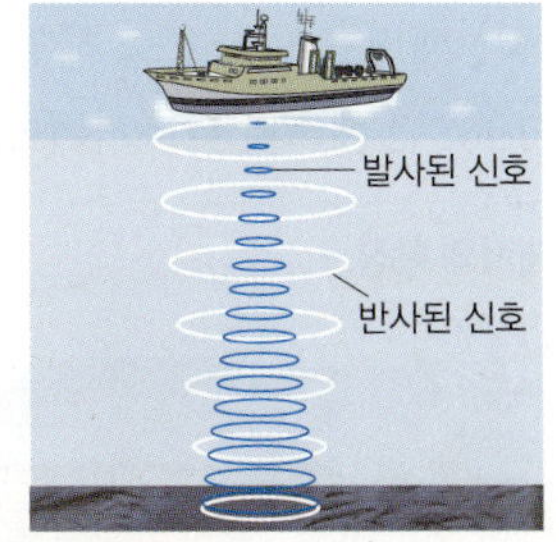

해저 지형 탐사

제2차 세계 대전이 끝난 후 해양 탐사 기술이 과학적 목적으로 쓰여지면서 해저 지형 탐사가 본격적으로 진행되었다.

대륙 주변부의 지형

대륙붕은 수심이 200 m 이내의 지형이고, 대륙 사면은 대륙붕의 끝에서 경사가 급해지는 지형이다. 대륙 사면의 끝에는 수심이 깊고, 평탄한 대륙대가 이어진다.

암기 꼭!

해령
- 해령에서 멀어질수록 수심 ↑
- 열곡을 중심으로 수심이 대칭적으로 분포

해구
- 수심이 6 km 이상인 깊은 해저 협곡
- 태평양 연안: ○, 대서양 연안: ✕

개념 익히기 문제

정답과 해설 p.02

🧠 교과서 문장으로 개념 익히기

01 모든 대륙들이 한 덩어리로 모여 형성된 고생대 말~중생대 초의 초대륙을 ☐☐☐라고 한다.

02 현재 저위도 지방에 있는 대륙에서 빙하의 흔적이 나타나는 것은 ☐☐ ☐☐설로 설명된다.

03 베게너의 대륙 이동설은 여러 가지 증거에도 불구하고 대륙 이동의 ☐☐☐을 제대로 설명하지 못해 대다수 과학자로부터 인정받지 못하였다.

04 홈스는 맨틀 내에서 일어나는 ☐☐에 의해 대륙이 이동한다고 주장하였다.

05 맨틀 대류의 ☐☐☐에서는 대륙 지각이 분리되면서 새로운 해양이 형성된다.

06 해수면에서 해저에 발사한 음파의 왕복 시간을 측정하여 수심을 알아내는 방법을 ☐☐ ☐☐☐이라고 한다.

07 심해저에 솟아 있는 해저 산맥을 ☐☐, 수심이 약 6 km 이상인 좁고 깊은 골짜기를 ☐☐라고 한다.

📦 OX 문제로 개념 익히기

08 판게아에서 분리된 인도 대륙은 점차 남쪽으로 이동하여 현재의 위치에 도달하였다. (O / ✕)

09 멀리 떨어진 여러 대륙에서 메소사우루스 화석이 발견되는 것은 대륙 이동설의 증거이다. (O / ✕)

10 맨틀 대류가 일어나는 원인은 고온의 지구가 서서히 냉각하면서 일어나는 수축 때문이다. (O / ✕)

11 맨틀 대류의 하강부에는 습곡 산맥이 형성되는 곳이 있다. (O / ✕)

12 홈스의 맨틀 대류설이 발표되면서 베게너의 대륙 이동설은 대다수 과학자들에게 인정받았다. (O / ✕)

13 해수면에서 해저로 발사한 음파의 왕복 시간이 길수록 수심이 깊다. (O / ✕)

14 해저 지형 중에서 수심이 가장 깊은 곳은 대륙 주변부와 심해 평원 사이에 발달하는 해구이다. (O / ✕)

4 해양저 확장설

개념 해령을 중심으로 해양 지각이 양쪽으로 멀어지면서 해양저가 확장된다는 학설

1. 해양저 확장설: 해령 아래에서 고온의 맨틀 물질이 상승하여 새로운 해양 지각이 생성되고, 해령을 중심으로 해양 지각이 양쪽으로 이동하면서 해양저가 확장된다는 학설로, 1962년 헤스와 디츠가 주장하였다.

해저의 확장

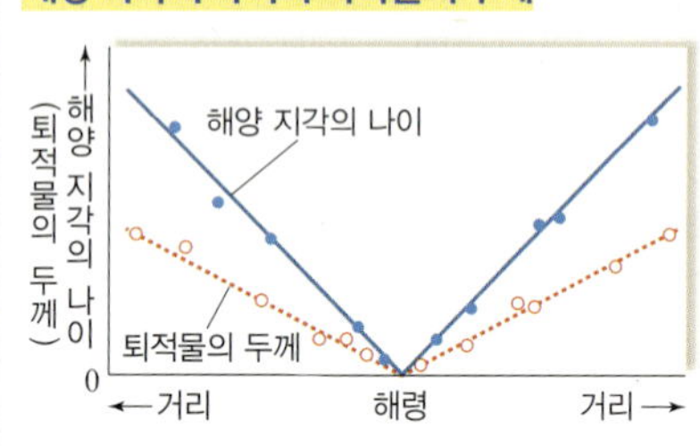

- **해양 지각의 생성**: 맨틀 대류의 상승부인 해령에서 새로운 해양 지각이 생성된다.
- **해양 지각의 이동**: 맨틀 대류를 따라 해령에서 양쪽으로 멀어지는 방향으로 이동한다.
- **해양 지각의 소멸**: 맨틀 대류의 하강부인 해구에서 오래된 해양 지각이 맨틀 속으로 섭입하여 소멸한다.

2. 해양저 확장의 증거

(1) 해양 지각의 나이와 퇴적물의 두께

해양 지각의 나이와 퇴적물의 두께

- 해령에서 양쪽으로 멀어질수록 해양 지각의 나이가 증가한다. ➡ 해양 지각이 해령에서 생성되기 때문
- 해령에서 양쪽으로 멀어질수록 퇴적물의 두께가 두꺼워진다. ➡ 해양 지각의 나이가 많을수록 퇴적물이 오랫동안 퇴적되기 때문
- 해령에서 양쪽으로 멀어질수록 퇴적물 최하부층의 나이가 증가한다.

(2) 해저의 확장 속도: $속력 = \dfrac{거리}{시간}$ 이므로 해령으로부터의 거리와 그 지점에서 해양 지각의 나이를 알면 해저의 확장 속도를 알아낼 수 있다.

(3) 고지자기 줄무늬의 대칭적 분포

고지자기 (=잔류 자기)	• 암석이 생성될 당시의 지구 자기장이 암석 내에 남아 있는 것 • 암석이 생성된 이후에는 지구 자기장이 변하더라도 고지자기는 암석 내에서 변하지 않는다.
고지자기 줄무늬 분포	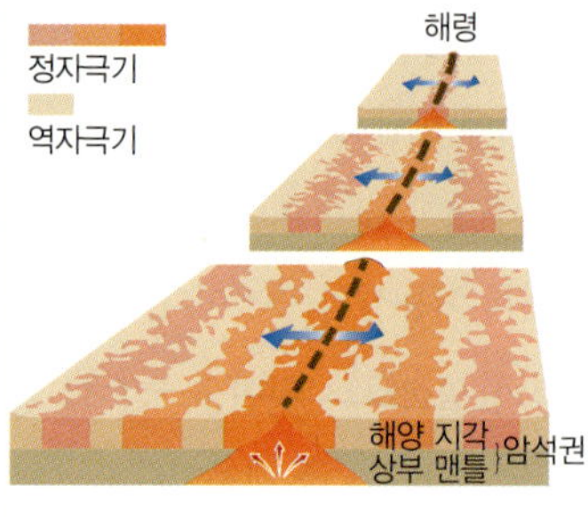 • 해령에서 생성된 해양 지각의 암석은 생성 당시의 지구 자기장 방향으로 자화된다. • 해양 지각이 해령에서 멀어지는 동안 지구 자기장이 역전되더라도 암석에 기록된 잔류 자기는 변하지 않는다. • 고지자기 줄무늬는 해령에 대해 대칭적으로 분포하고, 정자극기와 역자극기가 반복된다. ⇨ 해양저가 해령을 중심으로 확장하기 때문

(4) 변환 단층의 발견: 해령과 해령 사이에 형성된 단층으로, 해양 지각이 서로 반대 방향으로 어긋나게 이동하는 곳이다. ➡ 변환 단층은 해양 지각의 확장 속도 차이에 의해 생긴다.

(5) 섭입대 주변의 진원 분포

섭입대 주변의 지각 변동

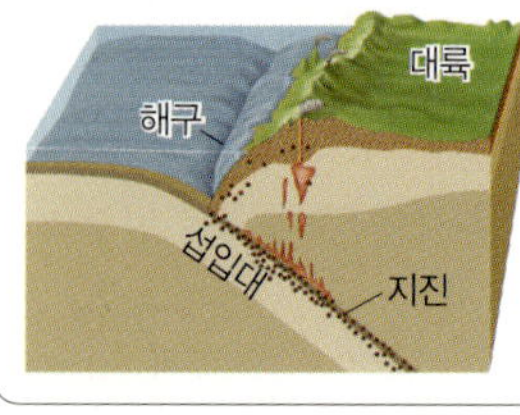

- **진원의 분포**: 해구에서 대륙 쪽으로 갈수록 진원의 깊이가 깊어진다.
- **화산 활동**: 섭입대의 지하에서 생성된 마그마가 지표로 분출하여 해구와 나란하게 화산 활동이 일어난다. ➡ 호상 열도 형성
- **습곡 산맥**: 해구 부근의 퇴적물에 횡압력이 작용하여 습곡 산맥이 형성된다. 예 안데스산맥 등

해양저 확장의 과정

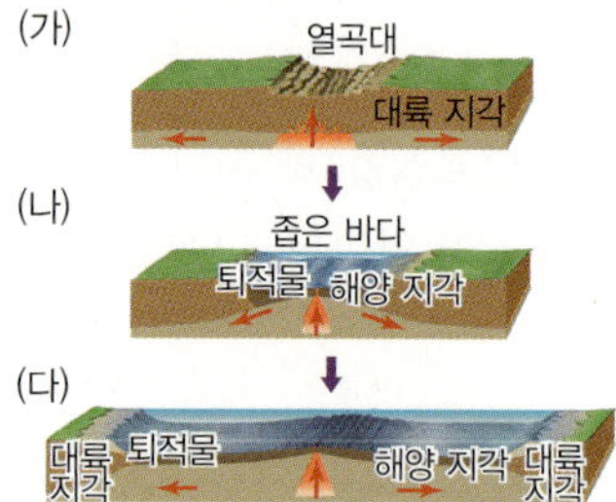

(가) 맨틀 대류의 상승부에서 대륙 지각이 갈라져 열곡대가 형성된다.
(나) 갈라진 대륙 지각이 서로 멀어지면서 좁고 긴 바다가 형성된다.
(다) 해양저가 점차 확장되면서 넓은 바다가 형성된다.

정자극기와 역자극기
지구 자기장의 방향이 현재와 같은 시기를 정자극기, 현재와 반대인 시기를 역자극기라고 한다.

변환 단층

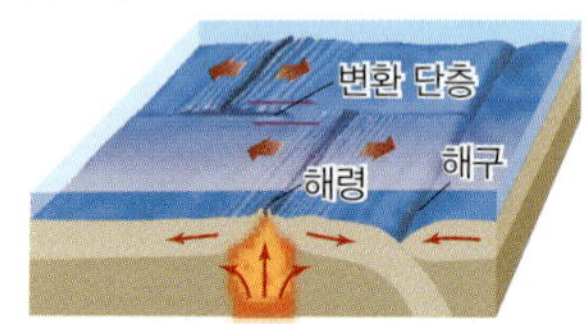

- **변환 단층에서의 지진**: 변환 단층에서는 해양 지각이 서로 반대 방향으로 어긋나게 이동하므로 천발 지진(깊이 약 70 km 이내)이 자주 발생한다.
- **변환 단층에서의 화산 활동**: 변환 단층은 맨틀 대류의 상승부나 하강부가 아니므로 화산 활동이 거의 일어나지 않는다.

호상 열도
해구와 나란하게 활 모양으로 약간 휘어져 분포하는 화산섬들

강의 포인트
해양저 확장의 증거
- 해양 지각의 나이와 퇴적물의 두께 변화
- 고지자기 줄무늬의 대칭적 분포
- 변환 단층의 발견
- 섭입대 주변의 진원 분포

개념 판들의 상대적인 이동에 의해 판의 경계에서 지각 변동이 일어난다는 이론

1. 판 구조론: 지구의 겉 부분은 크고 작은 여러 판으로 이루어져 있으며, 판들이 움직이면서 판의 경계에서 지각 변동이 일어난다는 이론

(1) 판과 연약권 판은 단단한 고체 상태이고, 연약권은 부분 용융 상태의 유동성이 있는 고체 상태이다.

판(암석권)	• 지각과 상부 맨틀을 포함하는 단단한 암석으로 된 부분을 암석권이라고 한다. • 암석권은 여러 조각으로 이루어져 있으며, 각각의 조각을 판이라고 한다.	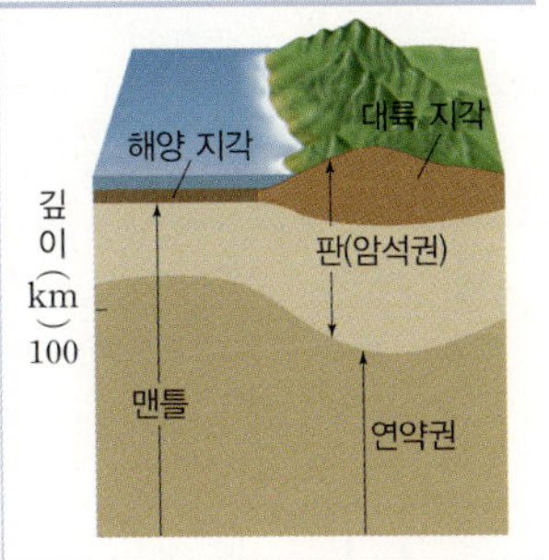
연약권	• 암석권 아래에 분포하는 유동성이 있는 부분을 연약권이라고 한다. • 연약권에서는 맨틀 물질이 부분 용융되어 있어 맨틀 대류가 일어난다.	

(2) 판의 이동: 맨틀 대류가 일어나면 판은 맨틀 대류를 따라 이동하며, 접해 있는 두 판의 상대적인 이동 방향에 따라 판의 경계 유형이 결정된다.

2. 판 구조론의 정립 과정

대륙 이동설 (베게너)		맨틀 대류설 (홈스)		해양저 확장설 (헤스와 디츠)		판 구조론 (모건, 매켄지 등)
• 대륙 이동의 증거를 제시함. • 대륙 이동의 원동력을 설득력있게 제시하지 못함.	⇨	• 대륙 이동의 원동력을 맨틀 대류로 설명함. • 맨틀 대류를 확인하지 못함.	⇨	• 해저 지형 탐사, 고지자기 연구, 해저 연령 분포 연구 등이 활발해짐. • 변환 단층이 발견됨.	⇨	• 전 세계적인 지진 관측망이 구축됨. • 여러 학설을 통합하여 판 구조론이 정립됨.

판
윌슨은 해령과 변환 단층을 경계로 구분되는 땅덩어리에 처음 판(plate)이라는 용어를 사용하였다. 판의 평균 두께는 약 100 km이다.

연약권
깊이 약 100~400 km에 위치한 반유동성 고체 상태의 영역으로, 맨틀 대류의 수평 이동부에 해당한다.

판의 종류
해양 지각을 포함하는 판을 해양판, 대륙 지각을 포함하는 판을 대륙판이라고 한다.

암기 꼭!
해양판과 대륙판의 비교

구분	해양판	대륙판
두께	얇다.	두껍다.
밀도	크다.	작다.

개념 익히기 문제

정답과 해설 p.02

🧠 교과서 문장으로 개념 익히기

15 해령을 중심으로 해양 지각이 양쪽으로 이동하면서 해양저가 확장된다는 학설을 □□□ □□□이라고 한다.

16 맨틀 대류의 상승부인 □□에서는 새로운 해양 지각이 생성된다.

17 맨틀 대류의 하강부인 □□에서는 오래된 해양 지각이 섭입하여 소멸된다.

18 고지자기 줄무늬는 □□에 대해 대칭적으로 나타나고, 정상기와 역전기가 반복된다.

19 해령과 해령 사이에 형성된 □□□ □□에서는 해양 지각이 서로 반대 방향으로 어긋나게 이동한다.

20 해양 지각이 맨틀 속으로 섭입하면서 지진이 발생하는 곳을 □□□라고 한다.

21 판 구조론은 □□ □□□ → 맨틀 대류설 → □□□ □□을 거쳐 정립되었다.

📦 OX 문제로 개념 익히기

22 해령에서 양쪽으로 멀어질수록 해양 지각의 나이가 증가한다. (O / X)

23 해령에서 양쪽으로 멀어질수록 해저 퇴적물의 두께가 두꺼워진다. (O / X)

24 해양 지각이 이동하는 동안 지구 자기장이 역전되면 암석 내의 잔류 자기도 역전이 일어난다. (O / X)

25 섭입대에서 진원의 깊이는 해구에서 대륙 쪽으로 갈수록 얕아진다. (O / X)

26 지각을 이루는 단단한 암석을 암석권이라 하고, 지각 아래의 맨틀을 연약권이라고 한다. (O / X)

27 판 구조론은 판의 내부에서 지진과 화산 활동이 활발하게 일어나는 과정을 설명하는 이론이다. (O / X)

28 전 세계적인 지진 관측망의 구축은 판 구조론이 정립되는 데 중요한 역할을 하였다. (O / X)

과정 & 결과

❶ 다음은 태평양의 A 해역과 B 해역에서 동서 방향의 직선 구간을 따라 일정한 간격으로 해수면에서 해저면으로 발사한 음파의 왕복 시간을 측정하여 나타낸 것이다. (단, 해양에서 음파의 속력은 1500 m/s이다.)

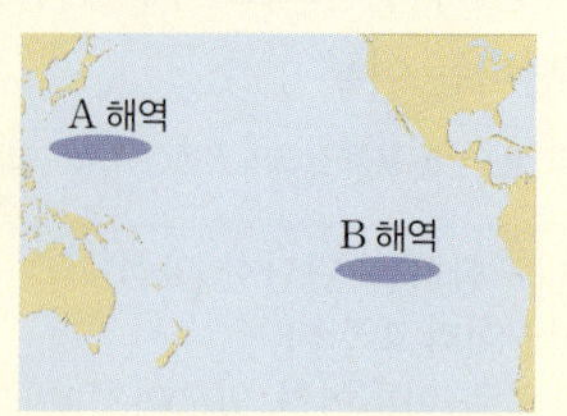

[A 해역]

지점	1	2	3	4	5	6	7	8	9	10
음파의 왕복 시간 (초)	7.15	7.99	6.77	6.41	5.07	9.96	6.13	7.62	7.76	7.12

[B 해역]

지점	1	2	3	4	5	6	7	8	9	10
음파의 왕복 시간 (초)	5.46	5.61	4.99	4.81	4.67	4.33	4.45	5.10	5.40	5.53

⋯ A 해역과 B 해역의 해저 지형: 수심 $(d) = \frac{1}{2} vt$ (v: 음파의 속력, t: 음파의 왕복 시간)를 이용하여 구한 해저 지형의 모습은 오른쪽 그림과 같다.

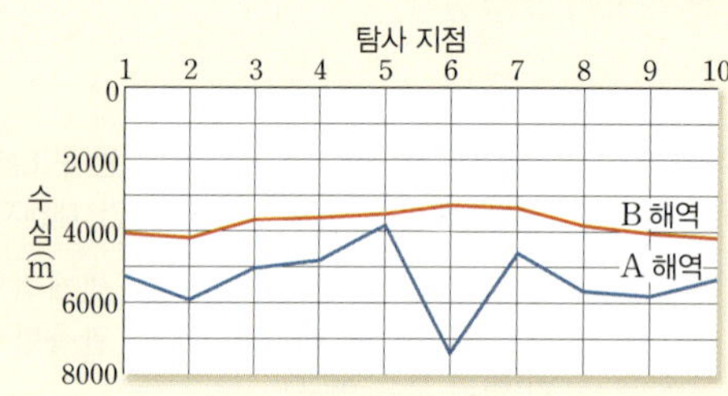

❷ 그림은 대서양의 심해를 시추하여 알아낸 퇴적물의 두께와 해양 지각을 이루는 현무암질 암석의 연령을 나타낸 것이다.

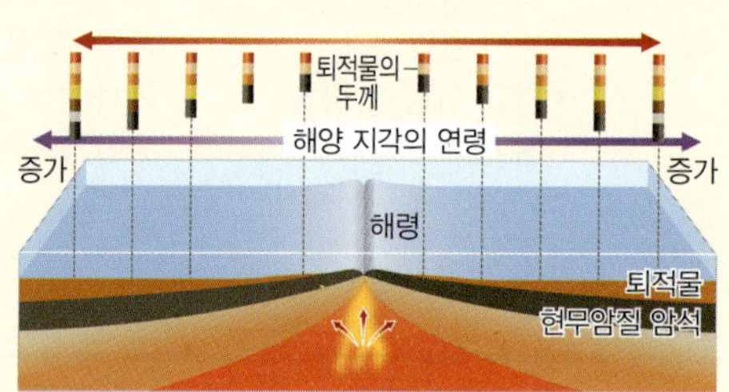

⋯ 해령에서 양쪽으로 멀어질수록 해양 지각의 연령이 많아진다.

⋯ 해령에서 양쪽으로 멀어질수록 퇴적물의 두께가 두꺼워진다.

분석

1. 태평양의 A 해역과 B 해역 중 해령이나 해구가 발달하는 곳은 각각 어디인가?

⋯ A 해역의 지점 6은 수심이 6000 m 이상으로 깊으므로 이곳에 좁고 깊은 계곡인 해구가 발달한다. B 해역에서는 지점 6에서 수심이 가장 얕고, 양쪽으로 갈수록 수심이 점차 깊어지므로 지점 6 부근에 해령이 발달한다.

2. 해령에서 멀어질수록 해양 지각의 연령과 퇴적물의 두께가 두꺼워지는 까닭은 무엇인가?

⋯ 해령에서 새로운 해양 지각이 생성된 다음 양쪽으로 이동하면서 확장되므로 해령에서 멀어질수록 해양 지각의 연령과 퇴적물의 두께가 증가한다.

탐구 목표

음향 측심 자료를 이용하여 해저면의 깊이를 구하고, 해저 지형을 파악할 수 있다.

탐구 포인트

1. 해저 지형 자료를 해석할 때는 수심의 변화 경향을 판단한 후 수심이 가장 깊거나 가장 얕은 지점을 파악한다.

2. 해양 지각의 연령과 퇴적물 두께 변화를 판단할 때는 해령으로부터의 거리에 따른 변화와 해령 양쪽에서 나타나는 변화의 대칭성을 파악한다.

정답과 해설 p.02

예제 ❶

위 탐구 활동 ❶에 대한 설명으로 옳지 않은 것은?

① 음파의 왕복 시간이 길수록 수심이 깊다.

② 음파의 왕복 시간이 4초이면 수심은 3000 m이다.

③ A 해역에는 열곡이 나타난다.

④ A 해역의 해저면 경사는 5~6 지점이 3~4 지점보다 급하다.

⑤ B 해역에는 해령이 나타난다.

예제 ❷ 서술형

그림은 어느 해역에서 해령으로부터 거리에 따른 해양 지각의 나이를 나타낸 것이다. 이 해역에서 해령으로부터 멀어질수록 퇴적물의 두께는 어떻게 변하는지 까닭과 함께 서술하시오.

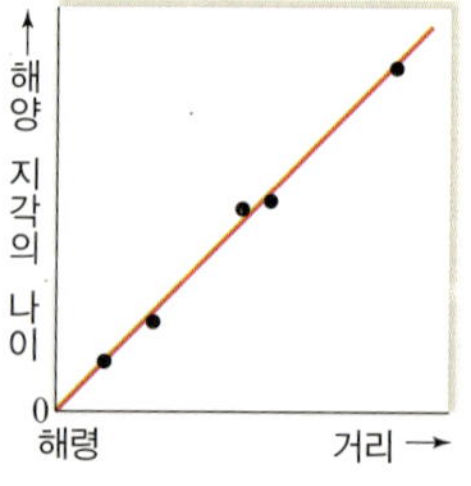

개념 다지기 문제

01 대륙 이동설에 대한 설명으로 옳은 것만을 |보기|에서 있는 대로 고른 것은?

┌ 보기 ┐
ㄱ. 베게너가 주장하였다.
ㄴ. 대륙 이동의 증거로 고생물 화석 분포를 제시하였다.
ㄷ. 대륙 이동의 원동력을 명확하게 설명하였다.

① ㄱ ② ㄷ ③ ㄱ, ㄴ
④ ㄴ, ㄷ ⑤ ㄱ, ㄴ, ㄷ

02 그림은 고생대 말기의 빙하 흔적을 나타낸 것이다.

이에 대한 설명으로 옳은 것만을 |보기|에서 있는 대로 고른 것은?

┌ 보기 ┐
ㄱ. 고생대 말기에는 적도의 기후가 한랭하였다.
ㄴ. 고생대 말기의 인도 대륙 위치는 현재 위치와 달랐다.
ㄷ. 고생대 말기에 남아메리카 대륙과 아프리카 대륙은 하나로 모여 있었다.

① ㄱ ② ㄷ ③ ㄱ, ㄴ
④ ㄴ, ㄷ ⑤ ㄱ, ㄴ, ㄷ

03 베게너가 제시한 대륙 이동의 증거가 <u>아닌</u> 것은?

① 글로소프테리스 화석이 여러 대륙에서 발견된다.
② 대서양 중앙부에서 고지자기 줄무늬가 대칭적으로 분포한다.
③ 애팔래치아산맥과 스칸디나비아산맥의 지질 구조가 유사하다.
④ 여러 대륙의 빙하 흔적을 맞춰 보면 빙하가 남극을 중심으로 모인다.
⑤ 아프리카 대륙 서해안과 남아메리카 대륙 동해안의 해안선 모양이 유사하다.

04 그림은 맨틀 대류설을 모식적으로 나타낸 것이다.

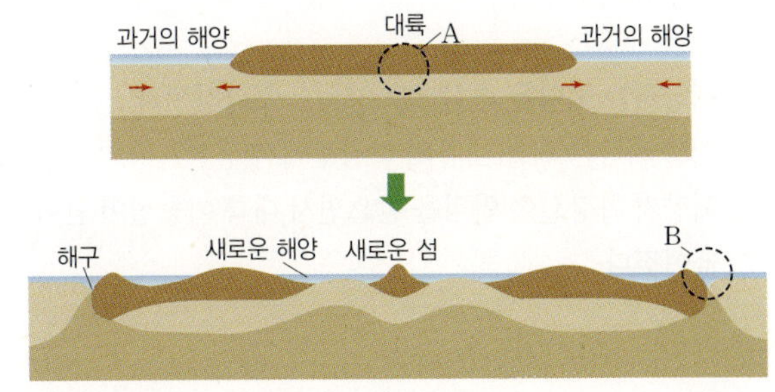

이에 대한 설명으로 옳은 것만을 |보기|에서 있는 대로 고른 것은?

┌ 보기 ┐
ㄱ. A의 지각에는 횡압력보다 장력이 우세하게 작용한다.
ㄴ. B에서는 해구가 형성된다.
ㄷ. B의 아래에는 맨틀 대류의 하강부가 나타난다.

① ㄱ ② ㄴ ③ ㄱ, ㄷ
④ ㄴ, ㄷ ⑤ ㄱ, ㄴ, ㄷ

05 그림은 해저 지형의 모식도이다.

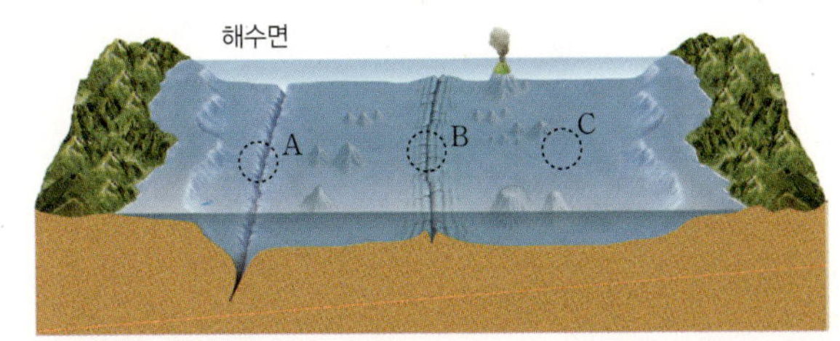

이에 대한 설명으로 옳은 것만을 |보기|에서 있는 대로 고른 것은?

┌ 보기 ┐
ㄱ. A는 해구이다.
ㄴ. B에는 열곡이 발달한다.
ㄷ. C의 지각은 B에서 생성되었다.

① ㄱ ② ㄷ ③ ㄱ, ㄴ
④ ㄴ, ㄷ ⑤ ㄱ, ㄴ, ㄷ

개념 다지기 문제

06 해양저 확장설에 대한 설명으로 옳은 것만을 |보기|에서 있는 대로 고른 것은?

> 보기
> ㄱ. 해양저는 해령을 중심으로 양쪽으로 확장된다.
> ㄴ. 해양 지각은 맨틀 대류의 하강부에서 생성된다.
> ㄷ. 해양저 확장설이 인정을 받으면서 대륙 이동설이 받아들여졌다.

① ㄱ   ② ㄴ   ③ ㄱ, ㄷ
④ ㄴ, ㄷ   ⑤ ㄱ, ㄴ, ㄷ

07 그림은 어느 해령으로부터 거리가 다른 세 지점 A, B, C에서 시추한 해저 퇴적물의 두께를 나타낸 것이다.

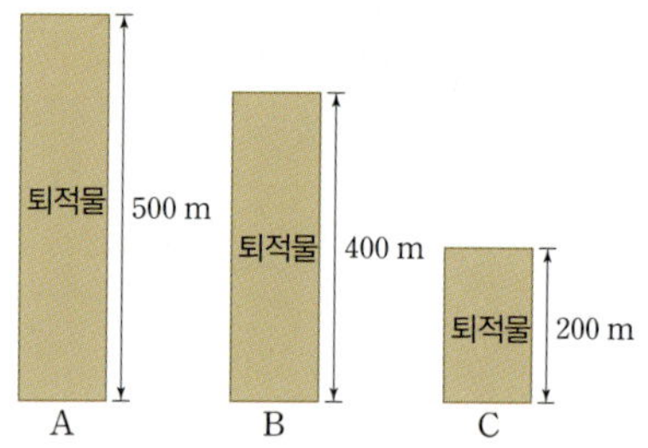

이에 대한 설명으로 옳은 것만을 |보기|에서 있는 대로 고른 것은?

> 보기
> ㄱ. 해령으로부터의 거리가 가장 먼 지점은 C이다.
> ㄴ. 해양 지각의 나이가 가장 많은 지점은 A이다.
> ㄷ. 세 지점 A, B, C의 퇴적물 두께가 다른 것은 퇴적 속도에 차이가 있기 때문이다.

① ㄱ   ② ㄴ   ③ ㄱ, ㄷ
④ ㄴ, ㄷ   ⑤ ㄱ, ㄴ, ㄷ

08 해양저가 확장되고 있다는 증거로 옳지 <u>않은</u> 것은?

① 심해 평원에 화산섬과 해산이 분포한다.
② 해령과 해령 사이에 변환 단층이 나타난다.
③ 고지자기 줄무늬가 해령에 대해 대칭적으로 나타난다.
④ 해구에서 대륙 쪽으로 갈수록 진원의 깊이가 깊어진다.
⑤ 해령으로부터 멀어질수록 해양 지각의 나이가 증가한다.

09 그림은 어느 해양에서 맨틀 상승부 주변의 해저 지형을 나타낸 것이다.
이에 대한 설명으로 옳은 것만을 |보기|에서 있는 대로 고른 것은?

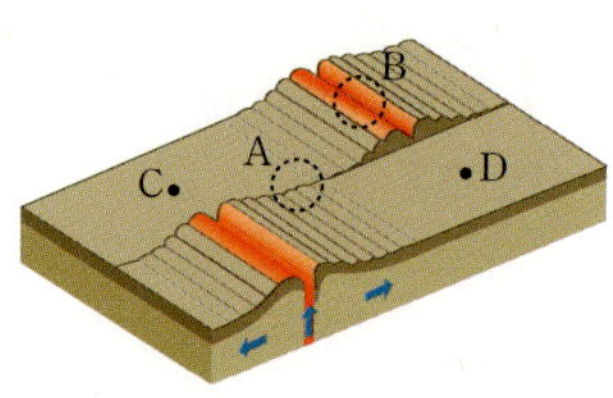

> 보기
> ㄱ. A는 변환 단층이다.
> ㄴ. C의 해양 지각은 B에서 생성되었다.
> ㄷ. C와 D의 해양 지각은 이동 방향이 서로 같다.

① ㄱ   ② ㄷ   ③ ㄱ, ㄴ
④ ㄴ, ㄷ   ⑤ ㄱ, ㄴ, ㄷ

10 그림은 지구 표층부의 구조를 나타낸 것이다.
이에 대한 설명으로 옳은 것만을 |보기|에서 있는 대로 고른 것은?

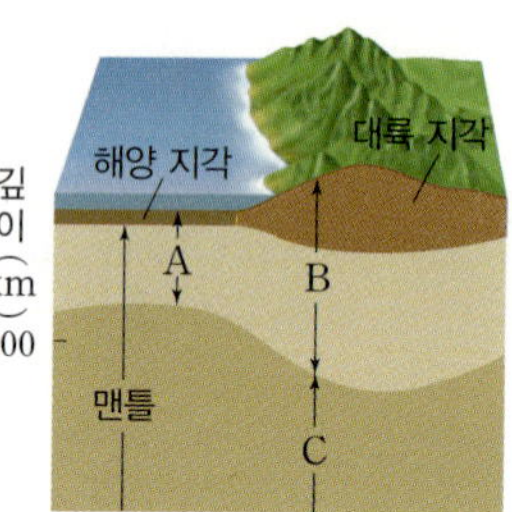

> 보기
> ㄱ. A와 B는 판(암석권)이다.
> ㄴ. A는 B보다 평균 밀도가 크다.
> ㄷ. C에서는 맨틀 대류가 일어난다.

① ㄱ   ② ㄷ   ③ ㄱ, ㄴ
④ ㄴ, ㄷ   ⑤ ㄱ, ㄴ, ㄷ

11 다음은 판 구조론이 정립되는 과정에서 발표된 학설들을 나타낸 것이다.

| A | → | 맨틀 대류설 | → | B | → | 판 구조론 |

이에 대한 설명으로 옳은 것만을 |보기|에서 있는 대로 고른 것은?

> 보기
> ㄱ. 베게너는 A의 증거로 고지자기 줄무늬를 제시하였다.
> ㄴ. 음향 측심 기술의 발달은 B의 등장에 도움을 주었다.
> ㄷ. 판 구조론에서는 판의 경계에서 일어나는 지각 변동을 설명한다.

① ㄱ   ② ㄷ   ③ ㄱ, ㄴ
④ ㄴ, ㄷ   ⑤ ㄱ, ㄴ, ㄷ

12 그림 (가)와 (나)는 서로 다른 두 해양에서 각각 기준점으로부터의 거리에 따른 해저면의 깊이를 나타낸 것이다.

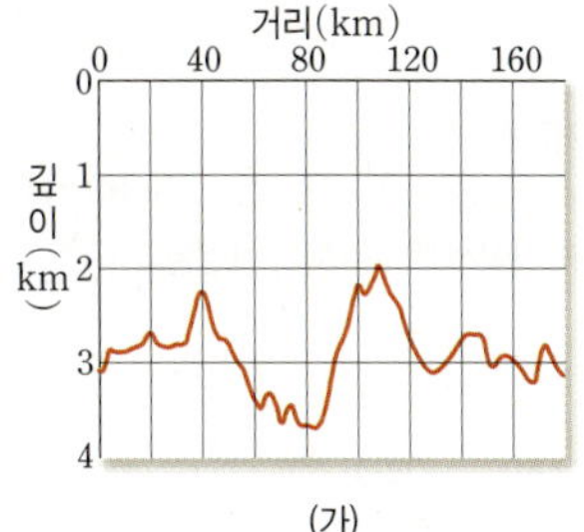
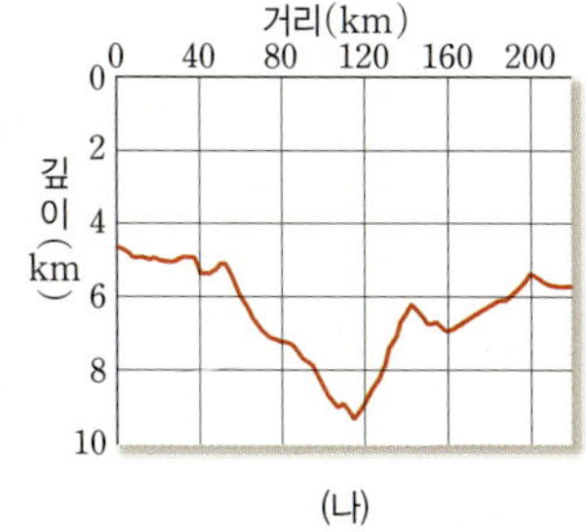

(가)   (나)

이에 대한 설명으로 옳은 것만을 |보기|에서 있는 대로 고른 것은?

보기
ㄱ. (가)에는 해구가 발달한다.
ㄴ. (나)에는 맨틀 대류의 상승부가 있다.
ㄷ. (나)에서 음파의 왕복 시간이 가장 긴 곳은 기준점으로부터 100~120 km 거리에 있다.

① ㄱ   ② ㄷ   ③ ㄱ, ㄴ
④ ㄴ, ㄷ   ⑤ ㄱ, ㄴ, ㄷ

13 그림 (가)와 (나)는 서로 다른 두 해역에서 측정한 고지자기 줄무늬를 나타낸 것이다. (가)의 A 지점은 해양 지각의 연령이 4백만 년이다.

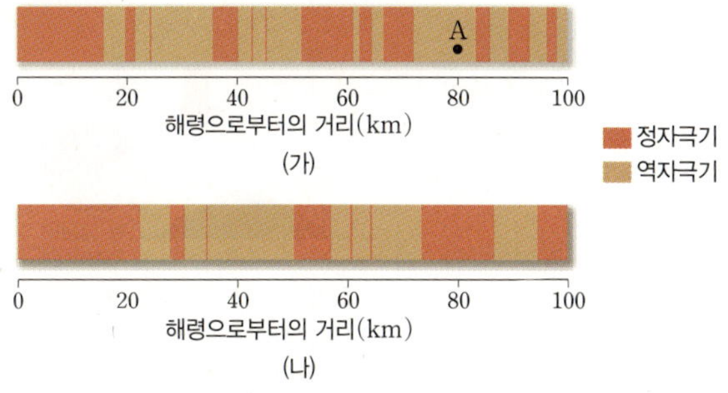

이에 대한 설명으로 옳은 것만을 |보기|에서 있는 대로 고른 것은?

보기
ㄱ. 해저의 확장 속도는 (가)가 (나)보다 빠르다.
ㄴ. (가)에서 해령으로부터 80 km까지 해저의 평균 확장 속도는 2 cm/년이다.
ㄷ. (나)에서 해양 지각의 연령이 4백만 년인 지점의 고지자기 줄무늬는 정자극기이다.

① ㄱ   ② ㄴ   ③ ㄱ, ㄷ
④ ㄴ, ㄷ   ⑤ ㄱ, ㄴ, ㄷ

14 그림과 같이 메소사우루스 화석이 멀리 떨어진 두 대륙에서 산출되는 까닭을 서술하시오.

15 그림은 어느 해양의 해수면에서 해저면으로 발사한 음파의 왕복 시간을 나타낸 것이다.

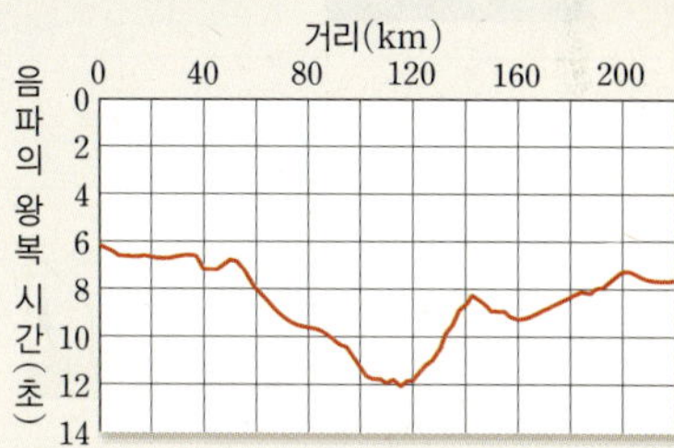

이 해양에서 가장 깊은 곳의 수심을 구하는 과정을 쓰고, 이곳에 발달하는 해저 지형의 이름을 쓰시오. (단, 해양에서 음파의 속력은 1500 m/s이다.)

16 전 세계적인 지진 관측망 구축이 해양 지각의 소멸을 설명하는 데 도움이 된 까닭을 쓰되, 다음의 용어를 반드시 포함하시오.

• 섭입대   • 진원 깊이   • 해구

17 그림은 해령이 단층에 의해 어긋나 있는 모습을 나타낸 것이다. 단층 전 구간 중 해령과 해령 사이에서 발달하는 해저 지형의 이름을 쓰고, 이곳에서 지진이 발생하는 까닭을 서술하시오.

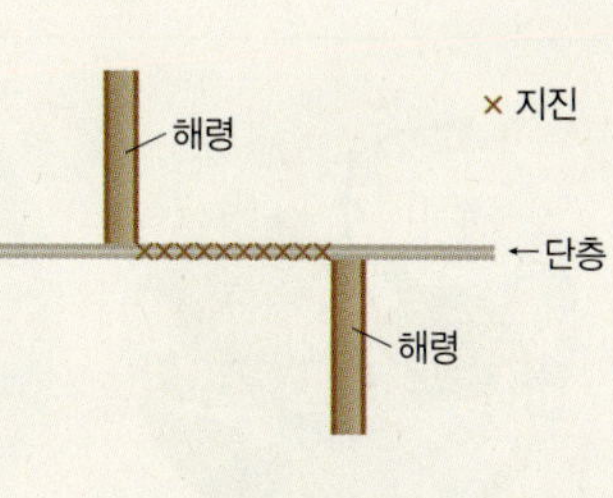

02 대륙 분포의 변화

1 고지자기와 대륙의 이동

개념 암석 내에 기록된 고지자기의 복각을 측정하여 대륙의 이동 경로를 알아낸다.

1. 지구 자기장: 지구는 하나의 거대한 자석이므로, 지구 주변에 자기장을 형성한다.

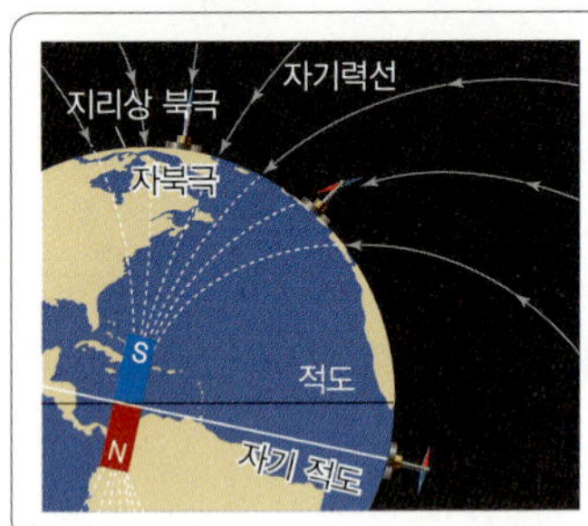

지구 자기장	지구의 자기력이 미치는 공간
지리상 북극	지구의 자전축과 북반구의 지표면이 만나는 지점
자북극 (지자기 북극)	나침반 자침의 N극이 지표면을 향하며 자침이 지표면과 90°를 이루는 지점
진북	지리상의 북극 방향
자북	나침반 자침의 N극이 가리키는 방향

2. 편각과 복각

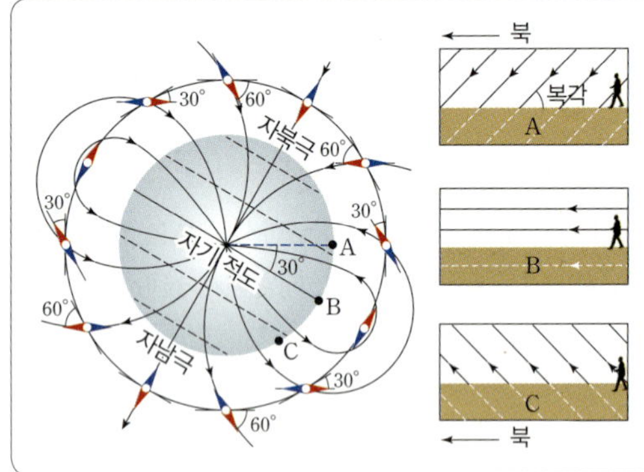

- **편각**: 진북(지리상 북극)과 자북 사이의 각도
- **복각**: 나침반의 자침이 수평면과 이루는 각도로, 자침의 N극이 지표면을 향하면 (+), 자침의 S극이 지표면을 향하면 (−) 값을 갖는다.
- **위도에 따른 복각의 크기 변화**

구분	복각
자북극	$+90°$
자기 적도	$0°$
자남극	$-90°$

3. 고지자기의 복각과 대륙의 이동

(1) **고지자기(잔류 자기)**: 암석 생성 당시의 지구 자기장에 대한 정보가 암석 내에 남아 있다.

(2) **잔류 자기의 형성 과정**: 고온의 용암 속에 녹아 있는 자성 물질은 방향성 없이 배열되지만 마그마가 냉각되어 화산암이 형성될 때 당시의 지구 자기장 방향으로 자화되어 굳는다. ➡ 지구 자기장이 변하여도 잔류 자기의 자화 방향은 변하지 않는다.

(3) **대륙의 위도 변화 추정**: 암석이 생성된 시기와 암석 내의 고지자기 복각을 측정하면 암석이 생성된 이후에 발생한 위도 변화를 추정할 수 있다. 지자기 위도를 φ, 복각을 i라고 하면 $\tan i = 2\tan \varphi$의 관계가 성립한다.

4. 지자기 북극의 겉보기 이동 경로

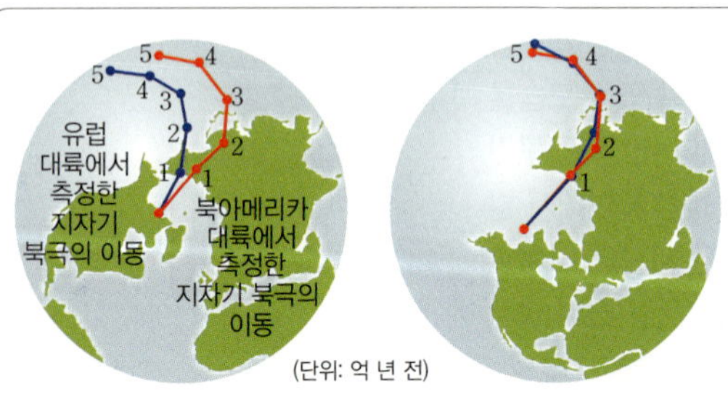

- 현재 유럽 대륙과 북아메리카 대륙에서 각각 알아낸 지자기 북극의 겉보기 이동 경로가 서로 다르다.
- 현재 지자기 북극이 1개 있는 것처럼 과거에도 지자기 북극은 1개였다. ⇨ 두 대륙에서 지자기 북극의 이동 경로를 겹쳐 보면 약 3억 년 전에 유럽 대륙과 북아메리카 대륙은 붙어 있었다.

5. 과거의 대륙 이동 모습 연구: 고지자기 연구 외에도 암석의 나이 측정, 고생물 화석 분포 연구 등을 통해 지질 시대 대륙 분포의 변화를 알 수 있다.

자기력선

자기장을 나타내는 선으로, 나침반의 자침은 자기력선과 나란하게 배열된다.

자기 적도와 지리상 적도

자북극이 지리상 북극과 일치하지 않는 것과 같이 자기 적도는 지리상 적도와 일치하지 않는다.

복각과 나침반 자침의 방향

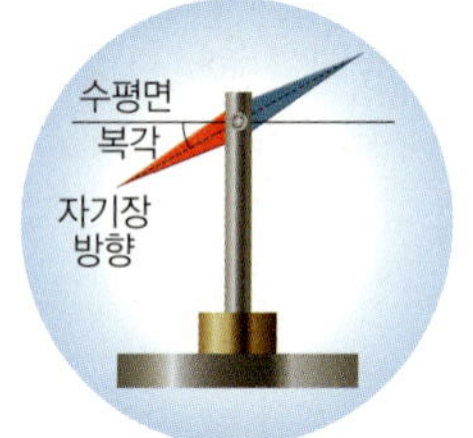

복각이란 수평면에 대해 나침반의 바늘이 기울어진 정도를 나타내는 각이다.

잔류 자기의 형성 과정

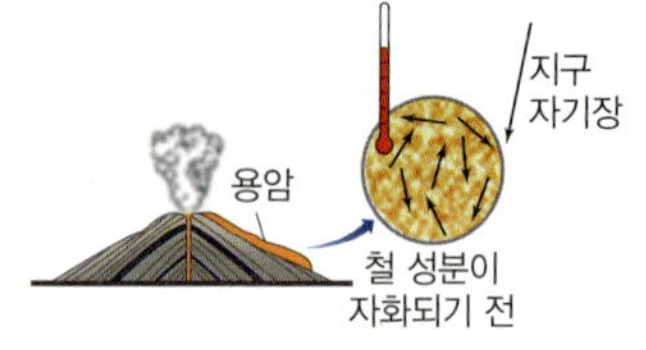

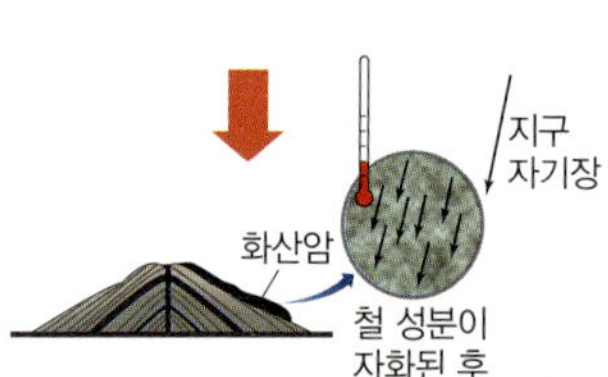

- **화성암이 생성될 때**: 770 ℃ 이상의 용암에서는 철의 배열이 방향성이 없지만 용암이 냉각되어 굳으면 당시의 지구 자기장 방향으로 철이 배열된다.
- **퇴적암이 생성될 때**: 물속에서 퇴적물이 쌓일 때도 퇴적물 내의 자성을 띠는 광물은 지구 자기장 방향으로 자화되어 잔류 자기를 형성한다.

강의 포인트

고지자기 연구와 대륙 이동

- 고지자기 복각 연구로 암석 생성 당시의 위도 추정
- 지자기 북극의 이동 경로 분석으로 지질 시대의 대륙 분포 추정

6. **인도 대륙의 이동**: 인도 대륙은 한때 남반구에 있었으나 점차 북상하여 현재는 북반구에 위치한다. 고위도로 갈수록 복각의 절댓값이 커진다.

인도 대륙의 이동 경로 복원

그림은 지질 시대 동안 인도 대륙의 위치와 복각을 나타낸 것이고, 그래프는 위도와 복각의 관계를 나타낸 것이다.

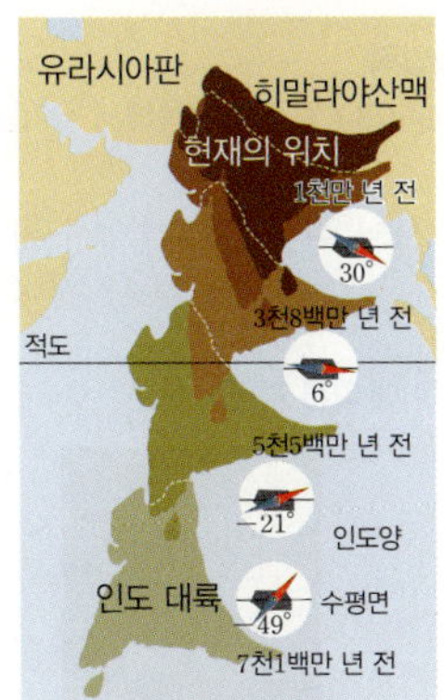

▲ 인도 대륙의 이동

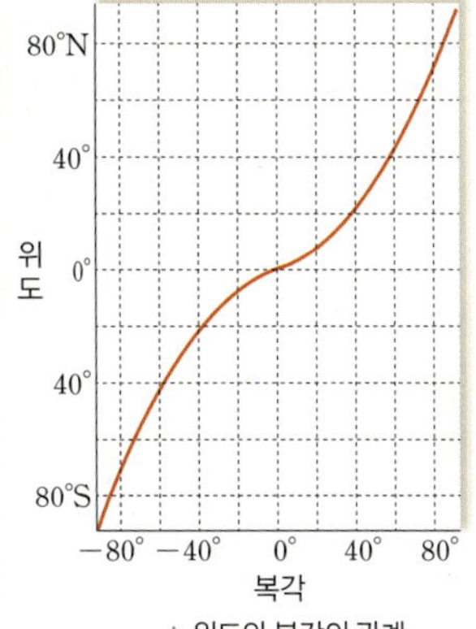

▲ 위도와 복각의 관계

- **인도 대륙의 위도 변화**: 그래프를 이용하여 시기에 따른 인도 대륙의 위도를 구하면 아래의 표와 같다.

시기(만 년 전)	복각	위도
7100	$-49°$	30°S
5500	$-21°$	11°S
3800	6°	3°N
1000	30°	16°N
현재	36°	20°N

- **인도 대륙의 이동 거리**: 위도 1° 사이의 거리를 110 km라고 할 때, 기간별로 위도 차이를 계산하여 인도 대륙이 이동한 거리를 구한다.

- **인도 대륙의 이동 속도**: 기간별로 이동 거리를 기간으로 나누어 인도 대륙의 이동 속도를 구한다.

기간(만 년 전)	7100~5500	5500~3800	3800~1000	1000~현재
위도 차이	19°	14°	13°	4°
이동 거리(km)	2090	1540	1430	440
이동 속도(cm/년)	13.1	9.1	5.1	4.4

- **인도 대륙의 평균 이동 속도**: 7100만 년 동안 위도 50°를 이동하였으므로 $\frac{50 \times 11000000}{71000000} \fallingdotseq 7.7$ cm/년이다.
- 인도 대륙의 이동 속도는 현재로 올수록 점차 느려졌다.
- 인도 대륙의 이동 경로를 복원한 결과 인도 대륙은 지질 시대 동안 동서 방향으로는 거의 이동하지 않고, 남북 방향으로만 이동한 것으로 밝혀졌다.

인도 대륙의 이동 거리 구하기

위도 1° 사이의 거리가 110 km이므로 위도 차이×110 km/°가 이동한 거리이다. 예를 들어 7100~5500만 년 전의 위도 차이는 19°이므로 이동 거리는 19°×110 km/° =2090 km이다.

인도 대륙의 이동 속도 구하기

$\frac{\text{이동한 거리}}{\text{기간}}$로 구한다. 예를 들어 7100~5500만 년 전의 이동 속도는 2090 km÷(7100−5500)만 년이므로 이동 속도는 약 13.1 cm/년이다.

암기 꼭!

복각과 위도 분포
- 복각이 (−) 값이면 남반구, 복각이 (+) 값이면 북반구에 위치
- 고위도로 갈수록 복각의 절댓값 ↑

개념 익히기 문제

정답과 해설 p.05

교과서 문장으로 개념 익히기

01 지구의 자기력이 미치는 공간을 지구 [　][　]이라 하고, 이를 선으로 나타낸 것을 [　][　][　]이라고 한다.

02 지구의 자기장이 북반구의 지표면과 만나는 지점을 [　][　][　][　] 또는 자북극이라고 한다.

03 지리상의 북극 방향을 [　][　]이라 하고, 나침반 자침의 N극이 가리키는 방향을 [　][　]이라고 한다.

04 진북과 자북 사이의 각도를 [　][　]이라 하고, 나침반의 자침이 수평면과 이루는 각도를 [　][　]이라고 한다.

05 지질 시대에 생성된 암석 내에 남아 있는 고지자기를 [　][　][　]라고 한다.

06 화산암이 생성될 때 철 성분은 지구 자기장의 방향으로 자화되며, 잔류 자기의 [　][　][　]은 변하지 않는다.

07 암석이 생성된 시기와 암석 내의 고지자기 [　][　]을 측정하면 대륙의 위도 변화를 알 수 있다.

OX 문제로 개념 익히기

08 자북극은 지구의 자전축이 지표면과 만나는 두 지점 중 북반구에 있는 지점을 말한다. (O / X)

09 나침반 자침의 N극이 지표면 쪽으로 많이 기울어진 곳일수록 복각의 크기가 크다. (O / X)

10 자북극에서 복각은 0°이고, 자북극에서 자기 적도로 갈수록 복각의 크기가 커진다. (O / X)

11 암석 내에 기록된 잔류 자기의 자화 방향은 대륙이 이동하면서 조금씩 변한다. (O / X)

12 두 대륙에서 측정한 지자기 북극의 경로가 일치하지 않는 것은 과거에 지자기 북극이 2개였기 때문이다. (O / X)

13 인도 대륙은 과거에 남반구에 있었고, 점차 북상하여 현재의 위치로 이동하였다. (O / X)

14 인도 대륙의 이동 속도는 남반구에 있을 때보다 북반구에 있을 때 더 빨랐다. (O / X)

개념 판의 경계에서 지각이 생성되거나 소멸되면서 대륙의 분포가 끊임없이 변한다.

1. 판의 경계: 서로 다른 두 판은 상대적인 이동에 따라 발산형 경계, 수렴형 경계, 보존형 경계를 형성한다.

판의 세 가지 경계 유형

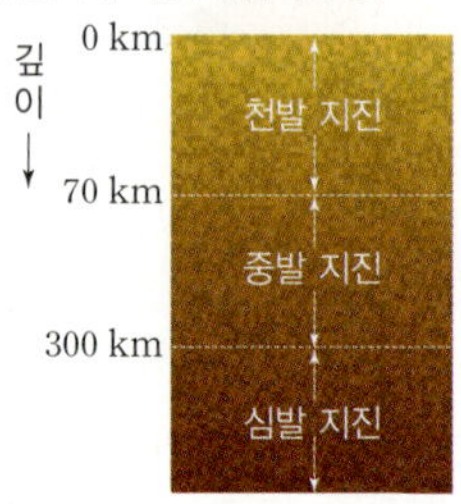

- **발산형 경계**: 맨틀 대류의 상승부, 판과 판이 서로 멀어지는 경계, 열곡대나 해령이 발달
  ➡ 대륙 지각이 갈라지거나 해양 지각이 생성된다.
- **수렴형 경계**: 맨틀 대류의 하강부, 판과 판이 서로 접근하여 섭입하거나 충돌하는 경계, 해구나 호상 열도, 습곡 산맥 등이 발달 ➡ 대륙 지각이 서로 충돌하거나 해양 지각이 소멸된다.
- **보존형 경계**: 판과 판이 서로 반대 방향으로 어긋나는 경계, 변환 단층이 발달 ➡ 지각의 생성이나 소멸이 없다.

---

2. 판의 경계에서 일어나는 지각 변동

(1) 발산형 경계: 장력에 의한 단층 작용이 일어나 천발 지진이 발생하고, 화산 활동이 일어나 새로운 판이 형성된다. ➡ 동아프리카 열곡대와 같이 대륙판이 분리되는 곳도 있고, 대서양 중앙 해령과 같이 대륙판이 분리된 후 넓은 해양이 형성되는 곳도 있다.

(2) 수렴형 경계

❶ 섭입형 수렴 경계: 밀도가 큰 해양판이 대륙판이나 밀도가 작은 해양판 아래로 섭입하는 곳이다. 섭입대를 따라 천발~심발 지진이 발생하고, 지하에서 생성된 마그마가 분출하여 해구와 나란하게 화산 활동이 일어난다.

❷ 충돌형 수렴 경계: 밀도가 작은 두 대륙판이 충돌하면서 천발~중발 지진이 발생하지만 화산 활동은 거의 일어나지 않는다.

(3) 보존형 경계: 해령과 해령 사이의 구간에서 두 판이 서로 어긋나게 이동하는 경계로, 천발 지진은 발생하지만 화산 활동은 거의 일어나지 않는다.

구분	발산형 경계	수렴형 경계		보존형 경계
		섭입형	충돌형	
모식도	해양 지각 / 암석권 / 연약권	대륙 지각 / 일본 열도 해구 / 암석권 / 해양 지각 / 섭입대 / 연약권	대륙 지각 / 암석권 / 연약권	해양 지각 해령 변환 단층 / 암석권
맨틀 대류	상승	하강	하강	상승과 하강 없음.
작용하는 힘	장력이 우세함.	횡압력이 우세함.	횡압력이 우세함.	장력과 횡압력이 없음.
지형	해령, 열곡대	해구, 호상 열도, 습곡 산맥	습곡 산맥	변환 단층
지진	천발 지진	천발~심발 지진	천발~중발 지진	천발 지진
화산 활동	열곡을 따라 활발함.	해구와 나란하게 활발함.	거의 없음.	거의 없음.
지형의 예	대서양 중앙 해령, 동태평양 해령, 동아프리카 열곡대	일본 해구, 알류샨 해구, 안데스산맥	히말라야산맥	산안드레아스 단층

장력과 횡압력
- 장력: 지층이나 암석을 양쪽에서 당기는 힘
- 횡압력: 지층이나 암석을 양쪽에서 미는 힘

진원의 깊이에 따른 지진의 구분

깊이 ↓
0 km
천발 지진
70 km
중발 지진
300 km
심발 지진

천발 지진(깊이 0~70 km), 중발 지진(깊이 70~300 km), 심발 지진(깊이 300 km 이상)으로 구분한다.

섭입형과 충돌형의 차이
해양판은 밀도가 커서 대륙판이나 밀도가 작은 해양판과 수렴하면 맨틀 깊은 곳까지 섭입할 수 있지만, 대륙판은 밀도가 작아서 맨틀 속으로 섭입하기 어려우며, 두 대륙판이 충돌하면 점차 솟아 오른다.

섭입형 경계에서의 화산 활동
섭입대에서 생성된 마그마가 상승하여 해양 쪽에 분출하면 해구와 나란하게 호상 열도가 형성되고, 대륙에 분출하면 해구와 나란하게 화산이 형성된다.

산안드레아스 단층

변환 단층은 해령과 해령 사이에 있으므로 대부분의 변환 단층은 바다에서 나타나지만, 산안드레아스 단층과 같이 육지에 드러난 곳도 있다.

강의 포인트 🔍
판의 경계와 지각 변동
- 화산 활동: 발산형 경계와 섭입형 수렴 경계 ○, 보존형 경계와 충돌형 수렴 경계 ×
- 지진
  - 천발 지진: 모든 판의 경계 ○
  - 중발 지진: 충돌형, 섭입형 수렴 경계
  - 심발 지진: 섭입형 수렴 경계

지질 시대 동안 끊임없이 대륙이 모이고 분리되었으며, 여러 차례 초대륙이 형성되었다.

1. 지질 시대의 대륙 분포 변화
선캄브리아 시대에는 여러 번의 초대륙이 존재하였고, 현생 누대에는 판게아라는 초대륙이 존재하였다.

- **로디니아**: 약 12억 년 전(선캄브리아 시대)부터 약 8억 년 전(선캄브리아 시대)까지 있었던 초대륙
- **판게아**: 약 2억7천만 년 전(고생대 말)부터 약 2억 년 전(중생대 초)까지 있었던 초대륙 ⇨ 대륙이 하나로 모이는 과정에서 애팔래치아산맥이 형성되었다.

2. 미래의 대륙 분포

(1) **초대륙의 형성과 분리**: 초대륙이 형성되는 주기는 약 3억 년~5억 년으로 추정하고 있으며, 앞으로 약 2억 년~2억5천만 년 후에는 새로운 초대륙이 형성될 것으로 예측된다.

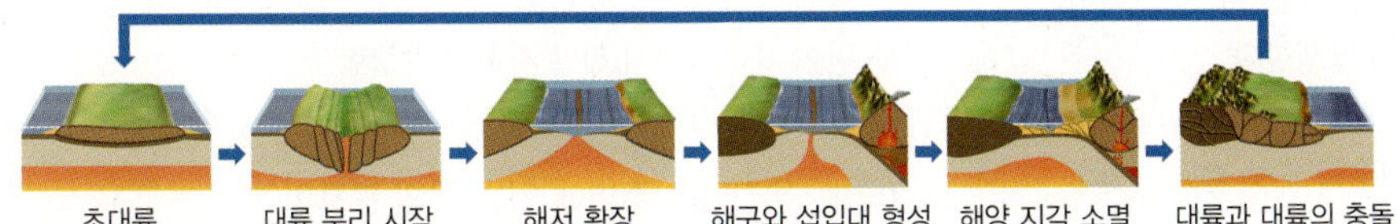

(2) **미래의 대륙 분포** 대륙의 이동 속도와 방향을 분석하여 노보 판게아, 판게아 울티마 등 여러 가지 모형이 제시되고 있다.

❶ 판은 1년에 수 cm 정도로 느리지만 끊임없이 이동하고 있으므로 대륙의 분포가 조금씩 변하게 된다.

❷ 판의 경계에서 대륙의 이동 속도와 방향을 분석하면 과거부터 현재까지의 대륙 분포뿐만 아니라 미래의 대륙 분포도 예측할 수 있다.

선캄브리아 시대
지구의 탄생~약 5억4천만 년 전까지의 지질 시대이다.

애팔래치아산맥
북아메리카 대륙, 아프리카 대륙, 유럽 대륙이 충돌하는 과정에서 형성되었다.

초대륙
지질 시대 동안 여러 차례 초대륙이 있었으며, 최초의 초대륙은 약 36억 년 전의 '발바라'로 추정된다.

판게아의 분리
- 1억5천만 년 전: 대서양의 북쪽 부분이 열리고, 북쪽은 로라시아 대륙, 남쪽은 곤드와나 대륙으로 분리되었다.
- 1억 년 전: 대서양의 남쪽 부분이 열리기 시작하였고, 인도 대륙이 오스트레일리아 대륙에서 분리되었다.

개념 익히기 문제

정답과 해설 p.05

🧠 교과서 문장으로 개념 익히기

15 판과 판이 서로 멀어지면서 새로운 해양 지각이 생성되는 곳을 ☐☐☐ 경계라고 한다.

16 발산형 경계에서는 맨틀 대류의 ☐☐☐가 형성되고, 수렴형 경계에서는 맨틀 대류의 ☐☐☐가 형성된다.

17 육지에 발산형 경계가 형성되면 대륙이 장력을 받아 갈라지는데, ☐☐☐☐☐ 열곡대는 그 예이다.

18 수렴형 경계 중에서 두 ☐☐판이 충돌하는 곳에는 충돌형 수렴 경계가 형성된다.

19 해령과 해령 사이 구간에서는 두 판이 서로 어긋나면서 산안드레아스 단층과 같은 ☐☐ ☐☐이 발달한다.

20 약 12억 년 전부터 약 8억 년 전까지 형성된 초대륙을 ☐☐☐☐라고 한다.

21 ☐☐☐가 분리되면서 대륙이 이동하였고, 점차 현재와 같은 대륙 분포가 만들어졌다.

📦 OX 문제로 개념 익히기

22 해양 지각은 해령에서 생성되어 해령으로부터 점차 멀어지고, 해구에서 소멸된다. (O / X)

23 섭입형 수렴 경계에서는 천발~심발 지진, 충돌형 수렴 경계에서는 천발~중발 지진이 발생한다. (O / X)

24 섭입형 수렴 경계에서는 화산 활동이 활발하지만 충돌형 수렴 경계에서는 화산 활동이 거의 일어나지 않는다. (O / X)

25 히말라야산맥은 섭입형 수렴 경계에서 형성되었고, 안데스산맥은 충돌형 수렴 경계에서 형성되었다. (O / X)

26 해령을 수직으로 절단하는 단층에서는 해령과 해령 사이의 구간에서만 천발 지진이 발생한다. (O / X)

27 로디니아는 지구의 역사에서 가장 오래 전에 형성된 초대륙이다. (O / X)

28 애팔래치아산맥은 대륙이 모여 판게아가 형성되는 과정에서 만들어졌다. (O / X)

Point 전 세계 판의 분포를 이해하고, 판의 경계에서 나타나는 지각 변동의 특징에 대해 알아보자.

❶ 그림은 전 세계 판의 분포와 경계를 나타낸 것이다.

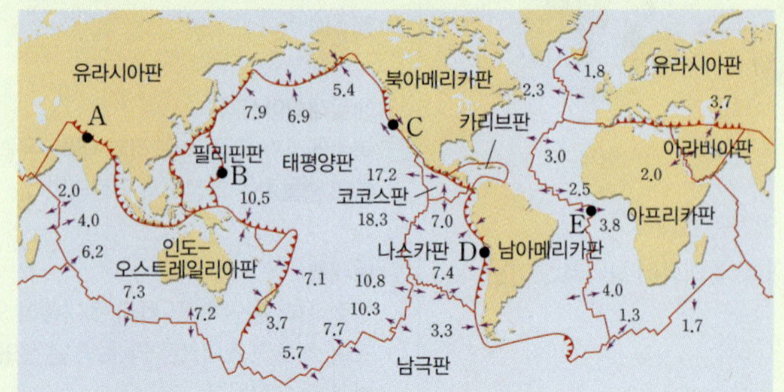

1. A, B, D는 수렴형 경계를 이룬다.

⋯ A는 인도－오스트레일리아판(대륙판)과 유라시아판(대륙판)이 충돌하므로 충돌형 수렴 경계를 이룬다. 히말라야 산맥이 발달하고, 천발~중발 지진이 발생한다.

⋯ B는 태평양판(해양판)이 필리핀판(해양판) 아래로 섭입하므로 섭입형 수렴 경계를 이룬다. 해구와 호상 열도가 발달하고, 천발~심발 지진이 발생한다.

⋯ D는 나스카판(해양판)이 남아메리카판(대륙판) 아래로 섭입하므로 섭입형 수렴 경계를 이룬다. 해구가 발달하고 대륙 쪽에서 화산이 나열되며, 천발~심발 지진이 발생한다.

2. C는 보존형 경계를 이룬다.

⋯ 태평양판이 북서쪽으로 이동하고, 북아메리카판이 남동쪽으로 이동하여 두 판 사이에 보존형 경계를 형성한다.

⋯ 변환 단층이 발달하며, 두 판의 상대적인 운동으로 천발 지진이 발생한다.

3. E는 발산형 경계를 이룬다.

⋯ 남아메리카판과 아프리카판이 발산형 경계를 이루며, 대서양 중앙 해령이 남북 방향으로 형성되어 대서양 해양저가 확장되고 있다.

⋯ 해령과 열곡이 발달하며, 장력에 의한 단층이 생기면서 천발 지진이 발생한다.

❷ 그림 (가), (나), (다)는 서로 다른 지역에 형성된 판의 경계를 나타낸 것이다.

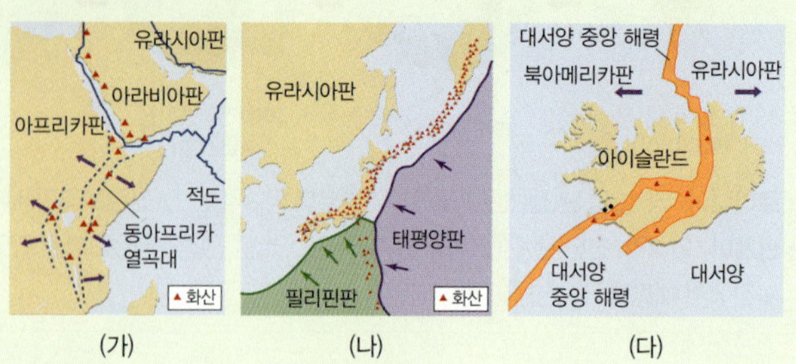

1. (가)는 동아프리카 열곡대이다.

⋯ 맨틀 대류의 상승부에 위치하여 장력이 작용하므로 두 대륙판이 갈라지면서 좁고 긴 열곡대가 형성된다.

⋯ 판이 갈라지면서 천발 지진이 발생한다.

⋯ 열곡대를 따라 마그마가 분출하여 화산 활동이 일어난다.

2. (나)는 우리나라 주변에 있는 판의 분포이다.

⋯ 우리나라 주변에는 대륙판인 유라시아판과 해양판인 필리핀판, 태평양판이 분포한다.

⋯ 태평양판은 필리핀판과 유라시아판 아래로 섭입하고, 필리핀판은 유라시아판 아래로 섭입하면서 각각 해구가 형성된다.

⋯ 태평양판과 필리핀판이 각각 섭입하면서 섭입대를 형성하므로 천발~심발 지진이 발생한다.

⋯ 해구와 나란하게 화산 활동이 일어나 호상 열도가 형성된다.

3. (다)는 아이슬란드이다.

⋯ 아이슬란드는 북아메리카판과 유라시아판이 경계를 이루는 대서양 중앙 해령 위에 있다.

⋯ 대서양 중앙 해령이 아이슬란드를 지나므로 해령의 열곡이 육지로 드러나 있다.

⋯ 해령을 따라 천발 지진과 화산 활동이 일어난다.

정답과 해설 p.05

예제 ❶

위 그림의 A 지역과 D 지역에 대한 설명으로 옳은 것만을 |보기|에서 있는 대로 고른 것은?

┌ 보기 ┐
ㄱ. A에서는 충돌형 수렴 경계가 형성된다.
ㄴ. A와 D에서는 모두 습곡 산맥이 나타난다.
ㄷ. 진원의 평균적인 깊이는 A가 D보다 깊다.

① ㄱ ② ㄷ ③ ㄱ, ㄴ
④ ㄴ, ㄷ ⑤ ㄱ, ㄴ, ㄷ

예제 ❷

위 그림 (가), (나), (다)의 판 경계에 대한 설명으로 옳은 것만을 |보기|에서 있는 대로 고른 것은?

┌ 보기 ┐
ㄱ. (가)와 (다)는 맨틀 대류의 상승부이다.
ㄴ. (나)에서 태평양판은 유라시아판보다 밀도가 크다.
ㄷ. (가), (나), (다)에서는 모두 화산 활동이 일어난다.

① ㄱ ② ㄷ ③ ㄱ, ㄴ
④ ㄴ, ㄷ ⑤ ㄱ, ㄴ, ㄷ

개념 다지기 문제

01 그림은 나침반의 자침을 나타낸 것이다.
이에 대한 설명으로 옳은 것만을 |보기|에서 있는 대로 고른 것은?

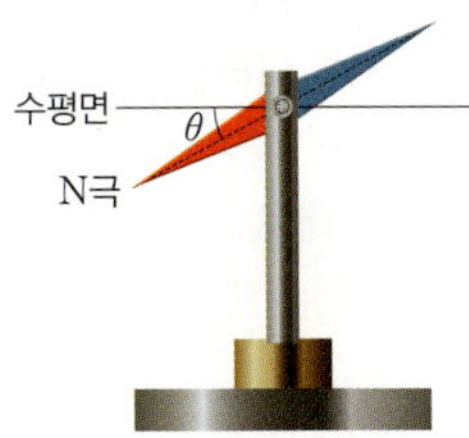

보기
ㄱ. 현재 우리나라에서는 N극이 지표면 쪽을 향한다.
ㄴ. 지리상 북극에서 나침반 자침의 N극은 수평면에 대해 90°이다.
ㄷ. 자기 적도에서 θ는 0°이다.

① ㄱ   ② ㄴ   ③ ㄱ, ㄷ
④ ㄴ, ㄷ   ⑤ ㄱ, ㄴ, ㄷ

02 그림은 지구 자기장과 지표면상의 세 지점 A, B, C를 나타낸 것이다.
이에 대한 설명으로 옳은 것만을 |보기|에서 있는 대로 고른 것은?

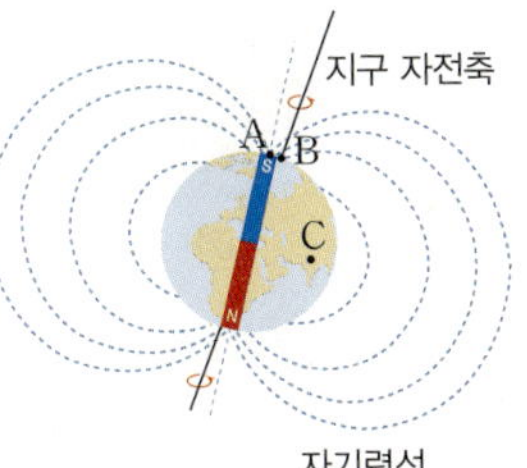

보기
ㄱ. A 지점은 지리상 북극이다.
ㄴ. C에서 나침반의 자침은 B 지점을 향한다.
ㄷ. C에서 측정한 A 쪽 방향과 B 쪽 방향 사이의 각도를 편각이라고 한다.

① ㄱ   ② ㄷ   ③ ㄱ, ㄴ
④ ㄴ, ㄷ   ⑤ ㄱ, ㄴ, ㄷ

03 그림은 하늘에서 지리상 북극을 내려다 본 모습을 나타낸 것이다.
A, B, C 지점의 복각의 크기가 큰 것부터 순서대로 나열한 것은?

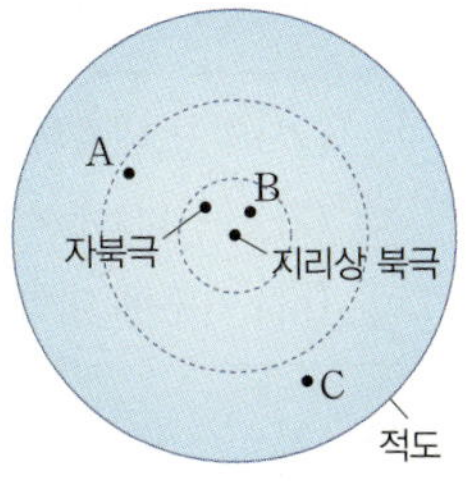

① A−B−C   ② A−C−B
③ B−A−C   ④ B−C−A
⑤ C−A−B

04 그림 (가)는 현재 유럽 대륙과 북아메리카 대륙에서 알아낸 지자기 북극의 이동 경로를, (나)는 3억 년 전의 지자기 북극을 일치시켰을 때 두 대륙의 분포를 나타낸 것이다.

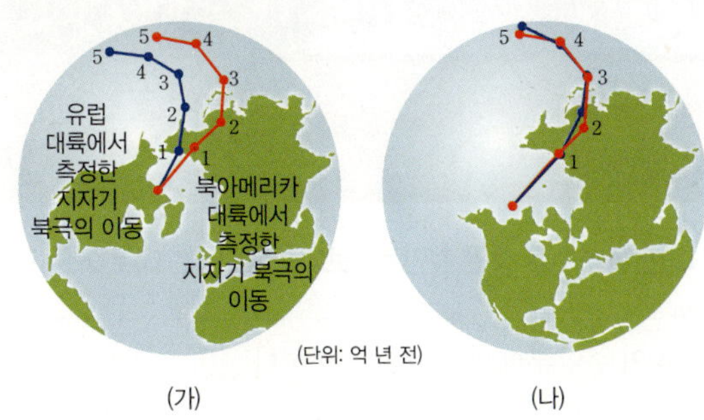

이에 대한 설명으로 옳은 것만을 |보기|에서 있는 대로 고른 것은?

보기
ㄱ. 과거에 지자기 북극의 위치가 2개였던 시기가 있었다.
ㄴ. 유럽 대륙과 북아메리카 대륙은 3억 년 전에 한 덩어리로 모여 있었다.
ㄷ. (가)와 (나)의 연구는 대륙 이동설을 지지하는 증거가 된다.

① ㄱ   ② ㄷ   ③ ㄱ, ㄴ
④ ㄴ, ㄷ   ⑤ ㄱ, ㄴ, ㄷ

05 표는 7100만 년 전부터 현재까지 인도 대륙의 위도 변화를 나타낸 것이다.

시기(만 년 전)	7100	5500	3800	1000	현재
위도	30°S	11°S	3°N	16°N	20°N

이에 대한 설명으로 옳은 것만을 |보기|에서 있는 대로 고른 것은?

보기
ㄱ. 인도 대륙의 위도 변화는 암석 내의 고지자기 편각을 측정하여 알아낸다.
ㄴ. 인도 대륙은 한때 적도에 위치한 적이 있다.
ㄷ. 이 기간 동안 인도 대륙의 이동 속도는 현재로 올수록 빨라졌다.

① ㄱ   ② ㄴ   ③ ㄱ, ㄷ
④ ㄴ, ㄷ   ⑤ ㄱ, ㄴ, ㄷ

개념 다지기 문제

06 그림은 판의 경계 A, B, C를 나타낸 것이다.

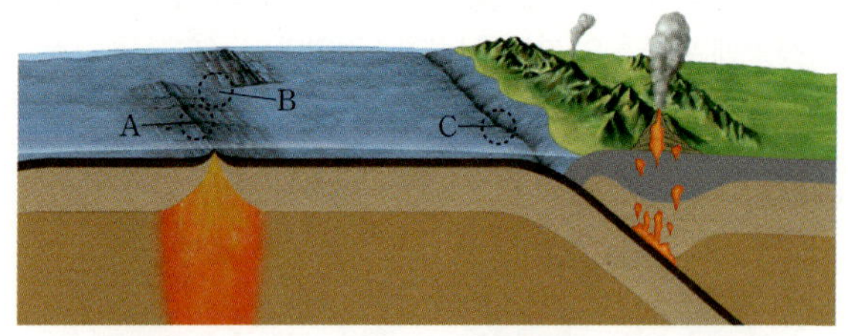

이에 대한 설명으로 옳은 것만을 |보기|에서 있는 대로 고른 것은?

> |보기|
> ㄱ. A의 중앙부에는 열곡이 발달한다.
> ㄴ. B는 맨틀 대류의 상승부이다.
> ㄷ. A에서는 횡압력이 우세하고, C에서는 장력이 우세하다.

① ㄱ　　　　② ㄷ　　　　③ ㄱ, ㄴ
④ ㄴ, ㄷ　　　⑤ ㄱ, ㄴ, ㄷ

07 그림은 전 세계 판의 분포를 나타낸 것이다.

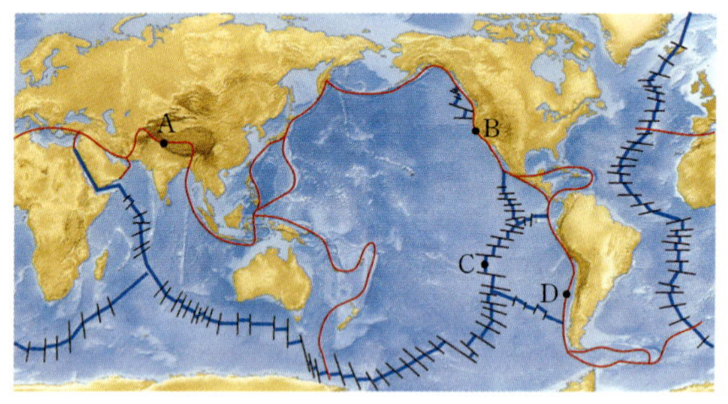

판의 경계 A~D에 대한 설명으로 옳은 것만을 |보기|에서 있는 대로 고른 것은?

> |보기|
> ㄱ. A와 B에서는 화산 활동이 거의 일어나지 않는다.
> ㄴ. B의 경계를 형성한 두 판 중 남서쪽의 판은 남동쪽으로 이동한다.
> ㄷ. C는 맨틀 대류의 상승부이고, D는 맨틀 대류의 하강부이다.

① ㄱ　　　　② ㄴ　　　　③ ㄱ, ㄷ
④ ㄴ, ㄷ　　　⑤ ㄱ, ㄴ, ㄷ

08 그림은 우리나라 주변에 있는 판의 분포를 나타낸 것이다.
이에 대한 설명으로 옳은 것만을 |보기|에서 있는 대로 고른 것은?

> |보기|
> ㄱ. A 부근에서 진앙은 주로 유라시아판 쪽에 분포한다.
> ㄴ. 유라시아판과 필리핀판에서는 호상 열도가 발달한다.
> ㄷ. 판의 밀도는 태평양판 > 필리핀판 > 유라시아판이다.

① ㄱ　　　　② ㄷ　　　　③ ㄱ, ㄴ
④ ㄴ, ㄷ　　　⑤ ㄱ, ㄴ, ㄷ

09 그림 (가)와 (나)는 서로 다른 두 시기에 형성된 초대륙을 나타낸 것이다.

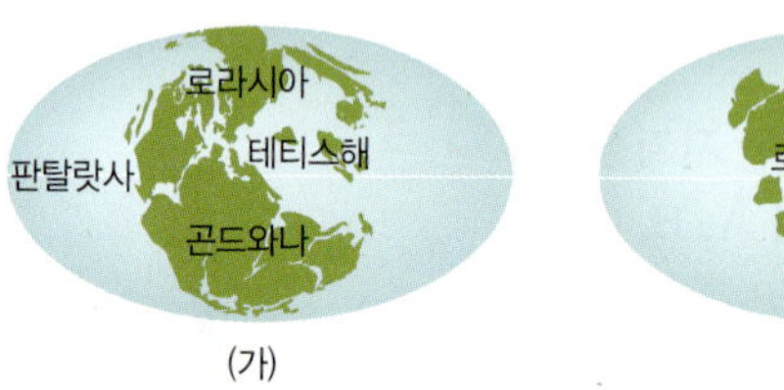

이에 대한 설명으로 옳은 것만을 |보기|에서 있는 대로 고른 것은?

> |보기|
> ㄱ. (가)는 (나)보다 먼저 형성되었다.
> ㄴ. (가)가 형성되면서 애팔래치아산맥이 만들어졌다.
> ㄷ. (나)가 분리되면서 대서양이 형성되기 시작하였다.

① ㄱ　　　　② ㄴ　　　　③ ㄱ, ㄷ
④ ㄴ, ㄷ　　　⑤ ㄱ, ㄴ, ㄷ

10 다음은 초대륙 형성과 분리 과정의 일부를 나타낸 것이다.

(가)	⇒	(나)	⇒	(다)
초대륙 형성		해구와 섭입대 형성		해양 지각 소멸

이에 대한 설명으로 옳은 것만을 |보기|에서 있는 대로 고른 것은?

> |보기|
> ㄱ. (가)의 초대륙에는 습곡 산맥이 분포한다.
> ㄴ. (가) → (나)에서 해양저가 확장된다.
> ㄷ. (다) 이후에 대륙과 대륙의 충돌이 일어난다.

① ㄱ　　　　② ㄴ　　　　③ ㄱ, ㄷ
④ ㄴ, ㄷ　　　⑤ ㄱ, ㄴ, ㄷ

고난도 문제

11 그림 (가)는 동아프리카 열곡대를, (나)는 알류샨 해구를 나타낸 것이다.

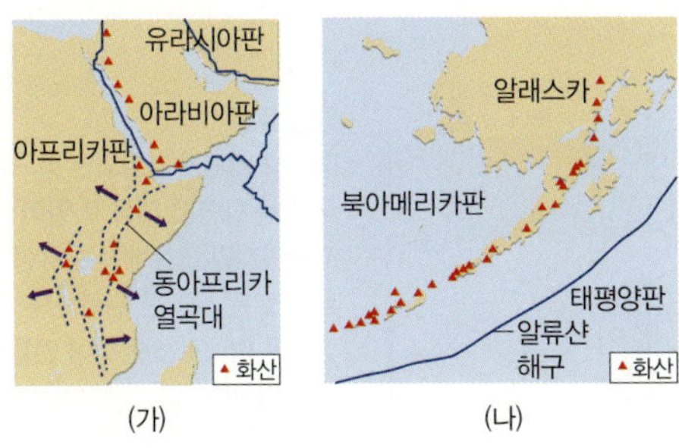

이에 대한 설명으로 옳은 것만을 |보기|에서 있는 대로 고른 것은?

|보기|
ㄱ. (가)에서는 대륙이 갈라지고 있다.
ㄴ. (나)에서 판의 밀도는 태평양판이 북아메리카판보다 크다.
ㄷ. (가)에서는 맨틀 대류의 하강, (나)에서는 맨틀 대류의 상승에 의해 화산 활동이 일어난다.

① ㄱ ② ㄷ ③ ㄱ, ㄴ
④ ㄴ, ㄷ ⑤ ㄱ, ㄴ, ㄷ

12 그림 (가)와 (나)는 서로 다른 시기의 대륙 분포를 나타낸 것이다.

이에 대한 설명으로 옳은 것만을 |보기|에서 있는 대로 고른 것은?

|보기|
ㄱ. (가)와 (나)는 2억 년 전 이후의 대륙 분포이다.
ㄴ. (나)의 시기에는 히말라야산맥이 형성되었다.
ㄷ. 남대서양은 북대서양보다 먼저 형성되기 시작하였다.

① ㄱ ② ㄴ ③ ㄱ, ㄷ
④ ㄴ, ㄷ ⑤ ㄱ, ㄴ, ㄷ

서술형 문제

13 그림은 동일 경도선을 따라 A→B→C 세 지점으로 이동하면서 나침반 자침의 N극과 수평면이 이루는 각도를 측정하여 나타낸 것이다. 나침반이 이동한 방향(북쪽 또는 남쪽)과 이동한 후의 위치(북반구 또는 남반구)를 쓰고, 그렇게 판단한 근거를 서술하시오.

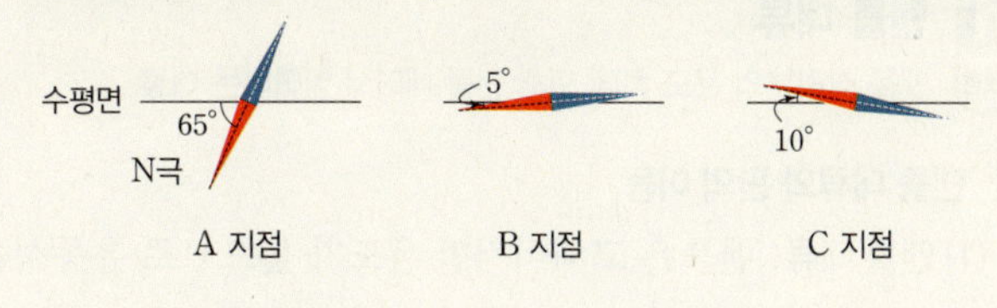

14 그림은 위도와 복각의 관계를, 표는 7100만 년 전과 현재 인도 대륙의 복각을 나타낸 것이다. 7100만 년 전은 정자극기였고, 지리상 북극의 위치는 변하지 않았다. 위도 1° 사이의 거리를 110 km라고 할 때 7100만 년 동안 인도 대륙의 평균 이동 속력(cm/년)을 구하는 과정과 답을 쓰시오. (단, 답은 소수 첫째 자리에서 반올림할 것)

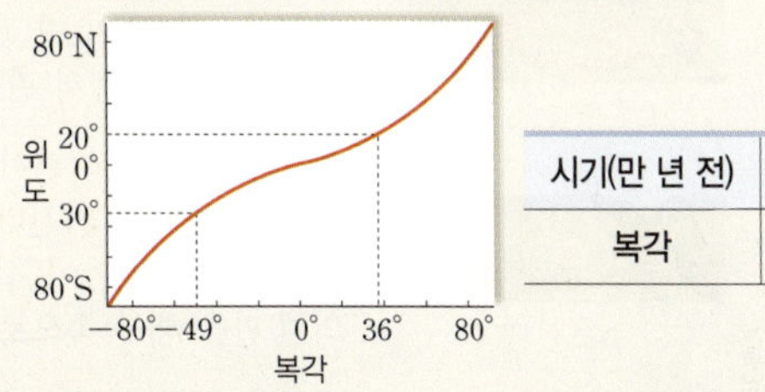

시기(만 년 전)	7100	현재
복각	−49°	36°

15 그림은 어느 지역의 판 경계를 모식적으로 나타낸 것이다.
이 지역에서 화산 활동에 의해 나타나는 특징적인 지형을 쓰고, 이 지역에서 발생하는 지진의 특징을 진원 분포와 관련지어 서술하시오.

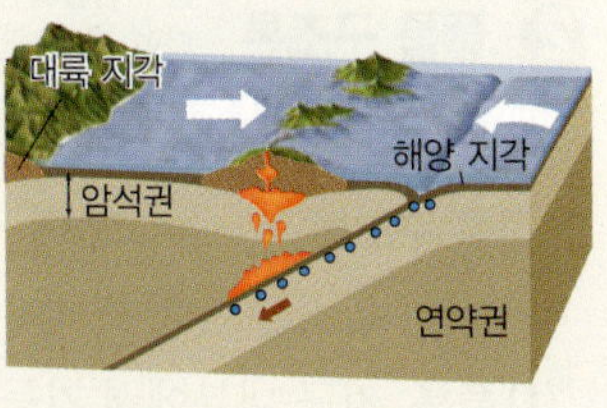

16 나스카판과 남아메리카판이 만나는 경계에서는 나스카판이 남아메리카판 아래로 섭입한다. 그 까닭은 무엇인지 판의 밀도와 관련지어 서술하시오.

03

I - 1 지권의 변동

맨틀의 운동과 화성암

KEY
맨틀 대류, 판의 이동, 뜨거운 플룸, 차가운 플룸, 열점, 화산, 마그마 종류, 마그마 생성, 화성암의 성질, 화성암의 분류, 우리나라의 화성암

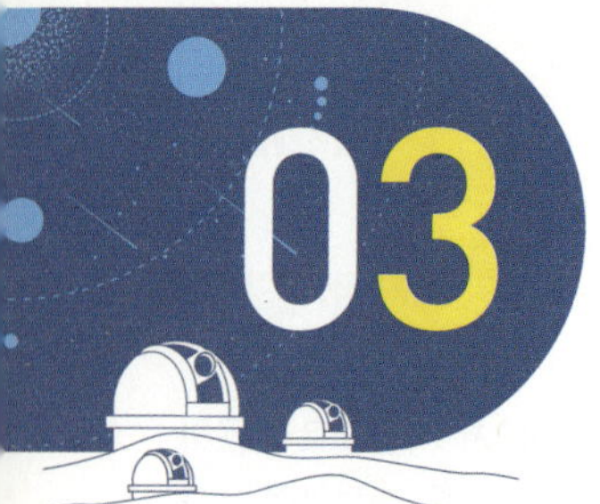

1 맨틀 대류

개념 맨틀 상하부의 온도 차에 의해 맨틀 내에서 일어나는 대류

1. 맨틀 대류와 판의 이동

(1) 맨틀 대류: 맨틀은 고체이지만 온도가 높으므로 유동성을 띠고 있으며, 깊이가 깊어질수록 온도가 높아지므로 맨틀 대류가 일어난다. 맨틀은 부분 용융 상태이므로 반유동성 고체이다.

맨틀 대류 상승부	• 가열된 맨틀 물질이 상승하여 새로운 판이 생성된다. • 판이 갈라져 이동하면서 해령이나 열곡대가 형성된다.
맨틀 대류 하강부	• 냉각된 맨틀 물질이 하강하면서 오래된 해양판이 섭입하여 소멸한다. • 판의 섭입이 일어나는 곳에 해구가 형성된다.

(2) 판의 이동: 맨틀이 대류하면 연약권 위에 놓인 판은 대류의 방향을 따라 이동한다.

2. 판 이동의 원동력

해령에서 밀어내는 힘		• 해령은 맨틀 대류가 상승하는 곳으로, 이곳에서는 고온의 마그마가 분출한다. • 해령에서 고온의 마그마가 분출하여 새로운 판이 만들어지는 과정에서 판을 밀어내는 힘이 작용한다.
해구에서 당기는 힘		• 해령에서 생성된 판이 해구로 이동하는 동안 해양판의 밀도가 점차 커진다. • 해구에서 해양판이 섭입하면 해양판 자체의 무게에 의해 판을 해구 쪽으로 잡아당기는 힘이 작용한다.
판이 미끄러지는 힘		• 해령과 해구 사이에서는 맨틀 대류가 수평으로 나타난다. • 맨틀 대류의 수평적인 흐름이 판에 마찰을 일으켜 판을 움직이는 힘이 작용한다.

2 플룸 구조론

상부 맨틀 운동을 포함하는 판 구조론이 판이 섭입되기 전까지 지표면에서 발생하는 지각 변동을 설명한다면, 판의 섭입이 시작되면서부터는 플룸 구조론이 맨틀을 포함한 지구 내부 운동을 설명한다.

개념 플룸의 상승이나 하강으로 지구 내부의 변동이 일어난다는 이론

1. 플룸 구조론: 판 내부의 대규모 화산 활동을 설명하기 위해 등장한 이론으로, 플룸의 상승이나 하강으로 지구 내부의 변동을 설명하는 이론이다.

(1) 플룸: 지구 내부에서 기둥 모양으로 상승하거나 하강하는 맨틀 물질 덩어리

(2) 차가운 플룸과 뜨거운 플룸

차가운 플룸	• 섭입하는 해양판이 상부 맨틀과 하부 맨틀의 경계에 쌓여 있다가 맨틀과 외핵의 경계로 가라앉으면서 생성된다. • 저온의 열기둥으로, 플룸 하강류라고도 한다.
뜨거운 플룸	• 차가운 플룸이 맨틀과 외핵의 경계에 도달하면 경계면의 온도 구조가 교란되면서 뜨거운 맨틀 물질이 상승하여 생성된다. • 고온의 열기둥으로, 플룸 상승류라고도 한다.

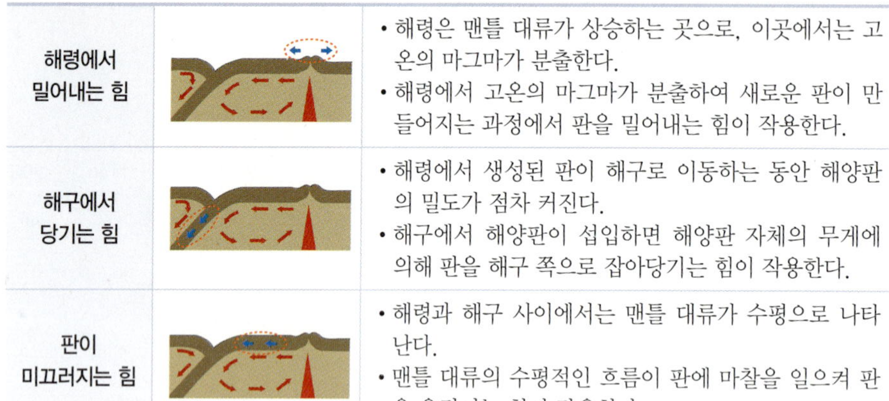

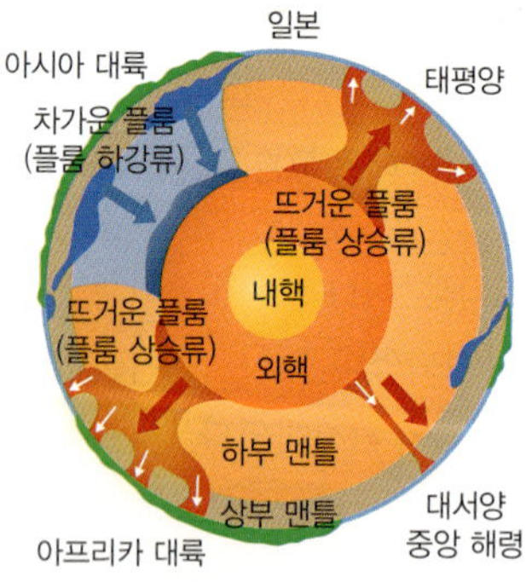

▲ 플룸 구조 모식도

맨틀 대류
액체나 기체가 가열되면 밀도가 작아져 위로 상승하면서 대류가 일어난다. 맨틀은 고체이지만 고온에서는 유동성이 있으므로 가열된 물질은 위로 상승하고, 냉각된 물질은 아래로 하강하여 맨틀에서도 대류가 일어난다.

연약권
암석권 아래에 있으며, 맨틀 대류가 일어나는 깊이 100~400 km의 부분

섭입하는 판이 잡아당기는 힘

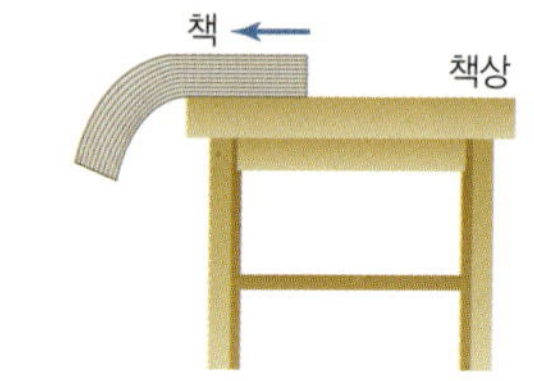

책상 가장자리에 책을 두고 조심스럽게 밀어보면 처음에는 책이 바닥을 향해 천천히 내려가지만 나중에는 책 자체의 무게에 의해 빠르게 내려간다. 섭입대에서 판을 잡아당기는 힘은 이와 같다.

판을 움직이는 힘과 판의 이동 속도
인도-오스트레일리아판은 남아메리카판보다 이동 속도가 약 2배 빠르다. 이는 인도-오스트레일리아판은 섭입대에서 판이 섭입하면서 해구에서 잡아당기는 힘이 작용하지만 남아메리카판은 섭입대가 없어 해구에서 잡아당기는 힘이 작용하지 않기 때문이다.

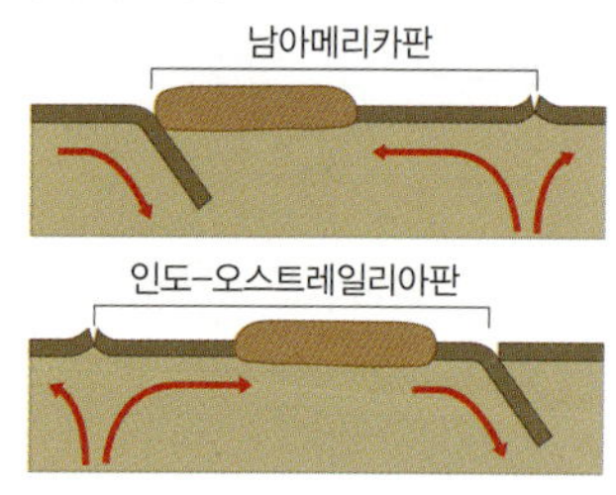

주의! 오개념
판 내부의 화산 활동
하와이 열도 등은 판의 경계가 아닌 판 내부에서 화산 활동이 일어난 예이다.

2. **플룸 구조론에 따른 지구 내부 운동**: 현재 아시아 대륙 아래에는 거대한 차가운 플룸이 하강하고, 남태평양과 아프리카 대륙에서는 거대한 뜨거운 플룸이 상승한다.

3. **지진파 속도 분포와 플룸**: 지구 내부에서 지진파의 속도 분포를 연구하여 플룸의 상승과 하강을 알아낼 수 있다.

> ### 지진파의 속도와 플룸
> 그림은 동아프리카 열곡대의 A~B 사이에서 깊이에 따른 P파의 속도 분포를 나타낸 것이다.
>
> 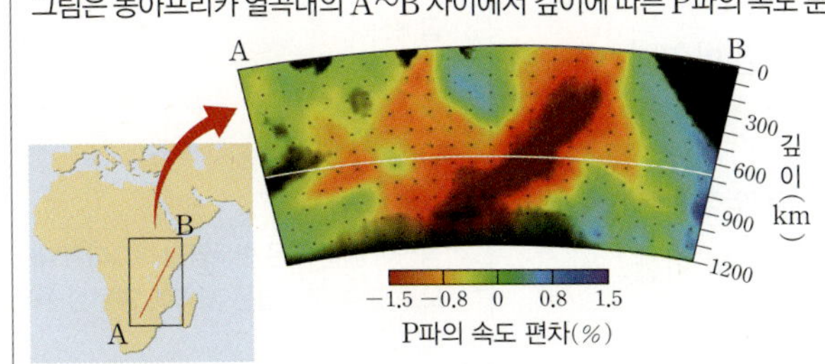
>
>
> • 지하 물질의 온도가 낮을수록 지진파의 속도가 빠르고, 지하 물질의 온도가 높을수록 지진파의 속도가 느리다.
> • 검붉은 부분은 주변의 맨틀보다 온도가 높아 지진파의 속도가 느린 곳이므로 뜨거운 플룸이 상승하는 영역이다.

지진파 토모그래피
지진파의 속도를 분석하여 지구 내부의 온도 분포를 알아내는 기술로, 고온의 영역에서는 지진파의 속도가 느리고, 저온의 영역에서는 지진파의 속도가 빠르다.

4. **열점**: 뜨거운 플룸이 상승하여 지표면과 만나는 지점 아래에 마그마가 생성되는 곳
   (1) **열점의 분포**: 판의 경계뿐만 아니라 판의 내부에도 존재한다. ➡ 판의 내부에서 일어나는 화산 활동을 설명할 수 있다.
   (2) **열점과 판의 운동**: 열점은 맨틀 깊은 곳에 있으므로 판이 이동하여도 열점은 이동하지 않으며, 한 지점에서 계속 화산 활동이 일어난다.

판 구조론과 플룸 구조론
판 구조론은 판의 수평 운동과 판의 섭입 과정에서 수직 운동을 설명하고, 플룸 구조론은 지구 내부에서의 대규모 수직 운동을 설명한다.

> ### 하와이 열도의 형성 과정
>
> 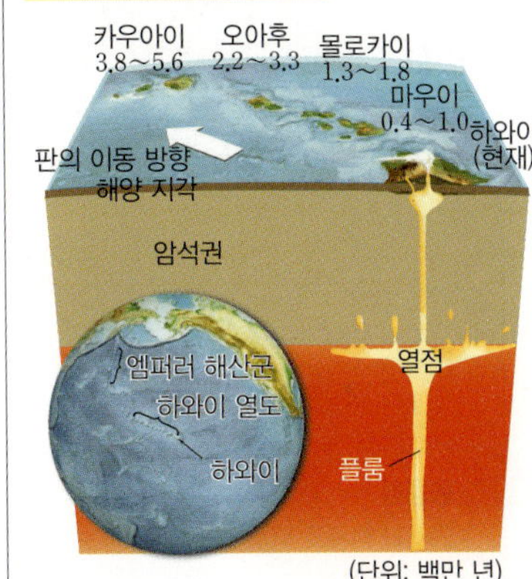
>
>
> • 하와이섬을 포함하여 북서쪽으로 나열된 여러 섬들이 하와이 열도를 형성한다.
> • 현재 하와이섬에서는 화산 활동이 일어난다. ➡ 하와이섬의 지하에 열점이 위치한다.
> • 하와이섬에서 북서쪽으로 갈수록 화산섬의 나이가 많아진다. ⇨ 열점 위(현재의 하와이섬)에서 생성된 화산섬은 태평양판의 이동 방향을 따라 북서쪽으로 이동하고, 그 후의 화산 활동으로 새로운 화산섬이 생성되었다.
> • 미래에 하와이섬도 북서쪽으로 이동할 것이며, 하와이섬의 남동쪽에 새로운 화산섬이 생성될 것이다.

열점의 분포

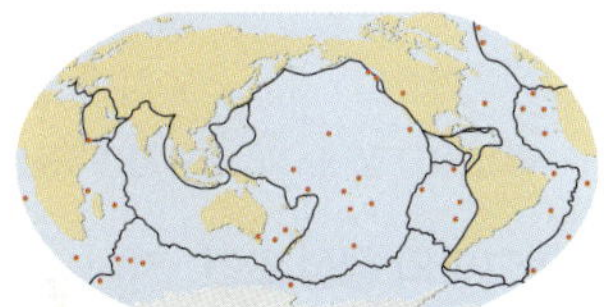

전 세계적으로 확인된 열점은 수십여 개로, 대륙판과 해양판 내부에도 있다.

개념 익히기 문제

정답과 해설 p.08

🧠 교과서 문장으로 개념 익히기

01 맨틀 대류의 [ ][ ][ ]에서는 판이 갈라져 이동하면서 새로운 판이 생성된다.

02 해령과 해구 사이의 연약권에서는 [ ][ ] 방향의 맨틀 대류가 판을 움직이는 힘으로 작용한다.

03 플룸의 상승이나 하강으로 지구 내부의 변동을 설명하는 이론을 [ ][ ][ ][ ]이라고 한다.

04 차가운 플룸은 섭입대의 깊은 곳에 쌓여 있던 해양판이 [ ][ ]과 [ ][ ]의 경계로 가라앉으면서 생성된다.

05 판의 내부에서 뜨거운 플룸이 상승하여 지표면과 만나는 지점 아래에 마그마가 생성되는 곳을 [ ][ ]이라고 한다.

📦 OX 문제로 개념 익히기

06 맨틀이 대류를 하는 것은 물질이 녹아 고온의 액체 상태를 유지하기 때문이다. (O / X)

07 해령에서는 판을 밀어내는 힘이 작용하고, 해구에서는 판을 당기는 힘이 작용한다. (O / X)

08 차가운 플룸은 주변 맨틀 물질보다 밀도가 크고, 뜨거운 플룸은 주변 맨틀 물질보다 밀도가 작다. (O / X)

09 지하에서 지진파의 속도는 물질의 온도가 높을수록 빠르고, 온도가 낮을수록 느리다. (O / X)

10 열점의 위치는 판의 이동 방향을 따라 변하므로 화산섬이 한 방향으로 배열된다. (O / X)

변동대의 마그마 생성

개념 3 현무암질 마그마는 해령, 열점, 섭입대에서, 안산암질 마그마와 유문암질 마그마는 섭입대와 대륙 지각 하부에서 생성된다.

1. 화산과 마그마의 성질

(1) **화산**: 지하에서 생성된 마그마의 내부 압력이 충분히 높아지면 마그마가 지표로 분출하는데, 이러한 과정으로 생성된 산을 화산이라고 한다. ⇨ 마그마의 성질에 따라 화산의 분출 형태나 화산체의 모양이 달라진다.

(2) **마그마의 성질**: 화학 조성(SiO_2 함량)에 따라 현무암질 마그마, 안산암질 마그마, 유문암질(화강암질) 마그마로 구분한다.

구분	현무암질 마그마	안산암질 마그마	유문암질 마그마
SiO_2 함량	52 % 이하	52~63 %	63 % 이상
온도	높다.	←————→	낮다.
점성(유동성)	작다(크다).	←————→	크다(작다).
휘발 성분	적다.	←————→	많다.
분출 형태	조용히 분출	←————→	폭발적 분출
화산체의 경사	완만하다.	←————→	급하다.
화산체의 모양	▲ 순상 화산 점성이 작은 마그마가 분출하여 경사가 완만함.	▲ 성층 화산 용암과 화산재 등이 교대로 분출하여 형성됨.	▲ 종상 화산 점성이 큰 마그마가 분출하여 경사가 급함.

└ 화산체의 경사는 마그마의 점성(유동성)에 의해 결정된다.

2. 마그마의 생성 조건
지하의 온도가 암석의 용융점보다 높으면 암석이 녹아 마그마가 생성된다.

(1) **지하의 온도 분포와 암석의 용융**: 지표에서 지구 내부로 들어갈수록 지하의 온도와 압력이 높아지지만 맨틀의 용융점도 높아진다. ⇨ 맨틀의 용융점이 같은 깊이의 지하 온도보다 높으므로 마그마가 생성되지 않는다.

(2) **마그마의 생성 조건**: 맨틀이 녹아 마그마가 되기 위해서는 맨틀의 온도가 상승하거나 맨틀의 압력 감소나 H_2O의 첨가에 의해 맨틀의 용융점이 낮아져야 한다.

화강암질 마그마의 생성 조건

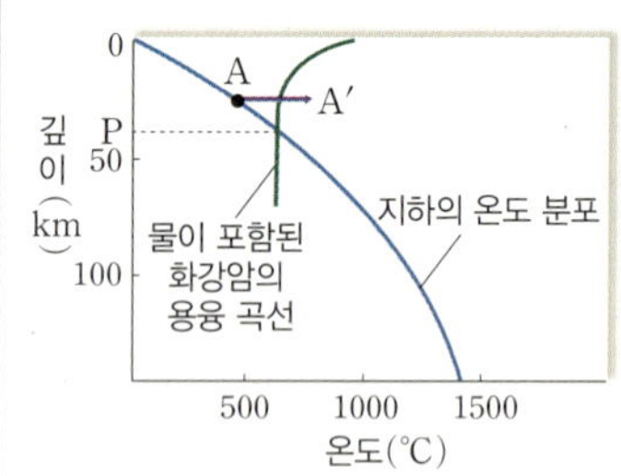

- 물을 포함한 화강암의 경우 지하 깊이 내려갈수록 용융점이 낮아진다. ➡ 깊이 P보다 더 내려가면 지하의 온도가 화강암의 용융점보다 높아져 화강암질 마그마가 생성될 수 있다.
- A의 깊이에서 화강암에 열이 공급되어 온도가 A′로 높아지면 화강암질 마그마가 생성될 수 있다.
  ➡ A → A′로 되는 환경은 고온의 현무암질 마그마가 화강암질 암석으로 이루어진 지역으로 관입할 때 형성될 수 있다.

현무암질 마그마의 생성 조건

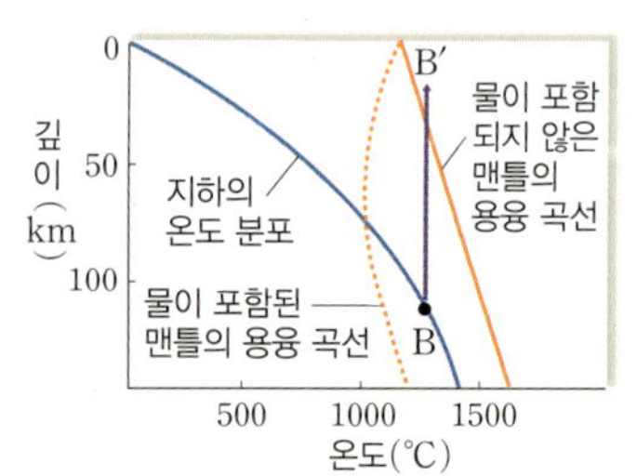

- 물이 포함되지 않은 맨틀의 경우 지하 깊이 내려갈수록 맨틀의 용융점이 높아진다. ➡ 현무암질 마그마가 생성되지 않는다.
- B의 맨틀이 빠르게 상승하여 B′가 되면 현무암질 마그마가 생성될 수 있다. ➡ 발산형 경계의 하부에서 생성되는 마그마
- 맨틀에 물이 포함되면 용융점이 낮아지므로 현무암질 마그마가 생성될 수 있다. ➡ 섭입형 수렴 경계 부근에서 섭입하는 해양판에서 나온 물에 의해 맨틀이 부분 용융되어 생성되는 마그마

마그마

규산염 물질이 녹아 있는 것을 마그마라고 한다.

화산체의 경사

마그마의 점성이 클수록 화산체의 경사가 급해진다.

용암 대지

점성이 매우 작은 현무암질 마그마가 대규모로 분출하면 넓은 지역에 평탄한 용암 대지를 형성한다.

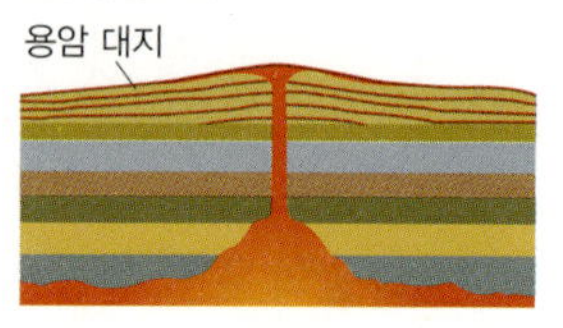

용융점

고체가 액체로 바뀌는 온도로, 녹는점이라고도 한다.

대륙 지각의 구성 암석

대륙 지각은 화강암질 암석으로 이루어져 있으며, 화강암질 암석을 구성하는 광물 중에는 물을 포함하는 광물(함수 광물)이 많이 포함되어 있다.

맨틀의 구성 암석

맨틀은 감람암질 암석으로 이루어져 있으며, 감람암질 암석을 구성하는 광물 중에는 물을 포함하는 광물(함수 광물)이 거의 없다. 따라서 맨틀에 물이 포함되기 위해서는 판의 운동을 통해 지표로부터 공급되어야 한다.

암기 꼭!

마그마의 생성 조건
- 온도: ↑
- 압력: ↓
- 물의 첨가에 의한 용융점 하강

3. **변동대에서의 마그마 생성**: 현무암질 마그마는 해령, 열점, 섭입대에서 생성되고, 안산암질 마그마와 유문암질(화강암질) 마그마는 섭입대와 대륙 지각 하부에서 각각 생성된다.

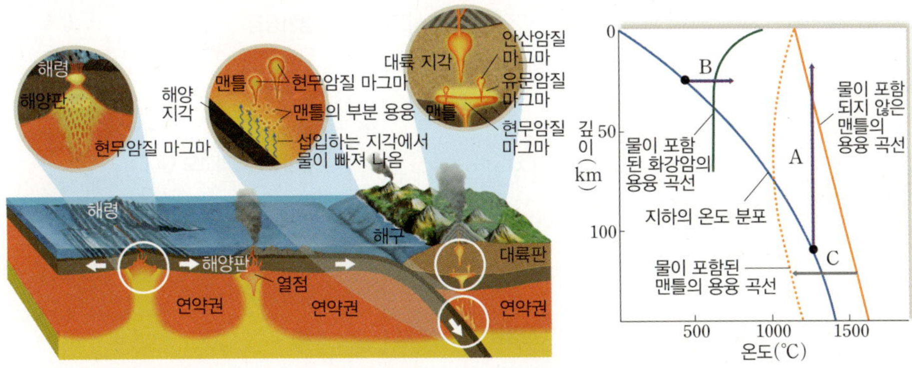

(1) **해령**: 맨틀 대류에 의해 고온의 맨틀 물질이 상승하면 압력이 크게 낮아지므로 맨틀 물질이 용융되어 현무암질 마그마가 생성된다. ➡ A 과정

(2) **열점**: 뜨거운 플룸에 의해 고온의 맨틀 물질이 상승하면 압력이 크게 낮아지므로 맨틀 물질이 용융되어 현무암질 마그마가 생성된다. ➡ A 과정

(3) **섭입대(현무암질 마그마)**: 해구에서 해양판이 대륙판 아래로 섭입하면 온도와 압력이 상승하여 해양 지각에서 물이 빠져나오고, 섭입하는 해양판 위의 맨틀(연약권)에 물이 유입되면 맨틀의 용융점이 낮아져 맨틀 물질이 용융되어 현무암질 마그마가 생성된다. ➡ C 과정

(4) **대륙 지각 하부(유문암질 마그마)**: 섭입대의 지하에서 생성된 현무암질 마그마가 상승하여 대륙 지각의 하부에 도달하면 대륙 지각이 가열되어 유문암질(화강암질) 마그마가 생성된다. ➡ B 과정

(5) **대륙 지각 하부(안산암질 마그마)**: 대륙 지각 하부에서 생성된 유문암질 마그마(B 과정)와 대륙 지각을 가열시킨 현무암질 마그마(C 과정)가 혼합되면 안산암질 마그마가 생성된다.

해양 지각의 구성 광물
해양 지각은 현무암질 암석으로 이루어져 있으므로 각섬석 등과 같은 함수 광물을 포함하고 있다.

섭입형 경계와 안산암
해양판이 섭입하면서 형성된 호상 열도와 습곡 산맥에서는 화산 활동이 활발하게 일어나 안산암질 마그마가 분출한다. 태평양 주변부에는 안산암이 분포하는 지역이 선으로 연결되는데, 이를 안산암선이라고 한다.

안산암질 마그마
SiO_2 함량이 현무암질 마그마와 유문암질 마그마의 중간에 해당한다.

강의 포인트 ⓠ
변동대에서의 마그마 생성
· 발산형 경계: 압력 감소에 의한 현무암질 마그마 생성
· 섭입형 수렴 경계: 물의 첨가에 의한 현무암질 마그마 생성 → 안산암질 마그마 분출

개념 익히기 문제

정답과 해설 p.08

🧠 교과서 문장으로 개념 익히기

11 마그마는 SiO_2 함량에 따라 현무암질, ☐☐☐질, 유문암질 마그마로 구분한다.

12 ☐☐☐☐☐ 마그마는 안산암질 마그마보다 점성이 크고, 휘발 성분이 많다.

13 현무암질 마그마는 ☐☐ 화산을 형성하고, 안산암질 마그마는 ☐☐ 화산을 형성한다.

14 대륙 지각의 물질에 열이 공급되어 용융점보다 온도가 높아지면 ☐☐☐☐ 마그마가 생성된다.

15 ☐☐은 맨틀 대류의 상승부에 위치하므로 맨틀 물질의 상승에 의해 현무암질 마그마가 생성된다.

16 열점에서 생성된 화산섬들은 주로 ☐☐☐☐☐ 마그마가 굳어져 생성되었다.

17 섭입대에서는 해양 지각에서 빠져나온 물이 ☐☐에 공급되어 현무암질 마그마가 생성된다.

📦 OX 문제로 개념 익히기

18 SiO_2 함량이 63 % 이상인 마그마를 안산암질 마그마라고 한다. (○ / ✗)

19 유문암질 마그마는 현무암질 마그마보다 휘발 성분이 많아 조용하게 분출한다. (○ / ✗)

20 물을 포함하는 맨틀 물질은 물을 포함하지 않는 맨틀 물질보다 용융점이 낮다. (○ / ✗)

21 열점에서는 뜨거운 플룸이 상승하므로 주로 압력 상승에 의해 마그마가 생성된다. (○ / ✗)

22 섭입대 부근에서는 현무암질 마그마, 안산암질 마그마, 유문암질 마그마가 모두 생성될 수 있다. (○ / ✗)

23 열점에서는 안산암질 마그마가 분출하고, 해령에서는 유문암질 마그마가 분출한다. (○ / ✗)

24 태평양 주변부에는 안산암질 마그마가 분출하여 형성된 호상 열도와 화산이 있다. (○ / ✗)

4 화성암

 화학 조성과 조직에 따라 여러 가지 화성암으로 분류한다.

1. 화성암: 마그마가 지하 깊은 곳이나 지표 부근에서 냉각되어 생성된 암석 ⇨ 화학 조성과 조직에 따라 화성암을 분류한다. 화학 조성에 따라 염기성암, 중성암, 산성암으로, 조직에 따라 화산암, 심성암으로 분류한다.

2. 화학 조성에 따른 화성암의 분류: SiO_2의 함량에 따라 염기성암, 중성암, 산성암으로 구분한다.

화성암의 화학 조성과 특징

구분		염기성암	중성암	산성암
SiO_2 함량		52 % 이하	52~63 %	63 % 이상
많이 포함된 원소		Ca, Fe, Mg	⟷	Na, K, Si
색		어두운색	⟷	밝은색
밀도		크다.	⟷	작다.
주요 조암 광물	유색	감람석, 휘석	휘석, 각섬석	각섬석, 흑운모
	무색	Ca 사장석	Ca 사장석, Na 사장석	Na 사장석, 정장석, 석영

- **SiO_2 함량**: 염기성암에서 산성암으로 갈수록 SiO_2 함량이 많아진다.
- **구성 원소**: 염기성암은 Ca, Fe, Mg 함량이 상대적으로 많고, 산성암은 Na, K, Si 함량이 상대적으로 많다.
- **암석의 색과 밀도**: 염기성암은 어두운색을 띠고 밀도가 크며, 산성암으로 갈수록 밝은색을 띠고 밀도가 작아진다. ⇨ 염기성암은 유색 광물의 함량이 많고, 산성암은 무색 광물의 함량이 많다.

└ Fe, Mg는 어두운색을 띠게 하는 발색 원소이다.

3. 조직에 따른 화성암의 분류

(1) 화성암의 조직: 광물 결정의 크기에 따라 조립질 조직, 세립질 조직, 반상 조직으로 구분한다. ➡ 광물 결정의 크기는 마그마의 냉각 속도에 의해 결정되며, 마그마가 천천히 냉각될수록 결정의 크기가 크고, 빠르게 냉각될수록 결정의 크기가 작다.

조립질 조직	마그마가 지하 깊은 곳에서 천천히 식어 결정의 크기가 크고 고른 경우
세립질 조직	마그마가 지표 부근에서 빠르게 식어 결정이 보이지 않거나 매우 작은 경우
반상 조직	마그마가 지하 비교적 얕은 곳에서 식어 큰 결정과 작은 결정이 섞여 있는 경우

(2) 조직에 따른 화성암의 분류: 화산암, 심성암 등으로 구분한다.

조직에 따른 화성암의 분류

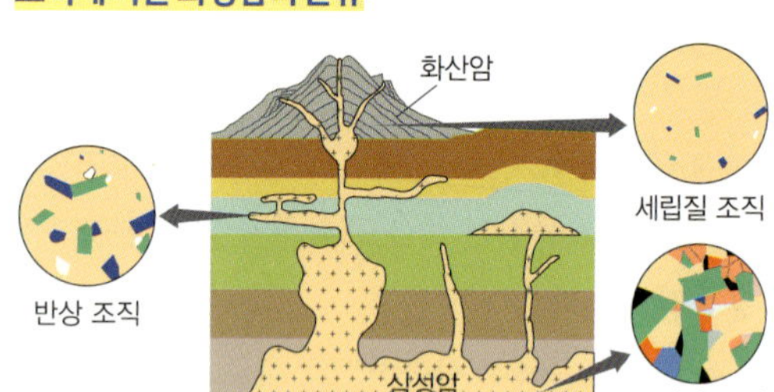

- **화산암**: 지표 부근에서 빠르게 식어 세립질 조직이나 유리질 조직이 나타나는 암석 예 현무암, 안산암, 유문암
- **심성암**: 지하 깊은 곳에서 천천히 식어 조립질 조직이 나타나는 암석 예 반려암, 섬록암, 화강암

4. 화성암의 종류: 화학 조성에 따라 염기성암, 중성암, 산성암으로 구분하고, 조직에 따라 화산암, 심성암 등으로 구분한다.

구분	염기성암	중성암	산성암
화산암 (세립질)	현무암	안산암	유문암
심성암 (조립질)	반려암	섬록암	화강암

염기성암

고철질암이라고도 한다.

산성암

규장질암이라고도 한다.

고철질 광물과 규장질 광물

- 고철질 광물: Mg, Fe가 많은 감람석, 휘석, 각섬석, 흑운모 등의 광물
- 규장질 광물: Si, Al이 많은 석영, 정장석, 백운모 등의 광물

세립질 조직과 유리질 조직

화산암은 마그마가 빠르게 식어 굳으므로 결정이 작은 세립질 조직이나 결정이 없는 유리질 조직이 나타난다.

관입암과 분출암

심성암과 반심성암을 관입암, 화산암을 분출암이라고도 한다.

현무암과 화강암

▲ 현무암   ▲ 화강암

화성암의 조직
- 화산암: 세립질이나 유리질 조직
- 반심성암: 반상 조직
- 심성암: 조립질 조직

SiO_2 함량과 화성암의 색깔
- 염기성암(SiO_2 45~52 %): 어두운색
- 중성암(SiO_2 52~63 %): 중간 밝기의 색
- 산성암(SiO_2 63 % 이상): 밝은색

한반도의 화성암 지형

1. 한반도의 화산암 지형: 대부분 현무암에 의해 형성되었으나 안산암과 유문암에 의한 지형도 있다.

(1) **현무암 지형**: 백두산, 제주도, 울릉도, 독도, 철원(한탄강) 일대에 현무암질 마그마가 분출하여 현무암 지형을 형성하였다. └ 신생대 때 분출하여 형성되었다.

(2) **안산암 지형**: 제주 마라도에서는 안산암 지형을 볼 수 있다.

(3) **유문암 지형**: 전라북도 변산반도에서는 유문암 지형을 볼 수 있다.

▲ 서귀포 현무암

▲ 마라도 안산암

▲ 변산반도 유문암

2. 한반도의 심성암 지형: 우리나라 전역에 걸쳐 분포하며, 대부분 화강암에 의해 형성되었으나 반려암, 섬록암에 의한 지형도 있다. ➡ 우리나라 화성암의 대부분은 화강암이다.

(1) **화강암 지형**: 설악산, 북한산, 계룡산, 월출산 등에 있는 화강암은 중생대에 관입한 마그마가 굳어 형성되었다. ➡ 화강암질 마그마가 지하에서 관입하여 생성된 화강암체는 상부의 기반암이 깎여 나가면서 서서히 융기하여 지표로 노출되었다.

(2) **반려암 지형**: 부산 황령산에서는 반려암 지형을 볼 수 있다.

(3) **섬록암 지형**: 경주 양북면 해안에서는 섬록암 지형을 볼 수 있다.

▲ 북한산 화강암

▲ 황령산 반려암

▲ 양북면 섬록암

주상 절리와 판상 절리

• **주상 절리**: 지표에서 용암이 빠르게 냉각되면서 수축하여 화산암에 형성된 기둥 모양의 절리

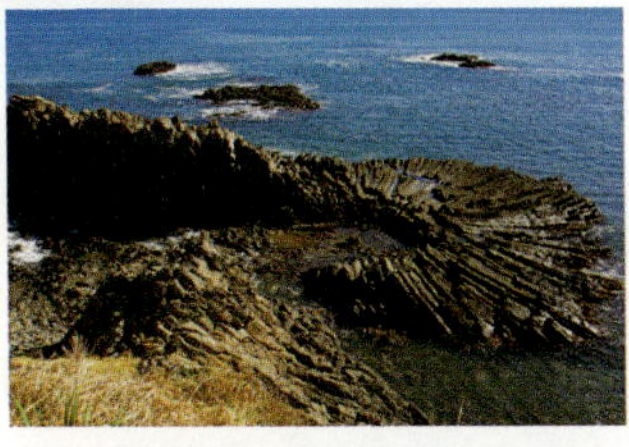

• **판상 절리**: 지하 깊은 곳의 심성암이 서서히 융기하면 압력이 감소하면서 팽창하여 형성된 판 모양의 절리

개념 익히기 문제

정답과 해설 p.08

🧠 교과서 문장으로 개념 익히기

25 화성암은 SiO_2 함량에 따라 ☐☐☐암, 중성암, 산성암으로 구분한다.

26 염기성암은 산성암보다 ☐☐ 광물의 함량이 많으므로 산성암보다 어두운색을 띤다.

27 화산암과 심성암을 이루는 광물 결정의 크기가 서로 다른 것은 마그마의 ☐☐ ☐☐ 차이 때문이다.

28 화산암은 ☐☐☐ 조직이 나타나고, 심성암은 ☐☐ 조직이 나타난다.

29 SiO_2 함량이 52~63 %이고, 지표로 분출한 마그마가 굳은 암석은 ☐☐☐이다.

30 마그마가 냉각된 깊이로 구분하면, 반려암과 화강암은 ☐☐이고, 현무암과 유문암은 ☐☐☐이다.

31 백두산, 제주도, 울릉도, 독도 등에서는 ☐☐☐ 지형을 볼 수 있다.

📦 OX 문제로 개념 익히기

32 염기성암 → 중성암 → 산성암으로 갈수록 Fe와 Mg의 함량이 증가한다. (O / X)

33 화성암은 마그마의 냉각 속도에 따라 염기성암, 중성암, 산성암으로 구분한다. (O / X)

34 현무암질 마그마가 지하 깊은 곳에서 천천히 식어 굳으면 반려암이 된다. (O / X)

35 유문암은 세립질 조직이 나타나고, 섬록암은 조립질 조직이 나타난다. (O / X)

36 우리나라에서 볼 수 있는 대부분의 화성암은 신생대에 분출한 현무암이다. (O / X)

37 설악산과 북한산을 이루는 화성암은 생성된 후 서서히 융기하여 지표로 드러났다. (O / X)

38 부산 황령산에서는 현무암 지형을 볼 수 있고, 경주 양북면 해안에서는 안산암 지형을 볼 수 있다. (O / X)

Point 열점에서 화산섬이 생성되는 과정을 이해하고, 하와이 열도의 생성 시기를 통해 판의 이동을 해석해 보자.

❶ 그림 (가), (나), (다)는 200만 년 전부터 현재까지 화산섬과 해산 A, B, C가 형성되는 과정을 모식적으로 나타낸 것이다.

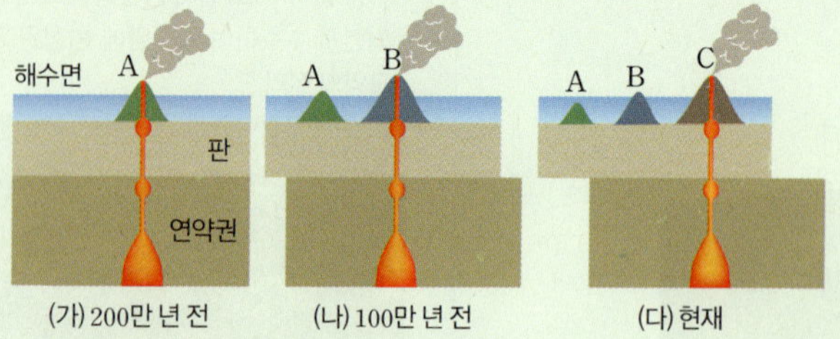

1. A, B, C는 한 지점에서 생성되었다.

⋯ (가): 200만 년 전에 화산섬 A가 생겨났다.

⋯ (나): A는 판의 이동 방향을 따라 이동하였고, A가 생겨난 위치에서 100만 년 전에 화산섬 B가 생겨났다. 이는 마그마가 생성되는 지점이 판 아래의 연약권에 고정되어 있기 때문이다.

⋯ (다): A와 B는 판의 이동 방향을 따라 이동하였고, A와 B가 생겨난 위치에서 현재 화산 활동이 일어나 화산섬 C가 생겨났다.

2. A, B, C는 열점에서 생성되었다.

⋯ A, B, C는 판의 이동에 의해 위치가 변하였으므로 한 방향으로 배열된다.

⋯ C → B → A로 갈수록 화산섬의 나이가 많아지며, C → B → A 방향으로 판이 이동하였다.

⋯ 열점은 뜨거운 플룸이 상승하는 곳에서 마그마가 생겨나는 지점이며, 위치가 변하지 않으므로 열점은 현재 C의 지하에 있다.

❷ 그림은 하와이 열도와 엠퍼러 해산군을 이루는 화산섬과 해산의 나이를 나타낸 것이다.

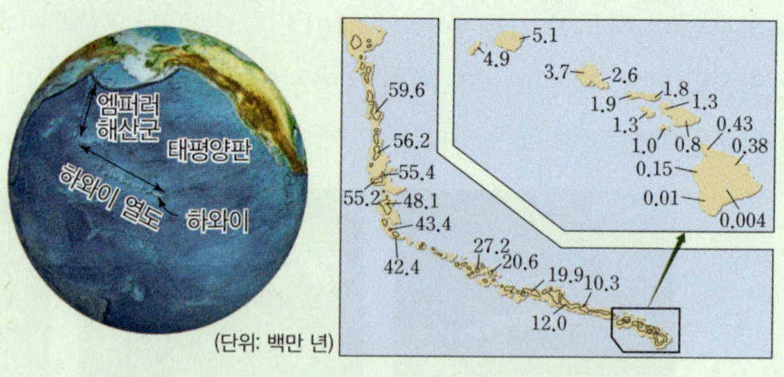

1. 열점은 하와이섬의 지하에 위치한다.

⋯ 하와이 열도와 엠퍼러 해산군이 각각 한 방향으로 배열되어 있고, 하와이섬을 기준으로 북서쪽 방향에 있을수록 나이가 많다.

⋯ 현재 화산 활동이 일어나는 곳은 하와이섬이다.

⋯ 하와이 열도와 엠퍼러 해산군은 열점에서 생성되었다.

2. 태평양판은 북서쪽으로 이동하였다.

⋯ 태평양판이 북서쪽으로 이동하였으므로 화산섬은 북서쪽 방향으로 배열되었다.

⋯ 두 열도의 배열 방향이 약 4300만 년 전을 경계로 변하였다. 이는 약 4300만 년 전에 태평양판의 이동 방향이 변하였기 때문이다.

⋯ 엠퍼러 열도가 형성된 시기에 태평양판은 북북서 방향으로 이동하였고, 하와이 열도가 형성된 시기에 태평양판은 서북서 방향으로 이동하였다.

정답과 해설 p.09

예제 ❶

그림은 어느 해양에서 화산섬 A~D의 분포와 나이를 나타낸 것이다.

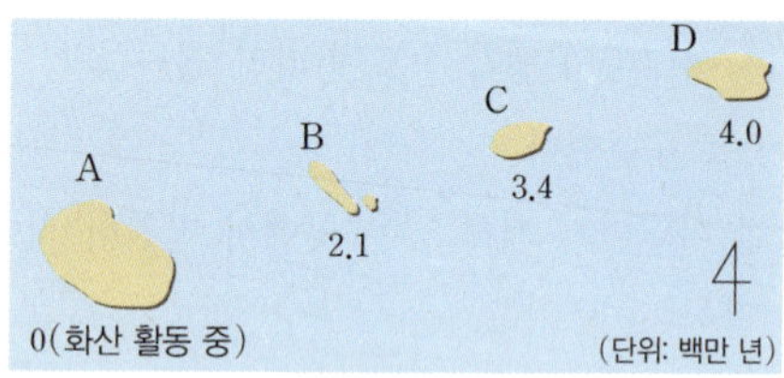

이에 대한 설명으로 옳은 것만을 |보기|에서 있는 대로 고른 것은?

보기
ㄱ. 열점은 A의 지하에 있다.
ㄴ. 판은 남서쪽으로 이동하였다.
ㄷ. D의 지하에서는 뜨거운 플룸이 상승하고 있다.

① ㄱ   ② ㄷ   ③ ㄱ, ㄴ
④ ㄴ, ㄷ   ⑤ ㄱ, ㄴ, ㄷ

예제 ❷

그림은 하와이섬 북서쪽에 있는 화산섬(해산)의 분포와 나이를 나타낸 것이다.
이에 대한 설명으로 옳은 것만을 |보기|에서 있는 대로 고른 것은?

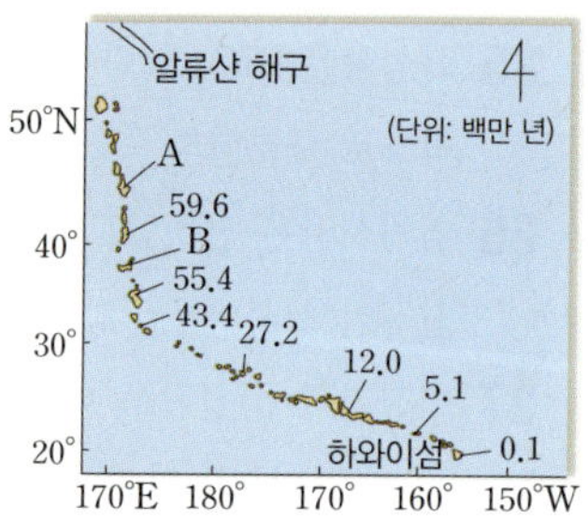

보기
ㄱ. 하와이섬의 지하에는 플룸 상승류가 있다.
ㄴ. 화산섬 A와 B는 호상 열도를 형성한다.
ㄷ. 태평양판의 이동 방향은 약 4300만 년 전을 경계로 시계 반대 방향으로 변하였다.

① ㄱ   ② ㄴ   ③ ㄱ, ㄷ
④ ㄴ, ㄷ   ⑤ ㄱ, ㄴ, ㄷ

개념 다지기 문제

01 그림은 암석권 아래의 ⊙ 영역에서 일어나는 대류를 나타낸 것이다.

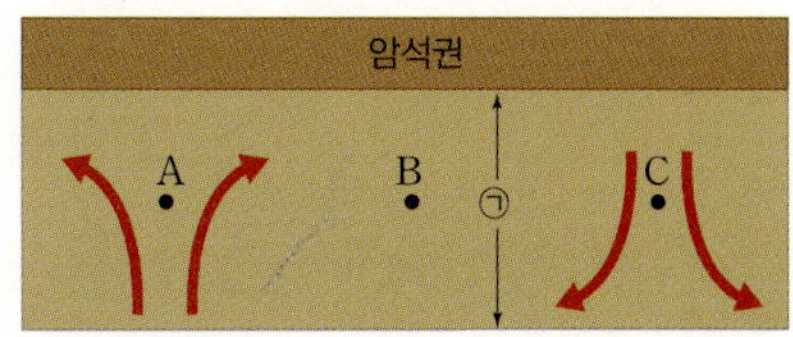

이에 대한 설명으로 옳은 것만을 |보기|에서 있는 대로 고른 것은?

> **보기**
> ㄱ. ⊙ 영역에 분포하는 물질의 상태는 암석권보다 단단하다.
> ㄴ. ⊙ 영역에 분포하는 물질의 온도는 A>B>C이다.
> ㄷ. A 위쪽의 암석권에서는 해구가, C 위쪽의 암석권에서는 해령이 형성된다.

① ㄱ   ② ㄴ   ③ ㄱ, ㄷ
④ ㄴ, ㄷ   ⑤ ㄱ, ㄴ, ㄷ

대표 유형문제

02 그림은 서로 다른 판의 경계 A, B를 단면으로 나타낸 것이다.

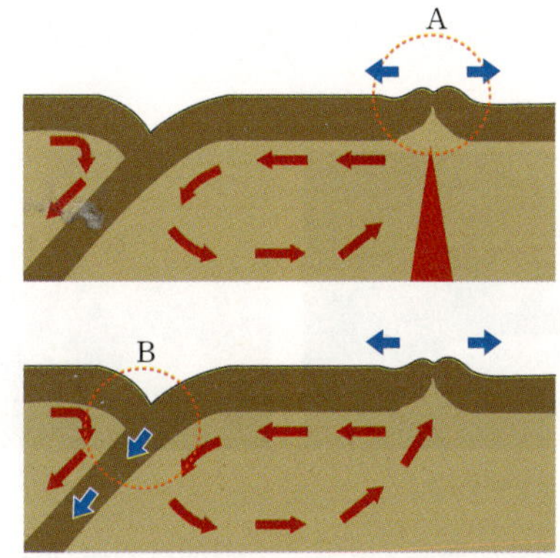

이에 대한 설명으로 옳은 것만을 |보기|에서 있는 대로 고른 것은?

> **보기**
> ㄱ. A에서는 판이 생성되고, B에서는 판이 소멸된다.
> ㄴ. A에서는 판을 양쪽으로 밀어내는 힘이 작용한다.
> ㄷ. B에서는 판을 잡아당기는 힘이 작용한다.

① ㄱ   ② ㄴ   ③ ㄱ, ㄷ
④ ㄴ, ㄷ   ⑤ ㄱ, ㄴ, ㄷ

03 플룸 구조론에 대한 설명으로 옳은 것을 <u>모두</u> 고르면? (정답 2개)

① 플룸 하강류는 주변의 맨틀보다 밀도가 작다.
② 플룸 상승류가 있는 곳은 지진파의 속도가 빠르다.
③ 차가운 플룸은 섭입대의 해양판이 침강하여 만들어진다.
④ 뜨거운 플룸이 생성되는 깊이는 상부 맨틀과 하부 맨틀의 경계이다.
⑤ 플룸 구조론은 판 구조론으로 설명이 어려웠던 판 내부에서 일어나는 화산 활동을 설명할 수 있다.

04 그림은 어느 해양판에서 서로 다른 열점에 의해 형성된 화산섬의 배열 모습과 화산섬의 나이를 나타낸 것이다.

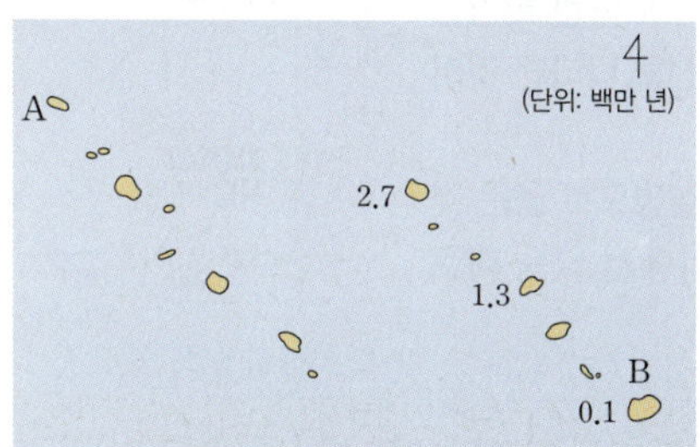

이에 대한 설명으로 옳은 것만을 |보기|에서 있는 대로 고른 것은?

> **보기**
> ㄱ. 화산섬 A의 지하에는 열점이 위치한다.
> ㄴ. 화산섬은 열점이 남동쪽으로 이동하여 형성되었다.
> ㄷ. 100만 년 후에는 화산섬 B의 남동쪽에 새로운 화산섬이 형성될 것이다.

① ㄱ   ② ㄴ   ③ ㄷ
④ ㄱ, ㄷ   ⑤ ㄴ, ㄷ

05 마그마의 화학 조성과 성질에 대한 설명으로 옳은 것은?

① 현무암질 마그마는 SiO_2 함량이 63 % 이상이다.
② 유문암질 마그마는 안산암질 마그마보다 온도가 높다.
③ 현무암질 마그마는 유문암질 마그마보다 점성이 크다.
④ 안산암질 마그마가 지표에 분출하면 순상 화산을 형성한다.
⑤ 유문암질 마그마는 현무암질 마그마보다 폭발적으로 분출한다.

06

그림은 어느 화산체를 나타낸 것이다.

이에 대한 설명으로 옳은 것만을 |보기|에서 있는 대로 고른 것은?

> **보기**
> ㄱ. 종상 화산이다.
> ㄴ. 분출한 마그마의 SiO_2 함량은 52 % 이하이다.
> ㄷ. 마그마가 폭발적으로 분출하여 화산체를 형성하였다.

① ㄱ ② ㄴ ③ ㄱ, ㄷ
④ ㄴ, ㄷ ⑤ ㄱ, ㄴ, ㄷ

07

그림은 지하의 온도 분포와 물이 포함된 화강암의 용융 곡선을 나타낸 것이다.

이에 대한 설명으로 옳은 것만을 |보기|에서 있는 대로 고른 것은?

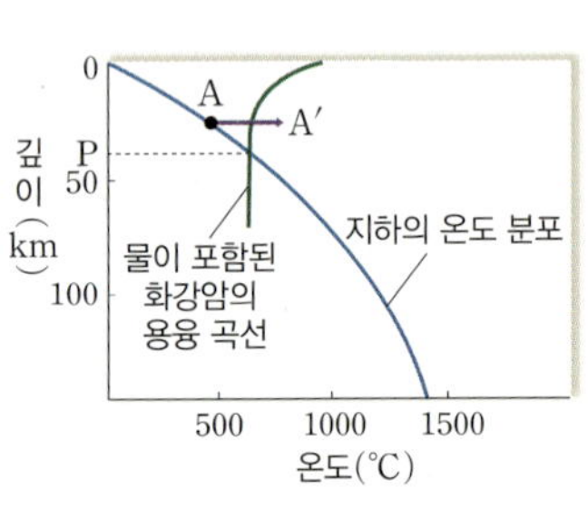

> **보기**
> ㄱ. 물이 포함된 화강암은 압력이 증가하면 용융점이 낮아진다.
> ㄴ. A 상태의 화강암이 A′로 변하면 용융된다.
> ㄷ. A 상태의 물이 포함된 화강암이 지하의 온도 분포 곡선을 따라 깊이 P보다 더 내려가면 용융된다.

① ㄱ ② ㄴ ③ ㄱ, ㄷ
④ ㄴ, ㄷ ⑤ ㄱ, ㄴ, ㄷ

08

변동대에서 마그마가 생성되는 과정에 대한 설명으로 옳은 것만을 |보기|에서 있는 대로 고른 것은?

> **보기**
> ㄱ. 열점에서는 맨틀 물질의 용융점이 높아져 마그마가 생성된다.
> ㄴ. 해령 하부에서는 상승하는 맨틀 물질의 온도가 용융점보다 높아져 마그마가 생성된다.
> ㄷ. 섭입대 하부에서 생성되어 상승한 마그마가 대륙 지각 하부를 가열하면 유문암질 마그마가 생성된다.

① ㄱ ② ㄴ ③ ㄱ, ㄷ
④ ㄴ, ㄷ ⑤ ㄱ, ㄴ, ㄷ

09

그림은 화성암 A, B, C를 SiO_2 함량과 광물 결정의 크기에 따라 구분한 것이다. A, B, C는 심성암이거나 화산암이다.

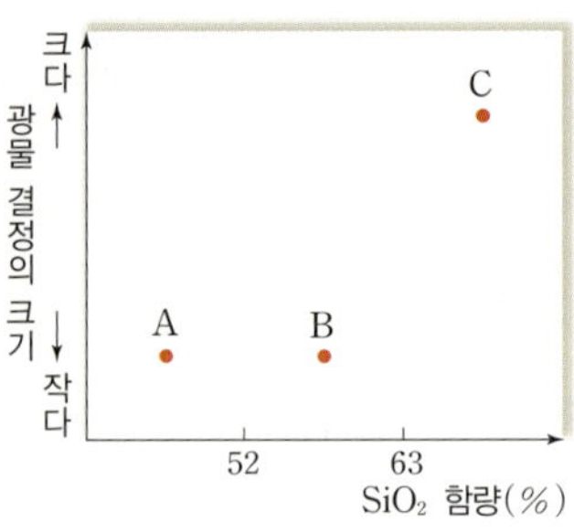

이에 대한 설명으로 옳은 것만을 |보기|에서 있는 대로 고른 것은?

> **보기**
> ㄱ. A는 조립질 조직이 나타난다.
> ㄴ. 성층 화산에서는 A보다 B가 많이 산출된다.
> ㄷ. C는 유색 광물보다 무색 광물의 함량이 많다.

① ㄱ ② ㄴ ③ ㄱ, ㄷ
④ ㄴ, ㄷ ⑤ ㄱ, ㄴ, ㄷ

10

그림 (가)와 (나)는 서로 다른 지역의 화성암 지형을 나타낸 것이다.

(가) 제주도 서귀포

(나) 북한산

이에 대한 설명으로 옳은 것만을 |보기|에서 있는 대로 고른 것은?

> **보기**
> ㄱ. (가)에서는 현무암을 볼 수 있다.
> ㄴ. (나)의 암석은 생성된 후 융기한 적이 있다.
> ㄷ. 유색 광물의 함량은 (가)의 암석보다 (나)의 암석에서 많다.

① ㄱ ② ㄷ ③ ㄱ, ㄴ
④ ㄴ, ㄷ ⑤ ㄱ, ㄴ, ㄷ

11 그림 (가)는 해양 지각이 침강하는 섭입대 하부에서, (나)는 섭입대 위에 놓인 대륙 지각의 하부에서 마그마가 생성되는 과정을 나타낸 것이다. 마그마 C는 마그마 A와 B가 혼합된 것이다.

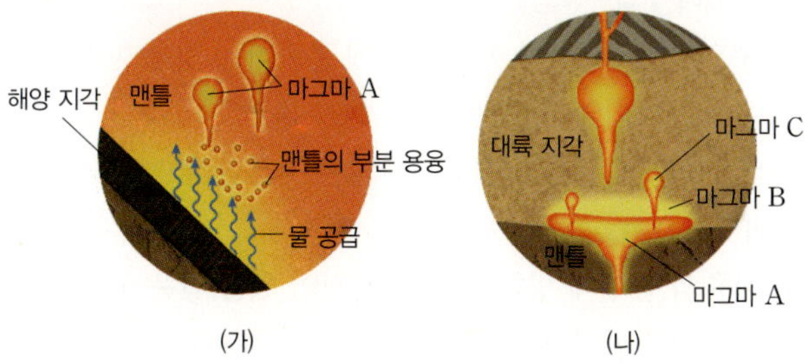

이에 대한 설명으로 옳은 것만을 |보기|에서 있는 대로 고른 것은?

> **보기**
> ㄱ. 해양 지각이 공급한 물은 맨틀의 용융점을 높인다.
> ㄴ. A는 B보다 온도가 높다.
> ㄷ. 호상 열도에서 분출되는 마그마는 마그마 C와 성분이 비슷하다.

① ㄱ   ② ㄴ   ③ ㄱ, ㄷ
④ ㄴ, ㄷ   ⑤ ㄱ, ㄴ, ㄷ

12 그림은 현무암, 화강암, 반려암을 구분하는 과정을 나타낸 것이다.

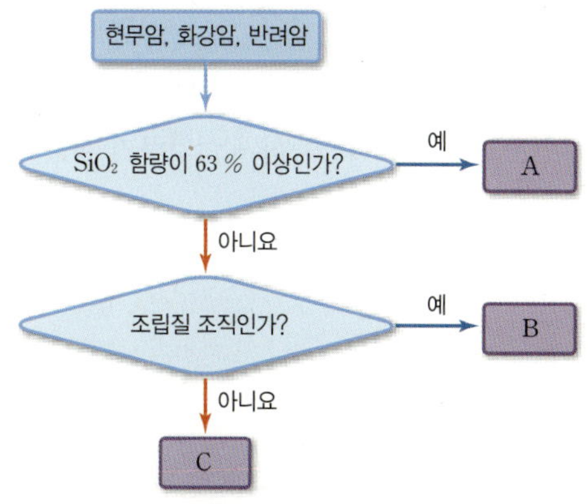

이에 대한 설명으로 옳은 것만을 |보기|에서 있는 대로 고른 것은?

> **보기**
> ㄱ. A는 B보다 Na와 K의 함량이 많다.
> ㄴ. B는 C보다 광물 결정의 크기가 작다.
> ㄷ. 설악산 울산바위는 B로 이루어져 있다.

① ㄱ   ② ㄴ   ③ ㄱ, ㄷ
④ ㄴ, ㄷ   ⑤ ㄱ, ㄴ, ㄷ

13 그림 (가)와 (나)는 남아메리카판 주변과 인도 – 오스트레일리아판 주변의 단면을 나타낸 것이다. 두 판 중 이동 속도가 더 빠른 것을 쓰고, 판단의 근거를 서술하시오.

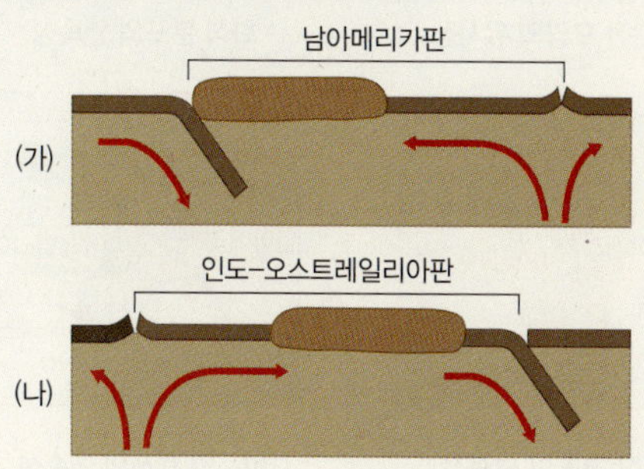

14 그림은 어느 지역의 지하에서 지진파(P파)의 속도 편차를 나타낸 것이다. A 지점에서 나타나는 플룸의 종류를 쓰고, 판단의 근거를 서술하시오.

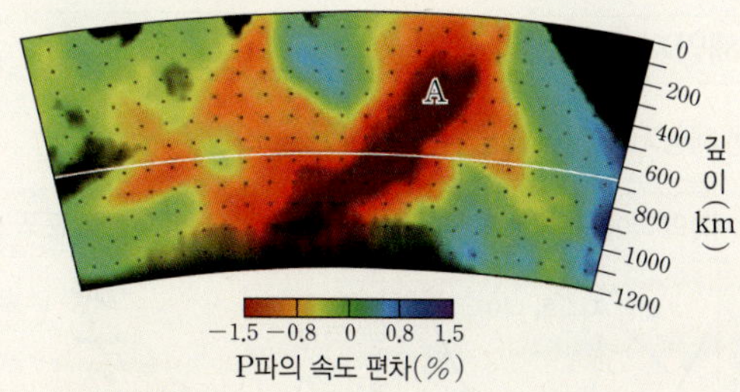

15 그림 (가)와 (나)는 순상 화산과 종상 화산을 순서 없이 나타낸 것이다. (가)와 (나)를 형성한 마그마의 유동성과 분출 형태를 비교하여 서술하시오.

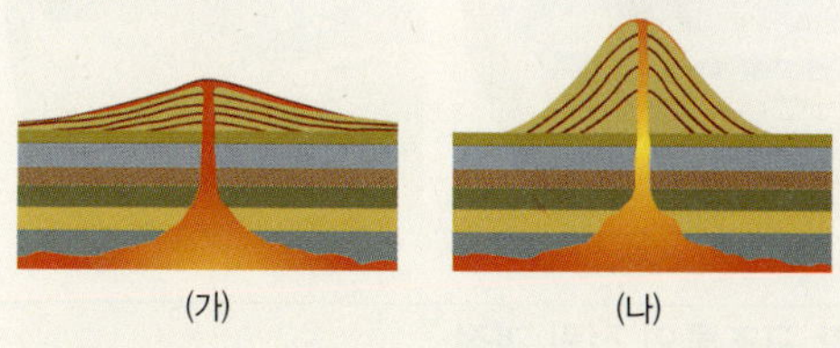

16 현무암과 화강암에 포함된 Mg와 Fe의 함량을 비교하고, 이로부터 현무암이 화강암보다 어두운색을 띠는 까닭을 서술하시오.

학교 시험 *빈출 자료* MASTER

01 판 구조론의 정립 과정

1 대륙 이동설의 증거

그림은 대륙 이동설의 증거들을 나타낸 것이다.

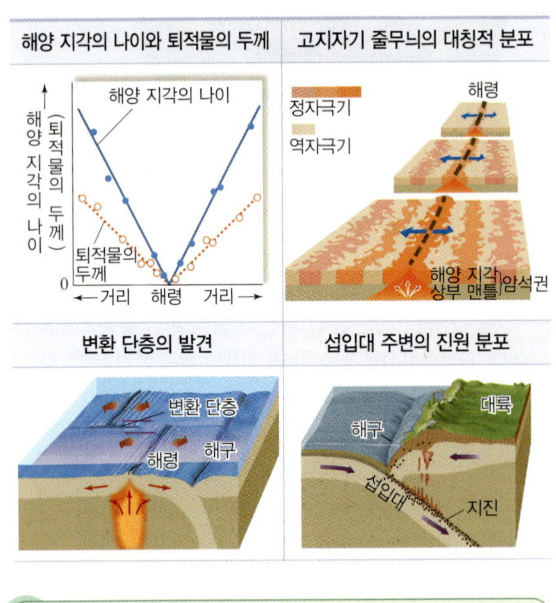

● 다음 설명 중 옳은 것은 ○표, 옳지 <u>않은</u> 것은 ×표 하시오.

1 판게아 시기에 남아메리카 대륙과 아프리카 대륙은 한 덩어리를 이루었다. (○ / ×)

2 글로소프테리스 화석이 여러 대륙에 분포하는 것은 한 덩어리의 대륙이 분리되었기 때문이다. (○ / ×)

3 애팔래치아산맥은 판게아가 분리되기 시작한 약 2억 년 전에 만들어졌다. (○ / ×)

4 인도 대륙의 남부에 빙하의 이동 흔적이 있는 것은 고생대 말에는 적도 부근까지 빙하로 덮여 있었기 때문이다. (○ / ×)

5 베게너는 고지자기 분석을 통해 알아낸 자극의 이동 경로를 대륙 이동의 결정적인 증거로 들었다. (○ / ×)

2 해양저 확장설의 증거

그림은 해양저 확장설의 증거들을 나타낸 것이다.

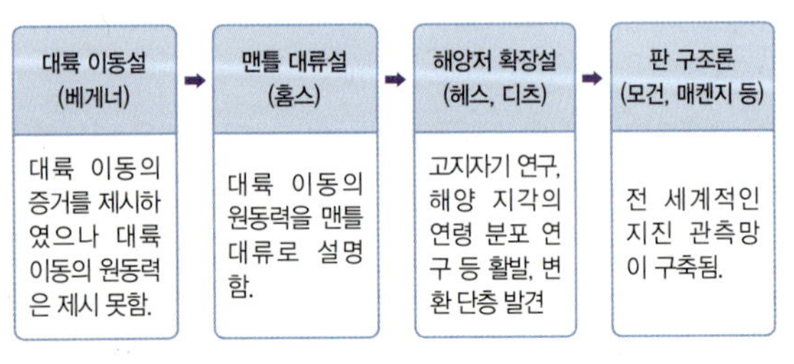

● 다음 설명 중 옳은 것은 ○표, 옳지 <u>않은</u> 것은 ×표 하시오.

1 해령에서 양쪽으로 멀어질수록 퇴적물이 오랫동안 쌓여 두께가 두꺼워진다. (○ / ×)

2 해령에서 양쪽으로 멀어질수록 해양 지각의 나이가 증가하는 것은 해령에서 해양 지각이 소멸하기 때문이다. (○ / ×)

3 해령에서 생성된 해양 지각이 해구 쪽으로 이동하는 동안 해양 지각의 잔류 자기는 여러 차례 역전된다. (○ / ×)

4 변환 단층은 해양 지각의 확장 속도 차이에 의해 생기므로 해양저 확장설의 증거이다. (○ / ×)

5 해구에서 대륙 쪽으로 갈수록 진원의 깊이가 증가하는 것은 해양 지각이 맨틀 내부로 비스듬하게 섭입하기 때문이다.

(○ / ×)

3 판 구조론의 정립 과정

그림은 판 구조론의 정립 과정을 나타낸 것이다.

대륙 이동설 (베게너)	맨틀 대류설 (홈스)	해양저 확장설 (헤스, 디츠)	판 구조론 (모건, 매켄지 등)
대륙 이동의 증거를 제시하였으나 대륙 이동의 원동력은 제시 못함.	대륙 이동의 원동력을 맨틀 대류로 설명함.	고지자기 연구, 해양 지각의 연령 분포 연구 등 활발, 변환 단층 발견	전 세계적인 지진 관측망이 구축됨.

● 다음 설명 중 옳은 것은 ○표, 옳지 <u>않은</u> 것은 ×표 하시오.

1 베게너는 대륙 이동의 증거를 제시함으로써 당시 대부분의 과학자들에게 지지를 받았다. (○ / ×)

2 음향 측심법의 발달은 해양저 확장설이 등장하는 데 도움이 되었다. (○ / ×)

3 전 세계적인 지진 관측망 구축은 섭입대의 존재를 밝히는 데 도움이 되었다. (○ / ×)

02 대륙 분포의 변화

4 지구의 자기장

그림은 지구의 자기장과 지구 자기의 복각을 나타낸 것이다.

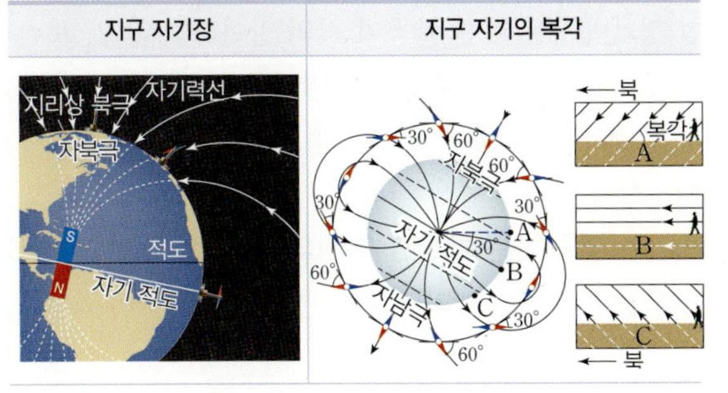

● 다음 설명 중 옳은 것은 ○표, 옳지 <u>않은</u> 것은 ×표 하시오.

1 나침반의 자침과 지구 자기장의 방향이 이루는 각도는 위도에 따라 달라진다. ○ / ×

2 자북극은 지구의 자전축과 북반구의 지표면이 만나는 지점이다. ○ / ×

3 자기 적도보다 북쪽에 있는 지점은 나침반의 N극이 지표면 쪽으로 기울어진다. ○ / ×

4 자기 적도에서 복각의 크기는 0°이고, 자북극으로 갈수록 복각이 커진다. ○ / ×

5 고지자기의 복각과 대륙의 이동

그림은 자북극의 이동 경로와 인도 대륙의 이동 경로를 나타낸 것이다.

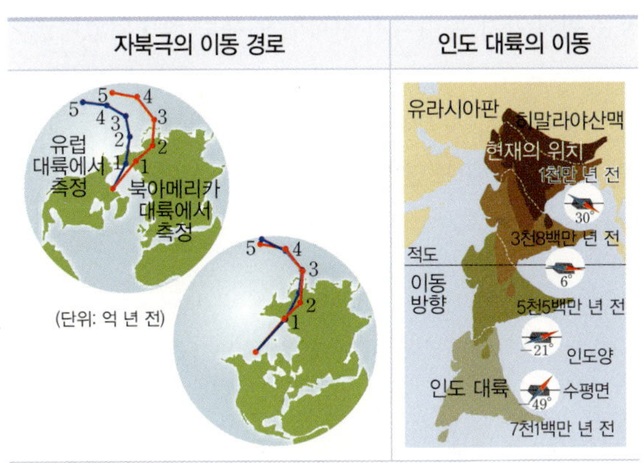

● 다음 설명 중 옳은 것은 ○표, 옳지 <u>않은</u> 것은 ×표 하시오.

1 암석에 기록된 고지자기의 복각을 측정하면 암석이 생성될 당시의 위도를 알 수 있다. ○ / ×

2 현재 유럽 대륙과 북아메리카 대륙에서 측정한 지자기 북극의 이동 경로는 일치하지 않는다. ○ / ×

3 5억 년 전에 자북극은 2개였다. ○ / ×

4 7100만 년 이전에 형성된 인도 대륙의 잔류 자기에서 측정한 복각이 −49°인 것은 인도 대륙이 지리상 북극 근처에 있었기 때문이다. ○ / ×

5 인도 대륙에서 측정한 복각이 (−)에서 (+)로 변한 것은 인도 대륙이 북상하였기 때문이다. ○ / ×

6 섭입형 수렴 경계와 충돌형 수렴 경계

그림은 판의 수렴형 경계를 섭입형과 충돌형으로 구분하여 나타낸 것이다.

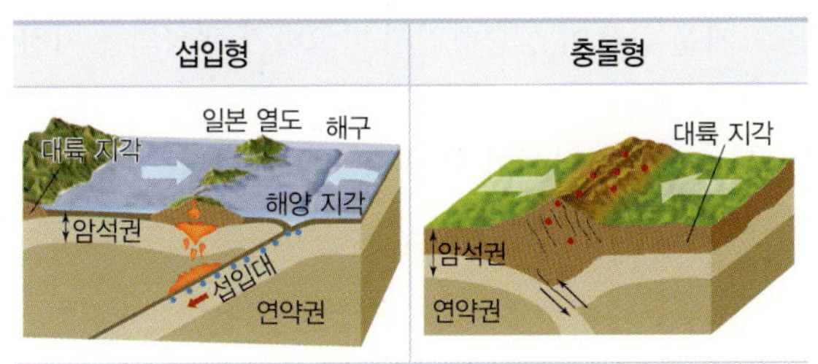

● 다음 설명 중 옳은 것은 ○표, 옳지 <u>않은</u> 것은 ×표 하시오.

1 섭입형 경계는 해양판이 다른 해양판이나 대륙판 아래로 섭입할 때 형성된다. ○ / ×

2 충돌형 수렴 경계에서 수렴하는 두 판은 밀도가 작아 맨틀 깊은 곳으로 섭입하지 못한다. ○ / ×

3 섭입형 수렴 경계 부근에서는 화산 활동이 거의 일어나지 않고, 충돌형 수렴 경계에서는 화산 활동이 활발하다. ○ / ×

4 충돌형 수렴 경계에서 습곡 산맥이 형성되는 예로 안데스산맥이 있다. ○ / ×

7 발산형 경계와 보존형 경계

그림은 발산형 경계와 보존형 경계를 나타낸 것이다.

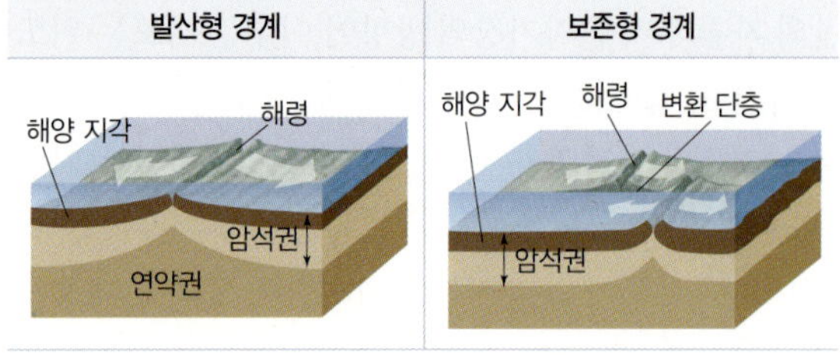

● 다음 설명 중 옳은 것은 ○표, 옳지 않은 것은 ×표 하시오.

1 해령에서는 맨틀 대류가 상승한다. ○ / ×

2 변환 단층은 해령과 해령 사이 구간에 형성된 단층이다.
○ / ×

3 발산형 경계에서는 화산 활동이 거의 일어나지 않고, 보존형 경계에서는 화산 활동이 활발하게 일어난다. ○ / ×

4 발산형 경계에서는 천발 지진이 발생하고, 보존형 경계에서는 천발~심발 지진이 발생한다. ○ / ×

5 동아프리카 열곡대는 발산형 경계의 예이고, 산안드레아스 단층은 보존형 경계의 예이다. ○ / ×

8 대륙 분포의 변화

그림은 초대륙이 형성된 후 분리되는 과정과 지질 시대의 대륙 분포를 나타낸 것이다.

● 다음 설명 중 옳은 것은 ○표, 옳지 않은 것은 ×표 하시오.

1 약 12억 년 전의 로디니아는 (가)의 단계에 해당한다. ○ / ×

2 (가) → (나) 과정에서 초대륙에는 횡압력이 작용한다.
○ / ×

3 안데스산맥과 히말라야산맥은 (다)→(라) 과정에서 형성되었다. ○ / ×

4 대서양은 판게아가 분리되기 시작한 이후로 형성되었다.
○ / ×

5 판게아가 분리되기 시작하면서 현재까지 대륙의 이동에 의한 위도 변화를 비교해 보면 인도 대륙이 아프리카 대륙보다 크다. ○ / ×

03 맨틀의 운동과 화성암

9 플룸 구조론과 열점

그림은 플룸 구조론과 열점을 나타낸 것이다.

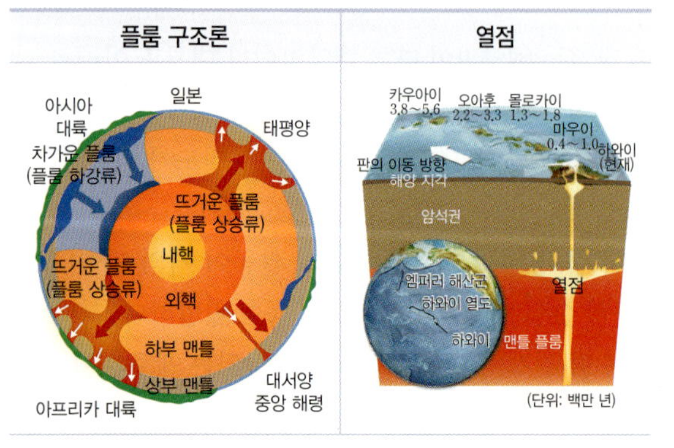

● 다음 설명 중 옳은 것은 ○표, 옳지 않은 것은 ×표 하시오.

1 차가운 플룸은 열점에서 냉각된 맨틀 물질이 침강하여 생성된다. ○ / ×

2 뜨거운 플룸이 있는 영역은 차가운 플룸이 있는 영역보다 지진파의 속도가 빠르다. ○ / ×

3 열점은 뜨거운 플룸이 상승하면서 마그마가 생성되는 지점에서 생성된다. ○ / ×

4 열점에서 생성된 화산섬이 한 방향으로 배열되는 것은 판이 이동하기 때문이다. ○ / ×

10 마그마의 생성 조건

그림은 마그마가 생성되는 원리를 나타낸 것이다.

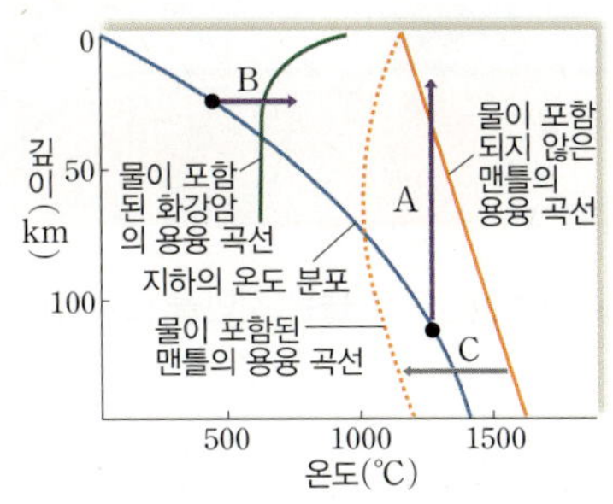

● 다음 설명 중 옳은 것은 ○표, 옳지 않은 것은 ×표 하시오.

1 물이 포함되어 있지 않은 맨틀은 압력이 커지면 용융점이 높아진다. ○ / ×

2 지구 내부의 맨틀 물질이 온도 변화 없이 상승하면 A 과정으로 현무암질 마그마가 생성된다. ○ / ×

3 맨틀에 물이 공급되면 C 과정으로 맨틀의 용융점이 낮아져 현무암질 마그마가 생성된다. ○ / ×

4 대륙 지각의 하부가 가열되면 B 과정으로 온도가 상승하여 화강암질 마그마가 생성된다. ○ / ×

11 변동대에서의 마그마 생성

그림은 변동대에서 마그마가 생성되는 과정을 나타낸 것이다.

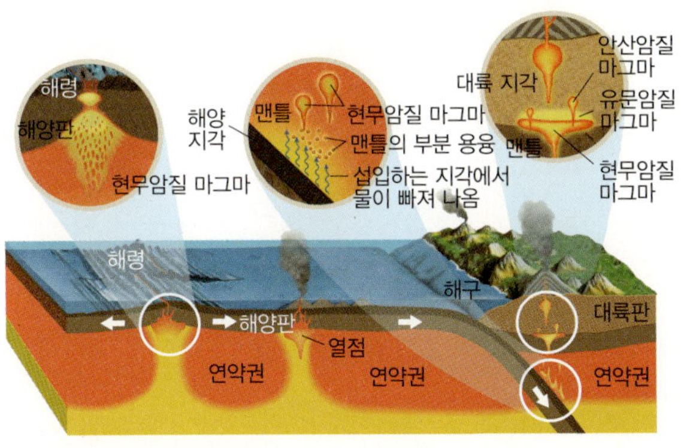

● 다음 설명 중 옳은 것은 ○표, 옳지 않은 것은 ×표 하시오.

1 해령에서는 맨틀 물질이 상승하여 용융점보다 맨틀 물질의 온도가 높아지므로 마그마가 생성된다. ○ / ×

2 열점에서는 뜨거운 플룸이 해양 지각에 열을 공급하여 해양 지각이 녹아 현무암질 마그마가 생성된다. ○ / ×

3 섭입대에서 침강한 해양 지각은 맨틀에 물을 공급하여 현무암질 마그마가 생성된다. ○ / ×

4 대륙 지각 하부로 현무암질 마그마가 상승하면 대륙 지각이 녹아 유문암질 마그마가 생성된다. ○ / ×

5 안산암질 마그마의 분출은 수렴형 경계보다 발산형 경계에서 활발하게 일어난다. ○ / ×

12 화성암의 분류

표는 화성암을 화학 성분과 조직에 따라 분류하고, 특징을 나타낸 것이다.

구분		염기성암	중성암	산성암
특징		적음 ← SiO_2 함량 → 많음		
		어두운색 ← 색 → 밝은색		
		크다 ← 밀도 → 작다		
		3.2 g/cm³ 정도		2.7 g/cm³ 정도
화산암	세립질 조직	현무암	안산암	유문암
심성암	⇕ 조립질 조직	반려암	섬록암	화강암

● 다음 설명 중 옳은 것은 ○표, 옳지 않은 것은 ×표 하시오.

1 SiO_2 함량이 70 %인 화성암은 산성암이다. ○ / ×

2 염기성암이 산성암보다 어두운색을 띠는 것은 감람석과 휘석의 함량이 산성암보다 적기 때문이다. ○ / ×

3 염기성암 → 중성암 → 산성암으로 갈수록 Ca의 함량은 감소하고, Na의 함량은 증가한다. ○ / ×

4 현무암과 반려암의 차이는 SiO_2 함량이다. ○ / ×

5 반려암은 유문암보다 암석의 색이 밝다. ○ / ×

6 화강암은 현무암보다 석영과 정장석의 함량이 많다. ○ / ×

학교 시험 대비 문제

01 대류 이동설에 대한 설명으로 옳지 <u>않은</u> 것은?

① 대륙 이동의 원동력을 명쾌하게 설명하지 못하였다.
② 맨틀 대류설이 발표되면서 대륙 이동설이 인정을 받았다.
③ 메소사우루스의 분포는 대륙 이동설을 지지하는 증거이다.
④ 현재의 대륙 분포를 판게아의 분리와 이동으로 설명하였다.
⑤ 고생대 말기의 빙하 분포는 대륙 이동설을 지지하는 증거이다.

02 그림은 애팔래치아산맥과 칼레도니아산맥의 위치를 나타낸 것이다.

이에 대한 설명으로 옳은 것만을 |보기|에서 있는 대로 고른 것은?

> **보기**
> ㄱ. 두 산맥의 지질 구조는 연속성이 있다.
> ㄴ. 두 산맥은 과거에 하나로 이어진 적이 있다.
> ㄷ. 대서양이 형성된 이후에 두 산맥이 만들어졌다.

① ㄱ   ② ㄷ   ③ ㄱ, ㄴ
④ ㄴ, ㄷ   ⑤ ㄱ, ㄴ, ㄷ

03 그림은 맨틀 대류설을 모식적으로 나타낸 것이다.

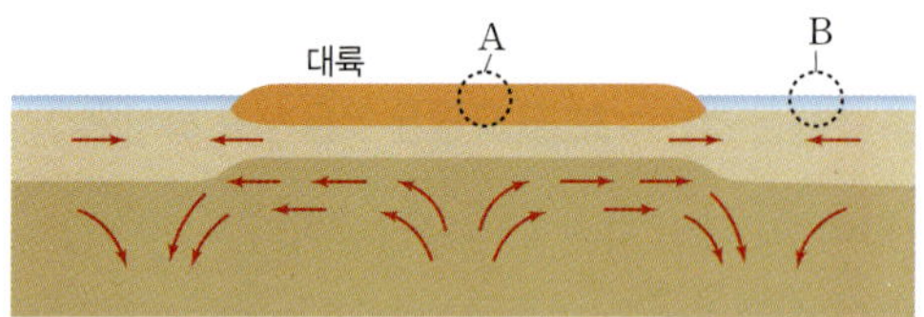

이에 대한 설명으로 옳은 것만을 |보기|에서 있는 대로 고른 것은?

> **보기**
> ㄱ. A에서는 대륙이 분리된다.
> ㄴ. A와 B 사이의 대륙은 B 쪽으로 이동한다.
> ㄷ. B에서는 마그마의 활동으로 새로운 해양 지각이 생성된다.

① ㄱ   ② ㄷ   ③ ㄱ, ㄴ
④ ㄴ, ㄷ   ⑤ ㄱ, ㄴ, ㄷ

대표 유형문제

04 그림은 해저 지형을 모식적으로 나타낸 것이다.

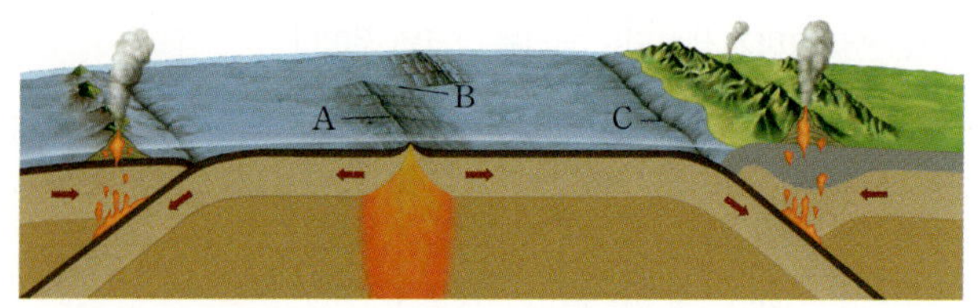

A, B, C 지형에 대한 설명으로 옳은 것만을 |보기|에서 있는 대로 고른 것은?

> **보기**
> ㄱ. 해수면에서 해저면으로 발사한 음파의 왕복 시간은 A가 C보다 짧다.
> ㄴ. B에서는 지진과 화산 활동이 활발하게 일어난다.
> ㄷ. 지진 관측망이 구축되면서 C 부근에 섭입대가 존재함을 알아냈다.

① ㄱ   ② ㄴ   ③ ㄱ, ㄷ
④ ㄴ, ㄷ   ⑤ ㄱ, ㄴ, ㄷ

05 그림은 어느 해양의 해수면에서 해저면으로 발사한 음파가 되돌아온 시간을 측정하여 나타낸 것이다.

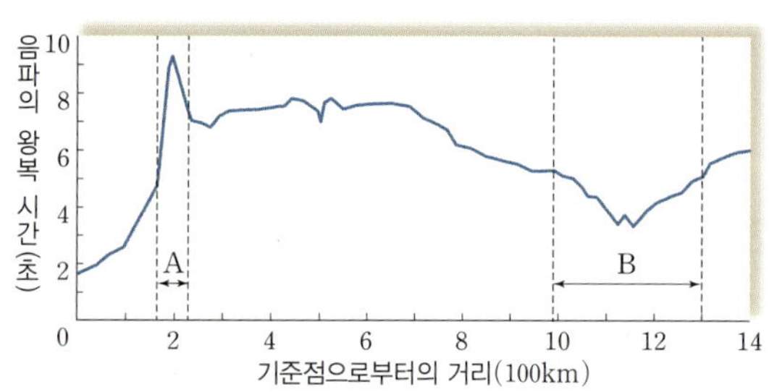

이에 대한 설명으로 옳은 것만을 |보기|에서 있는 대로 고른 것은? (단, 해양에서 음파의 평균 속력은 1500 m/s이다.)

> **보기**
> ㄱ. A에는 맨틀 대류의 상승부가 있다.
> ㄴ. B에는 열곡이 발달한다.
> ㄷ. 진원의 평균적인 깊이는 A가 B보다 깊다.

① ㄱ   ② ㄴ   ③ ㄱ, ㄷ
④ ㄴ, ㄷ   ⑤ ㄱ, ㄴ, ㄷ

06 그림은 서로 다른 해양 A, B에서 각각 기준점으로부터의 거리에 따른 해양 지각의 나이를 나타낸 것이다.

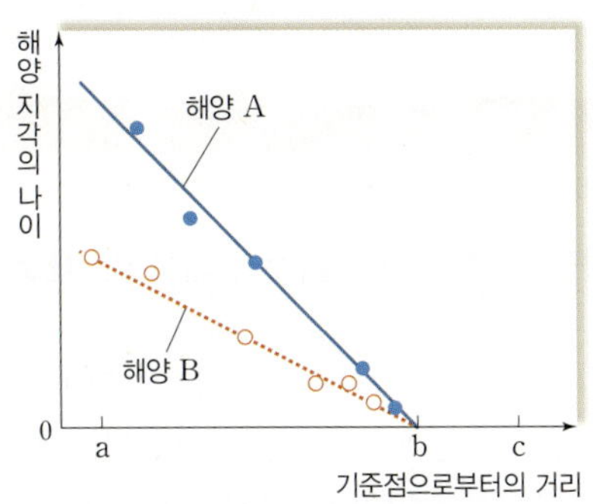

이에 대한 설명으로 옳은 것만을 |보기|에서 있는 대로 고른 것은?

> **보기**
> ㄱ. 해양저의 확장 속도는 A가 B보다 빠르다.
> ㄴ. a 지점에서 퇴적물 최하부층의 연령은 A가 B보다 많다.
> ㄷ. b 지점에서 c 지점으로 갈수록 진원의 깊이가 점점 깊어진다.

① ㄱ ② ㄴ ③ ㄱ, ㄷ
④ ㄴ, ㄷ ⑤ ㄱ, ㄴ, ㄷ

07 그림 (가), (나), (다)는 어느 대륙 지각에서 일어나는 변화를 단계별로 나타낸 것이다.

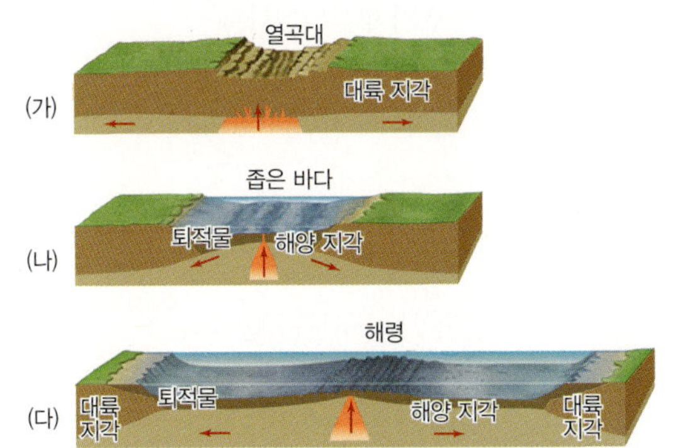

이에 대한 설명으로 옳은 것만을 |보기|에서 있는 대로 고른 것은?

> **보기**
> ㄱ. 수렴형 경계에서 일어나는 변화이다.
> ㄴ. 현재 동아프리카 열곡대는 (가)의 단계이다.
> ㄷ. (가), (나), (다)에서는 모두 화산 활동이 일어난다.

① ㄱ ② ㄴ ③ ㄱ, ㄷ
④ ㄴ, ㄷ ⑤ ㄱ, ㄴ, ㄷ

08 암석 내의 잔류 자기에 대한 설명으로 옳은 것만을 |보기|에서 있는 대로 고른 것은?

> **보기**
> ㄱ. 고온의 용암 내에서 철 성분의 배열은 방향성이 없다.
> ㄴ. 용암이 식어 굳으면 자성을 띠는 광물은 한 방향으로 자화된다.
> ㄷ. 대륙이 이동하면 화산암 내의 자화 방향은 위도에 따라 계속 변한다.

① ㄱ ② ㄷ ③ ㄱ, ㄴ
④ ㄴ, ㄷ ⑤ ㄱ, ㄴ, ㄷ

09 그림은 어느 해령에서 동쪽으로 가면서 해양 지각의 연령과 고지자기 줄무늬를 나타낸 것이다.

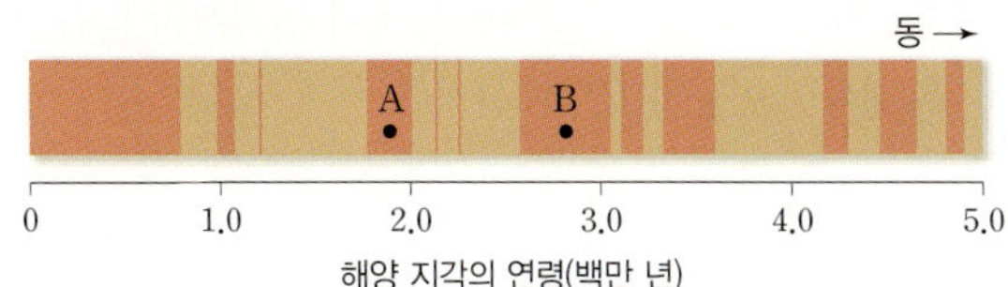

이에 대한 설명으로 옳은 것만을 |보기|에서 있는 대로 고른 것은?

> **보기**
> ㄱ. A의 암석이 생성될 당시 지자기 북극은 지리상 북극 근처에 있었다.
> ㄴ. A와 B의 암석이 생성된 시기 사이에는 3회 이상의 역자극기가 있었다.
> ㄷ. 이 해령의 서쪽에서 연령이 400만 년인 해양 지각은 역자극기에 형성되었다.

① ㄱ ② ㄴ ③ ㄱ, ㄷ
④ ㄴ, ㄷ ⑤ ㄱ, ㄴ, ㄷ

10 그림은 현재 동일 경도상의 A, B, C 지점에서 나침반 자침의 N극이 향하는 방향과 각도를 나타낸 것이다.

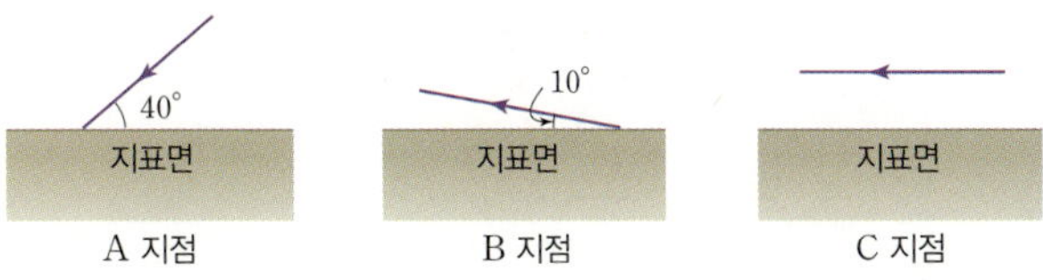

이에 대한 설명으로 옳은 것만을 |보기|에서 있는 대로 고른 것은?

> **보기**
> ㄱ. A는 북반구에 있다.
> ㄴ. 경도선을 따라 B에서 자기 적도 쪽으로 가면 복각의 절댓값은 증가한다.
> ㄷ. C 지점에서는 복각이 0°이다.

① ㄱ ② ㄴ ③ ㄱ, ㄷ
④ ㄴ, ㄷ ⑤ ㄱ, ㄴ, ㄷ

11 그림은 북아메리카와 유럽 대륙에서 측정한 지자기 북극의 겉보기 이동 경로를 나타낸 것이다.

이에 대한 설명으로 옳은 것만을 |보기|에서 있는 대로 고른 것은?

┌─ 보기 ─
ㄱ. 과거 5억 년 동안 두 지자기 북극 사이의 거리가 점차 가까워졌다.
ㄴ. 최근 1억 년 동안 대서양은 점차 확장되었다.
ㄷ. 지자기 북극의 겉보기 이동 경로가 일치하지 않는 것은 대륙이 이동하였기 때문이다.

① ㄱ　　　　② ㄴ　　　　③ ㄱ, ㄷ
④ ㄴ, ㄷ　　　⑤ ㄱ, ㄴ, ㄷ

12 그림은 남아메리카 대륙 주변에 있는 판의 경계를 나타낸 것이다.

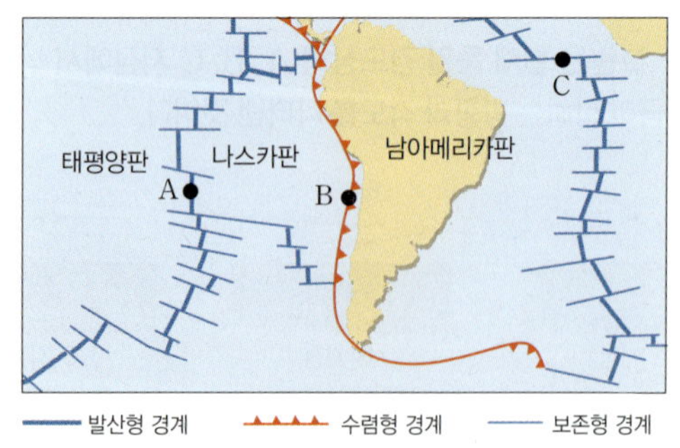

이에 대한 설명으로 옳은 것만을 |보기|에서 있는 대로 고른 것은?

┌─ 보기 ─
ㄱ. 인접한 두 판의 밀도 차이는 A가 B보다 크다.
ㄴ. B 부근의 화산 활동은 남아메리카판에서 일어난다.
ㄷ. C의 존재는 해양저 확장설을 지지하는 증거가 된다.

① ㄱ　　　　② ㄴ　　　　③ ㄱ, ㄷ
④ ㄴ, ㄷ　　　⑤ ㄱ, ㄴ, ㄷ

13 그림 (가), (나), (다)은 판의 경계에서 일어나는 판의 상대적인 이동을 나타낸 모식도이다.

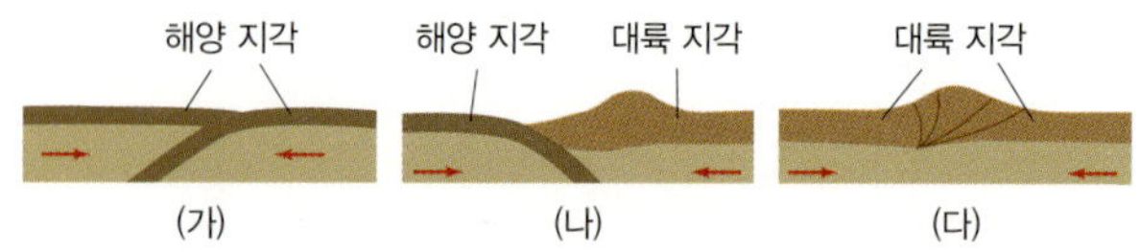

이에 대한 설명으로 옳은 것만을 |보기|에서 있는 대로 고른 것은?

┌─ 보기 ─
ㄱ. (가), (나), (다)는 모두 수렴형 경계를 이룬다.
ㄴ. (가), (나), (다)는 모두 화산 활동이 활발하게 일어난다.
ㄷ. (나)에서 습곡 산맥이 형성되는 예로 히말라야산맥이 있다.

① ㄱ　　　　② ㄴ　　　　③ ㄱ, ㄷ
④ ㄴ, ㄷ　　　⑤ ㄱ, ㄴ, ㄷ

대표 유형문제

14 그림 (가)와 (나)는 서로 다른 시기의 초대륙을 나타낸 것이다.

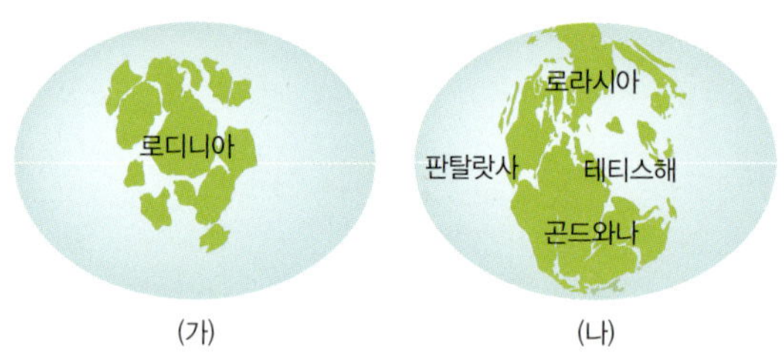

이에 대한 설명으로 옳은 것만을 |보기|에서 있는 대로 고른 것은?

┌─ 보기 ─
ㄱ. (가)가 (나)보다 먼저 형성되었다.
ㄴ. (나)의 시기에 인도 대륙은 곤드와나 대륙에 속해 있었다.
ㄷ. (나)의 대륙이 분리되면서 대서양이 형성되기 시작하였다.

① ㄱ　　　　② ㄴ　　　　③ ㄱ, ㄷ
④ ㄴ, ㄷ　　　⑤ ㄱ, ㄴ, ㄷ

15 과거와 미래의 대륙 분포에 대한 설명으로 옳지 않은 것은?

① 초대륙이 분리될 때 열곡대가 형성된다.
② 초대륙이 분리되면 새로운 해양이 형성된다.
③ 초대륙이 형성될 때 대륙의 충돌로 습곡 산맥이 소멸한다.
④ 미래의 대륙 분포는 현재 판의 이동 방향과 속도로 추정한다.
⑤ 약 2억 년~2억5천만 년 후에는 초대륙이 형성될 것이다.

기출 변형 | 교육청

16
그림은 플룸 구조를 모식적으로 나타낸 것이다. A와 B는 각각 뜨거운 플룸과 차가운 플룸 중 하나이다.

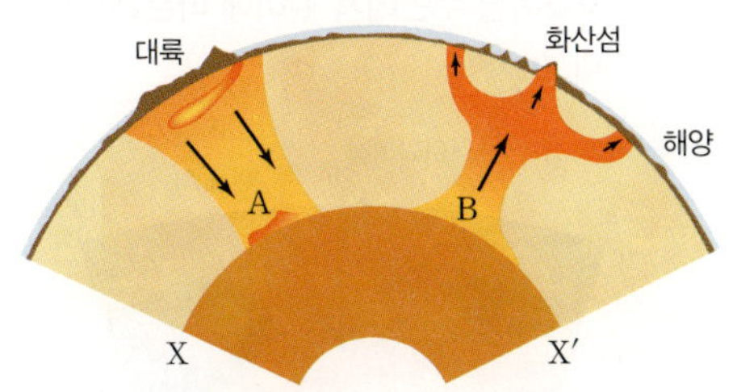

이에 대한 설명으로 옳은 것만을 |보기|에서 있는 대로 고른 것은?

보기

ㄱ. A는 냉각된 해양판의 침강에 의해 생성된다.

ㄴ. 하와이섬은 B의 물질이 지표에 도달하여 만들어졌다.

ㄷ. X−X′는 상부 맨틀과 하부 맨틀의 경계이다.

① ㄱ ② ㄷ ③ ㄱ, ㄴ
④ ㄴ, ㄷ ⑤ ㄱ, ㄴ, ㄷ

17
그림은 맨틀의 용융 곡선 ㉠, ㉡과 물이 포함된 화강암의 용융 곡선을 지하의 온도 분포와 함께 나타낸 것이다. ㉠과 ㉡은 각각 맨틀이 물을 포함하는 경우와 포함하지 않는 경우 중 하나이다.

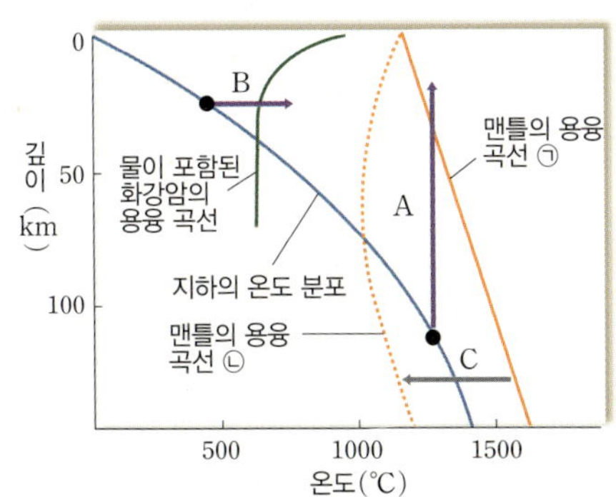

이에 대한 설명으로 옳지 <u>않은</u> 것은?

① ㉠은 물을 포함하지 않는 경우 맨틀의 용융 곡선이다.

② A에 의해 맨틀 물질의 온도는 용융점보다 높아진다.

③ 열점에서는 A에 의해 유문암질 마그마가 생성된다.

④ B는 주로 대륙 지각의 하부에서 일어난다.

⑤ 섭입대에서 방출된 물은 맨틀에 C의 변화를 일으킨다.

18
마그마의 분출과 화산의 모양에 대한 설명으로 옳은 것만을 |보기|에서 있는 대로 고른 것은?

보기

ㄱ. 유문암질 마그마는 유동성이 커서 순상 화산을 형성한다.

ㄴ. 현무암질 마그마는 유문암질 마그마보다 폭발적으로 분출한다.

ㄷ. 태평양 주변부에는 해구와 나란하게 성층 화산이 분포한다.

① ㄱ ② ㄷ ③ ㄱ, ㄴ
④ ㄴ, ㄷ ⑤ ㄱ, ㄴ, ㄷ

19
그림 (가)와 (나)는 화강암과 현무암을 순서 없이 나타낸 것이다.

(가) (나)

이에 대한 설명으로 옳은 것만을 |보기|에서 있는 대로 고른 것은?

보기

ㄱ. SiO_2 함량은 (가)가 (나)보다 많다.

ㄴ. 유색 광물의 함량비는 (가)가 (나)보다 크다.

ㄷ. (가)는 세립질 조직, (나)는 조립질 조직이 나타난다.

① ㄱ ② ㄴ ③ ㄱ, ㄷ
④ ㄴ, ㄷ ⑤ ㄱ, ㄴ, ㄷ

20
다음은 우리나라의 두 지역에서 산출되는 화성암 (가), (나)의 특징을 나타낸 것이다.

• 북한산: 밝은색을 띠는 조립질 조직의 암석 (가)가 거대한 암체를 이룬다.

• 한탄강 일대: 어두운색을 띠는 세립질 조직의 암석 (나)가 다각형의 기둥 모양으로 나타난다.

이에 대한 설명으로 옳은 것만을 |보기|에서 있는 대로 고른 것은?

보기

ㄱ. (가)는 중생대에 생성되었다.

ㄴ. (가)는 생성된 후 융기한 적이 있다.

ㄷ. (나)의 기둥 모양은 용암이 굳는 과정에서 생성되었다.

① ㄱ ② ㄴ ③ ㄱ, ㄷ
④ ㄴ, ㄷ ⑤ ㄱ, ㄴ, ㄷ

1등급 도전!
고난도 문제

21 그림은 어느 해령 부근의 A 지점에서 E 지점까지 측정한 해양 지각의 연령을 나타낸 것이다.

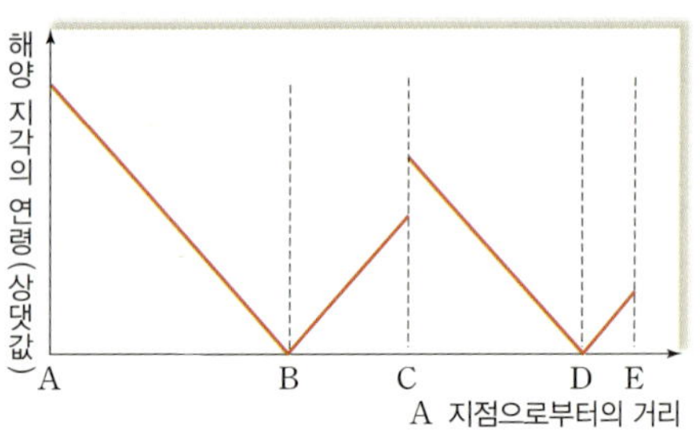

이에 대한 설명으로 옳은 것만을 |보기|에서 있는 대로 고른 것은?

┌ 보기 ┐
ㄱ. A~B의 해양 지각과 D~E의 해양 지각은 동일한 판에 속한다.
ㄴ. 화산 활동은 B보다 C에서 활발하게 일어난다.
ㄷ. B와 C에서는 천발 지진이 발생한다.

① ㄱ　　　　② ㄷ　　　　③ ㄱ, ㄴ
④ ㄴ, ㄷ　　　⑤ ㄱ, ㄴ, ㄷ

기출 변형 **교육청**

23 그림은 하와이섬 주변에서 깊이에 따른 지진파의 속도 분포를 나타낸 것이다.

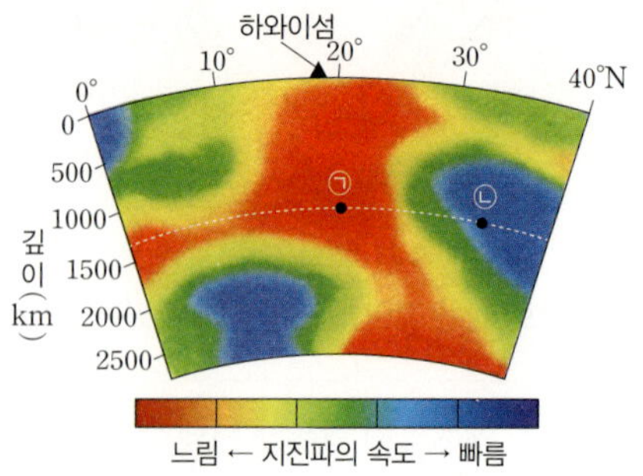

이에 대한 설명으로 옳은 것만을 |보기|에서 있는 대로 고른 것은?

┌ 보기 ┐
ㄱ. 맨틀의 밀도는 ㉠ 지점이 ㉡ 지점보다 작다.
ㄴ. ㉠ 지점의 플룸은 맨틀과 외핵의 경계부에서 생성되었다.
ㄷ. 하와이섬은 판의 발산형 경계에서 형성되었다.

① ㄱ　　　　② ㄷ　　　　③ ㄱ, ㄴ
④ ㄴ, ㄷ　　　⑤ ㄱ, ㄴ, ㄷ

기출 변형 **교육청**

22 그림은 인도 대륙에서 측정한 고지자기 복각의 변화를 나타낸 것이다.

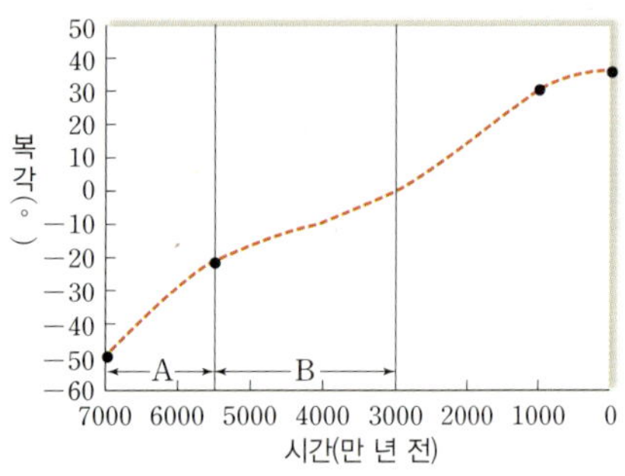

이에 대한 설명으로 옳은 것만을 |보기|에서 있는 대로 고른 것은? (단, 지리상 북극의 위치는 변하지 않았다고 가정한다.)

┌ 보기 ┐
ㄱ. 7000만 년 전에 인도 대륙은 남반구에 있었다.
ㄴ. 인도 대륙의 이동 속도는 A 시기가 B 시기보다 빨랐다.
ㄷ. 인도 대륙에서 나침반 자침이 수평면과 나란한 시기가 있었다.

① ㄱ　　　　② ㄷ　　　　③ ㄱ, ㄴ
④ ㄴ, ㄷ　　　⑤ ㄱ, ㄴ, ㄷ

24 그림은 서로 다른 두 화성암 A, B에서 SiO_2 함량을 제외한 나머지 주요 원소의 산화물 함량을 나타낸 것이다. 화성암 A, B는 각각 염기성암과 산성암 중 하나이다.

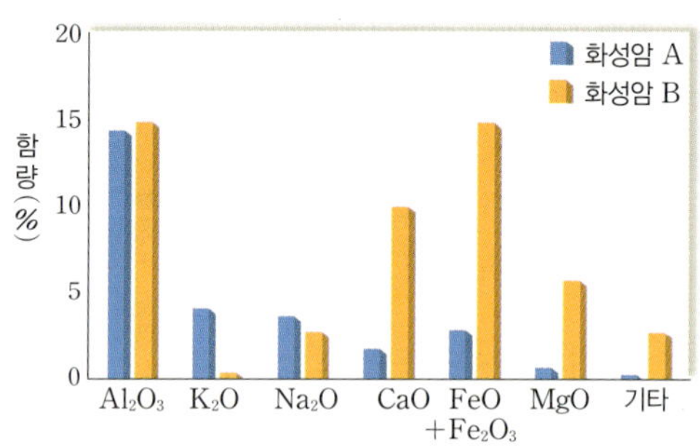

이에 대한 설명으로 옳은 것만을 |보기|에서 있는 대로 고른 것은?

┌ 보기 ┐
ㄱ. A는 SiO_2 함량이 52 % 이하이다.
ㄴ. 전체 광물 중 감람석과 휘석의 함량비는 A가 B보다 작다.
ㄷ. B의 조성이면서 세립질 조직이 관찰되면 유문암이다.

① ㄱ　　　　② ㄴ　　　　③ ㄱ, ㄷ
④ ㄴ, ㄷ　　　⑤ ㄱ, ㄴ, ㄷ

25 그림은 대서양 해저에서 암석의 연령 분포를 나타낸 것이다. 대서양 해저에 분포하는 암석의 연령이 2억 년보다 오래된 암석이 나타나지 않는 까닭을 서술하시오.

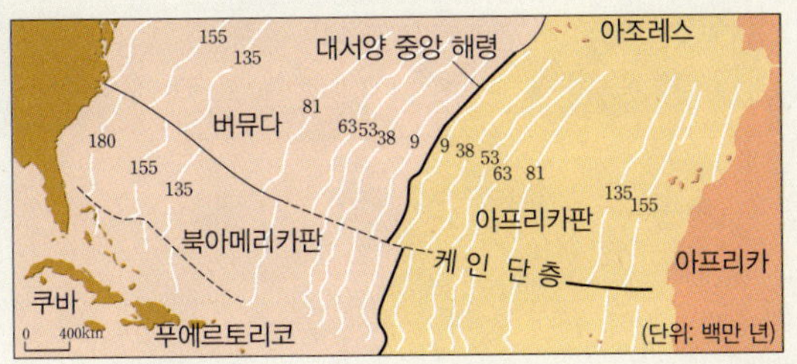

26 그림은 대서양 중앙 해령 주변의 고지자기 줄무늬를 모식적으로 나타낸 것이다. 고지자기 줄무늬 분포의 특징을 제시하여 해양저가 확장되었음을 서술하시오.

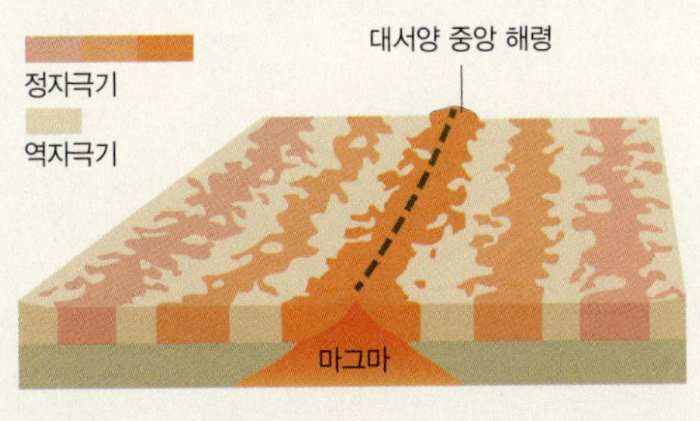

27 그림은 해양판과 대륙판의 경계에서 판의 이동 방향을 나타낸 것이다.

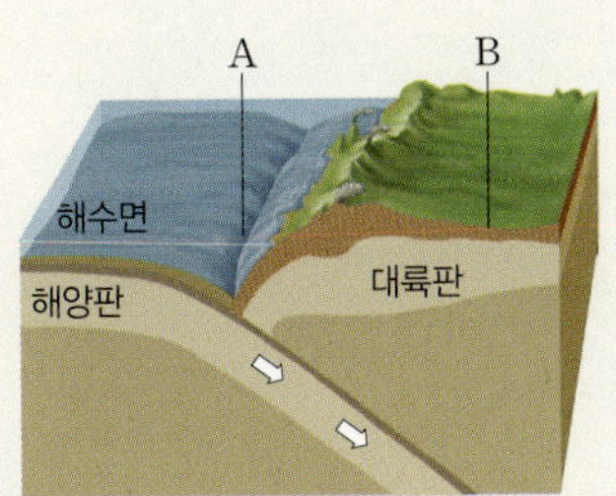

A와 B 사이에서 발생하는 지진의 특징과 A와 나란하게 대륙에서 형성될 수 있는 지형에 대해 서술하시오.

28 그림은 화산체 A, B의 밑면적과 높이를 비교하여 나타낸 것이다. A, B는 각각 순상 화산과 종상 화산 중 하나이다. A, B를 형성한 마그마의 점성을 비교하고, B에서 주로 산출되는 화산암을 쓰시오.

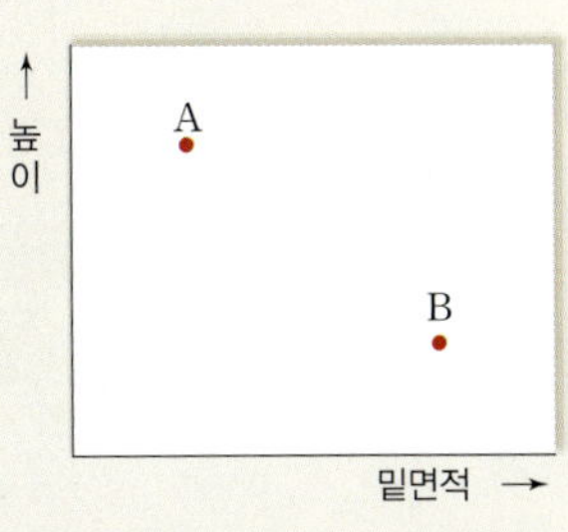

29 그림은 대륙 아래에서 맨틀 대류가 일어나는 방향을 나타낸 것이다.

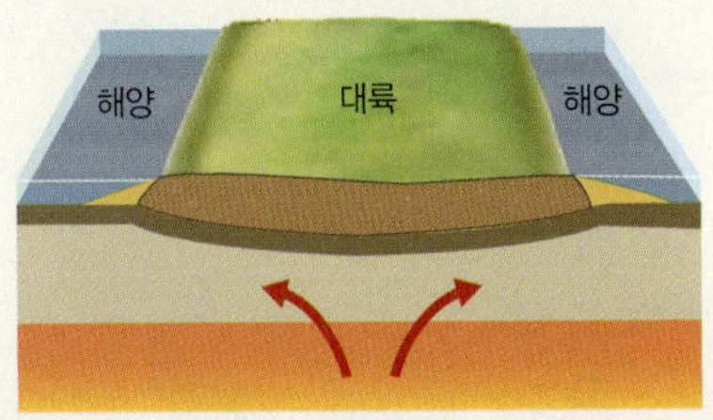

이러한 변화가 오랜 세월 동안 지속된다고 가정할 때, 앞으로 대륙에서는 어떤 변화가 일어날지 아래의 단어를 순서대로 포함하여 서술하시오.

• 열곡대   • 대서양

30 표는 화성암을 분류하여 나타낸 것이다. 화성암 A, B의 이름을 각각 쓰고, 마그마가 냉각된 깊이를 비교하여 서술하시오.

구분	염기성암	중성암	산성암
조립질 암석	(A)	섬록암	화강암
세립질 암석	현무암	안산암	(B)

I 고체 지구

04 퇴적 구조와 지질 구조

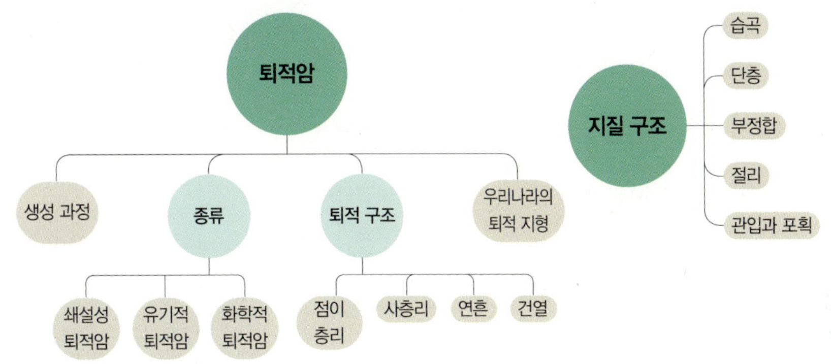

05 지층의 생성 순서와 나이

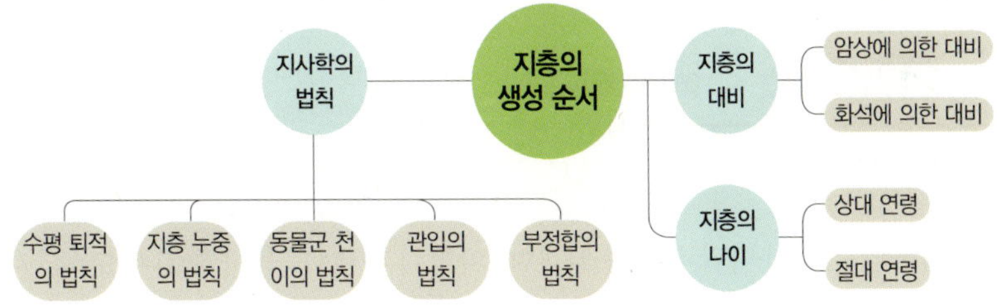

06 지질 시대의 환경과 생물

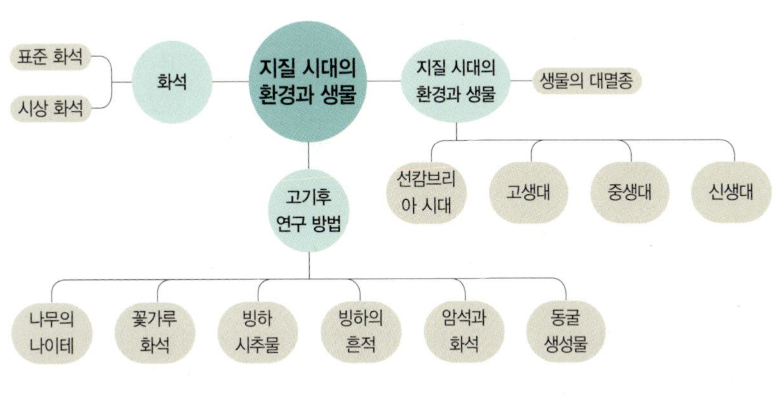

04 퇴적 구조와 지질 구조

1 퇴적암

개념 풍화 쇄설물이나 화산 쇄설물, 물에 녹은 물질, 생물의 유해 등이 다져지고 굳어져서 생성된 암석

1. 퇴적암

(1) 퇴적암의 생성 과정: 퇴적물은 대부분 해저에 퇴적되지만 호수와 같은 육상 환경에서 퇴적되어 생성되기도 한다.

풍화 작용·침식 작용		운반 작용		퇴적 작용		속성 작용
암석이 부서지고, 깎이면서 자갈, 모래, 진흙 등이 된다.	⇨	유수나 바람 등에 의해 운반된다.	⇨	운반된 퇴적물이 수평으로 겹겹이 층을 이루며 쌓인다.	⇨	퇴적물이 다져지고, 교결 물질이 채워져 퇴적암이 된다.

(2) 속성 작용: 퇴적물이 쌓인 후 다져지고, 굳어져 퇴적암이 되기까지의 전체 과정
➡ 퇴적물의 기원이나 종류에 관계 없이 모든 퇴적암은 속성 작용을 거친다.

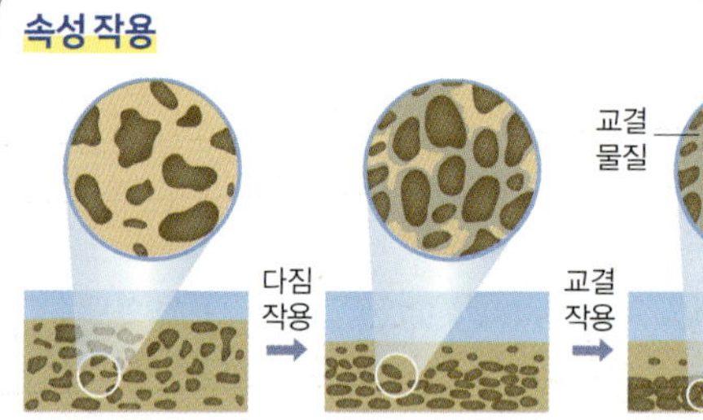

- **다짐 작용**: 퇴적물이 계속 쌓이면 아래의 퇴적물이 압력을 받아 다져진다. ⇨ 공극이 감소하고, 밀도가 증가한다.
- **교결 작용**: 지하수에 녹아 있던 물질이 공극에 침전하여 굳는다. ⇨ 공극이 감소하고, 밀도가 증가한다.

2. 퇴적암의 종류
: 퇴적물의 기원에 따라 쇄설성 퇴적암, 화학적 퇴적암, 유기적 퇴적암으로 구분한다.

(1) 쇄설성 퇴적암: 지표에 노출된 암석이 풍화·침식 작용을 받아 생성된 쇄설물이 운반된 후 쌓여 생성된 암석 ➡ 이암(셰일), 사암, 역암, 응회암 등

(2) 화학적 퇴적암: 물에 녹아 있던 물질이 화학적으로 침전하거나 물이 증발하면서 침전하여 생성된 암석 ➡ 석회암, 암염, 처트 등

(3) 유기적 퇴적암: 동식물이나 미생물의 유해가 쌓여 생성된 암석 ➡ 석탄, 석회암, 처트 등

구분	쇄설성 퇴적암				화학적 퇴적암			유기적 퇴적암		
퇴적물	점토	모래, 점토	자갈, 모래, 점토	화산재	탄산 칼슘 ($CaCO_3$)	염화 나트륨 ($NaCl$)	SiO_2 (규질)	식물체	산호, 조개류, 유공충 등	규질 생물체
퇴적암	이암 (셰일)	사암	역암	응회암	석회암	암염	처트	석탄	석회암	처트

3. 층리와 퇴적암의 가치

(1) 층리: 입자의 크기, 색깔, 성분 등이 다른 퇴적물이 쌓이는 과정에서 생긴 나란한 줄무늬 구조 ➡ 셰일이나 사암 등 쇄설성 퇴적암에서 뚜렷하게 나타난다.

(2) 퇴적암의 가치: 석탄, 석유와 같은 에너지 자원이나 철, 구리 등의 광물 자원이 포함되어 경제적 가치가 있고, 퇴적암에 포함된 화석은 생물의 변천 과정이나 지구의 역사를 이해하는 데 필요한 자료가 된다.

퇴적암
풍화·침식에 의해 생성된 쇄설물이나 호수나 바다에 녹아 있는 물질, 생물의 유해 등이 쌓여 다져지고 굳어져서 생성된 암석

교결 물질
지하수가 퇴적물 입자 사이를 흐르는 동안 지하수에 녹아 있는 탄산 칼슘, 규산염 광물, 철분 등의 물질(교결 물질)이 공극에 침전하여 퇴적물을 단단하게 굳게 하면 퇴적암이 된다.

강의 포인트 @
퇴적암의 생성 과정
퇴적 작용 → 다짐 작용 → 교결 작용
퇴적암의 종류
- 쇄설성 퇴적암: 역암, 사암, 이암(셰일), 응회암 등
- 화학적 퇴적암: 석회암, 암염, 처트 등
- 유기적 퇴적암: 석탄, 석회암, 처트 등

석회암의 기원
석회암은 해수에 녹아 있는 Ca^{2+}와 CO_3^{2-}가 화학적으로 결합하여 해저에 침전되거나(화학적 퇴적암), 산호나 조개 등이 Ca^{2+}와 CO_3^{2-}를 흡수하여 단단한 골격이나 껍질을 만들고, 이들이 죽은 유해가 쌓여(유기적 퇴적암) 생성된다.

층리
퇴적물이 수평으로 쌓일 때 생기는 줄무늬

② 퇴적 환경과 퇴적 구조

개념 퇴적 환경에 따라 점이 층리, 사층리, 연흔, 건열 등이 나타난다.

1. 퇴적 환경: 육상 환경, 해양 환경, 연안 환경이 있다.

육상 환경	선상지, 하천, 호수, 사막 등 육지 내에 주로 쇄설성 퇴적물이 퇴적되는 곳이다.
해양 환경	• 대륙붕, 대륙 사면, 대륙대, 심해저 등이 있다. • 물에 의해 운반되어 이동하는 퇴적물은 크기가 작을수록 멀리까지 운반되어 쌓인다. ➡ 쇄설성 퇴적암이 생성되는 수심은 역암 → 사암 → 이암(셰일)으로 갈수록 깊어진다.
연안 환경	육상 환경과 해양 환경 사이의 퇴적 환경으로, 삼각주 등이 있다.

2. 퇴적 구조: 퇴적 환경과 지층의 상하 관계를 판단하는 데 이용된다.

구분	점이 층리	사층리	연흔	건열
퇴적 구조	퇴적물 입자의 크기가 아래에서 위로 가면서 작아진다.	층리가 기울어지거나 엇갈린 모양으로 나타난다.	퇴적암의 표면에 물결 자국이 나타난다.	가뭄으로 인해 논바닥이 갈라진 것 같은 구조가 나타난다.
형성 과정	수심이 깊은 곳에서 크기가 다른 퇴적물이 쌓일 때 크기가 큰 입자가 먼저 가라앉아 형성된다.	사막에서 바람이 불거나, 수심이 얕은 곳에서 물이 흐르는 방향의 비탈면에 퇴적물이 쌓여 형성된다.	수심이 얕은 물밑에서 흐르는 물이나 파도의 흔적이 퇴적물의 표면에 새겨져 형성된다.	점토와 같은 퇴적물이 수심이 얕은 물밑에 쌓였다가 수면 위에 노출되어 형성된다.

육성층과 해성층
육지의 강이나 호수 등에서 퇴적된 지층을 육성층, 바다에서 퇴적된 지층을 해성층이라고 한다.

점이 층리의 형성 과정
수심이 비교적 얕은 대륙 사면에 크고 작은 입자의 퇴적물이 쌓여 있다가 해저 지진이나 화산 활동이 일어나면 퇴적물이 한꺼번에 흘러내리는 저탁류가 발생한다. 저탁류가 발생할 때 입자가 큰 것은 먼저 가라앉고, 입자가 작은 것은 나중에 가라앉아 점이 층리가 형성된다.

암기 꼭!
퇴적 구조의 형성 환경

퇴적 구조	퇴적 환경
점이 층리	수심이 깊은 물밑
사층리	사막이나 수심이 얕은 곳
연흔	수심이 얕은 곳
건열	건조한 환경

개념 익히기 문제

정답과 해설 p.16

🧠 교과서 문장으로 개념 익히기

01 퇴적물이 쌓인 후 다져지고, 굳어져서 퇴적암이 되기까지의 전체 과정을 ☐☐ ☐☐이라고 한다.

02 속성 작용에는 다짐 작용과 ☐☐ ☐☐이 있으며, 이 과정에 의해 입자 사이의 공간인 ☐☐이 감소한다.

03 퇴적암은 퇴적물의 기원에 따라 쇄설성 퇴적암, 화학적 퇴적암, ☐☐☐ 퇴적암으로 구분한다.

04 자갈, 모래, 점토가 섞여 굳은 퇴적암을 ☐☐, 탄산 칼슘이 굳은 퇴적암을 ☐☐☐이라고 한다.

05 크기, 색깔 등이 다른 퇴적물이 수평으로 쌓이는 과정에서 생긴 나란한 줄무늬를 ☐☐라고 한다.

06 퇴적 구조는 지층이 퇴적될 당시의 ☐☐과 지층의 상하 관계를 판단하는 데 이용된다.

07 퇴적물 입자의 크기가 아래에서 위로 가면서 작아지는 퇴적 구조를 ☐☐ ☐☐라고 한다.

📦 OX 문제로 개념 익히기

08 속성 작용은 쇄설성 퇴적물이 퇴적암으로 되는 과정에서만 일어난다. (O / X)

09 교결 작용이 일어나면 퇴적물 사이의 공극은 감소하고, 밀도는 증가한다. (O / X)

10 화산 분출물이 대기 중으로 방출되었다가 지표에 쌓이면 화학적 퇴적암이 만들어진다. (O / X)

11 석회암은 해수에 녹은 물질이 침전되어 만들어지거나 생물의 유해가 쌓여 만들어진다. (O / X)

12 해저에서 쇄설성 퇴적암이 만들어지는 수심은 역암 → 사암 → 이암으로 갈수록 대체로 깊어진다. (O / X)

13 선상지와 호수는 육상 환경에 속하고, 삼각주는 연안 환경에 속한다. (O / X)

14 연흔은 수심이 깊은 환경에서 잘 형성되고, 건열은 습한 환경에서 잘 형성된다. (O / X)

개념 고생대, 중생대, 신생대에 퇴적되어 형성된 지형이 나타난다.

1. 한반도의 퇴적 지형: 여러 가지 퇴적 구조를 볼 수 있고, 지각 변동의 흔적과 여러 생물들의 화석이 남아 있다.

2. 지질 시대별 퇴적 지형

고생대	• **강원도 태백시 구문소**: 고생대의 바다에서 퇴적된 석회암층으로 주로 이루어져 있고, 삼엽충과 완족류 화석이 발견되며, 연흔과 건열 구조가 나타난다. • **강원도와 충청북도 일대**: 석회암이 침식을 받아 생성된 석회 동굴이 분포한다.
중생대	• **전라북도 부안군 채석강**: 중생대 후기에 호수 밑바닥에서 생성된 역암, 사암 등으로 이루어져 있다. 층리가 뚜렷하고 단층과 습곡이 나타난다. • **경기도 화성시 시화호**: 중생대 백악기에 형성된 역암, 사암 등의 지층에서 다량의 공룡알과 공룡 뼈 화석이 발견된다. • **경상남도 고성군 덕명리 해안**: 중생대의 이암, 사암 등으로 이루어져 있으며, 연흔과 건열이 나타난다. 공룡 발자국과 새발자국이 발견된다. • **전라북도 진안군 마이산**: 산 전체가 거대한 역암 덩어리를 이루며, 표면에 풍화로 생긴 타포니가 많다. 타포니: 자갈이 풍화로 떨어져 나가 생긴 구덩이
신생대	• **제주도 서귀포층**: 사암과 이암으로 이루어져 있으며, 사층리가 나타난다. • **제주도 수월봉**: 화산 활동으로 형성된 퇴적 지형으로, 화산재가 쌓여 층리를 이룬다.

4 지질 구조

개념 지층이나 암석이 힘을 받아 변형된 습곡, 단층, 절리, 부정합 등의 구조

1. 지질 구조: 지층이나 암석이 지각 변동을 받아 여러 모양으로 변형된 구조를 말하며, 지질 구조에는 습곡, 단층, 절리, 부정합 등이 있다.

2. 습곡: 지층이 횡압력을 받아 휘어진 지질 구조

(1) **습곡의 형성 환경**: 고온·고압의 지하 깊은 곳

(2) **습곡의 구조**

• **습곡축**: 습곡 구조에서 가장 많이 휘어진 부분
• **날개**: 습곡축 양쪽의 경사면
• **배사**: 볼록한 봉우리에 해당하는 부분
• **향사**: 오목한 골짜기에 해당하는 부분

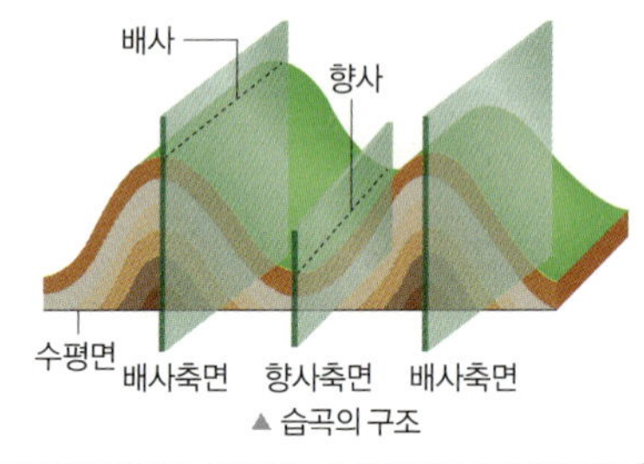

▲ 습곡의 구조

(3) **판의 운동과 습곡**: 습곡 산맥은 두 판이 부딪치는 수렴형 경계에서 잘 형성된다.

3. 단층: 지층이 힘을 받아 끊어지면서 양쪽 지층이 상대적으로 이동하여 형성된 지질 구조

(1) **단층의 형성 환경**: 습곡의 형성 환경에 비해 상대적으로 저온·저압의 지표 근처

(2) **단층의 종류**

• **정단층**: 장력이 작용하여 상반이 아래로 내려간 단층
• **역단층**: 횡압력이 작용하여 상반이 위로 밀려 올라간 단층
• **주향 이동 단층**: 단층면을 따라 상반과 하반이 수평 방향으로 이동한 단층

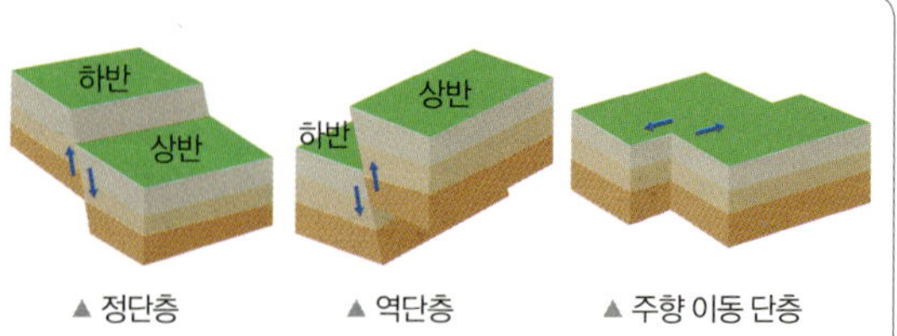

(3) **판의 운동과 단층**

❶ **정단층**: 발산형 경계에서 잘 형성 **예** 동아프리카 열곡대 등
❷ **역단층**: 수렴형 경계에서 잘 형성 **예** 히말라야산맥, 안데스산맥 등
❸ **주향 이동 단층**: 보존형 경계에서 잘 형성 **예** 산안드레아스 단층 등

한반도의 퇴적 지형

▲ 강원도 태백시 구문소

▲ 경상남도 고성군 덕명리 해안

▲ 제주도 수월봉

한반도의 중생대 지층
육지의 호수 등에서 역암, 사암, 이암 등이 퇴적되어 중생대 전체 지층이 육성층을 이룬다.

습곡의 종류

모식도	특징
▲ 정습곡	습곡축면이 수평면에 대해 거의 수직인 습곡
▲ 경사 습곡	습곡축면이 수평면에 대해 기울어진 습곡
▲ 횡와 습곡	습곡축면이 수평면에 대해 거의 수평으로 누운 습곡

단층의 구조

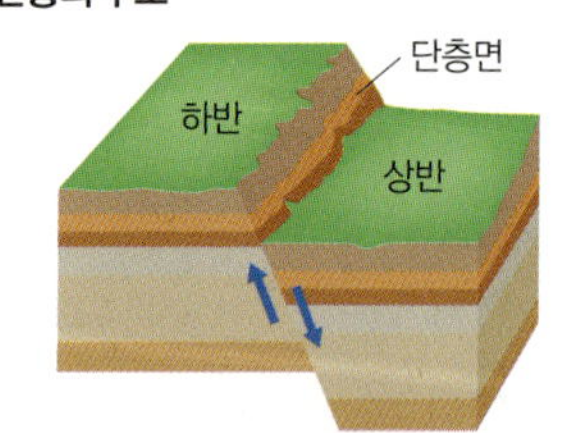

• **단층면**: 지층이 끊어진 면
• **상반**: 단층면이 경사져 있을 때 윗부분
• **하반**: 단층면이 경사져 있을 때 아랫부분

4. 부정합: 상하 지층 사이에 퇴적 시간의 커다란 공백이 있는 지질 구조

(1) 부정합의 형성 과정

퇴적		융기		침식과 침강		퇴적
해수면 아래에서 퇴적물이 쌓인다.	⇨	조륙 운동이나 조산 운동에 의해 지층이 융기하여 지표로 드러난다.	⇨	지표에서 지층이 침식 작용을 받은 후 해수면 아래로 침강한다.	⇨	부정합면 위에 새로운 퇴적물이 퇴적된다.

(2) 부정합의 종류: 평행 부정합, 경사 부정합, 난정합이 있다.

평행 부정합	경사 부정합	난정합
 부정합면	부정합면	부정합면
부정합면을 경계로 상하 지층의 층리가 나란한 부정합 ⇨ 조륙 운동을 받은 경우	부정합면을 경계로 상하 지층의 경사가 다른 부정합 ⇨ 조산 운동을 받은 경우	부정합면 아래의 지층이 심성암이거나 변성암인 경우

5. 절리: 암석에 생긴 틈이나 균열로, 주상 절리와 판상 절리가 있다.

주상 절리	• 다각형(4각형~6각형)의 기둥 모양을 이루는 절리 • 지표로 분출한 용암이 식는 과정에서 수축하여 만들어진다. ➡ 화산암에서 형성
판상 절리	• 얇은 판 모양의 절리 • 지하의 암석이 융기할 때 위에서 누르는 압력이 감소하면서 팽창하여 만들어진다. ➡ 심성암에서 형성

6. 관입과 포획

(1) 관입: 마그마가 주변의 암석을 뚫고 들어가는 것 ➡ 관입암은 주변 암석보다 나중에 생성되었다.

(2) 포획: 마그마가 관입할 때 주변 암석의 일부가 떨어져 나와 마그마에 포함되는 것
➡ 포획된 암석은 화성암보다 먼저 생성되었다.

부정합면과 기저 역암
부정합면 위에는 입자가 큰 역암이 퇴적되는데, 이를 기저 역암이라고 한다.

주상 절리와 판상 절리

▲ 주상 절리

▲ 판상 절리

포획암

정답과 해설 p.16

🧠 교과서 문장으로 개념 익히기

15 전라북도 부안군 채석강의 역암, 사암 등이 퇴적된 시기는 ☐☐☐이고, 육지의 호수에서 퇴적되었다.

16 지층이 힘을 받아 휘어진 구조를 ☐☐, 끊어진 구조를 ☐☐이라고 한다.

17 정단층은 지층에 ☐☐이 작용하여 생기고, 역단층은 지층에 ☐☐☐이 작용하여 생긴다.

18 상하 지층 사이에 퇴적 시간의 공백이 큰 지질 구조를 ☐☐☐이라고 한다.

19 용암이 식으면서 생긴 기둥 모양의 절리를 ☐☐☐☐라고 한다.

📦 OX 문제로 개념 익히기

20 강원도 태백시 구문소의 석회암은 신생대의 바다에서 퇴적되었다. (O / X)

21 지층에 힘이 작용할 때 휘어지지 않고 끊어지는 것은 지층이 지하 깊은 곳에 있기 때문이다. (O / X)

22 지층이 조륙 운동에 의해 융기와 침강을 하면 평행 부정합이 만들어진다. (O / X)

23 주상 절리는 화산암에서 잘 형성되고, 판상 절리는 심성암에서 잘 형성된다. (O / X)

24 관입암은 주변 암석보다 나중에 생성되었고, 포획암은 주변 암석보다 먼저 생성되었다. (O / X)

자료 ❶   퇴적 구조의 형성 과정

퇴적 구조		형성 과정
점이 층리		(1) 경사가 있는 물밑에서 크기가 다양한 퇴적물이 쌓인다. (2) 경사면의 퇴적물이 불안정해지면 한꺼번에 수심이 깊은 바다(대륙대)로 쓸려 내려간다. (3) 퇴적물이 부유하다가 가라앉을 때 입자가 큰 것부터 먼저 가라앉는다. (4) 위로 갈수록 입자의 크기가 작아진다.
사층리		(1) 사막이나 수심이 얕은 곳에서 퇴적물이 운반된다. (2) 사막의 사구나 물밑의 경사면에 퇴적물이 쌓인다. (3) 새로운 퇴적물이 운반되어 경사면에 계속 쌓인다. (4) 경사면을 따라 층리가 형성된다.
연흔		(1) 수심이 얕은 곳에 퇴적물이 쌓인다. (2) 물의 흐름이나 파도의 흔적이 퇴적물에 새겨진다.
건열		(1) 수심이 얕은 곳에 퇴적물이 쌓인다. (2) 증발이 일어나거나 지각이 융기하여 퇴적물이 건조한 대기에 노출된다. (3) 퇴적물 표면이 갈라져 균열을 만든다.

자료 ❷

구분	모식도 (단면)		퇴적 구조 사진
	정상층	역전된 모습	
점이 층리			
사층리			
연흔			
건열			

⋯ **점이 층리의 해석**
- 위로 갈수록 입자의 크기가 작아진다. → 물속에서 입자의 크기에 따른 퇴적 속도 차이 때문에 형성된다.
- 위로 갈수록 입자의 크기가 커진다면 역전된 지층이다.
- 수심이 깊은 곳에서 형성되었다.

⋯ **사층리의 해석**
- 층리가 경사진 모습이다.
- 경사진 층리 방향으로 퇴적물이 이동하였다. → 층리의 기울기가 큰 부분이 위쪽이다.
- 사층리의 윗부분 경사가 아랫부분보다 작다면 역전된 지층이다.
- 바람이 부는 사막 환경이나 수심이 얕은 곳에서 형성되었다.

⋯ **연흔의 해석**
- 파도의 봉우리가 위쪽을 향한다. → 모식도의 모습은 단면이고, 사진은 위에서 본 모습(층리면에서 관찰되는 모습)이다.
- 파도의 봉우리가 아래쪽을 향한다면 역전된 지층이다.
- 수심이 얕은 물밑에서 형성되었다.

⋯ **건열의 해석**
- 갈라진 V자 모양으로 나타난다. → 모식도의 모습은 단면이고, 사진은 위에서 본 모습(층리면에서 관찰되는 모습)이다.
- 건조한 환경에서 형성되었다.

개념 다지기 문제

01　지표에 노출된 여러 종류의 암석이 퇴적암으로 되는 과정에 대한 설명으로 옳지 <u>않은</u> 것은?

① 퇴적물은 모두 해저로 운반되어 퇴적된다.
② 퇴적물이 물밑에 쌓이면 층을 이룬다.
③ 암석이 풍화와 침식을 받으면 쇄설물이 된다.
④ 유수나 바람은 퇴적물을 운반하는 역할을 한다.
⑤ 종류가 다른 퇴적물이 차례로 쌓이면 층리가 생긴다.

대표 유형문제

02　그림 (가), (나), (다)는 퇴적물이 쌓인 후 일어나는 변화를 나타낸 것이다.

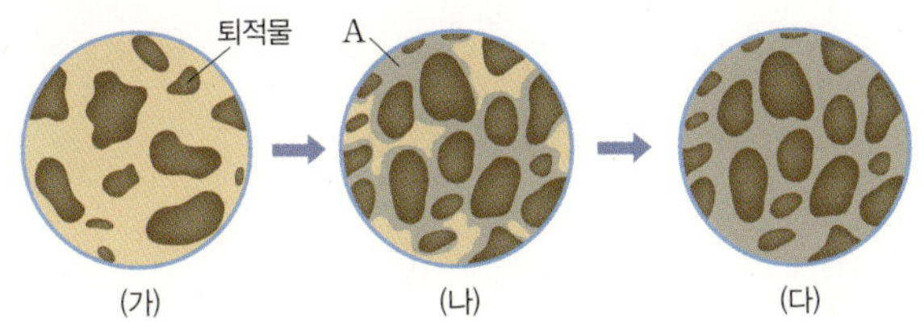

이에 대한 설명으로 옳은 것만을 |보기|에서 있는 대로 고른 것은?

> **보기**
> ㄱ. (가) → (나) 과정에서 공극의 부피는 감소한다.
> ㄴ. A는 (가)의 퇴적물이 풍화되어 생기는 물질이다.
> ㄷ. (가) → (나) → (다) 과정에서 퇴적물의 밀도는 증가한다.

① ㄱ　　　　② ㄴ　　　　③ ㄱ, ㄷ
④ ㄴ, ㄷ　　　⑤ ㄱ, ㄴ, ㄷ

03　퇴적암의 종류에 대한 설명으로 옳은 것만을 |보기|에서 있는 대로 고른 것은?

> **보기**
> ㄱ. 암염은 해수의 증발이 활발한 곳에서 생성된다.
> ㄴ. 쇄설성 퇴적암 중에는 화산 분출물로 이루어진 것이 있다.
> ㄷ. 쇄설성 퇴적암과 화학적 퇴적암의 구분 기준은 퇴적물 입자의 크기이다.

① ㄱ　　　　② ㄷ　　　　③ ㄱ, ㄴ
④ ㄴ, ㄷ　　　⑤ ㄱ, ㄴ, ㄷ

04　표는 퇴적암을 분류하여 그 예를 나타낸 것이다.

구분	퇴적암
(가)	암염, 처트 등
(나)	㉠셰일, ㉡사암, ㉢역암 등
(다)	석탄, 처트 등

이에 대한 설명으로 옳은 것만을 |보기|에서 있는 대로 고른 것은?

> **보기**
> ㄱ. 석회암은 (가)와 (다)에 모두 속한다.
> ㄴ. ㉠ → ㉡ → ㉢으로 갈수록 해양에서 생성되는 수심이 얕아진다.
> ㄷ. (가), (나), (다)의 퇴적암은 모두 퇴적물이 속성 작용을 거쳐 만들어진다.

① ㄱ　　　　② ㄷ　　　　③ ㄱ, ㄴ
④ ㄴ, ㄷ　　　⑤ ㄱ, ㄴ, ㄷ

대표 유형문제

05　그림 (가)~(라)는 퇴적 구조를 나타낸 것이다.

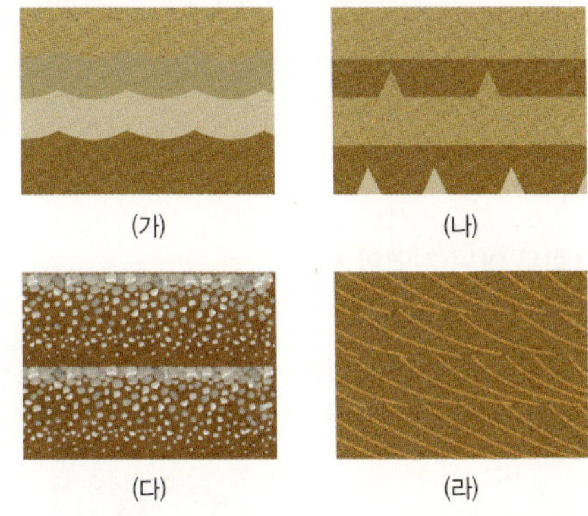

이에 대한 설명으로 옳은 것만을 |보기|에서 있는 대로 고른 것은? (단, (가)~(라)는 바다에서 형성되었다.)

> **보기**
> ㄱ. 지층이 역전된 것은 (가)와 (나)이다.
> ㄴ. 수심이 가장 깊은 곳에서 형성된 것은 (다)이다.
> ㄷ. (라)는 퇴적물이 오른쪽에서 왼쪽으로 공급되었다.

① ㄱ　　　　② ㄴ　　　　③ ㄱ, ㄷ
④ ㄴ, ㄷ　　　⑤ ㄱ, ㄴ, ㄷ

06 그림은 어느 습곡을 나타낸 것이다.
이에 대한 설명으로 옳은 것만을 |보기|에서 있는 대로 고른 것은?

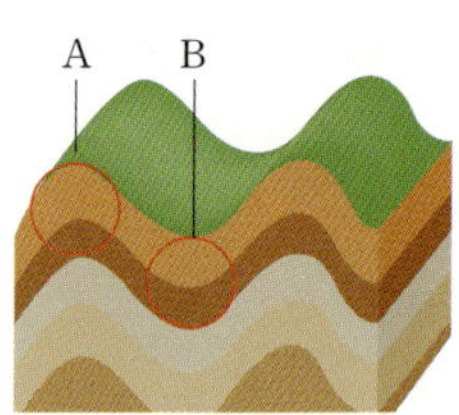

┌ 보기 ┐
ㄱ. 횡압력이 작용하여 형성된다.
ㄴ. A는 향사, B는 배사이다.
ㄷ. 축면이 수평면에 대해 똑바로 선 횡와 습곡이다.

① ㄱ   ② ㄷ   ③ ㄱ, ㄴ
④ ㄴ, ㄷ   ⑤ ㄱ, ㄴ, ㄷ

07 그림은 단층 구조를 나타낸 것이다.

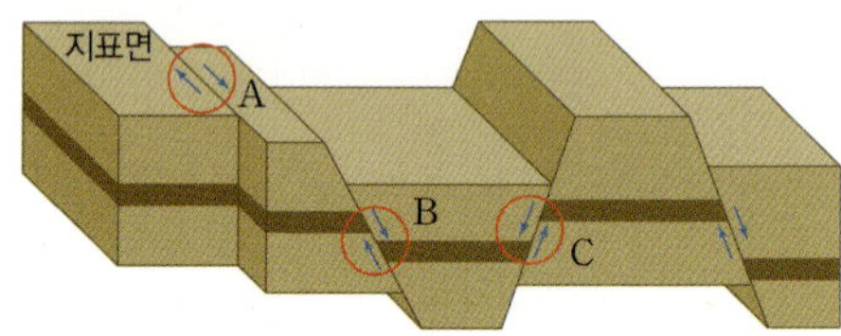

이에 대한 설명으로 옳은 것만을 |보기|에서 있는 대로 고른 것은?

┌ 보기 ┐
ㄱ. A는 수평 이동 단층이다.
ㄴ. B는 상반이 아래로 이동하였다.
ㄷ. B와 C의 단층 형성에 작용한 힘의 종류는 같다.

① ㄱ   ② ㄷ   ③ ㄱ, ㄴ
④ ㄴ, ㄷ   ⑤ ㄱ, ㄴ, ㄷ

08 그림은 어느 지역의 지층 단면을 나타낸 것이다.
이에 대한 설명으로 옳은 것만을 |보기|에서 있는 대로 고른 것은?

┌ 보기 ┐
ㄱ. 두 지층 간의 퇴적 시간 차이는 A−B가 B−C보다 작다.
ㄴ. 이 지역은 지층 B가 퇴적된 후 융기한 적이 있다.
ㄷ. 지층 C 하부의 자갈은 대부분 지층 C의 암석 조각으로 이루어져 있다.

① ㄱ   ② ㄷ   ③ ㄱ, ㄴ
④ ㄴ, ㄷ   ⑤ ㄱ, ㄴ, ㄷ

09 다음은 한반도의 퇴적 지형을 설명한 것이다.

┌─┐
(가) 강원도 태백 구문소: 석회암 지형이 관찰되고, 연흔과 건열이 나타난다.
(나) 전라북도 부안군 채석강: 호수 밑바닥에서 생성된 역암, 사암 등으로 이루어져 있다.
(다) 제주도 수월봉: 화산재가 쌓여 층리를 이룬다.
└─┘

이에 대한 설명으로 옳은 것만을 |보기|에서 있는 대로 고른 것은?

┌ 보기 ┐
ㄱ. (가)의 석회암은 수심이 깊은 바다에서 생성되었다.
ㄴ. 지층이 생성된 시기는 (나)가 가장 오래되었다.
ㄷ. (다)에서는 응회암을 관찰할 수 있다.

① ㄱ   ② ㄷ   ③ ㄱ, ㄴ
④ ㄴ, ㄷ   ⑤ ㄱ, ㄴ, ㄷ

10 그림 (가)와 (나)는 형성 과정이 다른 두 절리를 나타낸 것이다.

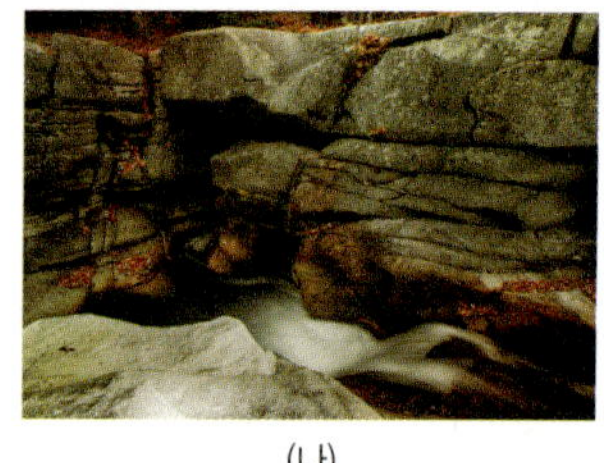

(가)   (나)

이에 대한 설명으로 옳은 것만을 |보기|에서 있는 대로 고른 것은?

┌ 보기 ┐
ㄱ. 암석이 생성된 깊이는 (가)가 (나)보다 깊다.
ㄴ. (가)는 온도의 하강에 의해 형성되었다.
ㄷ. (나)는 주위 압력의 상승에 의해 형성되었다.

① ㄱ   ② ㄴ   ③ ㄱ, ㄷ
④ ㄴ, ㄷ   ⑤ ㄱ, ㄴ, ㄷ

11 그림은 세 종류의 퇴적암을 구분하는 과정을 나타낸 것이다.

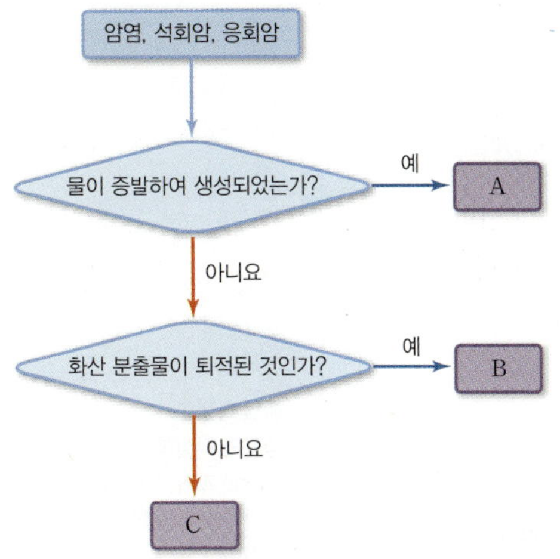

이에 대한 설명으로 옳은 것만을 |보기|에서 있는 대로 고른 것은?

> **보기**
> ㄱ. A는 칼슘 이온과 탄산 이온이 결합한 것이다.
> ㄴ. B는 쇄설성 퇴적암에 속한다.
> ㄷ. C는 식물체가 매몰되어 생성된다.

① ㄱ   ② ㄴ   ③ ㄱ, ㄷ
④ ㄴ, ㄷ   ⑤ ㄱ, ㄴ, ㄷ

12 그림 (가)와 (나)는 서로 다른 지역의 지질 구조를 나타낸 것이다. (나)에서 C는 화강암이다.

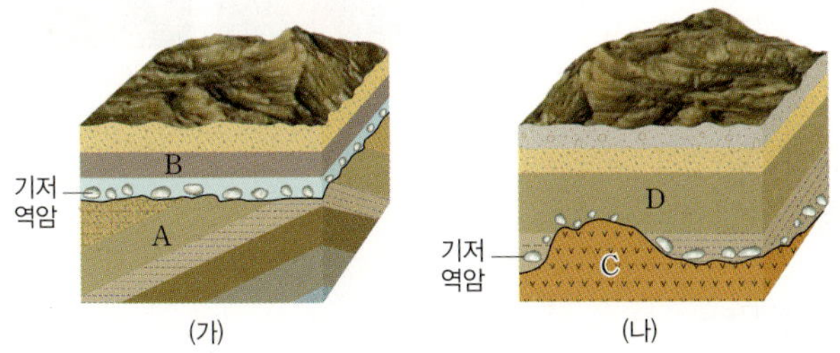

이에 대한 설명으로 옳은 것만을 |보기|에서 있는 대로 고른 것은?

> **보기**
> ㄱ. 지층 A와 B는 같은 시기에 횡압력을 받았다.
> ㄴ. 화강암 C는 지층 D를 관입하였다.
> ㄷ. (나)의 지역은 최소한 2회 융기하였다.

① ㄱ   ② ㄷ   ③ ㄱ, ㄴ
④ ㄴ, ㄷ   ⑤ ㄱ, ㄴ, ㄷ

13 석회암을 자세히 관찰해 보면 산호 화석이 발견되는 경우가 많다. 또한 석탄을 자세히 관찰해 보면 나무줄기나 나뭇잎 화석이 발견되는 경우가 많다. 그 까닭을 각각 퇴적물의 기원과 관련지어 서술하시오.

14 그림은 어느 지역에 쌓인 해성층의 단면을 나타낸 것이다.
이 지역에서 퇴적물이 쌓이는 동안 해수면의 높이는 어떤 변화가 있었는지 쓰고, 그렇게 판단한 근거를 서술하시오. (단, 지층은 역전되지 않았다.)

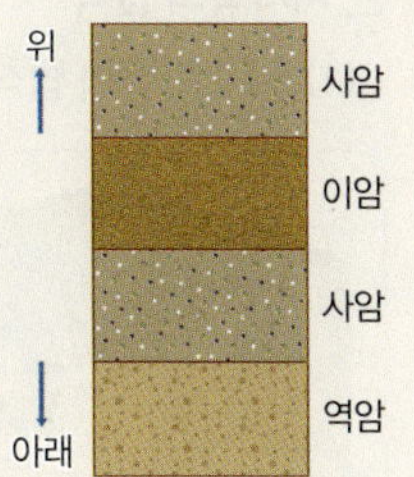

15 그림은 어느 지역의 지층 단면을 나타낸 것이다. 이 지역의 단층은 지층이 수평 상태였을 때 형성되었다. 단층을 형성하는 데 작용한 힘과 단층의 종류를 서술하시오. (단, 지층은 역전되지 않았다.)

16 한탄강 일대에는 주상 절리가 형성된 암석이 있다. 주상 절리가 관찰된다는 사실을 통해 이 암석의 생성 환경을 유추하여 서술하시오.

05 지층의 생성 순서와 나이

1 지사학의 법칙

개념 수평 퇴적의 법칙, 지층 누중의 법칙, 동물군 천이의 법칙, 관입의 법칙, 부정합의 법칙이 있다.

1. 동일 과정설: 지구의 역사를 해석하는 기본 원리로, 현재 일어나는 지질학적 변화 과정은 과거에도 동일하게 일어났다고 가정한다. ⇨ 현재 관찰할 수 있는 자연 현상을 통해 과거의 자연 현상을 알 수 있다.

2. 지사학의 법칙

(1) 수평 퇴적의 법칙

- 퇴적물은 일반적으로 수평으로 쌓인다는 법칙
- 물속에서 퇴적물이 퇴적될 때는 중력의 영향으로 수평면과 나란한 방향으로 쌓여 층을 이룬다.
- 현재 관찰되는 지층이 기울어져 있다면 이 지층은 생성된 후 지각 변동을 받았다.

(2) 지층 누중의 법칙 지층이 역전되면 지층 누중의 법칙을 적용할 수 없다.

- 아래에 있는 지층은 위에 있는 지층보다 먼저 퇴적되었다는 법칙
- 지층 누중의 법칙을 적용할 때는 지층이 역전되지 않아야 한다.
- 지층의 역전 여부는 점이 층리, 사층리, 연흔, 건열 등의 퇴적 구조나 표준 화석을 관찰하여 판단한다.

(3) 동물군 천이의 법칙 동물군 천이의 법칙을 적용하려면 지층 속에 화석이 나타나야 한다.

- 오래된 지층에서 새로운 지층으로 갈수록 더 진화된 생물의 화석이 발견된다는 법칙
- 지층에서 발견되는 화석의 종류와 진화 정도를 해석하면 지층의 선후 관계를 알 수 있다.
- 서로 멀리 떨어져 있는 지층의 선후 관계를 판단하는 데도 이용된다.

(4) 관입의 법칙

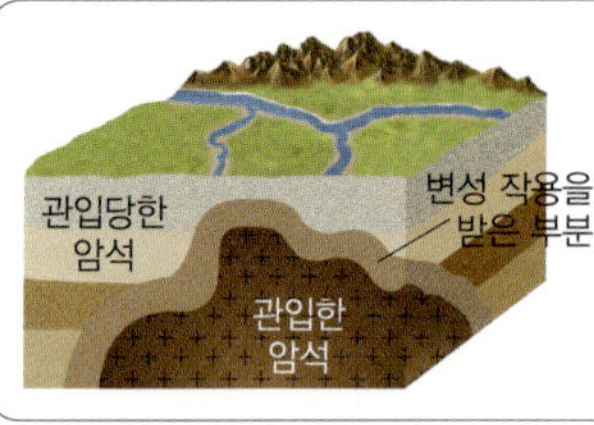

- 관입한 암석은 관입당한 암석보다 나중에 생성되었다는 법칙
- 관입의 법칙을 적용할 때는 화성암이 관입한 경우와 분출한 경우를 판단해야 한다.
- 고온의 마그마가 주변의 지층을 관입할 때는 마그마와 접촉하는 지층에서 열에 의한 변성 작용이 일어난다.

(5) 부정합의 법칙

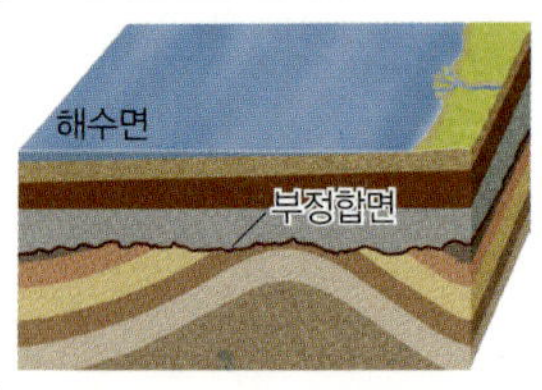

- 부정합면을 경계로 상하의 지층 사이에는 긴 시간 간격이 있다는 법칙
- 부정합은 퇴적이 중단되거나 먼저 퇴적된 지층이 침식된 상태에서 다시 퇴적이 일어날 때 만들어진다. ➡ 상하 지층 사이에 긴 시간 간격이 있다.
- 부정합면을 경계로 상하 지층은 구성 암석의 종류와 상태, 지질 구조, 화석의 종류 등에서 큰 차이를 보인다.

동일 과정설
영국의 지질학자 허턴이 제창하였다. 그는 현재와 과거의 지질학적 과정과 속도는 동일하다고 주장하면서 '현재는 과거를 푸는 열쇠이다.'라는 말을 남겼다.

표준 화석
생성 시기를 알 수 있는 화석

암기 꼭!

주요 표준 화석

고생대	삼엽충, 필석, 방추충 등
중생대	암모나이트, 공룡 등
신생대	화폐석, 매머드 등

관입과 분출
마그마가 관입한 경우에는 화성암과 접촉한 모든 부분에서 변성 부분이 관찰된다. 그러나 마그마가 지표로 분출한 경우에는 화성암 상부의 암석에서는 변성 부분이 관찰되지 않는다.

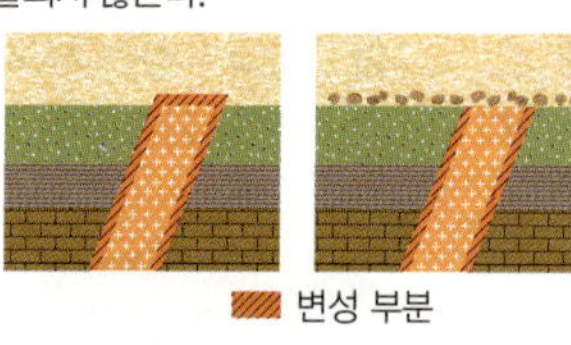

강의 포인트
부정합의 판단 기준
- 기저 역암이 존재한다.
- 상하 지층에서 산출되는 화석의 종류가 크게 차이난다.
- 하부 지층은 경사층이고, 상부 지층은 수평층이다.
- 상부 지층 아래에 심성암(화강암 등)이나 열과 압력에 의한 변성암(편마암, 편암 등)이 분포하고 있다.

② 지층의 대비

개념 여러 지역의 지층들을 서로 비교하여 시간적인 선후 관계를 밝히는 것

1. **지층의 대비**: 여러 지역에 분포하는 지층들을 서로 비교하여 시간적인 선후 관계를 밝히는 것으로, 암상을 이용하거나 표준 화석을 이용한다.
2. **암상에 의한 대비**: 서로 가까운 거리에 있는 두 지역은 지층을 구성하는 암석의 종류나 특징을 이용하여 지층을 대비한다. ➡ 건층(열쇠층)을 이용한다.
3. **화석에 의한 대비**: 서로 멀리 떨어진 두 지역은 암상에 의한 지층의 대비가 어려우며, 화석을 이용하여 지층을 대비한다. ➡ 표준 화석을 이용한다.

> **지층 대비의 원리**
>
> [암상에 의한 대비]
> (1) 건층을 찾는다. ➡ 응회암층이나 석탄층이 건층으로 적합하다.
> (2) A, B, C 지역의 응회암층을 연결한다. ➡ 동일한 시기에 퇴적되었기 때문
> (3) 응회암층을 대비한 경향성을 따라 다른 지층도 대비한다.
> (4) 지층의 선후 또는 지질 구조를 해석한다. ➡ B 지역의 최하부층이 가장 먼저 퇴적되었다.
>
> 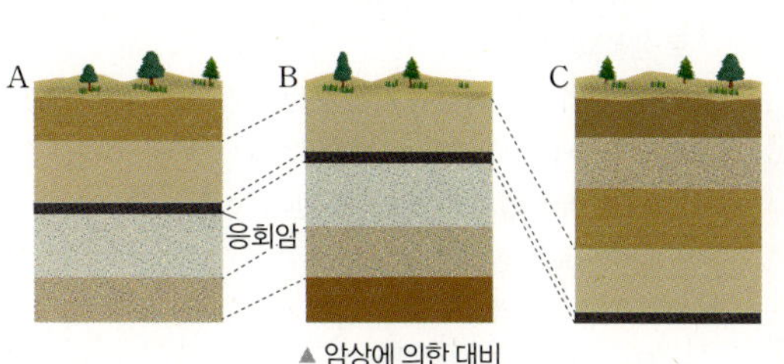
>
> ▲ 암상에 의한 대비
>
> [화석에 의한 대비]
> (1) 각 지층에서 표준 화석을 찾는다.
> (2) 동일한 표준 화석이 산출되는 지층을 연결한다. ➡ 동일한 시기에 퇴적되었기 때문
> (3) 화석을 대비한 경향성을 따라 화석이 없는 다른 지층도 대비한다.
> (4) 지층의 선후 또는 지질 구조를 해석한다. ➡ B 지역에서 암모나이트 화석이 산출되지 않는 것은 B 지역에 부정합이 형성되었기 때문이다.
>
> 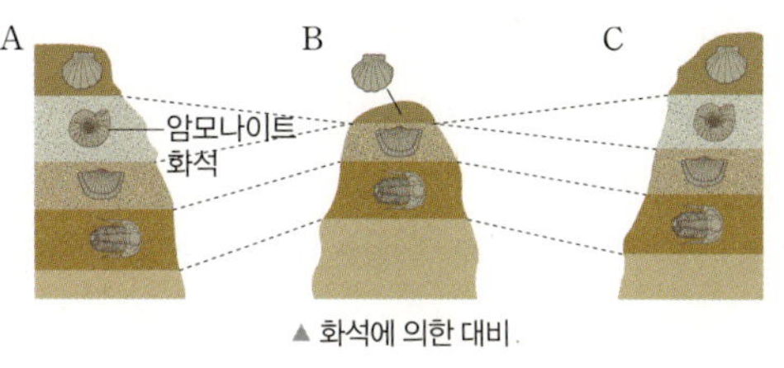
>
> ▲ 화석에 의한 대비

암상
조암 광물, 암석의 조직과 색 등 암석에서 관찰되는 종합적인 특징

건층(열쇠층)
암상에 의한 지층 대비를 할 때 동일한 시기에 생성된 것으로 판단하여 지층 대비의 기준이 되는 지층이다. 특수한 환경에서 만들어져 넓은 지역에 분포하는 지층이 건층으로 적합하다.
응회암층은 짧은 시간 동안 넓은 지역에 퍼져 생성되고, 석탄층은 육상 식물이 번성하였던 특수한 환경에서 생성되므로 건층으로 이용된다.

암기 꼭!
지층의 대비
• 가까운 지역: 암상에 의한 대비 ➡ 건층(주로 석탄층이나 응회암층) 이용
• 멀리 떨어진 지역: 표준 화석에 의한 대비

개념 익히기 문제

정답과 해설 p.19

🧠 교과서 문장으로 개념 익히기

01 물속에서 퇴적물이 쌓일 때는 중력의 영향으로 수평으로 쌓인다는 법칙을 □□□□의 법칙이라고 한다.

02 지층이 역전되지 않았다면 하부에 있는 지층일수록 먼저 퇴적되었다는 법칙을 □□□□의 법칙이라고 한다.

03 지층에서 산출되는 화석의 종류와 진화 정도를 해석하는 법칙을 □□□□□의 법칙이라고 한다.

04 관입암과 주변 암석의 선후 관계를 알아내는 데 이용되는 법칙을 □□의 법칙이라고 한다.

05 여러 지역에 분포하는 지층의 선후 관계를 밝히는 것을 지층의 □□라고 한다.

06 암상에 의한 지층 대비는 □□을 이용하고, 화석에 의한 지층 대비는 □□ 화석을 이용한다.

📦 OX 문제로 개념 익히기

07 지층 누중의 법칙을 적용할 때는 퇴적 구조나 표준 화석을 이용하여 역전 여부를 판단해야 한다. (O / X)

08 화성암이 관입한 경우 화성암과 접촉하는 상부의 암석에서는 변성된 부분이 나타나지 않는다. (O / X)

09 상부 지층이 수평층이고, 하부 지층이 경사층이면 두 지층은 부정합 관계이다. (O / X)

10 서로 멀리 떨어진 두 지역의 지층 대비는 암상을 이용하는 것이 표준 화석을 이용하는 것보다 적합하다. (O / X)

11 건층으로 가장 적합한 지층은 강이나 호수에서 소규모로 퇴적된 사암층이다. (O / X)

12 암상에 의한 지층의 대비에서 여러 지역에서 관찰되는 지층이 특정 지역에서 관찰되지 않는다면 부정합이 존재할 가능성이 있다. (O / X)

1. 상대 연령: 지층이나 암석의 생성 시기를 상대적인 선후 관계로 나타내는 것 ⇨ 생성 순서를 판단하여 상대적인 나이를 정하는 방식이다.

(1) 상대 연령의 결정: 지사학의 법칙을 적용한다.

(2) 상대 연령의 이용: 한 지역에서 지질학적 사건의 순서를 알아내거나 지층의 대비에 이용되며, 이를 통해 지구의 역사를 규명할 수 있다.

상대 연령의 결정

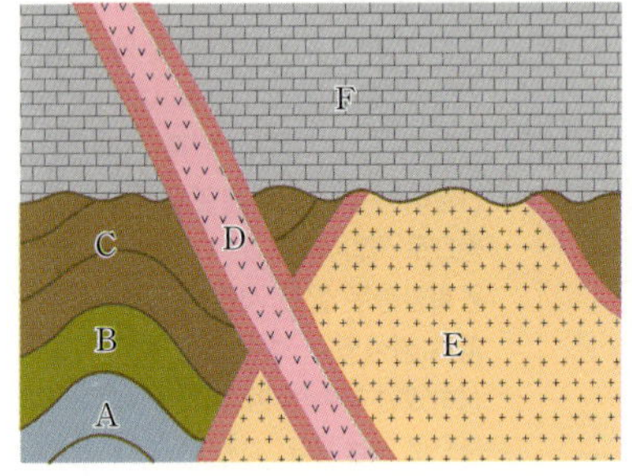

(1) A, B, C의 생성 순서는 지층 누중의 법칙을 적용한다. ⇨ 지층이 역전되었다는 흔적이 없으므로 A → B → C 순으로 생성되었다.

(2) A, B, C와 E의 생성 순서는 관입의 법칙을 적용한다. ⇨ A→B→C→E 순으로 생성되었다.

(3) E와 F는 부정합의 법칙을 적용한다. ⇨ A→B→C→E →F 순으로 생성되었다.

(4) D와 F는 관입의 법칙을 적용한다. ⇨ A→B→C→E →F→D 순으로 생성되었다.

(5) 이 지역의 상대 연령을 결정하는 데 동물군 천이의 법칙은 적용되지 않았다. ➡ 화석이 산출되지 않으므로

---

2. 절대 연령: 암석의 생성 시기나 지질학적 사건의 발생 시기를 수치로 나타내는 것 ⇨ 지질학적 사건이 일어난 순서와 사건이 일어난 후 경과한 시간을 모두 말해준다.

(1) 절대 연령의 결정: 방사성 동위 원소를 이용한다.

(2) 방사성 동위 원소의 성질: 자연 상태에서 불안정하기 때문에 스스로 붕괴하여 안정한 원소로 바뀌는 성질이 있다.

(3) 방사성 동위 원소의 반감기

방사성 동위 원소의 붕괴와 반감기

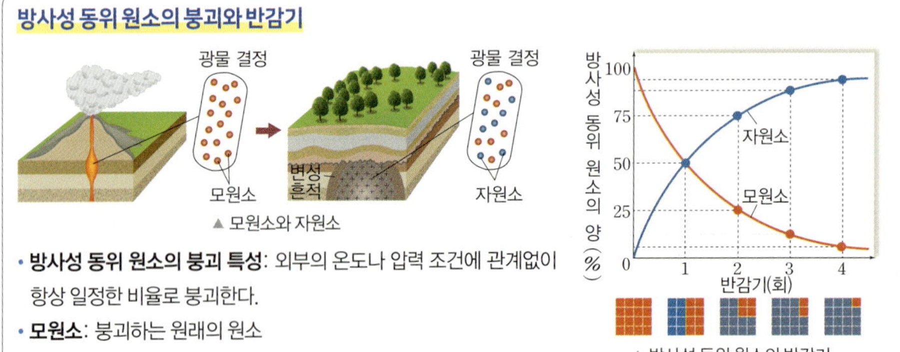

• **방사성 동위 원소의 붕괴 특성**: 외부의 온도나 압력 조건에 관계없이 항상 일정한 비율로 붕괴한다.

• **모원소**: 붕괴하는 원래의 원소

• **자원소**: 모원소가 붕괴하여 새로 생성된 원소

• **반감기**: 방사성 동위 원소가 붕괴하여 모원소의 양이 처음 양의 반으로 줄어드는 데 걸리는 시간

---

(4) 반감기 횟수와 모원소의 양 변화: 반감기가 한 번 지날 때마다 모원소의 양은 처음 양의 $\frac{1}{2}$로 줄어든다. 암석에 들어 있는 어느 방사성 원소의 모원소와 자원소의 질량의 합은 일정하다.

반감기 횟수	처음(붕괴 전)	1회	2회	3회	⋯	n회
모원소의 양	100 %	50 %	25 %	12.5 %	⋯	%
모원소의 비율	1	$\frac{1}{2}$	$\frac{1}{4}=\left(\frac{1}{2}\right)^2$	$\frac{1}{8}=\left(\frac{1}{2}\right)^3$	⋯	$\left(\frac{1}{2}\right)^n$

(5) 반감기와 절대 연령의 관계식

$$N=N_0\times\left(\frac{1}{2}\right)^{\frac{t}{T}}$$

(N: t년 후 모원소의 양, N_0: 모원소의 처음 양, t: 절대 연령, T: 반감기)

동위 원소

양성자수가 같아서 원자 번호가 같지만 중성자수가 달라서 질량수가 다른 원소

방사성 원소

우라늄, 토륨 등과 같이 자연적으로 붕괴하여 방사선을 방출하고, 안정한 원소로 변해가는 원소를 방사성 원소라고 한다.

절대 연령 측정의 원리

광물이 결정화될 때 방사성 동위 원소는 포함하지만, 안정 원소는 포함하지 않는다. 예를 들어 지르콘과 같은 광물은 우라늄은 결정 속에 포함하지만, 납은 전혀 포함하지 않는다.

모원소와 자원소의 함량 변화

방사성 동위 원소가 시간이 지남에 따라 붕괴하면 모원소의 양은 감소하고, 감소한 양만큼 자원소의 양이 증가하게 된다. 따라서 모원소의 양과 자원소의 양을 합한 값은 100 %로 일정하다.

강의 포인트

절대 연령 측정의 원리

• 광물이 결정화될 때 안정 원소는 포함하지 않는다.

• 현재 암석 속에 남아 있는 방사성 동위 원소와 안정 원소의 비율이 $x:y$이고, 반감기를 경과한 횟수를 n이라고 하면 $\frac{x}{x+y}=\left(\frac{1}{2}\right)^n$의 관계가 성립한다.

(6) 방사성 동위 원소의 종류와 절대 연령: 반감기가 짧은 방사성 동위 원소는 가까운 지질 시대의 연령 측정과 고고학 분야, 지구 환경 변화 확인 등에 이용되고, 반감기가 긴 방사성 동위 원소는 지구의 탄생, 공룡의 멸종 등 지질학적 사건의 발생 시기를 알아내는 데 이용된다. 반감기가 매우 긴 것은 시간에 따른 함량 변화가 거의 없다.

모원소	자원소	모원소의 반감기(년)	포함된 광물 및 물질
^{238}U	^{206}Pb	약 45억 년	지르콘, 우라니나이트, 피치블렌드
^{235}U	^{207}Pb	약 7억 년	지르콘, 우라니나이트, 피치블렌드
^{232}Th	^{208}Pb	약 141억 년	지르콘, 우라니나이트
^{40}K	^{40}Ar	약 13억 년	휘석, 흑운모, 백운모, 정장석
^{87}Rb	^{87}Sr	약 492억 년	흑운모, 백운모, 정장석, 각섬석
^{14}C	^{14}N	약 5730년	뼈, 나무 등 탄소를 포함한 유기물

(7) 암석의 절대 연령의 측정: 화성암이나 변성암은 방사성 동위 원소를 이용하여 직접 절대 연령을 측정한다. 대부분의 퇴적암은 직접 절대 연령을 측정하지 않고, 화성암이나 변성암과의 상대 연령을 이용하여 간접적으로 구한다.

절대 연령의 측정

그림은 어느 지역의 지질 단면과 방사성 동위 원소 X의 붕괴 곡선을 나타낸 것이다. 화성암 A, B에는 방사성 동위 원소 X가 각각 처음 양의 25 %, 50 %가 포함되어 있다.

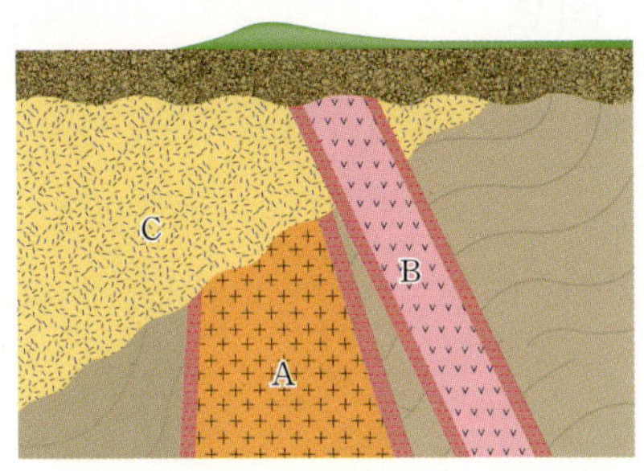
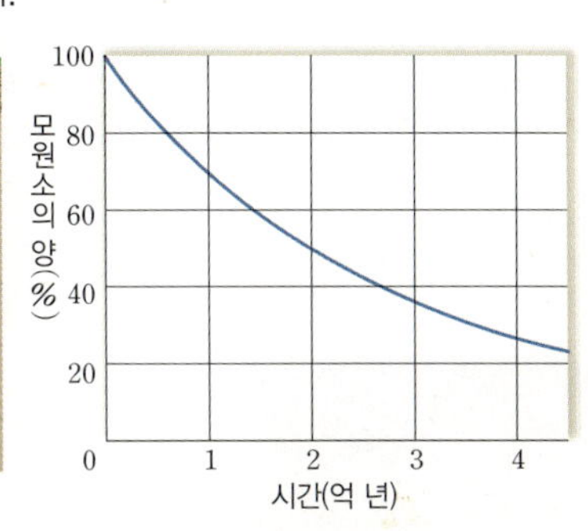

⑴ 방사성 동위 원소 X의 반감기: 모원소의 양이 50 %인 시간을 읽으면 2억 년이다.

⑵ 화성암 A, B의 절대 연령 측정: A는 모원소의 양이 25 %이므로 반감기가 2회 지났으며, 절대 연령은 4억 년이다. B는 모원소의 양이 50 %이므로 절대 연령은 2억 년이다.

⑶ 퇴적암 C의 절대 연령: A, B와의 상대 연령이 A → C → B이므로 C의 절대 연령은 2억 년~4억 년이다.

화성암과 변성암의 절대 연령

화성암의 절대 연령을 측정하면 마그마가 굳어 화성암이 생성된 시기를 알 수 있고, 변성암의 절대 연령을 측정하면 변성 작용이 일어난 시기를 알 수 있다.

퇴적암의 절대 연령

퇴적암에는 여러 시기의 퇴적물이 섞여 있으므로 직접 절대 연령을 구하지 않고, 주변의 화성암이나 변성암의 절대 연령을 구한 후 간접적으로 절대 연령을 알아낸다.

개념 익히기 문제

정답과 해설 p.19

🧠 교과서 문장으로 개념 익히기

13 지층이나 암석의 생성 시기를 상대적인 선후 관계로 나타내는 것을 ☐☐ ☐☐☐이라고 한다.

14 절대 연령은 ☐☐☐☐ ☐☐ ☐☐☐가 시간이 지남에 따라 붕괴하는 원리를 이용한다.

15 방사성 동위 원소의 양이 처음 양의 반으로 줄어드는 데 걸리는 시간을 ☐☐☐라고 한다.

16 반감기가 1억 년인 방사성 동위 원소는 ☐억 년이 지나면 처음 양의 25 %만 남는다.

📦 OX 문제로 개념 익히기

17 상대 연령은 방사성 동위 원소의 붕괴 원리를 적용하여 알아낸다. (O / X)

18 방사성 동위 원소는 시간의 경과에 관계없이 항상 일정한 양이 붕괴한다. (O / X)

19 방사성 탄소를 이용한 연대 측정은 고고학에서 흔히 이용된다. (O / X)

20 퇴적암의 절대 연령은 화성암이나 변성암의 절대 연령을 이용하여 알아낸다. (O / X)

반감기를 이용한 암석의 절대 연령 측정

📝 과정 & 결과

❶ 종이 상자 속에 단추 200개를 넣고 잘 흔든 다음 앞면이 보이는 단추를 꺼내고, 남은 단추의 개수를 센다. 남은 단추가 든 종이 상자를 다시 잘 흔든 후 앞면이 보이는 단추를 꺼내고, 남은 단추를 세는 과정을 반복한다.

⋯▶ 5회까지 세는 과정을 반복하는 동안 종이 상자 속에 남은 단추의 개수를 표에 기입하고, 그래프를 그리면 다음과 같다.

횟수(회)	남은 단추의 개수(개)
처음	200
1	100
2	50
3	25
4	12
5	6

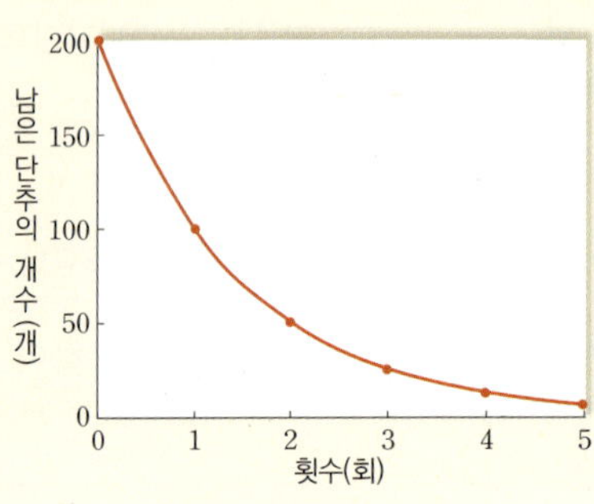

⋯▶ 남은 단추의 개수는 종이 상자에서 1회 꺼낼 때마다 약 $\frac{1}{2}$씩 줄어든다.

❷ 그림은 어느 지역의 지질 단면을 나타낸 것이다. 위의 실험에서 그래프의 가로축 1회를 1억 년, 세로축의 200개 단추를 방사성 동위 원소의 양 100 %라고 가정하고, 화성암 P와 Q, 퇴적암 D와 E의 절대 연령을 구해 보자. 화성암 P, Q에 포함된 방사성 동위 원소는 각각 처음 양의 25 %, 12.5 %이다.

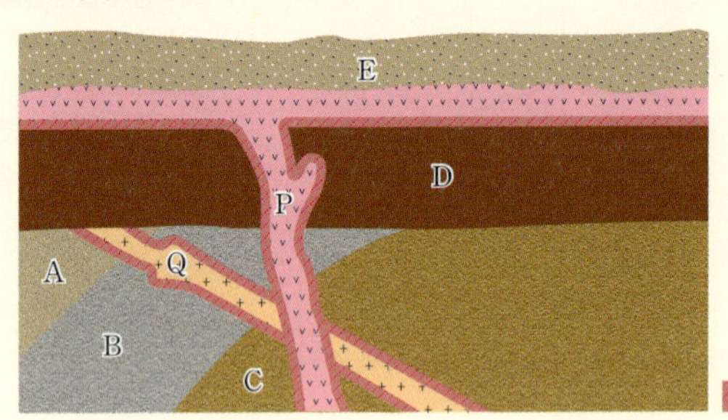

⋯▶ 단추를 방사성 동위 원소라고 가정하면 반감기는 1억 년이 된다. 화성암 P, Q에 포함된 방사성 동위 원소가 각각 처음 양의 25 %, 12.5 %이면 반감기를 각각 2회, 3회 지난 것이므로 P의 절대 연령은 2억 년, Q의 절대 연령은 3억 년이다.

⋯▶ 퇴적암 D, E와 화성암 P, Q의 상대 연령은 Q → D → P → E 순이므로 D의 절대 연령은 2억 년~3억 년이고, E는 2억 년 미만이다.

🔍 분석

1. 종이 상자에 남은 단추의 개수가 처음 개수의 $\frac{1}{8}$이 되는 것은 몇 회째인가? 또, 이 값은 방사성 동위 원소의 붕괴 과정에서 어떤 값에 해당하는가?

⋯▶ 3회째이다. 이 값은 방사성 동위 원소의 반감기가 3회 지난 값에 해당한다.

2. 퇴적암 D와 E의 절대 연령을 직접 측정하지 않은 까닭은 무엇인가?

⋯▶ 퇴적암은 생성 시기가 다른 퇴적물들이 섞여 생성되기 때문이다.

⚙️ 탐구 목표

방사성 동위 원소의 반감기를 이해하고, 이를 이용하여 암석의 절대 연령을 구할 수 있다.

🔬 탐구 포인트

1. 종이 상자에 넣은 단추는 충분히 흔들어 앞면이나 뒷면이 고르게 섞이게 한다.
2. 종이 상자에 남은 단추와, 실험을 반복한 횟수는 각각 절대 연령의 측정 원리에서 무엇에 해당하는지 염두에 두고 실험한다.

정답과 해설 p.19

화성암 A, B에 포함된 방사성 동위 원소 X의 양이 각각 처음 양의 12.5 %, 50 %였다면 화성암 A의 절대 연령은 화성암 B의 몇 배인지 쓰시오.

위 그림의 지질 단면에서 이 지역은 부정합이 최소한 몇 개 있었는지 쓰고, 그렇게 판단한 까닭을 서술하시오.

개념 다지기 문제

01 지사학의 법칙에 대한 설명으로 옳지 <u>않은</u> 것은?

① 퇴적물은 일반적으로 수평으로 쌓인다.

② 관입한 암석은 관입당한 암석보다 먼저 생성되었다.

③ 부정합면을 경계로 상하 두 지층은 퇴적 시간 간격이 크다.

④ 지층이 역전되지 않았다면 아래의 지층일수록 먼저 생성되었다.

⑤ 오래된 지층에서 새로운 지층으로 갈수록 더 진화된 화석이 산출된다.

02 그림은 어느 지역의 지질 단면을 나타낸 것이다. 이에 대한 설명으로 옳은 것만을 |보기|에서 있는 대로 고른 것은?

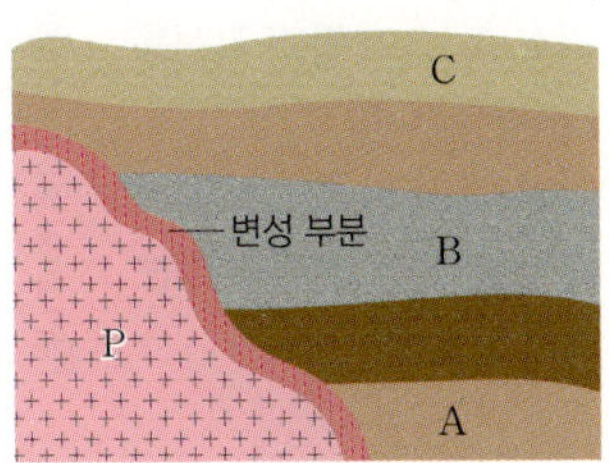

보기
ㄱ. A, B, C의 생성 순서는 지층 누중의 법칙을 적용하여 판단한다.
ㄴ. A는 P보다 먼저 생성되었다.
ㄷ. A와 P의 생성 순서를 정할 때는 지층의 역전 여부를 판단하여야 한다.

① ㄱ   ② ㄷ   ③ ㄱ, ㄴ
④ ㄴ, ㄷ   ⑤ ㄱ, ㄴ, ㄷ

03 그림은 어느 지역의 지질 단면으로, A는 심성암이고, D와 E는 화산암이다. 이 지역에서 일어난 지질학적 현상을 순서대로 옳게 나열한 것은?

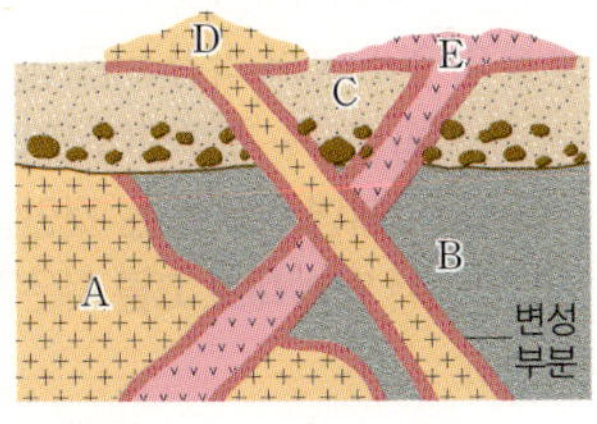

① A 관입 → B 퇴적 → C 퇴적 → D 분출 → E 분출
② A 관입 → B 퇴적 → C 퇴적 → E 분출 → D 분출
③ B 퇴적 → A 관입 → C 퇴적 → D 분출 → E 분출
④ B 퇴적 → A 관입 → C 퇴적 → E 분출 → D 분출
⑤ B 퇴적 → C 퇴적 → A 관입 → E 분출 → D 분출

04 그림은 서로 가까이 있는 세 지역 (가), (나), (다)의 지층 단면을 나타낸 것이다.

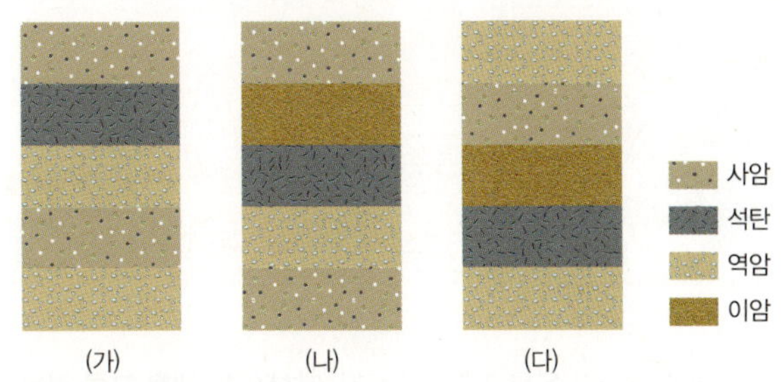

이에 대한 설명으로 옳은 것만을 |보기|에서 있는 대로 고른 것은? (단, 지층은 역전되지 않았다.)

보기
ㄱ. (가)의 최하부에 있는 역암층은 (나)의 역암층과 같은 시기에 생성되었다.
ㄴ. (가)와 (나)의 퇴적 환경은 서로 달랐던 시기가 있었다.
ㄷ. 가장 나중에 퇴적된 지층은 (다)에 있다.

① ㄱ   ② ㄴ   ③ ㄱ, ㄷ
④ ㄴ, ㄷ   ⑤ ㄱ, ㄴ, ㄷ

05 그림 (가)는 어느 지역의 지층 A~E에서 발견된 화석의 산출 범위를, (나)는 다른 두 지역의 지층 ㉠과 ㉡에서 발견된 화석을 나타낸 것이다.

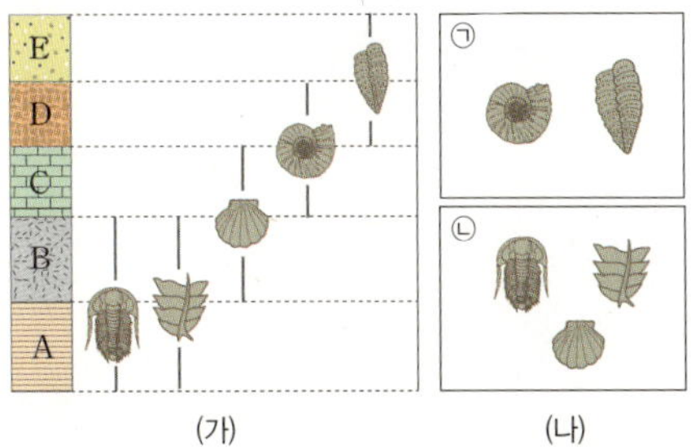

이에 대한 설명으로 옳은 것만을 |보기|에서 있는 대로 고른 것은? (단, 지층은 역전되지 않았다.)

보기
ㄱ. 지층 ㉠은 C층에 대비된다.
ㄴ. 지층 ㉠은 ㉡보다 나중에 생성되었다.
ㄷ. 퇴적암의 종류가 같다면 항상 동일한 종류의 화석이 산출된다.

① ㄱ   ② ㄴ   ③ ㄱ, ㄷ
④ ㄴ, ㄷ   ⑤ ㄱ, ㄴ, ㄷ

개념 다지기 문제

06 그림 (가)와 (나)는 서로 다른 지역의 지질 단면이다.

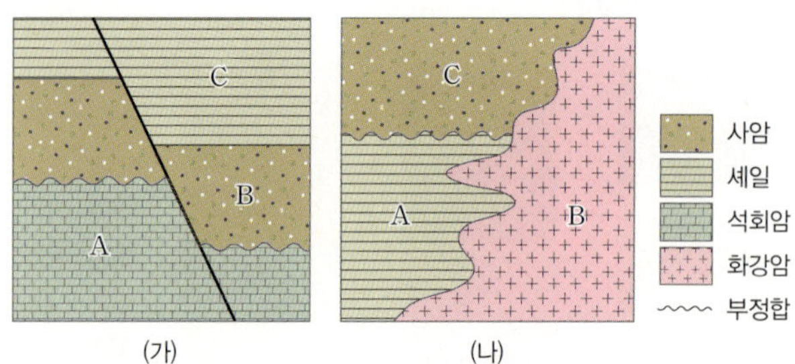

이에 대한 설명으로 옳은 것만을 |보기|에서 있는 대로 고른 것은?

┌ 보기 ┐
ㄱ. (가)는 장력을 받아 부정합이 끊어졌다.
ㄴ. (나)의 C에는 열에 의한 변성 부분이 있다.
ㄷ. (가)와 (나) 모두 생성 순서는 A → B → C이다.

① ㄱ   ② ㄷ   ③ ㄱ, ㄴ
④ ㄴ, ㄷ   ⑤ ㄱ, ㄴ, ㄷ

07 그림은 여러 해성층과 화성암으로 이루어진 어느 지역의 지질 단면이다.

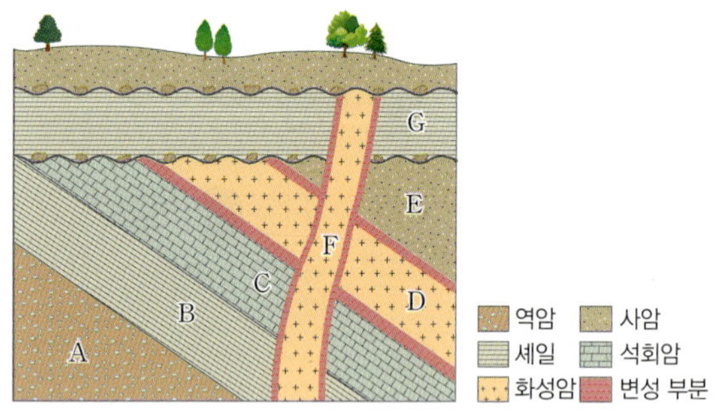

이에 대한 설명으로 옳은 것만을 |보기|에서 있는 대로 고른 것은?

┌ 보기 ┐
ㄱ. A, B, C의 퇴적 순서는 수평 퇴적의 법칙을 적용한다.
ㄴ. A~G 중 가장 나중에 생성된 것은 F이다.
ㄷ. 이 지역은 과거에 최소한 2회의 침식 환경이 존재하였다.

① ㄱ   ② ㄴ   ③ ㄱ, ㄷ
④ ㄴ, ㄷ   ⑤ ㄱ, ㄴ, ㄷ

08 방사성 동위 원소에 대한 설명으로 옳은 것만을 |보기|에서 있는 대로 고른 것은?

┌ 보기 ┐
ㄱ. 원소의 종류에 관계없이 붕괴 속도가 일정하다.
ㄴ. 온도와 압력에 관계없이 일정한 비율로 붕괴한다.
ㄷ. 반감기 경과 횟수가 2회가 되면 남아 있는 방사성 동위 원소 양은 처음 양의 50 %가 된다.

① ㄱ   ② ㄴ   ③ ㄱ, ㄷ
④ ㄴ, ㄷ   ⑤ ㄱ, ㄴ, ㄷ

09 그림은 어느 암석 속에 포함된 방사성 동위 원소 A, B의 붕괴 곡선을 나타낸 것이다. 이에 대한 설명으로 옳은 것만을 |보기|에서 있는 대로 고른 것은?

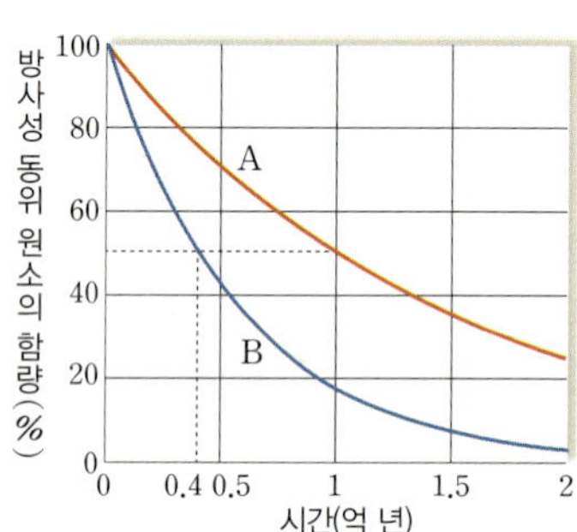

┌ 보기 ┐
ㄱ. A의 반감기는 1억 년이다.
ㄴ. $\dfrac{\text{B의 반감기}}{\text{A의 반감기}}$ 는 0.4이다.
ㄷ. 암석의 절대 연령이 2억 년이면 남아 있는 B의 양은 처음 양의 $\left(\dfrac{1}{2}\right)^5$ 배이다.

① ㄱ   ② ㄴ   ③ ㄱ, ㄷ
④ ㄴ, ㄷ   ⑤ ㄱ, ㄴ, ㄷ

10 그림은 어느 지역의 지질 단면이다. 이 지역의 화성암 A, B에는 반감기가 0.5억 년인 방사성 동위 원소 X가 각각 처음 양의 25 %, 50 %가 포함되어 있다. 이에 대한 설명으로 옳은 것만을 |보기|에서 있는 대로 고른 것은?

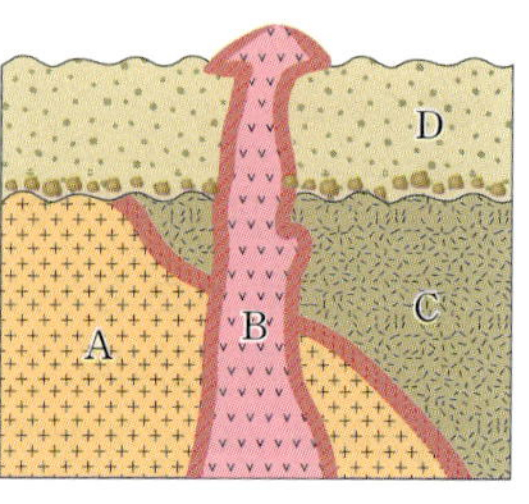

┌ 보기 ┐
ㄱ. C는 A보다 먼저 생성되었다.
ㄴ. 화성암 A의 절대 연령은 0.5억 년이다.
ㄷ. D의 절대 연령은 0.5억 년~1억 년이다.

① ㄱ   ② ㄴ   ③ ㄱ, ㄷ
④ ㄴ, ㄷ   ⑤ ㄱ, ㄴ, ㄷ

11 그림은 (가)~(라) 지역의 지층에서 산출되는 표준 화석을 기호로 나타낸 것이다.

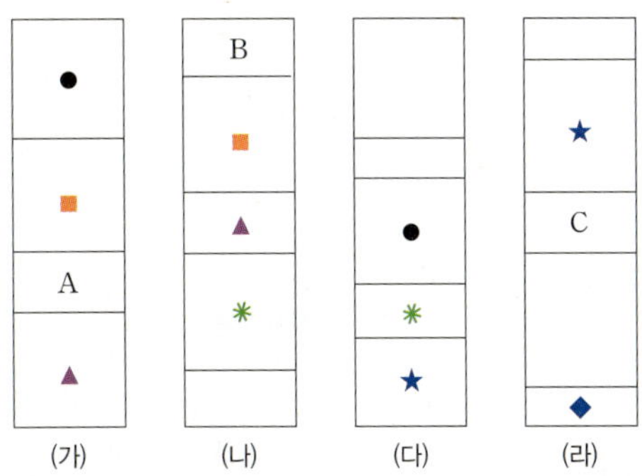

이에 대한 설명으로 옳은 것만을 |보기|에서 있는 대로 고른 것은? (단, 지층은 역전되지 않았다.)

|보기|

ㄱ. A층은 C층보다 먼저 생성되었다.
ㄴ. B층이 C층보다 더 진화된 화석이 산출된다.
ㄷ. (가)~(라) 지역의 지층을 대비하는 데는 동물군 천이의 법칙이 적용된다.

① ㄱ   ② ㄴ   ③ ㄱ, ㄷ
④ ㄴ, ㄷ   ⑤ ㄱ, ㄴ, ㄷ

12 그림은 어느 지역의 지질 단면을, 표는 화성암 P, Q에 포함된 방사성 동위 원소 X의 모원소와 자원소 함량을 나타낸 것이다.

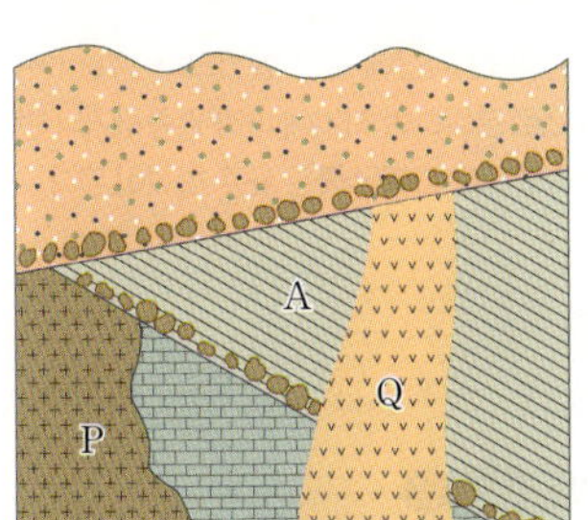

구분	모원소 (%)	자원소 (%)
P	11	89
Q	54	46

이에 대한 설명으로 옳은 것만을 |보기|에서 있는 대로 고른 것은?

|보기|

ㄱ. A가 퇴적된 후 이 지역은 횡압력을 받았다.
ㄴ. 이 지역은 최소한 3회 융기한 적이 있다.
ㄷ. 화성암의 절대 연령은 P가 Q보다 3배 이상 크다.

① ㄱ   ② ㄴ   ③ ㄱ, ㄷ
④ ㄴ, ㄷ   ⑤ ㄱ, ㄴ, ㄷ

13 그림은 오래된 지층 A가 새로운 지층 B보다 위에 놓여 있어 역전된 모습을 나타낸 것이다. A와 B의 화석 중 더 진화된 고생물은 어느 지층에서 산출되는지 쓰고, 판단의 근거가 되는 지사학의 법칙에 대해 서술하시오.

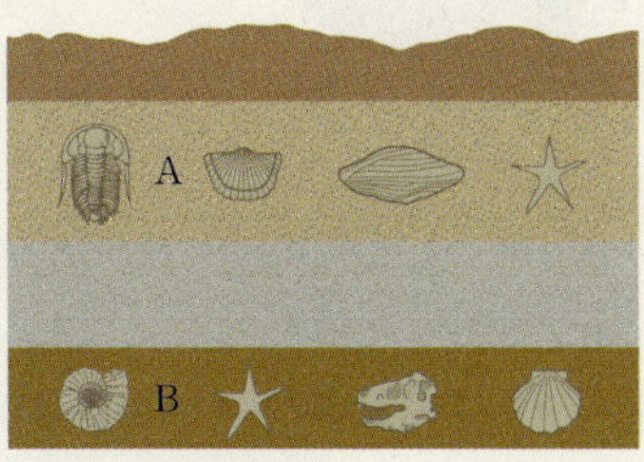

14 비교적 가까이 있는 두 지역의 지층을 대비할 때는 암석의 종류나 특징을 이용할 수 있다. 이때 건층으로 석탄층이나 응회암층을 주로 이용하는 까닭을 서술하시오.

15 선사 시대의 볍씨를 채취하여 절대 연령을 알아내고자 할 때, ^{87}Rb을 이용하는 것보다 ^{14}C를 이용하는 것이 유리하다. 그 까닭을 서술하시오.

16 그림은 어느 화성암 속에 포함된 방사성 동위 원소 X와 Y의 시간에 따른 함량 변화를 나타낸 것이다.

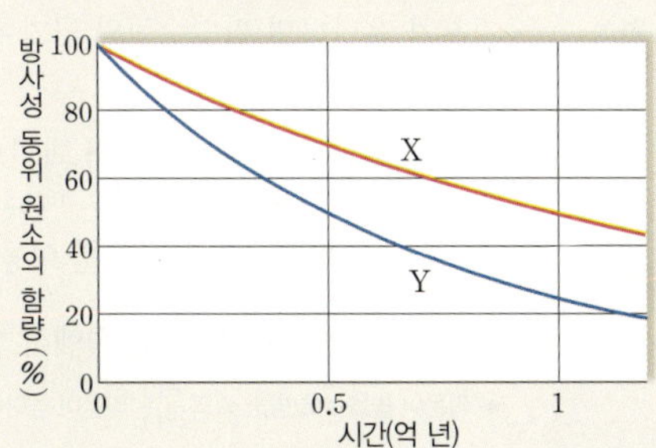

이 암석 속에 포함된 방사성 동위 원소 X의 함량이 처음 양의 $\frac{1}{4}$일 때 화성암의 절대 연령을 구하고, 이때 방사성 원소 Y는 처음 양의 몇 배가 남았는지 구하시오.

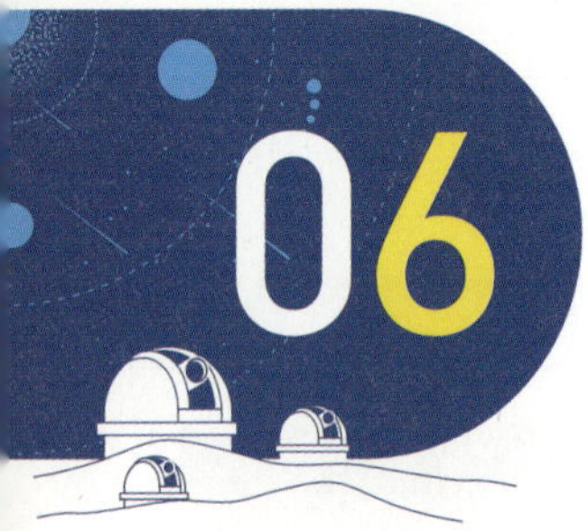

06

I - 2 지구의 역사

지질 시대의 환경과 생물

KEY
화석, 표준 화석, 시상 화석, 고기후, 산소 동위 원소, 빙하기, 지질 시대 구분, 지질 시대 환경, 선캄브리아 시대 생물, 고생대 생물, 중생대 생물, 신생대 생물, 생물 대멸종

1 화석

개념 지층 속에 남아 있는 지질 시대 생물의 유해나 흔적

1. 화석: 지질 시대에 살았던 생물의 유해나 흔적이 지층 속에 보존되어 있는 것

2. 화석의 생성 조건 ➡ 화석은 화석화 작용을 받아 만들어진다.

(1) 생물체에 뼈, 껍데기 등 단단한 골격이 있으면 화석으로 남기 유리하다.

(2) 생물이 죽은 후 부패하기 전 퇴적물에 빨리 덮여야 한다.

(3) 심한 지각 변동이나 변성 작용을 받지 않아야 한다. ➡ 열과 압력을 심하게 받으면 화석이 변형되면서 파괴된다.

3. 표준 화석: 지층이 생성된 시기를 판단하는 근거로 이용되는 화석

(1) **표준 화석의 조건**: 생존 기간이 짧고, 넓은 지역에 걸쳐 분포하며, 개체 수가 많은 고생물의 화석

(2) **표준 화석의 예**: 삼엽충, 필석, 방추충(고생대), 암모나이트와 공룡(중생대), 화폐석과 매머드(신생대) 등

4. 시상 화석: 생물이 살던 당시의 환경을 추정하는 데 이용되는 화석

(1) **시상 화석의 조건**: 생존 기간이 길고 특정한 환경에 제한적으로 분포하며, 환경 변화에 민감한 고생물의 화석

(2) **시상 화석의 예**: 산호(따뜻하고 수심이 얕은 바다), 고사리(따뜻하고 습한 육지) 등

2 고기후의 연구 방법

개념 나무의 나이테, 꽃가루 화석, 빙하 시추물, 빙하의 흔적, 암석과 화석, 동굴 생성물 등을 연구한다.

1. 고기후 연구 방법: 나무의 나이테, 꽃가루 화석, 빙하 시추물, 빙하의 흔적, 암석과 화석, 동굴 생성물 등을 이용하여 고기후를 알아낸다.

나무의 나이테	• 기온이 온난할수록 나무가 빨리 성장하여 나이테 간격이 넓어진다. • 비교적 가까운 과거의 기후를 연구하는 데 이용한다.
꽃가루 화석	• 기후에 따라 꽃가루 화석의 종류가 달라진다. • 기후가 온난하면 활엽수림의 꽃가루가 많고, 한랭하면 침엽수림의 꽃가루가 많다.
빙하 시추물	• 빙하에 포획된 공기 방울에서 과거의 대기 조성을 연구한다. • 질량이 큰 ^{18}O와 질량이 작은 ^{16}O는 동위 원소로, 물 분자가 증발하거나 비로 내리면 대기와 해수 사이를 이동한다. • 빙하를 이루는 물 분자(H_2O)에서 산소 동위 원소의 비율$\left(\frac{^{18}O}{^{16}O}\right)$을 조사한다. ➡ 기온이 높을수록 빙하 속의 $\frac{^{18}O}{^{16}O}$ 비율이 높아진다.
빙하의 흔적	• 빙하가 이동하면서 암석에 만들어진 긁힌 자국, 뜯겨진 암석 조각이 퇴적물로 쌓인다. • 지질 시대의 빙하기를 연구하는 데 이용된다.
암석과 화석	• 암염(해수의 증발), 건열(건조한 기후 환경) 등 암석과 퇴적 구조를 연구한다. • 지층에 포함된 시상 화석을 연구한다.
동굴 생성물	• 탄소 방사성 동위 원소를 분석하여 석순이나 종유석의 형성 시기를 계산하고, 산소 동위 원소 비율을 이용하여 당시의 기온을 추정한다.

화석화 작용
생물의 유해나 흔적이 화석으로 되기까지의 전 과정으로, 치환 작용, 탄화 작용, 광물질 침전 등을 포함한다.

특수한 환경에서 생성된 화석
시베리아 동토에서 발견된 매머드 화석, 나무 진액에 갇힌 곤충 화석 등은 원형이 잘 보존된 화석의 예이다.

표준 화석

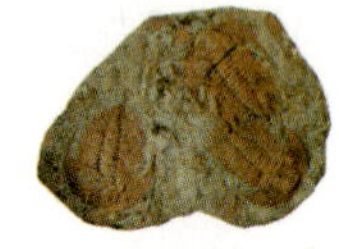

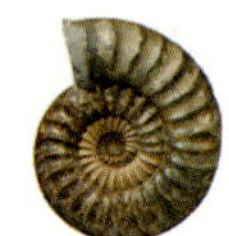

▲ 삼엽충 화석

▲ 암모나이트 화석

시상 화석

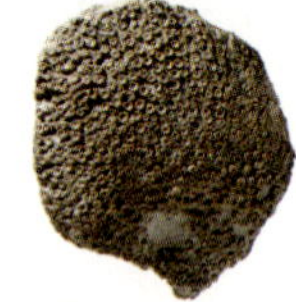

▲ 산호 화석

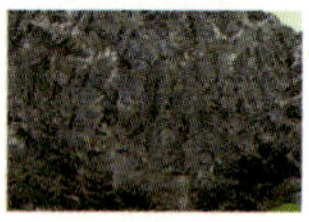

▲ 고사리 화석

삼엽충
고생대 전 기간에 걸쳐 살았으나 17000여 종으로 분화하여 시기에 따라 멸종하거나 번성하였으므로 매우 좋은 표준 화석이 된다.

암기 꼭!
기온과 산소 동위 원소의 비율
• 기온이 낮을 때는 질량이 작은 ^{16}O는 증발할 수 있으나 질량이 큰 ^{18}O는 증발하기 어려우므로 대기 중의 $\frac{^{18}O}{^{16}O}$ 비율이 낮다. 그러나 기온이 높아지면 질량이 큰 ^{18}O도 증발이 활발해지므로 대기 중의 $\frac{^{18}O}{^{16}O}$ 비율이 높아진다.
• 대기 중의 수증기는 눈으로 내려 빙하를 형성하므로 기온이 높은 시기에 형성된 빙하 속의 $\frac{^{18}O}{^{16}O}$ 비율도 대기와 마찬가지로 높아진다.

2. 지질 시대의 기후

(1) **선캄브리아 시대**: 대체로 온난하였으나 중기와 말기에 큰 빙하기가 있었다.

(2) **고생대**: 중기와 말기에 빙하기가 있었다.

(3) **중생대**: 빙하기가 없이 대체로 온난하였다.

(4) **신생대**: 초기에는 온난하였으나 후기에는 여러 차례의 빙하기가 있었다.

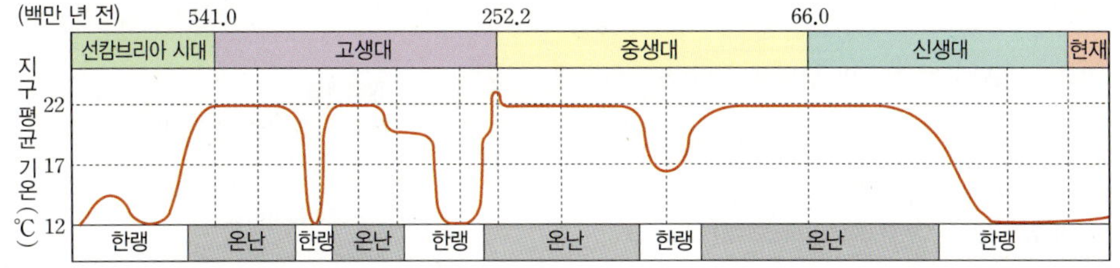

③ 지질 시대의 구분

개념 생물계의 큰 변화, 지각 변동, 기후 변화 등을 기준으로 구분한다.

1. **지질 시대**: 지구가 탄생한 약 46억 년 전부터 현재까지의 기간

2. **지질 시대의 구분**: 생물계의 큰 변화, 지각 변동, 기후 변화 등을 기준으로 구분한다.

(1) **지질 시대 구분의 단위**: 누대 → 대 → 기로 구분한다. ➡ 부정합면이나 암석의 변화를 관찰하여 지질 시대를 구분하기도 한다.

(2) **지질 시대의 구분**

누대	• 시생 누대, 원생 누대, 현생 누대로 구분한다. • 시생 누대와 원생 누대는 선캄브리아 시대라고도 한다.
대	현생 누대는 생물계의 큰 변화를 기준으로 고생대, 중생대, 신생대로 구분한다.
기	고생대는 6개의 기로, 중생대와 신생대는 각각 3개의 기로 구분한다.

지질 시대	시기	40억 년 전	25억 년 전	5.41억 년 전						2.52억 년 전			6600만 년 전		
	누대	시생 누대	원생 누대	현생 누대											
	대			고생대						중생대			신생대		
	기			캄브리아기	오르도비스기	실루리아기	데본기	석탄기	페름기	트라이아스기	쥐라기	백악기	팔레오기	네오기	제4기

선캄브리아 시대

빙하기와 간빙기
기후가 한랭하여 대륙 빙하가 상대적으로 확장된 시기를 빙하기라 하고, 빙하기 사이의 따뜻한 시기를 간빙기라고 한다.

암기 꼭!
• 빙하기가 없었던 지질 시대: 중생대
• 지질 시대의 상대적인 길이: 선캄브리아 시대 > 고생대 > 중생대 > 신생대 순이다.

지질 시대 구분의 기준
가장 기본적인 기준은 고생물 화석의 큰 변화이다. 이는 생물의 생존이 지구 환경의 영향을 크게 받기 때문이다.

시생 누대와 원생 누대의 구분
약 25억 년 전을 경계로 구분하며, 시생 누대는 최초의 생명체가 탄생한 시기이고, 원생 누대는 다세포 생물이 출현한 시기이다.

개념 익히기 문제

정답과 해설 p.21

🧠 교과서 문장으로 개념 익히기

01 ☐☐ 화석으로 지층이 생성된 시기를 알아내고, ☐ ☐ 화석으로 생물이 살았던 당시의 환경을 알아낸다.

02 ☐☐ ☐☐☐을 조사하면 과거의 대기 조성과 기온 변화를 알아낼 수 있다.

03 석순의 형성 시기는 ☐☐ 동위 원소를 이용하고, 당시의 기온은 ☐☐ 동위 원소를 이용하여 알아낸다.

04 고생대에는 중기와 말기에 빙하기가 있었으나 ☐☐ ☐에는 빙하기가 없었다.

05 지질 시대는 ☐개의 누대로 구분하고, 현생 누대는 ☐개의 대로 구분한다.

📦 OX 문제로 개념 익히기

06 고생물이 지층에 매몰된 후 지각 변동이 활발할수록 화석이 생성되기 유리하다. (O / X)

07 생존 기간이 짧았던 고생물일수록 표준 화석으로의 가치가 높다. (O / X)

08 빙하가 생성될 때, 기온이 높을수록 빙하 속의 $\frac{^{18}O}{^{16}O}$의 비율이 낮아진다. (O / X)

09 지질 시대는 생물계의 큰 변화, 지각 변동, 기후 변화 등을 기준으로 구분한다. (O / X)

10 지질 시대를 구분하는 가장 큰 단위는 누대이고, 선캄브리아 시대는 2개의 누대를 포함한다. (O / X)

4 지질 시대의 환경과 생물

개념 지질 시대별 환경 변화에 따라 생물의 출현과 멸종이 일어난다.

1. 선캄브리아 시대의 환경과 생물

환경	• 초기: 두꺼운 석회암층 발견, 석회 조류 화석 산출 ⇨ 온난한 기후 • 중기와 후기: 빙퇴석과 빙하 역암층이 전 세계적으로 분포 ➡ 대규모 빙하기 • 대륙들이 모이고 흩어지기를 반복하였고, 후기에는 초대륙 로디니아 형성
생물	• 초기에는 강한 자외선이 지표에 도달하여 최초의 생명체가 바다에서 탄생 ⇨ 오존층이 없었기 때문 • 약 38억 년 전 바다에서 원핵생물인 남세균(사이아노박테리아) 출현 ➡ 스트로마톨라이트 형성 • 남세균의 광합성으로 해수와 대기에 산소 증가 ⇨ 진핵생물 출현 • 후기에는 다세포 생물 출현(약 7억 년 전) ➡ 에디아카라 동물군 화석이 발견됨.

▲ 스트로마톨라이트

▲ 에디아카라 동물군 화석

2. 고생대의 환경과 생물

환경	• 초기: 석회암과 증발암이 두껍게 퇴적 ➡ 온난하고 건조한 기후 • 중기와 후기: 빙하기 나타남. • 말기: 초대륙 판게아 형성 ➡ 애팔래치아산맥, 우랄산맥 등의 대규모 산맥 형성
생물	• 캄브리아기: 삼엽충, 완족류 등 번성 ➡ 삼엽충의 시대 • 오르도비스기: 삼엽충, 완족류, 필석, 산호 등 번성, 어류(최초의 척추동물) 출현 • 실루리아기: 최초의 육상 식물 출현 ➡ 오존층이 형성되었기 때문 • 데본기: 갑주어를 비롯한 어류 번성 ➡ 어류의 시대 • 석탄기: 방추충, 산호류, 완족류 등 번성, 양치식물의 삼림이 두꺼운 석탄층 형성 • 페름기: 삼엽충, 방추충, 바다전갈 등 많은 해양 생물들 멸종, 겉씨식물 출현

▲ 삼엽충 화석

▲ 완족류 화석

▲ 갑주어

▲ 필석 화석

▲ 방추충 화석

▲ 고사리 화석

3. 중생대의 환경과 생물

환경	• 비교적 온난한 기후 지속 ➡ 빙하기가 없었던 시기 • 트라이아스기 말에 판게아가 분리 시작 ➡ 대서양과 인도양 형성 시작 • 로키산맥, 안데스산맥 등 습곡 산맥 형성
생물	• 트라이아스기: 양서류 쇠퇴, 파충류가 번성하기 시작, 원시 포유류 출현(말기), 겉씨식물 번성 • 쥐라기: 암모나이트가 번성하였고, 공룡을 비롯한 파충류 번성. 시조새 출현(말기) • 백악기: 암모나이트, 공룡 등 많은 생물의 멸종, 속씨식물 출현

▲ 암모나이트 화석

▲ 공룡 화석

▲ 시조새 화석

4. 신생대의 환경과 생물

환경	• 팔레오기와 네오기: 대체로 온난, 점차 한랭해짐. • 제4기: 여러 번의 빙하기, 마지막 빙하기는 약 1만 년 전에 끝남. • 대륙의 이동이 계속되어 대서양과 인도양이 넓어짐. • 유라시아 대륙이 아프리카 대륙, 인도 대륙과 충돌 ➡ 알프스산맥, 히말라야산맥이 형성됨.
생물	• 팔레오기와 네오기: 화폐석이 번성하다가 멸종, 포유류 번성, 육지에서는 속씨식물이 번성하여 초원 형성 • 제4기: 매머드가 번성하다가 멸종, 속씨식물 번성, 인류의 조상 출현

▲ 화폐석　　　　▲ 매머드

화폐석
수 cm 크기의 대형 유공충 화석

매머드
여러 대륙에서 서식하였던 대형 포유류로, 약 1만 년 전에 멸종하였다.

지질 시대별 주요 생물
• 선캄브리아 시대: 남세균 출현, 에디아카라 동물군
• 고생대: 삼엽충, 완족류, 필석, 방추충, 양치식물(말기)
• 중생대: 암모나이트, 공룡을 비롯한 파충류, 겉씨식물
• 신생대: 화폐석, 매머드를 비롯한 포유류, 속씨식물

5 생물의 대멸종

개념 급격한 지구 환경의 변화로 생물의 대멸종이 일어난다.

1. 대멸종의 원인: 빙하기 등의 기후 변화, 대륙 이동에 따른 대규모 화산 활동, 수륙 분포와 해수면의 높이 변화, 소행성 충돌, 태양 활동의 변화 등

2. 지질 시대 생물의 대멸종 현생 누대의 5회 대멸종 중에서 페름기 말 대멸종이 가장 규모가 컸다.

지질 시대 생물의 대멸종

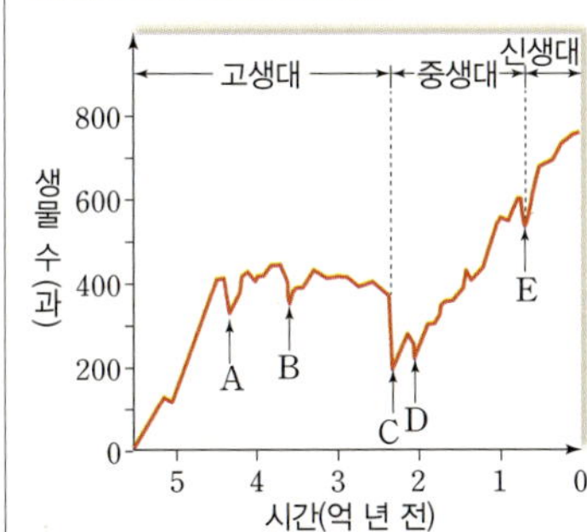

• 현생 누대 동안 총 5회의 생물 대멸종(A~E) 시기가 있었다.

구분	A	B	C	D	E
시기	오르도비스기 말	데본기 말	페름기 말	트라이아스기 말	백악기 말

• **고생대 페름기 말(C)의 대멸종**: 삼엽충을 비롯하여 고생대 생물의 57 %(과의 수)가 멸종하여 규모가 가장 컸다.
• **중생대 백악기 말(E)의 대멸종**: 공룡이 멸종하였다.
• 생물 대멸종이 일어난 이후에는 새로운 생물이 지배적인 종이 되어 생물의 수는 증가하였다.

1. 지질 시대 식물계의 변화
양치식물(고생대 말기에 번성) → 겉씨식물(중생대에 번성) → 속씨식물(신생대에 번성)
2. 페름기 말의 대멸종
판게아의 형성으로 인한 해양 환경 변화와 화산 활동 등의 원인으로 멸종이 일어났다.
3. 백악기 말의 대멸종
소행성 충돌과 이로 인한 지구 환경 변화 등이 대멸종의 원인으로 추정된다.

개념 익히기 문제

정답과 해설 p.21

📖 교과서 문장으로 개념 익히기

11 선캄브리아 시대 초기에는 ◻◻◻이 없었기 때문에 강한 자외선이 지표까지 도달하였다.

12 고생대 ◻◻◻◻기에 최초의 육상 식물이 출현한 이후 양치식물이 번성하였다.

13 중생대 ◻◻◻◻◻기 말에 판게아가 분리되면서 대서양과 인도양이 형성되기 시작하였다.

14 신생대 팔레오기와 네오기에는 ◻◻◻이 바다에서 번성하다가 멸종하였다.

15 현생 누대 동안 급격한 지구 환경의 변화로 인해 총 ◻회의 생물 대멸종 시기가 있었다.

🎲 OX 문제로 개념 익히기

16 선캄브리아 시대 초기에 대기 중의 산소는 오존층을 형성하면서 감소하였다. (O / X)

17 고생대 말기에는 양치식물이 번성하였고, 중생대에는 겉씨식물이 번성하였다. (O / X)

18 고생대에는 전 기간에 걸쳐 온난하였으나 중생대에는 중기와 말기에 빙하기가 있었다. (O / X)

19 중생대의 바다에서는 암모나이트가 번성하였고, 신생대 초기의 바다에서는 화폐석이 번성하였다. (O / X)

20 지질 시대 동안 일어난 생물의 대멸종 중에서 규모가 가장 큰 것은 백악기 말에 일어났다. (O / X)

과정 & 결과

그림은 지질 시대의 환경과 생물을 복원한 것이다.

▲ 선캄브리아 시대(원생 누대)의 환경과 생물

▲ 고생대(석탄기)의 환경과 생물

▲ 중생대(백악기)의 환경과 생물

▲ 신생대의 환경과 생물

···› 선캄브리아 시대에는 오존층이 없었으므로 생물은 바다에서 출현하였다. 원생 누대에는 다세포 생물이 출현하였으며, 일부는 에디아카라 동물군 화석으로 남아 있다.

···› 최초의 육상 생물은 고생대 실루리아기에 출현하였다. 석탄기에는 양서류가 전성기를 이루었고, 양치식물이 삼림을 이루었다.

···› 중생대에는 육지에서 공룡을 비롯한 파충류, 겉씨식물이 번성하였고, 바다에서 암모나이트가 번성하였다. 공룡과 암모나이트는 백악기 말에 멸종하였다.

···› 신생대에는 속씨식물이 초원을 형성하였고, 포유류가 번성하였다. 팔레오기와 네오기에 바다에서는 화폐석이 번성하였고, 제4기에는 육지에 매머드가 번성하였다.

분석

1. 전 세계 석탄의 $\frac{1}{3}$ 이상은 고생대 말기에 형성되었다. 그 까닭은 무엇인가?

···› 고생대 말기인 석탄기에는 육지에 양치식물이 크게 번성하였으며, 이들 식물이 지층에 대량으로 매몰되어 석탄을 형성하였기 때문이다.

2. 지질 시대를 구분할 때 식물 화석 대신 동물 화석을 주로 이용한다. 그 까닭은 무엇인가?

···› 식물은 환경의 변화에 큰 영향을 받지 않지만, 동물은 환경 변화에 민감하여 멸종하기 때문이다.

🔬 **탐구 목표**

지질 시대별로 환경과 생물의 특징을 설명할 수 있다.

🔬 **탐구 포인트**

1. 생물의 서식 환경을 바다 환경과 육지 환경으로 구분하여 특징을 파악한다.
2. 지질 시대별로 번성하였던 생물을 동물과 식물로 구분하여 파악한다.

정답과 해설 p.22

예제 ❶

그림은 어느 지질 시대에 번성하였던 고생물 화석을 나타낸 것이다. 이 고생물이 번성하였던 지질 시대에 대한 설명으로 옳은 것은?

① 판게아가 형성되기 시작하였다.

② 육지에서는 공룡이 번성하였다.

③ 바다에서는 삼엽충이 번성하였다.

④ 속씨식물이 초원을 형성하였다.

⑤ 초기와 말기에 빙하기가 있었다.

예제 ❷ 서술형

고생대 페름기 말과 중생대 백악기 말에는 생물의 대량 멸종이 있었으므로 이를 기준으로 지질 시대를 구분한다. 그러나 원생 누대 말에는 생물의 대량 멸종이 일어나지 않았는데, 그 까닭은 무엇인지 서술하시오.

____

____

개념 다지기 문제

01 화석의 생성과 관련된 설명으로 옳지 <u>않은</u> 것은?

① 생물이 살았던 흔적도 화석이 될 수 있다.

② 생물체의 단단한 뼈나 껍데기는 화석이 되기 쉽다.

③ 생물의 유해가 퇴적물 속에 천천히 덮여야 한다.

④ 심한 지각 변동이나 변성 작용을 받지 않아야 한다.

⑤ 호박과 같이 지층 속에 매몰되지 않고 생성되는 경우도 있다.

대표 유형 문제

02 그림은 여러 화석들을 생존 기간과 분포 면적에 따라 A, B, C로 구분하여 나타낸 것이다.
이에 대한 설명으로 옳은 것만을 |보기|에서 있는 대로 고른 것은?

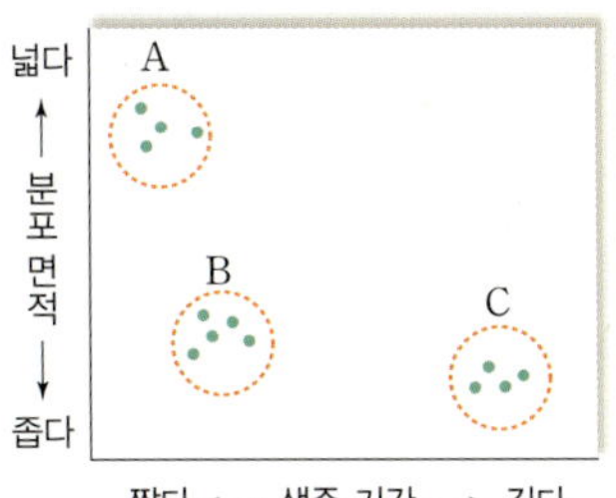

ㄱ. A는 B보다 환경 변화에 민감하다.

ㄴ. 시상 화석으로 가장 적합한 것은 C이다.

ㄷ. 지층을 대비할 때는 C보다 A를 이용하는 것이 좋다.

① ㄱ　　　　② ㄴ　　　　③ ㄱ, ㄷ

④ ㄴ, ㄷ　　　⑤ ㄱ, ㄴ, ㄷ

03 다음은 고기후를 연구하는 데 이용되는 자료를 나타낸 것이다.

(가) 나무의 나이테

(나) 빙하 시추물(빙하 코어)

(다) 화석

이에 대한 설명으로 옳은 것만을 |보기|에서 있는 대로 고른 것은?

ㄱ. 기온이 높을수록 (가)의 나이테 간격이 조밀해진다.

ㄴ. (나)로 과거의 대기 조성과 기온을 알아낼 수 있다.

ㄷ. (다)는 생존 기간이 짧고, 분포 면적이 넓은 생물의 화석을 이용한다.

① ㄱ　　　　② ㄴ　　　　③ ㄱ, ㄷ

④ ㄴ, ㄷ　　　⑤ ㄱ, ㄴ, ㄷ

04 그림은 현생 누대의 기온 분포를 나타낸 것이다.

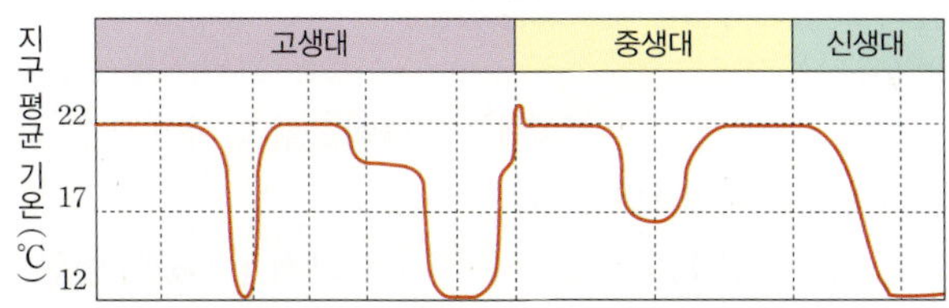

이에 대한 설명으로 옳은 것만을 |보기|에서 있는 대로 고른 것은?

ㄱ. 고생대에는 최소한 2회의 빙하기가 있었다.

ㄴ. 중생대 후기에는 신생대 후기보다 기온이 높았다.

ㄷ. 신생대의 평균 해수면 높이는 초기보다 후기에 높았다.

① ㄱ　　　　② ㄷ　　　　③ ㄱ, ㄴ

④ ㄴ, ㄷ　　　⑤ ㄱ, ㄴ, ㄷ

05 그림은 선캄브리아 시대, 고생대, 중생대, 신생대의 지속 기간을 상대적인 비율로 순서 없이 나타낸 것이다.

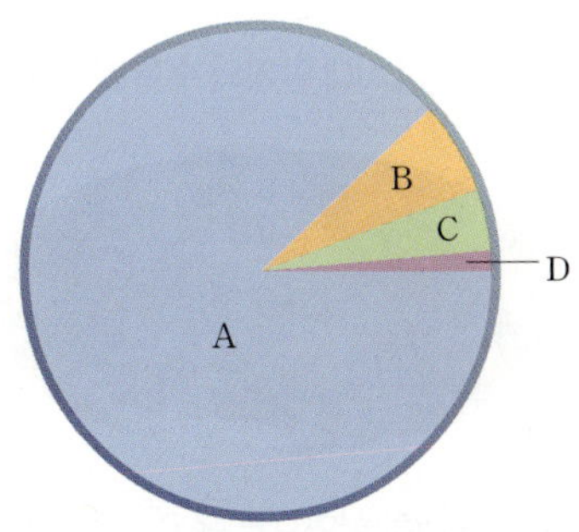

이에 대한 설명으로 옳은 것만을 |보기|에서 있는 대로 고른 것은?

ㄱ. A는 2개의 누대로 이루어져 있다.

ㄴ. B, C, D는 현생 누대에 속한다.

ㄷ. 기 단위로 세분하면 B는 C보다 기의 개수가 많다.

① ㄱ　　　　② ㄴ　　　　③ ㄱ, ㄷ

④ ㄴ, ㄷ　　　⑤ ㄱ, ㄴ, ㄷ

개념 다지기 문제

06 선캄브리아 시대의 환경과 생물에 대한 설명으로 옳은 것만을 |보기|에서 있는 대로 고른 것은?

〈보기〉
ㄱ. 초기에는 두꺼운 석회암층과 석회 조류 화석이 관찰되므로 한랭한 기후였다.
ㄴ. 해수에 산소가 풍부해지면서 바다에서 남세균이 출현할 수 있었다.
ㄷ. 후기에는 다세포 생물이 출현하여 에디아카라 동물군 화석으로 남아 있다.

① ㄱ   ② ㄷ   ③ ㄱ, ㄴ
④ ㄴ, ㄷ   ⑤ ㄱ, ㄴ, ㄷ

07 표는 어느 지역의 지층 A, B, C에서 산출되는 화석을 나타낸 것이다.

지층	A	B	C
산출 화석	필석	화폐석	암모나이트

이에 대한 설명으로 옳은 것만을 |보기|에서 있는 대로 고른 것은?

〈보기〉
ㄱ. 가장 먼저 퇴적된 지층은 A이다.
ㄴ. B에서는 방추충 화석이 산출될 수 있다.
ㄷ. C가 퇴적될 당시 육지에서는 공룡이 번성하였다.

① ㄱ   ② ㄴ   ③ ㄱ, ㄷ
④ ㄴ, ㄷ   ⑤ ㄱ, ㄴ, ㄷ

대표 유형 문제

08 그림은 어느 지질 시대 말기의 수륙 분포를 나타낸 것이다.

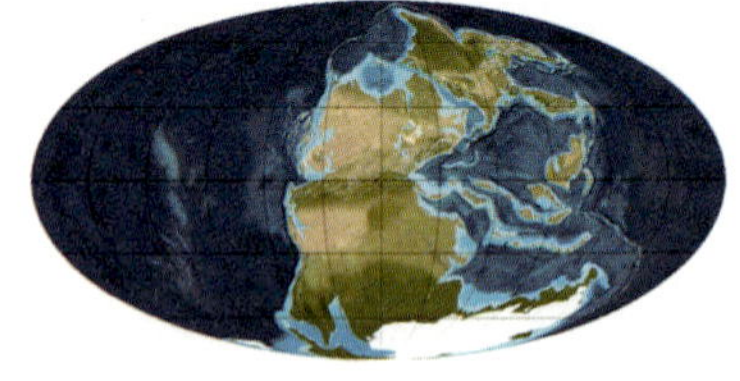

이 시기의 지구 환경에 대한 설명으로 옳은 것만을 |보기|에서 있는 대로 고른 것은?

〈보기〉
ㄱ. 방추충이 멸종하였다.
ㄴ. 육지에서는 겉씨식물이 출현하였다.
ㄷ. 안데스산맥이 형성되었다.

① ㄱ   ② ㄷ   ③ ㄱ, ㄴ
④ ㄴ, ㄷ   ⑤ ㄱ, ㄴ, ㄷ

09 그림 (가)와 (나)는 서로 다른 시기의 지구 환경을 나타낸 것이다.

(가)   (나)

이에 대한 설명으로 옳은 것만을 |보기|에서 있는 대로 고른 것은?

〈보기〉
ㄱ. (가) 시기에는 겉씨식물이 번성하였다.
ㄴ. (나) 시기에 바다에서는 화폐석이 번성하였다.
ㄷ. 수륙 분포는 (가)의 시기가 (나)의 시기보다 현재 모습에 가까웠다.

① ㄱ   ② ㄷ   ③ ㄱ, ㄴ
④ ㄴ, ㄷ   ⑤ ㄱ, ㄴ, ㄷ

10 그림은 현생 누대 동안 생물 수(과)를 나타낸 것이다.

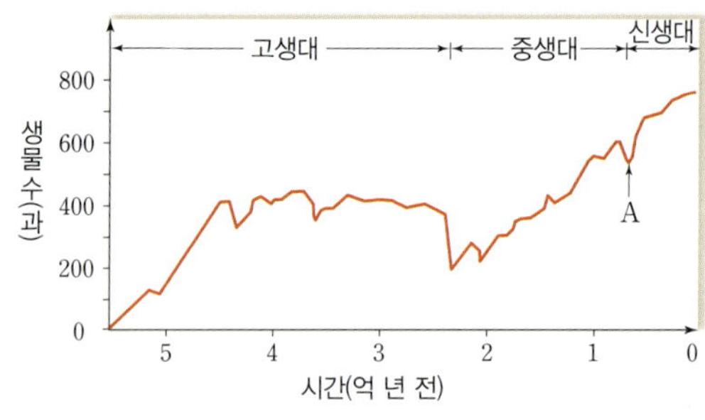

이에 대한 설명으로 옳은 것만을 |보기|에서 있는 대로 고른 것은?

〈보기〉
ㄱ. 5회의 대멸종이 있었다.
ㄴ. 멸종 규모가 가장 컸던 시기에 삼엽충이 멸종하였다.
ㄷ. A 시기에는 판게아가 형성되면서 지구 환경이 크게 변하였다.

① ㄱ   ② ㄷ   ③ ㄱ, ㄴ
④ ㄴ, ㄷ   ⑤ ㄱ, ㄴ, ㄷ

11

그림 (가)와 (나)는 고생대와 중생대 때 지구의 평균 기온을 순서 없이 나타낸 것이다.

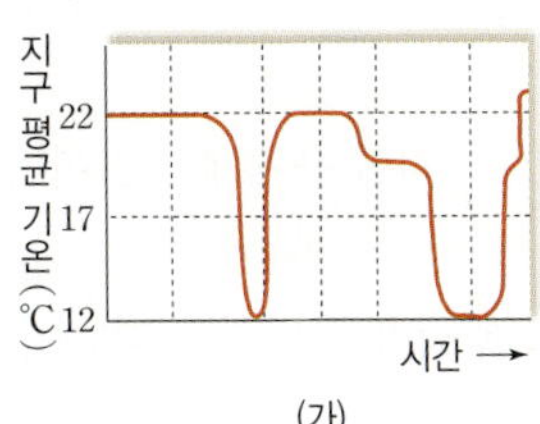
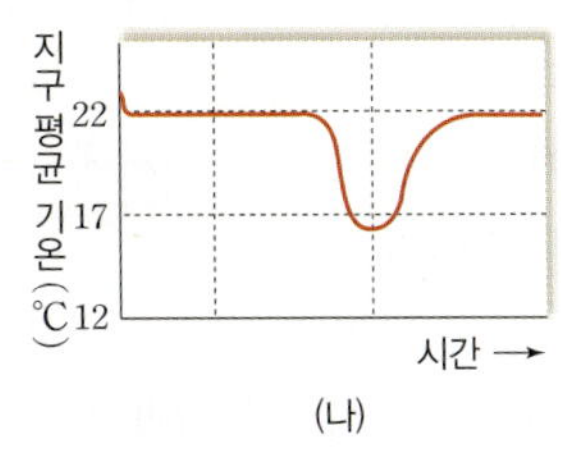

(가)와 (나)의 지질 시대에 대한 설명으로 옳은 것만을 |보기|에서 있는 대로 고른 것은?

보기
ㄱ. (가)는 (나)보다 지속된 기간이 길었다.
ㄴ. 안데스산맥은 (나)의 시기에 형성되었다.
ㄷ. 겉씨식물은 (가)보다 (나)의 시기에 번성하였다.

① ㄱ
② ㄴ
③ ㄱ, ㄷ
④ ㄴ, ㄷ
⑤ ㄱ, ㄴ, ㄷ

12

그림은 현생 누대에 일어난 주요 생물의 대멸종 시기를 A~E로 나타낸 것이다.

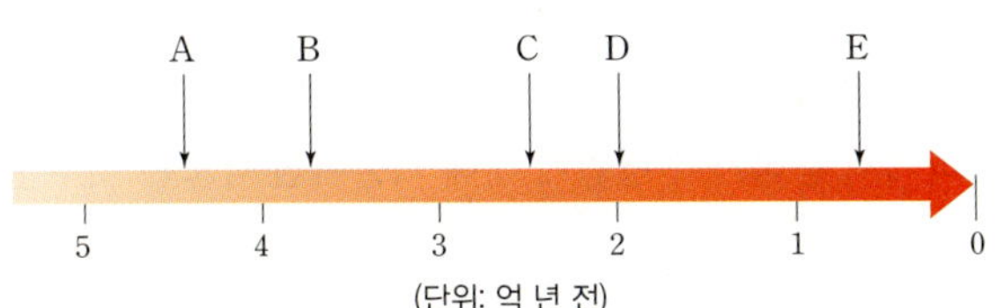

이에 대한 설명으로 옳은 것만을 |보기|에서 있는 대로 고른 것은?

보기
ㄱ. 생물 종의 멸종률이 가장 컸던 시기는 B이다.
ㄴ. 공룡과 암모나이트가 멸종하였던 시기는 D이다.
ㄷ. 판게아가 형성되면서 대멸종이 일어났다.

① ㄱ
② ㄷ
③ ㄱ, ㄴ
④ ㄴ, ㄷ
⑤ ㄱ, ㄴ, ㄷ

13

그림은 어느 지역의 지층 단면을 나타낸 것이다. 이 지역에서 지층이 퇴적되는 동안 일어난 기후 변화를 서술하시오. (단, 지층은 역전되지 않았다.)

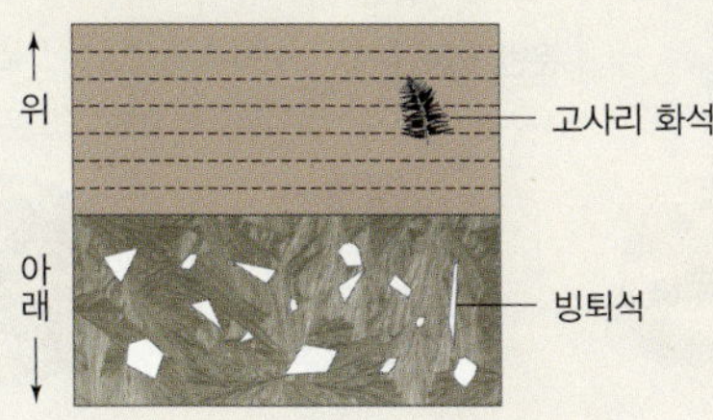

14

그림은 어느 나무의 나이테 간격을 조사하여 나타낸 것이다. 나이테 간격으로 추정한 과거의 기온 변화를 서술하시오.

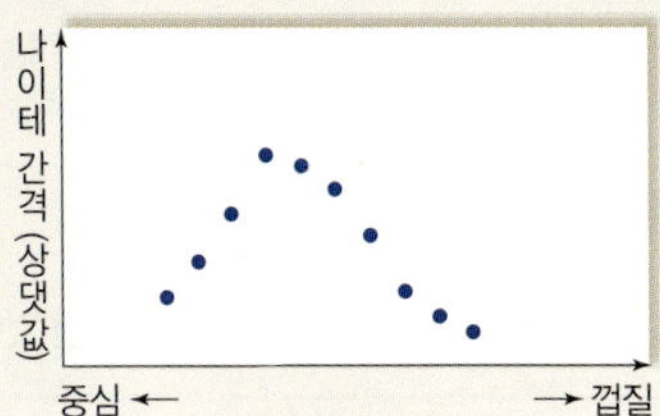

15

육지에 최초의 생물이 출현한 것은 약 4억 5천만 년 전으로, 지구상에서 최초의 생명체가 해양에 출현한 이후 오랜 기간이 지나서이다. 다음에 주어진 세 단어를 모두 이용하여 그 까닭을 서술하시오.

• 광합성   • 산소   • 오존층

16

그림은 과거 어느 시기의 수륙 분포를 나타낸 것이다. 이 시기에 육지와 해양에서 번성하였던 동물을 각각 한 가지씩 서술하시오.

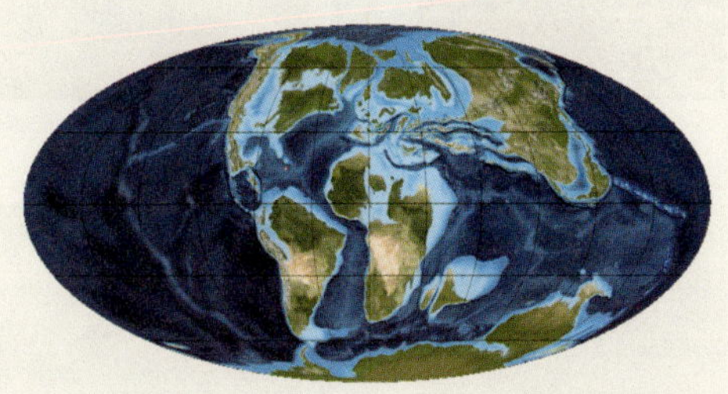

학교 시험 빈출 자료 MASTER

04 퇴적 구조와 지질 구조

1 퇴적암의 생성 과정

그림은 퇴적암의 생성 과정을 나타낸 것이다.

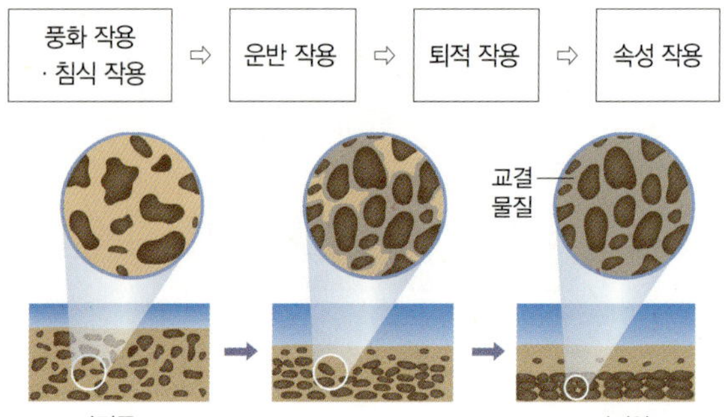

● 다음 설명 중 옳은 것은 ○표, 옳지 않은 것은 ×표 하시오.

1 퇴적물의 운반 작용은 주로 흐르는 물이나 바람에 의해 일어난다. ○ / ×

2 퇴적 작용은 대부분 해저에서 일어나지만 육지에서 일어나는 경우도 있다. ○ / ×

3 퇴적물이 쌓인 후 다짐 작용과 교결 작용을 받아 퇴적암이 되는 과정을 속성 작용이라고 한다. ○ / ×

4 퇴적물이 속성 작용을 받으면 공극의 부피는 증가하고, 퇴적물의 밀도는 감소한다. ○ / ×

2 퇴적암의 종류

그림은 여러 가지 퇴적암을 나타낸 것이다.

● 다음 설명 중 옳은 것은 ○표, 옳지 않은 것은 ×표 하시오.

1 셰일과 사암은 쇄설성 퇴적암에 속하고, 응회암은 화학적 퇴적암에 속한다. ○ / ×

2 셰일과 사암은 퇴적물 입자의 크기가 같다. ○ / ×

3 암염은 해수에 녹은 탄산 이온과 칼슘 이온이 화학적으로 결합하여 생성된다. ○ / ×

4 석회암은 해수에 녹아 있는 성분의 침전이나, 생물의 유해가 퇴적되어 생성된다. ○ / ×

5 석탄이 식물 화석을 많이 포함하는 것은 식물체가 매몰되어 생성되기 때문이다. ○ / ×

3 퇴적 구조

그림은 여러 가지 퇴적 구조를 나타낸 것이다.

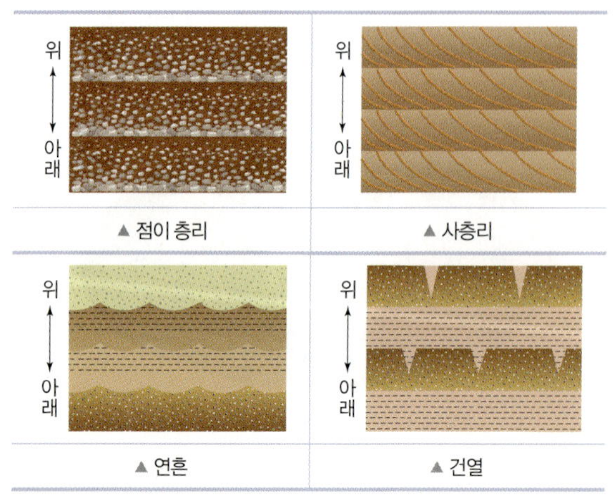

● 다음 설명 중 옳은 것은 ○표, 옳지 않은 것은 ×표 하시오.

1 점이 층리는 물속에서 퇴적물 입자의 크기에 따른 낙하 속도 차이로 형성된다. ○ / ×

2 사층리에서 층리가 수평면에 대해 기울어진 각도는 윗부분이 아랫부분보다 작다. ○ / ×

3 연흔은 점이 층리보다 수심이 깊은 곳에서 잘 형성된다. ○ / ×

4 건열은 수심이 얕은 물밑에 쌓인 퇴적물이 건조한 환경의 수면 위로 노출되어 형성된다. ○ / ×

5 사층리와 건열은 모래나 진흙이 퇴적된 경우보다 자갈이 퇴적된 경우에 잘 형성된다. ○ / ×

4 지질 구조

그림은 여러 가지 지질 구조를 나타낸 것이다.

● 다음 설명 중 옳은 것은 ○표, 옳지 <u>않은</u> 것은 ×표 하시오.

1 습곡 구조에서 볼록한 봉우리에 해당하는 부분을 배사라고 한다. ○ / ×

2 상반이 하반에 대해 아래로 이동한 지질 구조를 역단층이라 하고, 역단층은 횡압력이 작용하여 만들어진다. ○ / ×

3 부정합은 수면 아래의 지층이 수면 위로 융기하여 침식 작용을 받고, 수면 아래로 침강하여 만들어진다. ○ / ×

4 부정합면을 경계로 상하 지층의 경사가 다르면 난정합, 부정합면 아래에 화강암이 있으면 평행 부정합이라고 한다.

○ / ×

5 주상 절리는 용암의 냉각과 수축에 의해 형성되고, 판상 절리는 심성암의 융기와 팽창에 의해 형성된다. ○ / ×

05 지층의 생성 순서와 나이

5 지사학의 법칙

그림은 지사학의 법칙을 나타낸 것이다.

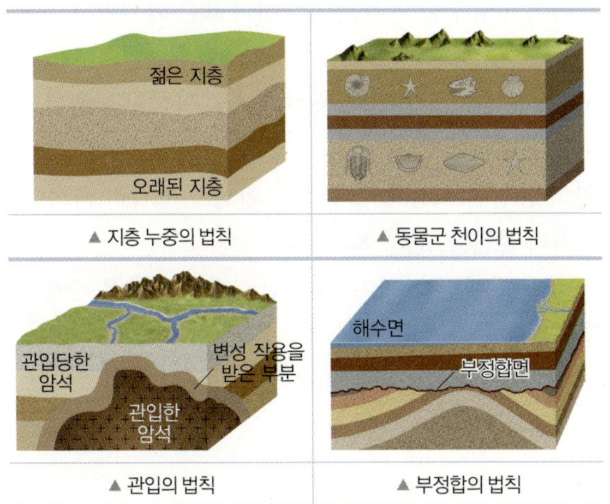

● 다음 설명 중 옳은 것은 ○표, 옳지 <u>않은</u> 것은 ×표 하시오.

1 물속에서 퇴적물이 쌓일 때는 중력의 영향으로 수평면과 나란하게 퇴적되어 층을 이룬다. ○ / ×

2 연속적으로 퇴적된 여러 지층은 역전되지 않았다면 아래에 놓인 지층이 먼저 퇴적된 것이다. ○ / ×

3 퇴적 시기가 다른 두 지층에서 산출된 고생물의 진화 정도는 수평 퇴적의 법칙을 적용하여 알아낸다. ○ / ×

4 관입의 법칙은 퇴적 시간 간격이 큰 지층이 상하로 접촉하고 있는 경우에 적용한다. ○ / ×

5 부정합면을 경계로 상하 지층 간에는 긴 시간 간격이 있다는 법칙을 부정합의 법칙이라고 한다. ○ / ×

6 지층의 대비

그림은 지층의 대비 원리를 나타낸 것이다.

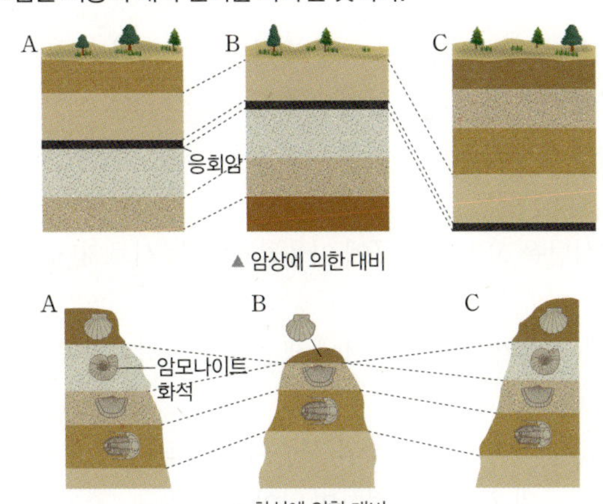

● 다음 설명 중 옳은 것은 ○표, 옳지 <u>않은</u> 것은 ×표 하시오.

1 가까운 지역의 지층을 대비할 때에는 암상을 이용하여 지층의 선후 관계를 비교할 수 있다. ○ / ×

2 암상을 이용하여 지층을 대비할 때는 먼저 건층(열쇠층)을 찾아 지층 대비의 기준으로 삼는다. ○ / ×

3 사암, 이암 등은 여러 시기에 퇴적되어 쉽게 찾을 수 있으므로 건층으로 적합하다. ○ / ×

4 표준 화석을 이용한 대비는 암상을 이용한 대비보다 더 멀리 떨어진 지역의 지층을 대비할 수 있다. ○ / ×

5 화석을 이용한 대비에서는 시상 화석을 이용하여 지층의 선후 관계를 비교한다. ○ / ×

7 방사성 동위 원소의 붕괴

그림은 방사성 동위 원소의 붕괴 원리를 나타낸 것이다.

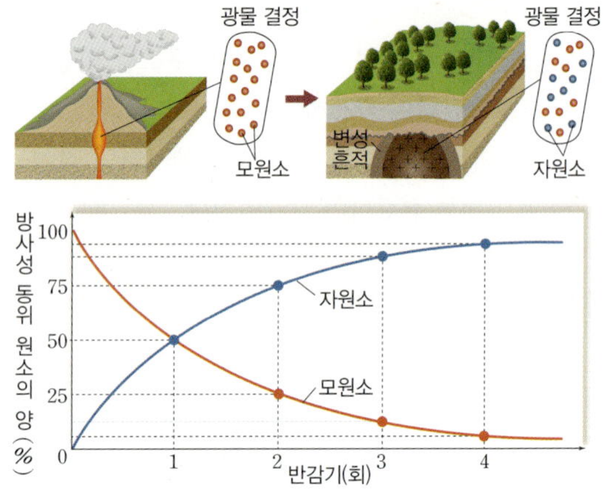

● 다음 설명 중 옳은 것은 ○표, 옳지 <u>않은</u> 것은 ×표 하시오.

1 광물 속의 방사성 동위 원소가 붕괴하면 모원소의 양은 감소하고, 자원소의 양은 증가한다. ○ / ×

2 광물이 생성된 시기가 오래될수록 (모원소의 양＋자원소의 양)은 감소한다. ○ / ×

3 방사성 동위 원소가 붕괴하여 처음 양의 $\frac{1}{2}$로 줄어드는 데 걸리는 시간을 반감기라고 한다. ○ / ×

4 방사성 동위 원소의 반감기는 시간이 경과함에 따라 점차 짧아진다. ○ / ×

5 온도와 압력이 높아질수록 반감기는 점차 짧아진다. ○ / ×

6 광물 결정이 형성될 때 자원소는 결정에 포함되지 않는다. ○ / ×

06 지질 시대의 환경과 생물

8 표준 화석과 시상 화석

그림은 여러 가지 화석을 나타낸 것이다.

● 다음 설명 중 옳은 것은 ○표, 옳지 <u>않은</u> 것은 ×표 하시오.

1 삼엽충 화석과 방추충 화석은 고생대의 표준 화석이다. ○ / ×

2 암모나이트 화석이 산출된 지층은 화폐석 화석이 산출된 지층보다 나중에 퇴적되었다. ○ / ×

3 한 지역의 동일한 지층에서 방추충 화석과 고사리 화석이 함께 산출되지 않는다. ○ / ×

4 공룡 화석과 고사리 화석이 함께 산출되는 지층은 중생대의 따뜻한 기후에서 퇴적되었다. ○ / ×

5 암모나이트 화석이 발견되는 지층은 과거에 바다 환경이었다. ○ / ×

9 고기후 연구 방법

그림은 고기후의 연구 방법을 나타낸 것이다.

● 다음 설명 중 옳은 것은 ○표, 옳지 <u>않은</u> 것은 ×표 하시오.

1 고기후를 연구하는 시료로 나무의 나이테는 빙하 시추물보다 더 오래된 과거의 기후를 알아낼 수 있다. ○ / ×

2 지층 속에서 산출되는 꽃가루의 종류와 양은 기후에 따라 달라진다. ○ / ×

3 암염과 석탄은 고기후 연구에 이용될 수 있는 시료이다. ○ / ×

4 빙퇴석은 기후가 한랭한 시기에 생성된 후 퇴적되었음을 나타낸다. ○ / ×

5 석회암 동굴 내부의 종유석과 석순이 생성될 당시의 생성 환경은 산소 동위 원소를 측정하여 알아낼 수 있다. ○ / ×

10 지질 시대 기후

그림은 지질 시대의 기온 변화를 나타낸 것이다.

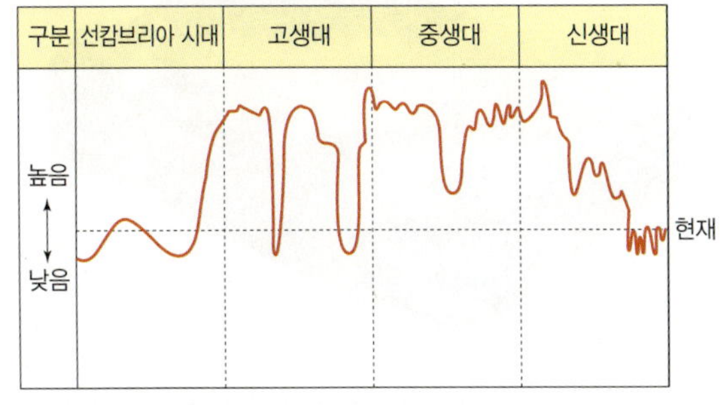

● 다음 설명 중 옳은 것은 ○표, 옳지 <u>않은</u> 것은 ×표 하시오.

1 선캄브리아 시대에는 빙하기가 있었다. ○ / ×

2 고생대에는 전 기간에 걸쳐 온난하여 빙하기가 없었다.
○ / ×

3 중생대에는 고위도의 빙하 분포가 확대되어 적도 부근까지 빙하가 분포하였다. ○ / ×

4 신생대에는 초기보다 말기에 평균 해수면 높이가 높았다.
○ / ×

5 신생대 말기에는 여러 차례 빙하기가 있었다. ○ / ×

11 지질 시대 환경과 생물

그림은 지질 시대의 환경과 생물을 나타낸 것이다.

● 다음 설명 중 옳은 것은 ○표, 옳지 <u>않은</u> 것은 ×표 하시오.

1 선캄브리아 시대의 육지에는 동물이 살 수 없었으며, 바다에서 원시 형태의 해양 식물이 살았다. ○ / ×

2 고생대 캄브리아기에는 초대륙이 형성되면서 생물의 대량 멸종이 있었다. ○ / ×

3 고생대 석탄기에는 육지에 양치식물이 번성하여 대규모 석탄층을 형성하였다. ○ / ×

4 중생대에는 양서류가 쇠퇴하고, 공룡을 비롯한 파충류가 번성하였다. ○ / ×

5 신생대 전기에는 바다에서 화폐석이 번성하였고, 후기에는 육지에서 매머드가 번성하였다. ○ / ×

6 지질 시대 동안 식물계에서는 양치식물 → 속씨식물 → 겉씨식물 순으로 출현하여 번성하였다. ○ / ×

7 대서양과 인도양은 중생대에 형성되기 시작하였다. ○ / ×

12 생물의 대멸종

그림은 현생 누대에 일어난 생물 대멸종을 나타낸 것이다.

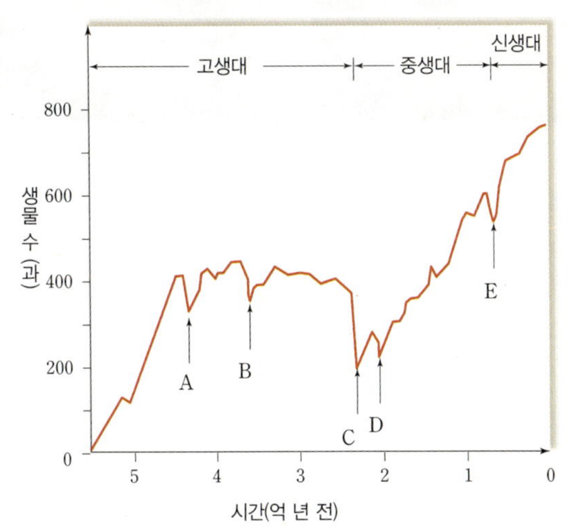

● 다음 설명 중 옳은 것은 ○표, 옳지 <u>않은</u> 것은 ×표 하시오.

1 현생 누대에는 주요 생물의 대멸종 시기가 5회 있었다.
○ / ×

2 A는 데본기 말, B는 페름기 말의 생물 대멸종 시기이다.
○ / ×

3 현생 누대의 생물 대멸종 중에서 멸종률이 가장 컸던 시기는 E이다. ○ / ×

4 삼엽충과 방추충을 비롯한 대다수의 해양 생물이 멸종한 시기는 C이다. ○ / ×

5 판게아의 형성과 관련있는 생물 대멸종 시기는 C이다.
○ / ×

6 암모나이트와 공룡이 멸종한 시기는 E이다. ○ / ×

학교 시험 대비 문제

01 퇴적물의 속성 작용에 대한 설명으로 옳은 것만을 |보기|에서 있는 대로 고른 것은?

┌ 보기 ┐
ㄱ. 다짐 작용과 교결 작용을 포함한다.
ㄴ. 속성 작용에 의해 퇴적물의 밀도가 커진다.
ㄷ. 유기적 퇴적암은 속성 작용을 거치지 않는다.

① ㄱ   ② ㄷ   ③ ㄱ, ㄴ
④ ㄴ, ㄷ   ⑤ ㄱ, ㄴ, ㄷ

02 표는 퇴적물의 기원에 따라 퇴적암을 분류하여 나타낸 것이다.

퇴적물의 기원	퇴적암
(가)	사암, 역암, 이암, 응회암
유기적 퇴적암	(다)
(나)	석회암, 암염, 처트

이에 대한 설명으로 옳은 것만을 |보기|에서 있는 대로 고른 것은?

┌ 보기 ┐
ㄱ. (가)는 쇄설성 퇴적암이다.
ㄴ. (나)는 해수가 증발하여 생성된 퇴적암을 포함한다.
ㄷ. (다)의 예로 석회암이 있다.

① ㄱ   ② ㄴ   ③ ㄱ, ㄷ
④ ㄴ, ㄷ   ⑤ ㄱ, ㄴ, ㄷ

03 퇴적암의 특징과 가치에 대한 설명으로 옳은 것만을 |보기|에서 있는 대로 고른 것은?

┌ 보기 ┐
ㄱ. 셰일에서는 층리가 나타난다.
ㄴ. 에너지 자원이나 광물 자원이 포함된 경우가 있다.
ㄷ. 지질 시대의 지구 환경에 대한 기록이 보존된 경우가 있다.

① ㄱ   ② ㄴ   ③ ㄱ, ㄷ
④ ㄴ, ㄷ   ⑤ ㄱ, ㄴ, ㄷ

대표 유형문제

04 그림은 퇴적 환경 A, B, C를 나타낸 것이다.

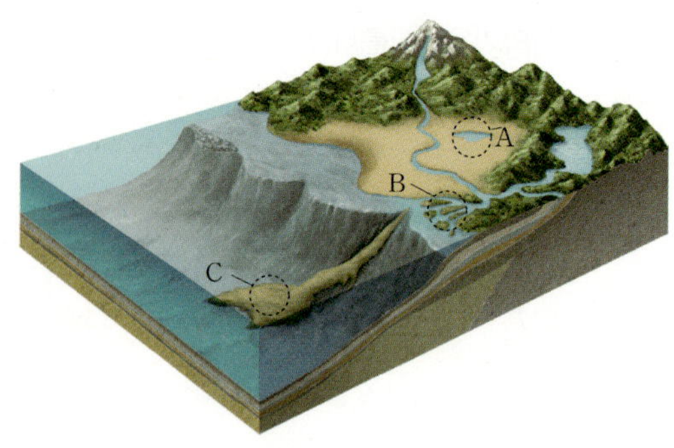

이에 대한 설명으로 옳은 것만을 |보기|에서 있는 대로 고른 것은?

┌ 보기 ┐
ㄱ. A에서는 육성층이 퇴적된다.
ㄴ. 삼각주나 석호가 형성되는 환경은 B이다.
ㄷ. C에서는 사층리가 형성된다.

① ㄱ   ② ㄷ   ③ ㄱ, ㄴ
④ ㄴ, ㄷ   ⑤ ㄱ, ㄴ, ㄷ

기출 변형 교육청

05 그림 (가)와 (나)는 서로 다른 퇴적 구조를 나타낸 것이다.

 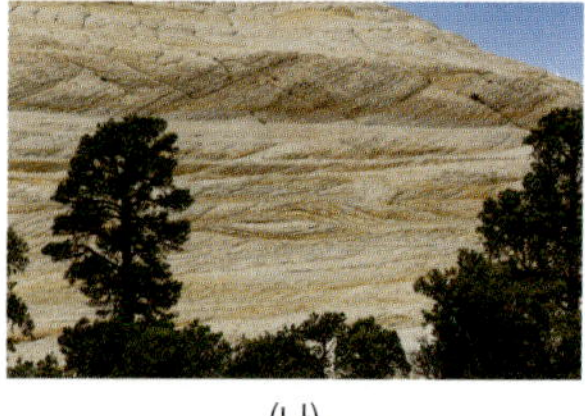

(가)   (나)

이에 대한 설명으로 옳은 것만을 |보기|에서 있는 대로 고른 것은?

┌ 보기 ┐
ㄱ. (가)는 퇴적물이 수면 위로 노출되어 형성된다.
ㄴ. (가)는 층리면에서, (나)는 지층의 단면에서 관찰한 것이다.
ㄷ. (가)와 (나) 모두 지층의 상하를 판단하는 데 이용된다.

① ㄱ   ② ㄴ   ③ ㄱ, ㄷ
④ ㄴ, ㄷ   ⑤ ㄱ, ㄴ, ㄷ

06

다음은 우리나라의 대표적인 퇴적 지형 (가)와 (나)를 나타낸 것이다.

(가) 고성 덕명리 해안	(나) 태백 구문소
사암과 셰일로 이루어져 있으며, 공룡 발자국 화석과 새 발자국 화석이 발견된다.	석회암으로 이루어져 있으며, 삼엽충 화석, 완족류 화석이 발견된다.

이에 대한 설명으로 옳은 것만을 |보기|에서 있는 대로 고른 것은?

> **보기**
> ㄱ. 지층이 생성된 시기는 (가)가 (나)보다 먼저이다.
> ㄴ. (가)의 사암과 셰일은 중생대 초기에 생성되었다.
> ㄷ. (가)의 지층은 육성층이고, (나)의 지층은 해성층이다.

① ㄱ   ② ㄷ   ③ ㄱ, ㄴ
④ ㄴ, ㄷ   ⑤ ㄱ, ㄴ, ㄷ

07

그림 (가)와 (나)는 서로 다른 지질 구조를 나타낸 것이다.

(가)   (나)

이에 대한 설명으로 옳은 것만을 |보기|에서 있는 대로 고른 것은?

> **보기**
> ㄱ. 지질 구조가 형성되는 깊이는 (가)가 (나)보다 깊다.
> ㄴ. (가)와 (나)를 형성하는 힘의 종류는 서로 다르다.
> ㄷ. (나)는 판의 수렴형 경계보다 발산형 경계에서 잘 형성된다.

① ㄱ   ② ㄴ   ③ ㄱ, ㄷ
④ ㄴ, ㄷ   ⑤ ㄱ, ㄴ, ㄷ

08

그림 (가)와 (나)는 서로 다른 부정합을 나타낸 것이다.

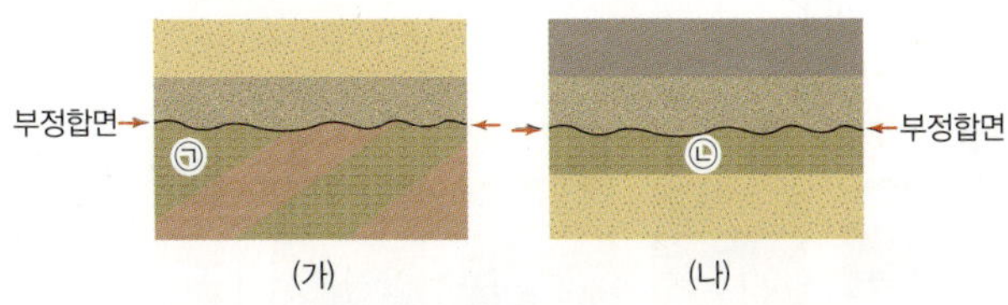

이에 대한 설명으로 옳은 것만을 |보기|에서 있는 대로 고른 것은?

> **보기**
> ㄱ. (가)는 경사 부정합, (나)는 평행 부정합이다.
> ㄴ. (가)는 조륙 운동, (나)는 조산 운동을 받아 형성되었다.
> ㄷ. ㉠과 ㉡ 지층에서는 각각 기저 역암이 발견된다.

① ㄱ   ② ㄴ   ③ ㄱ, ㄷ
④ ㄴ, ㄷ   ⑤ ㄱ, ㄴ, ㄷ

09

그림은 화성암 P와 지층 A, B가 분포하는 어느 지역의 지질 단면을 나타낸 것이다.
이에 대한 설명으로 옳은 것만을 |보기|에서 있는 대로 고른 것은?

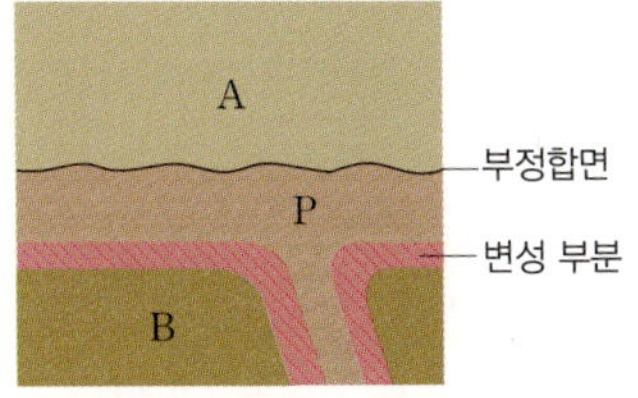

> **보기**
> ㄱ. A의 하부에서 P의 암석 조각이 발견될 수 있다.
> ㄴ. P의 내부에서 B의 암석 조각이 발견될 수 있다.
> ㄷ. A의 하부에서는 열에 의해 변성된 부분이 나타난다.

① ㄱ   ② ㄷ   ③ ㄱ, ㄴ
④ ㄴ, ㄷ   ⑤ ㄱ, ㄴ, ㄷ

10

그림은 어느 지역의 지질 단면을 나타낸 것이다.
이 지역의 지질학적 사건을 해석하는 데 이용되는 지사학의 법칙을 |보기|에서 있는 대로 고른 것은?

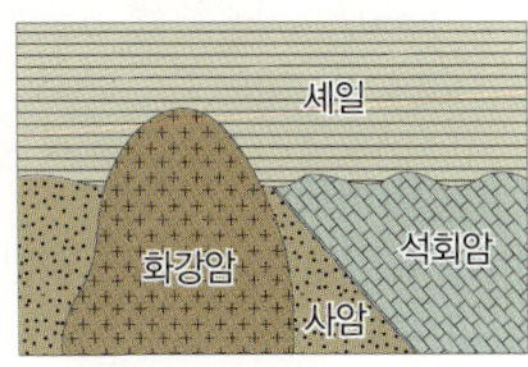

> **보기**
> ㄱ. 수평 퇴적의 법칙   ㄴ. 부정합의 법칙
> ㄷ. 동물군 천이의 법칙   ㄹ. 지층 누중의 법칙

① ㄱ, ㄴ   ② ㄱ, ㄷ   ③ ㄴ, ㄹ
④ ㄱ, ㄴ, ㄹ   ⑤ ㄴ, ㄷ, ㄹ

기출 교육청

11 그림은 비교적 가까운 거리에 있는 네 지역의 지층 단면을 나타낸 것이다.

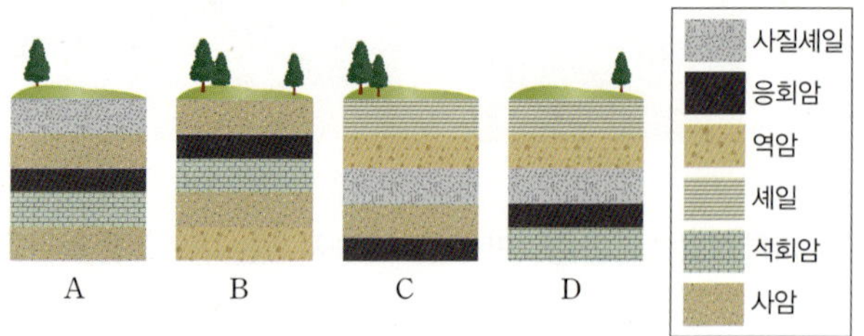

이에 대한 설명으로 옳은 것만을 |보기|에서 있는 대로 고른 것은? (단, 이 지역에서 화산 활동은 한 번 있었다.)

> 보기
> ㄱ. 건층으로 가장 적합한 것은 응회암층이다.
> ㄴ. B와 C의 역암층은 같은 시기에 퇴적되었다.
> ㄷ. D에는 퇴적이 중단된 시기가 있었다.

① ㄱ   ② ㄴ   ③ ㄱ, ㄷ
④ ㄴ, ㄷ   ⑤ ㄱ, ㄴ, ㄷ

12 그림은 어느 지역의 지질 단면과 지층에서 산출되는 화석을 나타낸 것이다.

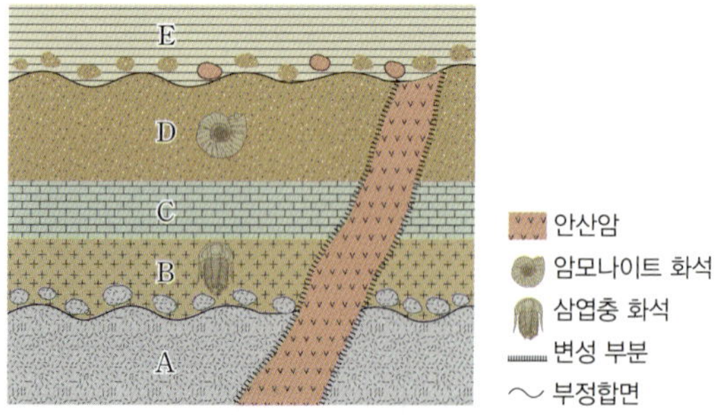

이에 대한 설명으로 옳은 것만을 |보기|에서 있는 대로 고른 것은?

> 보기
> ㄱ. C에서는 화폐석 화석이 산출될 수 있다.
> ㄴ. 퇴적 시간 간격은 A와 B 사이가 B와 C 사이보다 크다.
> ㄷ. 이 지역은 과거에 최소한 2회의 침식 작용이 있었다.

① ㄱ   ② ㄷ   ③ ㄱ, ㄴ
④ ㄴ, ㄷ   ⑤ ㄱ, ㄴ, ㄷ

기출 변형 교육청

13 그림은 시간에 따라 어느 방사성 동위 원소가 붕괴되는 과정의 일부를 나타낸 것이다.

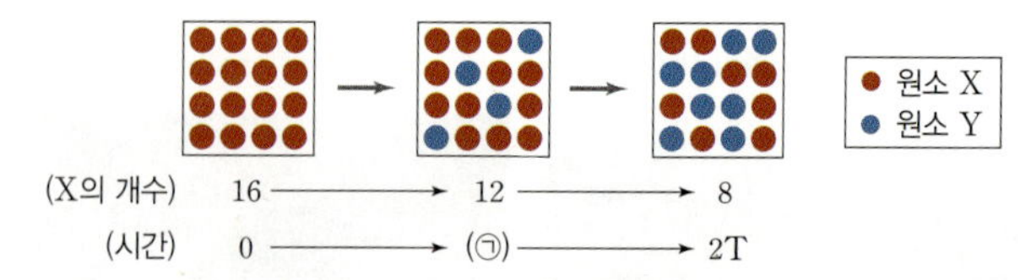

이에 대한 설명으로 옳은 것만을 |보기|에서 있는 대로 고른 것은?

> 보기
> ㄱ. X는 모원소이고, Y는 자원소이다.
> ㄴ. ㉠은 T보다 작다.
> ㄷ. 모원소 : 자원소＝1 : 7이면 시간은 3T가 경과하였다.

① ㄱ   ② ㄷ   ③ ㄱ, ㄴ
④ ㄴ, ㄷ   ⑤ ㄱ, ㄴ, ㄷ

대표 유형 문제

14 그림은 서로 다른 지질 시대에 육지와 바다에서 서식하였던 고생물 A, B, C의 분포를 나타낸 것이다.

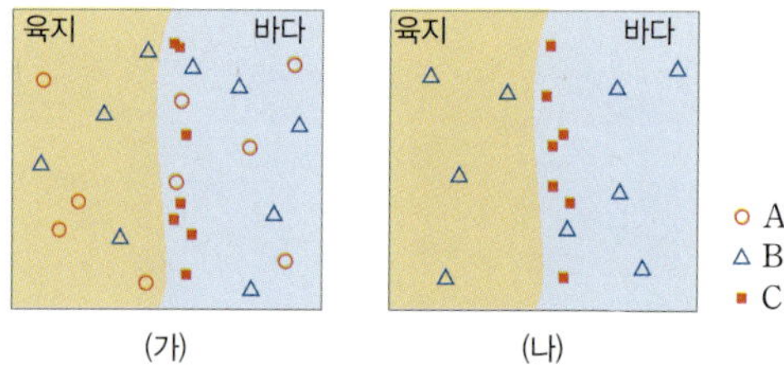

A, B, C가 모두 화석으로 남는다고 가정할 때, ㉠ 표준 화석으로 가치가 가장 높은 것과 ㉡ 시상 화석으로 가치가 가장 높은 것을 옳게 짝 지은 것은?

	㉠	㉡		㉠	㉡
①	A	B	②	A	C
③	B	A	④	B	C
⑤	C	A			

15 고기후를 연구하는 방법으로 적절한 것만을 |보기|에서 있는 대로 고른 것은?

> 보기
> ㄱ. 빙퇴석의 분포를 조사한다.
> ㄴ. 종유석에서 산소 동위 원소 비를 알아낸다.
> ㄷ. 암염, 건열 등 암석과 퇴적 구조를 연구한다.

① ㄱ   ② ㄷ   ③ ㄱ, ㄴ
④ ㄴ, ㄷ   ⑤ ㄱ, ㄴ, ㄷ

16 그림은 빙하 시추물에 포함된 산소 동위 원소 비 $\left(\frac{^{18}O}{^{16}O}\right)$의 변화를 나타낸 것이다. A, B 시기에 대한 설명으로 옳은 것만을 |보기|에서 있는 대로 고른 것은?

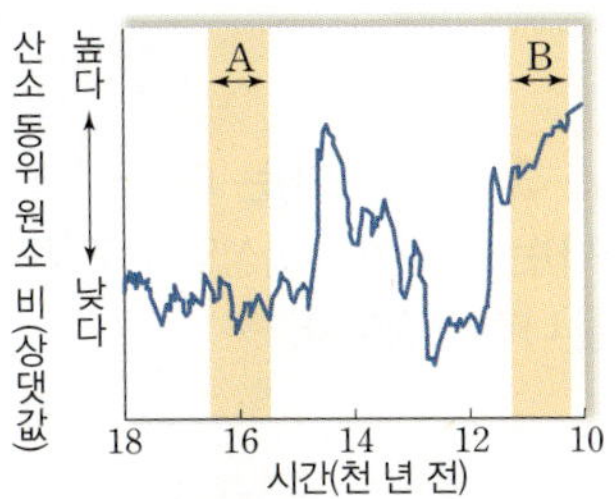

|보기|
ㄱ. 해수의 증발은 A 시기가 B 시기보다 활발했다.
ㄴ. 기온은 A 시기가 B 시기보다 낮았다.
ㄷ. 평균 해수면 높이는 A 시기가 B 시기보다 높았다.

① ㄱ   ② ㄴ   ③ ㄱ, ㄷ
④ ㄴ, ㄷ   ⑤ ㄱ, ㄴ, ㄷ

17 그림은 지질 시대의 평균 기온 변화를 나타낸 것이다.

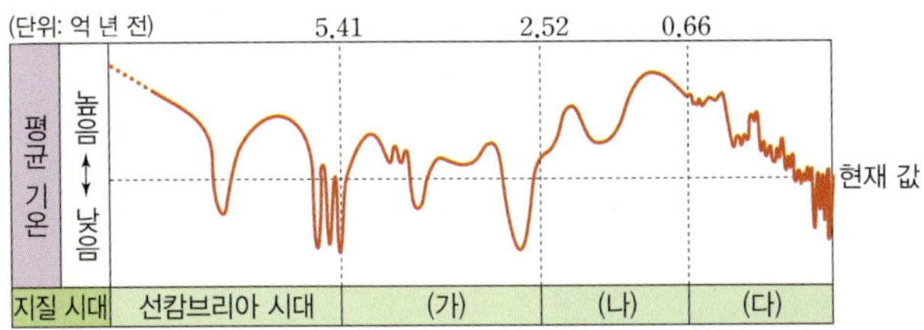

이에 대한 설명으로 옳은 것만을 |보기|에서 있는 대로 고른 것은?

|보기|
ㄱ. 선캄브리아 시대 말기에는 빙하기가 있었다.
ㄴ. (가) 시기는 (나) 시기보다 평균 해수면 높이가 낮았다.
ㄷ. (다) 시기에는 빙하기와 간빙기가 반복된 적이 있다.

① ㄱ   ② ㄴ   ③ ㄱ, ㄷ
④ ㄴ, ㄷ   ⑤ ㄱ, ㄴ, ㄷ

18 그림 (가)와 (나)는 고생대와 중생대의 화석을 순서 없이 나타낸 것이다.
이에 대한 설명으로 옳은 것만을 |보기|에서 있는 대로 고른 것은?

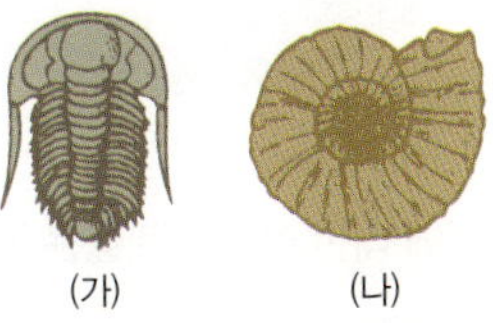

|보기|
ㄱ. (가)는 (나)보다 먼저 번성하였다.
ㄴ. (가)와 (나)는 모두 바다에서 번성하였다.
ㄷ. (나)의 시기에 육지에서는 속씨식물이 번성하였다.

① ㄱ   ② ㄷ   ③ ㄱ, ㄴ
④ ㄴ, ㄷ   ⑤ ㄱ, ㄴ, ㄷ

19 그림은 지구의 탄생 이후 지질 시대에 일어난 주요 사건을 나타낸 것이다.

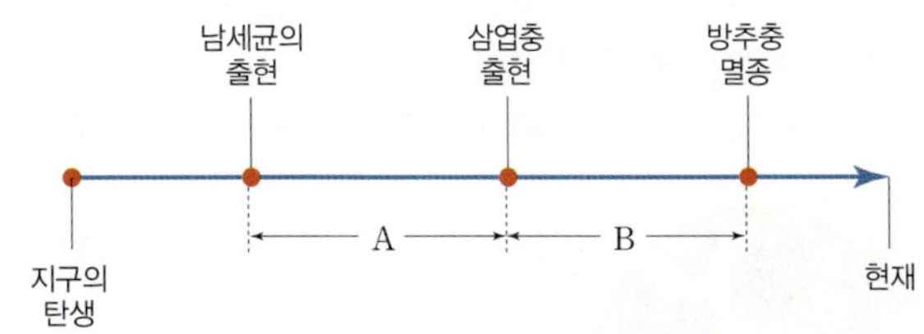

이에 대한 설명으로 옳은 것만을 |보기|에서 있는 대로 고른 것은? (단, 그림의 사건들은 시간의 상대적 길이를 고려하지 않고, 발생한 순서만을 나타낸다.)

|보기|
ㄱ. 에디아카라 동물군 화석이 생성된 시기는 A이다.
ㄴ. 육상에 생물이 출현한 시기는 B 이후이다.
ㄷ. 지질 시대의 시간 길이는 A가 B보다 짧다.

① ㄱ   ② ㄴ   ③ ㄱ, ㄷ
④ ㄴ, ㄷ   ⑤ ㄱ, ㄴ, ㄷ

20 그림은 6억 년 전부터 현재까지의 해양 생물 과의 수 변화와 대멸종 A, B를 나타낸 것이다.

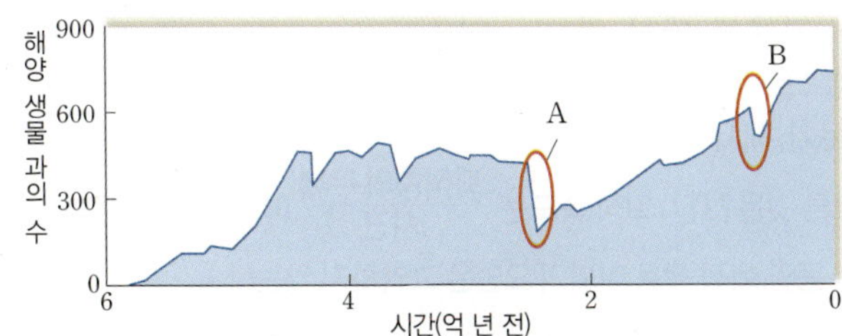

이에 대한 설명으로 옳은 것만을 |보기|에서 있는 대로 고른 것은?

|보기|
ㄱ. 멸종한 해양 생물 과의 수는 A보다 B에서 많다.
ㄴ. 판게아의 형성은 A에 영향을 주었다.
ㄷ. B는 신생대 말에 일어났다.

① ㄱ   ② ㄴ   ③ ㄱ, ㄷ
④ ㄴ, ㄷ   ⑤ ㄱ, ㄴ, ㄷ

1등급 도전!
고난도 문제

21 그림 (가)는 속성 작용이 일어나는 어느 단계를, (나)는 속성 작용이 일어나는 동안 퇴적물에서 일어나는 변화를 나타낸 것이다. ㉠과 ㉡은 각각 공극의 부피와 퇴적물의 밀도 중 하나이다.

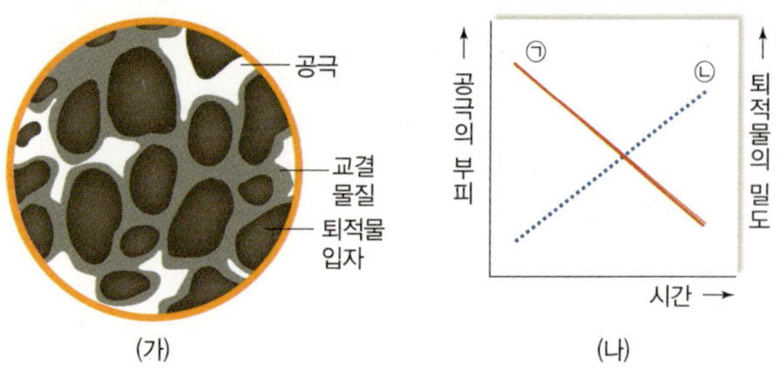

이에 대한 설명으로 옳은 것만을 |보기|에서 있는 대로 고른 것은?

> **보기**
> ㄱ. ㉠은 공극의 부피이다.
> ㄴ. (가)의 교결 물질은 대부분 퇴적물 입자에서 공급된다.
> ㄷ. (가)의 퇴적물이 탄산 칼슘이면 (나)의 과정이 일어나지 않는다.

① ㄱ ② ㄴ ③ ㄱ, ㄷ
④ ㄴ, ㄷ ⑤ ㄱ, ㄴ, ㄷ

22 그림은 서로 다른 두 지역 A, B에서 과거의 어느 시점부터 시간에 따른 퇴적층의 두께를 나타낸 것이다.
이 자료에 대한 설명으로 옳은 것만을 |보기|에서 있는 대로 고른 것은? (단, 퇴적 속도는 $\dfrac{퇴적층의\ 두께}{시간}$이고, 퇴적층이 형성되는 동안 퇴적 작용 이외의 요인은 고려하지 않는다.)

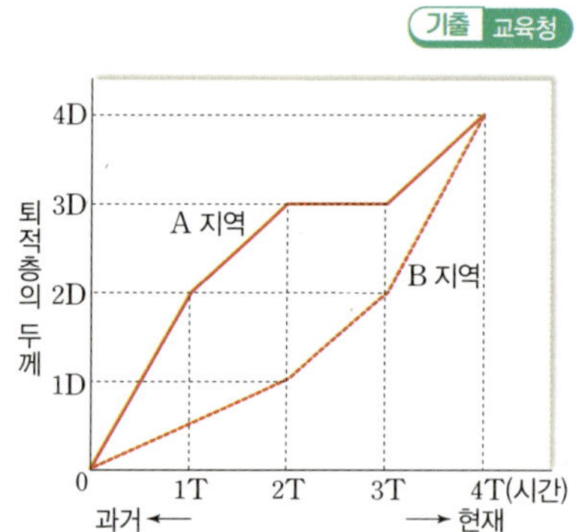

> **보기**
> ㄱ. A 지역에 퇴적이 일어나지 않은 기간이 존재한다.
> ㄴ. 1T~2T 구간의 퇴적 속도는 A 지역이 B 지역의 2배이다.
> ㄷ. 1D~2D 퇴적층의 평균 나이는 A 지역이 B 지역보다 많다.

① ㄴ ② ㄷ ③ ㄱ, ㄴ
④ ㄱ, ㄷ ⑤ ㄱ, ㄴ, ㄷ

기출 교육청

23 그림 (가)는 어느 지역의 지질 단면과 산출되는 화석을, (나)는 이 지역의 화성암에 포함된 방사성 동위 원소 X의 붕괴 곡선을 나타낸 것이다.

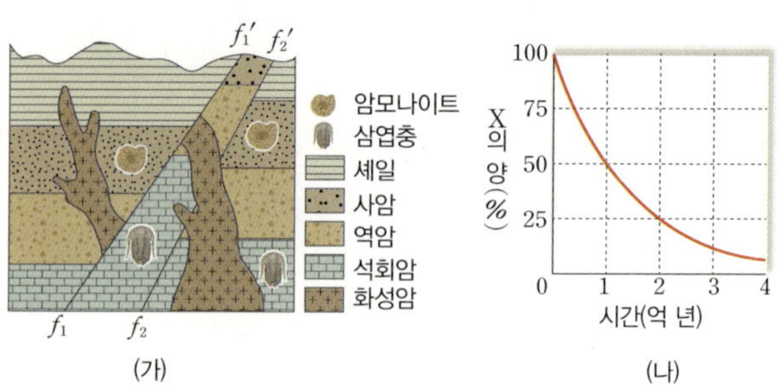

이에 대한 설명으로 옳은 것만을 |보기|에서 있는 대로 고른 것은?

> **보기**
> ㄱ. 단층 f_1-f_1'은 단층 f_2-f_2'보다 나중에 생성되었다.
> ㄴ. 석회암층과 사암층은 모두 육상 환경에서 퇴적되었다.
> ㄷ. 화성암에 포함된 방사성 동위 원소 X의 양은 처음 양의 $\dfrac{1}{8}$보다 적다.

① ㄱ ② ㄴ ③ ㄷ
④ ㄱ, ㄷ ⑤ ㄴ, ㄷ

24 그림 (가)와 (나)는 어느 지질 시대 초기와 말기의 대륙 분포를 순서 없이 나타낸 것이다.

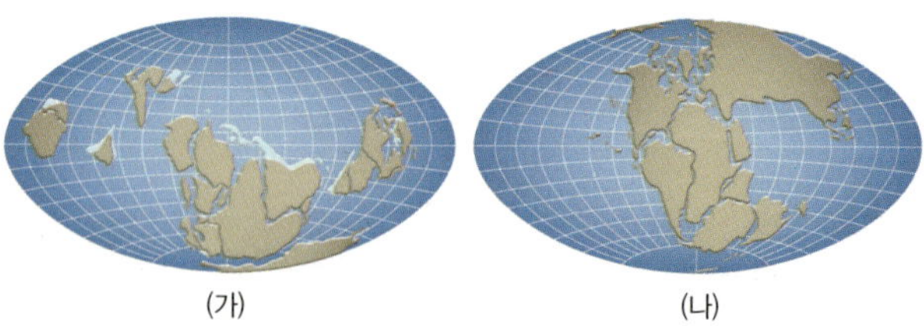

이에 대한 설명으로 옳은 것만을 |보기|에서 있는 대로 고른 것은?

> **보기**
> ㄱ. 대기 중의 오존 농도는 (가) 시기가 (나) 시기보다 높았다.
> ㄴ. (가)와 (나) 사이의 지질 시대에는 전 기간에 걸쳐 온난하였다.
> ㄷ. (나) 시기에는 방추충이 멸종하였다.

① ㄱ ② ㄷ ③ ㄱ, ㄴ
④ ㄴ, ㄷ ⑤ ㄱ, ㄴ, ㄷ

25 그림은 여러 가지 퇴적암을 A, B, C로 구분하고, 각각의 예를 나타낸 것이다. A, B, C로 구분한 기준과 A의 암석을 구분한 기준을 각각 서술하시오.

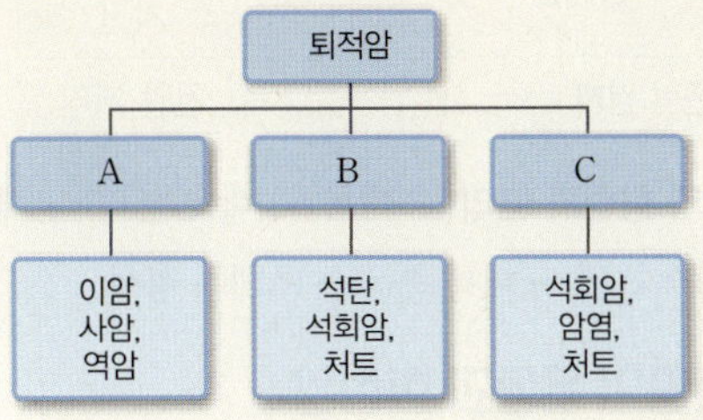

26 그림은 어느 지역의 지층 단면에서 관찰된 퇴적 구조를 나타낸 것이다.
이 지역에서 관찰되는 퇴적 구조의 종류를 쓰고, 지층을 통해 알 수 있는 환경 변화를 서술하시오.

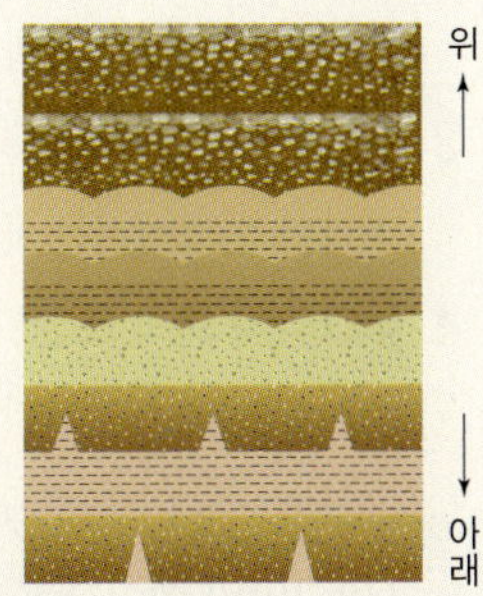

27 그림은 화강암으로 이루어진 북한산 모습을 나타낸 것이다.

북한산에는 판 모양의 절리가 발견된다. 이러한 절리가 형성되는 과정을 다음에서 제시한 순서를 따라 서술하시오.

- 암석이 생성된 깊이
- 암석이 지표로 드러난 과정
- 절리의 종류와 형성된 과정

28 그림은 서로 가까이 있는 세 지역 (가), (나), (다)의 지층 단면을 나타낸 것이다. 세 지역에서 퇴적 시기가 다른 층의 개수는 총 몇 개인지 쓰고, 가장 먼저 퇴적된 지층의 암석 이름을 쓰시오. (단, 세 지역에서는 1회의 화산 활동이 있었고, 부정합이 없으며, 지층은 역전되지 않았다.)

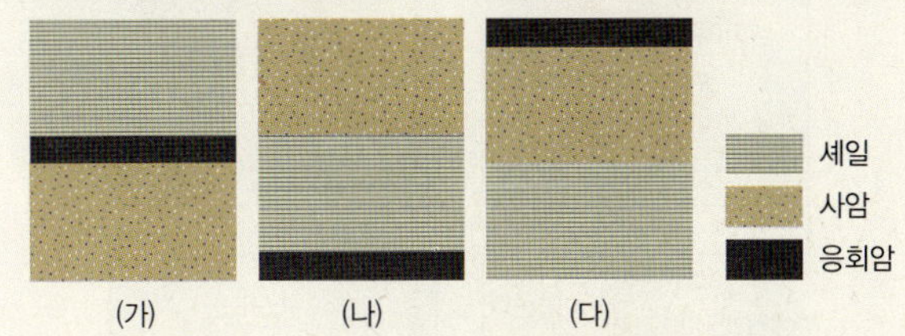

29 그림은 어느 화성암의 생성 당시 암석 속에 포함된 방사성 원소 X(●)와 Y(▲)가 각각 붕괴하여 t년 후에 생성된 자원소 X'(●)와 Y'(▲)의 개수를 나타낸 것이다. $\dfrac{Y의\ 반감기}{X의\ 반감기}$ 값을 구하는 과정과 함께 서술하시오.

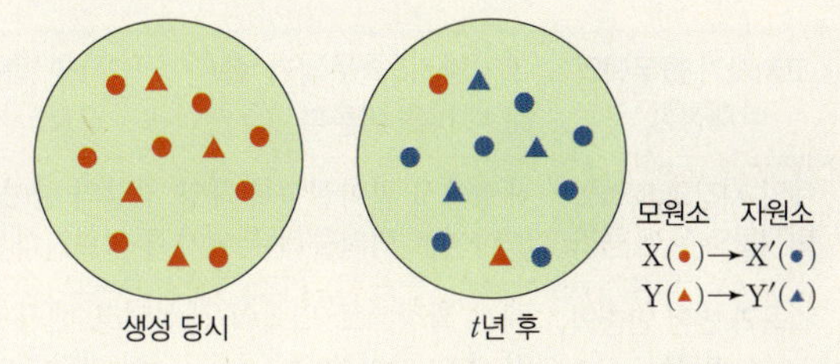

30 그림은 선캄브리아 시대, 고생대, 중생대, 신생대의 지속 기간을 나타낸 것이다.
A 시기의 기후와 해양에서 번성하였던 생물에 대해 서술하시오.

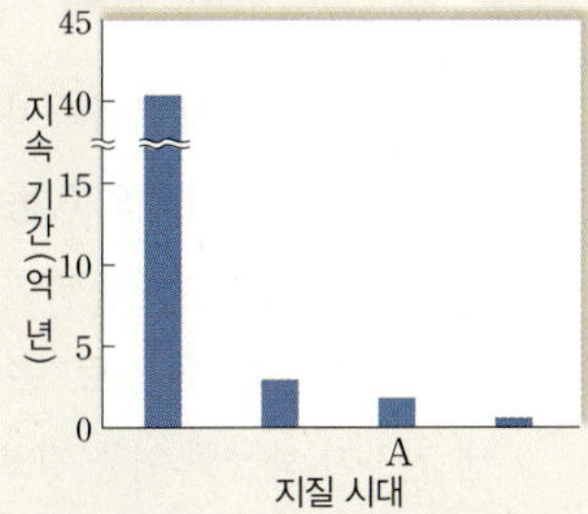

단원 한번에 정리하기

01 판 구조론의 정립 과정

1 대륙 이동설의 증거: 해안선 모양의 유사성, 고생물 화석 분포의 연속성, ❶(　　　)의 연속성, 빙하의 흔적 등

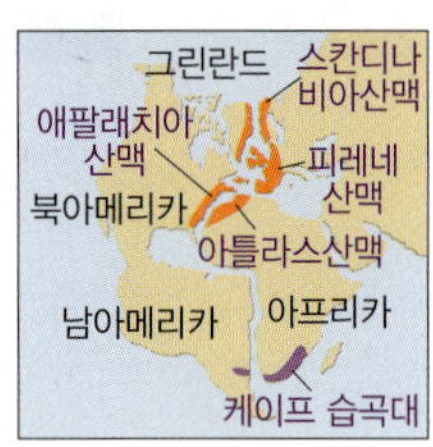

2 맨틀 대류설: 맨틀 내에서 일어나는 ❷(　　　)에 의해 대륙이 이동한다는 학설

3 음향 측심법: 수심$(d) = \frac{1}{2}vt$ (v: 음파의 속도, t: 음파의 왕복 시간)

4 해양저 확장설: ❸(　　　)에서 해양 지각이 생성되어 양쪽으로 이동하면서 해양저가 확장된다는 학설

고지자기 줄무늬의 대칭성	고지자기 줄무늬가 ❹(　　　)을 축으로 대칭을 이룬다.
해양 지각의 나이와 퇴적물의 두께 증가	해령에서 멀어질수록 해양 지각의 나이가 많아지고 퇴적물의 두께가 두꺼워진다.
열곡과 변환 단층의 발견	해저 확장으로 열곡이 생성되고 해저 확장 속도 차이로 ❺(　　　)이 발달한다.
섭입대에서 지진의 진원 깊이 증가	해구에서 대륙 쪽으로 갈수록 진원의 깊이가 ❻(　　　).

5 판 구조론: 지구의 겉 부분을 이루는 판들이 움직이면서 판의 경계에서 지각 변동이 일어난다는 이론

02 대륙 분포의 변화

1 지구 자기장: 지리상 북극과 자북극, 복각 등

2 고지자기 복각과 대륙의 이동: 고지자기 ❶(　　　)을 측정하여 대륙의 이동 경로를 밝힌다.

- **지자기 북극의 이동 경로**: 유럽과 북아메리카 대륙에서 알아낸 지자기 북극의 이동 경로가 일치하지 않는 것은 대륙이 ❷(　　　)하였기 때문이다.
- **인도 대륙의 이동**: 한때 남반구에 있었으나 점차 북상하여 현재는 북반구에 위치한다.

3 판의 경계와 지각 변동

구분		지형	지진	화산 활동
발산형 경계		해령, 열곡대	천발 지진	활발함.
수렴형 경계	섭입형	해구, 호상 열도, 습곡 산맥	천발~심발 지진	활발함.
	충돌형	❸(　　　)	천발~중발 지진	거의 없음.
보존형 경계		❹(　　　)	천발 지진	거의 없음.

4 초대륙의 형성과 분리: 초대륙 → 대륙 분리 → 해저 확장 → 해양 지각 소멸 → 대륙 충돌 → 초대륙 형성

03 맨틀의 운동과 화성암

1 판을 움직이는 힘: 해령에서 밀어내는 힘, ❶(　　　)에서 섭입하는 판이 당기는 힘, 판이 미끄러지는 힘

2 플룸 구조론: 플룸의 상승이나 하강으로 지구 내부의 변동을 설명하는 이론

- **뜨거운 플룸**: 고온의 열기둥, 플룸 상승류, 지진파 속도 느림.
- **차가운 플룸**: 저온의 열기둥, 플룸 하강류, 지진파 속도 빠름.

3 열점: 뜨거운 플룸이 상승하여 지표면과 만나는 지점 아래에 마그마가 생성되는 곳 예 하와이 열도

4 마그마의 화학 조성: SiO_2 함량에 따라 ❷(　　　) 마그마(52 % 이하), 안산암질 마그마(52~63 %), ❸(　　　) 마그마(63 % 이상)로 구분한다.

- **마그마의 성질**: SiO_2 함량이 증가할수록 점성, 휘발 성분, 화산체 경사가 ❹(　　　)한다.

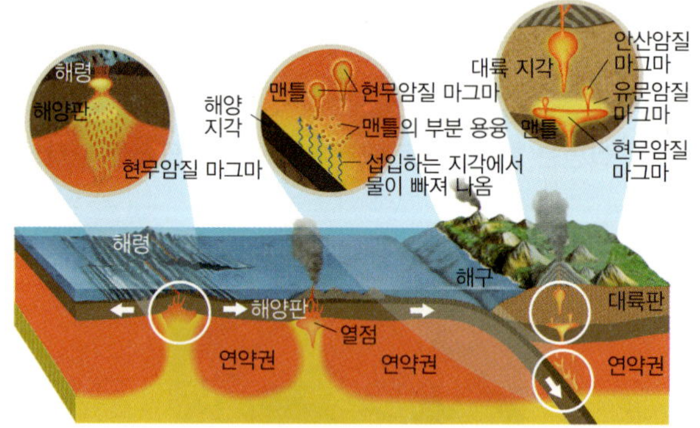

5 마그마의 생성

유문암질 마그마	깊이 들어가서 지하의 온도가 화강암의 용융점보다 높거나 가열에 의해 온도가 상승하는 경우
현무암질 마그마	맨틀 물질이 상승하거나, 맨틀 물질에 물이 공급되어 용융점이 낮아지는 경우
❺(　　　) 마그마	현무암질 마그마와 유문암질 마그마가 혼합되는 경우

- **마그마의 생성 환경**: 해령과 열점에서는 ❻(　　　) 마그마, 섭입대 부근에서는 현무암질·유문암질·안산암질 마그마가 생성된다.

6 화성암의 분류: SiO_2 함량과 조직에 따른 구분

구분 (SiO_2 함량)	염기성암 (52 % 이하)	중성암 (52~63 %)	산성암 (63 % 이상)
화산암 (세립질 조직)	현무암	❼( )	유문암
심성암 (조립질 조직)	반려암	섬록암	❽( )

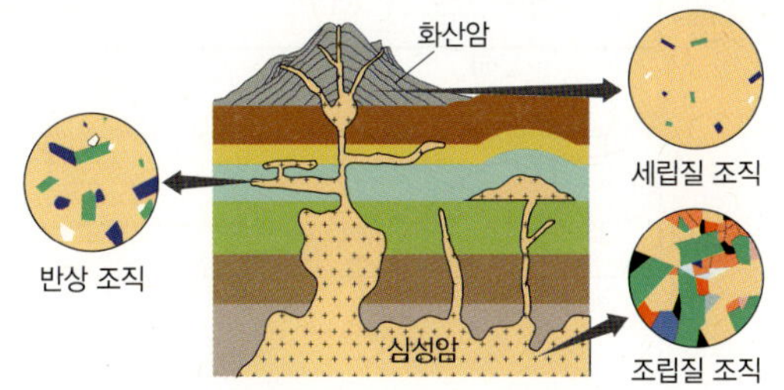

7 한반도의 화성암 지형: 신생대의 현무암(백두산, 제주도 등), 중생대의 화강암(설악산, 북한산 등) 등

04 퇴적 구조와 지질 구조

1 속성 작용: 다짐 작용과 ❶( ) 작용을 거쳐 퇴적암이 되기까지의 전체 과정으로, 모든 퇴적암은 속성 작용을 거친다.

2 퇴적암의 종류: 퇴적물의 기원에 따른 구분

구분	퇴적물 → 퇴적암	
쇄설성 퇴적암	• 점토 → 이암(셰일) • 자갈 → 역암	• 모래 → 사암 • 화산재 → ❷( )
화학적 퇴적암	• 염화 나트륨 → 암염 • 탄산 칼슘 → ❸( )	• 규질(SiO_2) → 처트
유기적 퇴적암	• 식물체 → 석탄 • 규질 생물체 → 처트	• 산호, 조개류 → ❹( )

3 퇴적 구조: 퇴적 환경과 지층의 ❺( ) 여부를 판단한다.

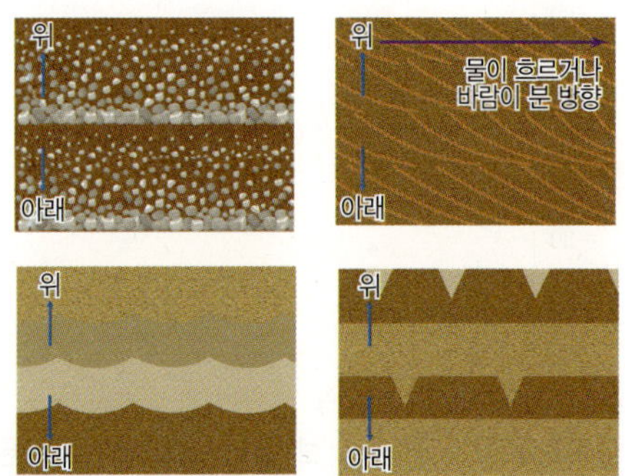

4 우리나라의 퇴적 지형: 태백시 구문소(고생대 지형), 부안군 채석강, 화성시 시화호, 고성군 덕명리(중생대 지형), 제주도 서귀포층(신생대 지형)

5 지질 구조: 습곡, 단층(정단층, 역단층, 주향 이동 단층), 부정합(평행 부정합, 경사 부정합, 난정합), 절리(주상 절리, 판상 절리), 관입과 포획

05 지층의 생성 순서와 나이

1 지사학의 법칙: 수평 퇴적의 법칙, 지층 누중의 법칙, 동물군 천이의 법칙, 관입의 법칙, ❶( )의 법칙 등이 지층과 암석의 선후 관계 판단에 이용된다.

2 지층 대비: ❷( )에 의한 대비(건층 이용)와 화석에 의한 대비(표준 화석 이용) 방법이 있다.

3 절대 연령의 측정: ❸( )의 붕괴 원리를 이용

• **반감기**: 방사성 동위 원소가 붕괴하여 처음 양의 절반으로 줄어드는 데 걸리는 시간

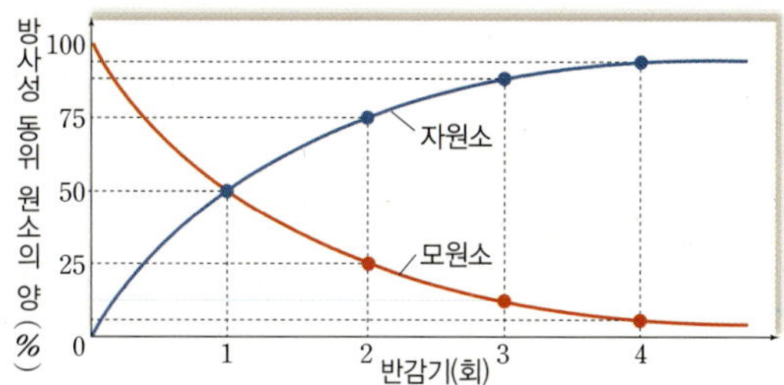

• **반감기 경과 횟수와 절대 연령**: 반감기가 한 번 지날 때마다 모원소의 양은 처음 양의 ❹( )로 줄어든다.

06 지질 시대의 환경과 생물

1 화석: 지질 시대를 구분하는 기준이 되는 ❶( ) 화석, 지층이 생성될 당시의 환경을 알려주는 ❷( ) 화석이 있다.

2 고기후 연구 방법: 나무의 나이테, 꽃가루 화석, 빙하 시추물, 빙하의 흔적, 암석과 화석, 동굴 생성물 등을 이용한다.

3 지질 시대의 환경과 생물

선캄브리아 시대	• 최초의 생명체가 ❸( )에서 탄생하였다. • 남세균의 광합성으로 대기에 산소 증가 • 후기에는 다세포 생물이 출현하여 에디아카라 동물군 화석을 형성하였다.
고생대	• 중기와 후기에 빙하기가 있었고, 말기에 판게아를 형성하였다. • 초기에 생물이 폭발적으로 증가하였고, 말기에 대멸종이 있었다. • 삼엽충, 필석, 갑주어, 방추충, 양치식물 등이 번성하였다.
중생대	• 기후가 온난하여 빙하기가 없었다. • 판게아가 분리되면서 대서양이 형성되었다. • 암모나이트, 공룡, ❹( )식물이 번성하였다.
신생대	• 초기에는 온난하였고, 말기에는 빙하기와 간빙기가 반복되었다. • 화폐석, 매머드, ❺( )식물이 번성하였다.

4 생물의 대멸종: 현생 누대 동안 5회의 대멸종 시기가 있었으며, 고생대 ❻( ) 말에는 규모가 가장 컸고, 백악기 말에는 공룡이 멸종하였다.

01 다음은 판 구조론이 정립되기까지 등장한 학설 (가), (나), (다)를 순서 없이 나타낸 것이다. (3점)

> (가) 맨틀에서 일어나는 열대류로 대륙이 이동한다.
> (나) 해령에서 새로운 해양 지각이 생성되면서 해저가 확장된다.
> (다) 판게아가 분리되면서 대륙이 이동하여 현재와 같은 분포를 이루었다.

이에 대한 설명으로 옳은 것만을 |보기|에서 있는 대로 고른 것은?

┌─ 보기 ─
│ ㄱ. 학설이 등장한 순서는 (가) → (다) → (나)이다.
│ ㄴ. (가)는 발표 직후 당시의 과학자들에게 인정을 받았다.
│ ㄷ. 고생대 말의 빙하 흔적 분포는 (다)의 증거이다.
└─

① ㄱ   ② ㄷ   ③ ㄱ, ㄴ
④ ㄴ, ㄷ   ⑤ ㄱ, ㄴ, ㄷ

02 그림은 어느 해양에서 측정한 고지자기 줄무늬와 해양 지각의 연령을 나타낸 것이다. A, B, B′는 해양 지각의 세 지점이고, B와 B′는 생성 시기가 같다. (4점)

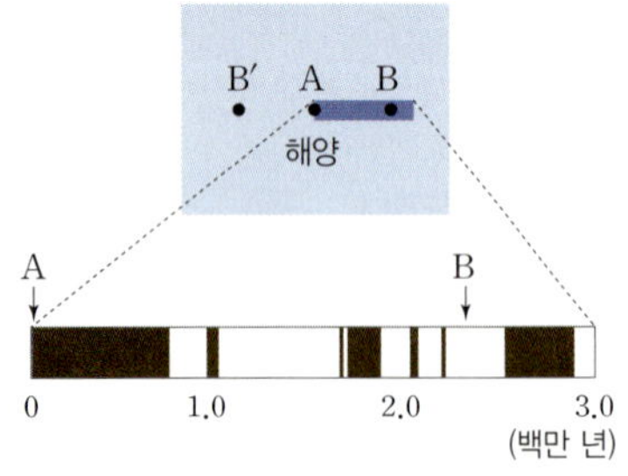

이에 대한 설명으로 옳은 것만을 |보기|에서 있는 대로 고른 것은?

┌─ 보기 ─
│ ㄱ. B와 B′의 암석은 모두 A에서 생성되었다.
│ ㄴ. B′의 암석은 역자극기에 생성되었다.
│ ㄷ. B의 암석은 잔류 자기의 자화 방향이 10회 이상 역전되었다.
└─

① ㄱ   ② ㄷ   ③ ㄱ, ㄴ
④ ㄴ, ㄷ   ⑤ ㄱ, ㄴ, ㄷ

03 그림 (가)와 (나)는 서로 다른 해역에서 기준점(O)으로부터의 거리에 따른 해저 지형의 수심을 나타낸 것이다. (3점)

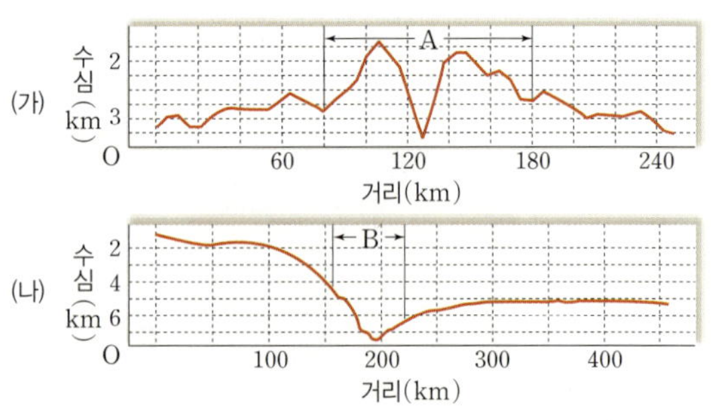

A, B 지형에 대한 설명으로 옳은 것만을 |보기|에서 있는 대로 고른 것은?

┌─ 보기 ─
│ ㄱ. 맨틀 대류는 A에서 상승하고, B에서 하강한다.
│ ㄴ. 해수면에서 해저면까지 음파의 왕복 시간이 가장 긴 지점은 B에 있다.
│ ㄷ. B에서 기준점(O)으로 갈수록 진원의 깊이가 깊어진다.
└─

① ㄱ   ② ㄴ   ③ ㄱ, ㄷ
④ ㄴ, ㄷ   ⑤ ㄱ, ㄴ, ㄷ

04 그림은 어느 대륙의 암석에서 측정한 고지자기 복각의 변화를 나타낸 것이다. (4점)

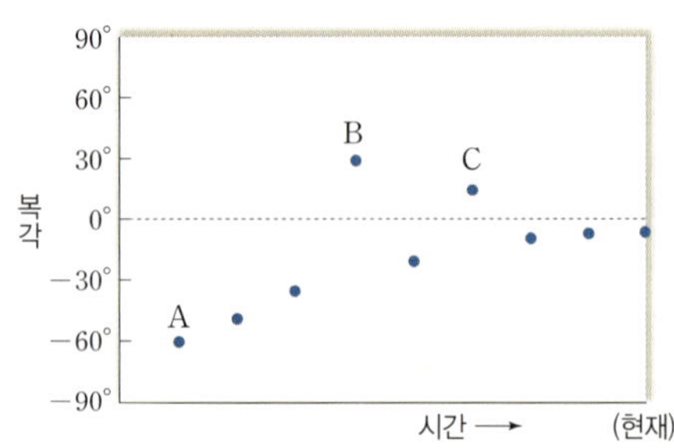

이에 대한 설명으로 옳은 것만을 |보기|에서 있는 대로 고른 것은?

┌─ 보기 ─
│ ㄱ. A 시기에 나침반 자침은 수평면과 30°의 각을 이룬다.
│ ㄴ. 이 대륙은 북쪽으로 이동하여 자기 적도에 가까워졌다.
│ ㄷ. B~C 시기에 대륙은 적도를 경계로 북반구와 남반구를 왕복하였다.
└─

① ㄱ   ② ㄴ   ③ ㄱ, ㄷ
④ ㄴ, ㄷ   ⑤ ㄱ, ㄴ, ㄷ

05 (3점) 그림은 화산이 분포하는 어느 대륙 주변부에서 판의 이동 속도와 방향을 나타낸 것이다. 판 (가)와 (나)는 각각 대륙판과 해양판 중 하나이다.

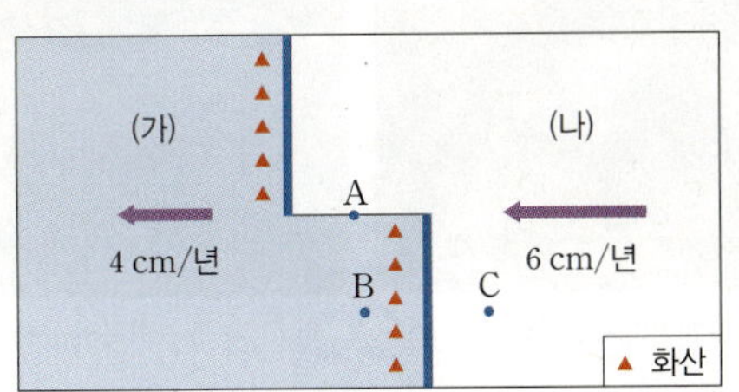

이에 대한 설명으로 옳은 것만을 |보기|에서 있는 대로 고른 것은?

보기
ㄱ. (가)는 대륙판, (나)는 해양판이다.
ㄴ. A에서는 변환 단층이 발달한다.
ㄷ. 심발 지진은 B보다 C 주변에서 잘 일어난다.

① ㄱ ② ㄷ ③ ㄱ, ㄴ
④ ㄴ, ㄷ ⑤ ㄱ, ㄴ, ㄷ

06 (4점) 그림은 현생 누대 이후 A, B, C 시기의 대륙 분포를 모식적으로 나타낸 것이다.

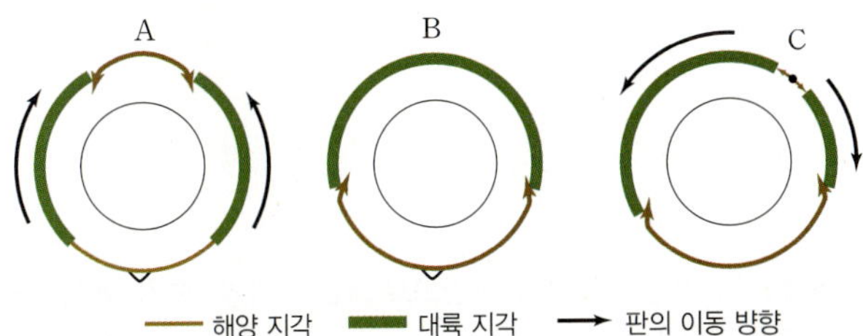

이에 대한 설명으로 옳은 것만을 |보기|에서 있는 대로 고른 것은?

보기
ㄱ. A → B의 변화로 애팔래치아산맥이 형성되었다.
ㄴ. B 시기는 고생대 말~중생대 초이다.
ㄷ. 대서양이 형성되기 시작하는 시기는 C이다.

① ㄱ ② ㄴ ③ ㄱ, ㄷ
④ ㄴ, ㄷ ⑤ ㄱ, ㄴ, ㄷ

07 (3점) 그림은 어느 지역의 지진파 단층 촬영 영상을 나타낸 것이다.

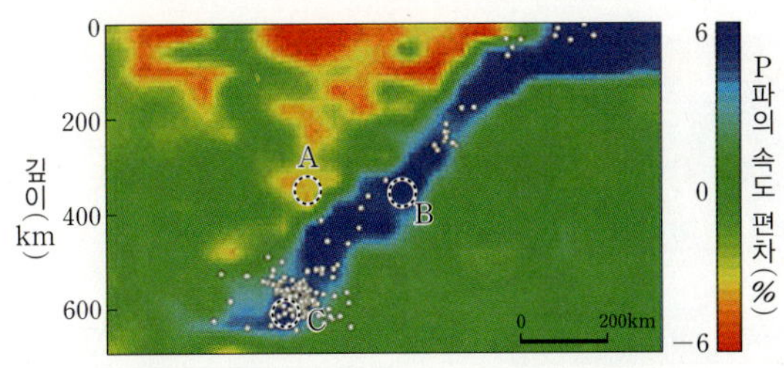

이에 대한 설명으로 옳은 것만을 |보기|에서 있는 대로 고른 것은?

보기
ㄱ. 물질의 밀도는 A가 B보다 크다.
ㄴ. B 부근에는 열점이 형성된다.
ㄷ. C의 물질은 맨틀과 외핵의 경계부까지 하강한다.

① ㄱ ② ㄷ ③ ㄱ, ㄴ
④ ㄴ, ㄷ ⑤ ㄱ, ㄴ, ㄷ

08 (3점) 그림은 하와이섬 주변의 화산섬을 나타낸 것이다. 현재 하와이섬에서는 화산 활동이 일어나고 있다.

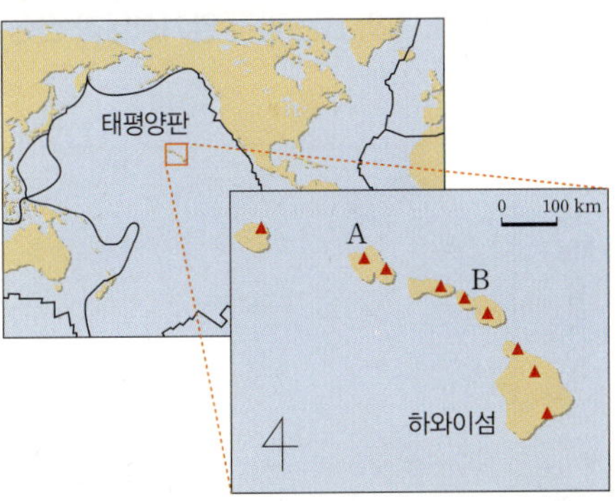

이에 대한 설명으로 옳은 것만을 |보기|에서 있는 대로 고른 것은?

보기
ㄱ. 현재 하와이섬의 지하에는 열점이 있다.
ㄴ. 열점은 북서 → 남동 방향으로 이동하였다.
ㄷ. A와 B의 암석은 대부분 안산암으로 이루어져 있다.

① ㄱ ② ㄴ ③ ㄱ, ㄷ
④ ㄴ, ㄷ ⑤ ㄱ, ㄴ, ㄷ

1등급 실전 문제

09 그림 (가)는 태평양 주변 판의 경계를, (나)는 마그마의 생성 과정을 나타낸 것이다. `4점`

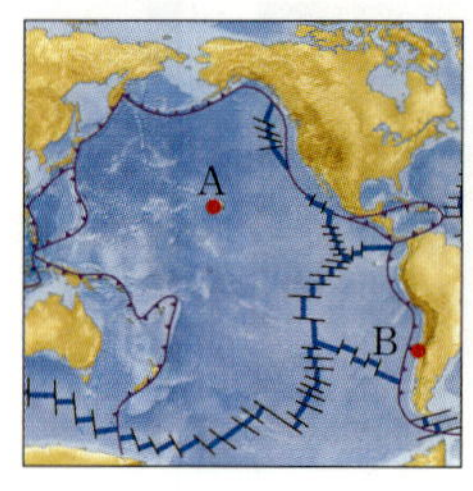

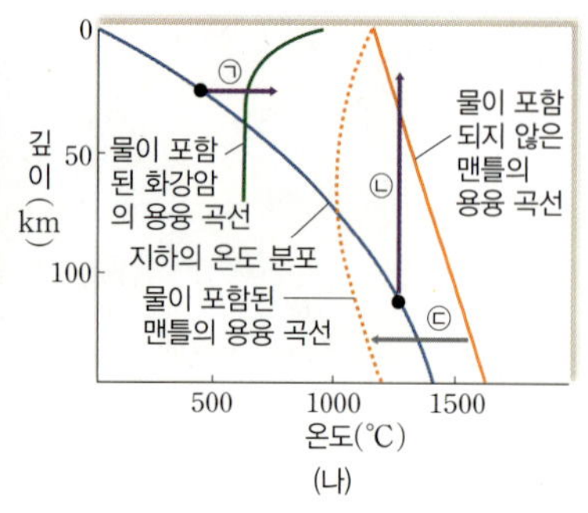

(가)　　(나)

이에 대한 설명으로 옳은 것만을 |보기|에서 있는 대로 고른 것은?

|보기|
ㄱ. ㉠과 ㉢에 의한 마그마는 B에서 생성된다.
ㄴ. ㉡에서는 압력 하강으로 용융점이 높아진다.
ㄷ. 생성되는 마그마의 평균 SiO_2 함량(%)은 A가 B보다 작다.

① ㄱ ② ㄴ ③ ㄱ, ㄷ
④ ㄴ, ㄷ ⑤ ㄱ, ㄴ, ㄷ

---

10 그림은 두 지역의 화성암 A, B에 포함된 원소의 함량(%)을 나타낸 것이다. A와 B는 각각 염기성암과 산성암 중 하나이다. `3점`

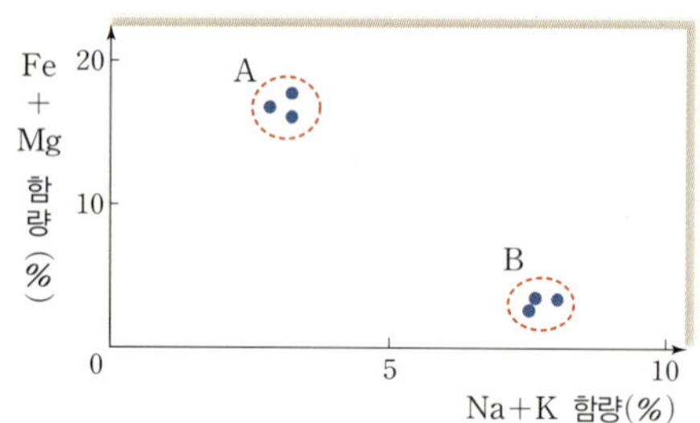

이에 대한 설명으로 옳은 것만을 |보기|에서 있는 대로 고른 것은?

|보기|
ㄱ. 석영과 정장석의 함량(%)은 A가 B보다 크다.
ㄴ. A에서 조립질 조직이 관찰되면 A는 화강암이다.
ㄷ. B는 SiO_2 함량이 63 % 이상이다.

① ㄱ ② ㄷ ③ ㄱ, ㄴ
④ ㄴ, ㄷ ⑤ ㄱ, ㄴ, ㄷ

---

11 그림 (가)와 (나)는 화성암이 산출되는 우리나라 두 지역을 나타낸 것이다. `4점`

(가) 변산반도 유문암　　(나) 양북면 섬록암

이에 대한 설명으로 옳은 것만을 |보기|에서 있는 대로 고른 것은?

|보기|
ㄱ. 광물 결정의 크기는 (가)가 (나)보다 크다.
ㄴ. SiO_2 함량(%)은 (가)가 (나)보다 크다.
ㄷ. 안산암의 화학 조성과 비슷한 것은 (가)이다.

① ㄱ ② ㄴ ③ ㄱ, ㄷ
④ ㄴ, ㄷ ⑤ ㄱ, ㄴ, ㄷ

---

12 그림은 퇴적물 A가 쌓인 후 그 위에 여러 퇴적물이 쌓여 퇴적암 A′로 되는 모습을 나타낸 것이다. `3점`

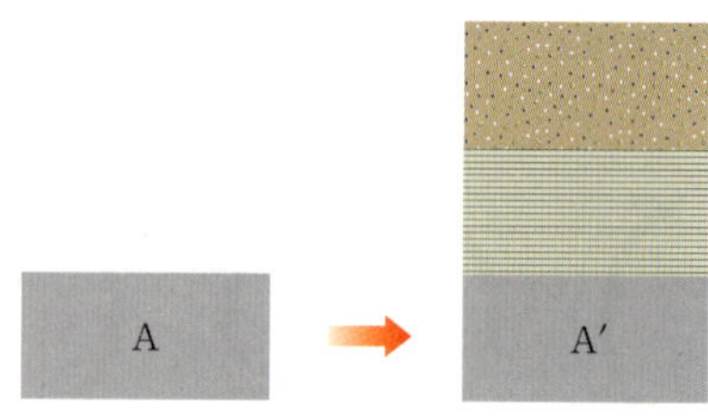

A에서 A′로의 변화에 대한 설명으로 옳은 것만을 |보기|에서 있는 대로 고른 것은?

|보기|
ㄱ. 밀도가 증가한다.
ㄴ. A가 화산재이면 A′는 이암이다.
ㄷ. A가 증발에 의한 침전물이면 A′는 유기적 퇴적암에 속한다.

① ㄱ ② ㄴ ③ ㄱ, ㄷ
④ ㄴ, ㄷ ⑤ ㄱ, ㄴ, ㄷ

13 (4점)
그림은 어느 지역의 지층 단면에서 관찰되는 퇴적 구조와 화석을 나타낸 것이다.

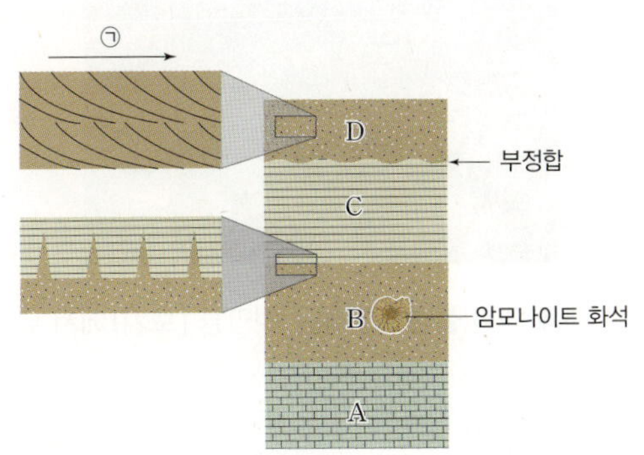

이에 대한 설명으로 옳은 것만을 |보기|에서 있는 대로 고른 것은?

> **보기**
> ㄱ. A층에서는 필석 화석이 산출된다.
> ㄴ. D층의 퇴적물은 ㉠ 방향으로 공급되었다.
> ㄷ. B층과 C층 사이의 퇴적 구조는 퇴적물의 낙하 속도 차이에 의해 형성되었다.

① ㄱ   ② ㄴ   ③ ㄱ, ㄷ
④ ㄴ, ㄷ   ⑤ ㄱ, ㄴ, ㄷ

14 (4점)
그림 (가)와 (나)는 우리나라 서로 다른 지역의 지형과 구성 암석을 나타낸 것이다.

구분	(가) 태백 구문소	(나) 서울 북한산
지형		
암석	석회암	화강암

이에 대한 설명으로 옳은 것만을 |보기|에서 있는 대로 고른 것은?

> **보기**
> ㄱ. (가)와 (나)의 암석은 모두 중생대에 생성되었다.
> ㄴ. (가)의 암석이 생성될 당시 이 지역은 육지의 호수였다.
> ㄷ. (나)의 절리는 심성암이 지표로 드러나는 과정에서 생성되었다.

① ㄱ   ② ㄷ   ③ ㄱ, ㄴ
④ ㄴ, ㄷ   ⑤ ㄱ, ㄴ, ㄷ

15 (3점)
다음은 어느 지질 구조를 만드는 모형실험이다.

> **[실험 과정]**
> (가) 찰흙을 이용하여 A, B 두 지층을 만든다.
> (나) 양 손을 이용하여 A층에 주름이 지게 한다.
> (다) 칼로 A층의 윗부분을 잘라낸다.
> (라) A층 위에 B층을 쌓는다.
>
> 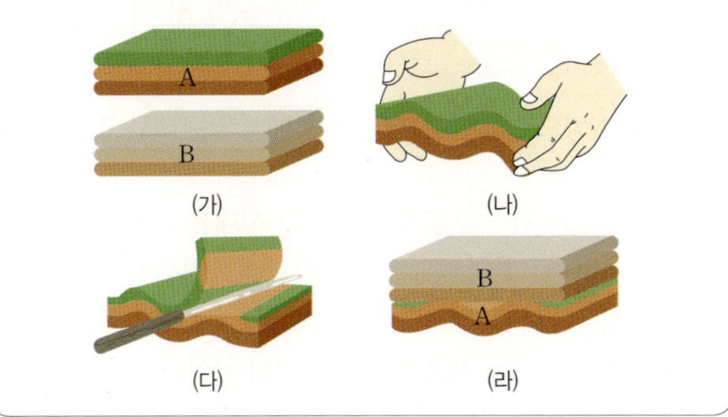
>

이 실험으로 형성되는 지질 구조에 대한 설명으로 옳은 것만을 |보기|에서 있는 대로 고른 것은?

> **보기**
> ㄱ. (나)에서 A층은 횡압력을 받았다.
> ㄴ. (다)는 침식 작용을 가정한 활동이다.
> ㄷ. (라)에서 A층과 B층은 난정합 관계이다.

① ㄱ   ② ㄷ   ③ ㄱ, ㄴ
④ ㄴ, ㄷ   ⑤ ㄱ, ㄴ, ㄷ

16 (4점)
그림은 어느 지역의 지질 단면이고, 표는 화성암 P, Q에 포함된 방사성 동위 원소 X의 모원소와 자원소의 비율을 나타낸 것이다. 방사성 동위 원소 X의 반감기는 1억 년이다.

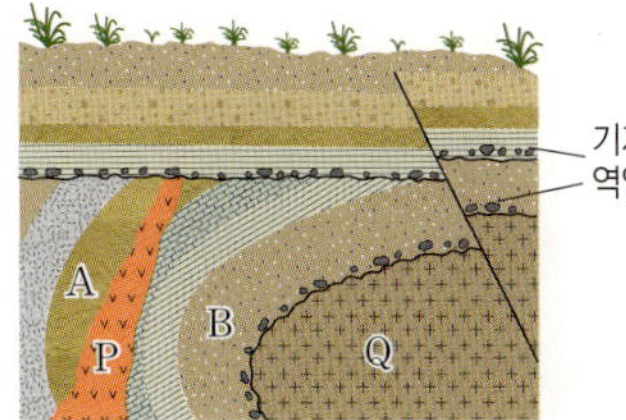

화성암	모원소 : 자원소
P	48 % : 52 %
Q	26 % : 74 %

이에 대한 설명으로 옳은 것만을 |보기|에서 있는 대로 고른 것은? (단, 지층은 역전되지 않았다.)

> **보기**
> ㄱ. A는 B보다 나중에 퇴적되었다.
> ㄴ. B는 중생대에 퇴적되었다.
> ㄷ. 단층은 횡압력이 작용하여 생성되었다.

① ㄱ   ② ㄷ   ③ ㄱ, ㄴ
④ ㄴ, ㄷ   ⑤ ㄱ, ㄴ, ㄷ

17 그림은 어느 지역의 지층에서 산출되는 화석의 분포를 나타낸 것이다. (3점)

지층 \ 화석	a	b	c	d	e	f	g	h
(가)								
(나)								
(다)								
(라)								
(마)								

이에 대한 설명으로 옳은 것만을 |보기|에서 있는 대로 고른 것은?

보기
ㄱ. 산출되는 화석을 이용하여 지질 시대를 3개의 시기로 구분하면 (라)와 (마)는 같은 시기에 속한다.
ㄴ. 화석 c는 화석 d보다 표준 화석으로써의 가치가 높다.
ㄷ. 화석 a, b, g가 산출되는 지층은 이 지역의 지층 (라)에 대비된다.

① ㄱ   ② ㄷ   ③ ㄱ, ㄴ
④ ㄴ, ㄷ   ⑤ ㄱ, ㄴ, ㄷ

18 그림은 해수의 물 분자를 이루는 ^{18}O와 ^{16}O의 이동과 빙하의 형성을 나타낸 것이다. (4점)

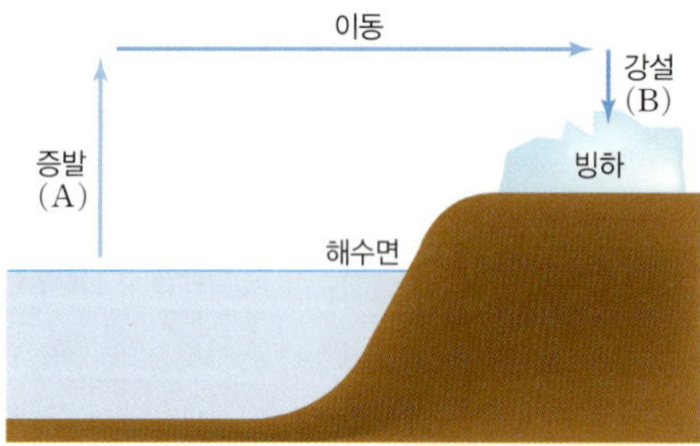

이에 대한 설명으로 옳은 것만을 |보기|에서 있는 대로 고른 것은?

보기
ㄱ. 기온이 높을수록 A에 의한 $\frac{^{18}O}{^{16}O}$의 이동 비율이 증가한다.
ㄴ. B에 의해 빙하가 커지면 공기가 빙하 속에 포획된다.
ㄷ. 빙하기에는 간빙기보다 빙하 속의 $\frac{^{18}O}{^{16}O}$ 비율이 크다.

① ㄱ   ② ㄷ   ③ ㄱ, ㄴ
④ ㄴ, ㄷ   ⑤ ㄱ, ㄴ, ㄷ

19 그림은 어느 지질 시대 초기의 지구 환경을 나타낸 것이다. (3점)

이 지질 시대에 대한 설명으로 옳은 것만을 |보기|에서 있는 대로 고른 것은?

보기
ㄱ. 육지에서는 겉씨식물이 번성하였다.
ㄴ. 바다에서는 어류가 번성하였다.
ㄷ. 판게아가 분리되어 대륙이 이동하였다.

① ㄱ   ② ㄴ   ③ ㄱ, ㄴ
④ ㄴ, ㄷ   ⑤ ㄱ, ㄴ, ㄷ

20 그림은 해양 생물의 주요 멸종 시기와 각 시기에 해양 생물 및 육상 생물의 멸종 비율을 나타낸 것이다. (4점)

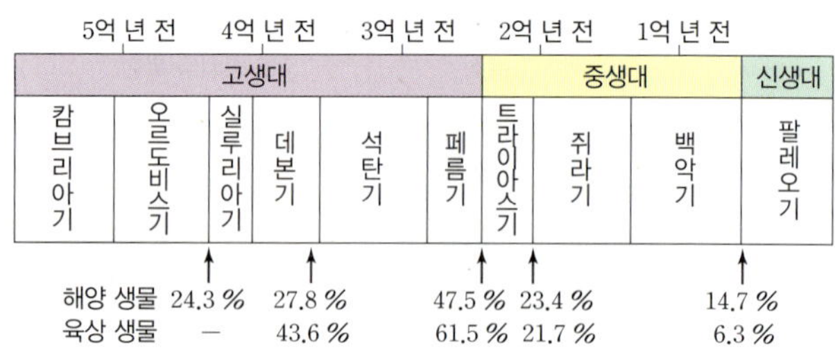

이에 대한 설명으로 옳은 것만을 |보기|에서 있는 대로 고른 것은?

보기
ㄱ. 데본기에는 오존층이 존재하였다.
ㄴ. 해양 생물의 멸종 비율이 가장 컸던 시기에 방추충이 멸종하였다.
ㄷ. 공룡이 멸종한 시기에는 육상 동물보다 해양 생물의 멸종 비율이 컸다.

① ㄱ   ② ㄷ   ③ ㄱ, ㄴ
④ ㄴ, ㄷ   ⑤ ㄱ, ㄴ, ㄷ

21 그림은 해령 부근의 해저 지형을 모식적으로 나타낸 것이다.

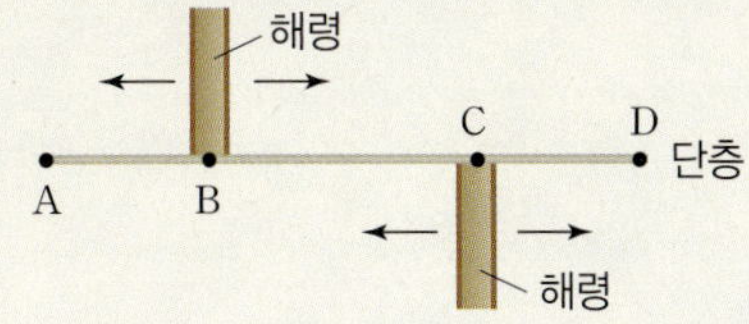

(1) A−D의 단층 중에서 변환 단층이 나타나는 구간을 A~D의 기호로 쓰시오. 1점

(2) A−D의 단층 중 특정한 구간에서만 지진이 자주 발생하는 것이 해양저 확장설의 증거가 되는 까닭을 서술하시오. 4점

22 그림은 화석이 산출되는 어느 지역의 지질 단면이다. 6점

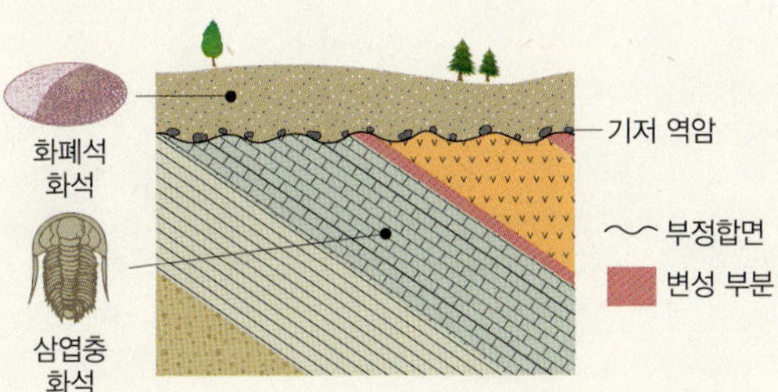

이 지역에 부정합이 존재한다는 증거를 세 가지만 서술하시오.

23 그림은 남극 대륙의 과학 기지에서 시추하여 얻은 빙하 시추물 속의 공기 방울을 나타낸 것이다. 이 빙하 시추물을 이용하여 과거의 대기 조성을 알 수 있는 까닭을 공기 방울의 생성 과정과 관련지어 서술하시오. 4점

24 그림 (가)는 화석이 산출되는 어느 지역의 지질 단면이고, (나)는 화성암 P에 포함된 방사성 동위 원소의 함량 변화를 나타낸 것이다.

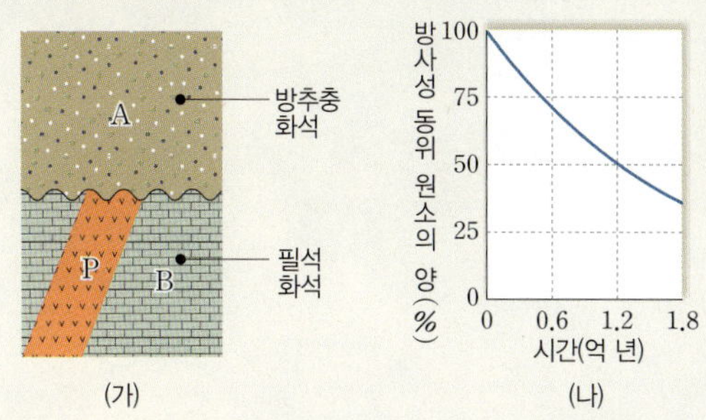

(1) 화성암 P가 생성된 지질 시대를 '대' 단위로 쓰시오. 2점

(2) 화성암 P에 남아 있는 방사성 동위 원소의 함량은 처음 양의 25 %보다 적다. 그 까닭을 서술하시오. (단, 중생대는 2.52억 년 전에 시작되었다.) 4점

25 섭입대에서 마그마가 생성되는 과정을 다음에 주어진 (1), (2), (3) 세 단계로 나누어 순서대로 서술하시오.

(1) 현무암질 마그마가 생성되는 과정 3점

(2) 유문암질 마그마가 생성되는 과정 3점

(3) 안산암질 마그마가 생성되는 과정 3점

II

대기와 해양

01 기압과 날씨 변화

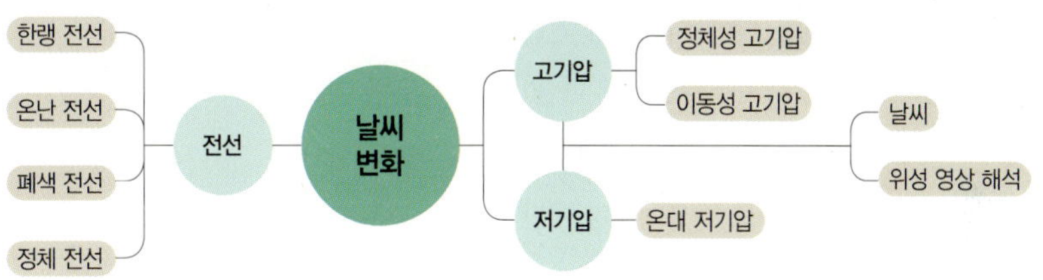

02 태풍과 우리나라의 주요 악기상

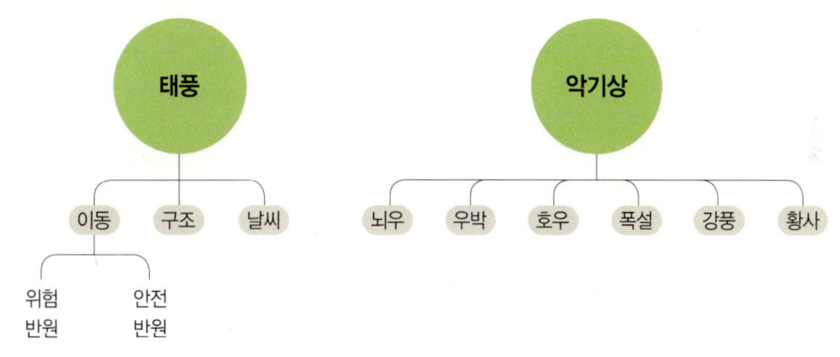

03 해수의 성질

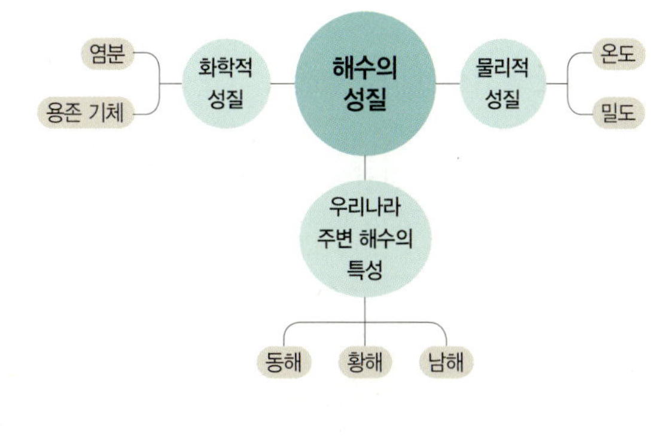

01 기압과 날씨 변화

❶ 기단과 전선

개념 전선은 성질이 서로 다른 두 기단이 만나 형성되며 한랭 전선, 온난 전선, 폐색 전선, 정체 전선이 있다.

1. 기단: 넓은 범위의 지표면과 오랫동안 접촉하여 기온과 습도가 지표와 비슷해진 거대한 공기 덩어리이다.

2. 우리나라에 영향을 미치는 기단

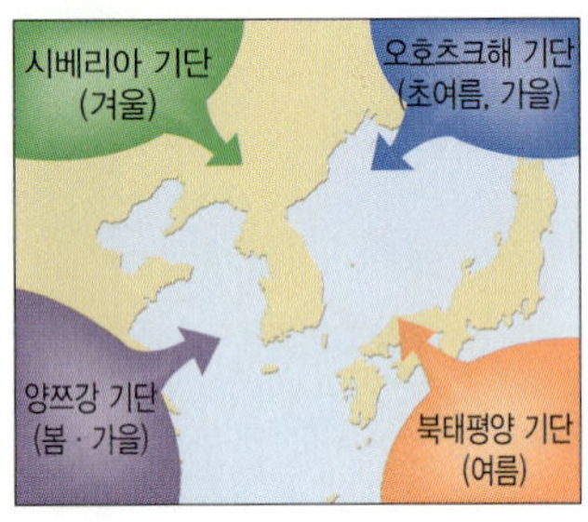

기단	특징	발달 시기
시베리아 기단	한랭 건조	겨울
양쯔강 기단	온난 건조	봄·가을
오호츠크해 기단	한랭 다습	초여름·가을
북태평양 기단	고온 다습	여름
적도 기단	고온 다습	태풍기

3. 전선

(1) **전선면과 전선**: 성질이 다른 두 기단이 만날 때 생기는 두 기단의 경계면을 전선면, 전선면과 지표면이 만나서 이루는 선을 전선이라고 한다. 전선을 경계로 양쪽은 기온, 풍향, 강수량 등의 기상 요소가 크게 차이난다.

(2) **전선의 종류**

❶ **한랭 전선**: 찬 공기가 따뜻한 공기 쪽으로 이동하여 따뜻한공기 밑으로 파고들 때 형성된다.

❷ **온난 전선**: 따뜻한 공기가 찬 공기 쪽으로 이동하여 찬 공기 위로 올라갈 때 형성된다.

구분	한랭 전선	온난 전선
모식도	적란운 / 따뜻한 공기 / 찬 공기 소나기 한랭 전선	권층운 권운 / 고층운 / 난층운 / 따뜻한 공기 / 온난 전선 찬 공기
전선면의 기울기	급함.	완만함.
강수 구역	전선 뒤쪽의 좁은 구역	전선 앞쪽의 넓은 구역
구름 및 강수 형태	적운형, 소나기	층운형, 지속적인 비
이동 속도	빠름.	느림.

❸ **폐색 전선**: 상대적으로 이동 속도가 빠른 한랭 전선이 이동 속도가 느린 온난 전선을 따라잡아 두 전선이 겹쳐질 때 형성된다.

❹ **정체 전선**: 찬 기단과 따뜻한 기단의 세력이 비슷하여 전선이 거의 이동하지 않고 한 곳에 오랫동안 머무르는 전선이다. **예** 장마 전선 우리나라는 초여름에 오호츠크해 기단과 북태평양 기단이 만나 장마 전선을 형성한다.

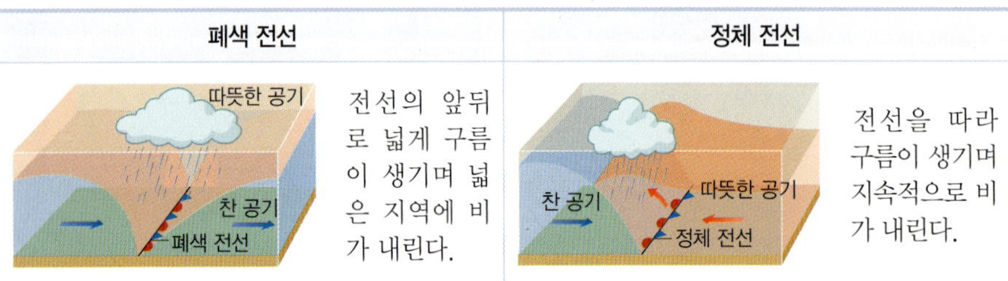

기단의 성질

기단은 지표면의 성질을 닮기 때문에 생성 장소에 따라 성질이 다르다.

구분	기온		습도	
발생 지역	저위도	고위도	대륙	해양
성질	고온	한랭	건조	다습

기단의 변질

기단이 발원지를 떠나 다른 지역으로 이동하면 해수면이나 지표면의 영향을 받아 성질이 변한다.

• 차고 건조한 기단의 변질: 차고 건조한 시베리아 기단이 따뜻하고 습한 황해를 지나게 되면 하층 가열로 불안정해지고 습도가 높아지면서 서해안에 폭설을 내리기도 한다.

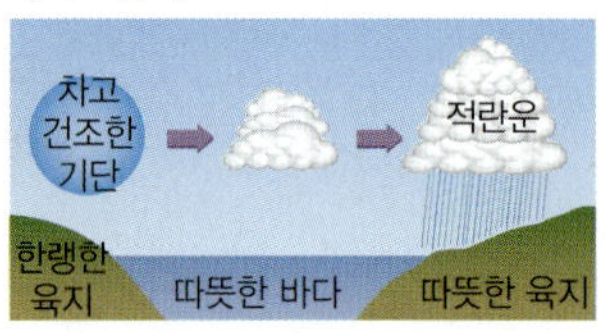

• 따뜻한 기단의 변질: 따뜻한 북태평양 기단이 북상하여 차가운 동해를 지나게 되면 열을 빼앗겨 안정해진다.

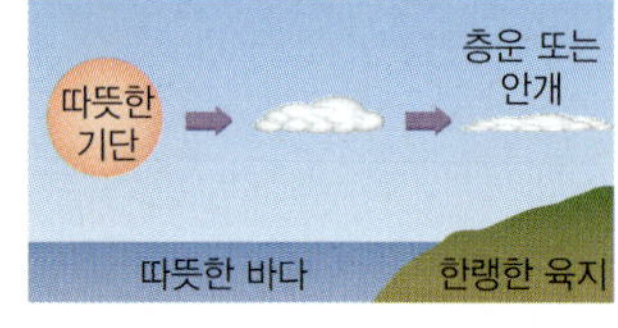

전선과 날씨

전선을 경계로 기온, 습도, 바람 등 일기 요소가 크게 달라지기 때문에 전선이 통과할 때 날씨 변화가 심하게 나타난다.

강의 포인트

전선 기호와 강수 구역

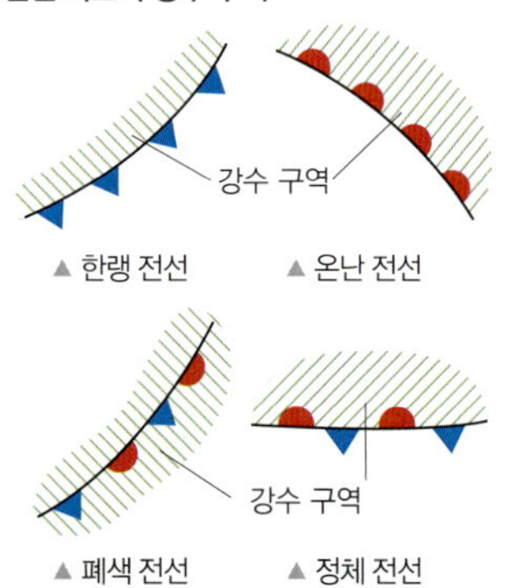

② 고기압과 날씨

개념 고기압은 주변보다 기압이 높은 곳으로, 정체성 고기압과 이동성 고기압으로 구분한다.

1. 고기압과 저기압

구분	고기압	저기압
의미	주변보다 기압이 높은 곳	주변보다 기압이 낮은 곳
바람(북반구)	시계 방향으로 불어 나감.	시계 반대 방향으로 불어 들어옴.
단열 변화	하강 기류 → 단열 압축 → 기온 상승	상승 기류 → 단열 팽창 → 기온 하강
날씨	구름 소멸 → 맑은 날씨	구름 생성 → 흐리거나 비
모식도 (북반구)		

2. 고기압과 날씨

(1) **정체성 고기압**: 고기압 중심부가 한자리에 머물러 있으면서 수축과 확장을 하며 주변 지역에 영향을 미치는 규모가 큰 고기압이다.

❶ 우리나라에 영향을 미치는 정체성 고기압에는 시베리아 고기압, 북태평양 고기압, 오호츠크해 고기압 등이 있다.

❷ 정체성 고기압이 형성되는 곳은 기단의 발원지가 될 수 있다.

(2) **이동성 고기압**: 정체성 고기압에서 떨어져 나와 이동해 가는 규모가 작은 고기압이다.

• 이동성 고기압이 우리나라에 영향을 미칠 경우 2~3일 정도 맑은 날씨가 나타나다가, 뒤따르는 저기압의 영향을 받아 흐린 날씨가 나타나기도 한다.

단열 변화

하강 또는 상승하는 공기 덩어리가 외부와 열의 출입없이 자체의 부피 변화(압축 또는 팽창)만으로 기온이 상승하거나 하강하는 현상

• 단열 압축: 하강 기류 → 주위 기압 상승 → 부피 압축 → 기온 상승
• 단열 팽창: 상승 기류 → 주위 기압 하강 → 부피 팽창 → 기온 하강

계절별 일기도

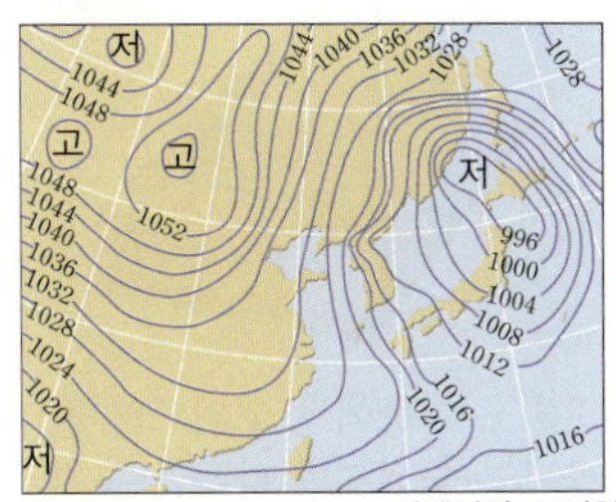

▲ 겨울철 시베리아 고기압 발달

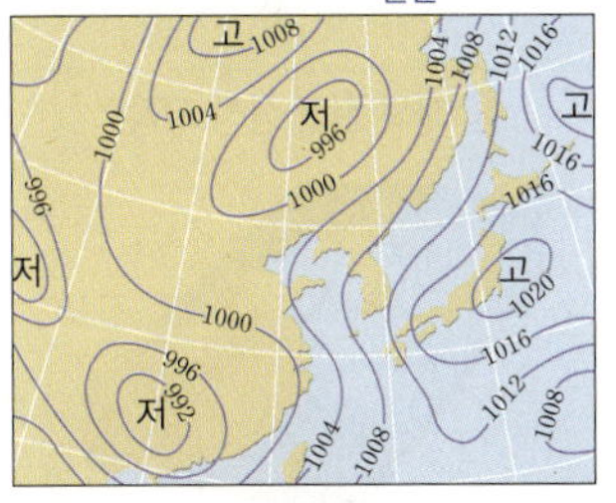

▲ 여름철 북태평양 고기압 발달

개념 익히기 문제

정답과 해설 p.32

🧠 교과서 문장으로 개념 익히기

01 온도와 습도가 비슷한 대규모의 공기 덩어리를 ☐☐ 이라고 한다.

02 온난 전선은 따뜻한 공기가 찬 공기 위로 오르면서 형성되며 ☐☐☐ 구름이 생성된다.

03 ☐☐ 전선이 통과하면 기온이 낮아진다.

04 ☐☐☐☐☐은 이동 속도가 빠른 한랭 전선이 이동 속도가 느린 온난 전선을 따라잡아 겹쳐진 전선이다.

05 고기압 중심부에서는 ☐☐ 기류가 발달하므로 날씨가 맑다.

06 ☐☐☐☐☐☐☐이 확장하면 우리나라는 차갑고 건조한 북풍 계열의 바람이 강하게 불어 기온이 갑자기 낮아지는 한파가 나타난다.

🧊 OX 문제로 개념 익히기

07 시베리아 기단이 황해를 지나는 동안 기단이 변질되어 서해안에 폭설을 내릴 수 있다. (O / X)

08 한랭 전선의 후면에서는 주로 층운형 구름이 생성된다. (O / X)

09 따뜻한 공기가 찬 공기를 타고 올라가면 한랭 전선이 형성된다. (O / X)

10 고기압 중심부는 주변보다 기압이 높아 바람이 불어 나간다. (O / X)

11 북반구의 저기압 중심부에서는 바람이 시계 방향으로 불면서 수렴한다. (O / X)

12 북태평양 고기압은 비교적 규모가 작은 이동성 고기압에 해당한다. (O / X)

③ 온대 저기압과 날씨

개념 온대 저기압은 중위도 지역에서 발생하며, 전선을 동반한다.

1. 온대 저기압: 찬 기단과 따뜻한 기단이 만나는 한대 전선대(위도 60°)에서 발생한다.

  (1) 구조: 북반구에서는 저기압 중심을 기준으로 찬 공기가 남하하는 남서쪽에 한랭 전선을, 따뜻한 공기가 북상하는 남동쪽에 온난 전선을 형성한다.

  (2) 이동: 편서풍의 영향으로 대체로 서쪽에서 동쪽으로 이동하면서 중위도 지방의 날씨 변화에 큰 영향을 미친다.

편서풍
위도 30°~60° 사이의 중위도 지역에서 서쪽에서 동쪽으로 부는 바람이다.

2. 온대 저기압의 일생

① 정체 전선 형성	② 파동 형성	③ 온대 저기압 발달
중위도 지방에서 고위도의 찬 공기와 저위도의 따뜻한 공기가 만나 정체 전선이 형성된다.	남북 간의 기온 차로 파동이 발생하고, 지구의 자전 때문에 저기압성 회전이 발생한다.	저기압 중심의 남서쪽에 한랭 전선이 형성되고, 남동쪽에 온난 전선이 형성되어 온대 저기압이 발달한다.
④ 폐색 전선 형성 시작	⑤ 폐색 전선 발달	⑥ 온대 저기압 소멸
한랭 전선이 온난 전선보다 이동 속도가 빠르므로 중심 부근부터 겹쳐져 폐색 전선이 만들어진다.	한랭 전선과 온난 전선이 겹쳐지는 폐색 전선이 뚜렷하게 나타난다.	따뜻한 공기는 위쪽, 찬 공기는 아래쪽에 있는 안정한 상태가 되어 온대 저기압이 소멸한다.

온대 저기압의 에너지원
찬 공기가 따뜻한 공기의 아래쪽으로 파고들면서 공기 덩어리 전체의 무게 중심이 낮아지며, 이때 감소한 위치 에너지가 운동 에너지로 전환된다.

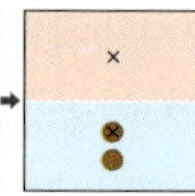

3. 온대 저기압의 에너지원: 찬 공기와 따뜻한 공기가 만나면 찬 공기는 따뜻한 공기의 아래쪽으로 파고든다. 이 과정에서 공기 덩어리 전체의 위치 에너지가 감소하며, 감소한 위치 에너지는 운동 에너지로 전환되어 온대 저기압의 에너지원이 된다.

4. 온대 저기압과 날씨

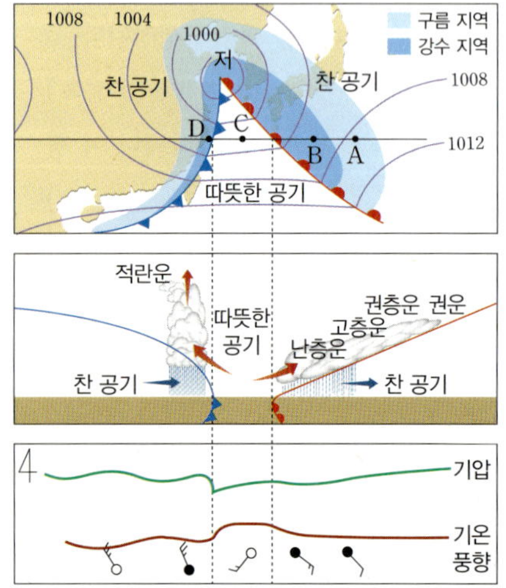

지점	기온	풍향	날씨
A	낮다.	남동풍	• 층운형 구름 • 햇무리나 달무리가 발생할 수 있음.
B	낮다.	남동풍	• 층운형 구름(난층운) • 이슬비(넓은 지역)
C	높다.	남서풍	• 구름이 없고 날씨가 맑음. • 기온이 높음.
D	낮다.	북서풍	• 적운형 구름(적란운) • 소나기(좁은 지역)
저기압 중심	상승 기류의 발달로 구름이 만들어져 날씨가 흐림.		

온대 저기압이 관측자의 북쪽을 통과할 경우에 풍향 변화(우리나라 경우)
온난 전선과 한랭 전선이 차례로 통과하므로, 남동풍 → 남서풍 → 북서풍(시계 방향)으로 바뀌게 된다.

강의 포인트

전선 통과 후의 변화

구분	한랭 전선	온난 전선
기온	하강	상승
기압	상승	하강
풍향	남서풍 → 북서풍	남동풍 → 남서풍

4 위성 영상 해석과 일기 예보

기상위성은 가시광선, 적외선 등의 특정 파장을 관측하여 위성 영상을 만들어 낸다.

1. 위성을 통한 일기 요소 관측

일반적으로 육지는 약간 밝게, 구름은 매우 밝게, 바다는 어둡게 보인다.

(1) 가시 영상: 구름과 지표면에서 반사된 태양빛의 반사 강도를 나타내는 것

❶ 구름이 두꺼울수록 햇빛을 많이 반사하기 때문에 적운형 구름은 밝게, 층운형 구름은 어둡게 나타난다.

❷ 야간에는 태양빛이 없으므로 관측할 수 없다.

(2) 적외 영상: 물체가 온도에 따라 방출하는 적외선 에너지양의 차이를 이용하는 것

❶ 구름 최상부의 고도가 높아 온도가 낮은 구름은 흰색으로, 구름 최상부의 고도가 낮아 온도가 높은 구름은 회색이나 검은색으로 보인다.

❷ 적외선을 이용하므로 태양빛이 없는 야간에도 관측 가능하다.

▲ 가시 영상

▲ 적외 영상

2. 일기 예보

(1) 일기 예보 과정: 일기 요소 관측 및 자료 수집 → 연속된 지상 일기도 작성 및 분석 → 예상 일기도 작성 → 일기 예보

(2) 일기 기호 일기도에 사용되는 기호

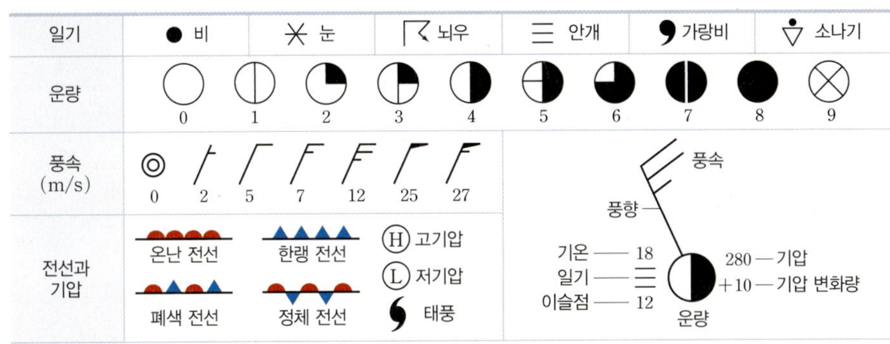

레이더 영상

구름에 전파를 발사한 후 강수 입자에 부딪혀 되돌아오는 반사파를 분석하여 영상으로 나타낸 것이다. 이를 이용하면 강수량 및 비 또는 눈이 내리는 강수대의 위치와 이동 경향을 파악할 수 있다.

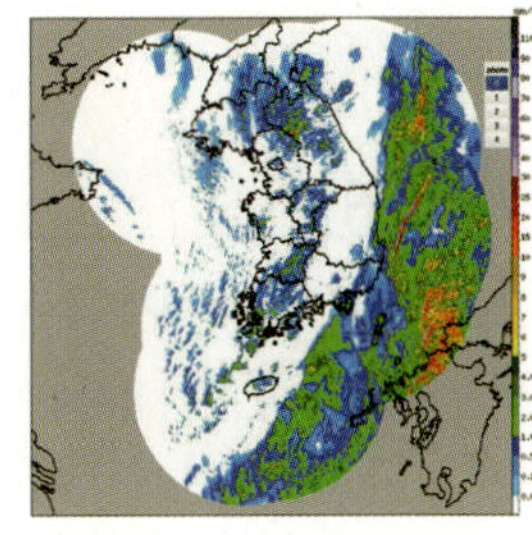

(3) 일기도 해석

❶ 바람은 고기압에서 저기압으로 등압선에 비스듬하게 분다.

❷ 등압선 간격이 좁을수록 바람이 강하게 분다.

❸ 우리나라는 편서풍대에 위치하므로 서쪽 날씨가 곧 다가올 날씨로 예상할 수 있다.

개념 익히기 문제

정답과 해설 p.32

🧠 교과서 문장으로 개념 익히기

13 온대 저기압은 찬 기단과 따뜻한 기단이 만나는 중위도의 ☐☐ ☐☐ 상의 파동으로부터 발생한다.

14 온대 저기압은 ☐☐☐의 영향으로 북반구 중위도에서 대체로 서쪽에서 동쪽으로 이동한다.

15 전선 뒤쪽의 좁은 구역에서 소나기가 내리는 전선은 ☐☐ 전선이다.

16 온난 전선이 통과할 때 풍향은 남동풍에서 ☐☐☐으로 바뀐다.

17 ☐☐ ☐☐에서는 구름이 두꺼울수록 밝게, 얇을수록 어둡게 나타난다.

📦 OX 문제로 개념 익히기

18 북반구에서는 온대 저기압 중심을 기준으로 남서쪽에는 주로 한랭 전선이 발달한다. (O / X)

19 온대 저기압의 세력은 중심 기압이 높을수록 강하다. (O / X)

20 온난 전선의 전면에는 주로 적운형 구름이 발달한다. (O / X)

21 한랭 전선이 통과하면 기압은 상승한다. (O / X)

22 적외 영상을 통해 구름의 평균 높이를 알 수 있다. (O / X)

23 가시 영상은 낮과 밤 모두 관측 가능하다. (O / X)

탐구 집중 분석 — 온대 저기압의 통과에 따른 날씨

📖 과정 & 결과

그림 (가), (나), (다)는 어느 날 06시부터 3시간 간격으로 작성된 일기도를 나타낸 것이다.

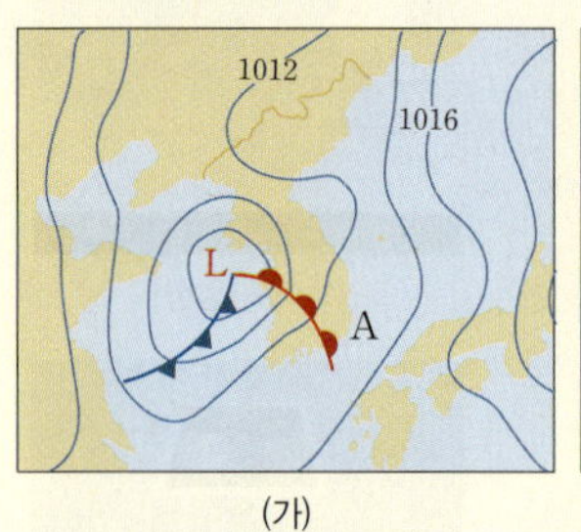

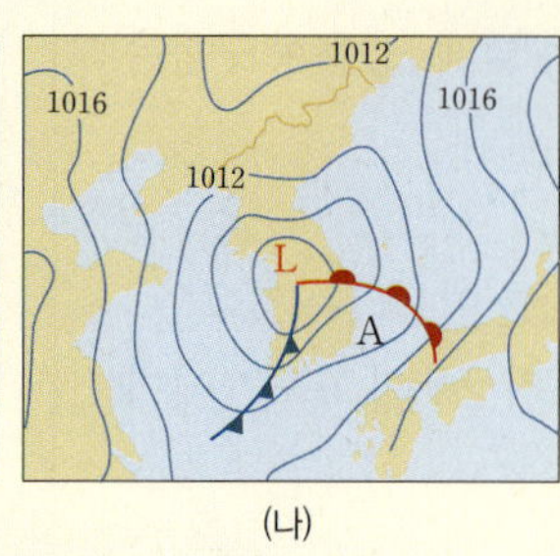

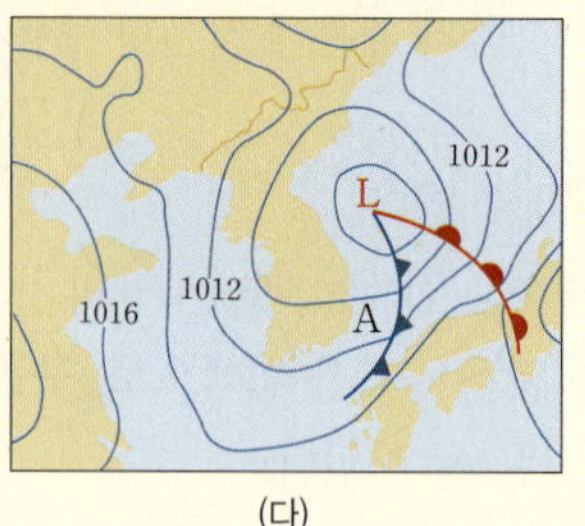

❶ **일기도에 나타난 저기압의 종류에 대해 설명해 보자.**

⋯⋯ 저기압 중심을 기준으로 남서쪽에는 한랭 전선이, 남동쪽에는 온난 전선이 위치하고 있으므로, 이 저기압은 온대 저기압이다.

❷ **저기압의 이동 방향에 대해 설명해 보자.**

⋯⋯ 온대 저기압의 중심이 (가)에서는 황해에, (나)에서는 서울 부근에, (다)에서는 동해에 위치하고 있다. 이 기간 동안 온대 저기압은 북동쪽으로 이동하였다.

❸ **전선의 위치 변화에 대해 설명해 보자.**

⋯⋯ (가)에서 온난 전선은 우리나라에 걸쳐 있으며, 한랭 전선은 황해상에 위치하고 있다. (다)에서는 온난 전선과 한랭 전선 모두 동해상에 위치하지만, 온난 전선과 한랭 전선 사이의 간격이 (가)보다 좁다. 따라서 이 기간 동안 한랭 전선이 온난 전선보다 더 빨리 동쪽으로 이동했음을 알 수 있다.

🔍 분석

1. (가), (나), (다)에서 A 지점의 풍향은 어떻게 변하였겠는가?

⋯⋯ (가)에서 A 지점은 온난 전선의 앞쪽에 위치하고 있으므로 남동풍이, (나)에서는 온난 전선과 한랭 전선 사이에 위치하고 있으므로 남서풍이, (다)에서는 한랭 전선의 뒤쪽에 위치하고 있으므로 북서풍이 우세하게 분다(풍향은 점차 시계 방향으로 변하였다.).

2. (가) → (나) 기간 동안 A 지점의 기온과 기압은 어떻게 변하였겠는가?

⋯⋯ (가) → (나) 기간 동안 A 지점은 온대 저기압 중심으로부터의 거리가 가까워졌으므로 기압이 낮아졌으며, (가)에서는 온난 전선의 앞쪽에 위치하여 기온이 낮았지만, (나)에서는 온난 전선과 한랭 전선 사이에 위치하므로 기온이 높아졌다.

3. (가) → (다) 기간 동안 A 지점의 날씨는 어떻게 변하였겠는가?

⋯⋯ (가)에서는 층운형 구름에서 안개비나 이슬비와 같은 지속성 강우가 나타나고, (나)에서는 구름이 없는 맑은 날씨가 나타나며, (다)에서는 적란운에 의한 소나기성 강우가 나타난다.

⚙️ 탐구 목표

일기도를 분석하여 온대 저기압의 통과에 따른 날씨 변화를 설명할 수 있다.

🔬 탐구 포인트

1. 저기압 중심 부근에서의 등압선 형태와 전선의 유무 등을 통해 저기압의 종류를 파악할 수 있어야 한다.
2. 시간에 따른 온대 저기압 중심의 위치 변화를 파악하고, 온대 저기압의 이동에 영향을 미치는 바람의 종류를 알아야 한다.

정답과 해설 p.32

예제 ❶

온대 저기압과 날씨에 대한 설명으로 옳은 것은?

① 온대 저기압은 우리나라 부근에서 대체로 동 → 서로 이동한다.
② 온난 전선의 전면에는 적란운이 발달한다.
③ 온난 전선이 통과한 후 대체로 기온은 하강한다.
④ 소나기가 내릴 가능성은 한랭 전선 전면보다 후면에서 높다.
⑤ 온난 전선과 한랭 전선 사이에 위치한 지역에는 대체로 북풍이 우세하게 분다.

예제 ❷ 서술형

그림은 온대 저기압이 발달한 어느 날 관측한 우리나라 주변의 적외 영상이다. A와 B 지역에서의 풍향을 쓰고, 기온을 비교하여 서술하시오.

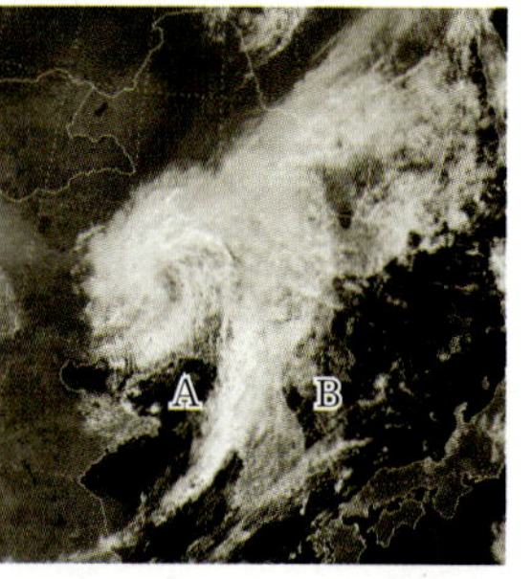

개념 다지기 문제

01 기단에 대한 설명으로 옳은 것만을 |보기|에서 있는 대로 고른 것은?

─ 보기 ─
ㄱ. 대륙에서 형성된 기단은 해양에서 형성된 기단보다 건조하다.
ㄴ. 고위도에서 형성된 기단은 저위도에서 형성된 기단보다 온난하다.
ㄷ. 오호츠크해 기단으로 인해 우리나라에서는 한여름 무덥고 습한 날씨가 나타난다.

① ㄱ ② ㄴ ③ ㄱ, ㄷ
④ ㄴ, ㄷ ⑤ ㄱ, ㄴ, ㄷ

대표 유형 문제

02 그림은 우리나라 주변의 기단을 나타낸 것이다.

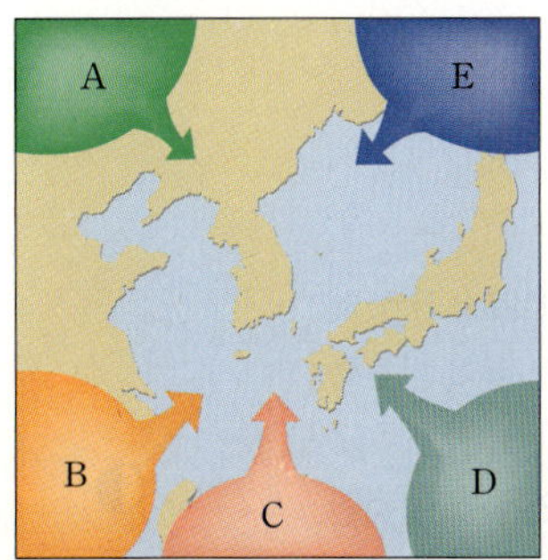

이에 대한 설명으로 옳은 것만을 |보기|에서 있는 대로 고른 것은?

─ 보기 ─
ㄱ. A는 D보다 한랭 건조하다.
ㄴ. 봄, 가을에 주로 영향을 미치는 기단은 C이다.
ㄷ. 장마 전선을 형성하는 기단은 D와 E이다.

① ㄱ ② ㄷ ③ ㄱ, ㄴ
④ ㄱ, ㄷ ⑤ ㄴ, ㄷ

대표 유형 문제

03 그림 (가), (나), (다)는 세 전선을 기호로 나타낸 것이다.

(가) (나) (다)

이에 대한 설명으로 옳은 것만을 |보기|에서 있는 대로 고른 것은?

─ 보기 ─
ㄱ. (가)는 따뜻한 기단이 찬 기단을 완만하게 타고 오를 때 형성된다.
ㄴ. (나)에서 강수 구역은 전선의 전면에 주로 나타난다.
ㄷ. (다)는 정체 전선이다.

① ㄱ ② ㄴ ③ ㄱ, ㄷ
④ ㄴ, ㄷ ⑤ ㄱ, ㄴ, ㄷ

04 고기압과 저기압에 대한 설명으로 옳은 것만을 |보기|에서 있는 대로 고른 것은?

─ 보기 ─
ㄱ. 고기압 중심부에는 하강 기류가 발달한다.
ㄴ. 북반구의 저기압 중심부에서는 바람이 시계 반대 방향으로 분다.
ㄷ. 시베리아 고기압과 북태평양 고기압은 이동성 고기압에 해당한다.

① ㄱ ② ㄷ ③ ㄱ, ㄴ
④ ㄴ, ㄷ ⑤ ㄱ, ㄴ, ㄷ

05 다음은 온대 저기압의 발달과 소멸 과정을 순서 없이 나타낸 것이다.

(가) 온난 전선과 한랭 전선이 발달하면서 중심부에 저기압이 형성된다.
(나) 남쪽의 따뜻한 기단과 북쪽의 찬 기단 사이에 정체 전선이 형성된다.
(다) 한랭 전선이 온난 전선 쪽으로 이동하면서 폐색 전선이 형성되기 시작한다.

시간 순서대로 옳게 나열한 것은?

① (가) → (나) → (다) ② (가) → (다) → (나)
③ (나) → (가) → (다) ④ (나) → (다) → (가)
⑤ (다) → (가) → (나)

개념 다지기 문제

06 그림은 온대 저기압에서 전선 ㉠이 형성되는 과정을 나타낸 것이다.

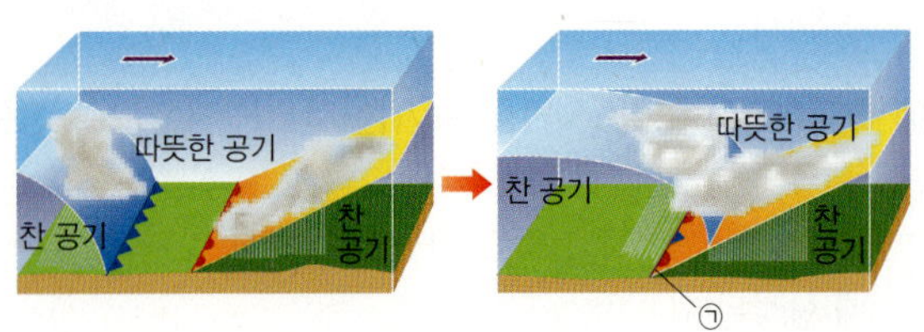

이에 대한 설명으로 옳은 것만을 |보기|에서 있는 대로 고른 것은?

보기
ㄱ. ㉠은 폐색 전선이다.
ㄴ. 이동 속도는 한랭 전선이 온난 전선보다 빠르다.
ㄷ. ㉠이 형성된 후 온대 저기압의 세력은 계속 강해진다.

① ㄱ   ② ㄷ   ③ ㄱ, ㄴ
④ ㄴ, ㄷ   ⑤ ㄱ, ㄴ, ㄷ

대표 유형 문제

07 그림은 온대 저기압의 모습을 나타낸 것이다.

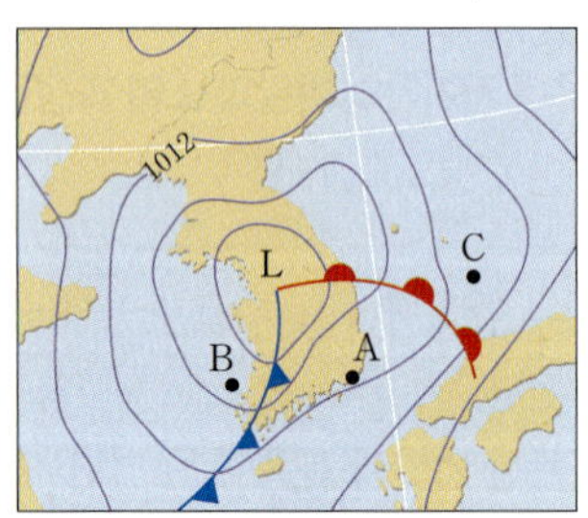

이에 대한 설명으로 옳은 것만을 |보기|에서 있는 대로 고른 것은?

보기
ㄱ. 기온은 A 지점이 B 지점보다 높다.
ㄴ. 기압은 A 지점이 C 지점보다 낮다.
ㄷ. A, B, C 지점 모두 비가 내리고 있다.

① ㄱ   ② ㄷ   ③ ㄱ, ㄴ
④ ㄴ, ㄷ   ⑤ ㄱ, ㄴ, ㄷ

08 위성 영상에 대한 설명으로 옳은 것만을 |보기|에서 있는 대로 고른 것은?

보기
ㄱ. 가시 영상은 한밤중에도 관측 가능하다.
ㄴ. 가시 영상은 구름의 두께를 알아내는 데 이용된다.
ㄷ. 적외 영상을 통해 지표면으로부터 구름 하부까지의 높이를 알 수 있다.

① ㄱ   ② ㄴ   ③ ㄱ, ㄷ
④ ㄴ, ㄷ   ⑤ ㄱ, ㄴ, ㄷ

대표 유형 문제

09 그림 (가)와 (나)는 각각 인공위성에서 가시 영상과 적외 영상을 촬영하는 방법을 순서 없이 나타낸 것이다.

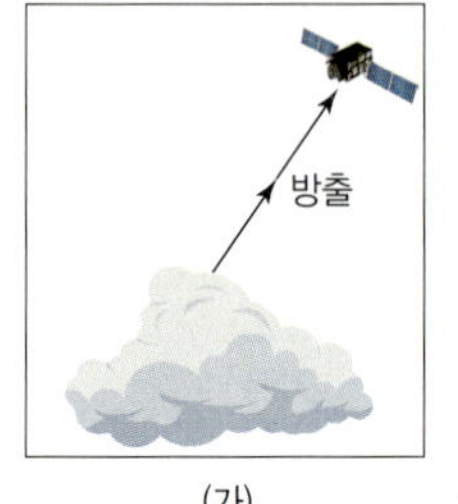

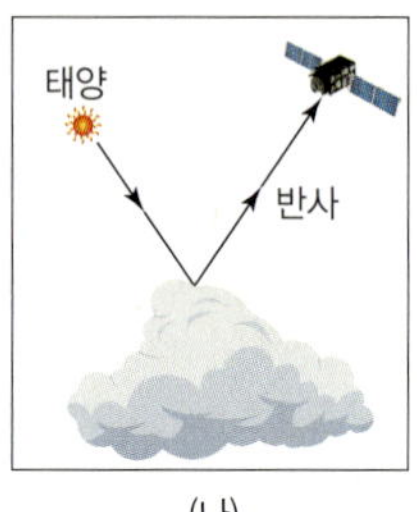

(가)   (나)

이에 대한 설명으로 옳은 것만을 |보기|에서 있는 대로 고른 것은?

보기
ㄱ. (가)에서 방출되는 전자기파는 적외선이다.
ㄴ. (나)를 통해 구름 최상부의 높이를 알 수 있다.
ㄷ. (가)와 (나) 모두 야간에는 관측이 어렵다.

① ㄱ   ② ㄷ   ③ ㄱ, ㄴ
④ ㄴ, ㄷ   ⑤ ㄱ, ㄴ, ㄷ

10 그림 (가)와 (나)는 서로 다른 두 지역의 일기 기호를 나타낸 것이다.
이에 대한 설명으로 옳은 것만을 |보기|에서 있는 대로 고른 것은?

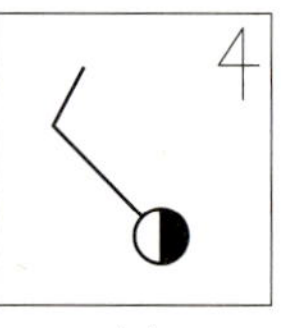
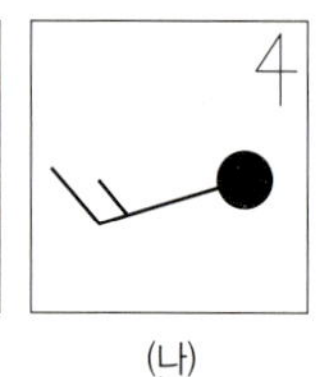

(가)   (나)

보기
ㄱ. (가)에는 북서풍이 불고 있다.
ㄴ. 풍속은 (가)가 (나)보다 빠르다.
ㄷ. 구름의 양은 (가)가 (나)보다 많다.

① ㄱ   ② ㄴ   ③ ㄷ
④ ㄱ, ㄷ   ⑤ ㄴ, ㄷ

고난도 문제

11 그림 (가)와 (나)는 각각 온난 전선과 한랭 전선의 모습을 순서 없이 나타낸 것이다.

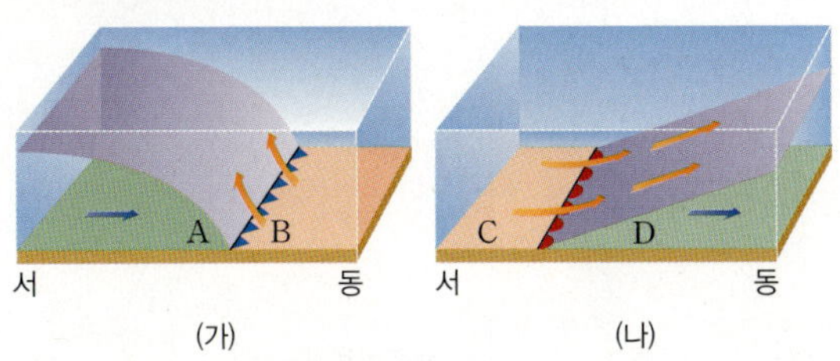

이에 대한 설명으로 옳은 것만을 |보기|에서 있는 대로 고른 것은?

보기
ㄱ. (가)는 한랭 전선이다.
ㄴ. (나)에서 기온은 C가 D보다 높다.
ㄷ. A~D 중 비가 내리는 지역은 A와 D이다.

① ㄱ　　　　　② ㄴ　　　　　③ ㄱ, ㄷ
④ ㄴ, ㄷ　　　　⑤ ㄱ, ㄴ, ㄷ

서술형 문제

13 그림은 어느 전선 및 두 지점 A, B의 위치를 나타낸 것이다.

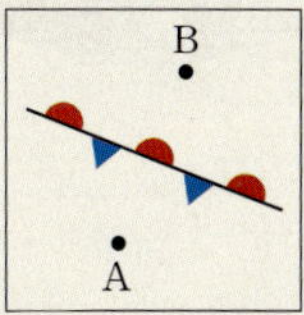

(1) 이 전선의 이름을 쓰시오.

(2) A와 B 중 기온이 더 높은 지점을 쓰고, 그 까닭을 서술하시오.

14 그림은 겨울철과 여름철 중 어느 한 시기의 일기도를 나타낸 것이다. 어느 계절의 일기도인지 쓰고, 그 까닭을 서술하시오.

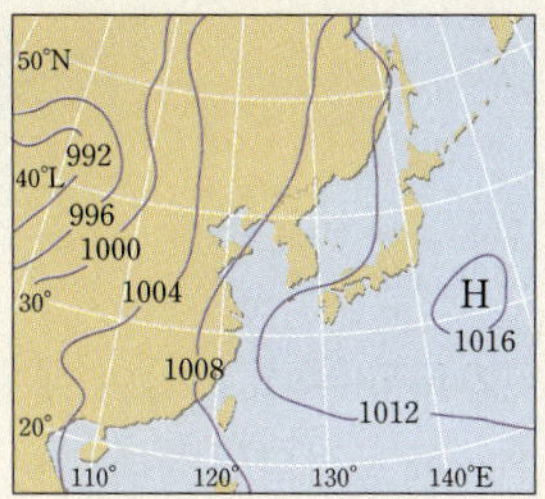

대표 유형 문제

12 그림은 어느 날 관측한 적외 영상을 나타낸 것이다.

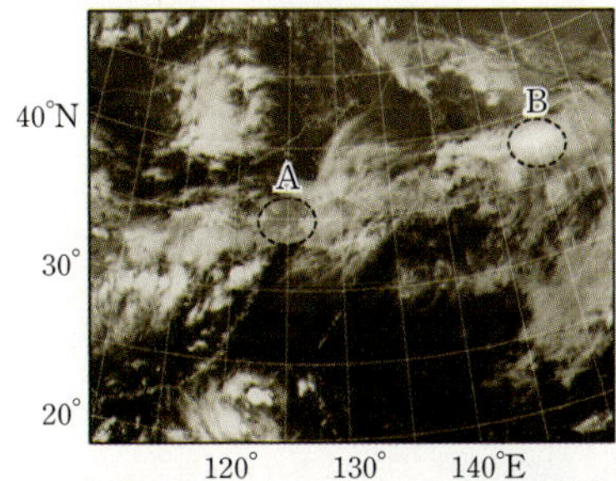

이에 대한 설명으로 옳은 것만을 |보기|에서 있는 대로 고른 것은?

보기
ㄱ. 관측된 적외선의 세기는 A가 B보다 강하다.
ㄴ. 구름 최상부의 높이는 A가 B보다 높다.
ㄷ. 이러한 영상은 한밤중에도 얻을 수 있다.

① ㄱ　　　　　② ㄴ　　　　　③ ㄷ
④ ㄱ, ㄷ　　　　⑤ ㄴ, ㄷ

대표 유형 문제

15 그림은 우리나라 주변에 위치한 온대 저기압을 동-서 방향으로 잘랐을 때 기온과 기압 분포를 A와 B로 순서 없이 나타낸 것이다. ㉠과 ㉡에는 각각 온난 전선과 한랭 전선 중 어느 한 전선이 위치한다.

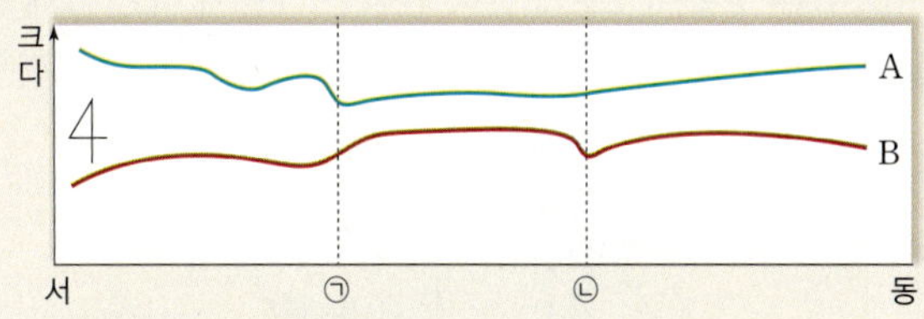

(1) A는 기온과 기압 중 무엇에 해당하는지 쓰고, 그 까닭을 서술하시오.

(2) ㉠은 온난 전선과 한랭 전선 중 어느 전선인지 쓰고, 그 까닭을 서술하시오.

Ⅱ - 1 대기와 해양의 변화

태풍과 우리나라의 주요 악기상

KEY
태풍, 열대 저기압, 전향점, 위험 반원, 안전 반원, 태풍의 눈, 뇌우, 우박, 집중 호우, 폭설, 강풍, 황사

1 태풍

개념 태풍은 중심부 최대 풍속이 17 m/s 이상으로 성장한 열대 저기압으로, 전선을 동반하지 않는다.

1. 태풍: 중심 부근의 최대 풍속이 17 m/s 이상으로 발달한 열대 저기압

(1) 발생: 표층 수온이 27 ℃ 이상인 위도 5°~25°의 열대 해상에서 발생한다.

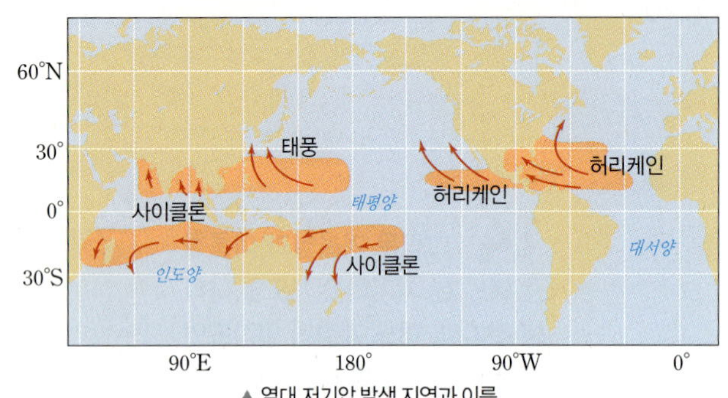

▲ 열대 저기압 발생 지역과 이름

(2) 특징: 중심 기압이 매우 낮으며, 전선을 동반하지 않고, 일기도상에서 등압선이 조밀한 동심원의 형태로 나타난다.

(3) 태풍의 에너지원: 수증기가 응결하면서 방출하는 열(응결열)

태풍은 고온 다습한 열대 해상에서 표면 해수의 온도가 상승하면 대기가 불안정해져 두꺼운 적란운이 발달하는 과정에서 발생한다.
➡ 태풍은 대기와 해양의 상호 작용으로 발생

2. 태풍의 이동

(1) 이동 경로 포물선 궤도를 그리며 고위도로 북상

❶ 발생 초기에는 저위도에서 무역풍의 영향을 받아 대체로 북서쪽으로 이동하다가, 위도 25°~30°보다 더 북상하게 되면 편서풍의 영향으로 인해 대체로 북동쪽으로 진행한다.

❷ 북태평양 고기압의 서쪽 가장자리를 따라 이동한다. 북태평양 고기압의 세력이 커질수록 태풍의 이동 경로는 서쪽으로 더 치우치게 된다.

(2) 위험 반원과 안전 반원

❶ 위험 반원: 태풍 진행 방향의 오른쪽에서는 바람의 방향과 진행 방향이 나란하므로 태풍의 진행 속도와 태풍의 풍속이 더해지며, 우리나라 부근에서는 대기 대순환의 바람도 같은 방향이므로 오른쪽 반원은 바람이 더 강하게 분다.

❷ 안전 반원: 태풍 진행 방향의 왼쪽에서는 태풍 내 바람의 방향과 태풍의 진행 방향이 반대이므로 위험 반원에 비해 태풍의 풍속이 약하다.

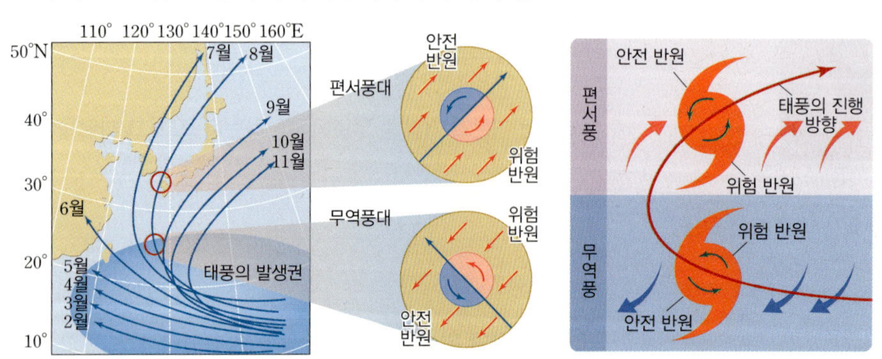

▲ 태풍의 이동과 위험 반원, 안전 반원

(3) 태풍의 이동 경로에 따른 풍향 변화

❶ 태풍 진행 방향의 오른쪽(위험 반원): 풍향이 점차 시계 방향으로 변한다.

❷ 태풍 진행 방향의 왼쪽(안전 반원): 풍향이 점차 시계 반대 방향으로 변한다.

태풍의 발생
위도 25° 이상의 고위도 해역에서는 표층 수온이 낮아 태풍이 발생하기 어렵고, 적도로부터 5° 이내의 해역에서는 전향력이 약하여 태풍이 발생하기 어렵다.

전향력
지구 자전에 의한 가상의 힘으로, 움직이는 물체에 대하여 북반구에서는 오른쪽으로, 남반구에서는 왼쪽으로 편향시킨다. 적도에서는 0이고 고위도로 갈수록 위도의 sin값에 비례하여 증가한다.

전향점
태풍이 무역풍의 영향을 받아 북서쪽으로 이동하다가 편서풍의 영향을 받아 북동쪽으로 이동 경로가 바뀌게 되는 지점이며, 일반적으로 전향점에 가까워질수록 태풍의 이동 속도가 느려지다가, 전향점을 통과한 이후부터 점차 태풍의 이동 속도가 빨라진다.

암기 꼭!
- 태풍 이동 경로의 오른쪽 반원
  - 위험 반원
  - 풍속 강함(피해 큼)
  - 시계 방향의 풍향 변화
- 태풍 이동 경로의 왼쪽 반원
  - 안전 반원
  - 풍속 약함
  - 시계 반대 방향의 풍향 변화

3. 태풍의 구조와 날씨

(1) 태풍의 구조

❶ 규모: 반지름이 약 100~500 km, 높이가 약 15 km인 거대한 소용돌이

❷ 구조: 공기가 시계 반대 방향으로 돌면서 빠른 속도로 중심부로 들어가 거대한 구름 기둥을 형성한다. 중심 부근에는 두꺼운 적란운이 발달하고, 가장자리에는 적운형 구름이 발달한다.

❸ 태풍의 눈: 태풍의 중심부에 생기는 약한 하강 기류에 의해 구름이 없고 바람이 약하게 부는 구역으로, 반지름이 약 10~50 km이다.

(2) 태풍의 날씨

❶ 태풍의 눈 주위: 강한 상승 기류에 의해 두꺼운 비구름이 형성되고 바람이 강하여 폭풍, 폭우를 동반한다.

❷ 기압과 풍속: 기압은 태풍의 눈에서 가장 낮고, 풍속은 태풍의 눈 주위에서 가장 세다.
중심 기압이 낮을수록 태풍의 세력이 강하다.

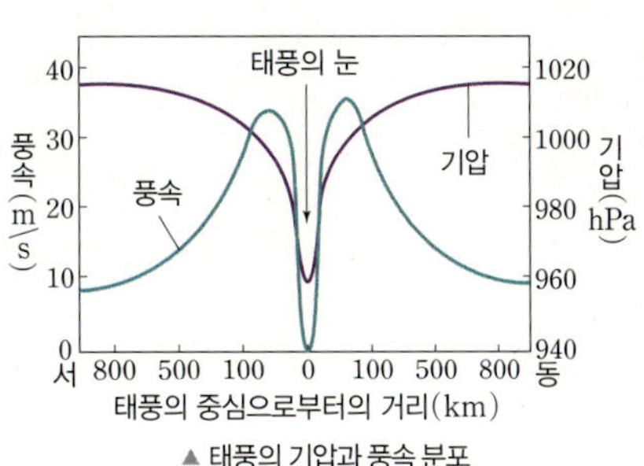

▲ 태풍의 구조　　　　▲ 태풍의 기압과 풍속 분포

태풍에서 공기는 시계 반대 방향으로 회전하면서 상승하고, 상승한 공기는 상층에서 시계 방향으로 회전하면서 대부분 바깥쪽을 향하는데, 일부는 중심부에서 하강한다.

암기 꼭!
태풍의 눈
• 저기압 중심부
• 약한 하강 기류 발달
• 날씨 맑음

4. 태풍의 소멸과 피해

(1) 태풍의 소멸
태풍이 약화되면 열대 저압부로 사라지거나 중위도 편서풍대에서 온대 저기압으로 변질되면서 소멸된다.

❶ 태풍이 차가운 바다 위를 지나면 열과 수증기의 공급이 줄어들어 세력이 약해진다.

❷ 태풍이 육지에 상륙하면 수증기의 공급이 거의 없고 지표면과의 마찰이 증가하여 세력이 급격히 약해진다.

(2) 태풍의 피해
태풍이 통과하면 강풍, 호우, 홍수, 침수 등의 피해가 발생할 수 있으며, 태풍에 의해 발생한 폭풍 해일이 해안의 만조와 겹치면 침수 피해가 커진다.

개념 익히기 문제

정답과 해설 p.34

교과서 문장으로 개념 익히기

01 ☐☐은 중심 부근의 최대 풍속이 17 m/s 이상으로 발달한 열대 저기압이다.

02 태풍의 에너지원은 수증기의 응결로 인해 발생하는 ☐☐☐이다.

03 태풍은 전향점을 통과한 후 대체로 ☐☐쪽으로 진행한다.

04 태풍 진행 방향의 ☐☐쪽 반원은 태풍의 진행 방향과 풍향이 같아 피해가 더 크다.

05 안전 반원에 위치한 관측소에서는 태풍이 통과함에 따라 풍향이 점차 ☐☐ ☐☐ 방향으로 변한다.

06 태풍의 상층에서는 바람이 ☐☐ 방향으로 불어 나간다.

OX 문제로 개념 익히기

07 태풍은 수온이 매우 높은 적도 해상에서 주로 발생한다.
(O / X)

08 태풍은 온난 전선과 한랭 전선을 동반한다. (O / X)

09 태풍 발생 초기에는 대부분 편서풍의 영향을 받아 북동쪽으로 진행한다.
(O / X)

10 태풍의 이동 속도는 전향점 부근에서 가장 빠르다.
(O / X)

11 태풍에 의한 해일 피해는 만조와 겹칠 때 크게 나타난다.
(O / X)

12 태풍에 의한 풍속은 태풍의 눈에서 가장 강하다.
(O / X)

5. 온대 저기압과 태풍(열대 저기압)의 비교

구분	온대 저기압	태풍(열대 저기압)
발생 지역	한대 전선대	위도 5°~25°의 열대 해상
등압선의 형태	간격이 넓고 전선 부근에서 꺾임.	간격이 좁고 동심원 형태임.
전선의 유무	○	×
이동 경로	편서풍의 영향을 받아 동쪽으로 이동	무역풍과 편서풍의 영향을 받아 북서쪽으로 이동하다가 전향점 통과 후 북동쪽으로 이동
에너지원	찬 공기의 하강으로 인한 위치 에너지 감소	수증기의 응결열(숨은열)
일기도	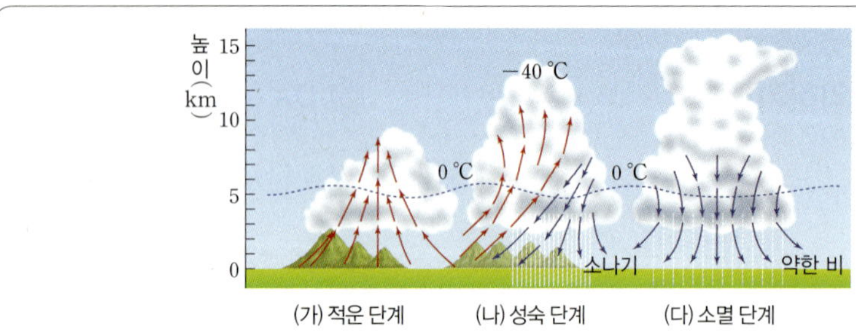	

② 우리나라의 주요 악기상

개념 일상생활에 큰 불편함과 위험을 동반하는 기상 현상이며, 뇌우, 우박, 호우, 폭설, 강풍, 황사 등이 있다.

1. **뇌우**: 강한 상승 기류에 의해 발달한 적란운에 의해 천둥, 번개와 함께 소나기가 내리는 현상이다.

  (1) **뇌우가 발생하는 경우**: 온난 습윤한 공기가 불안정한 환경에서 상승할 때 잘 만들어진다.
  ❶ 여름철에 강한 일사로 지표 부근의 공기가 국지적으로 가열될 때
  ❷ 한랭 전선 부근에서 따뜻한 공기가 찬 공기 위로 빠르게 상승할 때
  ❸ 온난 습윤한 공기가 산사면을 타고 상승할 때
  ❹ 온대 저기압이나 태풍 등에 의해 강한 상승 기류가 일어날 때

  (2) **뇌우의 발생 과정**: 적운 단계 → 성숙 단계 → 소멸 단계를 거친다.

  (가) 적운 단계: 강한 상승 기류에 의해 적운이 발달한다.
  (나) 성숙 단계: 상승 기류와 하강 기류가 함께 나타나면서 돌풍, 번개, 천둥, 소나기, 우박 등이 내린다.
  (다) 소멸 단계: 전체적으로 하강 기류가 우세하고 비가 약해진다.

  (3) **뇌우의 피해**: 뇌우는 침수, 인명 피해, 농작물 피해를 일으키지만, 규모가 작아 예측이 어렵다.

2. **우박**: 눈 결정에 차가운 물방울이 얼어붙어 지상으로 떨어지는 얼음 덩어리이다.

  (1) **발생**: 상승 기류가 강한 적란운 내에서 빙정이 상승과 하강을 반복하며 상승 기류가 지탱하지 못할 정도로 큰 얼음 덩어리로 성장하면 지상으로 떨어진다.
  (2) **피해**: 농작물이나 가축에 피해를 주기도 하고, 항공기 동체에 손상을 입히기도 한다.

번개와 천둥

적란운에서 전하가 분리되어 구름의 위쪽은 양전기, 아래쪽은 음전기를 띠게 되며, 구름 밑의 지표면에는 양전기가 유도되는데, 이렇게 분리된 양전기와 음전기가 구름 속에 쌓이면 구름과 구름 사이, 구름과 지표면 사이에 방전이 일어나 번개가 발생한다. 번개로 인한 갑작스런 온도 상승으로 주위 공기의 부피가 팽창하면서 천둥이 발생한다.

우박의 성장 과정

우박은 수직으로 크게 발달한 적란운에서 발생한다. 온도가 −5~−10 ℃ 정도 되는 상층에서는 물방울이 눈이나 빙정 상태로 존재한다. 여러 차례 상승과 하강을 거치면서 얼음 결정 주위에 과냉각 물방울이 얼어붙는 과정이 반복되면서 우박으로 성장한다.

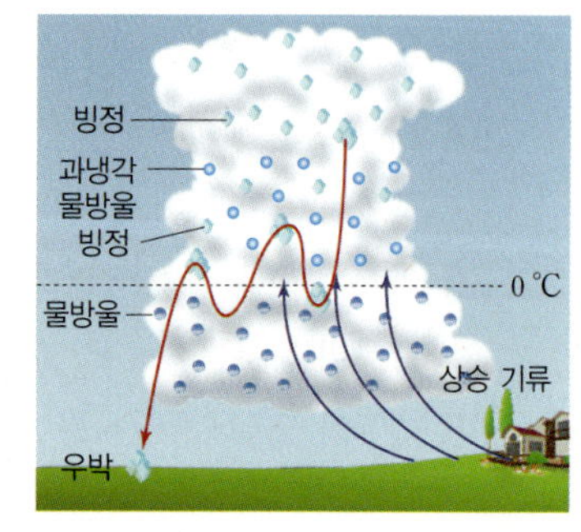

3. 호우

(1) 호우와 집중 호우

❶ 호우: 비가 내리는 시간과 관계없이 연속적으로 많이 내리는 것이다.

❷ 집중 호우(국지성 호우): 짧은 시간 동안 국지적으로 많은 비가 내리는 현상 ⇨ 한 시간에 30 mm 이상 또는 하루에 80 mm 이상의 비가 내릴 때, 또는 하루에 연 강수량의 10 % 정도의 비가 내릴 때

(2) **발생**: 지형이나 전선의 영향으로 형성된 적란운이 한 곳에 정체하면서 비가 내릴 때 잘 나타나며, 지속 시간이 짧고 돌발적으로 출현하므로 예보가 매우 어렵다.

(3) **피해**: 가옥과 농경지 및 도로 침수, 산사태 등의 피해가 발생한다.

4. 폭설

(1) **폭설**: 짧은 시간 동안 많은 양의 눈이 내리는 현상이다.

(2) **발생**: 겨울철 저기압이 통과하거나, 시베리아 고기압이 확장하면서 해수면으로부터 열과 수증기를 공급받아 상승 기류가 발달할 때 발생한다.

(3) **피해**: 도로 교통 마비, 농가나 축사의 비닐하우스 붕괴 등의 피해가 발생한다.

5. 강풍

(1) **강풍**: 10분 동안 평균 풍속이 14 m/s 이상인 바람이다.

(2) **발생**: 겨울철 시베리아 고기압이 확장해 올 때, 태풍이 통과할 때 주로 나타난다.

(3) **피해**: 농작물 낙과 피해, 비닐하우스 파괴, 가로수와 간판 피해 등이 발생한다.

6. 황사: 발원지에서 상공으로 올라간 다량의 모래 먼지가 상층의 편서풍을 타고 멀리까지 날아가 서서히 내려오는 현상이다.

(1) **발원지**: 중국 북서부 사막이나 황하 상류의 황토 지대, 몽골 고원 등의 건조한 지대이다.

(2) **발생 조건**: 발원지가 건조하며, 발원지에 강풍이 불거나 저기압이 형성될 때 잘 발생한다.

(3) **발생 시기**: 얼었던 토양이 녹기 시작하는 봄철에 주로 발생하며, 상공의 강력한 편서풍을 타고 동쪽으로 이동한다.

(4) **피해**: 호흡기 질환, 정밀 기계 고장 등을 일으키기도 하지만, 산성 토양을 중화시키는 역할을 하기도 한다.

폭설이 발생하는 과정

겨울에는 지표면의 냉각으로 상승 기류가 잘 나타나지 않는다. 따라서 산맥과 따뜻한 바다의 영향을 받는 특수한 경우에 공기가 상승하여 폭설이 발생한다.

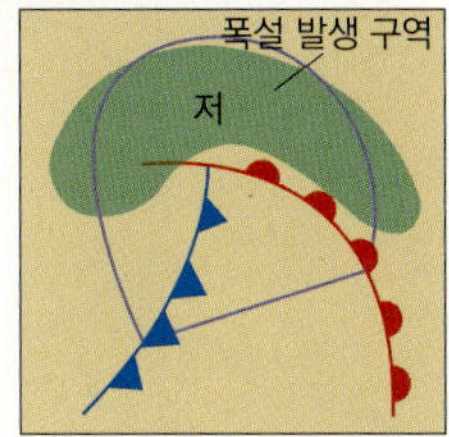

▲ 온대 저기압 영향

▲ 산악의 영향

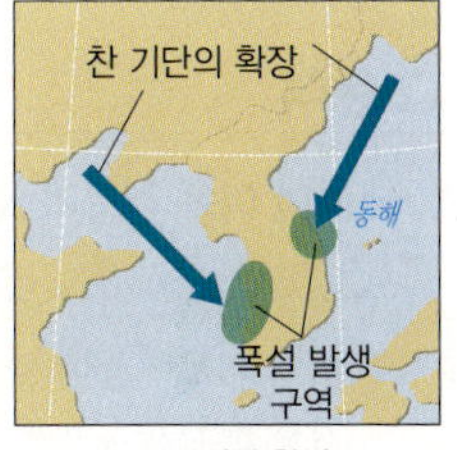

▲ 고기압 확장

정답과 해설 p.34

🧠 교과서 문장으로 개념 익히기

13 온대 저기압은 주로 ☐☐ ☐☐☐ 부근에서 발생한다.

14 뇌우는 발달 과정에서 적운 단계, ☐☐ 단계, 소멸 단계를 거친다.

15 ☐☐은 눈 결정에 차가운 물방울이 얼어붙어 형성된 얼음 덩어리이다.

16 ☐☐☐☐ 기단의 변질로 인해 서해안에는 폭설이 자주 발생한다.

17 황사는 ☐☐☐을 타고 발원지로부터 동쪽으로 이동한다.

📦 OX 문제로 개념 익히기

18 등압선의 간격은 열대 저기압이 온대 저기압보다 대체로 좁다. (O / X)

19 열대 저기압과 온대 저기압 모두 우리나라 부근에서는 대체로 편서풍의 영향을 받아 이동한다. (O / X)

20 뇌우의 발달 단계 중 강수량은 적운 단계일 때가 가장 많다. (O / X)

21 우박은 하강 기류가 강하게 나타나는 환경에서 잘 만들어진다. (O / X)

22 황사 발원지에 고기압이 발달할수록 모래 먼지가 상층으로 올라가기 쉽다. (O / X)

과정 & 결과

그림은 2012년 발생한 태풍 볼라벤의 이동 경로를 나타낸 것이다.

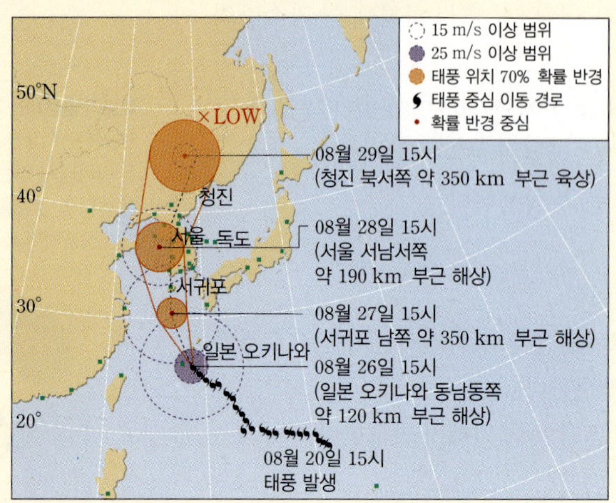

❶ **태풍의 이동 경로를 파악해 보자.**

…▶ 태풍은 오키나와 남동쪽 해상에서 발생해서 북서쪽으로 이동하다가 우리나라 부근에서 이동 방향이 바뀌어 북동쪽으로 이동하였다.

❷ **태풍이 북상하면서 풍속 15 m/s 이상의 범위가 어떻게 변하는지 알아보자.**

…▶ 8월 26일 15시 이후 태풍이 북상함에 따라 풍속 15 m/s 이상의 범위가 점차 작아지고 있다. 이는 태풍의 세력이 점차 약해지고 있음을 의미한다.

분석

1. 태풍의 이동 경로가 포물선 경로를 그리는 까닭은 무엇인가?

…▶ 태풍은 수온이 높은 열대 해상에서 발생해서 북상한다. 발생 해역에서부터 위도 30°N 부근까지는 무역풍이 불고 있으므로 태풍은 대체로 북서쪽으로 이동하다가, 위도 30°N 이상에서는 편서풍의 영향을 받아 점차 북동쪽으로 이동하게 된다.

2. 태풍 볼라벤 이동 경로의 오른쪽이 왼쪽보다 피해가 크다면, 그 까닭은 무엇인가?

…▶ 북반구에서 태풍의 바람은 시계 반대 방향으로 불면서 중심부를 향해 수렴한다. 이때 태풍 진행 방향의 오른쪽 지역은 태풍 자체의 이동 방향과 풍향이 비슷하여 풍속이 강하지만, 태풍 진행 방향의 왼쪽 지역은 태풍 자체의 이동 방향과 풍향이 반대가 되어 풍속이 약하다. 따라서 태풍 이동 경로의 오른쪽이 왼쪽보다 피해가 크다.

3. 만일 북태평양 기단의 세력이 더 약했다면 볼라벤의 진로는 어떻게 변하였을까?

…▶ 일반적으로 태풍은 북태평양 기단의 서쪽 가장자리를 따라 북상하면서 경로가 바뀌게 된다. 따라서 만일 북태평양 기단의 세력이 더 약했다면 태풍은 작아진 북태평양 기단의 서쪽 가장자리를 따라 이동하게 되므로 진행 경로가 더 동쪽으로 치우쳐 나타났을 것이다.

탐구 목표

태풍의 이동 경로 및 세력에 영향을 주는 요인을 설명할 수 있다.

탐구 포인트

1. 태풍 중심의 위치를 통해 태풍의 이동 경로를 파악해야 한다.
2. 태풍의 이동 경로가 바뀌는 전향점을 찾고, 이동 경로가 대체로 포물선 형태로 나타나는 까닭을 알아야 한다.
3. 태풍의 세력에 따른 풍속 변화, 안전 반원과 위험 반원에서의 풍속을 비교할 수 있어야 한다.

정답과 해설 p.34

예제 ❶

북반구에서 발생한 태풍에 대한 설명으로 옳은 것은?

① 주로 적도 해역에서 발생한다.
② 저위도에서는 주로 편서풍의 영향을 받아 이동한다.
③ 전향점 부근에서 이동 속도가 가장 빠르다.
④ 진행 방향의 오른쪽보다 왼쪽에서의 풍속이 느리다.
⑤ 북상할수록 대체로 세력이 강해진다.

예제 ❷ 서술형

그림은 태풍의 진행 방향과 안전 반원 및 위험 반원을 나타낸 것이다. 위험 반원이 안전 반원보다 풍속이 큰 까닭을 서술하시오.

____

____

개념 다지기 문제

01 태풍에 대한 설명으로 옳지 않은 것은?

① 수온이 높은 열대 해상에서 발생하는 저기압이다.
② 북태평양의 서쪽에서 발생하여 중심 부근의 최대 풍속이 17 m/s 이상으로 발달한 열대 저기압이다.
③ 에너지원은 수증기의 응결열이다.
④ 두꺼운 적란운이 발달한다.
⑤ 우리나라 부근에서는 주로 무역풍의 영향을 받아 이동한다.

02 그림은 월별 태풍의 평균 이동 경로를 나타낸 것이다. 이에 대한 설명으로 옳은 것만을 |보기|에서 있는 대로 고른 것은?

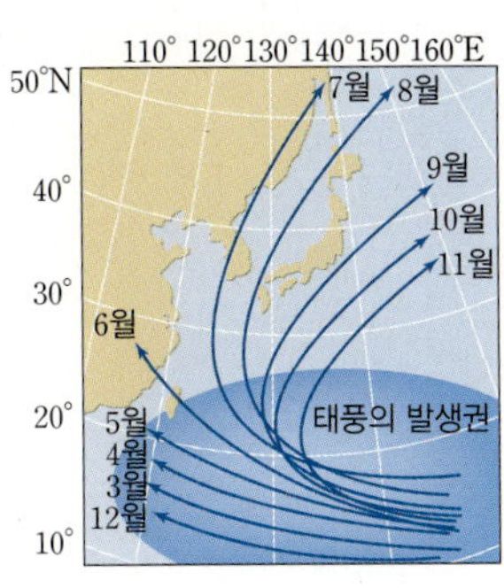

┌─ 보기 ─
ㄱ. 태풍은 주로 적도 해상에서 발생한다.
ㄴ. 우리나라에 직접적으로 영향을 미치는 태풍은 주로 봄철에 발생한다.
ㄷ. 9월~11월에 발생한 태풍의 전향점은 대체로 위도 30°N보다 저위도에 위치한다.
└─

① ㄱ　　② ㄷ　　③ ㄱ, ㄴ
④ ㄱ, ㄷ　　⑤ ㄴ, ㄷ

03 그림은 북반구에서 발생한 태풍의 단면을 나타낸 것이다.

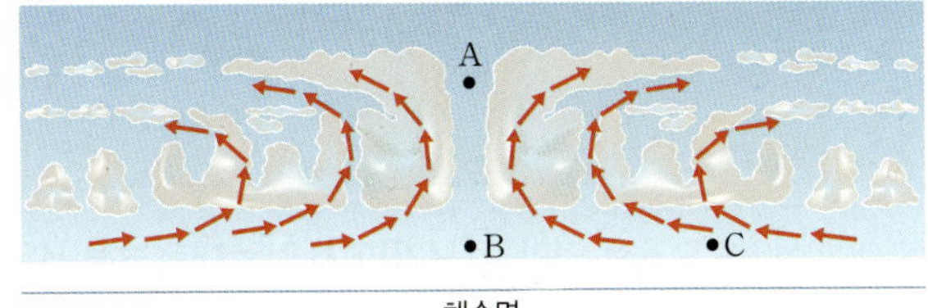

이에 대한 설명으로 옳은 것만을 |보기|에서 있는 대로 고른 것은?

┌─ 보기 ─
ㄱ. A에서는 강한 상승 기류가 나타난다.
ㄴ. 기압은 B가 C보다 낮다.
ㄷ. C에서는 바람이 태풍 중심을 향해 수렴한다.
└─

① ㄱ　　② ㄴ　　③ ㄷ
④ ㄱ, ㄷ　　⑤ ㄴ, ㄷ

04 위험 반원과 안전 반원에 대한 설명으로 옳은 것만을 |보기|에서 있는 대로 고른 것은?

┌─ 보기 ─
ㄱ. 평균 풍속은 위험 반원이 안전 반원보다 빠르다.
ㄴ. 북반구에서 위험 반원은 태풍 진행 경로의 왼쪽 반원에 해당한다.
ㄷ. 위험 반원에서는 태풍의 진행 방향과 바람의 방향이 서로 반대이다.
└─

① ㄱ　　② ㄴ　　③ ㄱ, ㄷ
④ ㄴ, ㄷ　　⑤ ㄱ, ㄴ, ㄷ

05 태풍의 소멸에 대한 설명으로 옳은 것만을 |보기|에서 있는 대로 고른 것은?

┌─ 보기 ─
ㄱ. 태풍은 중심 기압이 점차 낮아지면서 소멸한다.
ㄴ. 해수면 온도가 낮을수록 태풍의 세력이 빨리 약화된다.
ㄷ. 태풍은 세력이 약화되면서 온대 저기압으로 변질된 후 소멸한다.
└─

① ㄱ　　② ㄷ　　③ ㄱ, ㄴ
④ ㄴ, ㄷ　　⑤ ㄱ, ㄴ, ㄷ

06 그림 (가)와 (나)는 우리나라에 영향을 미치고 있는 온대 저기압과 열대 저기압을 순서 없이 나타낸 것이다.

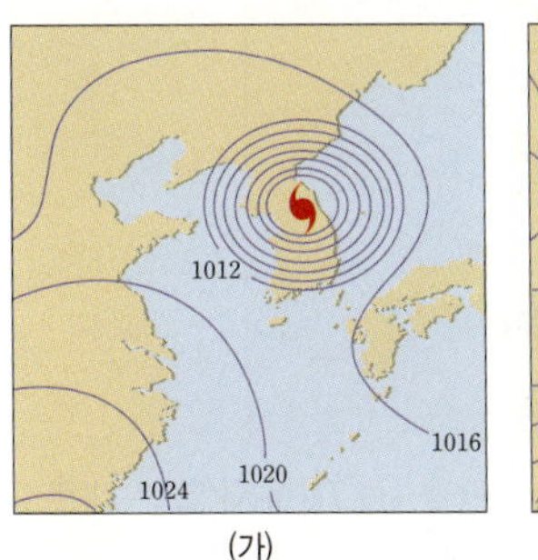

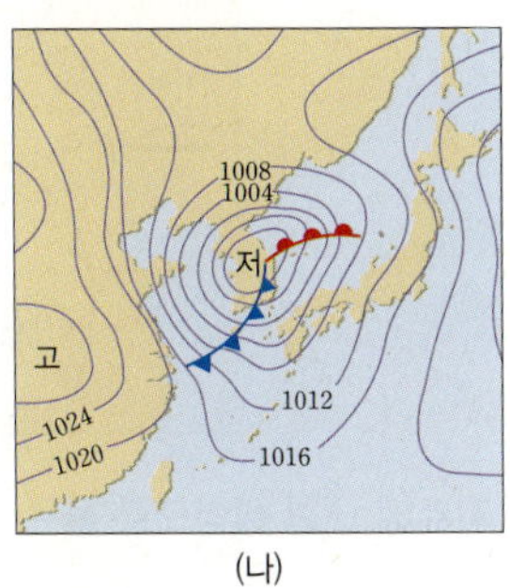

이에 대한 설명으로 옳은 것만을 |보기|에서 있는 대로 고른 것은?

┌─ 보기 ─
ㄱ. (가)의 주요 에너지원은 수증기의 응결열이다.
ㄴ. (나)는 주로 열대 해상에서 발생한다.
ㄷ. (가)와 (나)는 우리나라 부근에서 대체로 북서쪽으로 이동한다.
└─

① ㄱ　　② ㄷ　　③ ㄱ, ㄴ
④ ㄴ, ㄷ　　⑤ ㄱ, ㄴ, ㄷ

07 뇌우에 대한 설명으로 옳은 것만을 |보기|에서 있는 대로 고른 것은?

> **보기**
> ㄱ. 주로 온난 전선 주위에서 발생한다.
> ㄴ. 강한 상승 기류가 발달할 때 잘 발생한다.
> ㄷ. 천둥과 번개를 동반한 강한 비를 의미한다.

① ㄱ ② ㄷ ③ ㄱ, ㄴ
④ ㄱ, ㄷ ⑤ ㄴ, ㄷ

08 우박에 대한 설명으로 옳은 것만을 |보기|에서 있는 대로 고른 것은?

> **보기**
> ㄱ. 상승 기류가 강할수록 잘 발달한다.
> ㄴ. 얼음 덩어리 형태로 내리는 강수를 의미한다.
> ㄷ. 눈 결정 주위에 차가운 물방울이 달라붙어 성장한다.

① ㄱ ② ㄴ ③ ㄱ, ㄷ
④ ㄴ, ㄷ ⑤ ㄱ, ㄴ, ㄷ

09 그림은 어느 날 우리나라에 집중 호우가 발생했을 때의 기압 배치와 구름 형성 지역을 나타낸 것이다.

이 자료에 대한 설명으로 옳은 것만을 |보기|에서 있는 대로 고른 것은?

> **보기**
> ㄱ. A 지역에는 상승 기류보다 하강 기류가 우세하다.
> ㄴ. 집중 호우를 형성한 수증기는 주로 북태평양 고기압에 의해 유입된 것이다.
> ㄷ. 우리나라의 중부 지방에는 천둥, 번개, 돌풍 등의 기상 현상이 나타났을 것이다.

① ㄱ ② ㄷ ③ ㄱ, ㄴ
④ ㄴ, ㄷ ⑤ ㄱ, ㄴ, ㄷ

대표 유형문제

10 그림은 겨울철에 우리나라 서해안에 폭설이 내리는 과정을 나타낸 것이다.

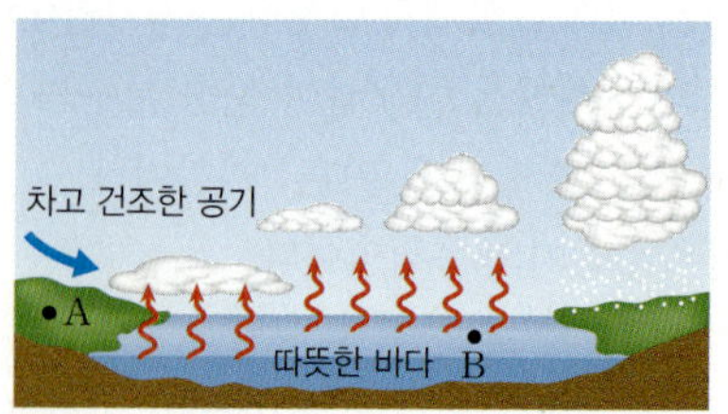

이에 대한 설명으로 옳은 것만을 |보기|에서 있는 대로 고른 것은?

> **보기**
> ㄱ. 기온은 A가 B보다 높다.
> ㄴ. A에 위치한 기단은 양쯔강 기단이다.
> ㄷ. B에서는 기단 하층의 가열로 상승 기류가 발달한다.

① ㄱ ② ㄷ ③ ㄱ, ㄴ
④ ㄴ, ㄷ ⑤ ㄱ, ㄴ, ㄷ

대표 유형문제

11 그림은 우리나라에 영향을 미치는 황사의 주요 발원지를 나타낸 것이다.

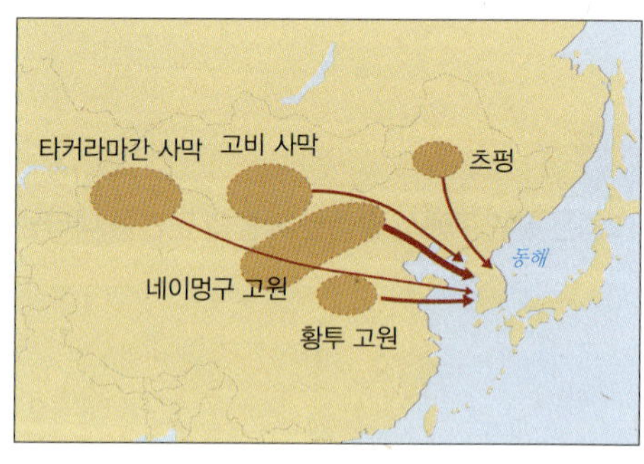

이에 대한 설명으로 옳은 것만을 |보기|에서 있는 대로 고른 것은?

> **보기**
> ㄱ. 황사는 편서풍을 타고 동쪽으로 이동한다.
> ㄴ. 발원지에 눈이나 비가 자주 내릴수록 황사 발생 가능성은 낮아진다.
> ㄷ. 우리나라에 저기압이 발달할수록 상층 대기의 모래 먼지가 우리나라로 유입되기 쉽다.

① ㄱ ② ㄴ ③ ㄱ, ㄴ
④ ㄱ, ㄷ ⑤ ㄴ, ㄷ

고난도 문제

고난도 문제

12 그림은 태풍 중심으로부터의 거리에 따른 기압과 풍속 분포를 A와 B로 순서 없이 나타낸 것이다.

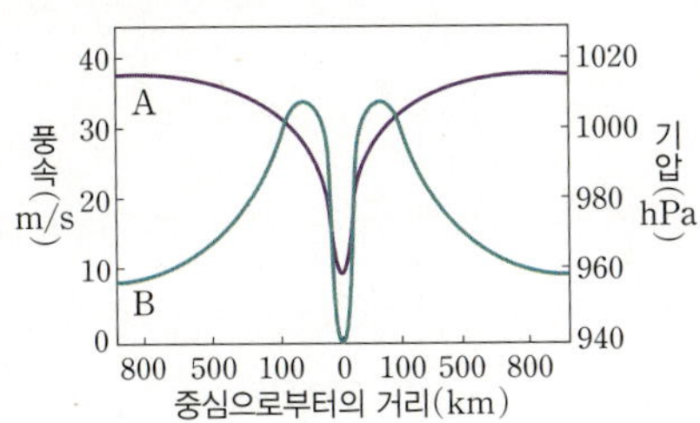

이에 대한 설명으로 옳은 것만을 |보기|에서 있는 대로 고른 것은?

|보기|
ㄱ. A는 풍속이다.
ㄴ. 태풍의 중심 기압은 약 960 hPa이다.
ㄷ. 풍속은 태풍의 중심에서 가장 빠르다.

① ㄱ   ② ㄴ   ③ ㄱ, ㄷ
④ ㄴ, ㄷ   ⑤ ㄱ, ㄴ, ㄷ

대표 유형 문제

13 그림은 북반구에서 북상하고 있는 어느 태풍의 이동 경로를 나타낸 것이다.

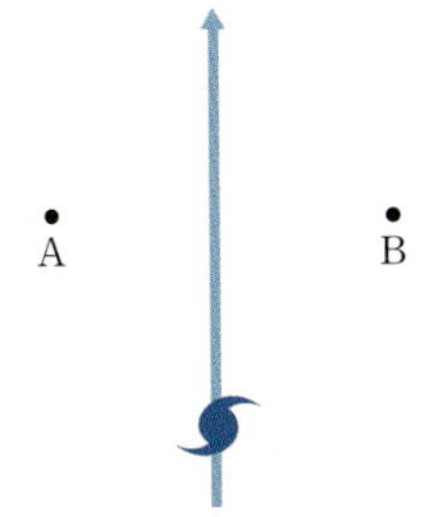

이에 대한 설명으로 옳은 것만을 |보기|에서 있는 대로 고른 것은?

|보기|
ㄱ. A는 안전 반원에 위치한다.
ㄴ. A는 현재 남풍 계열의 바람이 우세하게 분다.
ㄷ. B에서 풍향은 점차 시계 방향으로 변할 것이다.

① ㄱ   ② ㄴ   ③ ㄱ, ㄷ
④ ㄴ, ㄷ   ⑤ ㄱ, ㄴ, ㄷ

서술형 문제

14 그림은 뇌우가 발달하기 시작하는 단계에서의 모습을 나타낸 것이다.

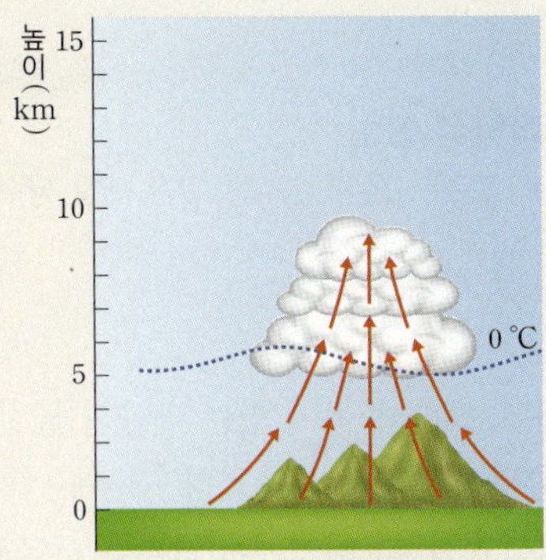

위와 같이 뇌우가 잘 발달할 수 있는 조건을 2가지만 서술하시오.

15 그림은 인공위성에서 관측한 황사 영상을 나타낸 것이다.

우리나라에 황사 피해가 크게 나타났을 경우, 발원지와 우리나라의 기압 배치가 어떠했을지에 대해 서술하시오.

03 해수의 성질

① 해수의 화학적 성질

개념 해수의 표층 염분은 강수량, 증발량, 결빙, 해빙, 담수의 유입 등에 의해 달라진다.

1. 염분

(1) 염분

❶ **염류와 염분**: 해수에 녹아 있는 다양한 물질을 염류라고 하며, 해수 1 kg에 녹아 있는 염류의 총량을 염분이라고 한다. 전 세계 해수의 평균 염분은 약 35 psu이다.

❷ **염분비 일정 법칙**: 각 해양에서 염분은 서로 다르지만, 해수에 녹아 있는 주요 원소들의 상대비는 모든 해양에서 거의 일정하다.

(2) 표층 염분 변화 요인

❶ **염분이 높아지는 요인**: 해수의 결빙, 해수의 증발

❷ **염분이 낮아지는 요인**: 빙하의 융해, 담수의 유입, 강수

(3) 표층 염분 분포: 표층 염분 변화에 가장 큰 영향을 주는 요인은 증발량과 강수량이다.

❶ **(증발량－강수량)과 표층 염분 분포**: 위도에 따른 표층 염분 분포는 대체로 (증발량－강수량) 분포와 일치한다. 표층 염분은 대체로 (증발량－강수량) 값이 클수록 높다.

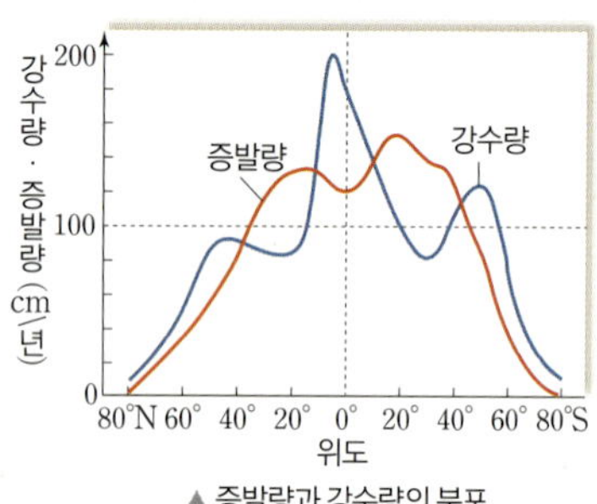

▲ 증발량과 강수량의 분포

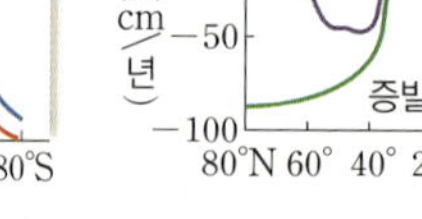

▲ (증발량－강수량)과 표층 염분 분포

❷ **전 세계 해양의 표층 염분 분포**: 육지로부터 담수가 유입되는 연안과, 증발량이 적고 빙하가 융해되는 극지방은 표층 염분이 낮다.

- **적도 해역**: 저압대가 위치하여 강수량이 증발량보다 많으므로 표층 염분이 낮다.
- **중위도(위도 30° 부근) 해역**: 고압대가 위치하여 증발량이 강수량보다 많으므로 표층 염분이 높다.
- **극 해역**: 증발량이 적고 빙하가 녹는 지역은 표층 염분이 낮고, 해수의 결빙이 일어나는 지역은 표층 염분이 높게 나타난다.
- **대서양 해역**: 태평양 해역보다 표층 염분이 높게 나타난다.
- **대륙의 연안 해역**: 육지로부터 담수가 유입되므로 대양의 중심 해역보다 표층 염분이 낮다.

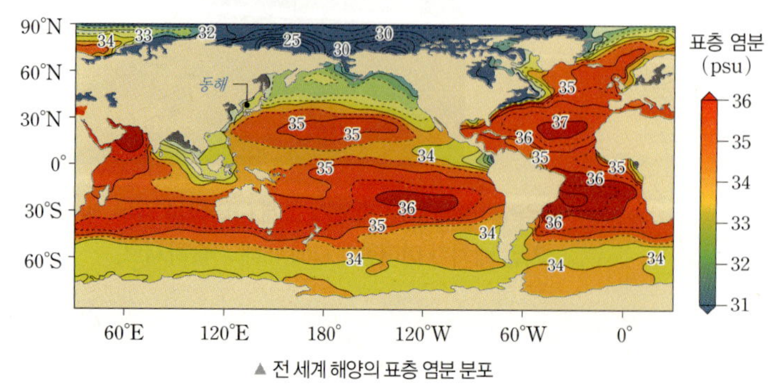

▲ 전 세계 해양의 표층 염분 분포

염분 단위

- ‰(퍼밀): 해수 1 kg 내에 있는 염류량을 g 측정치로 표시한 것이다.
- psu(실용 염분 단위): 전기 전도도로 측정한 염분 단위로, 1 psu는 1 ‰이다.

염류의 구성

- 염분이 35 psu인 해수의 염류의 구성 비율은 다음과 같다.

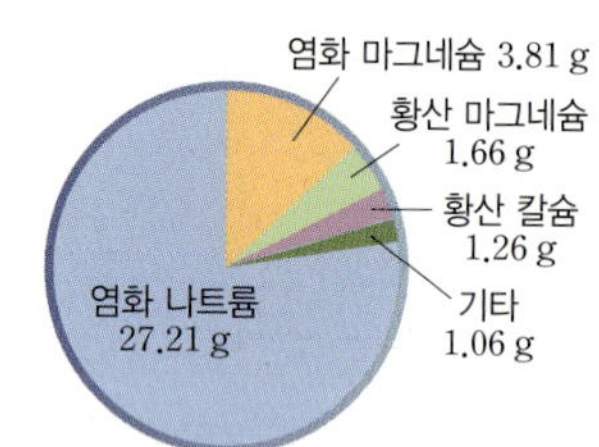

- 염분이 35 psu보다 높거나 낮은 경우, 해수에 포함된 염류들의 양은 달라지지만 각각의 염류가 차지하는 상대적인 비율은 거의 같다.

암기 꼭!

- 표층 염분이 높은 곳
- － 증발량이 강수량보다 많은 곳
- － (증발량－강수량) > 0
- － 중위도(위도 30° 부근) 해역
- 표층 염분이 낮은 곳
- － 증발량이 강수량보다 적은 곳
- － (증발량－강수량) < 0
- － 적도 해역

2. 용존 기체

(1) **용존 기체**: 해수의 표면을 통해 해수로 용해되어 들어온 여러 종류의 기체

(2) **기체의 용해도**: 해수에서 기체의 용해도는 수압이 클수록, 염분이 낮을수록, 수온이 낮을수록 증가한다.

(3) **용존 산소와 용존 이산화 탄소**: 산소와 이산화 탄소는 물에 대한 용해도 차이가 크기 때문에 용존량이 다르다. 물에 대한 용해도는 이산화 탄소가 산소보다 크다.

❶ 용존 산소

- 표층: 대기로부터 공급되고 해양 생물의 광합성이 활발히 일어나는 해수의 표층에서 산소의 농도가 높다.
- 광합성이 일어나는 층 아래: 동물의 호흡과 생물의 사체 분해에 산소가 사용되므로 농도가 낮아진다.
- 수심이 깊은 곳: 산소가 풍부하게 녹아 있는 극 해역의 표층 해수가 공급되기 때문에 산소의 농도가 조금 높아진다.

❷ 용존 이산화 탄소

- 표층: 식물성 플랑크톤의 광합성 과정 중에 이산화 탄소가 사용되어 농도가 낮다.
- 수심이 깊어질수록: 수중 동물들의 호흡으로 배출된 이산화 탄소가 계속 쌓이고, 수온 감소와 수압 증가로 기체의 용해도가 커지므로 용존 이산화 탄소의 농도는 증가한다.

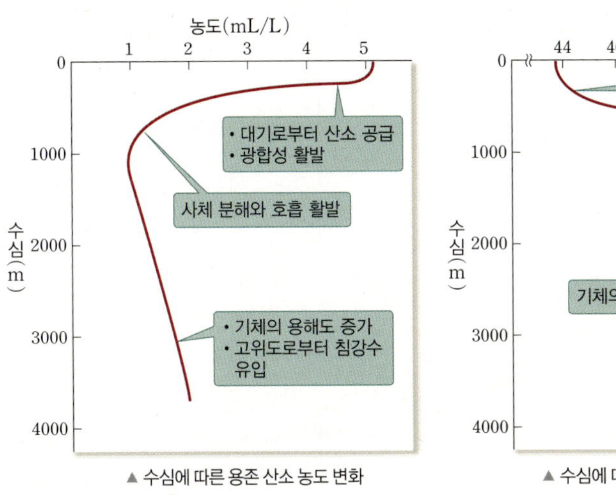

▲ 수심에 따른 용존 산소 농도 변화　　▲ 수심에 따른 용존 이산화 탄소 농도 변화

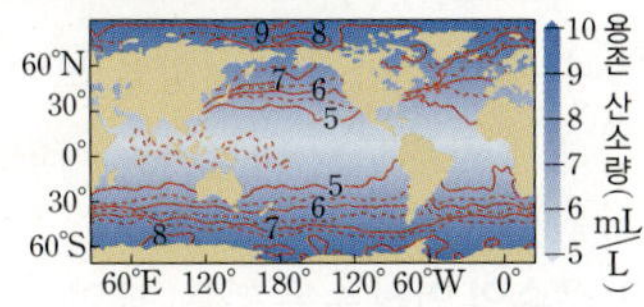

정답과 해설 p.36

개념 익히기 문제

🧠 교과서 문장으로 개념 익히기

01 해수의 증발, 해수의 결빙은 표층 염분을 □□시키는 요인이다.

02 (증발량−강수량) 값이 □수록 표층 염분은 대체로 높아진다.

03 적도 지역은 □□□가 발달하여 증발량보다 강수량이 많다.

04 기체의 용해도는 수온이 □□수록, 수압이 □수록 크다.

05 표층에서 용존 산소량이 높은 주요 요인은 □□□이다.

🧊 OX 문제로 개념 익히기

06 표층 염분은 대양의 중심이 연안보다 대체로 높다. (O / X)

07 증발량은 적도에서 최대이다. (O / X)

08 표층 염분 분포는 대체로 (증발량−강수량) 분포와 일치한다. (O / X)

09 용존 산소량은 수심이 깊어짐에 따라 계속 감소한다. (O / X)

10 표층에서는 광합성 때문에 용존 이산화 탄소량이 적다. (O / X)

② 해수의 물리적 성질

 저위도에서 고위도로 갈수록 표층 수온은 대체로 낮아지고, 수온과 반비례하는 밀도는 커진다.

1. 표층 해수의 온도 분포: 표층 해수의 온도에 영향을 미치는 주요 요인은 태양 복사 에너지이므로, 저위도에서 고위도로 갈수록 표층 수온이 낮아지는 경향을 보이며, 등수온선은 대체로 위도와 나란하게 나타난다.

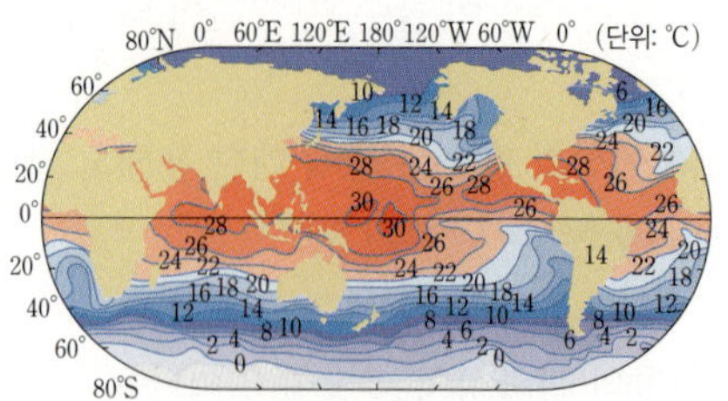

▲ 전 세계 해양의 표층 수온 분포

2. 해수의 연직 수온 분포: 태양 복사 에너지는 대부분 표층 해수에서 흡수되므로, 수심이 깊어질수록 수온은 점점 낮아진다.

(1) 해양의 층상 구조: 해수는 깊이에 따른 수온 변화를 기준으로 혼합층, 수온 약층, 심해층으로 구분한다.

혼합층	막대한 양의 태양 복사 에너지를 흡수하여 수온이 높고, 바람과 파도의 혼합 작용 및 연직 대류 운동으로 인해 깊이에 따른 수온 변화가 거의 없이 일정하게 유지되는 층이다. 바람이 강하게 부는 지역일수록 혼합층이 두껍게 발달한다.
수온 약층	혼합층 아래에서 수온이 급격하게 낮아지는 층으로, 매우 안정하여 위쪽의 혼합층과 아래쪽의 심해층 사이의 물질이나 에너지 교환을 차단하는 역할을 한다.
심해층	전체 해수의 약 80 %를 차지하며, 태양 복사 에너지가 거의 들어오지 못해 수온이 매우 낮고 계절이나 깊이에 따른 수온 변화가 거의 없다.

(2) 위도별 해양의 층상 구조

❶ 저위도 해역: 표층과 심층의 수온 차이가 커서 수온 약층이 잘 발달한다.

❷ 중위도 해역: 바람이 강하게 불어 혼합층이 두껍게 발달한다. 해양의 층상 구조가 가장 뚜렷하다.

❸ 고위도 해역: 표층에서 심층까지 수온 차이가 거의 없어 층상 구조가 발달하지 않는다.

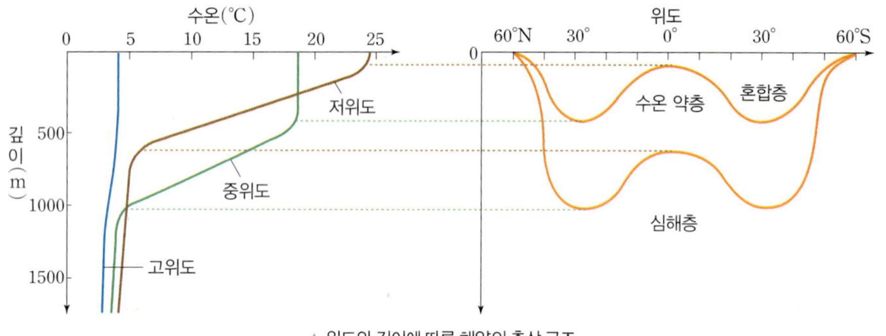

▲ 위도와 깊이에 따른 해양의 층상 구조

3. 해수의 밀도

(1) 밀도 변화에 영향을 주는 요인: 수온이 낮을수록, 염분이 높을수록, 수압이 클수록 해수의 밀도는 커진다.

(2) 수온과 밀도: 수온으로 일어나는 해수의 밀도 변화가 염분으로 일어나는 해수의 밀도 변화보다 크므로, 해수의 밀도 분포는 수온 분포와 반비례하는 경향이 있다.

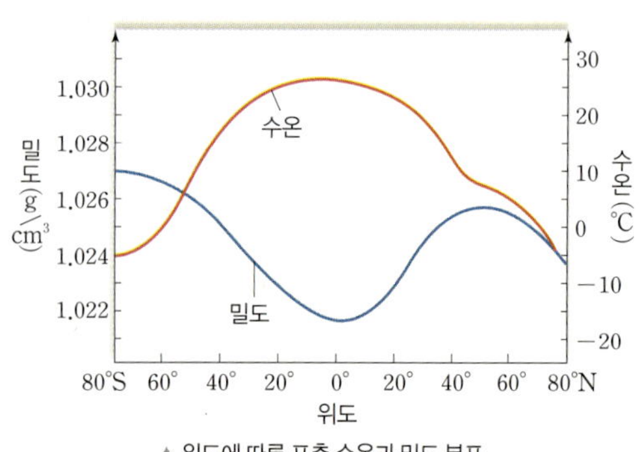

▲ 위도에 따른 표층 수온과 밀도 분포

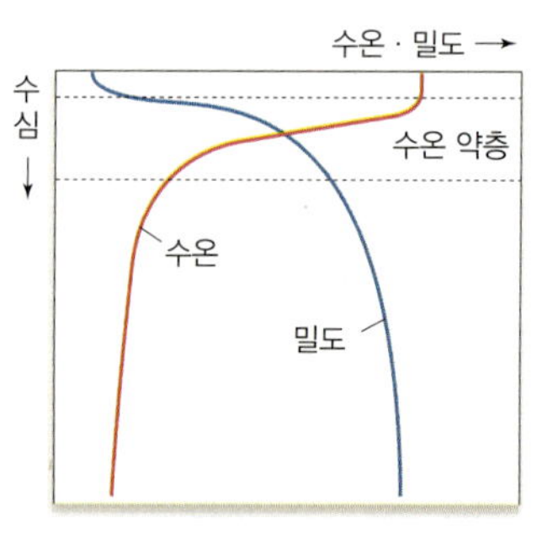

▲ 수심에 따른 수온과 밀도 분포

위도에 따른 태양 복사 에너지

지구는 둥글기 때문에 지표면이 받는 단위 넓이당 태양 복사 에너지양은 고위도로 갈수록 적어진다.

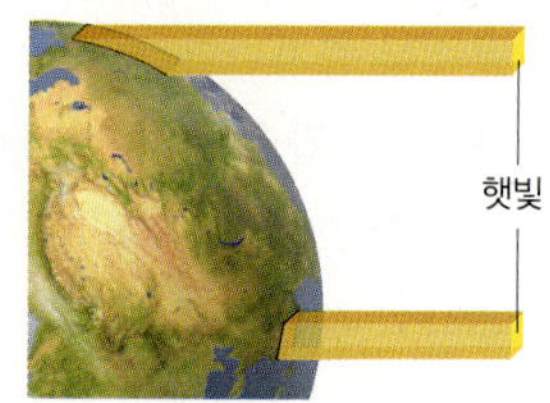

표층 해수의 등수온선 분포

표층 수온은 대체로 위도와 나란한 분포를 보인다. 하지만, 해류나 용승의 영향을 받는 해역에서는 등수온선이 위도와 나란하게 나타나지 않는다.

해양의 층상 구조

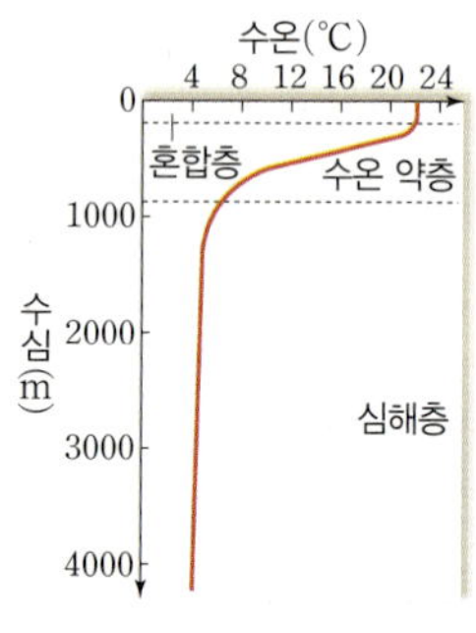

해수의 밀도

일반적으로 해수의 밀도는 1.020~1.030 g/cm³이며, 순수한 물보다 2~3 % 더 크다.

해수의 밀도 변화 요인

일반적으로 해수는 거의 압축되지 않으므로 수압에 의한 밀도 변화량은 매우 작다. 한편, 수온에 의한 밀도 변화 폭이 염분에 의한 밀도 변화 폭보다 크므로 해수의 밀도는 염분보다 수온의 영향을 더 크게 받는다.

밀도 약층

표층 아래의 밀도가 급격히 증가하는 층이다. 깊이에 따른 수온 변화가 커서 밀도 약층이 잘 발달하면 하층으로 갈수록 밀도가 증가하므로 표층과 심층의 해수가 잘 섞이지 않게 된다.

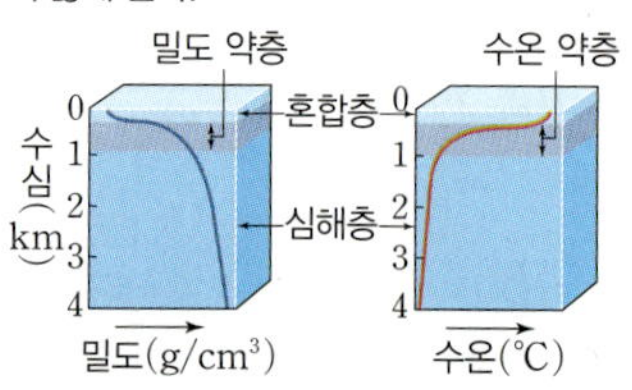

(3) **수온 염분도(T - S도)**: 수온과 염분에 따라 해수를 구분할 때 사용하는 그래프이며, 일반적으로 수온 염분도의 가로축은 염분, 세로축은 수온으로 표시한다.

- **수온 염분도의 해석**: 해수의 밀도는 수온과 염분에 따라 변하므로 수온 염분도에서는 각각의 수온과 염분값에 해당하는 밀도를 모두 계산하여 등치선의 형태인 등밀도선을 함께 나타낸다. 그러므로 수온 염분도에서 등밀도선은 왼쪽 아래(저온, 저염 구간)에서 오른쪽 위(고온, 고염 구간)로 가로지르는 곡선이 된다.
- **밀도 찾는 방법**: 주어진 수온과 염분이 교차하는 점을 지나는 등밀도선의 밀도값을 읽는다.
- **해수의 특성 파악**: 등밀도선에 놓인 서로 다른 두 지점은 수온과 염분이 다르더라도 밀도가 서로 같다. 해수 A와 B는 수온과 염분은 다르지만 밀도는 같다.

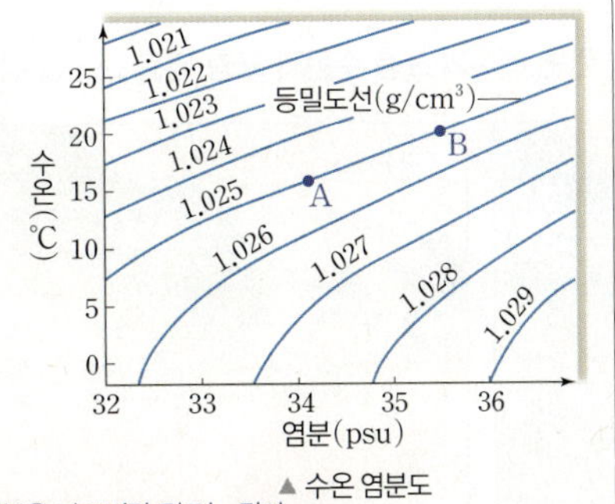

▲ 수온 염분도

- 수온 염분도에서 오른쪽 아래로 갈수록 수온이 낮아지고 염분이 높아지므로 밀도가 커진다.
- 수온과 염분이 달라도 해수의 밀도는 같을 수 있다.

3 우리나라 주변 해수의 특성

개념 표층 수온의 연교차는 황해에서 가장 크게 나타나고, 표층 염분은 여름철이 겨울철보다 낮다.

1. 표층 수온 분포

동해	• 한류와 난류에 의해 남북 방향의 수온 차가 크게 나타나고, 한류와 난류가 만나는 동해 중심부에서 조경 수역이 나타난다. • 여름철에는 동해 남부 연안을 따라 저층의 찬 해수가 용승하여 수온이 주변보다 낮은 영역이 나타나기도 한다.
남해	쿠로시오 해류의 영향으로 다른 해역에 비해 연중 수온이 높다.
황해	황해는 수심이 얕고 대륙의 영향을 많이 받으므로 여름철에는 동해보다 수온이 높지만, 겨울철에는 동해보다 수온이 낮다.

2. 표층 염분 분포

계절 변화	우리나라는 강수량이 7~8월에 집중되므로, 우리나라 주변 바다의 염분은 여름철이 겨울철보다 낮다.
황해	담수의 유입으로 인해 남해나 동해에 비해 염분이 낮게 나타난다.
남해	고염분의 쿠로시오 해류의 영향으로 염분이 높다.

동해에서의 용승과 냉수대

여름철에 남풍 계열의 바람이 강하게 불면 표층 해수가 먼 바다 쪽으로 이동하면서 동해 남부 연안을 따라 용승이 발생한다. 이로 인해 표층 수온이 급격하게 낮아지며 냉수대가 형성된다. 냉수대가 발달하면 난류성 어종인 오징어와 꽁치의 어획량이 줄어들고, 한류성 회유 어종인 임연수어와 대구의 어획량이 증가한다.

개념 익히기 문제

정답과 해설 p.36

🧠 교과서 문장으로 개념 익히기

11 해수의 수온은 수심이 깊어질수록 대체로 □□진다.

12 혼합층에서는 바람과 파도에 의한 □□ 작용으로 인해 수심에 상관없이 수온이 거의 일정하다.

13 표층과 심층 해수의 온도 차가 클수록 □□ □□이 잘 발달한다.

14 해수의 밀도는 수온이 □□수록 크다.

15 □□ □-□은 수심에 따라 수온이 급격하게 낮아지면서 밀도가 급격하게 증가하는 층이다.

16 수온과 염분에 따라 해수를 구분할 때 쓰는 그래프는 □□□□□이다.

📦 OX 문제로 개념 익히기

17 표층 해수의 온도는 고위도로 갈수록 대체로 낮아진다.

(O / X)

18 수온 약층에서는 수심이 깊어질수록 수온이 급격하게 높아진다.

(O / X)

19 해수의 밀도는 염분보다 수온의 영향을 더 크게 받는다.

(O / X)

20 적도는 표층 수온이 가장 높아서 표층 해수의 밀도가 가장 크다.

(O / X)

21 우리나라 주변 해역에서 평균 표층 염분은 황해가 남해보다 높다.

(O / X)

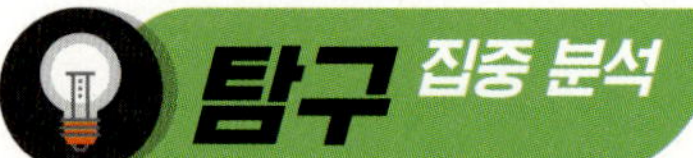

탐구 집중 분석 우리나라 주변 해수의 표층 수온과 표층 염분

과정 & 결과

그림은 겨울(2월)과 여름(8월)에 우리나라 주변 해수의 표층 수온과 표층 염분 분포를 나타낸 것이다.

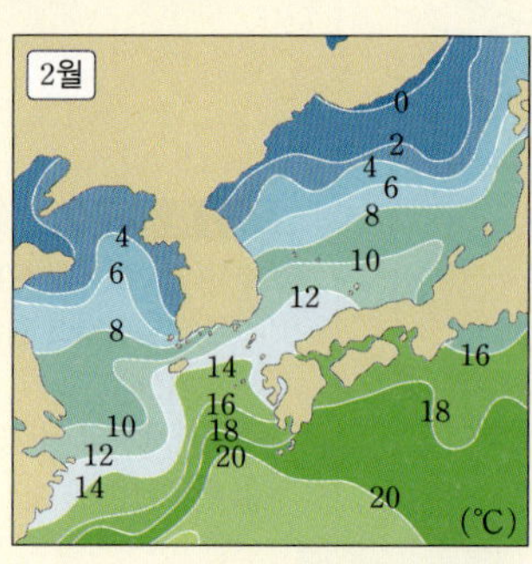

▲ 2월의 수온 분포

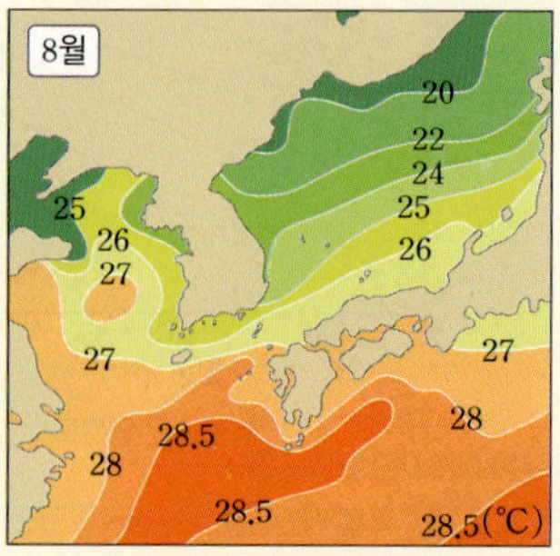

▲ 8월의 수온 분포

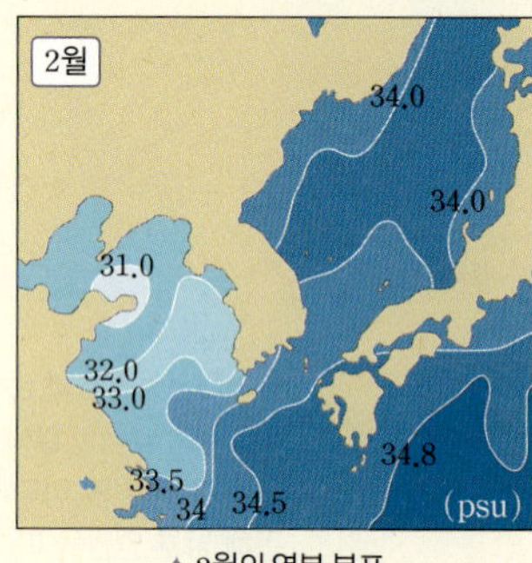

▲ 2월의 염분 분포

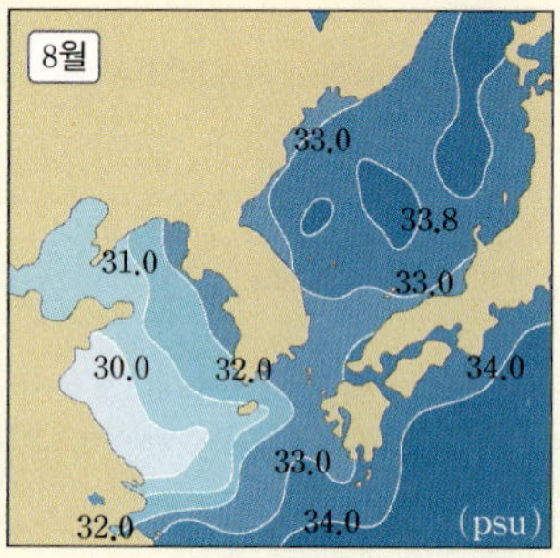

▲ 8월의 염분 분포

❶ 남해와 동해 중 표층 수온의 연교차가 더 큰 곳과 그 까닭을 알아보자.

⋯➝ 8월에는 우리나라 주변 해역 대부분이 난류의 영향을 받아 수온이 높게 나타나지만, 2월에는 난류의 세력이 약해지면서 동해의 수온이 급격히 낮아진다. 따라서 표층 수온의 연교차는 연중 난류의 영향을 받는 남해보다 겨울철에는 한류, 여름철에는 난류의 영향을 받는 동해가 크다.

❷ 황해와 동해 중 평균 표층 염분이 더 낮은 곳과 그 까닭을 알아보자.

⋯➝ 황해는 대륙으로 둘러싸여 있어 담수의 유입이 많기 때문에 동해보다 평균 표층 염분이 낮다.

분석

1. 동해에서 2월과 8월 중 남북 간 수온 차가 더 큰 때는 언제이며, 그 까닭은 무엇인가?

⋯➝ 남해는 연중 난류의 영향을 받으므로 겨울철에도 수온이 급격히 내려가지 않고 연중 수온 편차가 작다. 그러나 동해는 겨울철에 남쪽으로 내려오는 북한 한류의 세력이 강해지면서 수온이 급격히 내려간다. 따라서 동해에서는 8월보다 2월에 남북 간 수온 차가 더 크게 나타난다.

2. 2월과 8월 중 표층 염분이 더 낮은 때는 언제이며, 그 까닭은 무엇인가?

⋯➝ 우리나라는 8월에 연강수량의 대부분이 집중되어 있어 2월보다 8월에 표층 염분이 더 낮다.

탐구 목표

우리나라 주변 해수의 수온과 염분 분포의 특성을 설명할 수 있다.

탐구 포인트

1. 남해는 연중 난류의 영향으로 수온의 연교차가 작다.
2. 동해는 난류와 한류가 모두 나타나므로 계절에 따른 난류와 한류의 세력의 차이로 수온 변화가 남해보다 복잡하게 나타난다.
3. 우리나라는 강수가 여름철에 집중되므로 여름철 표층 염분이 낮다. 황해는 대륙으로 둘러싸여 있어 담수의 유입이 많아 다른 해역에 비해 표층 염분이 낮다.

정답과 해설 p.36

예제 1

우리나라 주변 해수의 특징에 대한 설명으로 옳지 않은 것은?

① 여름철 평균 염분은 황해가 동해보다 낮다.
② 표층 수온은 남쪽으로 갈수록 대체로 높아진다.
③ 표층 용존 산소량은 여름철보다 겨울철에 낮다.
④ 남해는 쿠로시오 해류의 영향으로 표층 염분이 높다.
⑤ 여름철과 겨울철 평균 표층 수온 편차는 남해가 황해보다 작다.

예제 2 서술형

울릉도 부근 해역 표층 해수의 밀도는 2월과 8월 중 언제가 더 클 것인지 서술하시오.

개념 다지기 문제

01 염분에 대한 설명으로 옳은 것만을 |보기|에서 있는 대로 고른 것은?

─ 보기 ─
ㄱ. 여름철에 북극 해역의 표층 염분은 낮아진다.
ㄴ. 강수량이 많은 계절에는 표층 염분이 낮아진다.
ㄷ. 해역별로 염분이 달라도 해수에 녹아 있는 염류의 질량비는 일정하다.

① ㄱ   ② ㄴ   ③ ㄱ, ㄷ
④ ㄴ, ㄷ   ⑤ ㄱ, ㄴ, ㄷ

대표 유형 문제

02 그림은 위도별 강수량과 증발량 분포를 나타낸 것이다. A와 B는 각각 강수량과 증발량 중 하나이다.

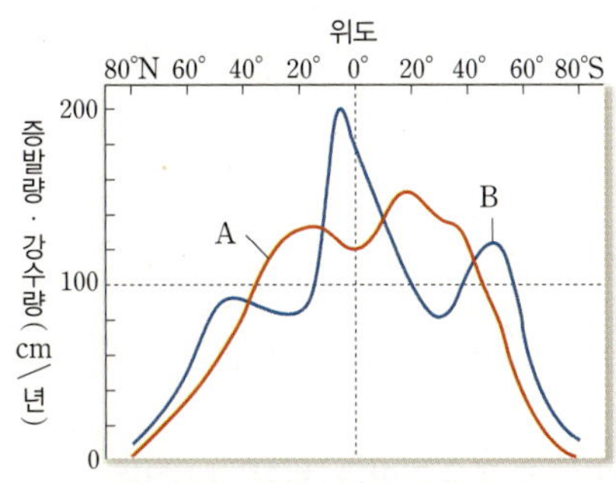

이에 대한 설명으로 옳은 것만을 |보기|에서 있는 대로 고른 것은?

─ 보기 ─
ㄱ. A는 증발량이다.
ㄴ. 강수량은 적도가 중위도 해역보다 많다.
ㄷ. 표층 염분은 적도가 중위도 해역보다 낮다.

① ㄱ   ② ㄷ   ③ ㄱ, ㄴ
④ ㄴ, ㄷ   ⑤ ㄱ, ㄴ, ㄷ

03 해수의 용존 기체에 대한 설명으로 옳은 것만을 |보기|에서 있는 대로 고른 것은?

─ 보기 ─
ㄱ. 해수에서 기체의 용해도는 수압이 높을수록 크다.
ㄴ. 표층 해수에서 용존 기체량은 산소가 이산화 탄소보다 많다.
ㄷ. 표층 해수의 용존 산소량은 고위도로 갈수록 적어진다.

① ㄱ   ② ㄷ   ③ ㄱ, ㄴ
④ ㄴ, ㄷ   ⑤ ㄱ, ㄴ, ㄷ

대표 유형 문제

04 그림은 수심에 따른 용존 산소의 농도를 나타낸 것이다. 이에 대한 설명으로 옳은 것만을 |보기|에서 있는 대로 고른 것은?

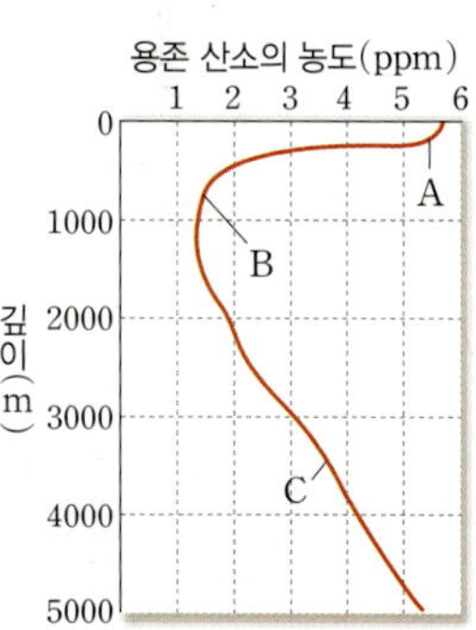

─ 보기 ─
ㄱ. A에서 용존 산소의 농도가 높은 까닭은 생물의 호흡이 가장 활발하게 일어나기 때문이다.
ㄴ. 식물성 플랑크톤에 의한 광합성은 A보다 B의 깊이에서 활발하게 일어난다.
ㄷ. 산소의 용해도는 B보다 C의 깊이에서 크다.

① ㄱ   ② ㄷ   ③ ㄱ, ㄴ
④ ㄴ, ㄷ   ⑤ ㄱ, ㄴ, ㄷ

05 해수의 연직 구조에 대한 설명으로 옳지 <u>않은</u> 것은?

① 평균 수온은 혼합층이 심해층보다 높다.
② 풍속이 강할수록 혼합층의 두께는 얇아진다.
③ 일반적으로 수심이 깊어질수록 수온은 낮아진다.
④ 계절에 따른 수온 변화는 혼합층이 심해층보다 크다.
⑤ 깊이에 따른 수온 변화는 수온 약층이 심해층보다 크다.

개념 다지기 문제

06 그림은 위도에 따른 혼합층, 수온 약층, 심해층의 분포를 A, B, C로 순서 없이 나타낸 것이다.

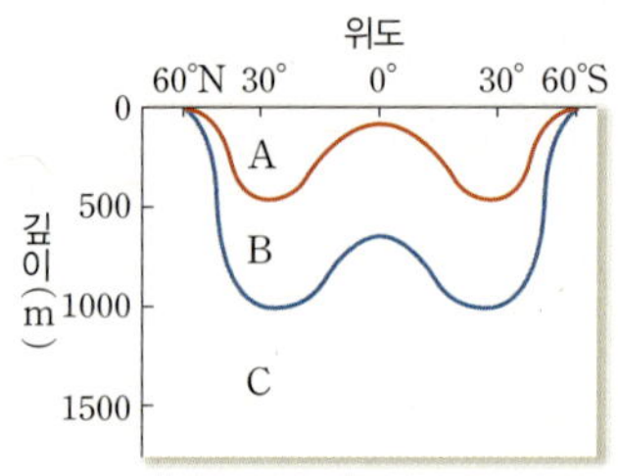

이에 대한 설명으로 옳은 것만을 |보기|에서 있는 대로 고른 것은?

> **보기**
> ㄱ. A는 수온 약층이다.
> ㄴ. 깊이에 따른 수온 변화는 A에서 가장 크다.
> ㄷ. 평균 풍속은 위도 30° 해역이 적도보다 크다.

① ㄱ ② ㄷ ③ ㄱ, ㄴ
④ ㄱ, ㄷ ⑤ ㄴ, ㄷ

08 그림은 위도에 따른 표층 해수의 수온과 밀도를 A와 B로 순서 없이 나타낸 것이다.

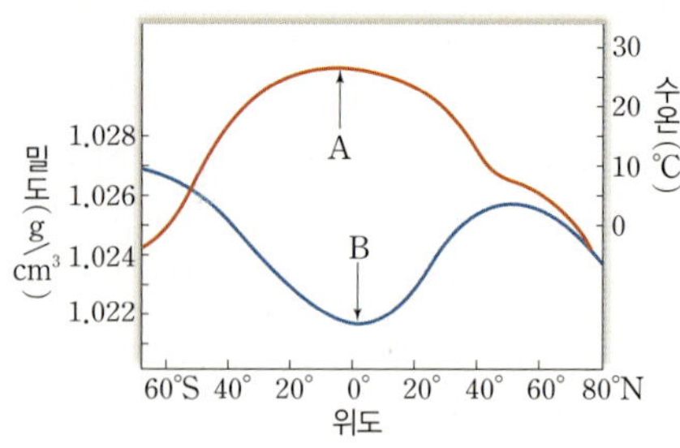

이에 대한 설명으로 옳은 것만을 |보기|에서 있는 대로 고른 것은?

> **보기**
> ㄱ. A는 밀도이다.
> ㄴ. 수온이 높을수록 대체로 밀도가 크다.
> ㄷ. 표층 해수의 밀도는 중위도 해역이 적도 해역보다 크다.

① ㄱ ② ㄷ ③ ㄱ, ㄴ
④ ㄱ, ㄷ ⑤ ㄴ, ㄷ

대표 유형문제

07 그림은 고위도, 중위도, 저위도 해역에서 수심에 따른 수온 분포를 A, B, C로 순서 없이 나타낸 것이다.

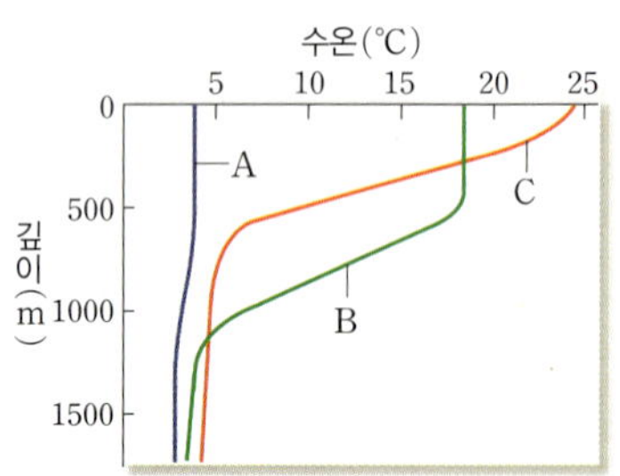

이에 대한 설명으로 옳은 것만을 |보기|에서 있는 대로 고른 것은?

> **보기**
> ㄱ. 위도는 A가 B보다 높다.
> ㄴ. 혼합층의 두께는 B가 C보다 얇다.
> ㄷ. 수온 약층이 가장 뚜렷하게 발달해 있는 곳은 A이다.

① ㄱ ② ㄴ ③ ㄷ
④ ㄱ, ㄷ ⑤ ㄴ, ㄷ

대표 유형문제

09 그림은 수심에 따른 해수의 수온과 밀도를 A와 B로 순서 없이 나타낸 것이다.

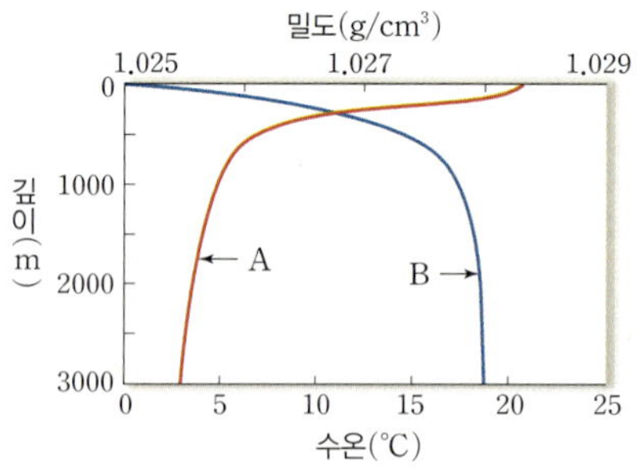

이에 대한 설명으로 옳은 것만을 |보기|에서 있는 대로 고른 것은?

> **보기**
> ㄱ. 해수의 밀도는 해수면에서 가장 작다.
> ㄴ. 수심에 따른 밀도 변화는 심해층에서 가장 크다.
> ㄷ. 수온이 급격하게 낮아지는 구간에서 밀도는 급격하게 커진다.

① ㄱ ② ㄴ ③ ㄱ, ㄴ
④ ㄱ, ㄷ ⑤ ㄴ, ㄷ

10 그림은 위도별 (증발량−강수량) 및 표층 염분 분포를 나타낸 것이다.

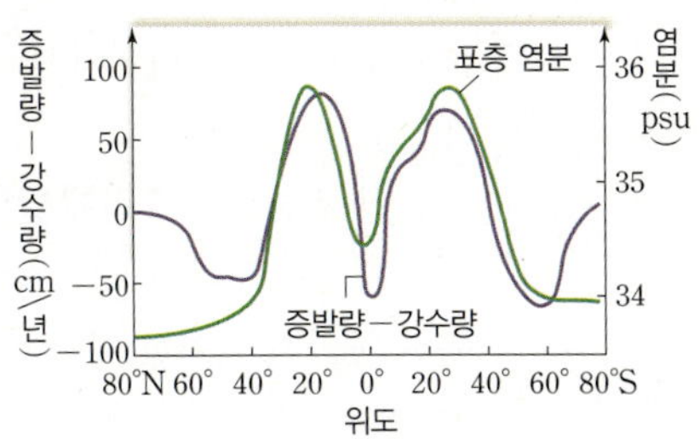

이에 대한 설명으로 옳은 것만을 |보기|에서 있는 대로 고른 것은?

> **보기**
> ㄱ. 적도 해역에는 저압대가 발달한다.
> ㄴ. 위도 30° 부근 해역은 증발량보다 강수량이 많다.
> ㄷ. (증발량−강수량)이 클수록 표층 염분이 대체로 높다.

① ㄱ   ② ㄴ   ③ ㄱ, ㄷ
④ ㄴ, ㄷ   ⑤ ㄱ, ㄴ, ㄷ

대표 유형 문제

11 그림은 수온 염분도에 해수 A, B, C의 수온과 염분을 나타낸 것이다.

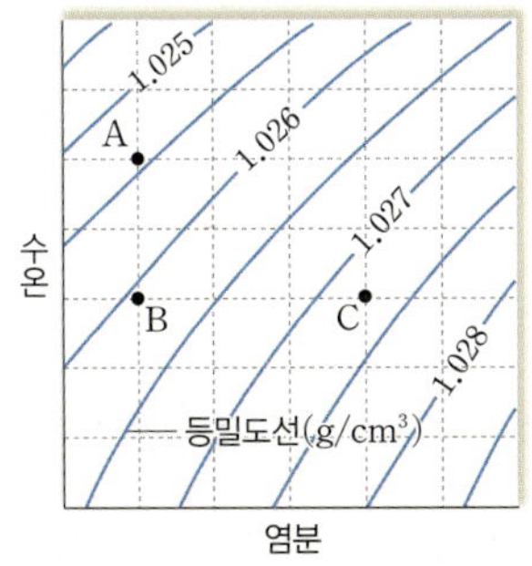

이에 대한 설명으로 옳은 것만을 |보기|에서 있는 대로 고른 것은?

> **보기**
> ㄱ. 수온은 A가 B보다 높다.
> ㄴ. 염분은 B가 C보다 높다.
> ㄷ. 밀도는 A가 C보다 크다.

① ㄱ   ② ㄴ   ③ ㄱ, ㄷ
④ ㄴ, ㄷ   ⑤ ㄱ, ㄴ, ㄷ

12 그림은 전 세계 해양의 연평균 표층 염분 분포를 나타낸 것이다.

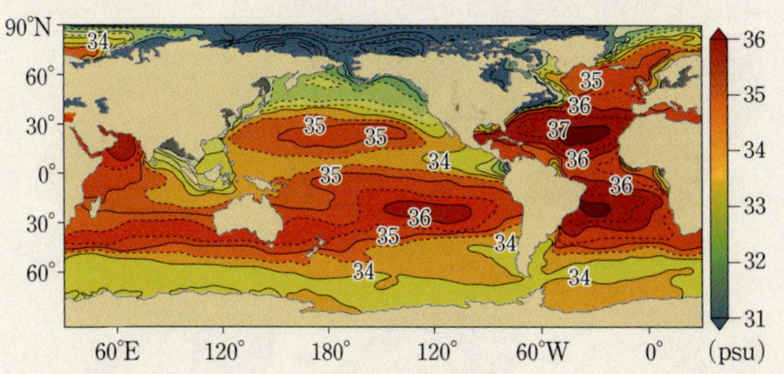

대양의 중앙에서보다 연안에서 표층 염분이 낮게 나타나는 까닭을 서술하시오.

13 그림은 수심에 따른 용존 이산화 탄소의 농도를 나타낸 것이다.
해수면 부근에서 용존 이산화 탄소의 농도가 가장 낮게 나타나는 까닭을 서술하시오.

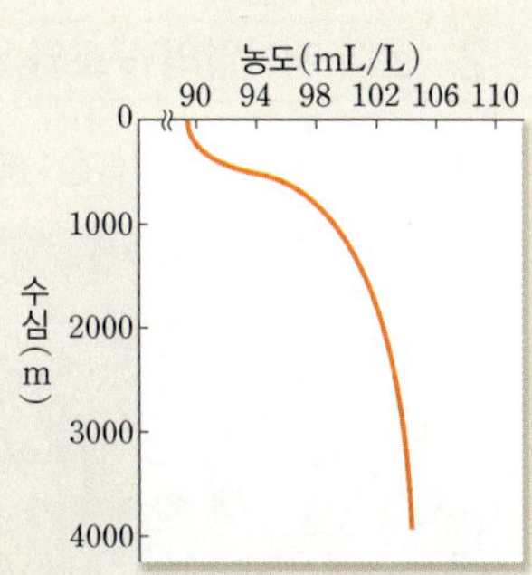

14 그림은 전 세계 해양의 연평균 표층 수온 분포를 나타낸 것이다.

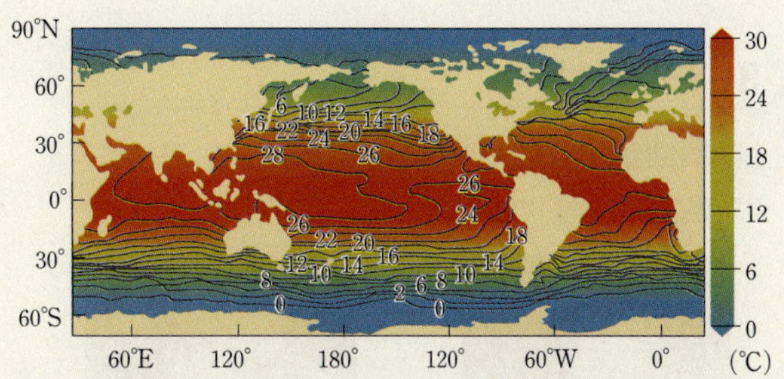

등온선이 대체로 위도와 나란하게 나타나는 까닭을 서술하시오.

학교 시험 빈출 자료 **MASTER**

01 기압과 날씨 변화

1 온대 저기압의 일생

그림은 온대 저기압의 일생을 나타낸 것이다.

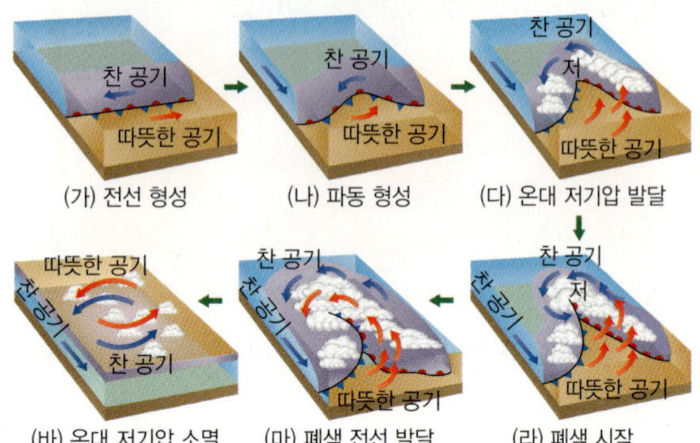

● 다음 설명 중 옳은 것은 ○표, 옳지 <u>않은</u> 것은 ×표 하시오.

1 (가)에서 형성된 전선은 폐색 전선이다. ○ / ×

2 (다)에서 저기압 중심의 남서쪽에는 한랭 전선이 형성된다.
○ / ×

3 (다)에서 층운형 구름은 주로 한랭 전선의 후면에 발달한다.
○ / ×

4 (다)에서 강수는 주로 따뜻한 공기가 위치한 지역에서 나타난다. ○ / ×

5 전선의 이동 속도는 한랭 전선이 온난 전선보다 빠르다.
○ / ×

6 찬 공기의 위치 에너지는 (나)보다 (바)일 때 크다. ○ / ×

2 온대 저기압의 구조와 날씨

그림은 온대 저기압의 모습을 나타낸 것이다.

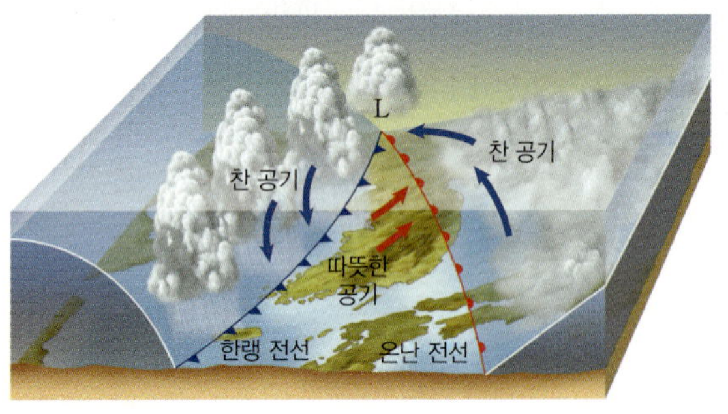

● 다음 설명 중 옳은 것은 ○표, 옳지 <u>않은</u> 것은 ×표 하시오.

1 저기압 중심을 기준으로 바람은 대체로 시계 반대 방향으로 분다. ○ / ×

2 온난 전선의 앞쪽에는 남동풍이 우세하게 분다. ○ / ×

3 기온은 온난 전선과 한랭 전선 사이가 가장 낮다. ○ / ×

4 한랭 전선의 뒤쪽에는 지속성 강우가 나타난다. ○ / ×

5 저기압 중심 부근부터 폐색 전선이 나타나기 시작한다.
○ / ×

6 전선면의 기울기는 온난 전선이 한랭 전선보다 완만하다.
○ / ×

3 위성 영상 분석

그림 (가)와 (나)는 각각 어느 날 같은 시각에 관측한 가시 영상과 적외 영상을 나타낸 것이다.

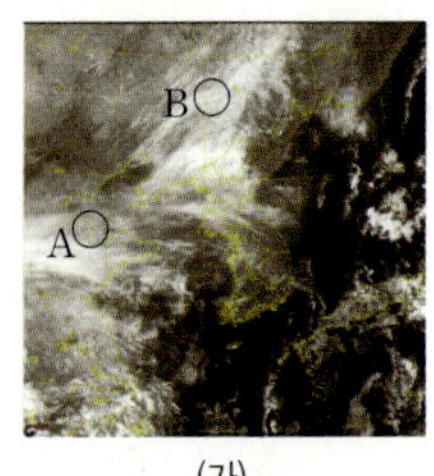

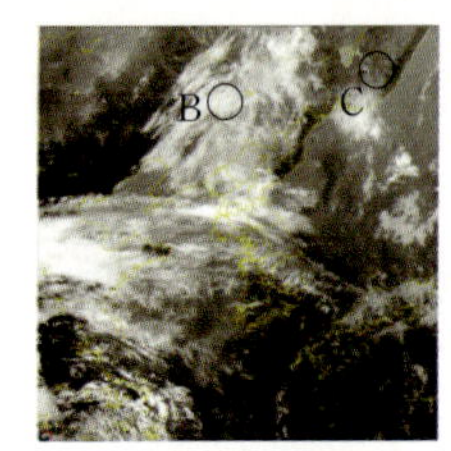

● 다음 설명 중 옳은 것은 ○표, 옳지 <u>않은</u> 것은 ×표 하시오.

1 (가)를 통해 구름의 두께를 알 수 있다. ○ / ×

2 (나)를 통해 구름 최상부의 높이를 알 수 있다. ○ / ×

3 (나)에서는 밝은 부분일수록 구름에서 방출되는 적외선의 세기가 강하다. ○ / ×

4 (가)에서 구름의 두께는 A가 B보다 두껍다. ○ / ×

5 (나)에서 구름 최상부의 온도는 B가 C보다 높다. ○ / ×

6 B에는 적란운이 발달해 있다. ○ / ×

02 태풍과 우리나라의 주요 악기상

4 태풍의 구조

그림은 태풍의 구조를 나타낸 것이다.

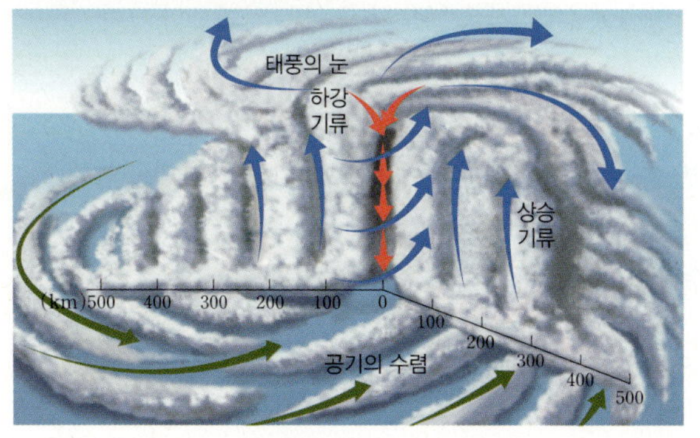

● 다음 설명 중 옳은 것은 ○표, 옳지 <u>않은</u> 것은 ×표 하시오.

1 태풍은 수평 규모보다 수직 규모가 훨씬 크다. ○ / ×

2 지표 부근에서 바람은 태풍 중심을 향해 시계 방향으로 불면서 수렴한다. ○ / ×

3 태풍의 최상부에서는 바람이 시계 방향으로 불면서 발산한다. ○ / ×

4 태풍의 눈에서는 하강 기류가 나타난다. ○ / ×

5 기압은 태풍의 중심에서 가장 낮다. ○ / ×

6 풍속은 태풍의 눈에서 가장 빠르다. ○ / ×

5 위험 반원과 안전 반원

그림은 북반구에서 태풍이 북상할 때 위험 반원과 안전 반원을 나타낸 것이다.

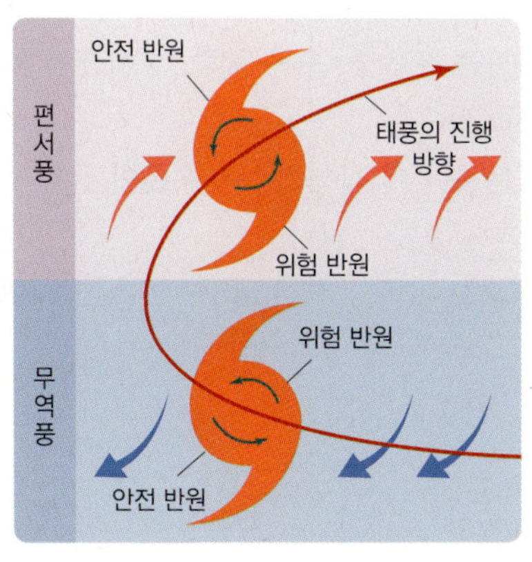

● 다음 설명 중 옳은 것은 ○표, 옳지 <u>않은</u> 것은 ×표 하시오.

1 무역풍대에서 태풍은 대체로 북서쪽으로 이동한다. ○ / ×

2 태풍 진행 방향의 오른쪽 반원에서는 태풍의 진행 방향과 풍향이 서로 반대이다. ○ / ×

3 태풍 진행 방향의 왼쪽 반원은 오른쪽 반원보다 평균 풍속이 빠르다. ○ / ×

4 태풍 진행 방향의 오른쪽 반원은 위험 반원이다. ○ / ×

5 편서풍대에서는 태풍의 이동 방향과 편서풍의 방향이 서로 반대이다. ○ / ×

6 뇌우의 발달 단계

그림은 뇌우의 발달 단계를 나타낸 것이다.

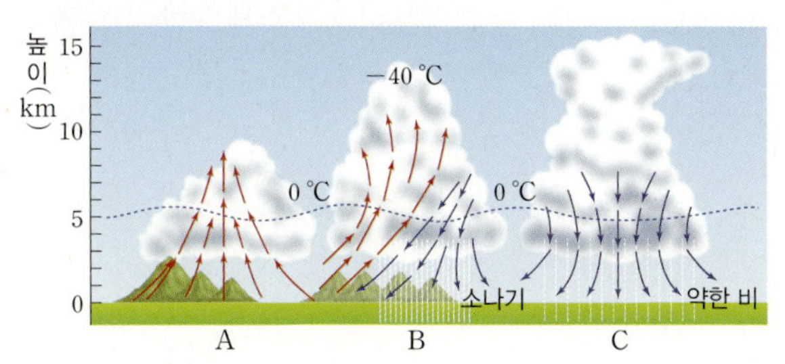

● 다음 설명 중 옳은 것은 ○표, 옳지 않은 것은 ×표 하시오.

1 뇌우는 대기가 불안정한 상태에서 상승할 때 잘 발달한다. ○ / ×

2 A는 성숙 단계이다. ○ / ×

3 천둥과 번개는 B보다 C 단계에서 자주 발생한다. ○ / ×

4 강수는 A보다 B 단계에서 강하게 나타난다. ○ / ×

5 뇌운에서 하강 기류가 발달할수록 뇌우의 세력은 강해진다. ○ / ×

03 해수의 성질

7 해수의 염분

그림은 위도에 따른 (증발량−강수량) 값과 표층 염분을 나타낸 것이다.

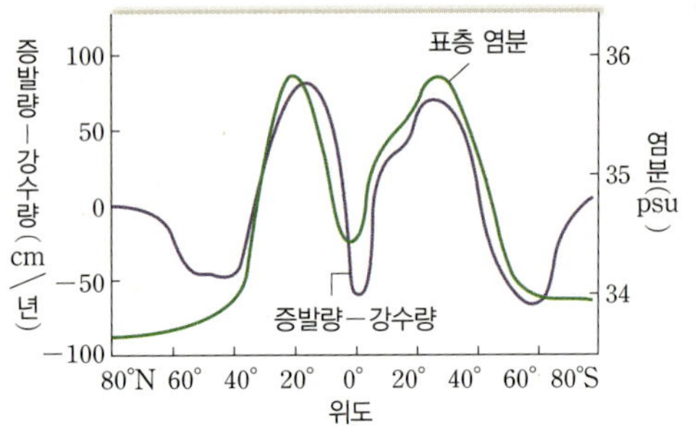

● 다음 설명 중 옳은 것은 ○표, 옳지 <u>않은</u> 것은 ×표 하시오.

1 강수량은 적도가 중위도 지역보다 많다. ○ / ×

2 (증발량−강수량) 값은 적도가 중위도 지역보다 크다. ○ / ×

3 표층 염분은 적도가 중위도 지역보다 낮다. ○ / ×

4 (증발량−강수량) 값이 클수록 표층 염분이 대체로 높다. ○ / ×

5 강수량이 많은 계절에는 표층 염분이 낮아진다. ○ / ×

8 해수의 수온과 연직 구조

그림은 저위도, 중위도, 고위도 지역에서 깊이에 따른 수온 분포를 나타낸 것이다.

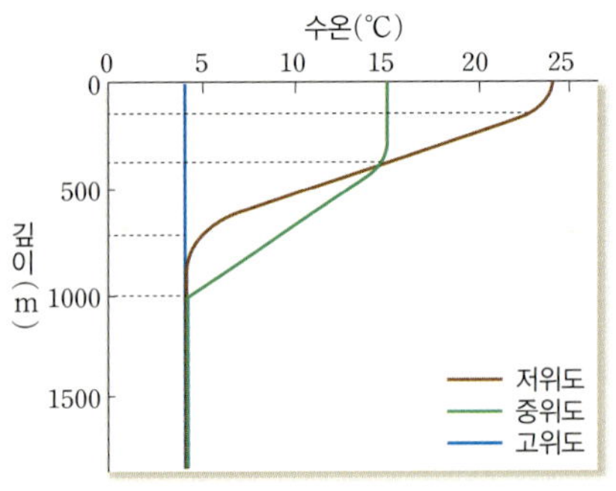

● 다음 설명 중 옳은 것은 ○표, 옳지 <u>않은</u> 것은 ×표 하시오.

1 혼합층은 깊이에 따른 수온 변화가 가장 큰 층이다. ○ / ×

2 표층 수온은 중위도보다 저위도 지역에서 높다. ○ / ×

3 혼합층의 두께는 중위도보다 저위도 지역에서 두껍다. ○ / ×

4 고위도 지역에서는 혼합층, 수온 약층, 심해층이 모두 뚜렷하게 나타난다. ○ / ×

5 수온 약층에서는 수심이 깊어질수록 수온이 급격하게 낮아진다. ○ / ×

6 위도에 따른 수온의 변화는 심해층이 혼합층보다 작다. ○ / ×

9 해수의 밀도와 수온 염분도

그림은 수온 염분도에 두 해수 A, B의 수온과 염분을 나타낸 것이다.

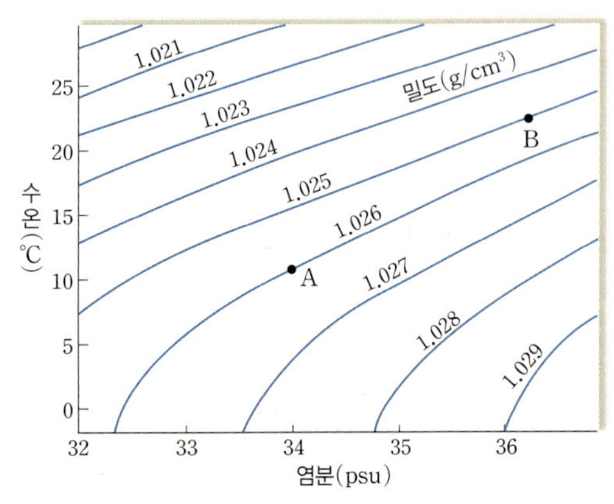

● 다음 설명 중 옳은 것은 ○표, 옳지 <u>않은</u> 것은 ×표 하시오.

1 수온은 A가 B보다 높다. ○ / ×

2 염분은 A가 B보다 높다. ○ / ×

3 밀도는 A가 B보다 크다. ○ / ×

4 수온이 같을 때 염분이 높을수록 밀도가 크다. ○ / ×

5 염분이 같을 때 수온이 낮을수록 밀도가 크다. ○ / ×

6 해수의 밀도는 수온이 낮고 염분이 높을수록 크다. ○ / ×

학교 시험 대비 문제

01 그림은 우리나라에 영향을 준 어떤 전선의 위치 변화를 나타낸 것이다.

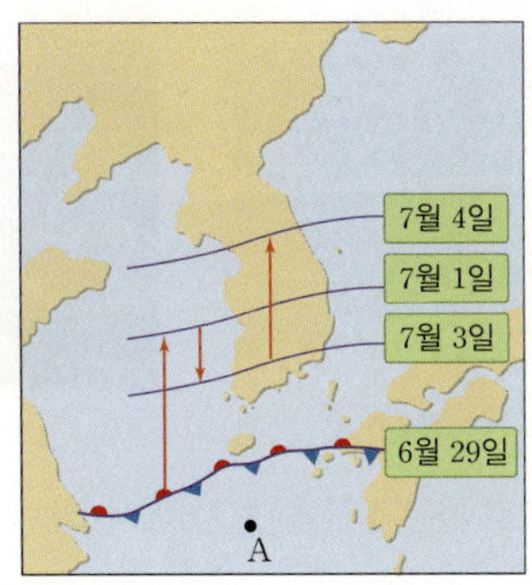

이에 대한 설명으로 옳은 것만을 |보기|에서 있는 대로 고른 것은?

|보기|
ㄱ. 이 전선은 정체 전선이다.
ㄴ. A 지점은 한랭 건조한 기단의 영향을 받고 있다.
ㄷ. 6월 29일부터 7월 1일까지 북태평양 고기압의 세력은 계속 약해졌다.

① ㄱ ② ㄴ ③ ㄱ, ㄷ
④ ㄴ, ㄷ ⑤ ㄱ, ㄴ, ㄷ

02 그림은 북반구의 온대 저기압을 나타낸 것이다.

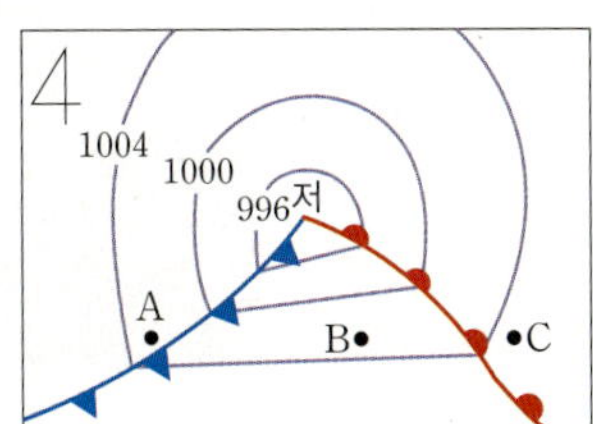

A, B, C 지점에 대한 설명으로 옳은 것만을 |보기|에서 있는 대로 고른 것은?

|보기|
ㄱ. 기온은 B가 C보다 높다.
ㄴ. A에는 소나기성 강수가 나타난다.
ㄷ. C에서는 북풍 계열의 바람이 우세하게 분다.

① ㄱ ② ㄷ ③ ㄱ, ㄴ
④ ㄴ, ㄷ ⑤ ㄱ, ㄴ, ㄷ

03 그림 (가)와 (나)는 어느 날 12시간 간격의 지상 일기도를 순서 없이 나타낸 것이다.

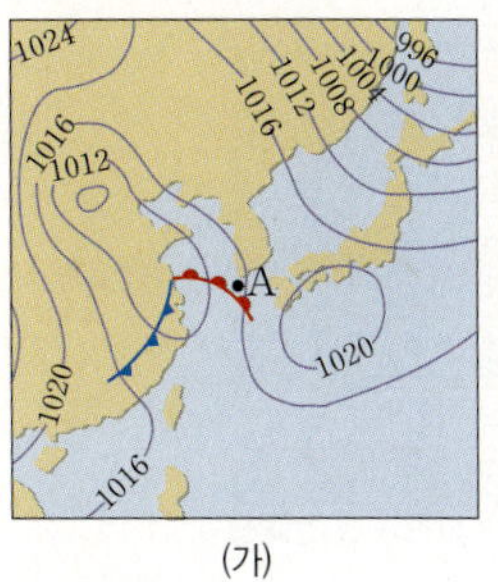

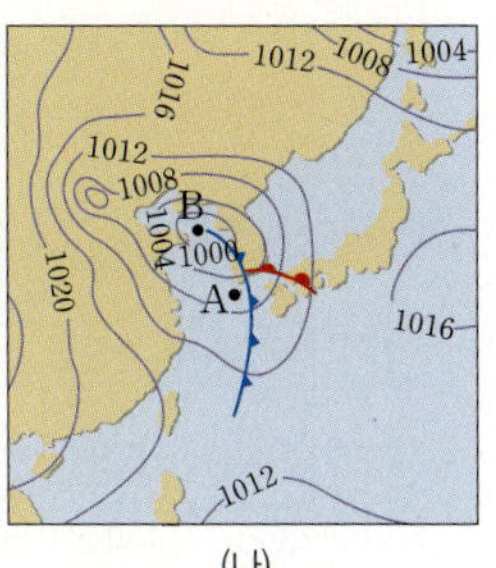

(가) (나)

이에 대한 설명으로 옳은 것만을 |보기|에서 있는 대로 고른 것은?

|보기|
ㄱ. 관측 시각은 (가)가 (나)보다 먼저이다.
ㄴ. 이 기간 동안 A 지점에서의 풍향은 시계 방향으로 변하였다.
ㄷ. B 지점의 기압은 주변보다 높다.

① ㄱ ② ㄷ ③ ㄱ, ㄴ
④ ㄴ, ㄷ ⑤ ㄱ, ㄴ, ㄷ

04 그림 (가)와 (나)는 각각 어느 날 같은 시각에 관측한 우리나라 부근의 가시 영상과 적외 영상을 나타낸 것이다.

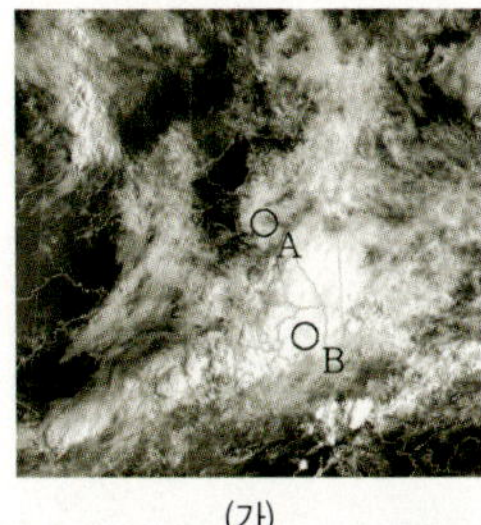

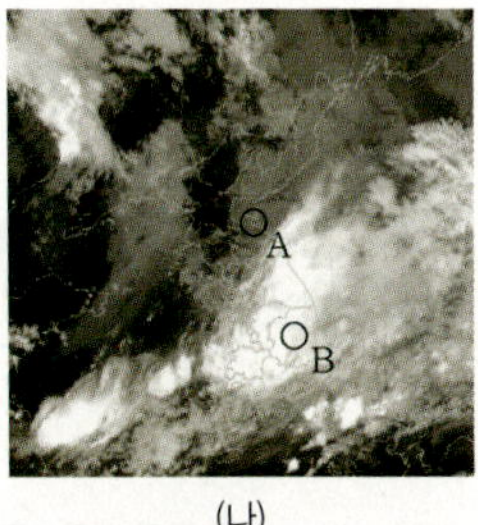

(가) (나)

이에 대한 설명으로 옳은 것만을 |보기|에서 있는 대로 고른 것은?

|보기|
ㄱ. (가)를 통해 구름의 높이를 알 수 있다.
ㄴ. (나)에서 구름 최상부의 온도는 A가 B보다 높다.
ㄷ. 적란운이 존재할 가능성은 A가 B보다 높다.

① ㄱ ② ㄴ ③ ㄱ, ㄷ
④ ㄴ, ㄷ ⑤ ㄱ, ㄴ, ㄷ

05

그림은 어느 해 우리나라에 영향을 준 두 태풍 A, B의 발생 위치와 이동 경로를 나타낸 것이다.

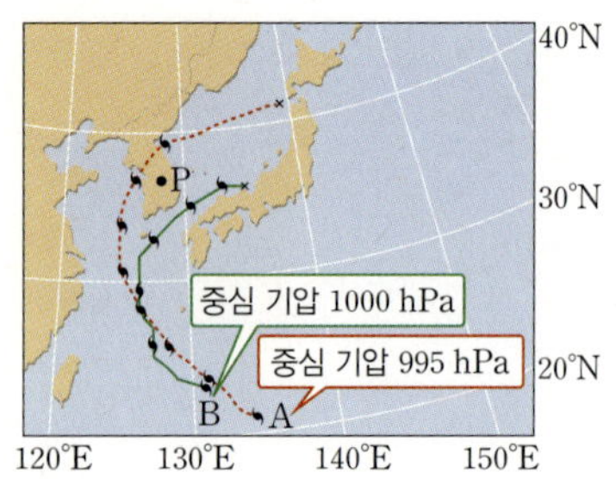

이에 대한 설명으로 옳은 것만을 |보기|에서 있는 대로 고른 것은?

> **보기**
> ㄱ. 태풍 발생 당시의 세력은 A가 B보다 약했다.
> ㄴ. A가 우리나라를 통과하는 동안 P는 위험 반원에 위치하였다.
> ㄷ. B가 P에 영향을 미치는 동안 P에서의 풍향은 시계 방향으로 변했다.

① ㄱ　　　　② ㄴ　　　　③ ㄱ, ㄷ
④ ㄴ, ㄷ　　　⑤ ㄱ, ㄴ, ㄷ

대표 유형문제

06

그림은 북반구에서 태풍의 중심으로부터의 거리에 따른 기압과 풍속 변화를 A와 B로 순서 없이 나타낸 것이다.

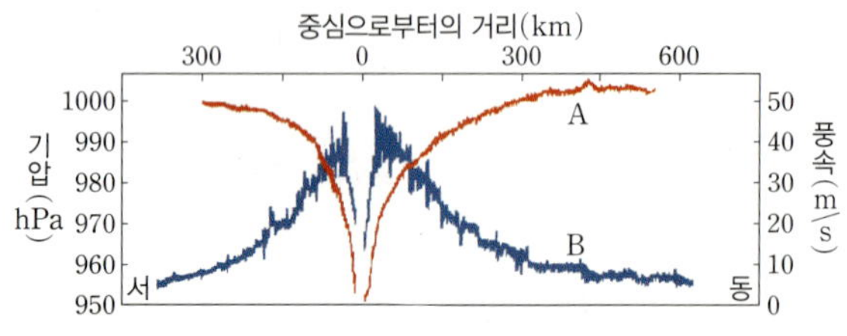

이에 대한 설명으로 옳은 것만을 |보기|에서 있는 대로 고른 것은?

> **보기**
> ㄱ. A는 풍속, B는 기압이다.
> ㄴ. 기압은 태풍 중심에서 가장 높다.
> ㄷ. 태풍의 눈 부근에서 최대 풍속은 태풍 중심의 서쪽보다 동쪽에서 크다.

① ㄱ　　　　② ㄷ　　　　③ ㄱ, ㄴ
④ ㄴ, ㄷ　　　⑤ ㄱ, ㄴ, ㄷ

대표 유형문제

07

그림 (가)와 (나)는 우리나라 일부 지역에 폭설 주의보가 발령된 어느 날 21시의 지상 일기도와 위성 영상을 나타낸 것이다.

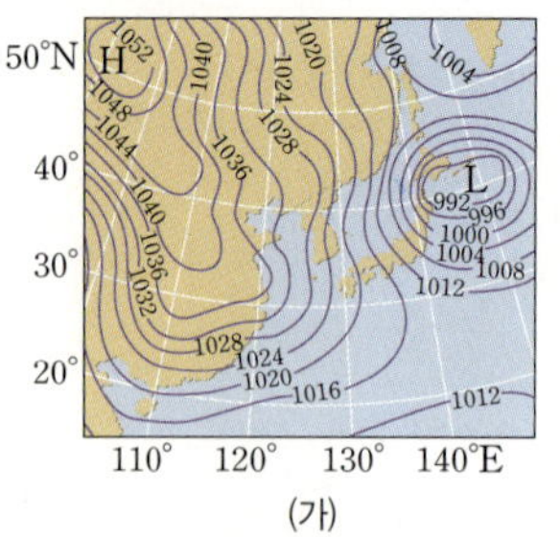

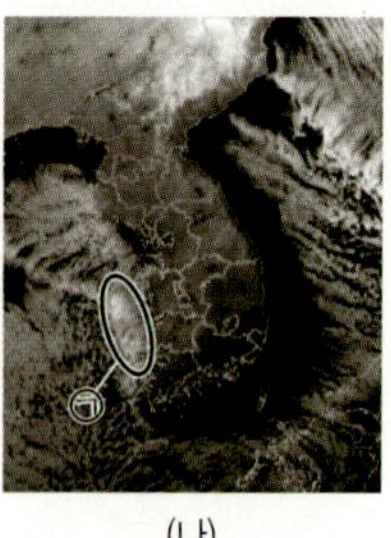

(가)　　　　　　(나)

이에 대한 설명으로 옳은 것만을 |보기|에서 있는 대로 고른 것은?

> **보기**
> ㄱ. 우리나라는 시베리아 고기압의 영향을 받고 있다.
> ㄴ. 우리나라는 동풍 계열의 바람이 우세하게 불고 있다.
> ㄷ. ㉠에 내린 폭설은 주로 동해에서 공급된 수증기로 인해 발생하였다.

① ㄱ　　　　② ㄷ　　　　③ ㄱ, ㄴ
④ ㄴ, ㄷ　　　⑤ ㄱ, ㄴ, ㄷ

08

그림 (가)는 황사가 발원한 어느 날 우리나라 주변의 일기도를, (나)는 이로부터 며칠 후 우리나라의 상층 대기에 나타난 황사의 모습을 나타낸 것이다.

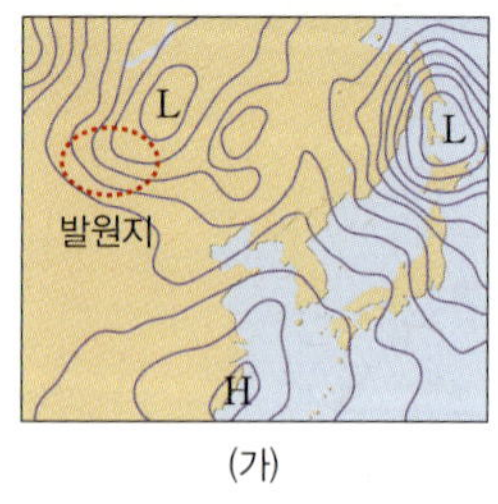

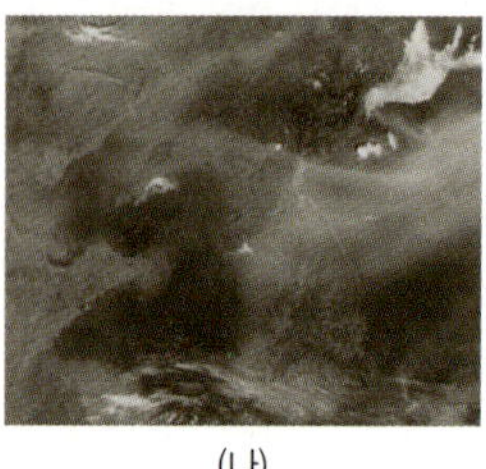

(가)　　　　　　(나)

이에 대한 설명으로 옳은 것만을 |보기|에서 있는 대로 고른 것은?

> **보기**
> ㄱ. (가)에서 풍속은 발원지가 우리나라보다 컸다.
> ㄴ. 황사는 무역풍을 타고 우리나라로 이동하였다.
> ㄷ. (가)의 발원지에 고기압이 발달했다면, 우리나라의 황사 피해가 더 컸을 것이다.

① ㄱ　　　　② ㄷ　　　　③ ㄱ, ㄴ
④ ㄴ, ㄷ　　　⑤ ㄱ, ㄴ, ㄷ

09 그림은 해수에 녹아 있는 이산화 탄소와 산소의 양을 깊이에 따라 나타낸 것이다.

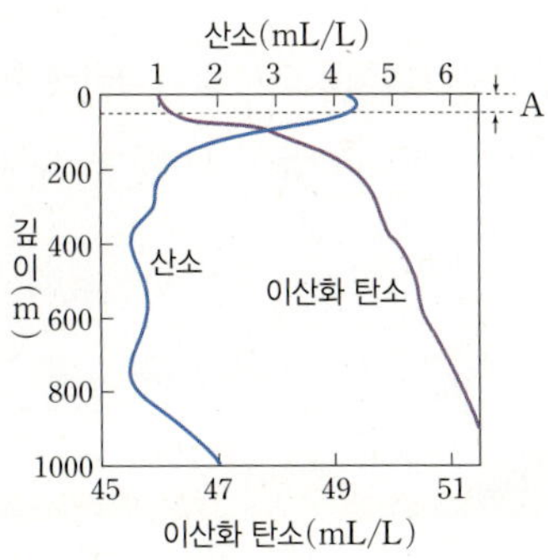

이에 대한 설명으로 옳은 것만을 |보기|에서 있는 대로 고른 것은?

> **보기**
> ㄱ. A층에 용존 산소량이 많은 것은 주로 광합성 때문이다.
> ㄴ. 용존 이산화 탄소량은 깊이가 깊어질수록 대체로 증가한다.
> ㄷ. A층에서 용존 기체의 양은 산소가 이산화 탄소보다 많다.

① ㄱ ② ㄷ ③ ㄱ, ㄴ
④ ㄴ, ㄷ ⑤ ㄱ, ㄴ, ㄷ

10 그림 (가)는 위도에 따른 해양의 연직 구조를, (나)는 A, B, C 지점에서의 깊이에 따른 수온 분포를 나타낸 것이다.

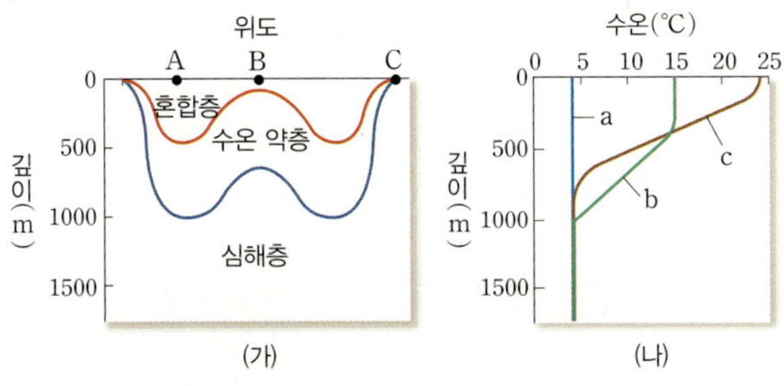

A, B, C 지점의 깊이에 따른 수온 분포로 옳은 것은?

	A	B	C		A	B	C
①	a	b	c	②	a	c	b
③	b	a	c	④	b	c	a
⑤	c	b	a				

11 그림은 어느 해역에서 11월에 연안 쪽, 바다 쪽에서 측정한 수온과 염분을 수심에 따라 수온 염분도에 나타낸 것이다.

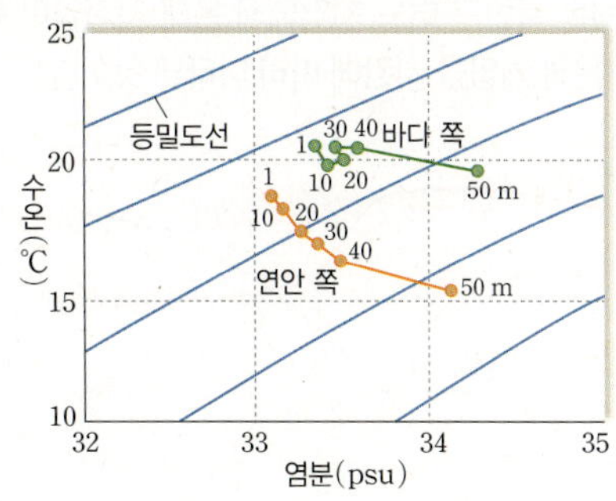

이에 대한 설명으로 옳은 것만을 |보기|에서 있는 대로 고른 것은?

> **보기**
> ㄱ. 수심 1 m에서의 수온은 연안 쪽이 바다 쪽보다 낮다.
> ㄴ. 수심 1 m와 50 m에서의 수온 차는 연안 쪽이 바다 쪽보다 크다.
> ㄷ. 수심 50 m에서의 밀도는 연안 쪽이 바다 쪽보다 크다.

① ㄱ ② ㄴ ③ ㄱ, ㄷ
④ ㄴ, ㄷ ⑤ ㄱ, ㄴ, ㄷ

12 그림 (가)와 (나)는 각각 어느 시기에 우리나라 주변의 표층 수온과 표층 염분 분포를 나타낸 것이다.

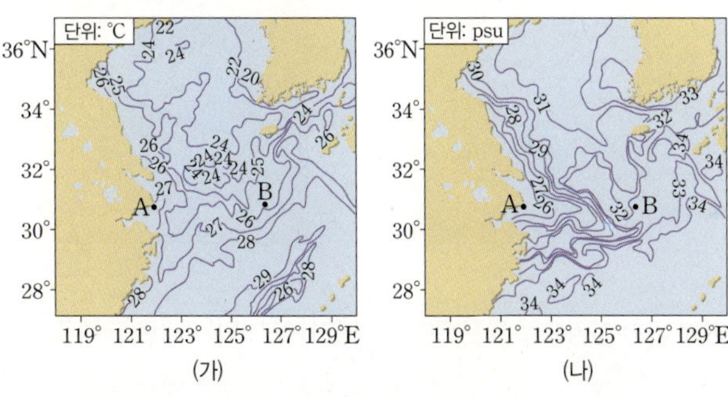

(가)

(나)

이에 대한 설명으로 옳은 것만을 |보기|에서 있는 대로 고른 것은?

> **보기**
> ㄱ. 관측 시기는 겨울철이다.
> ㄴ. 1년 중 A 지점의 표층 염분은 이 시기가 가장 높다.
> ㄷ. 표층 해수의 밀도는 A 지점이 B 지점보다 작다.

① ㄱ ② ㄷ ③ ㄱ, ㄴ
④ ㄴ, ㄷ ⑤ ㄱ, ㄴ, ㄷ

1등급 도전!
고난도 문제

13 그림은 북반구 어느 지역에서 온대 저기압이 통과하는 동안 관측한 기온과 기압을 시간에 따라 나타낸 것이다.

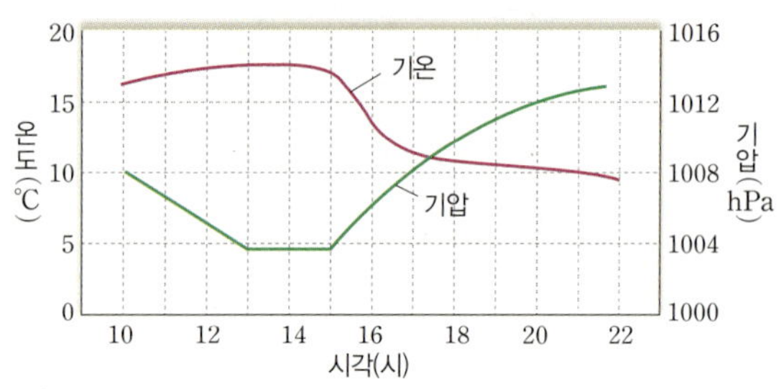

이에 대한 설명으로 옳은 것만을 |보기|에서 있는 대로 고른 것은?

> **보기**
> ㄱ. 이 기간 동안 한랭 전선이 통과하였다.
> ㄴ. 13시에는 북서풍이 우세하게 불었다.
> ㄷ. 비가 내릴 가능성은 13시가 17시보다 높다.

① ㄱ　　　　② ㄷ　　　　③ ㄱ, ㄴ
④ ㄴ, ㄷ　　　⑤ ㄱ, ㄴ, ㄷ

기출 변형 교육청

14 그림 (가)와 (나)는 우리나라를 통과한 온대 저기압과 태풍의 이동 경로를 순서 없이 나타낸 것이다.

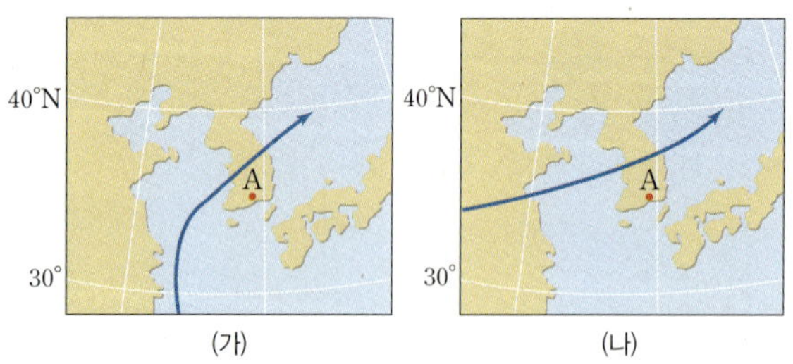

이에 대한 설명으로 옳은 것만을 |보기|에서 있는 대로 고른 것은?

> **보기**
> ㄱ. (가)의 저기압은 한대 전선대 부근에서 생성되었다.
> ㄴ. (나)의 저기압은 수증기의 응결열이 주요 에너지원이다.
> ㄷ. (가)와 (나) 모두 저기압이 통과하는 동안 A 지점에서의 풍향은 시계 방향으로 변했다.

① ㄱ　　　　② ㄷ　　　　③ ㄱ, ㄴ
④ ㄴ, ㄷ　　　⑤ ㄱ, ㄴ, ㄷ

대표 유형문제

15 그림은 뇌우의 일생을 순서 없이 나타낸 것이다.

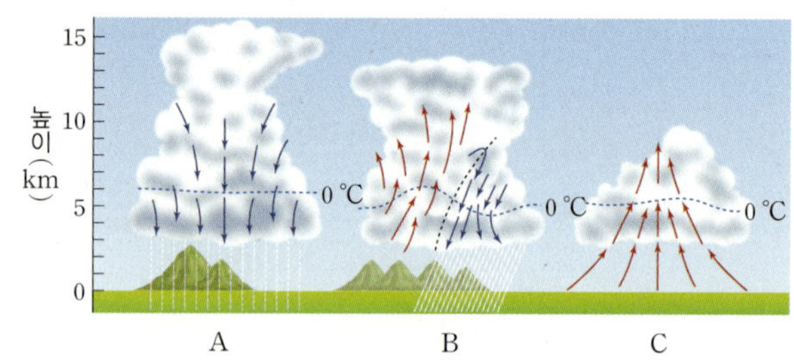

이에 대한 설명으로 옳은 것만을 |보기|에서 있는 대로 고른 것은?

> **보기**
> ㄱ. 뇌우의 발달 순서는 A → B → C이다.
> ㄴ. 뇌우의 세력은 A보다 B 단계에서 강하다.
> ㄷ. 우박이 내릴 가능성은 B 단계에서 가장 높다.

① ㄱ　　　　② ㄷ　　　　③ ㄱ, ㄴ
④ ㄴ, ㄷ　　　⑤ ㄱ, ㄴ, ㄷ

16 그림은 동해의 어느 해역에서 2월과 8월에 수심 0 m와 300 m에서 측정한 수온과 염분을 나타낸 것이다.

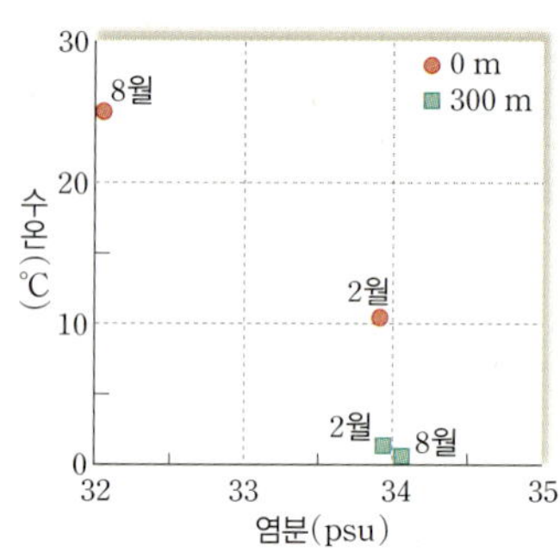

이에 대한 설명으로 옳은 것만을 |보기|에서 있는 대로 고른 것은?

> **보기**
> ㄱ. 수심 300 m에서 해수의 밀도는 2월이 8월보다 크다.
> ㄴ. 계절에 따른 염분 차이는 0 m보다 300 m에서 크다.
> ㄷ. 수온 약층은 2월보다 8월에 뚜렷하게 발달한다.

① ㄱ　　　　② ㄷ　　　　③ ㄱ, ㄴ
④ ㄴ, ㄷ　　　⑤ ㄱ, ㄴ, ㄷ

17 그림은 어느 날 우리나라 부근의 일기도이다.

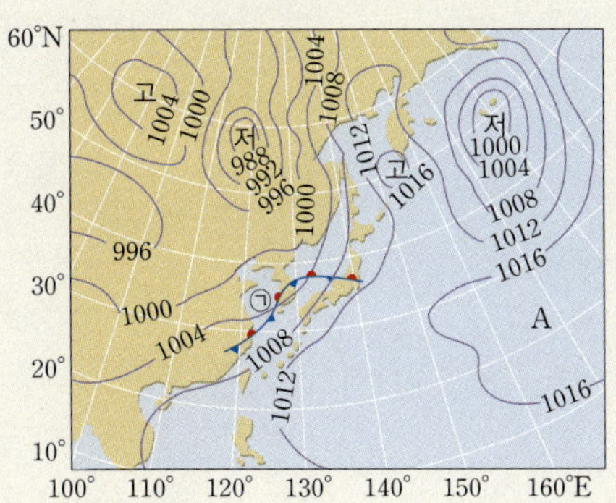

(1) 전선 ㉠의 이름을 쓰시오.

(2) 기단 A의 세력이 강해질 경우, 전선 ㉠의 위치는 어떻게 달라질 것인지 서술하시오.

대표 유형 문제

18 그림은 우리나라의 어느 지역에 폭설이 내린 날의 일기도이다.

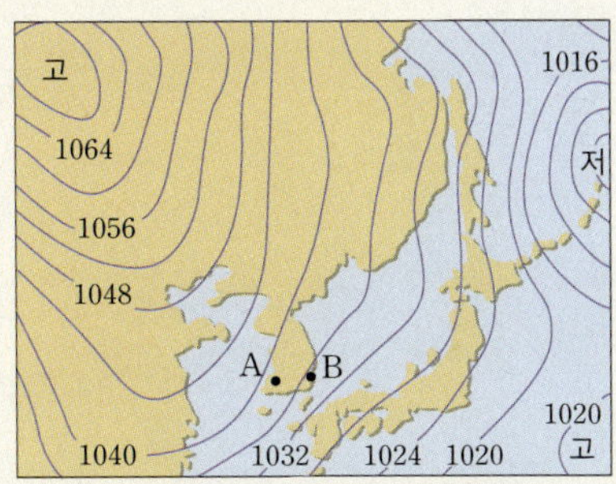

(1) 이날 우리나라에 폭설을 내린 기단의 이름을 쓰시오.

(2) A와 B 지역 중 폭설이 내렸을 가능성이 큰 지역을 고르고, 폭설이 내린 까닭을 서술하시오.

19 그림은 온대 저기압의 발생 과정 중 전선에 파동이 형성되는 모습을 나타낸 것이다.

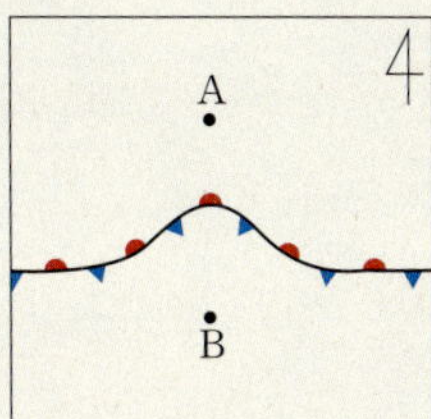

(1) A와 B 지점의 기온을 비교하여 쓰시오.

(2) 이 단계 이후, A와 B 사이에서 발달하는 온대 저기압에 나타나는 전선의 종류와 위치에 대해서 서술하시오.

20 그림 (가)와 (나)는 우리나라의 어느 해역에서 2월과 8월에 측정한 깊이에 따른 수온 분포를 순서 없이 나타낸 것이다.

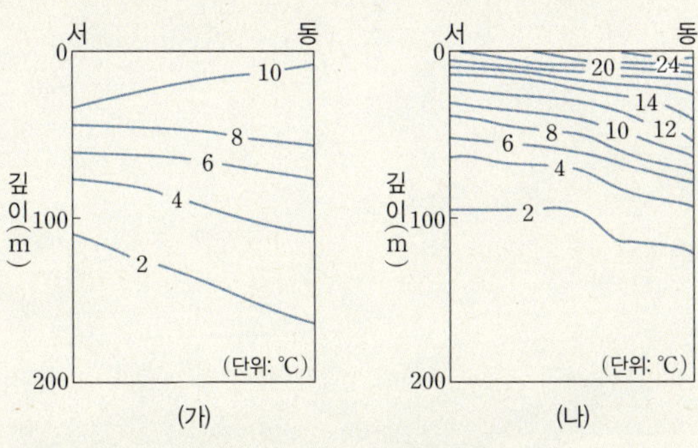

(1) (가)와 (나) 중 8월에 측정한 것을 고르시오.

(2) (가)와 (나) 중 수온 약층이 더 뚜렷하게 발달한 것을 고르고, 그 까닭을 서술하시오.

II

대기와 해양

04 해수의 표층 순환과 심층 순환

1 대기 대순환

개념 대기 대순환은 고위도와 저위도 사이의 에너지 불균형으로 생기는 전 지구적인 대기의 순환이다.

1. 지구가 흡수하고 방출하는 에너지양과 에너지 수송
지구가 흡수하는 태양 복사 에너지양과 지구가 방출하는 지구 복사 에너지양은 지구 전체적으로는 평형을 이룬다.

(1) 위도별 복사 에너지

❶ **저위도 지역(적도~위도 38°):** 흡수하는 태양 복사 에너지양 > 방출하는 지구 복사 에너지양 ⇨ 에너지 과잉

❷ **고위도 지역(위도 38°~극):** 흡수하는 태양 복사 에너지양 < 방출하는 지구 복사 에너지양 ⇨ 에너지 부족

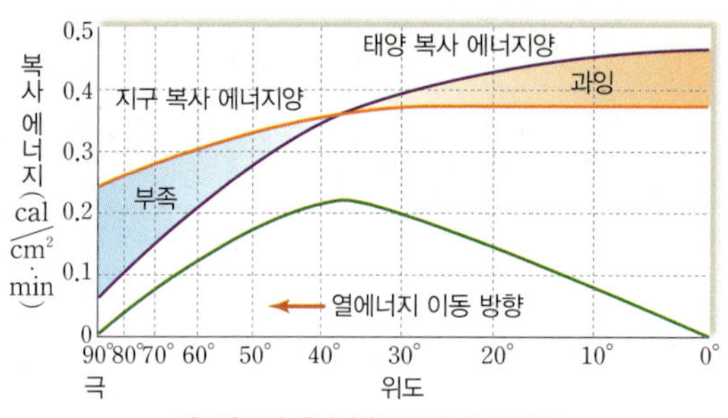

▲ 위도별 복사 에너지양 분포와 에너지 이동

(2) 에너지 이동: 대기와 해수의 순환에 의해 지속적으로 저위도의 남는 에너지가 고위도로 이동 ⇨ 위도별 에너지 불균형에도 지구의 온도가 일정하게 유지되고 있다.

2. 대기 대순환: 전 지구적인 규모로 일어나는 대기의 순환이다.
지구 자전에 의한 전향력의 영향으로 각 반구에 3개의 순환 세포가 형성된다.

해들리 순환 (직접 순환)	• 적도와 남·북위 30° 사이의 순환 • 적도에서 상승한 공기가 양극을 향해 이동하면서 냉각되어 위도 30°에 이르면 하강하여 적도로 이동하는 순환 ⇨ 지상에 무역풍 형성 북반구: 북동 무역풍, 남반구: 남동 무역풍
페렐 순환 (간접 순환)	• 위도 30°와 60° 사이의 순환 • 위도 30°에서 하강한 공기의 일부가 고위도 쪽으로 이동하다가 위도 60°에서 상승하는 순환 ⇨ 지상에 편서풍 형성
극순환 (직접 순환)	• 극지방과 남·북위 60° 사이의 순환 • 극지방에서 냉각된 공기가 하강하여 저위도 쪽으로 이동하다가 위도 60°에서 상승하여 극으로 이동하는 순환 ⇨ 지상에 극동풍 형성

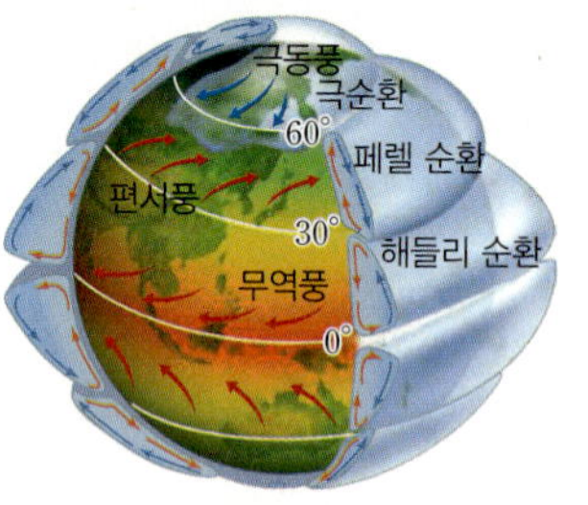

▲ 지구가 자전할 때 대기 대순환 모형

2 해수의 표층 순환

개념 해수의 표층 순환은 주로 대기 대순환으로 부는 바람에 의해 발생한다.

1. 표층 순환: 수온 약층 위에서 일어나는 해수의 순환이다.

(1) 발생 원인: 주로 대기 대순환으로 부는 바람에 의해 발생한다.

(2) 표층 해류: 바람의 영향과 대륙의 영향으로 해양의 표층에서 흐르는 해류이다.

바람의 영향	• 해류가 동서 방향으로 흐름 • 무역풍대: 해류가 동에서 서로 흐름 예 북적도 해류, 남적도 해류 • 편서풍대: 해류가 서에서 동으로 흐름 예 북태평양 해류, 북대서양 해류, 남극 순환 해류
대륙의 영향	• 해류가 남북 방향으로 흐름 • 대양의 서안: 저위도에서 고위도로 난류가 흐름 예 쿠로시오 해류, 멕시코 만류 • 대양의 동안: 고위도에서 저위도로 한류가 흐름 예 캘리포니아 해류, 카나리아 해류

지구가 자전하지 않을 때 대기 대순환 모형
적도 지방에서는 상승 기류, 극지방에서는 하강 기류가 발달하여 각 반구에 하나의 큰 대류 세포가 생성된다.

직접 순환과 간접 순환
해들리 순환과 극순환은 지표면의 가열과 냉각으로 만들어진 열대류 순환이기 때문에 직접 순환이라고 하며, 페렐 순환은 두 순환으로 만들어진 순환이므로 간접 순환이라고 한다.

강의 포인트
대기 대순환과 기압대
• 적도 저압대: 적도에서 가열된 공기가 상승하여 형성된다.
• 아열대 고압대: 적도에서 상승한 공기가 양극을 향해 이동하다 냉각되어 위도 30° 대에서 하강하여 형성된다.
• 한대 전선대: 한랭한 극동풍이 위도 30° 부근에서 올라오는 따뜻한 편서풍과 위도 60° 부근에서 만나 형성된다.
• 극고압대: 극지방에서 냉각된 공기가 하강하여 형성된다.

난류와 한류
난류는 수온과 염분이 높고, 영양염과 용존 산소량이 적어 식물성 플랑크톤이 적다. 반면 한류는 수온과 염분이 낮고, 영양염과 용존 산소량이 많아 식물성 플랑크톤이 많다.

(3) **표층 순환**: 대기 대순환의 방향과 표층 순환의 방향은 거의 일치하지만, 표층 순환은 수륙 분포의 영향을 받기 때문에 여러 개의 순환으로 나누어진다.

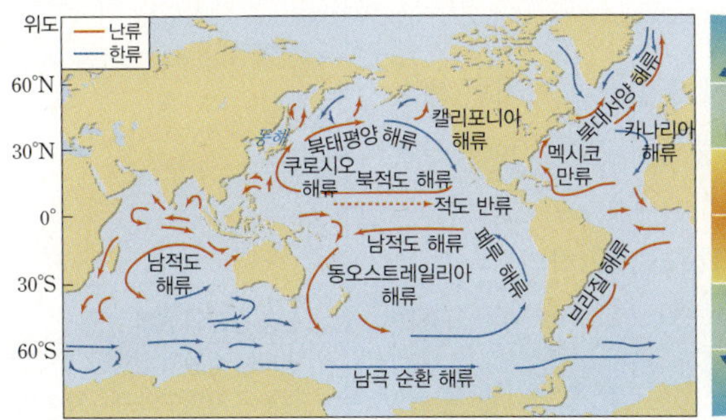

▲ 전 세계 표층 해류 분포

표층 해류는 전 해양에서 6개의 순환을 만드는데, 북반구에서는 열대 순환, 아열대 순환, 아한대 순환의 3개의 커다란 순환이 나타나고, 남반구에서는 열대 순환과 아열대 순환의 2개의 순환과 남극 순환 해류가 나타난다.

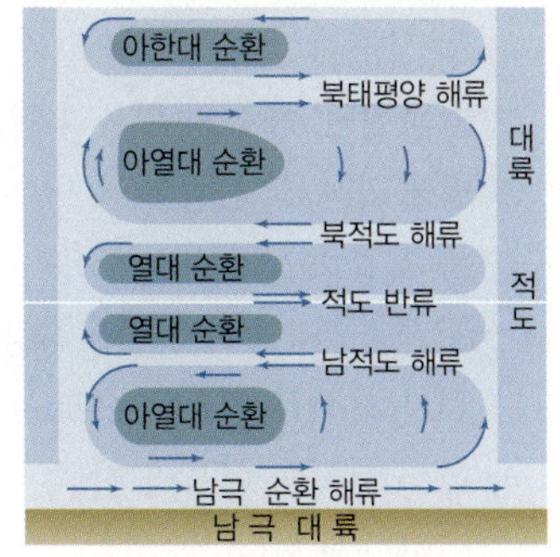

열대 순환	• 무역풍에 의한 적도 해류와 적도 반류로 이루어진 순환 • 북반구에서는 시계 반대 방향, 남반구에서는 시계 방향
아열대 순환	• 무역풍대의 해류와 편서풍대의 해류로 이루어진 순환 가장 넓고 뚜렷하게 나타난다. • 북태평양의 아열대 순환: 쿠로시오 해류, 북태평양 해류, 캘리포니아 해류, 북적도 해류가 시계 방향으로 순환 • 남태평양의 아열대 순환: 동오스트레일리아 해류, 남극 순환 해류, 페루 해류, 남적도 해류가 시계 반대 방향으로 순환
아한대 순환	• 편서풍에 의한 해류와 극동풍에 의한 해류로 이루어진 순환 • 북반구에서만 나타남.

적도 반류: 북적도 해류와 남적도 해류가 만나 생기는 해수면의 경사 때문에 형성된 해류로, 서에서 동으로 흐른다.

2. 우리나라 주변 해류의 종류

우리나라 주변의 표층 해류

난류	쿠로시오 해류	동중국해 대륙 사면을 따라 북동쪽으로 북상하는 고온, 고염분의 해류로 우리나라 주변을 흐르는 난류의 근원
	동한 난류	쓰시마 난류의 일부가 동해로 흘러가면서 우리나라 남동 연안을 따라 북상하는 해류 쓰시마 난류는 쿠로시오 해류에서 갈라져 나와 대한 해협을 거쳐 동해로 유입된다.
	황해 난류	쿠로시오 해류의 일부가 황해로 북상하는 해류
한류	북한 한류	연해주 한류의 일부가 동해안을 따라 남하하는 해류

연해주 한류는 러시아 연안을 따라 남하하다가 그 중 일부가 북한 한류를 형성한다.

조경 수역 난류와 한류가 만나는 해역
• 우리나라의 조경 수역: 동한 난류와 북한 한류가 만나는 동해에서 형성된다.
• 조경 수역의 위치: 여름철에는 북상하고, 겨울철에는 남하한다.

개념 익히기 문제

정답과 해설 p.41

🧠 교과서 문장으로 개념 익히기

01 지구 전체적으로 흡수하는 태양 복사 에너지양과 방출하는 지구 복사 에너지양은 □□을 이룬다.

02 해들리 순환과 극순환은 □□ 순환, 페렐 순환은 □ 순환에 해당한다.

03 북태평양 해류와 남극 순환 해류는 □□□에 의해 형성된 해류이다.

04 □□□ 순환은 무역풍대의 해류와 편서풍대의 해류로 이루어진 순환이다.

05 남태평양의 아열대 순환은 □□ □□ 방향으로 일어난다.

06 황해 난류는 아열대 순환을 이루는 □□□□ 해류로부터 갈라져 나온 해류이다.

📦 OX 문제로 개념 익히기

07 적도 지역은 지구 복사 에너지양이 태양 복사 에너지양보다 많다. (O / X)

08 대기와 해양에 의한 열에너지 수송량은 적도 지역에서 가장 많다. (O / X)

09 지구가 자전하지 않는 경우 북반구에는 1개의 대류 세포가 만들어진다. (O / X)

10 한류는 난류에 비해 용존 산소량과 영양염이 풍부하다. (O / X)

11 페루 해류와 동오스트레일리아 해류는 아열대 순환을 이루는 해류이다. (O / X)

12 황해 난류와 북한 한류가 만나 조경 수역을 형성한다. (O / X)

해수의 심층 순환

심층 순환은 수온과 염분 변화에 따른 밀도 차로 발생하기 때문에 열염 순환이라고도 한다.

1. 심층 순환

(1) 심층 순환: 표층에서 해수의 수온이 낮아지거나 염분이 증가하여 밀도가 커지면 해수는 서서히 침강하여 심해에서 느리게 이동하는데, 해양의 심층에서 일어나는 이러한 전 지구적인 규모의 해수 순환을 심층 순환이라고 한다.

(2) 발생 원인: 해수의 수온과 염분의 변화로 나타나므로 열염 순환이라고도 한다.

(3) 발생 과정: 극지방에서 해수가 침강하면 이를 보충하기 위해서 표층 해수는 극지방으로 흐른다. 극지방에서 침강한 해수는 심층류가 되어 수평 방향으로 흐르게 되고 적도에서 서서히 떠올라 전 수심에 걸친 순환이 일어나게 된다.

(4) 특징: 심층 순환은 유속이 매우 느리기 때문에 표층 순환보다 그 흐름을 관찰하기가 어렵다. 따라서 심층 순환은 수온과 염분을 관측하여 알아낸다.

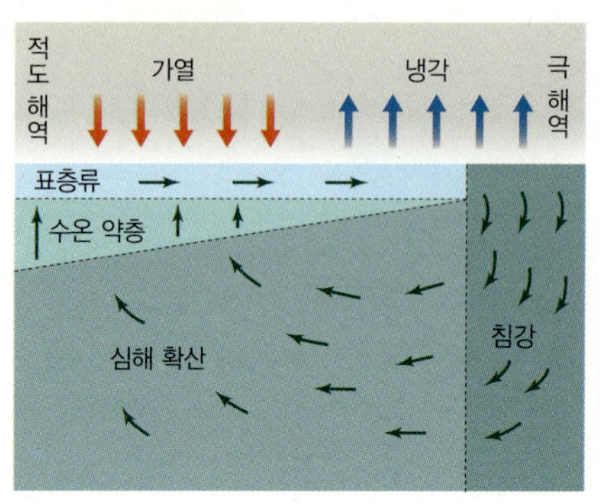

▲ 심층 순환 모형

2. 대서양에서의 심층 순환

(1) 해수의 침강 해역: 남극 대륙 주변에서는 웨델해에서, 북대서양에서는 그린란드 남쪽의 래브라도해, 그린란드 동쪽의 노르웨이해에서 침강이 일어난다.

(2) 대서양의 심층 순환

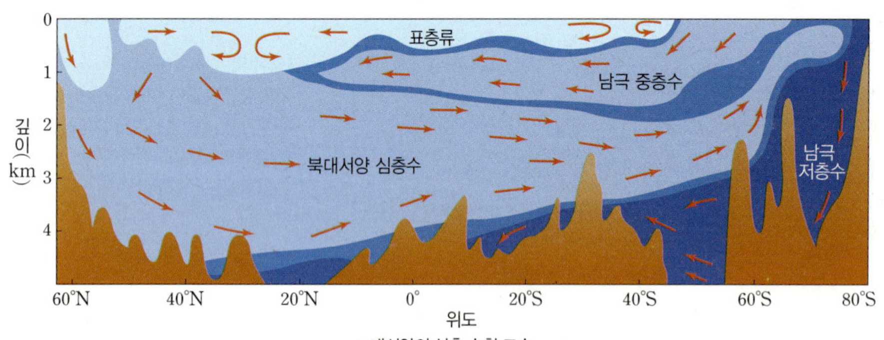

▲ 대서양의 심층 순환 모습

구분	형성 및 이동
남극 저층수	• 전 세계에서 밀도가 가장 큰 해수 • 겨울철 남극 대륙 주변의 웨델해에서 해수가 결빙하면서 염분이 높아져 심층으로 가라앉은 후 해저를 따라 30°N까지 북상한다.
북대서양 심층수	• 북대서양의 그린란드 해역에서 냉각된 표층 해수가 가라앉아 형성 • 남극 저층수와 남극 중층수 사이에서 60°S까지 흐른다.
남극 중층수	• 60°S 부근에서 생긴 중층수는 수심 1000 m의 중층을 타고 북반구로 이동한다.

3. 심층 순환의 역할

(1) 물질 및 에너지 순환: 표층 순환은 해수면에서부터 수심 수백 m 이내에서 일어나며, 전체 해수의 약 10 %를 순환시킨다. 이에 비해 심층 순환은 전 수심에 걸쳐 일어나므로 전체 해수의 물질 및 에너지를 순환시키는 데 큰 역할을 하고 있다.

❶ 물질 공급: 심층 순환은 용존 산소가 풍부한 표층 해수를 심해로 운반하여 깊은 바닷속까지 산소를 공급할 뿐만 아니라 심해에서 표층으로 영양염을 운반하여 해양 생물이 살 수 있도록 해 주는 역할을 한다.

심층 순환의 원리
밀도는 수온의 영향을 크게 받으므로 심층 순환은 저위도의 해수가 가열되고, 고위도의 해수가 냉각되면서 일어난다.

남극 저층수
남극 저층수는 염분 34.65 psu, 수온 $-0.5\ ^\circ\mathrm{C}$, 밀도 $1.0279\ \mathrm{g/cm^3}$로 세계의 해수 중에서 가장 밀도가 크다.

북대서양 심층수
북대서양 심층수는 염분 34.9 psu, 수온 약 $3\ ^\circ\mathrm{C}$로, 남극 저층수보다 밀도가 작아 30°N보다 남쪽에서는 남극 저층수보다 위쪽에 분포한다.

대서양의 수괴
수온은 남극 저층수가 가장 낮으며, 염분은 북대서양 심층수가 가장 높다. 밀도는 남극 저층수가 가장 크다.

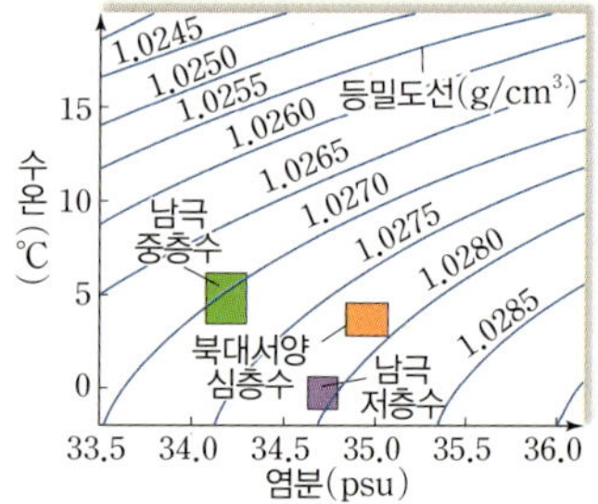

암기 꼭!
• 밀도: 남극 중층수 < 북대서양 심층수 < 남극 저층수
• 흐르는 깊이: 남극 중층수 < 북대서양 심층수 < 남극 저층수

❷ 에너지 수송: 심층 순환은 표층 순환과 연결되어 저위도의 남는 열을 고위도로 수송하여 위도별 열수지 불균형을 해소시키는 역할을 하고 있다.

(2) **기후 변화**: 지구의 기온이 상승하면 빙하의 융해, 강수량의 증가 등으로 담수의 유입량이 늘어나면서 염분이 감소하여 해수의 밀도가 작아진다. 이로 인해 심층 순환이 약해지면서 고위도까지 흐르던 표층 해류의 흐름에 영향을 주어 주변 지역의 기후를 변화시키기도 한다.

> **심층 순환 변동에 의한 기후 변화의 예 – 영거 드라이아스기**
> - **영거 드라이아스기**: 12800년 전에 지구의 기온이 급격히 낮아지고 적설량이 감소하면서 일반적으로 알려진 이론으로 설명할 수 없는 빙하기가 나타났는데, 이를 영거 드라이아스기라고 한다.
> - **영거 드라이아스기의 원인**: 영거 드라이아스기 이전에 기온이 상승하면서 빙하가 녹아 캐나다 서부에 큰 호수 형성 ⇨ 빙하가 녹은 물이 계속 유입되어 호수가 넘쳐흘러 대량의 담수가 북대서양으로 유입 ⇨ 담수의 유입으로 북대서양 해수의 염분이 감소해 해수의 침강 정지 ⇨ 표층 해류인 난류에 의한 열 수송이 멈추자 북대서양은 얼어붙고, 유럽의 겨울철 평균 기온이 −25 °C에 달하는 빙하기에 돌입하였다.

4. **심층 순환과 표층 순환과의 관계**: 해수의 심층 순환과 표층 순환은 서로 연결되어 전체 해양에서 큰 순환을 이루고 있다.

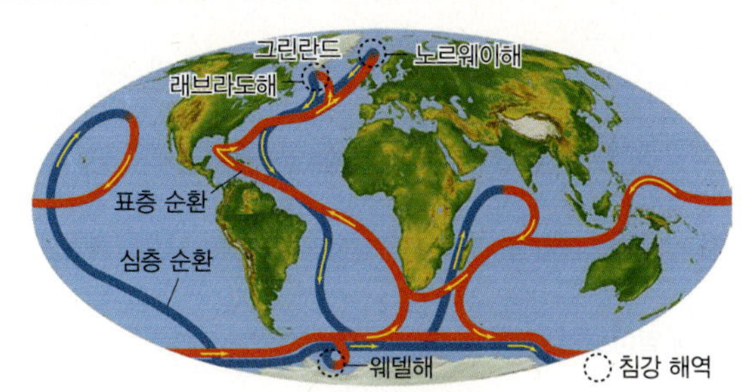

▲ 전 세계 해수의 순환

① 북대서양의 표층에서 해양의 서쪽 경계를 따라 빠르게 고위도로 흐르는 해류는 따뜻한 저위도의 해수를 고위도로 운반한다.
② 대기로 열을 빼앗기고 무거워진 해수는 고위도에서 침강하여 심층수가 되고, 심해를 따라 남쪽으로 이동한다.
③ 밀도가 큰 북대서양의 심층수는 남반구까지 이동하여 남극 저층수와 뒤섞인다.
④ 뒤섞인 해수는 인도양과 태평양으로 퍼져 나가 매우 느린 속도로 표층으로 상승하고, 표층 순환을 따라 웨델해나 북대서양으로 흘러간다.

해양 컨베이어 벨트 순환
남극 저층수는 태평양과 인도양으로 퍼져 나간 후 아주 느린 속도로 상승하여 표층 순환과 연결되고, 대서양으로 유입된 표층수는 북대서양까지 북상하여 고위도로 열을 수송한 후, 그린란드 해역에서 침강하여 심층 순환과 연결된다. 심층 순환은 표층 순환과 연결되어 있어 전체 해양이 수평 및 연직 방향으로 큰 순환계를 이루고 있으며, 이러한 순환 패턴이 컨베이어 벨트를 닮았다고 해서 해양 컨베이어 벨트 순환이라고 한다.

개념 익히기 문제

정답과 해설 p.41

🧠 교과서 문장으로 개념 익히기

13 심층 순환은 해수의 ☐☐ 변화로 인해 나타난다.

14 ☐☐☐☐ ☐☐☐는 남극 저층수와 남극 중층수 사이에서 흐른다.

15 ☐☐ ☐☐☐는 남극 대륙 주변의 웨델해에서 해수의 결빙으로 인해 생성된다.

16 심층 순환은 ☐☐ ☐☐가 풍부한 표층 해수를 심층으로 운반하여 심층에 산소를 공급하는 역할을 한다.

17 고위도에서 침강한 해수는 ☐☐☐가 되어 심해를 따라 저위도로 이동한다.

18 심층수는 ☐☐한 후 표층 순환과 연결된다.

📦 OX 문제로 개념 익히기

19 해수의 수온이 높아지고 염분이 낮아지면 침강이 활발하게 일어난다. (O / X)

20 유속은 표층 순환이 심층 순환보다 빠르다. (O / X)

21 심층수가 형성되는 해역에서는 용승이 침강보다 활발하게 일어난다. (O / X)

22 수괴의 평균 밀도는 남극 저층수가 북대서양 심층수보다 크다. (O / X)

23 북대서양 심층수는 남반구까지 흐른다. (O / X)

24 남극 중층수는 대체로 남쪽을 향해 흐른다. (O / X)

25 심층 순환이 약해지면 표층 순환도 약해진다. (O / X)

📖 과정 & 결과

그림은 북대서양 어느 지점에서 깊이에 따른 수온과 염분 및 밀도를 나타낸 것이다.

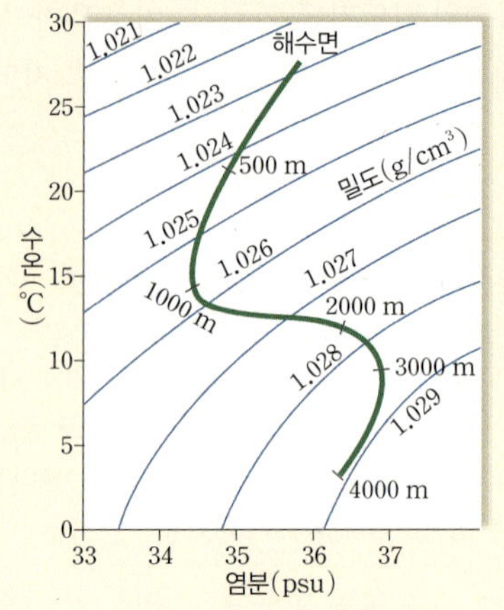

❶ 해수면에서 수심 약 1000 m 깊이까지의 수온, 염분, 밀도의 변화에 대해 알아보자.

⋯ 수온은 약 27 ℃에서 약 14 ℃까지 급격하게 낮아지고 있으며, 염분도 낮아지고 있다. 밀도는 점차 증가하고 있다.

❶-1. 이 구간에서 밀도 변화는 주로 무엇에 의해 결정되는지 설명해 보자.

⋯ 염분이 낮아지고 있음에도 불구하고 밀도가 증가하고 있으므로, 이 구간에서 밀도 변화는 주로 수온에 의해 달라지고 있다.

❷ 수심 1000 m에서 2000 m까지 수온, 염분, 밀도의 변화에 대해 알아보자.

⋯ 수온은 약 14 ℃에서 12 ℃로 낮아졌고, 염분은 크게 증가하고 있으며, 밀도도 증가하고 있다.

❷-1. 이 구간에서 밀도 변화는 주로 무엇에 의해 결정되는지 설명해 보자.

⋯ 수온이 낮아지고, 염분이 높아졌으므로 밀도 변화는 수온과 염분의 영향을 모두 받았다.

❸ 수심 3000 m에서 4000 m까지 수온, 염분, 밀도의 변화에 대해 알아보자.

⋯ 수온은 약 10 ℃에서 약 3 ℃로 급격하게 낮아졌고, 염분도 낮아지고 있으며, 밀도는 증가하고 있다.

❸-1. 이 구간에서 밀도 변화는 주로 무엇에 의해 결정되는지 설명해 보자.

⋯ 염분이 낮아지고 있음에도 불구하고 밀도가 증가하고 있으므로, 이 구간에서 밀도 변화는 주로 수온에 의해 달라지고 있다.

🔍 분석

1. 수온과 염분에 따라 해수의 밀도는 어떻게 달라지는가?

⋯ 해수의 밀도는 수온이 낮을수록, 염분이 높을수록 커진다.

2 위의 수온 염분도로 보아 이 지점에서 해수의 연직 구조는 어떻게 나타나겠는가?

⋯ 혼합층은 바람에 의한 혼합 작용으로 인해 깊이에 따른 수온 변화가 거의 없는 층이므로, 이 지점에서 혼합층은 거의 나타나지 않는다. 반면 수심 1000 m까지 수온이 급격하게 낮아지고 있으므로, 수온 약층이 뚜렷하게 발달해 있음을 알 수 있다.

⚙️ 탐구 목표

해수의 밀도가 수온과 염분에 의해 영향을 받음을 수온 염분도를 해석하여 이해할 수 있다.

🔬 탐구 포인트

1. 깊이에 따른 수온 변화와 염분 변화 경향을 알아내야 한다.
2. 해수의 밀도는 수온이 낮을수록, 염분이 높을수록 커진다.
3. 해수의 연직 구조는 깊이에 따른 수온 변화에 따라 혼합층, 수온 약층, 심해층으로 구분한다.

정답과 해설 p.41

예제 ❶

해수의 온도와 밀도에 대한 설명으로 옳지 <u>않은</u> 것은?

① 해수의 밀도는 수온이 높을수록 작다.
② 해수의 밀도는 염분이 높을수록 크다.
③ 깊이에 따른 수온 변화는 혼합층보다 수온 약층이 크다.
④ 혼합층은 혼합 작용으로 인해 수심에 따른 수온 변화가 작다.
⑤ 일반적으로 해수의 온도는 수심이 깊어짐에 따라 높아진다.

예제 ❷ 서술형

오른쪽 수온 염분도에서 같은 양의 해수 A와 B를 혼합했을 때 해수의 밀도는 어떻게 달라질 것인지 서술하시오.

____

____

개념 다지기 문제

01 그림은 위도에 따른 태양 복사 에너지양과 지구 복사 에너지양을 A와 B로 순서 없이 나타낸 것이다.

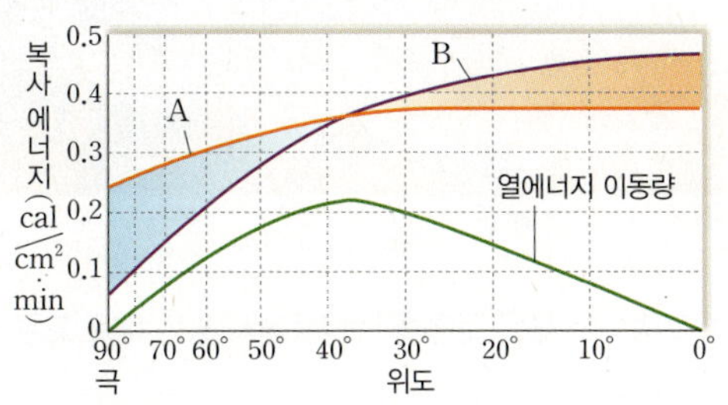

이에 대한 설명으로 옳은 것만을 |보기|에서 있는 대로 고른 것은?

> **보기**
> ㄱ. A는 지구 복사 에너지이다.
> ㄴ. 저위도는 에너지 부족 상태이다.
> ㄷ. 대기와 해양에 의해 에너지는 저위도에서 고위도로 이동한다.

① ㄱ ② ㄴ ③ ㄱ, ㄷ
④ ㄴ, ㄷ ⑤ ㄱ, ㄴ, ㄷ

02 그림은 지구의 대기 대순환 모형을 나타낸 것이다.
이에 대한 설명으로 옳은 것만을 |보기|에서 있는 대로 고른 것은?

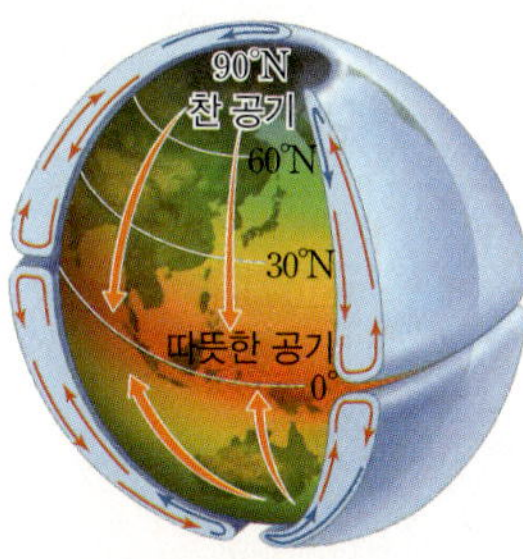

> **보기**
> ㄱ. 이 순환은 간접 순환에 해당한다.
> ㄴ. 북반구의 지표 부근에서는 남풍이 우세하게 분다.
> ㄷ. 지구가 자전하지 않을 때의 대기 대순환 모형이다.

① ㄱ ② ㄷ ③ ㄱ, ㄴ
④ ㄴ, ㄷ ⑤ ㄱ, ㄴ, ㄷ

03 대기 대순환을 구성하는 3개의 순환 세포에 대한 설명으로 옳은 것만을 |보기|에서 있는 대로 고른 것은?

> **보기**
> ㄱ. 페렐 순환은 간접 순환에 해당한다.
> ㄴ. 극순환에서 지표를 따라 저위도로 부는 바람은 극동풍이다.
> ㄷ. 적도 부근에서 상승한 공기가 위도 30° 부근에서 하강하여 형성된 순환은 해들리 순환이다.

① ㄱ ② ㄴ ③ ㄱ, ㄷ
④ ㄴ, ㄷ ⑤ ㄱ, ㄴ, ㄷ

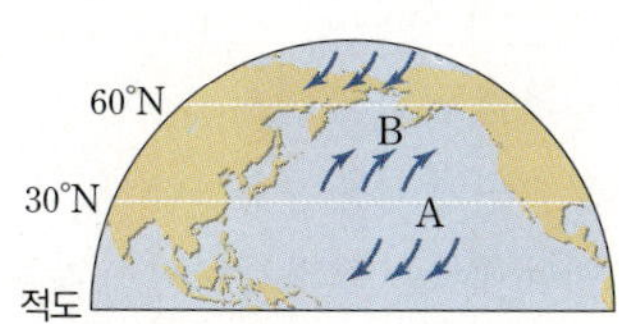

04 그림은 북반구에서 대기 대순환에 의해 지표 부근에서 부는 바람을 나타낸 것이다.

이에 대한 설명으로 옳은 것만을 |보기|에서 있는 대로 고른 것은?

> **보기**
> ㄱ. A는 편서풍이다.
> ㄴ. B는 해들리 순환에 의해 지표 부근에서 부는 바람이다.
> ㄷ. A와 B에 의해 북태평양에서 표층 해수의 아열대 순환이 형성된다.

① ㄱ ② ㄷ ③ ㄱ, ㄴ
④ ㄱ, ㄷ ⑤ ㄴ, ㄷ

05 북태평양의 아열대 순환에 대한 설명으로 옳은 것만을 |보기|에서 있는 대로 고른 것은?

> **보기**
> ㄱ. 4개의 해류가 시계 방향으로 순환한다.
> ㄴ. 열대 순환과 아한대 순환 사이에 위치한다.
> ㄷ. 쿠로시오 해류는 고위도로, 캘리포니아 해류는 저위도로 흐른다.

① ㄱ ② ㄴ ③ ㄱ, ㄷ
④ ㄴ, ㄷ ⑤ ㄱ, ㄴ, ㄷ

06 그림은 우리나라 주변의 표층 해류를 나타낸 것이다.
이에 대한 설명으로 옳은 것만을 |보기|에서 있는 대로 고른 것은?

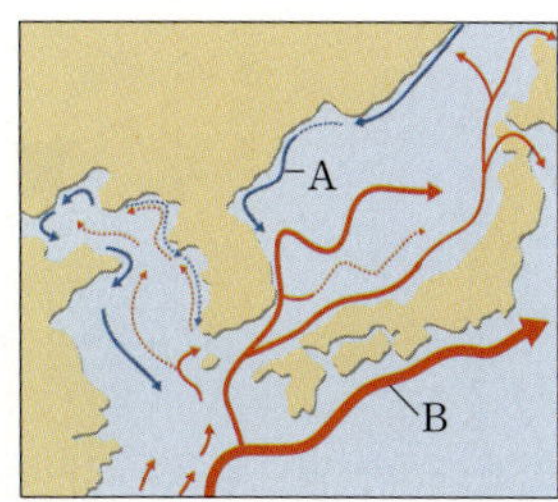

> **보기**
> ㄱ. A는 북한 한류이다.
> ㄴ. 영양염과 용존 산소량은 A가 B보다 많다.
> ㄷ. B는 북태평양의 아열대 순환을 구성하는 해류이다.

① ㄱ ② ㄷ ③ ㄱ, ㄴ
④ ㄴ, ㄷ ⑤ ㄱ, ㄴ, ㄷ

개념 다지기 문제

07 해수의 심층 순환에 대한 설명으로 옳은 것만을 |보기|에서 있는 대로 고른 것은?

|보기|
ㄱ. 심층 순환은 주로 바람에 의해 발생한다.
ㄴ. 유속은 표층 순환이 심층 순환보다 빠르다.
ㄷ. 수온 약층 아래에서는 거의 나타나지 않는다.

① ㄱ　　　　② ㄴ　　　　③ ㄱ, ㄴ
④ ㄱ, ㄷ　　　⑤ ㄴ, ㄷ

대표 유형문제

08 그림은 심층 순환 모형을 나타낸 것이다.
이에 대한 설명으로 옳은 것만을 |보기|에서 있는 대로 고른 것은?

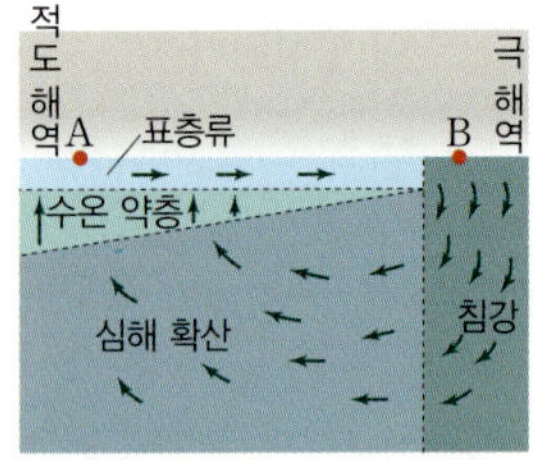

|보기|
ㄱ. 해수의 밀도는 A보다 B에서 크다.
ㄴ. A에서는 해수의 가열보다 냉각이 활발하다.
ㄷ. 심층 해수는 대체로 고위도에서 저위도로 이동한다.

① ㄱ　　　　② ㄴ　　　　③ ㄷ
④ ㄱ, ㄷ　　　⑤ ㄴ, ㄷ

09 그림은 대서양의 심층 순환을 구성하는 세 수괴의 수온과 염분을 나타낸 것이다. A와 B는 각각 남극 중층수와 남극 저층수 중 하나이다.

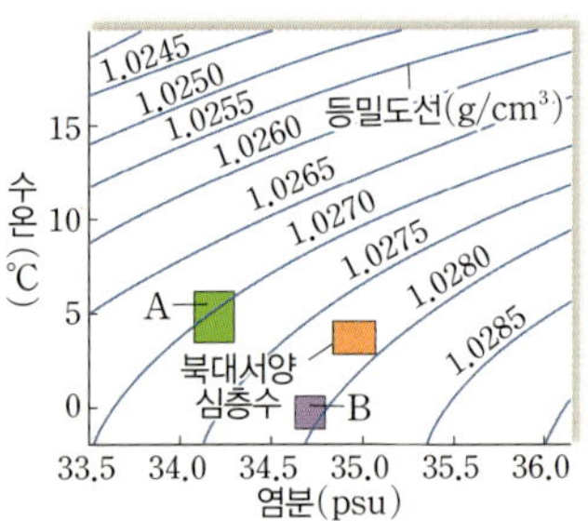

이에 대한 설명으로 옳은 것만을 |보기|에서 있는 대로 고른 것은?

|보기|
ㄱ. A는 남극 저층수이다.
ㄴ. A는 북대서양 심층수보다 아래에서 흐른다.
ㄷ. B는 해저면을 따라 북쪽을 향해 흐른다.

① ㄱ　　　　② ㄷ　　　　③ ㄱ, ㄴ
④ ㄴ, ㄷ　　　⑤ ㄱ, ㄴ, ㄷ

대표 유형문제

10 그림은 대서양에서의 심층 순환의 단면을 나타낸 것이다.

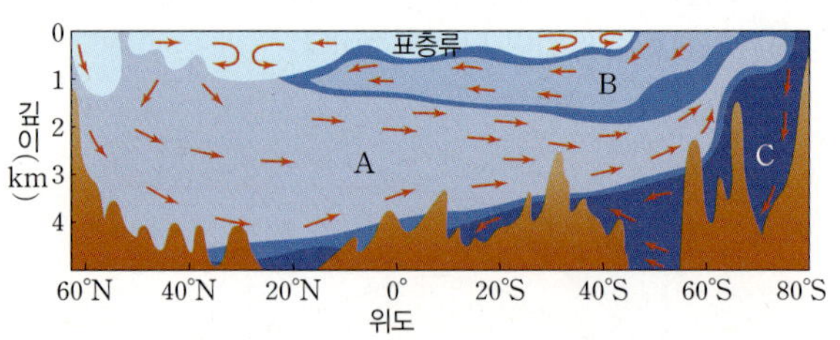

이에 대한 설명으로 옳은 것만을 |보기|에서 있는 대로 고른 것은?

|보기|
ㄱ. B는 북대서양 심층수이다.
ㄴ. 해수의 평균 밀도는 A가 B보다 크다.
ㄷ. C는 해저면을 따라 북반구 중위도까지 흐른다.

① ㄱ　　　　② ㄴ　　　　③ ㄱ, ㄷ
④ ㄴ, ㄷ　　　⑤ ㄱ, ㄴ, ㄷ

대표 유형문제

11 그림은 전 지구적인 해수의 순환 일부를 나타낸 것이다.

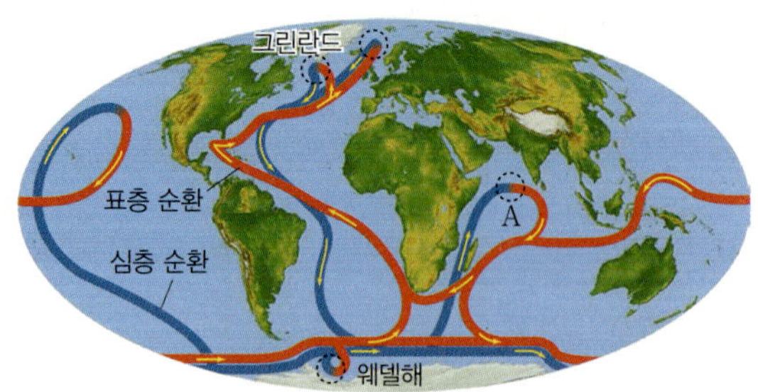

이에 대한 설명으로 옳은 것만을 |보기|에서 있는 대로 고른 것은?

|보기|
ㄱ. A에서는 심층 해수의 용승이 일어난다.
ㄴ. 그린란드 해역과 웨델해에서는 심층수가 생성된다.
ㄷ. 표층 순환이 약해지면 심층 순환은 강해진다.

① ㄱ　　　　② ㄷ　　　　③ ㄱ, ㄴ
④ ㄱ, ㄷ　　　⑤ ㄴ, ㄷ

12 그림은 위도에 따른 대기 대순환에 의한 바람의 방향과 세기를 나타낸 것이다. A와 B는 무역풍과 편서풍 중 하나이다.

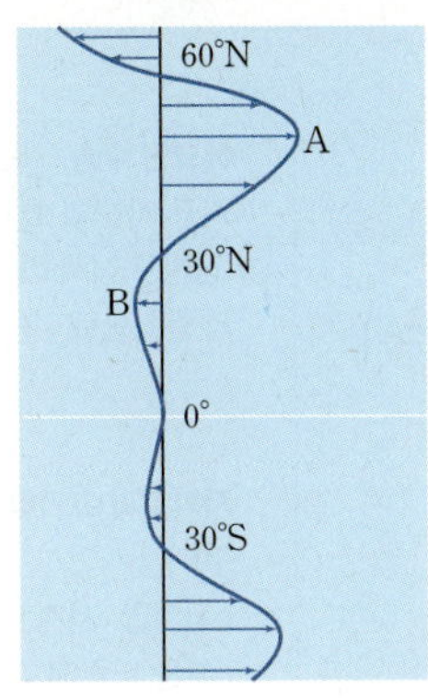

이에 대한 설명으로 옳은 것만을 |보기|에서 있는 대로 고른 것은?

보기
ㄱ. A는 편서풍이다.
ㄴ. 북태평양 해류는 B에 의해 형성된다.
ㄷ. A에 의해 형성된 해류는 서쪽으로, B에 의해 형성된 해류는 동쪽으로 흐른다.

① ㄱ　　　　② ㄴ　　　　③ ㄱ, ㄷ
④ ㄴ, ㄷ　　　⑤ ㄱ, ㄴ, ㄷ

13 표는 북대서양 심층수와 남극 저층수의 평균 수온과 평균 염분을, 그림은 수온 염분도를 나타낸 것이다.

심층류	수온(℃)	염분(psu)
북대서양 심층수	3	34.9
남극 저층수	−0.5	34.6

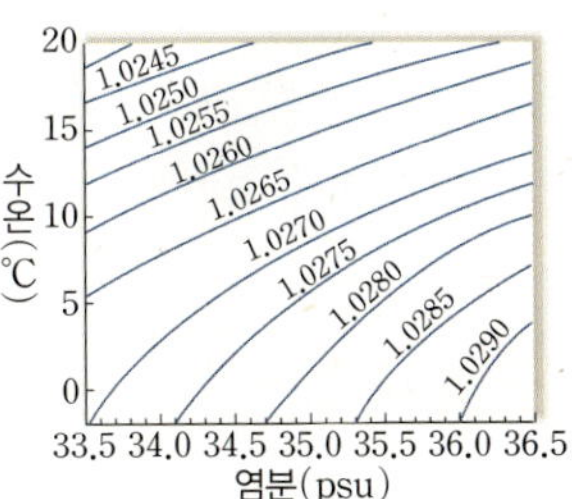

이에 대한 설명으로 옳은 것만을 |보기|에서 있는 대로 고른 것은?

보기
ㄱ. 평균 밀도는 북대서양 심층수가 남극 저층수보다 크다.
ㄴ. 남극 저층수가 생성되는 해역은 표층 해수의 냉각이 일어난다.
ㄷ. 남반구에서는 남극 저층수가 북대서양 심층수보다 위쪽에 분포한다.

① ㄱ　　　　② ㄴ　　　　③ ㄱ, ㄷ
④ ㄴ, ㄷ　　　⑤ ㄱ, ㄴ, ㄷ

14 그림은 1735년 해들리가 제시한 대기 대순환 모형이다.

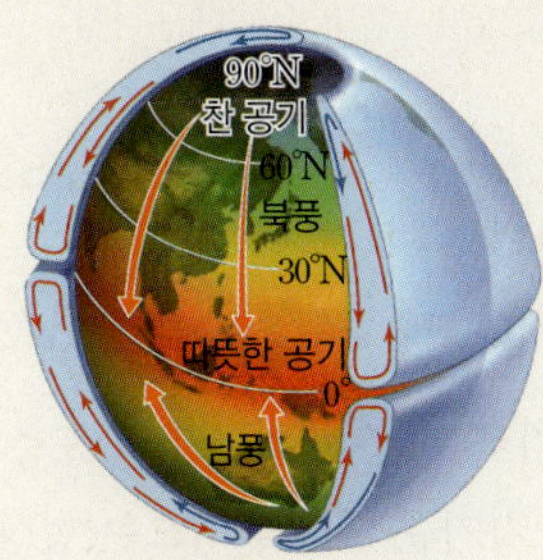

실제와 달리 위의 그림과 같이 대기 순환 세포가 각 반구에 하나씩만 나타나는 까닭에 대해 서술하시오.

15 그림은 쿠로시오 해류와 캘리포니아 해류를 나타낸 것이다.

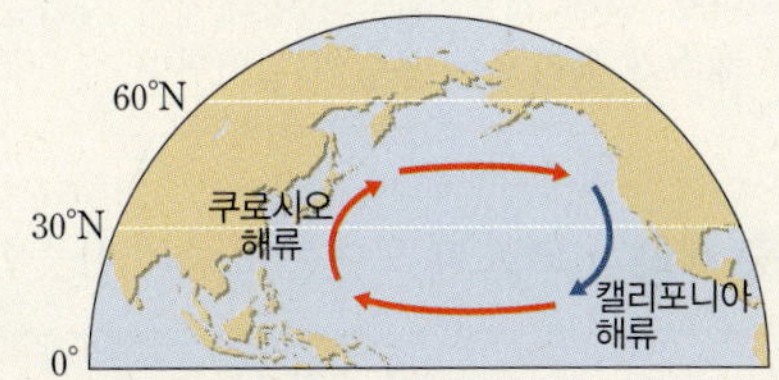

쿠로시오 해류와 캘리포니아 해류의 특징을 수온, 염분, 용존 산소량, 영양염을 중심으로 비교하여 서술하시오.

16 그림은 수조에 상온의 물을 넣고, 바닥에 작은 구멍이 뚫린 종이컵에 얼음을 가득 채운 모습이다.
종이컵에 파란색 물을 천천히 부었을 때, 종이컵에서 빠져나온 물이 어떻게 이동할 것인지 서술하시오.

05 대기와 해양의 상호 작용

① 용승과 침강

> **개념** 용승과 침강은 각각 표층 해수의 발산이나 수렴에 의해 해수가 올라오거나 내려가는 현상이다.

1. 용승: 해수면 위로 바람이 계속 불면 표층 해수가 다른 곳으로 이동하고, 이를 보충하기 위해 심해에서 차가운 물이 올라오는 현상이다.

구분	발생 과정	풍향과 해수의 이동 방향
연안 용승	해안을 따라 부는 바람이 표층수를 해안에서 멀리 밀어낼 경우 빈 곳을 채우기 위해서 심층으로부터 해수가 상승하는 현상이다.	표층의 해수가 외해로 밀려 나간다. 북풍 (북반구)
적도 용승	적도 해역에서 부는 무역풍은 북동쪽과 남동쪽에서 불어오는 바람으로, 표층의 해수를 북반구에서는 북쪽으로 이동시키고 남반구에서는 남쪽으로 이동시킨다. 이로 인해 적도 해역의 아래에서 차가운 해수가 올라오는 용승이 일어난다. 북동 무역풍의 오른쪽 / 남동 무역풍의 왼쪽	북동 무역풍 남동 무역풍 적도 용승

2. 침강: 표층 해수가 모일 때 모여든 표층의 따뜻한 해수가 아래로 내려가는 현상이다.

구분	발생 과정	풍향과 해수의 이동 방향
연안 침강	해안가에서 일정한 방향으로 바람이 지속적으로 불 때 표층 해수의 이동이 연안 쪽으로 일어나면서 모인 표층 해수가 아래로 내려가는 현상이다.	표층의 해수가 내해로 밀려온다. 남풍 (북반구)

3. 용승과 침강의 영향

(1) **용승**: 깊은 곳의 차가운 해수가 용승하면 해수면의 온도가 낮아지므로 기온이 낮아져서 서늘하고 안개가 자주 발생하는 기후가 나타난다. 또, 영양염이 풍부해지므로 플랑크톤이 번성하여 좋은 어장이 형성된다.

(2) **침강**: 심해의 해양 생물에 산소를 공급한다.

② 엘니뇨와 라니냐

> **개념** 열대 태평양 동쪽 해역의 표층 수온이 평년보다 높으면 엘니뇨, 낮으면 라니냐이다.

1. 엘니뇨와 라니냐

(1) **엘니뇨**: 동태평양 적도 해역의 수온이 높아진 상태로 지속되는 현상

(2) **라니냐**: 동태평양 적도 해역의 수온이 낮아진 상태로 지속되는 현상

에크만 수송

지구 자전의 효과로 표층 해수가 북반구(남반구)에서 바람 방향의 오른쪽(왼쪽) 직각 방향으로 이동하는 현상이다.

저기압과 고기압에서의 용승과 침강(북반구)

• 저기압: 시계 반대 방향으로 지속적으로 부는 바람에 의해서 표층 해수가 발산하여 용승이 일어난다.

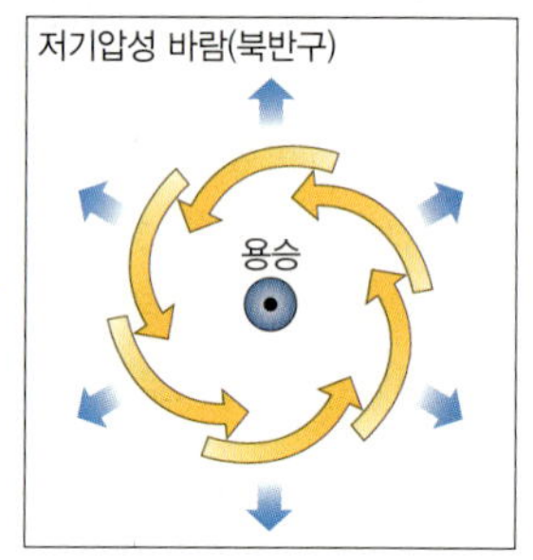

• 고기압: 시계 방향으로 지속적으로 부는 바람에 의해서 표층 해수가 수렴하여 침강이 일어난다.

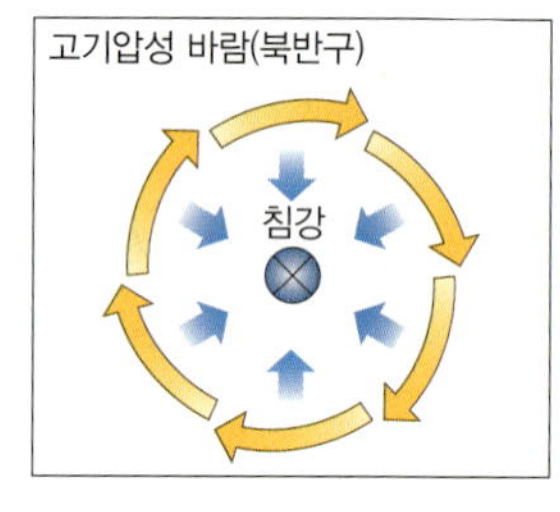

용승 해역

북반구에는 북태평양의 캘리포니아 연안이 있고, 남반구에는 남태평양의 페루 연안이 있다.

강의 포인트

연안 용승과 연안 침강이 발생하는 경우

구분	연안 용승		연안 침강	
	대륙 동안	대륙 서안	대륙 동안	대륙 서안
북반구	남풍	북풍	북풍	남풍
남반구	북풍	남풍	남풍	북풍

2. 엘니뇨와 라니냐의 발생과 비교

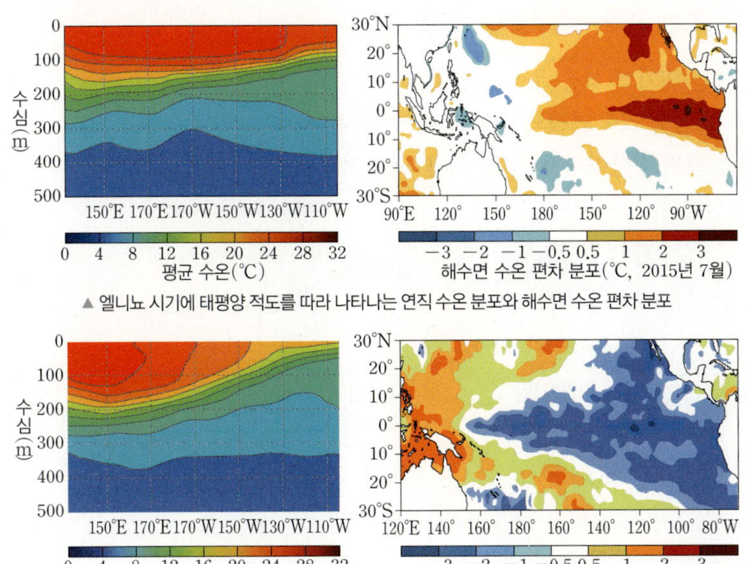

▲ 엘니뇨 시기에 태평양 적도를 따라 나타나는 연직 수온 분포와 해수면 수온 편차 분포

▲ 라니냐 시기에 태평양 적도를 따라 나타나는 연직 수온 분포와 해수면 수온 편차 분포

구분		엘니뇨	라니냐
무역풍의 세기		약화	강화
표층 해수의 이동		따뜻한 표층 해수가 동쪽으로 이동	따뜻한 표층 해수가 서쪽으로 강하게 이동
동서 간 해수면 경사		감소	증가
동태평양의 용승		약화	강화
표층 수온	동태평양	상승	하강
	서태평양	하강	상승
온난 수역의 두께	동태평양	두꺼워짐.	더 얇아짐.
	서태평양	얇아짐.	더 두꺼워짐.
동태평양의 수온 약층 시작 깊이		깊어짐.	얕아짐.

개념 익히기 문제

정답과 해설 p.43

교과서 문장으로 개념 익히기

01 북반구에서는 바람 방향의 □□□ 직각 방향으로 표층 해수가 이동한다.

02 우리나라의 동해에 남풍이 지속적으로 불면 동해안에서는 □□이 활발하게 일어나 냉수대가 나타난다.

03 적도 부근에서는 □□ 무역풍에 의해 표층 해수가 북쪽으로 이동한다.

04 □□□ 시기에는 무역풍의 세기가 평년보다 강해진다.

05 □□□ 시기에는 열대 태평양 동쪽 해역의 표층 수온이 평년보다 낮아진다.

06 엘니뇨 시기에는 □태평양의 따뜻한 해수층의 두께가 얇아진다.

OX 문제로 개념 익히기

07 북반구의 고기압 중심부에서는 용승이 일어난다. (O / X)

08 용승이 일어나는 해역은 기온이 낮아지며, 안개가 자주 발생한다. (O / X)

09 무역풍이 강할수록 적도 부근 동태평양에서의 용승은 강해진다. (O / X)

10 무역풍이 강할수록 적도 부근 서태평양 해수의 온도는 높아진다. (O / X)

11 적도 부근에서 동태평양과 서태평양의 해수면 경사는 평상시보다 라니냐 시기가 급하다. (O / X)

12 적도 부근 동태평양에서 수온 약층이 나타나기 시작하는 깊이는 엘니뇨 시기가 라니냐 시기보다 깊다. (O / X)

개념 남방 진동은 서태평양 지역의 기압과 동태평양 지역의 기압이 시소처럼 서로 반대로 변하는 현상이다.

1. 워커 순환: 열대 서태평양은 따뜻한 해수로 인한 대기의 상승 운동이 활발한 해역이다. 이는 상대적으로 차가운 동태평양 대기의 하강 운동으로 연결되어 열대 태평양에는 동서 방향으로 거대한 순환이 형성되는데, 이를 워커 순환이라고 한다. 이에 따라 서태평양에는 저기압이, 동태평양에는 고기압이 형성된다.

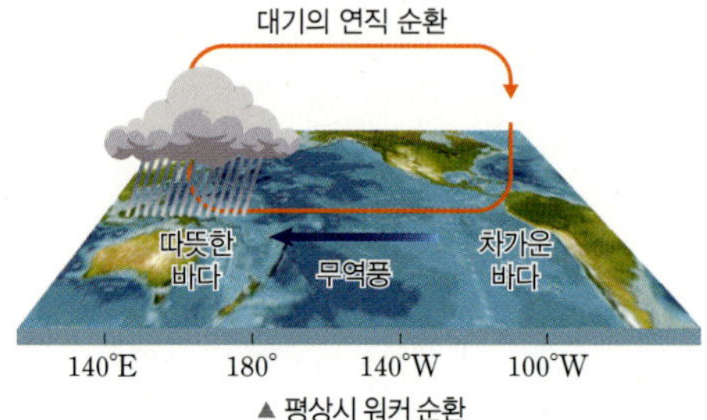

구분	서태평양	동태평양
지역	인도네시아, 오스트레일리아	페루
기압 분포	저기압 (상승 기류)	고기압 (하강 기류)
강수량	많다.	적다.

• 엘니뇨와 라니냐 발생시 워커 순환

구분		엘니뇨	라니냐
모식도			
대기	무역풍	약화	강화
	워커 순환의 변화	상승 영역이 동태평양 쪽으로 이동 워커 순환 약화	서태평양의 상승 기류 강화 워커 순환 강화
	기압 분포와 날씨 — 동태평양	저기압(상승 기류) → 강수량 증가(폭우, 홍수)	고기압(하강 기류) 강화 → 강수량 감소(가뭄)
	기압 분포와 날씨 — 서태평양	고기압(하강 기류) → 강수량 감소(가뭄)	저기압(상승 기류) 강화 → 강수량 증가(폭우, 홍수)

2. 남방 진동

(1) 남방 진동: 열대 태평양 지역의 기압 분포 변화가 시소처럼 한쪽이 올라가면 한쪽은 내려가는 경향을 나타내는 것을 남방 진동이라고 한다.

(2) 남방 진동 지수: 적도 태평양 동쪽과 서쪽의 월 평균 기압 차이를 나타내는 지수

남방 진동 지수($-$)	다윈 해면 기압 > 타히티 해면 기압 ⇨ 엘니뇨 시기
남방 진동 지수($+$)	다윈 해면 기압 < 타히티 해면 기압 ⇨ 라니냐 시기

평상시 남방 진동 지수는 ($+$) ➡ 라니냐 시기에는 평상시보다 ($+$) 값이 더 크게 나타난다.

적도 태평양 동쪽과 서쪽의 기압 차이(동쪽 해면 기압 − 서쪽 해면 기압)

	해면 기압차 (동쪽 해면 기압 − 서쪽 해면 기압)	동쪽과 서쪽의 기압 비교	남방 진동 지수	엘니뇨 시기 또는 라니냐 시기
A	($+$)	서쪽 < 동쪽	($+$)	라니냐 시기
B	($-$)	서쪽 > 동쪽	($-$)	엘니뇨 시기

남방 진동 지수

남태평양에 있는 타히티섬에서 측정한 해면 기압에서 오스트레일리아 다윈섬에서 측정한 해면 기압을 뺀 값으로 정의되며, 엘니뇨 현상의 규모를 나타내는 지수로 사용된다.

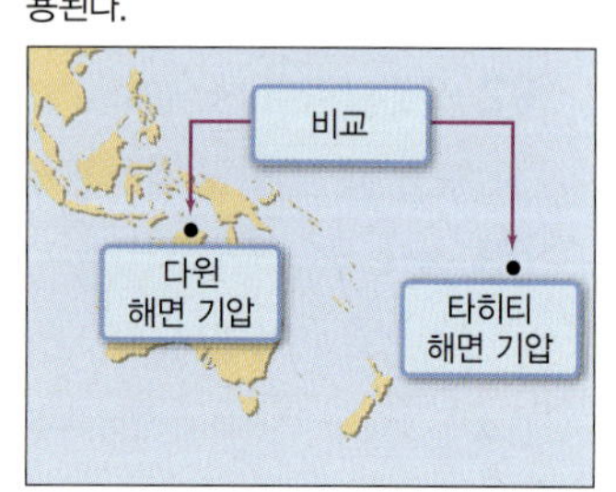

개념 엔소(ENSO)는 엘니뇨, 라니냐에 의한 표층 수온 변화와 대기의 기압 분포 변화가 서로 영향을 주고 받는 현상이다.

1. **엘니뇨 남방 진동(ENSO):** 해수면 온도 변동과 관련된 엘니뇨는 해양에서 발생하는 현상이고, 해면 기압 변동과 관련된 남방 진동은 대기에서 관측되는 현상이다. 그러나 이 둘은 따로 발생하는 독립된 현상이 아니고, 근본적으로 해양과 대기 사이의 끊임없는 상호 작용의 결과로 생긴 하나의 현상이기 때문에 합쳐서 엘니뇨 남방 진동(엔소, ENSO)이라고 한다.

엔소(ENSO)
엘니뇨 남방 진동(El Niño Southern Oscillation)의 첫 글자를 따서 붙인 것이다.

구분	평상시		엘니뇨 시기		라니냐 시기	
	서태평양	동태평양	서태평양	동태평양	서태평양	동태평양
해수면 온도	높다.	낮다.	낮아진다.	높아진다.	더 높아진다.	더 낮아진다.
기압 분포	상승 기류	하강 기류	하강 기류	상승 기류	더 강한 상승 기류	더 강한 하강 기류
	저기압	고기압	고기압	저기압	더 강한 저기압	더 강한 고기압
강수량	많다.	적다.	적어진다.	많아진다.	더 많아진다.	더 적어진다.

2. **영향:** 엘니뇨나 라니냐가 발생하면 대기와 해양의 상호 작용이 평상시와 다르게 일어나므로 지구촌 곳곳에 많은 이상 기후가 나타난다.

엘니뇨와 라니냐의 영향
대기와 해양의 순환은 저위도의 에너지를 고위도로 운반하는 역할을 하는데, 엘니뇨가 발생하면 넓은 열대 해역에서 더 많은 양의 에너지와 수증기가 대기로 방출된다. 평상시보다 많은 에너지를 공급받은 대기는 훨씬 왕성하게 에너지를 고위도로 운반하므로 평년과 다른 이상 기후가 나타나게 된다.

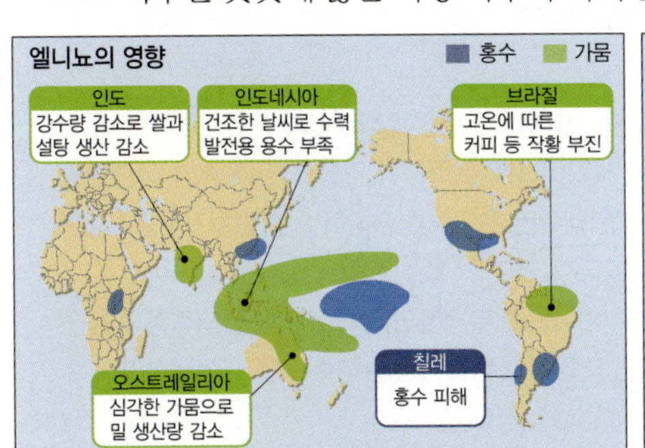

▲ 엘니뇨의 영향

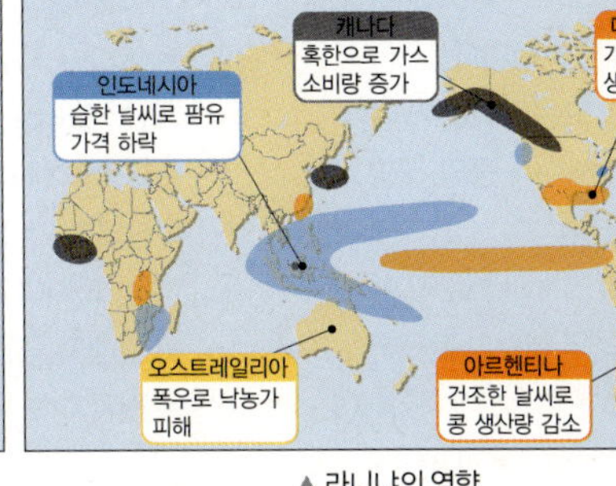

▲ 라니냐의 영향

개념 익히기 문제

정답과 해설 p.43

교과서 문장으로 개념 익히기

13 열대 태평양에서 나타나는 동서 방향의 거대한 대기 순환을 ☐☐ ☐☐이라고 한다.

14 ☐☐☐ 발생 시 서태평양의 해면 기압은 평상시보다 높아진다.

15 ☐☐☐ 발생 시 동태평양에서 강수량은 평상시보다 적어진다.

16 엘니뇨 발생 시 워커 순환의 상승 지역은 평상시보다 ☐쪽에서 나타난다.

17 라니냐 발생 시 서태평양의 강수량은 평상시보다 ☐☐진다.

OX 문제로 개념 익히기

18 평상시 워커 순환에서 서태평양에서는 하강 기류가 우세하게 발달한다. (O / X)

19 워커 순환은 평상시보다 라니냐 시기에 더 강하다. (O / X)

20 엘니뇨 발생시 서태평양의 기압이 높아지면 동태평양의 기압도 높아진다. (O / X)

21 열대 태평양의 수온 변화와 기압 변화는 서로 영향을 주지 않고 독립적으로 나타난다. (O / X)

22 엘니뇨가 발생하면 열대 해역에서 대기로 공급되는 열과 수증기의 양이 많아진다. (O / X)

자료 ❶ 엘니뇨와 라니냐 시기일 때 적도 부근 태평양에서의 수온 변화

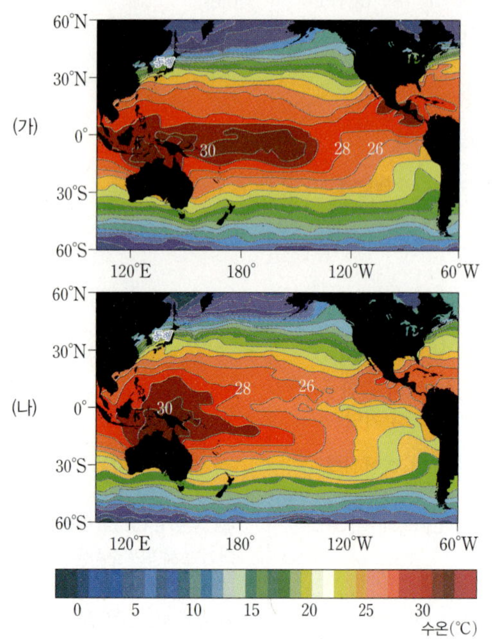

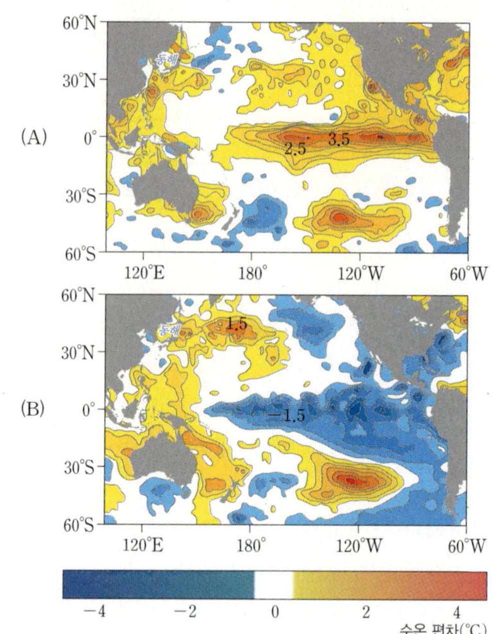

(가)는 엘니뇨, (나)는 라니냐 시기일 때 12월 표층 수온 분포이다.

→ (가): 무역풍의 약화로 인해 적도 부근 태평양의 고온의 해수가 서태평양으로 이동하지 못해 서태평양의 고온의 해수가 중앙 태평양까지 확장되어 있다.

→ (나): 무역풍의 강화로 인해 적도 부근 태평양의 고온의 해수가 서태평양으로 강하게 이동하면서 서태평양에 고온의 해수가 분포하고 있으며, 동태평양의 수온은 낮아졌다.

(A)는 엘니뇨, (B)는 라니냐 시기일 때 해수면의 수온 편차 분포이다.

→ (A): 엘니뇨 시기이므로 무역풍의 약화로 인해 중앙 태평양과 동태평양 해역은 해수면 온도가 상승하여 수온 편차가 (+) 값을 나타내고 있다.

→ (B): 라니냐 시기이므로 무역풍의 강화로 인해 동태평양의 용승이 강해져 중앙 태평양과 동태평양은 해수면 온도가 낮아져서 수온 편차가 (−) 값을 나타내고 있다.

자료 ❷ 엘니뇨 발생 시 적도 부근 태평양에서의 수온 분포

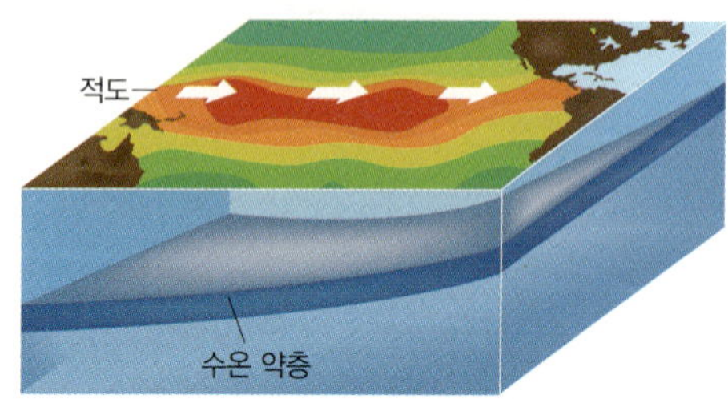

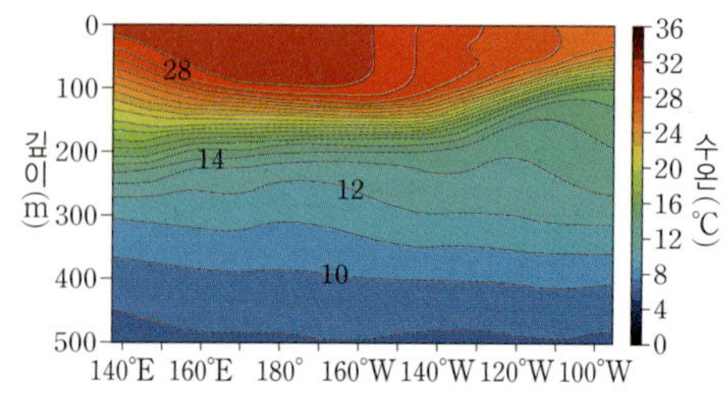

엘니뇨 시기에 적도 부근 태평양 해역의 표층 수온과 수온 약층의 기울기를 보여주는 그림이다.

→ 적도 부근 태평양에서 표층의 고온의 해수가 무역풍의 약화로 인해 동태평양으로 이동하고 있다.

→ 동태평양에서 수온 약층이 나타나기 시작하는 깊이가 평상시보다 깊게 나타나 있다.

엘니뇨 시기의 적도 부근 태평양 해역의 수온을 깊이에 따라 등수온선을 이용하여 나타낸 그림이다.

→ 왼쪽 그림에서는 수온 약층을 시각적으로 표시하였지만, 깊이에 따른 수온 분포를 등수온선으로 나타낸 그림에서는 등수온선이 조밀한 구역이 수온 약층에 해당하므로, 이를 이용하여 수온 약층이 나타나는 깊이를 파악해야 한다.

개념 다지기 문제

01 용승과 침강에 대한 설명으로 옳은 것만을 |보기|에서 있는 대로 고른 것은?

―보기―
ㄱ. 용승이 일어나는 해역의 수온은 주변보다 높다.
ㄴ. 표층 해수가 수렴하는 해역에서는 침강이 일어난다.
ㄷ. 표층 해수가 먼 바다 쪽으로 이동하는 경우 연안에서는 용승이 일어난다.

① ㄱ　　　　　② ㄷ　　　　　③ ㄱ, ㄴ
④ ㄱ, ㄷ　　　　⑤ ㄴ, ㄷ

대표 유형문제

02 그림은 적도 부근에서 불고 있는 무역풍의 방향을 나타낸 것이다.

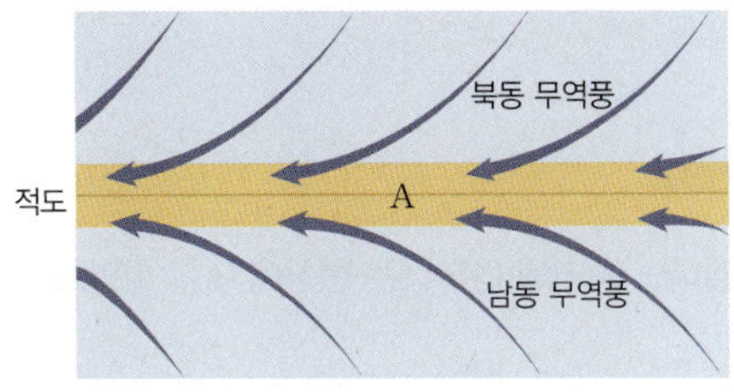

이에 대한 설명으로 옳은 것만을 |보기|에서 있는 대로 고른 것은?

―보기―
ㄱ. 무역풍은 적도 부근에서 동쪽을 향해 부는 바람이다.
ㄴ. 남동 무역풍에 의해 표층 해수는 북쪽으로 이동한다.
ㄷ. A 해역에는 해수의 용승이 침강보다 활발하게 일어난다.

① ㄱ　　　　　② ㄷ　　　　　③ ㄱ, ㄴ
④ ㄴ, ㄷ　　　　⑤ ㄱ, ㄴ, ㄷ

03 그림은 북반구 어느 지역의 해수면에서 고기압성 또는 저기압성 바람이 불 때의 풍향을 나타낸 것이다.
이 지역에 대한 설명으로 옳은 것만을 |보기|에서 있는 대로 고른 것은?

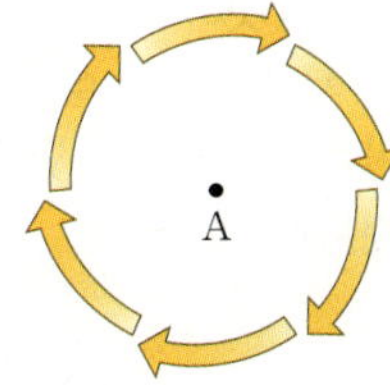

―보기―
ㄱ. 고기압성 바람이 불고 있다.
ㄴ. 표층 해수는 A를 향해 수렴한다.
ㄷ. A에서는 표층 해수의 용승이 일어난다.

① ㄱ　　　　　② ㄷ　　　　　③ ㄱ, ㄴ
④ ㄴ, ㄷ　　　　⑤ ㄱ, ㄴ, ㄷ

04 엘니뇨 시기에 나타날 수 있는 현상에 대한 설명으로 옳은 것만을 |보기|에서 있는 대로 고른 것은?

―보기―
ㄱ. 무역풍이 강해진다.
ㄴ. 동태평양에서 강수량이 증가한다.
ㄷ. 동태평양에서 용승이 활발해진다.
ㄹ. 서태평양의 해수면 높이가 낮아진다.

① ㄱ, ㄴ　　　　② ㄱ, ㄷ　　　　③ ㄴ, ㄷ
④ ㄴ, ㄹ　　　　⑤ ㄷ, ㄹ

대표 유형문제

05 엘니뇨 시기와 비교하였을 때 라니냐 시기에 큰 값으로 나타나는 것만을 |보기|에서 있는 대로 고른 것은?

―보기―
ㄱ. 서태평양의 강수량
ㄴ. 동태평양의 평균 기압
ㄷ. 동태평양의 평균 표층 수온
ㄹ. 동태평양에서 수온 약층이 나타나기 시작하는 깊이

① ㄱ, ㄴ　　　　② ㄱ, ㄷ　　　　③ ㄴ, ㄷ
④ ㄴ, ㄹ　　　　⑤ ㄷ, ㄹ

대표 유형문제

06 그림은 엘니뇨 또는 라니냐가 발생한 어느 시기의 해수면 수온 편차 분포를 나타낸 것이다.

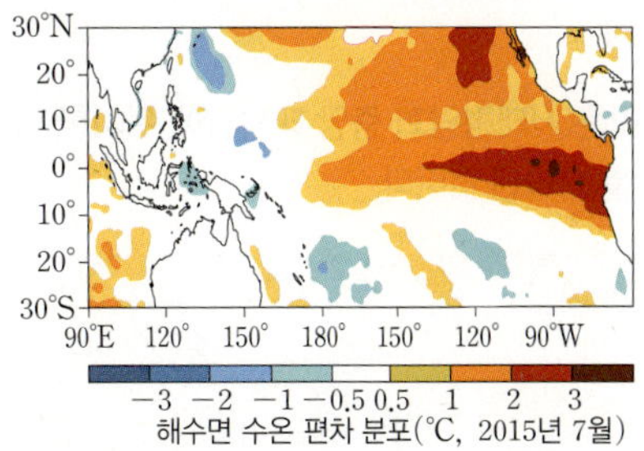

이 시기에 대한 설명으로 옳은 것만을 |보기|에서 있는 대로 고른 것은?

―보기―
ㄱ. 엘니뇨 시기이다.
ㄴ. 동태평양 적도 부근 해역에서의 강수량은 평상시보다 많다.
ㄷ. 동태평양 적도 부근 해역에서의 해수면은 평상시보다 낮다.

① ㄱ　　　　　② ㄷ　　　　　③ ㄱ, ㄴ
④ ㄴ, ㄷ　　　　⑤ ㄱ, ㄴ, ㄷ

개념 다지기 문제

07 그림은 태평양 적도 부근 해역에서 엘니뇨 시기와 라니냐 시기의 해수면과 수온 약층이 시작되는 깊이를 나타낸 것이다. A, B는 해수면, C, D는 수온 약층이 시작되는 깊이를 나타낸 것이다.

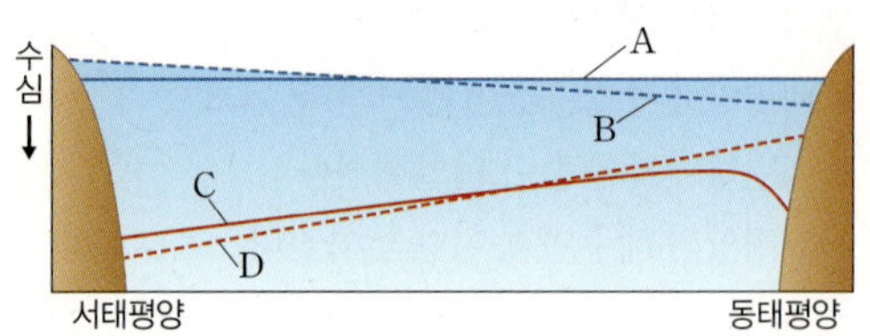

이에 대한 설명으로 옳은 것만을 |보기|에서 있는 대로 고른 것은?

보기
ㄱ. 무역풍의 세기는 해수면이 A일 때보다 B일 때 강하다.
ㄴ. 해수면이 A일 때 수온 약층이 시작되는 깊이는 C이다.
ㄷ. 동태평양 적도 부근 해역에서의 용승이 평상시보다 강할 때 수온 약층이 시작되는 깊이는 D이다.

① ㄱ   ② ㄴ   ③ ㄱ, ㄷ
④ ㄴ, ㄷ   ⑤ ㄱ, ㄴ, ㄷ

08 평상시 적도 부근 태평양의 수온 분포와 워커 순환에 대한 설명으로 옳지 않은 것은?

① 표층 수온은 서태평양이 동태평양보다 높다.
② 서태평양 해역에서는 상승 기류가 발달한다.
③ 동태평양 해역에서는 하강 기류가 발달한다.
④ 라니냐 시기에는 워커 순환의 방향이 평상시와는 반대 방향으로 나타난다.
⑤ 서태평양과 동태평양의 수온 차로 인해 나타나는 동서 방향의 대기 순환을 워커 순환이라고 한다.

대표 유형문제

09 그림은 서태평양과 중앙 태평양에 위치한 다윈섬과 타히티섬의 위치를 나타낸 것이다.

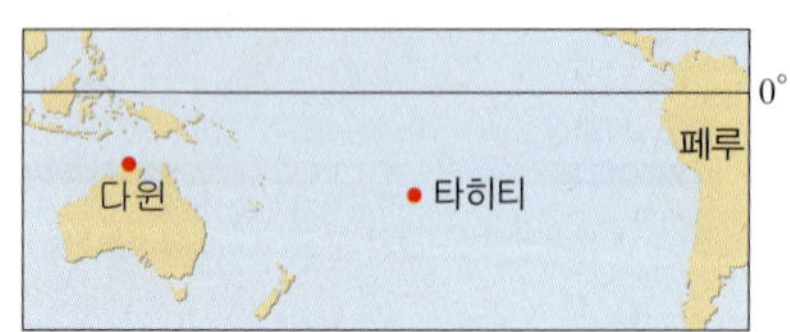

이에 대한 설명으로 옳은 것만을 |보기|에서 있는 대로 고른 것은?

보기
ㄱ. 엘니뇨 시기에 다윈섬에서의 기압은 낮아진다.
ㄴ. 엘니뇨 시기에 타히티섬 부근에서는 상승 기류가 강해진다.
ㄷ. 라니냐 시기에 다윈섬과 타히티섬에서 기압은 모두 높아진다.

① ㄱ   ② ㄴ   ③ ㄷ
④ ㄱ, ㄷ   ⑤ ㄴ, ㄷ

10 다음은 엘니뇨 시기에 대한 설명이다.

무역풍이 약화되어 엘니뇨 현상이 나타나면 동태평양의 해수가 서태평양으로 이동하지 못하고, 워커 순환의 상승 지역도 평상시보다 (㉠)에서 나타난다. 이는 태평양의 기압 분포에도 영향을 주어 서태평양은 기압이 상승하고 동태평양은 기압이 하강한다. 이와 같이 열대 태평양 지역의 기압 분포 변화가 시소처럼 한쪽이 올라가면 한쪽은 내려가는 경향을 나타내는 것을 (㉡)이라고 한다.

㉠과 ㉡에 들어갈 알맞은 말을 옳게 짝 지은 것은?

	㉠	㉡		㉠	㉡
①	동쪽	ENSO	②	동쪽	남방 진동
③	서쪽	ENSO	④	서쪽	남방 진동
⑤	서쪽	워커 순환			

대표 유형문제

11 엘니뇨 시기에 나타나는 현상에 대한 설명으로 옳지 않은 것은?

① 페루 앞바다에서는 수산업이 저조해진다.
② 페루 등 남아메리카 지역의 평균 기온이 높아진다.
③ 서태평양에 위치한 지역에서는 강수량이 적어진다.
④ 중앙 태평양, 멕시코 북부 등에는 강수량이 많아진다.
⑤ 인도네시아, 인도, 호주 등지에는 농작물 생산량이 증가한다.

12 그림은 엘니뇨 또는 라니냐 시기에 나타나는 이상 기후를 나타낸 것이다.
이 시기에 대한 설명으로 옳은 것만을 |보기|에서 있는 대로 고른 것은?

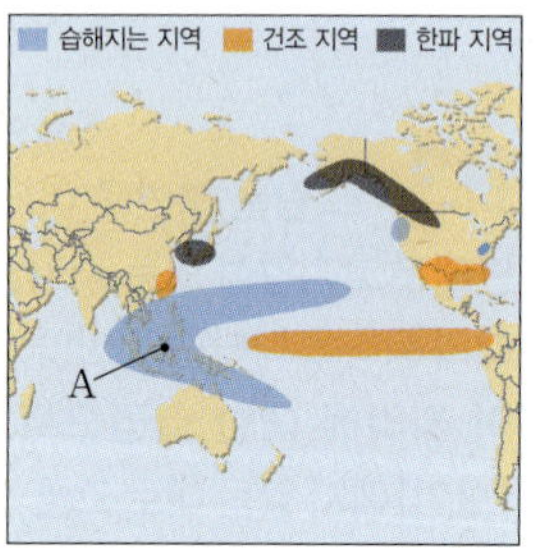

보기
ㄱ. 엘니뇨 시기이다.
ㄴ. A 지역의 기압은 평상시보다 낮다.
ㄷ. 워커 순환의 세기는 평상시보다 강하다.

① ㄱ   ② ㄷ   ③ ㄱ, ㄴ
④ ㄴ, ㄷ   ⑤ ㄱ, ㄴ, ㄷ

13 그림은 어느 해안 주변에서 지속적으로 불고 있는 바람의 방향과 표층 해수의 이동 방향을 나타낸 것이다.

이에 대한 설명으로 옳은 것만을 |보기|에서 있는 대로 고른 것은?

> 보기
> ㄱ. 이 지역은 북반구에 위치한다.
> ㄴ. 연안의 해수에 플랑크톤이 많아진다.
> ㄷ. 해수면 온도는 해안으로부터 멀어질수록 낮아진다.

① ㄱ   ② ㄷ   ③ ㄱ, ㄴ
④ ㄴ, ㄷ   ⑤ ㄱ, ㄴ, ㄷ

14 그림은 평상시 열대 태평양에서의 대기 순환 구조를 나타낸 것이다.

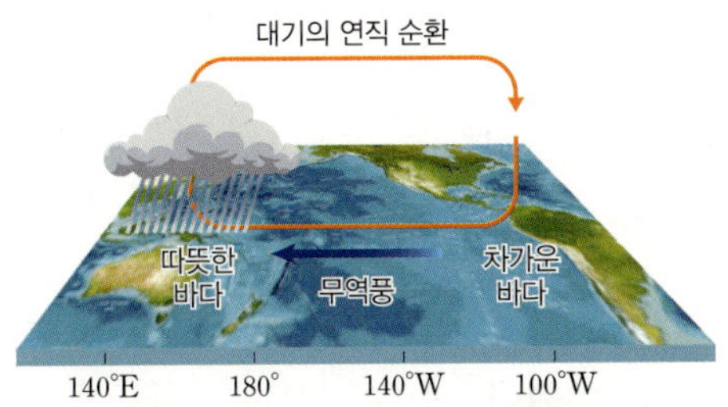

이에 대한 설명으로 옳은 것만을 |보기|에서 있는 대로 고른 것은?

> 보기
> ㄱ. 워커 순환의 상승 기류는 서태평양에 발달해 있다.
> ㄴ. 라니냐 시기에는 동태평양에 상승 기류가 나타난다.
> ㄷ. 무역풍이 약화되면 상승 기류가 나타나는 위치가 서쪽으로 이동할 것이다.

① ㄱ   ② ㄴ   ③ ㄱ, ㄷ
④ ㄴ, ㄷ   ⑤ ㄱ, ㄴ, ㄷ

15 그림은 라니냐 시기에 적도 부근 태평양에서 측정한 깊이에 따른 수온 분포를 나타낸 것이다.

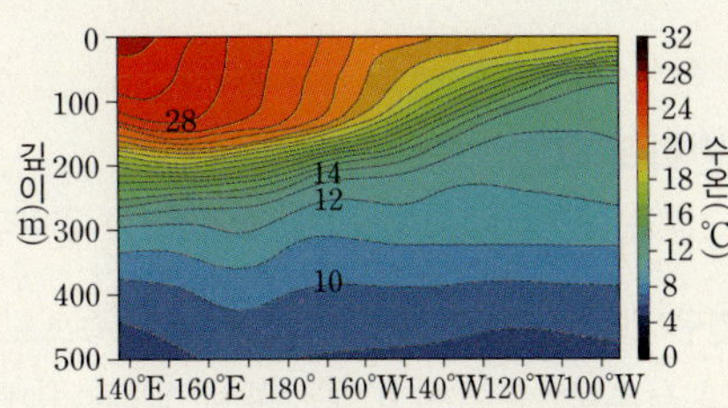

(1) 동태평양에서 수온 약층이 나타나기 시작하는 대략적인 깊이를 쓰고, 그렇게 판단한 까닭을 서술하시오.

(2) 이 시기에 비해 평상시에는 동태평양에서 수온 약층이 시작되는 깊이가 어떻게 달라질 것인지 서술하시오.

16 그림 (가)는 적도 부근 동태평양 해역에서의 표층 수온 편차를, (나)는 남방 진동 지수((타히티 해면 기압 편차−다윈 해면 기압 편차)/표준 편차)를 나타낸 것이다.

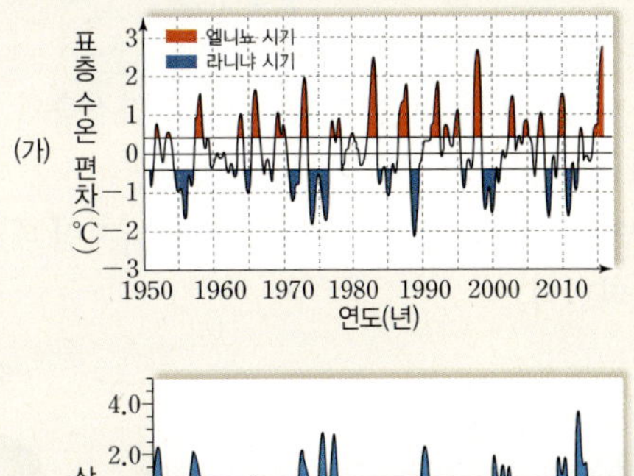

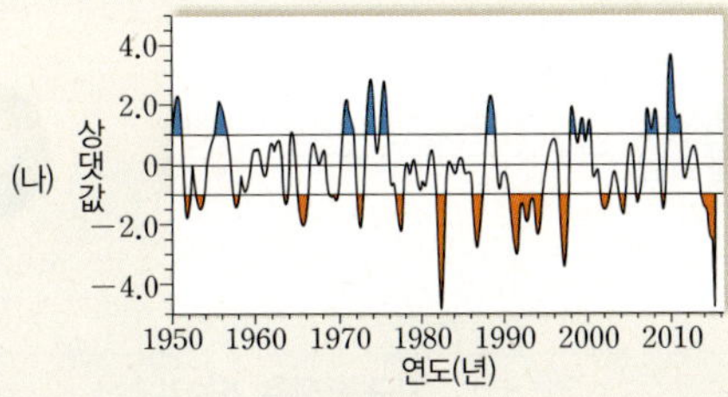

그림을 참고하여 엘니뇨 남방 진동(ENSO)이 의미하는 것이 무엇인지 서술하시오.

06 지구의 기후 변화

❶ 기후 변화의 요인

개념 현재의 기후는 자연적인 요인이나 인간 활동에 의한 인위적인 요인으로 점차 변하고 있다.

1. 고기후 연구: 고기후는 관측 장비와 기술 부족으로 자료를 얻기 어렵기 때문에 고문헌 조사나 빙하 시추물 연구, 산호의 성장선, 나무 나이테나 화석 등의 연구로 추정할 수 있다.

2. 기후 변화의 자연적 요인 기후 변화는 여러 요인들이 복합적으로 작용하여 일어난다.

(1) 지구 외적 요인

❶ 지구 자전축의 경사 방향 변화

- **세차 운동**: 지구의 자전축이 약 26000년을 주기로 팽이처럼 회전하는 현상이다.
- **기후 변화**: 지구 자전축의 경사 방향이 반대가 되면 계절이 반대가 된다.

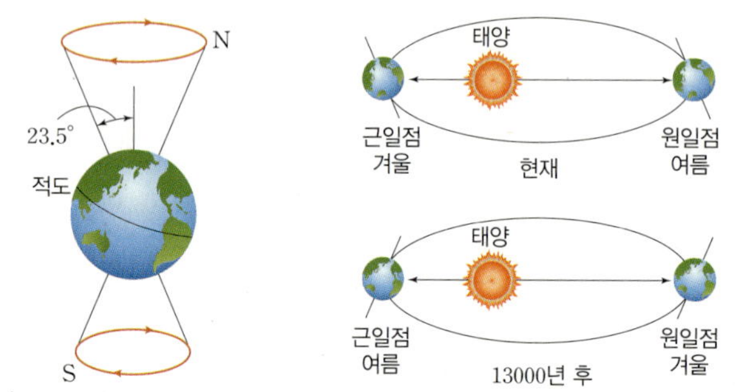

▲ 세차 운동과 북반구의 계절 변화

구분		현재		약 13000년 후	
북반구 중위도	여름(7월)	원일점에 위치	연교차 작음	근일점에 위치	연교차 증가
	겨울(1월)	근일점에 위치		원일점에 위치	
남반구 중위도	여름(1월)	근일점에 위치	연교차 큼	원일점에 위치	연교차 감소
	겨울(7월)	원일점에 위치		근일점에 위치	

❷ 지구 자전축의 기울기 변화: 현재 지구 자전축의 기울기는 23.5°이지만, 약 41000년을 주기로 21.5°~24.5° 사이에서 변한다.

- **기후 변화**: 지구 자전축의 기울기가 달라지면 태양의 남중 고도 변화로 인해 기후 변화가 나타난다.

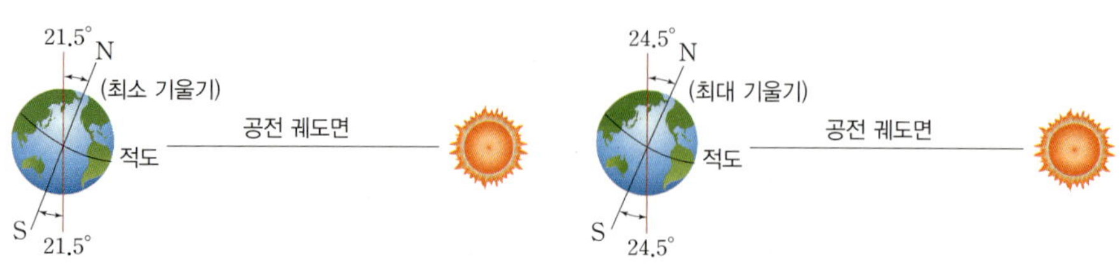

구분		지구 자전축 기울기 감소 (23.5° → 21.5°)		지구 자전축 기울기 증가 (23.5° → 24.5°)	
북반구 중위도 · 남반구 중위도	여름	태양의 남중 고도 감소 → 일사량 감소 → 기온 하강	연교차 감소	태양의 남중 고도 증가 → 일사량 증가 → 기온 상승	연교차 증가
	겨울	태양의 남중 고도 증가 → 일사량 증가 → 기온 상승		태양의 남중 고도 감소 → 일사량 감소 → 기온 하강	

기후
오랜 시간 동안 나타나는 날씨 변화의 평균 상태이다.

기후 변화
기후를 결정하는 요소 중 기온은 태양 복사 에너지와 지구 복사 에너지의 흡수·방출량에 따라 달라진다. 따라서 이러한 에너지의 양에 영향을 미치는 요인들을 통해 기후 변화의 원인을 파악할 수 있다.

세차 운동
현재는 지구 자전축이 북극성을 향하고 있으나, 약 13000년 후에는 세차 운동으로 인해 자전축이 직녀성을 향하게 된다.

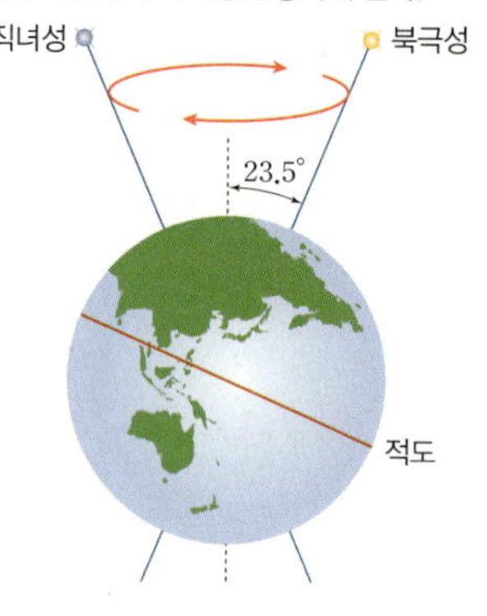

❸ 지구 공전 궤도 이심률의 변화: 지구의 공전 궤도는 태양을 초점으로 하는 타원 궤도이다. 그러나 지구의 공전 궤도는 약 10만 년을 주기로 원형에 가까운 상태에서 타원형으로 변했다가 다시 원래의 모양으로 돌아간다.

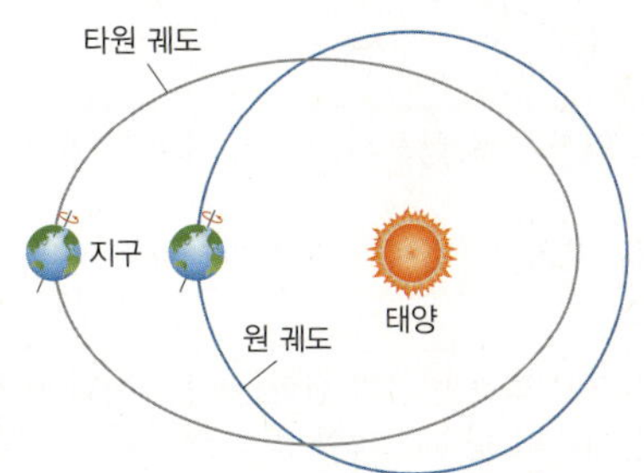

• 기후 변화: 공전 궤도 모양에 따른 지구와 태양 사이의 거리 변화에 의해 기후 변화가 나타난다.

지구 공전 궤도 이심률이 커질수록 공전 궤도가 납작해지므로 원일점 거리는 멀어지고, 근일점 거리는 가까워진다.

구분		현재		현재보다 이심률 감소		현재보다 이심률 증가	
북반구 중위도	여름(7월)	원일점에 위치	연교차 작음	원일점 거리 감소	연교차 증가	원일점 거리 증가	연교차 감소
	겨울(1월)	근일점에 위치		근일점 거리 증가		근일점 거리 감소	
남반구 중위도	여름(1월)	근일점에 위치	연교차 큼	근일점 거리 증가	연교차 감소	근일점 거리 감소	연교차 증가
	겨울(7월)	원일점에 위치		원일점 거리 감소		원일점 거리 증가	

❹ 태양 활동의 변화
• 태양 활동은 흑점 수의 변화로 유추할 수 있고, 흑점 수가 많을 때 태양 활동이 활발하다.
• 태양 활동이 활발하면 지구에 도달하는 태양 복사 에너지양이 증가하여 기온은 상승한다.

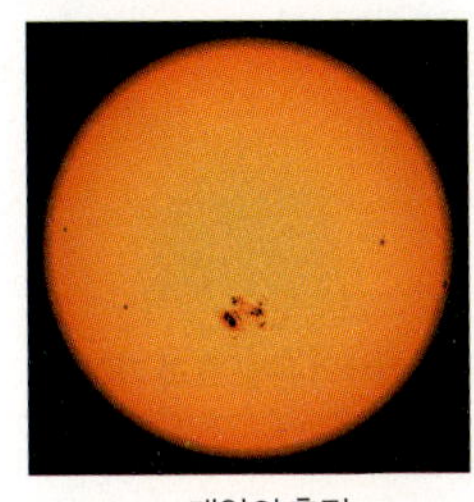
▲ 태양의 흑점

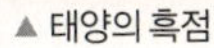

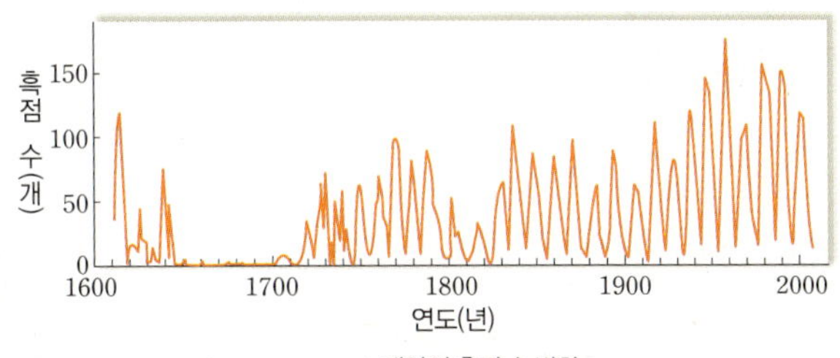

▲ 태양의 흑점 수 변화

이심률

천문학에서 천체 궤도의 형태를 나타낼 때 사용하는 값으로, 이심률이 0이면 원 궤도이고, 0에서 1 사이의 값이면 타원 궤도, 1이면 포물선 궤도이다. 0보다 클수록 타원이 찌그러진다.

근일점과 원일점의 일사량 차이

현재의 공전 궤도에서 근일점과 원일점의 일사량 차이는 약 7 %이다. 그러나 공전 궤도 이심률이 최대일 때 근일점과 원일점에서의 일사량 차이는 약 20 %가 된다.

암기 꼭!

다른 요인의 변화가 없다면(우리나라)
• 세차 운동 결과 13000년 후: 연교차 증가
• 자전축 기울기 감소: 연교차 감소
• 자전축 기울기 증가: 연교차 증가
• 이심률 감소: 연교차 증가
• 이심률 증가: 연교차 감소

태양의 흑점 수는 약 11년을 주기로 증감한다. 흑점 수가 적었던 시기는 지구의 기온이 낮았던 시기와 일치한다.

개념 익히기 문제

정답과 해설 p.45

🧠 교과서 문장으로 개념 익히기

01 지구 자전축이 팽이처럼 회전하는 운동을 ☐☐☐☐ 이라고 한다.

02 현재 북반구를 기준으로 근일점에서의 계절은 ☐☐ 이다.

03 지구 자전축의 기울기가 커지면 우리나라에서 여름철 태양의 남중 고도는 현재보다 ☐☐진다.

04 지구 공전 궤도 이심률이 변하는 주기는 약 ☐☐☐ 년이다.

05 지구 공전 궤도 이심률이 클수록 원일점 거리는 ☐☐진다.

06 태양 ☐☐ 수의 변화를 통해 태양 활동의 변화를 유추할 수 있다.

📦 OX 문제로 개념 익히기

07 세차 운동의 주기는 지구 자전축 기울기 변화의 주기보다 짧다. (O / X)

08 지구 자전축의 기울기가 커지면 기온의 연교차는 작아진다. (O / X)

09 지구 공전 궤도가 원에 가까울수록 이심률은 1에 가까워진다. (O / X)

10 지구 공전 궤도 이심률이 작을수록 근일점 거리와 원일점 거리의 차는 작아진다. (O / X)

11 태양 흑점 수의 변화는 기후 변화의 지구 외적 요인에 해당한다. (O / X)

12 태양의 흑점 수가 많을수록 태양의 활동이 활발하다. (O / X)

(2) 지구 내적 요인

수륙 분포의 변화	• 대륙의 이동으로 인한 수륙 분포의 변화가 해류를 변화시켜 기후 변화에도 영향을 미친다. • 수륙 분포에 따라 지표에서 흡수하거나 반사하는 태양 복사 에너지양이 달라진다.
빙하 면적의 변화	• 빙하는 반사도가 커서 빙하 면적의 변화는 기온 변화에 영향을 준다. • 극지방이나 고산 지대의 빙하가 녹아 빙하 면적이 감소하면 반사율이 감소하여 기온이 상승한다. • 빙하기가 도래하여 빙하 면적이 증가하면 반사율도 상승하여 기온이 낮아진다.
생물의 변화	호흡과 광합성량을 바꾸어 대기 중 온실 기체량에 변화를 준다.
화산 폭발	대규모 화산 폭발에 의해 다량의 화산재가 대기 중으로 유입되면, 성층권까지 올라가 지구의 반사율을 증가시키고 투과율을 감소시켜 지구의 평균 기온을 낮춘다.

3. 기후 변화의 인위적 요인

(1) 온실 기체 배출

❶ 화석 연료의 연소 등으로 배출된 온실 기체는 지구의 기온을 높인다.

❷ 온실 기체에는 수증기, 이산화 탄소, 메테인, 오존 등이 있다.

(2) 에어로졸 배출: 대기에 퍼져 있는 $1\ nm \sim 100\ \mu m$의 작은 액체나 고체 입자

❶ 화석 연료의 연소와 산업화로 대기 중에 에어로졸이 많아져 지구의 기온을 낮춘다.

❷ 기온 감소는 에어로졸이 태양 복사 에너지를 산란시키고, 응결핵으로 작용하여 구름의 양을 늘려 지구의 반사율을 증가시키기 때문이다.

(3) 사막화, 도시화

❶ 농지 개간이나 벌목으로 인한 산림의 훼손은 식물에 의한 이산화 탄소 제거 효과를 크게 감소시킬 뿐 아니라, 물을 비롯한 물질의 순환과 지표의 복사 특성을 변화시켜 강수량에 영향을 준다.

❷ 포장도로의 건설과 고층 건물 신축에 따른 지표면의 변화, 도시화로 인한 인공 열 발생의 증가 역시 지구 기후를 변화시키는 요소이다.

❷ 인간 활동에 의한 기후 변화

개념 지구 온난화는 온실 기체가 지구 복사 에너지를 흡수하였다가 지표로 재복사하여 지구의 평균 기온을 높이는 현상이다.

1. **지구의 복사 평형**: 지구가 흡수한 만큼의 에너지를 방출하여 평균 온도가 일정하게 유지되는 상태이다.

2. **온실 효과**: 온실 기체는 파장이 짧은 가시광선의 태양 복사 에너지는 거의 투과시키고 파장이 긴 적외선의 지구 복사 에너지는 흡수하여 지표로 재복사함으로써 지표 온도를 높이는 온실 효과를 일으킨다.

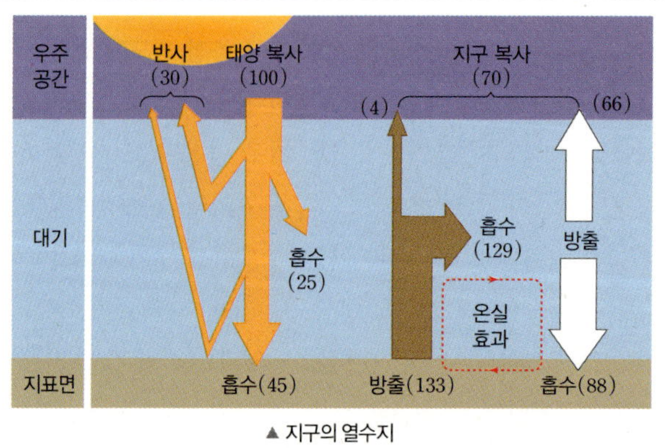

• 그림은 복사 평형 상태에서 태양 복사의 유입량을 100으로 할 때 지구의 대기와 지표면에서 에너지의 이동량을 나타낸 것이다.

• 대기의 온실 효과는 지표가 방출하는 133의 에너지 중 129를 대기가 흡수한 후 지표로 다시 복사하는 현상에 의해 일어난다.

지구의 반사율: 30

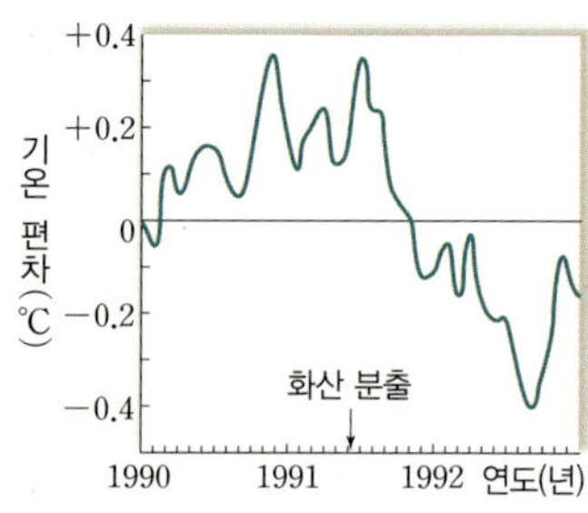

온실 기체

지구 대기는 질소(78 %), 산소(21 %), 아르곤(0.9 %), 그 밖의 기체(0.1 %)로 이루어져 있다. 온실 효과는 0.1 %에 해당하는 이산화 탄소, 메테인, 산화 이질소 등에 의해 일어난다.

주요 온실 기체의 온실 효과 기여도

온실 기체	기여도(%)
수증기	36~70
이산화 탄소	9~26
메테인	4~9
오존	3~7

강의 포인트

복사 에너지의 흡수와 방출: 지구 전체뿐만 아니라 지표, 대기에서도 흡수량과 방출량은 같다.

• 지표
 - 흡수: 태양 복사 45＋대기 복사 88＝133
 - 방출: 지표 복사 133 (대기로 129＋우주 공간으로 4)

• 대기
 - 흡수: 태양 복사 25＋지표 복사 129＝154
 - 방출: 대기 복사 154 (지표로 88＋우주 공간으로 66)

• 지구 전체
 - 흡수: 태양 복사 70 (지표 흡수 45＋대기 흡수 25)
 - 방출: 지표 복사 4＋대기 복사 66＝70

3. **지구 온난화**: 산업 혁명 이후 인간이 방출하는 이산화 탄소 등의 온실 기체 증가로 온실 효과가 강화되어 지구의 평균 기온이 상승하는 현상이다.

(1) **지구 온난화의 영향**

❶ 해수면 상승: 해수의 열팽창과 빙하의 해빙에 의해 해수면이 상승한다.

❷ 육지 면적 감소: 해수면이 상승하면 해안가 저지대나 섬나라들이 침수된다.

❸ 이상 기후: 1950년대 이후 태풍의 세기가 점점 더 강해졌고, 폭염, 가뭄, 집중 호우나 폭우에 의한 홍수, 사막화와 같은 자연 재해도 심해졌다. 이러한 자연 재해는 인간에게도 영향을 끼쳐 농업이나 수산업 분야에 경제적인 피해를 가져왔고, 인명 피해도 발생시켰다.

(2) **우리나라의 기후 변화**

❶ 최근 100년 간 지속적으로 기온이 상승하였다.

❷ 우리나라에서 여름은 점차 길어지고 겨울은 짧아지고 있다.

❸ 봄꽃의 개화 시기가 점차 빨라지고 있으며, 주요 과일의 생산지 북상이나 고랭지 채소 재배지의 변화 등 농업 생태계에도 큰 변화를 가져왔다.

③ 기후 변화의 영향과 대책

지구 온난화와 같은 기후 변화에 대처하기 위해 여러 과학적 방법이 제시되고 있다.

1. **기후 변화의 영향**: 지구 온난화는 이상 기상과 이상 기후를 초래하여 생태계 변화뿐 아니라 각종 사회적, 경제적인 면에까지 영향을 미치고 있다.

2. **기후 변화의 대책**

(1) **과학적 해결 방안**

❶ 온실 기체 배출량 감소: 화석 연료 사용 억제, 신재생 에너지 사용 확대

❷ 대기 중 온실 기체 제거 기술 개발

❸ 지구의 태양 복사 에너지 흡수량 감소 기술 개발

(2) **기후 변화 협약**

❶ 1988년 정부 간 기후 변화 협의체(IPCC) 발족

❷ 1992년 브라질 리우 환경 회의, 유엔 기후 변화 협약(UNFCCC) 체결

❸ 2005년 교토 의정서 발효

❹ 2015년 파리 21차 유엔 기후 변화 협약 당사국 총회(COP 21)

평균 해수면 높이 변화

정부 간 기후 변화 협의체에서 발표한 지구 평균 해수면 변화 그래프를 보면 평균 해수면 높이가 지속적으로 높아지고 있음을 알 수 있다.

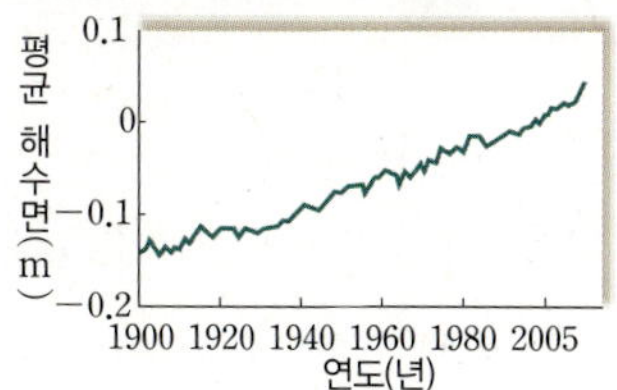

지구 온난화의 영향

실제 지난 100년 간 해수면 상승으로 투발루, 몰디브 등 남태평양의 섬나라가 일부 물에 잠기고, 해안가에서는 침식에 의한 피해가 발생하였다.

기후 변화 협약

· 1988년 정부 간 기후 변화 협의체(IPCC) 발족: 기후 변화에 대한 과학과 기술, 사회 경제적인 정보를 위해 130여 개 국가에서 3000명의 과학자가 참가하여 5년마다 평가 보고서 발간함.

· 1992년 브라질 리우 환경 회의, 유엔 기후 변화 협약(UNFCCC) 체결: 선진국과 개발 도상 국가들이 각자의 능력에 맞게 온실 기체를 감축하기로 약속함.

· 2005년 교토 의정서 발효: 온실 기체 배출량을 줄이지 않는 국가에 대한 비관세 장벽을 동원했으나 각국의 경제적 이해 관계에 따라 협약과 이행 사항 등이 협의되지 않아 2005년에야 발효됨.

· 2015년 파리 21차 유엔 기후 변화 협약 당사국 총회(COP 21): 2100년까지 지구 기온 상승폭을 2 ℃ 이하로 제한하자는 데 합의, 선진국과 개발 도상국 모두 감축 의무를 가짐.

개념 익히기 문제

정답과 해설 p.45

🧠 교과서 문장으로 개념 익히기

13 빙하 면적이 감소할수록 반사율은 □□한다.

14 □□□□은 대기 중에 퍼져 있는 작은 액체나 고체 입자로, 지구의 기온을 낮추는 역할을 한다.

15 지구 복사는 태양 복사보다 평균 파장이 □다.

16 이산화 탄소와 같은 □□□□는 지구 복사 에너지를 흡수하여 지구의 기온을 높이는 역할을 한다.

17 인간 활동에 의한 온실 기체 증가가 지구 □□□의 주요 원인이다.

18 지구 온난화에 의한 해수면 상승은 주로 해수의 □□과 빙하의 해빙에 의해 일어난다.

📦 OX 문제로 개념 익히기

19 화산 폭발로 대기에 유입된 화산재는 지구 평균 기온을 높이는 역할을 한다. (O / X)

20 극지방이나 고산 지대의 빙하가 녹으면 반사율이 감소하면서 기온이 상승한다. (O / X)

21 온실 기체 중 온실 효과에 미치는 기여도는 수증기가 이산화 탄소보다 크다. (O / X)

22 대기 중 온실 기체의 농도가 높을수록 온실 효과가 강하게 나타난다. (O / X)

23 지구 온난화로 인해 우리나라에서 봄꽃의 개화 시기는 점차 느려지고 있다. (O / X)

자료 ❶ 실제 기온과 기후 모형 예측 자료를 이용한 지구 온난화 경향 분석

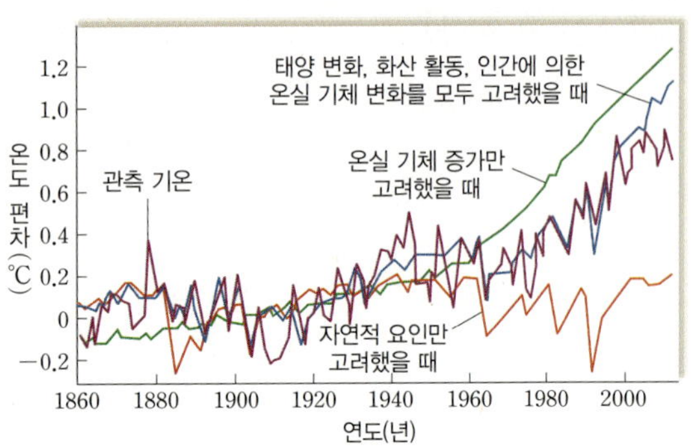

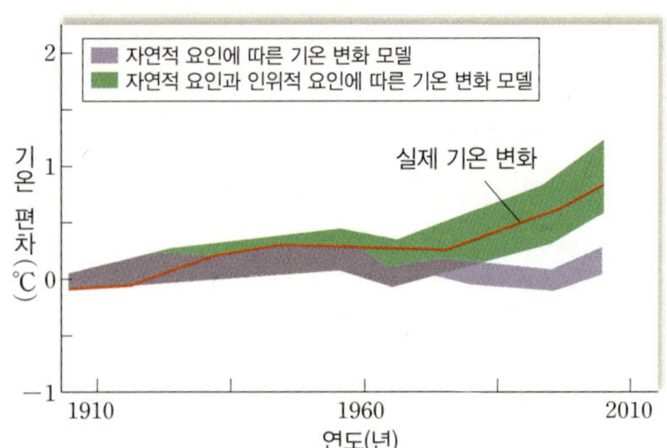

그림은 기후 모형을 이용하여 모의실험한 지구의 기온 변화와 실제 관측 기온을 나타낸 것이다.

→ 화산 폭발과 태양 흑점 변화 등 자연적 요인만을 고려했을 때 지구의 기온은 장기간 큰 변화가 없으며, 약간의 냉각 현상이 있었을 것으로 생각되었다.

→ 자연적 요인과 인위적 요인을 함께 고려했을 때 기후 모형은 관측된 기온 변화를 잘 재현하고 있다.

→ 현재의 지구 온난화는 자연적 기후 변동보다는 인위적 원인으로 나타난 것이라고 할 수 있다.

그림은 왼쪽 그림을 단순화시켜, 자연적 요인에 따른 기온 변화 모델과 자연적 요인과 인위적 요인에 따른 기온 변화 모델 2가지로 간단하게 나타낸 것이다.

→ 자연적 요인만 고려하였을 때보다 자연적 요인과 인위적 요인을 함께 고려하였을 때 실제 기온 변화와 일치함을 알 수 있다.

자료 ❷ 우리나라의 기후 변화

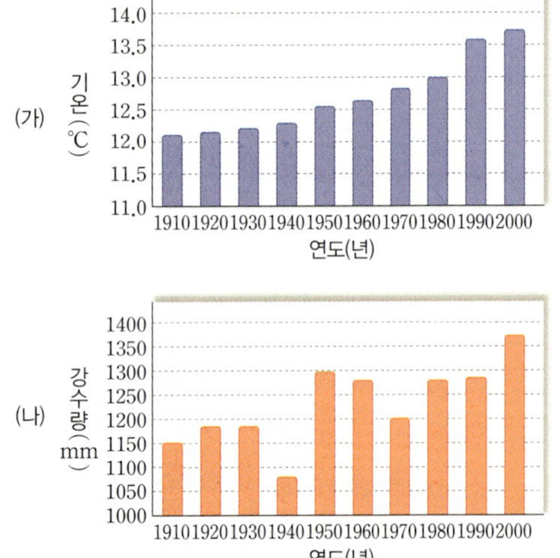

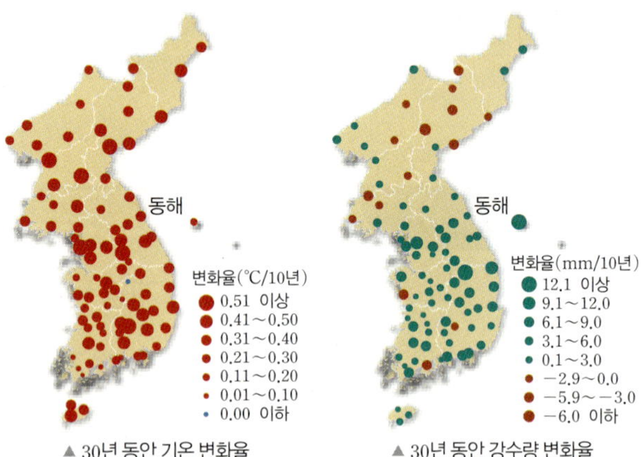

그림 (가)와 (나)는 우리나라의 관측소 6곳(서울, 인천, 강릉, 대구, 목포, 부산)에서 1910년~2009년 동안 측정한 기온과 강수량을 10년 범위로 평균한 값을 나타낸 것이다.

→ 우리나라의 평균 기온은 1910년 이후 지속적으로 높아지고 있다.

→ 평균 강수량은 1940년대와 1970년대에는 감소하기도 하였지만, 전체적으로 증가하는 경향을 보여 주고 있다.

그림은 지난 30년 동안(1981년~2010년) 기온 및 강수량의 변화 추세를 지역별로 나타낸 것이다.

→ 왼쪽 그림과는 다르게 지역에 따른 기온과 강수량의 변화율도 알 수 있다.

→ 지난 30년 동안 기온 변화율은 거의 대부분의 지역에서 붉은색을 나타내고 있으므로 기온이 상승했음을 알 수 있다.

→ 지난 30년 동안 강수량 변화율 역시 전체적으로 증가하고 있으나, 북한 및 우리나라의 서해와 남해안 일부 지역에서는 강수량이 오히려 감소했음을 알 수 있다.

개념 다지기 문제

01 기후 변화의 요인에 대한 설명으로 옳지 <u>않은</u> 것은?

① 자연적 요인과 인위적 요인으로 구분된다.
② 수륙 분포의 변화는 자연적 요인에 해당한다.
③ 지구 자전축 기울기의 변화는 자연적 요인에 해당한다.
④ 대기 중 에어로졸 함량의 증가는 인위적 요인에 해당한다.
⑤ 지구 공전 궤도 이심률의 변화는 지구 내적 요인에 해당한다.

대표 유형 문제

02 그림은 지구 자전축 경사 방향의 변화를 나타낸 것이다.
이에 대한 설명으로 옳은 것만을 |보기|에서 있는 대로 고른 것은?

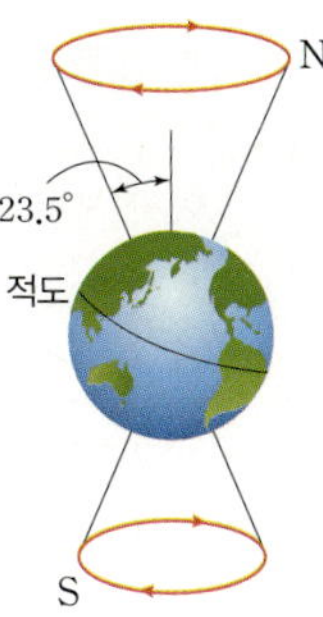

━ 보기 ━
ㄱ. 세차 운동이라고 한다.
ㄴ. 지구 자전축 경사 방향의 변화 주기는 약 10만 년이다.
ㄷ. 지구 자전축 경사 방향이 현재와 반대가 되면, 근일점의 계절은 현재와 반대가 된다.

① ㄱ   ② ㄴ   ③ ㄷ
④ ㄱ, ㄷ   ⑤ ㄴ, ㄷ

대표 유형 문제

03 그림은 어느 시기의 지구 자전축 기울기를 나타낸 것이다.

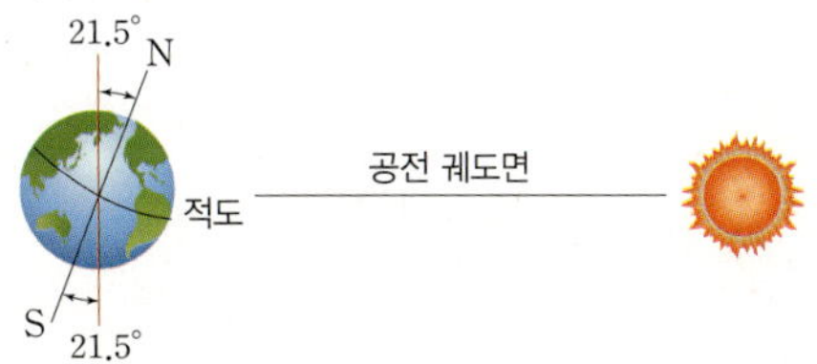

이 시기에 대한 설명으로 옳은 것만을 |보기|에서 있는 대로 고른 것은? (단, 지구 자전축 기울기 이외의 요인은 고려하지 않는다.)

━ 보기 ━
ㄱ. 북반구에서의 계절은 여름이다.
ㄴ. 자전축 기울기는 현재보다 크다.
ㄷ. 겨울철 평균 기온은 현재보다 높다.

① ㄱ   ② ㄴ   ③ ㄱ, ㄷ
④ ㄴ, ㄷ   ⑤ ㄱ, ㄴ, ㄷ

04 지구 공전 궤도 이심률 변화에 대한 설명으로 옳은 것만을 |보기|에서 있는 대로 고른 것은?

━ 보기 ━
ㄱ. 이심률이 클수록 공전 궤도는 원에 가까워진다.
ㄴ. 이심률이 클수록 태양으로부터 근일점까지의 거리는 가까워진다.
ㄷ. 공전 궤도 이심률 변화의 주기는 지구 자전축 기울기의 변화 주기보다 길다.

① ㄱ   ② ㄴ   ③ ㄱ, ㄷ
④ ㄴ, ㄷ   ⑤ ㄱ, ㄴ, ㄷ

05 그림은 과거 약 400년 동안의 태양 흑점 수 변화를 나타낸 것이다.

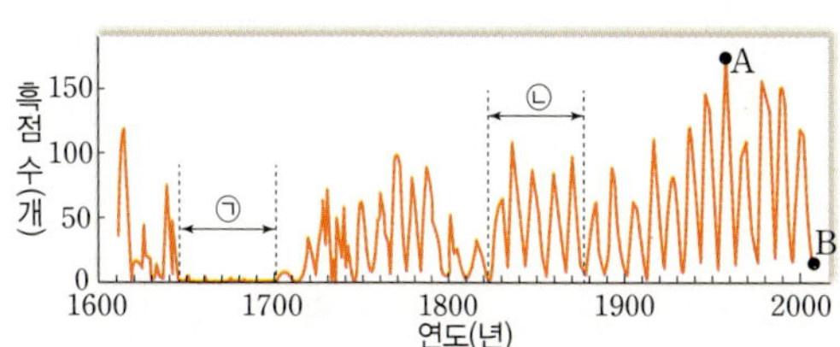

이에 대한 설명으로 옳은 것만을 |보기|에서 있는 대로 고른 것은?

━ 보기 ━
ㄱ. 흑점 수의 변화 주기는 약 5년이다.
ㄴ. 태양 활동은 A 시기가 B 시기보다 활발했다.
ㄷ. 지구에 도달하는 평균 태양 복사 에너지양은 ㉠ 기간이 ㉡ 기간보다 많았다.

① ㄱ   ② ㄴ   ③ ㄱ, ㄷ
④ ㄴ, ㄷ   ⑤ ㄱ, ㄴ, ㄷ

06 지구 기후 변화의 내적 요인에 대한 설명으로 옳지 <u>않은</u> 것은?

① 판게아의 분리로 해류의 방향이 다양해졌다.
② 빙하가 형성되면 지표면의 반사율은 낮아진다.
③ 판게아가 분리되면서 해양성 기후 지역이 늘어났다.
④ 화산 활동의 증가는 태양 복사의 반사율을 증가시킨다.
⑤ 판의 이동으로 형성된 거대한 산맥은 지역 기후 변화에 영향을 미친다.

개념 다지기 문제

07 그림은 1990년부터 약 3년 동안의 지구 평균 기온 편차를 나타낸 것이다. 이 기간 중 대규모의 화산 폭발이 한 차례 있었다.
이에 대한 설명으로 옳은 것만을 |보기|에서 있는 대로 고른 것은?

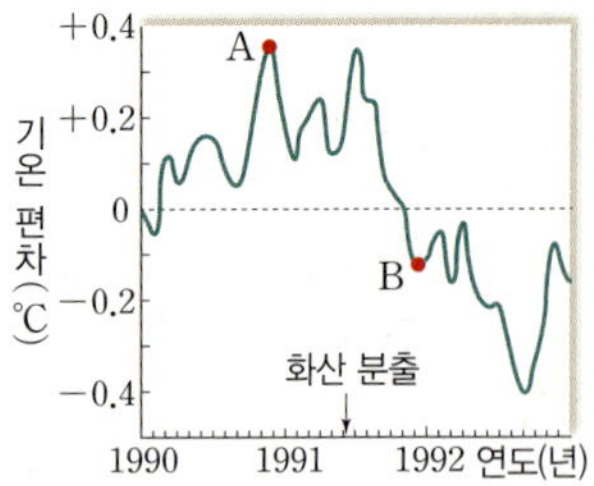

─ 보기 ─
ㄱ. 화산 분출로 인해 지구 평균 기온은 낮아졌다.
ㄴ. 지구의 태양 복사 에너지 반사율은 A 시기가 B 시기보다 크다.
ㄷ. 이와 같은 지구 평균 기온의 변화는 화산 가스와 용암에 의해 나타난다.

① ㄱ ② ㄴ ③ ㄱ, ㄴ ④ ㄱ, ㄷ ⑤ ㄴ, ㄷ

08 기후 변화의 인위적 요인에 대한 설명으로 옳은 것만을 |보기|에서 있는 대로 고른 것은?

─ 보기 ─
ㄱ. 대기 중 에어로졸의 증가는 지구 기온을 낮추는 역할을 한다.
ㄴ. 사막화가 진행될수록 식물에 의한 이산화 탄소 제거 효과가 낮아진다.
ㄷ. 온실 기체의 증가는 지구 복사 에너지보다 태양 복사 에너지의 흡수율을 더 크게 증가시킨다.

① ㄱ ② ㄴ ③ ㄱ, ㄴ ④ ㄱ, ㄷ ⑤ ㄴ, ㄷ

09 그림은 빙하 시추 코어를 이용하여 추정한 대기 중 이산화 탄소 농도와 평균 기온 편차를 나타낸 것이다.

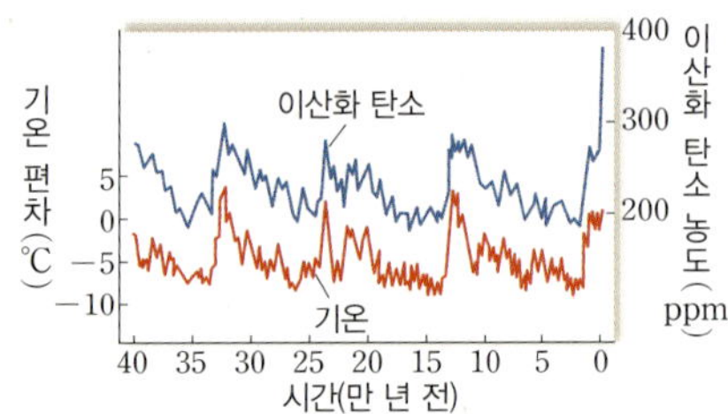

이에 대한 설명으로 옳은 것만을 |보기|에서 있는 대로 고른 것은?

─ 보기 ─
ㄱ. 이산화 탄소의 농도가 높을수록 평균 기온이 높다.
ㄴ. 과거 40만 년 동안의 평균 기온은 현재보다 높았다.
ㄷ. 빙하에 포함된 공기 방울을 분석하면, 과거 지구 대기에 포함된 기체의 구성 비율을 알 수 있다.

① ㄱ ② ㄷ ③ ㄱ, ㄴ ④ ㄱ, ㄷ ⑤ ㄴ, ㄷ

대표 유형문제

10 그림은 지구 대기에 의해 온실 효과가 나타나는 원리를 나타낸 것이다.

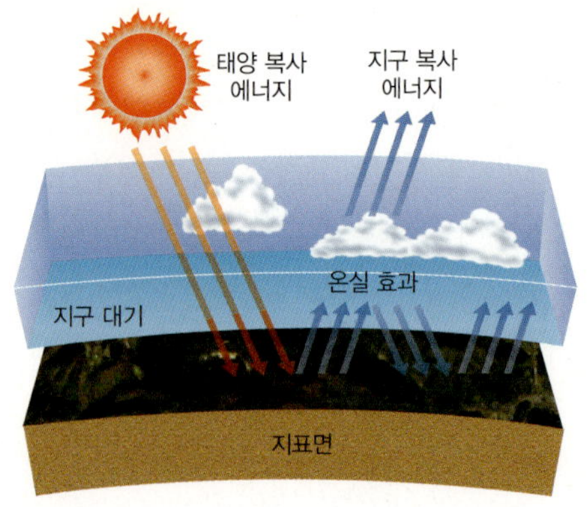

이에 대한 설명으로 옳은 것만을 |보기|에서 있는 대로 고른 것은?

─ 보기 ─
ㄱ. 온실 효과로 인해 낮과 밤의 기온 차는 더 커진다.
ㄴ. 온실 효과가 없다면 지구 평균 기온은 현재보다 낮을 것이다.
ㄷ. 지구 대기에는 태양 복사 에너지보다 지구 복사 에너지가 잘 흡수된다.

① ㄱ ② ㄷ ③ ㄱ, ㄴ
④ ㄴ, ㄷ ⑤ ㄱ, ㄴ, ㄷ

대표 유형문제

11 그림은 전 지구 평균 온실 기체의 농도를 나타낸 것이다.

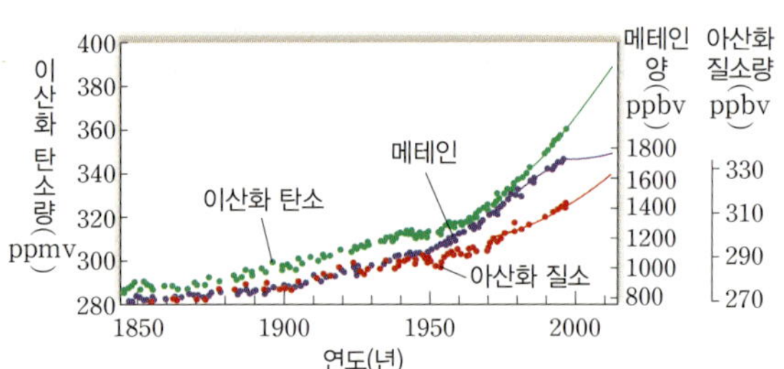

이에 대한 설명으로 옳은 것만을 |보기|에서 있는 대로 고른 것은?

─ 보기 ─
ㄱ. 이 기간 동안 메테인의 농도는 점차 증가하였다.
ㄴ. 이 기간 동안 지구 평균 기온은 상승하였을 것이다.
ㄷ. 이산화 탄소의 농도 증가율은 1950년 이전이 이후보다 크다.

① ㄱ ② ㄴ ③ ㄱ, ㄴ
④ ㄴ, ㄷ ⑤ ㄱ, ㄴ, ㄷ

12 그림은 현재 지구 공전 궤도 및 근일점과 원일점에 위치한 지구의 자전축 방향을 나타낸 것이다. 세차 운동의 주기는 약 26000년이다.

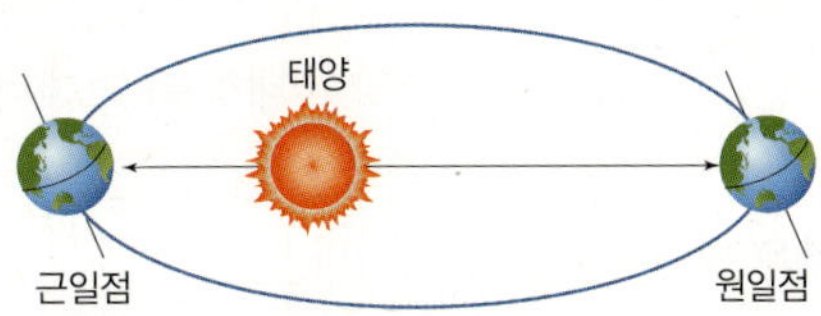

이에 대한 설명으로 옳은 것만을 |보기|에서 있는 대로 고른 것은? (단, 세차 운동 이외의 요인은 고려하지 않는다.)

|보기|
ㄱ. 근일점에서 북반구의 계절은 겨울이다.
ㄴ. 약 13000년 후 원일점에서 북반구의 계절은 겨울이다.
ㄷ. 북반구에서 여름철 평균 기온은 현재가 약 13000년 후보다 낮다.

① ㄱ　　　　　② ㄴ　　　　　③ ㄱ, ㄷ
④ ㄴ, ㄷ　　　　⑤ ㄱ, ㄴ, ㄷ

13 그림은 복사 평형 상태에 있는 지구의 열수지를 나타낸 것이다.

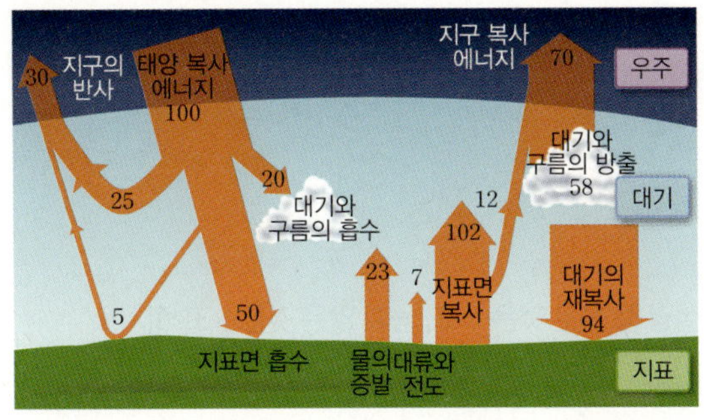

이에 대한 설명으로 옳은 것만을 |보기|에서 있는 대로 고른 것은?

|보기|
ㄱ. 지구의 반사율은 30이다.
ㄴ. 지표면이 흡수하는 에너지의 총량은 144이다.
ㄷ. 대기가 흡수하는 에너지의 총량과 방출하는 에너지의 총량은 같다.

① ㄱ　　　　　② ㄴ　　　　　③ ㄱ, ㄷ
④ ㄴ, ㄷ　　　　⑤ ㄱ, ㄴ, ㄷ

14 그림은 지구 자전축 기울기의 변화를 나타낸 것이다.

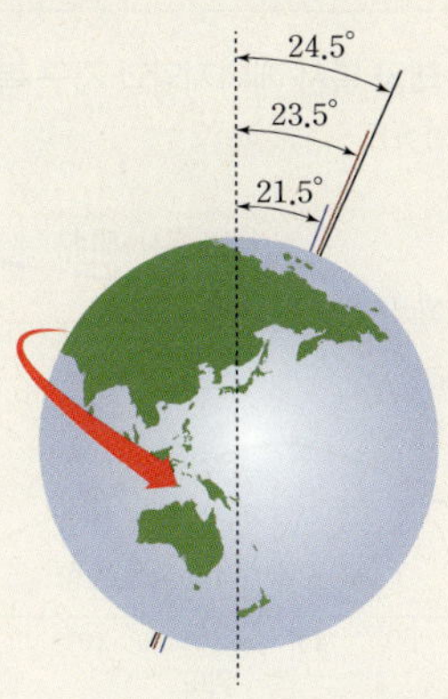

지구 자전축 경사가 현재보다 커질 경우, 북반구에서의 기온의 연교차는 어떻게 달라질 것인지 서술하시오.

15 그림은 1900년 이후 지구의 평균 해수면 높이 편차를 나타낸 것이다. 평균 해수면 높이 편차는 1986∼2005년 평균 해수면 높이 대비 전 지구 평균 해수면 높이이다.

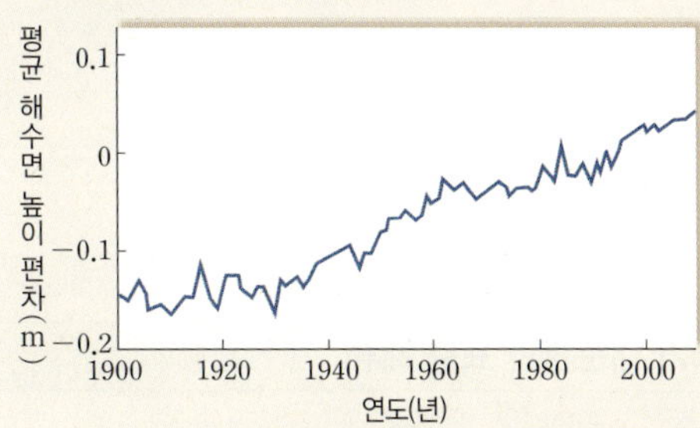

(1) 이 기간 동안 지구 평균 해수면은 어떻게 변화하였는지 서술하시오.

(2) 위와 같은 해수면 변화가 나타나게 된 까닭을 서술하시오.

04 해수의 표층 순환과 심층 순환

1 위도에 따른 에너지 불균형

그림은 위도에 따른 태양 복사 에너지양과 지구 복사 에너지양을 나타낸 것이다.

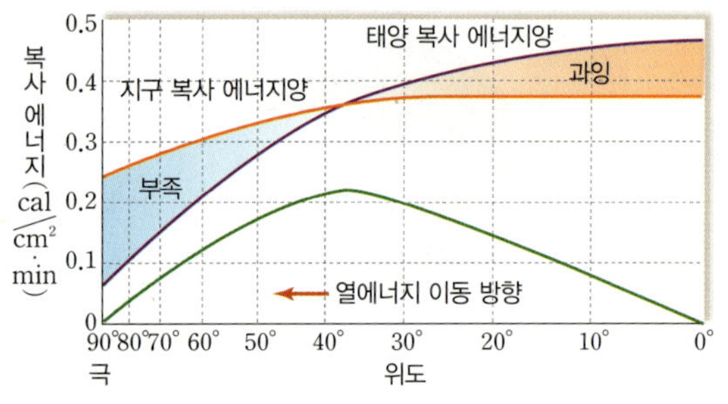

● 다음 설명 중 옳은 것은 ○표, 옳지 않은 것은 ×표 하시오.

1 태양 복사 에너지양은 저위도로 갈수록 많아진다. ○ / ×
2 지구 복사 에너지양은 적도보다 극지방이 많다. ○ / ×
3 저위도 지역은 지구 복사 에너지양이 태양 복사 에너지양보다 많다. ○ / ×
4 고위도 지역은 에너지 부족 상태이다. ○ / ×
5 열에너지의 이동은 고위도에서 저위도로 일어난다. ○ / ×
6 열에너지는 대부분 대기와 해수의 순환을 통해 이동된다. ○ / ×

2 대기 대순환

그림은 대기 대순환을 나타낸 것이다.

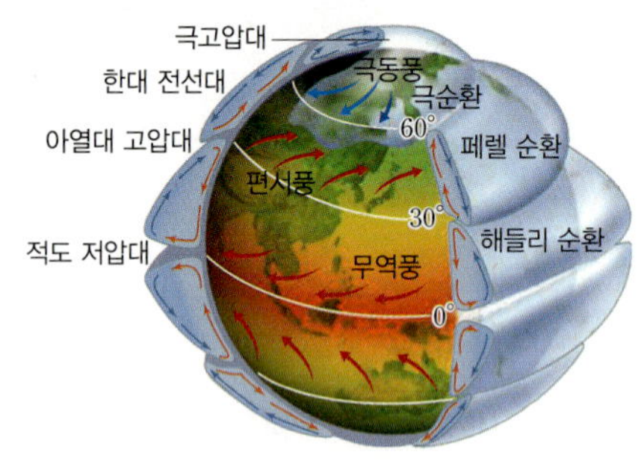

● 다음 설명 중 옳은 것은 ○표, 옳지 않은 것은 ×표 하시오.

1 적도와 위도 30°N 사이에서 나타나는 순환은 해들리 순환이다. ○ / ×
2 페렐 순환은 간접 순환에 해당한다. ○ / ×
3 해들리 순환과 페렐 순환의 경계에는 고압대가 형성된다. ○ / ×
4 적도 부근에서는 따뜻한 공기가 상승하며 저압대가 형성된다. ○ / ×
5 페렐 순환에 의해 지표면 부근에서 부는 바람은 무역풍이다. ○ / ×
6 지구가 자전하지 않는 경우에도 각 반구에 3개의 순환 세포가 형성된다. ○ / ×

3 대기 대순환과 표층 해류

그림은 대기 대순환과 표층 해류를 나타낸 것이다.

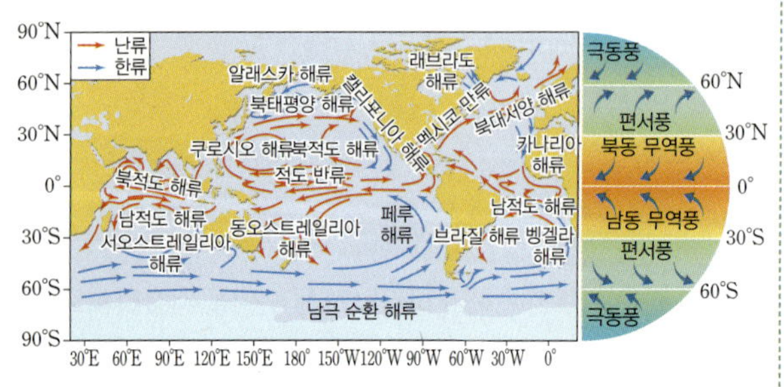

● 다음 설명 중 옳은 것은 ○표, 옳지 않은 것은 ×표 하시오.

1 북태평양 해류는 편서풍에 의해 형성된 해류이다. ○ / ×
2 남극 순환 해류는 무역풍에 의해 형성된 해류이다. ○ / ×
3 북태평양에서 아열대 순환은 시계 방향으로 나타난다. ○ / ×
4 쿠로시오 해류와 동오스트레일리아 해류는 난류이다. ○ / ×
5 아한대 순환은 북반구와 남반구에서 모두 나타난다. ○ / ×
6 북적도 해류와 남적도 해류는 동쪽에서 서쪽으로 흐른다. ○ / ×

4 대서양의 심층 순환

그림은 대서양의 심층 순환을 나타낸 것이다.

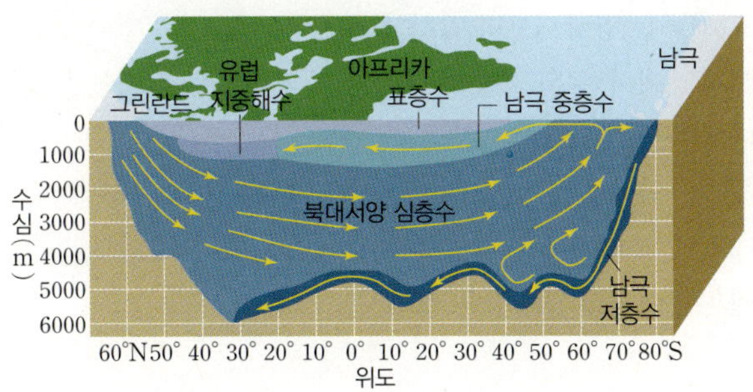

● 다음 설명 중 옳은 것은 ○표, 옳지 않은 것은 ×표 하시오.

1 북대서양 심층수는 그린란드 부근 해역에서 생성된다.
○ / ×

2 북대서양 심층수는 대체로 북쪽을 향해 흐른다. ○ / ×

3 평균 밀도는 북대서양 심층수가 남극 저층수보다 크다.
○ / ×

4 평균 밀도는 북대서양 심층수가 남극 중층수보다 크다.
○ / ×

5 해수의 평균 속도는 표층수가 심층수보다 빠르다. ○ / ×

6 심층수가 형성되는 해역에서는 용승이 침강보다 활발하게 일어난다. ○ / ×

05 대기와 해양의 상호 작용

5 용승 지역

그림은 전 세계에서 용승이 활발하게 일어나는 지역을 나타낸 것이다.

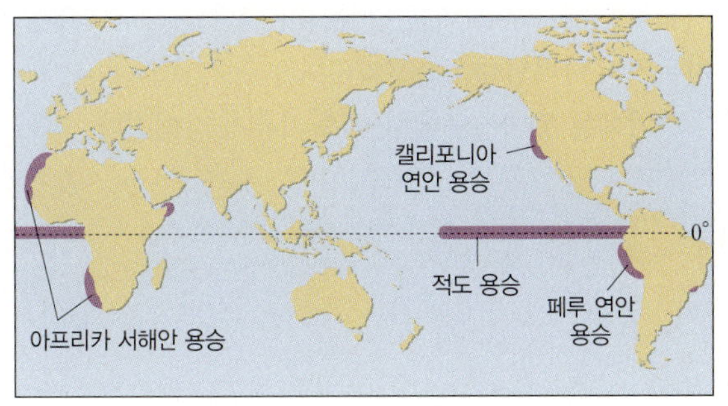

● 다음 설명 중 옳은 것은 ○표, 옳지 않은 것은 ×표 하시오.

1 적도 용승이 일어나는 해역에서는 편서풍이 분다. ○ / ×

2 적도 용승이 일어나는 해역에서는 해수의 발산이 일어난다.
○ / ×

3 북동 무역풍에 의한 해수의 이동은 대체로 남쪽으로 일어난다. ○ / ×

4 캘리포니아 연안 용승은 이 지역에서 부는 남풍 계열의 바람에 의해 나타난다. ○ / ×

5 페루 연안 용승은 평상시보다 라니냐 시기에 더 활발하다.
○ / ×

6 엘니뇨

그림은 엘니뇨 시기에 열대 태평양에서의 표층 수온 편차를 나타낸 것이다.

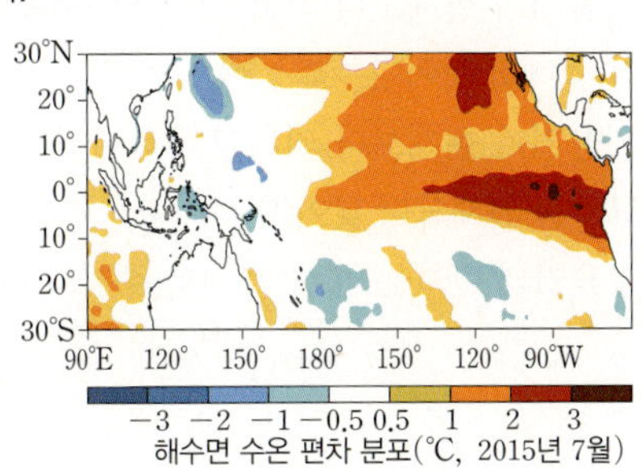

● 다음 설명 중 옳은 것은 ○표, 옳지 않은 것은 ×표 하시오.

1 무역풍이 평상시보다 약하게 분다. ○ / ×

2 적도 해류는 평상시보다 약하게 흐른다. ○ / ×

3 동태평양에서의 표층 수온은 평상시보다 높다. ○ / ×

4 동태평양에서의 용승은 평상시보다 약하다. ○ / ×

5 서태평양의 평균 해수면 높이는 평상시보다 높다. ○ / ×

6 서태평양에서의 강수량은 평상시보다 많다. ○ / ×

7 라니냐

그림은 라니냐 발생 시 열대 태평양의 연직 구조를 나타낸 것이다.

● 다음 설명 중 옳은 것은 ○표, 옳지 않은 것은 ×표 하시오.

1 무역풍이 평상시보다 강하게 분다. ○ / ×

2 적도 해류는 평상시보다 약하게 흐른다. ○ / ×

3 동태평양에서 수온 약층이 나타나기 시작하는 깊이는 평상시보다 깊다. ○ / ×

4 동태평양의 평균 해수면 높이는 평상시보다 낮다. ○ / ×

5 동태평양에서의 평균 수온은 평상시보다 높다. ○ / ×

6 서태평양에서의 강수량은 평상시보다 많다. ○ / ×

8 워커 순환

그림은 엘니뇨 발생 시 열대 태평양의 대기 순환 구조를 나타낸 것이다.

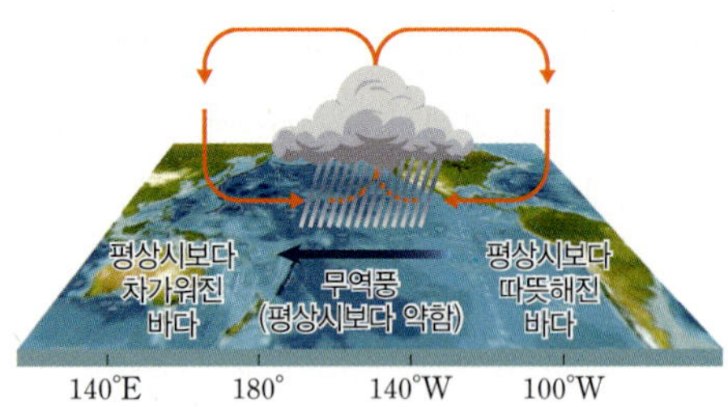

● 다음 설명 중 옳은 것은 ○표, 옳지 않은 것은 ×표 하시오.

1 열대 태평양에서 나타나는 동서 방향의 대기 순환을 워커 순환이라고 한다. ○ / ×

2 강수량은 상승 기류가 나타나는 지역이 하강 기류가 나타나는 지역보다 많다. ○ / ×

3 강수량은 동태평양보다 중앙 태평양에서 많다. ○ / ×

4 상승 기류가 나타나는 지역은 평상시가 엘니뇨 시기보다 동쪽으로 치우쳐서 나타난다. ○ / ×

5 라니냐 시기에는 동태평양에서 상승 기류가 강해진다.

○ / ×

06 지구의 기후 변화

9 지구 자전축 기울기의 변화

그림은 지구 자전축 기울기의 변화를 나타낸 것이다.

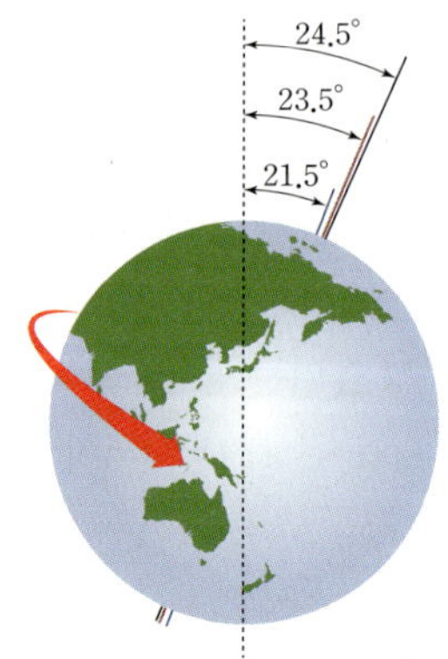

● 다음 설명 중 옳은 것은 ○표, 옳지 않은 것은 ×표 하시오.

1 현재 지구 자전축 기울기는 약 23.5°이다. ○ / ×

2 지구 자전축 기울기가 현재보다 커지면 우리나라에서 여름철 평균 기온은 더 높아질 것이다. ○ / ×

3 지구 자전축 기울기가 현재보다 작아지면 남반구에서 겨울철 평균 기온은 더 높아질 것이다. ○ / ×

4 지구 자전축 기울기가 현재보다 커지면 우리나라에서 겨울철 태양의 남중 고도는 현재보다 낮아질 것이다. ○ / ×

5 지구 자전축 기울기의 변화는 약 10만 년을 주기로 나타난다.

○ / ×

10 지구 자전축 경사 방향의 변화

그림은 현재와 13000년 후의 지구 자전축 경사 방향을 나타낸 것이다.

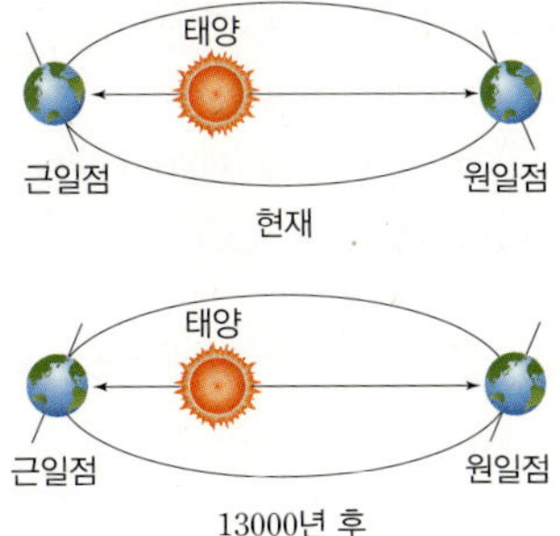

● 다음 설명 중 옳은 것은 ○표, 옳지 않은 것은 ×표 하시오.

1 현재 지구가 근일점에 위치할 때 북반구의 계절은 겨울이다.
○ / ×

2 현재 지구가 원일점에 위치할 때 남반구의 계절은 여름이다.
○ / ×

3 13000년 후 지구가 근일점에 위치할 때 북반구의 계절은 여름이다. ○ / ×

4 북반구에서 여름철 평균 기온은 현재가 13000년 후보다 높다.
○ / ×

5 세차 운동의 주기는 약 13000년이다. ○ / ×

11 지구 공전 궤도 이심률의 변화

그림은 A와 B 시기의 지구 공전 궤도를 나타낸 것이다.

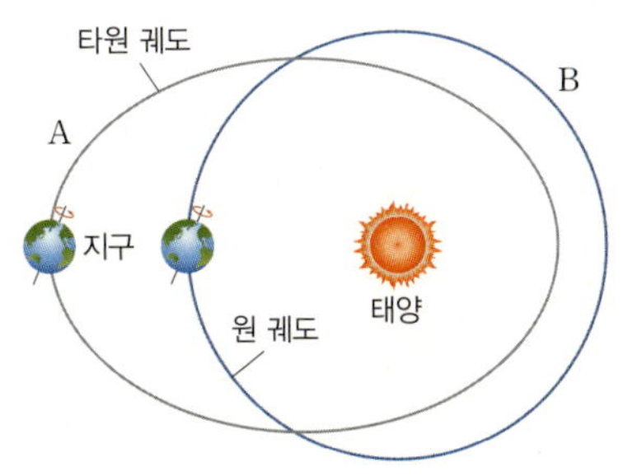

● 다음 설명 중 옳은 것은 ○표, 옳지 않은 것은 ×표 하시오.

1 지구 공전 궤도 이심률은 A보다 B일 때 크다. ○ / ×
2 원일점 거리는 A보다 B일 때 가깝다. ○ / ×
3 근일점 거리는 A보다 B일 때 가깝다. ○ / ×
4 지구가 근일점과 원일점에 위치할 때 받는 태양 복사 에너지 양의 차는 A보다 B일 때 크다. ○ / ×
5 지구 공전 궤도 이심률은 약 10만 년을 주기로 변한다.
○ / ×

12 지구의 복사 평형과 열수지

그림은 복사 평형 상태에 있는 지구의 열수지를 나타낸 것이다.

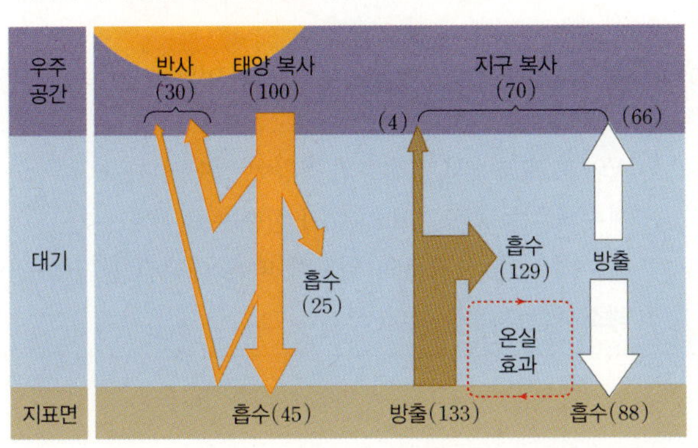

● 다음 설명 중 옳은 것은 ○표, 옳지 않은 것은 ×표 하시오.

1 지구의 반사율은 30이다. ○ / ×
2 태양 복사 중 대기에 흡수되는 양은 지표면에 흡수되는 양보다 많다. ○ / ×
3 우주로 방출되는 지구 복사는 70이다. ○ / ×
4 대기가 흡수하는 에너지의 총량은 대기가 방출하는 에너지의 총량과 같다. ○ / ×
5 지표면이 흡수하는 에너지의 총량은 133이다. ○ / ×
6 지구 대기에 의한 온실 효과가 커진다면, 지표면이 방출하는 에너지양은 133보다 커질 것이다. ○ / ×

01 그림은 대기 대순환에 의해 지표 부근에서 부는 바람과 북태평양의 주요 표층 해류를 나타낸 것이다.

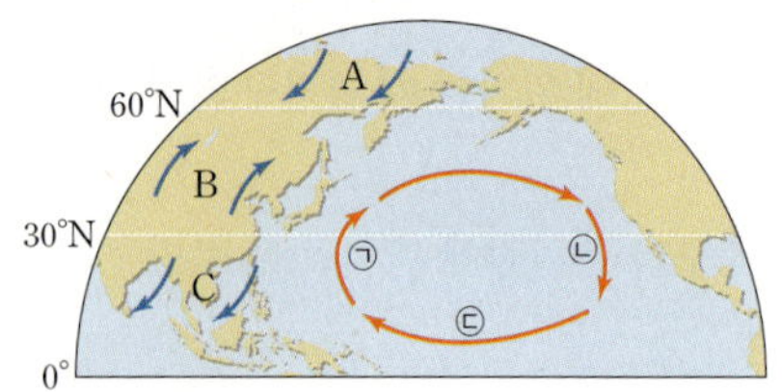

이에 대한 설명으로 옳은 것만을 |보기|에서 있는 대로 고른 것은?

> **보기**
> ㄱ. A는 해들리 순환에 의해 형성된 바람이다.
> ㄴ. ㉢은 C에 의해 형성된 해류이다.
> ㄷ. ㉠, ㉡, ㉢은 모두 북태평양의 아한대 순환을 구성하는 해류이다.

① ㄱ   ② ㄴ   ③ ㄱ, ㄴ
④ ㄱ, ㄷ   ⑤ ㄴ, ㄷ

---

03 표는 심층 순환을 이루는 수괴의 특징을 나타낸 것이다. A, B, C는 각각 북대서양 심층수, 남극 중층수, 남극 저층수 중 하나이다.

구분	특징
A	수심 1000 m 부근에서 20°N까지 이동한다.
B	수심 약 1500 m~4000 m 사이에서 60°S까지 이동한다.
C	해저를 따라 북쪽으로 30°N까지 이동한다.

이에 대한 설명으로 옳은 것만을 |보기|에서 있는 대로 고른 것은?

> **보기**
> ㄱ. A는 북대서양 심층수이다.
> ㄴ. 평균 밀도는 B가 C보다 작다.
> ㄷ. C는 북대서양의 그린란드 해역에서 생성된다.

① ㄱ   ② ㄴ   ③ ㄱ, ㄷ
④ ㄴ, ㄷ   ⑤ ㄱ, ㄴ, ㄷ

대표 유형 문제

02 그림은 태평양에서의 아열대 순환을 나타낸 것이다.

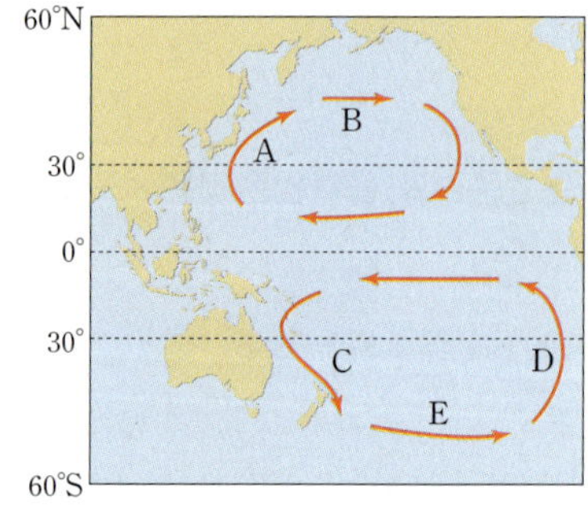

해류 A~E에 대한 설명으로 옳은 것은?

① A는 한류이다.
② 평균 수온은 C가 D보다 낮다.
③ B와 E는 편서풍에 의해 형성된 해류이다.
④ D는 저위도에서 고위도로 에너지를 수송한다.
⑤ 북태평양에서 아열대 순환의 방향은 시계 반대 방향이다.

대표 유형 문제   기출 변형 교육청

04 그림은 전 지구적인 해수의 순환을 나타낸 것이다.

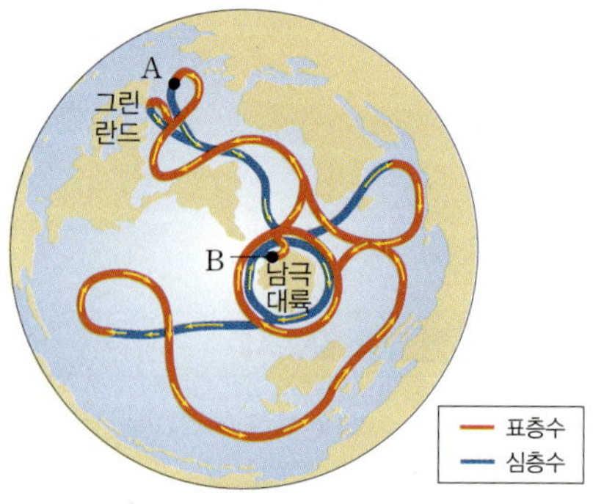

이에 대한 설명으로 옳은 것만을 |보기|에서 있는 대로 고른 것은?

> **보기**
> ㄱ. A와 B 해역에서는 해수의 침강이 일어난다.
> ㄴ. 해수의 이동 속도는 표층수가 심층수보다 빠르다.
> ㄷ. 해수의 순환은 지구의 위도에 따른 에너지 불균형을 해소하는 역할을 한다.

① ㄱ   ② ㄴ   ③ ㄱ, ㄷ
④ ㄴ, ㄷ   ⑤ ㄱ, ㄴ, ㄷ

05 그림은 대서양에서 관측되는 수괴의 수온과 염분 분포를 나타낸 것이다. A~D는 각각 북대서양 중앙 표층수, 남극 저층수, 남극 중층수, 북대서양 심층수 중 하나이다.

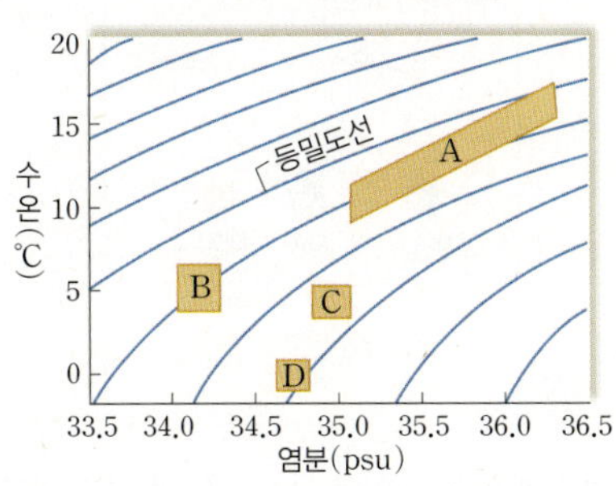

이에 대한 설명으로 옳은 것만을 |보기|에서 있는 대로 고른 것은?

> ─ 보기 ─
> ㄱ. B는 북대서양 심층수이다.
> ㄴ. 평균 밀도는 A가 가장 크다.
> ㄷ. 염분 분포의 폭이 가장 큰 것은 A이다.

① ㄱ   ② ㄷ   ③ ㄱ, ㄴ
④ ㄴ, ㄷ   ⑤ ㄱ, ㄴ, ㄷ

06 그림 (가)와 (나)는 각각 평상시와 엘니뇨 시기의 대기와 해양의 상호 작용을 순서 없이 나타낸 것이다.

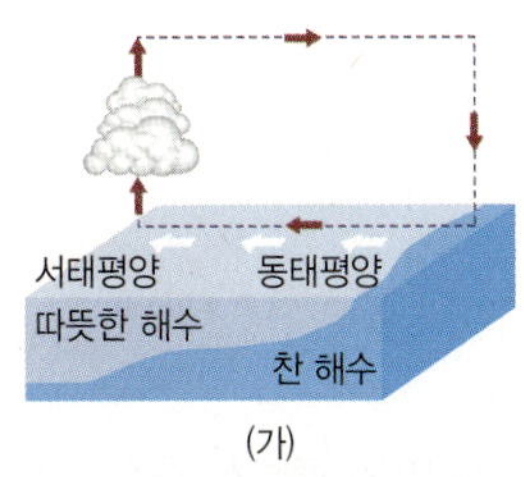

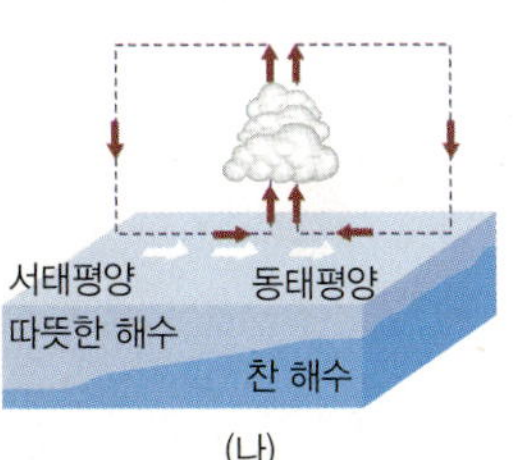

이에 대한 설명으로 옳은 것만을 |보기|에서 있는 대로 고른 것은?

> ─ 보기 ─
> ㄱ. (가)는 엘니뇨 시기에 해당한다.
> ㄴ. 무역풍의 세기는 (가)보다 (나)일 때 약하다.
> ㄷ. 동태평양 적도 부근 해역의 용승은 (가)보다 (나)일 때 약하다.

① ㄱ   ② ㄴ   ③ ㄱ, ㄷ
④ ㄴ, ㄷ   ⑤ ㄱ, ㄴ, ㄷ

07 그림은 1949년부터 1987년까지 페루 연안의 수온 편차를 나타낸 것이다.

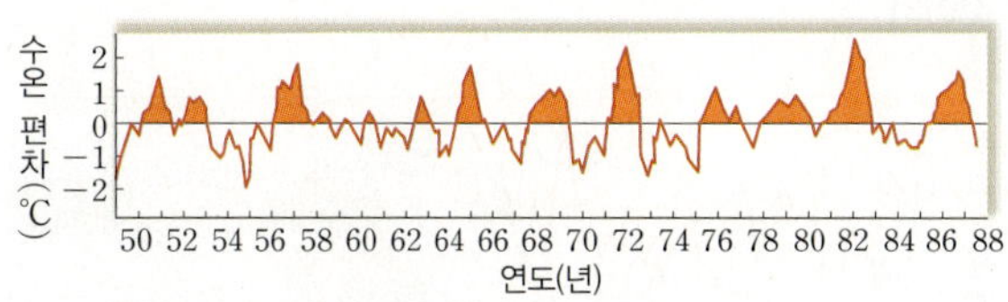

이에 대한 설명으로 옳은 것만을 |보기|에서 있는 대로 고른 것은?

> ─ 보기 ─
> ㄱ. 1982년은 라니냐 시기였다.
> ㄴ. 무역풍의 세기는 1970년이 1957년보다 강했을 것이다.
> ㄷ. 페루 연안에서의 강수량은 1970년이 1957년보다 많았을 것이다.

① ㄱ   ② ㄴ   ③ ㄱ, ㄷ
④ ㄴ, ㄷ   ⑤ ㄱ, ㄴ, ㄷ

08 그림은 서로 다른 시기에 관측된 태평양 적도 부근 해역의 수온 편차(관측값−평년값)를 나타낸 것이다. (가)와 (나)는 각각 엘니뇨 시기와 라니냐 시기 중 하나이다.

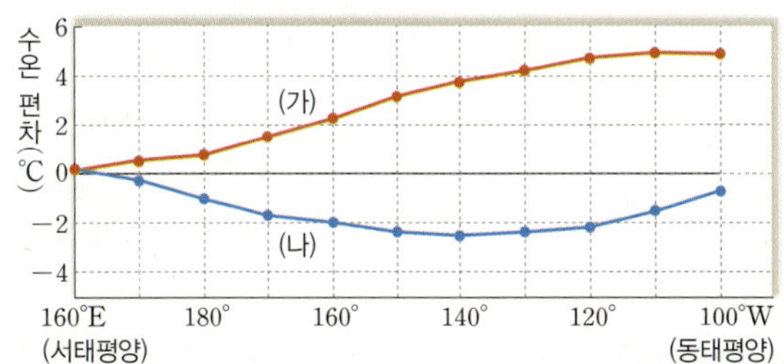

이에 대한 설명으로 옳은 것만을 |보기|에서 있는 대로 고른 것은?

> ─ 보기 ─
> ㄱ. (가)는 라니냐 시기이다.
> ㄴ. 무역풍은 (가)보다 (나)일 때 강했을 것이다.
> ㄷ. 서태평양 해역에서의 강수량은 (가)보다 (나)일 때 많았을 것이다.

① ㄱ   ② ㄴ   ③ ㄱ, ㄷ
④ ㄴ, ㄷ   ⑤ ㄱ, ㄴ, ㄷ

09 기출 변형 교육청

그림 (가)는 동태평양 적도 부근 해역의 수온 편차(관측 수온−평균 수온)를, (나)는 태평양 적도 부근의 두 해역 ㉠, ㉡을 나타낸 것이다.

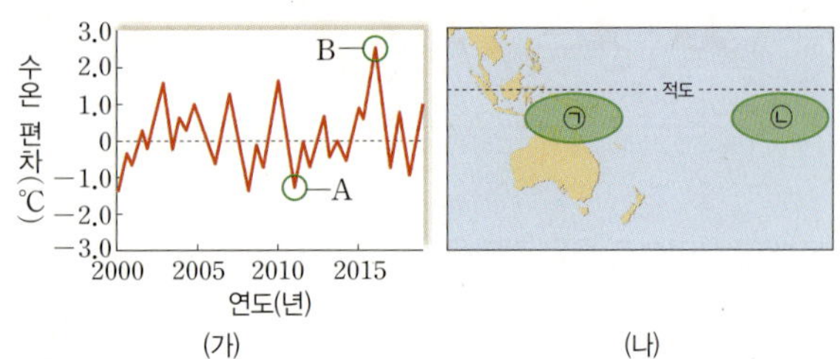

(가)   (나)

이에 대한 설명으로 옳은 것만을 |보기|에서 있는 대로 고른 것은?

보기
ㄱ. 엘니뇨가 발생한 시기는 B이다.
ㄴ. A 시기에 해수면의 평균 높이는 ㉠ 해역이 ㉡ 해역보다 높다.
ㄷ. B 시기에 ㉡ 해역의 표층 수온은 평상시보다 높다.

① ㄱ   ② ㄷ   ③ ㄱ, ㄴ
④ ㄴ, ㄷ   ⑤ ㄱ, ㄴ, ㄷ

10 대표 유형 문제

그림은 엘니뇨 또는 라니냐가 발생한 어느 시기의 겨울철 기후 변화를 나타낸 것이다.

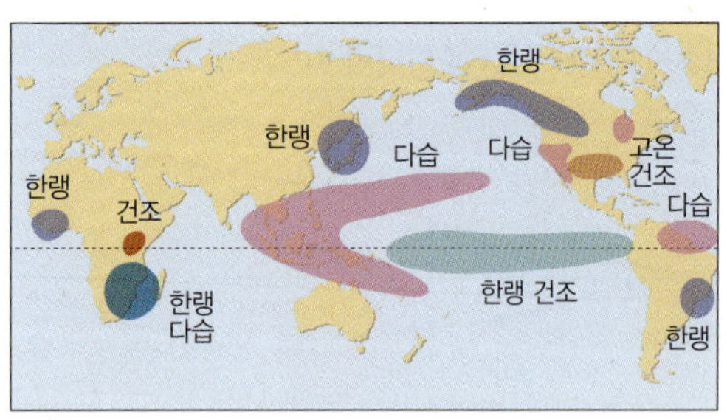

이에 대한 설명으로 옳은 것만을 |보기|에서 있는 대로 고른 것은?

보기
ㄱ. 엘니뇨 시기의 기후 변화이다.
ㄴ. 이 시기에 동태평양 해역에서 수온 약층이 나타나기 시작하는 깊이는 평상시보다 얕다.
ㄷ. 이 시기에 워커 순환에서 상승 기류가 나타나는 지역은 동태평양에 위치한다.

① ㄱ   ② ㄴ   ③ ㄱ, ㄷ
④ ㄴ, ㄷ   ⑤ ㄱ, ㄴ, ㄷ

11 기출 변형 교육청

그림은 현재와 A 시기에 근일점에 위치한 지구의 모습과 지구 공전 궤도 일부를 나타낸 것이다.

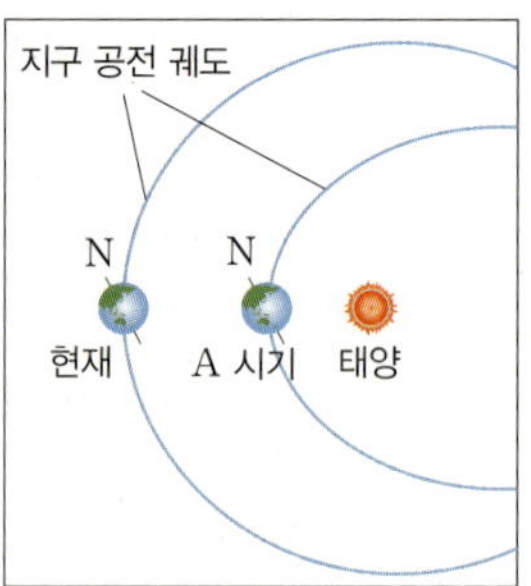

이에 대한 설명으로 옳은 것만을 |보기|에서 있는 대로 고른 것은? (단, 지구 공전 궤도 이심률 이외의 요인은 고려하지 않는다.)

보기
ㄱ. 현재 북반구는 원일점에서 겨울철이다.
ㄴ. 우리나라에서 기온의 연교차는 현재가 A 시기보다 크다.
ㄷ. 지구 공전 궤도 이심률은 현재가 A 시기보다 작다.

① ㄱ   ② ㄴ   ③ ㄱ, ㄷ
④ ㄴ, ㄷ   ⑤ ㄱ, ㄴ, ㄷ

12 대표 유형 문제   기출 변형 교육청

그림 (가)는 지구 공전 궤도를, (나)는 현재로부터 1만 년 후의 자전축 기울기 변화를 나타낸 것이다.

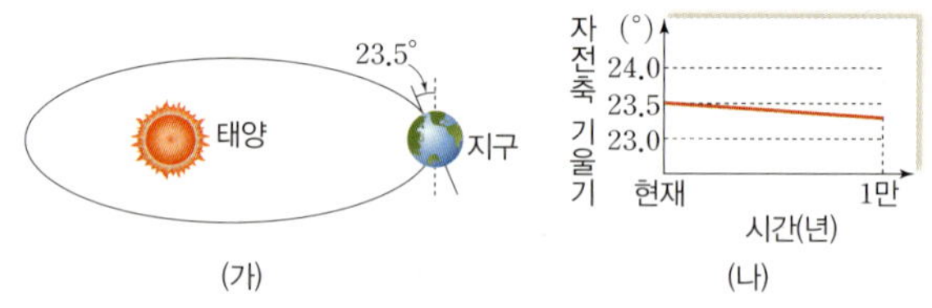

(가)   (나)

1만 년 후에 우리나라에서 나타날 수 있는 변화로 옳은 것만을 |보기|에서 있는 대로 고른 것은? (단, 지구 자전축 기울기 변화 이외의 요인은 고려하지 않는다.)

보기
ㄱ. 기온의 연교차가 작아진다.
ㄴ. 겨울철 평균 기온이 높아진다.
ㄷ. 여름철 태양의 남중 고도가 낮아진다.

① ㄱ   ② ㄷ   ③ ㄱ, ㄴ
④ ㄴ, ㄷ   ⑤ ㄱ, ㄴ, ㄷ

13

그림 (가)는 현재 지구 자전축의 방향을, (나)는 지구 자전축의 방향이 바뀐 모습을 나타낸 것이다.

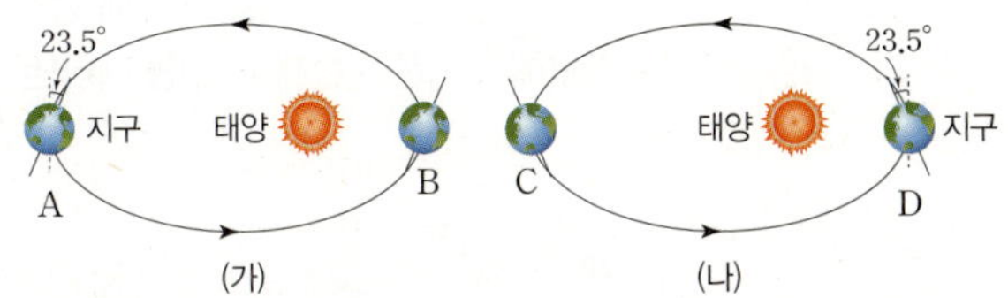

우리나라에서 나타나는 변화에 대한 설명으로 옳은 것만을 |보기|에서 있는 대로 고른 것은? (단, 지구 자전축 방향 변화 이외의 요인은 고려하지 않는다.)

보기
ㄱ. (가)에서 지구가 A에 위치할 때의 계절은 여름이다.
ㄴ. 겨울철 평균 기온은 (가)보다 (나)일 때 높다.
ㄷ. 기온의 연교차는 (가)보다 (나)일 때 크다.

① ㄱ   ② ㄴ   ③ ㄱ, ㄷ
④ ㄴ, ㄷ   ⑤ ㄱ, ㄴ, ㄷ

14

그림은 지구 공전 궤도 이심률의 변화와 자전축 기울기의 변화를 나타낸 것이다.

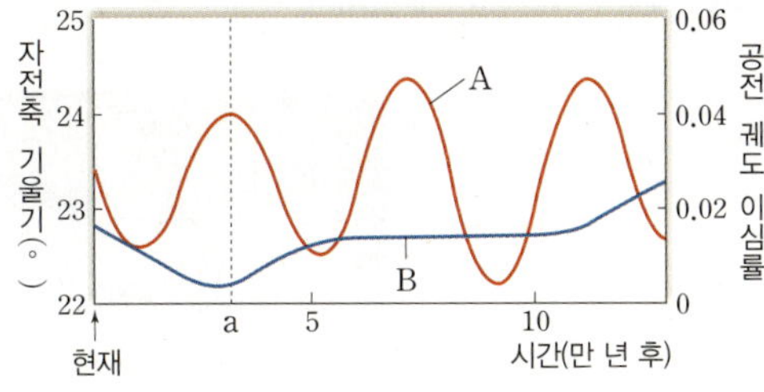

이에 대한 설명으로 옳은 것만을 |보기|에서 있는 대로 고른 것은? (단, 지구 공전 궤도 이심률 및 자전축 기울기 변화 이외의 요인은 고려하지 않는다.)

보기
ㄱ. 지구 공전 궤도 이심률의 변화는 A이다.
ㄴ. 우리나라에서 기온의 연교차는 현재가 a 시기보다 크다.
ㄷ. 우리나라에서 여름철 태양의 남중 고도는 현재가 5만 년 후보다 높다.

① ㄱ   ② ㄷ   ③ ㄱ, ㄴ
④ ㄱ, ㄷ   ⑤ ㄴ, ㄷ

15

그림 (가)는 1979년부터 2015년까지 북극 빙하 면적의 변화를, (나)는 지구의 열수지를 나타낸 것이다.

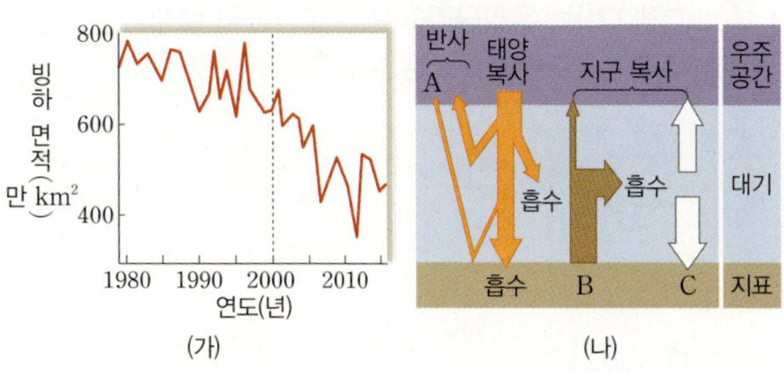

이에 대한 설명으로 옳은 것만을 |보기|에서 있는 대로 고른 것은?

보기
ㄱ. 빙하 면적의 감소율은 2000년 이전보다 이후가 크다.
ㄴ. 이 기간 동안 북극 지방에서 A에 해당하는 값은 점차 증가하고 있다.
ㄷ. 대기 중 온실 기체의 증가는 B와 C에 해당하는 값을 증가시킨다.

① ㄱ   ② ㄴ   ③ ㄱ, ㄷ
④ ㄴ, ㄷ   ⑤ ㄱ, ㄴ, ㄷ

16

그림은 남극 빙하로부터 측정한 대기 중 CO_2 농도와 과거 지구의 기온 편차(과거 기온－현재 평균 기온)를 시간에 따라 나타낸 것이다.

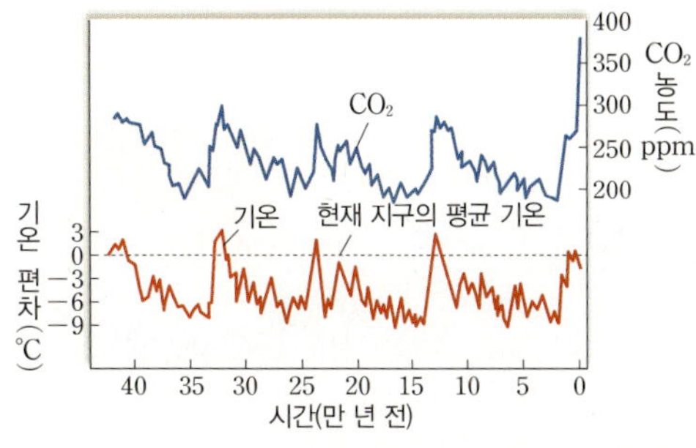

이에 대한 설명으로 옳은 것만을 |보기|에서 있는 대로 고른 것은?

보기
ㄱ. 지구의 기온은 CO_2 농도가 높을수록 낮았다.
ㄴ. 최근 10만 년 동안 지구 평균 기온은 현재보다 낮았다.
ㄷ. 최근 CO_2 농도가 급격하게 높아지는 까닭은 자연적 요인보다 인위적 요인 때문이다.

① ㄱ   ② ㄷ   ③ ㄱ, ㄴ
④ ㄴ, ㄷ   ⑤ ㄱ, ㄴ, ㄷ

기출 변형 교육청

17

그림 (가)는 우리나라에서 연안 용승이 발생한 A 해역의 위치를, (나)는 3일간의 표층 수온 변화를 나타낸 것이다.

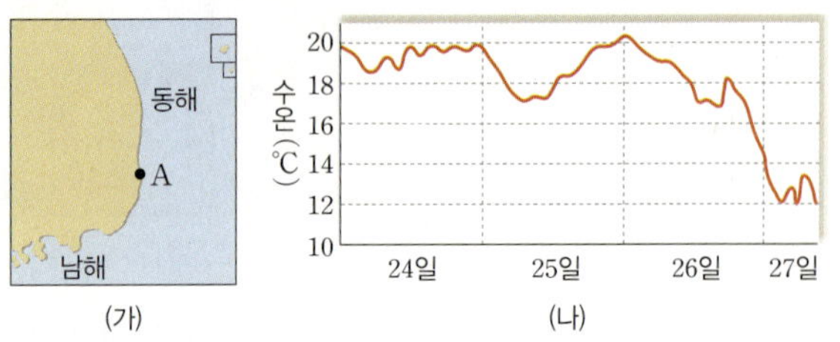

이에 대한 설명으로 옳은 것만을 |보기|에서 있는 대로 고른 것은?

> **보기**
> ㄱ. 표층 해수의 용존 산소량은 24일이 27일보다 높았을 것이다.
> ㄴ. 이 기간 동안 A 해역에는 북풍 계열의 바람이 우세하였다.
> ㄷ. 이 기간 동안 A 해역에서 표층수는 먼 바다 쪽으로 이동하였다.

① ㄱ　　　　② ㄷ　　　　③ ㄱ, ㄴ
④ ㄴ, ㄷ　　　⑤ ㄱ, ㄴ, ㄷ

기출 변형 교육청

18

그림은 동태평양 적도 부근 해역에서 2년 동안의 깊이에 따른 수온을 나타낸 것이다. A와 B는 각각 평상시와 엘니뇨 시기 중 하나이다.

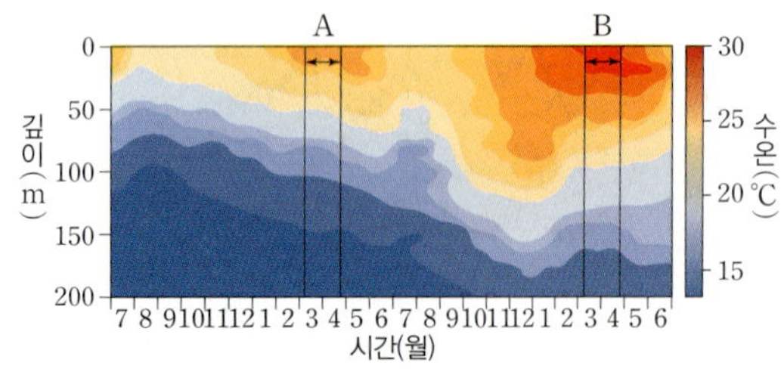

이에 대한 설명으로 옳은 것만을 |보기|에서 있는 대로 고른 것은?

> **보기**
> ㄱ. 표층 수온은 A 시기가 B 시기보다 높다.
> ㄴ. 무역풍의 세기는 A 시기가 B 시기보다 강하다.
> ㄷ. 서태평양의 해수면 높이는 A 시기가 B 시기보다 높다.

① ㄱ　　　　② ㄷ　　　　③ ㄱ, ㄴ
④ ㄴ, ㄷ　　　⑤ ㄱ, ㄴ, ㄷ

19

그림은 대기 중 이산화 탄소 농도가 현재보다 2배 증가할 경우 위도에 따른 기온 변화량(예측 기온－현재 기온)을 나타낸 것이다.

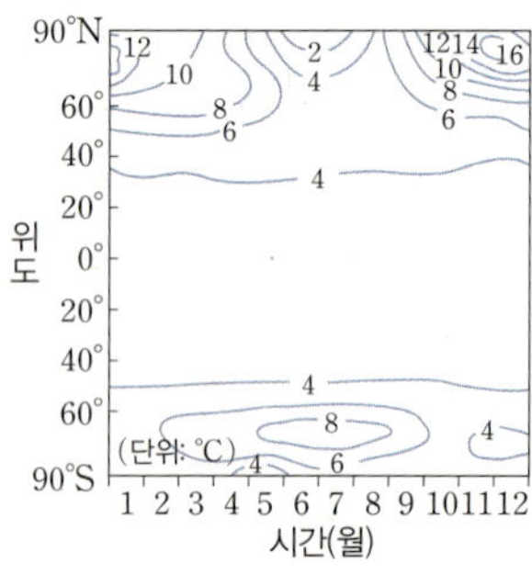

이에 대한 설명으로 옳은 것만을 |보기|에서 있는 대로 고른 것은?

> **보기**
> ㄱ. 평균 해수면의 높이는 높아질 것이다.
> ㄴ. 60°N 지역에서 기온의 연교차는 증가할 것이다.
> ㄷ. 고위도 지방에서 7월에 기온 상승폭은 북반구가 남반구보다 크다.

① ㄱ　　　　② ㄴ　　　　③ ㄱ, ㄷ
④ ㄴ, ㄷ　　　⑤ ㄱ, ㄴ, ㄷ

기출 변형 교육청

20

그림 (가)는 10만 년 전부터 현재까지의 지구 공전 궤도 이심률 변화를, (나)는 현재 지구의 북반구 어느 한 지점에서 여름과 겨울에 촬영한 태양 상을 나타낸 것이다.

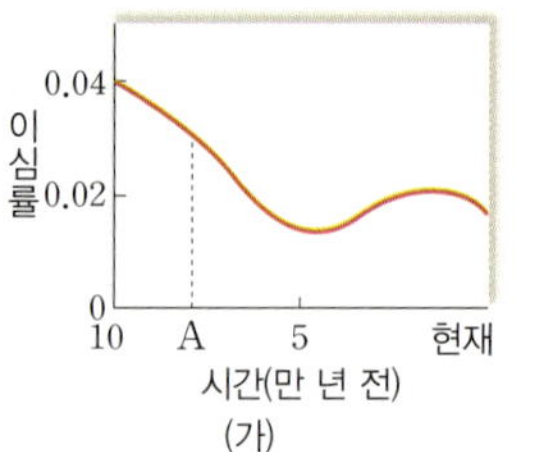

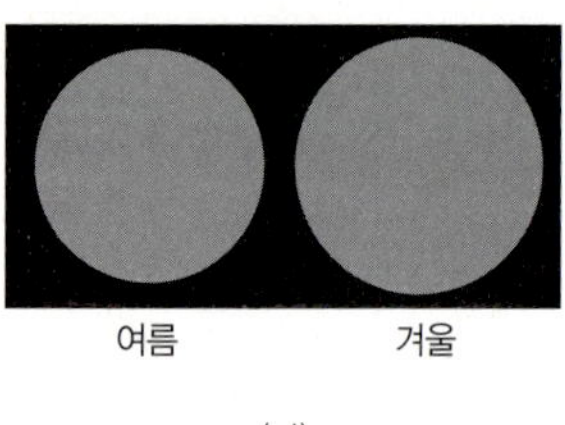

이에 대한 설명으로 옳은 것만을 |보기|에서 있는 대로 고른 것은? (단, 지구 공전 궤도 이심률 이외의 요인은 고려하지 않는다.)

> **보기**
> ㄱ. 근일점 거리는 현재가 A 시기보다 가깝다.
> ㄴ. 현재 지구가 근일점에 위치할 때 북반구의 계절은 겨울이다.
> ㄷ. 남반구에서 기온의 연교차는 현재가 A 시기보다 크다.

① ㄱ　　　　② ㄴ　　　　③ ㄷ
④ ㄱ, ㄴ　　　⑤ ㄴ, ㄷ

21 그림은 북반구 해양에서 표층 순환과 해류 A, B를 나타낸 것이다.

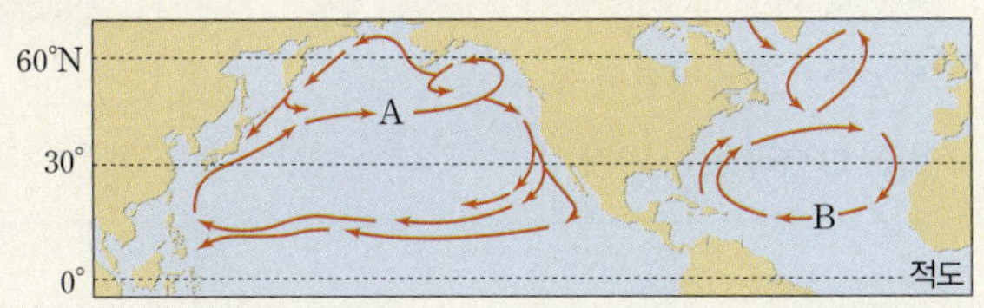

(1) A와 B의 이름을 쓰시오.

(2) 북태평양에서의 아열대 순환 방향을 쓰고, 남태평양에서의 아열대 순환 방향과 비교하여 서술하시오.

22 그림은 우리나라 주변의 해류 A, B, C를 나타낸 것이다.

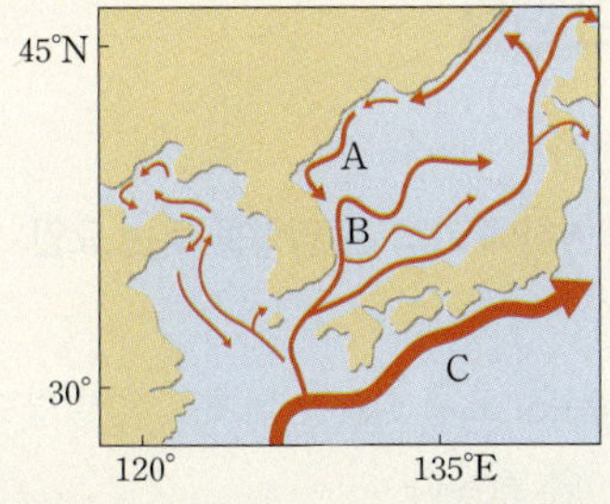

(1) A와 C의 이름을 쓰시오.

(2) A와 B가 만나는 해역에 조경 수역이 형성되는 까닭을 서술하시오.

23 그림은 엘니뇨와 라니냐 시기 중 어느 한 시기의 해수면 온도와 강수 구역을 나타낸 것이다.

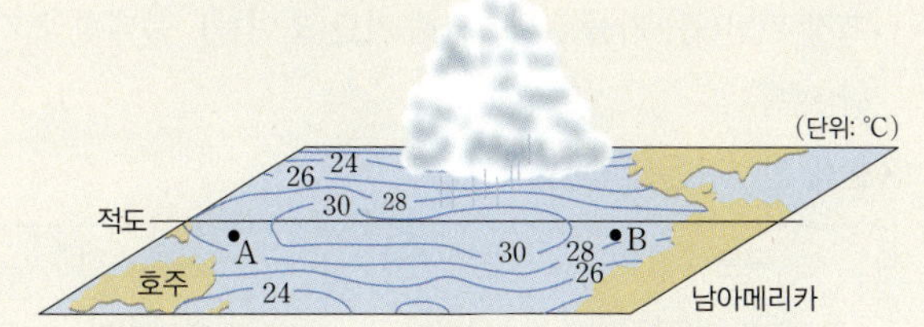

(1) 이 시기는 엘니뇨와 라니냐 중 어느 시기인지 쓰시오.

(2) 평상시에는 A와 B 중 어디 부근에서 강수 구역이 나타날 것인지 쓰고, 그 까닭을 서술하시오.

24 그림은 현재 지구의 공전 궤도와 근일점과 원일점에 위치한 지구의 모습을 나타낸 것이다.

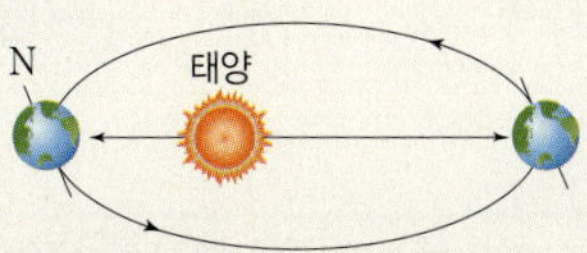

(1) 지구가 원일점에 위치할 때, 북반구의 계절을 쓰시오.

(2) 지구 공전 궤도 이심률이 현재보다 작아진다면, 우리나라의 여름철과 겨울철 평균 기온은 어떻게 변할 것인지 서술하시오.

단원 한번에 정리하기

01 기압과 날씨 변화

1 기단과 전선

- **우리나라에 영향을 미치는 기단:** ❶(　　　　　)(겨울), 양쯔강 기단(봄, 가을), 오츠크해 기단(초여름), 북태평양 기단(여름)

- **한랭 전선과 온난 전선**

구분		한랭 전선	온난 전선
전선면의 기울기		급하다.	완만하다.
구름과 강수 형태		적운형, 소나기	층운형, 지속적인 비
강수 구역		전선 후면의 좁은 구역	전선 전면의 넓은 구역
전선의 이동 속도		빠르다.	느리다.
통과 후의 변화	기온	하강	상승
	바람	남서풍 → 북서풍	남동풍 → 남서풍

- **폐색 전선:** 한랭 전선과 온난 전선이 겹쳐질 때 형성
- **정체 전선:** 한 곳에 오랫동안 머무르는 전선 예 ❷(　　　　)

2 고기압과 저기압의 날씨

- **고기압:** 하강 기류가 발달하여 날씨가 맑다.
- **저기압:** 상승 기류가 발달하여 구름이 형성되고 날씨가 흐리다.

3 온대 저기압과 날씨

- **온대 저기압의 일생:** ❸(　　　) 형성 → 파동 형성 → 온대 저기압 발달 → 폐색 시작 → 폐색 전선 발달 → 소멸

- **온대 저기압과 날씨**

구분	온난 전선 앞	두 전선 사이	한랭 전선 뒤	저기압 중심
구름	층운형 구름 (난층운)	대체로 맑음	적운형 구름 (적란운)	날씨 흐림.
강수	지속적인 비	없음.	강하고 짧은 비	
기온	낮다.	높다.	낮다.	―
풍향	남동풍	남서풍	북서풍	―

4 위성 영상 해석

가시 영상	• 햇빛(가시광선)의 반사를 이용하여 촬영 → 낮에만 가능 • 반사가 강한 구름(두꺼운 구름)일수록 희게(밝게) 나타남. → 구름의 ❹(　　　) 분석에 유용
적외 영상	• 구름이 방출하는 적외선 에너지를 관측하여 촬영 → 낮과 밤 모두 가능 • 온도가 낮을수록 희게(밝게), 온도가 높을수록 검게(어둡게) 나타남. → 구름의 높이 분석에 유용, 구름 꼭대기의 온도 측정에 이용

02 태풍과 우리나라의 주요 악기상

1 태풍: 중심 기압이 매우 낮고, 전선을 동반하지 않으며, 일기도 상에서 등압선이 조밀한 동심원의 형태로 나타난다.

- **이동:** 저위도에서는 ❶(　　　)의 영향을 받아 대체로 북서쪽으로 이동하다가, 중위도에서는 ❷(　　　)의 영향으로 북동쪽으로 진행한다. ⇨ 포물선 궤도를 그리며 진행

- **위험 반원과 안전 반원**

위험 반원	• 태풍 진행 방향의 ❸(　　　) 반원 • 태풍의 진행 속도와 태풍의 풍속이 더해져 바람이 강하다.
안전 반원	• 태풍 진행 방향의 ❹(　　　) 반원 • 바람의 방향과 태풍의 진행 방향이 반대이므로 위험 반원에 비해 풍속이 약하다.

- **기압과 풍속 변화:** 기압은 중심부의 태풍의 눈에서 가장 낮고, 태풍의 눈 주위에서 가장 강한 풍속과 강우가 나타난다.

2 우리나라의 주요 악기상

- **뇌우:** ❺(　　　) 단계 → 성숙 단계 → 소멸 단계를 거친다. 성숙 단계에서는 상승 기류와 하강 기류가 함께 나타나면서 돌풍, 번개, 천둥을 동반한 소나기, 우박 등이 내린다.
- **우박:** 적란운 내에서 빙정이 상승과 하강을 반복하면서 성장한 얼음 덩어리가 내리는 현상이다.
- **집중 호우(국지성 호우):** 좁은 지역에 짧은 시간 많은 비가 내리는 현상이다.
- **폭설:** 겨울철 저기압이 통과하거나, 시베리아 고기압이 확장하면서 해수면으로부터 열과 수증기를 공급받아 상승 기류가 발달할 때 발생한다.
- **황사:** 봄철에 주로 발생하며, 상공의 ❻(　　　)을 타고 동쪽으로 이동한다.

03 해수의 성질

1 표층 염분 변화

- **표층 염분 변화에 가장 큰 영향을 주는 요인:** 증발량과 강수량이다.
- **표층 염분 분포:** 표층 염분은 대체로 (증발량−강수량) 값이 ❶(　　　)수록 높다.

2 용존 기체: 해수에 녹아 있는 기체

- 용존 산소는 대기로부터 공급되고 해양 생물의 ❷(　　　)이 활발히 일어나는 표층에서 높고, 수심이 깊은 곳에서는 산소가 풍부한 극 해역의 표층 해수가 공급되기 때문에 산소의 농도가 조금 높아진다.

3 해수의 층상 구조: 깊이에 따른 수온 변화를 기준으로 혼합층, ❸(　　　), 심해층으로 구분한다.

4 해수의 밀도
- **해수의 밀도에 영향을 주는 요인**: 수온이 낮을수록, 염분이 높을수록, 수압이 클수록 해수의 밀도는 ❹(　　　)진다.
- **해수의 밀도 분포**: 수온 분포와 반비례하는 경향이 있다.

5 우리나라 부근 해수 성질
- **표층 염분**: 여름철 < 겨울철 ⇨ 여름철에 ❺(　　)가 집중되기 때문
- **표층 수온**: 여름철 > 겨울철

04 해수의 표층 순환과 심층 순환

1 대기 대순환
- **대기 대순환의 원인**: 지구의 불균등한 위도별 에너지 수지
- **대기 대순환**: ❶(　　　) 순환, 페렐 순환, 극순환

2 해수의 표층 순환: 주로 대기 대순환에 의한 바람에 의해 발생, 대기 대순환의 방향과 표층 순환의 방향은 대체로 일치한다.

열대 순환	무역풍에 의한 적도 해류(북적도 해류, 남적도 해류)와 적도 반류로 이루어진 순환이다.
아열대 순환	무역풍에 의한 해류와 편서풍에 의한 해류로 이루어진 순환으로, 북태평양에서는 ❷(　　　) 방향으로, 남태평양에서는 시계 반대 방향으로 순환한다.
아한대 순환	편서풍에 의한 해류와 극동풍에 의한 해류로 이루어진 순환으로, 북반구에서만 나타난다.

3 해수의 ❸(　　　): 해수의 수온과 염분의 변화로 인해 밀도차가 생기게 되고, 이로 인해 해양의 심층에서 일어나는 전 지구적인 규모의 해수 순환이다.

- **대서양에서의 심층 순환**

❹(　　)	전 세계에서 밀도가 가장 큰 해수로, 겨울철 남극 대륙 주변의 웨델해에서 해수가 결빙하면서 염분이 높아져 심층으로 가라앉은 후 해저를 따라 30°N까지 북상한다.
북대서양 심층수	그린란드 해역에서 냉각된 표층 해수가 가라앉아 형성된 것으로, 남극 저층수와 남극 중층수 사이에서 60°S까지 흐른다.
남극 중층수	60°S 부근에서 생성된 남극 중층수는 수심 1000 m의 중층을 타고 북반구로 이동한다.

4 심층 순환과 표층 순환: 심층 순환은 표층 순환과 연결되어 전 지구를 순환하므로, 심층 순환이 약해지면 표층 순환도 약해진다.

05 대기와 해양의 상호 작용

1 ❶(　　　): 해수면 위로 바람이 계속 불면 표층 해수가 다른 곳으로 이동하고, 이를 보충하기 위해 심해에서 차가운 물이 올라오는 현상이다. 연안 용승과 적도 용승이 있다.

2 엘니뇨와 라니냐
- **평상시**: 무역풍이 동태평양의 따뜻한 해수를 서태평양으로 운반하며, 동태평양에서는 용승이 일어난다. 이로 인해 동태평양의 해수면 온도 및 해면 고도는 서태평양보다 낮고 혼합층 두께도 얇으며, 수온 약층이 시작되는 깊이도 얕다.
- **엘니뇨와 라니냐 시기**: 무역풍의 변화로 나타나는 적도 부근 동태평양의 표층 수온이 변한다.

구분	❷(　　　) 시기		❸(　　　) 시기	
	서태평양	동태평양	서태평양	동태평양
무역풍	약화		강화	
수온 편차	(−) 값	(+) 값	(+) 값	(−) 값
기압 편차	(+) 값	(−) 값	(−) 값	(+) 값

3 남방 진동과 엘니뇨 남방 진동(ENSO)
- **남방 진동**: 엘니뇨와 라니냐 시기에 열대 태평양 지역의 기압 분포 변화가 시소처럼 한쪽이 올라가면 한쪽은 내려가는 경향
- **❹(　　　　　)(ENSO)**: 엘니뇨는 해양에서 발생하는 현상이고, 기압과 관련된 남방 진동은 대기에서 관측되는 현상인데, 이 둘은 해양과 대기의 상호 작용의 결과로 생긴 하나의 현상이다.

06 지구의 기후 변화

1 기후 변화의 요인
- **기후 변화의 외적 요인**

지구 자전축 경사 방향 변화	• ❶(　　　): 지구의 자전축이 팽이처럼 회전하는 운동 • 세차 운동으로 계절이 뒤바뀐다.
지구 자전축 기울기 변화	지구 자전축의 기울기가 커지면 태양의 남중 고도 변화로 인해 중위도와 고위도 지방에서는 기온의 연교차가 ❷(　　　)진다.
지구 공전 궤도 이심률 변화	지구 공전 궤도 이심률이 변하면 근일점 거리와 원일점 거리가 달라지며 기후가 변한다.

- **기후 변화의 내적 요인**: 수륙 분포 및 빙하 면적의 변화, 생물의 변화, 화산 폭발 등

2 온실 효과와 지구 온난화
- **❸(　　　)**: 지표가 방출하는 에너지 중 일부를 대기가 흡수한 후 지표로 다시 재복사하는 현상으로, 이로 인해 지구 평균 기온이 높아지며, 밤과 낮의 기온 차가 감소한다.
- **지구 온난화**: 인간이 방출하는 온실 기체에 의한 온실 효과의 증대로 지구의 평균 기온이 상승하는 현상 ⇨ 해수면 상승 및 이상 기상과 이상 기후를 초래하여 생태계 변화뿐 아니라 각종 사회적, 경제적인 면에까지 영향을 미친다.

01 (3점) 그림은 6월 어느 날 우리나라 부근의 지상 일기도를 나타낸 것이다.

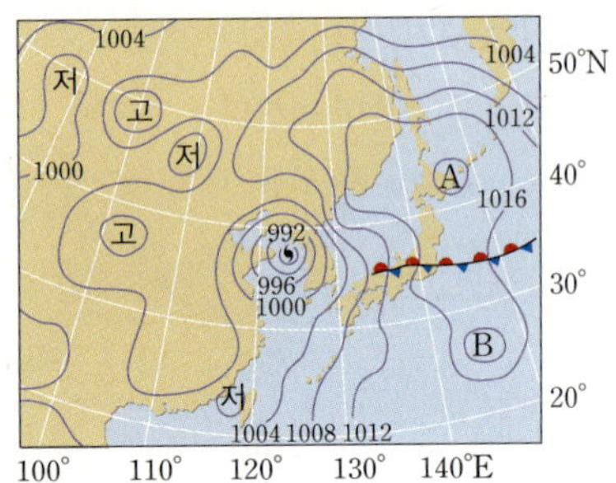

이에 대한 설명으로 옳은 것만을 |보기|에서 있는 대로 고른 것은?

> **보기**
> ㄱ. 기단의 평균 온도는 A가 B보다 높다.
> ㄴ. 이날 서울에서의 풍향은 시계 방향으로 변했을 것이다.
> ㄷ. 우리나라에 영향을 미치고 있는 저기압의 에너지원은 찬 공기의 위치 에너지이다.

① ㄱ ② ㄴ ③ ㄱ, ㄴ
④ ㄱ, ㄷ ⑤ ㄴ, ㄷ

02 (3.5점) 그림 (가)는 우리나라 주변의 일기도를, (나)는 (가)로부터 12시간 후의 일기도를 나타낸 것이다.

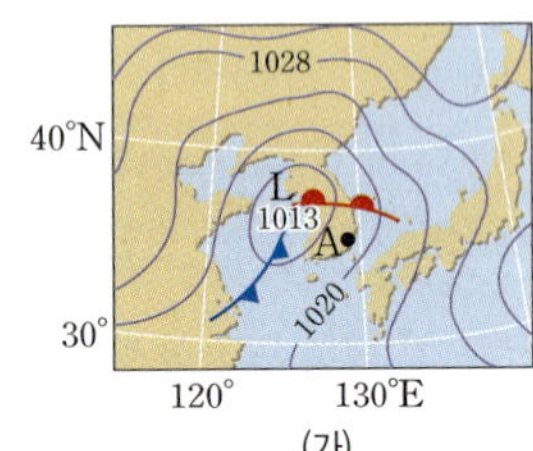
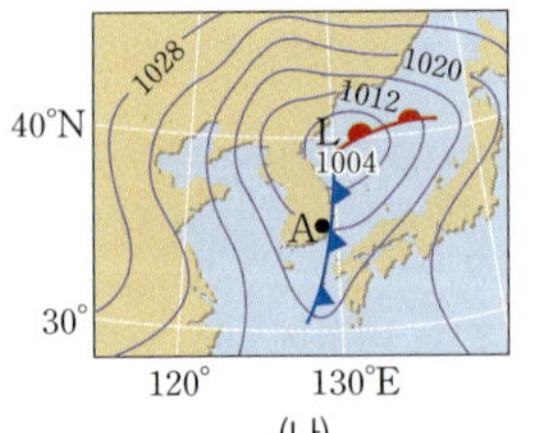

(가)   (나)

이 기간 동안 일어난 현상에 대한 설명으로 옳은 것만을 |보기|에서 있는 대로 고른 것은?

> **보기**
> ㄱ. A 지역의 기압은 낮아졌다.
> ㄴ. 온대 저기압의 세력은 강해졌다.
> ㄷ. A 지역의 풍향은 시계 방향으로 변하였다.

① ㄱ ② ㄴ ③ ㄱ, ㄷ
④ ㄴ, ㄷ ⑤ ㄱ, ㄴ, ㄷ

03 (3점) 그림은 온대 저기압의 영향을 받고 있는 우리나라 주변의 위성 영상을 나타낸 것이다.

이에 대한 설명으로 옳은 것만을 |보기|에서 있는 대로 고른 것은?

> **보기**
> ㄱ. 기온은 A가 C보다 낮다.
> ㄴ. A에서는 남동풍이 우세하게 분다.
> ㄷ. B의 구름은 온난 전선에 의해 형성되었다.

① ㄱ ② ㄷ ③ ㄱ, ㄴ
④ ㄴ, ㄷ ⑤ ㄱ, ㄴ, ㄷ

04 (3.5점) 그림 (가)와 (나)는 각각 2021년 10월 어느 날 우리나라 주변 상공의 적외 영상과 가시 영상을 나타낸 것이다.

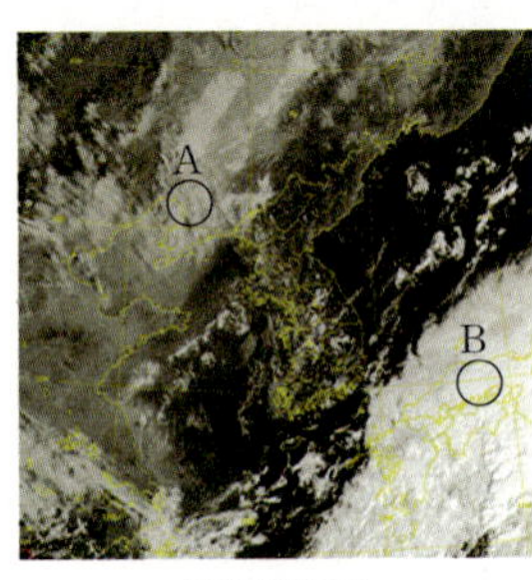
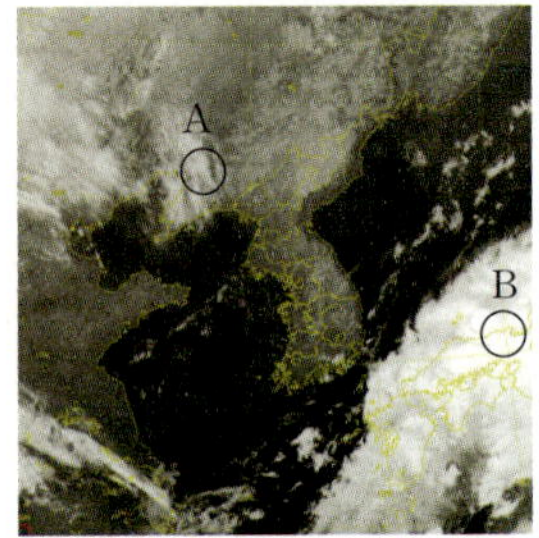

(가) 적외 영상   (나) 가시 영상

이에 대한 설명으로 옳은 것만을 |보기|에서 있는 대로 고른 것은?

> **보기**
> ㄱ. 구름의 평균 두께는 A가 B보다 두껍다.
> ㄴ. 적란운은 A보다 B에 발달해 있을 것이다.
> ㄷ. 구름 최상부에서 방출되는 적외선의 세기는 A가 B보다 강하다.

① ㄱ ② ㄷ ③ ㄱ, ㄴ
④ ㄴ, ㄷ ⑤ ㄱ, ㄴ, ㄷ

05 (4점)
표는 어느 태풍이 우리나라를 통과하는 동안 우리나라에 위치한 관측소 A와 B에서 측정한 풍향과 기압을 나타낸 것이다.

시각	관측소 A		관측소 B	
	풍향	기압(hPa)	풍향	기압(hPa)
06시	북동	993	북북동	986
12시	남남동	988	서북서	995
18시	남서	993	서	1003

이에 대한 설명으로 옳은 것만을 |보기|에서 있는 대로 고른 것은?

―보기―
ㄱ. A는 위험 반원에 위치하였다.
ㄴ. 06시에 태풍의 중심은 A와 B보다 남쪽에 위치하였다.
ㄷ. 12시에 관측소로부터 태풍 중심까지의 거리는 A가 B 보다 가깝다.

① ㄱ   ② ㄷ   ③ ㄱ, ㄴ
④ ㄴ, ㄷ   ⑤ ㄱ, ㄴ, ㄷ

06 (4점)
그림은 북반구 중위도에서 북상하고 있는 태풍 중심으로부터의 거리에 따른 풍속과 기압 분포를 나타낸 것이다.

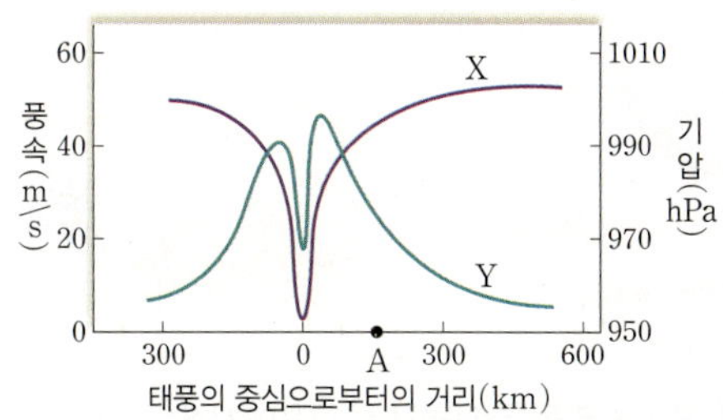

이에 대한 설명으로 옳은 것만을 |보기|에서 있는 대로 고른 것은?

―보기―
ㄱ. X는 풍속, Y는 기압이다.
ㄴ. 태풍 중심에서는 하강 기류가 나타난다.
ㄷ. A 지점은 태풍 중심보다 서쪽에 위치한다.

① ㄱ   ② ㄴ   ③ ㄱ, ㄷ
④ ㄴ, ㄷ   ⑤ ㄱ, ㄴ, ㄷ

07 (3.5점)
그림 (가)는 황사가 발원한 3월 4일의 일기도를, (나)는 3월 4일부터 8일까지 백령도에서 관측된 황사 농도를 나타낸 것이다.

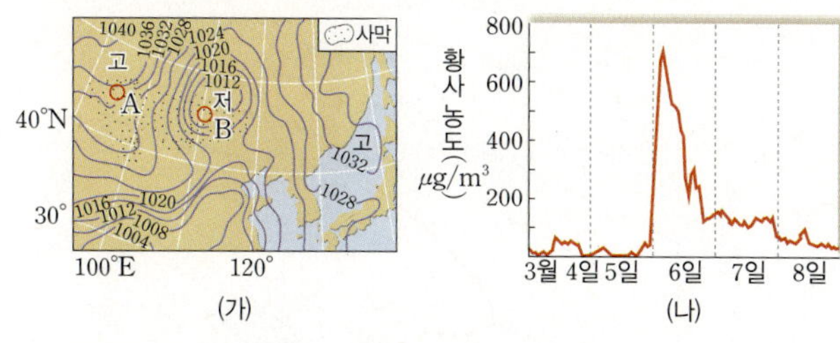

이에 대한 설명으로 옳은 것만을 |보기|에서 있는 대로 고른 것은?

―보기―
ㄱ. 황사는 편서풍을 타고 동쪽으로 이동하였다.
ㄴ. 백령도에 영향을 준 황사의 발원지는 B보다 A일 가능성이 크다.
ㄷ. 3월 6일에 백령도에 고기압이 발달했다면 황사 농도는 더 낮았을 것이다.

① ㄱ   ② ㄷ   ③ ㄱ, ㄴ
④ ㄴ, ㄷ   ⑤ ㄱ, ㄴ, ㄷ

08 (3.5점)
그림 (가)와 (나)는 동해의 어느 해역에서 측정한 염분과 수온의 연직 분포를 순서 없이 나타낸 것이다. 점선과 실선은 각각 2월과 7월 중 하나이다.

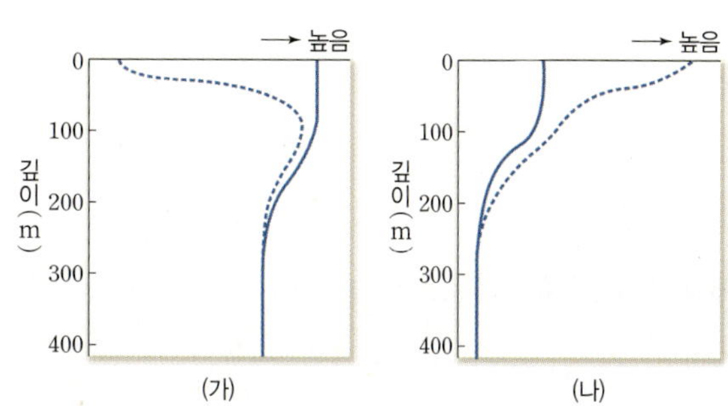

이에 대한 설명으로 옳은 것은?

① (가)는 수온 분포이다.
② 점선은 2월에 관측한 자료이다.
③ 표층 해수의 밀도는 7월이 2월보다 작다.
④ 연중 수온 변화는 표층이 깊이 400 m보다 작다.
⑤ 수온 약층은 7월보다 2월에 뚜렷하게 발달한다.

1등급 실전 문제

09 그림은 어느 해역에서 깊이에 따른 수온과 염분을 수온 염분도에 나타낸 것이다. `4점`

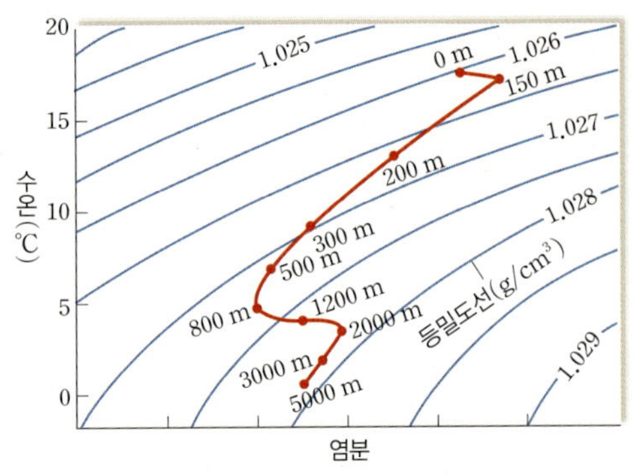

이에 대한 설명으로 옳은 것만을 |보기|에서 있는 대로 고른 것은?

> **보기**
> ㄱ. 염분은 깊이 800 m보다 2000 m에서 높다.
> ㄴ. 밀도 약층은 수심 2000 m~5000 m에 해당한다.
> ㄷ. 수온 변화는 0 m~500 m 구간이 500 m~1000 m 구간보다 크다.

① ㄱ 　② ㄷ 　③ ㄱ, ㄴ
④ ㄱ, ㄷ 　⑤ ㄴ, ㄷ

10 그림은 두 해역의 해수 A, B와 밀도가 같은 두 해수 C, D를 수온 염분도에 나타낸 것이다. `3.5점`

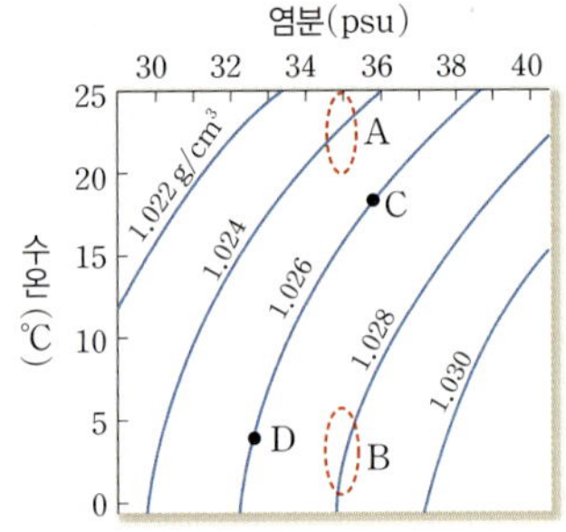

이에 대한 설명으로 옳은 것만을 |보기|에서 있는 대로 고른 것은?

> **보기**
> ㄱ. 해수의 평균 밀도는 A가 B보다 크다.
> ㄴ. 같은 양의 C와 D를 혼합하면 밀도는 1.026 g/cm³보다 크다.
> ㄷ. 염분의 변화 없이 수온이 5 °C 상승한다고 할 때, 밀도 변화량은 C가 D보다 크다.

① ㄱ 　② ㄷ 　③ ㄱ, ㄴ
④ ㄴ, ㄷ 　⑤ ㄱ, ㄴ, ㄷ

11 그림은 우리나라 주변과 태평양의 해류 분포를 나타낸 것이다. `3점`

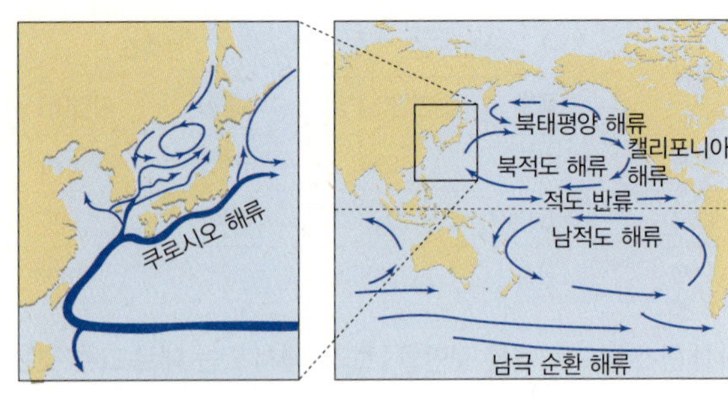

이에 대한 설명으로 옳은 것은?

① 남반구의 아열대 표층 순환은 시계 방향으로 나타난다.
② 북적도 해류와 남적도 해류는 편서풍에 의해 형성된다.
③ 쿠로시오 해류는 캘리포니아 해류에 비해 수온과 염분이 낮다.
④ 우리나라 주변에 흐르는 난류는 쿠로시오 해류에서 유입된다.
⑤ 동해에서 남쪽으로 흐르는 해류의 세기는 겨울철보다 여름철에 강하다.

12 그림은 대서양 표층 순환과 심층 순환의 일부를 확대하여 나타낸 것이다. ㉠과 ㉡은 각각 표층수와 심층수 중 하나이다. `3점`

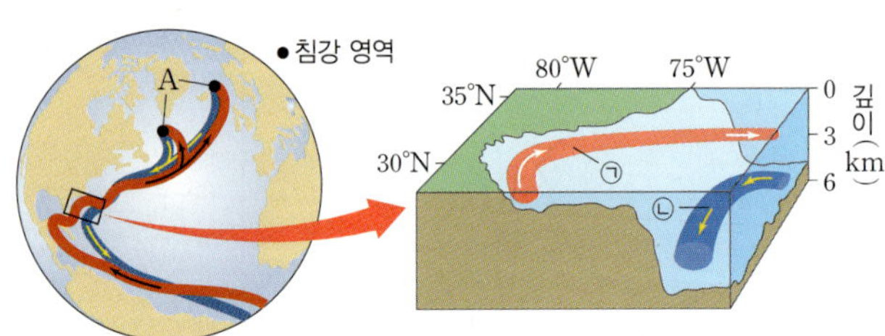

이에 대한 설명으로 옳은 것만을 |보기|에서 있는 대로 고른 것은?

> **보기**
> ㄱ. ㉡은 남극 웨델해 부근에서 형성되었다.
> ㄴ. ㉡의 흐름이 강해지면 ㉠의 흐름은 약해진다.
> ㄷ. A 해역에서 침강하는 해수의 밀도는 ㉠의 밀도보다 크다.

① ㄱ 　② ㄷ 　③ ㄱ, ㄴ
④ ㄴ, ㄷ 　⑤ ㄱ, ㄴ, ㄷ

13 그림은 남반구의 세 해역 A, B, C를 나타낸 것이다. 3점

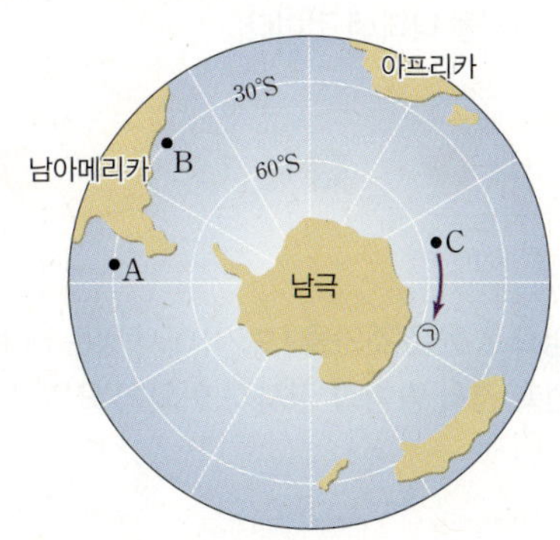

이에 대한 설명으로 옳은 것만을 |보기|에서 있는 대로 고른 것은?

─ 보기 ─
ㄱ. B에서 해류는 북쪽으로 흐른다.
ㄴ. C에서 표층 해류는 ㉠ 방향으로 흐른다.
ㄷ. 용존 산소량은 A 해역이 B 해역보다 많다.

① ㄱ　　　　　② ㄴ　　　　　③ ㄱ, ㄷ
④ ㄴ, ㄷ　　　　⑤ ㄱ, ㄴ, ㄷ

14 그림은 동태평양의 7월 평균 표층 수온 분포를 나타낸 것이다. 3.5점

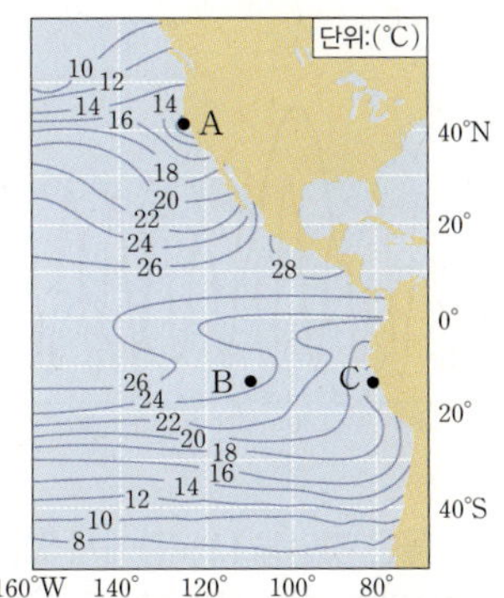

이에 대한 설명으로 옳은 것만을 |보기|에서 있는 대로 고른 것은?

─ 보기 ─
ㄱ. A 해역에서는 용승이 일어난다.
ㄴ. 영양염은 B보다 C 해역이 많다.
ㄷ. C 해역에서는 남풍 계열의 바람이 지속적으로 불고 있다.

① ㄱ　　　　　② ㄷ　　　　　③ ㄱ, ㄴ
④ ㄴ, ㄷ　　　　⑤ ㄱ, ㄴ, ㄷ

15 그림은 태평양 적도 부근 해역의 해수면 기압 편차(관측 기압－평년 기압)를 나타낸 것이다. A는 엘니뇨 시기와 라니냐 시기 중 하나이다. 4점

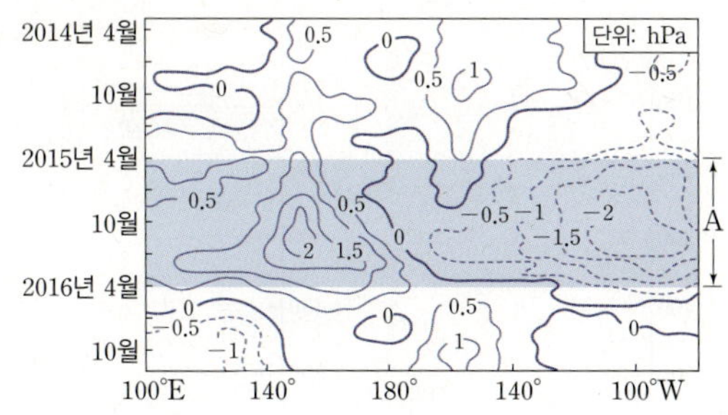

이에 대한 설명으로 옳은 것만을 |보기|에서 있는 대로 고른 것은?

─ 보기 ─
ㄱ. A 시기에 서태평양의 기압은 평년보다 높아졌다.
ㄴ. A 시기에 동태평양 해역에서의 용승은 평년보다 강했을 것이다.
ㄷ. A 시기 이후 무역풍의 세기는 더욱 약해졌을 것이다.

① ㄱ　　　　　② ㄷ　　　　　③ ㄱ, ㄴ
④ ㄴ, ㄷ　　　　⑤ ㄱ, ㄴ, ㄷ

16 그림 (가)와 (나)는 평상시와 엘니뇨 발생 시기의 태평양 적도 해역의 대기 순환을 순서 없이 나타낸 것이다. 3.5점

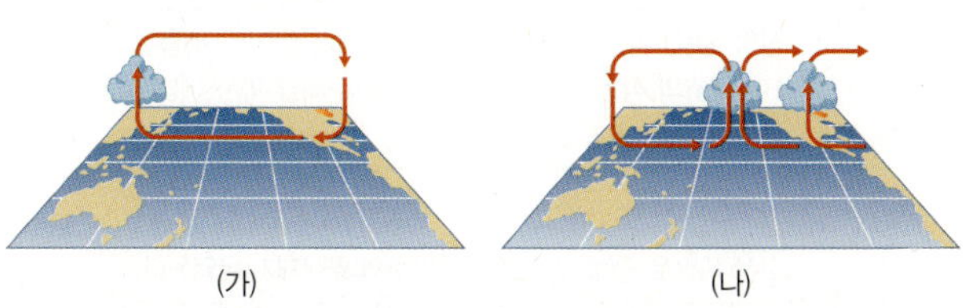

이에 대한 설명으로 옳은 것만을 |보기|에서 있는 대로 고른 것은?

─ 보기 ─
ㄱ. (가)는 엘니뇨 시기이다.
ㄴ. (나) 시기에 무역풍의 세기는 평상시보다 약하다.
ㄷ. 라니냐 시기에는 동태평양 해역에서 상승 기류가 나타날 것이다.

① ㄴ　　　　　② ㄷ　　　　　③ ㄱ, ㄴ
④ ㄱ, ㄷ　　　　⑤ ㄱ, ㄴ, ㄷ

17 3.5점 그림 (가)와 (나)는 각각 엘니뇨 시기와 라니냐 시기에 관측한 동태평양 적도 부근 해역의 연직 수온 분포를 순서 없이 나타낸 것이다.

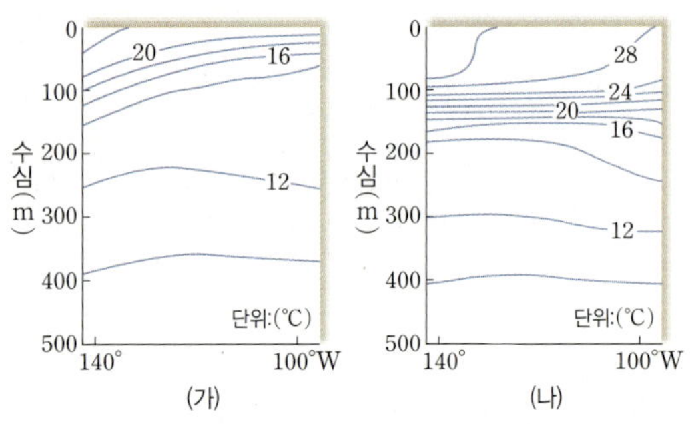

이에 대한 설명으로 옳은 것만을 |보기|에서 있는 대로 고른 것은?

> **보기**
> ㄱ. 무역풍의 세기는 (가)보다 (나) 시기에 강하다.
> ㄴ. 이 해역에서 표층 용존 산소량은 (나)보다 (가) 시기에 많다.
> ㄷ. 이 해역에서 수온 약층은 (가)보다 (나) 시기에 뚜렷하게 발달한다.

① ㄱ   ② ㄴ   ③ ㄱ, ㄷ
④ ㄴ, ㄷ   ⑤ ㄱ, ㄴ, ㄷ

18 3점 표는 지구 기후 변화를 일으키는 요인에 대한 설명이다.

요인	내용
A	산업 활동이나 화석 연료 사용 과정에서 대기로 배출된 $1 \, nm \sim 100 \, \mu m$의 작은 액체나 고체 입자들이 태양 복사 에너지를 산란시키고, 구름의 양을 늘린다.
B	초대륙이 분리되면서 수륙 분포가 변한다.
C	화산 폭발로 인해 대기 중으로 다량의 화산재가 유입된다.

이에 대한 설명으로 옳은 것만을 |보기|에서 있는 대로 고른 것은?

> **보기**
> ㄱ. A는 기후 변화의 인위적 요인에 해당한다.
> ㄴ. B로 인해 해류의 분포와 기후가 다양해진다.
> ㄷ. A와 C로 인해 지표에 도달하는 태양 복사 에너지양이 감소한다.

① ㄱ   ② ㄷ   ③ ㄱ, ㄴ
④ ㄴ, ㄷ   ⑤ ㄱ, ㄴ, ㄷ

19 4점 그림 (가)와 (나)는 서로 다른 두 시기일 때 지구 자전축의 경사 방향과 경사각을 나타낸 것이다.

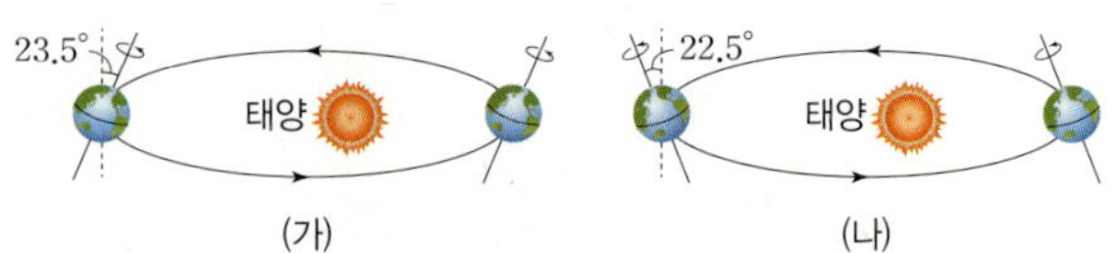

이에 대한 설명으로 옳은 것만을 |보기|에서 있는 대로 고른 것은? (단, 지구 자전축 경사 방향과 경사각 이외의 요인은 고려하지 않는다.)

> **보기**
> ㄱ. (가)일 때 기온의 연교차는 북반구가 남반구보다 크다.
> ㄴ. 남반구에서 겨울철 평균 기온은 (가)보다 (나)일 때 높다.
> ㄷ. 우리나라에서 여름철 태양의 남중 고도는 (가)보다 (나)일 때 높다.

① ㄱ   ② ㄴ   ③ ㄱ, ㄴ
④ ㄱ, ㄷ   ⑤ ㄴ, ㄷ

20 4점 그림은 지구 자전축 경사각과 지구 공전 궤도 이심률 변화를 나타낸 것이다.

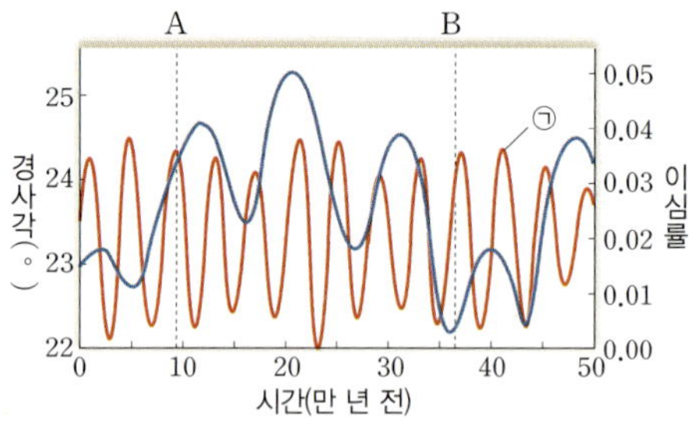

이에 대한 설명으로 옳은 것만을 |보기|에서 있는 대로 고른 것은? (단, 지구 자전축 경사각과 공전 궤도 이심률 이외의 요인은 고려하지 않는다.)

> **보기**
> ㄱ. ㉠은 지구 자전축 경사각에 해당한다.
> ㄴ. A 시기에 남반구 기온의 연교차는 현재보다 크다.
> ㄷ. (원일점 거리−근일점 거리)는 A 시기가 B 시기보다 크다.

① ㄱ   ② ㄷ   ③ ㄱ, ㄴ
④ ㄴ, ㄷ   ⑤ ㄱ, ㄴ, ㄷ

21 그림은 온대 저기압의 모습을 나타낸 것이다.

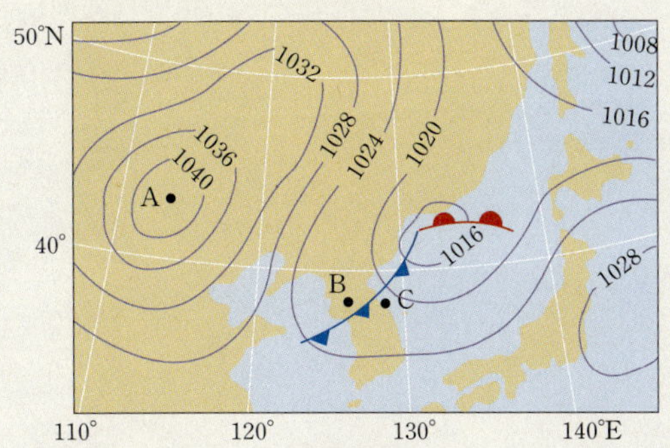

(1) A는 고기압과 저기압 중 무엇에 해당하는지 쓰시오. **2점**

(2) B와 C 지역에서의 기온을 비교하고, 그 까닭을 서술하시오. **4점**

22 그림은 위도에 따른 표층 해수의 밀도, 수온, 염분의 분포를 A, B, C로 순서 없이 나타낸 것이다.

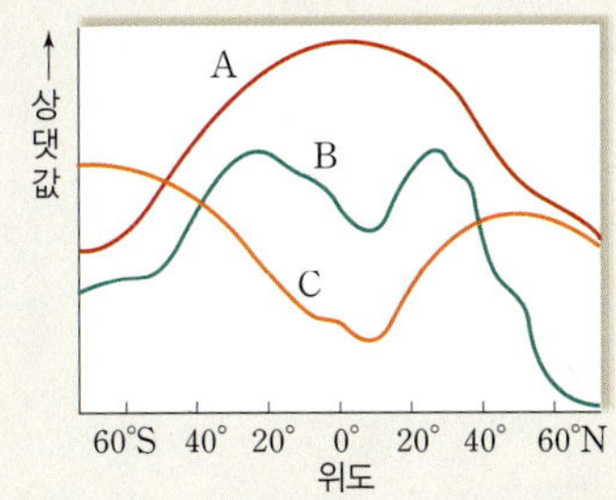

(1) A, B, C에 해당하는 물리량을 각각 쓰시오. **3점**

(2) 위도 30° 지역과 적도에서의 표층 염분을 비교하고, 두 지역에서의 염분이 다른 까닭을 증발량과 강수량을 이용하여 서술하시오. **3점**

23 그림은 태풍 A와 B의 이동 경로를 나타낸 것이다.
태풍의 중심 기압이 같고, 지형적인 요인을 고려하지 않는다면, 두 태풍이 지나가는 동안 부산에서의 최대 풍속은 어느 태풍이 지나갈 때 더 컸을지 쓰고, 그 까닭을 서술하시오. **6점**

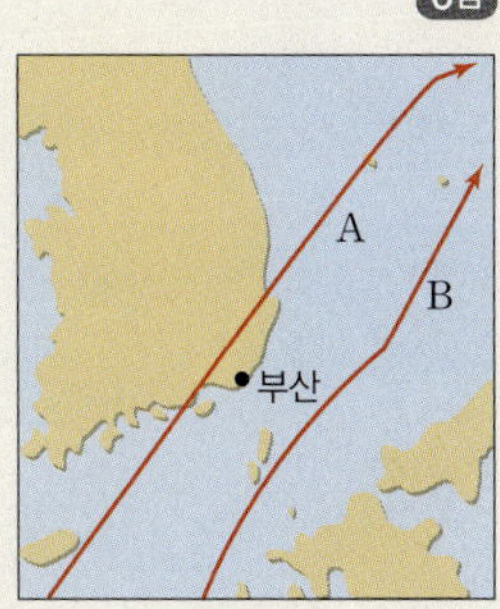

24 그림은 엘니뇨와 라니냐 시기 중 어느 시기에 평상시와 비교한 강수량 변화를 나타낸 것이다.
이 시기는 엘니뇨와 라니냐 중 어느 시기에 해당하는지 쓰고, 서태평양에서의 강수량이 증가한 까닭을 서술하시오. **6점**

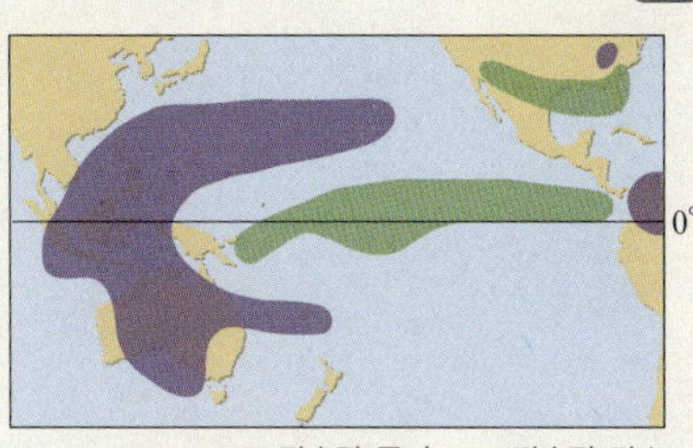

25 그림은 복사 평형 상태의 지구 열수지를 나타낸 것이다.

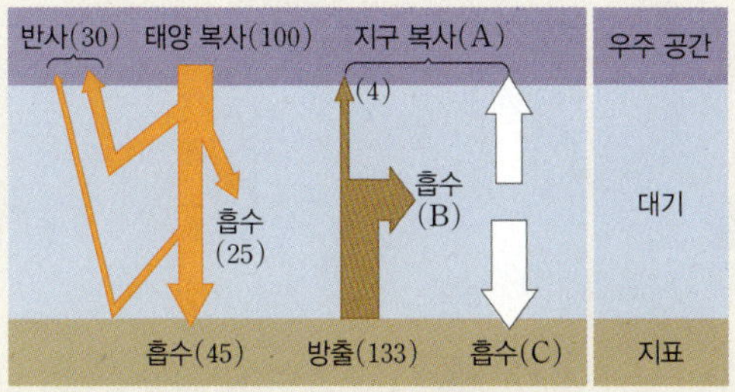

(1) A, B, C에 해당하는 값을 쓰시오. **3점**

(2) 지구 온난화가 가속화된다면 B와 C의 값이 어떻게 변화할 것인지 서술하시오. **3점**

III 우주

01 별의 물리량과 $H-R$도

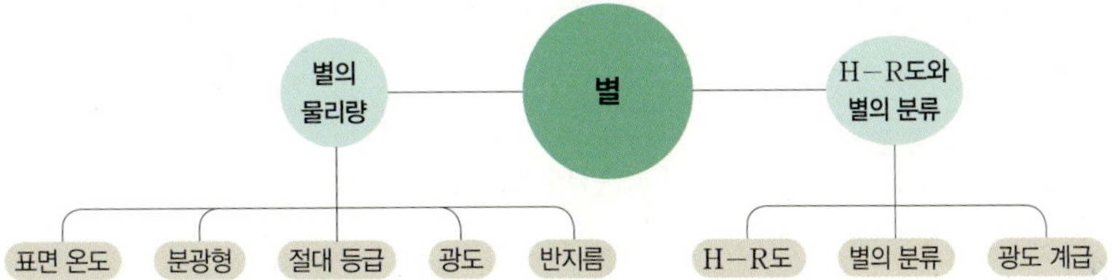

02 별의 진화와 에너지원

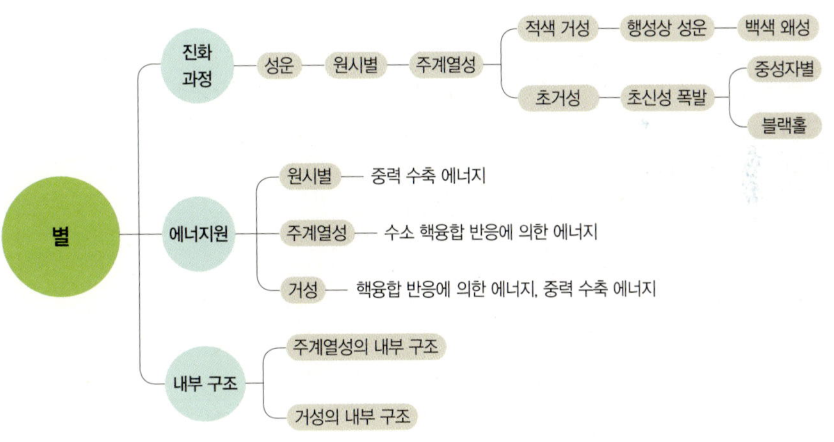

03 외계 행성계와 외계 생명체 탐사

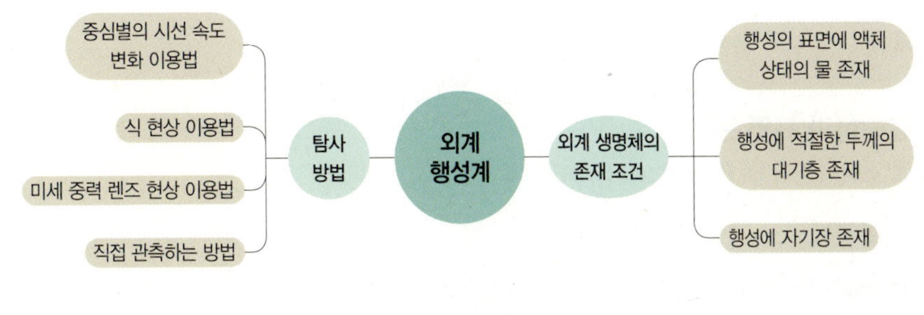

01 별의 물리량과 H−R도

1 별의 표면 온도와 색

개념 별은 흑체 복사 법칙을 따르며, 별의 색은 표면 온도에 의해 결정된다.

(1) 흑체: 입사된 모든 복사 에너지를 흡수하고, 흡수된 모든 에너지를 완전히 방출하는 이상적인 물체 ⇨ 별은 흑체에 가깝다.

(2) 흑체 복사 법칙

❶ 빈의 변위 법칙: 흑체는 표면 온도(T)가 높을수록 최대 에너지를 방출하는 파장(λ_{max})이 짧아진다.

$$\lambda_{max} = \frac{a}{T} \ (a: \text{빈의 상수})$$

• 별의 표면 온도와 색: 표면 온도가 높은 별일수록 최대 에너지를 방출하는 파장이 짧아져 파란색으로 보이고, 표면 온도가 낮은 별일수록 최대 에너지를 방출하는 파장이 길어져 붉은색으로 보인다. ⇨ 색으로 별의 표면 온도 추정 가능

❷ 슈테판·볼츠만 법칙: 흑체가 단위 시간 동안 단위 면적에서 방출하는 에너지양(E)은 표면 온도(T)의 4제곱에 비례한다.

$$E = \sigma T^4 (\sigma: \text{슈테판·볼츠만 상수})$$

(3) 별의 색지수

❶ U, B, V 등급: U, B, V 필터를 통과한 빛으로 정한 겉보기 등급 ⇨ 각 필터를 통과한 빛의 양이 많을수록 등급의 숫자가 작다.

❷ 색지수: 서로 다른 파장 영역에서 측정한 겉보기 등급의 차

• 색지수는 주로 $(B-V)$ 또는 $(U-B)$ 를 사용한다.

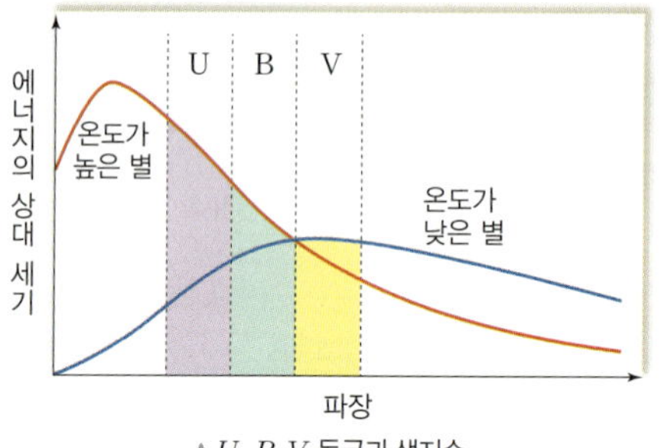

▲ U, B, V 등급과 색지수

• 별의 표면 온도와 색지수: 별의 표면 온도가 높을수록 색지수의 값이 작다.

표면 온도	색	등급 비교	색지수
고온의 별	파란색	B 등급 $< V$ 등급	$(-)$
저온의 별	붉은색	B 등급 $> V$ 등급	$(+)$

2 별의 분광형과 표면 온도

개념 별은 표면 온도에 따라 O, B, A, F, G, K, M형으로 분광형을 나눈다.

(1) 스펙트럼의 종류

❶ 연속 스펙트럼: 모든 파장 영역에서 빛이 연속적인 띠로 나타나는 스펙트럼

❷ 선 스펙트럼: 특정한 파장의 빛만 나타나는 스펙트럼

• 방출 스펙트럼: 고온·저밀도의 기체가 특정한 파장의 빛을 방출하여 형성 ─ 밝은 색의 방출선이 나타난다.

• 흡수 스펙트럼: 연속 스펙트럼을 배경으로 특정한 파장의 빛이 흡수되어 형성
검은색의 흡수선이 나타난다.

플랑크 곡선

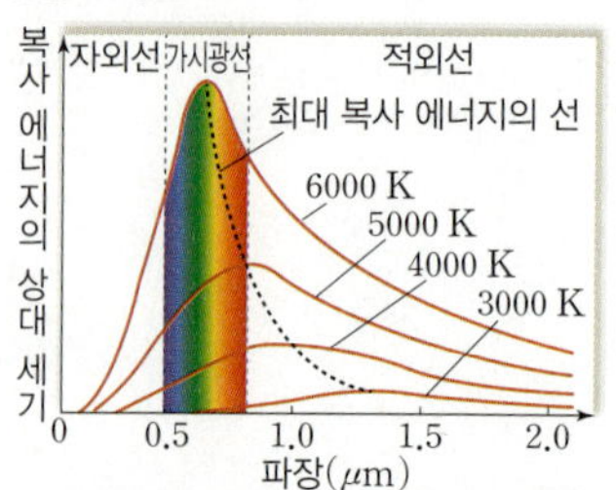

플랑크 곡선은 흑체의 표면에서 방출하는 에너지의 세기를 파장에 따라 나타낸 곡선이다. 흑체의 표면 온도가 높을수록 짧은 파장 영역에서 방출하는 에너지의 비율이 높기 때문에 붉은색 빛보다 파란색 빛을 많이 방출한다.

U, B, V 필터의 투과 영역

U 필터는 보라색 빛을, B 필터는 파란색 빛을, V 필터는 노란색 빛을 통과시킨다.

강의 포인트 ◉

별의 표면 온도, 색, 색지수 관계

• 별의 표면 온도가 높을수록 별은 파란색을 띠고, 색지수의 값이 작아진다.

• 별의 표면 온도가 낮을수록 별은 붉은색을 띠고, 색지수의 값이 커진다.

스펙트럼의 종류

① 연속 스펙트럼: 예 백열등

② 방출 스펙트럼: 예 수소

③ 흡수 스펙트럼: 예 별빛

(2) 별의 분광형(스펙트럼형)

❶ 별의 분광형: 별의 표면 온도에 따라 스펙트럼에 나타나는 흡수선의 특징이 다르다는 사실을 이용하여 별들을 분류한 것이다.

❷ 하버드 분광 분류법: 별의 표면 온도에 따라 스펙트럼에 나타나는 흡수선의 종류와 세기를 기준으로 별의 분광형을 O, B, A, F, G, K, M형으로 분류하였다. ⇨ 분광형으로 별의 표면 온도 추정 가능

- 표면 온도가 매우 높은 청색 별은 O형이며 B형, A형, … M형으로 갈수록 별의 표면 온도가 낮아지고, 점점 붉은색을 띤다.
- 각각의 분광형은 0에서 9까지 10단계로 세분한다. ⇨ A0형에서 A9형으로 갈수록 별의 표면 온도가 낮아진다.
- 표면 온도가 약 5800 K인 태양은 분광형이 G2형이다.

분광형	색		표면 온도(K)	색지수	스펙트럼의 예
O	청색	높다	27000 이상	작다 (−)	
B	청백색		10000~27000		
A	백색		7200~10000		
F	황백색		6000~7200		
G	황색		5100~6000		
K	주황색		3700~5100		
M	적색	낮다	3700 이하	(+) 크다	

별에서 흡수 스펙트럼이 나타나는 까닭
별빛이 대기를 통과할 때 대기에 있는 원소들이 특정한 파장의 에너지를 흡수하기 때문이다.

암기 꼭!
분광형 순서 외우는 방법
O − B − A − F − G − K − M
Oh ~ Be A Fine Girl, Kiss Me!

별의 분광형과 표면 온도
O형의 표면 온도가 가장 높고, M형으로 갈수록 표면 온도가 낮아진다.

천체 분광학의 역사
① 17세기에 뉴턴은 태양의 연속 스펙트럼을 관측하였다.
② 1814년에 프라운호퍼는 태양의 스펙트럼에서 수많은 흡수선을 발견하였다.
③ 19세기에 허긴스는 성운의 스펙트럼에서 방출선을 확인하였다.
④ 20세기 초에 피커링과 캐넌은 스펙트럼에서 나타나는 흡수선의 세기를 기준으로 별들을 분광 분류하였다.
⑤ 20세기 중반에 모건과 키넌은 별의 분광형과 광도를 기준으로 별들을 분광 분류하였다.

개념 익히기 문제

정답과 해설 p.54

🧠 교과서 문장으로 개념 익히기

01 입사된 모든 에너지를 흡수하고, 흡수된 에너지를 모두 방출하는 이상적인 물체를 ☐☐라고 한다.

02 흑체의 표면에서 방출하는 에너지의 세기를 파장에 따라 나타낸 곡선을 ☐☐☐ 곡선이라고 한다.

03 흑체가 단위 시간 동안 단위 면적에서 방출하는 에너지양은 ☐☐☐☐의 4제곱에 비례한다.

04 서로 다른 파장 영역에서 측정한 겉보기 등급의 차를 ☐☐☐라고 한다.

05 별의 표면 온도에 따라 스펙트럼에 나타나는 흡수선의 특징이 다르다는 사실을 이용하여 별들을 분류한 것을 ☐☐☐☐이라고 한다.

06 20세기 초 피커링과 캐넌은 별의 표면 온도에 따라 스펙트럼에 나타나는 ☐☐☐☐의 종류와 세기를 기준으로 별의 분광형을 O, B, A, F, G, K, M형으로 분류하였다.

📦 OX 문제로 개념 익히기

07 흑체의 표면에서 방출하는 복사 에너지의 파장에 따른 세기는 물질의 성분에 따라 달라진다. (O / X)

08 별의 표면 온도가 낮을수록 최대 에너지를 방출하는 파장이 길어진다. (O / X)

09 별의 표면 온도가 2배 높아지면, 단위 시간 동안 단위 면적에서 방출하는 에너지양은 4배가 커진다. (O / X)

10 색지수 $(B-V)$가 작은 별일수록 표면 온도가 낮은 별이다. (O / X)

11 고온·저밀도의 수소는 연속 스펙트럼을 형성한다. (O / X)

12 별의 분광형을 표면 온도가 높은 것부터 나열하면 O, B, A, F, G, K, M형의 순이다. (O / X)

13 태양은 표면 온도가 약 5800 K이므로, 분광형이 G2형이다. (O / X)

개념 별의 표면 온도와 광도를 이용하여 별의 반지름을 구할 수 있다.

(1) 별의 밝기와 등급 관계

❶ 별의 등급

- 별의 밝기는 등급으로 나타내며, 밝은 별일수록 등급의 숫자가 작다.
- 별의 등급에는 겉보기 등급과 절대 등급이 있다.

❷ 별의 밝기와 등급: 1등급인 별은 6등급인 별보다 100배 밝다. 따라서 5등급 차에 해당하는 밝기 비는 100이므로, 1등급 간의 밝기 비는 $100^{\frac{1}{5}} =$ 약 2.5배이다.

(2) 별의 광도

❶ 별의 광도: 별이 단위 시간 동안 표면에서 방출하는 총 에너지양 ⇨ 광도는 별의 절대 밝기(= 실제 밝기)에 해당 별의 광도는 지구에서 별까지의 거리에 관계없이 일정한 값을 갖는다.

- 슈테판·볼츠만 법칙을 이용하여 별의 광도(L)를 다음과 같이 나타낼 수 있다.

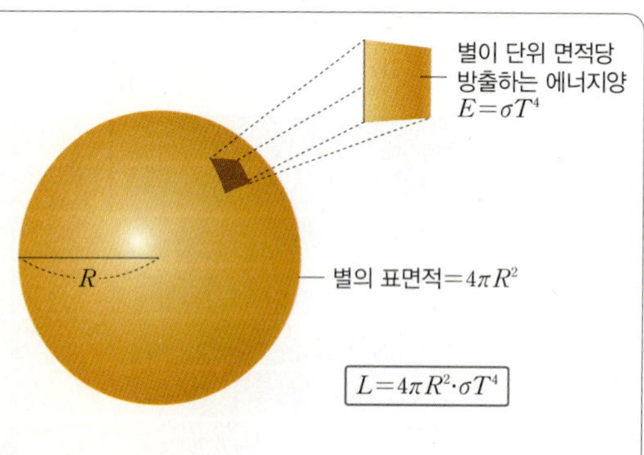

- 슈테판·볼츠만 법칙에 의하면 별이 단위 시간 동안 단위 면적에서 방출하는 에너지양 (E)은 표면 온도(T)의 4제곱에 비례한다. ⇨ $E=\sigma T^4$(σ: 슈테판·볼츠만 상수)
- 별의 반지름을 R라고 할 때, 별의 표면적은 $4\pi R^2$이다.
- 별의 전체 표면적에서 단위 시간 동안 방출하는 총 에너지양, 즉 광도(L)는 다음과 같다.

  별의 광도(L)

  $=$별의 표면적 $\times E=4\pi R^2 \times \sigma T^4$

❷ 별의 크기: 별의 광도(L)와 표면 온도(T)를 알면 별의 반지름(R)을 구할 수 있다.

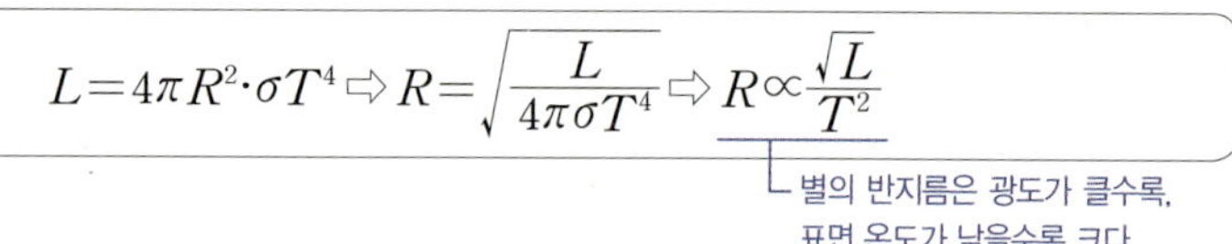

$$L=4\pi R^2 \cdot \sigma T^4 \Rightarrow R=\sqrt{\frac{L}{4\pi \sigma T^4}} \Rightarrow R \propto \frac{\sqrt{L}}{T^2}$$

별의 반지름은 광도가 클수록, 표면 온도가 낮을수록 크다.

4 H−R도와 별의 분류

개념 H−R도에 나타난 별의 위치를 보면 별의 종류와 물리적 특성을 알 수 있다.

(1) H−R도: 가로축에 별의 분광형 또는 표면 온도, 세로축에 별의 절대 등급 또는 광도를 나타낸 그래프

❶ 가로축의 물리량: 별의 표면 온도 또는 분광형으로 나타낸다. ⇨ 오른쪽으로 갈수록 별의 표면 온도가 낮아져 붉은색을 띠고, 색지수가 커지며, 분광형이 M형에 가깝다.

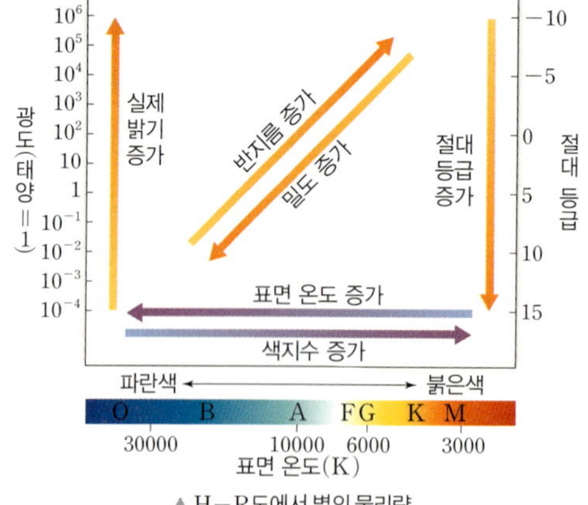

▲ H−R도에서 별의 물리량

❷ 세로축의 물리량: 별의 절대 등급 또는 광도(태양의 광도와 비교한 단위)로 나타낸다. ⇨ 위쪽으로 갈수록 절대 등급이 작아지고, 광도(실제 밝기)가 커진다.

(2) H−R도와 별의 종류

❶ H−R도상에 별들을 나타내면 크게 4개의 영역으로 나누어 분포하고 있음을 알 수 있다.

❷ H−R도에서 4개의 영역에 위치하는 별들을 각각 주계열성, 적색 거성, 초거성, 백색 왜성이라고 한다. 광도가 너무 작은 중성자별이나 블랙홀은 H−R도에 나타내지 않는다.

겉보기 등급과 절대 등급

겉보기 등급	• 맨눈으로 관측한 별의 밝기를 나타낸 등급이다. • 겉보기 등급의 값이 작을수록 우리 눈에 밝게 보이는 별이다.
절대 등급	• 별이 지구로부터 10 pc의 거리에 있다고 가정했을 때의 밝기를 나타낸 등급으로, 별의 실제 밝기를 의미한다. • 절대 등급의 값이 작을수록 광도가 크다.

별의 크기 구하는 과정

별의 스펙트럼을 분석하여 분광형을 알아 내면 표면 온도를 구할 수 있다.

⇩

별의 절대 등급을 알아낸 후 광도를 구한다(별의 절대 등급을 알아 내는 방법: 별의 질량−광도 관계, 별까지 거리와 별의 등급 관계).

⇩

별의 표면 온도와 광도를 알고 있으므로 별의 반지름 $R \propto \frac{\sqrt{L}}{T^2}$을 이용하여 별의 크기를 구한다.

H−R도

1910년대 초 헤르츠스프룽과 러셀은 각각 별의 표면 온도와 광도의 관계를 나타낸 그래프를 작성하여 별들을 분류하였다. 이 그래프를 두 천문학자 이름의 첫 글자를 따서 H−R도라고 한다.

강의 포인트

H−R도에서 별의 물리량 변화

가로축의 왼쪽으로 갈수록 별의 표면 온도가 높고, 세로축의 위로 갈수록 별의 광도가 크다. 또한, 오른쪽 위로 갈수록 별의 반지름이 크고, 왼쪽 아래로 갈수록 별의 밀도가 크다.

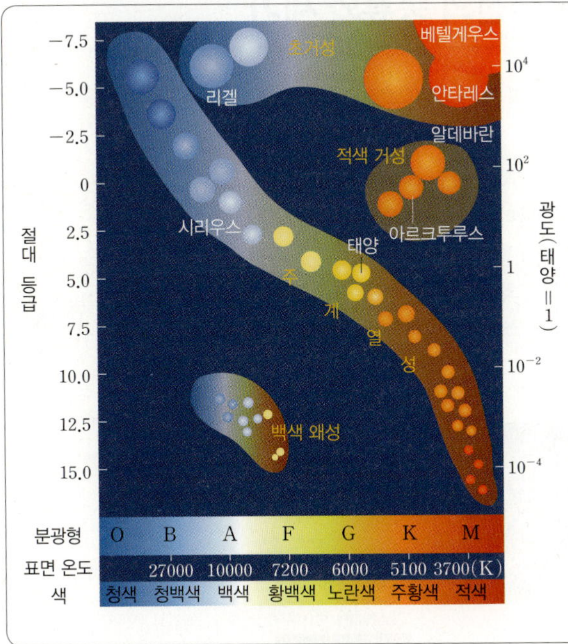

㉠ **주계열성**: H−R도에서 왼쪽 위에서 오른쪽 아래로 이어지는 좁은 띠 영역에 분포하는 별들 ⇨ 왼쪽 위에 분포할수록 별의 표면 온도가 높고, 광도가 크며, 질량과 반지름이 크고, 수명이 짧다. 또한, 별의 약 90 %가 주계열성에 속한다.

㉡ **적색 거성**: H−R도에서 주계열성의 오른쪽 위에 분포하는 별들 ⇨ 표면 온도가 낮아 붉은색을 띠며, 반지름이 크기 때문에 광도가 크다.

㉢ **초거성**: H−R도에서 적색 거성보다 위쪽에 분포하는 별들 ⇨ 광도와 반지름이 가장 크다.

㉣ **백색 왜성**: H−R도에서 주계열성의 왼쪽 아래에 분포하는 별들 ⇨ 표면 온도가 높아 백색을 띠고, 광도가 매우 작으며, 평균 밀도가 매우 크다.

주계열성의 특징
- H−R도에서 왼쪽 위로 갈수록 증가하는 물리량: 광도, 표면 온도, 질량, 반지름
- H−R도에서 오른쪽 아래로 갈수록 증가하는 물리량: 절대 등급, 별의 수명

태양은 주계열성으로 표면 온도가 약 5800 K이고, 절대 등급은 약 4.8등급이다.

(3) 별의 분광형과 광도에 따른 분광 분류

❶ **광도 계급**: 별들을 광도에 따라 7개의 집단으로 분류하여 계급으로 나타낸 것
⇨ 별을 광도가 큰 Ⅰ에서 광도가 작은 Ⅶ까지로 구분한다.

광도 계급	Ⅰ	Ⅱ	Ⅲ	Ⅳ	Ⅴ	Ⅵ	Ⅶ
별의 종류	초거성	밝은 거성	거성	준거성	주계열성(왜성)	준왜성	백색 왜성

- 초거성은 밝기에 따라 Ia(밝은 초거성)와 Ib(덜 밝은 초거성)로 구분한다.

❷ **분광 분류**: 별들을 분광형과 광도 계급을 기준으로 분류
- 예) 태양: G2Ⅴ
  - 주계열성 의미
  - 분광형: 노란색 별(표면 온도: 약 5800 K) 의미

❸ **별의 분광형과 광도**: 분광형이 같아도 광도 계급에 따라 별의 광도와 반지름이 다르다.
⇨ 별의 분광형이 같을 때, 광도 계급의 숫자가 작을수록 별의 반지름과 광도가 크다.
별의 반지름이 클수록 광도가 크기 때문

H−R도와 광도 계급

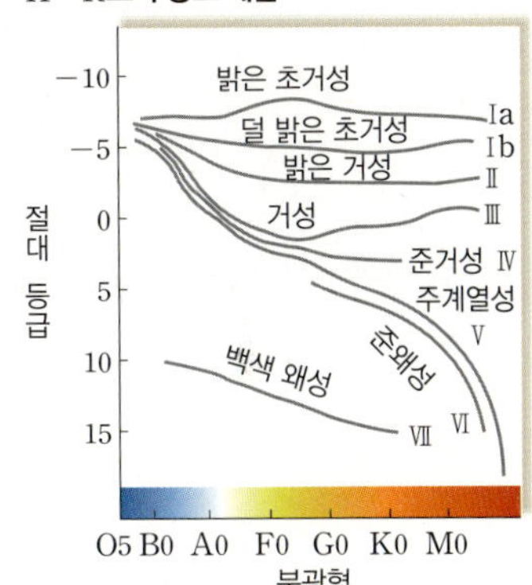

별의 분광형과 광도에 따른 분광 분류
1940년대 여키스 천문대의 모건과 키넌은 분광형과 광도를 모두 고려하여 2차원적으로 분류하였는데, 이 분류법을 M−K 분류법이라고 한다.

개념 익히기 문제

정답과 해설 p.54

🧠 교과서 문장으로 개념 익히기

14 별이 단위 시간 동안 표면에서 방출하는 총 에너지양을 ☐☐라고 한다.

15 별의 절대 등급과 표면 온도를 알면 별의 ☐☐☐을 구할 수 있다.

16 별의 반지름은 별의 광도가 ☐수록, 표면 온도가 ☐을수록 크다.

17 가로축에 별의 분광형, 세로축에 별의 절대 등급을 나타낸 그래프를 ☐☐☐☐라고 한다.

18 H−R도에서 왼쪽 위에서 오른쪽 아래의 대각선 방향으로 늘어서 있는 별들을 ☐☐☐☐이라고 한다.

19 별들을 광도에 따라 7개의 집단으로 분류하여 계급으로 나타낸 것을 ☐☐☐☐이라고 한다.

🧊 OX 문제로 개념 익히기

20 1등급 차에 해당하는 별의 밝기 비는 100배이다. (O / X)

21 별의 표면 온도가 2배, 반지름이 2배 커지면 광도는 4배 커진다. (O / X)

22 H−R도에 별들을 나타내면 대부분의 별들은 주계열성에 속한다. (O / X)

23 H−R도에서 별의 평균 밀도가 가장 큰 별들의 집단은 초거성이다. (O / X)

24 광도 계급에서는 숫자가 작을수록 별의 광도가 크다. (O / X)

25 태양을 분광형과 광도 계급을 고려하여 분류하면 G2Ⅴ형 별에 속한다. (O / X)

별의 분광형에 따른 흡수선의 종류와 세기

🖐 **Point** 스펙트럼의 종류에 따른 특징에 대해 알아보고, 별의 분광형에 따른 흡수선의 종류와 세기에 대해서도 알아보자.

❶ 스펙트럼의 종류

① 연속 스펙트럼: 흑체가 모든 파장에 걸쳐 복사 에너지를 방출하는 빛에서 나타난다. 예 백열등

② 선 스펙트럼: 특정한 파장의 빛만 나타나는 스펙트럼으로, 방출 스펙트럼과 흡수 스펙트럼이 있다.

• 방출 스펙트럼: 고온·저밀도의 기체가 방출하는 빛에서 나타난다. 예 형광등의 방출선

• 흡수 스펙트럼: 연속 스펙트럼 중 특정한 파장의 빛을 저온의 기체가 흡수하여 스펙트럼에서 어두운 선으로 나타난다. 예 태양의 흡수선

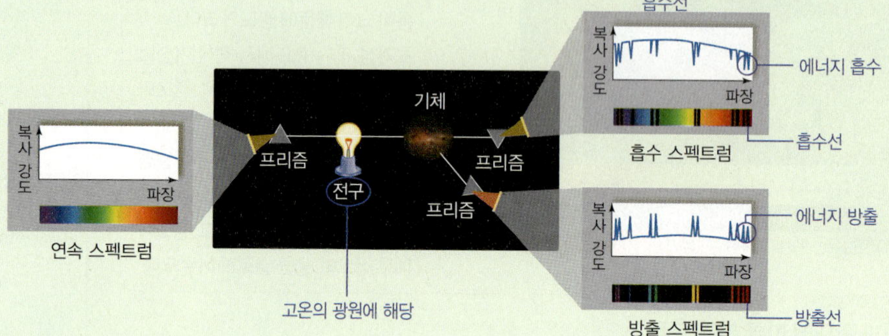

❷ 별의 분광형에 따른 흡수선의 종류와 세기

① 별의 스펙트럼에서 흡수선의 종류와 세기가 차이가 나는 까닭: 별의 표면 온도가 다르기 때문

② 별의 표면 온도에 따라 스펙트럼의 특징이 다르므로 이를 기준으로 별을 분류할 수 있다. ➩ 별의 스펙트럼(흡수선의 종류와 세기)을 관측하면 별의 표면 온도를 알아낼 수 있다.

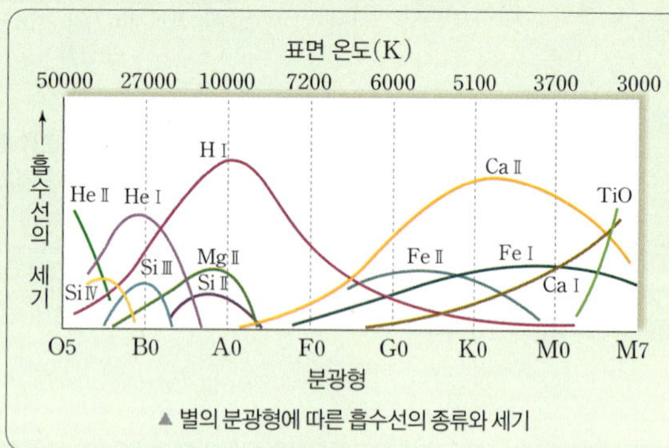

▲ 별의 분광형에 따른 흡수선의 종류와 세기

• 중성 원자와 이온의 표현: 로마 숫자 'I'은 중성 상태, 'II'는 +1가의 이온화된 상태, 'III'은 +2가의 이온화된 상태를 나타낸다. 예 He I (He), Ca II (Ca^+), Si III (Si^{2+})

[자료 분석]

• O형의 별에서는 이온화된 헬륨(He II) 흡수선이 강하고, A형의 별에서는 수소(H I) 흡수선이 가장 강하다. 표면 온도가 낮은 M형의 별에서는 분자 흡수선(TiO)이 강하다.

• G형인 태양에서는 칼슘(Ca II) 흡수선과 철(Fe I, Fe II) 흡수선이 잘 나타난다.

정답과 해설 p.54

예제 ❶

그림은 별의 분광형에 따른 흡수선의 종류와 세기를 나타낸 것이다.

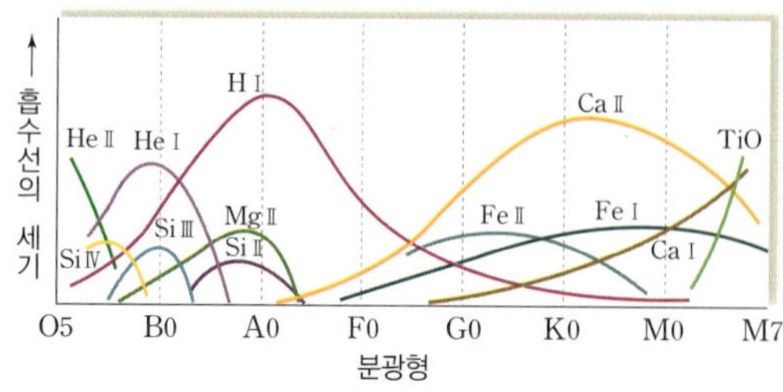

▶ **해결 전략**

1단계: 별의 분광형과 표면 온도의 관계에 대해 생각한다.

2단계: 별의 표면 온도에 따른 흡수선의 종류와 세기를 비교한다.

이에 대한 설명으로 옳은 것만을 |보기|에서 있는 대로 고른 것은?

보기

ㄱ. 헬륨 흡수선은 파란색 별보다 붉은색 별에서 잘 나타난다.

ㄴ. 흰색 별에서는 수소 흡수선이 잘 나타난다.

ㄷ. 태양 스펙트럼에서는 분자선이 뚜렷하게 나타난다.

① ㄱ ② ㄴ ③ ㄱ, ㄷ ④ ㄴ, ㄷ ⑤ ㄱ, ㄴ, ㄷ

개념 다지기 문제

01 흑체와 흑체 복사에 대한 설명으로 옳은 것만을 |보기|에서 있는 대로 고른 것은?

> **보기**
> ㄱ. 흑체는 에너지를 흡수하거나 방출하지 않는 물체이다.
> ㄴ. 흑체 복사 법칙으로 별의 복사 특징을 설명할 수 있다.
> ㄷ. 흑체가 단위 시간 동안 단위 면적에서 방출하는 복사 에너지양은 표면 온도의 4제곱에 비례한다.

① ㄱ   ② ㄷ   ③ ㄱ, ㄴ
④ ㄴ, ㄷ   ⑤ ㄱ, ㄴ, ㄷ

대표 유형 문제

02 그림은 별 A~D의 플랑크 곡선을 나타낸 것이다.
별 A~D에 대한 설명으로 옳은 것만을 |보기|에서 있는 대로 고른 것은?

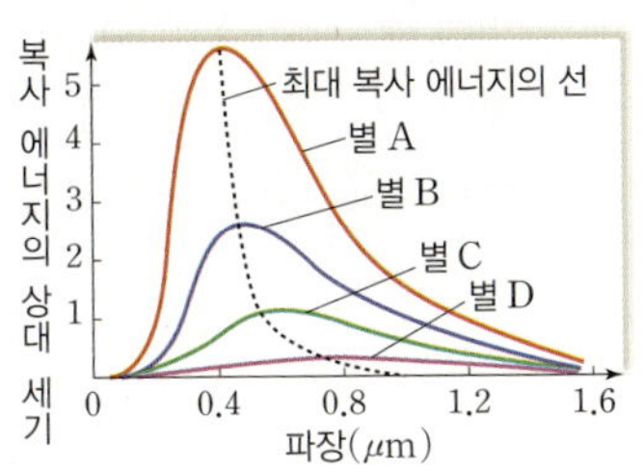

> **보기**
> ㄱ. 표면 온도는 별 A가 가장 높다.
> ㄴ. 최대 복사 에너지를 방출하는 파장은 별 D가 가장 길다.
> ㄷ. 별 A에서 D로 갈수록 별의 색은 파란색에 가깝다.
> ㄹ. 색지수는 별 A가 가장 크다.

① ㄱ, ㄴ   ② ㄱ, ㄷ   ③ ㄴ, ㄷ
④ ㄴ, ㄹ   ⑤ ㄷ, ㄹ

---

03 그림 (가)~(다)는 서로 다른 종류의 스펙트럼을 나타낸 것이다.

이에 대한 설명으로 옳은 것만을 |보기|에서 있는 대로 고른 것은?

> **보기**
> ㄱ. (가)는 연속 스펙트럼이다.
> ㄴ. (나)에서는 스펙트럼에서 방출선이 나타난다.
> ㄷ. (다)의 선 스펙트럼은 백열등에서 잘 관찰된다.

① ㄱ   ② ㄴ   ③ ㄱ, ㄷ
④ ㄴ, ㄷ   ⑤ ㄱ, ㄴ, ㄷ

---

04 표는 세 별 ㉠~㉢의 분광형과 스펙트럼을 나타낸 것이다.

별	분광형	스펙트럼
㉠	M	
㉡	B	
㉢	G	

세 별 ㉠~㉢에 대한 설명으로 옳은 것만을 |보기|에서 있는 대로 고른 것은?

> **보기**
> ㄱ. ㉠은 파란색 별이다.
> ㄴ. 별의 표면 온도는 ㉡이 ㉢보다 높다.
> ㄷ. 스펙트럼의 특징이 태양과 가장 비슷한 별은 ㉢이다.

① ㄱ   ② ㄷ   ③ ㄱ, ㄴ
④ ㄴ, ㄷ   ⑤ ㄱ, ㄴ, ㄷ

---

05 별의 물리량에 대한 설명으로 옳은 것만을 |보기|에서 있는 대로 고른 것은?

> **보기**
> ㄱ. 절대 등급은 별의 광도가 클수록 크다.
> ㄴ. 별의 반지름이 같을 때, 표면 온도가 높을수록 광도가 크다.
> ㄷ. 별의 광도가 작고, 표면 온도가 높을수록 반지름이 크다.

① ㄱ   ② ㄴ   ③ ㄱ, ㄷ
④ ㄴ, ㄷ   ⑤ ㄱ, ㄴ, ㄷ

---

06 표는 세 별 ㉠~㉢의 광도와 표면 온도를 나타낸 것이다.

별	㉠	㉡	㉢
광도(태양=1)	1	10	100
표면 온도(태양=1)	0.5	4	2

세 별의 반지름을 옳게 비교한 것은?

① ㉠>㉡>㉢   ② ㉠>㉢>㉡   ③ ㉡>㉠>㉢
④ ㉢>㉠>㉡   ⑤ ㉢>㉡>㉠

개념 다지기 문제

07 다음은 H−R도에서 서로 다른 영역에 위치하는 별의 집단 (가)~(다)의 특징이다.

- (가): H−R도에서 가장 많은 별들이 모여 있다.
- (나): 표면 온도는 높지만, 반지름이 매우 작다.
- (다): H−R도에서 광도와 반지름이 가장 큰 집단이다.

(가)~(다)에 해당하는 별의 종류를 옳게 짝 지은 것은?

	(가)	(나)	(다)
①	초거성	주계열성	백색 왜성
②	초거성	백색 왜성	주계열성
③	주계열성	적색 거성	백색 왜성
④	주계열성	백색 왜성	초거성
⑤	적색 거성	백색 왜성	주계열성

08 표는 별 ㉠~㉺, 태양의 분광형과 절대 등급을 나타낸 것이다.

별	분광형	절대 등급
㉠	O7	−6.5
㉡	K4	−1.5
㉢	M1	−6.8
㉣	A2	2.0
㉤	M3	10.2
㉥	B8	10.5
태양	G2	4.8

별 ㉠~㉥을 H−R도에 표시할 때, 같은 집단에 속하는 별을 옳게 짝 지은 것은?

	주계열성	적색 거성	초거성	백색 왜성
①	㉠	㉢	㉡, ㉤	㉥, ㉣
②	㉠	㉡, ㉢	㉣, ㉤	㉥
③	㉠, ㉣	㉢	㉢	㉤, ㉥
④	㉣, ㉤	㉠, ㉡	㉢	㉥
⑤	㉠, ㉣, ㉤	㉡	㉢	㉥

 유형문제

09 그림은 별들을 분광형과 절대 등급에 따라 A~D 집단으로 구분하여 나타낸 것이다.

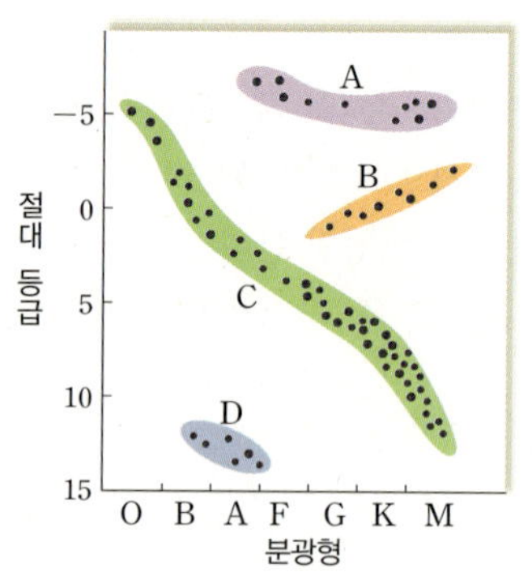

A~D에 대한 설명으로 옳은 것만을 |보기|에서 있는 대로 고른 것은?

> **보기**
> ㄱ. 별의 반지름은 A가 B보다 대체로 작다.
> ㄴ. 태양은 C 집단에 속한다.
> ㄷ. 별의 평균 밀도는 D가 가장 크다.

① ㄱ ② ㄴ ③ ㄱ, ㄷ
④ ㄴ, ㄷ ⑤ ㄱ, ㄴ, ㄷ

 유형문제

10 그림은 별의 광도 계급을 H−R도에 나타낸 것이다.

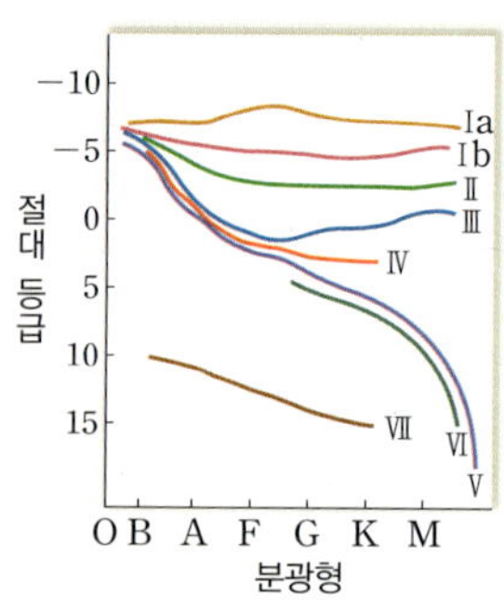

이에 대한 설명으로 옳은 것만을 |보기|에서 있는 대로 고른 것은?

> **보기**
> ㄱ. 대부분의 별들은 광도 계급이 Ⅰ에 속한다.
> ㄴ. 백색 왜성은 광도 계급이 Ⅳ에 속한다.
> ㄷ. 분광형이 같을 때, 광도 계급의 숫자가 클수록 광도가 작다.

① ㄱ ② ㄷ ③ ㄱ, ㄴ
④ ㄴ, ㄷ ⑤ ㄱ, ㄴ, ㄷ

11 그림 (가)는 별 ㉠과 태양의 절대 등급과 분광형을, (나)는 별의 표면 온도에 따른 H I 흡수선과 Ca II 흡수선의 상대적 세기를 나타낸 것이다.

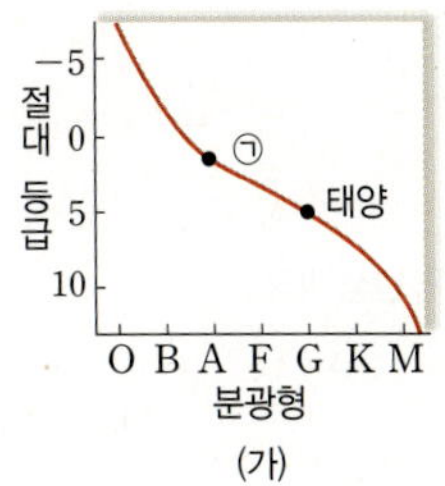
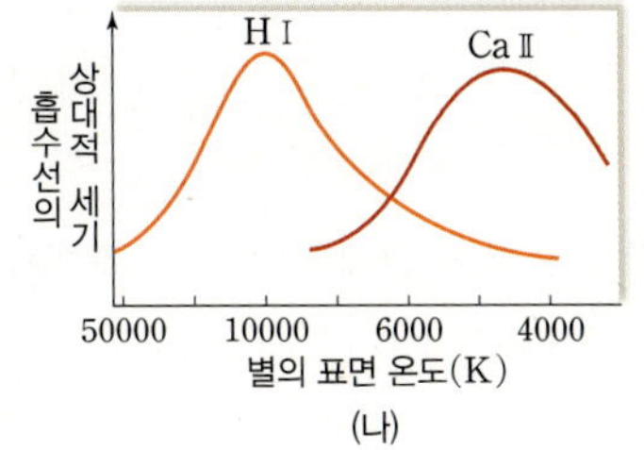

이에 대한 설명으로 옳은 것만을 |보기|에서 있는 대로 고른 것은?

> **보기**
> ㄱ. H I 흡수선의 세기는 별 ㉠보다 태양에서 강하다.
> ㄴ. 태양의 스펙트럼에서는 H I 흡수선보다 Ca II 흡수선이 뚜렷하다.
> ㄷ. 태양보다 색지수 $(B-V)$가 작은 별은 Ca II 흡수선이 태양보다 뚜렷하게 나타난다.

① ㄴ　　　　② ㄷ　　　　③ ㄱ, ㄴ
④ ㄱ, ㄷ　　　⑤ ㄱ, ㄴ, ㄷ

12 그림은 별 a~d를 H−R도에 나타낸 것이다.

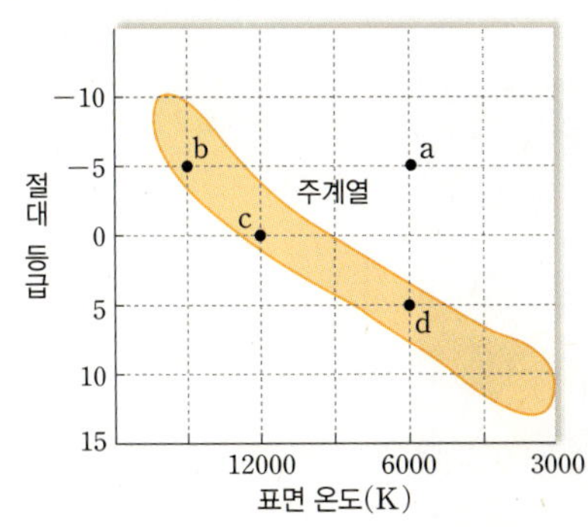

이에 대한 설명으로 옳은 것만을 |보기|에서 있는 대로 고른 것은?

> **보기**
> ㄱ. 반지름은 a가 c의 40배이다.
> ㄴ. 별의 질량은 b<c<d이다.
> ㄷ. a의 스펙트럼에 나타난 흡수선의 종류와 세기는 d보다 b와 비슷하다.

① ㄱ　　　　② ㄴ　　　　③ ㄱ, ㄷ
④ ㄴ, ㄷ　　　⑤ ㄱ, ㄴ, ㄷ

13 그림은 두 별 (가)와 (나)의 파장에 따른 에너지 세기와 B, V 필터 영역을 나타낸 것이다.

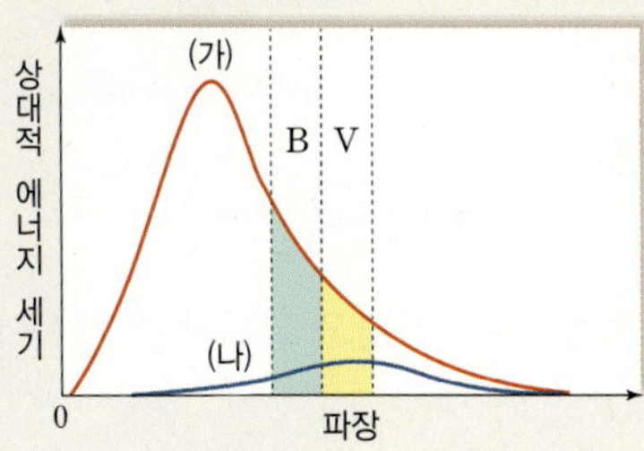

(1) 별 (가)와 (나) 중 표면 온도가 더 높은 별을 쓰고, 그 까닭을 서술하시오.

(2) 별 (가)와 (나)에서 색지수 $(B-V)$의 크기를 비교하여 서술하시오.

14 그림은 어느 별에서 단위 시간 동안 단위 면적에서 방출하는 에너지양 E와 별의 표면적을 나타낸 것이다.

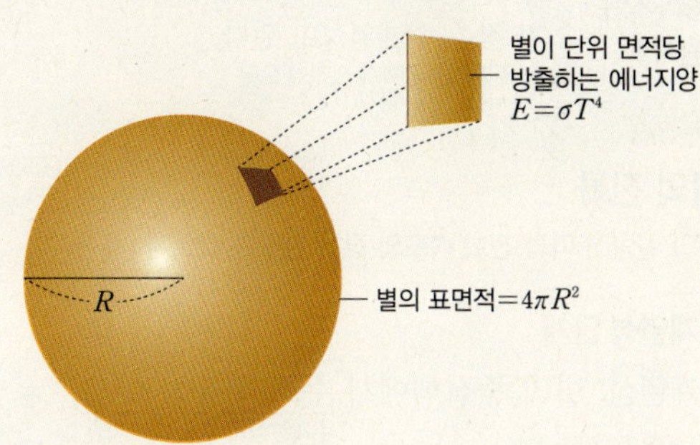

이 별의 반지름(R)을 구하는 식을 유도하는 과정을 서술하시오. (단, E와 광도(L)로 나타낼 것)

15 그림은 별 ㉠, ㉡, 태양의 표면 온도와 절대 등급을 나타낸 것이다. 별 ㉠, ㉡에 해당하는 별의 종류를 각각 쓰고, 그 까닭을 서술하시오.

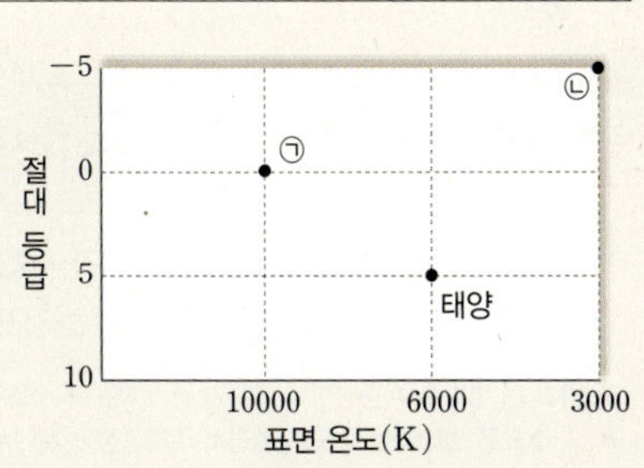

02 별의 진화와 에너지원

1 별의 탄생

개념 별은 저온·고밀도 상태의 성운에서 탄생한다.

(1) 원시별의 탄생: 온도가 낮고 밀도가 큰 성운에서 성간 물질이 중력 수축하여 원시별이 생성된다.
성운의 크기 감소, 밀도 증가, 온도 상승

(2) 원시별의 진화

❶ 원시별 단계에서는 중력 수축이 일어나는 동안 크기가 계속 작아진다.

❷ 원시별이 중력 수축하여 내부 온도가 높아지고, 표면 온도가 약 1000 K에 이르면 가시광선을 방출하기 시작한다.

❸ 원시별에서 중심부의 온도가 약 1000만 K에 도달하면 중심핵에서 수소 핵융합 반응이 시작되어 주계열성이 탄생한다.

(3) 원시별에서 주계열성으로 진화: 원시별의 질량이 클수록 중력 수축이 빠르게 일어나기 때문에 주계열성이 되는 데 걸리는 시간이 짧다.

질량이 큰 원시별	주로 표면 온도가 크게 증가하여 광도가 큰 주계열성이 된다. ⇨ 주계열성 단계에 빨리 도달
질량이 작은 원시별	주로 광도가 크게 감소하여 광도가 작은 주계열성이 된다. ⇨ 주계열성 단계에 느리게 도달

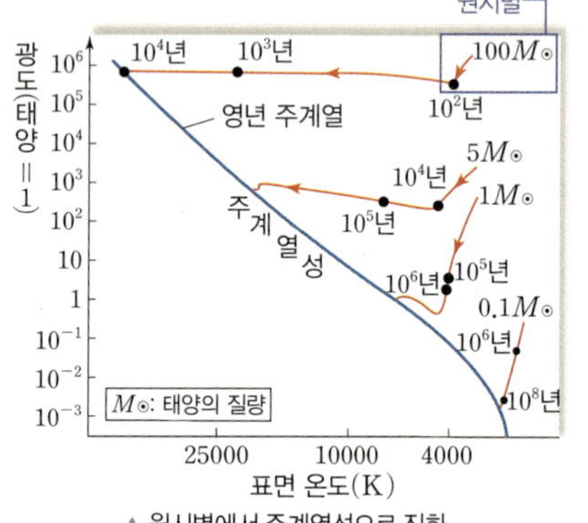

▲ 원시별에서 주계열성으로 진화

영년 주계열
원시별이 진화하여 처음 주계열성 단계에 도착했을 때의 위치이다.

암기 꼭!
H−R도에서 주계열성의 위치

질량이 큰 주계열성	H−R도에서 왼쪽 위에 위치 ⇨ 광도가 크고, 표면 온도가 높기 때문
질량이 작은 주계열성	H−R도에서 오른쪽 아래에 위치 ⇨ 광도가 작고, 표면 온도가 낮기 때문

2 별의 진화

개념 별의 질량에 따라 진화 속도와 진화 경로가 다르게 나타난다.

(1) 주계열성 단계

❶ **주계열성**: 별의 중심핵에서 수소 핵융합 반응이 일어나는 별
주계열성의 주요 에너지원

• 별의 중심부에서 수소 핵융합 반응이 시작되면 중력 수축이 멈추고, 별의 크기가 일정하게 유지된다.

• 별은 일생의 약 90 %를 주계열성 단계에서 머문다.

❷ **주계열성의 질량과 수명**: 별이 주계열성 단계에서 머물 수 있는 기간은 질량이 클수록 짧다.

> 별이 주계열성 단계에서 보내는 기간＝중심핵에서 수소 핵융합 반응이 일어나는 기간

질량이 큰 별일수록 중심부의 온도가 높기 때문에 수소 핵융합 반응이 일어날 수 있는 영역이 넓고, 반응 효율이 높다. 이로 인해 중심부의 수소를 소비하는 속도가 빨라서 주계열 단계에서 보내는 기간이 짧다.

❸ **주계열성의 질량－광도 관계**: 주계열성은 질량이 큰 별일수록 광도가 크다. ⇨ 주계열성의 절대 등급을 구하면 광도를 알 수 있고, 질량－광도 관계를 이용하여 별의 질량을 구할 수 있다.

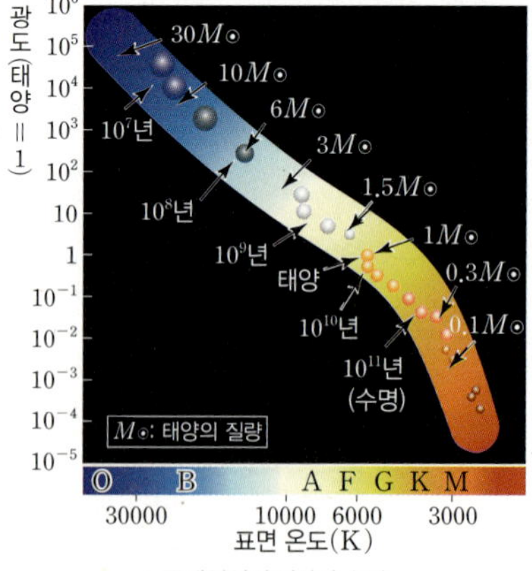

▲ 주계열성의 질량과 수명

주계열성의 질량－광도 관계

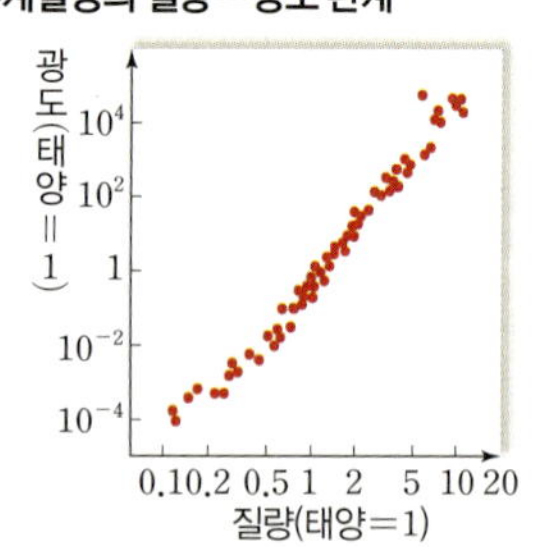

(2) 거성 단계

❶ 중심핵에서 수소가 모두 고갈되고 헬륨으로 이루어진 중심핵이 형성되면 별은 주계열성 단계를 끝내고 거성 단계로 들어간다.

❷ 헬륨핵에서 수소 핵융합 반응이 일어나지 않으므로 중력 수축이 일어난다. 이때, 중력 수축으로 발생한 열이 헬륨핵을 둘러싼 영역으로 전달된다.

❸ 헬륨핵을 둘러싼 영역에는 수소가 존재하므로 온도가 상승하면 수소 핵융합 반응이 일어나는데, 이를 수소 껍질(수소각) 연소라고 한다.

❹ 수소 껍질에서 수소 핵융합 반응이 일어나면 별의 외층은 온도가 상승하여 급격하게 팽창한다.
별의 반지름이 커지므로 광도는 증가

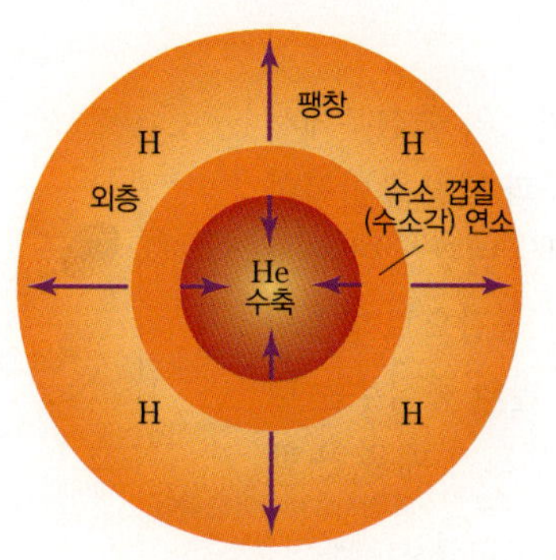

▲ 주계열성에서 거성으로 진화

질량이 태양과 비슷한 별	• 별의 외층이 급격하게 팽창함에 따라 별의 표면 온도가 낮아져 붉은색을 띤다. ⇨ **적색 거성** 형성(H−R도에서 태양보다 오른쪽 상단에 위치) • 중심핵에서는 헬륨 핵융합 반응이 일어나 탄소가 만들어진다.
질량이 태양보다 매우 큰 별	• 중심부의 온도가 매우 높고, 수소 껍질 연소가 훨씬 활발하여 적색 거성보다 더 크게 팽창한다. ⇨ **초거성** 형성(H−R도에서 오른쪽 최상단에 위치) • 별의 중심부 온도가 충분히 높기 때문에 계속적인 핵융합 반응으로 철까지 만들어지면 핵융합 반응이 멈춘다.

└ 헬륨, 탄소, 산소, 네온, 마그네슘, 규소 등의 원소가 차례대로 생성된다.

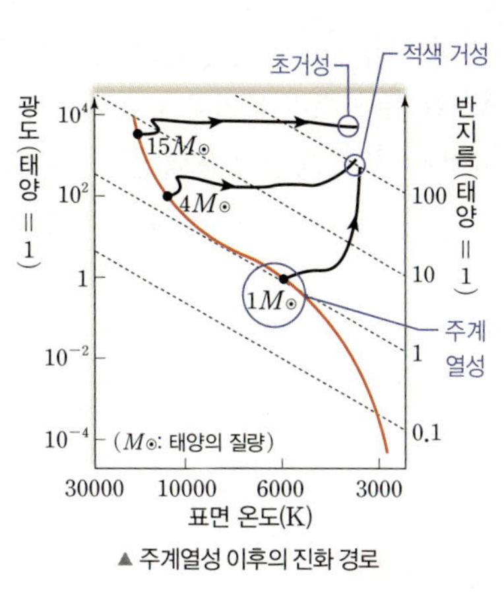

▲ 주계열성 이후의 진화 경로

수소 껍질(수소각)
거성에서 수소가 모두 고갈되고 헬륨만 남게 된 중심핵을 둘러싼 영역(연소 가능한 수소가 남아 있는 층)을 말한다.

강의 포인트 🎯
질량에 따른 별의 진화 과정

질량이 태양과 비슷한 별	적색 거성 → 행성상 성운 → 백색 왜성
질량이 태양보다 매우 큰 별	초거성 → 초신성 폭발 → 중성자별 또는 블랙홀

초거성에서 철이 더 이상 핵융합하지 않는 까닭
철 원자핵은 다른 원자핵에 비해 훨씬 안정하다. 이로 인해 철이 핵융합할 경우에는 에너지를 흡수하여 더 불안정한 원자핵이 된다. 따라서 초거성의 중심부에서는 상대적으로 안정한 철핵이 최종적으로 만들어진다.

개념 익히기 문제

정답과 해설 p.56

🧠 교과서 문장으로 개념 익히기

01 원시별은 성운 내부에서 온도가 ☐고 밀도가 ☐ 영역에서 잘 탄생한다.

02 원시별에서 주계열성이 되는 데 걸리는 시간은 원시별의 질량이 ☐☐수록 오래 걸린다.

03 중심핵에서 수소 핵융합 반응이 일어나는 별을 ☐☐☐☐이라고 한다.

04 주계열성 단계에서 거성 단계로 진화함에 따라 표면 온도는 ☐아지고, 반지름은 ☐진다.

05 질량이 태양과 비슷한 주계열성은 진화하여 ☐☐☐ ☐이 된다.

06 질량이 태양보다 매우 큰 주계열성은 ☐☐☐으로 진화한다.

🎲 OX 문제로 개념 익히기

07 원시별 단계에서 별의 크기는 커지고, 중심부의 온도는 낮아진다. (O / X)

08 원시별이 수축하여 중심부의 온도가 높아지면 헬륨 핵융합 반응이 일어나기 시작한다. (O / X)

09 질량이 큰 원시별일수록 H−R도에서 왼쪽 위에 위치한 주계열성으로 진화한다. (O / X)

10 별의 질량이 클수록 수소 핵융합 반응의 효율이 높아 주계열성의 수명이 짧다. (O / X)

11 주계열성 단계를 벗어나 거성 단계로 진입하면 수소 껍질 연소가 일어난다. (O / X)

12 주계열성 단계 이후의 별의 진화 경로는 별의 질량에 따라 달라진다. (O / X)

(3) **최종 단계**: 거성 단계가 끝날 무렵에 별은 매우 불안정한 상태가 되며, 이후 별의 최종 단계 모습은 질량에 따라 달라진다.

❶ **질량이 태양과 비슷한 별**: 적색 거성의 중심부에서 핵융합 반응이 멈추면 별은 수축과 팽창을 반복하는 맥동 변광성 단계가 되고, 맥동 변광성 단계 이후에는 별의 바깥층 물질이 우주 공간으로 방출되어 **행성상 성운**이 만들어지며, 별의 중심부는 더욱 수축하여 크기는 매우 작고 밀도가 매우 큰 **백색 왜성**이 된다. 백색 왜성의 중심부에는 주로 탄소와 산소로 이루어진 핵이 있고, 백색 왜성에서는 핵융합 반응이 일어나지 않는다.

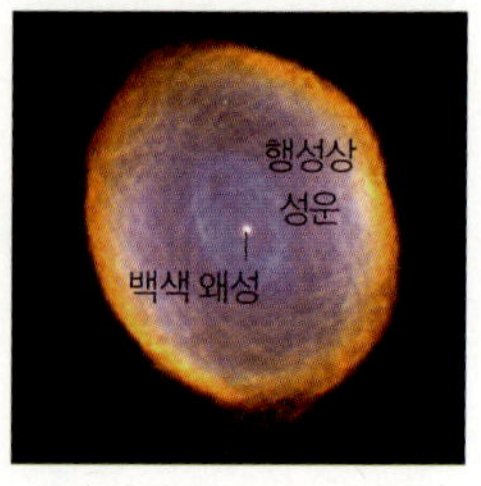

▲ 태양의 진화 경로

❷ **질량이 태양보다 매우 큰 별**: 초거성 단계를 거친 후, **초신성 폭발**을 일으킨다. 초신성 폭발 후에는 **중성자별** 또는 **블랙홀**을 남긴다.

- 초신성 폭발: 초거성에서는 중심부의 온도가 매우 높아 계속적인 핵융합 반응이 일어나 최종적으로 중심부에 철(Fe)이 생성된다. 철로 이루어진 핵은 더 이상 핵융합 반응이 일어나지 못하여 빠르게 중력 수축하다가 폭발하는데, 이를 초신성 폭발이라고 한다.
- 초신성 폭발이 일어날 때 금, 은, 우라늄 등 철보다 무거운 원소들이 생성된다.
- 초신성 폭발 때 주변으로 잔해가 퍼져 나가고, 중심부는 극심하게 수축하여 밀도가 매우 큰 중성자별이 생성된다. 이때, 중심부의 질량이 더 큰 경우에는 밀도가 훨씬 큰 블랙홀이 된다. └ '초신성 잔해'라고 한다.

밀도 비교: 블랙홀＞중성자별＞백색 왜성

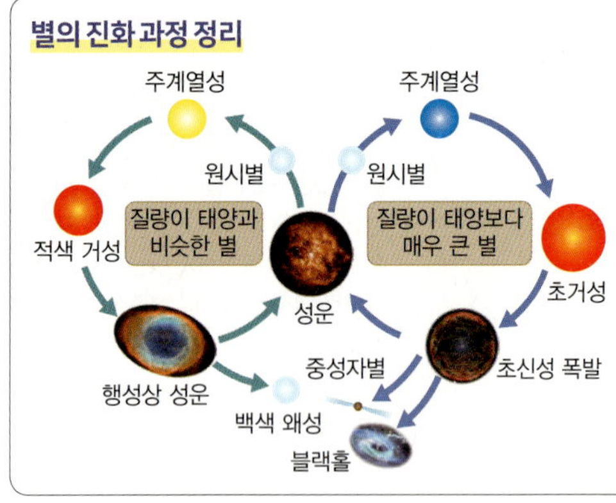

별의 진화 과정 정리

- 별은 성운에서 탄생해서 질량에 따라 다른 진화 과정을 거친 후 소멸하여 성운으로 된다. 이 성운은 새로운 별, 행성, 생명체를 만드는 재료가 된다.
- 별은 진화하면서 핵융합 반응으로 다양한 원소를 생성한다.
- 행성상 성운과 초신성 폭발을 통해 물질을 우주 공간으로 방출한다.

3 별의 에너지원

개념 주계열성의 에너지원은 수소 핵융합 반응에 의한 에너지이다.

(1) **원시별의 에너지원**: 중력 수축 에너지 ⇨ 별의 구성 물질이 중력에 의해 수축될 때 위치 에너지의 감소로 생성되는 에너지로, 별의 탄생이나 진화 과정에서 중심부의 온도를 높인다. 중력 수축 에너지 중 일부는 원시별의 내부 온도를 높이고, 나머지는 복사 에너지로 전환되어 외부로 방출된다.

(2) **주계열성의 에너지원**: 수소 핵융합 반응에 의한 에너지 ⇨ 중심부의 온도가 약 1000만 K 이상인 주계열성의 중심부에서는 수소 핵융합 반응에 의해 에너지를 생성하여 빛을 낸다.

❶ 수소 핵융합 반응

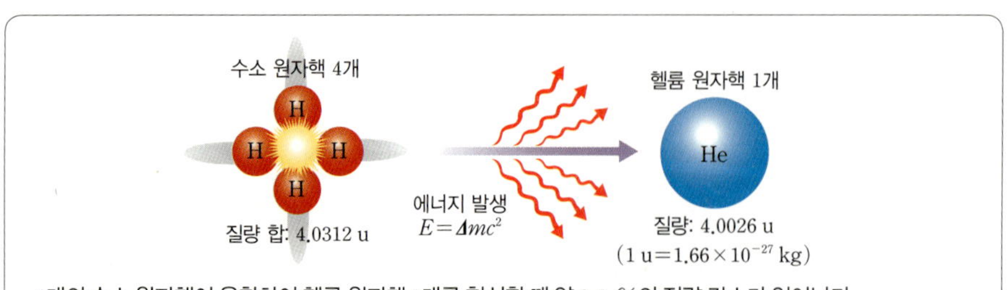

- 4개의 수소 원자핵이 융합하여 헬륨 원자핵 1개를 형성할 때 약 0.7 %의 질량 감소가 일어난다.
- 수소 핵융합 반응 과정에서 감소한 질량은 질량－에너지 등가 원리에 따라 에너지로 전환된다.

맥동 변광성

거성 단계 이후 별의 중심부는 계속 수축하고, 별의 바깥층은 수축과 팽창을 반복하여 반지름, 표면 온도, 광도가 주기적으로 변하기 시작하는데, 이러한 별을 맥동 변광성이라고 한다.

행성상 성운과 백색 왜성

초신성 폭발 모습

중성자별과 블랙홀

- 중성자별: 질량이 태양의 약 1.4배∼3배이며, 반지름은 30 km 정도이다. 구성 물질이 극심하게 압축되어 전자와 양성자가 결합하여 만들어진 중성자로만 이루어진 별이다.
- 블랙홀: 중성자별보다 더 심하게 압축되면 별의 표면 중력이 너무 커서 빛조차도 빠져 나오지 못한다. 따라서 전자기파를 이용하여 직접 관측할 수 없는 천체가 되는데, 이를 블랙홀이라고 한다. 블랙홀은 주변 천체와의 상호 작용을 관측하여 간접적으로 확인할 수 있다.

질량－에너지 등가 원리

아인슈타인의 특수 상대성 이론에 의해 유도된 공식으로, $E = \Delta mc^2$으로 나타낸다. 여기서 E는 에너지, Δm은 감소한 질량, c는 빛의 속도(광속)이다.

❷ 주계열성의 중심핵에서 일어나는 수소 핵융합 반응의 종류: 양성자·양성자 반응(p−p 반응)과 탄소·질소·산소 순환 반응(CNO 순환 반응)이 있다.

양성자−양성자 반응(p−p 반응)	탄소·질소·산소 순환 반응(CNO 순환 반응)
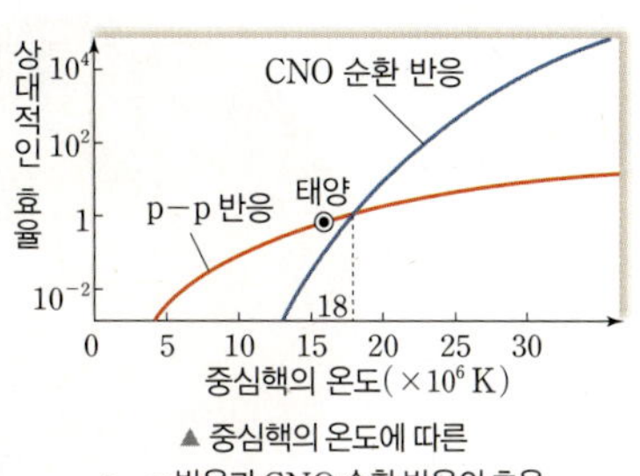	
수소 원자핵 6개가 여러 반응 단계를 거쳐 헬륨 원자핵 1개와 수소 원자핵 2개로 바뀌면서 에너지를 생성한다.	4개의 수소 원자핵이 1개의 헬륨 원자핵으로 바뀌면서 에너지를 생성한다. 이 과정에서 탄소, 질소, 산소는 촉매 역할만 한다.

❸ 주계열성의 중심부 온도와 수소 핵융합 반응

- 중심부의 온도가 1800만 K 이하인 주계열 하단부의 별은 p−p 반응이 우세하고, 중심부의 온도가 1800만 K 이상인 주계열 상단부의 별은 CNO 순환 반응이 우세하다.
- 주계열성인 태양은 중심부의 온도가 약 1500만 K이므로 p−p 반응에 의한 에너지의 생성량이 CNO 순환 반응에 의한 에너지의 생성량보다 많다.

▲ 중심핵의 온도에 따른 p−p 반응과 CNO 순환 반응의 효율

개념 익히기 문제

정답과 해설 p.56

🧠 교과서 문장으로 개념 익히기

13 질량이 태양과 비슷한 별은 최종 단계에서 ☐☐☐ ☐이 생성된다.

14 초거성의 중심부에 ☐로 이루어진 핵이 형성되면 빠르게 수축하다가 폭발하는데, 이를 초신성 폭발이라고 한다.

15 질량이 태양보다 매우 큰 별은 진화의 최종 단계에서 중성자별 또는 ☐☐☐이 생성된다.

16 원시별의 에너지원은 ☐☐ ☐☐ 에너지이다.

17 주계열성의 중심부에서는 ☐☐ 핵융합 반응에 의해 에너지가 생성된다.

18 수소 핵융합 반응이 일어날 때 감소한 ☐☐만큼 에너지로 전환된다.

📦 OX 문제로 개념 익히기

19 별의 내부가 불안정하여 수축과 팽창을 주기적으로 반복하는 별을 맥동 변광성이라고 한다. (O / X)

20 백색 왜성은 중성자별보다 밀도가 크다. (O / X)

21 초신성 폭발이 일어날 때는 철보다 가벼운 원소만 생성된다. (O / X)

22 태양은 진화의 최종 단계에서 초신성 폭발을 일으킨다. (O / X)

23 수소 핵융합 반응은 온도가 약 1000만 K 이상인 주계열성의 중심부에서 일어난다. (O / X)

24 중심부의 온도가 약 1800만 K보다 높은 별에서는 양성자·양성자 반응이 우세하다. (O / X)

25 CNO 순환 반응에서 탄소, 질소, 산소는 촉매 역할을 한다. (O / X)

(3) 거성의 에너지원

❶ **적색 거성**: 중력 수축에 의해 중심부의 온도가 1억 K에 도달하면 적색 거성의 중심부에서는 3개의 헬륨 원자핵이 융합하여 1개의 탄소 원자핵을 만드는 헬륨 핵융합 반응이 일어난다. ➩ 적색 거성에서는 헬륨 핵융합 반응까지 일어날 수 있으므로 최종적으로 탄소핵이 형성된다.

❷ **초거성**: 질량이 매우 큰 초거성은 중력 수축에 의해 중심부의 온도가 훨씬 더 높아지기 때문에 헬륨 핵융합 반응 이후 헬륨보다 더 무거운 원소들의 핵융합 반응이 일어난다. ➩ 초거성에서는 헬륨보다 무거운 탄소, 산소, 네온, 마그네슘, 규소 등의 핵융합 반응이 순차적으로 일어나며, 최종적으로 중심부에 철(Fe)이 생성된다.

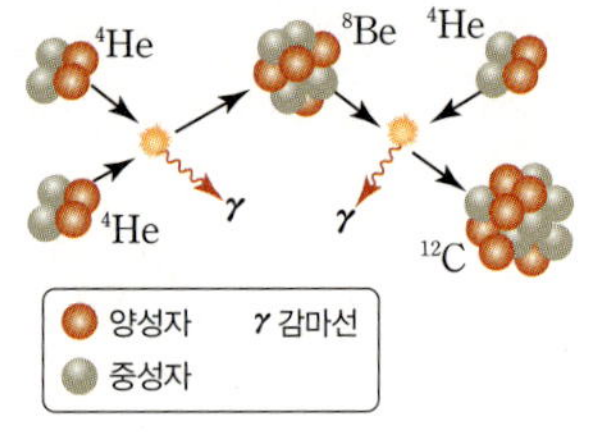

헬륨 핵융합 반응

2개의 헬륨 원자핵이 핵융합하여 베릴륨 원자핵을 형성한다. 베릴륨 원자핵은 매우 불안정하여 다시 헬륨 원자핵으로 분열될 수 있는데, 분열되기 이전에 다른 헬륨 원자핵과 핵융합하면 탄소 원자핵을 형성한다.

▲ 헬륨 핵융합 반응

4️⃣ 별의 내부 구조

개념 주계열성과 거성의 내부 구조는 별의 질량과 내부 온도에 의해 결정된다.

(1) 정역학 평형 상태

❶ **정역학 평형 상태**: 기체 압력 차로 발생한 힘과 중력이 평형을 이루고 있는 상태

• 별의 중심부로 갈수록 온도가 높아져 기체 압력이 증가하므로 기체 압력이 높은 곳에서 낮은 곳으로 기체 압력 차로 발생한 힘이 작용한다.

• 중력이 기체 압력 차로 발생한 힘보다 크면 별이 수축하고, 중력이 기체 압력 차로 발생한 힘보다 작으면 별이 팽창한다.

원시별에서는 중력이 기체 압력 차로 발생한 힘보다 크기 때문에 중력 수축이 일어난다.

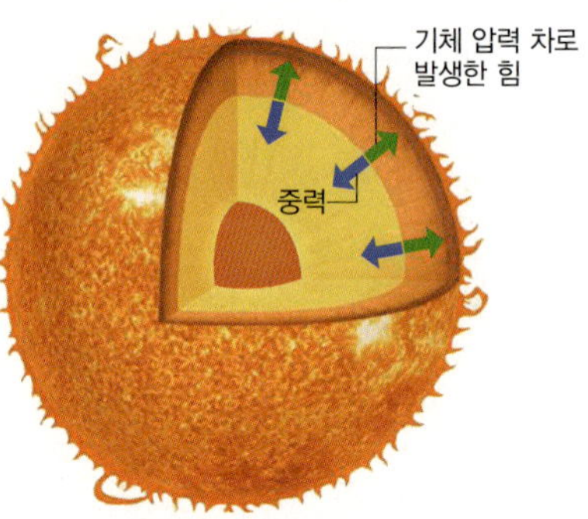

▲ 주계열성의 정역학 평형 상태

❷ **주계열성의 크기가 일정하게 유지되는 까닭**: 중력과 기체 압력 차로 발생한 힘이 평형을 이루는 정역학 평형 상태에 있으므로 별이 수축이나 팽창을 하지 않기 때문

(2) 주계열성의 내부 구조

❶ 태양 질량의 약 2배 이하인 주계열성

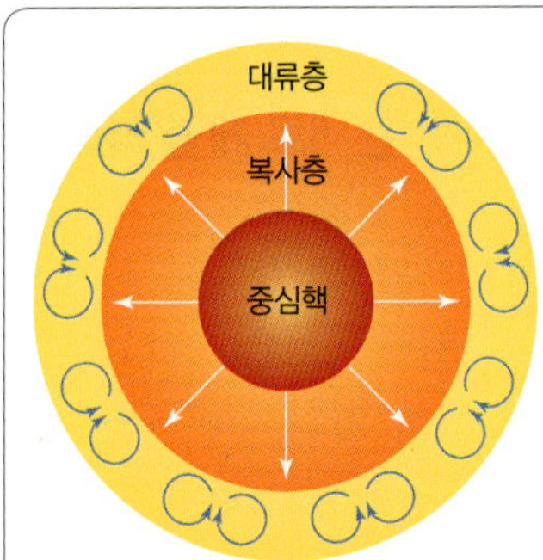

• **중심핵(복사핵)**: p−p 반응에 의한 수소 핵융합 반응이 우세하게 일어나는 영역
• **복사층**: 중심핵에서 생성된 에너지가 주로 복사 방식으로 전달되는 영역
• **대류층**: 별의 표면에 가까워짐에 따라 온도가 급격히 낮아지는 영역 ➩ 대류에 의한 에너지 전달이 우세하다.

❷ 태양 질량의 약 2배 이상인 주계열성

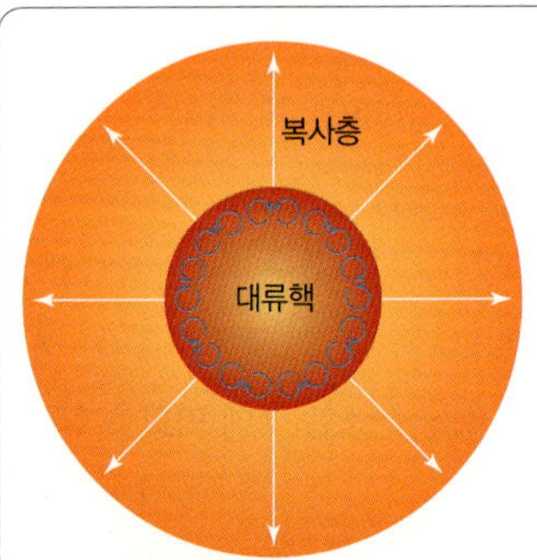

• **중심핵(대류핵)**: CNO 순환 반응에 의한 수소 핵융합 반응이 우세하게 일어나는 영역 ➩ 대류가 잘 일어난다.
• **복사층**: 별의 중심부에서 생성된 에너지가 주로 복사에 의해 전달되는 영역 ➩ 질량이 작은 별에 비해 별 내부의 온도가 높다.

별의 온도에 따른 핵융합 반응

온도	반응 원소	생성 원소
저온	수소(H)	헬륨(He)
	헬륨(He)	탄소(C), 산소(O)
	탄소(C)	산소(O), 네온(Ne), 마그네슘(Mg)
	네온(Ne)	마그네슘(Mg)
	산소(O)	규소(Si), 황(S)
고온	규소(Si)	철(Fe)

원자핵이 무거울수록 원자핵 사이에 작용하는 전기적 반발력이 더 커져서 핵융합 반응을 할 때 필요한 온도가 높아진다.

대류층

깊이에 따른 온도 변화율이 크고 물질의 불투명도가 높은 경우에는 복사보다 대류에 의해 에너지가 잘 전달되는데, 이러한 영역을 대류층이라고 한다.

질량이 큰 주계열성의 중심핵에서 대류가 잘 일어나는 까닭

질량이 큰 주계열성은 CNO 순환 반응이 우세하고, CNO 순환 반응은 중심부로 갈수록 에너지의 생산량이 급격하게 높아진다. 따라서 중심핵에서는 깊이에 따른 온도 차가 커서 대류에 의한 에너지 전달이 우세해진다.

(3) 거성의 내부 구조

❶ 적색 거성

- 별의 중심부에서 헬륨 핵융합 반응까지 일어날 수 있다. ⇨ 최종적으로 탄소와 산소로 구성된 중심핵이 형성된다.
- 탄소와 산소로 구성된 중심핵을 둘러싸고 있는 외곽층에서 헬륨 핵융합 반응, 수소 핵융합 반응이 차례로 일어난다.
- 껍질 연소 영역의 바깥층(최외곽층)은 팽창하고, 표면 온도는 낮아져 붉은색으로 보인다.

❷ 초거성

- 질량이 매우 큰 별은 중심부의 온도가 충분히 높아져 최종적으로 철로 구성된 중심핵이 형성된다.
- 별의 내부는 양파 껍질 같은 구조를 가지게 된다. ⇨ 중심부로 갈수록 무거운 원소로 이루어진 층이 존재한다.
- 별의 바깥층은 적색 거성보다 더 크게 팽창한다.

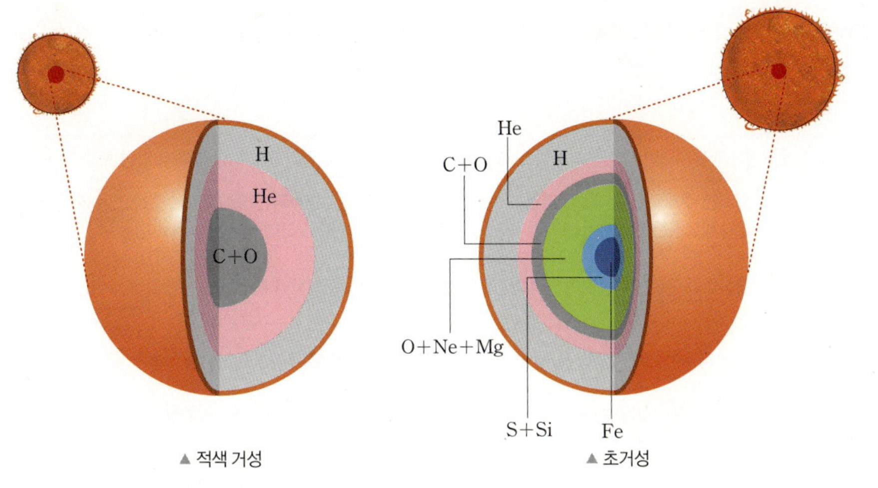

개념 익히기 문제

정답과 해설 p.56

🧠 교과서 문장으로 개념 익히기

26 헬륨 핵융합 반응에서는 3개의 헬륨 원자핵이 융합하여 1개의 ☐☐ 원자핵을 생성한다.

27 기체 압력 차로 발생한 힘과 중력이 평형을 이루고 있는 상태를 ☐☐☐ 평형 상태라고 한다.

28 태양과 질량이 비슷한 주계열성의 내부 구조는 중심핵, ☐☐☐, 대류층으로 이루어져 있다.

29 태양보다 질량이 2배 이상인 주계열성의 중심부에는 ☐☐가 일어나는 중심핵이 존재한다.

30 적색 거성의 중심부에서는 ☐☐ 핵융합 반응이 일어나서 탄소와 산소로 구성된 중심핵이 만들어진다.

31 초거성에서는 핵융합 반응을 통해 최종적으로 ☐로 이루어진 중심핵이 형성될 수 있다.

32 ☐☐☐의 내부는 많은 핵융합 반응을 거쳐 양파 껍질 같은 구조를 가진다.

🎲 OX 문제로 개념 익히기

33 적색 거성에서는 수소 핵융합 반응만 일어난다. (ㅇ / ✕)

34 주계열성의 표면에서는 기체 압력 차로 발생한 힘보다 중력이 크다. (ㅇ / ✕)

35 질량이 태양의 2배 이상인 주계열성의 내부 구조는 중심핵, 복사층, 대류층으로 이루어져 있다. (ㅇ / ✕)

36 질량이 태양과 비슷한 주계열성의 중심부에서는 CNO 순환 반응이 p−p 반응보다 우세하다. (ㅇ / ✕)

37 적색 거성의 중심부에서는 탄소 핵융합 반응이 일어날 수 있다. (ㅇ / ✕)

38 초거성은 중심부로 갈수록 가벼운 원소로 이루어진 층이 존재한다. (ㅇ / ✕)

39 질량이 매우 큰 별의 중심부에서는 많은 핵융합 반응을 통해 철보다 무거운 원소가 만들어질 수 있다. (ㅇ / ✕)

📎 **Point** 태양의 진화 경로와 내부 구조 변화, 태양의 진화 과정 중 물리량 변화에 대해 알아보자.

❶ 태양의 진화 경로와 내부 구조 변화

현재 주계열성인 태양은 약 50억 년 후에 적색 거성으로 진화한 후 행성상 성운이 만들어지고, 백색 왜성이 된 후 점차 어두워진다.

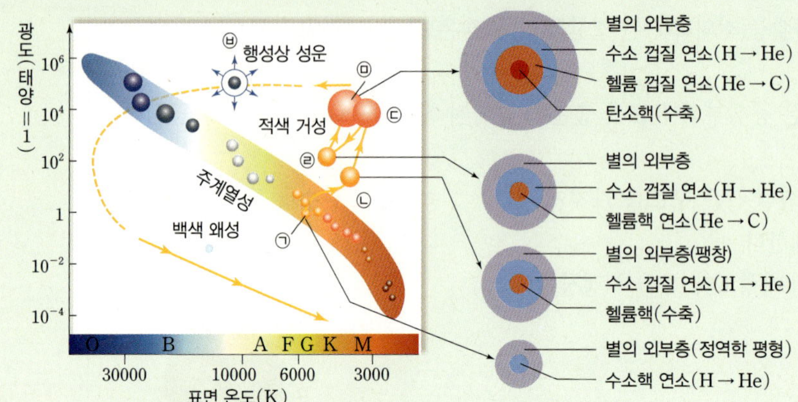

㉠ **주계열성 단계**	별의 크기가 거의 일정하게 유지되며, 중심부에서 수소 핵융합 반응이 안정적으로 일어난다. 이 단계에서 가장 오래 머문다.
㉡ **준거성 단계**	중심부에서 수소가 고갈되면 주계열성 단계를 벗어난다. 이 단계에서는 헬륨으로 이루어진 중심부가 수축하고, 수소 껍질 연소가 일어난다. 이때, 별의 바깥층은 팽창하여 크기가 커지고 광도가 급증하여 H−R도에서 오른쪽 위로 이동한다.
㉢ **적색 거성 단계** (헬륨 핵융합 반응이 시작되는 위치)	헬륨핵이 수축하면서 중심부의 온도가 상승하여 약 1억 K에 이르면 헬륨 핵융합 반응이 시작된다.
㉣ **적색 거성 단계** (헬륨 핵융합 반응이 지속되는 위치)	중심부에서 헬륨 핵융합이 비교적 안정적으로 지속되는 시기로, 헬륨핵을 둘러싼 영역에서 수소 껍질 연소가 일어난다.
㉤ **적색 거성 단계 이후** (맥동 변광성)	중심부의 헬륨이 고갈되면 탄소로 이루어진 핵이 계속 수축하고, 별의 바깥층은 수축과 팽창을 반복하여 반지름, 표면 온도, 광도가 주기적으로 변한다.
㉥ **행성상 성운**	별이 팽창과 수축을 반복하는 과정에서 별의 바깥쪽 물질이 우주 공간으로 방출되어 행성상 성운이 만들어지며, 별의 중심부는 더욱 수축하여 크기는 작고 밀도가 매우 큰 백색 왜성이 된다.

❷ 태양의 진화 과정 중 물리량 변화

① 주계열성 → 적색 거성: 크기와 광도가 증가하고, 표면 온도와 밀도가 감소한다.
② 적색 거성 → 백색 왜성: 표면 온도와 밀도가 증가하고, 크기와 광도가 감소한다.

정답과 해설 p.57

예제 ❶

그림은 태양의 진화 경로를 H−R도에 대략적으로 나타낸 것이다. (가)~(라)에 대한 설명으로 옳은 것은?

① (가)는 적색 거성이다.
② (나)의 중심부에서는 수소 핵융합 반응이 일어난다.
③ (다)는 정역학 평형 상태를 유지한다.
④ (라)의 중심부에서는 핵융합 반응이 활발하다.
⑤ (라) 이후 초신성 폭발이 일어난다.

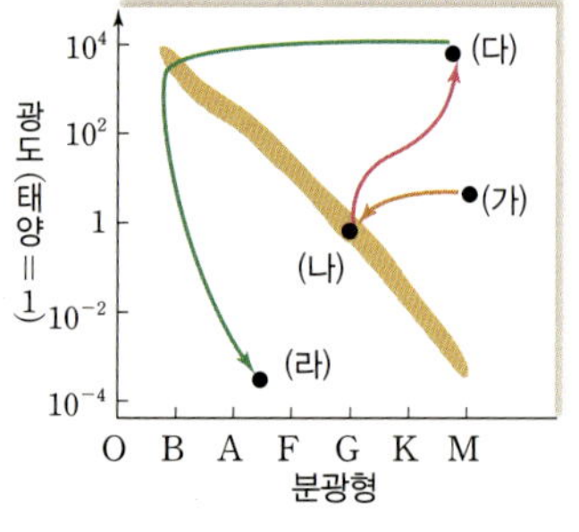

▶ **해결 전략**

1단계: H−R도에 위치한 별 (가)~(라)의 특징에 대해 생각한다.
2단계: 별 (가)~(라)의 특징을 태양의 진화 경로와 관련지어 생각한다.

예제 ❷

다음은 분광형이 G형인 별의 진화 과정이다. 빈칸에 들어갈 알맞은 말을 쓰시오.

원시별 → 주계열성 → (㉠) → (㉡) → (㉢)

개념 다지기 문제

01 그림은 질량이 서로 다른 원시별이 진화하는 경로를 나타낸 것이다.

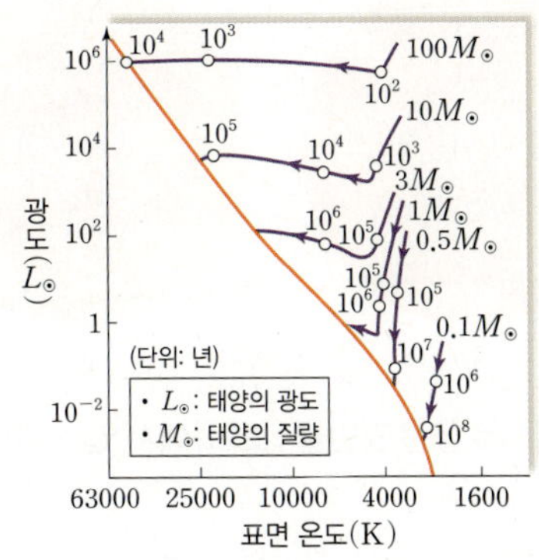

원시별의 진화에 대한 설명으로 옳은 것만을 |보기|에서 있는 대로 고른 것은?

> **보기**
> ㄱ. 원시별은 질량이 작을수록 주계열성에 빨리 도달한다.
> ㄴ. 원시별은 질량이 클수록 절대 등급이 큰 주계열성이 된다.
> ㄷ. 질량이 큰 원시별일수록 진화하는 동안 표면 온도의 변화가 대체로 크다.

① ㄴ　　　② ㄷ　　　③ ㄱ, ㄴ
④ ㄱ, ㄷ　　　⑤ ㄱ, ㄴ, ㄷ

대표 유형 문제

02 그림은 주계열성 A와 B가 각각 C와 D로 진화하는 경로를 H−R도에 나타낸 것이다.

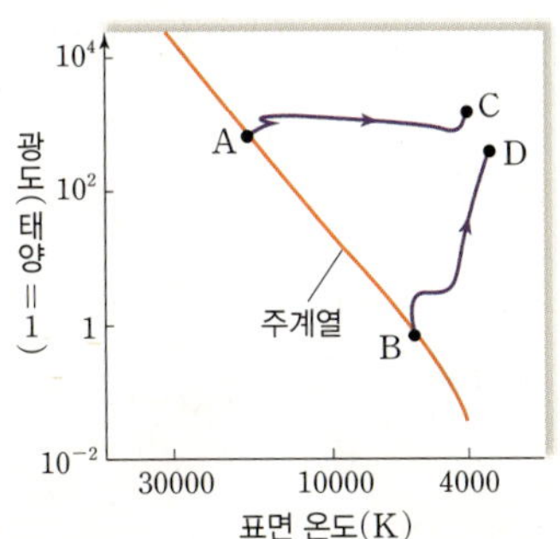

이에 대한 설명으로 옳은 것만을 |보기|에서 있는 대로 고른 것은?

> **보기**
> ㄱ. 별이 진화하는 데 걸리는 시간은 A → C보다 B → D가 짧다.
> ㄴ. A → C와 B → D에서는 모두 별의 반지름이 커진다.
> ㄷ. C와 D의 중심핵에는 헬륨보다 수소가 풍부하다.

① ㄱ　　　② ㄴ　　　③ ㄱ, ㄷ
④ ㄴ, ㄷ　　　⑤ ㄱ, ㄴ, ㄷ

03 표는 두 별 A, B가 진화 과정 중 여러 단계에서 머무는 시간을 나타낸 것이다. (단, 태양이 주계열성 단계에서 머무는 시간은 약 100억 년이다.)

(단위: 백만 년)

별	원시별 단계	주계열성 단계	거성 단계
A	0.02	5	(　　)
B	(　　)	10000	680

이에 대한 설명으로 옳은 것만을 |보기|에서 있는 대로 고른 것은?

> **보기**
> ㄱ. A는 태양보다 질량이 작다.
> ㄴ. 원시별 단계에서 머무는 시간은 A가 B보다 짧다.
> ㄷ. 거성 단계에서 별의 광도는 A가 B보다 크다.

① ㄱ　　　② ㄴ　　　③ ㄱ, ㄷ
④ ㄴ, ㄷ　　　⑤ ㄱ, ㄴ, ㄷ

04 초거성에 대한 설명으로 옳은 것만을 |보기|에서 있는 대로 고른 것은?

> **보기**
> ㄱ. 초거성은 진화하면서 초신성 폭발을 일으킬 것이다.
> ㄴ. 초거성은 진화하는 동안 행성상 성운을 형성할 것이다.
> ㄷ. 초거성은 별의 중심부에 철보다 무거운 원자핵이 존재한다.

① ㄱ　　　② ㄴ　　　③ ㄱ, ㄷ
④ ㄴ, ㄷ　　　⑤ ㄱ, ㄴ, ㄷ

05 그림은 어느 별의 진화 과정에서 형성된 천체의 모습을 나타낸 것이다.

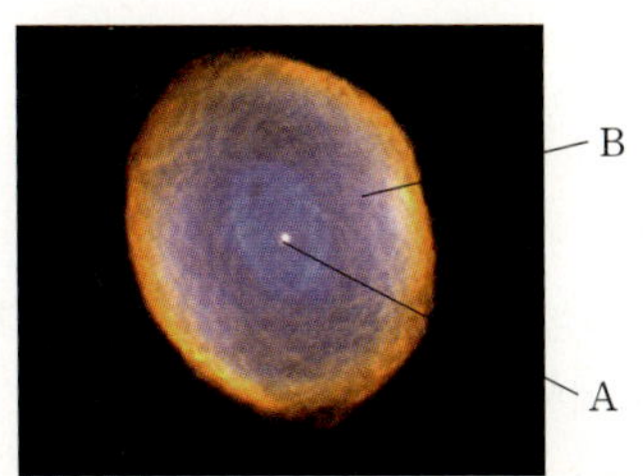

이에 대한 설명으로 옳은 것만을 |보기|에서 있는 대로 고른 것은?

> **보기**
> ㄱ. A는 주로 탄소와 산소로 이루어져 있다.
> ㄴ. A의 반지름은 태양과 비슷하다.
> ㄷ. B는 초신성 폭발로 생성되었다.

① ㄱ　　　② ㄷ　　　③ ㄱ, ㄴ
④ ㄴ, ㄷ　　　⑤ ㄱ, ㄴ, ㄷ

06 그림은 어느 별의 진화 과정을 나타낸 것이다.

| 주계열성 | → | (㉠) | → | 초신성 폭발 | → | (㉡) |

이 별에 대한 설명으로 옳은 것만을 |보기|에서 있는 대로 고른 것은?

보기
ㄱ. 이 별은 주계열성 단계에서 머문 시간이 태양보다 길다.
ㄴ. ㉠의 중심부에서는 핵융합 반응으로 헬륨, 탄소, 산소, 네온, 규소, 철 등이 생성될 수 있다.
ㄷ. 별의 평균 밀도는 ㉠이 ㉡보다 작다.

① ㄱ ② ㄷ ③ ㄱ, ㄴ
④ ㄴ, ㄷ ⑤ ㄱ, ㄴ, ㄷ

대표 유형 문제

07 그림은 어느 별의 중심핵에서 일어나는 반응을 나타낸 것이다.

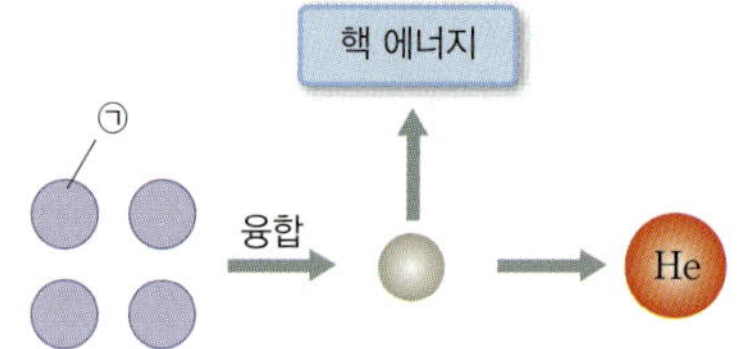

이에 대한 설명으로 옳은 것은?

① 이 반응은 헬륨 핵융합 반응이다.
② ㉠은 탄소 원자핵이다.
③ 이 별은 주계열성이다.
④ 이 반응은 온도가 약 1억 K 이상일 때 일어난다.
⑤ 헬륨 원자핵 1개의 질량은 ㉠ 4개의 질량 합보다 크다.

08 주계열성의 표면에 작용하는 두 힘에 대한 설명으로 옳은 것만을 |보기|에서 있는 대로 고른 것은?

보기
ㄱ. 별의 표면에서 중심 쪽으로 중력이 작용한다.
ㄴ. 별의 표면에서 바깥쪽으로 기체 압력 차로 발생한 힘이 작용한다.
ㄷ. 주계열성에 머무는 동안 별의 표면에 작용하는 두 힘의 크기는 평형을 이룬다.

① ㄱ ② ㄷ ③ ㄱ, ㄴ
④ ㄴ, ㄷ ⑤ ㄱ, ㄴ, ㄷ

대표 유형 문제

09 그림 (가)와 (나)는 서로 다른 주계열성의 내부 구조를 나타낸 것이다.

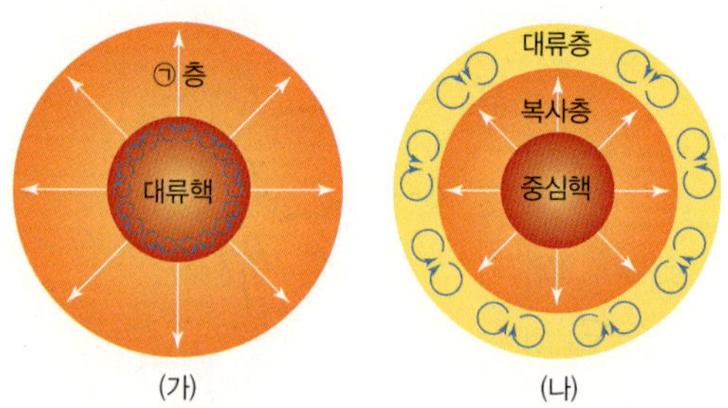

이에 대한 설명으로 옳은 것만을 |보기|에서 있는 대로 고른 것은?

보기
ㄱ. 별의 질량은 (가)가 (나)보다 크다.
ㄴ. CNO 순환 반응은 (가)가 (나)보다 우세하다.
ㄷ. ㉠ 층에서는 복사보다 대류에 의한 에너지 전달이 우세하다.

① ㄱ ② ㄷ ③ ㄱ, ㄴ
④ ㄴ, ㄷ ⑤ ㄱ, ㄴ, ㄷ

대표 유형 문제

10 그림 (가)와 (나)는 질량이 태양과 비슷한 두 별의 내부 구조를 나타낸 것이다.

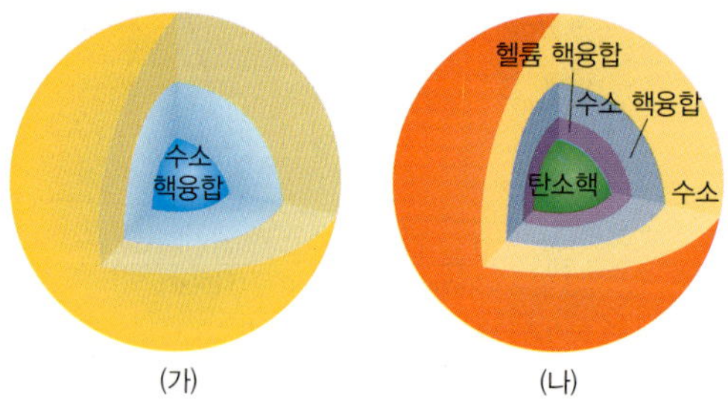

이에 대한 설명으로 옳은 것만을 |보기|에서 있는 대로 고른 것은?

보기
ㄱ. 별의 중심부 온도는 (가)가 (나)보다 낮다.
ㄴ. 별의 반지름은 (가)가 (나)보다 작다.
ㄷ. (가)와 (나)는 모두 주계열성이다.

① ㄱ ② ㄷ ③ ㄱ, ㄴ
④ ㄴ, ㄷ ⑤ ㄱ, ㄴ, ㄷ

11 그림은 질량에 따른 두 별의 진화 과정을 (가)와 (나)로 나타낸 것이다.

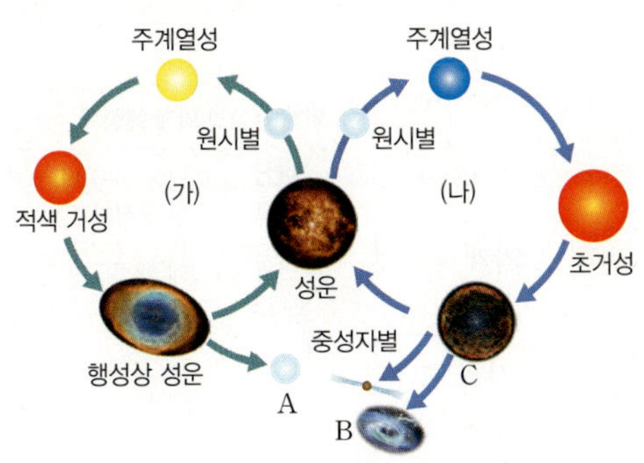

이에 대한 설명으로 옳은 것만을 |보기|에서 있는 대로 고른 것은?

|보기|
ㄱ. $\dfrac{질량}{반지름}$은 A가 B보다 크다.
ㄴ. 별의 진화 속도는 (가)가 (나)보다 빠르다.
ㄷ. C에서 우라늄, 납, 금 등의 원소가 생성될 수 있다.

① ㄱ 　② ㄷ 　③ ㄱ, ㄴ
④ ㄴ, ㄷ 　⑤ ㄱ, ㄴ, ㄷ

12 그림 (가)와 (나)는 별의 내부에서 일어나는 서로 다른 수소 핵융합 반응을 나타낸 것이다.

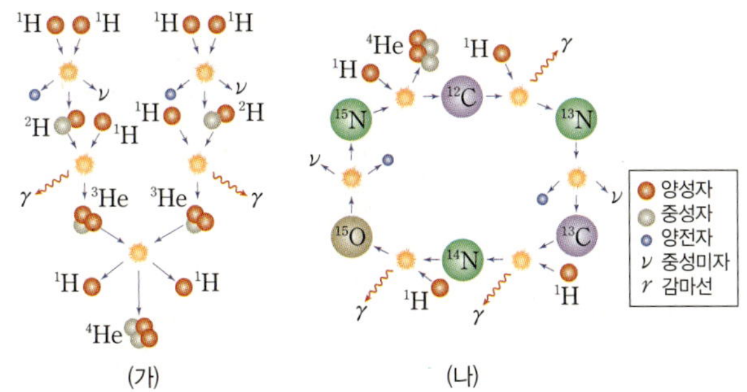

이에 대한 설명으로 옳은 것만을 |보기|에서 있는 대로 고른 것은?

|보기|
ㄱ. (가)와 (나)에서 최종적으로 생성되는 원자핵의 종류는 같다.
ㄴ. (나)가 활발할수록 탄소 원자핵의 개수는 많아진다.
ㄷ. 태양에서는 (가)가 (나)보다 우세하게 일어난다.

① ㄴ 　② ㄷ 　③ ㄱ, ㄴ
④ ㄱ, ㄷ 　⑤ ㄱ, ㄴ, ㄷ

13 원시별과 주계열성의 주요 에너지원을 서술하시오.

14 표는 주계열성 (가)~(다)의 최종 진화 단계를 나타낸 것이다.

주계열성	최종 진화 단계
(가)	백색 왜성
(나)	중성자별
(다)	블랙홀

(1) (가)와 (나)에서 $\dfrac{\text{p}-\text{p 반응에 의한 에너지 생산량}}{\text{CNO 순환 반응에 의한 에너지 생산량}}$ 의 크기를 비교하여 서술하시오.

(2) (가)와 (다)가 주계열성 단계에서 머무는 시간을 비교하고, 그 까닭을 서술하시오.

15 그림은 정역학 평형 상태에 있는 어느 별의 내부에 작용하는 두 힘을 나타낸 것이다.

(1) A와 B는 각각 무엇인지 서술하시오.

(2) 주계열성에서 거성으로 진화할 때 별의 중심부와 표면에서 A와 B의 크기 차이는 각각 어떻게 달라지는지 서술하시오.

03 외계 행성계와 외계 생명체 탐사

1 외계 행성계의 탐사 방법

개념 외계 행성은 중심별의 시선 속도 변화, 식 현상, 미세 중력 렌즈 현상 등을 관측하거나 직접 촬영하여 찾을 수 있다.

(1) 중심별의 시선 속도 변화 이용법: 중심별의 스펙트럼에서 흡수선의 파장 변화로 외계 행성의 존재 확인 가능

❶ 원리: 중심별과 행성은 공통 질량 중심을 중심으로 같은 방향, 같은 주기로 회전하므로 중심별의 시선 속도가 변하면 별빛의 도플러 효과가 나타난다. ⇨ 중심별이 지구 쪽으로 접근할 때는 청색 편이가 나타나고, 멀어질 때는 적색 편이가 나타난다.

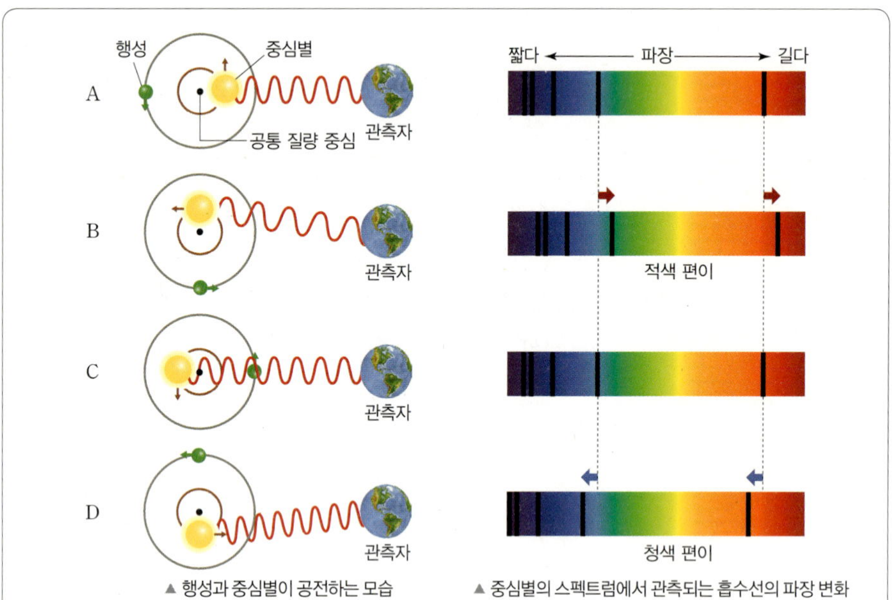

- **A, C**: 별이 관측자의 시선 방향에 대해 수직하게 이동하므로 시선 속도가 0이다. ⇨ 흡수선의 파장 변화가 나타나지 않는다. (도플러 효과가 나타나지 않는다.)
- **B**: 중심별이 지구로부터 멀어진다. ⇨ 별빛의 파장이 길어지므로 흡수선의 적색 편이가 나타난다.
- **D**: 중심별이 지구 방향으로 가까워진다. ⇨ 별빛의 파장이 짧아지므로 흡수선의 청색 편이가 나타난다.

❷ 특징: 행성의 질량이 클수록 중심별의 시선 속도 변화가 커서 행성의 존재를 확인하기 쉽다. 행성의 공전 궤도면이 관측자의 시선 방향과 수직일 때는 도플러 효과가 나타나지 않기 때문에 중심별의 시선 속도 변화로 행성의 존재를 확인하기 어렵다.

(2) 식 현상 이용법: 중심별의 주기적인 밝기 변화로 외계 행성의 존재 확인 가능

❶ 원리: 행성의 공전 궤도면이 관측자의 시선 방향에 거의 나란한 경우에는 행성이 중심별의 앞면을 지날 때, 별의 일부가 가려져 밝기가 감소한다. (식 현상)

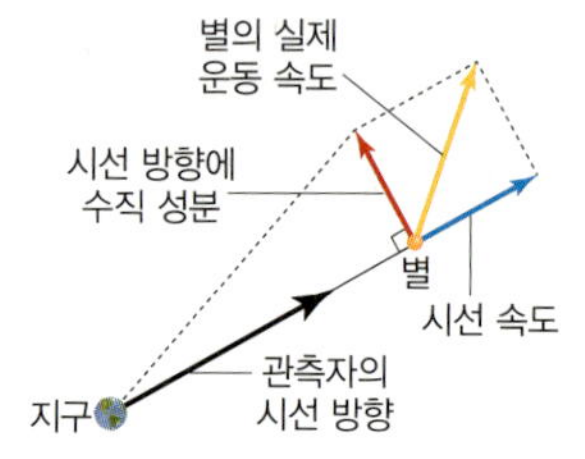

❷ 특징
- 중심별의 가려진 면적에 비례하여 중심별의 겉보기 밝기가 감소한다.
- 식 현상이 일어나는 주기는 행성의 공전 주기에 해당한다.
- 행성의 반지름이 클수록 중심별의 밝기 변화가 커지므로 행성의 존재를 확인하기 쉽다.
  식 현상 이용법은 행성의 공전 궤도면이 관측자의 시선 방향과 나란한 경우에만 이용할 수 있고, 별끼리 식 현상을 일으키는 것과 구별하기 어렵다.

외계 행성과 외계 행성계

외계 행성	태양이 아닌 다른 별(항성) 주위를 공전하고 있는 행성
외계 행성계	외계 행성들과 중심별이 이루고 있는 계

└ 우주에는 외계 행성과 외계 행성계가 많다.

시선 속도

별이 우주 공간을 움직일 때, 관측자의 시선 방향과 나란한 속도 성분을 시선 속도라고 한다. 따라서 시선 속도는 관측자로부터 멀어지거나 가까워지는 속도 성분에 해당한다.

별의 실제 운동 속도 / 시선 방향에 수직 성분 / 별 / 시선 속도 / 지구 / 관측자의 시선 방향

도플러 효과

관측자와 광원의 상대적인 운동에 따라 빛의 파장(또는 진동수)이 달라지는 현상을 말한다. 광원이 가까워질 때는 원래의 파장보다 빛의 파장이 짧아지고, 멀어질 때는 원래의 파장보다 빛의 파장이 길어진다.

암기 꼭!
청색 편이와 적색 편이

청색 편이	스펙트럼에서 흡수선이 원래 파장보다 파란색 쪽으로 이동하는 현상 ⇨ 별이 관측자에게 가까워진다.
적색 편이	스펙트럼에서 흡수선이 원래 파장보다 붉은색 쪽으로 이동하는 현상 ⇨ 별이 관측자로부터 멀어진다.

식 현상

한 천체가 다른 천체를 가리거나 그 그림자에 들어가는 현상을 '식'이라고 한다. 대표적인 식 현상으로 일식과 월식이 있다.

(3) **미세 중력 렌즈 현상 이용법**: 먼 천체의 밝기 변화로 외계 행성의 존재 확인 가능

❶ 원리
- 미세 중력 렌즈 현상: 두 천체가 거의 동일한 시선 방향에 있을 때 뒤쪽에 있는 천체로부터 오는 빛이 앞쪽에 있는 천체의 중력에 의해 휘어지는 현상

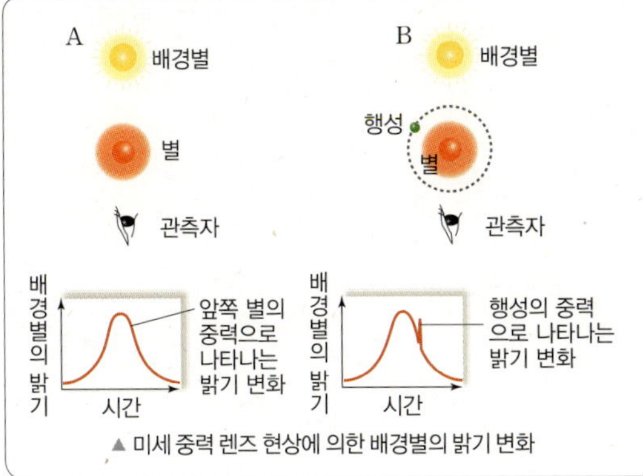

▲ 미세 중력 렌즈 현상에 의한 배경별의 밝기 변화

- **A: 거리가 다른 2개의 별이 거의 동일한 시선 방향에 있을 경우**: 뒤쪽 별의 별빛이 앞쪽 별의 중력에 의해 굴절되며, 이로 인해 뒤쪽 별의 겉보기 밝기가 증가한다.
- **B: 앞쪽 별 주위에 행성이 존재할 경우**: 행성의 중력에 의해 뒤쪽 별의 밝기 변화가 추가로 증가하여 나타난다.

❷ 특징: 미세 중력 렌즈 현상을 이용한 외계 행성 탐사는 행성의 공전 궤도면과 관측자의 시선 방향이 나란하지 않을 경우에도 이용 가능하다.

(4) **직접 관측하는 방법** 행성은 별에 비해 크기가 작고 스스로 빛을 내지 않아서 어둡기 때문에 직접 관측하는 것이 어렵다.

❶ 원리: 외계 행성계의 거리가 매우 가까운 경우에는 외계 행성이 중심별의 별빛을 반사하므로 반사된 중심별의 별빛을 관측하거나, 행성 자체의 복사 에너지를 직접 관측하여 행성의 존재 여부를 알 수 있다.

❷ 특징: 행성을 직접 관측할 때는 주로 적외선 영역에서 촬영한다. 행성이 방출하는 에너지는 대부분 적외선 영역이기 때문
- 별까지의 거리가 멀거나, 행성이 중심별에 너무 가까울 경우에는 직접 관측하기 어렵다.
- 행성의 대기를 통과해 온 빛을 분석하여 행성의 대기 성분을 알아낼 수 있다.

중력 렌즈 현상과 미세 중력 렌즈 현상
질량이 큰 은하 또는 은하단의 중력에 의해 멀리서 오는 빛이 휘어져 모양이 왜곡되어 관찰되는 현상을 중력 렌즈 현상이라고 한다. 미세 중력 렌즈 현상은 별 또는 행성에 의해 나타나는 현상을 말한다.

직접 촬영한 외계 행성

정답과 해설 p.59

🧠 교과서 문장으로 개념 익히기

01 중심별과 외계 행성은 ☐☐ ☐☐ 중심 주위를 같은 방향, 같은 주기로 회전한다.

02 행성의 공전 궤도면이 관측자의 시선 방향에 거의 나란한 경우에는 행성이 중심별의 앞면을 지날 때 별의 일부가 가려지는 ☐ 현상이 나타난다.

03 행성의 ☐☐☐이 클수록 중심별이 행성에 의해 가려지는 면적이 커서 중심별의 밝기 변화가 크다.

04 두 천체가 같은 시선 방향에 있을 때, 뒤쪽에 있는 천체로부터 오는 빛이 앞쪽에 있는 천체의 ☐☐에 의해 미세하게 굴절된다.

05 ☐☐ ☐☐ ☐☐ 현상을 이용할 경우에는 관측자의 시선 방향과 행성의 공전 궤도면이 수직할 경우에도 행성의 존재를 확인할 수 있다.

06 외계 행성을 직접 관측할 때는 주로 ☐☐☐ 영역에서 촬영한다.

📦 OX 문제로 개념 익히기

07 중심별이 행성과의 공통 질량 중심을 중심으로 회전할 때 중심별이 지구로부터 멀어지면 중심별의 스펙트럼에서 흡수선의 적색 편이가 나타난다. (O / X)

08 행성의 공전 궤도면이 관측자의 시선 방향에 수직할 경우에는 식 현상에 의한 중심별의 밝기 변화가 나타날 수 있다. (O / X)

09 식 현상을 이용한 외계 행성의 탐사 방법은 행성의 크기가 작을수록 행성의 존재 여부를 확인하기 쉽다. (O / X)

10 행성에 의한 식 현상이 일어나는 주기는 행성의 공전 주기와 같다. (O / X)

11 두 별이 시선 방향에 나란하게 위치할 경우, 앞쪽 별의 미세 중력 렌즈 현상에 의해 뒤쪽 별의 밝기가 감소할 수 있다. (O / X)

12 중심별과 행성 사이의 거리가 가까울수록 직접 촬영을 통해 행성의 존재를 확인하기 쉽다. (O / X)

② 외계 행성계의 탐사 결과

개념 현재까지 발견된 외계 행성들은 대부분 지구보다 반지름과 질량이 크다.

(1) 발견된 외계 행성들의 특징

❶ 현재까지 발견된 외계 행성의 수는 수천 개
이상이다. ⇨ 중심별의 시선 속도 변화와 식
현상을 이용하여 발견된 외계 행성의 수가 가
장 많고, 직접 관측에 의해 발견된 외계 행성
의 수가 가장 적다.

- 중심별의 시선 속도 변화 이용: 대부분 행성
  의 질량이 크다.
- 식 현상 이용: 대부분 행성의 공전 궤도 반지
  름이 작다.

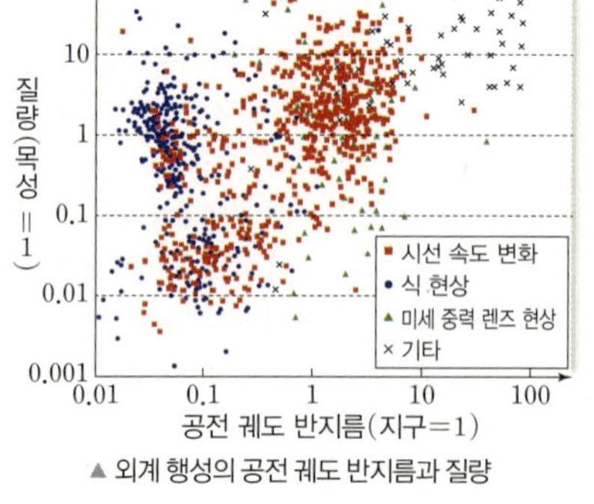

▲ 외계 행성의 공전 궤도 반지름과 질량

❷ 현재까지의 탐사 결과를 기준으로 할 때, 발견된 외계 행성들은 대부분 질량이 지구보
다 크고, 공전 궤도 반지름이 0.01 AU~ 100 AU까지로 넓게 분포하지만 1 AU 미
만인 행성들이 더 많다.

❸ 지금까지 발견된 외계 행성들은 해왕성 크기의 행성이 가장 많다.
<u>지구 질량의 약 3배~4배</u>

(2) 외계 행성 탐사의 통계적 한계

❶ 지금까지 발견된 외계 행성들은 주로 중심별에 가깝고, 크기가 비교적 큰 행성이었다.
⇨ 외계 행성의 탐사 방법으로는 행성의 반지름이 크고, 공전 궤도 반지름이 작을수록
발견되기 쉽기 때문

❷ 행성의 크기는 대부분 지구보다 큰 편이지만, 관측 기술의 발달로 지구 크기의 행성들
도 발견되고 있다.
<u>우주 망원경의 발사 이후</u>

외계 행성의 크기별 개수

외계 행성의 크기	발견된 개수(개)
지구 크기 ($1.25R_\oplus$ 미만)	808
슈퍼 지구 크기 ($1.25R_\oplus$ ~ $2R_\oplus$)	1233
해왕성 크기 ($2R_\oplus$ ~ $6R_\oplus$)	1542
목성 크기 ($6R_\oplus$ ~ $15R_\oplus$)	206
큰 행성 ($15R_\oplus$ ~ $25R_\oplus$)	49

($R_\oplus$: 지구의 반지름)

---

③ 외계 생명체 탐사

개념 생명 가능 지대에 위치한 지구 크기의 외계 행성을 찾고 있다.

(1) 생명체가 존재하기 위한 조건

❶ 행성의 표면에 액체 상태의 물이 존재할 수 있어야 한다.

- 액체 상태의 물은 생명 현상이 유지되기 위한 필수적인 조건이다.
- 액체 상태의 물이 존재하려면 행성이 생명 가능 지대에 위치해야 한다.

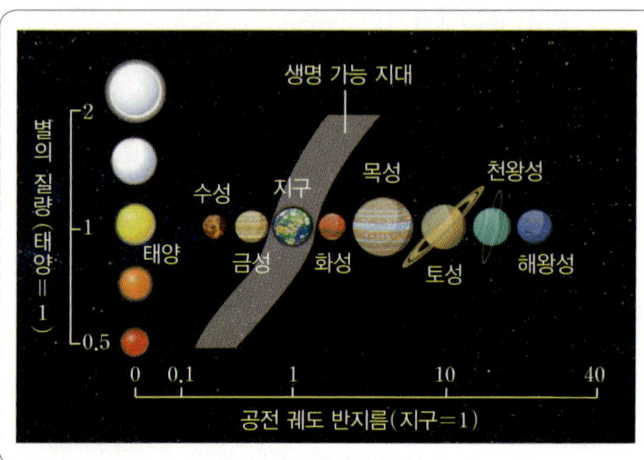

- **생명 가능 지대**(Habitable Zone): 별
  주변에 물이 액체 상태로 존재할 수 있는
  영역
- 별의 광도가 클수록 생명 가능 지대는 중
  심별로부터 멀어지고, 폭이 넓어진다.
- 태양계에서 생명 가능 지대에 존재하는
  행성은 지구가 유일하다. ⇨ 금성은 태양
  과 거리가 가까워 온도가 높기 때문에 물
  이 증발하고, 화성은 태양과 거리가 멀어
  온도가 낮기 때문에 물이 얼어 있다.

❷ 행성에 적절한 두께의 대기층이 존재해야 한다. ⇨ <u>적절한 온도를 유지해 주고</u>, 유해
한 자외선을 차단한다.
<u>온실 효과 때문</u>

❸ 행성에 자기장이 존재해야 한다. ⇨ 자기장은 우주에서 들어오는 고에너지 입자와 중
심별에서 들어오는 항성풍을 차단해 주는 역할을 한다.

물

물은 우주에서 비교적 흔한 원소인 수소와
산소로 이루어진 물질이며, 태양계의 여러
천체에서도 쉽게 발견된다. 하지만 대부분
기체 또는 고체 상태이며, 액체 상태의 물
로 발견된 경우는 매우 드물다.

생명 가능 지대의 범위

행성의 대기 상태나 반사율 등에 따라 액
체 상태의 물이 존재할 수 있는 조건이 달
라질 수 있다. 따라서 생명 가능 지대의 범
위는 여러 가지 변인을 어떻게 고려하였는
가에 따라 달라질 수 있다.

항성풍

별에서 방출되는 전자, 양성자 등의 고에
너지 입자를 말한다. 태양의 경우에는 '태
양풍'이라고 한다.

(2) **생명체가 탄생하여 진화하기 위한 조건:** 행성에서 생명체가 탄생하여 진화하기 위해서는 행성의 환경이 안정적으로 오래 유지되어야 하므로 별의 질량이 너무 크거나 작지 않아야 한다.

❶ **중심별의 질량이 태양보다 매우 클 경우:** 별의 진화 속도가 빠르기 때문에 행성에서 생명체가 탄생하여 진화하기 어렵다.

❷ **중심별의 질량이 태양보다 매우 작을 경우:** 생명 가능 지대의 폭이 매우 좁고, 생명 가능 지대가 중심별에 너무 가까운 곳에 위치하기 때문에 행성이 동주기 자전하여 생명체가 존재하기 어렵다. _{행성이 중심별의 중력을 크게 받는다.}

(3) **외계 생명체의 탐사 활동과 탐사 의의**

❶ **외계 생명체의 탐사 활동**
- 우주 탐사선과 탐사 로봇을 이용하여 태양계 내의 천체를 중심으로 외계 생명체를 탐사한다.
- 외계 지적 생명체 탐사(SETI): 전파 망원경을 이용하여 외계 행성으로부터 오는 전파를 찾거나 전파를 보내서 외계 지적 생명체를 찾고 있다.

❷ **외계 생명체의 탐사 의의**
- 외계 생명체를 연구하고 탐사하는 과정을 통해 인류는 우주와 생명에 대한 이해의 폭을 더욱 넓힐 수 있다.
- 연구 과정에서 얻은 새로운 과학 기술은 산업 발전에 실용적인 도움을 준다.

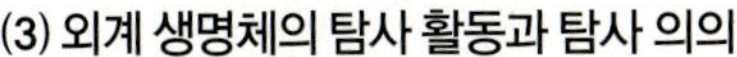

▲ 주계열성의 질량과 수명

지구 생명체의 진화
지구에서 최초의 척추동물이 출현하는 데 약 40억 년이 걸렸다. 만약 태양의 질량이 현재의 2배였다면 주계열성일 때의 수명은 약 25억 년이 되어 지구에 고등 생명체가 출현할 수 없었을 것이다.

동주기 자전
공전 주기와 자전 주기가 같은 경우를 말한다. 행성이 동주기 자전하면 항상 같은 면만 별을 향해 있기 때문에 낮과 밤의 변화가 없어 생명체가 존재하기 어려울 것이다.

세티(SETI)
외계 지적 생명체 탐사 프로젝트의 줄임말이다. SETI는 외계의 지적 생명체들이 지구로 전파를 보낸다는 가정 아래 우주에서 들어오는 인공적인 신호를 찾고 있다.

개념 익히기 문제

정답과 해설 p.59

🧠 교과서 문장으로 개념 익히기

13 외계 행성들은 대부분 중심별의 □□ □□ 변화 이용법이나 식 현상 이용법을 활용하여 발견되었다.

14 현재까지 발견된 외계 행성들은 대부분 지구보다 크기와 질량이 □다.

15 별 주변에서 물이 액체 상태로 존재할 수 있는 영역을 □□ □□ □□라고 한다.

16 생명체가 살 수 있는 행성의 필수적인 조건은 □□ 상태의 물이다.

17 별의 질량이 □수록 별의 수명이 짧기 때문에 행성에서 생명체가 탄생하여 진화할 시간이 부족하다.

18 □□□□는 외계 지적 생명체 탐사 프로젝트를 나타내는 말로, 전파 망원경을 이용하여 외계 행성으로부터 오는 전파를 찾거나 전파를 보내서 외계 지적 생명체를 찾는다.

📦 OX 문제로 개념 익히기

19 발견된 외계 행성들은 대부분 직접 관측을 통해 발견되었다. (○ / ×)

20 식 현상을 이용하여 발견된 외계 행성들은 대부분 행성의 공전 궤도 반지름이 작다. (○ / ×)

21 중심별의 광도가 작을수록 생명 가능 지대의 폭은 넓어진다. (○ / ×)

22 태양계에서 표면에 액체 상태의 물이 존재하는 행성은 지구뿐이다. (○ / ×)

23 외계 행성에 생명체가 존재하기 위해서는 매우 두꺼운 대기와 자기장이 있어야 한다. (○ / ×)

24 별의 질량이 작을수록 외계 행성에서 생명체가 탄생하고 진화하기에 적합하다. (○ / ×)

25 외계 생명체를 연구하고 탐사하는 과정을 통해 인류는 우주와 생명에 대한 이해의 폭을 더욱 넓힐 수 있다. (○ / ×)

자료 ❶ 외계 행성계에서 중심별의 시선 속도 변화와 겉보기 밝기 변화

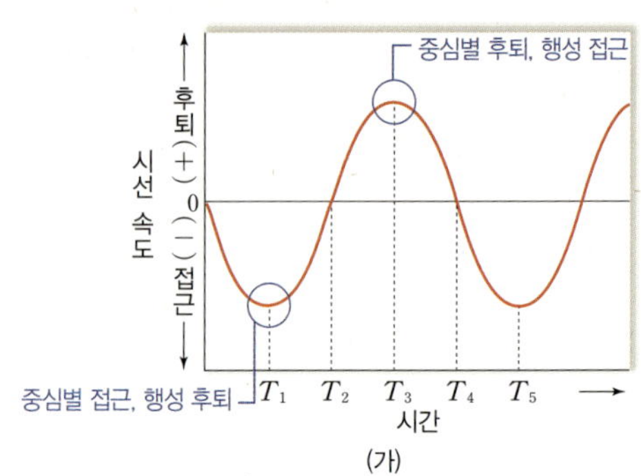

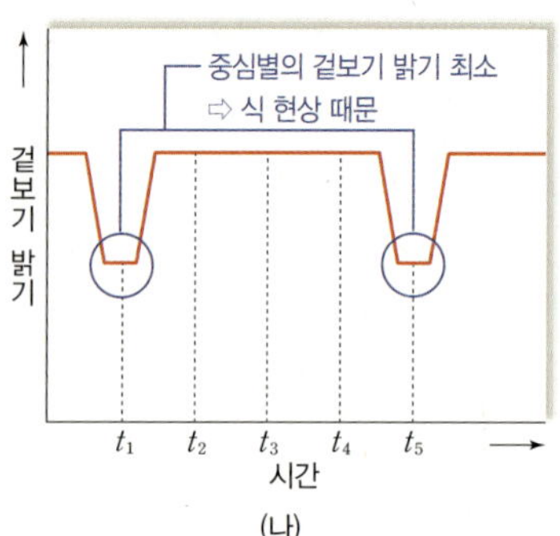

→ T_1: 시선 속도가 가장 큰 음(−)의 값을 가지므로 스펙트럼에서 청색 편이가 가장 크다. ⇨ 행성은 가장 빠른 속도로 지구로부터 멀어진다.

→ T_2: 시선 속도가 0이므로 스펙트럼에서 편이가 나타나지 않는다. ⇨ 지구로부터 중심별까지의 거리가 가장 가까운 시기이다.

→ T_3: 시선 속도가 가장 큰 양(+)의 값을 가지므로 스펙트럼에서 적색 편이가 가장 크다. ⇨ 행성은 가장 빠른 속도로 지구 쪽으로 접근한다.

→ T_4: 시선 속도가 0이므로 스펙트럼에서 편이가 나타나지 않는다. ⇨ 지구로부터 중심별까지의 거리가 가장 먼 시기이다.

→ $T_1 {\sim} T_5$: 시선 속도의 변화 주기는 행성의 공전 주기와 같다.

→ t_1: 행성에 의한 중심별의 식 현상이 일어나므로 지구에서 중심별까지의 거리가 가장 멀다. ⇨ 시선 속도가 0이며, T_4에 해당한다.

→ t_2: 시선 속도가 가장 큰 음(−)의 값을 갖는다. ⇨ T_1 또는 T_5에 해당한다.

→ t_3: 시선 속도가 음(−)에서 양(+)으로 바뀐다. ⇨ T_2에 해당한다.

→ t_4: 시선 속도가 가장 큰 양(+)의 값을 갖는다. ⇨ T_3에 해당한다.

→ $t_1 {\sim} t_5$: 식 현상이 일어나는 주기는 행성의 공전 주기와 같다.

자료 ❷ 생명 가능 지대

표는 주계열성 A, B, C의 질량, 생명 가능 지대의 범위, 행성의 공전 궤도 반지름을 나타낸 것이다. 행성들은 모두 생명 가능 지대에 위치한다.
주계열성은 질량이 클수록 광도가 크다.   별에서 행성까지 거리에 해당

주계열성	질량(태양=1)	생명 가능 지대 (AU)	행성의 공전 궤도 반지름(AU)
A	2.0	( )	4.0
B	( )	0.3~0.5	0.4
C	1.2	1.2~2.0	1.6

→ 세 행성은 모두 생명 가능 지대에 위치하므로, A의 생명 가능 지대가 중심별에서 가장 먼 곳에 위치한다. 따라서 별의 광도가 클수록 생명 가능 지대까지의 거리가 멀므로, 별의 광도는 A가 가장 크다.

→ 주계열성은 질량이 클수록 광도가 크고, 별의 광도가 클수록 생명 가능 지대의 폭이 넓다. 따라서 A의 질량이 C보다 크므로 생명 가능 지대의 폭은 A에서가 C에서보다 넓어야 한다. C의 생명 가능 지대의 폭이 2.0−1.2=0.8 AU이므로 A의 생명 가능 지대의 폭은 0.8 AU보다 크다.

→ 별의 질량이 작을수록 진화 속도가 느리므로 행성이 생명 가능 지대에 머물 수 있는 시간이 길다. 따라서 B의 행성과 C의 행성 중 생명 가능 지대에 머무르는 기간이 더 긴 행성은 중심별의 질량이 작은 B의 행성이다.

그림은 어느 주계열성의 현재와 20억 년 후의 생명 가능 지대를 나타낸 것이다.
중심별의 광도가 클수록 생명 가능 지대는 중심별로부터 멀어지고, 폭은 넓어진다.

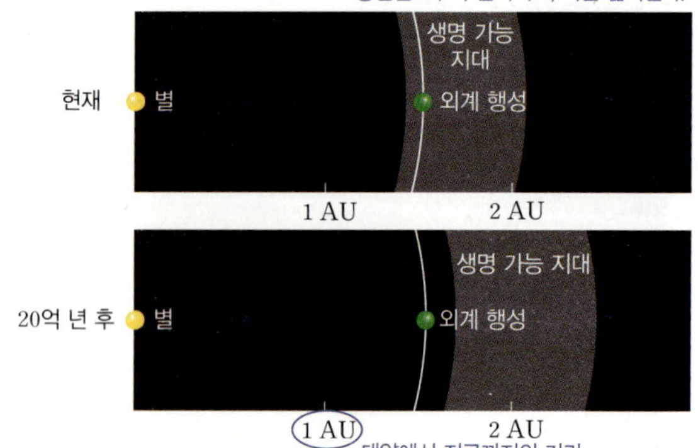

→ 이 별로부터 1 AU의 위치는 생명 가능 지대 영역보다 안쪽에 위치한다. 따라서 현재 태양에서 1 AU(지구의 위치)는 생명 가능 지대에 속하므로 이 별의 광도는 태양보다 크다.

→ 현재 외계 행성은 생명 가능 지대에 위치하므로 행성 표면에 액체 상태의 물이 존재할 수 있다.

→ 20억 년 후, 이 별의 생명 가능 지대는 현재보다 별에서 더 먼 곳에 위치하므로 별의 광도는 현재보다 20억 년 후에 더 크다.

개념 다지기 문제

01 중심별의 시선 속도 변화를 측정하여 외계 행성을 탐사하는 방법에 대한 설명으로 옳은 것만을 |보기|에서 있는 대로 고른 것은?

|보기|
ㄱ. 중심별과 행성이 공통 질량 중심 주위를 회전할 때 중심별의 시선 속도 변화가 나타난다.
ㄴ. 중심별의 겉보기 밝기 변화를 관측하여 시선 속도를 측정할 수 있다.
ㄷ. 행성의 공전 궤도면이 관측자의 시선 방향과 수직할 경우에만 이용이 가능한 방법이다.

① ㄱ   ② ㄷ   ③ ㄱ, ㄴ
④ ㄴ, ㄷ   ⑤ ㄱ, ㄴ, ㄷ

대표 유형문제

02 그림 (가)는 중심별과 행성이 공통 질량 중심 주위를 회전하는 모습이고, (나)는 이 때 나타난 별빛의 스펙트럼에서 흡수선의 파장 변화를 나타낸 것이다.

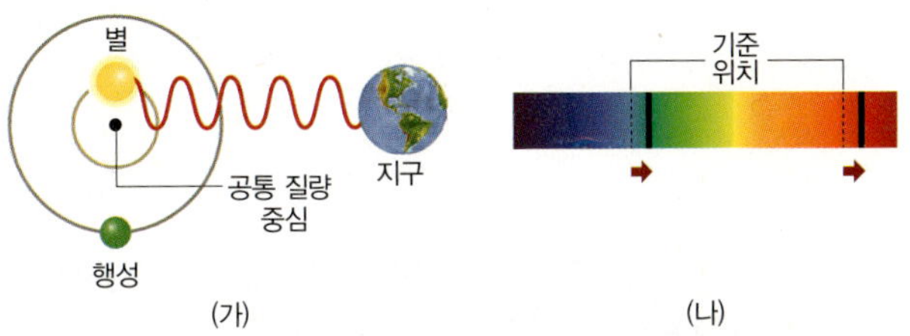

이에 대한 설명으로 옳은 것만을 |보기|에서 있는 대로 고른 것은?

|보기|
ㄱ. 별과 행성의 공전 방향은 서로 반대이다.
ㄴ. 행성의 질량이 클수록 별빛의 파장 변화가 작아진다.
ㄷ. 현재 별은 지구로부터 멀어지고 있다.

① ㄴ   ② ㄷ   ③ ㄱ, ㄴ
④ ㄱ, ㄷ   ⑤ ㄱ, ㄴ, ㄷ

03 그림은 행성이 별 주위를 공전하는 모습을 나타낸 것이다. 이 행성의 존재를 알아 내기 위한 방법으로 옳은 것만을 |보기|에서 있는 대로 고른 것은? (단, 행성의 공전 궤도면은 관측자의 시선 방향과 나란하다.)

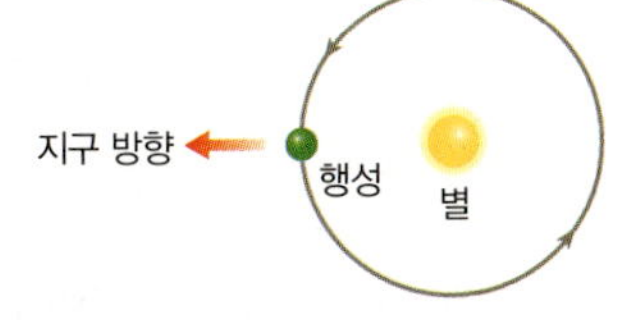

|보기|
ㄱ. 별의 분광형을 조사한다.
ㄴ. 별빛의 스펙트럼에서 나타나는 흡수선의 파장 변화를 관측한다.
ㄷ. 행성의 식 현상에 의한 별의 밝기 변화를 관측한다.

① ㄱ   ② ㄴ   ③ ㄱ, ㄷ
④ ㄴ, ㄷ   ⑤ ㄱ, ㄴ, ㄷ

대표 유형문제

04 그림은 어느 외계 행성에 의한 중심별의 밝기 변화를 나타낸 것이다.

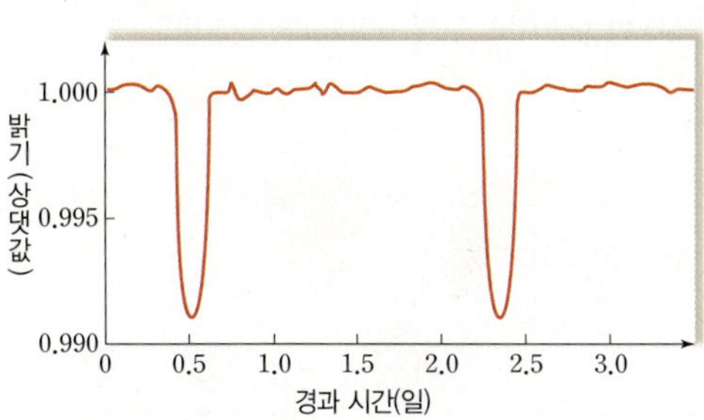

이에 대한 설명으로 옳은 것만을 |보기|에서 있는 대로 고른 것은?

|보기|
ㄱ. 행성의 공전 주기는 2일보다 짧다.
ㄴ. 행성의 공전 궤도면은 관측자의 시선 방향과 수직하다.
ㄷ. 행성의 반지름이 2배가 되면 중심별의 밝기 감소율은 현재의 2배가 된다.

① ㄱ   ② ㄷ   ③ ㄱ, ㄴ
④ ㄴ, ㄷ   ⑤ ㄱ, ㄴ, ㄷ

05 그림은 별 X의 미세 중력 렌즈 현상에 의한 별 Y의 겉보기 밝기 변화를 나타낸 것이다.

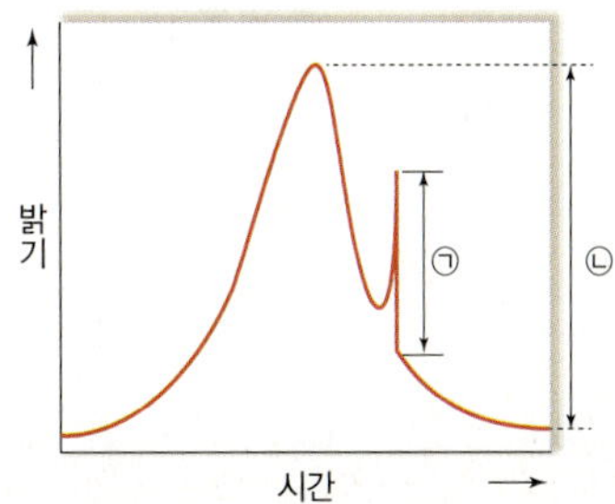

이에 대한 설명으로 옳은 것만을 |보기|에서 있는 대로 고른 것은?

|보기|
ㄱ. 별 X는 행성을 갖고 있다.
ㄴ. 행성에 의한 별 Y의 밝기 변화는 ㉡이다.
ㄷ. 지구로부터 별까지의 거리는 별 X가 별 Y보다 가깝다.

① ㄴ   ② ㄷ   ③ ㄱ, ㄴ
④ ㄱ, ㄷ   ⑤ ㄱ, ㄴ, ㄷ

개념 다지기 문제

대표 유형문제

06 그림은 현재까지 발견된 외계 행성의 공전 궤도 반지름과 질량을 탐사 방법에 따라 구분하여 나타낸 것이다.

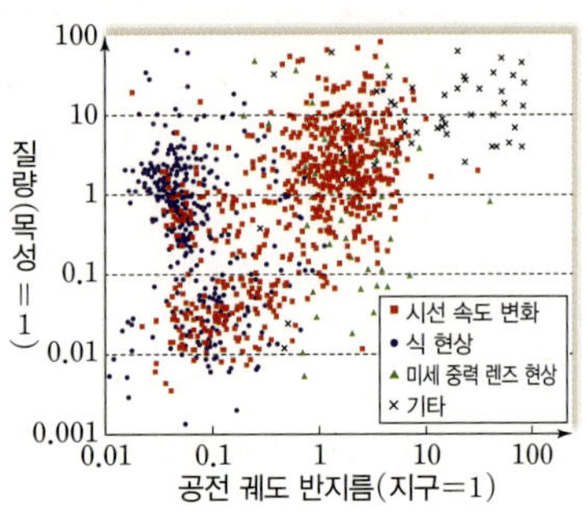

발견된 외계 행성의 특징에 대한 설명으로 옳은 것만을 |보기|에서 있는 대로 고른 것은?

> **보기**
> ㄱ. 대부분 지구보다 질량이 작다.
> ㄴ. 직접 촬영을 통해 발견된 행성의 수가 가장 많다.
> ㄷ. 식 현상 관측으로 발견된 행성들은 대부분 공전 주기 가 지구보다 짧은 편이다.

① ㄴ　　　　② ㄷ　　　　③ ㄱ, ㄴ
④ ㄱ, ㄷ　　　⑤ ㄱ, ㄴ, ㄷ

07 그림은 태양의 탄생 이후 시간에 따른 생명 가능 지대의 변화를 추정하여 나타낸 것이다.

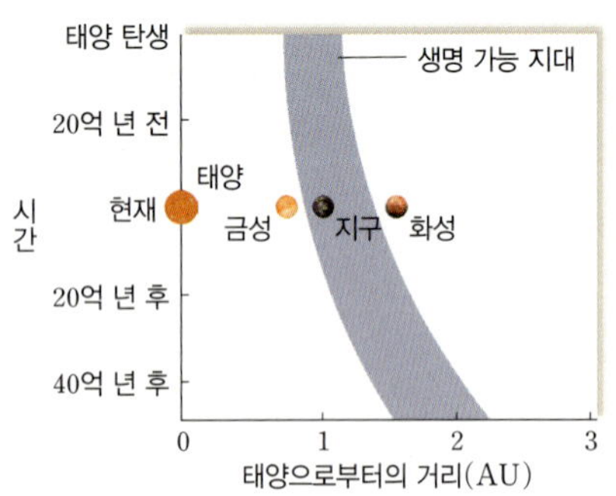

이에 대한 설명으로 옳은 것만을 |보기|에서 있는 대로 고른 것은?

> **보기**
> ㄱ. 태양의 탄생 이후 현재까지 태양계 내 생명 가능 지대 의 폭은 대체로 넓어졌다.
> ㄴ. 30억 년 후에 화성은 생명 가능 지대에 위치한다.
> ㄷ. 현재부터 40억 년 후까지 태양의 광도는 계속 증가할 것이다.

① ㄱ　　　　② ㄴ　　　　③ ㄱ, ㄷ
④ ㄴ, ㄷ　　　⑤ ㄱ, ㄴ, ㄷ

대표 유형문제

08 표는 주계열성 A, B, C의 질량과 생명 가능 지대의 폭, 행성의 공전 궤도 반지름을 나타낸 것이다. 각각의 행성은 모두 생명 가능 지대에 위치한다.

주계열성	질량(태양=1)	생명 가능 지대의 폭(AU)	행성의 공전 궤도 반지름(AU)
A	0.5	0.2	0.15
B	2.0	(㉠)	2.7
C	(㉡)	0.4	1.1

이에 대한 설명으로 옳은 것만을 |보기|에서 있는 대로 고른 것은?

> **보기**
> ㄱ. 세 행성에는 모두 액체 상태의 물이 존재할 수 있다.
> ㄴ. ㉠은 0.4보다 크다.
> ㄷ. ㉡은 0.5보다 크다.

① ㄱ　　　　② ㄴ　　　　③ ㄱ, ㄷ
④ ㄴ, ㄷ　　　⑤ ㄱ, ㄴ, ㄷ

09 외계 행성에 생명체가 존재할 수 있는 조건에 대한 설명으로 옳은 것만을 |보기|에서 있는 대로 고른 것은?

> **보기**
> ㄱ. 중심별의 질량이 작을수록 유리하다.
> ㄴ. 행성에 자기장이 존재하지 않거나 매우 약해야 한다.
> ㄷ. 행성의 표면에 액체 상태의 물이 존재할 수 있어야 한다.

① ㄴ　　　　② ㄷ　　　　③ ㄱ, ㄴ
④ ㄱ, ㄷ　　　⑤ ㄱ, ㄴ, ㄷ

10 외계 지적 생명체 탐사에 대한 설명으로 옳은 것만을 |보기|에서 있는 대로 고른 것은?

> **보기**
> ㄱ. 탐사에 주로 활용되는 전자기파 영역은 가시광선이다.
> ㄴ. 생명 가능 지대에 위치한 행성을 탐사 대상으로 해야 한다.
> ㄷ. 질량이 매우 큰 별 주변을 도는 행성을 탐사하는 것이 유리하다.

① ㄱ　　　　② ㄴ　　　　③ ㄱ, ㄷ
④ ㄴ, ㄷ　　　⑤ ㄱ, ㄴ, ㄷ

11 그림은 행성의 식 현상에 의해 일어난 중심별의 밝기 변화를 나타낸 것이다.

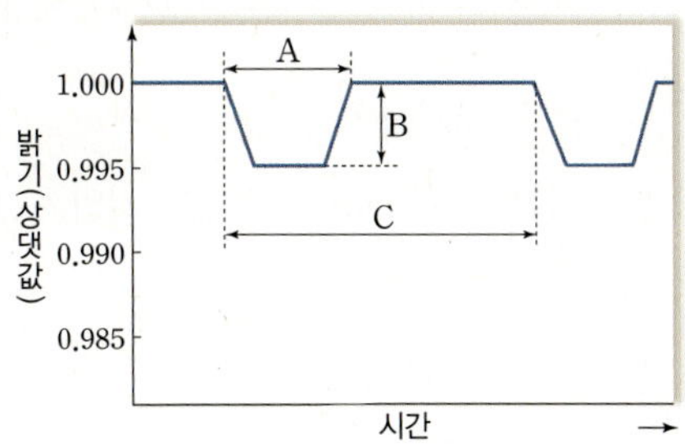

이에 대한 설명으로 옳은 것만을 |보기|에서 있는 대로 고른 것은?

> **보기**
> ㄱ. A는 행성이 중심별을 공전하는 속도가 빠를수록 길어진다.
> ㄴ. B는 행성의 반지름이 클수록 커진다.
> ㄷ. C는 중심별이 공통 질량 중심을 도는 주기와 같다.

① ㄱ   ② ㄴ   ③ ㄱ, ㄷ
④ ㄴ, ㄷ   ⑤ ㄱ, ㄴ, ㄷ

12 그림 (가) ~ (다)는 서로 다른 외계 행성계를 나타낸 것이다. 세 중심별의 질량과 반지름은 태양과 같고, 세 행성의 반지름은 지구와 같다.

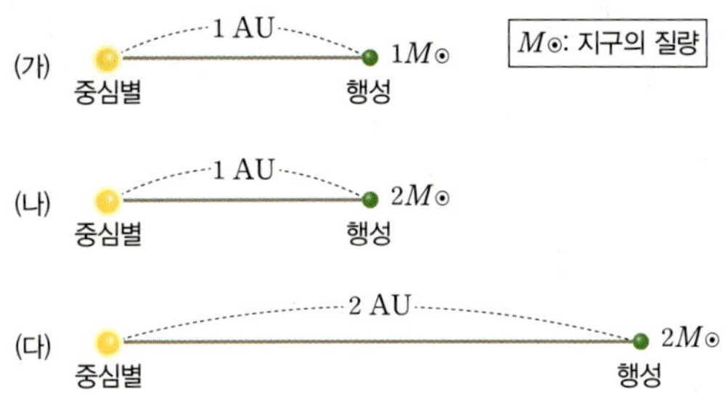

이에 대한 설명으로 옳은 것만을 |보기|에서 있는 대로 고른 것은? (단, 세 행성은 모두 원궤도를 따라 공전하며, 공전 궤도면은 관측자의 시선 방향과 나란하다.)

> **보기**
> ㄱ. 중심별에서 공통 질량 중심까지의 거리는 (가)가 (나)보다 가깝다.
> ㄴ. 도플러 효과에 의한 별빛의 최대 편이량은 (나)가 (다)보다 크다.
> ㄷ. 식 현상에 의한 중심별의 밝기 감소량은 (가), (나), (다)에서 모두 같다.

① ㄱ   ② ㄴ   ③ ㄱ, ㄷ
④ ㄴ, ㄷ   ⑤ ㄱ, ㄴ, ㄷ

13 그림은 어떤 외계 행성계에서 행성이 공통 질량 중심을 회전하는 방향과 행성의 위치를 나타낸 것이다.

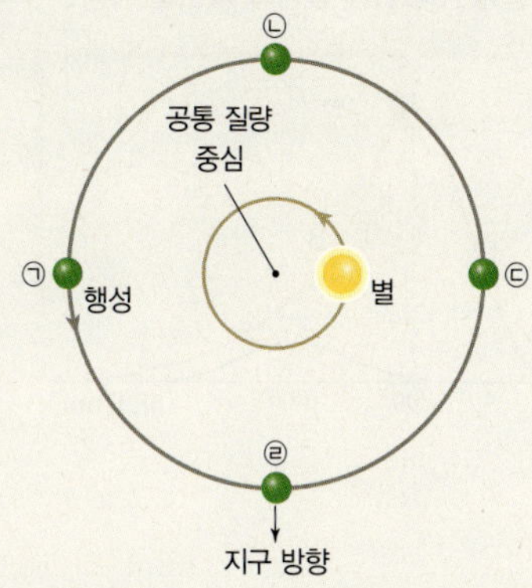

㉠ ~ ㉣ 중 중심별의 별빛 스펙트럼에서 청색 편이와 적색 편이가 각각 관측될 때 행성의 위치를 쓰고, 그 까닭을 서술하시오.

____

____

14 외계 행성을 직접 촬영하여 찾고자 할 때, 탐사 성공에 필요한 조건을 2가지 서술하시오.

____

____

15 그림은 케플러 186 행성계와 태양계의 생명 가능 지대를 나타낸 것이다. (단, 중심별인 케플러 186은 주계열성이다.)

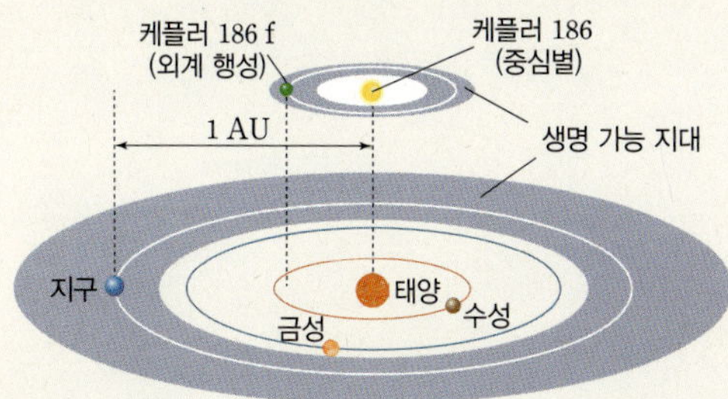

(1) 중심별인 케플러 186과 태양의 광도 크기를 비교하여 서술하시오.

____

(2) 행성 케플러 186 f와 지구 중에서 생명 가능 지대에 더 오래 머물 수 있는 행성은 어느 것인지 쓰고, 그 까닭을 서술하시오.

____

01 별의 물리량과 H−R도

1 플랑크 곡선

그림은 두 주계열성 A와 B의 플랑크 곡선을 나타낸 것이다.

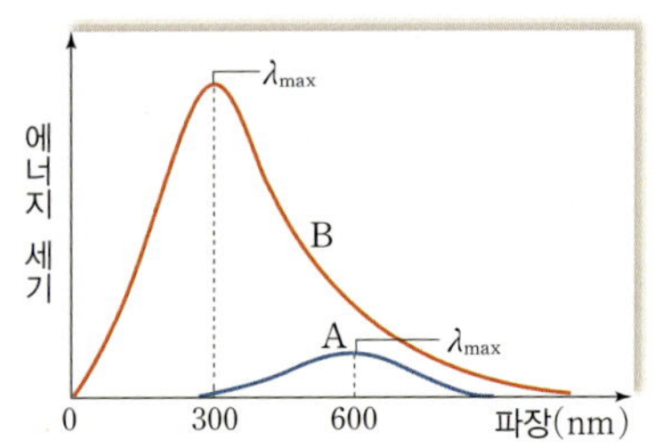

● 다음 설명 중 옳은 것은 ○표, 옳지 <u>않은</u> 것은 ×표 하시오.

1 최대 복사 에너지 세기를 갖는 파장은 A가 B의 2배이다.
　○ / ×

2 표면 온도는 A가 B의 2배이다.　○ / ×

3 단위 시간 동안 단위 면적에서 방출하는 에너지양은 A가 B의 $\frac{1}{16}$배이다.　○ / ×

4 별의 질량은 A가 B보다 크다.　○ / ×

5 별의 절대 등급은 A가 B보다 크다.　○ / ×

6 두 별의 겉보기 등급이 같다면, 지구로부터의 거리는 A가 B보다 멀다.　○ / ×

2 별의 분광형에 따른 흡수선의 특징

그림은 별의 분광형에 따른 흡수선의 종류와 상대적 세기를 나타낸 것이다.

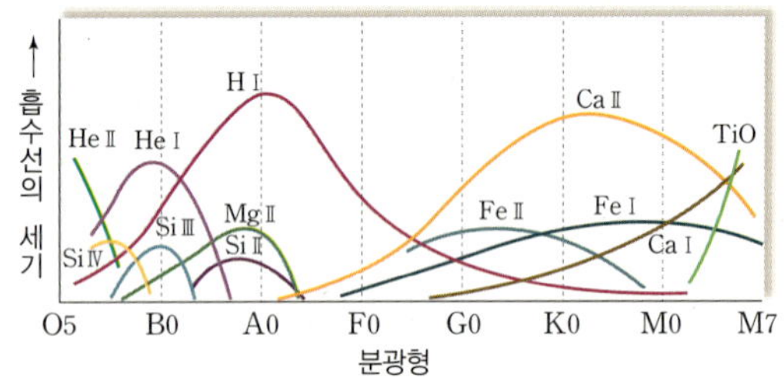

● 다음 설명 중 옳은 것은 ○표, 옳지 <u>않은</u> 것은 ×표 하시오.

1 별의 스펙트럼에 나타난 흡수선들은 대부분 지구의 대기층에서 형성된다.　○ / ×

2 태양의 스펙트럼에서는 철 흡수선보다 헬륨 흡수선이 뚜렷하게 나타난다.　○ / ×

3 수소 흡수선은 흰색의 별에서 가장 약하게 나타난다.　○ / ×

4 붉은색 별에서는 마그네슘 이온보다 칼슘 이온의 흡수선이 잘 나타난다.　○ / ×

5 헬륨 흡수선이 수소 흡수선보다 뚜렷한 별은 태양보다 표면 온도가 높은 별이다.　○ / ×

6 파란색 별에서는 분자 흡수선보다 수소 흡수선이 뚜렷하게 나타난다.　○ / ×

3 별의 물리량 비교

그림은 별 A~C의 표면 온도와 절대 등급을 나타낸 것이다.

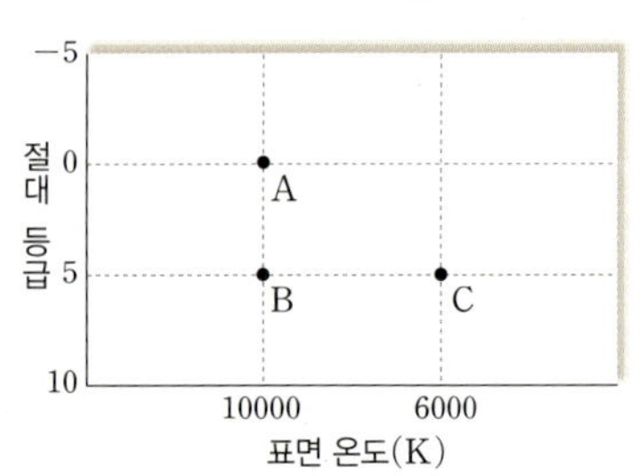

● 다음 설명 중 옳은 것은 ○표, 옳지 <u>않은</u> 것은 ×표 하시오.

1 광도는 A가 B의 100배이다.　○ / ×

2 최대 복사 에너지를 방출하는 파장은 B가 C보다 길다.
　○ / ×

3 별의 반지름은 A가 B의 10배이다.　○ / ×

4 별의 반지름은 B가 C보다 작다.　○ / ×

5 A~C 중 스펙트럼의 특징이 태양과 가장 유사한 별은 B이다.
　○ / ×

4 H−R도와 별의 종류

그림은 별들의 집단 A~D를 H−R도에 나타낸 것이다.

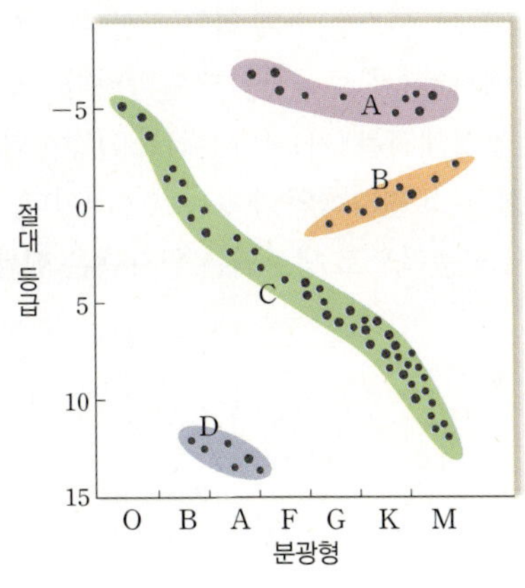

● 다음 설명 중 옳은 것은 ○표, 옳지 <u>않은</u> 것은 ×표 하시오.

1 A 집단은 주계열성이다. ○ / ×
2 태양이 속한 별의 집단은 B 집단이다. ○ / ×
3 별의 평균 반지름은 A 집단이 D 집단보다 크다. ○ / ×
4 광도 계급의 숫자는 A 집단이 C 집단보다 작다. ○ / ×
5 A~D 집단 중 별의 평균 밀도는 D 집단이 가장 작다. ○ / ×
6 우리은하에 있는 별들은 대부분 C 집단에 속한다. ○ / ×

02 별의 진화와 에너지원

5 원시별의 진화

그림은 H−R도에서 질량이 다른 두 원시별 A, B가 주계열성으로 진화하는 과정을 나타낸 것이다.

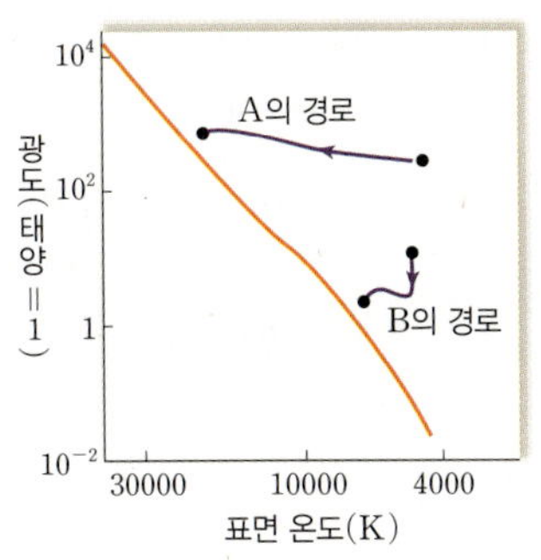

● 다음 설명 중 옳은 것은 ○표, 옳지 <u>않은</u> 것은 ×표 하시오.

1 원시별의 질량은 A가 B보다 크다. ○ / ×
2 원시별의 진화 속도는 A가 B보다 빠르다. ○ / ×
3 A와 B는 진화하는 동안 크기가 작아진다. ○ / ×
4 진화 과정에서 원시별의 주요 에너지원은 수소 핵융합 반응에 의한 에너지이다. ○ / ×
5 별이 진화하는 동안 표면 온도의 변화량은 A가 B보다 크다. ○ / ×
6 질량이 큰 원시별일수록 주계열성이 되었을 때 H−R도의 오른쪽 아래에 위치한다. ○ / ×

6 태양의 진화 경로

그림은 태양의 진화 경로를 H−R도에 나타낸 것이다.

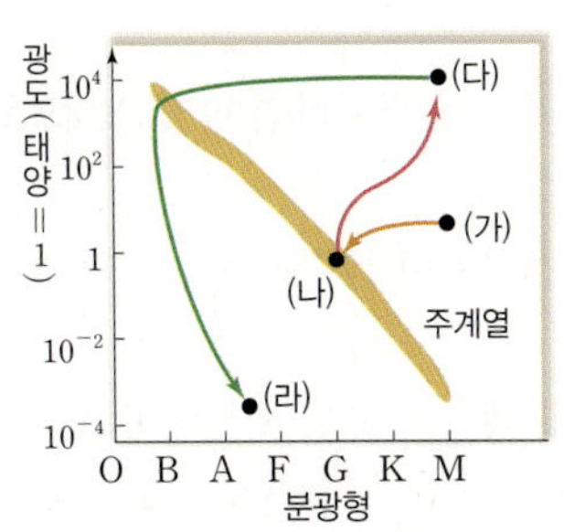

● 다음 설명 중 옳은 것은 ○표, 옳지 <u>않은</u> 것은 ×표 하시오.

1 (가)는 적색 거성이다. ○ / ×
2 (나)는 중심핵에서 수소 핵융합 반응이 일어난다. ○ / ×
3 (다)에서 안정된 상태로 가장 오랜 시간을 보낸다. ○ / ×
4 (라) 이후에 행성상 성운이 형성된다. ○ / ×
5 (나) → (다) 동안 중심부의 온도는 계속 높아진다. ○ / ×
6 현재 태양의 진화 단계는 (나)이다. ○ / ×

7 수소 핵융합 반응의 종류

그림은 주계열성의 내부에서 일어나는 두 종류의 수소 핵융합 반응 (가)와 (나)를 나타낸 것이다.

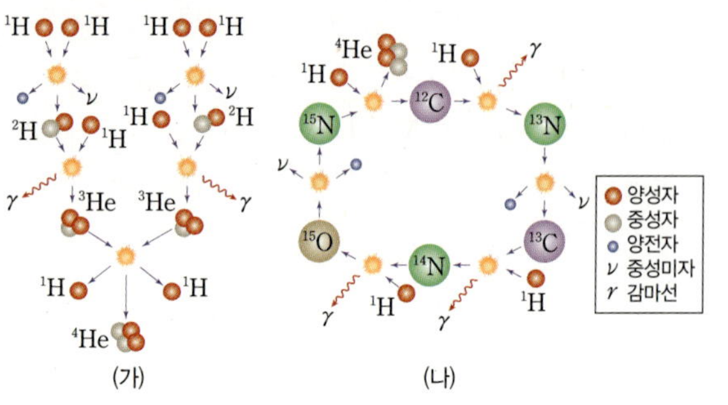

● 다음 설명 중 옳은 것은 ○표, 옳지 **않은** 것은 ×표 하시오.

1 (가)는 양성자−양성자 반응이다. ○ / ×
2 (나)에서 탄소, 질소, 산소는 촉매 역할을 한다. ○ / ×
3 태양의 중심부에서는 (가)보다 (나)가 활발하다. ○ / ×
4 파란색의 주계열성에서는 (가)보다 (나)가 활발하다. ○ / ×
5 (가)에서 필요한 수소 원자핵의 개수는 총 6개이다. ○ / ×
6 (가)와 (나)에서 최종적으로 생성되는 원자핵은 헬륨이다.

○ / ×

8 주계열성의 내부 구조

그림은 두 주계열성 (가)와 (나)의 내부 구조를 나타낸 것이다.

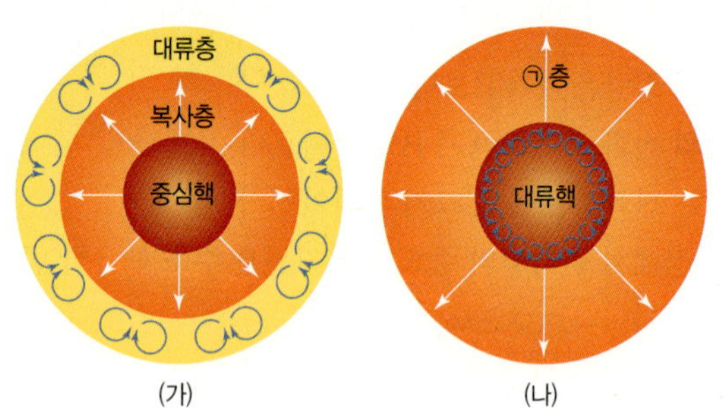

● 다음 설명 중 옳은 것은 ○표, 옳지 **않은** 것은 ×표 하시오.

1 별의 질량은 (가)가 (나)보다 크다. ○ / ×
2 중심부의 온도는 (가)가 (나)보다 높다. ○ / ×
3 태양의 내부 구조는 (가)보다 (나)에 가깝다. ○ / ×
4 (나)의 대류핵에서는 양성자−양성자 반응보다 CNO 순환 반응이 우세하다. ○ / ×
5 수소 핵융합 반응이 일어나는 영역의 크기는 (가)가 (나)보다 크다. ○ / ×
6 별이 주계열성 단계에 머무는 시간은 (가)가 (나)보다 길다.

○ / ×

03 외계 행성계와 외계 생명체 탐사

9 중심별의 시선 속도 변화 이용법과 식 현상 이용법

그림 (가)와 (나)는 외계 행성을 탐사하는 두 가지 방법을 나타낸 것이다.

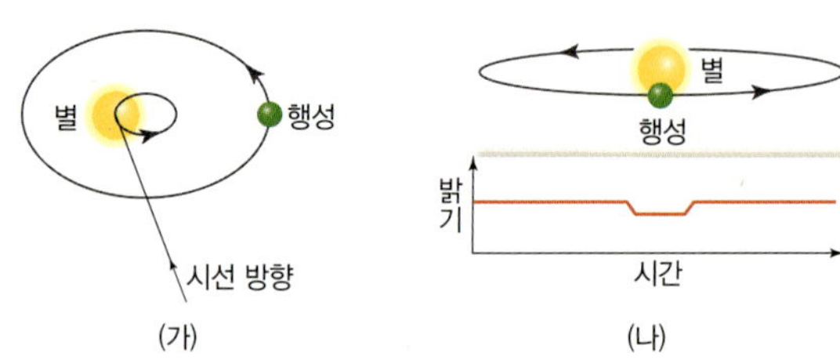

● 다음 설명 중 옳은 것은 ○표, 옳지 **않은** 것은 ×표 하시오.

1 (가)는 도플러 효과를 이용하는 탐사 방법이다. ○ / ×
2 (나)에서 식 현상이 나타나는 주기는 행성의 공전 주기와 같다.

○ / ×

3 (가)와 같이 별과 행성이 위치하면 별빛 스펙트럼에서 적색 편이가 나타난다. ○ / ×
4 (나)에서 행성의 반지름이 클수록 중심별의 밝기 변화량이 줄어든다. ○ / ×
5 (가)와 (나)는 모두 행성의 공전 궤도면이 관측자의 시선 방향과 수직일 때 이용할 수 있다. ○ / ×

10 미세 중력 렌즈 현상 이용법

그림은 미세 중력 렌즈 현상을 이용한 외계 행성의 탐사 방법을 나타낸 것이다.

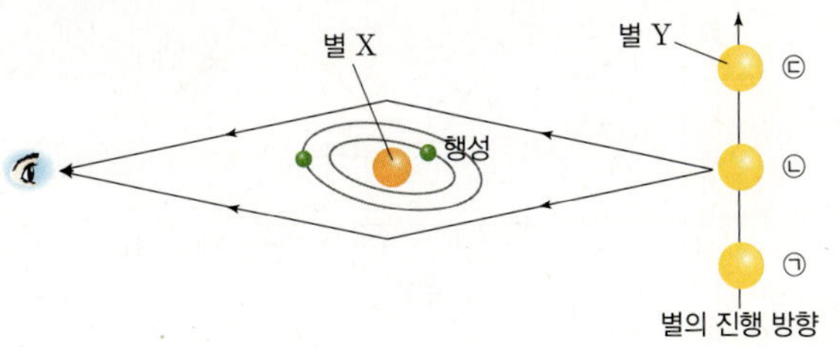

● 다음 설명 중 옳은 것은 ○표, 옳지 않은 것은 ×표 하시오.

1 이 탐사 방법은 행성의 공전 궤도면이 관측자의 시선 방향에 나란할 경우에만 이용할 수 있다. ○ / ×

2 ㉠~㉢ 중 별 Y의 밝기는 ㉡일 때 가장 어둡다. ○ / ×

3 미세 중력 렌즈 현상에 의한 별의 밝기 변화는 주기적으로 관측할 수 있다. ○ / ×

4 별 X 주변에 행성이 존재하면 별 Y의 밝기 변화가 불규칙하게 나타난다. ○ / ×

5 별 Y의 질량이 클수록 외계 행성의 존재 여부를 확인하기 쉽다.

○ / ×

11 외계 행성계의 탐사 결과

그림은 최근까지 발견된 외계 행성의 공전 궤도 반지름과 질량을 탐사 방법에 따라 구분하여 나타낸 것이다.

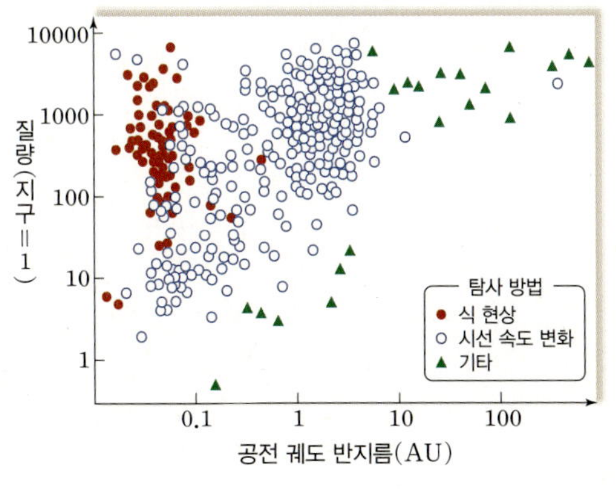

● 다음 설명 중 옳은 것은 ○표, 옳지 않은 것은 ×표 하시오.

1 발견된 외계 행성들은 대부분 지구보다 질량이 크다. ○ / ×

2 도플러 효과를 이용하여 발견한 외계 행성의 수가 가장 많다.

○ / ×

3 공전 궤도 반지름이 지구보다 큰 행성은 주로 식 현상을 이용하여 발견하였다. ○ / ×

4 행성의 공전 주기는 대체로 식 현상을 이용하여 발견한 행성보다 시선 속도 변화를 측정하여 발견한 행성이 짧다. ○ / ×

5 이 자료로부터 질량이 큰 행성이 질량이 작은 행성보다 발견되기 쉽다는 것을 알 수 있다. ○ / ×

12 생명 가능 지대

그림은 중심별(주계열성)의 질량에 따른 생명 가능 지대의 범위를 나타낸 것이다.

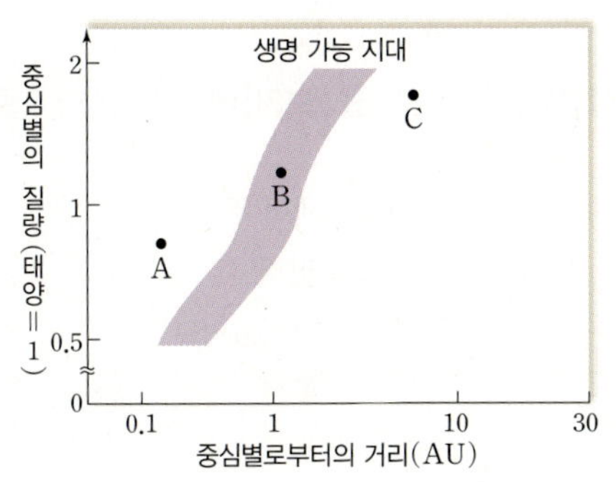

● 다음 설명 중 옳은 것은 ○표, 옳지 않은 것은 ×표 하시오.

1 중심별의 질량이 클수록 생명 가능 지대는 중심별로부터 멀어진다. ○ / ×

2 중심별의 광도가 클수록 생명 가능 지대의 폭이 넓어진다.

○ / ×

3 행성의 표면 온도는 A보다 C가 높을 것이다. ○ / ×

4 A~C 중 액체 상태의 물이 존재할 가능성이 가장 높은 것은 B이다. ○ / ×

5 단위 시간당 행성의 단위 면적에 입사하는 중심별의 에너지양은 C가 지구보다 많다. ○ / ×

학교 시험 대비 문제

대표 유형문제

01 그림은 광도가 같은 두 별의 플랑크 곡선을 나타낸 것이다. 이에 대한 설명으로 옳은 것만을 |보기|에서 있는 대로 고른 것은?

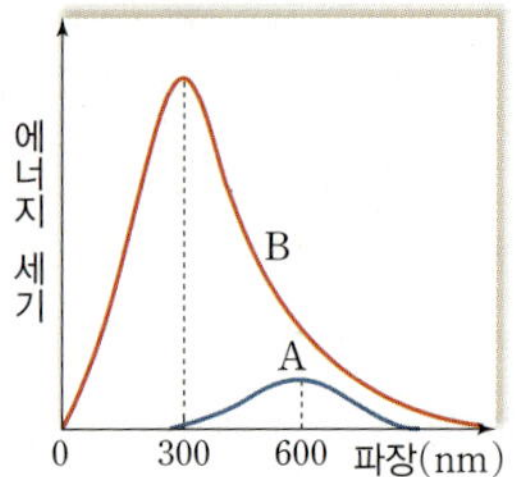

> **보기**
> ㄱ. 표면 온도는 A가 B의 2배이다.
> ㄴ. 단위 면적에서 단위 시간 동안 방출하는 에너지양은 A가 B의 16배이다.
> ㄷ. 반지름은 A가 B의 4배이다.

① ㄱ　　　　② ㄷ　　　　③ ㄱ, ㄴ
④ ㄴ, ㄷ　　　⑤ ㄱ, ㄴ, ㄷ

02 그림은 백열등으로부터 나온 빛이 저온의 기체를 통과한 빛의 스펙트럼을 나타낸 것이다.

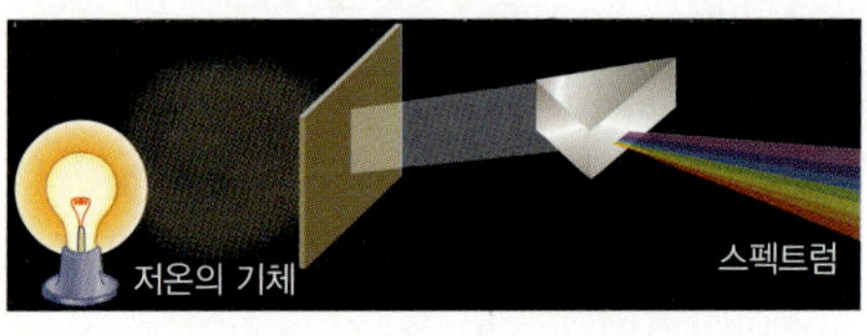

이에 대한 설명으로 옳은 것만을 |보기|에서 있는 대로 고른 것은?

> **보기**
> ㄱ. 스펙트럼에서 흡수선이 나타난다.
> ㄴ. 백열등이 없을 경우에는 선 스펙트럼이 뚜렷하다.
> ㄷ. 기체가 없을 경우에는 연속 스펙트럼이 나타난다.

① ㄴ　　　　② ㄷ　　　　③ ㄱ, ㄴ
④ ㄱ, ㄷ　　　⑤ ㄱ, ㄴ, ㄷ

03 표는 별 A, B의 물리량을 나타낸 것이다.

별	절대 등급	반지름(상댓값)
A	−3.0	1
B	2.0	4

이에 대한 설명으로 옳은 것만을 |보기|에서 있는 대로 고른 것은?

> **보기**
> ㄱ. 광도는 A가 B의 100배이다.
> ㄴ. 표면 온도는 A가 B보다 낮다.
> ㄷ. H−R도에서 A는 B보다 왼쪽 위에 위치한다.

① ㄴ　　　　② ㄷ　　　　③ ㄱ, ㄴ
④ ㄱ, ㄷ　　　⑤ ㄱ, ㄴ, ㄷ

04 그림은 별의 분광형에 따른 여러 원소들의 흡수선 종류와 세기를 나타낸 것이다.

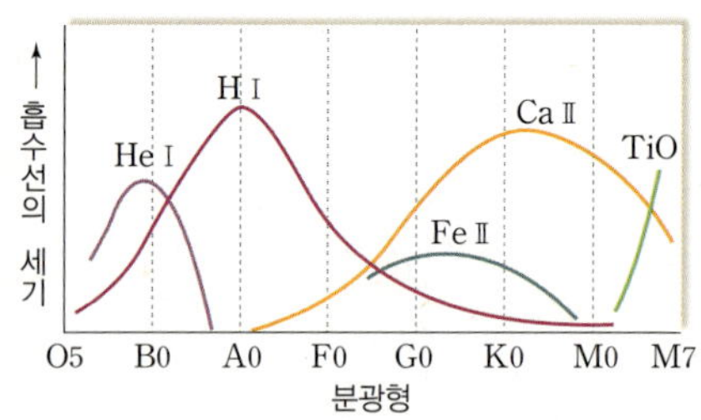

이에 대한 설명으로 옳은 것만을 |보기|에서 있는 대로 고른 것은?

> **보기**
> ㄱ. 태양은 헬륨 흡수선이 뚜렷하게 나타난다.
> ㄴ. 수소 흡수선은 흰색 별보다 파란색 별에서 뚜렷하다.
> ㄷ. 분자 흡수선은 붉은색 별에서 잘 나타난다.

① ㄴ　　　　② ㄷ　　　　③ ㄱ, ㄴ
④ ㄱ, ㄷ　　　⑤ ㄱ, ㄴ, ㄷ

대표 유형문제

05 그림은 주계열성 ㉠~㉢의 스펙트럼에서 관측된 주요 흡수선을 나타낸 것이다.

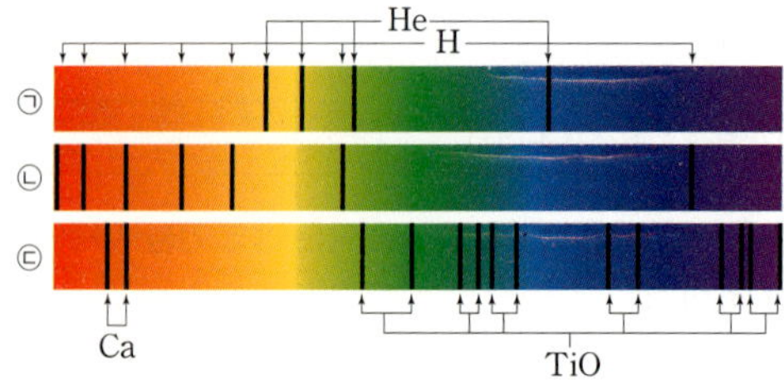

이에 대한 설명으로 옳은 것만을 |보기|에서 있는 대로 고른 것은?

> **보기**
> ㄱ. 수소 흡수선은 ㉠보다 ㉡에서 뚜렷하다.
> ㄴ. 표면 온도는 ㉠이 ㉢보다 낮다.
> ㄷ. 세 별 중 광도가 가장 큰 별은 ㉢이다.

① ㄱ　　　　② ㄷ　　　　③ ㄱ, ㄴ
④ ㄴ, ㄷ　　　⑤ ㄱ, ㄴ, ㄷ

06 표는 세 별 ㉠~㉢의 분광형과 절대 등급을 나타낸 것이다.

별	분광형	절대 등급
㉠	F0	−5.0
㉡	G0	5.0
㉢	A0	10.0

㉠~㉢에 대한 설명으로 옳은 것만을 |보기|에서 있는 대로 고른 것은?

보기
ㄱ. 광도는 ㉠이 가장 작다.
ㄴ. 단위 면적에서 단위 시간 동안 방출하는 에너지양은 ㉢이 가장 많다.
ㄷ. ㉡과 ㉢은 모두 주계열성이다.

① ㄱ   ② ㄴ   ③ ㄱ, ㄷ
④ ㄴ, ㄷ   ⑤ ㄱ, ㄴ, ㄷ

대표 유형 문제

07 그림은 별의 H−R도를 나타낸 것이다.

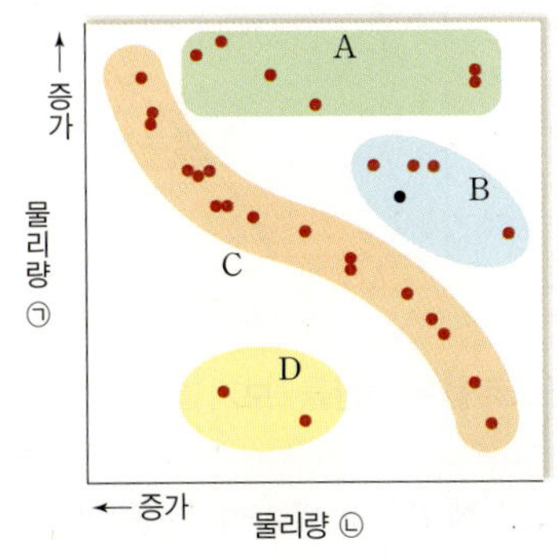

별의 집단 A~D에 대한 설명으로 옳은 것은?

① 물리량 ㉠은 표면 온도, ㉡은 광도이다.
② A는 적색 거성이다.
③ 태양은 B에 속한다.
④ C에 속하는 별은 표면 온도가 높을수록 질량이 크다.
⑤ 별의 반지름은 A보다 D가 크다.

08 광도 계급에 대한 설명으로 옳은 것만을 |보기|에서 있는 대로 고른 것은?

보기
ㄱ. 광도 계급의 숫자가 클수록 광도가 크다.
ㄴ. 태양의 광도 계급은 V에 속한다.
ㄷ. 분광형이 같으면 광도 계급에 관계없이 스펙트럼의 특징이 동일하다.

① ㄱ   ② ㄴ   ③ ㄱ, ㄷ
④ ㄴ, ㄷ   ⑤ ㄱ, ㄴ, ㄷ

09 그림은 두 별 A와 B의 진화 과정을 나타낸 것이다. 이에 대한 설명으로 옳은 것을 |보기|에서 있는 대로 고른 것은?

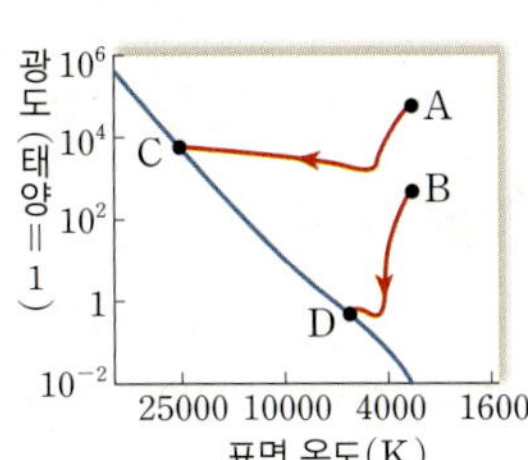

보기
ㄱ. A와 B는 모두 원시별이다.
ㄴ. 진화하는 데 걸린 시간은 A → C가 B → D보다 길다.
ㄷ. A와 B는 모두 진화하는 동안 반지름이 감소한다.

① ㄱ   ② ㄴ   ③ ㄱ, ㄷ
④ ㄴ, ㄷ   ⑤ ㄱ, ㄴ, ㄷ

10 그림은 주계열성의 질량과 광도 사이의 관계를 나타낸 것이다.

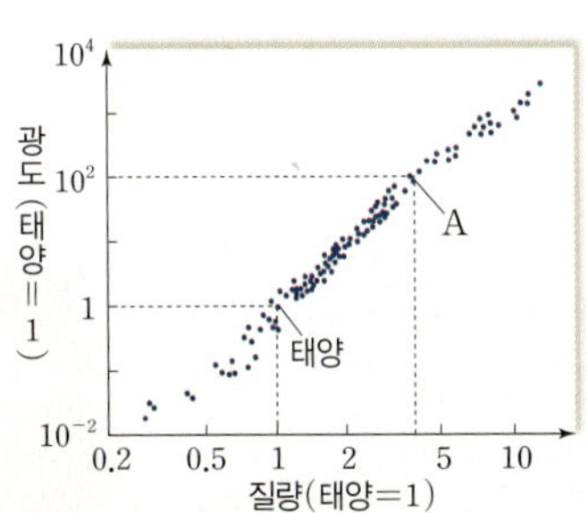

이에 대한 설명으로 옳은 것만을 |보기|에서 있는 대로 고른 것은?

보기
ㄱ. 주계열성은 질량이 클수록 절대 등급이 작다.
ㄴ. 반지름은 A가 태양의 10배보다 크다.
ㄷ. 주계열성 단계에 머무는 기간은 A가 태양보다 길다.

① ㄱ   ② ㄷ   ③ ㄱ, ㄴ
④ ㄴ, ㄷ   ⑤ ㄱ, ㄴ, ㄷ

11 그림은 태양 정도의 질량을 가진 어느 별의 내부 구조를 나타낸 것이다.
이에 대한 설명으로 옳은 것만을 |보기|에서 있는 대로 고른 것은?

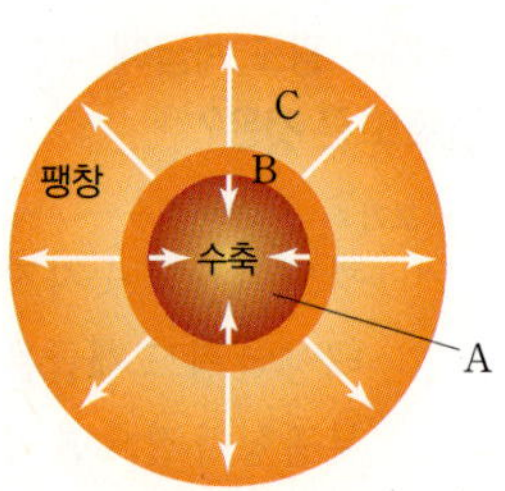

|보기|
ㄱ. A 층의 온도는 상승한다.
ㄴ. C 층은 별의 정역학 평형 상태를 유지한다.
ㄷ. 이 별은 H−R도에서 점점 왼쪽 위로 이동한다.

① ㄱ   ② ㄷ   ③ ㄱ, ㄴ
④ ㄴ, ㄷ   ⑤ ㄱ, ㄴ, ㄷ

대표 유형문제

12 그림은 어느 별의 진화 경로를 H−R도에 나타낸 것이다.
이에 대한 설명으로 옳은 것만을 |보기|에서 있는 대로 고른 것은?

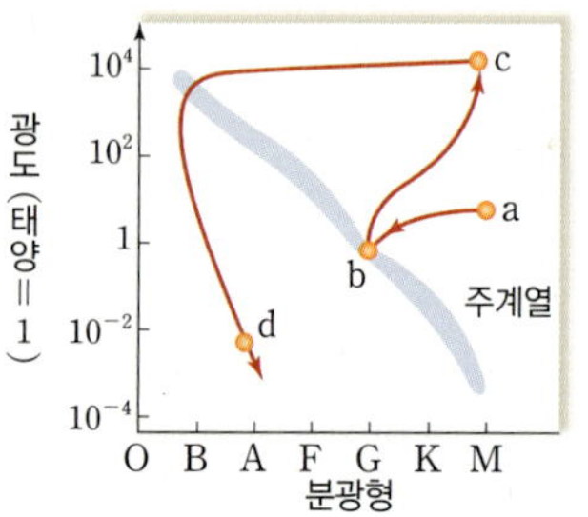

|보기|
ㄱ. a→b 과정에서 별의 중심부 온도가 상승한다.
ㄴ. b→c 과정에서 탄소 핵융합 반응이 일어난다.
ㄷ. c→d 과정에서 행성상 성운이 형성된다.

① ㄱ   ② ㄴ   ③ ㄱ, ㄷ
④ ㄴ, ㄷ   ⑤ ㄱ, ㄴ, ㄷ

13 그림은 어느 주계열성의 내부에 작용하는 두 힘 A와 B를 나타낸 것이다.
이에 대한 설명으로 옳은 것만을 |보기|에서 있는 대로 고른 것은?

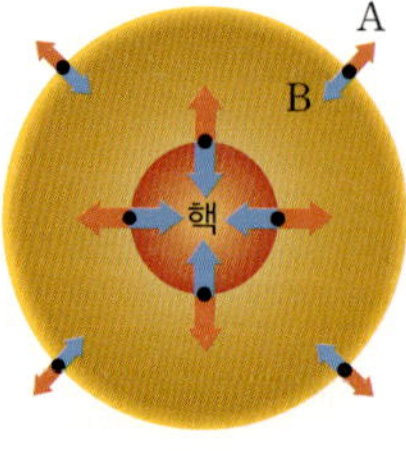

|보기|
ㄱ. A는 기체 압력 차로 발생한 힘이다.
ㄴ. 중심핵에서 힘의 크기는 A가 B보다 작다.
ㄷ. 중심핵에서는 헬륨 핵융합 반응이 일어난다.

① ㄱ   ② ㄴ   ③ ㄱ, ㄷ
④ ㄴ, ㄷ   ⑤ ㄱ, ㄴ, ㄷ

대표 유형문제

14 그림은 질량이 서로 다른 주계열성의 진화 과정을 나타낸 것이다.

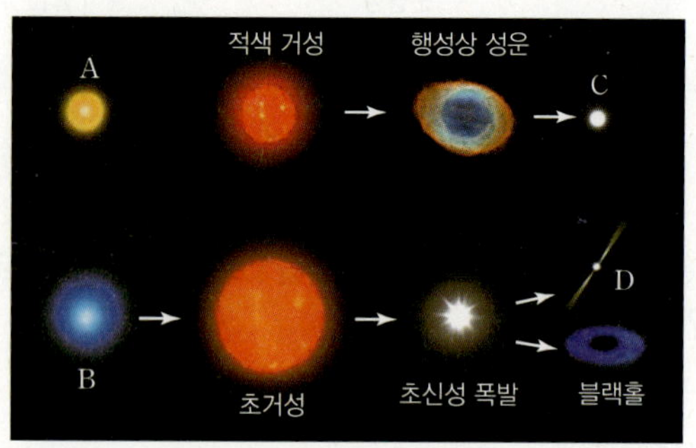

이에 대한 설명으로 옳은 것만을 |보기|에서 있는 대로 고른 것은?

|보기|
ㄱ. A와 B의 중심부에서는 수소 핵융합 반응이 일어난다.
ㄴ. 질량은 A가 B보다 작다.
ㄷ. A~D 중에서 평균 밀도는 C가 가장 크다.

① ㄱ   ② ㄷ   ③ ㄱ, ㄴ
④ ㄴ, ㄷ   ⑤ ㄱ, ㄴ, ㄷ

대표 유형문제

15 그림은 별의 중심핵에서 일어나는 두 가지 수소 핵융합 반응에 의한 단위 시간당 에너지 생성률을 중심 온도에 따라 나타낸 것이다.

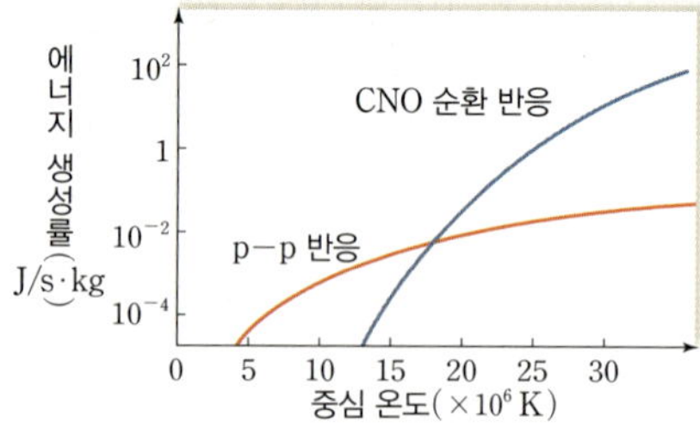

이에 대한 설명으로 옳은 것만을 |보기|에서 있는 대로 고른 것은?

|보기|
ㄱ. 태양의 중심핵 온도는 약 1800만 K보다 높다.
ㄴ. 주계열성의 질량이 클수록 단위 시간당 에너지 생성량이 많다.
ㄷ. 온도에 따른 에너지 생성률의 변화는 p−p 반응보다 CNO 순환 반응이 크다.

① ㄱ   ② ㄷ   ③ ㄱ, ㄴ
④ ㄴ, ㄷ   ⑤ ㄱ, ㄴ, ㄷ

16 현재 이용하고 있는 외계 행성을 탐사하는 방법이 <u>아닌</u> 것은?

① 직접 촬영하는 방법
② 식 현상을 이용하는 방법
③ 중심별의 광도 계급을 이용하는 방법
④ 미세 중력 렌즈 현상을 이용하는 방법
⑤ 중심별의 시선 속도 변화를 이용하는 방법

17 그림은 도플러 효과를 이용하여 외계 행성을 탐사하는 방법을 나타낸 것이다.
이에 대한 설명으로 옳은 것만을 |보기|에서 있는 대로 고른 것은?

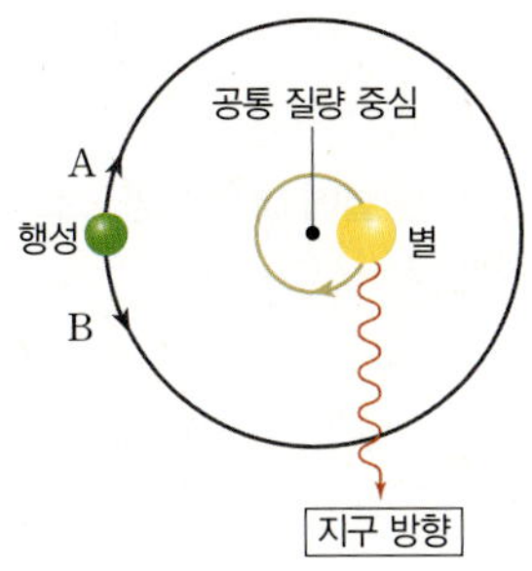

┌─ 보기 ─
ㄱ. 행성은 A 방향으로 공전한다.
ㄴ. 현재 위치에서 별빛의 스펙트럼에서는 적색 편이가 나타난다.
ㄷ. 별과 행성은 공통 질량 중심 주위를 다른 주기로 회전한다.
└─

① ㄱ　　　　② ㄴ　　　　③ ㄱ, ㄷ
④ ㄴ, ㄷ　　　⑤ ㄱ, ㄴ, ㄷ

대표 유형 문제

18 그림 (가)는 어느 외계 행성이 별 주위를 공전하는 모습을, (나)는 이 별의 겉보기 밝기를 시간에 따라 나타낸 것이다.

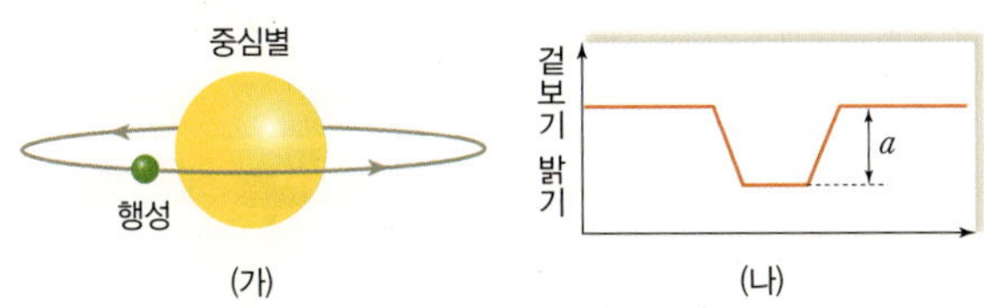

이에 대한 설명으로 옳은 것만을 |보기|에서 있는 대로 고른 것은?

┌─ 보기 ─
ㄱ. 관측자의 시선 방향이 행성의 공전 궤도면과 수직일 경우에는 (나)의 현상을 관측할 수 없다.
ㄴ. 겉보기 밝기가 최소일 때 중심별의 스펙트럼에서 흡수선의 파장이 가장 길게 관측된다.
ㄷ. 행성의 반지름이 2배가 되면 a는 2배로 커진다.
└─

① ㄱ　　　　② ㄷ　　　　③ ㄱ, ㄴ
④ ㄴ, ㄷ　　　⑤ ㄱ, ㄴ, ㄷ

19 그림은 여러 가지 탐사 방법으로 최근까지 발견한 외계 행성들의 공전 궤도 반지름과 질량을 나타낸 것이다.

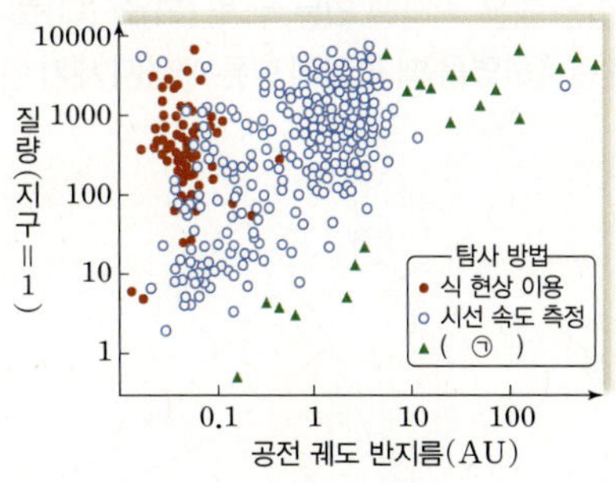

이에 대한 설명으로 옳은 것만을 |보기|에서 있는 대로 고른 것은?

┌─ 보기 ─
ㄱ. 발견된 행성들은 대부분 지구보다 질량이 크다.
ㄴ. 식 현상을 이용하여 발견된 행성들은 대체로 공전 궤도 반지름이 지구보다 작다.
ㄷ. 미세 중력 렌즈 현상을 이용하는 방법은 ㉠에 속한다.
└─

① ㄱ　　　　② ㄴ　　　　③ ㄱ, ㄷ
④ ㄴ, ㄷ　　　⑤ ㄱ, ㄴ, ㄷ

대표 유형 문제

20 그림은 H−R도에 별의 질량과 수명의 관계를 나타낸 것이다.

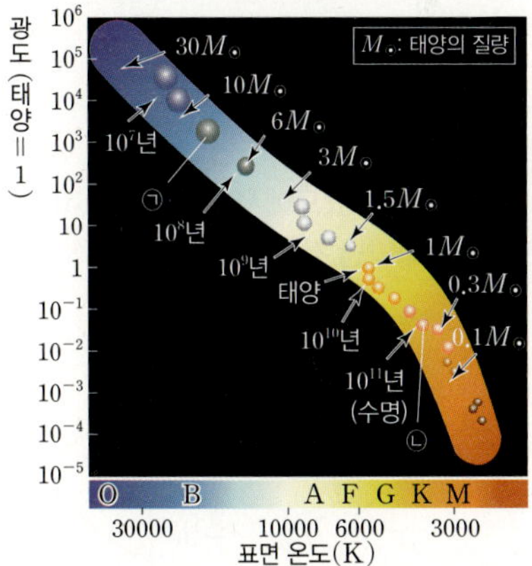

이에 대한 설명으로 옳은 것만을 |보기|에서 있는 대로 고른 것은?

┌─ 보기 ─
ㄱ. 이 별들은 모두 주계열성이다.
ㄴ. 별에서 생명 가능 지대까지의 거리는 ㉠이 태양보다 멀다.
ㄷ. 생명 가능 지대에 위치한 행성에 액체 상태의 물이 존재할 수 있는 기간은 태양보다 ㉡에서 짧다.
└─

① ㄱ　　　　② ㄷ　　　　③ ㄱ, ㄴ
④ ㄴ, ㄷ　　　⑤ ㄱ, ㄴ, ㄷ

1등급 도전!
고난도 문제

21 그림은 같은 거리에 있는 두 별 (가)와 (나)를 U, B, V 필터를 이용해 관측하였을 때 파장에 따른 에너지 세기 분포를 나타낸 것이다.

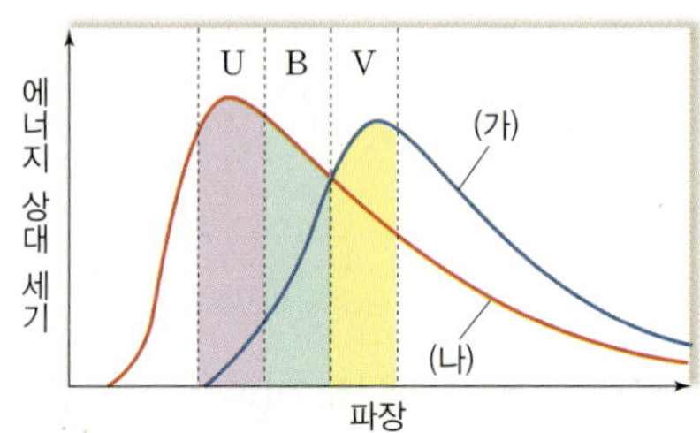

이에 대한 설명으로 옳은 것만을 |보기|에서 있는 대로 고른 것은?

> **보기**
> ㄱ. 별의 표면 온도는 (나)가 (가)보다 높다.
> ㄴ. (나)에서 필터를 통과한 빛의 양은 U가 V보다 많다.
> ㄷ. (B 등급 $-$ V 등급)은 (가)가 (나)보다 크다.

① ㄱ   ② ㄷ   ③ ㄱ, ㄴ
④ ㄴ, ㄷ   ⑤ ㄱ, ㄴ, ㄷ

22 그림 (가)는 H−R도에서 주계열성을, (나)는 주계열성의 질량−광도 관계를 나타낸 것이다.

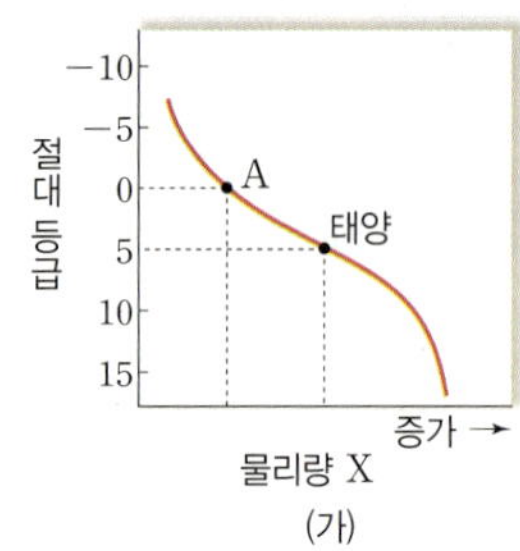

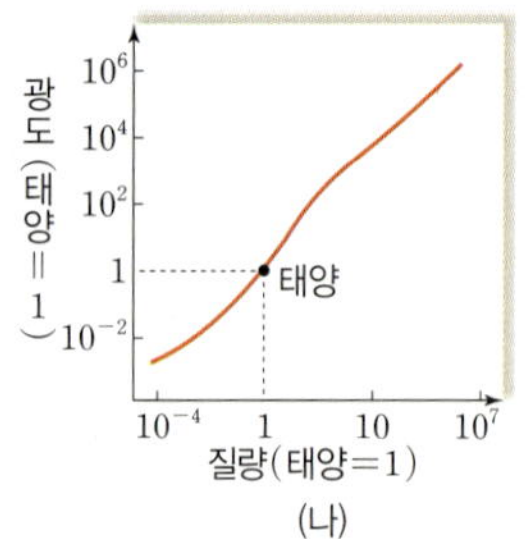

이에 대한 설명으로 옳은 것만을 |보기|에서 있는 대로 고른 것은?

> **보기**
> ㄱ. 표면 온도는 (가)의 물리량 X가 될 수 있다.
> ㄴ. 주계열성의 질량이 클수록 별의 반지름은 크다.
> ㄷ. 별 A의 질량은 태양의 10배 이상이다.

① ㄱ   ② ㄴ   ③ ㄱ, ㄷ
④ ㄴ, ㄷ   ⑤ ㄱ, ㄴ, ㄷ

23 그림은 어느 성단의 H−R도를 나타낸 것이다. 이 성단을 이루는 별들은 모두 같은 시기에 생성되었다.

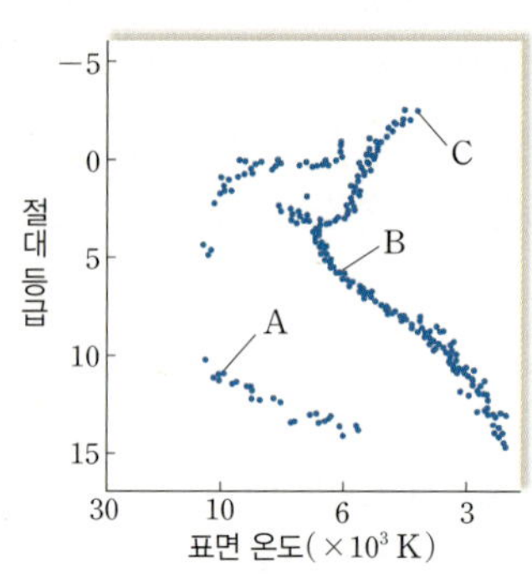

A∼C 별에 대한 설명으로 옳은 것만을 |보기|에서 있는 대로 고른 것은?

> **보기**
> ㄱ. 광도가 가장 큰 별은 A이다.
> ㄴ. 원시별 단계일 때, 별의 질량은 A가 B보다 크다.
> ㄷ. 별의 중심부 온도는 B보다 C가 높다.

① ㄱ   ② ㄴ   ③ ㄱ, ㄷ
④ ㄴ, ㄷ   ⑤ ㄱ, ㄴ, ㄷ

24 그림 (가)와 (나)는 외계 행성을 탐사하는 서로 다른 방법을 나타낸 것이다.

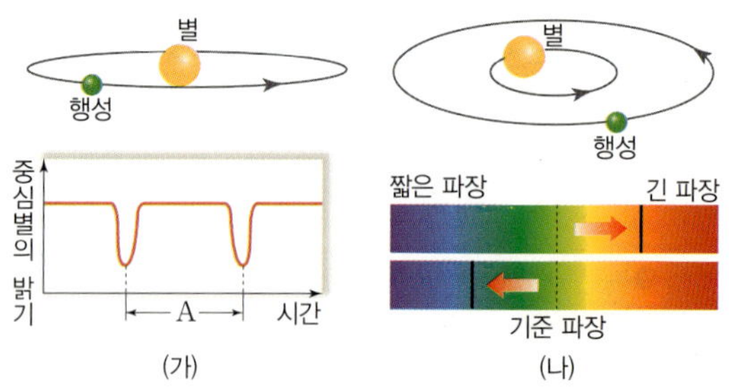

이에 대한 설명으로 옳은 것만을 |보기|에서 있는 대로 고른 것은?

> **보기**
> ㄱ. (가)에서 A는 행성의 공전 주기와 같다.
> ㄴ. (나)에서 별빛의 스펙트럼에서 청색 편이는 행성이 지구로부터 멀어질 때 나타난다.
> ㄷ. (가)와 (나)는 모두 중심별의 질량이 클수록 행성의 존재 여부를 확인하기 쉽다.

① ㄱ   ② ㄷ   ③ ㄱ, ㄴ
④ ㄴ, ㄷ   ⑤ ㄱ, ㄴ, ㄷ

25 표는 두 별 ㉠과 ㉡의 분광형과 광도 계급을 나타낸 것이다.

별	㉠	㉡
분광형	G5	G0
광도 계급	Ⅱ	Ⅴ

(1) ㉠과 ㉡의 표면 온도와 광도의 크기를 각각 비교하여 서술하시오.

(2) ㉠과 ㉡의 반지름을 비교하고, 그 까닭을 서술하시오.

26 그림은 별 ㉠~㉢, 태양의 분광형과 광도를 나타낸 것이다.

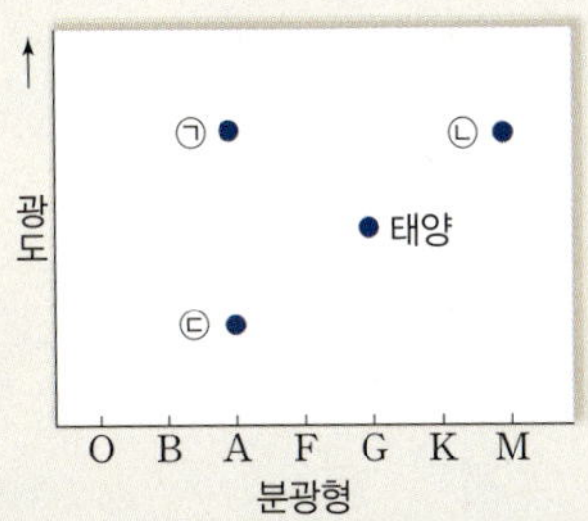

별 ㉠~㉢의 평균 밀도를 비교하고, 그 까닭을 서술하시오.

27 그림은 어느 별의 중심부 구조를 나타낸 것이다.

이 별의 최종 진화에 대해 서술하시오.

28 그림은 두 주계열성 (가)와 (나)의 내부 구조를 나타낸 것이다.

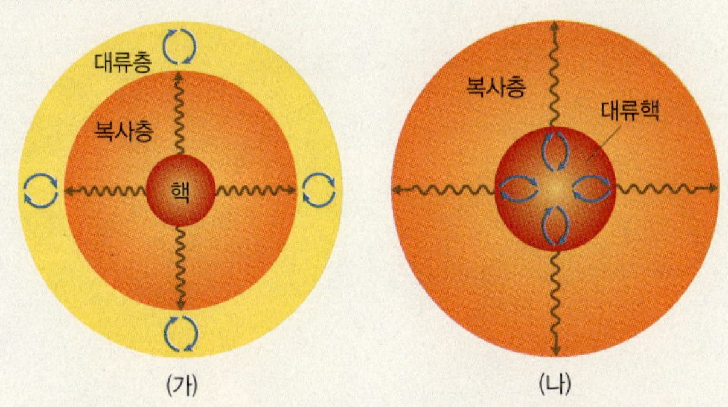

두 별의 중심부 온도를 비교하고, 수소 핵융합 반응의 특징과 관련지어 서술하시오.

29 그림은 미세 중력 렌즈 현상을 이용하여 외계 행성을 탐사하는 방법을 나타낸 것이다.

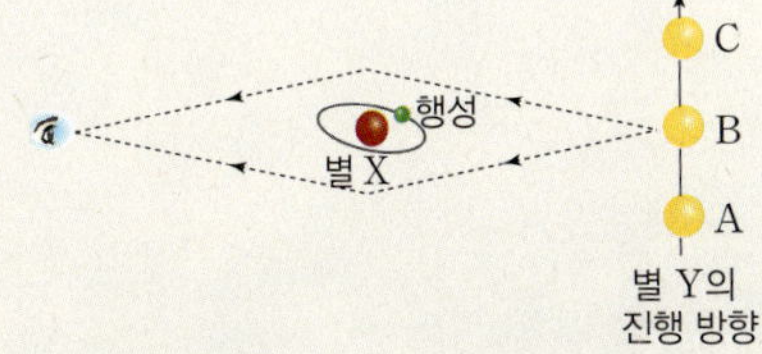

멀리 있는 별 Y가 A → B → C로 이동함에 따라 별 Y의 밝기가 어떻게 변하는지 서술하시오.

30 그림은 태양보다 질량이 큰 주계열성이 중심별인 어느 외계 행성계를 나타낸 것이다. 각 행성의 위치는 중심별로부터 행성까지의 거리에 해당하고, S 값은 그 위치에서 행성이 단위 시간당 단위 면적이 받는 복사 에너지이다.

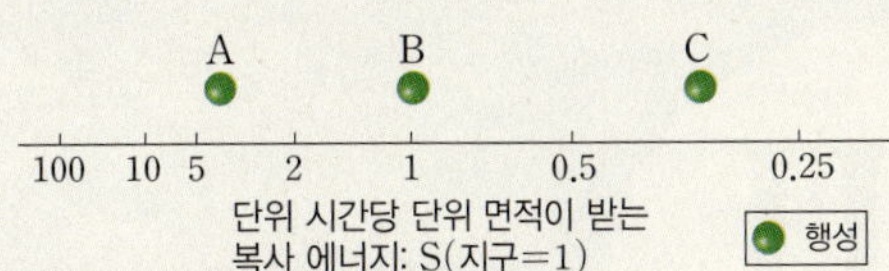

A~C 중에서 생명 가능 지대에 위치한 행성을 쓰고, 그 행성과 중심별 사이의 거리를 지구와 비교하여 서술하시오.

III 우주

2 외부 은하와 우주 팽창

04 외부 은하

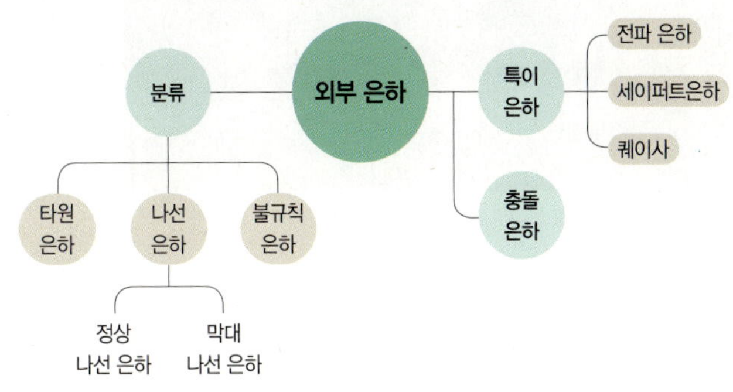

05 우주 팽창과 빅뱅 우주론

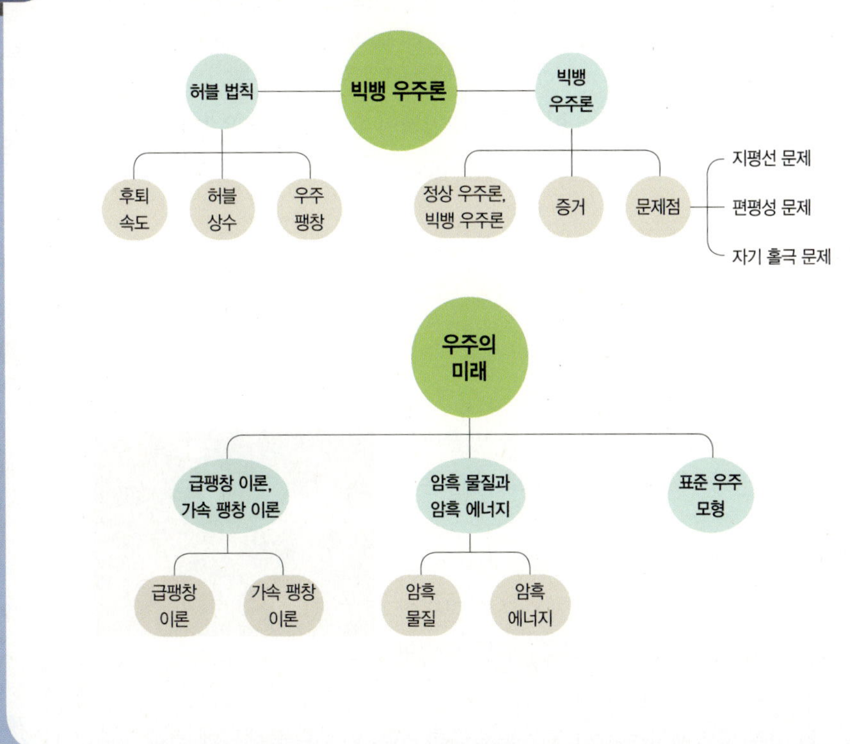

04 외부 은하

① 은하의 분류와 특징

개념 외부 은하들은 형태에 따라 타원 은하, 나선 은하, 불규칙 은하로 구분할 수 있다.

1. 허블의 은하 분류: 허블은 외부 은하를 가시광선 영역에서 관측되는 형태에 따라 타원 은하, 나선 은하, 불규칙 은하로 분류하였다. ➡ 허블이 제시한 은하 분류 체계는 은하의 진화와는 관계가 없다는 것이 밝혀졌다.

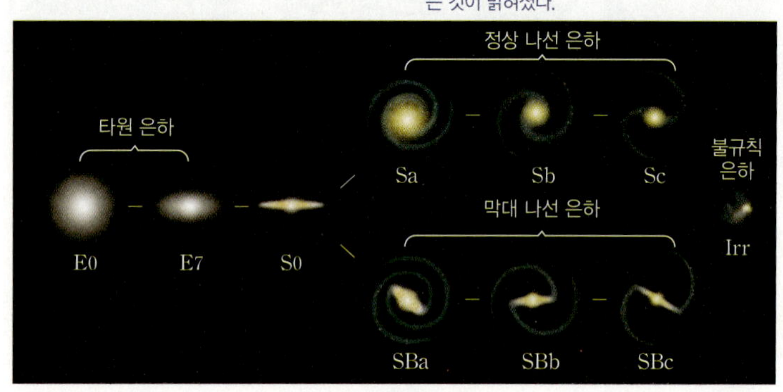

▲ 외부 은하의 분류

2. 은하의 종류에 따른 특징

(1) **타원 은하**: 성간 물질이 거의 없는 타원형 은하로, 비교적 늙고 온도가 낮은 별들로 이루어져 있으며, 편평도(납작한 정도)에 따라 원에 가까운 E0부터 가장 납작한 E7까지 세분한다.

(2) **나선 은하**: 은하핵과 나선팔로 구성되어 있으며, 나선팔에는 젊은 별과 성간 물질이 풍부하고, 중앙 팽대부와 헤일로에는 늙은 별이 많고 성간 물질이 거의 없다.

❶ 막대 구조의 유무에 따라 정상 나선 은하와 막대 나선 은하로 나눈다.

❷ 나선 은하는 나선팔이 감긴 정도와 은하핵의 크기에 따라 Sa, Sb, Sc 또는 SBa, SBb, SBc로 세분된다. ➡ 소문자가 a → b → c 순으로 갈수록 중심핵의 크기가 상대적으로 작고 나선팔이 느슨하게 감겨 있다.

(3) **불규칙 은하**: 규칙적인 모양을 보이지 않거나 비대칭적인 은하로, 새로운 별들이 매우 활발하게 생성되고 있으며, 성간 물질과 젊은 별이 많이 분포한다.

② 특이 은하

개념 특이 은하에는 전파 은하, 퀘이사, 세이퍼트은하 등이 있다.

1. 특이 은하: 허블의 분류 체계로는 분류하기 어려운 전파 은하, 퀘이사, 세이퍼트은하 등을 특이 은하라고 한다.

(1) **전파 은하**: 전파 영역에서 매우 강한 복사를 방출하는 은하로, 가시광선 영역으로 관측할 때 주로 타원 은하 형태로 관측된다.

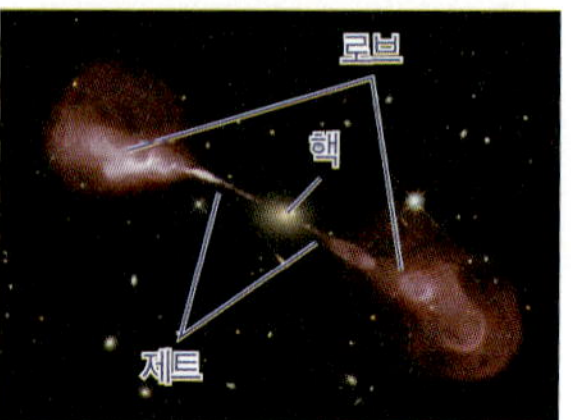

▲ 전파 은하

❶ 구조: 중심에 핵을 가지고 양쪽에 로브라고 불리는 거대한 돌출부가 있으며, 로브와 핵이 제트로 연결되어 있다. 로브의 크기는 은하의 수 배 정도, 로브 사이의 간격은 은하 크기의 수백 배에 이른다.

❷ 제트와 로브의 일부 영역에서는 강한 X선을 방출하는데, 이것은 블랙홀에 의해 고속으로 움직이는 전자와 강한 자기장 때문이라고 추정하고 있다.

허블(1889~1953)
외부 은하들을 모양에 따라 분류하였고, 외부 은하들의 스펙트럼을 관측하여 우주 팽창을 확인하였다.

허블의 은하 분류
타원 은하(Elliptical galaxy)는 E, 정상 나선 은하(Normal Spiral galaxy)는 S, 막대 나선 은하(Barred Spiral galaxy)는 SB, 불규칙 은하(Irregular galaxy)는 Irr로 표현한다.

우리은하

우리은하는 오랫동안 정상 나선 은하로 분류되어 왔으나 최근 중심부에서 막대 구조가 발견되어 현재는 막대 나선 은하(SBb)로 분류되고 있다.

강의 포인트 ◉
은하를 구하는 물질

구분	별	성간 물질
타원 은하	주로 오래된 별	적다.
나선 은하	내부 구조에 따라 다르다.	
불규칙 은하	주로 젊은 별	많다.

제트
회전하는 원반에서 수직으로 뿜어져 나오는 물질 흐름

(2) **퀘이사**: 수많은 별들로 이루어진 은하이지만 너무 멀리 있어 하나의 별처럼 보인다.

❶ 적색 편이가 매우 크다. 따라서 매우 먼 거리에 있는 천체이며, 후퇴 속도가 매우 크다는 것을 알 수 있다.

❷ 퀘이사에서 방출되는 에너지양은 우리은하의 수백~수천 배에 이른다. 하지만 에너지가 방출되는 영역의 크기는 매우 작다. ➡ 퀘이사의 중심에 질량이 매우 큰 블랙홀이 있을 것으로 추정된다.

(3) **세이퍼트은하**: 보통의 은하들에 비하여 밝은 핵과 넓은 방출선 스펙트럼이 관측되는 은하이다.

❶ 세이퍼트은하는 가시광선 영역으로 관측할 때 대부분 나선 은하 형태로 관측된다.

❷ 스펙트럼에서 폭이 넓은 방출선이 나타난다.
➡ 은하 내의 성간 물질이 매우 빠른 속도로 회전하고 있음을 나타내며, 은하 중심부에 블랙홀이 있을 것으로 추정된다.

2. 충돌 은하

(1) **충돌 은하**: 은하와 은하의 상호 작용으로 은하가 충돌하는 과정에서 형성되는 은하를 충돌 은하라고 하며, 우리은하는 약 40억 년 후에 안드로메다은하와 충돌할 것으로 추정하고 있다.

(2) **충돌 은하의 특징**

❶ 은하가 충돌하더라도 내부의 별들이 서로 충돌할 가능성은 거의 없다.

❷ 은하가 충돌할 때 은하 내의 성간 물질이 서로 충돌하면, 압축되면서 새로운 별들의 탄생이 매우 활발해진다.
은하가 충돌하면 각 은하를 구성하는 천체의 배열이 달라지며, 천체끼리 충돌할 확률은 낮다.

▲ 퀘이사(3C 273)

▲ 세이퍼트은하

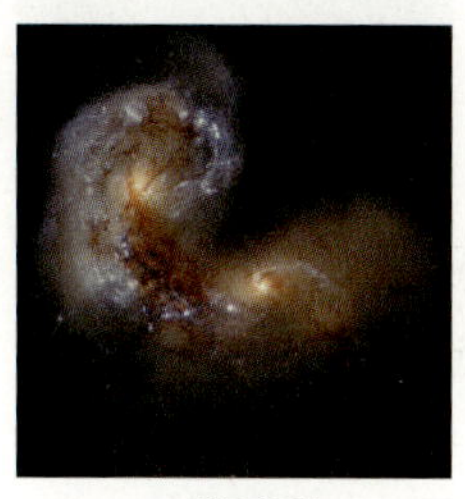
▲ 충돌 은하

퀘이사의 생성과 크기
- 생성: 대부분의 퀘이사는 우주 생성 초기에 만들어졌으며, 가장 멀리 있는 퀘이사는 우주가 탄생한 후 약 7억 년이 되었을 때 생성되었다.
- 크기: 퀘이사는 광도가 매우 빠르게 변한다. 따라서 퀘이사의 크기는 태양계 정도인 것으로 추정하고 있다.

퀘이사가 먼 곳에서 발견되는 까닭
천문학자들의 추론에 따르면, 은하가 갓 형성되었을 때에는 중심에 있는 거대 블랙홀 주변에 물질이 풍부하게 존재하였고 블랙홀이 이들 물질을 끌어들일 때 막대한 에너지가 발생하므로 은하가 퀘이사로 관측될 수 있다.
이 은하는 시간이 흘러 거대 블랙홀 주변의 물질이 소진되면서 점차 에너지 방출량이 줄어들어 평범한 은하로 진화하였을 것이다. 이러한 까닭으로 퀘이사는 주로 먼 곳에서 발견된다고 추정할 수 있다.

안드로메다은하
우리은하로부터 약 250만 광년 떨어져 있는 나선 은하로, 우리은하와 안드로메다은하는 서로의 중력에 의해 점점 가까워지고 있다.

암기 꼭!
- 퀘이사: 하나의 별처럼 관측
- 세이퍼트은하: 대부분 나선 은하
- 전파 은하: 대부분 타원 은하

개념 익히기 문제

정답과 해설 p.65

🧠 교과서 문장으로 개념 익히기

01 허블은 외부 은하들을 ☐☐☐☐ 영역에서 관측되는 형태에 따라 타원 은하, 나선 은하, 불규칙 은하로 구분하였다.

02 ☐☐ 은하는 편평도에 따라 E0부터 E7까지 세분한다.

03 나선 은하는 ☐☐ 구조의 유무에 따라 정상 나선 은하와 막대 나선 은하로 구분한다.

04 규칙적인 모양을 보이지 않으며 성간 물질과 젊은 별이 많이 분포하는 은하는 ☐☐☐ 은하이다.

05 ☐☐ 은하는 중심에 핵이 있고, 양쪽에 로브가 있으며, 로브와 핵이 제트로 연결되어 있다.

06 ☐☐☐는 하나의 별처럼 보이는 특이 은하이며, 매우 큰 적색 편이가 나타난다.

07 ☐☐☐☐은하는 보통의 은하들에 비하여 아주 밝은 핵과 넓은 방출선 스펙트럼이 관측되는 은하이다.

📦 OX 문제로 개념 익히기

08 허블이 제시한 은하 분류 체계는 은하의 진화와는 관계가 없다. (O / X)

09 타원 은하에는 은하 중심부를 가로지르는 막대 모양의 구조가 존재한다. (O / X)

10 나선 은하의 나선팔에는 성간 물질과 젊은 별이 거의 존재하지 않는다. (O / X)

11 우리은하를 허블의 은하 분류 기준에 따라 분류하면 막대 나선 은하에 속한다. (O / X)

12 불규칙 은하는 타원 은하에 비해 나이가 많은 별들로 이루어져 있다. (O / X)

13 특이 은하의 중심부에는 모두 블랙홀이 있을 것으로 추정한다. (O / X)

14 두 은하가 서로 충돌할 경우 내부의 별들이 서로 충돌하여 파괴되는 경우가 많다. (O / X)

자료 집중 분석 — 허블의 은하 분류

🔖 **Point** 은하의 형태에 따른 분류 방법에 대해 알아보고, 은하의 종류에 따른 특징에 대해서도 알아보자.

그림은 형태가 다른 은하 A~H를 가시광선 영역에서 관측한 모습이다.

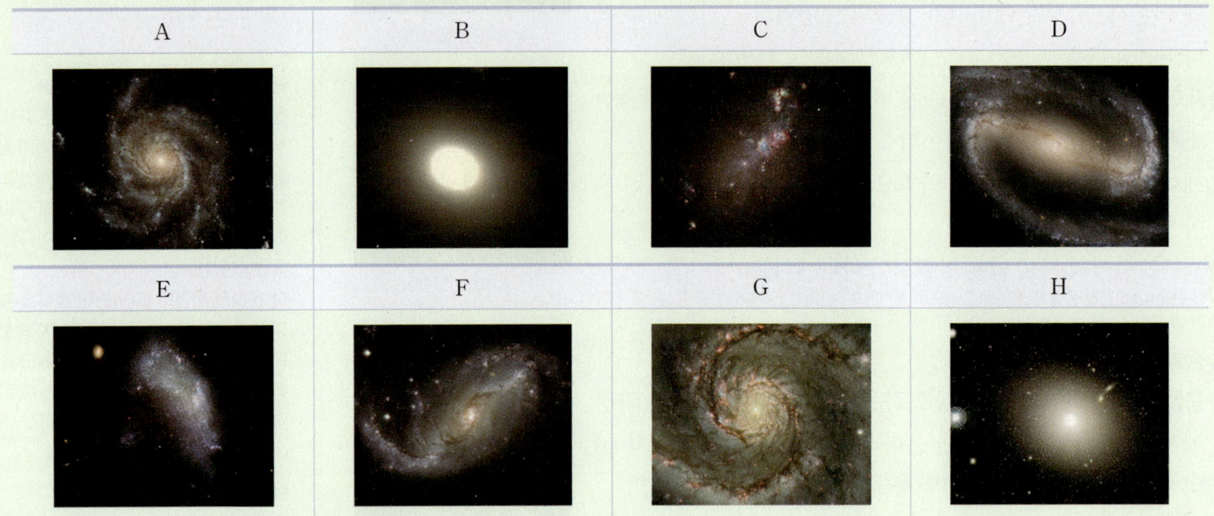

은하 A~H의 형태에 따른 특징을 정리하면 다음과 같다.

은하	가시광선에서 관측되는 특징	허블의 은하 분류	구성 별과 성간 물질
A, G	• 나선팔과 중앙 팽대부가 있다. • 막대 구조는 없다.	정상 나선 은하	• 늙은 별과 젊은 별로 구성되어 있다. • 성간 물질은 나선팔에 풍부하다.
B, H	• 타원 모양으로 보인다. • 나선팔 구조는 없다.	타원 은하	• 주로 늙은 별로 구성되어 있다. • 성간 물질이 거의 없다.
C, E	• 규칙적인 모양이 없다. • 비대칭적인 형태를 갖고 있다.	불규칙 은하	• 주로 젊은 별로 구성되어 있다. • 성간 물질이 매우 풍부하다.
D, F	• 나선팔과 중앙 팽대부가 있다. • 은하핵을 가로지르는 막대 구조가 있다.	막대 나선 은하	• 늙은 별과 젊은 별로 구성되어 있다. • 성간 물질은 나선팔에 풍부하다.

정답과 해설 p.65

예제 ❶

그림은 허블의 은하 분류 체계에 따라 은하를 분류한 것을 나타낸 것이다.

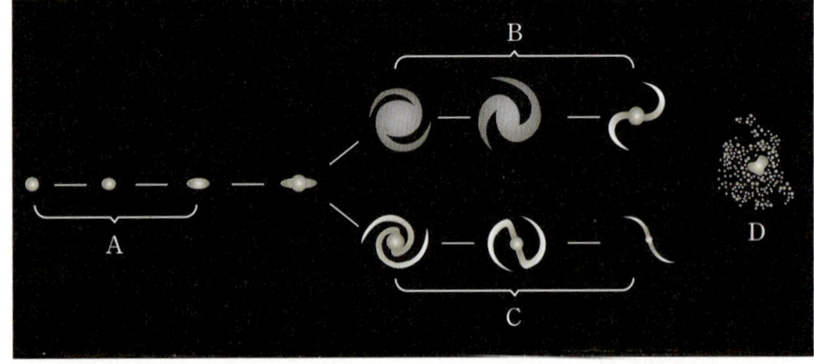

▶ **해결 전략**

1단계: A~D 은하 집단의 형태에 따른 특징으로부터 각 은하 집단에 해당하는 은하의 종류를 생각한다.
2단계: 은하의 종류에 따른 특징을 생각한다.

이에 대한 설명으로 옳은 것은?

① A에 속한 은하들은 막대 구조의 유무에 따라 세분할 수 있다.

② 우리은하는 B에 속한다.

③ C에 속한 은하들은 편평도에 따라 세분할 수 있다.

④ 성간 물질이 차지하는 질량 비율은 D가 A보다 크다.

⑤ A~D 중 구성하고 있는 별들의 평균 나이는 D가 가장 많다.

개념 다지기 문제

01 그림은 가시광선 영역에서 관측한 어떤 외부 은하의 모습이다. 이 은하에 대한 설명으로 옳지 **않은** 것은?

① 타원 은하에 속한다.
② 새로운 별의 탄생이 활발하다.
③ 성간 물질의 비율이 매우 작다.
④ 편평도에 따라 E0~E7 중 하나로 나눌 수 있다.
⑤ 밝기는 중심부에서 바깥쪽으로 갈수록 감소한다.

02 나선 은하에 대한 설명으로 옳은 것만을 |보기|에서 있는 대로 고른 것은?

|보기|
ㄱ. 나선팔과 은하 원반 구조를 갖고 있다.
ㄴ. 은하의 질량에 따라 세분할 수 있다.
ㄷ. 은하 중심부로 갈수록 성간 물질의 비율이 커진다.

① ㄱ   ② ㄷ   ③ ㄱ, ㄴ
④ ㄴ, ㄷ   ⑤ ㄱ, ㄴ, ㄷ

대표 유형 문제

03 그림은 서로 다른 형태를 가진 네 은하 (가)~(라)를 나타낸 것이다.

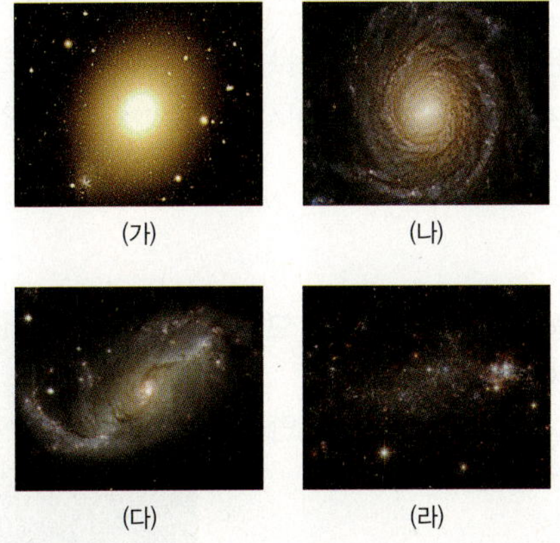

이에 대한 설명으로 옳은 것만을 |보기|에서 있는 대로 고른 것은?

|보기|
ㄱ. (가)는 젊은 별의 비율이 크다.
ㄴ. 우리은하의 구조는 (나)보다 (다)에 가깝다.
ㄷ. (라)는 규칙적인 모양이 없는 은하이다.

① ㄱ   ② ㄷ   ③ ㄱ, ㄴ
④ ㄱ, ㄷ   ⑤ ㄴ, ㄷ

04 그림은 외부 은하를 허블의 분류 기준에 따라 나타낸 것이다.

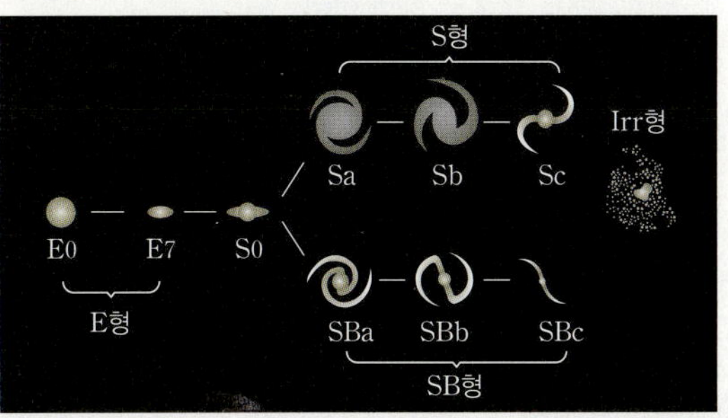

이에 대한 설명으로 옳은 것만을 |보기|에서 있는 대로 고른 것은?

|보기|
ㄱ. 허블은 성간 물질의 비율에 따라 은하를 분류하였다.
ㄴ. E형 은하는 Irr형 은하에 비해 별의 평균 연령이 많다.
ㄷ. Sa에서 Sc로 가면서 나선팔의 감긴 정도가 느슨해진다.

① ㄱ   ② ㄷ   ③ ㄱ, ㄴ
④ ㄴ, ㄷ   ⑤ ㄱ, ㄴ, ㄷ

05 그림은 지구에서 관측되는 은하들을 모양에 따라 분류하고 각각의 비율을 나타낸 것이다.

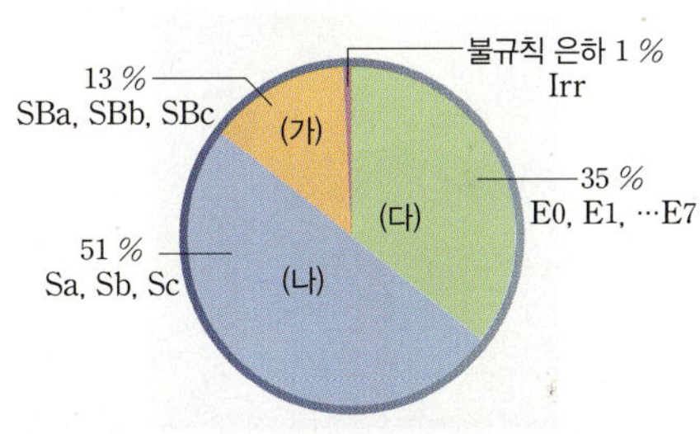

이에 대한 설명으로 옳은 것만을 |보기|에서 있는 대로 고른 것은?

|보기|
ㄱ. (가)의 은하들은 막대 구조를 갖고 있다.
ㄴ. 우리은하가 속한 은하 집단의 비율이 가장 크다.
ㄷ. 은하를 구성하는 별들의 평균 색지수는 (다)가 가장 작다.

① ㄱ   ② ㄷ   ③ ㄱ, ㄴ
④ ㄴ, ㄷ   ⑤ ㄱ, ㄴ, ㄷ

개념 다지기 문제

06 다음은 어느 특이 은하의 특징을 설명한 것이다.

- 핵, 제트, 로브 구조를 갖고 있다.
- 로브와 제트에서는 강한 X선이 관측된다.
- 보통의 은하에 비해 전파 영역에서 방출하는 에너지양이 훨씬 많다.

이 특이 은하의 모습으로 가장 적절한 것은?

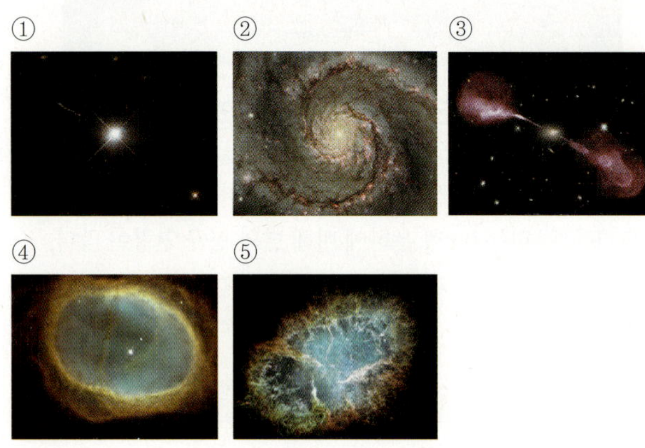

① ② ③ ④ ⑤

07 그림은 하나의 별처럼 보이는 어느 특이 은하의 모습을 나타낸 것이다.

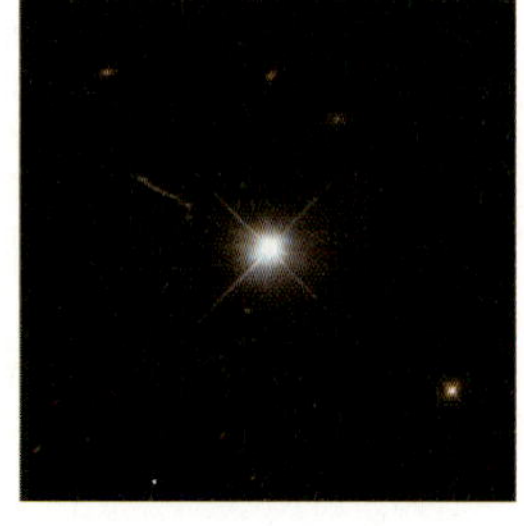

이 은하에 대한 설명으로 옳은 것만을 |보기|에서 있는 대로 고른 것은?

┌─ 보기 ─
ㄱ. 광도는 우리은하보다 크다.
ㄴ. 매우 멀리 있어 적색 편이가 크다.
ㄷ. 가장 최근에 형성된 매우 젊은 은하이다.

① ㄱ ② ㄷ ③ ㄱ, ㄴ
④ ㄴ, ㄷ ⑤ ㄱ, ㄴ, ㄷ

08 그림은 세이퍼트은하의 모습을 나타낸 것이다.

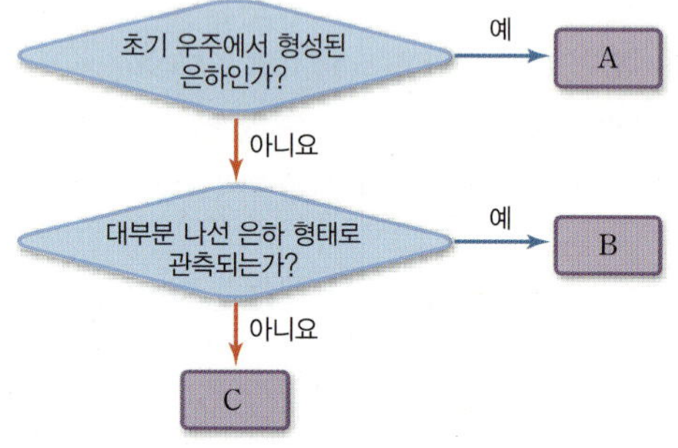

이 은하에 대한 설명으로 옳은 것은?

① 가시광선 영역에서 관측하면 타원 은하에 속한다.
② 보통의 은하에 비해 폭이 매우 좁은 방출선이 나타난다.
③ 수많은 별들로 이루어져 있지만 하나의 별처럼 보인다.
④ 전파 영역에서 관측하면 제트와 로브를 관측할 수 있다.
⑤ 밝은 핵을 가지고 있고, 은하 중심부에 블랙홀이 있을 것으로 추정한다.

09 그림은 전파 은하, 세이퍼트은하, 퀘이사를 특징에 따라 분류하는 과정을 나타낸 것이다.

A, B, C에 들어갈 특이 은하의 종류를 옳게 짝 지은 것은?

	A	B	C
①	퀘이사	전파 은하	세이퍼트은하
②	퀘이사	세이퍼트은하	전파 은하
③	전파 은하	세이퍼트은하	퀘이사
④	전파 은하	퀘이사	세이퍼트은하
⑤	세이퍼트은하	퀘이사	전파 은하

10 그림은 충돌하는 은하의 모습을 나타낸 것이다.

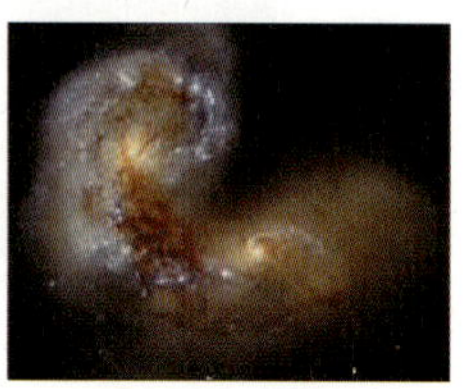

이에 대한 설명으로 옳은 것만을 |보기|에서 있는 대로 고른 것은?

┌─ 보기 ─
ㄱ. 은하 충돌 후 나선 은하가 된다.
ㄴ. 충돌 과정에서 수많은 별들이 파괴된다.
ㄷ. 은하의 충돌 과정에서 가스와 먼지의 밀도가 증가하면 새로운 별이 형성될 수 있다.

① ㄱ ② ㄷ ③ ㄱ, ㄴ
④ ㄱ, ㄷ ⑤ ㄴ, ㄷ

11

표는 은하의 형태에 따른 특징을 요약한 것이다. (가), (나), (다)는 각각 나선 은하, 타원 은하, 불규칙 은하 중 하나이다.

구분	(가)	(나)	(다)
질량(태양=1)	$10^8 \sim 3 \times 10^{10}$	$10^9 \sim 4 \times 10^{11}$	$10^5 \sim 10^{13}$
지름(kpc)	1	2~20	1~200
구성 별	주로 젊은 별	젊은 별과 늙은 별	주로 늙은 별

이에 대한 설명으로 옳은 것만을 |보기|에서 있는 대로 고른 것은?

보기
ㄱ. 성간 물질이 차지하는 비율이 (가)가 (나)보다 크다.
ㄴ. (다)에 속한 은하들은 편평도에 따라 세분할 수 있다.
ㄷ. 은하의 크기는 타원 은하가 나선 은하보다 다양하다.

① ㄱ ② ㄷ ③ ㄱ, ㄴ
④ ㄴ, ㄷ ⑤ ㄱ, ㄴ, ㄷ

12

그림은 특이 은하 (가)와 (나)의 스펙트럼과 관측 특징을 나타낸 것이다.

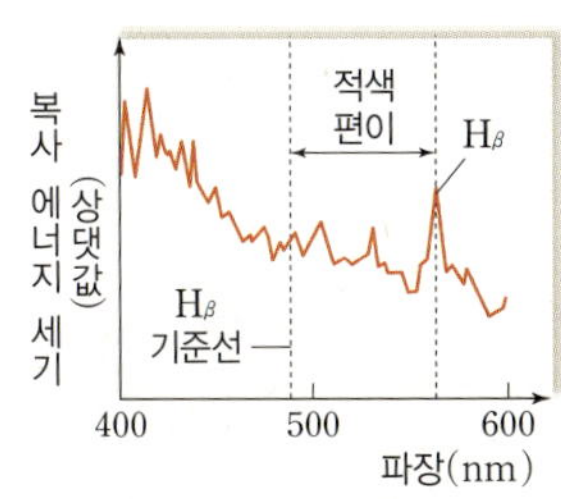

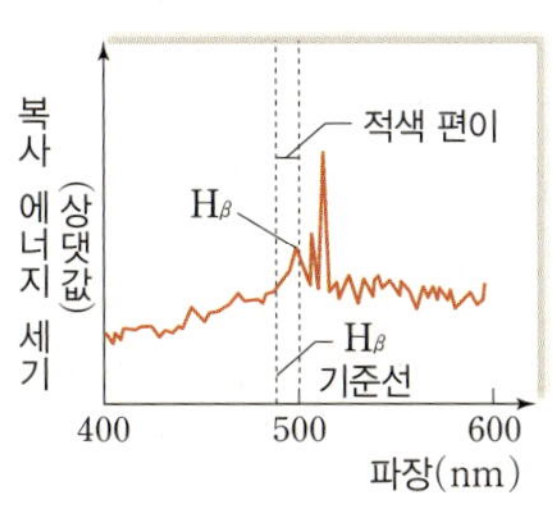

(가) 은하의 후퇴 속도는 광속의 0.1배 이상이다.

(나) 가시 광선으로 관측하면 나선 은하의 형태로 관측된다.

이에 대한 설명으로 옳은 것만을 |보기|에서 있는 대로 고른 것은?

보기
ㄱ. (가)는 하나의 별처럼 관측된다.
ㄴ. (나)에서는 폭이 매우 넓은 방출선이 나타난다.
ㄷ. 우리은하로부터의 거리는 (가)가 (나)보다 멀다.

① ㄱ ② ㄷ ③ ㄱ, ㄴ
④ ㄴ, ㄷ ⑤ ㄱ, ㄴ, ㄷ

13

그림은 서로 다른 형태의 두 은하 (가)와 (나)를 나타낸 것이다.

(가) (나)

(가)와 (나)에 존재하는 주계열성 중 태양보다 질량이 큰 주계열성의 비율을 비교하고 그렇게 생각한 까닭을 서술하시오.

14

그림 (가)와 (나)는 어떤 특이 은하를 각각 가시광선 영역과 전파 영역에서 관측한 모습을 순서 없이 나타낸 것이다.

(가)

(나)

(1) 가시광선 영역과 전파 영역에서 관측한 것을 각각 쓰시오.

(2) 이 특이 은하의 특징을 두 가지 쓰시오.

05 우주 팽창과 빅뱅 우주론

1 허블 법칙과 우주의 팽창

개념 우주의 팽창에 의해 거리가 먼 은하일수록 후퇴 속도가 크다.

1. 외부 은하의 관측: 허블은 외부 은하의 스펙트럼에서 흡수선의 파장이 원래의 파장보다 붉은색 쪽으로 치우치는 적색 편이가 나타나는 것을 확인하였다.

(1) 적색 편이: 관측된 흡수선의 파장을 λ, 고유 파장을 λ_0라고 하면 적색 편이(z)는 다음과 같다. 외부 은하의 적색 편이 값이 ($+$)이면 후퇴하고, ($-$)이면 접근한다.

$$z = \frac{\lambda - \lambda_0}{\lambda_0} = \frac{\Delta\lambda}{\lambda_0}$$

(2) 후퇴 속도: 은하에서 관측된 적색 편이와 후퇴 속도(v)는 다음과 같은 관계가 있다.

$$v = c \times \frac{\Delta\lambda}{\lambda_0} = cz \ (c: \text{빛의 속도})$$

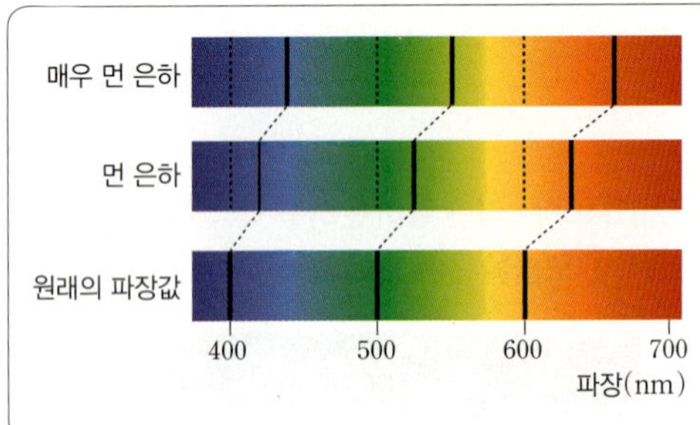

- 외부 은하의 스펙트럼에 나타난 흡수선의 관측 파장(λ)은 고유 파장(λ_0)보다 길다.
  ➡ 적색 편이가 나타난다.
- 거리가 멀수록 은하의 적색 편이가 더 크게 나타난다.
- 적색 편이가 일어날 때 동일한 은하의 경우 적색 편이가 일정해야 하므로 고유 파장(λ_0)이 길수록 파장의 변화량($\Delta\lambda$)도 길어진다.

2. 허블 법칙과 우주 팽창: 허블은 외부 은하들의 거리와 적색 편이량을 측정하여 멀리 있는 은하가 더 빨리 멀어진다는 허블 법칙을 발표하였다.

(1) 허블 법칙: 은하들은 서로로부터 멀어지고 있다는 것을 나타내며, 이는 우주가 팽창하고 있다는 사실을 의미한다. 가까이 위치한 은하끼리는 서로 접근하기도 한다.

$$v = H \times r \ (v: \text{후퇴 속도}, \ H: \text{허블 상수}, \ r: \text{거리})$$

(2) 허블 상수: 외부 은하의 거리와 후퇴 속도의 관계를 나타낸 그래프에서 기울기는 허블 상수(H)에 해당한다. ⇨ 허블 상수는 1 Mpc당 우주가 팽창하는 속도(km/s)를 나타내는 값으로 최근의 연구에 의하면 허블 상수는 약 68 km/s/Mpc이다.

(3) 우주의 나이: 우주가 일정한 속도로 팽창한 것으로 가정할 때 허블 법칙으로부터 우주의 나이는 $t = \dfrac{r}{v} = \dfrac{r}{H \cdot r} = \dfrac{1}{H}$이다.

➡ 이로부터 구한 우주의 나이는 약 138억 년이다.

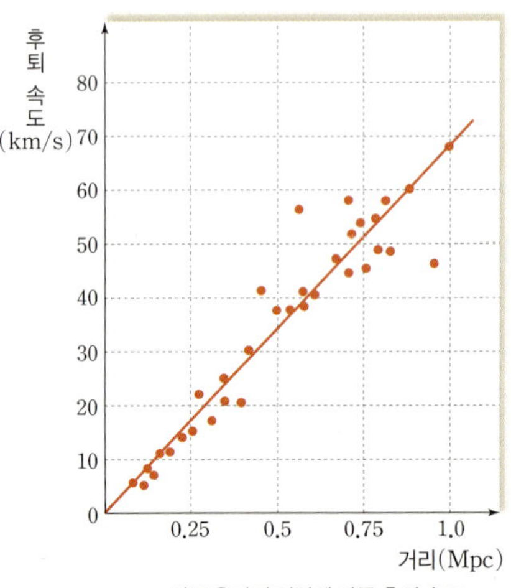

▲ 외부 은하의 거리에 따른 후퇴 속도

허블 상수의 의미
허블 상수는 단위 길이의 공간이 단위 시간 동안 늘어나는 정도를 나타낸 값이다. 즉, 68 km/s/Mpc는 1 Mpc의 공간마다 매초 68 km씩 새로운 공간이 생성되고 있음을 나타낸다.

허블 법칙과 우주 팽창
20세기 초에 외부 은하의 존재를 밝혔던 허블은 외부 은하들의 스펙트럼을 체계적으로 조사하여 1929년에 대부분의 외부 은하가 우리은하로부터 멀어지고 있으며, 은하들의 후퇴 속도는 거리에 비례하여 커진다는 허블 법칙을 발표하였다.

정적인 우주와 허블의 관측
1916년에 아인슈타인은 일반 상대성 이론을 발표하여 중력을 시공간의 휘어짐으로 설명하였다. 당시에 아인슈타인이 생각한 우주는 시간에 따라 변하지 않는 조화로운 우주였다. 그런데 상대성 이론을 적용하면 우주를 구성하는 성분들이 서로 잡아당겨 붕괴하기 때문에, 그는 척력을 추가하여 정적인 우주론을 제안하였다. 정적인 우주와 팽창하는 우주 사이의 이러한 논쟁은 허블의 관측으로 전환점을 맞게 되었다.

(4) **관측 가능한 우주의 크기**: 빛의 속도로 멀어지는 위치보다 먼 곳에서 방출된 빛은 지구에 도달할 수 없다. 따라서 관측 가능한 우주의 크기를 R라고 할 때 R는 빛의 속도로 멀어지는 지점에 해당한다.

$$R = \frac{c}{H} \ (c: \text{빛의 속도})$$

3. **우주 팽창**: 허블 법칙은 은하들이 실제로 멀어지는 것이 아니라 우주 공간이 모든 방향에 대하여 균일하게 팽창하고 있음을 나타낸다.

(1) 우주는 특별한 팽창의 중심이 없다.
　➡ 우주는 모든 방향에 대해 균질하게 팽창하므로 다른 외부 은하에서 관측하더라도 허블 법칙이 동일하게 성립한다.

(2) 우주의 팽창은 큰 규모에서 확인할 수 있는 현상이다.
　➡ 작은 규모에서는 우주 팽창 효과보다 중력에 의한 효과가 훨씬 뚜렷하므로 물체의 운동에 우주 팽창 효과를 적용할 수 없다.

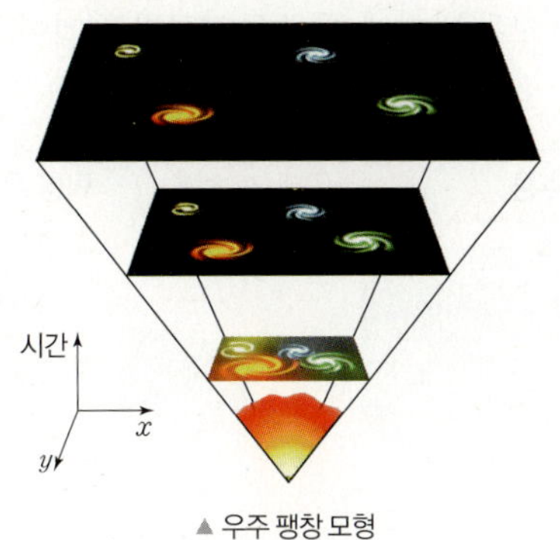

▲ 우주 팽창 모형

풍선을 이용한 우주 팽창 모형

풍선을 작게 분 다음 표면에 일정한 간격으로 스티커를 붙인 후, 풍선에 바람을 불어 넣으면서 스티커 사이의 간격 변화를 관찰한다.

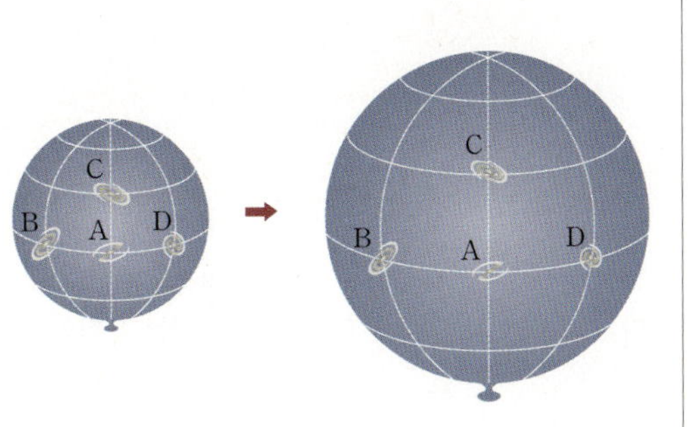

· 이 모형 실험에서 풍선 표면은 우주 공간, 스티커는 은하에 해당한다.
· 풍선이 팽창할 때 임의의 두 스티커 사이의 거리는 멀어진다. 이때 스티커 사이의 간격이 멀수록 더 빨리 멀어지는데, 이를 통해 허블 법칙을 확인할 수 있다.
· 스티커가 서로 멀어질 때 특별한 팽창의 중심점이 존재하지 않는다.

암기 꼭!

· 우주의 크기: $\dfrac{c}{H}$

· 우주의 나이: $\dfrac{1}{H}$

개념 익히기 문제

정답과 해설 p.67

🧠 교과서 문장으로 개념 익히기

01 허블은 외부 은하의 스펙트럼에서 흡수선의 파장이 원래의 파장보다 ⬚⬚색 쪽으로 치우치는 것을 확인했다.

02 외부 은하의 스펙트럼에 나타난 흡수선의 관측 파장은 고유 파장보다 ⬚다.

03 멀리 있는 외부 은하의 스펙트럼에서 ⬚⬚편이가 나타난다.

04 외부 은하의 거리와 후퇴 속도는 ⬚⬚ 관계가 성립한다.

05 외부 은하의 후퇴 속도를 v, 거리를 r라고 할 때, 허블 상수는 ⬚이다.

06 ⬚⬚ 상수는 우주가 팽창하는 정도를 나타내는 값이다.

07 우주의 팽창 속도가 일정하다고 가정할 때, 우주의 ⬚⬚는 허블 상수의 역수에 해당한다.

08 관측 가능한 우주의 크기는 ⬚의 속도를 허블 상수로 나눈 값에 해당한다.

📦 OX 문제로 개념 익히기

09 허블은 은하들의 스펙트럼에서 흡수선의 위치가 파장이 짧은 쪽으로 치우치는 현상을 발견하였다. (O / X)

10 허블 법칙에 따르면 우리은하로부터 먼 은하일수록 더 빨리 멀어진다. (O / X)

11 우주는 특별한 중심점을 기준으로 모든 방향으로 균질하게 팽창한다. (O / X)

12 외부 은하의 후퇴 속도를 가로축 물리량, 거리를 세로축 물리량으로 나타낸 그래프에서 기울기는 허블 상수이다. (O / X)

13 허블 법칙은 은하들이 실제로 멀어지는 것이 아니라 우주 공간이 모든 방향에 대하여 균일하게 팽창하고 있음을 나타낸다. (O / X)

14 우주 팽창을 나타낸 풍선 모형에서 풍선이 부풀어 오를 때, 스티커 사이의 거리는 일정하게 유지된다. (O / X)

우주가 극히 작은 점에서 대폭발로 시작되어 현재에 이르렀다는 이론이다.

1. 정상 우주론과 빅뱅 우주론

(1) 우주론적 원리: 관측자가 우주의 어느 방향으로 보아도 은하의 분포 밀도가 평균적으로 균질하며, 이러한 특징이 우주의 모든 방향에 대해 동일하다는 것이다.

(2) 정상 우주론과 빅뱅 우주론

구분	정상 우주론	빅뱅 우주론
모형	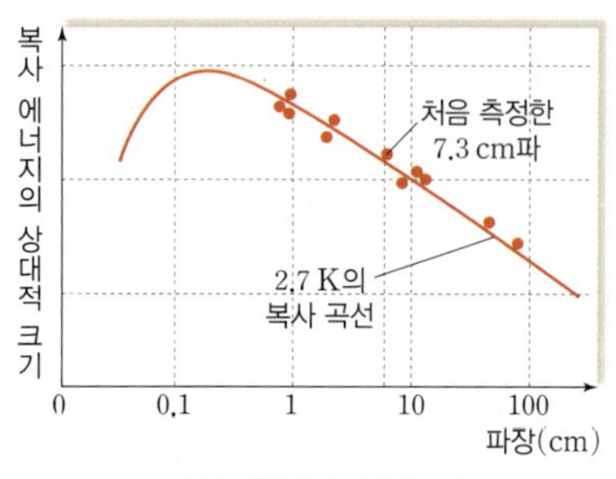	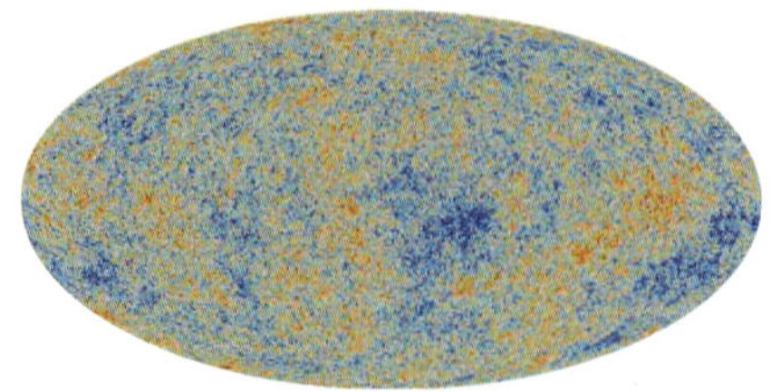
허블 법칙	성립	성립
우주의 팽창 여부	팽창	팽창
우주의 온도	일정	감소
우주의 질량	증가	일정
우주의 밀도	일정	감소
특징	• 우주는 영원하다. • 우주의 크기는 무한하다.	• 우주는 어느 시점에 시작되었다. • 우주의 크기와 나이는 유한하다.

2. 빅뱅 우주론의 증거

(1) 우주 배경 복사: 빅뱅 이후 우주의 나이가 약 38만 년일 때 우주가 투명해지면서 우주 전체에 퍼진 복사이다.

❶ 빅뱅 우주론에 따르면 우주는 초기에 매우 뜨거운 상태였기 때문에 원자핵과 전자가 결합하지 않은 상태로 뒤섞여 있어서 빛이 자유롭게 진행할 수 없었다.

❷ 우주 온도가 약 3000 K이 되었을 때 중성 원자가 생성되면서 빛이 물질로부터 분리되어 사방으로 방출되기 시작한 복사가 우주의 팽창으로 현재는 2.7 K 복사로 관측된다.

❸ 우주 배경 복사는 전체적으로 거의 균일하지만 방향에 따라 미세한 차이가 있다.

❹ 우주 배경 복사의 관측: 1964년 펜지어스와 윌슨은 통신용 전파 안테나를 이용하여 최초로 우주 배경 복사를 발견하였다. 그 후 코비(COBE) 위성과 더블유맵(WMAP) 위성, 플랑크 위성을 이용하여 정밀한 관측이 이루어졌다.

펜지어스와 윌슨: 미국의 벨 연구소에서 우주 배경 복사를 발견하였고, 이 공로로 1978년 노벨상을 수상하였다.

▲ 우주 배경 복사의 세기 분포

▲ 우주 배경 복사의 분포(플랑크 위성 관측)

(2) 가벼운 원소의 비율: 우주를 구성하는 물질의 대부분은 수소와 헬륨이며, 관측 결과 두 원소의 질량비는 약 3 : 1이다.

❶ 헬륨은 별 내부에서 수소 핵융합 반응에 의해 생성될 수 있지만, 현재 우주에 존재하는 헬륨의 양을 설명하기에는 너무 부족하다.

❷ 빅뱅 우주론에서는 빅뱅 이후 처음 약 3분 동안 헬륨핵이 형성된 것으로 설명하고 있다. ➡ 빅뱅 우주론의 이론적인 예측값과 실제 관측값이 잘 들어맞는다.

우주론적 원리

이 원리에 따르면 우주의 어느 곳에 있는 관측자도 동일한 현상을 관측한다. 따라서 우주의 어느 곳도 특별하지 않다는 것이 우주론적 원리의 핵심이다.

주의! 오개념

정상 우주론과 허블 법칙

정상 우주론에서도 우주가 팽창하며, 허블 법칙이 적용된다.

투명한 우주

전자가 원자핵과 분리되어 있을 때는 빛과 상호 작용하기 때문에 빛이 직진할 수 없지만, 중성 원자가 형성된 이후부터 빛은 자유롭게 우주 공간을 진행할 수 있다. 이 시기의 우주를 투명한 우주라고 한다.

암기 꼭!

빅뱅 우주론의 증거
• 우주 배경 복사
• 수소와 헬륨의 질량비

가벼운 원소의 비율

정상 우주론에 따르면 가벼운 원소의 비율이 계속 일정하게 유지되어야 하므로 현재의 가벼운 원소 비율대로 물질이 계속 생성되어야 한다. 하지만 이렇게 생성되는 과정을 과학적으로 설명하지 못한다.

빅뱅 우주론에 따른 입자와 천체의 형성

기본 입자(쿼크와 렙톤)가 형성됨. → 양성자와 중성자가 1 : 1의 개수비로 형성됨. → 헬륨 원자핵 형성 직전에 양성자와 중성자가 7 : 1의 개수비로 변함. → 빅뱅 3분 후 헬륨 원자핵 형성으로 인해 수소 원자핵과 헬륨 원자핵의 질량비가 3 : 1로 됨. → 빅뱅 38만 년 후 원자의 형성으로 인해 우주 배경 복사가 방출되기 시작함. → 별과 은하 탄생

수소와 헬륨의 질량비가 3 : 1인 까닭

양성자 개수 : 중성자 개수=7 : 1=14 : 2
→ 수소 원자핵 개수 : 헬륨 원자핵 개수 =12 : 1
∴ 수소 원자핵 질량 : 헬륨 원자핵 질량 =3 : 1

헬륨 원자핵 생성 직전
양성자 14개   중성자 2개

헬륨 원자핵 생성 후
수소 원자핵 12개   헬륨 원자핵 1개
원자 질량=12   원자 질량=4

▲ 수소와 헬륨의 질량비가 형성된 과정

3. **빅뱅 우주론의 문제점**: 우주 배경 복사가 관측된 이후 빅뱅 우주론은 과학자들에게 절대적인 지지를 받았다. 하지만 빅뱅 우주론은 우주의 지평선 문제, 편평성 문제, 자기 홀극 문제 등 몇 가지 해결하지 못한 점이 있었다.

(1) **지평선 문제**: 우주의 지평선의 정반대 방향에 위치한 A와 B에서 지구로 들어오는 우주 배경 복사는 거의 완전히 균일하다. 그러나 A와 B 영역은 서로 상호 작용할 수 없는 위치에 있다.

❶ 물질과 에너지 교환을 통한 상호 작용을 해야 균질해질 수 있는데 B는 A를 기준으로 할 때, 우주의 지평선 바깥쪽에 위치한다.

❷ 서로 상호 작용할 수 없는 두 위치가 균질한 까닭을 기존의 빅뱅 우주론에서는 설명하기 어렵다.

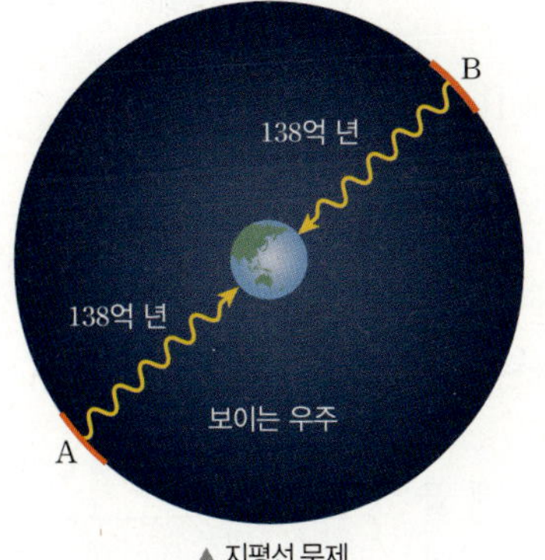

▲ 지평선 문제

(2) **편평성 문제**: 관측에 의하면 우주는 거의 완벽하게 평탄하다. 이를 설명하기 위해서는 초기 우주의 밀도가 매우 정밀한 특정한 값을 가져야 하는데, 우주의 밀도가 이렇게 특정한 값을 가질 수 있었던 까닭을 설명하기 어렵다.

(3) **자기 홀극 문제**: 빅뱅 우주론에 따르면 우주에는 초기 우주에서 형성된 자기 홀극이 많이 존재해야 한다.

❶ 보통의 자석에는 언제나 N극과 S극이 함께 자기 쌍극자로 존재하는데, 이론상 독립적으로 존재하는 N극이나 S극을 자기 홀극이라고 한다.

❷ 빅뱅 우주론은 아직까지 우주에서 자기 홀극이 발견되지 않는 까닭을 설명하지 못하고 있다.

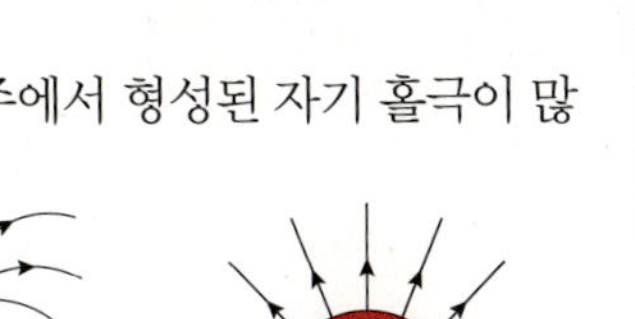

▲ 자기 쌍극자 　 ▲ 자기 홀극

우주의 지평선
관측 가능한 우주의 한계점을 말한다. 이 지점에서 출발한 빛은 영원히 관측자에서 도달할 수 없다.

평탄 우주
대폭발 이론에 의하면 우주는 양($+$)의 곡률(공의 표면), 음($-$)의 곡률(말안장 모양), 또는 0의 곡률(평탄한 평면)을 가질 수 있다. 관측을 통해 우주의 곡률이 0이라는 사실이 확인되었다.

빅뱅 우주론에 따르면 물질의 양에 따라 우주 공간은 양수 또는 음수의 곡률을 갖게 되고, 곡률이 0인 편평한 공간이 될 가능성은 거의 없다. 그러나 관측에 따르면 우주 공간은 편평하며, 이 문제를 편평성 문제라고 한다.

빅뱅(Big Bang)이란 이름의 유래
'빅뱅'이라는 단어는 정상 우주론을 지지했던 물리학자 프레드 호일이 한 라디오 프로그램에 출연하여 빅뱅 이론을 약간 까는 어조로 "그럼 우주가 맨 처음에 꽈광!(Big Bang)하고 생겨났다는 말이군요?"라고 한데서 유래했다는 소문과, 반대로 조롱할 의도 없이 그저 팽창 우주론을 쉽게 설명하기 위해 사용한 말이라는 이야기가 있다.

개념 익히기 문제

정답과 해설 p.67

🧠 교과서 문장으로 개념 익히기

15 ☐☐ 우주론은 온도와 밀도가 매우 높은 한 점에서 대폭발이 일어나 우주가 형성되었다는 이론이다.

16 정상 우주론에서는 우주가 팽창함에 따라 우주의 밀도와 우주의 온도는 ☐☐하다고 주장한다.

17 우주의 나이가 약 38만 년일 때 우주가 투명해지면서 우주 전체에 퍼진 복사를 ☐☐ ☐☐ ☐☐라고 한다.

18 우주를 구성하는 물질의 대부분은 수소와 헬륨이며, 관측 결과 두 원소의 질량비는 약 ☐ : ☐ 이다.

19 서로 상호 작용할 수 없는 두 위치에서 오는 우주 배경 복사가 거의 균질한 까닭을 빅뱅 우주론에서는 설명하기 어려운데 이를 우주의 ☐☐☐ 문제라고 한다.

20 이론상 독립적으로 존재하는 N극과 S극을 ☐☐☐ ☐이라고 한다

📦 OX 문제로 개념 익히기

21 정상 우주론에서는 우주가 팽창하지만 지속적으로 새로운 물질이 만들어져 우주의 밀도가 유지된다고 설명한다. (O / X)

22 빅뱅 우주론에 따르면 우주의 크기와 나이는 무한하다. (O / X)

23 우주 배경 복사는 우주의 온도가 약 $2.7\,K$일 때 방출되었던 복사이다. (O / X)

24 우주에 존재하는 가벼운 원소의 비율은 빅뱅 우주론을 지지하는 강력한 증거이다. (O / X)

25 기존의 빅뱅 우주론에서는 우주 배경 복사가 방향에 관계 없이 거의 완전하게 균일한 까닭을 설명할 수 있다. (O / X)

26 최근의 정밀한 관측에 의하면 우주는 거의 완벽하게 평탄하다. (O / X)

3 급팽창 이론과 가속 팽창 이론

개념 ▶ 빅뱅 우주론의 문제점과 최근의 관측 결과를 바탕으로 제안된 이론

1. 급팽창(인플레이션) 이론: 1979년 미국의 천문학자 앨런 구스가 제시

(1) **우주의 급팽창:** 빅뱅이 일어난 지 $10^{-35} \sim 10^{-32}$초 사이에 우주가 빛보다 빠른 속도로 급격한 팽창을 일으켰으며, 이 시간 동안 우주의 크기는 대략 10^{50}배 커졌다.

(2) 급팽창 이론을 통해 빅뱅 우주론의 문제점을 해결할 수 있었다.

❶ **지평선 문제 해결:** 우주 탄생 초기에 급팽창이 일어나기 전에는 크기가 작아 상호 작용을 통해 균질해질 수 있었다.

❷ **편평성 문제 해결:** 빅뱅 순간의 우주가 편평하지 않았다 하더라도 급팽창으로 인해 현재 관측 가능한 우주는 편평하다.

❸ **자기 홀극 문제 해결:** 우주가 급격히 팽창하여 자기 홀극의 밀도가 크게 감소하여 발견하기 어려운 것이다.

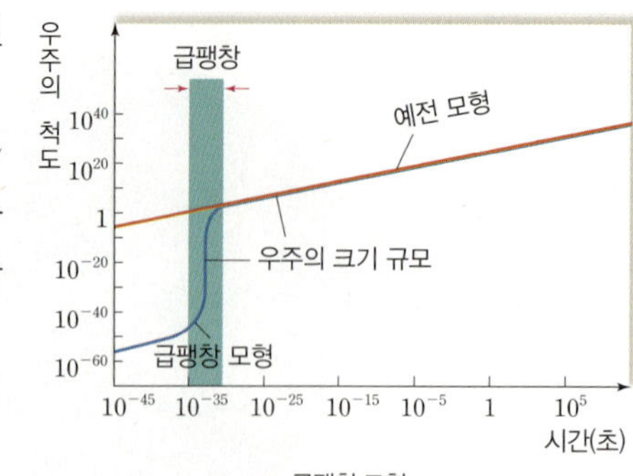

▲ 급팽창 모형

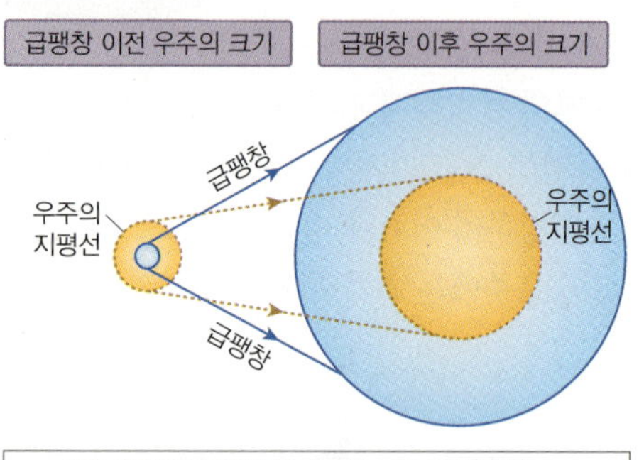

2. 우주의 가속 팽창

(1) 20세기 후반까지 과학자들은 우주에 존재하는 물질의 중력 때문에 급팽창 이후 우주의 팽창 속도는 서서히 줄어들고 있을 것이라고 생각하였다. 하지만 관측 결과, 우주의 팽창 속도는 오히려 점점 증가하고 있다는 것이 밝혀졌다.

(2) Ia형 초신성들은 거리가 멀수록 예상했던 위치보다 더 먼 거리에 위치하였다.

➡ 우주가 가속 팽창한다는 증거이다.

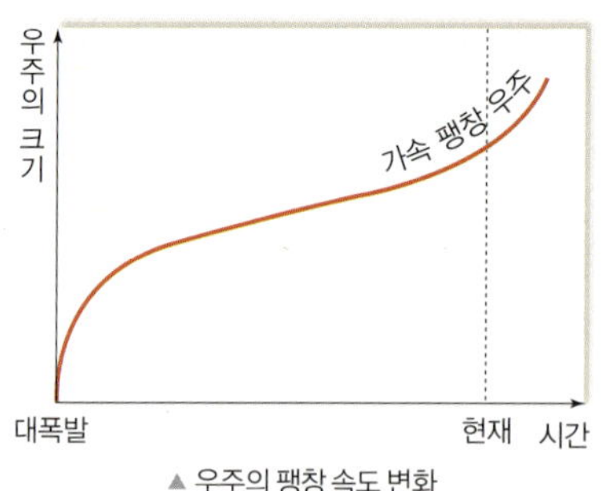

▲ 우주의 팽창 속도 변화

4 암흑 물질과 암흑 에너지

개념 ▶ 우주를 구성하는 요소에는 보통 물질뿐만 아니라 암흑 물질과 암흑 에너지가 있다.

1. 암흑 물질 은하의 회전 속도에 영향을 미치는 물질의 질량은 별과 성간 물질을 관측하여 계산한 질량보다 훨씬 크다.

(1) **암흑 물질:** 나선 은하에서 별들의 회전 속도를 관측하여 빛을 내는 물질 외에도 질량을 갖고 있는 암흑 물질이 있다는 것을 확인할 수 있다. ⇨ 은하 중심에서 멀어질수록 회전 속도가 감소할 것으로 예상했으나 거의 일정하였다. 이는 은하의 외곽에 보이지 않는 질량을 가진 물질이 존재함을 의미한다.

(2) **중력 렌즈 현상:** 무거운 질량을 가진 천체로 인하여 배경의 빛이 구부러져, 마치 렌즈를 통과하여 오는 것처럼 보이는 현상을 중력 렌즈 현상이라고 한다. 암흑 물질은 전자기파와 상호 작용하지 않으므로 중력 렌즈 현상 등을 통해 존재를 확인할 수 있다.

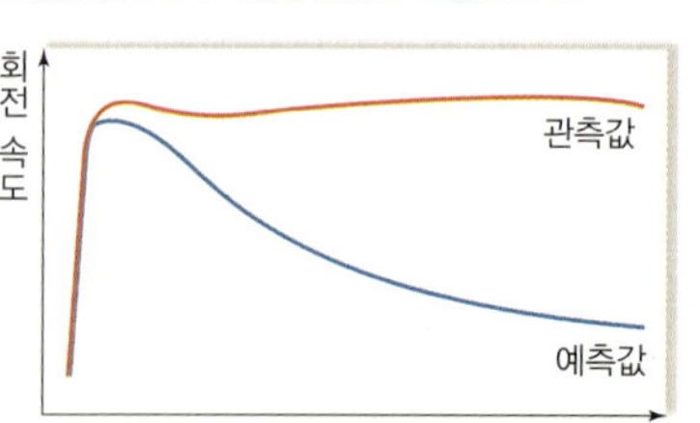

▲ 나선 은하의 회전 속도

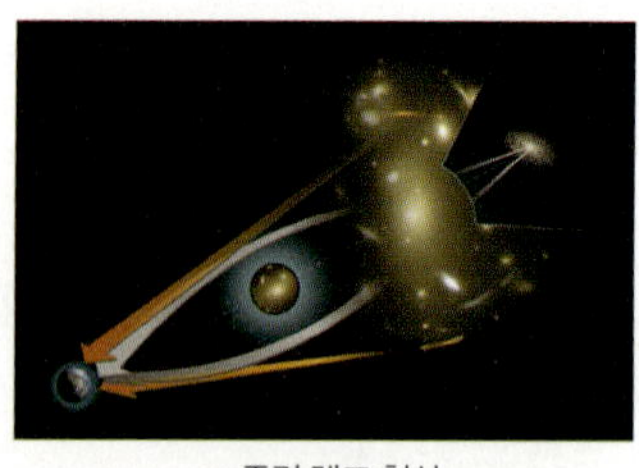
▲ 중력 렌즈 현상

구스: 미국의 천문학자로 급팽창 우주론을 제안하여 빅뱅 우주론의 문제점을 해결하였다.

자기 홀극
일반적인 자석에서는 N극과 S극이 함께 존재하는데, 이와 달리 N극 혹은 S극만을 가지고 있는 자석을 말한다.

Ia형 초신성
백색 왜성이 주변 별의 물질을 끌어 들여 질량이 커져 한계 질량에 다다르면 초신성 폭발을 일으키는데 이런 초신성을 Ia형 초신성이라고 한다. Ia형 초신성은 거의 일정한 질량에서 폭발하기 때문에 최대 밝기(절대 등급)가 일정하다. 따라서 최대 겉보기 밝기를 관측하면 거리를 구할 수 있다.

강의 포인트 ◉
• **급팽창 이론의 등장:** 빅뱅 우주론에서 설명하기 힘들었던 부분(우주의 지평선 문제, 편평성 문제, 자기 홀극 문제)의 설명이 가능함.
• **가속 팽창 우주:** Ia형 초신성 관측을 통해 알아냄.

나선 은하의 회전 속도 분포
나선 은하에서 빛을 내는 보통 물질은 은하 중심부에 밀집해 있으므로, 태양계에서 행성의 공전 속도가 태양에서 멀어질수록 감소하는 것처럼 은하 중심에서 멀어질수록 별들의 회전 속도가 감소해야 한다. 그러나 관측 결과 은하 중심에서 멀어지더라도 회전 속도가 감소하지 않았다. 이로부터 암흑 물질의 존재를 추정할 수 있다.

2. 암흑 에너지: 우주가 가속 팽창하기 위해서는 우주 안에 있는 물질들의 중력을 모두 합친 것보다 더 큰 어떤 힘으로 우주를 밀어낼 에너지가 필요하다. 이 에너지를 암흑 에너지라고 부른다. 암흑 에너지는 중력과 반대로 척력으로 작용하므로 우주의 팽창을 가속하는 우주의 성분이다.

5 표준 우주 모형

개념 급팽창 이론과 암흑 물질, 암흑 에너지 개념까지 모두 포함된 최신의 우주 모형

1. 우주의 구성: 최근의 관측 결과로부터 우주의 구성 성분은 대략 보통 물질(별, 성간 물질 등) 4.9 %, 암흑 물질 26.8 %, 암흑 에너지 68.3 %임이 밝혀졌다.

2. 우주 모형과 우주의 미래

(1) **임계 밀도**: 우주의 밀도에 의한 중력과 우주가 팽창하는 힘이 평형을 이룰 때의 밀도이다.

(2) 임계 밀도 ρ_c에 대한 우주의 밀도 ρ의 비를 $\Omega = \dfrac{\text{우주의 밀도}}{\text{임계 밀도}} = \dfrac{\rho}{\rho_c}$로 나타낼 수 있다. 이를 이용하여 여러 우주 모형을 고려해 볼 수 있다.

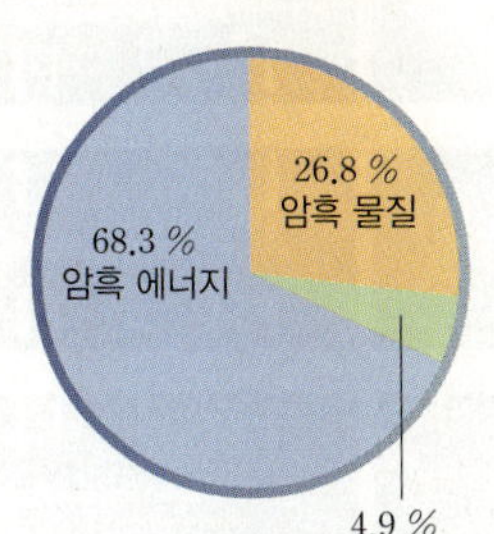

▲ 우주 구성요소

구분	우주의 밀도
가속 팽창 우주	$\Omega = 1$
열린 우주	$\Omega < 1$
평탄 우주	$\Omega = 1$
닫힌 우주	$\Omega > 1$

(3) 최근의 관측 결과에 가장 잘 부합하는 우주 모형은 가속 팽창하는 평탄 우주 모형이다. ➡ 현재 우주의 밀도는 임계 밀도와 같으므로 평탄 우주이며, 현재 우주의 팽창 속도는 암흑 에너지에 의해 가속되고 있다.

우주의 밀도

물질(보통 물질과 암흑 물질)의 밀도를 ρ_m, 암흑 에너지의 밀도를 ρ_Λ라고 하면, 우주의 밀도 ρ를 다음과 같이 나타낼 수 있다.

$$\rho = \rho_m + \rho_\Lambda$$

은하를 구하는 물질의 밀도

우주 모형	Ω_m	Ω_Λ
가속 팽창 우주	0.3	0.7
열린 우주	0.3	0.0
평탄 우주	1.0	0.0
닫힌 우주	5.0	0.0

암흑 에너지와 우주의 팽창

평탄한 우주라도 암흑 에너지가 많은 부분을 차지하면 우주는 가속 팽창한다. 팽창 초기에는 중력이 세기 때문에 우주가 감속 팽창하지만, 팽창이 계속 진행됨에 따라 물질의 밀도가 점점 작아지므로 상대적으로 중력이 팽창에 미치는 영향이 작아진다. 반면, 암흑 에너지의 밀도는 우주가 팽창해도 일정하므로 그 영향은 상대적으로 커진다.

개념 익히기 문제

정답과 해설 p.67

🧠 교과서 문장으로 개념 익히기

27 ☐☐☐ 이론에 따르면 우주는 빅뱅이 일어난 직후 아주 짧은 시간 동안 빛보다 빠른 속도로 팽창하였다.

28 빅뱅 순간의 우주가 편평하지 않았다 하더라도 급팽창이 일어났다면 현재 관측 가능한 우주는 ☐☐하다.

29 Ia형 초신성을 관측하여 현재 우주가 ☐☐ 팽창하고 있다는 것을 알아냈다.

30 빛을 방출하지 않지만, 질량을 갖고 있기 때문에 중력과 상호 작용하는 물질을 ☐☐ 물질이라고 한다.

31 우주의 구성 성분은 보통 물질 4.9 %, 암흑 물질 26.8 %, ☐☐ 에너지 68.3 %이다.

32 우주의 팽창 속도가 점점 감소하여 0으로 수렴하게 되는 우주의 밀도를 ☐☐ 밀도라고 한다.

🧊 OX 문제로 개념 익히기

33 급팽창 이론을 이용하여 우주의 지평선 문제, 편평성 문제, 자기 홀극 문제를 설명할 수 있다. (O / X)

34 빅뱅 이후 우주의 팽창 속도는 현재까지 계속 증가하였다. (O / X)

35 나선 은하의 회전 속도 분포 곡선으로부터 암흑 물질이 존재함을 설명할 수 있다. (O / X)

36 암흑 에너지는 중력 렌즈 현상을 관측하여 그 존재를 확인할 수 있다. (O / X)

37 우주의 구성 성분 중 암흑 에너지는 중력과 반대로 척력으로 작용한다. (O / X)

38 최근의 관측 결과에 가장 잘 부합하는 우주 모형은 가속 팽창하는 평탄 우주 모형이다. (O / X)

과정 & 결과

그림은 외부 은하 (가), (나), (다)의 거리와 스펙트럼을 나타낸 것이다.

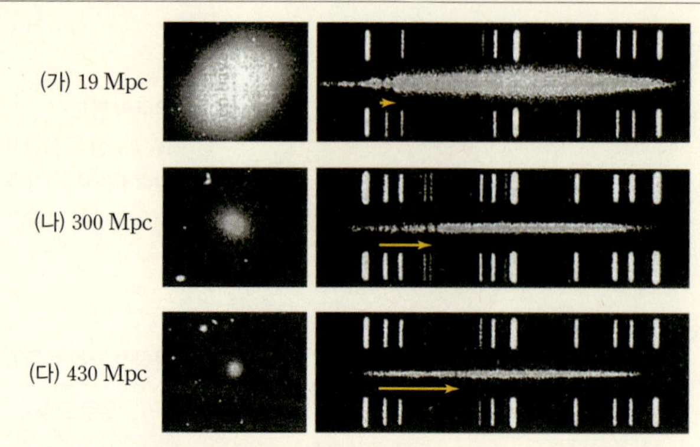

- 그림에서 노란색 화살표는 칼슘 흡수선의 파장 변화량을 나타낸 것이다.
- 정지 상태에서 칼슘 흡수선의 파장은 395.1 nm이다.

❶ 외부 은하 (가), (나), (다)의 스펙트럼에서 흡수선의 적색 편이 $\left(\dfrac{\Delta\lambda}{\lambda_0}\right)$를 구한다.

❷ 외부 은하 (가), (나), (다)의 후퇴 속도를 계산한다. 단, 빛의 속도는 3×10^5 km/s이다.

은하	거리(Mpc)	파장 변화량 $\Delta\lambda$(nm)	적색 편이 $\left(\dfrac{\Delta\lambda}{\lambda_0}\right)$	후퇴 속도(km/s)
(가)	19	1.7	$\dfrac{1.7}{395.1}$	약 1290
(나)	300	27	$\dfrac{27}{395.1}$	약 20500
(다)	430	39	$\dfrac{39}{395.1}$	약 29610

분석

1. 외부 은하의 거리와 후퇴 속도는 어떤 관계가 있는가?

⋯→ 적색 편이를 측정하여 알아낸 후퇴 속도를 외부 은하의 거리와 비교하면, 외부 은하의 거리가 멀수록 후퇴 속도가 크다는 것을 알 수 있다.

2. 이 자료를 통해 허블 상수를 구할 수 있는가?

⋯→ 거리에 대한 후퇴 속도의 비를 허블 상수라고 한다. 이 자료로부터 구한 허블 상수는 약 68 km/s/Mpc이다.

탐구목표

외부 은하의 후퇴 속도를 계산하고, 외부 은하의 거리와 후퇴 속도의 관계를 설명할 수 있다.

탐구 포인트

- 은하의 후퇴 속도와 적색 편이의 관계식은 다음과 같다.

$$후퇴 속도(v)=c\times\dfrac{\Delta\lambda}{\lambda_0}$$

  (c: 빛의 속도)
- 허블 상수를 구할 경우, 세 은하로부터 구한 값들의 평균값을 취한다.

정답과 해설 p.68

예제 ❶

표는 허블 법칙을 만족하는 은하 A, B, C의 거리와 후퇴 속도를 나타낸 것이다.

은하	거리(Mpc)	후퇴 속도(km/s)
A	100	(㉠)
B	300	15000
C	(㉡)	20000

㉠, ㉡에 들어갈 알맞은 값을 순서대로 옳게 나열한 것은?

① 3000, 400　　② 3000, 500　　③ 5000, 400
④ 5000, 500　　⑤ 10000, 600

예제 ❷　서술형

표는 외부 은하 X에서 측정한 흡수선의 관측 파장과 고유 파장을 나타낸 것이다.

은하	흡수선의 관측 파장(nm)	흡수선의 고유 파장(nm)
X	505	500

(1) 외부 은하 X의 후퇴 속도를 구하는 과정을 쓰시오.

(2) 외부 은하 X까지의 거리를 구하는 과정을 쓰시오. (단, 허블 상수는 68 km/s/Mpc이다.)

개념 다지기 문제

01 그림은 외부 은하 (가), (나)에서 관측된 스펙트럼을 정지 상태와 비교하여 나타낸 것이다.

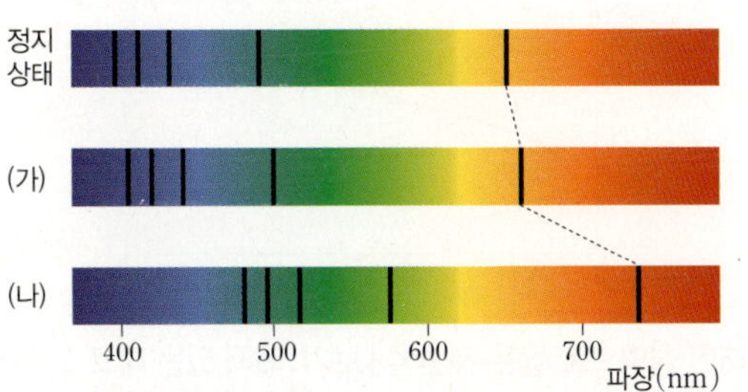

이에 대한 설명으로 옳은 것만을 |보기|에서 있는 대로 고른 것은?

|보기|
ㄱ. (가)와 (나) 모두 적색 편이가 나타난다.
ㄴ. 후퇴 속도는 (가)가 (나)보다 크다.
ㄷ. 우리은하로부터의 거리는 (나)가 (가)보다 멀다.

① ㄱ ② ㄷ ③ ㄱ, ㄴ
④ ㄱ, ㄷ ⑤ ㄴ, ㄷ

대표 유형 문제

02 그림은 동일한 시선 방향에서 관측되는 은하 A, B의 후퇴 속도를 나타낸 것이다.

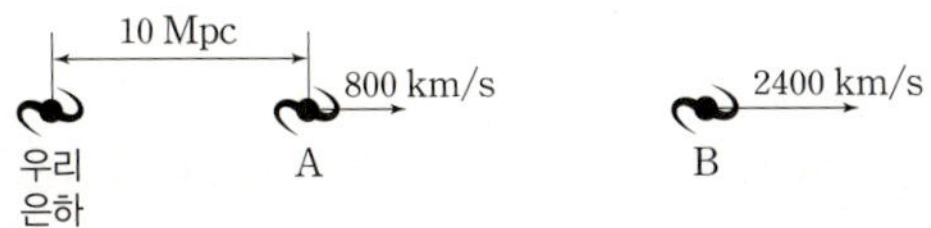

이에 대한 설명으로 옳은 것만을 |보기|에서 있는 대로 고른 것은?

|보기|
ㄱ. 허블 상수는 80 km/s/Mpc이다.
ㄴ. 우리은하로부터의 거리는 B가 A의 3배이다.
ㄷ. B에서 관측하면 A는 1600 km/s의 속도로 가까워진다.

① ㄱ ② ㄷ ③ ㄱ, ㄴ
④ ㄴ, ㄷ ⑤ ㄱ, ㄴ, ㄷ

03 정상 우주론과 빅뱅 우주론에 대한 설명으로 옳은 것만을 |보기|에서 있는 대로 고른 것은?

|보기|
ㄱ. 정상 우주론에 따르면 우주는 한 점에서 시작되었다.
ㄴ. 빅뱅 우주론에서는 우주 배경 복사를 설명할 수 있다.
ㄷ. 두 우주론 모두 허블 법칙을 설명할 수 있다.

① ㄱ ② ㄷ ③ ㄱ, ㄴ
④ ㄱ, ㄷ ⑤ ㄴ, ㄷ

04 그림은 일정한 속도로 팽창하는 우주를 풍선 모형으로 나타낸 것이다.

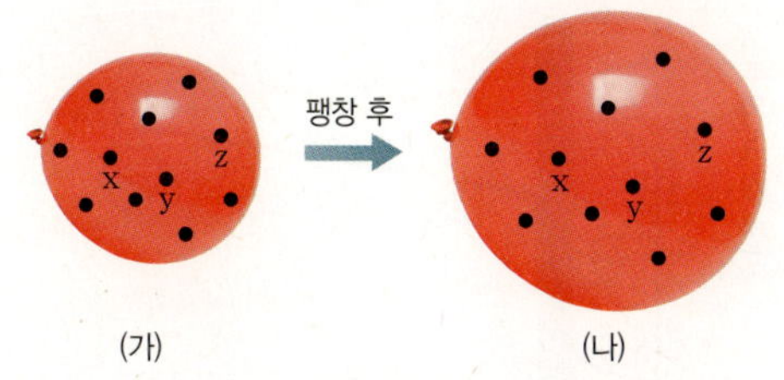

이에 대한 설명으로 옳은 것만을 |보기|에서 있는 대로 고른 것은? (단, x, y, z는 풍선 표면에 고정시킨 스티커이다.)

|보기|
ㄱ. (가)일 때, x에서 측정한 적색 편이는 y보다 z에서 크다.
ㄴ. x에서 측정한 z의 후퇴 속도는 (가)보다 (나)에서 크다.
ㄷ. 허블 상수는 (가)보다 (나)에서 크다.

① ㄱ ② ㄷ ③ ㄱ, ㄴ
④ ㄴ, ㄷ ⑤ ㄱ, ㄴ, ㄷ

05 그림은 우주 배경 복사의 파장에 따른 복사 에너지의 세기를 나타낸 것이다.

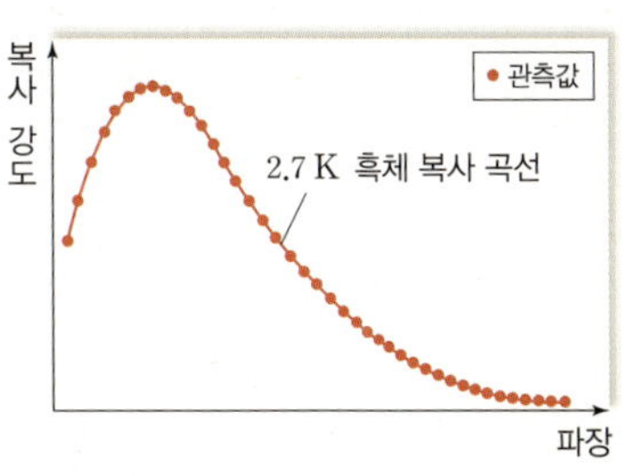

이에 대한 설명으로 옳은 것만을 |보기|에서 있는 대로 고른 것은?

|보기|
ㄱ. 우주 배경 복사는 우리은하의 중심 방향에서 가장 강하게 나타난다.
ㄴ. 우주 배경 복사가 형성되었을 때 우주의 온도는 약 2.7 K이었다.
ㄷ. 복사 에너지의 세기가 최대인 파장은 초기 우주보다 현재 우주에서 길다.

① ㄱ ② ㄷ ③ ㄱ, ㄴ
④ ㄴ, ㄷ ⑤ ㄱ, ㄴ, ㄷ

06 그림은 급팽창 이론과 빅뱅 우주론에서 시간에 따른 우주의 크기를 (가)와 (나)로 순서 없이 나타낸 것이다.

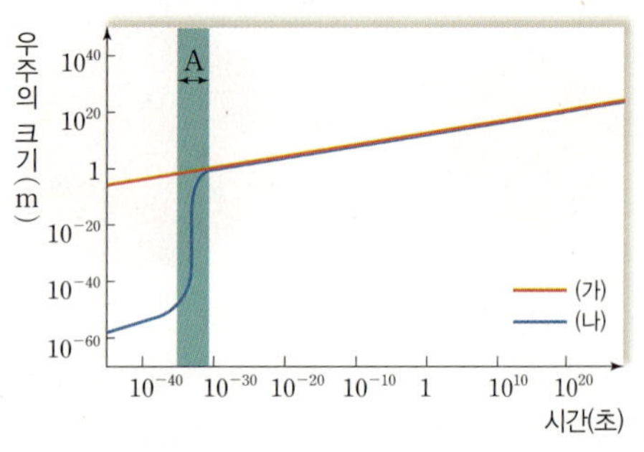

이에 대한 설명으로 옳은 것만을 |보기|에서 있는 대로 고른 것은?

보기
ㄱ. (가)는 급팽창 이론에서의 우주의 크기 변화이다.
ㄴ. (나)의 우주론에 따르면 A 시기에 우주는 빛보다 빠른 속도로 팽창하였다.
ㄷ. (나)의 우주론은 우주의 지평선 문제를 설명할 수 있다.

① ㄱ ② ㄷ ③ ㄱ, ㄴ
④ ㄴ, ㄷ ⑤ ㄱ, ㄴ, ㄷ

07 그림은 나선 은하의 회전 속도 곡선을 나타낸 것이다. A는 보통 물질만 고려한 예측값이고, B는 실제 관측값이다.

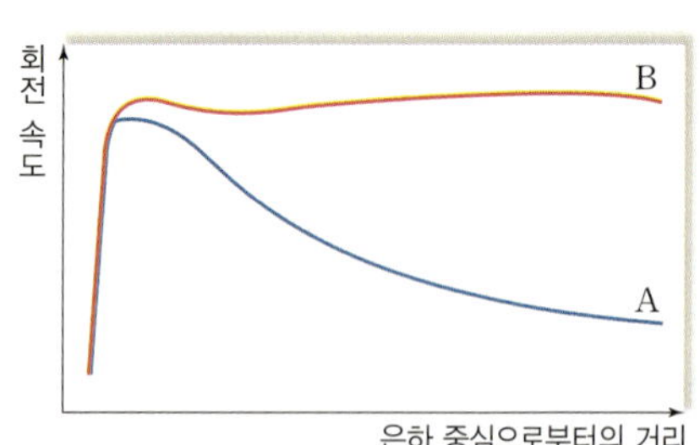

이에 대한 설명으로 옳은 것만을 |보기|에서 있는 대로 고른 것은?

보기
ㄱ. 별과 성간 물질은 은하 외곽부로 갈수록 많아진다.
ㄴ. A와 B의 차이는 암흑 물질로 설명할 수 있다.
ㄷ. 은하 외곽부에 존재하는 물질의 양이 더 적었다면 B의 회전 속도는 더 증가할 것이다.

① ㄱ ② ㄴ ③ ㄱ, ㄴ
④ ㄱ, ㄷ ⑤ ㄴ, ㄷ

08 그림은 어느 팽창 우주 모형에서 시간에 따른 우주의 크기를 나타낸 것이다.

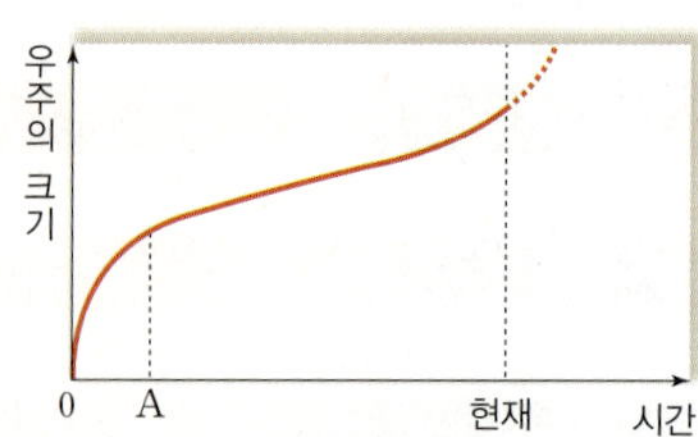

이에 대한 설명으로 옳은 것만을 |보기|에서 있는 대로 고른 것은?

보기
ㄱ. 현재의 우주는 가속 팽창을 하고 있다.
ㄴ. 기울기는 우주의 팽창 속도를 의미한다.
ㄷ. 외부 은하들의 적색 편이는 점차 감소할 것이다.

① ㄱ ② ㄷ ③ ㄱ, ㄴ
④ ㄱ, ㄷ ⑤ ㄴ, ㄷ

09 표는 우주를 구성하는 요소의 상대량을 나타낸 것이다.

구성 요소	상대량(%)
(㉠)	68.3
암흑 물질	(㉡)
보통 물질	(㉢)

이에 대한 설명으로 옳은 것만을 |보기|에서 있는 대로 고른 것은?

보기
ㄱ. ㉠은 암흑 에너지이다.
ㄴ. ㉠은 우주 팽창 속도를 감소시키는 역할을 한다.
ㄷ. ㉡은 ㉢보다 작다.

① ㄱ ② ㄷ ③ ㄱ, ㄴ
④ ㄱ, ㄷ ⑤ ㄴ, ㄷ

10 표는 우주 모형 A, B, C에서 임계 밀도(ρ_c)에 대한 우주 밀도(ρ)의 비를 나타낸 것이다.
이에 대한 설명으로 옳은 것만을 |보기|에서 있는 대로 고른 것은?

우주 모형	$\dfrac{\rho}{\rho_c}$
A	0.3
B	1.3
C	1.0

보기
ㄱ. A는 닫힌 우주에 해당한다.
ㄴ. B는 양(+)의 곡률을 갖는다.
ㄷ. C의 우주 모형에서 우주는 다시 수축한다.

① ㄱ ② ㄴ ③ ㄷ
④ ㄱ, ㄷ ⑤ ㄴ, ㄷ

11

그림은 빅뱅 이후 우주의 팽창 속도 변화를 나타낸 것이다.

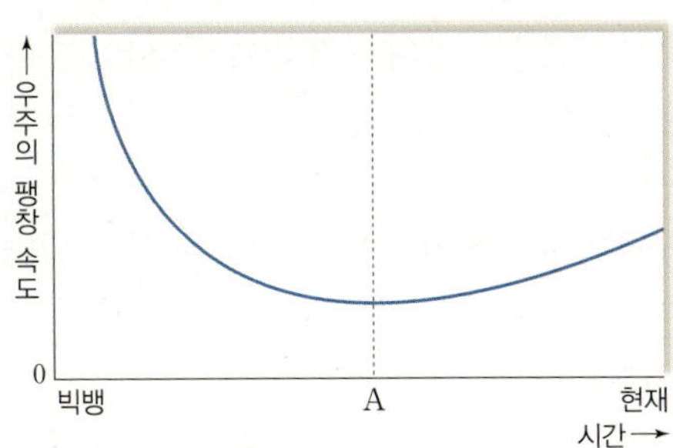

이에 대한 설명으로 옳은 것만을 |보기|에서 있는 대로 고른 것은?

보기
ㄱ. A 시기 이전에 우주는 수축하였다.
ㄴ. 현재 우주는 가속 팽창하고 있다.
ㄷ. 우주의 평균 밀도는 A 시기보다 현재가 크다.

① ㄱ   ② ㄴ   ③ ㄱ, ㄴ
④ ㄱ, ㄷ   ⑤ ㄴ, ㄷ

12

그림은 우주론의 발전 과정을 나타낸 것이다.

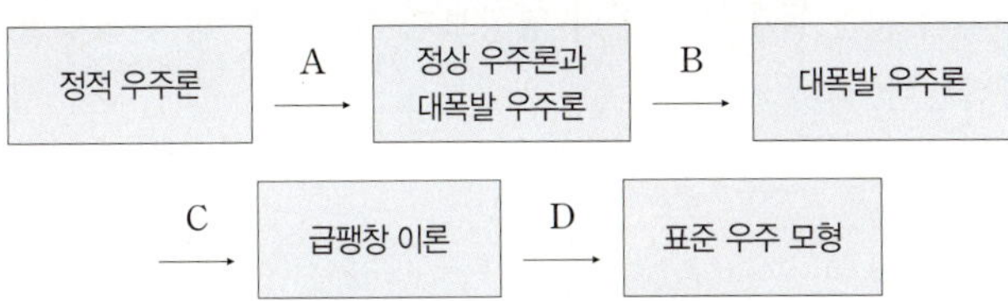

A~D에 해당하는 내용을 |보기|에서 찾아 옳게 짝 지은 것은?

보기
ㄱ. 멀리 있는 은하일수록 적색 편이가 크다.
ㄴ. 우주 전역에서 거의 균일한 복사 에너지가 존재한다.
ㄷ. Ia형 초신성을 관측하여 우주의 팽창 속도 변화를 확인하였다.
ㄹ. 기존의 우주론에서는 우주가 완전히 편평한 까닭을 설명하기 어렵다.

	A	B	C	D
①	ㄱ	ㄴ	ㄷ	ㄹ
②	ㄱ	ㄴ	ㄹ	ㄷ
③	ㄱ	ㄷ	ㄴ	ㄹ
④	ㄷ	ㄱ	ㄴ	ㄹ
⑤	ㄷ	ㄴ	ㄱ	ㄴ

13

표는 외부 은하 A, B의 거리와 후퇴 속도를 나타낸 것이다. A와 B는 허블 법칙을 따른다.

은하	거리(Mpc)	후퇴 속도(km/s)
A	300	15000
B	( )	20000

(1) 이 자료를 이용하여 허블 상수를 구하시오.

(2) B까지의 거리를 구하는 과정을 서술하시오.

14

그림은 빅뱅 우주론의 지평선 문제를 나타낸 것이다.

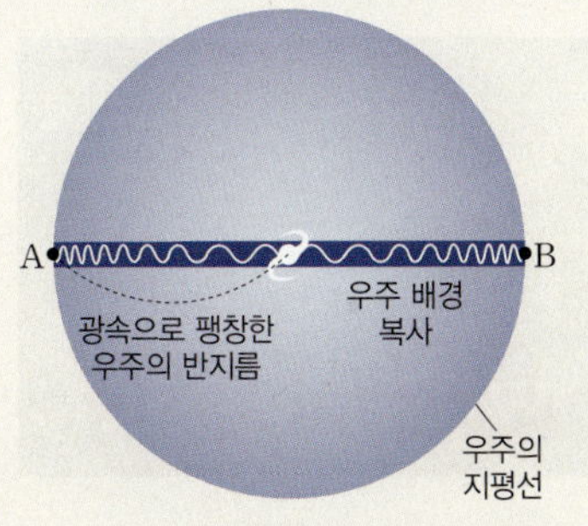

A 방향과 B 방향에서 오는 우주 배경 복사가 거의 균일하게 관측될 수 있는 까닭을 급팽창과 관련지어 서술하시오.

15

그림은 우주를 구성하는 요소의 상대량을 나타낸 것이다.

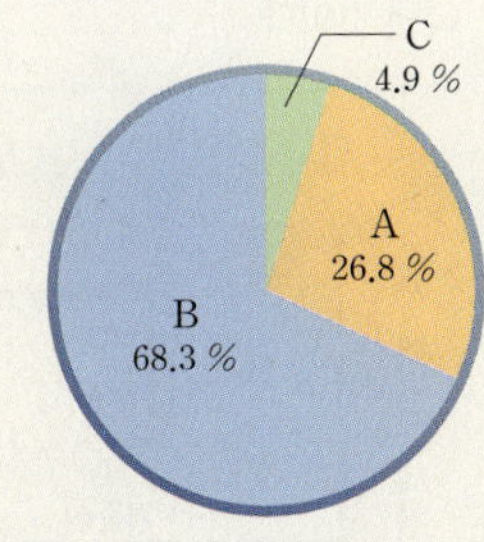

(1) 성간 물질은 A, B, C 중 어디에 속하는지 쓰시오.

(2) 미래에 우주 구성 요소 A, B, C의 비율이 어떻게 변할지 서술하시오.

학교 시험 빈출 자료 MASTER

04 외부 은하

1 허블의 은하 분류

그림은 허블이 가시광선 영역에서 관측되는 형태에 따라 외부 은하들을 분류한 것이다.

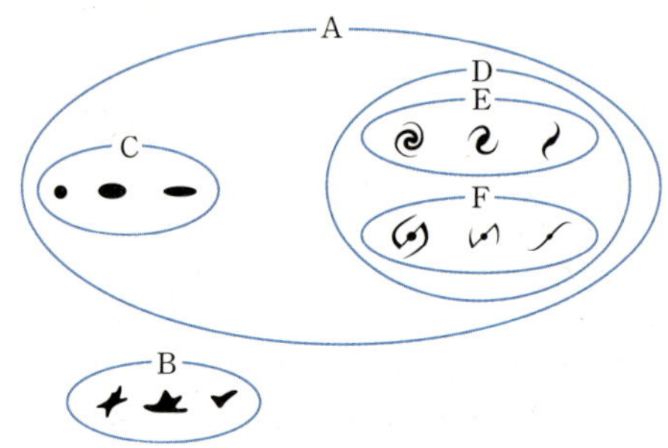

● 다음 설명 중 옳은 것은 ○표, 옳지 <u>않은</u> 것은 ×표 하시오.

1 A와 B의 분류 기준은 모양의 규칙성 여부이다. ○ / ×
2 C에 속한 은하들은 편평도를 기준으로 세분할 수 있다.
　　○ / ×
3 D는 막대 구조의 유무에 따라 E와 F로 세분할 수 있다.
　　○ / ×
4 우리은하는 C에 속한다. ○ / ×
5 시간이 지나면 A에 속한 은하들은 B로 진화한다. ○ / ×
6 B에는 성간 물질과 젊은 별들이 많이 분포한다. ○ / ×
7 은하를 구성하는 별의 평균 연령은 C가 B보다 많다. ○ / ×

2 전파 은하

그림은 어느 특이 은하의 모습을 나타낸 것이다.

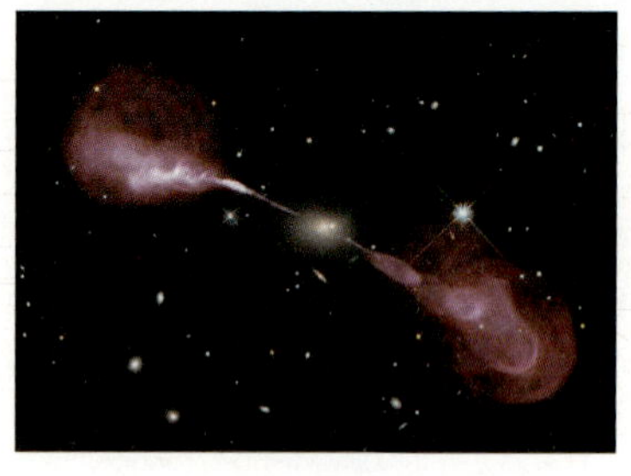

● 다음 설명 중 옳은 것은 ○표, 옳지 <u>않은</u> 것은 ×표 하시오.

1 이 은하는 충돌 은하이다. ○ / ×
2 가시광선 영역에서 관측한 모습이다. ○ / ×
3 보통의 은하보다 수백 배 이상 강한 전파를 방출하는 은하이다. ○ / ×
4 전파 영역에서 방출하는 에너지양은 우리은하보다 훨씬 많다. ○ / ×
5 은하의 중심핵에서 제트가 분출하고 있다. ○ / ×
6 양쪽의 둥근 돌출부는 전파 영상보다 가시광선 영상에서 잘 나타난다. ○ / ×

3 퀘이사와 세이퍼트은하

표는 퀘이사와 세이퍼트은하의 스펙트럼과 특징을 순서 없이 나타낸 것이다.

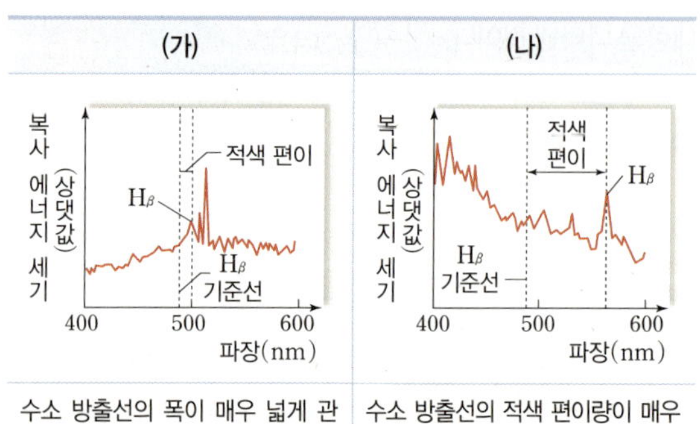

● 다음 설명 중 옳은 것은 ○표, 옳지 <u>않은</u> 것은 ×표 하시오.

1 (가)는 세이퍼트은하이다. ○ / ×
2 (나)는 하나의 별처럼 관측된다. ○ / ×
3 (가)는 은하 내의 가스운이 매우 빠른 속도로 움직이고 있어 스펙트럼에서 넓은 방출선이 관측된다. ○ / ×
4 (가)의 은하는 대부분 나선 은하의 형태로 관측된다. ○ / ×
5 (나)는 우주 초기에 형성된 은하이다. ○ / ×
6 (나)는 적색 편이가 매우 크게 나타난다. ○ / ×
7 은하까지의 거리는 (가)가 (나)보다 멀다. ○ / ×
8 (가)와 (나)는 모두 중심부에 질량이 매우 큰 블랙홀이 존재할 것이다. ○ / ×

4 충돌 은하

그림은 충돌 은하들의 모습을 나타낸 것이다.

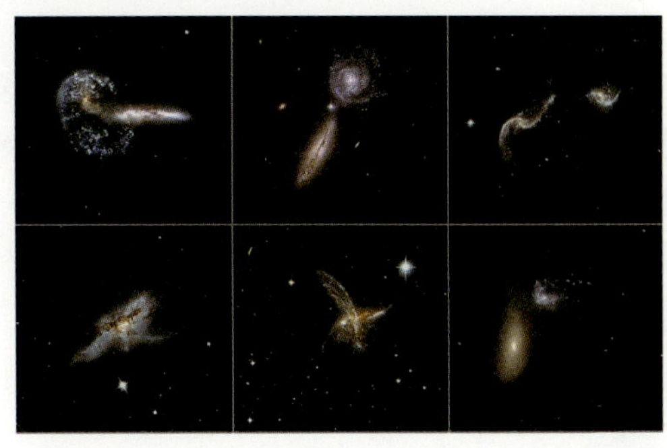

● 다음 설명 중 옳은 것은 ○표, 옳지 <u>않은</u> 것은 ×표 하시오.

1 많은 별들이 서로 충돌하여 파괴된다. ○ / ×

2 은하의 충돌과 병합을 거쳐 질량이 매우 큰 거대 은하가 형성
될 수 있다. ○ / ×

3 충돌 과정에서 은하 내의 성간 가스가 압축될 수 있다.

○ / ×

4 은하 안의 성간 물질들이 서로 압축되면서 새로운 별들이 탄
생할 수 있다. ○ / ×

5 두 은하가 충돌하게 된 주요 원인은 암흑 에너지 때문이다.

○ / ×

05 우주 팽창과 빅뱅 우주론

5 허블 법칙의 이해

그림은 외부 은하까지의 거리에 따른 후퇴 속도의 관계를 나타낸
것이다.

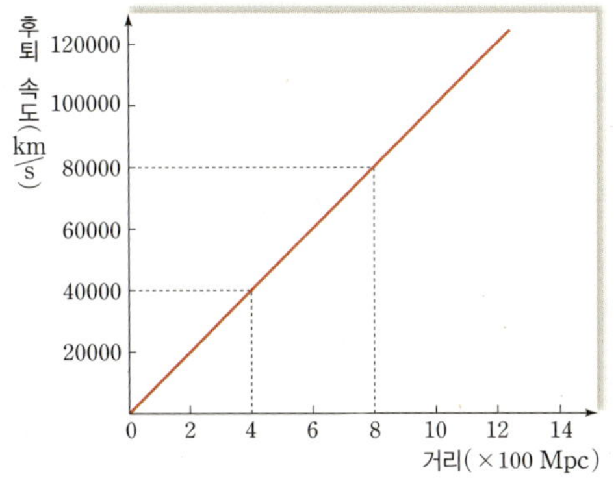

● 다음 설명 중 옳은 것은 ○표, 옳지 <u>않은</u> 것은 ×표 하시오.

1 은하까지의 거리가 멀수록 후퇴 속도가 크다. ○ / ×

2 외부 은하의 스펙트럼을 관측하면, 대부분 흡수선의 위치가
파장이 긴 적색 쪽으로 이동한다. ○ / ×

3 은하의 후퇴 속도는 은하의 스펙트럼에서 관측된 흡수선의 파
장 증가량이 클수록 커진다. ○ / ×

4 이 자료로부터 우주가 팽창하고 있다는 것을 알 수 있다.

○ / ×

5 허블 상수는 100 km/s/Mpc이다. ○ / ×

6 그래프의 기울기는 허블 상수이다. ○ / ×

7 그래프의 기울기는 우주의 나이에 해당한다. ○ / ×

8 거리가 1400 Mpc인 은하의 후퇴 속도는 12000 km/s보다
작다. ○ / ×

6 정상 우주론과 빅뱅 우주론

그림 (가)와 (나)는 각각 정상 우주론 모형과 빅뱅 우주론 모형을
순서 없이 나타낸 것이다.

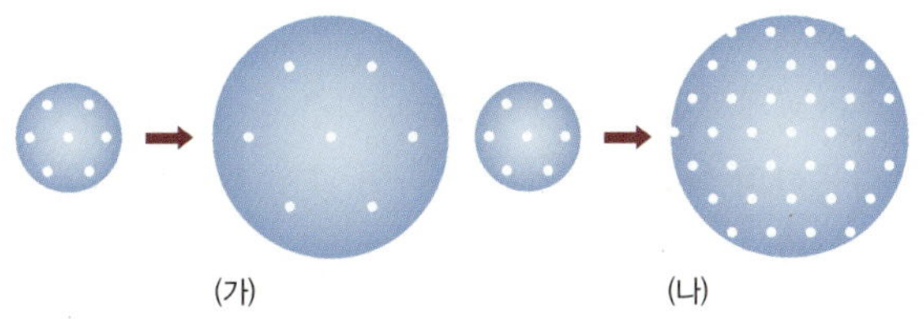

● 다음 설명 중 옳은 것은 ○표, 옳지 <u>않은</u> 것은 ×표 하시오.

1 (가)는 빅뱅 우주론 모형이다. ○ / ×

2 (가)의 우주론에서는 우주의 밀도가 감소한다. ○ / ×

3 (나)의 우주론에서는 새로운 물질이 계속 형성되어야 한다.

○ / ×

4 (나)의 우주론에서는 시간에 따라 우주의 온도가 점점 낮아진
다. ○ / ×

5 (가)와 (나)의 우주론에서 모두 허블 법칙이 성립한다.

○ / ×

6 (나)의 우주론을 통하여 우주 배경 복사가 존재함을 설명할 수
있다. ○ / ×

7 빅뱅 우주론의 증거

그림은 하늘의 모든 방향에서 관측되는 복사 에너지의 세기를 파장에 따라 나타낸 것이다.

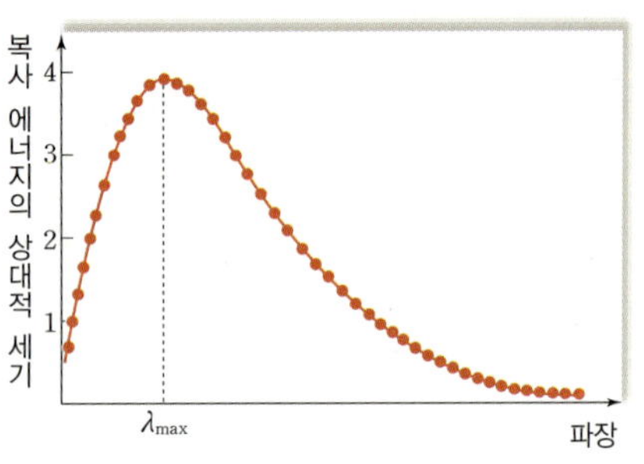

● 다음 설명 중 옳은 것은 ○표, 옳지 <u>않은</u> 것은 ×표 하시오.

1 빅뱅 후 약 38만 년이 지났을 때 형성된 복사 에너지이다.

○ / ×

2 빅뱅 후 우주가 충분히 식어서 원자핵과 전자가 결합해 중성 원자가 만들어지면서 퍼져 나가기 시작한 복사이다. ○ / ×

3 λ_{max}는 전파 영역에 해당한다. ○ / ×

4 파장에 따른 복사 에너지의 분포는 약 3000 K의 흑체 복사와 거의 일치한다. ○ / ×

5 이 복사의 세기는 우리은하의 중심 방향에서 가장 강하게 관측된다. ○ / ×

8 급팽창 이론

그림은 급팽창 이론과 기존의 빅뱅 우주론에서의 빅뱅 이후 시간에 따른 우주의 크기를 나타낸 것이다.

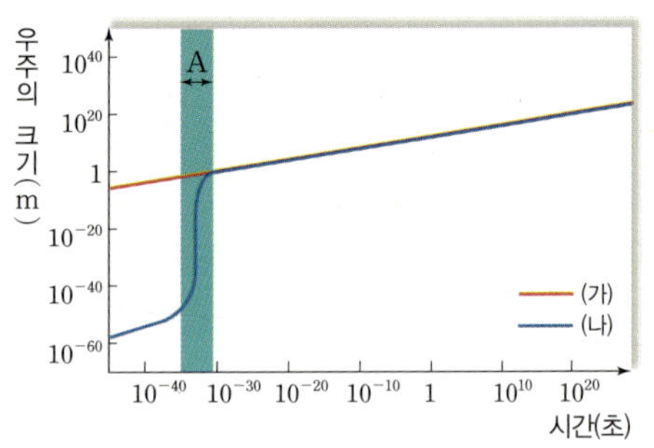

● 다음 설명 중 옳은 것은 ○표, 옳지 <u>않은</u> 것은 ×표 하시오.

1 A 기간 동안 우주의 급팽창이 일어났다. ○ / ×

2 (가)는 기존의 빅뱅 우주론에 해당한다. ○ / ×

3 (가)를 이용하여 우주의 편평성 문제를 설명할 수 있다.

○ / ×

4 (나)에서 A 기간 동안 우주는 빛의 속도보다 빠르게 팽창하였다. ○ / ×

5 (나)를 이용하여 우주의 지평선 문제를 설명할 수 있다.

○ / ×

6 (나)에서 A 기간 동안 우주가 급팽창하였기 때문에 팽창이 일어나기 이전에 가까이 있었던 두 지역은 서로 정보를 교환할 수 있었다. ○ / ×

9 우주의 구성 요소

그림은 현재 우주의 구성 요소 비율을 나타낸 것이다. A, B, C는 각각 보통 물질, 암흑 물질, 암흑 에너지 중 하나이다.

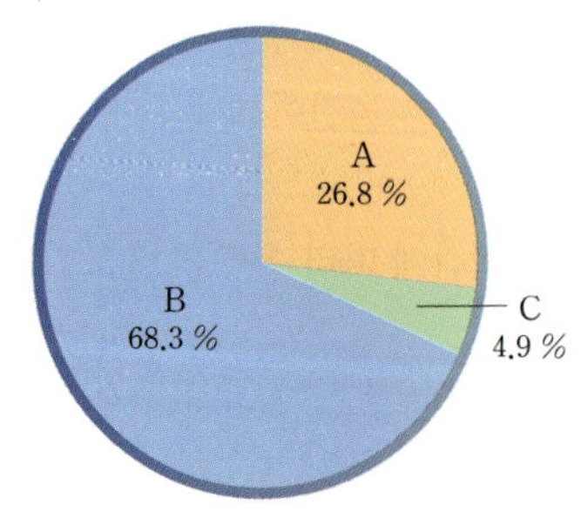

● 다음 설명 중 옳은 것은 ○표, 옳지 <u>않은</u> 것은 ×표 하시오.

1 A는 암흑 물질이다. ○ / ×

2 전자기파와 상호 작용하는 것은 C이다. ○ / ×

3 A는 중력 렌즈 효과를 이용하여 존재를 확인할 수 있다.

○ / ×

4 B는 우주의 팽창 속도를 증가시키는 역할을 한다. ○ / ×

5 B는 우리은하의 회전 곡선을 관측하여 그 존재를 확인할 수 있다. ○ / ×

6 별, 성간 물질 등은 C에 해당한다. ○ / ×

7 우주가 팽창함에 따라 C가 차지하는 비율은 계속 감소할 것이다. ○ / ×

8 현재 우주는 C에 의해 가속 팽창하고 있다. ○ / ×

학교 시험 대비 문제

[대표] 유형문제

01
그림 (가), (나), (다)는 형태가 다른 세 은하의 모습이다.

  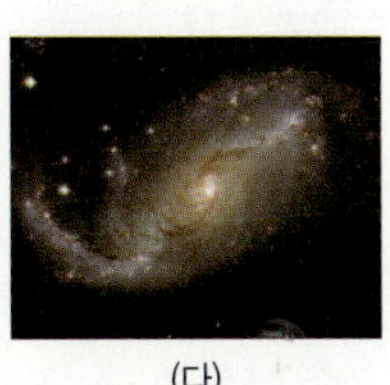

(가)   (나)   (다)

(가), (나), (다)를 허블의 은하 분류 기준에 따라 옳게 구분한 것은?

	(가)	(나)	(다)
①	정상 나선 은하	타원 은하	정상 나선 은하
②	정상 나선 은하	불규칙 은하	막대 나선 은하
③	불규칙 은하	타원 은하	막대 나선 은하
④	막대 나선 은하	타원 은하	정상 나선 은하
⑤	막대 나선 은하	정상 나선 은하	불규칙 은하

02
그림은 외부 은하들을 형태에 따라 분류한 것이다. 이에 대한 설명으로 옳은 것만을 |보기|에서 있는 대로 고른 것은?

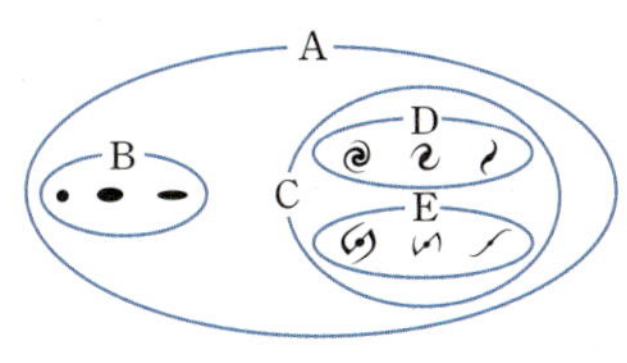

> **보기**
> ㄱ. A에 속하지 않는 은하는 불규칙 은하이다.
> ㄴ. B와 C의 분류 기준은 막대 구조의 존재 여부이다.
> ㄷ. 우리은하는 E에 속한다.

① ㄱ   ② ㄴ   ③ ㄱ, ㄴ
④ ㄱ, ㄷ   ⑤ ㄴ, ㄷ

03
표는 허블의 은하 분류 체계 중 일부를 나타낸 것이다.

종류	(가)	(나)	(다)
유형	Sa, Sb, Sc	SBa, SBb, SBc	E0, E1, …, E7

이에 대한 설명으로 옳은 것만을 |보기|에서 있는 대로 고른 것은?

> **보기**
> ㄱ. Sa는 Sb에 비해 은하핵의 상대적 크기가 크다.
> ㄴ. (나)에 속한 은하들은 모두 막대 구조가 있다.
> ㄷ. E0은 E7에 비해 편평도가 크다.

① ㄱ   ② ㄴ   ③ ㄱ, ㄴ
④ ㄱ, ㄷ   ⑤ ㄴ, ㄷ

04
그림은 우리은하에서 매우 가까운 거리에 있는 은하 (가)와 (나)의 모습이다.

(가)   (나)

이에 대한 설명으로 옳은 것만을 |보기|에서 있는 대로 고른 것은?

> **보기**
> ㄱ. (가)는 나선팔 구조를 가지고 있다.
> ㄴ. (나)는 나이가 많은 붉은색 별들로 이루어져 있다.
> ㄷ. 두 은하 모두 적색 편이가 매우 크다.

① ㄱ   ② ㄴ   ③ ㄱ, ㄴ
④ ㄱ, ㄷ   ⑤ ㄴ, ㄷ

[대표] 유형문제

05
그림 (가)와 (나)는 어느 전파 은하를 가시광선과 전파로 관측한 영상을 순서 없이 나타낸 것이다.

(가)   (나)

이에 대한 설명으로 옳은 것만을 |보기|에서 있는 대로 고른 것은?

> **보기**
> ㄱ. (가)는 전파로 관측한 영상이다.
> ㄴ. 이 은하는 가시광선 영역으로 관측한 모양에 따라 분류하면 타원 은하에 해당한다.
> ㄷ. 중심핵에서 강력한 물질의 흐름인 제트가 분출되고 있다.

① ㄱ   ② ㄴ   ③ ㄱ, ㄷ
④ ㄴ, ㄷ   ⑤ ㄱ, ㄴ, ㄷ

06 표는 서로 다른 두 특이 은하 A, B를 관측한 내용이다.

구분	A	B
모습	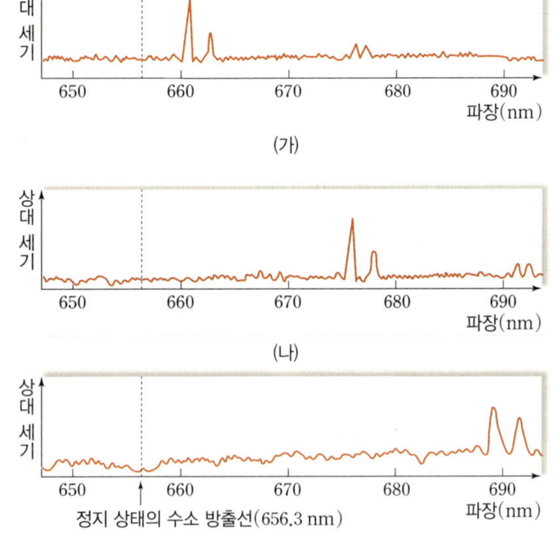	
특징	스펙트럼에서 넓은 방출선이 관측된다.	적색 편이가 매우 크게 나타난다.

이에 대한 설명으로 옳은 것만을 |보기|에서 있는 대로 고른 것은?

- 보기 -
ㄱ. A는 불규칙 은하에 속한다.
ㄴ. 은하까지의 거리는 A가 B보다 가깝다.
ㄷ. A와 B는 모두 중심부에 블랙홀이 존재할 것이다.

① ㄱ   ② ㄴ   ③ ㄱ, ㄷ
④ ㄴ, ㄷ   ⑤ ㄱ, ㄴ, ㄷ

대표 유형 문제

07 그림은 외부 은하 (가), (나), (다)에서 관측한 수소 방출선의 위치를 나타낸 것이다.

이에 대한 설명으로 옳은 것만을 |보기|에서 있는 대로 고른 것은?

- 보기 -
ㄱ. 지구로부터의 거리는 (가)가 가장 가깝다.
ㄴ. (가), (나), (다)에서 모두 적색 편이가 나타난다.
ㄷ. 이 자료를 이용하여 우주의 팽창을 설명할 수 있다.

① ㄱ   ② ㄴ   ③ ㄱ, ㄷ
④ ㄴ, ㄷ   ⑤ ㄱ, ㄴ, ㄷ

08 허블 상수를 H, 빛의 속도를 c라고 할 때, 우주의 나이와, 관측 가능한 우주의 크기를 순서대로 옳게 나열한 것은?

① H, cH ② $\dfrac{1}{H}, \dfrac{c}{H}$ ③ $H, \dfrac{c}{H^2}$

④ $\dfrac{1}{H}, cH^2$ ⑤ $\dfrac{1}{H}, 2cH^2$

대표 유형 문제

09 그림은 세 곳의 천문대에서 관측한 외부 은하까지의 거리와 후퇴 속도의 관계를 나타낸 것이다.

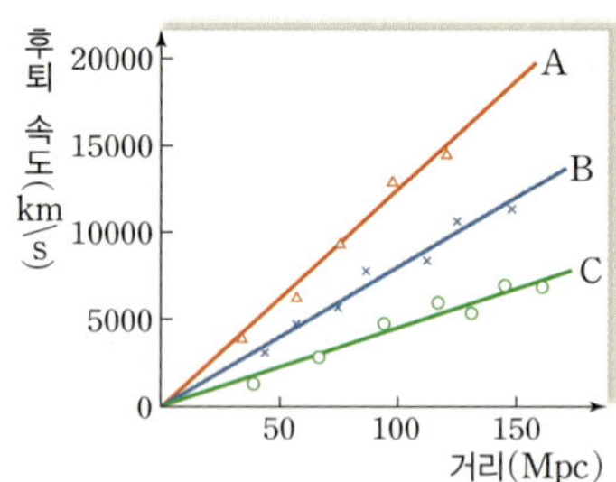

이에 대한 설명으로 옳은 것만을 |보기|에서 있는 대로 고른 것은?

- 보기 -
ㄱ. 허블 상수가 가장 큰 것은 A이다.
ㄴ. 우주의 나이는 B보다 C에서 적다.
ㄷ. A, B, C에서 모두 멀리 있는 은하일수록 후퇴 속도가 크다.

① ㄱ   ② ㄴ   ③ ㄱ, ㄴ
④ ㄱ, ㄷ   ⑤ ㄴ, ㄷ

10 그림은 허블의 법칙에 따라 팽창하고 있는 어떤 우주 모형을 나타낸 것이다.

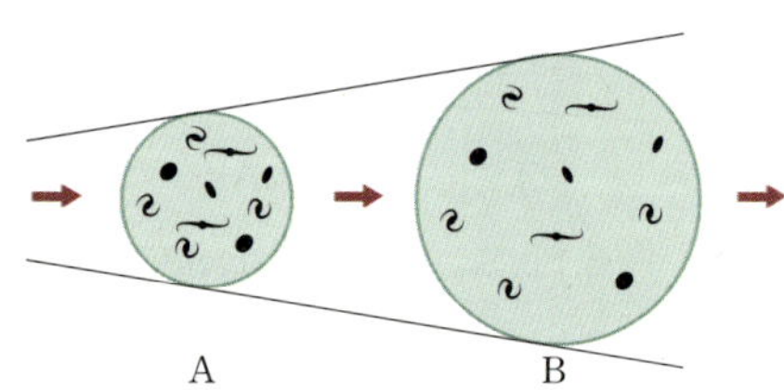

이 우주 모형에 대한 설명으로 옳은 것은?

① 우주의 온도는 A와 B에서 같다.
② 우주의 밀도는 A보다 B에서 작다.
③ 우주가 팽창하면서 새로운 물질이 만들어진다.
④ 이 모형에 따르면 우주 배경 복사는 존재하지 않는다.
⑤ 이 모형을 이용하여 우주의 지평선 문제를 설명할 수 있다.

11

그림은 빅뱅 후 약 38만 년일 때와 현재의 우주 배경 복사에 해당하는 흑체 복사 곡선을 A, B로 순서 없이 나타낸 것이다.

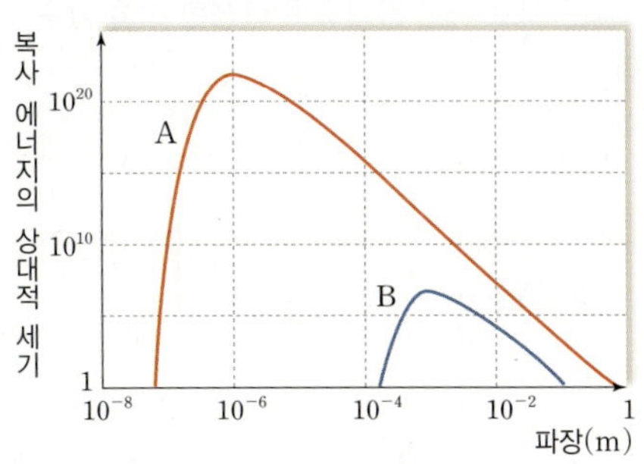

이에 대한 설명으로 옳은 것만을 |보기|에서 있는 대로 고른 것은?

> **보기**
> ㄱ. 우주 배경 복사는 전 우주에 거의 균일하게 퍼져 있다.
> ㄴ. A는 빅뱅 후 약 38만 년일 때의 흑체 복사 곡선이다.
> ㄷ. 우주가 팽창함에 따라 우주 배경 복사의 파장은 계속 길어졌다.

① ㄱ   ② ㄴ   ③ ㄱ, ㄷ
④ ㄴ, ㄷ   ⑤ ㄱ, ㄴ, ㄷ

12

그림은 빅뱅 우주론의 지평선 문제를 나타낸 것이다.

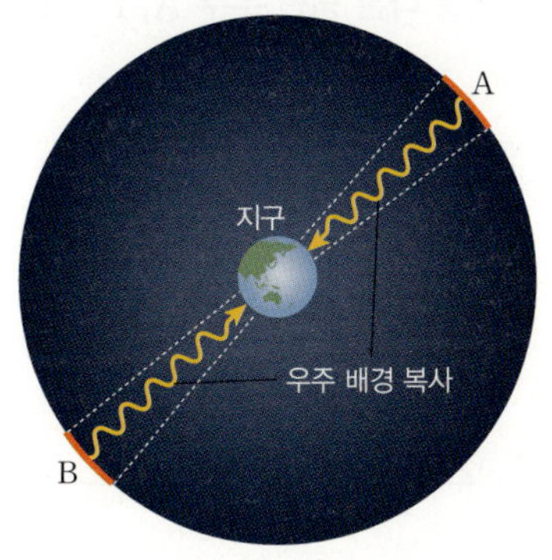

이에 대한 설명으로 옳은 것만을 |보기|에서 있는 대로 고른 것은?

> **보기**
> ㄱ. A와 B에서 오는 우주 배경 복사는 거의 균일하다.
> ㄴ. 현재 A와 B는 서로 정보를 교환할 수 있는 위치에 있다.
> ㄷ. 급팽창 이전에 우주는 전체적인 정보 교환이 불가능하였다.

① ㄱ   ② ㄴ   ③ ㄱ, ㄴ
④ ㄱ, ㄷ   ⑤ ㄴ, ㄷ

13

다음은 빅뱅 우주론의 문제점을 나타낸 것이다.

> (가): 우주는 거의 완벽하게 평탄하며, 이를 위해서는 초기 우주의 밀도가 특정한 값을 가져야만 한다.
> (나): 서로 상호 작용할 수 없는 우주의 양쪽 정반대 방향에서 오는 우주 배경 복사가 완전히 균일하다.

(가), (나)에 해당하는 문제점을 옳게 짝 지은 것은?

	(가)	(나)
①	지평선 문제	편평성 문제
②	지평선 문제	자기 홀극 문제
③	편평성 문제	자기 홀극 문제
④	편평성 문제	지평선 문제
⑤	자기 홀극 문제	편평성 문제

14

다음은 급팽창 이론에서 설명하는 우주의 진화 과정에서 나타난 변화이다.

> **보기**
> ㄱ. 우주의 급팽창   ㄴ. 우주 배경 복사 형성
> ㄷ. 우주의 가속 팽창 시작   ㄹ. 최초의 별 형성

시간 순서대로 옳게 나열한 것은?

① ㄱ — ㄴ — ㄷ — ㄹ   ② ㄱ — ㄴ — ㄹ — ㄷ
③ ㄱ — ㄷ — ㄴ — ㄹ   ④ ㄹ — ㄱ — ㄴ — ㄷ
⑤ ㄹ — ㄴ — ㄱ — ㄷ

15

그림은 은하단에 의해 하나의 퀘이사가 2개로 보이는 현상을 나타낸 것이다.

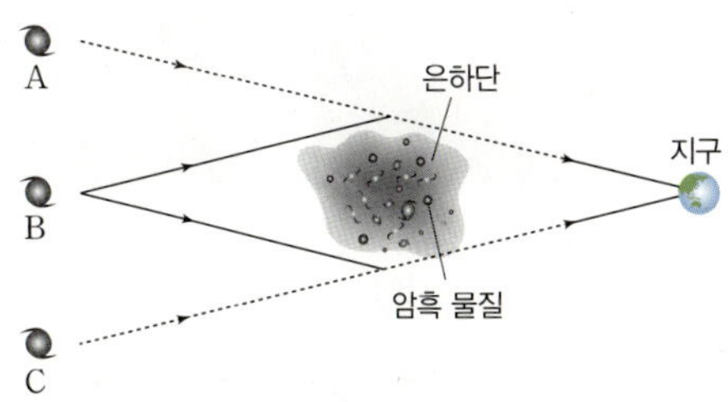

이에 대한 설명으로 옳은 것만을 |보기|에서 있는 대로 고른 것은?

> **보기**
> ㄱ. 은하단에 의해 퀘이사의 빛이 굴절되었다.
> ㄴ. A와 C에서 관측되는 적색 편이는 동일하다.
> ㄷ. 빛이 굴절된 정도는 암흑 물질의 양에 반비례한다.

① ㄱ   ② ㄴ   ③ ㄱ, ㄴ
④ ㄱ, ㄷ   ⑤ ㄴ, ㄷ

1등급 도전!
고난도 문제

16 그림 (가)는 지구에서 관측되는 은하들을 형태에 따라 분류한 것을, (나)는 각 은하에 속한 별들의 분광형 분포를 나타낸 것이다.

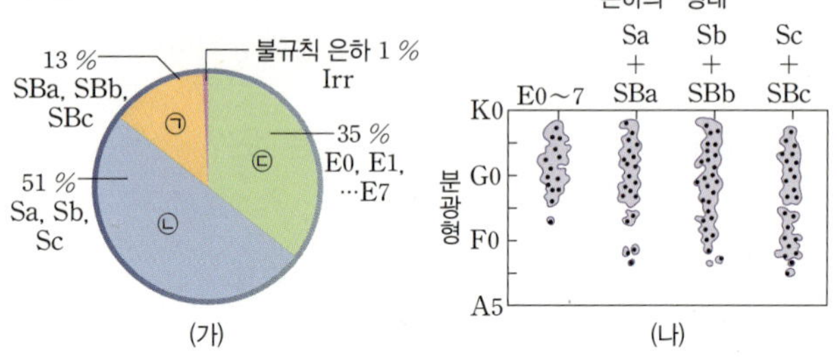

이 자료에 대한 설명으로 옳은 것만을 |보기|에서 있는 대로 고른 것은?

┌─ 보기 ─
ㄱ. 우리은하는 ⓖ에 해당한다.
ㄴ. 나선팔이 있는 은하의 비율이 나선팔이 없는 은하의 비율보다 크다.
ㄷ. ⓖ, ⓛ, ⓒ 중 붉은색 별의 비율은 ⓒ에서 가장 크다.
└─

① ㄱ   ② ㄴ   ③ ㄱ, ㄷ
④ ㄴ, ㄷ   ⑤ ㄱ, ㄴ, ㄷ

18 그림은 서로 다른 방법으로 측정한 허블 상수 a, b, c를 나타낸 것이다.

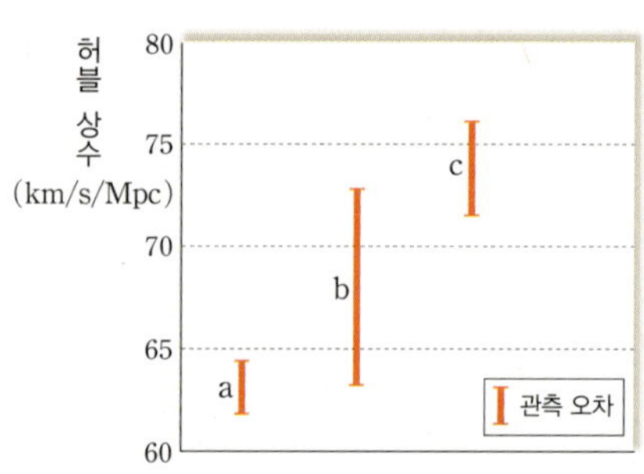

이에 대한 설명으로 옳은 것만을 |보기|에서 있는 대로 고른 것은? (단, 우주는 일정한 속도로 팽창한 것으로 가정한다.)

┌─ 보기 ─
ㄱ. 현재 우주의 팽창 속도는 a에서 가장 느리다.
ㄴ. 우주의 나이는 b보다 c에서 많다.
ㄷ. 관측 가능한 우주의 크기는 c에서 가장 크다.
└─

① ㄱ   ② ㄴ   ③ ㄱ, ㄴ
④ ㄱ, ㄷ   ⑤ ㄴ, ㄷ

17 표는 특이 은하 (가)와 (나)의 사진과 관측 특징을 나타낸 것이다.

구분	(가)	(나)
관측 사진		
특징	매우 밝은 핵을 가지고 있고, ⓖ넓은 방출선이 나타난다.	보통 은하보다 훨씬 강한 전파를 방출한다.

이에 대한 설명으로 옳은 것만을 |보기|에서 있는 대로 고른 것은?

┌─ 보기 ─
ㄱ. ⓖ은 은하 중심 주변을 고속으로 회전하는 가스에 의해 형성된 것이다.
ㄴ. (나)는 중심핵의 양쪽에 강한 전파 방출원이 있다.
ㄷ. (가)와 (나) 모두 나선 은하에 해당된다.
└─

① ㄱ   ② ㄴ   ③ ㄱ, ㄴ
④ ㄱ, ㄷ   ⑤ ㄴ, ㄷ

19 그림은 서로 다른 평탄 우주 A, B의 모형을 나타낸 것이다.

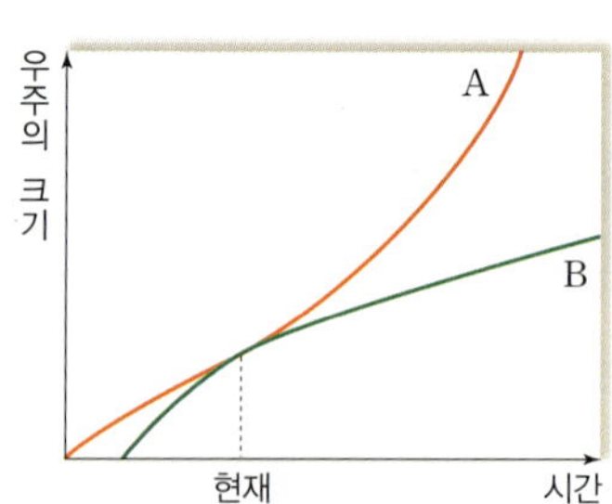

우주 모형 A와 B에 대한 설명으로 옳은 것만을 |보기|에서 있는 대로 고른 것은?

┌─ 보기 ─
ㄱ. $\dfrac{우주의 밀도}{임계 밀도}$ 는 A와 B가 같다.
ㄴ. 현재 암흑 에너지의 비율은 A가 B보다 크다.
ㄷ. 현재 우주의 나이는 A가 B보다 많다.
└─

① ㄱ   ② ㄴ   ③ ㄱ, ㄷ
④ ㄴ, ㄷ   ⑤ ㄱ, ㄴ, ㄷ

20 은하 ㉠~㉤을 허블의 은하 분류 체계에 따라 4개의 집단으로 분류하여 서술하시오.

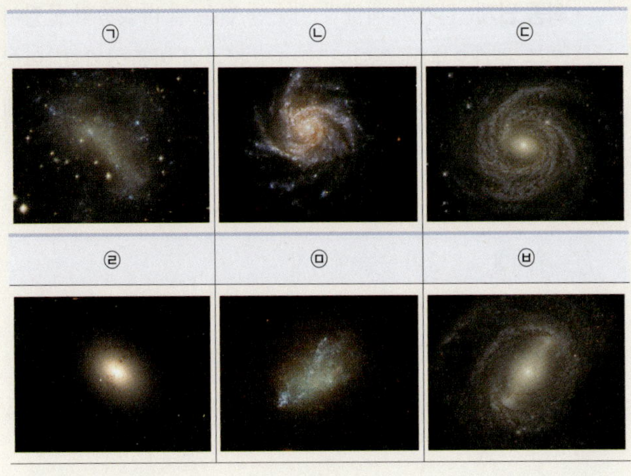

21 그림은 어느 특이 은하를 관측한 모습을 나타낸 것이다.

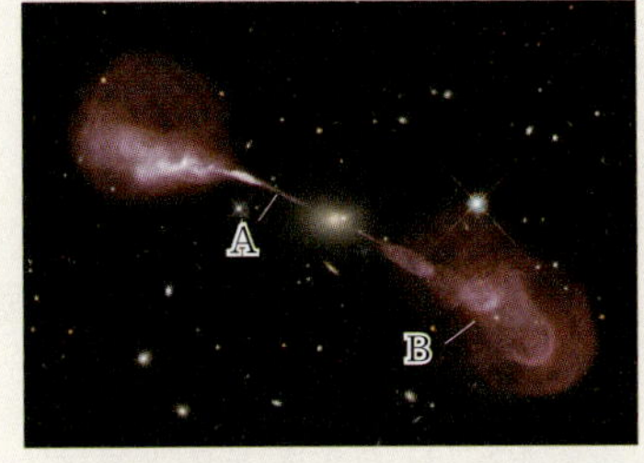

(1) 이 특이 은하에서 관측되는 구조 A, B의 명칭을 쓰시오.

(2) 이 특이 은하의 종류와 관측한 파장 영역을 각각 서술하시오.

22 두 은하가 서로 충돌하더라도 은하 내에서 별들이 서로 충돌하여 파괴되는 경우는 거의 일어나지 않는다. 그 까닭은 무엇인지 서술하시오.

23 그림은 외부 은하 A의 스펙트럼을, 표는 고유 파장 5000 Å인 흡수선의 파장 변화량($\Delta\lambda$)과 외부 은하 A까지의 거리를 나타낸 것이다.

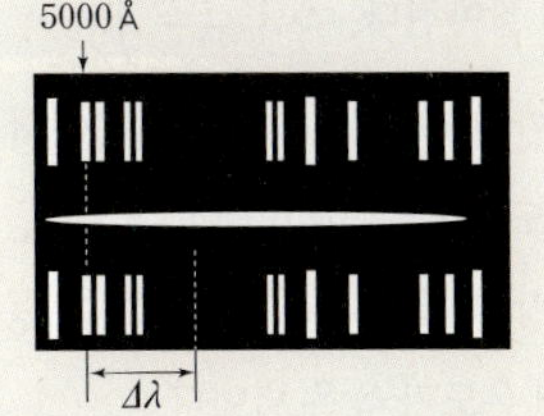

$\Delta\lambda(\text{Å})$	A까지의 거리(Mpc)
25	30

(1) A의 후퇴 속도를 구하는 과정을 서술하시오. (단, 빛의 속도는 $3\times10^5\,\text{km/s}$이다.)

(2) 이 자료를 이용하여 허블 상수를 구하는 과정을 서술하시오.

24 그림은 두 팽창 우주론 모형을 나타낸 것이다.

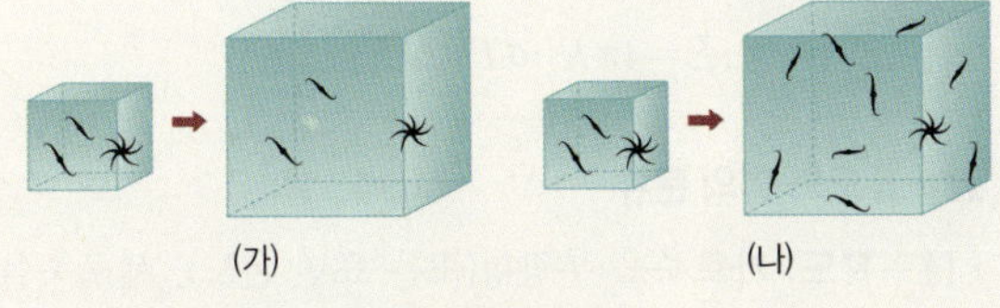

(1) (가)와 (나)의 우주론을 각각 쓰시오.

(2) (가)와 (나)에서 시간이 흐를수록 우주의 온도는 각각 어떻게 변하는지 서술하시오.

25 그림은 서로 다른 우주의 곡률을 나타낸 것이다.

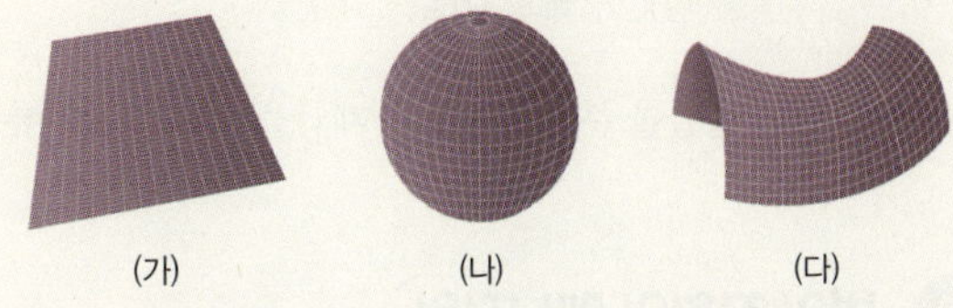

(가), (나), (다)의 우주 모형을 쓰고, $\dfrac{\text{우주의 밀도}}{\text{임계 밀도}}$는 각각 얼마인지 서술하시오.

단원 한번에 정리하기

01 별의 물리량과 H−R도

1 별의 표면 온도와 색

- **빈의 변위 법칙**: 별의 표면 온도(T)가 높을수록 최대 에너지를 방출하는 파장(λ_{max})이 짧아진다. ⇨ $\lambda_{max}=\dfrac{a}{T}$
- **슈테판·볼츠만 법칙**: 별이 단위 시간 동안 단위 면적에서 방출하는 에너지양은 표면 온도의 4제곱에 비례한다.
- **❶(　　　　)**: 서로 다른 파장 영역에서 측정한 겉보기 등급의 차 ⇨ 값이 작을수록 표면 온도가 높은 별이다.

2 별의 분광형과 표면 온도

- **하버드 분광 분류법**: 별의 스펙트럼에서 관측되는 ❷(　　　　)의 종류와 세기를 기준으로 분광형을 O, B, A, F, G, K, M형으로 분류 ⇨ O형의 별이 표면 온도가 가장 높고, M형으로 갈수록 표면 온도가 낮아진다.

3 별의 광도와 크기

❸(　　　　)	별이 단위 시간 동안 표면에서 방출하는 총 에너지양 ⇨ $L=4\pi R^2 \cdot \sigma T^4$ (L: 광도, R: 반지름, σ: 슈테판·볼츠만 상수, T: 표면 온도)
별의 크기	별의 광도(L)와 표면 온도(T)를 이용하여 별의 반지름(R)을 구할 수 있다. $L=4\pi R^2 \cdot \sigma T^4 \Rightarrow R \propto \dfrac{\sqrt{L}}{T^2}$

4 H−R도와 별의 분류

- **H−R도**: 가로축을 분광형(또는 표면 온도), 세로축을 절대 등급(또는 광도)으로 나타낸 그래프

주계열성	• H−R도에서 왼쪽 위에서 오른쪽 아래로 이어지는 좁은 띠 영역에 분포 • 별의 약 90 %가 주계열성에 속한다.
❹(　　　　)	• H−R도에서 주계열성의 오른쪽 위에 분포 • 표면 온도는 낮지만, 광도는 큰 편이다.
초거성	• H−R도에서 적색 거성보다 위쪽에 분포 • 광도와 반지름이 적색 거성보다 크다.
❺(　　　　)	• H−R도에서 주계열성의 왼쪽 아래에 분포 • 표면 온도는 높고, 광도가 매우 작으며, 평균 밀도가 매우 크다.

- **분광 분류**: 별들을 분광형과 광도 계급을 기준으로 분류

02 별의 진화와 에너지원

1 별의 진화

- **원시별 단계**: 밀도가 크고 온도가 낮은 성운에서 중력 수축이 일어나 원시별이 생성된다. 원시별의 ❶(　　　　)이 클수록 주계열성에 도달하는 시간이 짧다.

- **주계열성 단계**: 별의 중심부에서 ❷(　　　　) 핵융합 반응이 일어나는 단계 ⇨ 별의 질량이 클수록 수명이 짧다.
- **거성 단계**: 표면 온도가 낮아지고, 반지름이 커지면서 거성이 된다. 질량이 태양과 비슷한 별은 적색 거성이 되고, 질량이 태양보다 매우 큰 별은 초거성이 된다.
- **최종 단계**: 질량이 태양과 비슷한 별은 별 바깥층의 물질이 우주 공간으로 방출되어 행성상 성운이 만들어지고, 별의 중심핵은 수축하여 백색 왜성이 된다. 질량이 태양보다 매우 큰 별은 초신성 폭발 후 ❸(　　　　)이나 블랙홀이 된다.

2 별의 에너지원

원시별	중력 수축 에너지
주계열성	❹(　　　　) 핵융합 반응
적색 거성	헬륨 핵융합 반응, 중력 수축 에너지
초거성	철보다 가벼운 원소의 핵융합 반응, 중력 수축 에너지

3 별의 내부 구조

- **❺(　　　　) 평형 상태**: 기체의 압력 차로 발생한 힘과 중력이 평형을 이루고 있는 상태 ⇨ 별의 크기가 일정하게 유지된다.

- **주계열성의 내부 구조**

태양 질량의 약 2배 이하인 별	중심핵(복사핵), 복사층, 대류층
태양 질량의 약 2배 이상인 별	대류핵, 복사층

- **거성의 내부 구조**

적색 거성	중심부에 탄소핵이 존재하며, 바로 위쪽에 헬륨 연소층, 수소 연소층이 존재한다.
초거성	계속적인 핵융합 반응이 일어나 양파 껍질 같은 구조가 형성되고, 최종적으로 중심부에 ❻(　　　　)로 구성된 핵이 형성된다.

03 외계 행성계와 외계 생명체 탐사

1 외계 행성계의 탐사 방법

중심별의 시선 속도 변화 이용법	별과 행성이 공통 질량 중심 주위를 회전할 때, 별의 시선 속도가 변한다. ⇨ 별이 관측자에게 가까워지면 청색 편이가, 멀어지면 적색 편이가 나타난다.
식 현상 이용법	행성이 별의 앞면을 지날 때, 별의 일부가 가려져 별의 밝기가 감소한다.
미세 중력 렌즈 현상 이용법	뒤쪽 별의 밝기가 앞쪽 별의 중력에 의해 ❶(　　　　)하는데, 이때 행성에 의해 추가적인 밝기 변화가 나타난다.
직접 관측하는 방법	매우 가까운 거리에 있는 외계 행성만 확인이 가능하다.

2 외계 행성계의 탐사 결과

- 주로 중심별의 시선 속도 변화와 식 현상을 이용하여 발견된 외계 행성의 수가 많다.
- 초기에 발견된 외계 행성들은 대부분 질량이 지구보다 큰 행성들이었으나, 관측 기술의 발달로 지구 크기의 행성들도 발견되고 있다.

3 외계 생명체 탐사

- **생명체가 존재하기 위한 조건**: 행성에 액체 상태의 물, 적절한 두께의 대기층, 자기장 존재 등
- **생명 가능 지대**: 별 주변에서 ❷( ) 상태의 물이 존재할 수 있는 영역 ⇨ 별의 광도가 클수록 생명 가능 지대는 중심별로부터 멀어지고, 생명 가능 지대의 폭은 넓어진다.
- **생명체가 탄생하여 진화하기 위한 조건**: 생명체가 탄생하여 진화하기까지는 상당히 긴 시간이 필요하므로 중심별의 질량이 너무 크거나 작지 않아야 한다.
- **외계 생명체의 탐사 활동과 탐사 의의**: 태양계 내 외계 생명체 탐사, SETI ⇨ 우주와 생명에 대한 이해의 폭을 넓히고, 첨단 산업 발전에 응용

04 외부 은하

1 은하의 분류와 특징: 허블은 외부 은하를 ❶( ) 영역에서 관측되는 형태에 따라 분류하였다.

타원 은하	• 편평도에 따라 E0~E7로 세분하였다. • 성간 물질이 적고, 늙은 별이 많다.
나선 은하	• ❷( ) 구조의 유무에 따라 정상 나선 은하와 막대 나선 은하로 구분한다. • 은하핵과 나선팔이 있다.
불규칙 은하	• 규칙적인 모양이 없는 은하이다. • 성간 물질이 풍부하다.

2 특이 은하: 일반 은하와 다른 특징을 가진 은하로, 중심부에 ❸( )이 존재한다.

전파 은하	• 전파 영역에서 강한 복사 에너지를 방출한다. • 핵, 제트, 로브 구조를 가진다. • 가시광선 영역으로 관측하면 대부분 ❹( ) 은하로 관측된다.
❺( )	• 하나의 별처럼 보이며, 보통의 은하보다 수백~수천 배의 에너지를 방출한다. • 매우 멀리 떨어져 있어 적색 편이가 매우 크다. • 초기 우주에서 형성된 은하이다.
세이퍼트 은하	• 대부분 ❻( ) 은하에 속한다. • 핵이 매우 밝고, 방출선의 폭이 매우 넓다. ⇨ 매우 빠르게 회전하고 있다.

3 충돌 은하: 은하들이 중력에 의해 서로 충돌하며, 충돌 과정에서 은하 안의 성간 구름이 압축되면서 새로운 별이 탄생한다.

05 우주 팽창과 빅뱅 우주론

1 허블 법칙

$$v = H \cdot r \quad (v: \text{후퇴 속도}, H: \text{허블 상수}, r: \text{거리})$$

- 우주가 일정하게 팽창했다고 가정하면 허블 상수의 역수는 우주의 ❶( )에 해당한다.
- **우주 팽창**: 허블 법칙은 은하들이 실제로 멀어지는 것이 아니라 우주 공간이 균일하게 팽창하고 있음을 나타낸다. ⇨ 우주는 특별한 팽창의 중심이 없다.

2 빅뱅 우주론

- **정상 우주론**: 우주는 영원하고, 크기는 무한하다. 새로운 물질이 계속 생성되며, 우주의 온도와 밀도는 일정하다.
- **빅뱅 우주론**: 우주는 과거 어느 시점에 시작되었고, 크기는 유한하다. 우주가 팽창함에 따라 우주의 온도와 밀도가 계속 감소하였다.
- **빅뱅 우주론의 증거**
  - ⇨ ❷( ) 복사: 빅뱅 후 약 38만 년이 지나 우주의 온도가 약 3000 K일 때 생성된 복사가 현재는 2.7 K로 관측된다.
  - ⇨ 가벼운 원소의 비율: 우주에서 수소와 헬륨의 질량비는 약 3 : 1이며, 빅뱅 우주론에서 예측한 값과 일치한다.

3 급팽창 이론과 가속 팽창 이론

- **급팽창 이론**: 빅뱅 직후 극히 짧은 시간 동안 우주가 급격히 팽창했다는 이론으로, 빅뱅 우주론의 문제를 해결하였다.

편평성 문제	우주가 편평하지 않더라도 급팽창으로 인해 관측 가능한 우주는 편평하다.
❸( ) 문제	급팽창 이전에는 우주가 서로 상호 작용하여 균질해질 수 있었다.
자기 홀극 문제	우주가 급팽창하여 자기 홀극의 밀도가 크게 감소하여 발견하기 어렵다.

- **가속 팽창 이론**: Ia형 초신성 관측으로부터 현재 우주의 팽창 속도가 증가하고 있다는 것을 확인하였다.

4 암흑 물질과 암흑 에너지

- **암흑 물질**: 나선 은하에서 별들의 ❹( )를 관측하여 암흑 물질의 존재를 알아내었다.
  - ⇨ 암흑 물질은 전자기파와 상호 작용하지 않으므로 중력 렌즈 현상 등을 통해 존재를 확인할 수 있다.
- **암흑 에너지**: 우주의 ❺( ) 팽창을 설명할 수 있다.
  - ⇨ 암흑 에너지는 중력과 반대로 작용하며, 진공에서 발생한 에너지로 추정하고 있다.

5 표준 우주 모형

- **우주 구성 요소**: 우주는 약 4.9 %의 보통 물질, 26.8 %의 ❻( ), 68.3 %의 암흑 에너지로 구성되어 있다.
- 최근의 관측 결과에 가장 잘 부합하는 우주 모형은 가속 팽창하는 평탄 우주 모형이다.

01 (3점) 그림은 별의 분광형에 따른 흡수선의 상대적 세기를 나타낸 것이다.

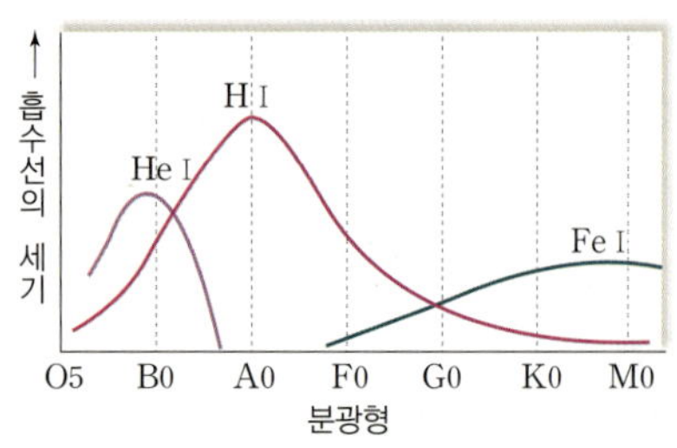

이에 대한 설명으로 옳은 것만을 |보기|에서 있는 대로 고른 것은?

보기
ㄱ. 흰색 별에서는 H Ⅰ 흡수선이 He Ⅰ 흡수선보다 강하게 나타난다.
ㄴ. 분자 흡수선이 뚜렷한 별은 He Ⅰ 흡수선이 Fe Ⅰ 흡수선보다 강하게 나타난다.
ㄷ. 광도는 태양의 0.01배, 반지름은 태양의 0.1배인 별은 Fe Ⅰ 흡수선이 He Ⅰ 흡수선보다 약하게 나타난다.

① ㄱ 　② ㄷ 　③ ㄱ, ㄴ
④ ㄴ, ㄷ 　⑤ ㄱ, ㄴ, ㄷ

02 (4점) 그림은 절대 등급이 같은 세 별 (가)~(다)가 방출하는 복사 에너지의 상대적 세기를 파장에 따라 나타낸 것이다.

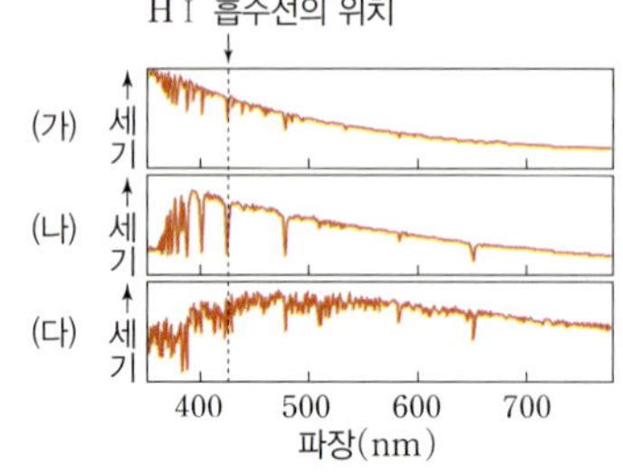

별	분광형
(가)	O형
(나)	(　　)
(다)	G형

이에 대한 설명으로 옳은 것만을 |보기|에서 있는 대로 고른 것은?

보기
ㄱ. 복사 에너지를 최대로 방출하는 파장은 (가)가 (나)보다 짧다.
ㄴ. 별의 표면 온도는 (나)가 태양보다 높다.
ㄷ. 별의 반지름은 (나)가 (다)보다 크다.

① ㄱ 　② ㄷ 　③ ㄱ, ㄴ
④ ㄴ, ㄷ 　⑤ ㄱ, ㄴ, ㄷ

03 (4점) 표는 별 ㉠~㉣의 절대 등급과 분광형을 나타낸 것이다.

별	절대 등급	분광형
㉠	1.0	B8
㉡	−5.4	G8
㉢	7.5	K4
㉣	12.2	A1

이에 대한 설명으로 옳은 것만을 |보기|에서 있는 대로 고른 것은? (단, 태양의 절대 등급은 5.0이다.)

보기
ㄱ. ㉠은 태양보다 질량이 크다.
ㄴ. ㉡의 중심부에서는 수소 핵융합 반응이 일어난다.
ㄷ. ㉠~㉣ 중 백색 왜성은 2개이다.

① ㄱ 　② ㄴ 　③ ㄱ, ㄷ
④ ㄴ, ㄷ 　⑤ ㄱ, ㄴ, ㄷ

04 (4점) 그림은 별 A~C의 반지름과 절대 등급을 나타낸 것이다. A~C 중 1개는 주계열성, 2개는 적색 거성이다.

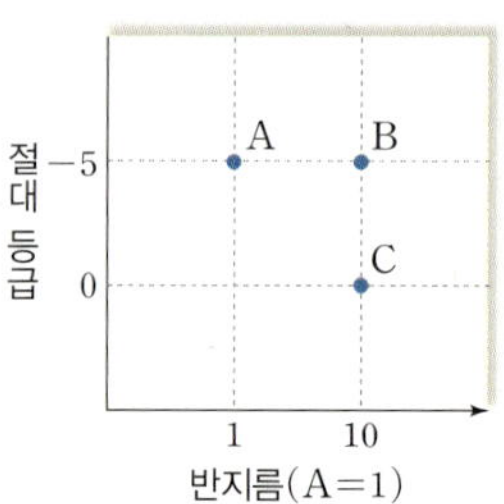

이에 대한 설명으로 옳은 것만을 |보기|에서 있는 대로 고른 것은?

보기
ㄱ. 별의 표면 온도는 A>B>C이다.
ㄴ. 광도 계급이 Ⅴ인 것은 B이다.
ㄷ. 별의 중심부 온도는 C가 A보다 높다.

① ㄱ 　② ㄴ 　③ ㄱ, ㄷ
④ ㄴ, ㄷ 　⑤ ㄱ, ㄴ, ㄷ

05 그림은 별 A~D를 H−R도에 나타낸 것이다. (3점)

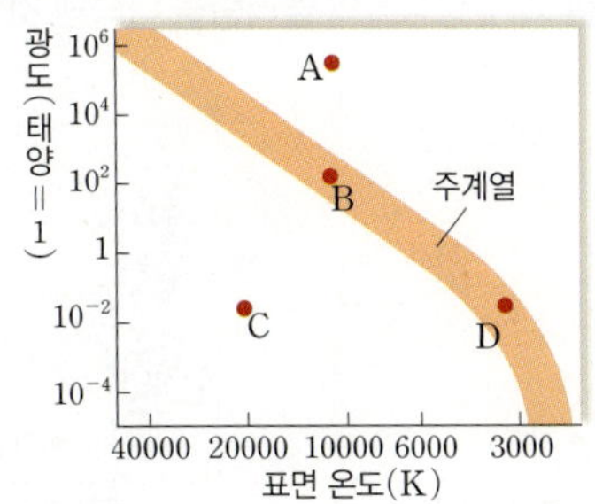

이에 대한 설명으로 옳은 것만을 |보기|에서 있는 대로 고른 것은?

> **보기**
> ㄱ. A는 적색 거성이다.
> ㄴ. 별의 반지름은 B>D>C이다.
> ㄷ. A, B, D에서는 모두 수소 핵융합 반응이 일어난다.

① ㄱ ② ㄷ ③ ㄱ, ㄴ
④ ㄴ, ㄷ ⑤ ㄱ, ㄴ, ㄷ

06 그림은 어느 성단의 H−R도를 나타낸 것이다. 성단의 별들은 모두 같은 성운에서 같은 시기에 중력 수축하기 시작하였다. (3점)

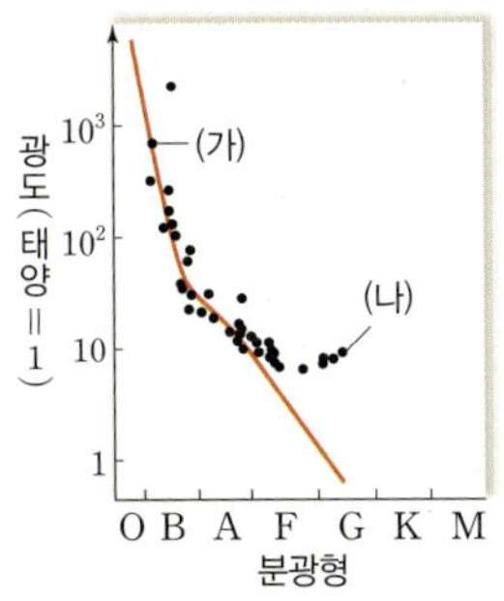

별 (가)와 (나)에 대한 설명으로 옳은 것만을 |보기|에서 있는 대로 고른 것은?

> **보기**
> ㄱ. (가)는 정역학 평형 상태를 유지한다.
> ㄴ. (나)는 적색 거성으로 진화하고 있다.
> ㄷ. 중심부의 온도는 (가)가 (나)보다 높다.

① ㄱ ② ㄴ ③ ㄱ, ㄷ
④ ㄴ, ㄷ ⑤ ㄱ, ㄴ, ㄷ

07 그림은 주계열성 A와 B가 각각 A′와 B′로 진화하는 경로를 H−R도에 나타낸 것이다. (3점)

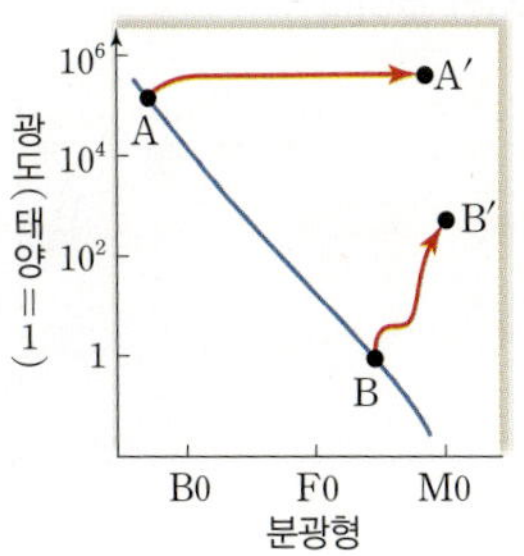

이에 대한 설명으로 옳은 것만을 |보기|에서 있는 대로 고른 것은?

> **보기**
> ㄱ. 진화 시간은 A → A′가 B → B′보다 짧다.
> ㄴ. A → A′에서 중심부 온도는 계속 높아진다.
> ㄷ. B → B′에서 행성상 성운이 형성된다.

① ㄱ ② ㄷ ③ ㄱ, ㄴ
④ ㄴ, ㄷ ⑤ ㄱ, ㄴ, ㄷ

08 그림 (가)는 어떤 수소 핵융합 반응의 경로를, (나)는 어느 주계열성의 내부 구조를 나타낸 것이다. (3점)

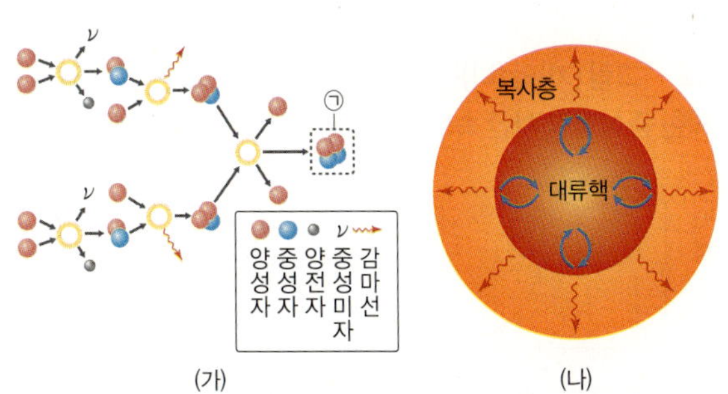

이에 대한 설명으로 옳은 것만을 |보기|에서 있는 대로 고른 것은?

> **보기**
> ㄱ. ㉠은 수소 원자핵 4개보다 질량이 작다.
> ㄴ. (나)는 태양과 질량이 비슷한 별의 내부 구조이다.
> ㄷ. (나)의 별에서는 주로 (가)의 반응을 통해 에너지를 생성한다.

① ㄱ ② ㄷ ③ ㄱ, ㄴ
④ ㄴ, ㄷ ⑤ ㄱ, ㄴ, ㄷ

09 그림은 어느 주계열성의 내부에서 온도와 수소 함량 비율을 순서 없이 A와 B로 나타낸 것이다. ㉠과 ㉡은 에너지 전달 방식이 다른 구간을 표시한 것이다. **4점**

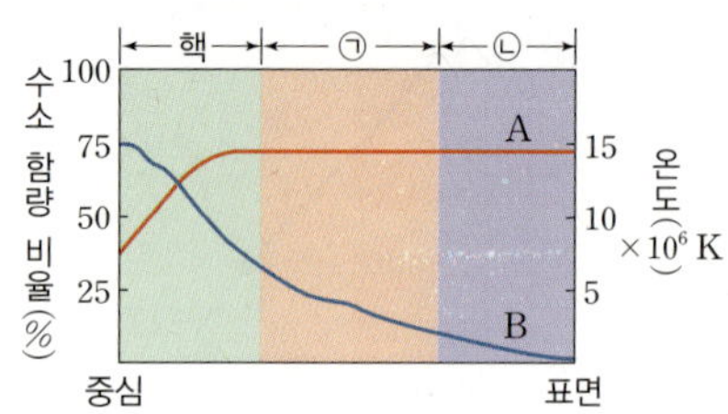

이에 대한 설명으로 옳은 것만을 |보기|에서 있는 대로 고른 것은?

> **보기**
> ㄱ. A는 온도이다.
> ㄴ. 대류층에 해당하는 것은 ㉡이다.
> ㄷ. 이 별의 내부에서 헬륨 함량 비율은 핵 > ㉠ > ㉡이다.

① ㄱ ② ㄴ ③ ㄱ, ㄷ
④ ㄴ, ㄷ ⑤ ㄱ, ㄴ, ㄷ

10 그림 (가)와 (나)는 원궤도로 공전하고 있는 어느 외계 행성에 의한 중심별의 시선 속도 변화와 밝기 변화를 나타낸 것이다. **4점**

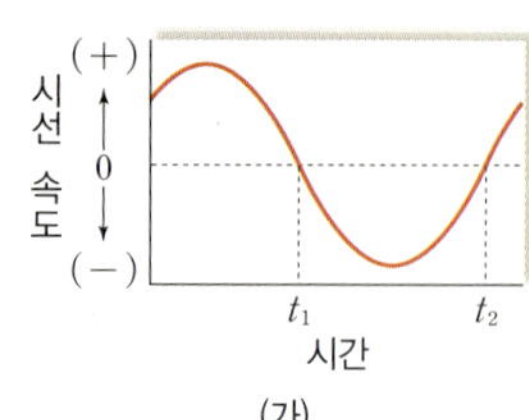

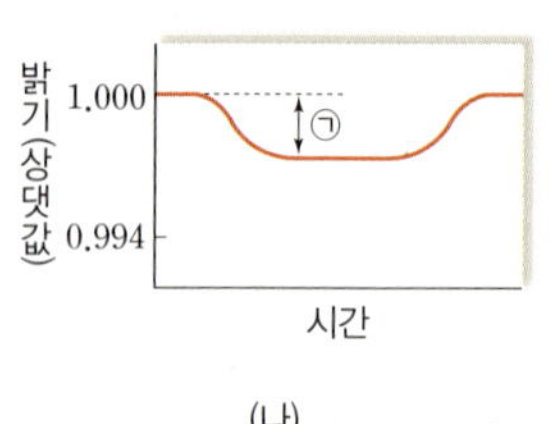

이에 대한 설명으로 옳은 것만을 |보기|에서 있는 대로 고른 것은?

> **보기**
> ㄱ. 행성의 공전 주기는 $(t_2 - t_1)$의 2배이다.
> ㄴ. 지구에서 행성까지의 거리는 t_1보다 t_2일 때 멀다.
> ㄷ. ㉠은 중심별의 반지름이 클수록 커진다.

① ㄱ ② ㄷ ③ ㄱ, ㄴ
④ ㄴ, ㄷ ⑤ ㄱ, ㄴ, ㄷ

11 그림 (가)와 (나)는 각각 식 현상 이용법과 직접 관측법을 이용하여 발견한 외계 행성들의 물리량을 나타낸 것이다. **3점**

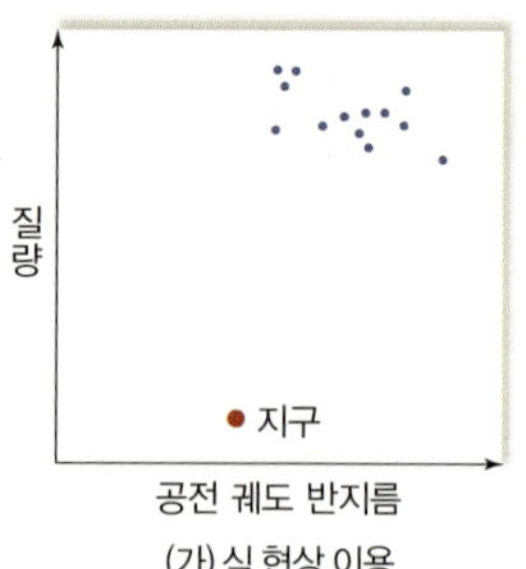

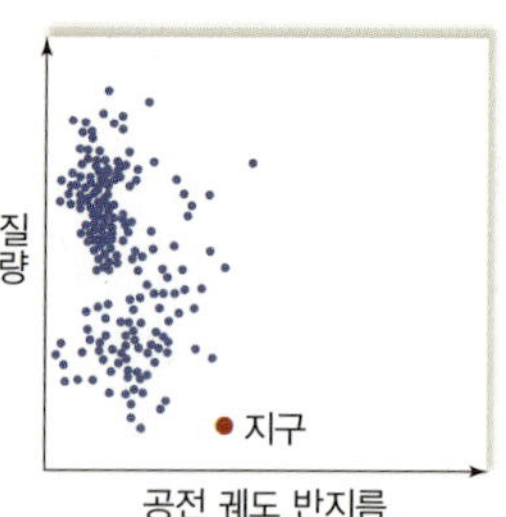

이에 대한 설명으로 옳은 것만을 |보기|에서 있는 대로 고른 것은?

> **보기**
> ㄱ. (가)의 행성들의 공전 궤도면은 대체로 관측자의 시선 방향에 나란하다.
> ㄴ. 행성들의 평균 질량은 (가)가 (나)보다 크다.
> ㄷ. 지구에서 행성까지의 거리는 (가)가 (나)보다 멀다.

① ㄱ ② ㄷ ③ ㄱ, ㄴ
④ ㄴ, ㄷ ⑤ ㄱ, ㄴ, ㄷ

12 그림은 세 별 A, B, C를 각각 원궤도로 공전하는 행성들의 중심별로부터 거리를 나타낸 것이다. **4점**

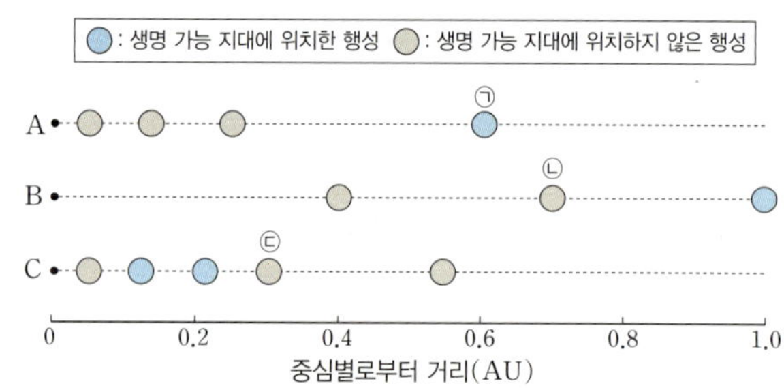

이에 대한 설명으로 옳은 것만을 |보기|에서 있는 대로 고른 것은?

> **보기**
> ㄱ. ㉠에는 물이 액체 상태로 존재할 수 있다.
> ㄴ. 행성의 평균 표면 온도는 ㉡이 ㉢보다 높다.
> ㄷ. 생명 가능 지대의 폭은 A~C 중 C가 가장 넓다.

① ㄱ ② ㄷ ③ ㄱ, ㄴ
④ ㄴ, ㄷ ⑤ ㄱ, ㄴ, ㄷ

13 (3점) 표는 허블의 은하 분류 기준과 이에 따라 분류한 은하의 종류를 나타낸 것이다. (가)~(라)는 각각 타원 은하, 정상 나선 은하, 막대 나선 은하, 불규칙 은하 중 하나이다.

분류 기준	(가)	(나)	(다)	(라)
규칙적인 구조가 있는가?	○	○	×	○
나선팔이 있는가?	○	○	×	×
중심부에 막대 구조가 있는가?	○	×	×	×

(○: 있다, ×: 없다)

이 자료에 대한 설명으로 옳은 것만을 |보기|에서 있는 대로 고른 것은?

> 보기
> ㄱ. (가)의 은하들은 편평도에 따라 세분할 수 있다.
> ㄴ. 은하의 질량에 대한 성간 물질의 질량비는 (가)가 (다)보다 작다.
> ㄷ. 은하를 구성하는 별의 평균 색지수는 (나)가 (라)보다 크다.

① ㄱ ② ㄴ ③ ㄱ, ㄷ
④ ㄴ, ㄷ ⑤ ㄱ, ㄴ, ㄷ

14 (4점) 그림 (가)는 은하 A와 B의 가시광선 영상을, (나)는 A와 B의 특성을 나타낸 것이다.

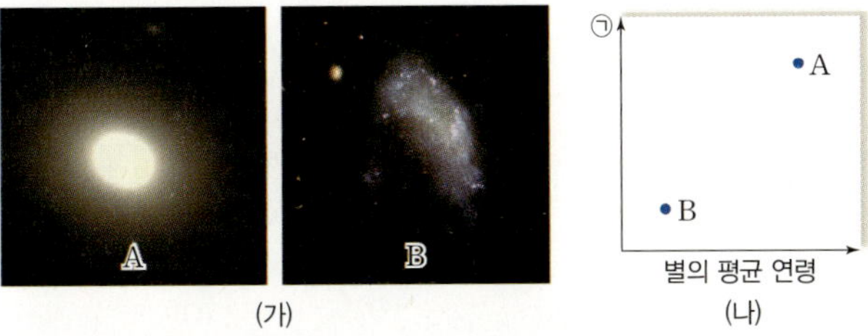

(가)　(나)

이에 대한 설명으로 옳은 것만을 |보기|에서 있는 대로 고른 것은?

> 보기
> ㄱ. 붉은색 별의 비율은 ㉠으로 적절하다.
> ㄴ. 우리은하의 형태는 A에 가깝다.
> ㄷ. A 형태의 은하들은 B 형태의 은하로 진화한다.

① ㄱ ② ㄷ ③ ㄱ, ㄴ
④ ㄴ, ㄷ ⑤ ㄱ, ㄴ, ㄷ

15 (3점) 그림은 어느 세이퍼트은하에서 관측된 스펙트럼을 나타낸 것이다.

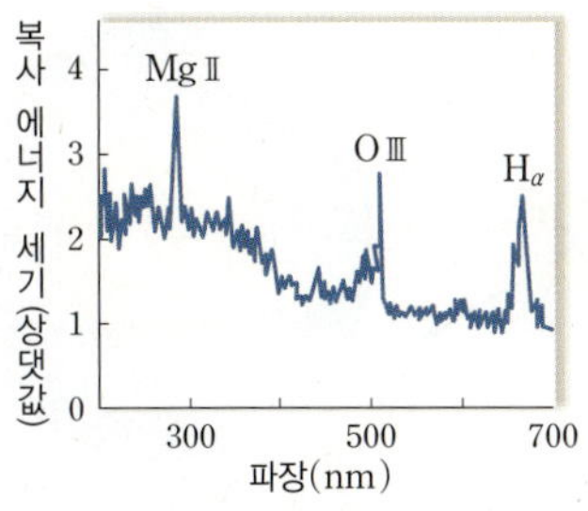

이 은하에 대한 설명으로 옳은 것만을 |보기|에서 있는 대로 고른 것은?

> 보기
> ㄱ. 허블의 은하 분류에서 불규칙 은하에 해당한다.
> ㄴ. 스펙트럼의 방출선은 모두 전파 영역에서 관측되었다.
> ㄷ. 보통의 은하와 비교할 때, 스펙트럼에 나타난 방출선의 폭은 매우 넓은 편이다.

① ㄱ ② ㄴ ③ ㄷ
④ ㄱ, ㄷ ⑤ ㄴ, ㄷ

16 (4점) 그림 (가)는 은하 B에서 관측되는 은하 A와 C의 시선 방향과 은하 사이의 거리를, (나)는 은하 B에서 관측되는 은하 A와 C의 스펙트럼을 나타낸 것이다. 정지 상태에서 파장이 λ_0인 방출선은 각각 파장이 λ_A와 λ_C로 관측되었다.

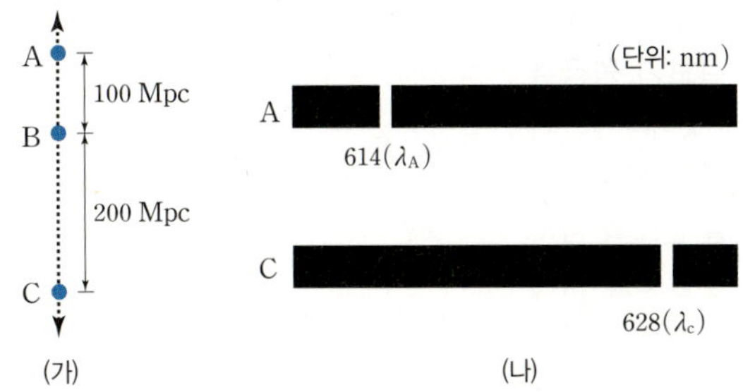

이에 대한 설명으로 옳은 것만을 |보기|에서 있는 대로 고른 것은? (단, 은하 A, B, C는 허블 법칙을 만족한다.)

> 보기
> ㄱ. A에서 관측하면 B의 스펙트럼에 나타난 방출선의 파장은 614 nm이다.
> ㄴ. A에서 관측되는 C의 후퇴 속도는 B의 3배이다.
> ㄷ. λ_0은 600이다.

① ㄱ ② ㄷ ③ ㄱ, ㄴ
④ ㄴ, ㄷ ⑤ ㄱ, ㄴ, ㄷ

17 (3점)

그림은 급팽창 이론에 따른 우주의 크기 변화를 우주의 지평선과 함께 나타낸 것이다.

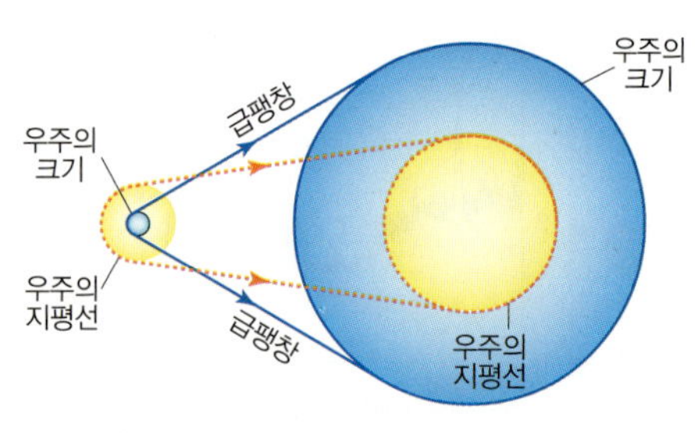

우주의 지평선: 우주가 광속으로 팽창한다고
가정할 때 우주의 크기

급팽창 우주론에 대한 설명으로 옳은 것만을 |보기|에서 있는 대로 고른 것은?

|보기|
ㄱ. 급팽창 이전에는 우주의 크기가 우주의 지평선보다 작았다.
ㄴ. 급팽창 시기에 우주는 빛보다 빠른 속도로 팽창하였다.
ㄷ. 급팽창 이후 우주는 전체적으로 상호 작용을 통해 균질해질 수 있었다.

① ㄱ ② ㄷ ③ ㄱ, ㄴ
④ ㄴ, ㄷ ⑤ ㄱ, ㄴ, ㄷ

18 (4점)

그림은 우주 모형 A, B에서 예측한 Ia형 초신성의 겉보기 등급과 실제 관측된 겉보기 등급을 나타낸 것이다. Ω_m과 Ω_Λ는 각각 현재 우주의 물질 밀도와 암흑 에너지 밀도를 임계 밀도로 나눈 값이다. 이에 대한 설명으로 옳은 것만을 |보기|에서 있는 대로 고른 것은?

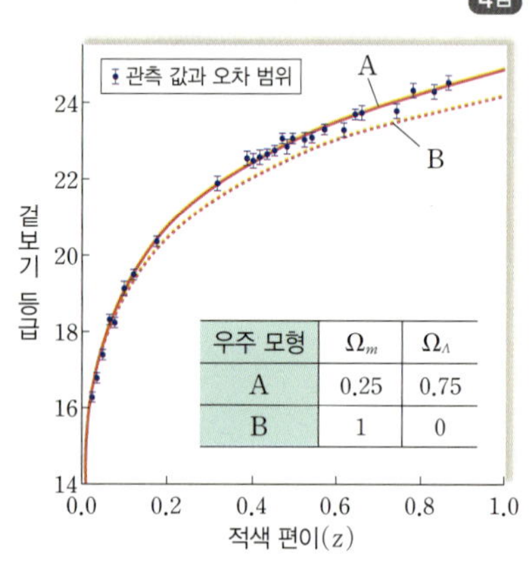

우주 모형	Ω_m	Ω_Λ
A	0.25	0.75
B	1	0

|보기|
ㄱ. A와 B는 모두 평탄 우주 모형이다.
ㄴ. 거리가 멀어질수록 A와 B에서 예측한 Ia형 초신성의 겉보기 등급의 차가 증가한다.
ㄷ. Ia형 초신성의 관측 결과를 설명할 수 있는 우주 모형은 A이다.

① ㄱ ② ㄷ ③ ㄱ, ㄴ
④ ㄴ, ㄷ ⑤ ㄱ, ㄴ, ㄷ

19 (3점)

그림 (가)는 어떤 우주론에서 시간에 따른 우주의 크기 변화를, (나)는 우주 배경 복사의 파장에 따른 상대적 세기를 나타낸 것이다.

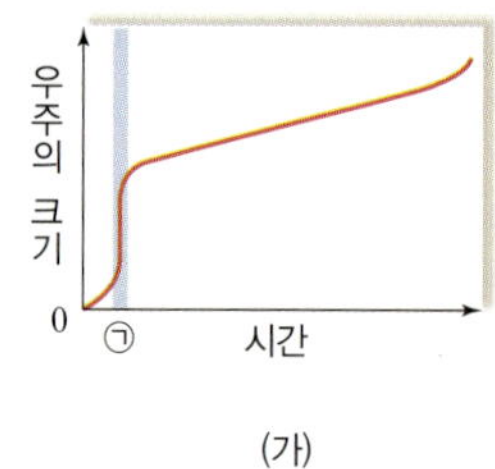

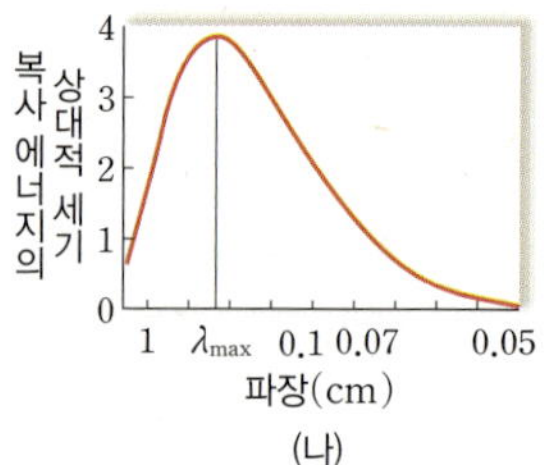

(가) (나)

이에 대한 설명으로 옳은 것만을 |보기|에서 있는 대로 고른 것은?

|보기|
ㄱ. (가)에서 우주의 밀도는 시간에 따라 감소한다.
ㄴ. (나)의 복사는 (가)의 ㉠ 시기 이후에 형성되었다.
ㄷ. 우주가 팽창하더라도 (나)의 λ_{max}는 일정하게 유지된다.

① ㄱ ② ㄴ ③ ㄷ
④ ㄱ, ㄴ ⑤ ㄱ, ㄷ

20 (4점)

그림 (가)는 표준 우주 모형에서 시간에 따른 우주의 크기 변화를, (나)는 최근의 관측 결과로부터 추론한 현재 우주를 구성하는 요소의 비율을 나타낸 것이다.

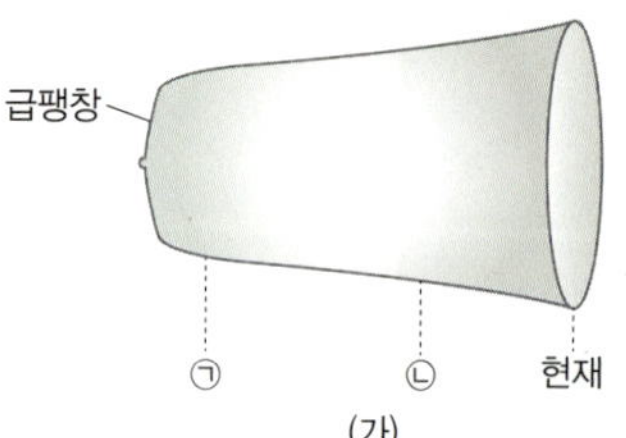

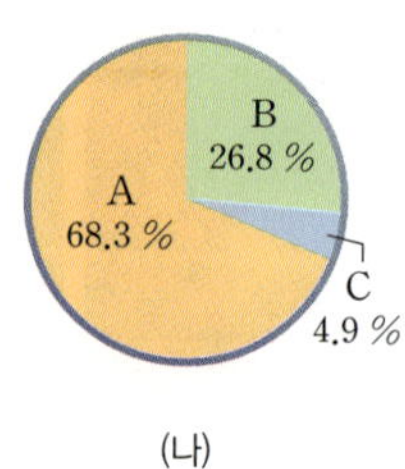

(가) (나)

이에 대한 설명으로 옳은 것만을 |보기|에서 있는 대로 고른 것은?

|보기|
ㄱ. 현재 우주를 가속 팽창시키는 역할을 하는 것은 A이다.
ㄴ. B가 차지하는 비율은 ㉠ 시기보다 ㉡ 시기에 작다.
ㄷ. 우리은하의 질량은 대부분 C가 차지한다.

① ㄱ ② ㄷ ③ ㄱ, ㄴ
④ ㄴ, ㄷ ⑤ ㄱ, ㄴ, ㄷ

서술형 문제

21 그림은 지구의 대기권 밖에서 단위 시간 동안 관측한 주계열성 A와 B의 복사 에너지 세기를 파장에 따라 나타낸 것이다. 두 별 A, B는 반지름이 같다.

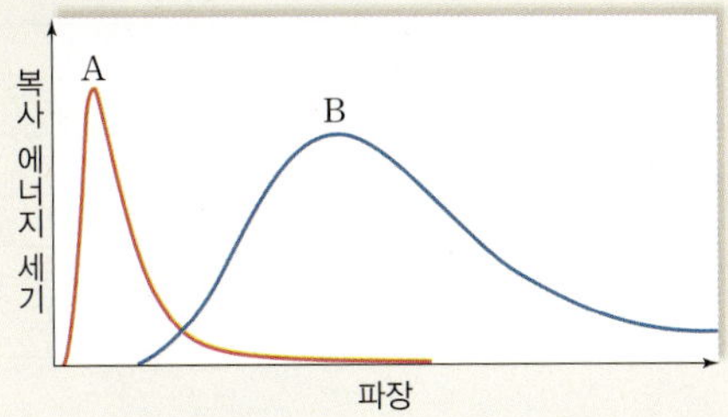

(1) A와 B의 표면 온도를 비교하여 서술하시오. 2점

(2) 지구로부터 A, B까지의 상대적 거리를 비교하고, 그 까닭을 서술하시오. 4점

22 그림은 서로 다른 외계 행성계 (가)와 (나)에서 행성이 식 현상을 일으킬 때, 중심별의 상대적 밝기 변화를 시간에 따라 나타낸 것이다. 두 중심별의 반지름은 같고, 각 행성은 원궤도를 따라 공전하며, 공전 궤도면은 관측자의 시선 방향과 나란하다.

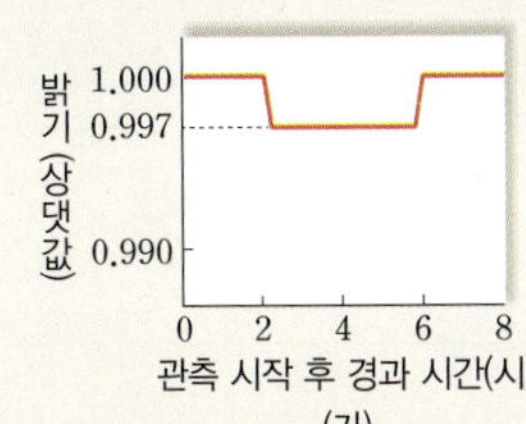

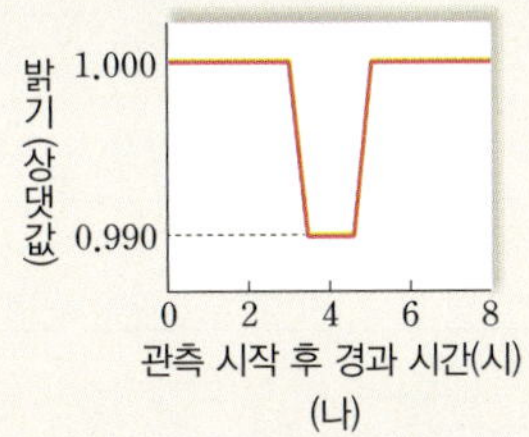

(1) (가)와 (나)에서 식 현상이 지속되는 시간을 비교하여 서술하시오. 3점

(2) (가)와 (나)에서 행성의 반지름 크기를 비교하는 과정을 서술하시오. 3점

23 표는 서로 다른 외계 행성계에 속한 행성 (가)와 (나)에 대한 물리량을 나타낸 것이다. (가)와 (나)는 생명 가능 지대에 위치하고, 각각의 중심별은 주계열성이다.

외계 행성	단위 시간당 단위 면적이 받는 복사 에너지양(지구=1)	공전 궤도 반지름(AU)
(가)	1.1	0.1
(나)	0.9	1.2

(가)와 (나)의 중심별의 광도를 비교하고, 그 까닭을 서술하시오. 6점

24 그림은 여러 외부 은하를 관측해서 구한 은하 A~I의 성간 기체에 존재하는 원소의 질량비를 나타낸 것이다.

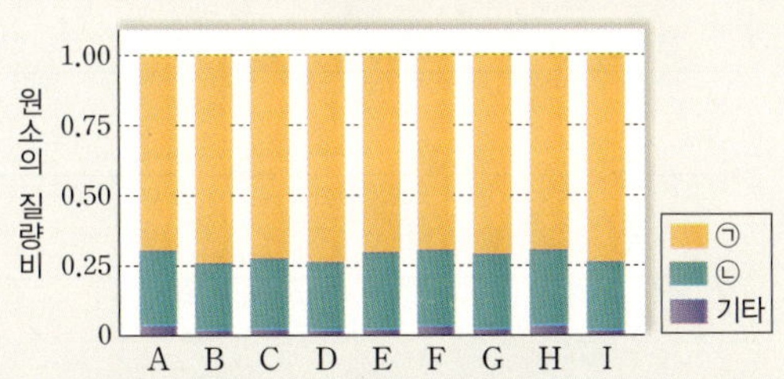

(1) ㉠과 ㉡은 각각 무엇인지 쓰시오. 2점

(2) 이 관측 자료가 빅뱅 우주론의 증거가 될 수 있는 까닭을 서술하시오. 4점

25 그림은 T_1 시기와 T_2 시기의 우주 구성 요소의 비율을 나타낸 것이다. A, B, C는 각각 암흑 에너지, 암흑 물질, 보통 물질이다. T_1, T_2 시기에 우주의 팽창 속도 변화에 대해 서술하시오. 6점

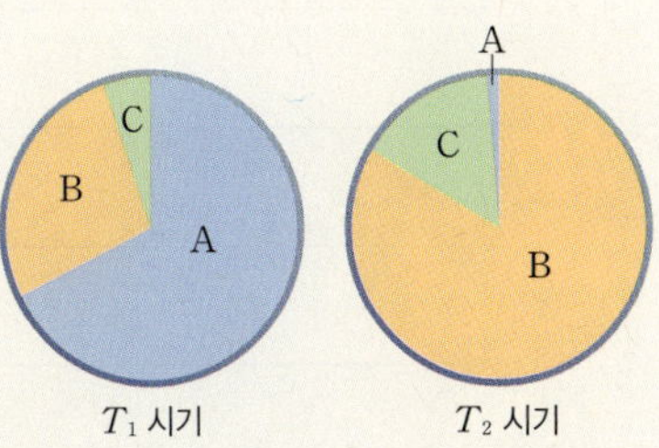

투플러스2+

탑플러스 투2+

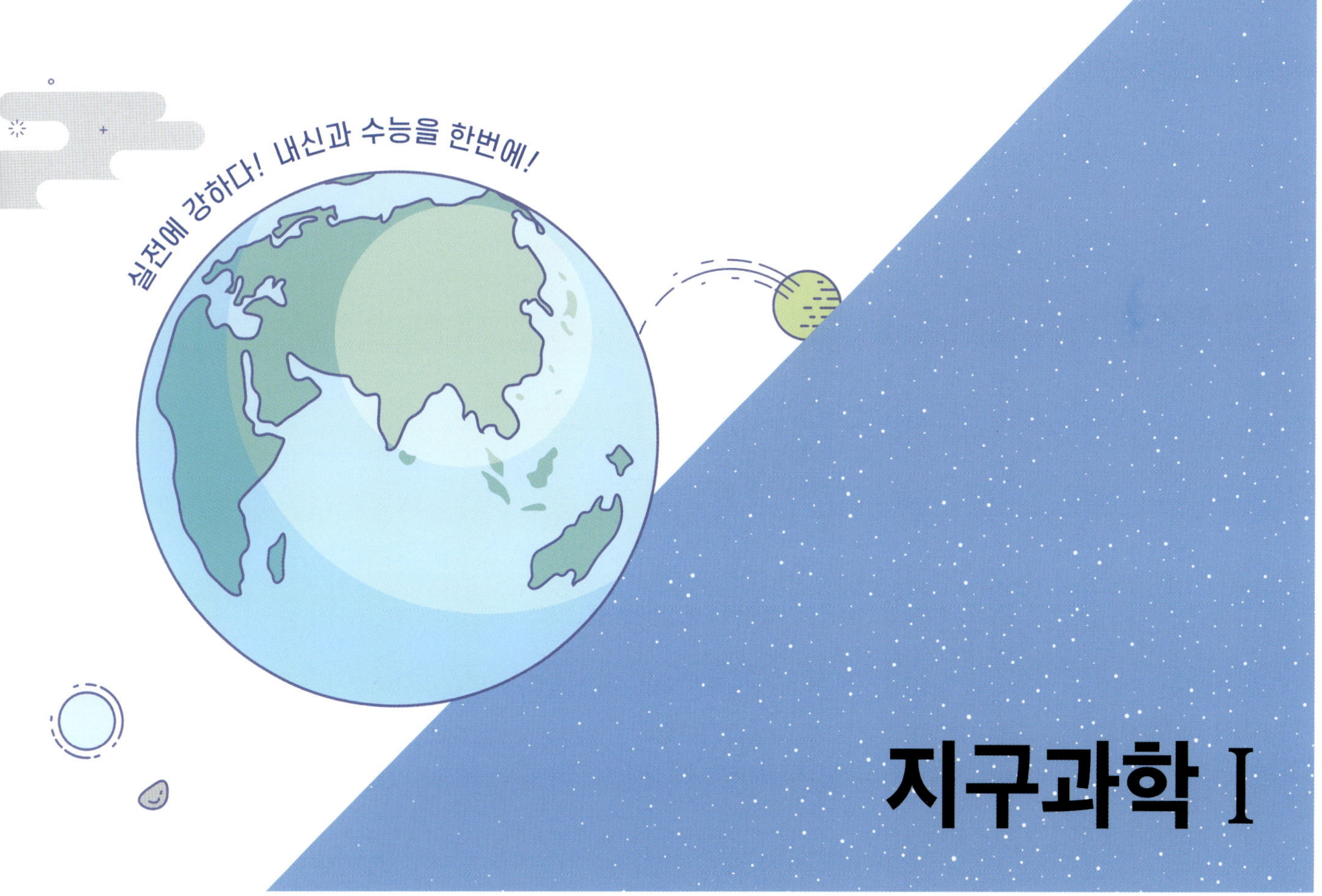

지구과학 I

수능 대비

최신 수능 : 수능 대비
빈출 자료 : 실전 문제

투 탑 +
러스
2+

지구과학 Ⅰ

수능 대비

구성과 특징

최신 수능 기출 문제 분석을 통한 “수능 기초 다지기”

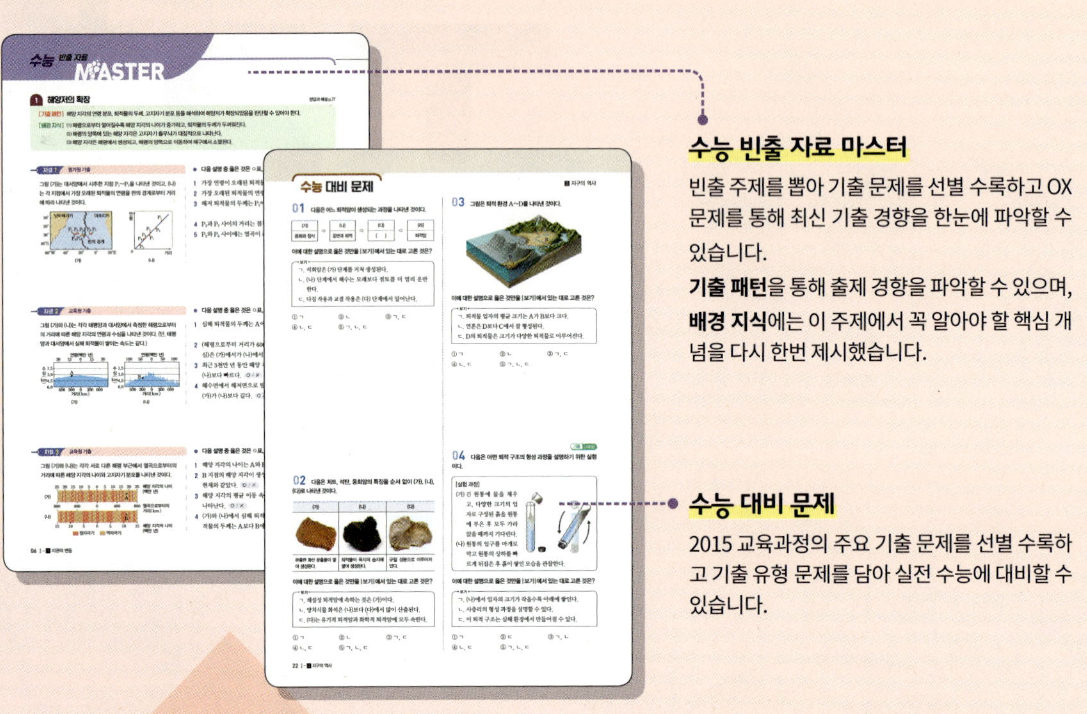

수능 빈출 자료 마스터

빈출 주제를 뽑아 기출 문제를 선별 수록하고 OX 문제를 통해 최신 기출 경향을 한눈에 파악할 수 있습니다.

기출 패턴을 통해 출제 경향을 파악할 수 있으며, **배경 지식**에는 이 주제에서 꼭 알아야 할 핵심 개념을 다시 한번 제시했습니다.

수능 대비 문제

2015 교육과정의 주요 기출 문제를 선별 수록하고 기출 유형 문제를 담아 실전 수능에 대비할 수 있습니다.

최신 수능·평가원·교육청 기출 문제를 분석하여 빈출 유형 수록!

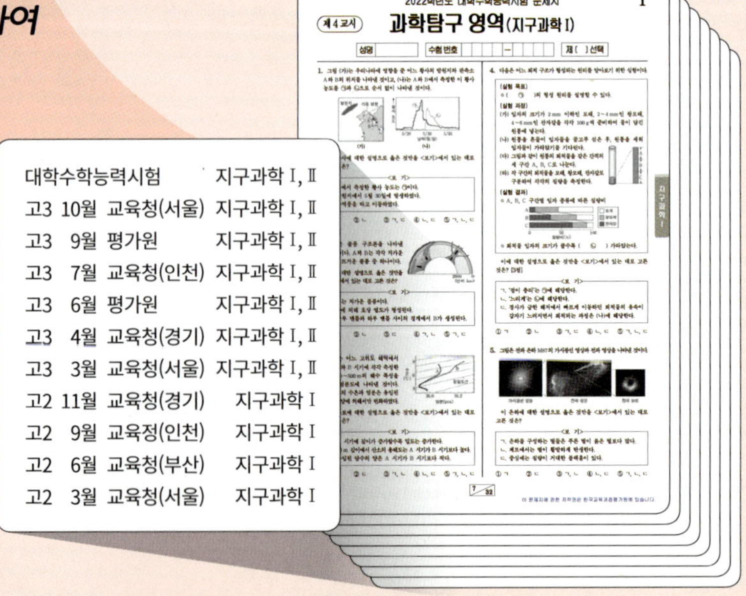

대학수학능력시험	지구과학 I, II
고3 10월 교육청(서울)	지구과학 I, II
고3 9월 평가원	지구과학 I, II
고3 7월 교육청(인천)	지구과학 I, II
고3 6월 평가원	지구과학 I, II
고3 4월 교육청(경기)	지구과학 I, II
고3 3월 교육청(서울)	지구과학 I, II
고2 11월 교육청(경기)	지구과학 I
고2 9월 교육청(인천)	지구과학 I
고2 6월 교육청(부산)	지구과학 I
고2 3월 교육청(서울)	지구과학 I

차례   Contents

최신 수능 기출 문제 분석을 통한 수능 시험 대비

"한권으로 내신부터 수능 대비까지"

I 고체 지구

1 해양저의 확장

정답과 해설 p.77

[기출 패턴] 해양 지각의 연령 분포, 퇴적물의 두께, 고지자기 분포 등을 해석하여 해양저가 확장되었음을 판단할 수 있어야 한다.

[배경 지식] (1) 해령으로부터 멀어질수록 해양 지각의 나이가 증가하고, 퇴적물의 두께가 두꺼워진다.
(2) 해령의 양쪽에 있는 해양 지각은 고지자기 줄무늬가 대칭적으로 나타난다.
(3) 해양 지각은 해령에서 생성되고, 해령의 양쪽으로 이동하여 해구에서 소멸된다.

자료 1 평가원 기출

그림 (가)는 대서양에서 시추한 지점 $P_1 \sim P_7$을 나타낸 것이고, (나)는 각 지점에서 가장 오래된 퇴적물의 연령을 판의 경계로부터 거리에 따라 나타낸 것이다.

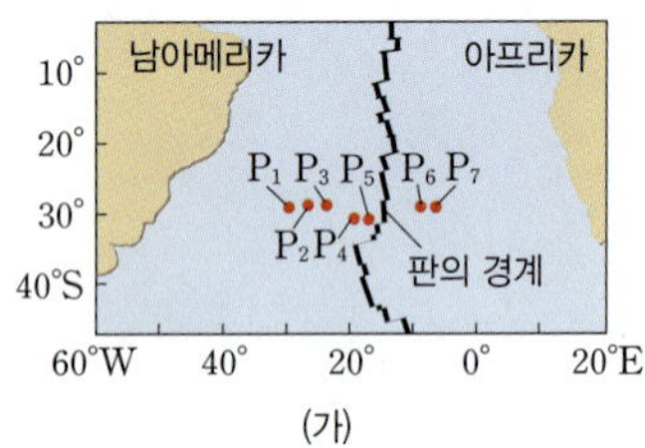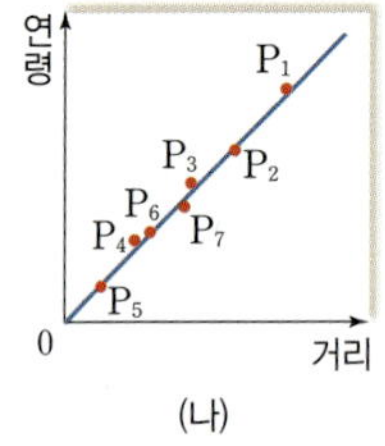

● 다음 설명 중 옳은 것은 ○표, 옳지 <u>않은</u> 것은 ×표 하시오.

1 가장 연령이 오래된 퇴적물은 P_1에서 나타난다. ○ / ×
2 가장 오래된 퇴적물의 연령은 P_2가 P_7보다 많다. ○ / ×
3 해저 퇴적물의 두께는 P_1에서 P_5로 갈수록 두꺼워진다. ○ / ×
4 P_3과 P_7 사이의 거리는 점점 증가할 것이다. ○ / ×
5 P_5와 P_6 사이에는 열곡이 존재한다. ○ / ×

자료 2 교육청 기출

그림 (가)와 (나)는 각각 태평양과 대서양에서 측정한 해령으로부터의 거리에 따른 해양 지각의 연령과 수심을 나타낸 것이다. (단, 태평양과 대서양에서 심해 퇴적물이 쌓이는 속도는 같다.)

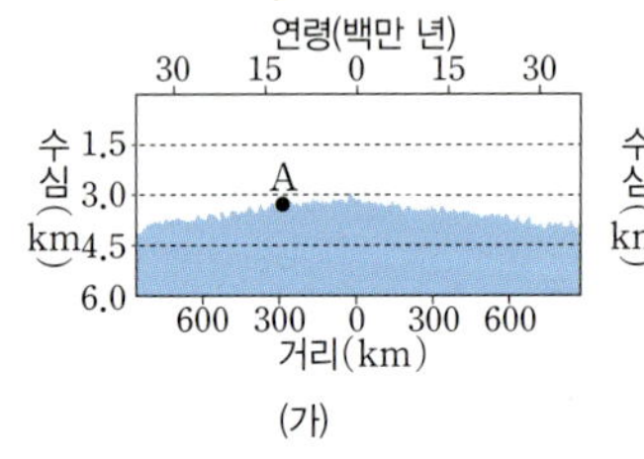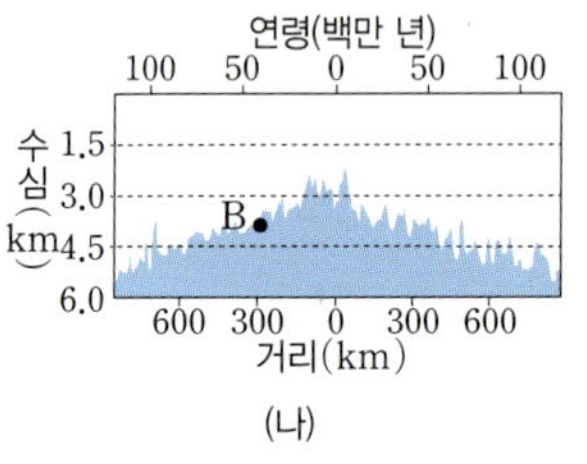

● 다음 설명 중 옳은 것은 ○표, 옳지 <u>않은</u> 것은 ×표 하시오.

1 심해 퇴적물의 두께는 A에서가 B에서보다 두껍다. ○ / ×
2 (해령으로부터 거리가 600 km 지점의 수심 − 해령의 수심)은 (가)에서가 (나)에서보다 작다. ○ / ×
3 최근 3천만 년 동안 해양 지각의 평균 확장 속도는 (가)가 (나)보다 빠르다. ○ / ×
4 해수면에서 해저면으로 발사한 음파의 평균 왕복 시간은 (가)가 (나)보다 길다. ○ / ×

자료 3 교육청 기출

그림 (가)와 (나)는 각각 서로 다른 해령 부근에서 열곡으로부터의 거리에 따른 해양 지각의 나이와 고지자기 분포를 나타낸 것이다.

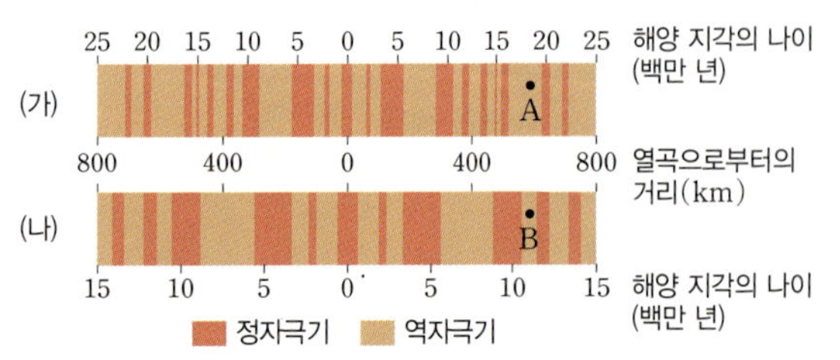

● 다음 설명 중 옳은 것은 ○표, 옳지 <u>않은</u> 것은 ×표 하시오.

1 해양 지각의 나이는 A와 B 지점이 같다. ○ / ×
2 B 지점의 해양 지각이 생성될 당시 지구 자기장의 방향은 현재와 같았다. ○ / ×
3 해양 지각의 평균 이동 속력은 (가)보다 (나)에서 빠르게 나타난다. ○ / ×
4 (가)와 (나)에서 심해 퇴적물이 쌓이는 속도가 같다면 퇴적물의 두께는 A보다 B에서 더 두꺼울 것이다. ○ / ×

2 고지자기와 대륙의 이동

정답과 해설 p.77

[기출 패턴] 고지자기극의 겉보기 위치가 이동한 경로를 해석하여 대륙의 이동 경로를 판단할 수 있어야 한다.

[배경 지식] (1) 지구의 자전축과 북반구의 지표면이 만나는 지점이 지리상 북극이 된다.
(2) 지질 시대 동안 고지자기극의 겉보기 위치가 변한 것은 대륙이 이동하였기 때문이다.
(3) 복각은 자침의 N극이 아래를 향하는 북반구에서는 (+), 위를 향하는 남반구에서는 (−)이다.
(4) 복각의 크기는 자북극과 자남극에서 90°로 최대이고, 자기 적도에서 0°로 최소이다.

자료 1 · 교육청 기출

그림은 6000만 년 전부터 현재까지 인도 대륙의 고지자기 방향으로 추정한 지리상 북극의 위치 변화를 현재 인도 대륙의 위치를 기준으로 나타낸 것이다. 이 기간 동안 실제 지리상 북극의 위치는 변하지 않았다.

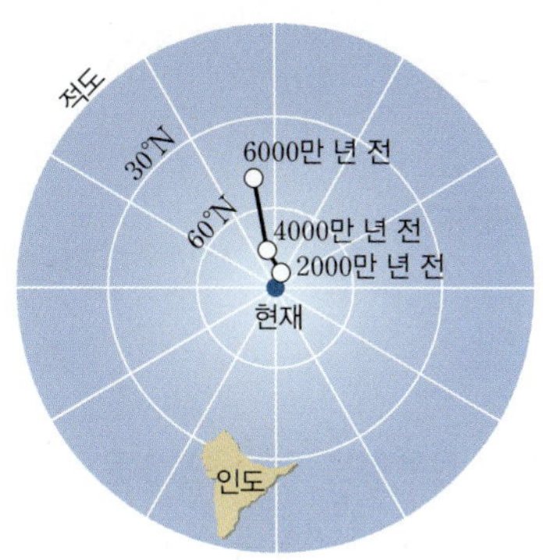

● 다음 설명 중 옳은 것은 ○표, 옳지 않은 것은 ×표 하시오.

1 이 기간 동안 인도 대륙의 이동 속도는 계속 빨라졌다.
○ / ×

2 인도 대륙은 6000만 년 전~ 4000만 년 전에 적도 부근에 위치하였다. ○ / ×

3 4000만 년 전부터 현재까지 인도 대륙에서 고지자기 복각의 크기는 계속 작아졌다. ○ / ×

4 인도 대륙과 지리상 북극 사이의 거리는 6000만 년 전이 2000만 년 전보다 가까웠다. ○ / ×

5 인도 대륙이 이동하지 않았다면 6000만 년 전과 4000만 년 전의 지리상 북극은 동일한 위치에 있을 것이다.
○ / ×

자료 2 · 평가원 기출

그림은 남아메리카 대륙의 현재 위치와 시기별 고지자기극의 위치를 나타낸 것이다. 고지자기극은 남아메리카 대륙의 고지자기 방향으로 추정한 지리상 남극이고, 지리상 남극은 변하지 않았다. 현재 지자기 남극은 지리상 남극과 일치한다.

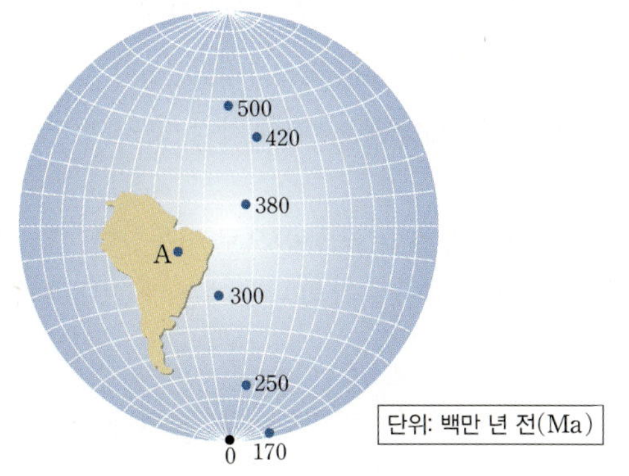

● 다음 설명 중 옳은 것은 ○표, 옳지 않은 것은 ×표 하시오.

1 500 Ma에는 A 지점이 북반구에 위치하였다. ○ / ×

2 A 지점에서 복각의 절댓값은 300 Ma일 때가 250 Ma일 때보다 컸다. ○ / ×

3 A 지점은 250 Ma일 때가 170 Ma일 때보다 북쪽에 위치하였다. ○ / ×

4 300 Ma부터 250 Ma까지 A 지점은 북쪽으로 이동하였다. ○ / ×

5 380 Ma와 300 Ma 사이에 A 지점은 적도에 위치한 적이 있다. ○ / ×

3 판의 경계와 지각 변동

정답과 해설 p.77

[기출 패턴] 판의 경계에서 일어나는 지진, 화산 활동 등의 자료를 해석할 수 있어야 한다.

[배경 지식] (1) 판의 경계와 지진 발생: 발산형 경계, 보존형 경계에서 천발 지진, 수렴형 경계(섭입형)에서는 천발~심발 지진
(2) 판을 움직이는 힘: 해령에서 밀어내는 힘, 해령과 해구 사이에서 미끄러지는 힘, 섭입대에서 당기는 힘
(3) 해양 지각의 생성과 소멸: 해령(맨틀 대류 상승부)에서 생성, 해구(맨틀 대류 하강부)에서 소멸

자료 1　평가원 기출

그림 (가)와 (나)는 남아메리카와 아프리카 주변에서 발생한 지진의 진앙 분포를 나타낸 것이다.

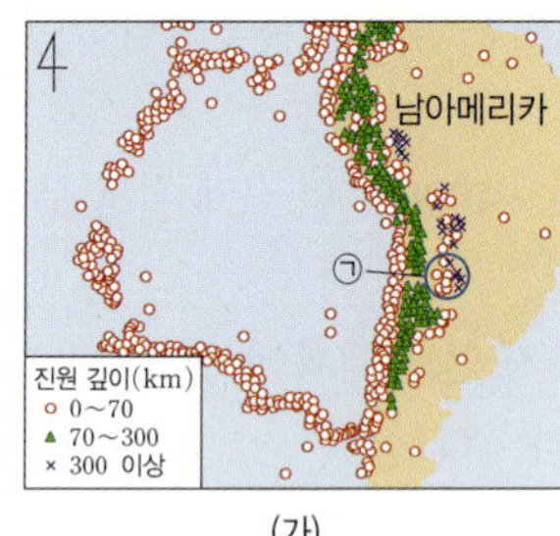

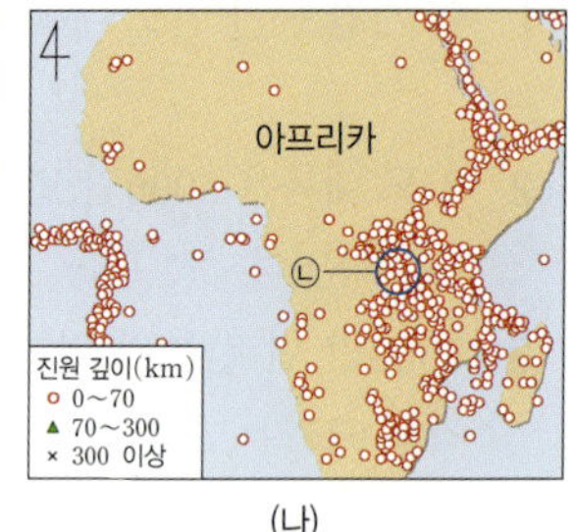

● 다음 설명 중 옳은 것은 ○표, 옳지 않은 것은 ×표 하시오.

1 ㉠의 하부에는 침강하는 해양판이 잡아당기는 힘이 작용한다.　○ / ×

2 진원의 평균 깊이는 ㉠이 ㉡보다 깊다.　○ / ×

3 ㉠ 부근과 ㉡ 부근에서는 화산 활동이 일어난다.　○ / ×

4 지층에 작용하는 힘은 ㉠ 부근에서 장력, ㉡ 부근에서 횡압력이 우세하다.　○ / ×

자료 2　평가원 기출

그림은 해양 지각의 연령 분포를 나타낸 것이다.

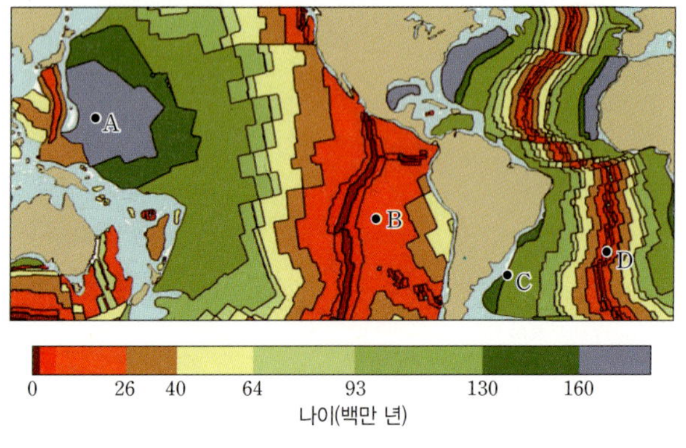

● 다음 설명 중 옳은 것은 ○표, 옳지 않은 것은 ×표 하시오.

1 해저 퇴적물의 두께는 A가 B보다 두껍다.　○ / ×

2 최근 4천만 년 동안 평균 이동 속력은 B가 속한 판이 C가 속한 판보다 크다.　○ / ×

3 지진 활동은 C가 D보다 활발하다.　○ / ×

4 D에서는 판을 미는 힘보다 당기는 힘이 우세하게 작용한다.　○ / ×

자료 3　평가원 기출

그림은 동서 방향으로 이동하는 두 해양판의 경계와 이동 속도를 나타낸 것이다. (단, 고지자기 줄무늬는 해령을 축으로 대칭이다.)

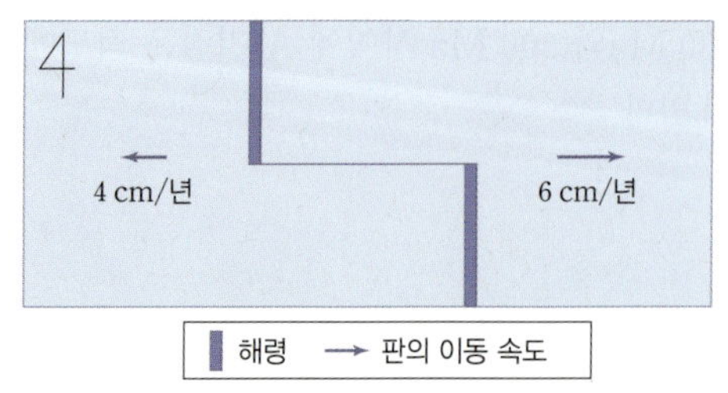

● 다음 설명 중 옳은 것은 ○표, 옳지 않은 것은 ×표 하시오.

1 두 해양판의 경계에는 변환 단층이 있다.　○ / ×

2 해령에서 두 해양판은 1년에 각각 5 cm씩 생성된다.　○ / ×

3 해령은 1년에 2 cm씩 동쪽으로 이동한다.　○ / ×

4 해령과 해령 사이 구간의 단층에는 맨틀 대류의 하강부가 있다.　○ / ×

4 플룸 구조론과 열점

정답과 해설 p.77

[기출패턴] 뜨거운 플룸과 차가운 플룸의 특징을 이해하고, 이를 열점의 형성과 관련지어 파악할 수 있어야 한다.

배경 지식
(1) 뜨거운 플룸: 맨틀과 외핵의 경계에서 지표로 상승하는 고온의 맨틀 물질
(2) 차가운 플룸: 섭입대에서 침강한 해양판이 상부 맨틀과 하부 맨틀의 경계부에 쌓여 있다가 맨틀과 외핵의 경계로 하강하는 저온의 맨틀 물질
(3) 열점: 뜨거운 플룸이 상승하여 마그마를 생성하는 지점
(4) 판이 이동하여도 열점은 이동하지 않고 같은 자리에서 마그마를 분출하여 새로운 화산섬이나 해산을 만든다.
(5) 열점에서 멀어질수록 화산섬의 나이가 많아지므로 나이가 적은 화산섬에서 나이가 많은 화산섬 방향으로 판이 이동하였음을 알 수 있다.

자료 1 평가원 기출

그림 (가)는 지구의 플룸 구조 모식도이고, (나)는 판의 경계와 열점의 분포를 나타낸 것이다. (가)의 ㉠~㉣은 플룸이 상승하거나 하강하는 곳이고, 이들의 대략적 위치는 각각 (나)의 A~D 중 하나이다.

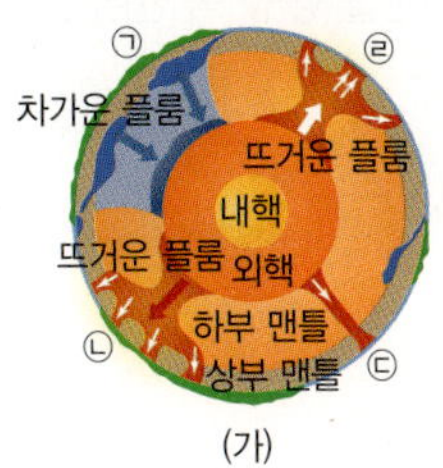

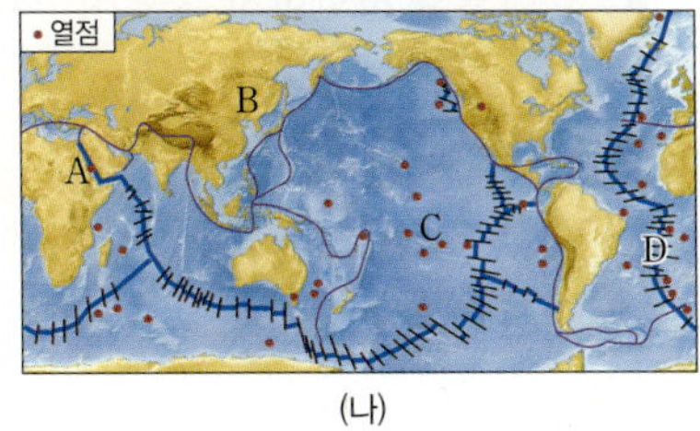

● 다음 설명 중 옳은 것은 ○표, 옳지 않은 것은 ×표 하시오.

1 C는 ㉠에 해당한다. ○ / ×
2 열점은 판과 같은 방향과 속력으로 움직인다. ○ / ×
3 대규모의 뜨거운 플룸은 맨틀과 외핵의 경계부에서 생성된다. ○ / ×
4 A~D 중 차가운 플룸이 하강하는 곳은 B의 지하이다. ○ / ×

자료 2 평가원 기출

그림은 화산 활동으로 형성된 하와이와 그 주변 해산들의 분포를 절대 연령과 함께 나타낸 것이다. B 지점에서 판의 이동 방향은 ㉠과 ㉡ 중 하나이다.

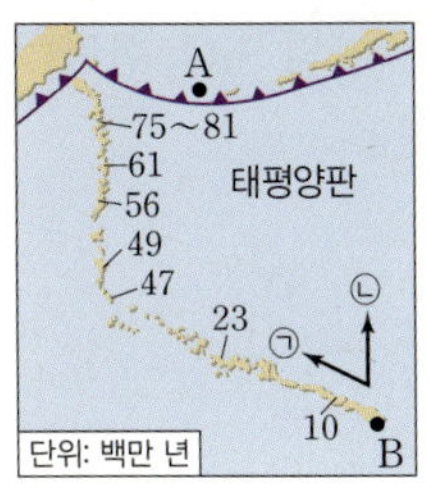

● 다음 설명 중 옳은 것은 ○표, 옳지 않은 것은 ×표 하시오.

1 A 지점의 하부에는 맨틀 대류의 하강류가 있다. ○ / ×
2 B 지점의 화산은 뜨거운 플룸에 의해 형성되었다. ○ / ×
3 B 지점에서 판의 이동 방향은 ㉠이다. ○ / ×
4 하와이섬 부근에서 태평양판의 이동 방향은 시계 방향으로 변하였다. ○ / ×

자료 3 교육청 기출

그림은 태평양판에 위치한 하와이 열도의 각 섬들을 화산의 연령과 함께 나타낸 것이다.

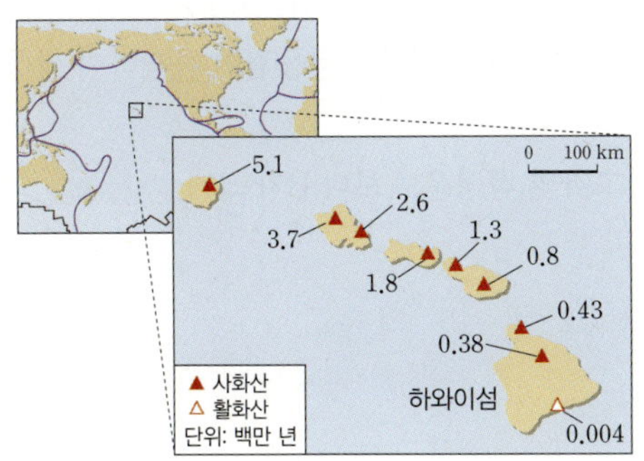

● 다음 설명 중 옳은 것은 ○표, 옳지 않은 것은 ×표 하시오.

1 태평양판은 일정한 속도로 이동하였다. ○ / ×
2 하와이섬은 뜨거운 플룸의 상승에 의해 생성된 지역이다. ○ / ×
3 새로 생성되는 섬은 하와이섬의 북서쪽에 위치할 것이다. ○ / ×

5 마그마의 생성 과정

정답과 해설 p.77

[기출 패턴] 마그마가 생성되는 조건을 이해하고, 각각의 마그마가 생성되는 장소를 판의 운동과 관련지어 파악할 수 있어야 한다.

[배경 지식] (1) 대륙 지각의 하부: 열이 공급되면서 지각 물질이 녹아 화강암질 마그마 생성
(2) 해령과 열점: 위로 상승하는 맨틀 물질의 온도가 용융점보다 높아져 유문암질(화강암질) 마그마 생성
(3) 섭입대 하부: 해양판에서 빠져나온 물이 맨틀에 공급되어 맨틀의 용융점이 낮아져 현무암질 마그마 생성

자료 1 · 평가원 기출

그림은 대륙과 해양의 지하 온도 분포를 나타낸 것이고, ㉠, ㉡, ㉢은 암석의 용융 곡선이다.

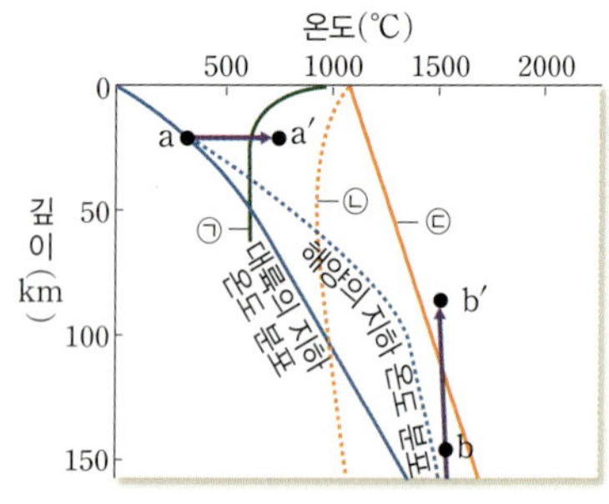

● 다음 설명 중 옳은 것은 ○표, 옳지 <u>않은</u> 것은 ×표 하시오.

1 a → a′ 과정으로 생성되는 마그마는 b → b′ 과정으로 생성되는 마그마보다 SiO_2 함량이 많다. ○ / ×

2 b → b′ 과정으로 상승하고 있는 물질은 주위보다 온도가 높다. ○ / ×

3 물의 공급에 의해 맨틀 물질의 용융이 시작되는 깊이는 해양 하부에서가 대륙 하부에서보다 깊다. ○ / ×

4 ㉡은 물을 포함하지 않는 경우의 맨틀 용융 곡선이다. ○ / ×

자료 2 · 수능 기출

그림 (가)는 마그마가 생성되는 지역 A~D를, (나)는 마그마가 생성되는 과정 중 하나를 나타낸 것이다.

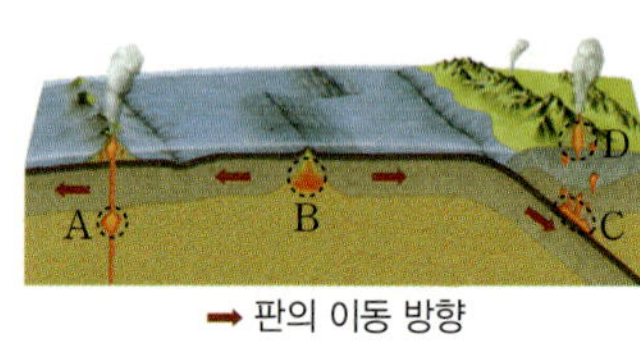

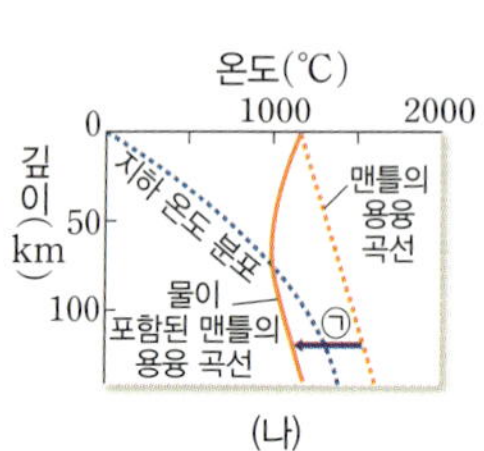

● 다음 설명 중 옳은 것은 ○표, 옳지 <u>않은</u> 것은 ×표 하시오.

1 A의 하부에는 플룸 상승류가 있다. ○ / ×

2 (나)의 ㉠ 과정에 의해 마그마가 생성되는 지역은 B이다. ○ / ×

3 생성되는 마그마의 SiO_2 함량(%)은 C에서가 D에서보다 높다. ○ / ×

자료 3 · 교육청 기출

그림은 섭입대 부근에서 생성된 마그마 A와 B의 위치를 나타낸 것이다. A와 B 중 하나는 현무암질 마그마, 다른 하나는 안산암질 마그마이다.

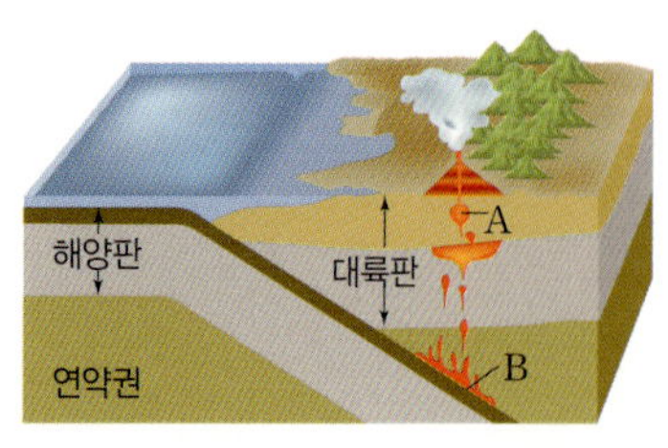

● 다음 설명 중 옳은 것은 ○표, 옳지 <u>않은</u> 것은 ×표 하시오.

1 A는 현무암질 마그마이다. ○ / ×

2 B는 물에 의해 암석의 용융점이 하강하여 생성된다. ○ / ×

3 마그마의 점성은 A보다 B가 크다. ○ / ×

01 그림 (가)와 (나)는 판게아가 형성된 시기의 지질학적, 고기후학적 특징을 나타낸 것이다.

(가) 해안선과 지질 구조

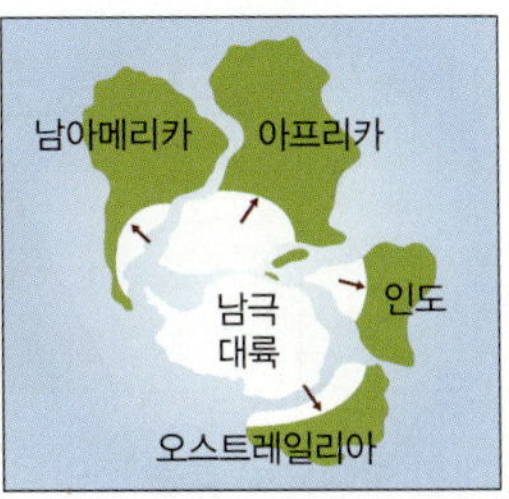

(나) 빙하 흔적

이에 대한 설명으로 옳은 것만을 |보기|에서 있는 대로 고른 것은?

보기
ㄱ. (가)의 산맥은 고생대 중기에 형성되었다.
ㄴ. 현재 대서양을 사이에 둔 남아메리카와 아프리카의 해안선 모양은 유사하다.
ㄷ. 판게아가 형성된 시기에 대륙 빙하의 분포는 적도까지 확장되었다.

① ㄱ　　　　　② ㄴ　　　　　③ ㄱ, ㄷ
④ ㄴ, ㄷ　　　　⑤ ㄱ, ㄴ, ㄷ

02 다음은 판 구조론이 정립되는 과정에서 등장한 학설 (가), (나)와 증거를 나타낸 것이다.

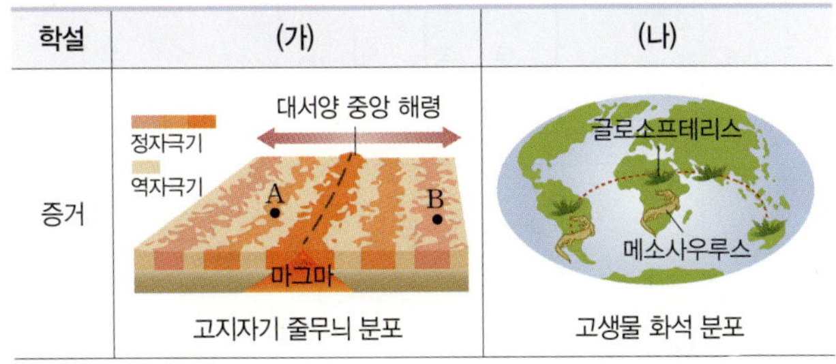

이에 대한 설명으로 옳은 것만을 |보기|에서 있는 대로 고른 것은?

보기
ㄱ. (가)는 (나)보다 먼저 등장하였다.
ㄴ. 메소사우루스는 대서양이 형성된 이후에 출현하였다.
ㄷ. A의 줄무늬는 B의 줄무늬보다 나중에 생성되었다.

① ㄱ　　　　　② ㄷ　　　　　③ ㄱ, ㄴ
④ ㄴ, ㄷ　　　　⑤ ㄱ, ㄴ, ㄷ

03 다음은 음향 측심 자료를 이용하여 해저 지형을 알아보기 위한 탐구 과정이다.

[탐구 과정]
　표는 A와 B 해역에서 직선 구간을 따라 일정한 간격으로 음향 측심을 한 자료이다. A와 B 해역에는 각각 해령과 해구 중 하나가 존재한다.

A 해역	탐사 지점	A_1	A_2	A_3	A_4	A_5	A_6
	음파 왕복 시간(초)	5.5	5.2	4.8	4.2	4.7	5.1
B 해역	탐사 지점	B_1	B_2	B_3	B_4	B_5	B_6
	음파 왕복 시간(초)	5.6	9.4	6.2	5.9	5.7	5.6

(가) A와 B 해역의 음향 측심 자료를 바탕으로 각 지점의 수심을 구한다.
(나) 가로축은 탐사 지점, 세로축은 수심으로 그래프를 작성한다.

이에 대한 설명으로 옳은 것만을 |보기|에서 있는 대로 고른 것은? (단, 해양에서 음파의 평균 속력은 1500 m/s이다.)

보기
ㄱ. A 해역에는 수렴형 경계가 존재한다.
ㄴ. B 해역에는 수심이 7000 m보다 깊은 지점이 존재한다.
ㄷ. 판의 경계에서 해양 지각의 평균 연령은 A 해역이 B 해역보다 많다.

① ㄱ　　　　　② ㄴ　　　　　③ ㄱ, ㄷ
④ ㄴ, ㄷ　　　　⑤ ㄱ, ㄴ, ㄷ

04 그림은 서로 다른 A, B 해역에서 기준점으로부터의 거리에 따른 해양 지각의 나이를 나타낸 것이다.
이에 대한 설명으로 옳은 것만을 |보기|에서 있는 대로 고른 것은? (단, A, B 해역에서 퇴적물의 퇴적 속도는 같다.)

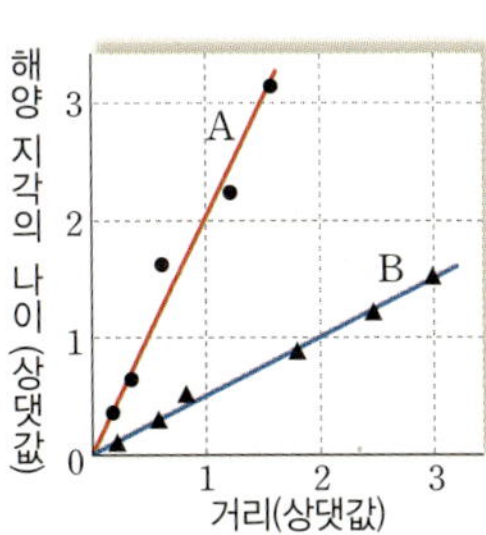

보기
ㄱ. 거리가 1인 곳에서 퇴적물의 두께는 A가 B보다 두껍다.
ㄴ. 거리 0~2의 해양 지각에서 고지자기의 역자극기 횟수는 B가 많다.
ㄷ. 해저의 확장 속도는 B가 A보다 4배 빠르다.

① ㄱ　　　　　② ㄴ　　　　　③ ㄱ, ㄷ
④ ㄴ, ㄷ　　　　⑤ ㄱ, ㄴ, ㄷ

05 그림 (가)와 (나)는 서로 다른 해역에서 해령으로부터의 거리에 따른 수심과 해양 지각의 연령을 나타낸 것이다.

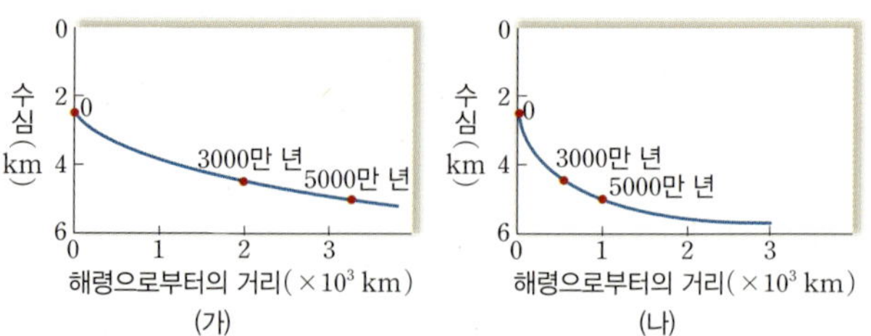

이에 대한 설명으로 옳은 것만을 |보기|에서 있는 대로 고른 것은? (단, 두 해역에서 퇴적물의 퇴적 속도는 같다.)

┌─ 보기 ─
ㄱ. 해저의 확장 속도는 (가)가 (나)보다 빠르다.
ㄴ. 5000만 년 동안 쌓인 퇴적물의 두께는 (가)가 (나)보다 얇다.
ㄷ. 해령에서 거리 3000 km까지 해저면의 평균 경사는 (가)가 (나)보다 완만하다.
└─

① ㄱ　　　　② ㄴ　　　　③ ㄱ, ㄷ
④ ㄴ, ㄷ　　　⑤ ㄱ, ㄴ, ㄷ

06 그림은 두 해양판 A, B의 경계 부근에서 발생한 지진의 진원 깊이를 나타낸 것이다.

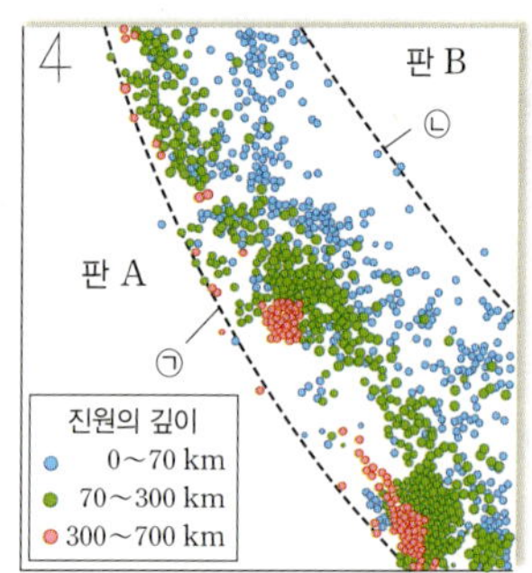

이에 대한 설명으로 옳은 것만을 |보기|에서 있는 대로 고른 것은?

┌─ 보기 ─
ㄱ. 판의 경계는 ㉠보다 ㉡에 가깝다.
ㄴ. ㉠과 ㉡ 사이에 열곡이 발달한다.
ㄷ. 화산 활동은 판 A 쪽에서 활발하게 일어난다.
└─

① ㄱ　　　　② ㄴ　　　　③ ㄱ, ㄷ
④ ㄴ, ㄷ　　　⑤ ㄱ, ㄴ, ㄷ

07 그림은 판의 경계와 이동 방향을 모식적으로 나타낸 것이다.

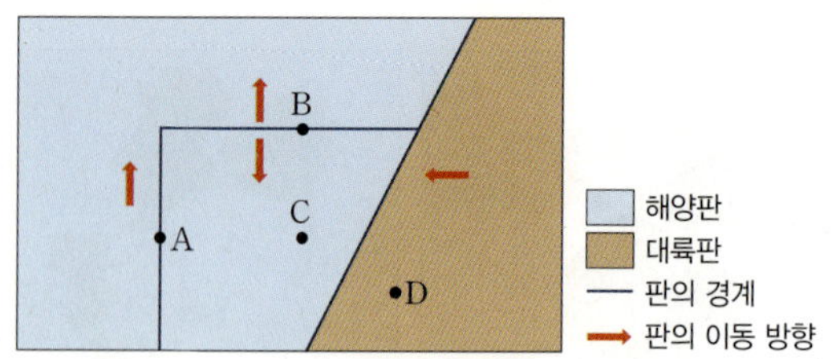

이에 대한 설명으로 옳은 것만을 |보기|에서 있는 대로 고른 것은?

┌─ 보기 ─
ㄱ. A에서는 화산 활동이 활발하다.
ㄴ. 지각의 나이는 B가 C보다 많다.
ㄷ. C와 D 사이에 해구가 발달한다.
└─

① ㄱ　　　　② ㄷ　　　　③ ㄱ, ㄴ
④ ㄴ, ㄷ　　　⑤ ㄱ, ㄴ, ㄷ

08 그림 (가)와 (나)는 서로 다른 섭입대에서 진원의 깊이 분포를 나타낸 것이다.

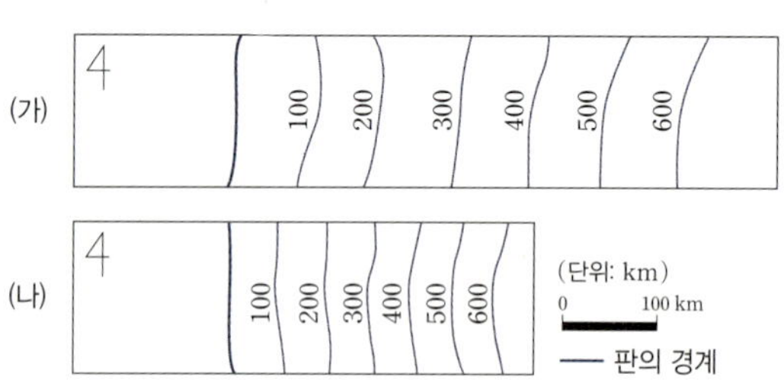

이에 대한 설명으로 옳은 것만을 |보기|에서 있는 대로 고른 것은?

┌─ 보기 ─
ㄱ. 판이 섭입하는 각도는 (가)가 (나)보다 크다.
ㄴ. (가)에서 판의 밀도는 판 경계의 서쪽이 동쪽보다 크다.
ㄷ. (나)에서 화산 활동은 판 경계의 동쪽이 서쪽보다 활발하다.
└─

① ㄱ　　　　② ㄴ　　　　③ ㄱ, ㄷ
④ ㄴ, ㄷ　　　⑤ ㄱ, ㄴ, ㄷ

09

그림은 전 세계 판의 분포와 경계를 나타낸 것이다.

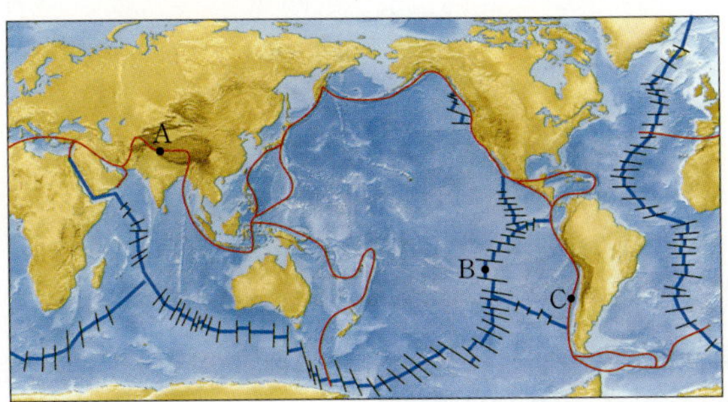

이에 대한 설명으로 옳은 것만을 |보기|에서 있는 대로 고른 것은?

> **보기**
> ㄱ. A와 C 부근에서는 습곡 산맥이 발달한다.
> ㄴ. 인접한 두 판의 밀도 차는 B가 C보다 크다.
> ㄷ. B에서는 판을 당기는 힘이, C에서는 판을 미는 힘이
> 　　우세하다.

① ㄱ　　　　　　② ㄴ　　　　　　③ ㄱ, ㄷ
④ ㄴ, ㄷ　　　　　⑤ ㄱ, ㄴ, ㄷ

10

그림은 우리나라 부근에서 판의 경계와 화산의 분포를 나타낸 것이다.

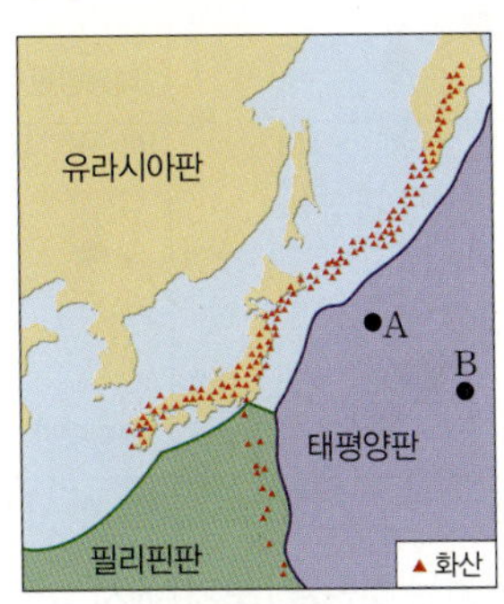

이에 대한 설명으로 옳은 것만을 |보기|에서 있는 대로 고른 것은?

> **보기**
> ㄱ. 해양 지각의 연령은 A가 B보다 많다.
> ㄴ. 판의 밀도는 태평양판 > 필리핀판 > 유라시아판 순이다.
> ㄷ. 필리핀판과 태평양판 사이에는 호상 열도가 나타난다.

① ㄱ　　　　　　② ㄴ　　　　　　③ ㄱ, ㄷ
④ ㄴ, ㄷ　　　　　⑤ ㄱ, ㄴ, ㄷ

11

표는 대륙의 이동을 알아보기 위해 어느 지괴의 암석에 기록된 지질 시대별 고지자기 복각과 진북 방향을 나타낸 것이다.

지질 시대	쥐라기	전기 백악기	후기 백악기	팔레오기와 네오기
고지자기 복각	+25°	+36°	+44°	+50°
진북 방향	63°	35°	17°	0°

←··· 진북 방향　　←── 고지자기로 추정한 진북 방향

이 지괴에 대한 설명으로 옳은 것만을 |보기|에서 있는 대로 고른 것은? (단, 진북의 위치는 변하지 않았다.)

> **보기**
> ㄱ. 팔레오기와 네오기에 북반구에 위치하였다.
> ㄴ. 백악기 동안 고위도 방향으로 이동하였다.
> ㄷ. 쥐라기 이후 시계 방향으로 회전하였다.

① ㄱ　　　　　　② ㄷ　　　　　　③ ㄱ, ㄴ
④ ㄴ, ㄷ　　　　　⑤ ㄱ, ㄴ, ㄷ

12

그림은 어느 지괴의 현재 위치와 시기별 고지자기극 위치를 나타낸 것이다. 고지자기극은 이 지괴의 고지자기 방향으로 추정한 지리상 북극이고, 실제 지리상 북극의 위치는 변하지 않았다.

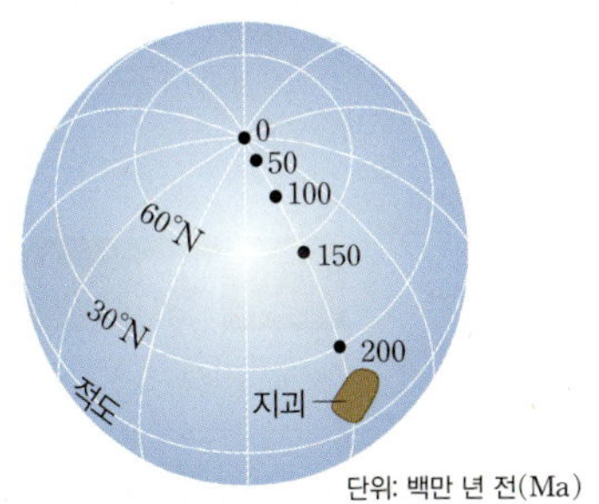

이 지괴에 대한 설명으로 옳은 것만을 |보기|에서 있는 대로 고른 것은?

> **보기**
> ㄱ. 200 Ma에는 남반구에 위치하였다.
> ㄴ. 150 Ma ~ 100 Ma 동안 고지자기 복각은 감소하였다.
> ㄷ. 200 Ma ~ 0 Ma 동안 이동 속도는 점점 빨라졌다.

① ㄱ　　　　　　② ㄴ　　　　　　③ ㄷ
④ ㄱ, ㄴ　　　　　⑤ ㄴ, ㄷ

13 다음은 대륙 분포의 변화 과정을 모식적으로 나타낸 것이다.

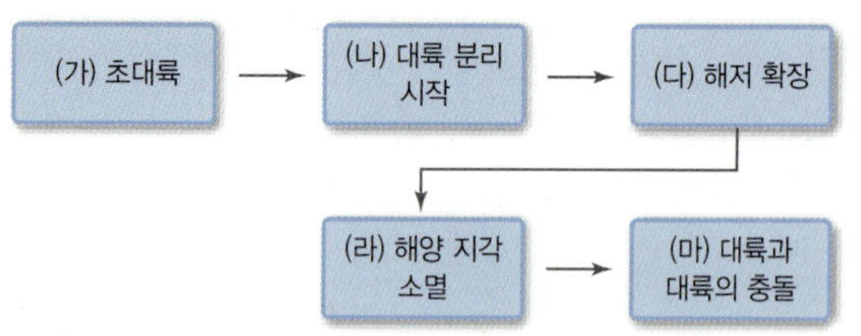

이에 대한 설명으로 옳은 것만을 |보기|에서 있는 대로 고른 것은?

|보기|
ㄱ. 현생 누대에는 (가)가 1회 있었다.
ㄴ. 동아프리카 열곡대는 (나)~(다) 단계에 해당한다.
ㄷ. (라)~(마) 단계에는 습곡 산맥이 형성된다.

① ㄱ　　　　　② ㄴ　　　　　③ ㄱ, ㄷ
④ ㄴ, ㄷ　　　　⑤ ㄱ, ㄴ, ㄷ

14 다음은 플룸 구조론을 이해하기 위한 탐구 활동을 나타낸 것이다.

[과정]
(가) 소금을 충분히 섞은 얼음물을 잉크로 착색하여 스포이트로 빨아들인다.
(나) 그림 Ⅰ과 같이 상온의 물이 담긴 비커에 스포이트를 담그고, 잉크를 한 방울씩 떨어뜨리면서 ㉠잉크가 바닥에 가라앉는 흐름을 관찰한다.
(다) 그림 Ⅱ와 같이 잉크가 가라앉은 부분을 양초로 가열하여 ㉡잉크가 상승하는 흐름을 관찰한다.

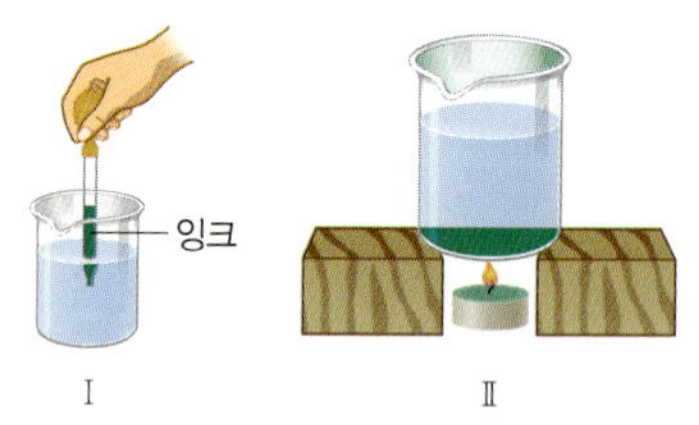

이 실험을 통해 유추한 플룸 구조에 대한 설명으로 옳은 것만을 |보기|에서 있는 대로 고른 것은?

|보기|
ㄱ. ㉠은 섭입대에서의 플룸 하강을 가정한 것이다.
ㄴ. 비커의 바닥은 상부 맨틀과 하부 맨틀의 경계부에 해당한다.
ㄷ. 열점의 하부에는 ㉡에 해당하는 플룸이 존재한다.

① ㄱ　　　　　② ㄴ　　　　　③ ㄱ, ㄷ
④ ㄴ, ㄷ　　　　⑤ ㄱ, ㄴ, ㄷ

15 그림은 지구 내부의 플룸 구조를 나타낸 것이다.

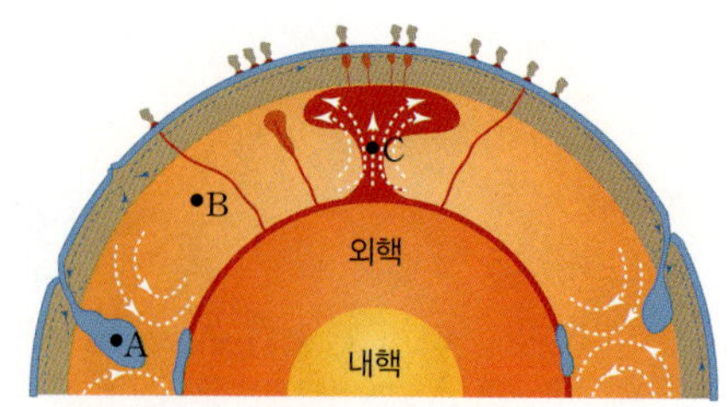

이에 대한 설명으로 옳은 것만을 |보기|에서 있는 대로 고른 것은? (단, A, B, C는 같은 깊이에 있다.)

|보기|
ㄱ. 물질의 밀도는 A가 B보다 크다.
ㄴ. 지진파의 속도는 B가 C보다 느리다.
ㄷ. 판 내부의 대규모 화산 활동은 C로 설명할 수 있다.

① ㄱ　　　　　② ㄴ　　　　　③ ㄱ, ㄷ
④ ㄴ, ㄷ　　　　⑤ ㄱ, ㄴ, ㄷ

16 그림은 250만 년 전부터 현재까지 태평양 어느 해역에서 화산섬 A~E의 분포 변화를 나타낸 것이다.

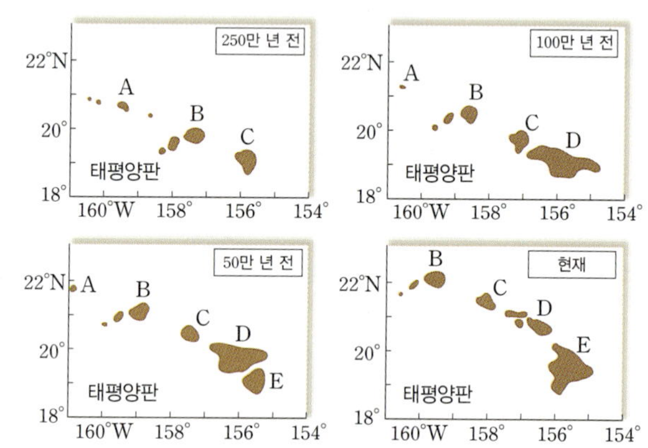

이에 대한 설명으로 옳은 것만을 |보기|에서 있는 대로 고른 것은?

|보기|
ㄱ. 250만 년 전에 열점은 160°W, 21°N 부근에 있었다.
ㄴ. 태평양판은 남동쪽으로 이동하였다.
ㄷ. 50만 년 후에 화산 활동은 현재의 E 위치에서 일어난다.

① ㄱ　　　　　② ㄷ　　　　　③ ㄱ, ㄴ
④ ㄴ, ㄷ　　　　⑤ ㄱ, ㄴ, ㄷ

17

그림은 마그마 A, B의 SiO_2 함량과 온도를 나타낸 것이다.

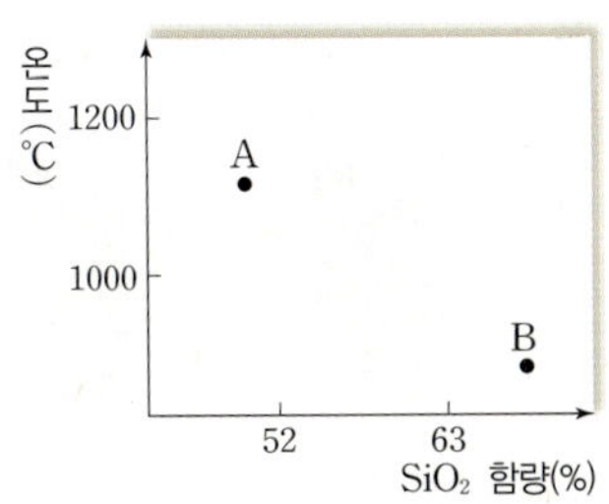

A와 B가 지표로 분출하는 경우에 대한 설명으로 옳은 것만을 |보기|에서 있는 대로 고른 것은?

보기

ㄱ. A는 B보다 폭발적으로 분출한다.

ㄴ. 생성되는 화산체의 경사는 A가 B보다 완만하다.

ㄷ. A는 호상 열도에서, B는 열점에서 주로 분출한다.

① ㄱ   ② ㄴ   ③ ㄱ, ㄷ

④ ㄴ, ㄷ   ⑤ ㄱ, ㄴ, ㄷ

18

그림은 화강암과 맨틀의 용융 곡선을 지하의 온도 분포와 함께 나타낸 것이다.

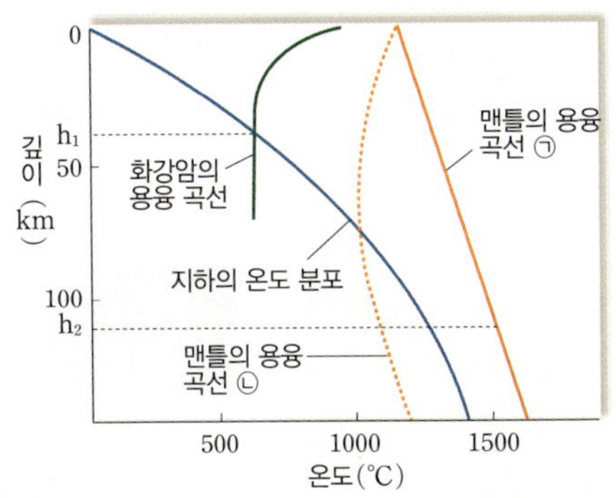

이에 대한 설명으로 옳은 것만을 |보기|에서 있는 대로 고른 것은?

보기

ㄱ. 맨틀에 물이 공급되면 용융점은 ㉠에서 ㉡으로 변한다.

ㄴ. 깊이 h_1보다 얕은 곳의 화강암은 열이 공급되면 화강암질 마그마가 생성된다.

ㄷ. 물을 포함하지 않는 맨틀 물질이 깊이 h_2에서 빠르게 상승하면 현무암질 마그마가 생성된다.

① ㄱ   ② ㄴ   ③ ㄱ, ㄷ

④ ㄴ, ㄷ   ⑤ ㄱ, ㄴ, ㄷ

19

그림은 마그마가 생성되는 장소를 나타낸 것이다.

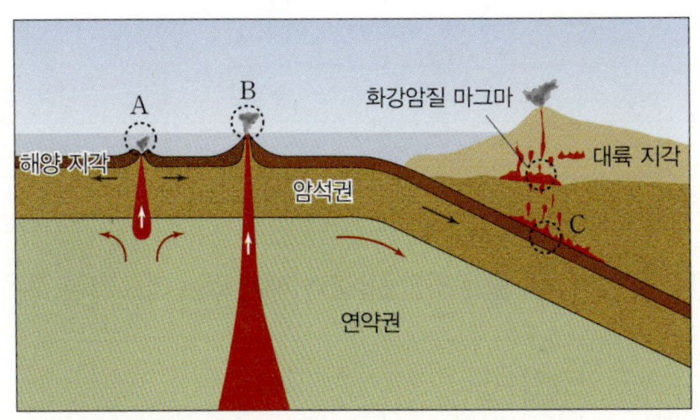

이에 대한 설명으로 옳은 것만을 |보기|에서 있는 대로 고른 것은?

보기

ㄱ. A와 B의 지하에서는 맨틀의 압력 하강으로 마그마가 생성된다.

ㄴ. C에서는 맨틀에서 물이 빠져나가면서 용융점이 낮아져 마그마가 생성된다.

ㄷ. C 상부의 화강암질 마그마는 대륙 지각의 용융점이 낮아져 생성된다.

① ㄱ   ② ㄴ   ③ ㄱ, ㄷ

④ ㄴ, ㄷ   ⑤ ㄱ, ㄴ, ㄷ

20

그림은 서로 다른 화성암 (가), (나)의 광물 조성을 부피비(%)로 나타낸 것이다. (가)와 (나)는 각각 염기성암과 산성암 중 하나이다.

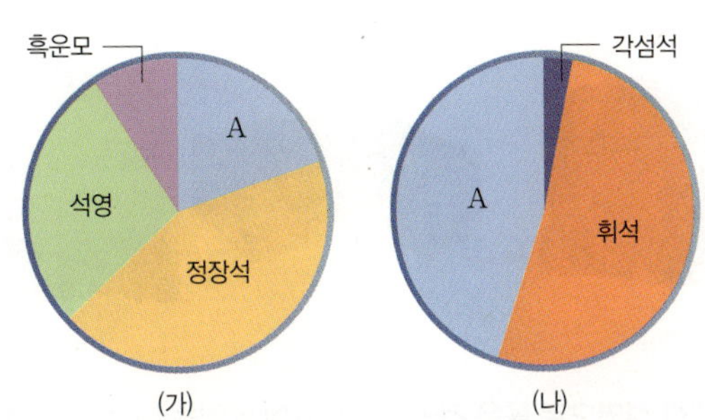

이에 대한 설명으로 옳은 것만을 |보기|에서 있는 대로 고른 것은?

보기

ㄱ. A는 감람석이다.

ㄴ. 암석의 색은 (가)가 (나)보다 밝다.

ㄷ. (나)가 심성암이면 화강암이다.

① ㄱ   ② ㄴ   ③ ㄱ, ㄷ

④ ㄴ, ㄷ   ⑤ ㄱ, ㄴ, ㄷ

21 표는 화성암을 화학 조성과 조직에 따라 구분하여 나타낸 것이다.

구분	염기성암	중성암	산성암
심성암		A	
화산암	B		C

이에 대한 설명으로 옳은 것만을 |보기|에서 있는 대로 고른 것은?

|보기|
ㄱ. A는 안산암이다.
ㄴ. 암석의 밀도는 A가 C보다 크다.
ㄷ. $\dfrac{(\text{Na}+\text{K})\ \text{함량}}{(\text{Fe}+\text{Mg})\ \text{함량}}$ 은 B가 C보다 작다.

① ㄱ   ② ㄴ   ③ ㄱ, ㄷ
④ ㄴ, ㄷ   ⑤ ㄱ, ㄴ, ㄷ

22 그림은 화성암 (가), (나)의 모습과 산출된 깊이를 나타낸 것이다.

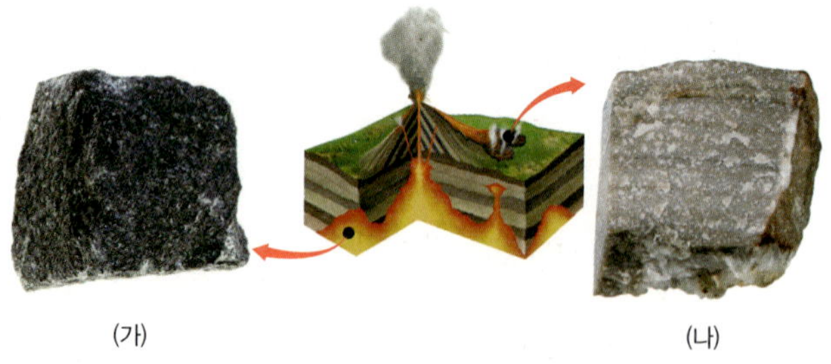

(가)   (나)

이에 대한 설명으로 옳은 것만을 |보기|에서 있는 대로 고른 것은?

|보기|
ㄱ. (가)는 조립질 조직이 나타난다.
ㄴ. 유색 광물의 함량비는 (가)가 (나)보다 크다.
ㄷ. (나)는 주로 열점에서 분출한 마그마가 굳어 생성된다.

① ㄱ   ② ㄷ   ③ ㄱ, ㄴ
④ ㄴ, ㄷ   ⑤ ㄱ, ㄴ, ㄷ

23 그림은 화성암의 분류 기준에 암석 A와 B의 상대적인 위치를 나타낸 것이다.

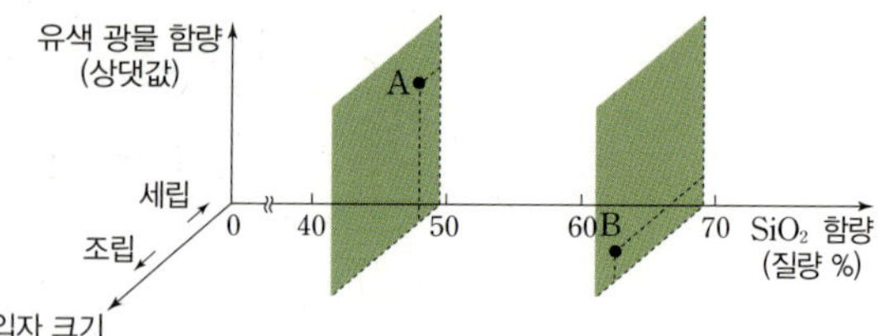

이에 대한 설명으로 옳은 것만을 |보기|에서 있는 대로 고른 것은?

|보기|
ㄱ. A는 현무암이다.
ㄴ. 암석의 밀도는 A가 B보다 작다.
ㄷ. 마그마가 냉각된 깊이는 A가 B보다 깊다.

① ㄱ   ② ㄴ   ③ ㄱ, ㄷ
④ ㄴ, ㄷ   ⑤ ㄱ, ㄴ, ㄷ

24 다음은 우리나라 두 화성암 지형을 나타낸 것이다.

구분	(가) 제주도 지삿개	(나) 오대산 식당암
사진		
암석	( )	화강암

이에 대한 설명으로 옳은 것만을 |보기|에서 있는 대로 고른 것은?

|보기|
ㄱ. (가)의 암석은 (나)의 암석보다 유색 광물의 함량이 많다.
ㄴ. (나)는 암석이 생성된 후 서서히 융기하였다.
ㄷ. (가)의 암석은 (나)의 암석보다 먼저 생성되었다.

① ㄱ   ② ㄷ   ③ ㄱ, ㄴ
④ ㄴ, ㄷ   ⑤ ㄱ, ㄴ, ㄷ

수능 빈출 자료 MASTER

1 퇴적 구조

정답과 해설 p.81

[기출 패턴] 점이 층리, 사층리, 연흔, 건열 등의 퇴적 구조를 해석하여 퇴적 환경과 지층의 역전 여부 등을 판단할 수 있어야 한다.

[배경 지식] (1) 점이 층리: 수심이 깊은 곳에서 입자 크기에 따른 퇴적 속도 차이에 의해 생성된다.
(2) 사층리: 물이나 바람에 의해 운반된 퇴적물이 경사면에 쌓여 생성된다.
(3) 연흔: 수심이 얕은 곳에서 물의 흐름이나 파도의 흔적이 퇴적물에 남아 생성된다.
(4) 건열: 수심이 얕은 곳에 쌓인 퇴적물이 건조한 대기로 노출되어 말라 갈라져 생성된다.

자료 1 · 교육청 기출

그림 (가)와 (나)는 서로 다른 퇴적 구조를 나타낸 것이다.

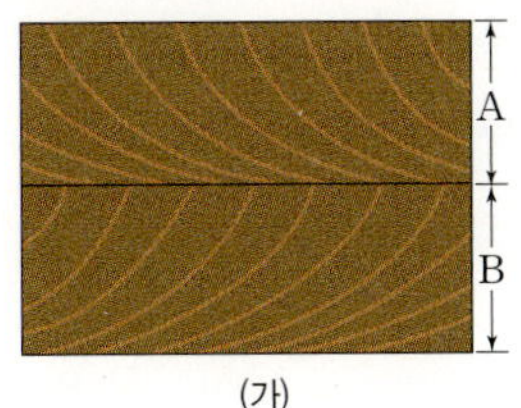
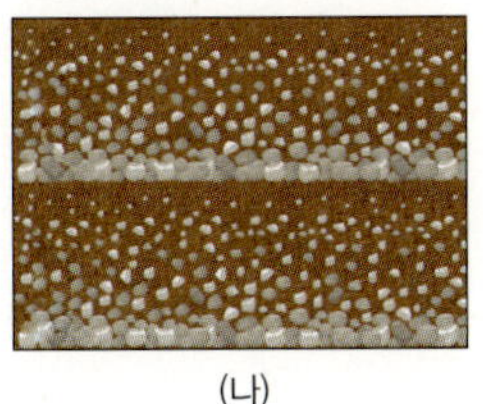
(가)　　　　　(나)

● 다음 설명 중 옳은 것은 ○표, 옳지 <u>않은</u> 것은 ×표 하시오.

1 (가)에서 퇴적물의 공급 방향은 A와 B가 같다. ○ / ×

2 (나)는 입자 크기에 따른 퇴적 속도 차이에 의해 생성된다. ○ / ×

3 (가)는 (나)보다 수심이 깊은 곳에서 잘 생성된다. ○ / ×

4 (가)에서 B는 상하가 역전된 지층이다. ○ / ×

자료 2 · 수능 기출

그림 (가)는 해수면이 하강하는 과정에서 형성된 퇴적층의 단면이고, (나)는 (가)의 퇴적층에서 나타나는 퇴적 구조 A와 B이다.

(가)　　　　　(나)

● 다음 설명 중 옳은 것은 ○표, 옳지 <u>않은</u> 것은 ×표 하시오.

1 (가)의 퇴적층 중 가장 얕은 수심에서 형성된 것은 이암층이다. ○ / ×

2 (나)의 A와 B는 주로 역암층에서 관찰된다. ○ / ×

3 (나)의 A와 B 중 층리면에서 관찰되는 퇴적 구조는 B이다. ○ / ×

4 (가)의 퇴적층은 수심이 점차 얕아지는 환경 변화에 의해 생성되었다. ○ / ×

자료 3 · 평가원 기출

그림은 퇴적 구조 A, B, C를 나타낸 것이다.

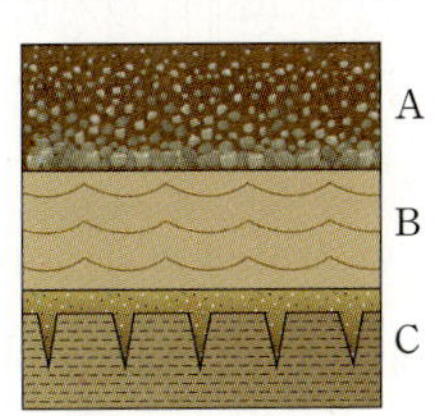

● 다음 설명 중 옳은 것은 ○표, 옳지 <u>않은</u> 것은 ×표 하시오.

1 A는 지층의 상하 판단에 이용된다. ○ / ×

2 B는 연흔이다. ○ / ×

3 C가 생성되는 동안 건조한 대기에 노출된 시기가 있었다. ○ / ×

2 지질 구조

정답과 해설 p.81

[기출 패턴] 여러 가지 지질 구조의 사진을 해석하여 지질 구조의 형성 과정을 판단할 수 있어야 한다.

[배경 지식] (1) 습곡과 역단층은 횡압력을 받아 형성되고, 정단층은 장력을 받아 형성된다.
(2) 마그마가 주변 암석을 포획하여 생성된 포획암은 마그마가 굳은 암석보다 먼저 생성되었다.
(3) 주상 절리는 주로 화산암에서 형성되고, 판상 절리는 주로 심성암에서 형성된다.

자료 1 교육청 기출

그림 (가)와 (나)는 각각 관입암과 포획암이 존재하는 암석의 모습을 나타낸 것이다. (가)와 (나)에 있는 관입암과 포획암의 나이는 같다.

(가)

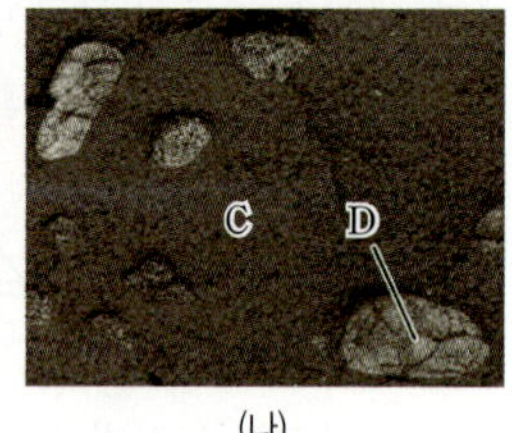
(나)

● 다음 설명 중 옳은 것은 ○표, 옳지 <u>않은</u> 것은 ×표 하시오.

1 A는 B를 관입하였다. ○ / ×

2 포획암은 D이다. ○ / ×

3 암석의 나이는 C가 가장 적다. ○ / ×

4 A는 열에 의한 변성 작용을 받았다. ○ / ×

5 A와 C는 퇴적암이다. ○ / ×

자료 2 교육청 기출

그림 (가)와 (나)는 서로 다른 지질 구조를 나타낸 것이다. (단, 지층의 역전은 없었다.)

(가) 습곡

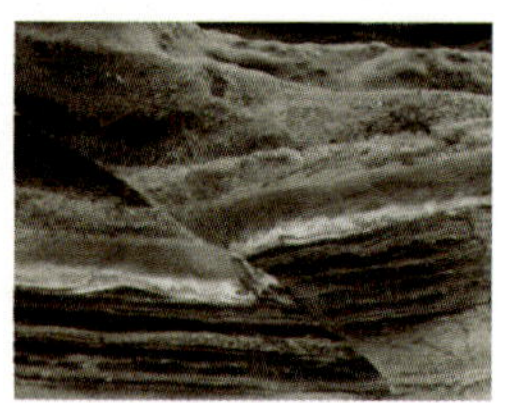
(나) 단층

● 다음 설명 중 옳은 것은 ○표, 옳지 <u>않은</u> 것은 ×표 하시오.

1 (가)에서는 향사 구조가 나타난다. ○ / ×

2 (나)에서 상반은 하반에 대해 위로 이동하였다. ○ / ×

3 (가)와 (나)는 모두 횡압력을 받아 형성되었다. ○ / ×

4 (가)는 주로 지표 부근에서, (나)는 주로 지하 깊은 곳에서 잘 형성된다. ○ / ×

자료 3 평가원 기출

그림 (가), (나), (다)는 습곡, 포획, 절리를 순서 없이 나타낸 것이다.

(가)

(나)

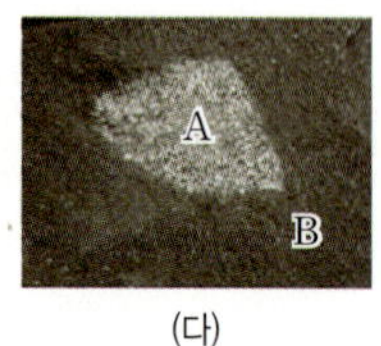
(다)

● 다음 설명 중 옳은 것은 ○표, 옳지 <u>않은</u> 것은 ×표 하시오.

1 (가)는 (나)보다 깊은 곳에서 형성되었다. ○ / ×

2 (나)는 용암이 냉각되면서 수축하여 형성되었다. ○ / ×

3 (다)에서 A는 B보다 먼저 생성되었다. ○ / ×

4 (나)는 주로 심성암에서 잘 형성된다. ○ / ×

3 상대 연령과 절대 연령

정답과 해설 p.81

[기출패턴] 방사성 동위 원소의 붕괴 원리를 이해하고, 지질 단면도를 해석할 수 있어야 한다.

[배경지식] (1) 상대 연령: 지사학의 법칙을 적용하여 지층과 화성암의 선후 관계를 파악한다.
(2) 반감기의 횟수: 반감기(T)를 n회 거치면 절대 연령은 nT가 된다.
(3) 지질 시대의 시작 시기: 고생대(약 5.41억 년 전), 중생대(약 2.52억 년 전), 신생대(약 0.66억 년 전)

자료 1 평가원 기출

그림은 방사성 동위 원소 A와 B의 붕괴 곡선을 나타낸 것이다.

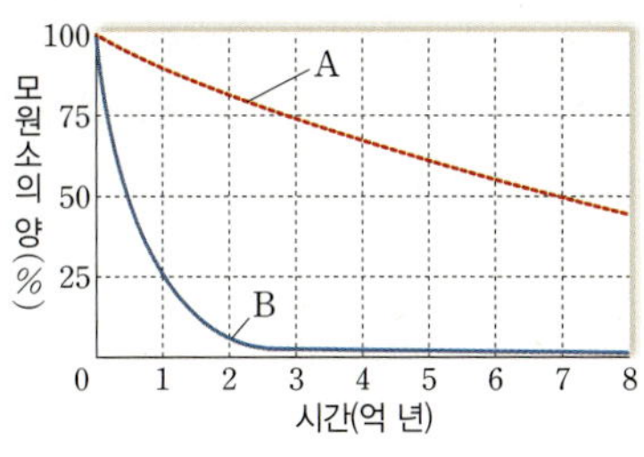

● 다음 설명 중 옳은 것은 ○표, 옳지 않은 것은 ×표 하시오.

1 반감기는 A가 B의 14배이다. ○ / ×

2 7억 년 전 생성된 화성암에 포함된 A는 두 번의 반감기를 거쳤다. ○ / ×

3 암석에 포함된 $\dfrac{\text{B의 양}}{\text{B의 자원소 양}}$이 $\dfrac{1}{4}$로 되는 데 걸리는 시간은 1억 년이다. ○ / ×

자료 2 평가원 기출

그림 (가)는 어느 지역의 깊이에 따른 지층과 화성암의 연령을, (나)는 방사성 원소 X와 Y의 붕괴 곡선을 나타낸 것이다. 화성암 B와 D는 X와 Y 중 서로 다른 한 종류만 포함하고, 현재 B와 D에 포함된 방사성 원소의 함량은 각각 처음 양의 50 %와 25 %이다.

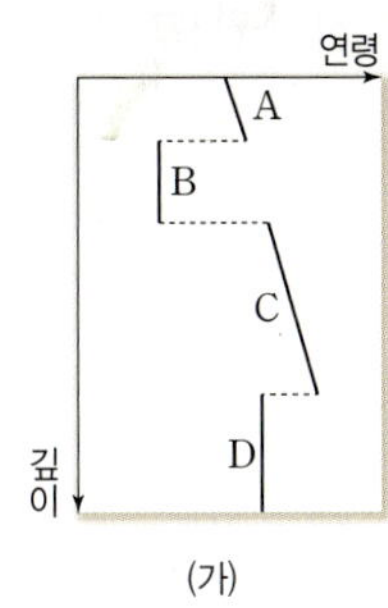

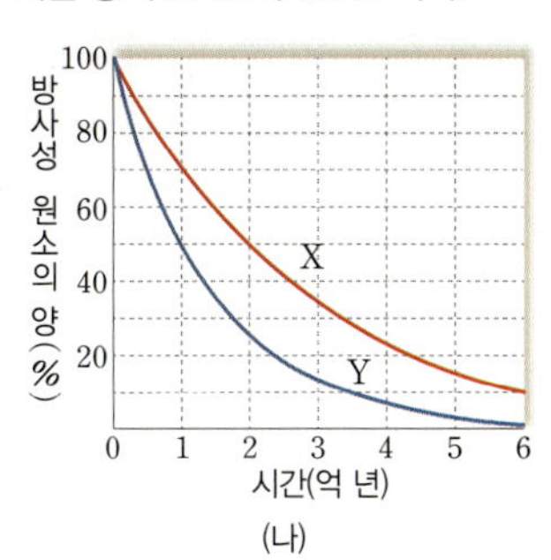

● 다음 설명 중 옳은 것은 ○표, 옳지 않은 것은 ×표 하시오.

1 A층 하부의 기저 역암에는 B의 암석 조각이 있다. ○ / ×

2 반감기는 X가 Y의 2배이다. ○ / ×

3 B와 D의 연령 차는 3억 년이다. ○ / ×

4 B는 C를 관입하였다. ○ / ×

5 D에서는 A의 암석 조각이 포획암으로 관찰된다. ○ / ×

자료 3 평가원 기출

그림 (가)는 어느 지역의 지질 단면도로, A~E는 퇴적암, F와 G는 화성암, $f-f'$은 단층이다. 그림 (나)는 F와 G에 포함된 방사성 원소 X의 함량을 붕괴 곡선에 나타낸 것이다. X의 반감기는 1억 년이다.

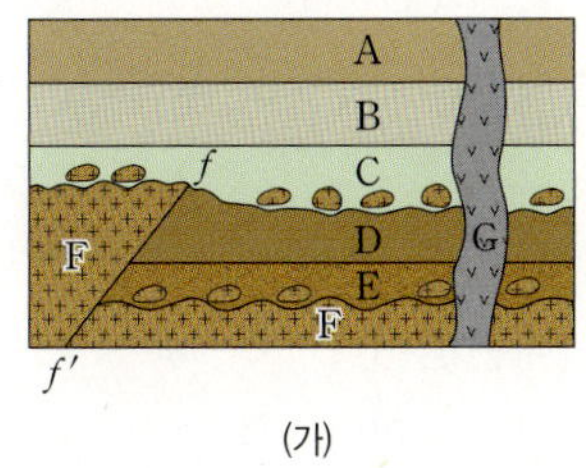

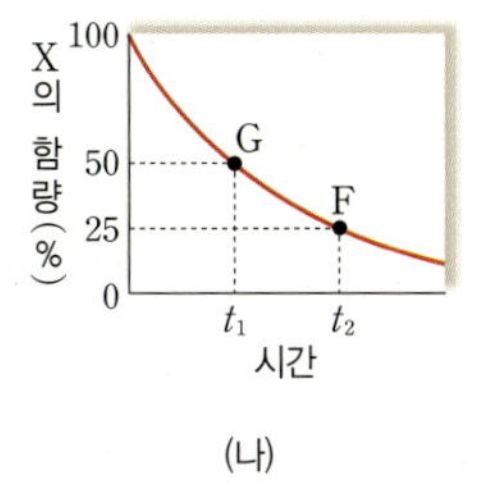

● 다음 설명 중 옳은 것은 ○표, 옳지 않은 것은 ×표 하시오.

1 A는 고생대에 퇴적되었다. ○ / ×

2 D가 퇴적된 이후 $f-f'$이 형성되었다. ○ / ×

3 단층 상반에 위치한 F는 최소 2회 육상에 노출되었다. ○ / ×

4 F가 생성된 후 이 지역에서는 장력이 작용한 적이 있다. ○ / ×

4 지질 시대의 환경과 생물

정답과 해설 p.81

[기출 패턴] 지질 시대의 환경 변화를 고생물이 번성하거나 멸종한 시기와 관련지어 파악할 수 있어야 한다.

배경 지식
(1) 주요 생물의 출현 시기: 어류—고생대 초기, 육상 식물—고생대 중기, 양서류—고생대 중기, 파충류—고생대 말기, 겉씨식물—고생대 말기, 포유류—중생대 초기, 속씨식물—중생대 말기
(2) 선캄브리아 시대의 주요 사건: 남세균 출현—광합성 작용, 다세포 생물 출현—에디아카라 동물군 화석

자료 1 평가원 기출

그림은 주요 동물군의 생존 시기를 나타낸 것이다. A, B, C는 어류, 파충류, 포유류를 순서 없이 나타낸 것이다.

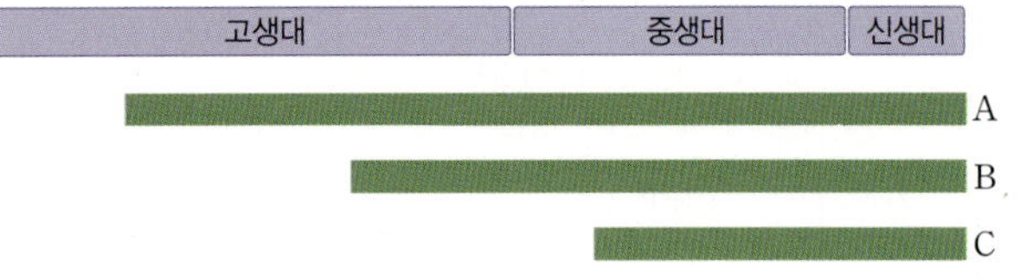

● 다음 설명 중 옳은 것은 ○표, 옳지 않은 것은 ×표 하시오.

1 A는 어류이다. ○ / ×
2 C는 신생대에 번성하였다. ○ / ×
3 B가 최초로 출현한 시기와 C가 최초로 출현한 시기 사이에 히말라야 산맥이 형성되었다. ○ / ×

자료 2 교육청 기출

그림 (가)는 암모나이트 화석을, (나)는 지질 시대의 평균 기온 변화를 나타낸 것이다.

(가)

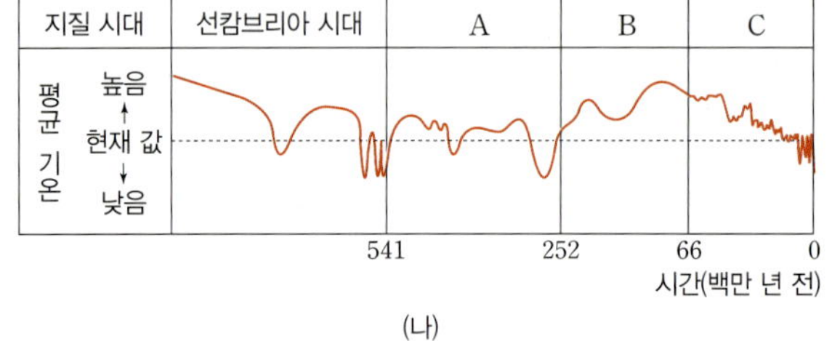

(나)

● 다음 설명 중 옳은 것은 ○표, 옳지 않은 것은 ×표 하시오.

1 A 시기 말에는 판게아가 형성되었다. ○ / ×
2 B 시기는 현재보다 대체로 온난하였다. ○ / ×
3 (가)는 C 시기의 표준 화석이다. ○ / ×
4 평균 해수면 높이는 B 시기 말이 C 시기 말보다 낮았다. ○ / ×

자료 3 교육청 기출

그림은 지질 시대 동안 일어난 주요 사건을 나타낸 것이다.

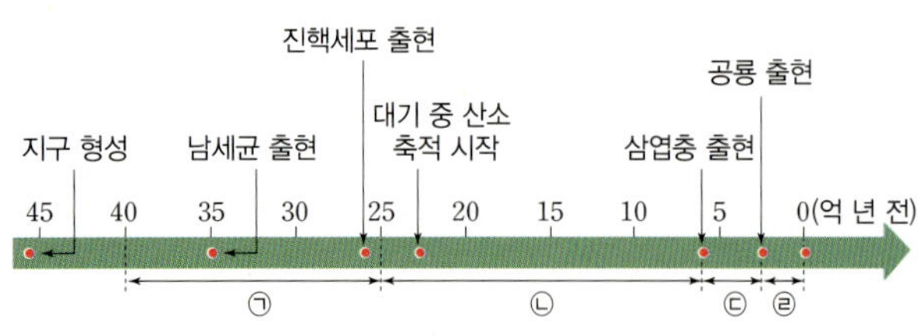

● 다음 설명 중 옳은 것은 ○표, 옳지 않은 것은 ×표 하시오.

1 최초의 다세포 생물이 출현한 지질 시대는 ㉠이다. ○ / ×
2 생물의 광합성이 최초로 일어난 지질 시대는 ㉡이다. ○ / ×
3 최초의 육상 식물이 출현한 지질 시대는 ㉢이다. ○ / ×
4 빙하기가 없었던 지질 시대는 ㉢이다. ○ / ×
5 방추충이 번성한 지질 시대는 ㉣이다. ○ / ×

5 생물의 대멸종

정답과 해설 p.81

[기출패턴] 생물 대멸종이 일어난 시기를 이해하고, 각 시기를 기준으로 생물의 출현과 멸종을 파악할 수 있어야 한다.

배경 지식
(1) 5회의 대멸종: 고생대 오르도비스기 말, 데본기 말, 페름기 말, 중생대 트라이아스기 말, 백악기 말
(2) 가장 큰 규모의 생물 멸종: 고생대 페름기 말에 있었으며, 해양 생물과 육상 생물의 멸종 비율이 가장 컸다.
(3) 대멸종 이후의 변화: 새로운 생물이 출현하여 생물의 종과 개체수가 급격하게 증가한다.

자료 1 평가원 기출

그림은 현생 누대 동안 동물 과의 수를 현재 동물 과의 수에 대한 비로 나타낸 것이다.

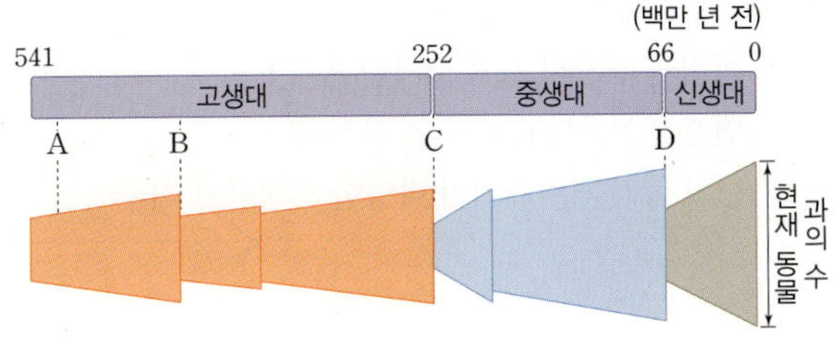

● 다음 설명 중 옳은 것은 ○표, 옳지 않은 것은 ×표 하시오.

1 A 시기에 육상 동물이 출현하였다. ○ / ×
2 동물 과의 멸종 비율은 B 시기가 C 시기보다 크다. ○ / ×
3 D 시기에 공룡이 멸종하였다. ○ / ×
4 C 시기의 생물 멸종은 판게아의 분리와 관련이 있다. ○ / ×

자료 2 평가원 기출

그림 (가)는 현생 누대 동안 완족류와 삼엽충의 과의 수 변화를, (나)는 현생 누대 동안 생물 과의 멸종 비율을 나타낸 것이다. A와 B는 각각 완족류와 삼엽충 중 하나이다.

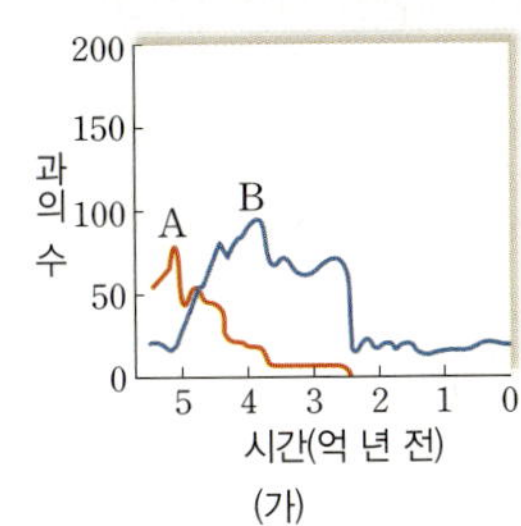

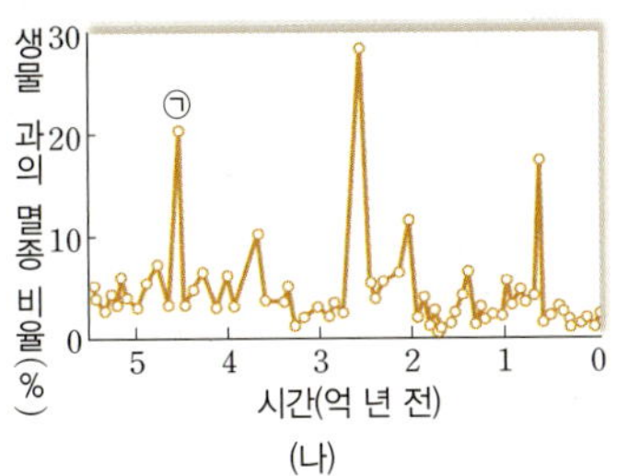

● 다음 설명 중 옳은 것은 ○표, 옳지 않은 것은 ×표 하시오.

1 (가)에서 A는 삼엽충이다. ○ / ×
2 (나)에서 ㉠ 시기에 갑주어가 멸종하였다. ○ / ×
3 B의 과의 수는 공룡이 멸종한 시기에 가장 많이 감소하였다. ○ / ×
4 생물 과의 멸종 비율이 가장 높았던 시기에 A가 멸종하였다. ○ / ×

자료 3 수능 기출

그림은 현생 누대 동안의 해수면 높이와 해양 생물 과의 수를 나타낸 것이다.

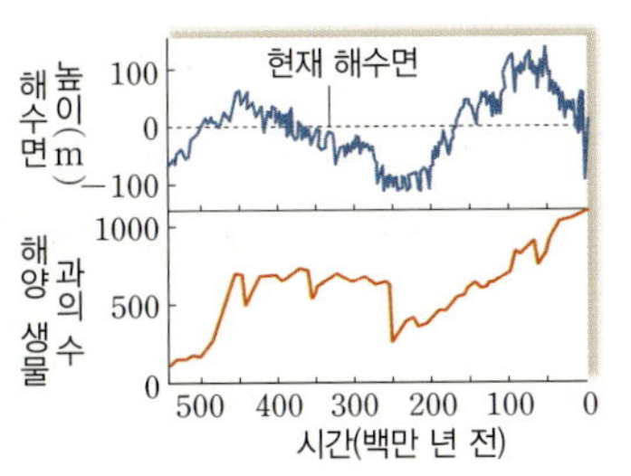

● 다음 설명 중 옳은 것은 ○표, 옳지 않은 것은 ×표 하시오.

1 최초의 다세포 생물은 캄브리아기 전에 출현하였다. ○ / ×
2 중생대 말에 감소한 해양 생물 과의 수는 고생대 말보다 크다. ○ / ×
3 판게아가 분리되기 시작했을 때의 해수면은 현재보다 높았다. ○ / ×

01 다음은 어느 퇴적암이 생성되는 과정을 나타낸 것이다.

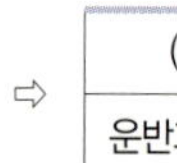 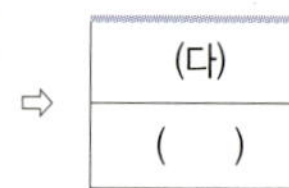 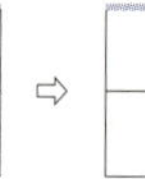

(가)		(나)		(다)		(라)
풍화와 침식	⇨	운반과 퇴적	⇨	( )	⇨	퇴적암

이에 대한 설명으로 옳은 것만을 |보기|에서 있는 대로 고른 것은?

┌─ 보기 ─
ㄱ. 석회암은 (가) 단계를 거쳐 생성된다.
ㄴ. (나) 단계에서 해수는 모래보다 점토를 더 멀리 운반한다.
ㄷ. 다짐 작용과 교결 작용은 (다) 단계에서 일어난다.
└─

① ㄱ ② ㄴ ③ ㄱ, ㄷ
④ ㄴ, ㄷ ⑤ ㄱ, ㄴ, ㄷ

02 다음은 처트, 석탄, 응회암의 특징을 순서 없이 (가), (나), (다)로 나타낸 것이다.

(가)	(나)	(다)
분출한 화산 분출물이 쌓여 생성된다.	퇴적물이 육지의 습지에 쌓여 생성된다.	규질 성분으로 이루어져 있다.

이에 대한 설명으로 옳은 것만을 |보기|에서 있는 대로 고른 것은?

┌─ 보기 ─
ㄱ. 쇄설성 퇴적암에 속하는 것은 (가)이다.
ㄴ. 양치식물 화석은 (나)보다 (다)에서 많이 산출된다.
ㄷ. (다)는 유기적 퇴적암과 화학적 퇴적암에 모두 속한다.
└─

① ㄱ ② ㄴ ③ ㄱ, ㄷ
④ ㄴ, ㄷ ⑤ ㄱ, ㄴ, ㄷ

03 그림은 퇴적 환경 A~D를 나타낸 것이다.

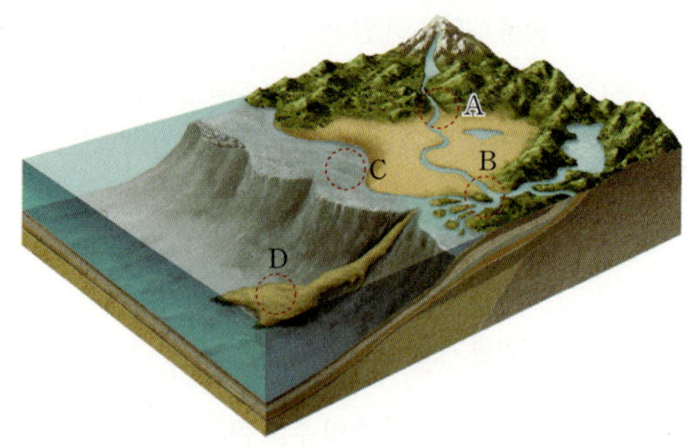

이에 대한 설명으로 옳은 것만을 |보기|에서 있는 대로 고른 것은?

┌─ 보기 ─
ㄱ. 퇴적물 입자의 평균 크기는 A가 B보다 크다.
ㄴ. 연흔은 D보다 C에서 잘 형성된다.
ㄷ. D의 퇴적물은 크기가 다양한 퇴적물로 이루어진다.
└─

① ㄱ ② ㄴ ③ ㄱ, ㄷ
④ ㄴ, ㄷ ⑤ ㄱ, ㄴ, ㄷ

기출 교육청

04 다음은 어떤 퇴적 구조의 형성 과정을 설명하기 위한 실험이다.

┌─────────
[실험 과정]
(가) 긴 원통에 물을 채우고, 다양한 크기의 입자로 구성된 흙을 원통에 부은 후 모두 가라앉을 때까지 기다린다.
(나) 원통의 입구를 마개로 막고 원통의 상하를 빠르게 뒤집은 후 흙이 쌓인 모습을 관찰한다.

└─────────

이에 대한 설명으로 옳은 것만을 |보기|에서 있는 대로 고른 것은?

┌─ 보기 ─
ㄱ. (나)에서 입자의 크기가 작을수록 아래에 쌓인다.
ㄴ. 사층리의 형성 과정을 설명할 수 있다.
ㄷ. 이 퇴적 구조는 심해 환경에서 만들어질 수 있다.
└─

① ㄱ ② ㄷ ③ ㄱ, ㄴ
④ ㄴ, ㄷ ⑤ ㄱ, ㄴ, ㄷ

05 그림 (가)와 (나)는 서로 다른 퇴적 구조를 나타낸 것이다.

(가)

(나)

이에 대한 설명으로 옳은 것만을 |보기|에서 있는 대로 고른 것은?

┌ 보기 ┐
ㄱ. (가)는 건조한 대기에 노출되어 형성된다.
ㄴ. (나)는 경사면을 따라 퇴적물이 쌓이면서 층리가 기울어진 구조이다.
ㄷ. (가)는 층리면에서, (나)는 지층 단면에서 관찰된 모습이다.

① ㄱ   ② ㄴ   ③ ㄱ, ㄷ
④ ㄴ, ㄷ   ⑤ ㄱ, ㄴ, ㄷ

06 다음은 우리나라의 퇴적 지형을 설명한 것이다. (가), (나), (다)는 각각 제주도 수월봉, 태백 구문소, 고성군 덕명리의 지층 중 하나이다.

(가) 두꺼운 석회암층이 경사져 있고, 연흔과 건열이 발견되어 당시의 퇴적 환경을 보여준다.
(나) 사암과 셰일로 이루어진 퇴적층으로, 공룡 발자국과 새 발자국 화석이 발견된다.
(다) 화산재가 나란하게 쌓여 층리를 이루고, ㉠ 화산탄이 지층을 누르는 구조가 나타난다.

이에 대한 설명으로 옳은 것만을 |보기|에서 있는 대로 고른 것은?

┌ 보기 ┐
ㄱ. (가)는 해성층, (나)는 육성층이다.
ㄴ. 퇴적암이 생성된 순서는 (가) → (나) → (다)이다.
ㄷ. ㉠은 부정합면 위에 쌓이는 기저 역암이다.

① ㄱ   ② ㄷ   ③ ㄱ, ㄴ
④ ㄴ, ㄷ   ⑤ ㄱ, ㄴ, ㄷ

07 다음은 어느 지질 구조의 형성 과정을 알아보기 위한 탐구이다.

[탐구 과정]
(가) 지점토 판 세 개를 하나씩 순서대로 쌓은 뒤, Ⅰ과 같이 경사지게 지점토 칼로 자른다.
(나) 잘린 지점토 판 전체를 조심스럽게 들어 올리고, Ⅱ와 같이 ㉠ 양쪽 끝을 서서히 잡아당겨 가운데 조각이 내려가도록 한다.
(다) Ⅲ과 같이 지점토 칼로 지점토 판의 위쪽을 수평으로 자른다.
(라) 잘린 지점토 판 위에 Ⅳ와 같이 새로운 지점토 판을 수평이 되도록 쌓는다.

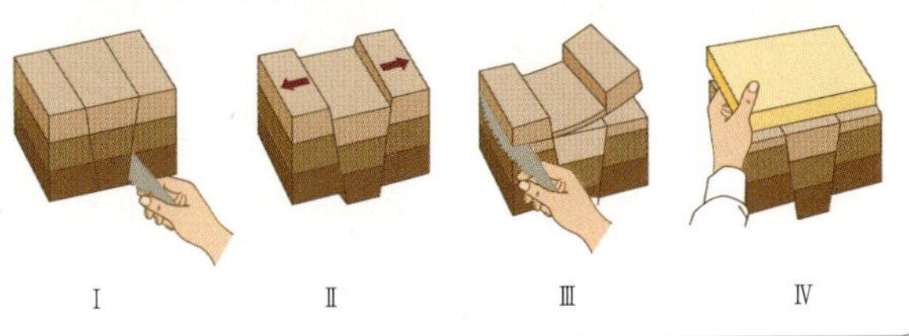

이에 대한 설명으로 옳은 것만을 |보기|에서 있는 대로 고른 것은?

┌ 보기 ┐
ㄱ. ㉠에 해당하는 힘은 횡압력이다.
ㄴ. (다)는 지층의 침식 과정에 해당한다.
ㄷ. (라)에서 부정합 형태의 지질 구조가 만들어진다.

① ㄱ   ② ㄴ   ③ ㄷ
④ ㄱ, ㄴ   ⑤ ㄴ, ㄷ

08 그림은 어느 지역의 지질 구조를 단면으로 나타낸 것이다.

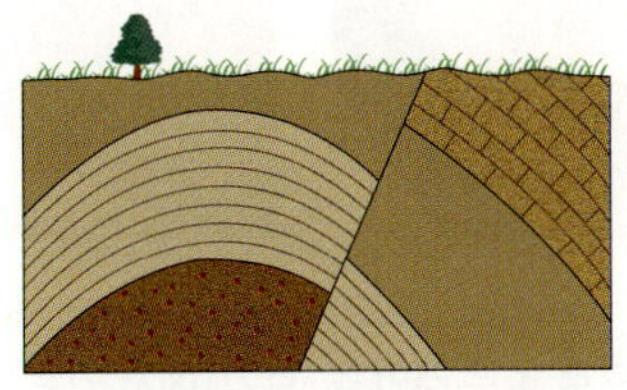

이에 대한 설명으로 옳은 것만을 |보기|에서 있는 대로 고른 것은?

┌ 보기 ┐
ㄱ. 향사 구조가 나타난다.
ㄴ. 단층은 상반이 하반에 대해 위로 이동하였다.
ㄷ. 열곡대에는 이 지역과 종류가 같은 단층이 잘 발달한다.

① ㄱ   ② ㄴ   ③ ㄱ, ㄷ
④ ㄴ, ㄷ   ⑤ ㄱ, ㄴ, ㄷ

09 그림 (가)와 (나)는 서로 다른 화성암에서 절리가 형성되는 과정을 나타낸 것이다.

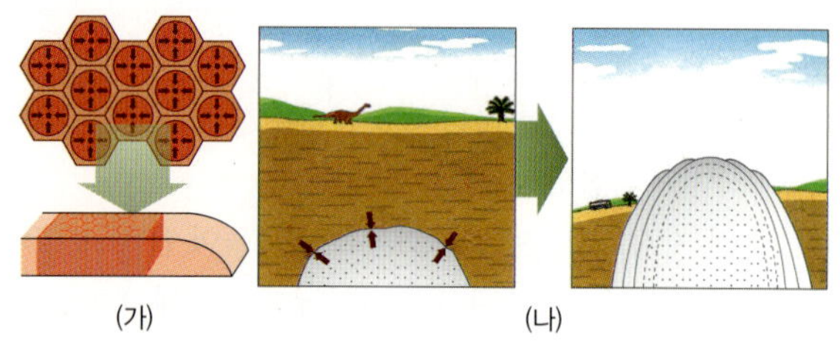

(가)   (나)

이에 대한 설명으로 옳은 것만을 |보기|에서 있는 대로 고른 것은?

보기
ㄱ. (가)의 암석은 (나)의 암석보다 형성되는 깊이가 깊다.
ㄴ. (가)는 부피 증가로, (나)는 부피 감소로 형성된다.
ㄷ. 북한산에서는 (나)로 생성된 절리를 볼 수 있다.

① ㄱ   ② ㄷ   ③ ㄱ, ㄴ
④ ㄴ, ㄷ   ⑤ ㄱ, ㄴ, ㄷ

10 그림 (가)와 (나)는 서로 다른 부정합을 나타낸 것이다.

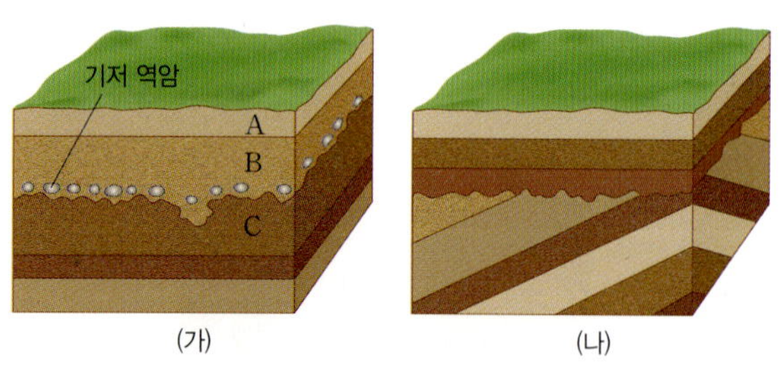

(가)   (나)

이에 대한 설명으로 옳은 것만을 |보기|에서 있는 대로 고른 것은?

보기
ㄱ. (가)는 평행 부정합, (나)는 경사 부정합이다.
ㄴ. (가)에서 두 지층의 퇴적 시간 간격은 A−B가 B−C 보다 작다.
ㄷ. (가)는 조산 운동, (나)는 조륙 운동을 거쳐 형성된다.

① ㄱ   ② ㄷ   ③ ㄱ, ㄴ
④ ㄴ, ㄷ   ⑤ ㄱ, ㄴ, ㄷ

11 그림은 어느 지역의 지질 단면도이다.

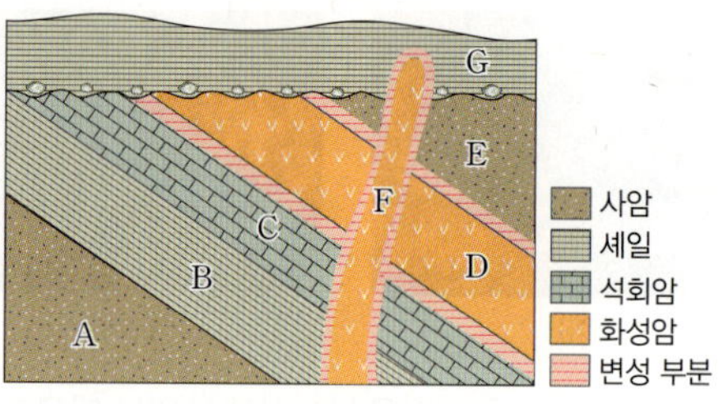

이에 대한 설명으로 옳은 것만을 |보기|에서 있는 대로 고른 것은?

보기
ㄱ. A, B, C가 기울어진 것은 경사면을 따라 퇴적되었기 때문이다.
ㄴ. D와 G의 생성 순서는 관입의 법칙을 적용한다.
ㄷ. A~G 중 가장 나중에 생성된 것은 F이다.

① ㄱ   ② ㄷ   ③ ㄱ, ㄴ
④ ㄴ, ㄷ   ⑤ ㄱ, ㄴ, ㄷ

12 그림은 인접한 세 지역 (가), (나), (다)에서의 지층 단면을 나타낸 것이다. 이 지역에서는 1회의 화산 분출이 있었고, 지층은 역전되지 않았다.

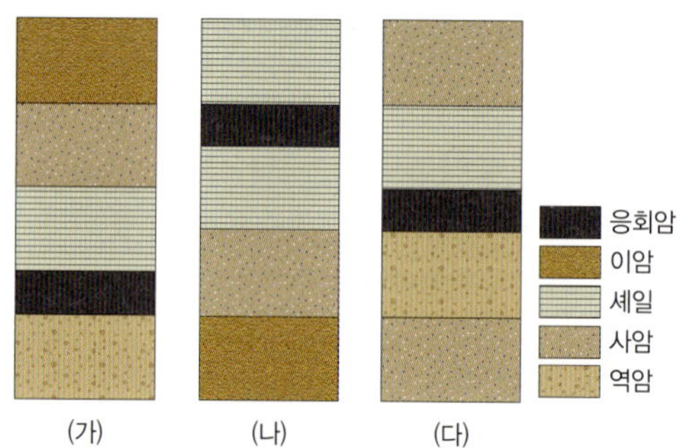

이에 대한 설명으로 옳은 것만을 |보기|에서 있는 대로 고른 것은?

보기
ㄱ. (가)의 퇴적 환경은 (나)보다 (다)와 유사하다.
ㄴ. (가)의 셰일은 (나)의 사암보다 먼저 생성되었다.
ㄷ. 가장 오래된 암석은 (다)에서 관찰된다.

① ㄱ   ② ㄴ   ③ ㄱ, ㄷ
④ ㄴ, ㄷ   ⑤ ㄱ, ㄴ, ㄷ

13 그림은 (가)~(라) 지역의 지층 단면에서 산출되는 표준 화석을 기호로 나타낸 것이다.

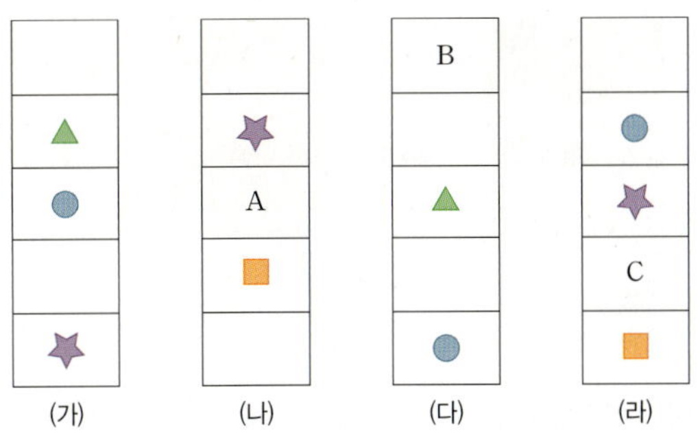

이에 대한 설명으로 옳은 것만을 |보기|에서 있는 대로 고른 것은? (단, 지층은 역전되지 않았다.)

> **보기**
> ㄱ. A층은 B층보다 먼저 생성되었다.
> ㄴ. 가장 오래된 화석은 (가) 지역에서 산출된다.
> ㄷ. C층에서 화석 ▲이 산출될 수 있다.

① ㄱ   ② ㄴ   ③ ㄱ, ㄷ
④ ㄴ, ㄷ   ⑤ ㄱ, ㄴ, ㄷ

14 그림 (가)는 어느 지역의 지질 단면을, (나)는 $X-Y$ 구간에 해당하는 암석의 생성 시기를 나타낸 것이다.

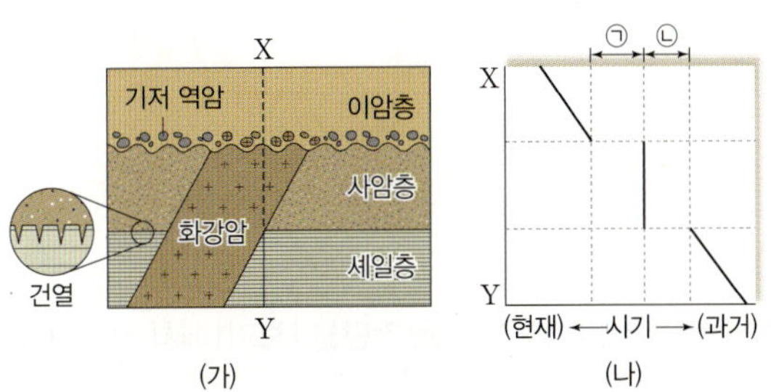

이에 대한 설명으로 옳은 것만을 |보기|에서 있는 대로 고른 것은?

> **보기**
> ㄱ. ⓐ 시기에 융기와 침식 작용이 있었다.
> ㄴ. 사암층은 ⓑ 시기 중에 퇴적되었다.
> ㄷ. 셰일층은 건조한 환경에 노출된 적이 있었다.

① ㄱ   ② ㄴ   ③ ㄱ, ㄷ
④ ㄴ, ㄷ   ⑤ ㄱ, ㄴ, ㄷ

15 그림은 어느 화성암이 생성될 당시와 현재 암석 속에 포함된 방사성 원소의 모원소 X, Y와 자원소 X′, Y′의 함량을 나타낸 것이다. 암석의 절대 연령은 t이다.

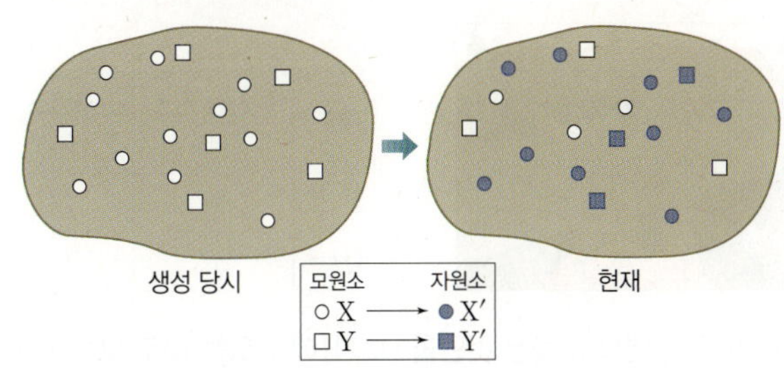

이에 대한 설명으로 옳은 것만을 |보기|에서 있는 대로 고른 것은?

> **보기**
> ㄱ. X의 반감기는 $\frac{1}{2}t$이다.
> ㄴ. 현재 암석 속의 $\dfrac{X'의\ 함량}{X의\ 함량}$ 은 $\dfrac{Y'의\ 함량}{Y의\ 함량}$ 보다 작다.
> ㄷ. 암석의 절대 연령이 0.5억 년이면 Y의 반감기는 0.5억 년이다.

① ㄱ   ② ㄴ   ③ ㄱ, ㄷ
④ ㄴ, ㄷ   ⑤ ㄱ, ㄴ, ㄷ

16 그림은 방사성 원소 P, Q의 시간에 따른 자원소의 양을 나타낸 것이다.

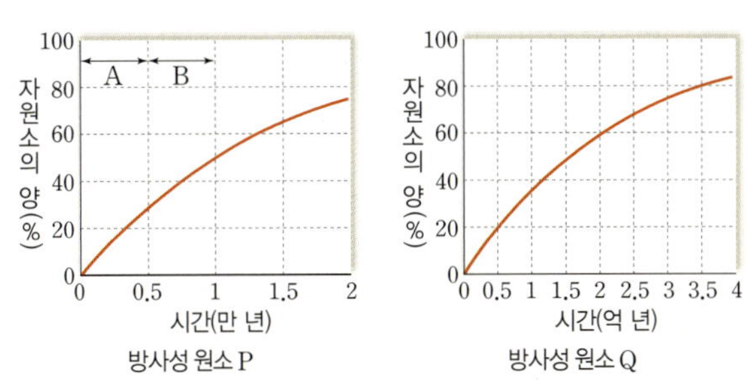

이에 대한 설명으로 옳은 것만을 |보기|에서 있는 대로 고른 것은?

> **보기**
> ㄱ. 고고학의 유물 연령 측정에는 P가 Q보다 더 유용하다.
> ㄴ. 방사성 원소 P의 모원소 감소량(%)은 A 구간이 B 구간보다 크다.
> ㄷ. 화성암 속에 포함된 방사성 원소 Q의 모원소가 처음 양의 $\frac{1}{4}$이면 암석의 연령은 4억 년이다.

① ㄱ   ② ㄴ   ③ ㄱ, ㄴ
④ ㄴ, ㄷ   ⑤ ㄱ, ㄴ, ㄷ

17 그림은 어느 지역의 지질 단면도를, 표는 화성암 P와 Q에 포함된 방사성 원소 X와 이 원소가 붕괴되어 생성된 자원소의 함량을 나타낸 것이다.

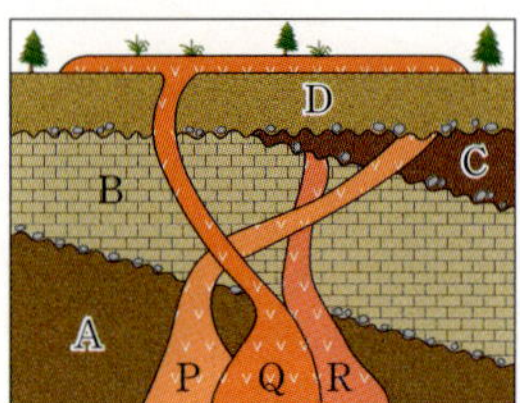

구분	방사성 원소 X(%)	자원소 (%)
P	24	76
Q	52	48

이에 대한 설명으로 옳은 것만을 |보기|에서 있는 대로 고른 것은? (단, 화성암 P, Q는 생성될 당시에 방사성 원소 X의 자원소가 포함되지 않았다.)

─ 보기 ─
ㄱ. 이 지역에서는 최소한 4회 이상의 융기가 있었다.
ㄴ. $\dfrac{P의\ 절대\ 연령}{Q의\ 절대\ 연령}$ 은 2보다 크다.
ㄷ. 지층과 암석의 생성 순서는 A → B → C → R → P → D → Q이다.

① ㄱ ② ㄴ ③ ㄷ
④ ㄱ, ㄴ ⑤ ㄴ, ㄷ

18 다음은 우리나라 어느 지역을 조사한 지질 보고서의 일부이다.

─ [보고서] ─
○ 석회암층에서 방추충과 산호 화석이 발견됨.
○ 석회암층의 상부에 셰일층이 쌓여 있음. 셰일층에서 삼엽충과 필석 화석이 발견됨.
○ 셰일층 위에 사질 셰일층이 쌓여 있고, 고사리 화석이 다량 발견됨.

이에 대한 설명으로 옳은 것만을 |보기|에서 있는 대로 고른 것은?

─ 보기 ─
ㄱ. 석회암과 셰일은 고생대에 퇴적되었다.
ㄴ. 이 지역의 퇴적 환경은 육지에서 바다로 바뀌었다.
ㄷ. 사질 셰일이 퇴적될 당시 이 지역은 한랭 건조하였다.

① ㄱ ② ㄴ ③ ㄱ, ㄷ
④ ㄴ, ㄷ ⑤ ㄱ, ㄴ, ㄷ

19 그림은 서로 다른 지역 (가), (나)의 지층 단면과 산출 화석을 나타낸 것이다.

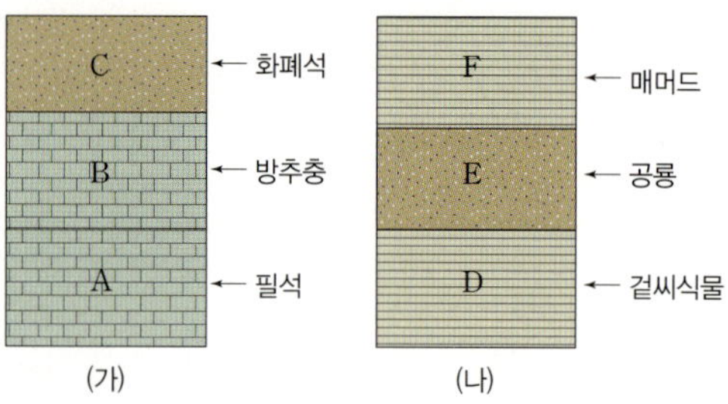

이에 대한 설명으로 옳은 것만을 |보기|에서 있는 대로 고른 것은?

─ 보기 ─
ㄱ. (가)는 해성층이고, (나)는 육성층이다.
ㄴ. B층과 C층 사이에는 퇴적이 중단된 적이 있다.
ㄷ. 지층의 평균 연령은 (가)가 (나)보다 많다.

① ㄱ ② ㄴ ③ ㄱ, ㄷ
④ ㄴ, ㄷ ⑤ ㄱ, ㄴ, ㄷ

20 다음은 나무의 나이테 지수를 이용한 고기후 연구 방법에 대한 설명이다. 그림 (가)는 북반구 A 지역과 남반구 B 지역의 기온 편차를 각각 나타낸 것이고, (나)는 A 지역의 나이테 지수이다.

○ 나이테의 폭을 측정하여 나이테 지수를 구한다.
○ 나이테 지수가 클수록 기온이 높다고 추정한다.

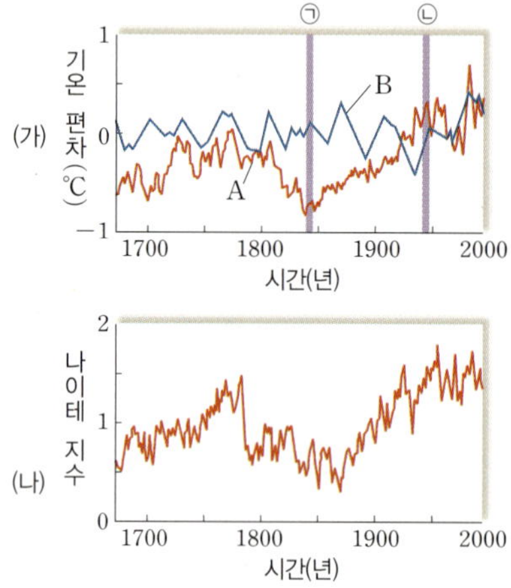

이 자료에 대한 설명으로 옳은 것만을 |보기|에서 있는 대로 고른 것은?

─ 보기 ─
ㄱ. A의 기온은 ㉠ 시기가 ㉡ 시기보다 낮다.
ㄴ. 기온 편차의 최댓값과 최솟값의 차는 A가 B보다 작다.
ㄷ. ㉠ 시기의 나이테 지수와 ㉡ 시기의 나이테 지수의 차는 B가 A보다 작을 것이다.

① ㄱ ② ㄴ ③ ㄷ
④ ㄱ, ㄴ ⑤ ㄱ, ㄷ

21 다음은 고기후를 연구하는 몇 가지 방법을 설명한 것이다.

(가) 석회 동굴의 ㉠ 석순이 형성된 시기를 알아내고, 산소 안정 동위원소의 비를 이용하면 당시 기온을 추정할 수 있다.

(나) 빙하 시추물에 들어있는 ㉡ 산소 안정 동위 원소의 비 ($^{18}O/^{16}O$)를 이용하여 빙하 형성 당시의 기온을 추정할 수 있다.

(다) ㉢ 암염, 건열 등 암석과 퇴적 구조를 연구하여 지질 시대의 기온을 추정할 수 있다.

이에 대한 설명으로 옳은 것만을 |보기|에서 있는 대로 고른 것은?

|보기|
ㄱ. ㉠은 탄소 동위 원소를 이용한다.
ㄴ. 기온이 높은 시기에는 빙하 속의 ㉡이 증가한다.
ㄷ. ㉢은 온난 건조한 기후보다 한랭 다습한 기후에서 잘 생성된다.

① ㄱ   ② ㄷ   ③ ㄱ, ㄴ
④ ㄴ, ㄷ   ⑤ ㄱ, ㄴ, ㄷ

22 그림은 서로 다른 지질 시대의 평균 기온 변화를 나타낸 것이다. (가)와 (나)는 각각 고생대와 신생대 중 하나이다.

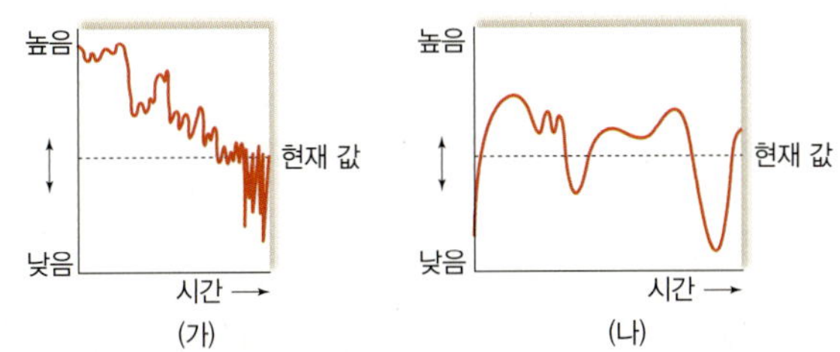

이에 대한 설명으로 옳은 것만을 |보기|에서 있는 대로 고른 것은?

|보기|
ㄱ. (가)는 고생대의 기온 변화이다.
ㄴ. (가)와 (나) 시기 모두 빙하기가 있었다.
ㄷ. (가)는 초기보다 말기에 평균 해수면 높이가 낮았다.

① ㄱ   ② ㄴ   ③ ㄱ, ㄷ
④ ㄴ, ㄷ   ⑤ ㄱ, ㄴ, ㄷ

23 그림은 지질 시대를 누대 단위와 대 단위로 구분하여 나타낸 것이다.

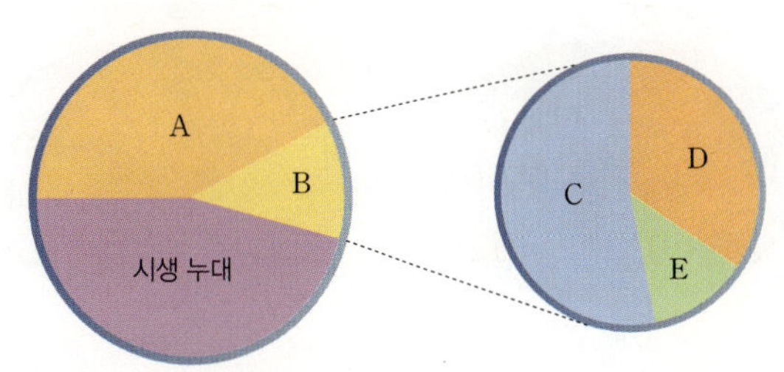

이에 대한 설명으로 옳은 것만을 |보기|에서 있는 대로 고른 것은?

|보기|
ㄱ. A는 선캄브리아 시대에 속한다.
ㄴ. 기 단위로 세분하면 C는 D보다 기의 개수가 많다.
ㄷ. 포유류는 D보다 E 시기에 번성하였다.

① ㄱ   ② ㄴ   ③ ㄱ, ㄷ
④ ㄴ, ㄷ   ⑤ ㄱ, ㄴ, ㄷ

기출 교육청

24 그림은 현생 누대의 일부를 기 단위로 구분하여 생물의 생존 기간과 번성 정도를 나타낸 것이다. ㉠과 ㉡은 각각 양치식물과 겉씨식물 중 하나이다.

지질 시대(기)	생물의 생존 기간과 번성 정도
팔레오기	포유류 / 속씨식물
A	공룡 / 시조새 / 암모나이트 / ㉠
쥐라기	
트라이아스기	양서류
B	방추충 / ㉡
석탄기	삼엽충 / 어류
데본기	

이에 대한 설명으로 옳은 것만을 |보기|에서 있는 대로 고른 것은?

|보기|
ㄱ. A 시기는 중생대에 속한다.
ㄴ. ㉠은 겉씨식물이다.
ㄷ. B 시기 말에는 최대 규모의 대멸종이 있었다.

① ㄱ   ② ㄴ   ③ ㄱ, ㄷ
④ ㄴ, ㄷ   ⑤ ㄱ, ㄴ, ㄷ

25 그림 (가)와 (나)는 서로 다른 지질 시대 말기의 대륙 분포를 나타낸 것이다.

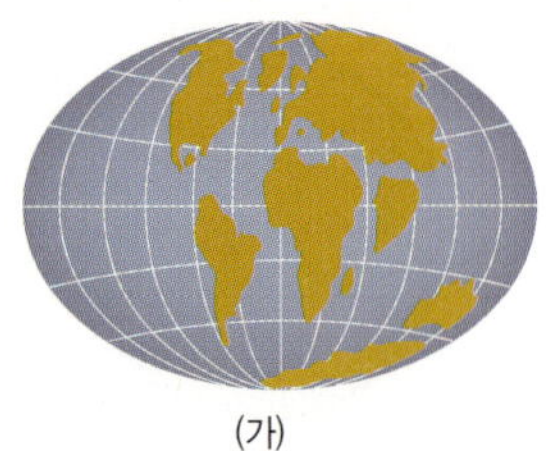 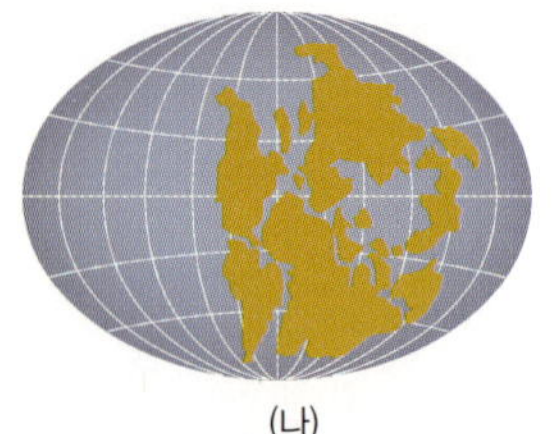

(가)　　　　　　　(나)

이에 대한 설명으로 옳은 것만을 |보기|에서 있는 대로 고른 것은?

> **보기**
> ㄱ. (가) 시기에 속씨식물이 출현하였다.
> ㄴ. (나) 시기에 암모나이트가 멸종하였다.
> ㄷ. (가)와 (나) 시기 사이에 대기 중에 오존층이 형성되었다.

① ㄱ　　　　　② ㄴ　　　　　③ ㄱ, ㄷ
④ ㄴ, ㄷ　　　　⑤ ㄱ, ㄴ, ㄷ

26 그림은 주요 생물이 출현한 시기를 나타낸 것이다. ㉠, ㉡, ㉢은 각각 포유류, 양서류, 파충류 중 하나이다.

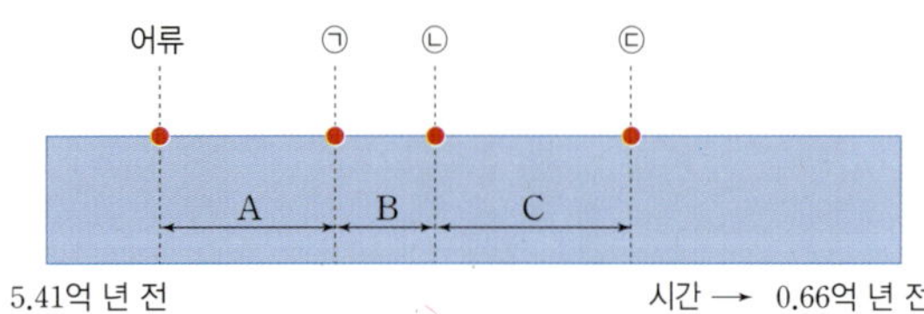

이에 대한 설명으로 옳은 것만을 |보기|에서 있는 대로 고른 것은?

> **보기**
> ㄱ. ㉠은 파충류, ㉡은 양서류이다.
> ㄴ. 육상 식물이 출현한 시기는 A이다.
> ㄷ. ㉢ 시기에 육상에는 속씨식물이 번성하였다.

① ㄱ　　　　　② ㄴ　　　　　③ ㄱ, ㄷ
④ ㄴ, ㄷ　　　　⑤ ㄱ, ㄴ, ㄷ

27 그림 (가)~(라)는 지질 시대의 화석을 나타낸 것이다.

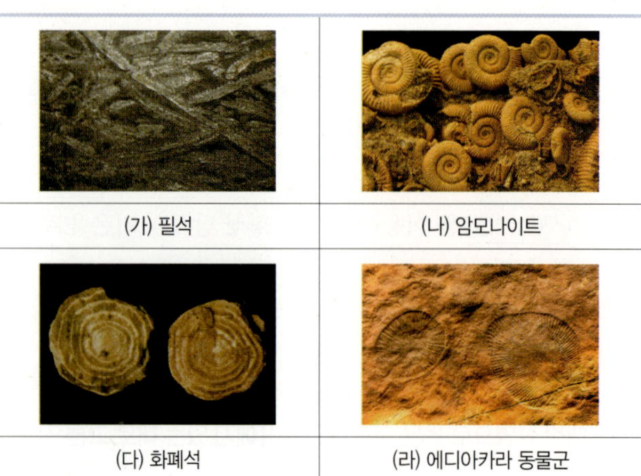

(가) 필석	(나) 암모나이트
(다) 화폐석	(라) 에디아카라 동물군

이에 대한 설명으로 옳은 것만을 |보기|에서 있는 대로 고른 것은?

> **보기**
> ㄱ. (가)는 (라)보다 먼저 출현하였다.
> ㄴ. (가)~(라) 모두 해양에서 번성하였다.
> ㄷ. (다)가 번성한 시기에는 공룡이 번성하였다.

① ㄱ　　　　　② ㄴ　　　　　③ ㄱ, ㄷ
④ ㄴ, ㄷ　　　　⑤ ㄱ, ㄴ, ㄷ

기출　수능

28 그림은 현생 이언 동안 해양 무척추동물과 육상 식물의 과의 수 변화를 나타낸 것이다.

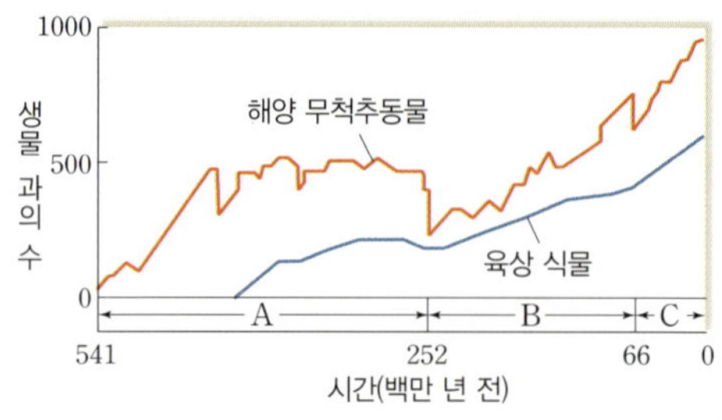

이에 대한 설명으로 옳은 것만을 |보기|에서 있는 대로 고른 것은?

> **보기**
> ㄱ. 육상 식물이 해양 무척추동물보다 먼저 출현하였다.
> ㄴ. 해양 무척추동물의 과의 수는 A 시기 말이 B 시기 말보다 적었다.
> ㄷ. C 시기에는 화폐석이 번성하였다.

① ㄱ　　　　　② ㄷ　　　　　③ ㄱ, ㄴ
④ ㄴ, ㄷ　　　　⑤ ㄱ, ㄴ, ㄷ

II 대기와 해양

1 온대 저기압과 날씨

정답과 해설 p.85

[기출 패턴] 일기도에 나타난 온대 저기압의 중심 및 전선의 위치를 바탕으로 날씨를 유추할 수 있어야 한다.

[배경 지식] ⑴ 온대 저기압은 편서풍의 영향을 받아 서쪽에서 동쪽으로 이동한다.
⑵ 온난 전선 통과 전에는 지속성 강우가, 한랭 전선 통과 후에는 소나기성 강수가 나타난다.
⑶ 기온은 온난 전선과 한랭 전선 사이에 위치한 지역이 상대적으로 높다.
⑷ 온난 전선의 앞쪽에서는 남동풍, 온난 전선과 한랭 전선 사이에서는 남서풍, 한랭 전선 뒤쪽에서는 북서풍이 우세하게 분다.
⑸ 온대 저기압이 통과하는 동안 전선이 지나가는 지역에서는 풍향이 시계 방향으로 변한다.

자료 1 평가원 기출

그림 (가)는 어느 날 21시의 우리나라 주변 지상 일기도를, (나)는 (가)의 21시부터 14시간 동안 관측소 A와 B 중 한 곳에서 관측한 기온과 기압을 나타낸 것이다.

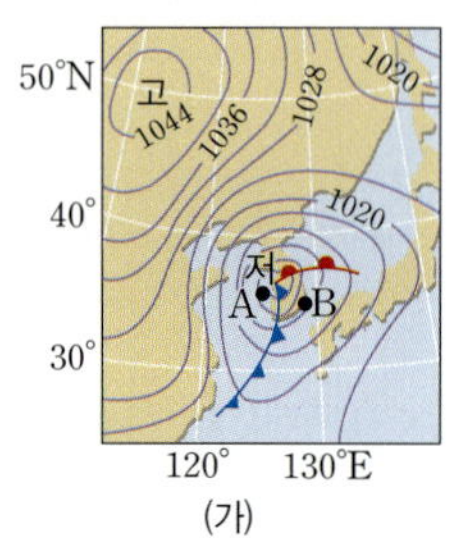
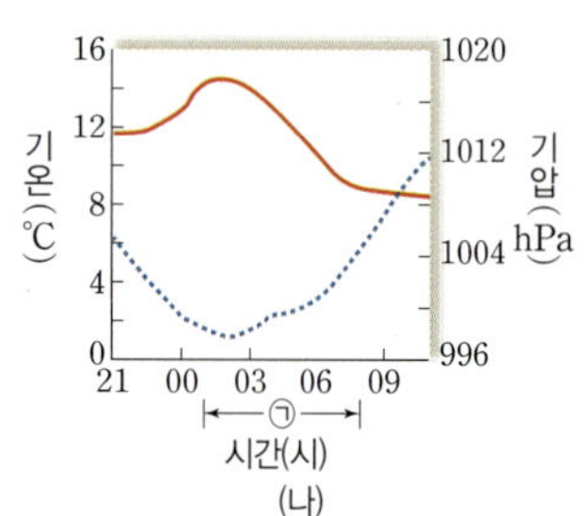

● 다음 설명 중 옳은 것은 ○표, 옳지 <u>않은</u> 것은 ×표 하시오.

1 A의 상층부에는 주로 층운형 구름이 발달한다. ○ / ×

2 (나)는 B의 관측 자료이다. ○ / ×

3 (가)에서 기온은 A가 B보다 높다. ○ / ×

4 (나)의 관측소에서 ㉠ 기간 동안 풍향은 시계 반대 방향으로 바뀌었다. ○ / ×

5 (나)에서 실선은 기압을 나타낸 것이다. ○ / ×

자료 2 평가원 기출

그림 (가)와 (나)는 우리나라를 지나는 온대 저기압의 위치를 12시간 간격으로 나타낸 것이다.

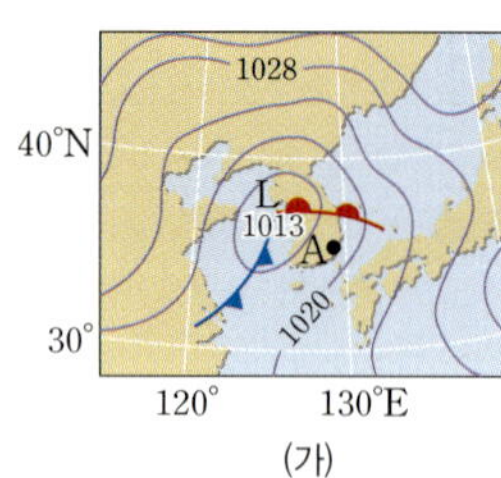
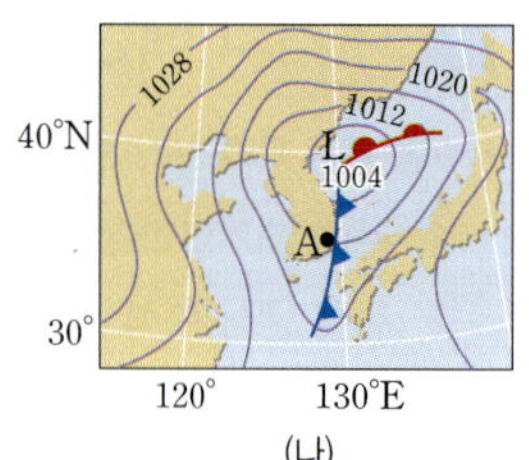

● 다음 설명 중 옳은 것은 ○표, 옳지 <u>않은</u> 것은 ×표 하시오.

1 저기압의 중심은 서쪽으로 이동하였다. ○ / ×

2 저기압의 세력은 (가)가 (나)보다 강하다. ○ / ×

3 이 기간 동안 폐색 전선이 발달하였다. ○ / ×

4 (가)에서 (나)로 변하는 동안 A에서는 비가 지속적으로 내렸다. ○ / ×

5 A에서의 기온은 (가)일 때가 (나)일 때보다 높다. ○ / ×

6 (가)일 때 A에서는 남서풍이 분다. ○ / ×

자료 3 평가원 기출

그림은 12시간 간격으로 작성된 우리나라 주변의 일기도이다.

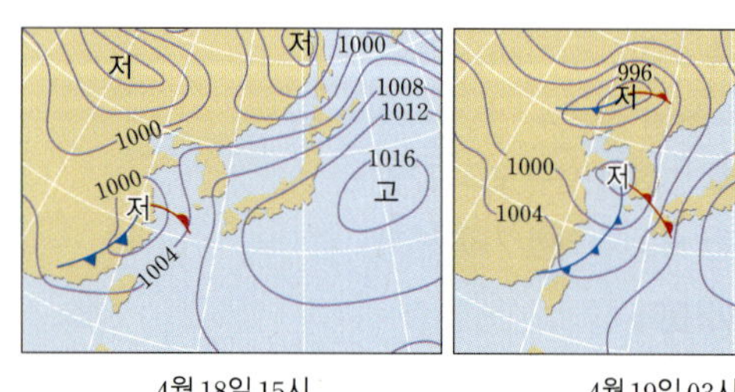

4월 18일 15시   4월 19일 03시

● 다음 설명 중 옳은 것은 ○표, 옳지 <u>않은</u> 것은 ×표 하시오.

1 온대 저기압은 편서풍의 영향을 받고 있다. ○ / ×

2 온대 저기압이 통과하는 동안 제주 지방의 풍향은 시계 방향으로 변했다. ○ / ×

3 4월 19일 03시에 온대 저기압의 세력은 상대적으로 북쪽에 위치한 온대 저기압이 강하다. ○ / ×

4 이 기간 동안 제주 지방의 기압은 점차 높아졌다. ○ / ×

2 위성 영상 분석

정답과 해설 p.85

[기출패턴] 인공 위성에서 촬영한 가시광선 영상과 적외선 영상을 이용하여 구름의 두께와 높이를 비교할 수 있어야 한다.

[배경지식] (1) 가시 영상: 구름에서 반사된 가시광선을 측정하여, 구름의 두께를 알아내는 데 이용된다. 가시광선을 이용하므로 밤에는 관측할 수 없다.

(2) 적외 영상: 구름 최상부에서 방출되는 적외선을 측정하여 구름 최상부의 온도를 알 수 있으며, 이를 이용하여 구름 최상부의 높이를 알아내는 데 이용된다.

자료 1   교육청 기출

그림 (가)와 (나)는 각각 어느 날 기상 위성에서 찍은 우리나라 주변의 가시 영상과 적외 영상을 나타낸 것이다.

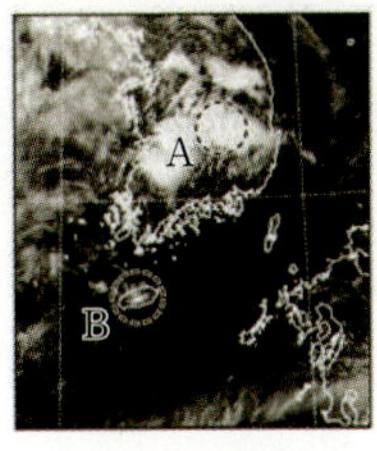
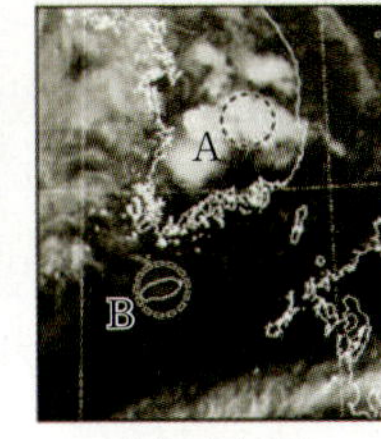

(가) 가시 영상   (나) 적외 영상

● 다음 설명 중 옳은 것은 ○표, 옳지 않은 것은 ×표 하시오.

1 (가)는 밤에 관측한 것이다. ○ / ×

2 (가)에서 밝은 부분일수록 구름의 두께가 두껍다. ○ / ×

3 (나)를 통해 구름 최상부의 높이를 알 수 있다. ○ / ×

4 구름 최상부의 온도는 A가 B보다 낮다. ○ / ×

5 B 지역에는 적란운이 형성되어 있다. ○ / ×

자료 2   교육청 기출

다음은 위성 영상을 해석하는 탐구 활동이다.

[탐구 과정]
(가) 동일한 시각에 촬영한 가시 영상과 적외 영상을 준비한다.

(나) 가시 영상과 적외 영상에서 육지와 바다의 밝기를 비교한다.

(다) 가시 영상과 적외 영상에서 구름 A와 B의 밝기를 비교한다.

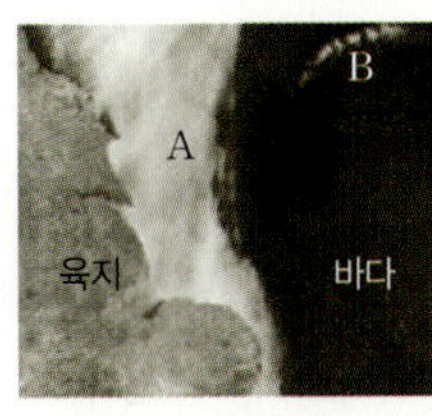

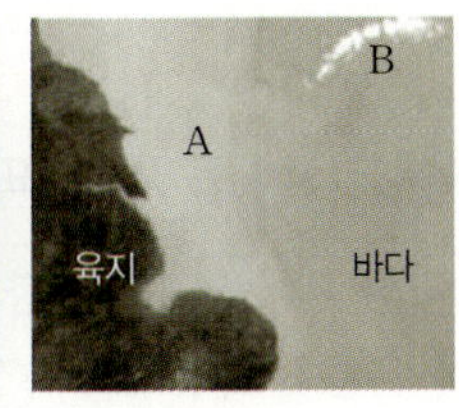

가시 영상   적외 영상

[탐구 결과]

구분	가시 영상	적외 영상
(나)	육지가 바다보다 밝다.	바다가 육지보다 밝다.
(다)	A와 B의 밝기가 비슷하다.	B가 A보다 밝다.

● 다음 설명 중 옳은 것은 ○표, 옳지 않은 것은 ×표 하시오.

1 두 영상은 모두 밤에 촬영한 것이다. ○ / ×

2 가시광선의 반사율은 육지가 바다보다 크다. ○ / ×

3 구름 A와 B의 두께는 서로 비슷하다. ○ / ×

4 구름 최상부의 온도는 A가 B보다 낮다. ○ / ×

5 육지의 온도가 바다보다 높다. ○ / ×

3 태풍과 날씨

정답과 해설 p.85

[기출 패턴] 태풍의 이동 속도, 이동 방향, 중심 기압 및 풍향과 풍속의 변화를 이해하고, 관측 자료를 분석할 수 있어야 한다.

[배경 지식] (1) 저위도에서는 무역풍, 중위도에서는 편서풍의 영향을 받아 대체로 포물선 형태의 경로로 이동한다.

(2) 관측소에 태풍이 영향을 미치는 동안 기압은 대체로 낮아졌다가 높아지며 풍속은 빨라졌다가 느려진다.

(3) 태풍 진행 방향의 왼쪽 반원인 안전 반원에서는 풍향이 시계 반대 방향으로, 태풍 진행 방향의 오른쪽 반원인 위험 반원에서는 풍향이 시계 방향으로 변한다.

자료 1 · 수능 기출

그림 (가)와 (나)는 태풍의 영향을 받은 우리나라의 관측소 A와 B에서 $T_1 \sim T_5$ 동안 측정한 기온, 기압, 풍향을 순서 없이 나타낸 것이다.

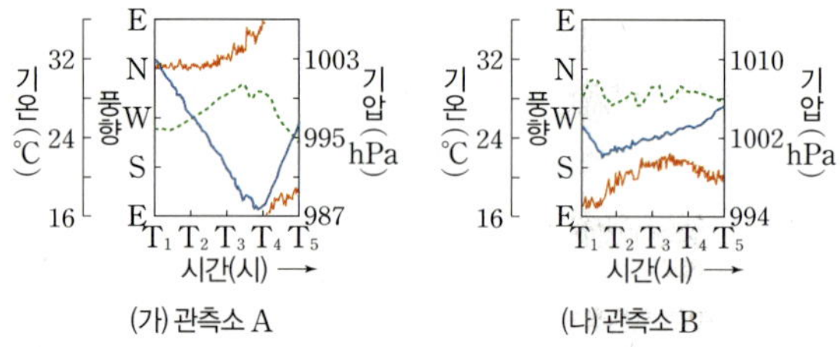

(가) 관측소 A　　(나) 관측소 B

● 다음 설명 중 옳은 것은 ○표, 옳지 <u>않은</u> 것은 ×표 하시오.

1 A와 B에서 모두 기압은 낮아졌다가 증가하였다.　　○ / ×

2 A에서 풍향은 점차 시계 반대 방향으로 변하였다.　　○ / ×

3 태풍 중심에 가장 가까웠던 시각은 A가 B보다 먼저이다.　　○ / ×

4 이 기간 동안 A는 위험 반원에 위치하였다.　　○ / ×

5 $T_4 \sim T_5$ 동안 A와 B의 기온은 모두 상승하였다.　　○ / ×

자료 2 · 수능 기출

그림 (가)는 어느 해 9월 9일부터 18일까지 태풍 중심의 위치와 기압을 1일 간격으로 나타낸 것이고, (나)는 12일, 14일, 16일에 관측한 이 태풍 중심의 이동 방향과 이동 속도를 ㉠, ㉡, ㉢으로 순서 없이 나타낸 것이다. 화살표의 방향과 길이는 각각 이동 방향과 속도를 나타낸다.

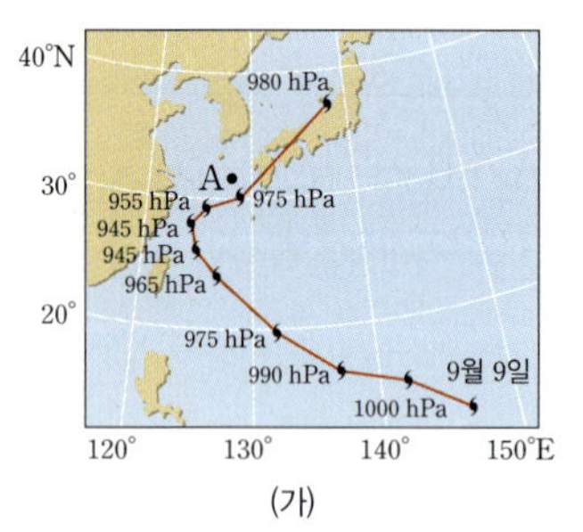
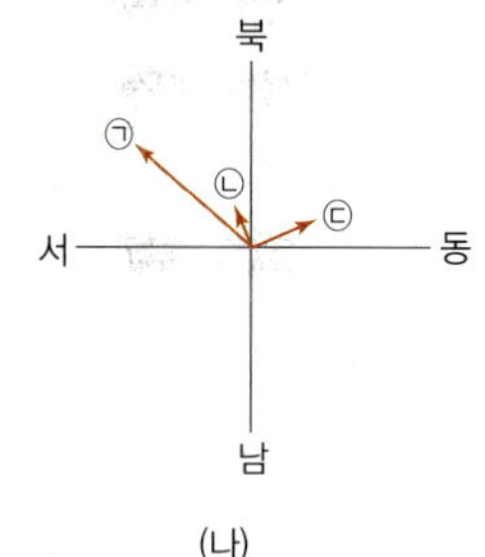

(가)　　(나)

● 다음 설명 중 옳은 것은 ○표, 옳지 <u>않은</u> 것은 ×표 하시오.

1 ㉠과 ㉡일 때 태풍은 북서쪽으로 이동하였다.　　○ / ×

2 태풍이 전향점에 가까워지는 동안 태풍의 이동 속도는 대체로 빨라진다.　　○ / ×

3 ㉢은 16일에 관측한 것이다.　　○ / ×

4 16일 이후 태풍의 세력은 점차 약해졌다.　　○ / ×

5 16일과 17일 사이에는 A 지점의 풍향이 시계 방향으로 변한다.　　○ / ×

6 이 태풍이 지나가는 동안 A 지점은 안전 반원에 위치하였다.　　○ / ×

자료 3 · 평가원 기출

그림은 우리나라를 향해 북상해 오고 있는 태풍의 중심을 지나는 직선을 따라 측정한 지상 풍속을 모식적으로 나타낸 것이다.

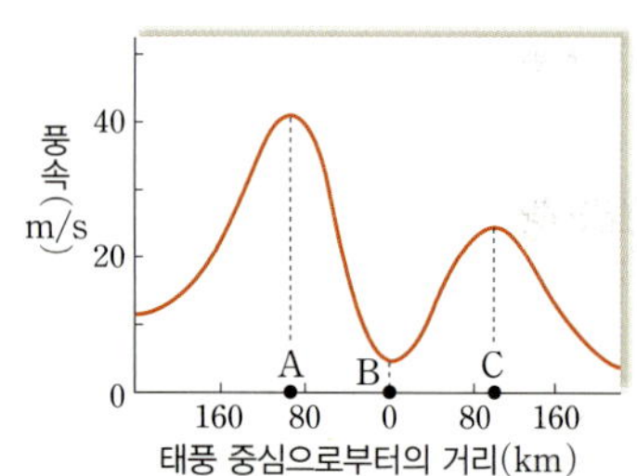

● 다음 설명 중 옳은 것은 ○표, 옳지 <u>않은</u> 것은 ×표 하시오.

1 A 지점은 태풍 진행 방향의 왼쪽에 위치한다.　　○ / ×

2 적란운은 B 지점에서 가장 두껍게 발달한다.　　○ / ×

3 기압은 B 지점이 가장 낮다.　　○ / ×

4 상승 기류는 B 지점보다 C 지점에서 강하다.　　○ / ×

4 해수의 성질

정답과 해설 p.85

[기출패턴] 해수의 수온 분포와 연직 구조, 염분 변화 요인, 밀도 변화의 요인에 대해 파악하고 있어야 한다.

[배경지식] (1) 해수는 연직 수온 분포에 따라 혼합층, 수온 약층, 심해층으로 구분한다.
(2) 해수의 염분은 (증발량−강수량) 값이 클수록 높으며, 해수의 결빙이 일어나는 지역에서 높다.
(3) 해수의 밀도는 수온이 낮을수록, 염분이 높을수록 크다.

자료 1 　평가원 기출

그림은 어느 해역에서 3월부터 1년간 표층 해수의 염분과 수온을 측정하여 작성한 월평균 수온−염분도이다.

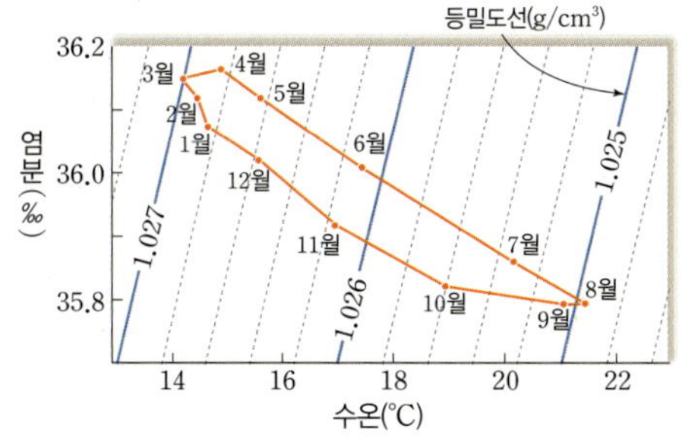

● 다음 설명 중 옳은 것은 ○표, 옳지 **않은** 것은 ×표 하시오.

1 이 해역은 북반구에 위치한다. 　○ / ×
2 표층 염분이 가장 높은 시기는 4월이다. 　○ / ×
3 표층 수온이 가장 높은 시기는 8월이다. 　○ / ×
4 그래프의 오른쪽 아래로 갈수록 밀도가 커진다. 　○ / ×
5 표층 해수의 밀도가 가장 큰 시기는 8월이다. 　○ / ×

자료 2 　평가원 기출

그림 (가)는 우리나라 주변 해역 A, B, C를, (나)는 세 해역 표층 해수의 수온과 염분을 수온−염분도에 나타낸 것이다. B와 C의 수온과 염분 분포는 각각 ㉠과 ㉡ 중 하나이다.

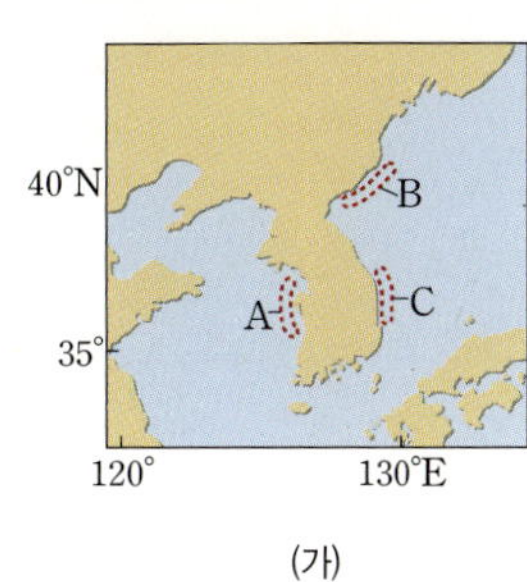

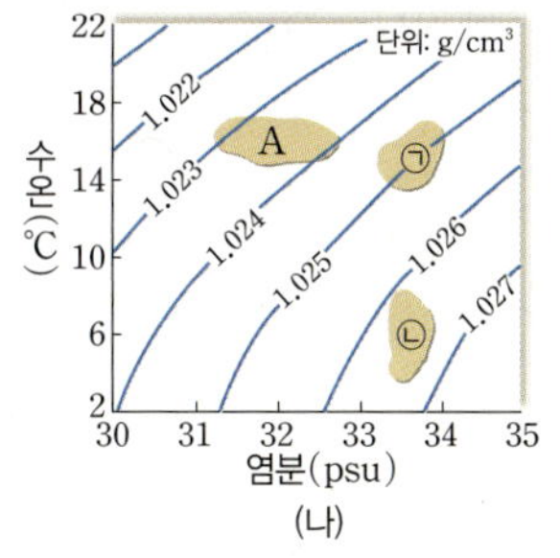

● 다음 설명 중 옳은 것은 ○표, 옳지 **않은** 것은 ×표 하시오.

1 수온은 A가 B보다 높다. 　○ / ×
2 염분은 A가 C보다 높다. 　○ / ×
3 ㉠은 C에 해당한다. 　○ / ×
4 밀도는 A가 B보다 크다. 　○ / ×
5 B와 C의 밀도 차이는 수온보다 염분의 영향이 더 크다.
　○ / ×

자료 3 　평가원 기출

표는 서로 다른 해역 A, B, C에서 표층 해수의 물리량을 나타낸 것이다.(단, 증발과 강수 이외의 염분 변화 요인은 고려하지 않는다.)

해역	수온 (℃)	염분 (psu 또는 ‰)	밀도 (g/cm³)
A	㉠	36.5	1.027
B	10	35.0	1.027
C	10	33.0	㉡

● 다음 설명 중 옳은 것은 ○표, 옳지 **않은** 것은 ×표 하시오.

1 ㉠은 10보다 작다. 　○ / ×
2 ㉡은 1.027보다 작다. 　○ / ×
3 (증발량−강수량) 값은 A에서 가장 크다. 　○ / ×
4 해수 중 염화 나트륨이 차지하는 비율은 A가 B보다 크다.
　○ / ×

5 우리나라 주변 해수의 성질

정답과 해설 p.85

[기출패턴] 우리나라 주변에서 흐르는 해류의 종류와 특징을 알고, 동해, 남해, 황해에서의 수온과 염분 분포를 이해하고 있어야 한다.

[배경 지식] (1) 우리나라는 고온 고염분의 쿠로시오 해류로부터 갈라져 나온 동한 난류, 황해 난류와 한류인 북한 한류의 영향을 받는다.

(2) 황해는 담수의 유입이 많아 주변 해역에 비해 염분이 낮다.

자료 1 수능 기출

그림은 우리나라 동해와 그 주변의 표층 해류 분포를 나타낸 것이다.

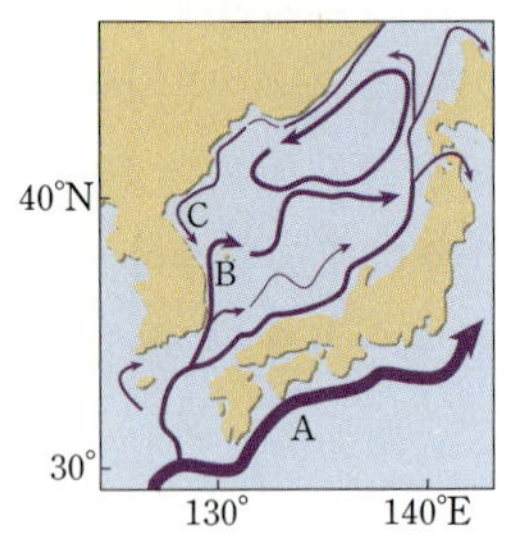

● 다음 설명 중 옳은 것은 ○표, 옳지 **않은** 것은 ×표 하시오.

1 A는 난류, B와 C는 한류이다. ○ / ×

2 B의 세기는 겨울철보다 여름철에 강하다. ○ / ×

3 C는 북한 한류이다. ○ / ×

4 A는 북태평양 아열대 표층 순환의 일부이다. ○ / ×

5 용존 산소량은 B가 C보다 많다. ○ / ×

자료 2 평가원 기출

그림은 여름철 양쯔강의 수량이 증가할 때, 바람과 해류를 고려하여 계산한 표층 염분 분포도이다. 이 분포는 양쯔강 연안수가 확장되는 모습을 보여준다.

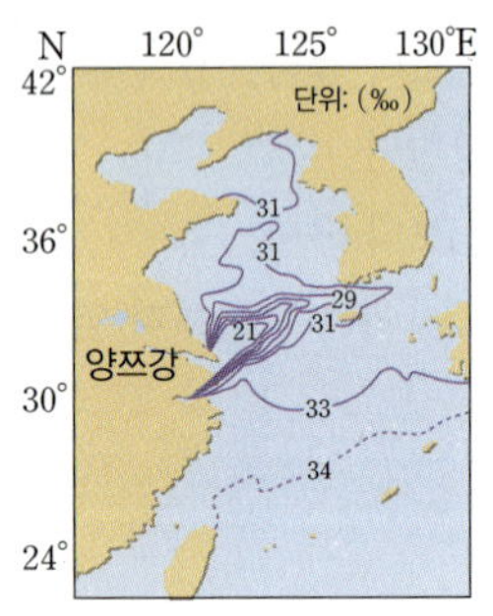

● 다음 설명 중 옳은 것은 ○표, 옳지 **않은** 것은 ×표 하시오.

1 양쯔강 연안수의 염분은 황해의 평균 염분보다 낮다. ○ / ×

2 양쯔강 연안수는 밀도가 작아 대체로 표층에 분포한다. ○ / ×

3 이 해역에 북풍이 강할수록 양쯔강 연안수의 확장이 활발해진다. ○ / ×

자료 3 평가원 기출

그림 (가)는 우리나라 주변 해역의 8월 표층 염분(‰) 분포를, (나)는 표층 해류 분포를 나타낸 것이다.

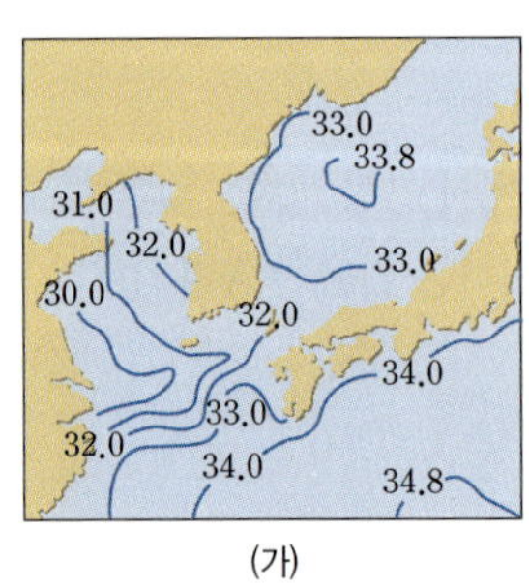

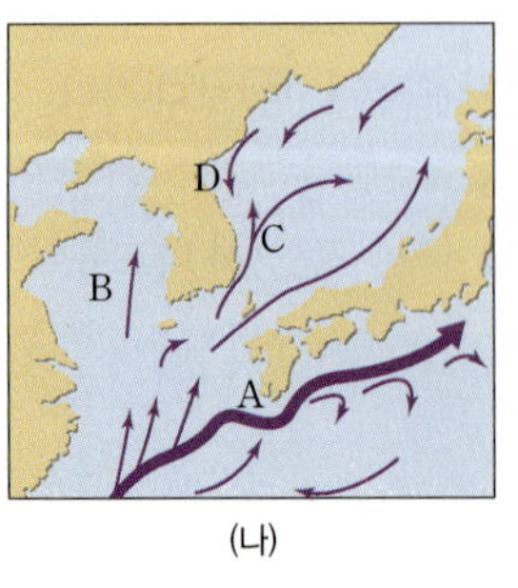

● 다음 설명 중 옳은 것은 ○표, 옳지 **않은** 것은 ×표 하시오.

1 평균 염분은 황해가 동해보다 높다. ○ / ×

2 (가)에서 황해의 염분이 낮은 이유는 담수의 유입이 많기 때문이다. ○ / ×

3 A는 D보다 용존 산소량과 영양염이 풍부하다. ○ / ×

4 평균 염분은 A가 D보다 높다. ○ / ×

01

그림은 우리나라에 영향을 미치는 기단 A~D를 나타낸 것이다.

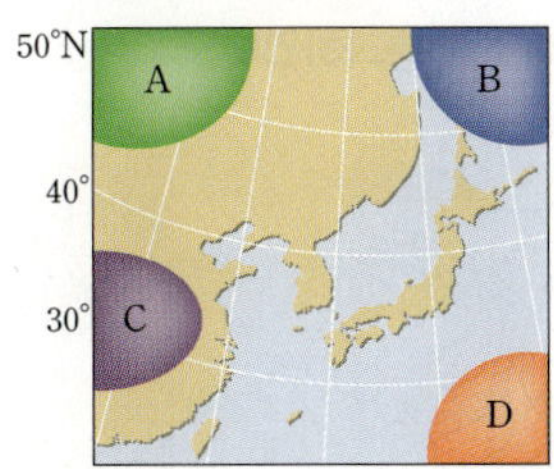

이에 대한 설명으로 옳은 것만을 |보기|에서 있는 대로 고른 것은?

|보기|
ㄱ. 기단의 변질로 우리나라의 서해안에 폭설을 내리게 하는 기단은 A이다.
ㄴ. B와 D 기단이 만나 장마 전선이 형성될 수 있다.
ㄷ. 황사와 관련이 가장 깊은 기단은 C이다.

① ㄱ ② ㄷ ③ ㄱ, ㄴ
④ ㄴ, ㄷ ⑤ ㄱ, ㄴ, ㄷ

03

그림은 우리나라에 형성된 장마 전선의 남북 방향 단면을 나타낸 것이다.

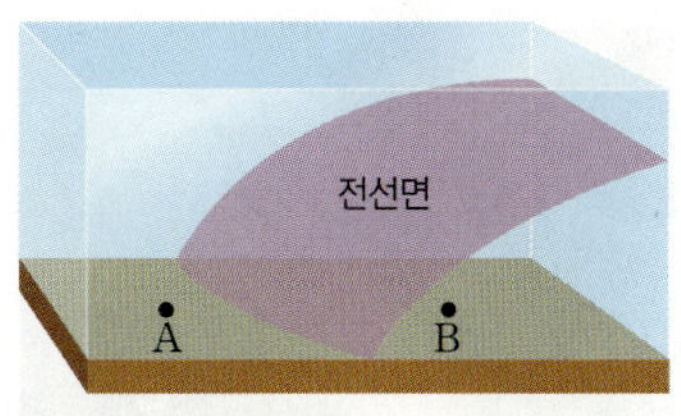

이에 대한 설명으로 옳은 것만을 |보기|에서 있는 대로 고른 것은?

|보기|
ㄱ. 위도는 A가 B보다 높다.
ㄴ. 강수량은 A가 B보다 대체로 많다.
ㄷ. A에 영향을 주는 기단의 세력이 강해지면 전선은 북상한다.

① ㄱ ② ㄷ ③ ㄱ, ㄴ
④ ㄴ, ㄷ ⑤ ㄱ, ㄴ, ㄷ

기출 변형 | 평가원

02

그림 (가)와 (나)는 어느 온대 저기압이 우리나라를 통과하는 동안 A와 B 지역의 기압과 풍향을 관측 시작 시각으로부터의 경과 시간에 따라 각각 나타낸 것이다. A와 B는 동일 경도 상이며, 온대 저기압의 영향권에 있었다.

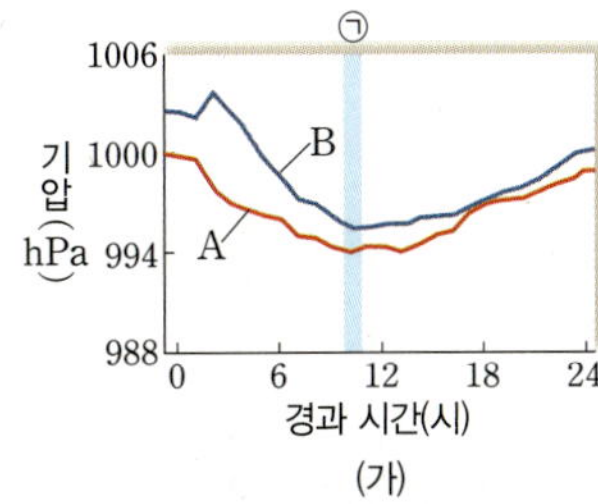

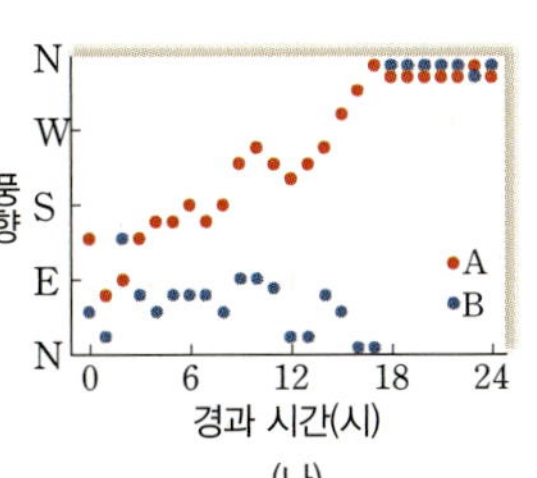

이에 대한 설명으로 옳은 것만을 |보기|에서 있는 대로 고른 것은?

|보기|
ㄱ. A 지점의 풍향은 시계 방향으로 변하였다.
ㄴ. 위도는 A가 B보다 높다.
ㄷ. ㉠ 시기에 A 지점은 온난 전선의 앞쪽에 위치하였다.

① ㄱ ② ㄷ ③ ㄱ, ㄴ
④ ㄴ, ㄷ ⑤ ㄱ, ㄴ, ㄷ

기출 | 수능

04

그림 (가)와 (나)는 어느 날 같은 시각 우리나라 부근의 가시 영상과 지상 일기도를 각각 나타낸 것이다.

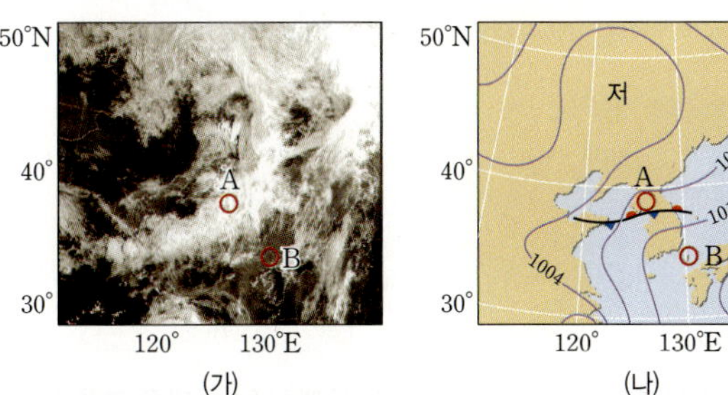

이에 대한 설명으로 옳은 것만을 |보기|에서 있는 대로 고른 것은?

|보기|
ㄱ. 구름의 두께는 A 지역이 B 지역보다 두껍다.
ㄴ. A 지역의 구름을 형성하는 수증기는 주로 전선의 남쪽에 위치한 기단에서 공급된다.
ㄷ. B 지역의 지상에서는 남풍 계열의 바람이 분다.

① ㄱ ② ㄴ ③ ㄱ, ㄷ
④ ㄴ, ㄷ ⑤ ㄱ, ㄴ, ㄷ

05 그림은 정체 전선과 태풍이 발달한 우리나라와 주변 지역의 적외선 영상이다.

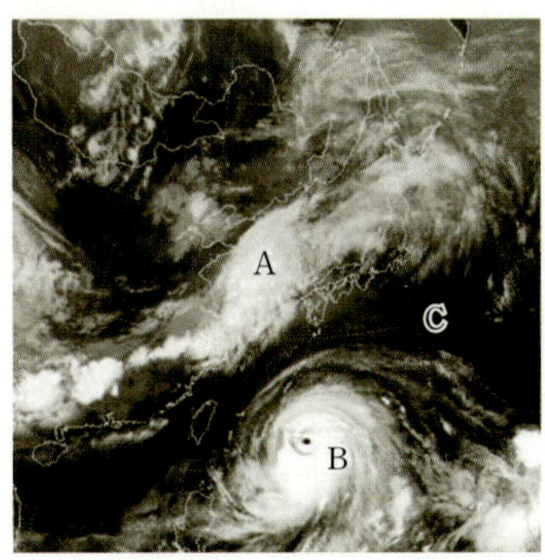

이에 대한 설명으로 옳은 것만을 |보기|에서 있는 대로 고른 것은?

> **보기**
> ㄱ. A 지역에는 고기압이 발달해 있다.
> ㄴ. 정체 전선은 B에 위치한다.
> ㄷ. C 지역에 발달한 기단의 세력이 강해질수록 정체 전선은 북상할 것이다.

① ㄱ ② ㄷ ③ ㄱ, ㄴ
④ ㄴ, ㄷ ⑤ ㄱ, ㄴ, ㄷ

06 그림은 어느 해 6월 우리나라 부근의 지상 일기도를 나타낸 것이다.

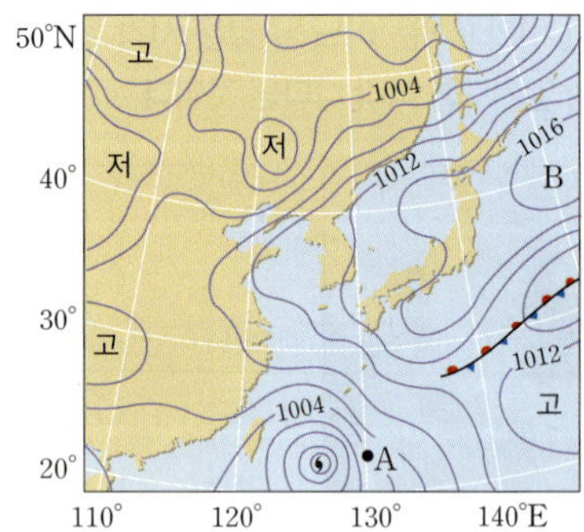

이에 대한 설명으로 옳은 것만을 |보기|에서 있는 대로 고른 것은?

> **보기**
> ㄱ. 태풍이 지나가는 동안 A 지역의 풍향은 시계 방향으로 변했을 것이다.
> ㄴ. B에서는 하강 기류가 상승 기류보다 우세하다.
> ㄷ. 우리나라는 오호츠크해 기단보다 북태평양 기단의 영향을 더 많이 받고 있다.

① ㄱ ② ㄷ ③ ㄱ, ㄴ
④ ㄴ, ㄷ ⑤ ㄱ, ㄴ, ㄷ

07 그림 (가)는 어느 날 06시부터 21시간 동안 우리나라 어느 관측소에서 높이에 따른 기온을, (나)는 이날 06시의 우리나라 주변 지상 일기도를 나타낸 것이다. 관측 기간 동안 온난 전선과 한랭 전선 중 하나가 이 관측소를 통과하였다.

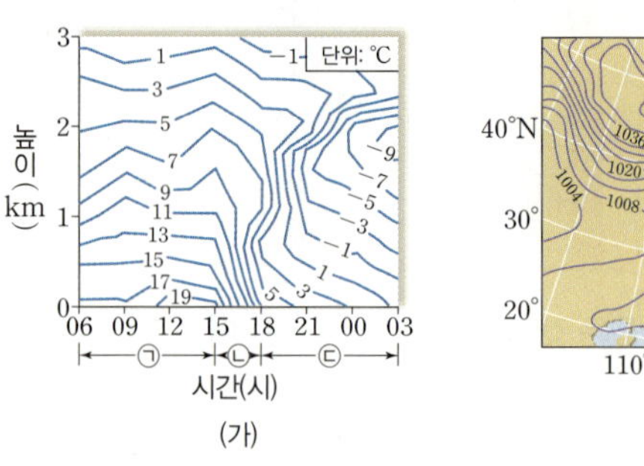

(가)   (나)

이에 대한 설명으로 옳은 것만을 |보기|에서 있는 대로 고른 것은?

> **보기**
> ㄱ. 관측소를 통과한 전선은 온난 전선이다.
> ㄴ. 관측소의 지상 평균 기압은 ⓒ 시기가 ㉠ 시기보다 높다.
> ㄷ. ㉢ 시기에 관측소는 A 기단의 영향을 받는다.

① ㄱ ② ㄴ ③ ㄱ, ㄷ
④ ㄴ, ㄷ ⑤ ㄱ, ㄴ, ㄷ

08 그림 (가)는 우리나라의 어느 해양 관측소에서 관측된 풍속과 풍향 변화를, (나)는 이 관측소의 표층 수온 변화를 나타낸 것이다. A와 B는 서로 다른 두 태풍의 영향을 받은 기간이다.

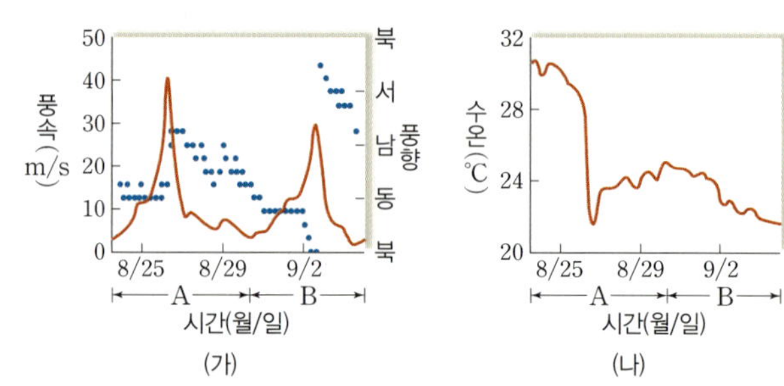

(가)   (나)

이에 대한 설명으로 옳은 것만을 |보기|에서 있는 대로 고른 것은?

> **보기**
> ㄱ. 최대 풍속은 A 시기가 B 시기보다 컸다.
> ㄴ. B 시기에 관측소는 태풍의 위험 반원에 위치하였다.
> ㄷ. A 시기의 급격한 수온 변화로 인해 B 시기에 통과하는 태풍의 세력은 더욱 강화되었다.

① ㄱ ② ㄷ ③ ㄱ, ㄴ
④ ㄴ, ㄷ ⑤ ㄱ, ㄴ, ㄷ

09

그림 (가)와 (나)는 태풍이 우리나라를 지나는 동안 어느 지점에서 관측한 기압, 풍속, 풍향을 나타낸 것이다.

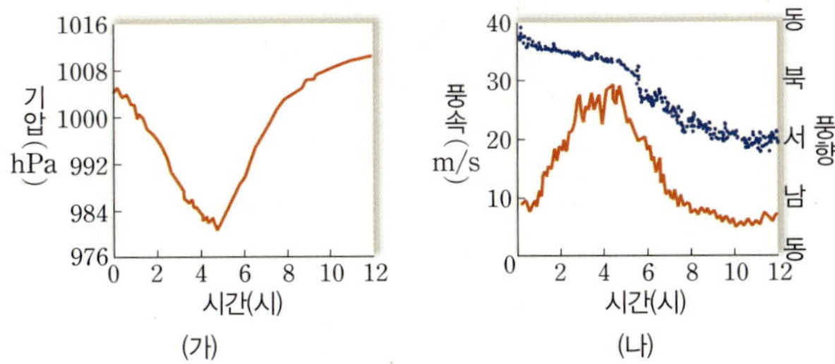

(가)   (나)

이 지점에 대한 설명으로 옳은 것만을 |보기|에서 있는 대로 고른 것은?

|보기|
ㄱ. 4~6시에 상승 기류가 우세하였다.
ㄴ. 풍속이 최대일 때 기압이 가장 높았다.
ㄷ. 태풍 진행 경로의 오른쪽에 위치하였다.

① ㄱ   ② ㄷ   ③ ㄱ, ㄴ
④ ㄴ, ㄷ   ⑤ ㄱ, ㄴ, ㄷ

10

그림 (가)는 어느 태풍의 이동 경로와 중심 기압을 나타낸 것이고, a와 b 중 하나는 실제 이동 경로이다. (나)는 이 태풍이 우리나라를 통과하는 동안 P에서 관측된 기압과 풍향 변화를 시간에 따라 나타낸 것이다.

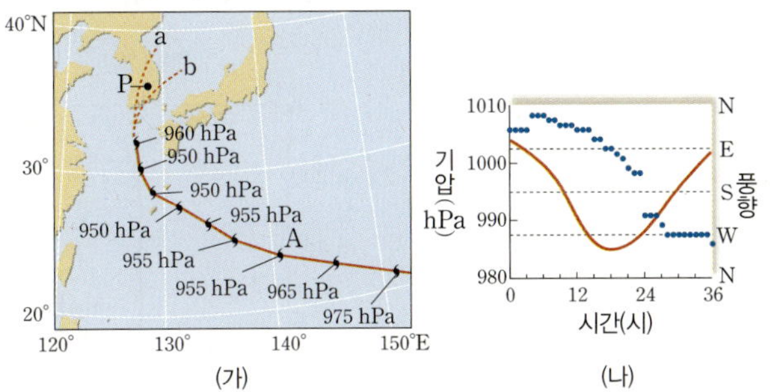

(가)   (나)

이에 대한 설명으로 옳은 것만을 |보기|에서 있는 대로 고른 것은?

|보기|
ㄱ. 태풍은 A 해역으로 접근하는 동안 세력이 강해졌다.
ㄴ. 태풍이 P에 가장 가까이 접근했을 때는 동풍 계열의 바람이 우세하게 불었다.
ㄷ. (가)에서 태풍의 실제 이동 경로는 b이다.

① ㄱ   ② ㄷ   ③ ㄱ, ㄴ
④ ㄴ, ㄷ   ⑤ ㄱ, ㄴ, ㄷ

11

그림은 우리나라에 형성된 적란운의 모습을 나타낸 것이다.

이 구름에 대한 설명으로 옳은 것만을 |보기|에서 있는 대로 고른 것은?

|보기|
ㄱ. 온난 전선이 다가올 때 자주 형성된다.
ㄴ. 천둥과 우박을 동반할 수 있다.
ㄷ. 주로 겨울철에 형성된다.

① ㄱ   ② ㄴ   ③ ㄱ, ㄷ
④ ㄴ, ㄷ   ⑤ ㄱ, ㄴ, ㄷ

12

그림 (가)와 (나)는 각각 어느 날 오전 9시와 오후 3시의 황사에 의한 미세 먼지 농도 변화를 나타낸 것이다.

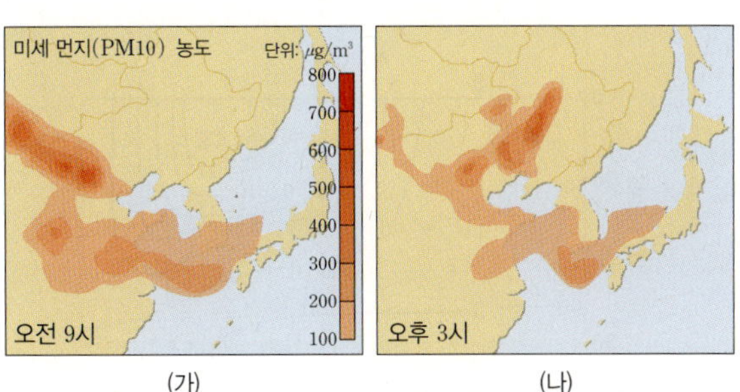

(가)   (나)

이에 대한 설명으로 옳은 것만을 |보기|에서 있는 대로 고른 것은?

|보기|
ㄱ. 황사는 편서풍을 타고 동쪽으로 이동하고 있다.
ㄴ. 우리나라에 저기압이 발달할수록 황사 피해가 커질 것이다.
ㄷ. 이러한 황사는 주로 여름철에 나타난다.

① ㄱ   ② ㄷ   ③ ㄱ, ㄴ
④ ㄴ, ㄷ   ⑤ ㄱ, ㄴ, ㄷ

13

그림은 북반구 해상에서 관측한 태풍의 하층(고도 2 km 수평면) 풍속 분포를 나타낸 것이다.

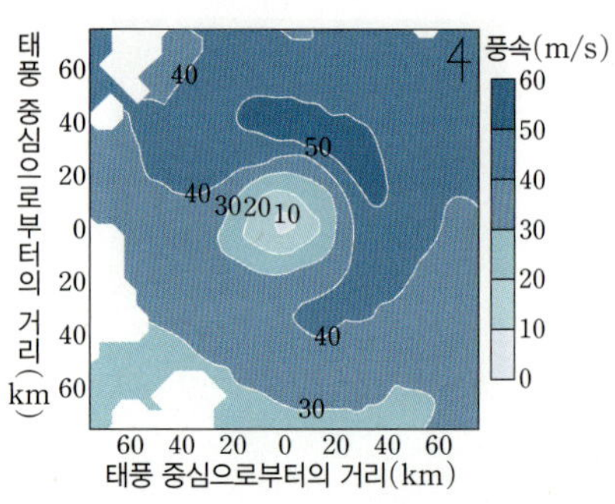

이에 대한 설명으로 옳은 것만을 |보기|에서 있는 대로 고른 것은? (단, 등압선은 태풍의 이동 방향 축에 대해 대칭이라고 가정한다.)

> **보기**
> ㄱ. 풍속은 태풍 중심을 기준으로 북동쪽이 남서쪽보다 빠르다.
> ㄴ. 태풍 중심 부근 해역에서는 침강이 활발하게 일어난다.
> ㄷ. 태풍은 북동쪽으로 이동하고 있다.

① ㄱ   ② ㄴ   ③ ㄱ, ㄷ
④ ㄴ, ㄷ   ⑤ ㄱ, ㄴ, ㄷ

14

그림은 북반구 중위도 어느 해역에서 1년 동안 관측한 수온 변화를 등수온선으로 나타낸 것이다.

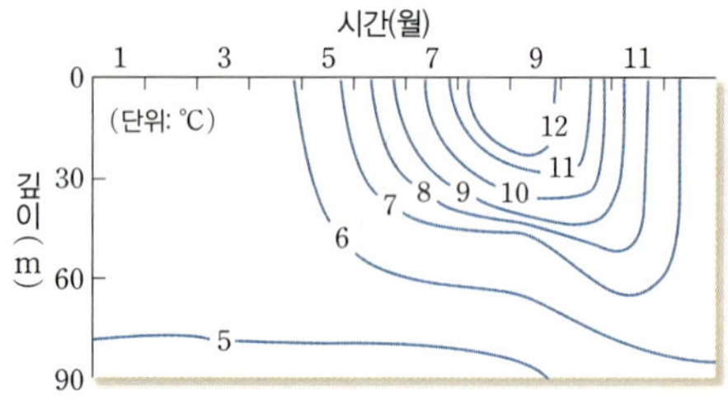

이 자료에 대한 설명으로 옳은 것만을 |보기|에서 있는 대로 고른 것은?

> **보기**
> ㄱ. 표층에서 수온의 연교차는 10 ℃보다 크다.
> ㄴ. 수온 약층은 9월이 5월보다 뚜렷하게 나타난다.
> ㄷ. 6 ℃ 등수온선은 5월이 11월보다 깊은 곳에서 나타난다.

① ㄱ   ② ㄴ   ③ ㄱ, ㄷ
④ ㄴ, ㄷ   ⑤ ㄱ, ㄴ, ㄷ

15

그림은 동해에서 여름과 겨울에 관측한 해수의 밀도 분포를 A와 B로 순서 없이 나타낸 것이다.

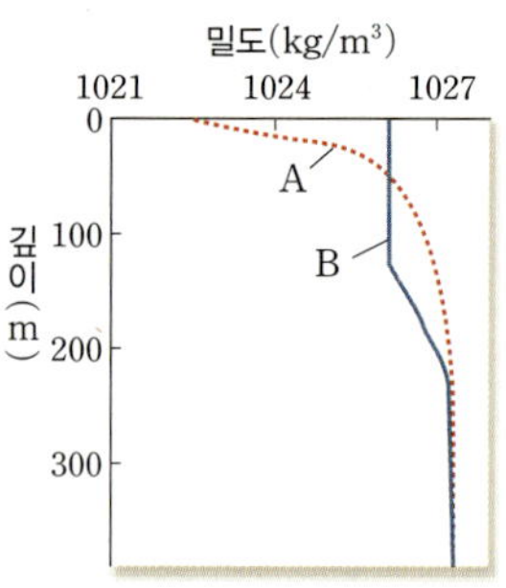

이에 대한 설명으로 옳은 것만을 |보기|에서 있는 대로 고른 것은? (단, 밀도는 수온에 의해서만 결정된다.)

> **보기**
> ㄱ. A는 여름에 해당한다.
> ㄴ. B에서 혼합층 두께는 300 m보다 크다.
> ㄷ. 해수면에서 평균 풍속은 A일 때가 B일 때보다 크다.

① ㄱ   ② ㄷ   ③ ㄱ, ㄴ
④ ㄴ, ㄷ   ⑤ ㄱ, ㄴ, ㄷ

16

그림 (가)와 (나)는 각각 동해의 어느 해역에서 봄과 가을에 관측한 해수의 평균 온도와 평균 염분을 나타낸 것이다.

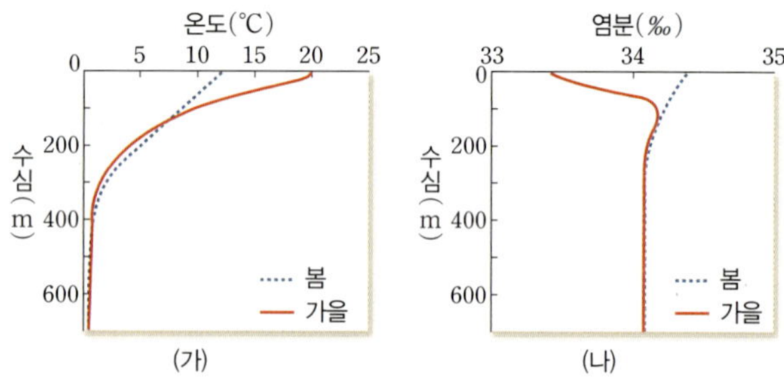

이에 대한 설명으로 옳은 것만을 |보기|에서 있는 대로 고른 것은?

> **보기**
> ㄱ. 수온 약층은 봄보다 가을철에 더 뚜렷하게 나타난다.
> ㄴ. 표층 해수의 밀도는 봄이 가을보다 크다.
> ㄷ. 계절에 따른 수온 변화는 수심이 깊을수록 크다.

① ㄱ   ② ㄷ   ③ ㄱ, ㄴ
④ ㄴ, ㄷ   ⑤ ㄱ, ㄴ, ㄷ

17 그림은 어느 해역에서 깊이에 따른 수온과 염분을 수온 – 염분도에 나타낸 것이다.

이 자료에 대한 설명으로 옳은 것만을 |보기|에서 있는 대로 고른 것은?

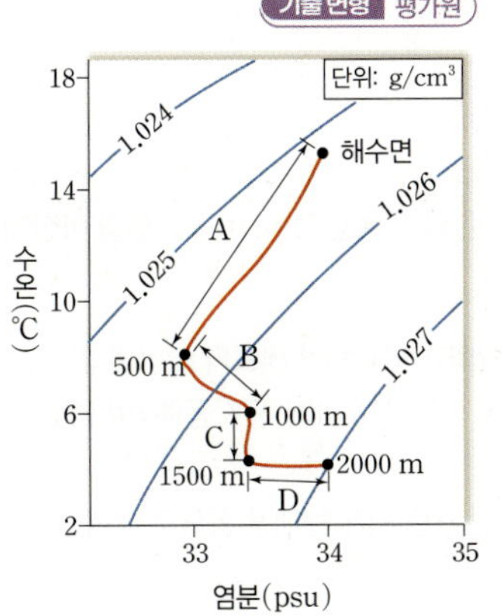

---보기---
ㄱ. 깊이에 따른 수온 변화는 A 구간이 B 구간보다 크다.
ㄴ. 해수의 밀도 변화는 B 구간이 C 구간보다 크다.
ㄷ. D 구간에서 해수의 밀도 변화는 염분보다 수온의 영향이 크다.

① ㄱ   ② ㄷ   ③ ㄱ, ㄴ
④ ㄴ, ㄷ   ⑤ ㄱ, ㄴ, ㄷ

18 그림은 동해에서 측정한 수괴 A, B, C의 성질을 나타낸 것이다. (가)는 수온과 염분 분포이고, (나)는 수온과 용존 산소량 분포이다.

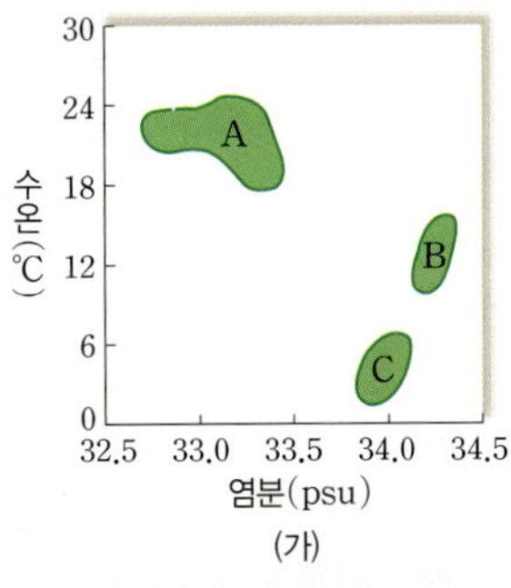

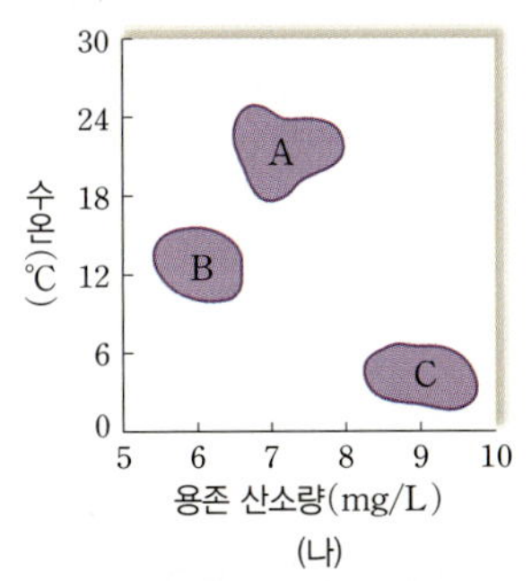

A, B, C에 대한 설명으로 옳은 것만을 |보기|에서 있는 대로 고른 것은?

---보기---
ㄱ. 수온이 가장 낮은 수괴가 용존 산소량이 가장 많다.
ㄴ. 밀도는 A가 C보다 작다.
ㄷ. B와 C가 혼합되면 A가 형성될 수 있다.

① ㄱ   ② ㄷ   ③ ㄱ, ㄴ
④ ㄴ, ㄷ   ⑤ ㄱ, ㄴ, ㄷ

19 표는 두 해역 (가)와 (나)에서 표층 해수 1 kg 속에 포함된 여러 가지 염류들의 양(g)을 나타낸 것이다.

염류	(가)	(나)
NaCl	24.88	27.21
MgCl₂	3.48	(㉡)
MgSO₄	(㉠)	(㉢)
기타	2.12	(㉣)

이에 대한 설명으로 옳은 것만을 |보기|에서 있는 대로 고른 것은?

---보기---
ㄱ. ㉠은 ㉢보다 크다.
ㄴ. ㉡은 ㉣보다 크다.
ㄷ. 염분은 (가)가 (나)보다 높다.

① ㄱ   ② ㄴ   ③ ㄱ, ㄷ
④ ㄴ, ㄷ   ⑤ ㄱ, ㄴ, ㄷ

20 그림 (가)는 어느 해역의 깊이에 따른 수온과 염분을, (나)는 수온 – 염분도를 나타낸 것이다.

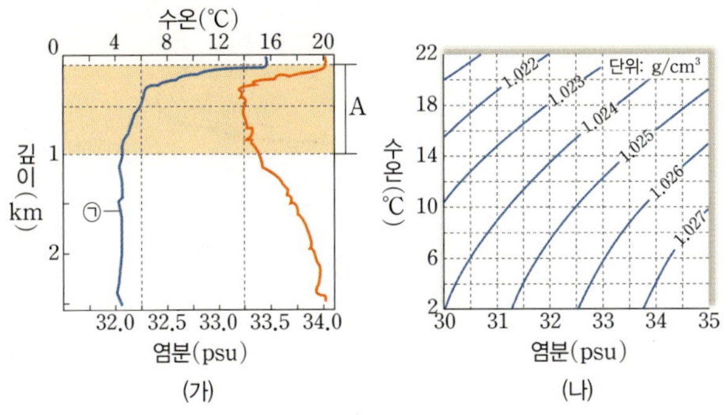

이 자료에 대한 설명으로 옳은 것만을 |보기|에서 있는 대로 고른 것은?

---보기---
ㄱ. ㉠은 수온이다.
ㄴ. 해수면의 해수 밀도는 깊이 500 m의 해수 밀도보다 작다.
ㄷ. A 구간에서 해수의 밀도 변화는 수온보다 염분의 영향을 더 크게 받는다.

① ㄱ   ② ㄷ   ③ ㄱ, ㄴ
④ ㄴ, ㄷ   ⑤ ㄱ, ㄴ, ㄷ

1 대기 대순환과 표층 순환

정답과 해설 p.89

[기출 패턴] 대기 대순환에 의한 바람에 의해 형성된 해류를 알고, 난류와 한류의 특징 및 아열대 순환과 아한대 순환의 특징을 파악할 수 있어야 한다.

[배경 지식] (1) 자전하고 있는 지구에서는 해들리 순환, 페렐, 순환, 극순환의 3개의 순환 세포가 형성된다.
(2) 태평양에서 무역풍에 의해 형성된 해류는 북적도 해류와 남적도 해류이며, 편서풍에 의해 형성된 해류는 북태평양 해류와 남극 순환 해류이다.
(3) 북반구에서 아열대 순환은 시계 방향, 남반구에서 아열대 순환은 시계 반대 방향으로 나타난다.
(4) 아한대 순환은 북반구에서만 나타난다.

자료 1 평가원 기출

그림은 어느 해 태평양에서 유실된 컨테이너에 실려 있던 운동화가 발견된 지점과 표층 해류 A와 B의 일부를 나타낸 것이다.

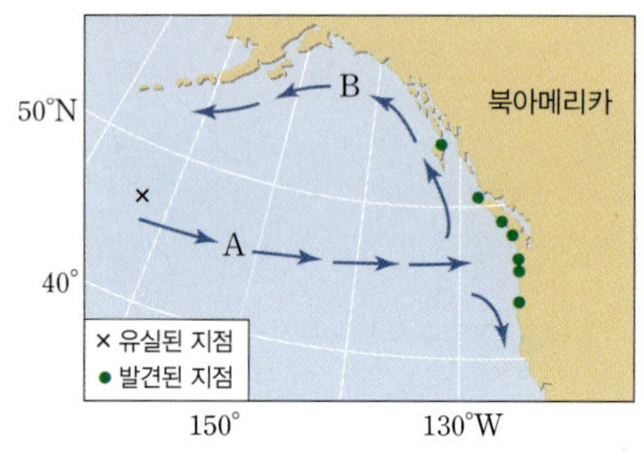

● 다음 설명 중 옳은 것은 ○표, 옳지 않은 것은 ×표 하시오.

1 해류 A는 편서풍의 영향을 받는다. ○ / ×

2 해류 B는 아열대 순환의 일부이다. ○ / ×

3 북아메리카 해안에서 발견된 운동화는 북태평양 해류의 영향을 받았다. ○ / ×

4 해류 A는 북태평양의 아열대 순환을 구성하는 해류 중 하나이다. ○ / ×

5 해류 B는 캘리포니아 해류이다. ○ / ×

자료 2 평가원 기출

그림은 어느 해 8월의 표층 순환과 표층 수온 분포를 나타낸 것이다.

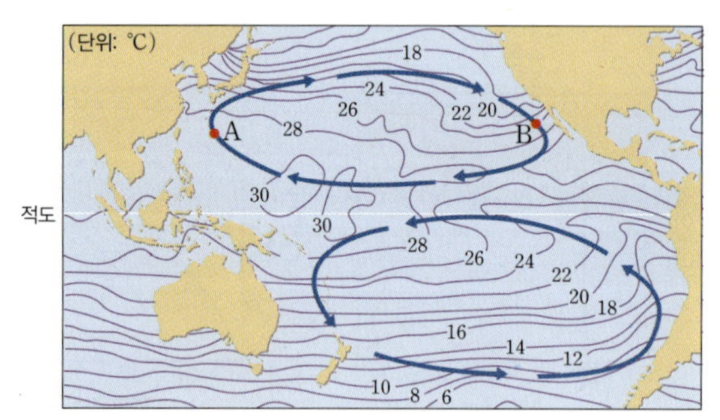

● 다음 설명 중 옳은 것은 ○표, 옳지 않은 것은 ×표 하시오.

1 염분은 A 지점이 B 지점보다 높다. ○ / ×

2 용존 산소량은 A 지점이 가장 많다. ○ / ×

3 B 지점에는 한류가 흐르고 있다. ○ / ×

4 북태평양에서 아열대 순환의 방향은 시계 반대 방향이다. ○ / ×

5 표층 수온은 고위도로 갈수록 대체로 높아진다. ○ / ×

자료 3 평가원 기출

그림은 북대서양의 표층 순환을 나타낸 것이다.

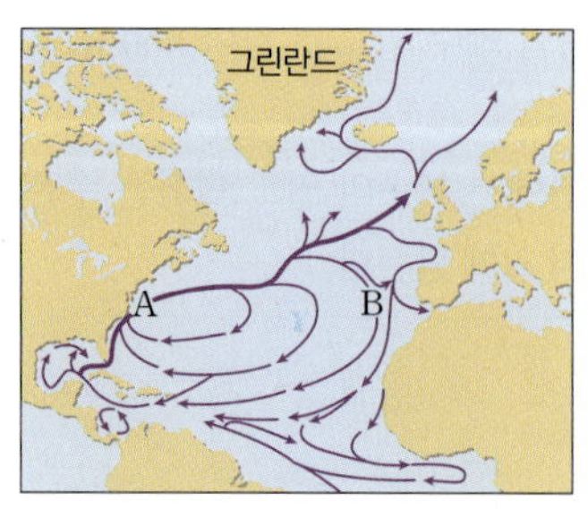

● 다음 설명 중 옳은 것은 ○표, 옳지 않은 것은 ×표 하시오.

1 A는 난류이다. ○ / ×

2 A는 무역풍에 의해 형성된 해류이다. ○ / ×

3 유속은 A가 B보다 크다. ○ / ×

4 영양염은 A가 B보다 풍부하다. ○ / ×

2 심층 순환

정답과 해설 p.89

[기출 패턴] 심층 순환이 나타나는 이유를 알고, 심층수가 형성되는 해역에서 침강이 일어나는 이유를 알아야 한다. 또한 대서양의 심층 순환을 구성하고 있는 남극 저층수, 북대서양 심층수, 남극 중층수의 특징을 알고 수온─염분도에서 구분할 수 있어야 한다.

[배경 지식] (1) 심층 순환은 해수의 수온과 염분의 변화로 인한 밀도 차로 인해 나타나는 열염 순환이다.
(2) 심층 순환은 표층 순환에 비해 유속이 매우 느리다.
(3) 북대서양의 그린란드 해역에서는 북대서양 심층수가, 남극 대륙 주변의 웨델해에서는 남극 저층수가 형성된다.
(4) 대서양에서는 남극 저층수가 해저를 따라 북쪽으로 흐르며, 그 위에 남쪽으로 흐르는 북대서양 심층수가 분포한다.

자료 1 평가원 기출

그림 (가)는 대서양의 해수 순환의 모식도를, (나)는 ㉠과 ㉡에서 형성되는 각각의 수괴를 수온─염분도에 A와 B로 순서 없이 나타낸 것이다.

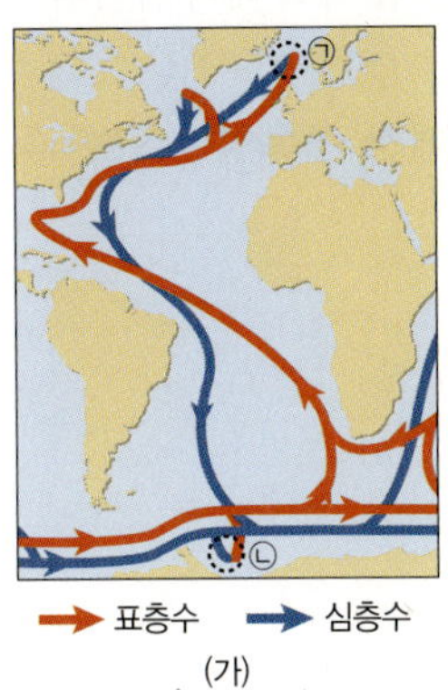
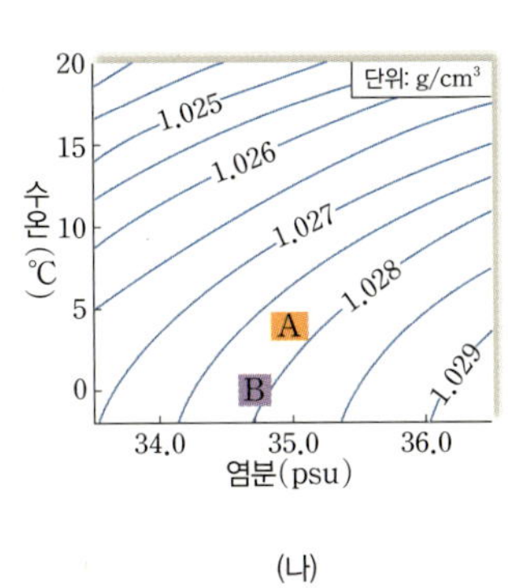

(가)　　　(나)

● 다음 설명 중 옳은 것은 ○표, 옳지 않은 것은 ×표 하시오.

1 ㉠에서 형성된 수괴는 A에 해당한다.　○ / ×
2 A와 B는 심층에 산소를 공급한다.　○ / ×
3 심층 순환은 표층 순환보다 빠르다.　○ / ×
4 ㉠과 ㉡에서는 용승보다 침강이 활발하다.　○ / ×
5 평균 밀도는 A가 B보다 크다.　○ / ×

자료 2 평가원 기출

그림은 심층 해수의 연령 분포를 나타낸 것이다. 심층 해수의 연령은 해수가 표층에서 침강한 이후부터 현재까지 경과한 시간을 의미한다.

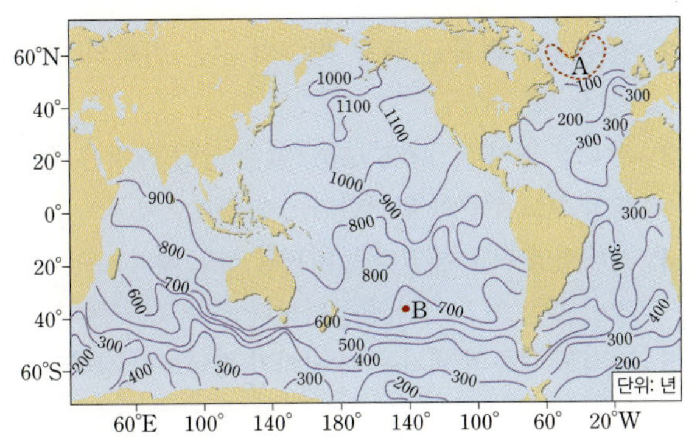

● 다음 설명 중 옳은 것은 ○표, 옳지 않은 것은 ×표 하시오.

1 심층 해수의 평균 연령은 북태평양이 북대서양보다 많다.
　○ / ×
2 A 해역에는 표층 해수가 침강하는 곳이 있다.　○ / ×
3 B에는 저위도로 흐르는 심층 해수가 있다.　○ / ×
4 태평양 적도 부근 해역에서는 심층 해수의 형성이 활발히 일어난다.　○ / ×
5 남대서양에서는 심층 해수가 해저면을 따라 북쪽으로 이동한다.　○ / ×

3 엘니뇨와 라니냐

정답과 해설 p.89

[기출패턴] 평상시와 비교했을 때 엘니뇨와 라니냐 시기에 나타나는 무역풍의 세기, 표층 해수의 수온 분포, 강수량, 워커 순환, 동태평양 해역에서의 용승 등의 변화를 설명할 수 있어야 한다.

[배경 지식] 엘니뇨 시기는 무역풍이 평소보다 약해지면서 적도 해류가 약해지고 동태평양 적도 부근 해역에서 용승이 약해진다. 이에 따라 서태평양 적도 부근 해역에서의 강수량은 감소하고 해수면의 높이가 낮아진다.

자료 1 　수능 기출

그림 (가)는 적도 부근 해역에서 동태평양과 서태평양의 해수면 기압 차(동태평양 기압−서태평양 기압)를, (나)는 태평양 적도 부근 해역에서 ㉠과 ㉡ 중 한 시기에 관측된 따뜻한 해수층의 두께 편차(관측값−평년값)를 나타낸 것이다. ㉠과 ㉡은 각각 엘니뇨와 라니냐 시기 중 하나이다.

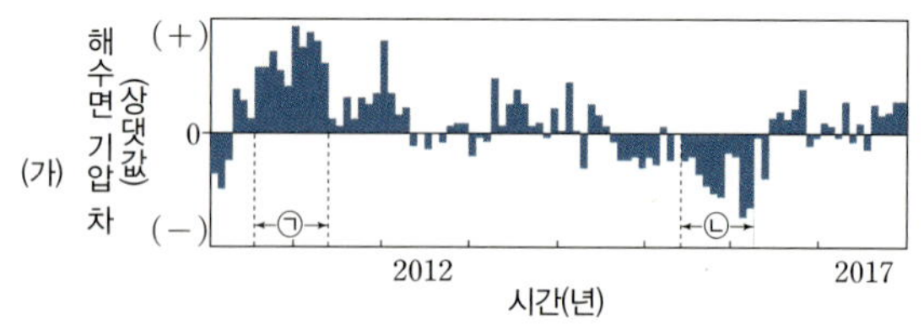

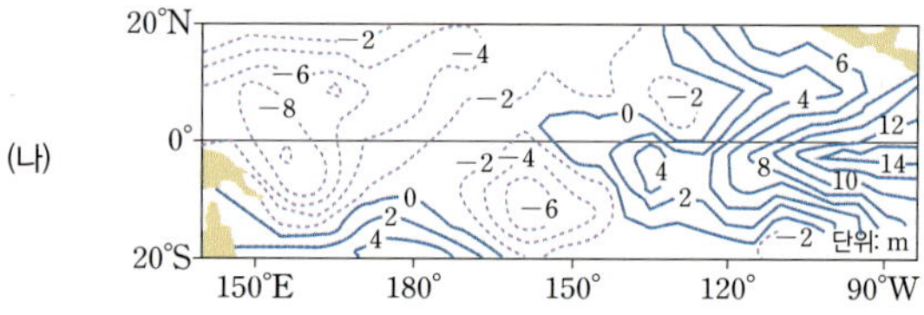

● **다음 설명 중 옳은 것은 ○표, 옳지 않은 것은 ×표 하시오.**

1 (가)에서 해수면 기압 차가 (＋) 값일 때는 동태평양에서의 기압이 더 높다.　○ / ×

2 (가)에서 해수면 기압 차가 (−) 값일 때는 엘니뇨 시기이다.　○ / ×

3 (나)는 ㉠에 해당한다.　○ / ×

4 서태평양 적도 해역과 동태평양 적도 해역 사이의 해수면 높이 차는 ㉠이 ㉡보다 크다.　○ / ×

5 동태평양 적도 부근 해역에서 구름양은 ㉠이 ㉡보다 많다.　○ / ×

자료 2 　수능 기출

그림은 엘니뇨 또는 라니냐 중 어느 한 시기의 강수량 편차(관측값−평년값)를 나타낸 것이다.

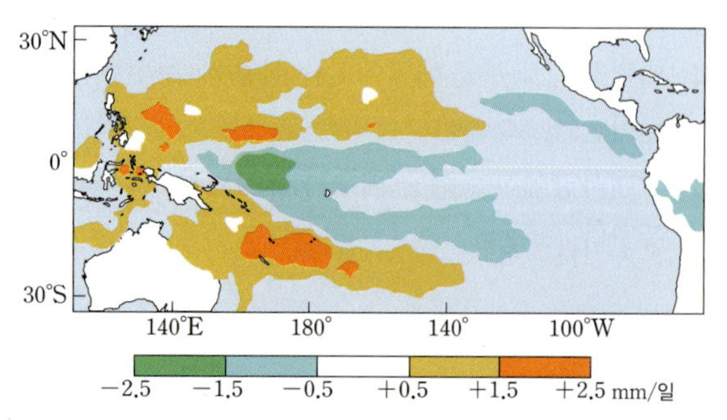

● **다음 설명 중 옳은 것은 ○표, 옳지 않은 것은 ×표 하시오.**

1 중앙 태평양 부근의 강수량은 평년보다 증가하였다.　○ / ×

2 강수량의 변화는 표층 해수의 수온 변화의 영향을 받는다.　○ / ×

3 강수량 편차가 ＋0.5 mm/일 이상인 해역은 주로 동태평양 적도 부근에 위치한다.　○ / ×

4 서태평양 적도 해역과 동태평양 적도 해역 사이의 해수면 높이 차는 이 시기가 평상시보다 크다.　○ / ×

5 남적도 해류의 세기는 이 시기가 평년보다 강하다.　○ / ×

4 기후 변화의 지구 외적 요인

정답과 해설 p.89

[기출패턴] 기후 변화의 지구 외적 요인과 지구 내적 요인 및 인위적 요인을 알고, 각각의 요인들이 기후 변화에 미치는 영향에 대해서 구체적으로 이해한 후, 주어진 자료를 분석할 수 있어야 한다.

[배경 지식] (1) 지구 자전축 경사 방향 변화: 세차 운동으로 인해 지구 자전축 방향이 바뀌면 근일점과 원일점에서의 계절이 달라질 수 있다.
(2) 지구 자전축 경사각의 변화: 지구 자전축 기울기가 변하면 태양의 남중 고도 변화로 인해 연교차가 달라진다.
(3) 지구 공전 궤도 이심률의 변화: 이심률이 변하면 근일점 거리와 원일점 거리가 달라지면서 연교차가 달라진다.

자료 1 수능 기출

그림 (가)와 (나)는 지구의 공전 궤도 이심률과 자전축 경사각의 변화를 각각 나타낸 것이다. 지구 자전축 세차 운동의 주기는 약 26000년이고 방향은 지구 공전 방향과 반대이다. (단, 지구의 공전 궤도 이심률, 자전축 경사각, 세차 운동 이외의 요인은 변하지 않는다.)

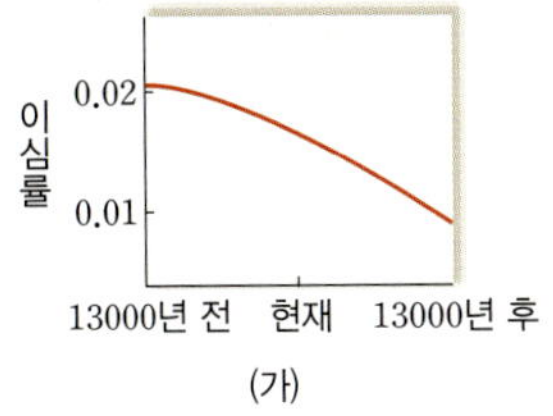

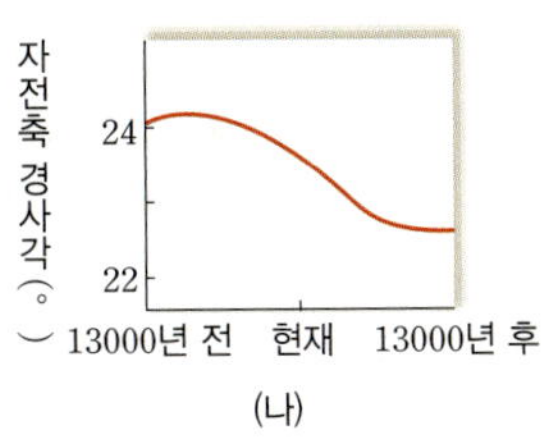

● 다음 설명 중 옳은 것은 ○표, 옳지 않은 것은 ×표 하시오.

1 13000년 후 지구 자전축의 경사 방향은 현재와 반대가 된다. ○ / ×

2 13000년 후 근일점 거리는 현재보다 멀어진다. ○ / ×

3 13000년 후 우리나라에서 여름철 태양의 남중 고도는 현재보다 높다. ○ / ×

4 30°N에서 기온의 연교차는 현재가 13000년 전보다 작다. ○ / ×

5 30°S의 겨울철 태양의 남중 고도는 6500년 후가 현재보다 낮다. ○ / ×

자료 2 평가원 기출

그림은 지구 자전축 경사각의 변화를 나타낸 것이다. (단, 지구 자전축 경사각 이외의 요인은 고려하지 않는다.)

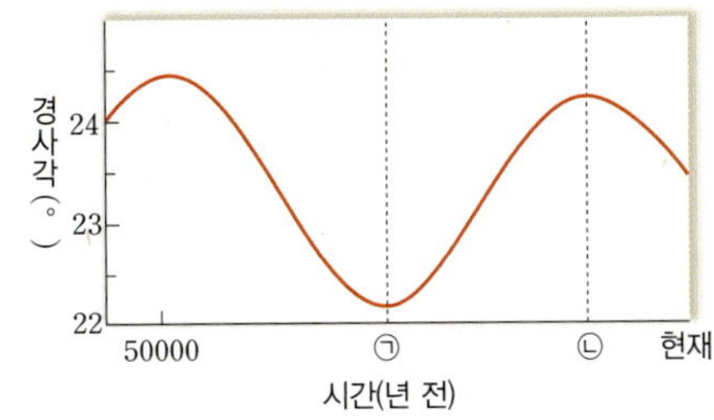

● 다음 설명 중 옳은 것은 ○표, 옳지 않은 것은 ×표 하시오.

1 지구 자전축 경사각의 변화 주기는 약 10만 년이다. ○ / ×

2 지구 자전축 경사각이 작을수록 북반구와 남반구에서 기온의 연교차가 작아진다. ○ / ×

3 30°S에서 기온의 연교차는 현재가 ㉡ 시기보다 작다. ○ / ×

4 30°N에서 겨울철 태양의 남중 고도는 현재가 ㉠ 시기보다 높다. ○ / ×

5 1년 동안 지구에 입사하는 평균 태양 복사 에너지양은 ㉠ 시기가 ㉡ 시기보다 많다. ○ / ×

자료 3 평가원 기출

그림은 어느 시기의 지구 자전축 방향과 공전 궤도를 나타낸 것이다.

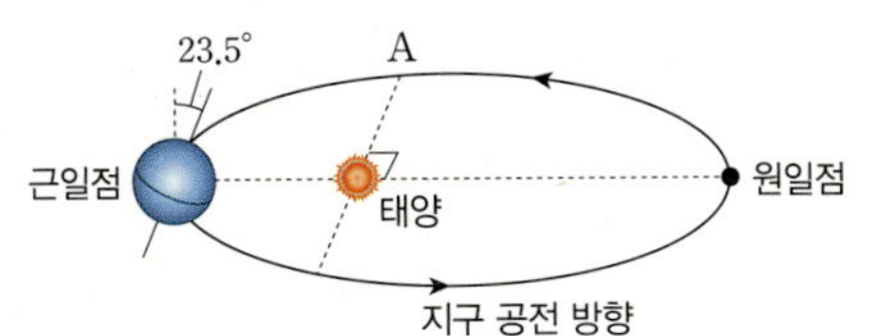

● 다음 설명 중 옳은 것은 ○표, 옳지 않은 것은 ×표 하시오.

1 지구가 근일점에 위치할 때 북반구의 계절은 겨울이다. ○ / ×

2 지구가 A에 위치할 때 남반구의 계절은 봄이다. ○ / ×

3 지구 공전 궤도 이심률이 커지면 원일점 거리는 더 멀어진다. ○ / ×

4 지구 자전축 경사각이 커지면 북반구의 여름철 평균 기온은 높아진다. ○ / ×

5 인간 활동에 의한 기후 변화

정답과 해설 p.89

[기출 패턴] 인간 활동이 기후 변화에 미치는 다양한 요인들에 대해서 알고, 주어진 기후 변화 자료를 분석할 수 있어야 한다.

[배경 지식] (1) 온실 기체의 증가: 온실 기체에는 수증기, 이산화 탄소, 메테인, 오존 등이 있으며, 이들은 지구 복사 에너지를 흡수하여 지표로 재복사하면서 지표 온도를 높인다.

(2) 에어로졸: 대기 중에 포함된 작은 액체나 고체 입자를 의미하며, 에어로졸은 태양 복사 에너지를 산란시키고 응결핵으로 작용하여 구름의 양을 늘려 지구의 반사율을 증가시킨다.

(3) 사막화: 사막화 및 삼림 훼손은 식물에 의한 이산화 탄소 제거 효과를 크게 감소시키며, 물의 순환과 지표면의 반사율을 변화시켜 기후 변화를 유발한다.

자료 1　수능 기출

그림 (가)는 전 지구와 안면도의 대기 중 CO_2 농도를, (나)는 전 지구와 우리나라의 기온 편차(관측값－평년값)를 나타낸 것이다.

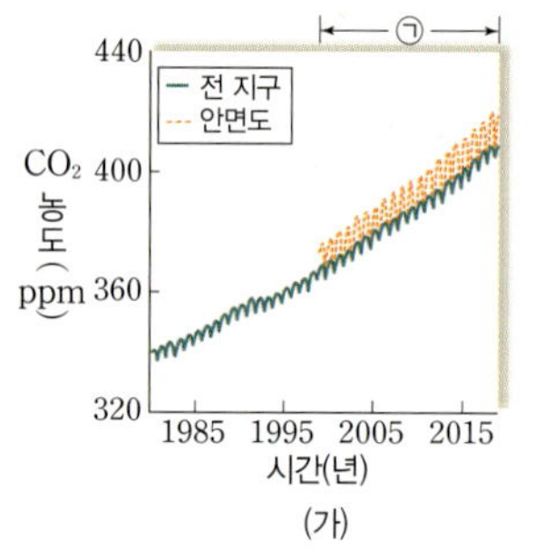
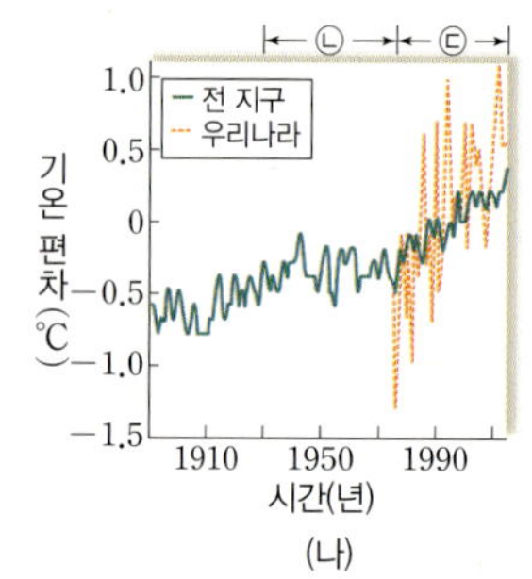

● 다음 설명 중 옳은 것은 ○표, 옳지 않은 것은 ×표 하시오.

1 ㉠ 시기 동안 CO_2 평균 농도는 안면도가 전 지구보다 낮다. ○ / ×

2 ㉢ 시기 동안 기온 상승률은 전 지구가 우리나라보다 작다. ○ / ×

3 전 지구 해수면의 평균 높이는 ㉡ 시기가 ㉢ 시기보다 낮다. ○ / ×

4 CO_2 평균 농도의 변화는 기후 변화의 요인 중 인위적 요인에 해당한다. ○ / ×

자료 2　평가원 기출

그림은 기후 변화 요인 ㉠과 ㉡을 고려하여 추정한 지구 평균 기온 편차(추정값－기준값)와 관측 기온 편차(관측값－기준값)를 나타낸 것이다. ㉠과 ㉡은 각각 온실 기체와 자연적 요인 중 하나이고, 기준값은 1880년～1919년의 평균 기온이다.

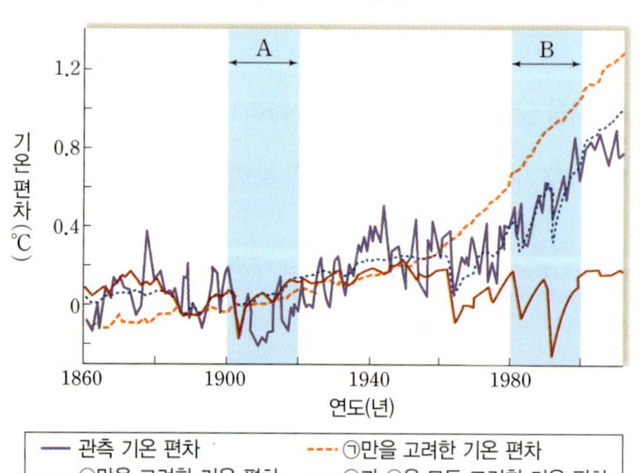

● 다음 설명 중 옳은 것은 ○표, 옳지 않은 것은 ×표 하시오.

1 지구 평균 기온 상승률은 1940년 이전이 이후보다 크다. ○ / ×

2 태양 흑점 수의 변화는 ㉠에 해당한다. ○ / ×

3 지구 해수면의 평균 높이는 B 시기가 A 시기보다 높다. ○ / ×

4 대기권에 도달하는 태양 복사 에너지양의 변화는 ㉡에 해당한다. ○ / ×

5 B 시기의 관측 기온 변화 추세는 자연적 요인보다 온실 기체에 의한 영향이 더 크다. ○ / ×

수능 대비 문제

01 그림은 전 지구적인 해수의 순환을 나타낸 것이다.

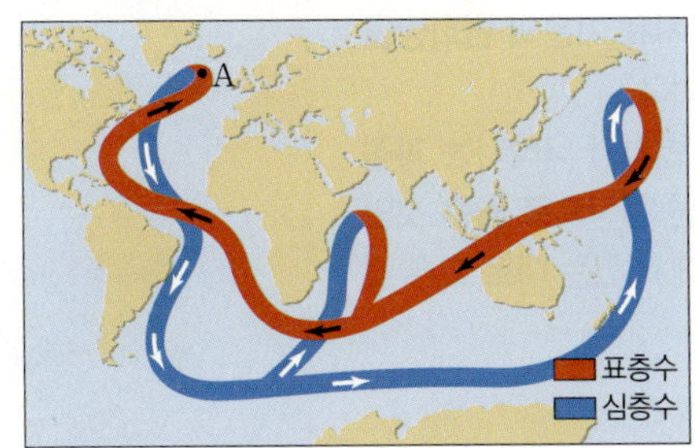

이에 대한 설명으로 옳은 것만을 |보기|에서 있는 대로 고른 것은?

|보기|
ㄱ. A 해역에는 해수의 용승이 일어난다.
ㄴ. 해수의 이동 속도는 표층수가 심층수보다 빠르다.
ㄷ. 이 순환은 열에너지를 고위도로 수송한다.

① ㄱ   ② ㄷ   ③ ㄱ, ㄴ
④ ㄴ, ㄷ   ⑤ ㄱ, ㄴ, ㄷ

03 그림은 지구가 흡수한 연평균 태양 복사 에너지와 방출한 연평균 지구 복사 에너지를 위도에 따라 나타낸 것이다.

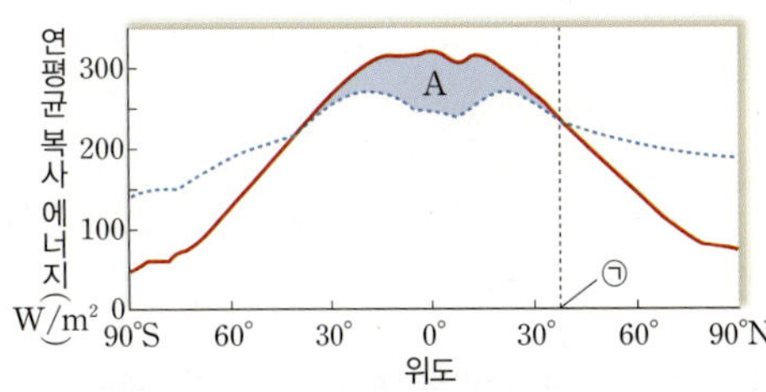

이에 대한 설명으로 옳은 것만을 |보기|에서 있는 대로 고른 것은?

|보기|
ㄱ. 실선은 태양 복사 에너지, 점선은 지구 복사 에너지이다.
ㄴ. A는 에너지 과잉량이다.
ㄷ. ㉠에서 에너지는 고위도로 이동한다.

① ㄱ   ② ㄷ   ③ ㄱ, ㄴ
④ ㄴ, ㄷ   ⑤ ㄱ, ㄴ, ㄷ

02 그림 (가)는 태평양의 해역 A, B, C를, (나)는 이 세 해역에서 관측한 수온과 염분을 수온−염분도에 ㉠, ㉡, ㉢으로 순서 없이 나타낸 것이다.

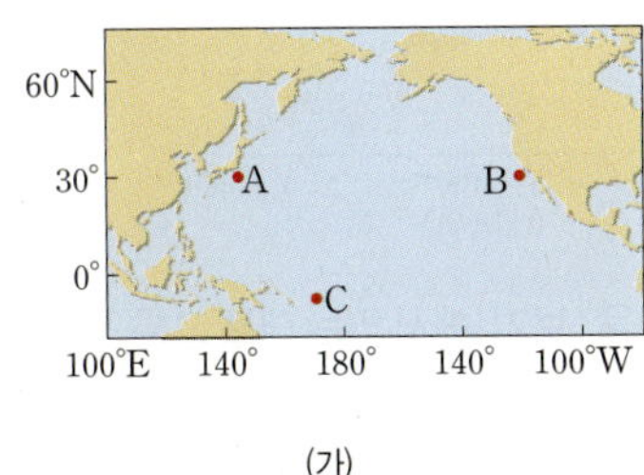

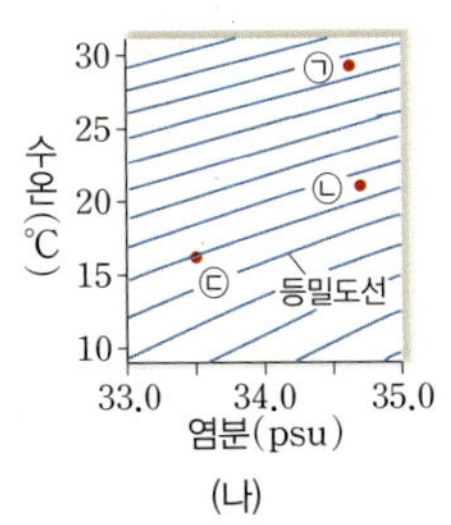

이에 대한 설명으로 옳은 것만을 |보기|에서 있는 대로 고른 것은?

|보기|
ㄱ. A의 관측값은 ㉡이다.
ㄴ. A, B, C 중 해수의 밀도가 가장 큰 해역은 B이다.
ㄷ. C에 흐르는 해류는 무역풍에 의해 형성된다.

① ㄱ   ② ㄷ   ③ ㄱ, ㄴ
④ ㄴ, ㄷ   ⑤ ㄱ, ㄴ, ㄷ

04 그림 (가)는 대서양의 염분 분포와 수괴를 나타낸 것이고, (나)는 (가)의 9°S에서 깊이에 따른 수온과 염분의 분포를 수온−염분도에 나타낸 것이다. (나)의 A와 B는 각각 남극 저층수와 북대서양 심층수 중 하나이다.

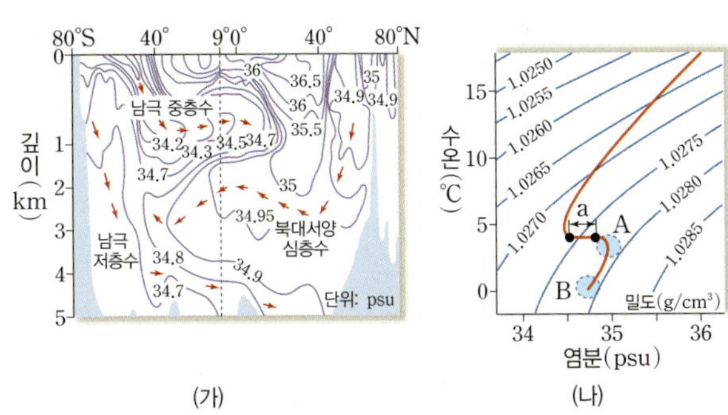

이에 대한 설명으로 옳은 것만을 |보기|에서 있는 대로 고른 것은?

|보기|
ㄱ. 평균 밀도는 남극 중층수가 북대서양 심층수보다 크다.
ㄴ. B는 해저를 따라 북쪽으로 흐른다.
ㄷ. (나)의 a 구간에서 밀도 변화는 염분보다 수온에 더 영향을 받는다.

① ㄱ   ② ㄴ   ③ ㄱ, ㄷ
④ ㄴ, ㄷ   ⑤ ㄱ, ㄴ, ㄷ

05 그림은 대기 대순환의 순환 세포와 지표 부근에서 부는 바람을 나타낸 것이다.

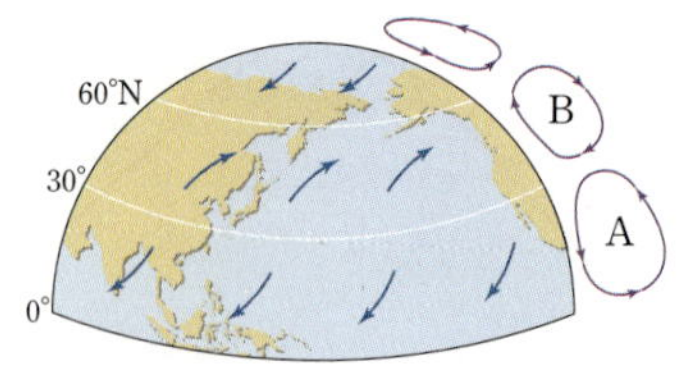

이에 대한 설명으로 옳은 것만을 |보기|에서 있는 대로 고른 것은?

> **보기**
> ㄱ. A는 직접 순환, B는 간접 순환이다.
> ㄴ. A 순환은 저위도의 에너지를 고위도로 수송한다.
> ㄷ. 북적도 해류는 B의 지표 부근에서 부는 바람에 의해 형성된다.

① ㄱ　　　　② ㄷ　　　　③ ㄱ, ㄴ
④ ㄴ, ㄷ　　　⑤ ㄱ, ㄴ, ㄷ

---

07 그림은 대서양에서의 표층 순환과 심층 순환의 세기 변화로 나타난 지표 기온의 변화량을 나타낸 것이다.
이와 같은 변화가 나타나는 과정에서 나타난 현상으로 옳은 것만을 |보기|에서 있는 대로 고른 것은?

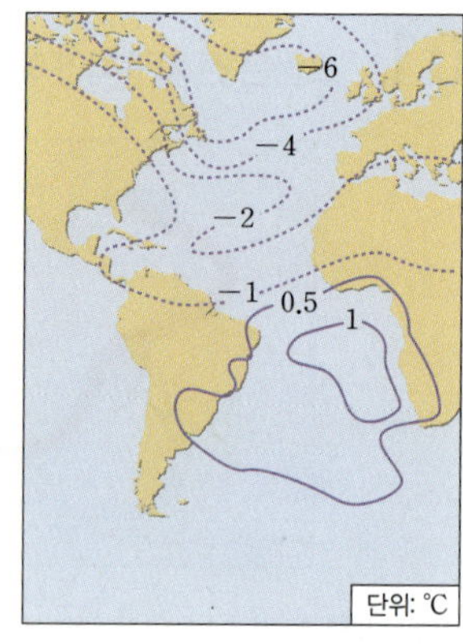

> **보기**
> ㄱ. 저위도에서 고위도로 수송되는 에너지양이 증가하였다.
> ㄴ. 저위도와 고위도 사이의 기온 차가 증가하였다.
> ㄷ. 그린란드 해역에서의 침강이 약해졌다.

① ㄱ　　　　② ㄷ　　　　③ ㄱ, ㄴ
④ ㄴ, ㄷ　　　⑤ ㄱ, ㄴ, ㄷ

---

06 기출 변형 평가원
다음은 해수의 연직 순환을 알아보기 위한 실험 과정이다.

[실험 과정]
(가) 수조에 상온의 물을 채우고, 바닥에 작은 구멍이 뚫린 종이컵을 그림과 같이 수조에 고정시킨다.
(나) 잉크로 착색시킨 소금물을 종이컵에 천천히 부으면서, 수조에서 일어나는 현상을 관찰한다.

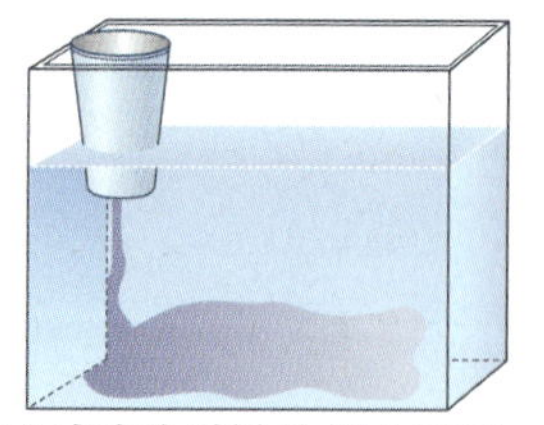

이 실험에서 침강이 더 잘 일어나게 할 수 있는 방법으로 옳은 것은? (단, 실험에 사용되는 소금물의 농도는 일정하다.)

① (가) 과정에서 수조에 상온의 물 대신 찬물을 채운다.
② (가) 과정에서 수조에 물 대신 상온의 소금물을 채운다.
③ (나) 과정에서 종이컵에 더 차가운 소금물을 붓는다.
④ (나) 과정에서 종이컵에 소금물 대신 따뜻한 물을 붓는다.
⑤ (나) 과정에서 종이컵에 소금물 대신 상온의 물을 붓는다.

---

08 기출 변형 수능
그림은 북대서양 심층 순환의 세기 변화를 시간에 따라 나타낸 것이다.

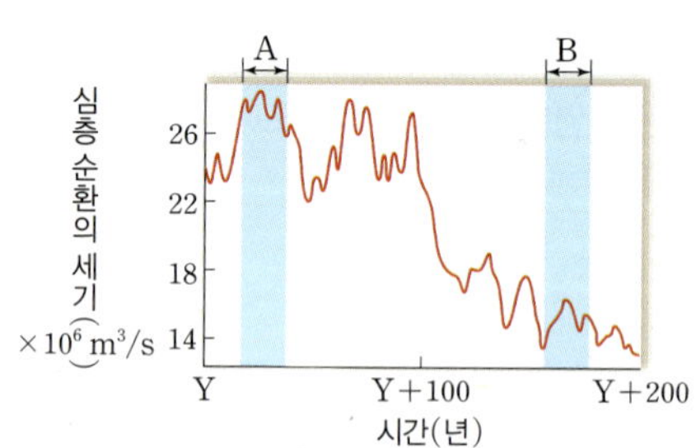

이에 대한 설명으로 옳은 것만을 |보기|에서 있는 대로 고른 것은?

> **보기**
> ㄱ. 북대서양 심층수가 형성되는 해역에서 해수의 밀도는 A 시기가 B 시기보다 크다.
> ㄴ. 북대서양에서 고위도로 이동하는 표층 순환의 세기는 A 시기가 B 시기보다 강하다.
> ㄷ. 북대서양에서 고위도와 저위도의 표층 수온 차는 A 시기가 B 시기보다 크다.

① ㄱ　　　　② ㄷ　　　　③ ㄱ, ㄴ
④ ㄴ, ㄷ　　　⑤ ㄱ, ㄴ, ㄷ

09

그림 (가)는 서태평양 적도 부근 해역의 표층에 도달하는 태양 복사 에너지 편차(관측값−평년값)를, (나)는 태평양 적도 부근 해역에서 A와 B 중 한 시기에 1년 동안 관측한 20 ℃ 등수온선의 깊이 편차를 나타낸 것이다. A와 B는 각각 엘니뇨와 라니냐 시기 중 하나이다.

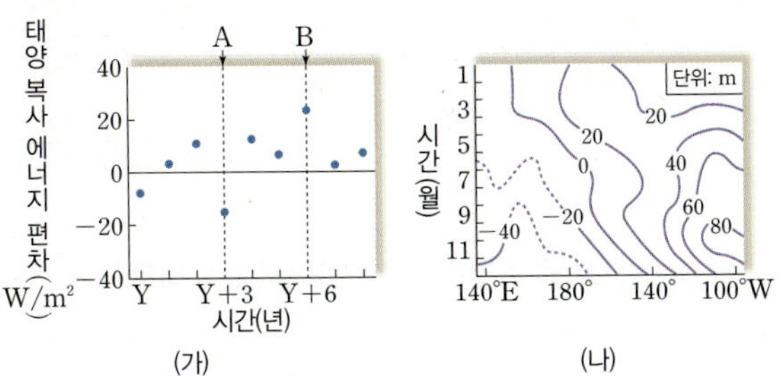

이에 대한 설명으로 옳은 것만을 |보기|에서 있는 대로 고른 것은?

|보기|
ㄱ. (나)는 A에 해당한다.
ㄴ. B일 때는 서태평양 적도 부근이 평년보다 건조하다.
ㄷ. 적도 부근에서 $\dfrac{\text{서태평양 해면 기압}}{\text{동태평양 해면 기압}}$ 은 A가 B보다 작다.

① ㄱ   ② ㄴ   ③ ㄱ, ㄷ
④ ㄴ, ㄷ   ⑤ ㄱ, ㄴ, ㄷ

10

그림은 태평양에서 용승이 활발하게 일어나는 해역을 나타낸 것이다.

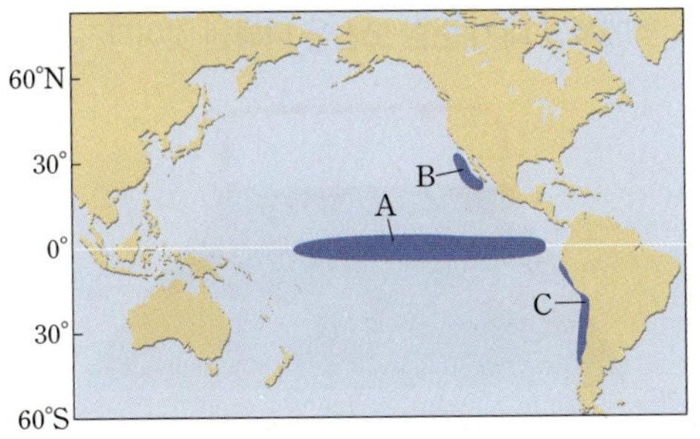

세 해역 A, B, C에 대한 설명으로 옳은 것만을 |보기|에서 있는 대로 고른 것은?

|보기|
ㄱ. A에서는 표층 해수가 고위도로 이동하며 발산한다.
ㄴ. B에서 용승은 남풍 계열의 바람에 의해 발생한다.
ㄷ. C의 표층 수온은 용승이 강할수록 낮아진다.

① ㄱ   ② ㄴ   ③ ㄱ, ㄷ
④ ㄴ, ㄷ   ⑤ ㄱ, ㄴ, ㄷ

11

그림은 북풍이 지속적으로 불고 있는 어느 해역의 수심에 따른 등밀도선을 나타낸 것이다.

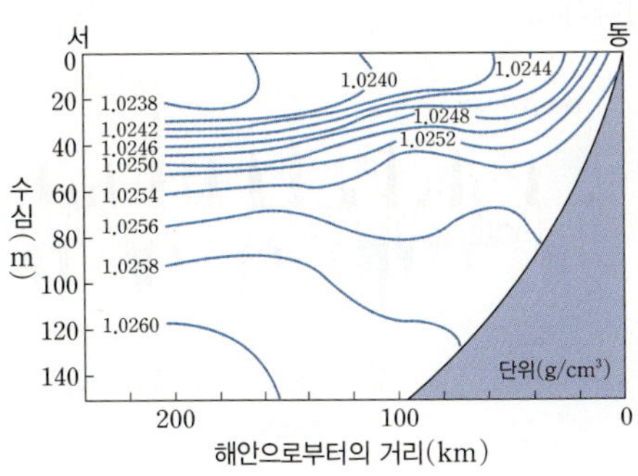

이에 대한 설명으로 옳은 것만을 |보기|에서 있는 대로 고른 것은?

|보기|
ㄱ. 표층 해수의 밀도는 해안에 가까워질수록 커진다.
ㄴ. 이 해역은 북반구에 위치한다.
ㄷ. 이 해역에서는 용승이 일어나고 있다.

① ㄱ   ② ㄷ   ③ ㄱ, ㄴ
④ ㄴ, ㄷ   ⑤ ㄱ, ㄴ, ㄷ

12

표의 (가)와 (나)는 태평양 적도 부근 해역에서 관측된 바람과 구름양의 분포를 엘니뇨 시기와 라니냐 시기로 구분하여 순서 없이 나타낸 것이다.

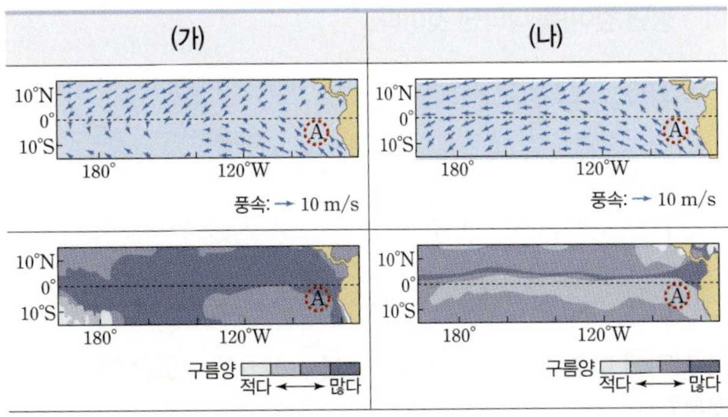

이에 대한 설명으로 옳은 것만을 |보기|에서 있는 대로 고른 것은?

|보기|
ㄱ. 태평양 적도 부근 해역에서 구름양은 (가) 시기가 (나) 시기보다 많다.
ㄴ. 무역풍의 세기는 (가)가 (나)보다 강하다.
ㄷ. A 해역에서의 용승은 (가)가 (나)보다 강하다.

① ㄱ   ② ㄷ   ③ ㄱ, ㄴ
④ ㄴ, ㄷ   ⑤ ㄱ, ㄴ, ㄷ

13

그림은 동태평양 적도 부근 해역의 수온 편차(관측 수온—평균 수온)를 나타낸 것이다. A와 B는 각각 엘니뇨 시기와 라니냐 시기 중 하나이다.

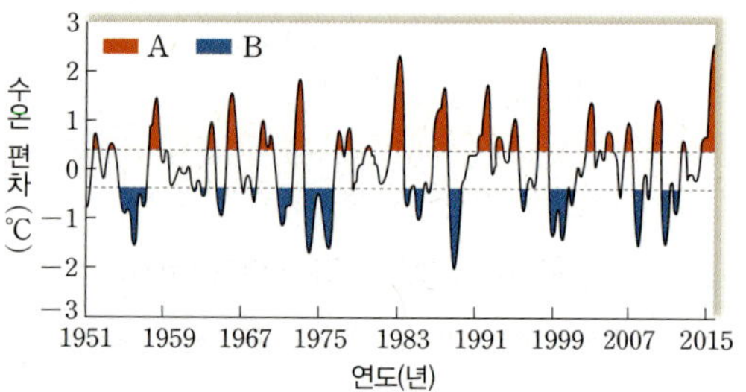

이에 대한 설명으로 옳은 것만을 |보기|에서 있는 대로 고른 것은?

보기
ㄱ. A는 엘니뇨 시기이다.
ㄴ. B 시기에 이 해역의 평균 해수면은 평상시보다 높다.
ㄷ. B 시기에 이 해역에서의 강수량은 평상시보다 많다.

① ㄱ　　　　② ㄷ　　　　③ ㄱ, ㄴ
④ ㄴ, ㄷ　　　⑤ ㄱ, ㄴ, ㄷ

14

기출 수능

그림은 엘니뇨 또는 라니냐 시기에 태평양 적도 부근 해역에서 관측된, 수온 약층이 나타나기 시작하는 깊이의 편차(관측 깊이—평년 깊이)를 나타낸 것이다.

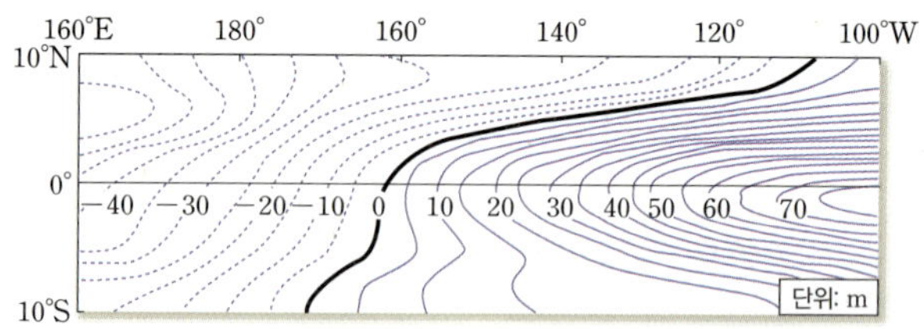

이 시기에 대한 설명으로 옳은 것만을 |보기|에서 있는 대로 고른 것은?

보기
ㄱ. 엘니뇨 시기이다.
ㄴ. 평년에 비해 동태평양 적도 해역에서 혼합층의 두께는 증가한다.
ㄷ. 평년에 비해 동태평양 적도 해역에서 표층 수온은 낮아진다.

① ㄱ　　　　② ㄷ　　　　③ ㄱ, ㄴ
④ ㄴ, ㄷ　　　⑤ ㄱ, ㄴ, ㄷ

15

기출 변형 평가원

그림 (가)와 (나)는 태평양 적도 해역에서 엘니뇨와 라니냐 시기의 연직 수온 분포를 순서 없이 나타낸 것이다.

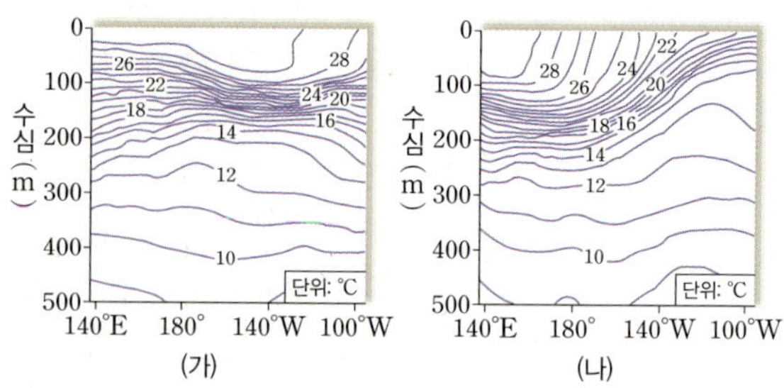

이에 대한 설명으로 옳은 것만을 |보기|에서 있는 대로 고른 것은?

보기
ㄱ. (가)는 엘니뇨 시기이다.
ㄴ. 동태평양 적도 부근 해역에서 용승은 (가) 시기가 (나) 시기보다 강하게 일어난다.
ㄷ. 동태평양 적도 부근 해역에서 표층 해수의 영양염은 (가) 시기가 (나) 시기보다 많다.

① ㄱ　　　　② ㄷ　　　　③ ㄱ, ㄴ
④ ㄴ, ㄷ　　　⑤ ㄱ, ㄴ, ㄷ

16

그림은 엘니뇨와 라니냐 시기 중 어느 한 시기의 태평양 적도 부근 해역에서의 대기 순환 모습을 나타낸 것이다.

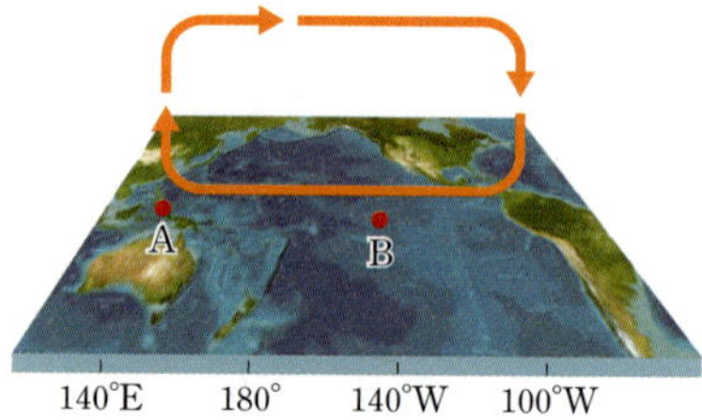

이에 대한 설명으로 옳은 것만을 |보기|에서 있는 대로 고른 것은?

보기
ㄱ. 이 시기는 엘니뇨 시기이다.
ㄴ. 해면 기압은 A 해역이 B 해역보다 낮다.
ㄷ. 평상시에 워커 순환에서 상승 기류는 B 해역에서 나타난다.

① ㄱ　　　　② ㄴ　　　　③ ㄱ, ㄷ
④ ㄴ, ㄷ　　　⑤ ㄱ, ㄴ, ㄷ

17 그림은 현재 지구의 공전 궤도를 나타낸 것이다.

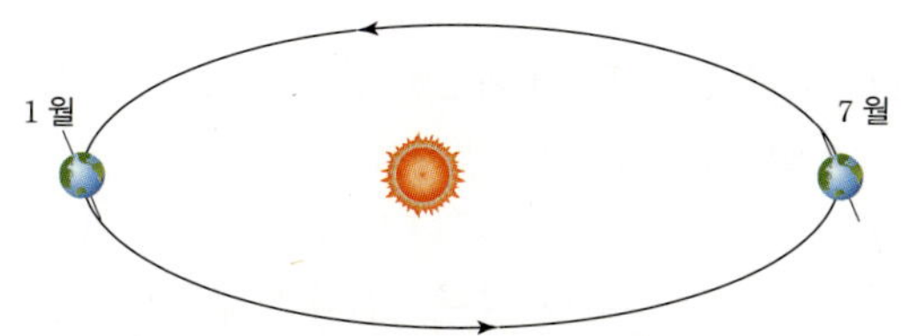

공전 궤도 이심률이 커질 때 나타날 수 있는 현상에 대한 설명으로 옳은 것만을 |보기|에서 있는 대로 고른 것은? (단, 공전 궤도 이심률 변화 이외의 요인은 고려하지 않는다.)

보기
ㄱ. 우리나라의 겨울철 평균 기온은 상승한다.
ㄴ. 남반구 중위도 지역의 기온 연교차는 커진다.
ㄷ. 1년 동안 지구가 받는 태양 복사 에너지양이 증가한다.

① ㄱ   ② ㄷ   ③ ㄱ, ㄴ
④ ㄴ, ㄷ   ⑤ ㄱ, ㄴ, ㄷ

기출 변형 | 수능

18 그림 (가)는 현재의 지구 공전 궤도와 자전축 경사 방향을, (나)는 13000년 후 이심률이 변화된 지구 공전 궤도와 자전축 경사 방향을 나타낸 것이다.

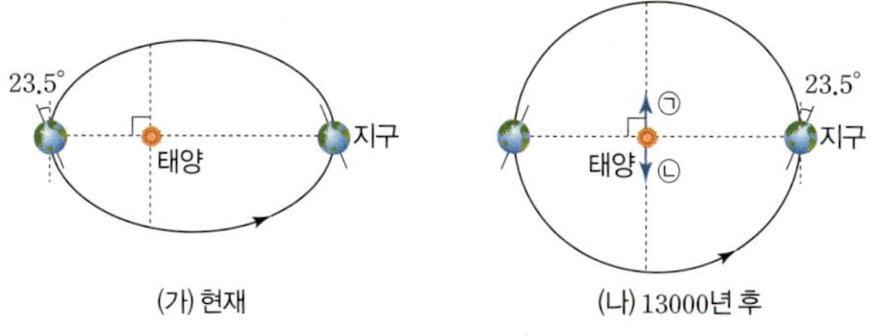

이에 대한 설명으로 옳은 것만을 |보기|에서 있는 대로 고른 것은? (단, 지구 자전축 경사 방향과 이심률 이외의 조건은 고려하지 않는다.)

보기
ㄱ. 30°N에서 하짓날 태양의 남중 고도는 (가)가 (나)보다 높다.
ㄴ. 30°S에서 기온의 연교차는 (가)가 (나)보다 크다.
ㄷ. (나)에서 북반구의 계절이 가을일 때 지구는 ㉠ 방향에 위치한다.

① ㄱ   ② ㄴ   ③ ㄱ, ㄷ
④ ㄴ, ㄷ   ⑤ ㄱ, ㄴ, ㄷ

---

19 그림은 어느 시기에 지구 공전 궤도면의 수직 방향에서 바라보았을 때, 지구 중심을 지나는 지구 공전 궤도면의 수직축에 대한 북극의 상대적인 위치를 나타낸 것이다.

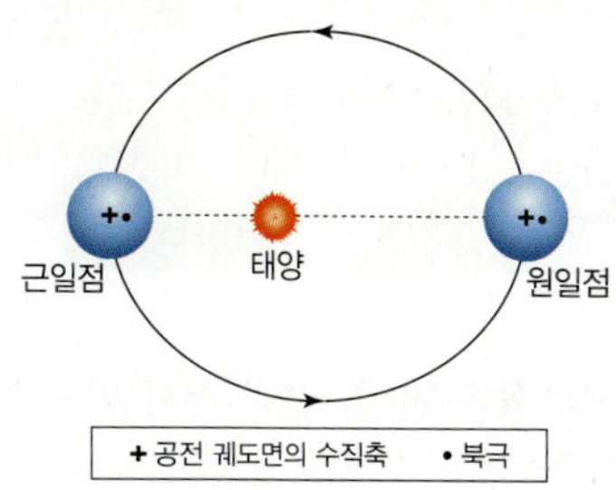

이에 대한 설명으로 옳은 것만을 |보기|에서 있는 대로 고른 것은? (단, 지구 자전축 경사 방향 이외의 요인은 고려하지 않는다.)

보기
ㄱ. 지구가 근일점에 위치할 때 북반구의 계절은 여름이다.
ㄴ. 기온의 연교차는 북반구가 남반구보다 크다.
ㄷ. 이날로부터 13000년 후 지구가 원일점에 위치할 때 남반구의 계절은 겨울이다.

① ㄱ   ② ㄷ   ③ ㄱ, ㄴ
④ ㄴ, ㄷ   ⑤ ㄱ, ㄴ, ㄷ

기출 변형 | 평가원

20 그림은 지구 자전축의 경사각 변화를 나타낸 것이다.

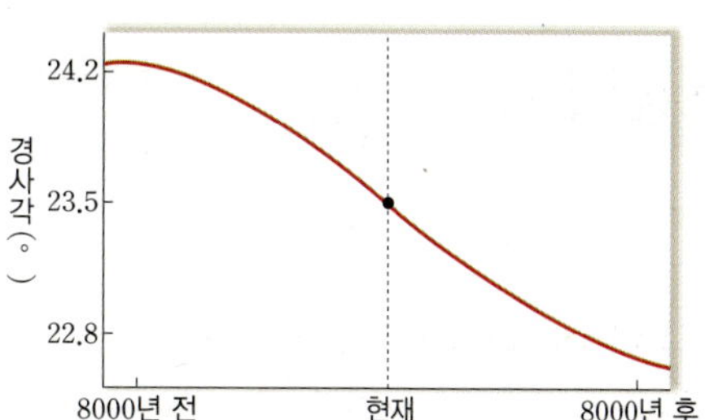

이에 대한 설명으로 옳은 것만을 |보기|에서 있는 대로 고른 것은? (단, 지구 자전축 경사각 이외의 요인은 고려하지 않는다.)

보기
ㄱ. 우리나라에서 겨울철 평균 기온은 현재가 8000년 전보다 높다.
ㄴ. 남반구 중위도 지역에서 기온의 연교차는 현재가 8000년 후보다 크다.
ㄷ. 1년 동안 지구가 받는 태양 복사 에너지양은 8000년 전이 8000년 후보다 많다.

① ㄱ   ② ㄷ   ③ ㄱ, ㄴ
④ ㄴ, ㄷ   ⑤ ㄱ, ㄴ, ㄷ

21 그림 (가)와 (나)는 각각 대기가 없는 경우와 대기가 있는 경우 복사 평형 상태에서의 지구 열수지를 나타낸 것이다.

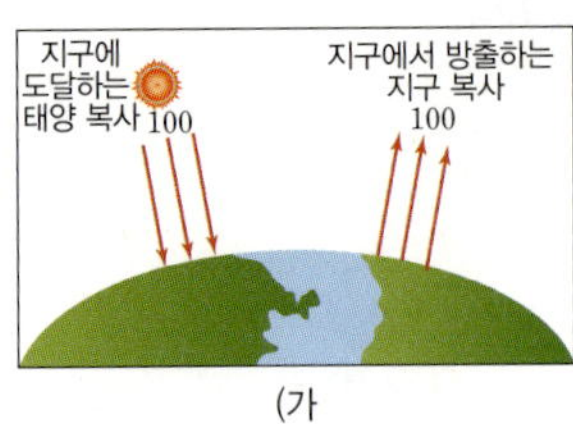

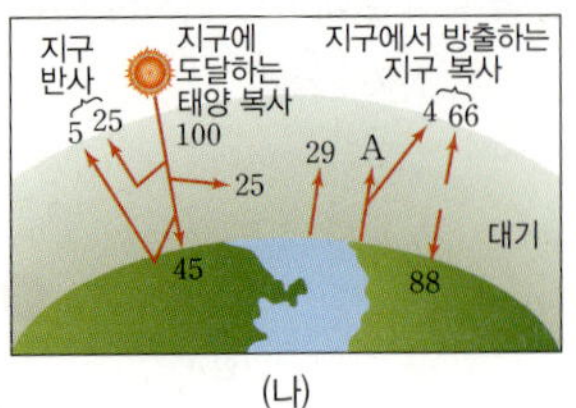

이에 대한 설명으로 옳은 것만을 | 보기 |에서 있는 대로 고른 것은?

보기
ㄱ. 지표면의 평균 온도는 (가)가 (나)보다 낮다.
ㄴ. 지표면이 방출하는 에너지의 총량은 (가)가 (나)보다 많다.
ㄷ. 대기 중 온실 기체의 증가는 A의 양을 증가시킨다.

① ㄱ   ② ㄴ   ③ ㄱ, ㄷ
④ ㄴ, ㄷ   ⑤ ㄱ, ㄴ, ㄷ

23 다음은 기후 변화에 대해 학생 A, B, C가 나눈 대화이다.

학생 A: 황사가 발생하면 지표면으로 입사하는 태양 복사 에너지의 일부가 상층에서 차단돼.
학생 B: 도시화로 인해 건물과 아스팔트 면적이 증가하면서 태양 복사 에너지의 흡수율과 저장량이 증가하고 있어.
학생 C: 온실 기체가 증가하면서 대기에 흡수되는 지구 복사 에너지양이 증가하고 있어.

세 학생 중 지표 부근 평균 기온이 상승하는 경우를 말하고 있는 학생만을 모두 고른 것은?

① A   ② B   ③ A, C
④ B, C   ⑤ A, B, C

22 그림은 1900년부터 2010년까지 북극해 얼음 면적과 전 지구 평균 해수면 높이를 A와 B로 순서 없이 나타낸 것이다.

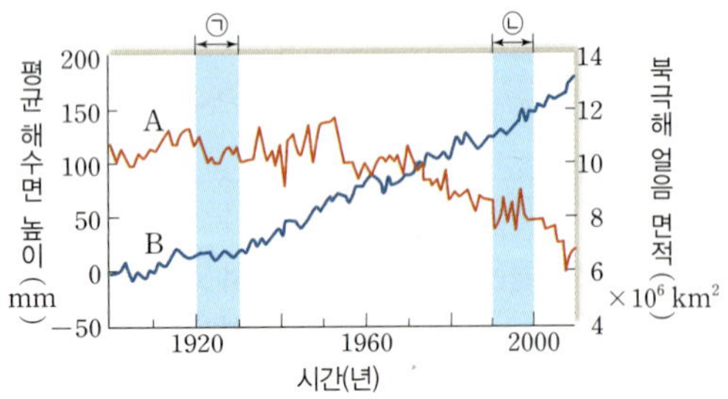

이에 대한 설명으로 옳은 것만을 | 보기 |에서 있는 대로 고른 것은?

보기
ㄱ. A는 북극해 얼음 면적을 나타낸 것이다.
ㄴ. 북극 해역의 평균 기온은 ㉠ 기간이 ㉡ 기간보다 높다.
ㄷ. 북극 해역에서 태양 복사 에너지 반사율은 ㉠ 기간이 ㉡ 기간보다 크다.

① ㄱ   ② ㄴ   ③ ㄱ, ㄷ
④ ㄴ, ㄷ   ⑤ ㄱ, ㄴ, ㄷ

24 그림은 남극 빙하를 분석하여 알아낸 과거 40만 년 동안의 대기 중 CO_2 농도와 지구의 기온 편차(당시 기온−현재 기온)을 나타낸 것이다.

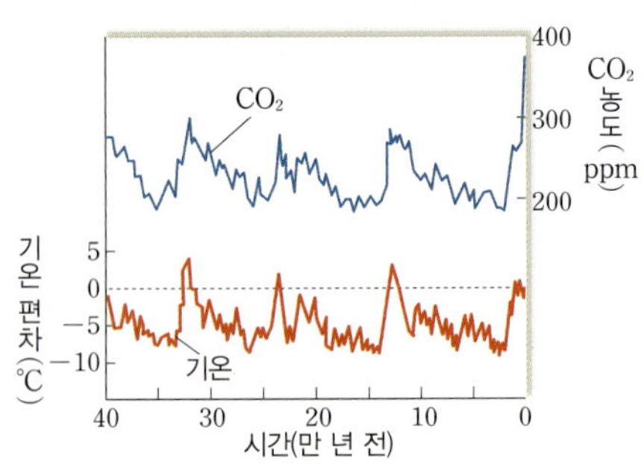

이에 대한 설명으로 옳은 것만을 | 보기 |에서 있는 대로 고른 것은?

보기
ㄱ. CO_2 농도가 높을 때 지구의 기온이 높다.
ㄴ. 과거 40만 년 동안 평균 해수면의 높이는 현재보다 낮 았을 것이다.
ㄷ. 이 기간 동안 CO_2 농도는 주로 인위적인 요인에 의해 변하였다.

① ㄱ   ② ㄷ   ③ ㄱ, ㄴ
④ ㄴ, ㄷ   ⑤ ㄱ, ㄴ, ㄷ

Ⅲ 우주

1 별의 물리량

정답과 해설 p.93

[기출 패턴] 자료에서 제시한 별의 물리량으로부터 별의 특징을 파악할 수 있어야 한다.

[배경 지식] (1) 별의 표면 온도에 따라 분광형이 결정되고, 분광형에 따라 스펙트럼에 나타나는 흡수선의 종류와 세기가 다르다.
(2) 흑체가 최대 복사 에너지를 방출하는 파장은 표면 온도가 높을수록 짧아진다.
(3) 별의 광도(L)와 표면 온도(T)를 알면, 별의 반지름(R)을 구할 수 있다. ⇒ $L = 4\pi R^2 \cdot \sigma T^4$

자료 1 평가원 기출

그림은 별의 분광형에 따른 흡수선의 상대적 세기를 나타낸 것이다.

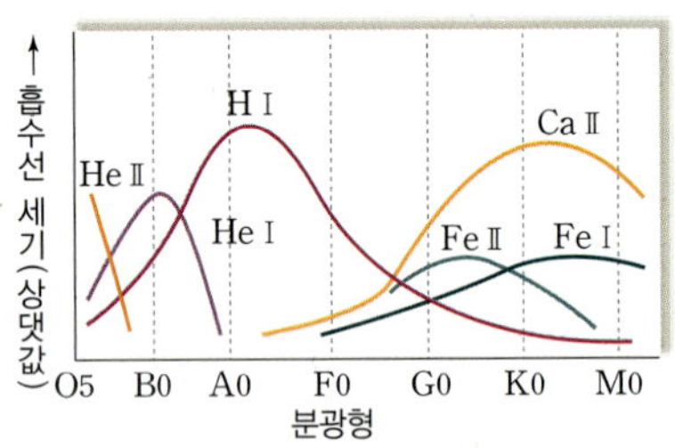

● 다음 설명 중 옳은 것은 ○표, 옳지 않은 것은 ×표 하시오.

1 흰색 별에서 H Ⅰ 흡수선이 Ca Ⅱ 흡수선보다 강하게 나타난다. ○ / ×

2 주계열성에서 B형보다 표면 온도가 높은 별일수록 H Ⅰ 흡수선의 세기가 강해진다. ○ / ×

3 태양과 광도가 같고 반지름이 작은 별의 Ca Ⅱ 흡수선은 G형 별보다 강하게 나타난다. ○ / ×

4 태양이 적색 거성으로 진화하면 Fe Ⅰ 흡수선의 세기가 강해진다. ○ / ×

자료 2 수능 기출

그림 (가)는 H−R도에서 주계열성을, (나)는 주계열성의 질량−광도 관계를 나타낸 것이다.

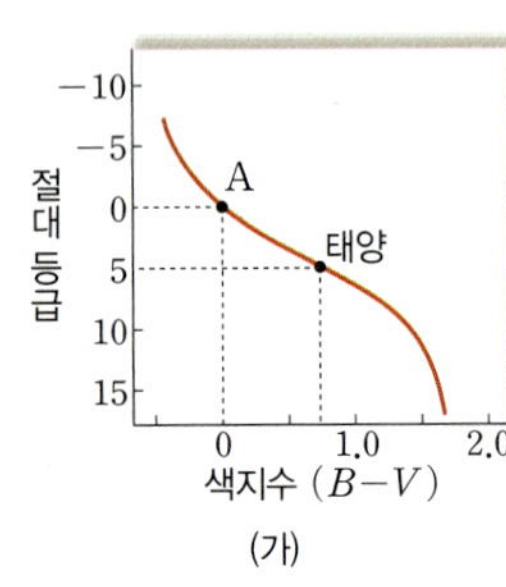
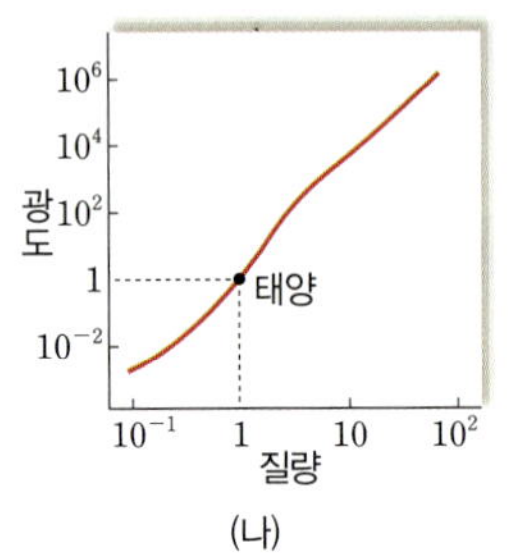

(가)   (나)

● 다음 설명 중 옳은 것은 ○표, 옳지 않은 것은 ×표 하시오.

1 색지수가 작을수록 별의 질량은 크다. ○ / ×

2 질량이 클수록 별의 반지름은 크다. ○ / ×

3 별 A의 광도는 태양의 100배이다. ○ / ×

4 별 A의 질량은 태양의 10배이다. ○ / ×

자료 3 수능 기출

그림은 별 A, B, C의 반지름과 절대 등급을 나타낸 것이다. A, B, C는 각각 초거성, 거성, 주계열성 중 하나이다.

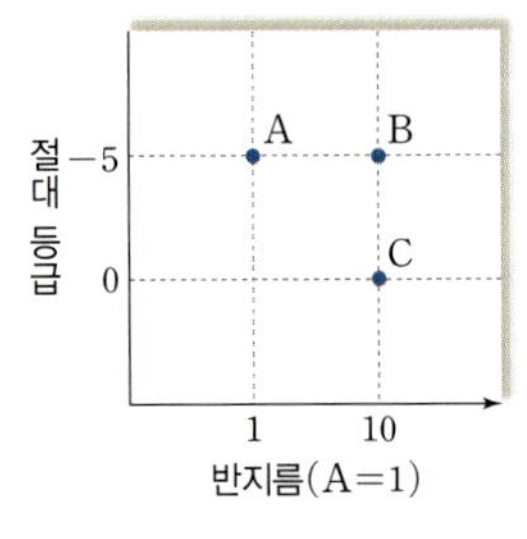

● 다음 설명 중 옳은 것은 ○표, 옳지 않은 것은 ×표 하시오.

1 표면 온도는 A가 B의 10배이다. ○ / ×

2 복사 에너지를 최대로 방출하는 파장은 B가 C보다 길다. ○ / ×

3 B는 초거성이다. ○ / ×

4 광도 계급이 Ⅴ인 것은 A이다. ○ / ×

2 H−R도와 별의 종류

정답과 해설 p.93

[기출 패턴] 별의 표면 온도와 광도로부터 H−R도상의 위치와 별의 종류를 파악할 수 있어야 한다.

[배경 지식] (1) H−R도: 가로축을 별의 분광형(또는 표면 온도), 세로축을 별의 절대 등급(또는 광도)으로 나타낸 도표
　　　　　　(2) H−R도 상에 나타나는 별의 종류는 크게 초거성, 적색 거성, 주계열성, 백색 왜성으로 나눌 수 있다.
　　　　　　(3) H−R도에서 별의 물리량 변화: 가로축의 왼쪽으로 갈수록 표면 온도가 높고, 세로축의 위로 갈수록 광도가 크다. 오른쪽 위로
　　　　　　　갈수록 반지름이 크고, 왼쪽 아래로 갈수록 밀도가 크다.

자료 1 　평가원 기출

그림은 분광형과 광도를 기준으로
한 H−R도이고, 표의 (가), (나),
(다)는 각각 H−R도에 분류된 별의
집단 ㉠, ㉡, ㉢의 특징 중 하나이다.

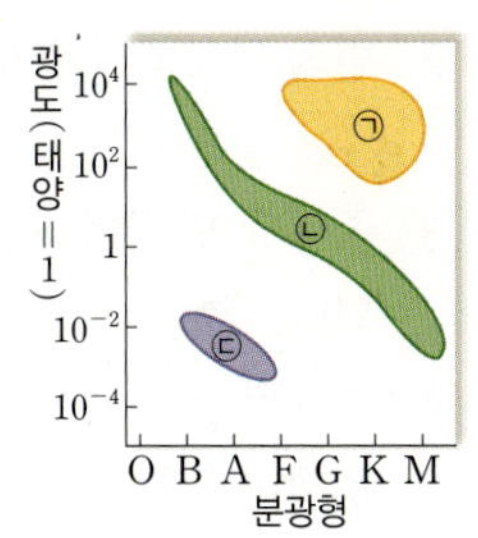

구분	특징
(가)	별이 일생의 대부분을 보내는 단계로, 정역학 평형 상태에 놓여 별의 크기가 거의 일정하게 유지된다.
(나)	주계열을 벗어난 단계로, 핵융합 반응을 통해 무거운 원소들이 만들어진다.
(다)	태양과 질량이 비슷한 별의 최종 진화 단계로, 별의 바깥층 물질이 우주로 방출된 후 중심핵만 남는다.

● 다음 설명 중 옳은 것은 ○표, 옳지 않은 것은 ×표 하시오.

1 대부분의 별은 ㉠에 속한다. ○ / ×

2 초거성과 적색 거성은 ㉡에 해당한다. ○ / ×

3 (다)에 해당하는 별은 ㉢이다. ○ / ×

4 ㉠에 속한 별은 정역학 평형 상태를 유지한다. ○ / ×

5 별의 평균 밀도는 ㉠<㉡<㉢이다. ○ / ×

6 별의 평균 표면 온도는 (나)보다 (다)가 높다. ○ / ×

자료 2 　평가원 기출

표는 질량이 서로 다른 별 A~D의 물리적 성질을, 그림은 별 A와
D를 H−R도에 나타낸 것이다. $L_\odot$은 태양 광도이다.

별	표면 온도 (K)	광도 ($L_\odot$)
A	(　　)	(　　)
B	3500	100000
C	20000	10000
D	(　　)	(　　)

● 다음 설명 중 옳은 것은 ○표, 옳지 않은 것은 ×표 하시오.

1 A는 적색 초거성이다. ○ / ×

2 B는 주계열성이다. ○ / ×

3 C는 정역학 평형 상태를 유지한다. ○ / ×

4 반지름은 B > C > D이다. ○ / ×

5 C의 수명은 태양보다 길다. ○ / ×

3 별의 진화

정답과 해설 p.93

[기출 패턴] 별의 질량에 따른 진화 경로의 차이를 파악할 수 있어야 한다.

[배경 지식] (1) 별의 질량에 따라 주계열에 머무는 시간과 진화 경로가 달라진다.
(2) 별이 주계열 단계를 마치면, 중심핵은 수축하고 별의 바깥층은 팽창하게 된다.
(3) 최종 단계에서 질량이 태양과 비슷한 별은 백색 왜성, 태양보다 훨씬 큰 별은 중성자별 또는 블랙홀이 된다.

자료 1 평가원 기출

표는 질량이 다른 별 A, B, C가 원시별 단계와 주계열 단계에서 머무는 시간을 나타낸 것이다.

별	질량(태양=1)	원시별 단계 (백만 년)	주계열 단계 (백만 년)
A	0.1	500	10^7
B	1	50	10^4
C	30	0.02	4.9

● 다음 설명 중 옳은 것은 ○표, 옳지 <u>않은</u> 것은 ×표 하시오.

1 질량이 클수록 주계열 단계에 머무는 시간은 짧다.
○ / ×

2 별의 일생에서 주계열 단계가 원시별 단계보다 짧다.
○ / ×

3 주계열 단계에 오래 머무는 별들은 진화하여 블랙홀이 된다. ○ / ×

4 주계열 단계 동안 A의 중심부에서는 CNO 순환 반응이 우세하게 일어난다. ○ / ×

자료 2 수능 기출

그림은 주계열성 A와 B가 각각 A′와 B′로 진화하는 경로를 H−R도에 나타낸 것이다. B는 태양이다.

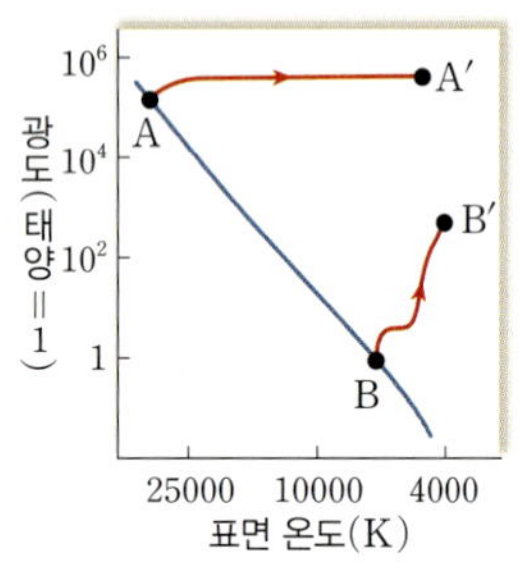

● 다음 설명 중 옳은 것은 ○표, 옳지 <u>않은</u> 것은 ×표 하시오.

1 별의 질량은 A가 B보다 크다. ○ / ×

2 A가 A′로 진화하는데 걸리는 시간은 B가 B′로 진화하는데 걸리는 시간보다 짧다. ○ / ×

3 B와 B′의 중심핵에는 탄소가 존재하지 않는다. ○ / ×

4 A는 B보다 최종 진화 단계에서의 밀도가 크다. ○ / ×

자료 3 수능 기출

표는 질량이 서로 다른 별 (가)와 (나)의 진화 과정을 나타낸 것이다.

별	진화 과정
(가)	주계열성 → 적색 초거성 → 초신성 폭발 → 중성자별
(나)	주계열성 → 적색 거성 → 행성상 성운 → 백색 왜성

● 다음 설명 중 옳은 것은 ○표, 옳지 <u>않은</u> 것은 ×표 하시오.

1 주계열 단계에서 별의 광도는 (가)가 (나)보다 크다.
○ / ×

2 주계열 단계에 머무르는 기간은 (가)가 (나)보다 길다.
○ / ×

3 주계열 단계의 수소 핵융합 반응 중에서 CNO 순환 반응이 차지하는 비율은 (가)가 (나)보다 크다. ○ / ×

4 (가)의 진화 과정에서 철보다 무거운 원소가 생성된다.
○ / ×

4 주계열성의 에너지원과 내부 구조

정답과 해설 p.93

[기출패턴] 주계열성에서 일어나는 수소 핵융합 반응의 경로와 내부 구조에 대해 알고 있어야 한다.

[배경 지식] (1) 주계열성은 정역학 평형 상태에 있다. ⇒ 기체 압력 차에 의한 힘＝중력
(2) 수소 핵융합 반응의 경로는 크게 양성자−양성자 반응 (p−p 반응)과 CNO 순환 반응이 있다.
(3) 주계열성의 내부 구조는 질량에 의해 결정된다.

자료 1　교육청 기출

그림 (가)는 양성자−양성자 반응을, (나)는 어느 주계열성의 내부 구조를 나타낸 것이다.

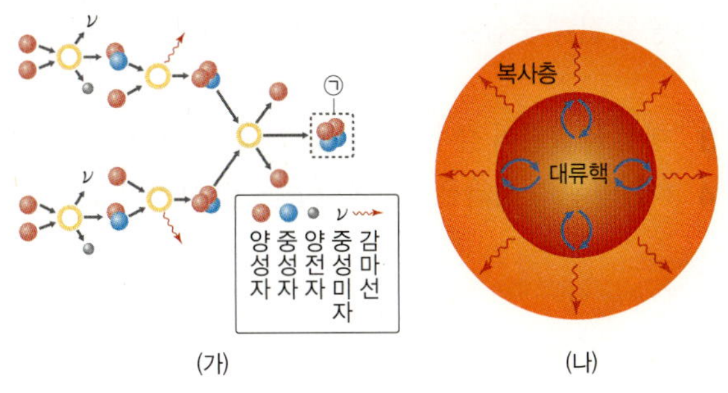

● 다음 설명 중 옳은 것은 ○표, 옳지 않은 것은 ×표 하시오.

1 (가)에서 반응이 진행되는 동안 질량 감소가 일어난다. ○ / ×

2 ㉠은 헬륨 원자핵이다. ○ / ×

3 (나)는 태양보다 질량이 큰 별의 내부 구조이다. ○ / ×

4 (나)의 대류핵에서는 탄소·질소·산소 순환 반응보다 (가)의 반응이 우세하다. ○ / ×

5 (나)의 표면에서 기체 압력 차에 의한 힘은 중력보다 작다. ○ / ×

자료 2　평가원 기출

그림 (가)는 별 ㉠~㉣의 분광형과 절대 등급을 H−R도에 나타낸 것이고, (나)는 중심핵에서 수소 핵융합 반응을 하는 어느 별의 내부 구조를 나타낸 것이다.

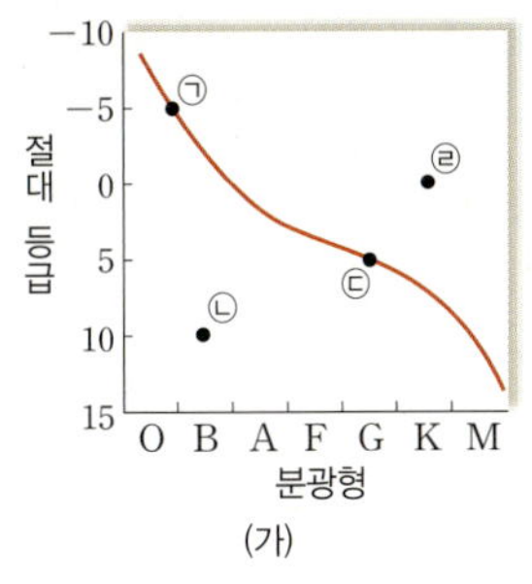

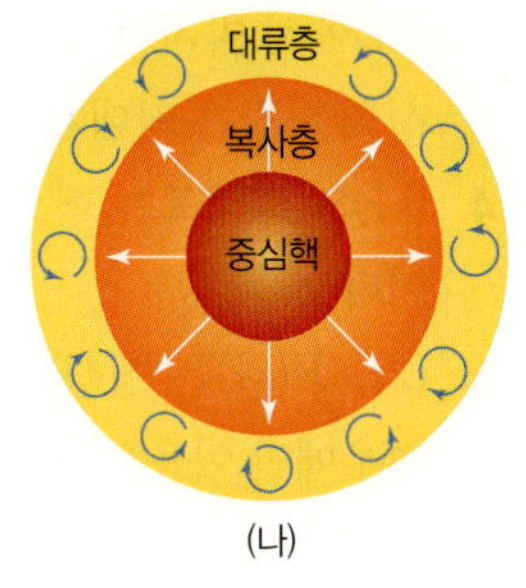

● 다음 설명 중 옳은 것은 ○표, 옳지 않은 것은 ×표 하시오.

1 ㉠은 ㉢보다 질량이 크다. ○ / ×

2 ㉡의 에너지원은 핵융합 반응이다. ○ / ×

3 (나)와 같은 내부 구조를 갖는 별은 ㉢이다. ○ / ×

4 ㉣은 정역학 평형 상태를 유지한다. ○ / ×

5 (나)의 중심핵에서는 CNO 순환 반응이 p−p 반응보다 우세하다. ○ / ×

자료 3　평가원 기출

그림 (가)의 A와 B는 분광형이 G2인 주계열성의 중심으로부터 표면까지 거리에 따른 수소 함량 비율과 온도를 순서 없이 나타낸 것이고, ㉠과 ㉡은 에너지 전달 방식이 다른 구간을 표시한 것이다. (나)는 별의 중심 온도에 따른 p−p 반응과 CNO 순환 반응의 상대적 에너지 생산량을 비교한 것이다.

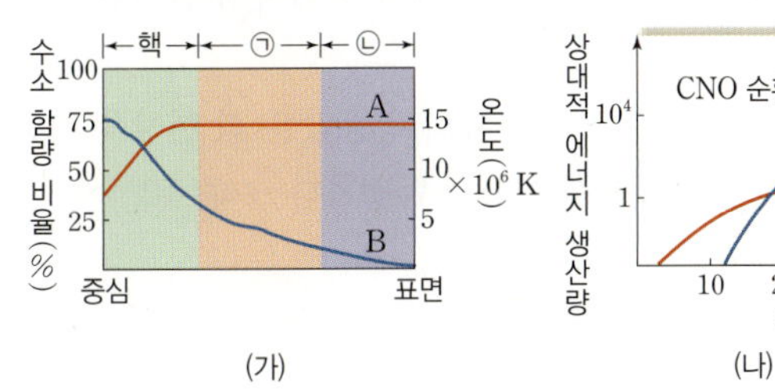

● 다음 설명 중 옳은 것은 ○표, 옳지 않은 것은 ×표 하시오.

1 ㉠은 대류층이다. ○ / ×

2 A는 온도이다. ○ / ×

3 중심부 온도는 (가)의 별과 태양이 거의 같다. ○ / ×

4 헬륨의 함량 비율은 ㉠보다 ㉡에서 크다. ○ / ×

5 (가)의 핵에서는 CNO 순환 반응보다 p−p 반응에 의해 생성되는 에너지의 양이 많다. ○ / ×

5 외계 행성 탐사 방법

정답과 해설 p.93

[기출 패턴] 외계 행성을 탐사하는 방법의 원리를 파악할 수 있어야 한다.

[배경 지식] (1) 시선 속도 이용법: 중심별이 공통 질량 중심 주위를 회전할 때 나타나는 시선 속도 변화를 관측한다.

(2) 식 현상 이용법: 행성의 식 현상에 의한 중심별의 밝기 변화를 관측한다.

(3) 미세 중력 렌즈 현상 이용법: 앞쪽 별과 행성의 미세 중력 렌즈 현상에 의한 뒤쪽 별의 밝기 변화를 관측한다.

자료 1　수능 기출

그림 (가)는 어느 외계 행성과 중심별이 공통 질량 중심을 중심으로 공전하는 모습을, (나)는 도플러 효과를 이용하여 측정한 이 중심별의 시선 속도 변화를 나타낸 것이다.

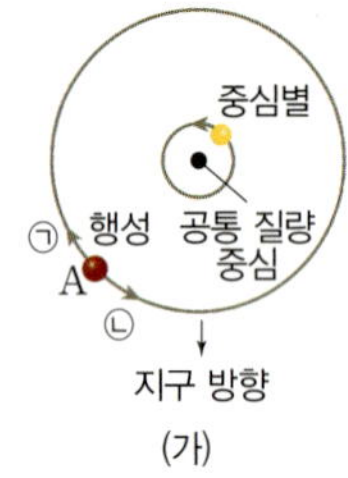
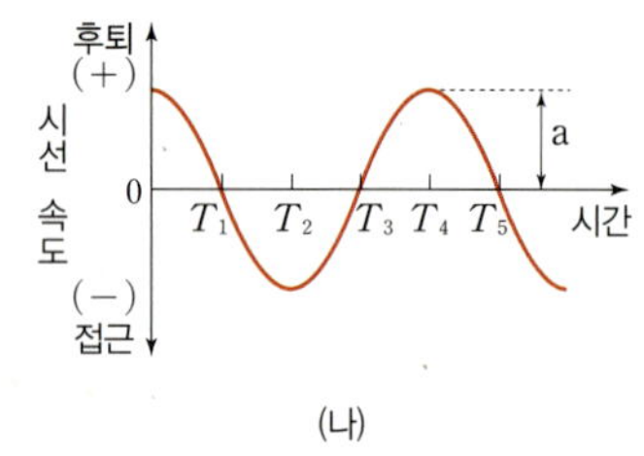

● 다음 설명 중 옳은 것은 ○표, 옳지 <u>않은</u> 것은 ×표 하시오.

1 (가)에서 중심별의 스펙트럼에서 적색 편이가 나타난다. ○ / ×

2 공통 질량 중심에 대한 행성의 공전 방향은 ㉠이다. ○ / ×

3 행성의 질량이 클수록 (나)에서 a가 커진다. ○ / ×

4 (가)의 관측 시간은 (나)에서 $T_3 \sim T_4$ 사이이다. ○ / ×

자료 2　교육청 기출

그림 (가)와 (나)는 외계 행성을 탐사하는 서로 다른 방법을 나타낸 것이다.

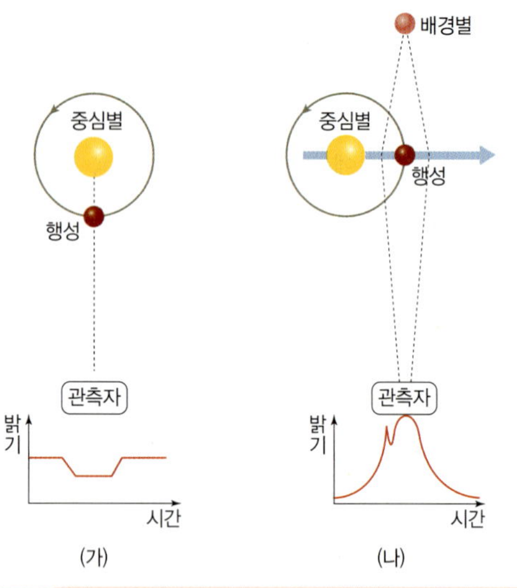

● 다음 설명 중 옳은 것은 ○표, 옳지 <u>않은</u> 것은 ×표 하시오.

1 (가)는 미세 중력 렌즈 현상을 이용한 탐사 방법이다. ○ / ×

2 (가)는 행성의 반지름이 클수록 행성을 발견하기 쉽다. ○ / ×

3 (가)에서 밝기가 최소일 때, 중심별의 스펙트럼에서 흡수선의 파장은 최대가 된다. ○ / ×

4 (나)의 그래프는 행성의 중심별의 밝기 변화를 나타낸 것이다. ○ / ×

5 (가)와 (나)는 행성의 공전 궤도면이 시선 방향에 나란한 경우에만 이용할 수 있다. ○ / ×

자료 3　평가원 기출

그림은 여러 탐사 방법을 이용하여 최근까지 발견한 외계 행성의 특징을 나타낸 것이다.

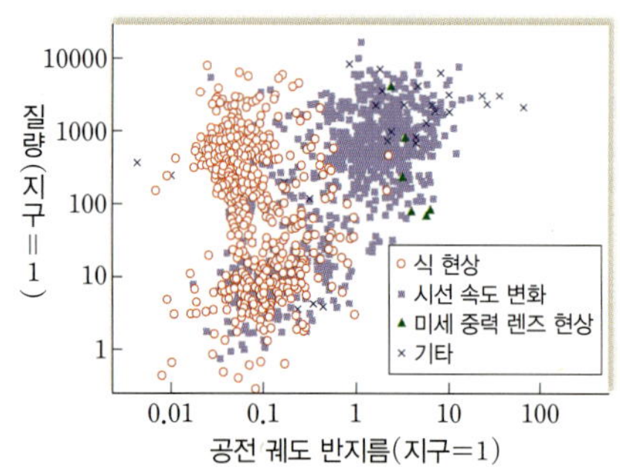

● 다음 설명 중 옳은 것은 ○표, 옳지 <u>않은</u> 것은 ×표 하시오.

1 식 현상을 이용할 경우, 행성의 반지름이 작을수록 발견하기 쉽다. ○ / ×

2 시선 속도 변화 방법은 도플러 효과를 이용한다. ○ / ×

3 중력에 의한 빛의 굴절 현상을 이용하여 발견한 행성의 수가 가장 많다. ○ / ×

4 행성의 공전 궤도 반지름의 평균값은 식 현상을 이용한 방법이 시선 속도를 이용한 방법보다 크다. ○ / ×

수능 대비 문제

01 기출 변형 교육청

그림은 태양과 질량이 같은 두 별 (가)와 (나)의 파장에 따른 복사 에너지 세기의 분포를 나타낸 것이다. (가)와 (나)는 각각 백색 왜성과 주계열성 중 하나이다.

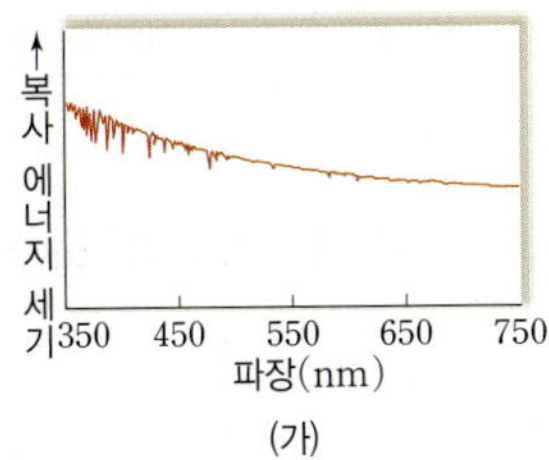
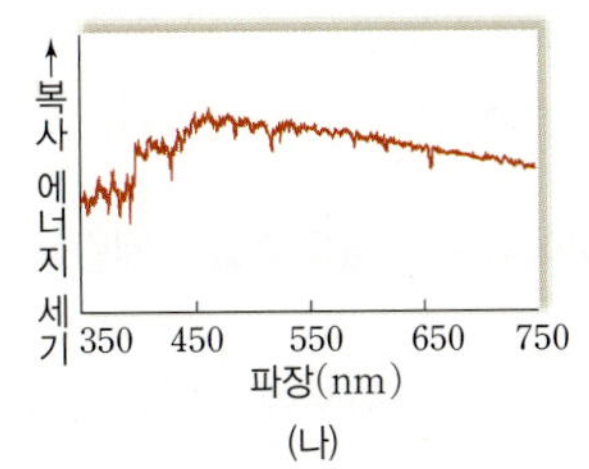

(가)와 (나)에 대한 설명으로 옳은 것만을 |보기|에서 있는 대로 고른 것은?

> **보기**
> ㄱ. (가)는 백색 왜성이다.
> ㄴ. 스펙트럼의 특징이 태양과 유사한 별은 (나)이다.
> ㄷ. 별의 단위 표면적에서 단위 시간 동안 방출하는 에너지양은 (가)가 (나)보다 적다.

① ㄱ　　　② ㄷ　　　③ ㄱ, ㄴ
④ ㄴ, ㄷ　　　⑤ ㄱ, ㄴ, ㄷ

02

그림은 태양과 별 (가), (나)의 플랑크 곡선을, 표는 세 별의 플랑크 곡선과 가로축 사이의 면적을 나타낸 것이다. 세 별의 절대 등급은 모두 같다.

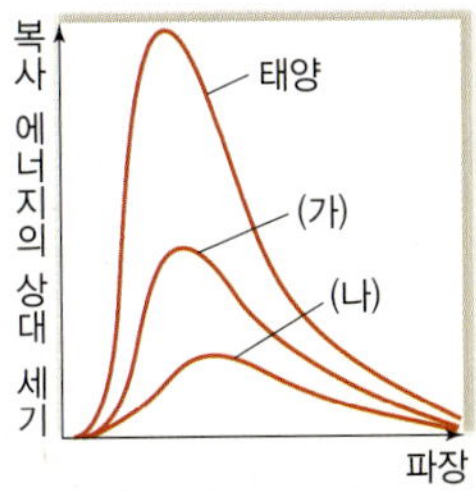

별	그래프와 가로축 사이의 면적 (상댓값)
태양	16
(가)	4
(나)	1

이에 대한 설명으로 옳은 것만을 |보기|에서 있는 대로 고른 것은?

> **보기**
> ㄱ. 별의 표면 온도는 태양이 (가)의 $\sqrt{2}$배이다.
> ㄴ. 별의 반지름은 (나)가 태양의 4배이다.
> ㄷ. H−R도에서 (가)는 (나)보다 왼쪽에 위치한다.

① ㄱ　　　② ㄷ　　　③ ㄱ, ㄴ
④ ㄴ, ㄷ　　　⑤ ㄱ, ㄴ, ㄷ

03 기출 변형 평가원

그림은 별의 스펙트럼에 나타난 흡수선의 상대적 세기를 온도에 따라 나타낸 것이고, 표는 별 A, B, C의 물리량과 특징을 나타낸 것이다.

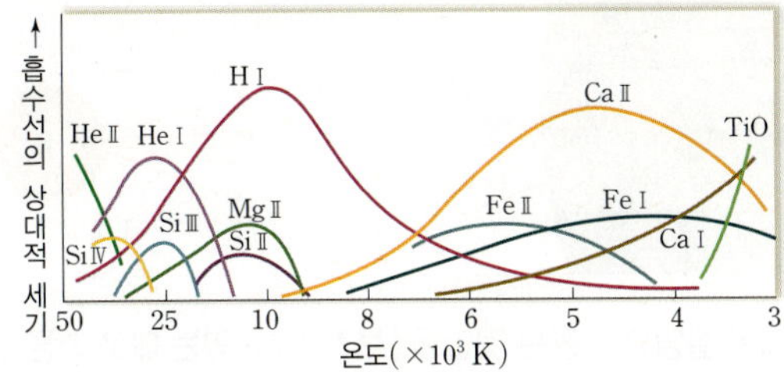

별	표면 온도(K)	절대 등급	특징
A	( )	11.0	별의 색깔은 흰색이다.
B	3000	( )	반지름이 C의 10배이다.
C	6000	6.0	( )

이에 대한 설명으로 옳은 것만을 |보기|에서 있는 대로 고른 것은?

> **보기**
> ㄱ. 반지름은 A가 C보다 크다.
> ㄴ. B의 절대 등급은 1.0보다 크다.
> ㄷ. 세 별 중 Fe I 흡수선은 A에서 가장 강하다.

① ㄱ　　　② ㄴ　　　③ ㄱ, ㄴ
④ ㄱ, ㄷ　　　⑤ ㄴ, ㄷ

04 기출 평가원

표는 여러 별들의 절대 등급을 분광형과 광도 계급에 따라 구분하여 나타낸 것이다. (가), (나), (다)는 광도 계급 Ib(초거성), Ⅲ(거성), Ⅴ(주계열성)를 순서 없이 나타낸 것이다.

분광형 \ 광도 계급	(가)	(나)	(다)
B0	−4.1	−5.0	−6.2
A0	+0.6	−0.6	−4.9
G0	+4.4	+0.6	−4.5
M0	+9.2	−0.4	−4.5

이 자료에 대한 설명으로 옳은 것만을 |보기|에서 있는 대로 고른 것은?

> **보기**
> ㄱ. (가)는 Ⅴ(주계열성)이다.
> ㄴ. (나)에서 광도가 가장 작은 별의 표면 온도가 가장 낮다.
> ㄷ. (다)에서 별의 반지름은 G형인 별이 M형인 별보다 작다.

① ㄱ　　　② ㄴ　　　③ ㄷ
④ ㄱ, ㄴ　　　⑤ ㄱ, ㄷ

05 그림은 별 A와 B에서 단위 시간당 동일한 양의 복사 에너지를 방출하는 면적을 나타낸 것이다. A의 광도는 B의 40배이다.

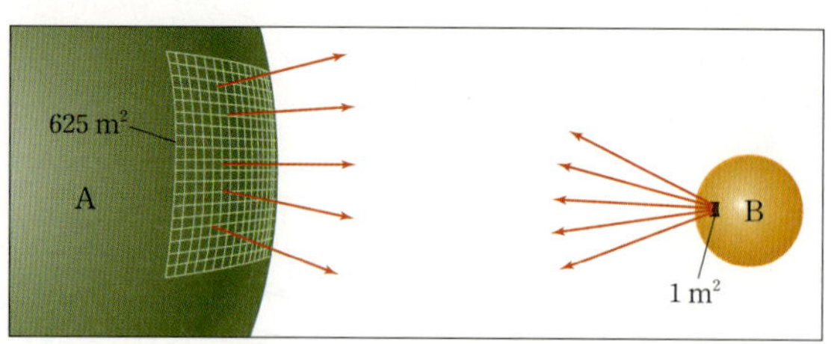

이에 대한 설명으로 옳은 것만을 |보기|에서 있는 대로 고른 것은? (단, A, B는 흑체로 가정한다.)

┌─ 보기 ────────────────────────────
ㄱ. 표면 온도는 B가 A보다 5배 높다.
ㄴ. 반지름은 A가 B보다 150배 이상이다.
ㄷ. 최대 에너지를 방출하는 파장은 B가 A보다 길다.
└──────────────────────────────────

① ㄱ　　　　　② ㄷ　　　　　③ ㄱ, ㄴ
④ ㄴ, ㄷ　　　⑤ ㄱ, ㄴ, ㄷ

06 그림 (가)는 정역학 평형 상태에 있는 어느 별의 내부 구조를, (나)는 이 별의 진화 과정에서 주요 에너지원을 나타낸 것이다.

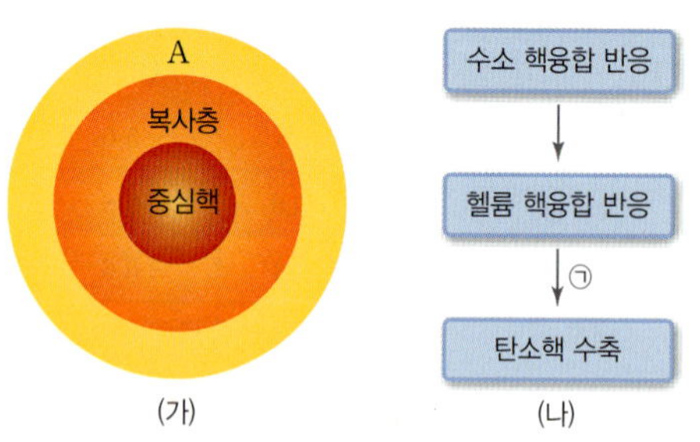

이에 대한 설명으로 옳은 것만을 |보기|에서 있는 대로 고른 것은?

┌─ 보기 ────────────────────────────
ㄱ. A는 대류층이다.
ㄴ. ㉠ 단계에서 수소 껍질 연소가 일어난다.
ㄷ. 탄소핵이 수축하는 동안 중심부 온도는 상승한다.
└──────────────────────────────────

① ㄱ　　　　　② ㄷ　　　　　③ ㄱ, ㄴ
④ ㄴ, ㄷ　　　⑤ ㄱ, ㄴ, ㄷ

07 표는 주계열성 ㉠, ㉡, ㉢의 표면 온도와 반지름을 나타낸 것이다.

주계열성	㉠	㉡	㉢
표면 온도(K)	5600	32000	40000
반지름(태양=1)	0.95	8.5	12.0

이에 대한 설명으로 옳은 것만을 |보기|에서 있는 대로 고른 것은?

┌─ 보기 ────────────────────────────
ㄱ. ㉠ 중심부에는 대류핵이 존재한다.
ㄴ. ㉡은 최종 진화 단계에서 초신성 폭발을 일으킨다.
ㄷ. 주계열 단계에 머무는 시간은 ㉢이 가장 짧다.
└──────────────────────────────────

① ㄱ　　　　　② ㄷ　　　　　③ ㄱ, ㄴ
④ ㄴ, ㄷ　　　⑤ ㄱ, ㄴ, ㄷ

08 그림 (가)는 전갈자리에 있는 세 별 ㉠, ㉡, ㉢의 절대 등급과 분광형을, (나)는 H−R도에 별의 집단을 나타낸 것이다.

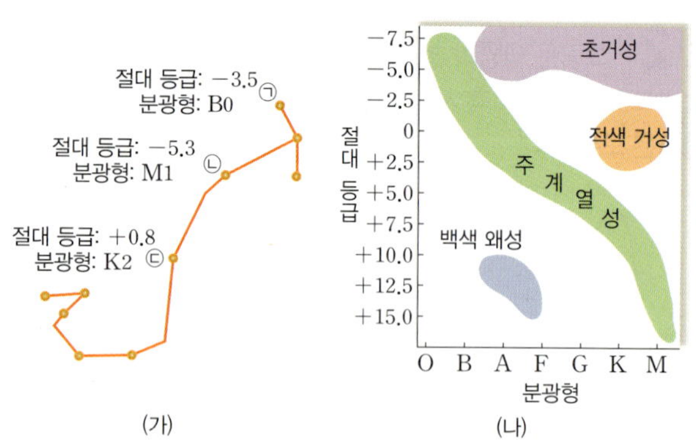

별 ㉠, ㉡, ㉢에 대한 설명으로 옳은 것만을 |보기|에서 있는 대로 고른 것은?

┌─ 보기 ────────────────────────────
ㄱ. ㉠은 주계열성이다.
ㄴ. ㉡은 태양보다 질량이 작다.
ㄷ. 별의 밀도는 ㉡<㉢<㉠이다.
└──────────────────────────────────

① ㄱ　　　　　② ㄴ　　　　　③ ㄷ
④ ㄱ, ㄴ　　　⑤ ㄱ, ㄷ

09

그림 (가)는 어느 별의 진화 경로를, (나)는 A, B, C 중 어느 단계일 때의 내부 구조를 나타낸 것이다.

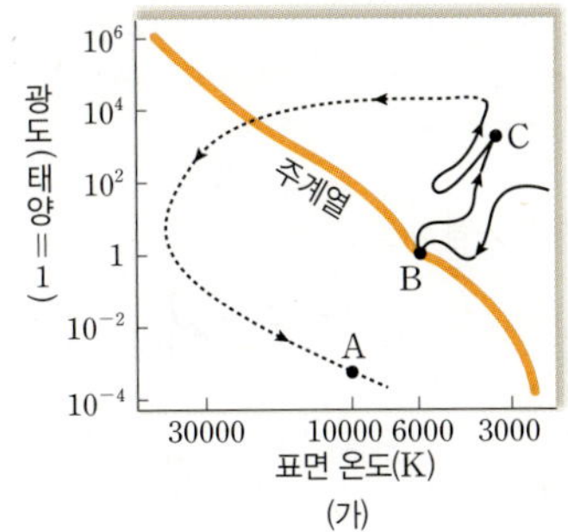

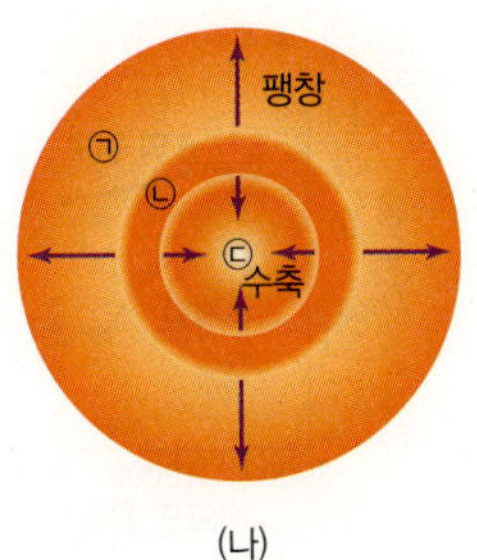

이 별에 대한 설명으로 옳은 것만을 |보기|에서 있는 대로 고른 것은?

보기
ㄱ. 별의 평균 밀도는 A>B>C이다.
ㄴ. (나)는 A일 때의 내부 구조이다.
ㄷ. (나)에서 헬륨의 비율은 ㉠보다 ㉢에서 낮다.

① ㄱ　　　　② ㄷ　　　　③ ㄱ, ㄴ
④ ㄴ, ㄷ　　　⑤ ㄱ, ㄴ, ㄷ

10

그림 (가)는 별의 질량에 따라 주계열 단계에 도달하였을 때의 광도와 이 단계에 머무는 시간을, (나)는 주계열성을 $H-R$도에 나타낸 것이다. A와 B는 각각 광도와 시간 중 하나이다.

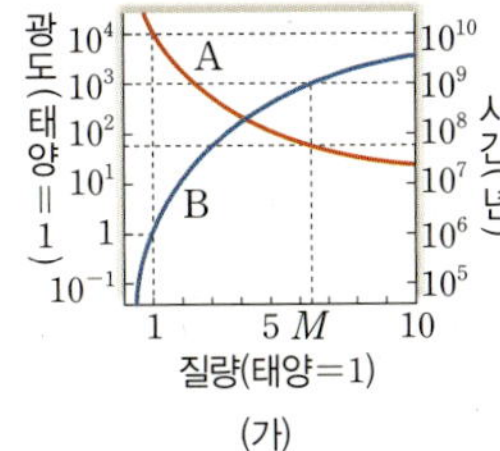

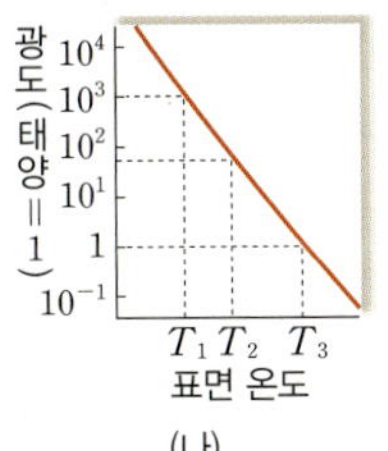

이 자료에 대한 설명으로 옳은 것만을 |보기|에서 있는 대로 고른 것은?

보기
ㄱ. B는 광도이다.
ㄴ. 질량이 M인 별의 표면 온도는 T_2이다.
ㄷ. 표면 온도가 T_2인 별은 T_1인 별보다 주계열 단계에 머무는 시간이 100배 이상 길다.

① ㄱ　　　　② ㄷ　　　　③ ㄱ, ㄴ
④ ㄴ, ㄷ　　　⑤ ㄱ, ㄴ, ㄷ

11

표는 별 ㉠, ㉡, ㉢의 분광형을, 그림은 세 별의 중심부에서 일어나는 핵융합 반응의 경로를 나타낸 것이다.

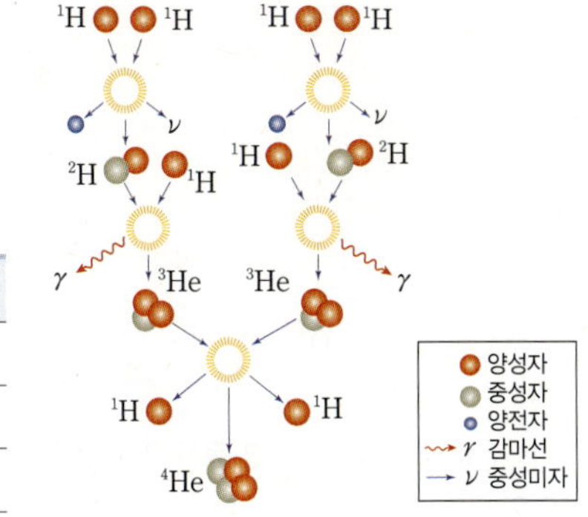

별	분광형
㉠	A5
㉡	B5
㉢	K5

이에 대한 설명으로 옳은 것만을 |보기|에서 있는 대로 고른 것은?

보기
ㄱ. 별의 중심부 온도는 ㉠이 ㉡보다 높다.
ㄴ. 이 핵융합 반응에 의해 단위 시간 동안 생산되는 에너지양은 ㉢이 가장 많다.
ㄷ. ㉠, ㉡, ㉢은 모두 시간이 흐를수록 질량이 감소한다.

① ㄱ　　　　② ㄷ　　　　③ ㄱ, ㄴ
④ ㄴ, ㄷ　　　⑤ ㄱ, ㄴ, ㄷ

12

그림은 별의 중심부 온도에 따른 수소 핵융합 반응의 에너지 생산량을 나타낸 것이다. A와 B는 각각 $p-p$ 반응과 CNO 순환 반응 중 하나이다.

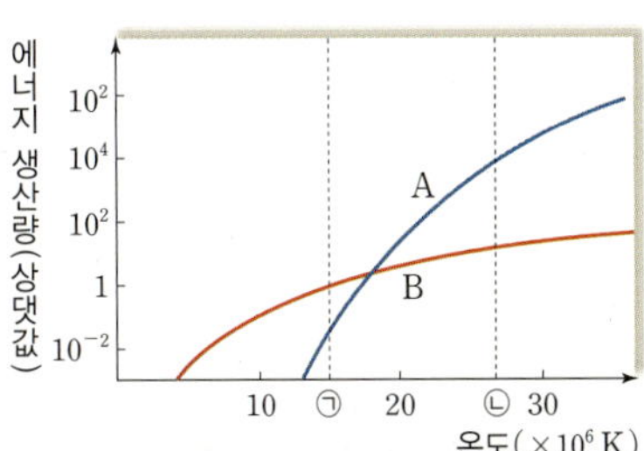

이에 대한 설명으로 옳은 것만을 |보기|에서 있는 대로 고른 것은?

보기
ㄱ. A는 CNO 순환 반응이다.
ㄴ. 중심부 온도가 ㉠인 주계열성은 대류핵이 있다.
ㄷ. 중심부 온도가 ㉡인 주계열성은 태양보다 수명이 짧다.

① ㄱ　　　　② ㄴ　　　　③ ㄱ, ㄷ
④ ㄴ, ㄷ　　　⑤ ㄱ, ㄴ, ㄷ

13 그림은 별 A, B, C를 H−R도에 나타낸 것이다.

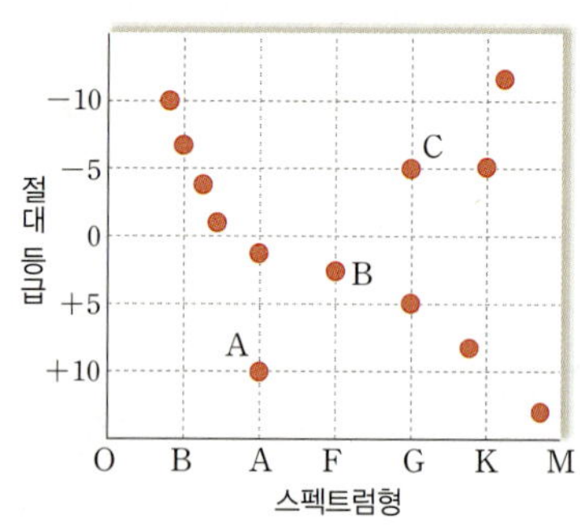

A, B, C에 대한 설명으로 옳은 것만을 |보기|에서 있는 대로 고른 것은?

> **보기**
> ㄱ. 수소 흡수선이 가장 강한 별은 A이다.
> ㄴ. 핵융합 반응에 의한 에너지 생성량은 B가 C보다 많다.
> ㄷ. C의 중심부에서는 CNO 순환 반응이 활발하다.

① ㄱ ② ㄷ ③ ㄱ, ㄴ
④ ㄴ, ㄷ ⑤ ㄱ, ㄴ, ㄷ

---

14 그림은 태양 내부의 온도 분포를 나타낸 것이다. ㉠, ㉡, ㉢은 각각 중심핵, 복사층, 대류층 중 하나이다.

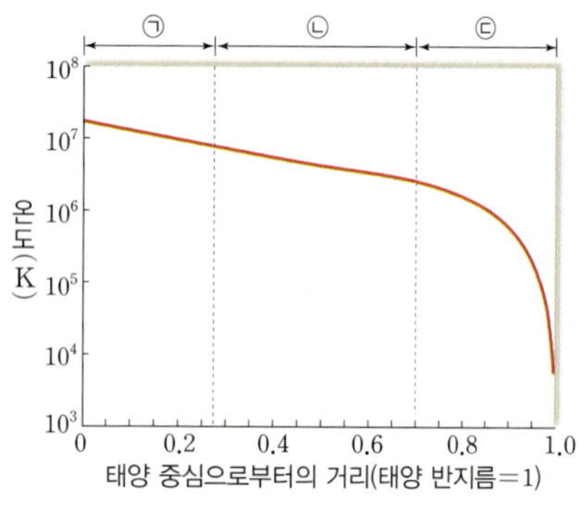

이에 대한 설명으로 옳은 것만을 |보기|에서 있는 대로 고른 것은?

> **보기**
> ㄱ. ㉠에서는 수소 핵융합 반응이 일어난다.
> ㄴ. ㉡은 복사층이다.
> ㄷ. 태양 전체에서 대류층이 차지하는 부피는 약 30 % 이다.

① ㄱ ② ㄷ ③ ㄱ, ㄴ
④ ㄴ, ㄷ ⑤ ㄱ, ㄴ, ㄷ

---

15 그림 (가)와 (나)는 질량이 다른 두 별 A와 B의 진화 경로 일부를 주계열 이전과 이후로 나누어 H−R 도에 각각 나타낸 것이다. $L_\odot$은 태양 광도이다.

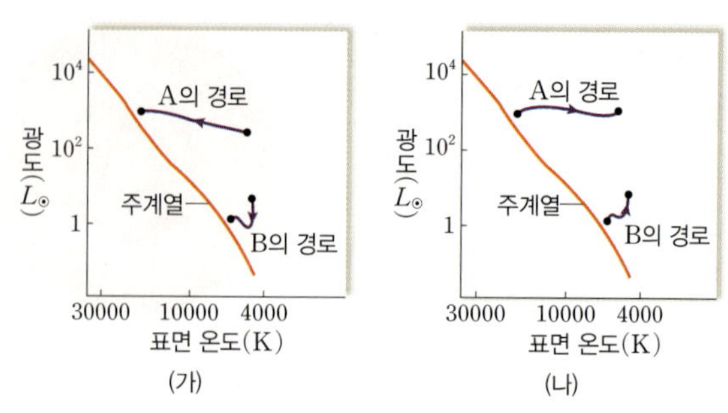

이에 대한 설명으로 옳은 것만을 |보기|에서 있는 대로 고른 것은?

> **보기**
> ㄱ. (가)에서 A와 B의 주요 에너지원은 핵융합 반응이다.
> ㄴ. (나)에서 A와 B는 모두 밀도가 감소한다.
> ㄷ. 주계열에 머무르는 시간은 A가 B보다 짧다.

① ㄱ ② ㄷ ③ ㄱ, ㄴ
④ ㄴ, ㄷ ⑤ ㄱ, ㄴ, ㄷ

---

16 그림 (가)와 (나)는 서로 다른 두 시기에 태양 중심으로부터의 거리에 따른 수소와 헬륨의 질량비를 나타낸 것이다. A와 B는 각각 수소와 헬륨 중 하나이다.

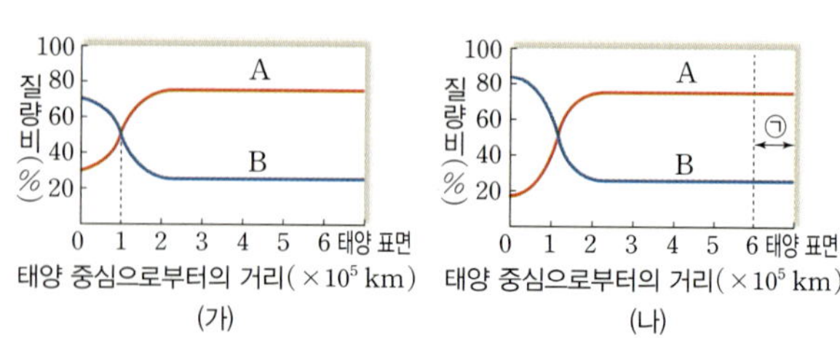

이에 대한 설명으로 옳은 것만을 |보기|에서 있는 대로 고른 것은?

> **보기**
> ㄱ. 태양의 나이는 (가)보다 (나)일 때 많다.
> ㄴ. (가)일 때 핵의 반지름은 1×10^5 km보다 크다.
> ㄷ. ㉠에서는 주로 대류에 의해 에너지가 전달된다.

① ㄱ ② ㄷ ③ ㄱ, ㄴ
④ ㄴ, ㄷ ⑤ ㄱ, ㄴ, ㄷ

17

그림은 어느 외계 행성계에서 중심별의 시선 속도를 나타낸 것이다.

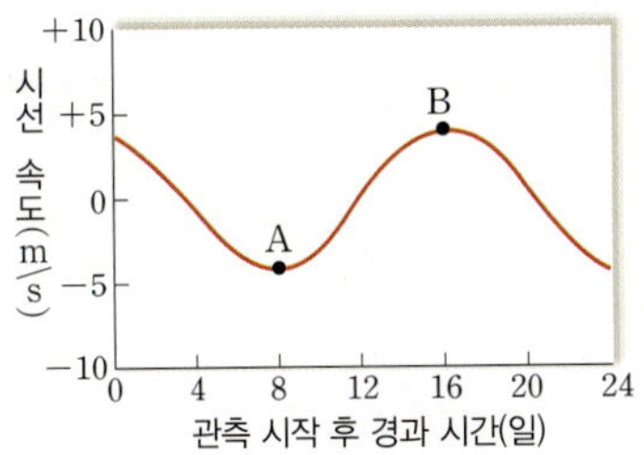

이 자료에 대한 설명으로 옳은 것만을 |보기|에서 있는 대로 고른 것은? (단, 행성은 원 궤도로 공전하며, 공전 궤도면은 중심별의 시선 방향에 나란하다.)

> |보기|
> ㄱ. 행성의 공전 주기는 24일보다 짧다.
> ㄴ. A일 때 수소 흡수선의 파장은 가장 길게 관측된다.
> ㄷ. B일 때 행성의 시선 속도는 약 -5 m/s이다.

① ㄱ ② ㄷ ③ ㄱ, ㄴ
④ ㄴ, ㄷ ⑤ ㄱ, ㄴ, ㄷ

18

그림 (가)는 어느 외계 행성계에서 식 현상을 일으키는 행성들에 의한 시간에 따른 중심별의 겉보기 밝기 변화를 나타낸 것이다. 세 행성의 공전 궤도면은 관측자의 시선 방향과 나란하다.

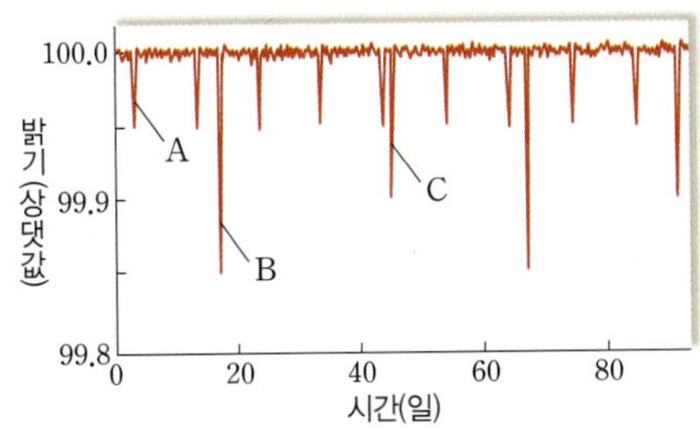

이 자료에 대한 설명으로 옳은 것만을 |보기|에서 있는 대로 고른 것은?

> |보기|
> ㄱ. 이 외계 행성계에서 행성의 수는 최소 3개이다.
> ㄴ. 행성의 공전 주기는 C가 A의 4배보다 길다.
> ㄷ. 행성의 반지름은 B가 A의 약 3배이다.

① ㄱ ② ㄷ ③ ㄱ, ㄴ
④ ㄴ, ㄷ ⑤ ㄱ, ㄴ, ㄷ

19

그림은 어느 외계 행성계에서 중심별과 행성이 공통 질량 중심을 중심으로 회전하는 모습을 나타낸 것이다. 행성은 원 궤도를 따라 공전하며, 공전 궤도면은 관측자의 시선 방향과 나란하다.

이에 대한 설명으로 옳은 것만을 |보기|에서 있는 대로 고른 것은?

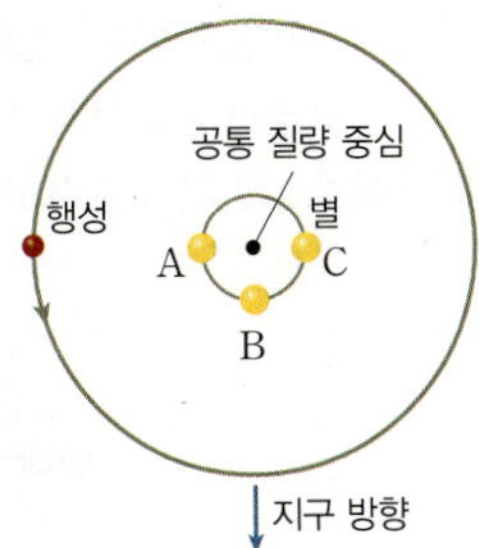

> |보기|
> ㄱ. 식 현상을 이용하여 행성의 존재를 확인할 수 있다.
> ㄴ. 중심별의 회전 방향은 A → B → C이다.
> ㄷ. 별빛 스펙트럼의 파장 변화량은 B보다 C에서 크다.

① ㄱ ② ㄷ ③ ㄱ, ㄴ
④ ㄴ, ㄷ ⑤ ㄱ, ㄴ, ㄷ

20

그림 (가)는 별 A와 B의 상대적 위치 변화를 시간 순서로 배열한 것이고, (나)는 (가)의 관측 기간 동안 이 중 한 별의 밝기 변화를 나타낸 것이다. 이 기간 동안 B는 A보다 지구로부터 멀리 있고, 별과 행성에 의한 미세 중력 렌즈 현상이 관측되었다.

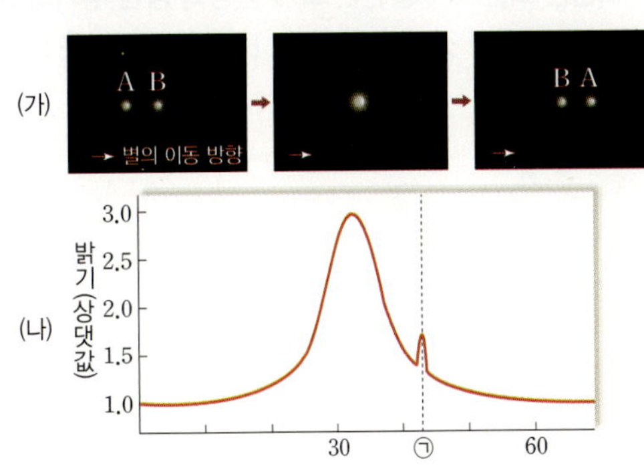

이 자료에 대한 설명으로 옳은 것만을 |보기|에서 있는 대로 고른 것은?

> |보기|
> ㄱ. (나)의 ㉠ 시기에 관측자와 두 별의 중심은 일직선상에 위치한다.
> ㄴ. (나)에서 별의 겉보기 등급 최대 변화량은 1등급보다 작다.
> ㄷ. (나)로부터 A가 행성을 가지고 있다는 것을 알 수 있다.

① ㄱ ② ㄷ ③ ㄱ, ㄴ
④ ㄴ, ㄷ ⑤ ㄱ, ㄴ, ㄷ

수능 대비 문제

21 그림은 외계 행성이 중심별 주위를 공전하며 식 현상을 일으키는 모습과 중심별의 밝기 변화를 나타낸 것이다. 이 외계 행성에 의해 중심별의 도플러 효과가 관측된다.

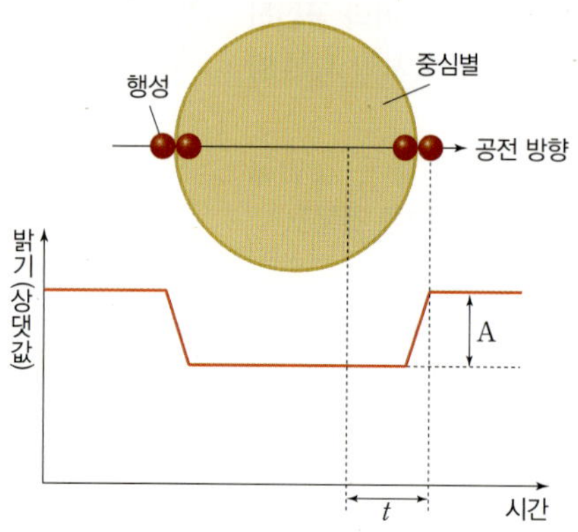

이에 대한 설명으로 옳은 것만을 |보기|에서 있는 대로 고른 것은?

> **보기**
> ㄱ. 행성의 반지름이 2배 커지면 A 값은 2배 커진다.
> ㄴ. t 동안 중심별의 적색 편이가 관측된다.
> ㄷ. 중심별과 행성의 공통 질량 중심을 중심으로 공전하는 속도는 중심별이 행성보다 느리다.

① ㄱ ② ㄷ ③ ㄱ, ㄴ
④ ㄴ, ㄷ ⑤ ㄱ, ㄴ, ㄷ

22 그림은 최근까지 발견된 외계 행성의 공전 주기와 중심별의 질량 관계를 나타낸 것이다. 행성 A, B, C의 중심별은 모두 주계열성이다.

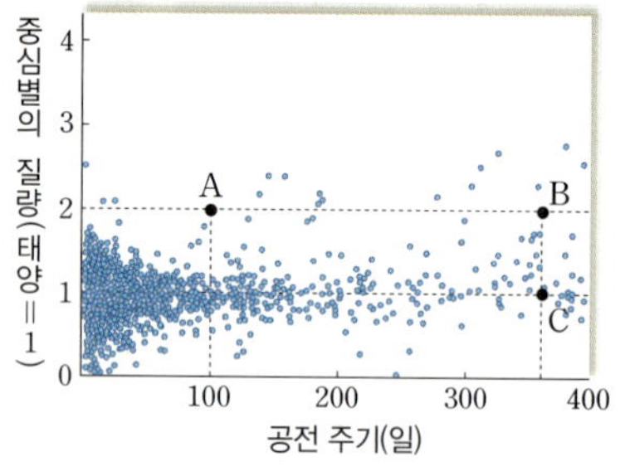

이에 대한 설명으로 옳은 것만을 |보기|에서 있는 대로 고른 것은? (단, 외계 행성 A, B, C의 질량과 대기 조건은 같다.)

> **보기**
> ㄱ. 외계 행성은 공전 주기는 대부분 지구보다 길다.
> ㄴ. 행성에 의한 식 현상이 나타나는 주기는 A가 B보다 짧다.
> ㄷ. C에는 액체 상태의 물이 존재할 수 있다.

① ㄱ ② ㄷ ③ ㄱ, ㄴ
④ ㄴ, ㄷ ⑤ ㄱ, ㄴ, ㄷ

23 그림은 질량이 서로 다른 주계열성 주위를 돌고 있는 행성 A, B, C의 중심별로부터의 거리와 생명 가능 지대의 범위를 나타낸 것이다.

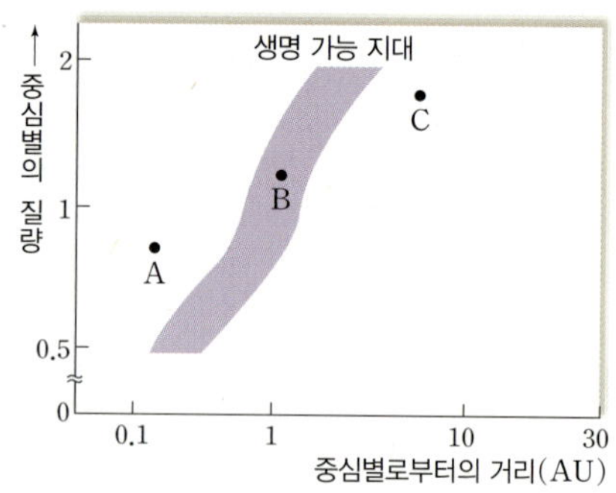

이에 대한 설명으로 옳은 것만을 |보기|에서 있는 대로 고른 것은? (단, 행성의 대기 조건은 고려하지 않는다.)

> **보기**
> ㄱ. A의 중심별은 태양보다 질량이 크다.
> ㄴ. B의 표면에는 액체 상태의 물이 존재할 수 있다.
> ㄷ. 행성의 단위 면적에 입사하는 에너지양은 C가 지구보다 많다.

① ㄱ ② ㄴ ③ ㄱ, ㄷ
④ ㄴ, ㄷ ⑤ ㄱ, ㄴ, ㄷ

24 표는 외계 행성계 (가), (나), (다)에서 중심별의 분광형과 광도 계급을 나타낸 것이다.

구분 \ 행성계	(가)	(나)	(다)
분광형	K0	G0	M0
광도 계급	V	V	I

이에 대한 설명으로 옳은 것만을 |보기|에서 있는 대로 고른 것은?

> **보기**
> ㄱ. 생명 가능 지대의 폭은 (가)가 (나)보다 넓다.
> ㄴ. 중심별에서 생명 가능 지대까지의 거리는 (나)가 (다)보다 멀다.
> ㄷ. 중심별의 주계열 수명은 (다) < (나) < (가)이다.

① ㄱ ② ㄴ ③ ㄷ
④ ㄱ, ㄴ ⑤ ㄴ, ㄷ

1 은하의 분류와 특징

정답과 해설 p.96

[기출 패턴] 허블의 은하 분류 체계와 은하의 종류에 따른 특징을 파악할 수 있어야 한다.

[배경 지식] (1) 허블의 은하 분류: 가시광선 영역에서 관측되는 형태에 따라 타원 은하, 나선 은하, 불규칙 은하로 분류한다.
(2) 타원 은하: 성간 물질이 거의 없는 타원형 은하, 주로 늙고 온도가 낮은 별들로 구성되어 있다.
(3) 나선 은하: 은하핵과 나선팔이 있는 은하, 막대 나선 은하와 정상 나선 은하로 나눌 수 있다.
(4) 불규칙 은하: 규칙적인 모양이 없는 은하, 성간 물질과 젊은 별들의 비율이 높다.

자료 1 수능 기출

그림은 허블의 은하 분류상 서로 다른 형태의 세 은하 (가), (나), (다)를 가시광선으로 관측한 것이다.

  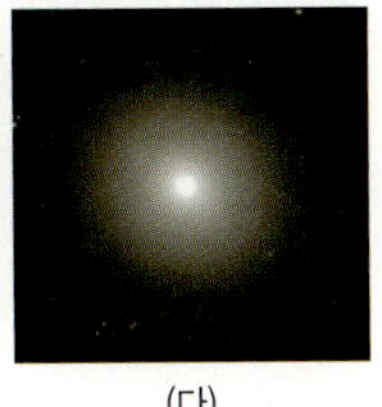

(가)　　　　(나)　　　　(다)

● 다음 설명 중 옳은 것은 ○표, 옳지 <u>않은</u> 것은 ×표 하시오.

1 (가)는 불규칙 은하이다. ○ / ×

2 (나)에서 별들의 평균 색지수는 은하 중심부보다 나선팔에서 크다. ○ / ×

3 은하를 구성하는 별의 평균 연령은 (다)가 가장 많다. ○ / ×

4 시간이 흐를수록 은하의 모양은 점점 (가)의 형태에 가까워진다. ○ / ×

자료 2 수능 기출

표는 허블의 은하 분류 기준과 이에 따라 분류한 은하의 종류를 나타낸 것이고, 그림은 은하 A의 가시광선 영상이다. (가)~(라)는 각각 타원 은하, 정상 나선 은하, 막대 나선 은하, 불규칙 은하 중 하나이고, A는 (가)~(라) 중 하나에 해당한다.

A

분류 기준	(가)	(나)	(다)	(라)
규칙적인 구조가 있는가?	○	○	×	○
나선팔이 있는가?	○	○	×	×
중심부에 막대 구조가 있는가?	○	×	×	×

(○: 있다, ×: 없다)

● 다음 설명 중 옳은 것은 ○표, 옳지 <u>않은</u> 것은 ×표 하시오.

1 (가)는 편평도에 따라 세분할 수 있다. ○ / ×

2 우리은하는 (나)에 속한다. ○ / ×

3 A는 (라)에 해당한다. ○ / ×

4 은하의 질량에 대한 성간 물질의 질량비는 (가)가 (다)보다 작다. ○ / ×

5 은하를 구성하는 별의 평균 표면 온도는 (나)가 (라)보다 높다. ○ / ×

자료 3 평가원 기출

그림 (가)는 은하의 형태에 따른 분류를, (나)는 각 은하에 속한 별들의 색지수 분포를 나타낸 것이다.

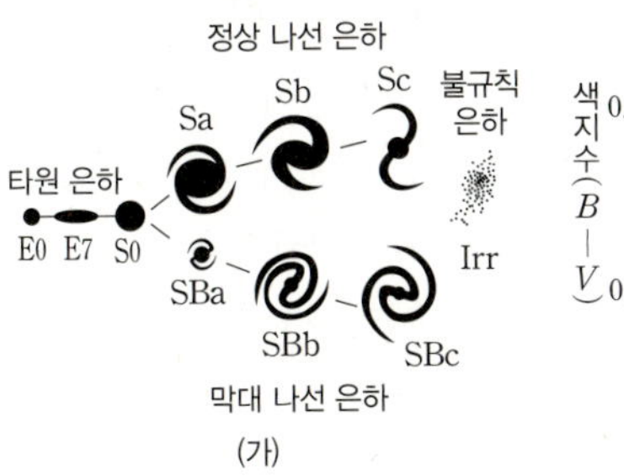

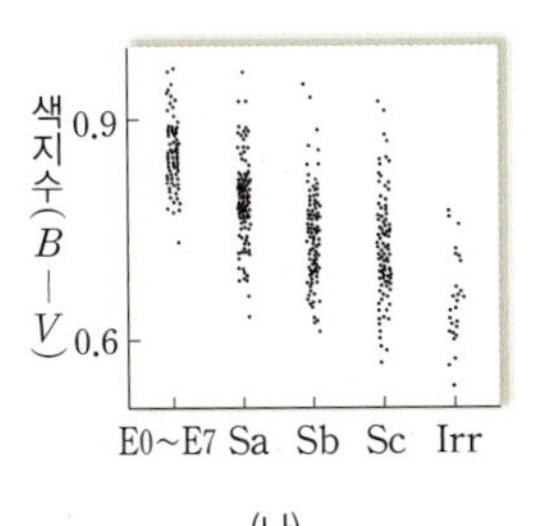

● 다음 설명 중 옳은 것은 ○표, 옳지 <u>않은</u> 것은 ×표 하시오.

1 (가)는 가시광선 영역에서 관측된 은하의 형태를 기준으로 분류하였다. ○ / ×

2 타원 은하는 시간이 지나면 나선 은하로 진화한다. ○ / ×

3 붉은 별의 비율은 타원 은하가 불규칙 은하보다 높다. ○ / ×

4 젊은 별의 비율은 Sa형 은하가 Sc형 은하보다 높다. ○ / ×

5 타원 은하에서 별의 탄생은 현재가 은하 형성 초기보다 활발하다. ○ / ×

2 허블 법칙과 우주의 팽창

정답과 해설 p.96

[기출 패턴] 허블 법칙을 적용하여 은하의 거리와 후퇴 속도를 계산할 수 있어야 한다.

[배경 지식] (1) 외부 은하의 스펙트럼과 후퇴 속도: $v = c \times \dfrac{\Delta\lambda}{\lambda}$ (c: 빛의 속도, λ: 원래의 흡수선 파장, $\Delta\lambda$: 흡수선의 파장 변화량)

(2) 허블 법칙: 은하들의 후퇴 속도(v)는 거리(r)에 비례한다. ⇒ $v = H \cdot r$ (H: 허블 상수)

(3) 멀리 있는 은하일수록 빠르게 멀어지는 현상은 우주가 팽창한다는 것을 의미한다.

자료 1　수능 기출

그림은 절대 등급이 같은 외부 은하 A, B, C의 거리에 따른 후퇴 속도를 나타낸 것이다.

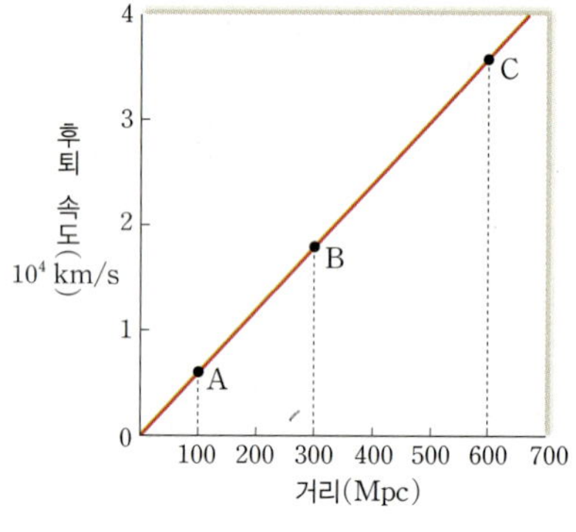

● 다음 설명 중 옳은 것은 ○표, 옳지 않은 것은 ×표 하시오.

1 A, B, C의 후퇴 속도의 비는 1 : 3 : 6이다.　○ / ×

2 겉보기 밝기는 B보다 A가 약 3배 밝다.　○ / ×

3 B에서 관찰하면 A와 C는 모두 후퇴한다.　○ / ×

4 20억 년 전 우리은하에서 본 C의 후퇴 속도는 현재와 동일하다.　○ / ×

자료 2　평가원 기출

그림은 은하 A와 B의 관측 스펙트럼에서 방출선 (가)와 (나)가 각각 적색 편이된 것을 비교 스펙트럼과 함께 나타낸 것이다. 은하 A와 B는 동일한 시선 방향에 위치하고, 허블 법칙을 만족한다.

● 다음 설명 중 옳은 것은 ○표, 옳지 않은 것은 ×표 하시오.

1 A의 후퇴 속도는 광속의 0.1배이다.　○ / ×

2 적색 편이는 B가 A의 2배이다.　○ / ×

3 ㉠은 4826이다.　○ / ×

4 은하 B에서 A를 관측한다면, 방출선 (가)의 파장은 4991 Å으로 관측된다.　○ / ×

자료 3　평가원 기출

그림은 허블 법칙에 따라 팽창하는 우주의 모습을 풍선 모형으로 나타낸 것이다. A, B, C는 은하를 나타내기 위해 풍선 표면에 고정시킨 단추이다.

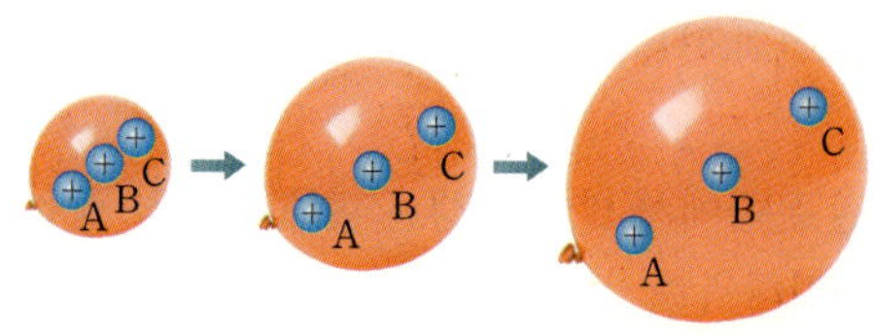

● 다음 설명 중 옳은 것은 ○표, 옳지 않은 것은 ×표 하시오.

1 2차원 풍선 표면은 3차원 우주 공간에 해당한다.　○ / ×

2 A로부터 멀어지는 속도는 B가 C보다 크다.　○ / ×

3 C에서 관측한 적색 편이는 A가 B보다 크다.　○ / ×

4 A를 중심으로 팽창하는 우주를 나타내는 모형이다.　○ / ×

③ 빅뱅 우주론

정답과 해설 p.96

[기출 패턴] 정상 우주론과 빅뱅 우주론의 차이를 알고, 빅뱅 우주론이 옳다는 증거를 이해하고 있어야 한다.

[배경 지식] (1) 정상 우주론에서는 우주의 온도와 밀도가 항상 일정하고, 빅뱅 우주론에서는 우주의 온도와 밀도가 감소한다.
(2) 우주 배경 복사: 우주의 온도가 약 3000 K일 때 형성된 복사로, 현재는 약 2.7 K 복사로 관측된다.
(3) 가벼운 원소의 비율: 우주에 존재하는 수소와 헬륨의 질량비는 빅뱅 우주론에서 예측한 값과 일치한다.

자료 1 · 평가원 기출

그림은 우주 배경 복사의 파장에 따른 복사 강도를 나타낸 것이다.

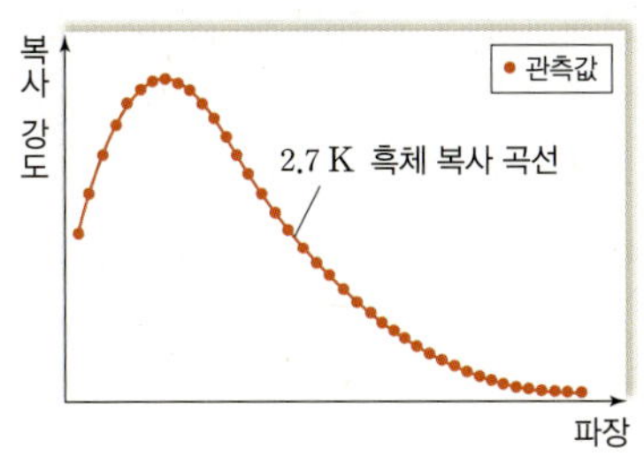

● 다음 설명 중 옳은 것은 ○표, 옳지 <u>않은</u> 것은 ×표 하시오.

1 우주 배경 복사는 정상 우주론의 증거가 된다. ○ / ×

2 우주 배경 복사가 방출되었던 시기에 우주의 온도는 2.7 K였다. ○ / ×

3 복사 강도가 최대인 파장은 우주 탄생 초기보다 현재가 길다. ○ / ×

4 현재 관측되는 우주 배경 복사의 세기는 방향에 관계 없이 완전히 균일하다. ○ / ×

자료 2 · 평가원 기출

그림 (가)는 우주론 A에 의한 우주의 크기를, (나)는 우주론 B에 의한 우주의 온도를 나타낸 것이다. A와 B는 우주 팽창을 설명한다.

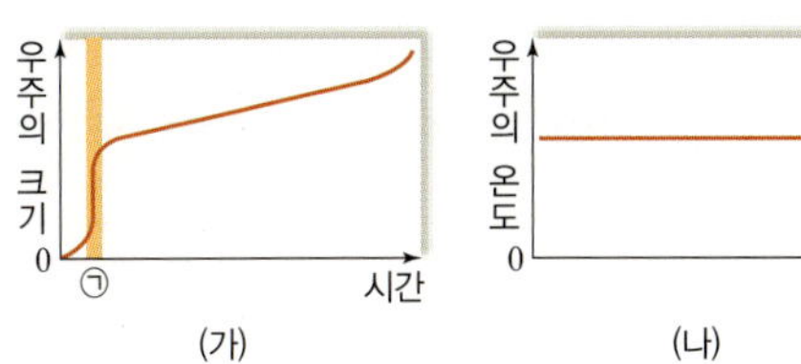

● 다음 설명 중 옳은 것은 ○표, 옳지 <u>않은</u> 것은 ×표 하시오.

1 우주론 A는 급팽창 이론을 포함한 빅뱅 우주론이다. ○ / ×

2 우주 배경 복사가 우주의 양쪽 반대편 지평선에서 거의 같게 관측되는 것은 (가)의 ㉠ 시기에 일어난 팽창으로 설명된다. ○ / ×

3 B는 수소와 헬륨의 질량비가 거의 3 : 1로 관측되는 결과와 부합된다. ○ / ×

4 우주의 밀도 변화는 B가 A보다 크다. ○ / ×

자료 3 · 평가원 기출

그림은 여러 외부 은하를 관측해서 구한 은하 A~I의 성간 기체에 존재하는 원소의 질량비를 나타낸 것이다.

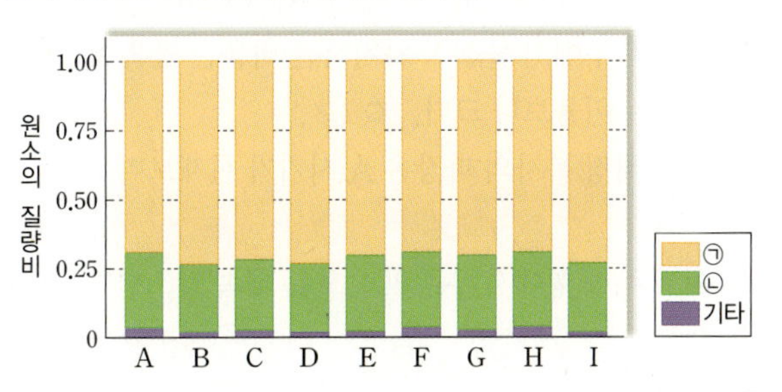

● 다음 설명 중 옳은 것은 ○표, 옳지 <u>않은</u> 것은 ×표 하시오.

1 ㉠은 헬륨이다. ○ / ×

2 ㉡은 수소 핵융합으로부터 만들어지는 원소이다. ○ / ×

3 성간 기체에 포함된 $\dfrac{\text{수소의 총 질량}}{\text{산소의 총 질량}}$ 은 A가 B보다 크다. ○ / ×

4 이 관측 결과는 우주의 밀도가 시간에 관계없이 일정하다고 보는 우주론의 증거가 된다. ○ / ×

4 우주의 구성 요소와 우주 모형

정답과 해설 p.96

[기출 패턴] 우주의 팽창에 따른 우주 구성 요소의 비율 변화를 파악할 수 있어야 한다.

[배경 지식] (1) 현재 우주는 약 4.9 %의 보통 물질, 약 26.8 %의 암흑 물질, 약 68.3 %의 암흑 에너지로 구성되어 있다.

(2) 암흑 물질은 전자기파로 관측되지 않기 때문에 중력을 이용한 방법으로 존재를 추정할 수 있다.

(3) 암흑 에너지는 우주에 널리 퍼져 있으며 척력으로 작용해 우주를 가속 팽창시키는 역할을 한다.

자료 1 평가원 기출

그림 (가)와 (나)는 현재와 과거 어느 시기의 우주 구성 요소 비율을 순서 없이 나타낸 것이다. A, B, C는 각각 보통 물질, 암흑 물질, 암흑 에너지 중 하나이다.

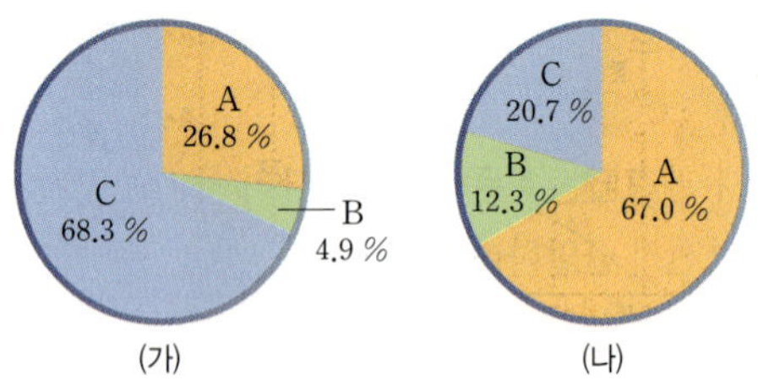

● 다음 설명 중 옳은 것은 ○표, 옳지 <u>않은</u> 것은 ×표 하시오.

1 별과 성간 물질은 A에 속한다. ○ / ×

2 (가)는 현재, (나)는 과거에 해당한다. ○ / ×

3 (가)일 때 우주는 가속 팽창하고 있다. ○ / ×

4 B는 전자기파로 관측할 수 있다. ○ / ×

5 (A의 비율/C의 비율)은 (가)일 때와 (나)일 때 같다.

○ / ×

자료 2 평가원 기출

표는 우주 모형 A, B, C에서 임계 밀도(ρ_C)에 대한 물질 밀도(ρ_m)와 암흑 에너지 밀도(ρ_Λ)의 비를 나타낸 것이다. 물질은 암흑 물질과 보통 물질을 모두 포함한다.

우주 모형	$\dfrac{\rho_m}{\rho_C}$	$\dfrac{\rho_\Lambda}{\rho_C}$
A	0.3	0
B	0.3	0.7
C	1.0	0

● 다음 설명 중 옳은 것은 ○표, 옳지 <u>않은</u> 것은 ×표 하시오.

1 A는 열린 우주에 해당한다. ○ / ×

2 B는 음($-$)의 곡률을 갖는다. ○ / ×

3 우주 배경 복사의 온도는 B가 C보다 빠르게 감소한다.

○ / ×

4 최근의 관측 결과에 따르면, 현재 우주에 가장 부합하는 모형은 B이다. ○ / ×

자료 3 수능 기출

그림은 어느 팽창 우주 모형에서 시간에 따른 우주의 크기 변화를 나타낸 것이다.

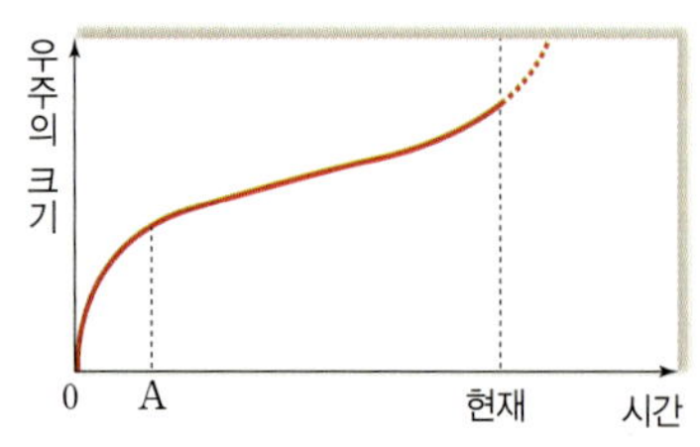

● 다음 설명 중 옳은 것은 ○표, 옳지 <u>않은</u> 것은 ×표 하시오.

1 A 시기에 우주는 감속 팽창했다. ○ / ×

2 현재 우주에서 물질이 차지하는 비율은 암흑 에너지가 차지하는 비율보다 크다. ○ / ×

3 우주 배경 복사의 파장은 A 시기가 현재보다 길다.

○ / ×

4 이 우주 모형에서 우주의 온도는 계속 감소한다. ○ / ×

수능 대비 문제

01
다음은 세 학생이 다양한 외부 은하를 형태에 따라 분류하는 탐구 활동의 일부를 나타낸 것이다.

[탐구 과정]
(가) 다양한 형태의 은하 사진을 준비한다.
(나) '규칙적인 구조가 있는가?'에 따라 은하를 분류한다.
(다) (나)의 조건을 만족하는 은하를 '(㉠)이/가 있는가?'에 따라 A와 B 그룹으로 분류한다.
(라) A와 B 그룹에 적용할 추가 분류 기준을 만든다.

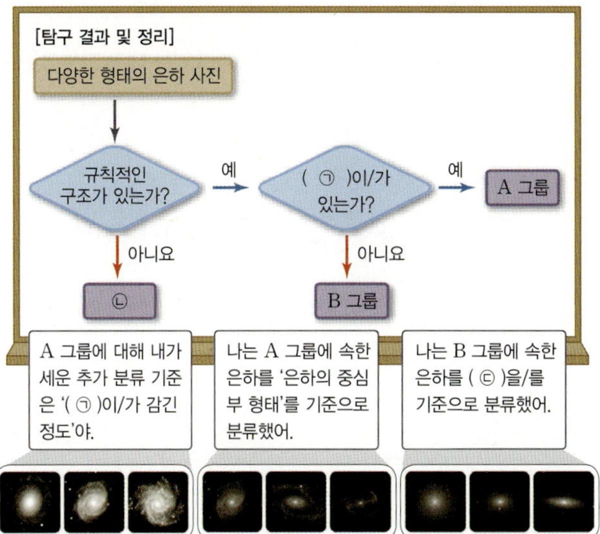

이에 대한 설명으로 옳은 것만을 |보기|에서 있는 대로 고른 것은?

┌─ 보기 ─────────────────────────
ㄱ. 나선팔은 ㉠에 해당한다.
ㄴ. 허블의 분류 체계에 따르면 ㉡은 불규칙 은하이다.
ㄷ. '구에 가까운 정도'는 ㉢에 해당한다.
└───────────────────────────────

① ㄱ　　　　　② ㄴ　　　　　③ ㄱ, ㄷ
④ ㄴ, ㄷ　　　⑤ ㄱ, ㄴ, ㄷ

02
그림은 외부 은하 중 일부를 형태에 따라 (가)와 (나) 집단으로 분류한 것이다.
이에 대한 설명으로 옳은 것만을 |보기|에서 있는 대로 고른 것은?

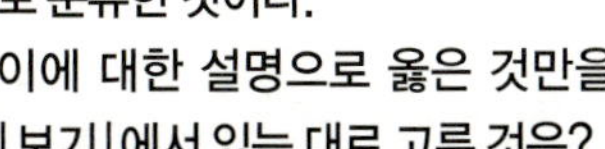

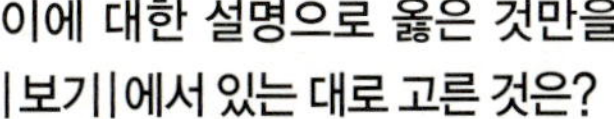

┌─ 보기 ─────────────────────────
ㄱ. 우리은하는 (가)의 집단에 속한다.
ㄴ. (나)의 은하들은 모두 막대 구조가 있다.
ㄷ. (가)와 (나)의 은하들은 핵의 크기와 나선팔이 감긴 정도에 따라 세분할 수 있다.
└───────────────────────────────

① ㄱ　　　　　② ㄷ　　　　　③ ㄱ, ㄴ
④ ㄴ, ㄷ　　　⑤ ㄱ, ㄴ, ㄷ

03
그림은 두 은하 A와 B가 탄생한 후, 연간 생성된 별의 총질량을 시간에 따라 나타낸 것이다. A와 B는 허블 은하 분류 체계에 따른 서로 다른 종류이며, 각각 E0와 Sb 중 하나이다.

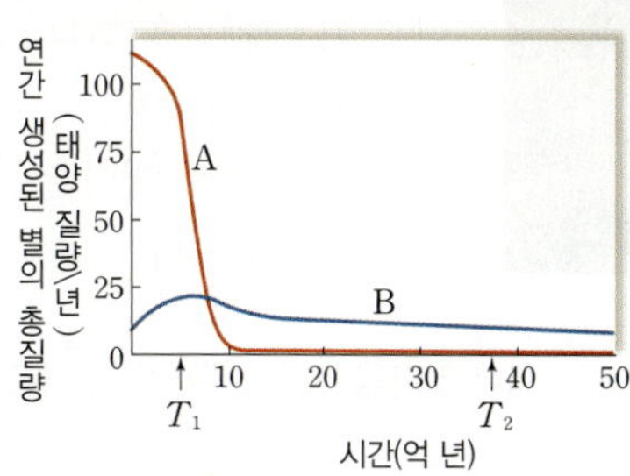

이에 대한 설명으로 옳은 것만을 |보기|에서 있는 대로 고른 것은?

┌─ 보기 ─────────────────────────
ㄱ. B는 나선팔을 가지고 있다.
ㄴ. T_1일 때 연간 생성된 별의 총질량은 A가 B보다 크다.
ㄷ. T_2일 때 별의 평균 표면 온도는 B가 A보다 높다.
└───────────────────────────────

① ㄱ　　　　　② ㄷ　　　　　③ ㄱ, ㄴ
④ ㄴ, ㄷ　　　⑤ ㄱ, ㄴ, ㄷ

04
그림 (가), (나), (다)는 서로 다른 종류의 은하를 나타낸 것이다. (가), (나), (다) 각각 보통의 은하, 세이퍼트은하, 퀘이사 중 하나이다.

이 자료에 대한 설명으로 옳은 것만을 |보기|에서 있는 대로 고른 것은?

┌─ 보기 ─────────────────────────
ㄱ. (가)는 타원 은하에 속한다.
ㄴ. 은하의 광도는 (가)가 (나)보다 크다.
ㄷ. (다)의 스펙트럼에서는 방출선의 폭이 매우 넓게 나타난다.
└───────────────────────────────

① ㄱ　　　　　② ㄴ　　　　　③ ㄱ, ㄷ
④ ㄴ, ㄷ　　　⑤ ㄱ, ㄴ, ㄷ

05
그림은 어떤 천체 사진에 대한 설명이다.

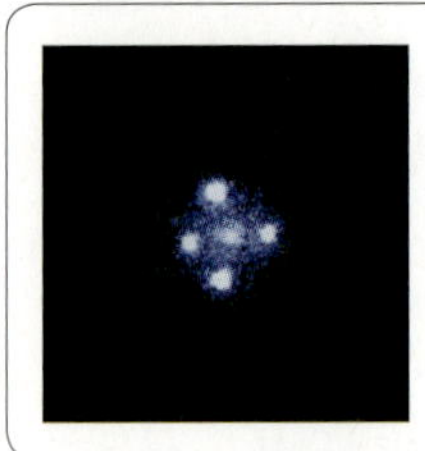

이 사진에는 하나의 은하(A)와 퀘이사(B) 4개가 나타나 있다. 하지만 실제로는 하나의 퀘이사가 은하의 (㉠) 효과로 빛이 굴절되어 4개로 보이는 것이다.

이에 대한 설명으로 옳은 것만을 |보기|에서 있는 대로 고른 것은?

> **보기**
> ㄱ. ㉠은 중력 렌즈이다.
> ㄴ. 적색 편이는 A가 B보다 크다.
> ㄷ. B의 절대 등급은 우리은하보다 작다.

① ㄱ 　② ㄴ 　③ ㄷ
④ ㄱ, ㄷ 　⑤ ㄴ, ㄷ

06

그림은 어느 전파 은하의 영상을 나타낸 것이다. (가)와 (나)는 각각 가시광선 영상과 전파 영상 중 하나이다.

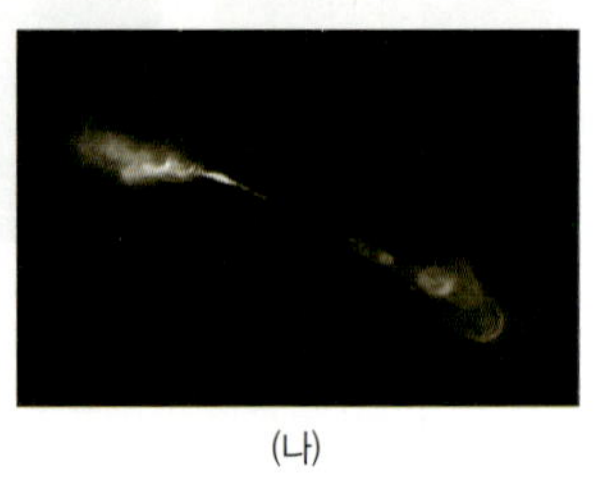

(가)　　　　　　(나)

이에 대한 설명으로 옳은 것만을 |보기|에서 있는 대로 고른 것은?

> **보기**
> ㄱ. (가)는 가시광선 영상이다.
> ㄴ. (나)에서는 제트와 로브가 관측된다.
> ㄷ. 이 은하는 중심부에 거대 질량의 블랙홀이 존재한다.

① ㄱ 　② ㄷ 　③ ㄱ, ㄴ
④ ㄴ, ㄷ 　⑤ ㄱ, ㄴ, ㄷ

07

그림 (가)와 (나)는 서로 다른 두 은하의 스펙트럼과 H_α 방출선의 파장 변화(→)를 나타낸 것이다. (가)와 (나)는 각각 퀘이사와 일반 은하 중 하나이다.

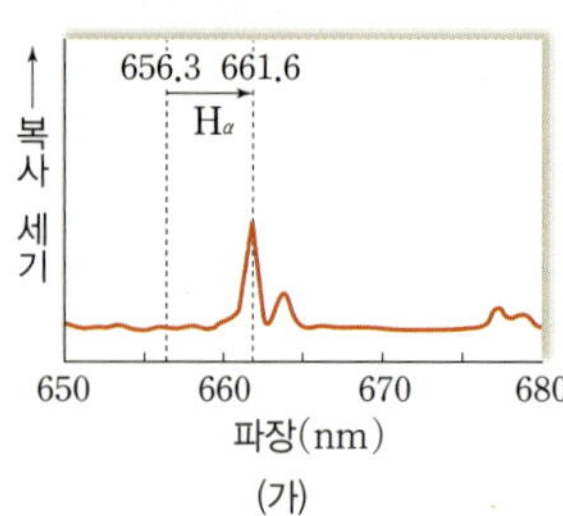

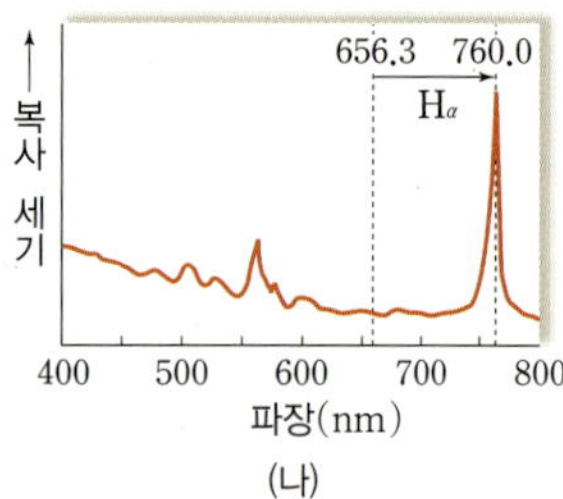

이에 대한 설명으로 옳은 것만을 |보기|에서 있는 대로 고른 것은?

> **보기**
> ㄱ. 퀘이사의 스펙트럼은 (나)이다.
> ㄴ. 은하의 후퇴 속도는 (가)가 (나)보다 크다.
> ㄷ. $\dfrac{\text{은하 중심부에서 방출되는 에너지}}{\text{은하 전체에서 방출되는 에너지}}$ 는 (가)가 (나)보다 크다.

① ㄱ 　② ㄷ 　③ ㄱ, ㄴ
④ ㄴ, ㄷ 　⑤ ㄱ, ㄴ, ㄷ

08
그림은 외부 은하의 후퇴 속도와 거리의 관계를 나타낸 것이다. ㉠, ㉡, ㉢은 동일한 시선 방향에 위치한다.

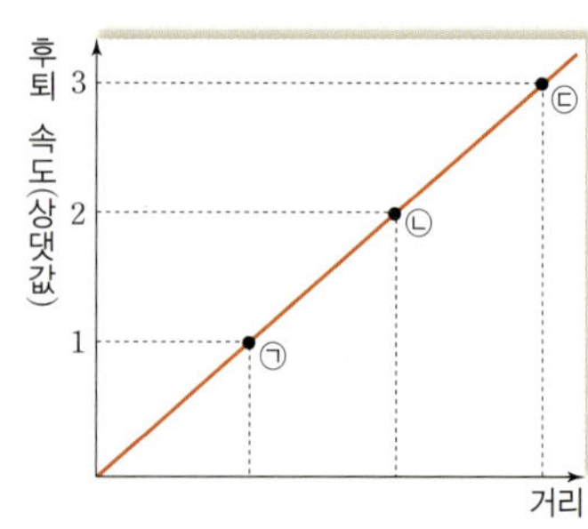

이에 대한 설명으로 옳은 것만을 |보기|에서 있는 대로 고른 것은?

> **보기**
> ㄱ. 그래프의 기울기는 허블 상수이다.
> ㄴ. 적색 편이는 ㉢이 ㉠의 2배이다.
> ㄷ. ㉡에서 관측할 때, 후퇴 속도는 ㉠과 ㉢이 같다.

① ㄱ 　② ㄴ 　③ ㄱ, ㄷ
④ ㄴ, ㄷ 　⑤ ㄱ, ㄴ, ㄷ

09 [기출] [수능]

다음은 우리은하와 외부 은하 A, B에 대한 설명이다. 세 은하는 일직선상에 위치하며, 허블 법칙을 만족한다.

- 우리은하에서 A까지의 거리는 20 Mpc이다.
- B에서 우리은하를 관측하면, 우리은하는 2800 km/s의 속도로 멀어진다.
- A에서 B를 관측하면, B의 스펙트럼에서 500 nm의 기준 파장을 갖는 흡수선이 507 nm로 관측된다.

우리은하에서 A와 B를 관측한 결과에 대한 설명으로 옳은 것만을 |보기|에서 있는 대로 고른 것은? (단, 허블 상수는 70 km/s/Mpc이고, 빛의 속도는 300000 km/s이다.)

보기
ㄱ. A의 후퇴 속도는 1400 km/s이다.
ㄴ. 스펙트럼에서 기준 파장이 동일한 흡수선의 파장 변화량은 B가 A의 2배이다.
ㄷ. A와 B는 동일한 시선 방향에 위치한다.

① ㄱ   ② ㄷ   ③ ㄱ, ㄴ
④ ㄴ, ㄷ   ⑤ ㄱ, ㄴ, ㄷ

10 [기출 변형] [수능]

그림 (가)와 (나)는 허블의 법칙에 따라 팽창하는 어느 우주를 풍선 모형으로 나타낸 것이다. 풍선 표면에 고정시킨 단추 A, B, C는 은하에, 물결 무늬(~)는 우주 배경 복사에 해당한다.

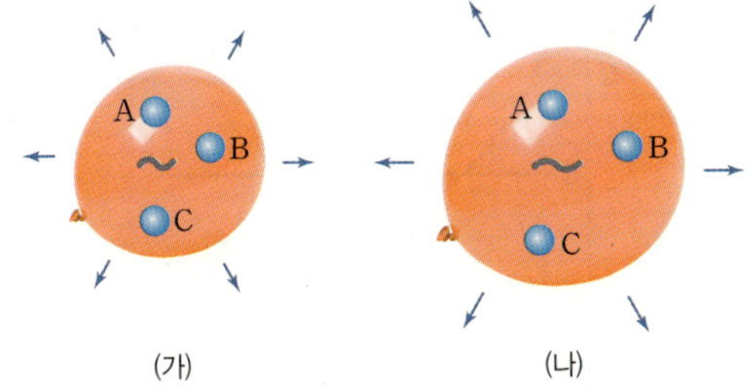

이에 대한 설명으로 옳은 것만을 |보기|에서 있는 대로 고른 것은?

보기
ㄱ. A로부터 멀어지는 속도는 B와 C에서 같다.
ㄴ. 우주 배경 복사의 밀도는 (가)와 (나)에서 같다.
ㄷ. 이 모형을 이용하여 허블 법칙을 설명할 수 있다.

① ㄱ   ② ㄷ   ③ ㄱ, ㄴ
④ ㄴ, ㄷ   ⑤ ㄱ, ㄴ, ㄷ

11

그림 (가)와 (나)는 정상 우주론과 빅뱅 우주론 모형을 순서 없이 나타낸 것이다.

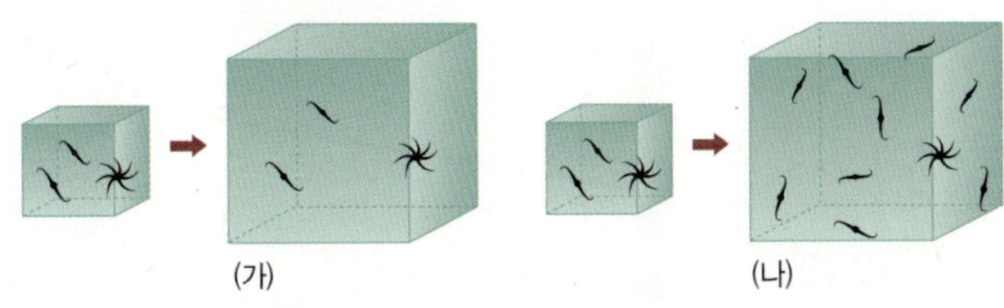

이에 대한 설명으로 옳은 것만을 |보기|에서 있는 대로 고른 것은?

보기
ㄱ. (가)는 정상 우주론 모형이다.
ㄴ. (나)에서 우주 배경 복사는 존재하지 않는다.
ㄷ. (가)와 (나)에서 모두 우주의 나이는 유한하다.

① ㄱ   ② ㄴ   ③ ㄱ, ㄴ
④ ㄱ, ㄷ   ⑤ ㄴ, ㄷ

12 [기출 변형] [평가원]

그림 (가)와 (나)는 각각 COBE 우주 망원경과 WMAP 우주 망원경으로 관측한 우주 배경 복사의 온도 편차를 나타낸 것이다. 지점 A와 B는 지구에서 관측한 시선 방향이 서로 반대이다.

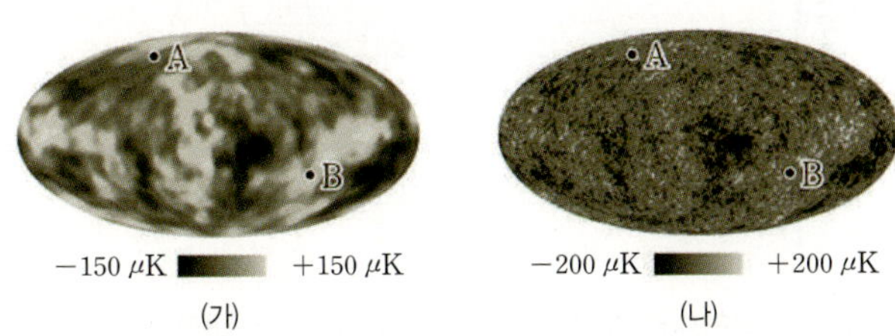

이에 대한 설명으로 옳은 것만을 |보기|에서 있는 대로 고른 것은?

보기
ㄱ. (나)가 (가)보다 온도 편차의 형태가 더욱 세밀해 보이는 것은 관측 기술의 발달 때문이다.
ㄴ. 현재 B는 A를 기준으로 한 우주의 지평선 안쪽에 위치한다.
ㄷ. 우주 배경 복사에서 최대 에너지 세기를 갖는 파장은 (가)보다 (나)에서 길다.

① ㄱ   ② ㄴ   ③ ㄷ
④ ㄱ, ㄴ   ⑤ ㄱ, ㄷ

13 그림은 두 우주론 (가), (나)에서 시간에 따른 우주의 반지름 변화를 나타낸 것이다.

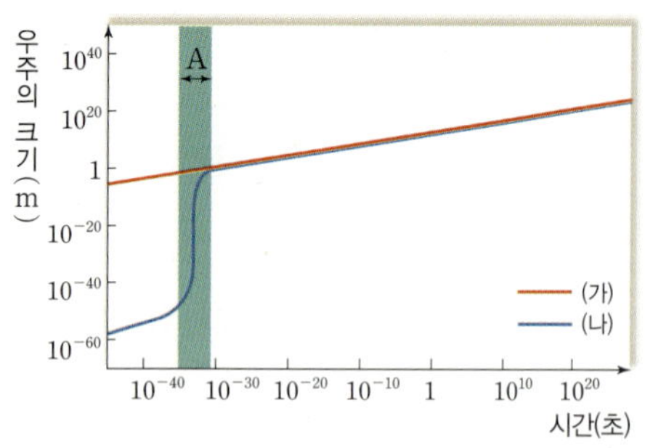

이에 대한 설명으로 옳은 것만을 |보기|에서 있는 대로 고른 것은?

|보기|
ㄱ. (가)에서는 우주의 밀도가 일정하다.
ㄴ. (나)에서 A 시기에 우주의 급팽창이 있었다.
ㄷ. 현재 우주가 거의 완전하게 평탄한 까닭은 (가)보다 (나)에서 잘 설명된다.

① ㄱ   ② ㄴ   ③ ㄱ, ㄷ
④ ㄴ, ㄷ   ⑤ ㄱ, ㄴ, ㄷ

14 그림은 우주의 나이가 38만 년일 때 A와 B의 위치에서 출발한 우주 배경 복사를 우리은하에서 관측하는 상황을 가정하여 나타낸 것이다. (가)와 (나)는 우주의 나이가 각각 138억 년과 60억 년일 때이다.

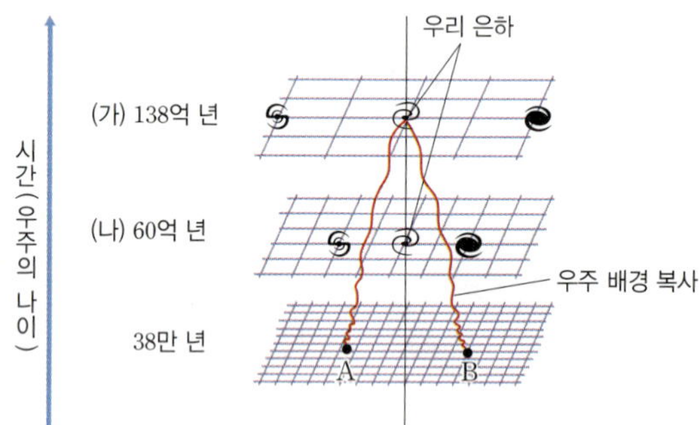

이에 대한 설명으로 옳은 것만을 |보기|에서 있는 대로 고른 것은?

|보기|
ㄱ. A와 B로부터 출발한 우주 배경 복사의 온도가 (가)에서 거의 같게 측정되는 것은 우주의 급팽창으로 설명된다.
ㄴ. (나)에서 측정되는 우주 배경 복사의 온도는 2.7 K보다 높다.
ㄷ. A에서 출발한 우주 배경 복사는 (나)의 우리은하에 도달한다.

① ㄱ   ② ㄷ   ③ ㄱ, ㄴ
④ ㄴ, ㄷ   ⑤ ㄱ, ㄴ, ㄷ

15 그림은 빅뱅 우주론에서 설명하는 우주의 진화 과정을 나타낸 것이다.

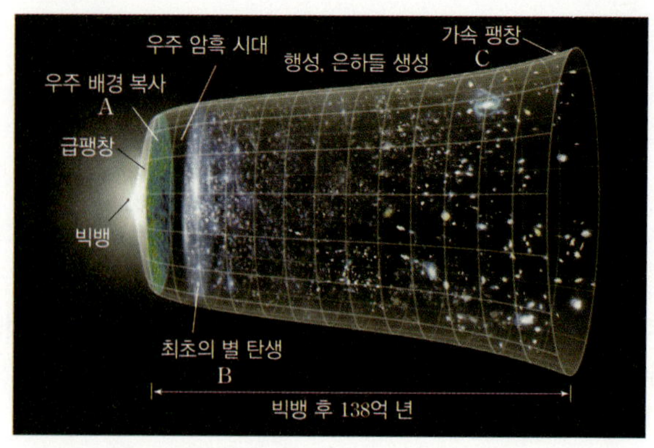

이에 대한 설명으로 옳은 것만을 |보기|에서 있는 대로 고른 것은?

|보기|
ㄱ. A 시기에 물질의 밀도는 현재보다 컸다.
ㄴ. B 시기에 태양계가 형성되었다.
ㄷ. C의 주요 원인은 암흑 물질이다.

① ㄱ   ② ㄷ   ③ ㄱ, ㄴ
④ ㄱ, ㄷ   ⑤ ㄴ, ㄷ

16 그림은 어느 가속 팽창 우주 모형에서 시간에 따른 우주 구성 요소 A, B, C의 밀도를 나타낸 것이다. A, B, C는 각각 보통 물질, 암흑 물질, 암흑 에너지 중 하나이다.

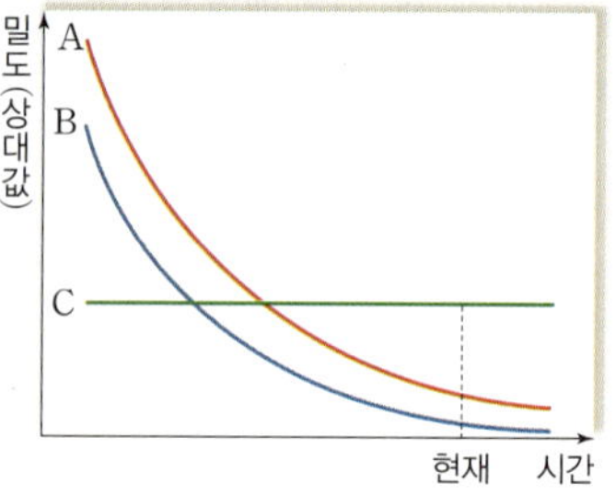

A, B, C에 대한 설명으로 옳은 것만을 |보기|에서 있는 대로 고른 것은?

|보기|
ㄱ. A는 우주의 팽창 속도를 감소시키는 역할을 한다.
ㄴ. 전자기파와 상호 작용하는 것은 B뿐이다.
ㄷ. 우주의 단위 공간에 존재하는 C의 양은 일정하다.

① ㄱ   ② ㄷ   ③ ㄱ, ㄴ
④ ㄴ, ㄷ   ⑤ ㄱ, ㄴ, ㄷ

17
그림 (가)는 현재 우주에서 암흑 물질, 보통 물질, 암흑 에너지가 차지하는 비율을 각각 ㉠, ㉡, ㉢으로 순서 없이 나타낸 것이고, (나)는 우리은하의 회전 속도를 은하 중심으로부터의 거리에 따라 나타낸 것이다. A와 B는 각각 관측 가능한 물질만을 고려한 추정값과 실제 관측값 중 하나이다.

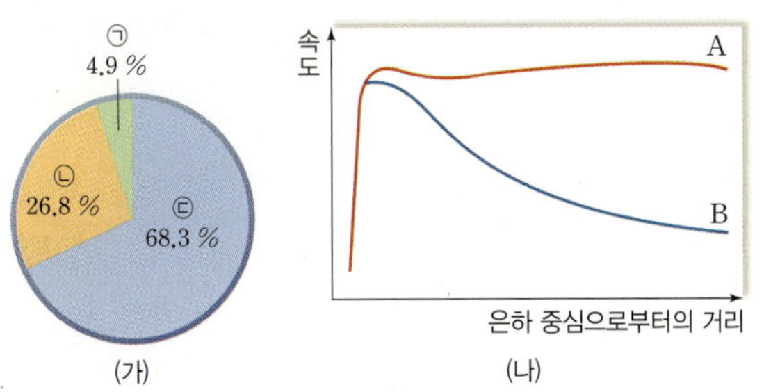

이에 대한 설명으로 옳은 것만을 |보기|에서 있는 대로 고른 것은?

보기
ㄱ. 성간 물질은 ㉠에 해당한다.
ㄴ. 관측 가능한 물질만을 고려한 추정값은 B이다.
ㄷ. A와 B의 회전 속도 차이는 ㉢의 영향으로 나타난다.

① ㄱ   ② ㄷ   ③ ㄱ, ㄴ
④ ㄴ, ㄷ   ⑤ ㄱ, ㄴ, ㄷ

18
그림은 세 가지 우주 모형을 구분하는 과정을 나타낸 것이다.

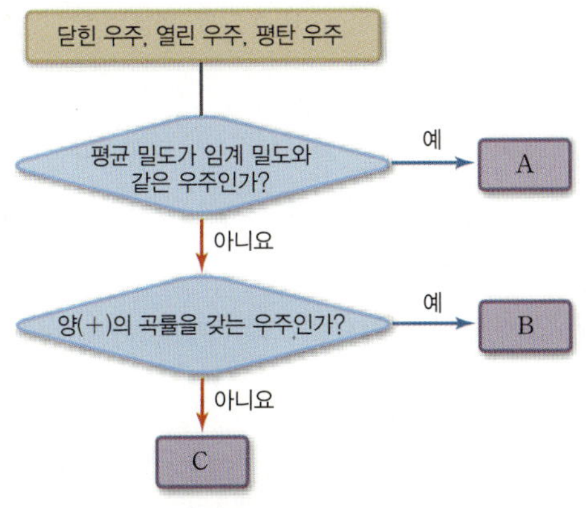

이에 대한 설명으로 옳은 것만을 |보기|에서 있는 대로 고른 것은?

보기
ㄱ. A는 평탄 우주이다.
ㄴ. 현재 우주는 B에 해당한다.
ㄷ. C에서 우주는 영원히 팽창한다.

① ㄱ   ② ㄷ   ③ ㄱ, ㄴ
④ ㄱ, ㄷ   ⑤ ㄴ, ㄷ

19
그림은 빅뱅 이후 현재까지 우주의 팽창 속도를 추정하여 나타낸 것이다.

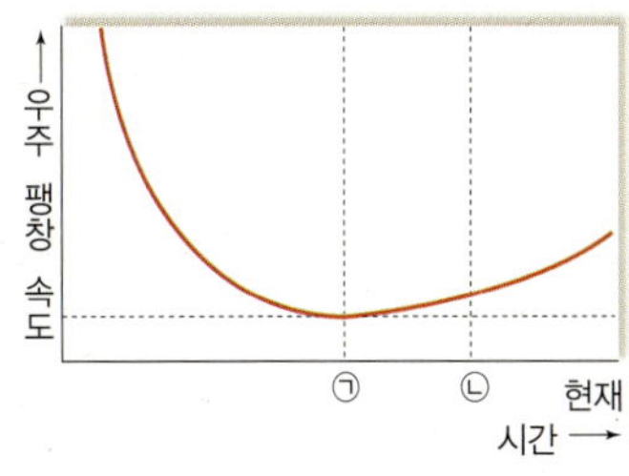

이에 대한 설명으로 옳은 것만을 |보기|에서 있는 대로 고른 것은?

보기
ㄱ. ㉠ 시기 이전에는 암흑 에너지가 차지하는 비율이 감소하였다.
ㄴ. ㉠ 시기에 우주 배경 복사가 형성되었다.
ㄷ. 관측 가능한 우주의 크기는 ㉠ 시기보다 ㉡ 시기에 크다.

① ㄱ   ② ㄷ   ③ ㄱ, ㄴ
④ ㄴ, ㄷ   ⑤ ㄱ, ㄴ, ㄷ

20
그림 (가)는 물질과 암흑 에너지의 함량이 서로 다른 우주 모형 A, B, C에서 시간에 따른 우주의 상대적 크기를, (나)는 이들 모형에서 적색 편이(z)와 거리 지수 사이의 관계를 나타낸 것이다. Ω_m과 Ω_A는 각각 현재 우주의 물질 밀도와 암흑 에너지 밀도를 임계 밀도로 나눈 값이다.

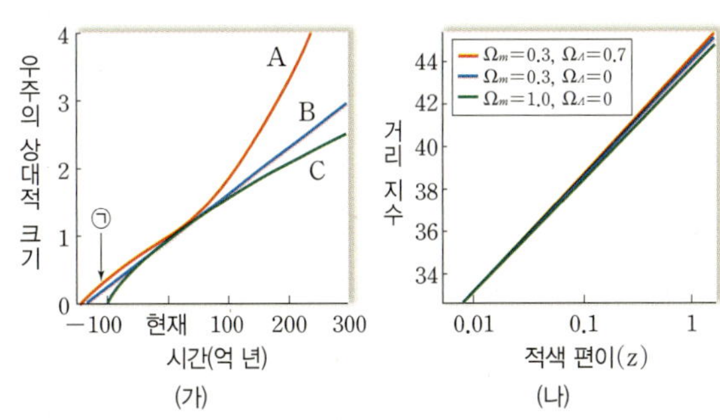

이에 대한 설명으로 옳은 것만을 |보기|에서 있는 대로 고른 것은?

보기
ㄱ. A는 $\Omega_m=0.3$, $\Omega_A=0.7$인 우주에 해당한다.
ㄴ. A에서 ㉠ 시기에 우주 공간의 팽창 속도는 감소한다.
ㄷ. $z=1$인 천체에서 방출된 빛이 지구에 도달하는 데 걸리는 시간은 B의 경우가 C의 경우보다 짧다.

① ㄱ   ② ㄷ   ③ ㄱ, ㄴ
④ ㄴ, ㄷ   ⑤ ㄱ, ㄴ, ㄷ

메가스터디BOOKS

www.megastudybooks.com

내용 문의 | 02-6984-6915　　구입 문의 | 02-6984-6868,9

메가스터디BOOKS
www.megastudybooks.com
내용 문의 | 02-6984-6915   구입 문의 | 02-6984-6868,9

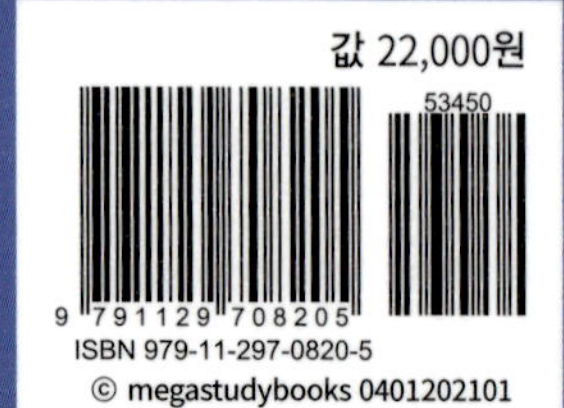

값 22,000원
53450
9 791129 708205
ISBN 979-11-297-0820-5
© megastudybooks 0401202101

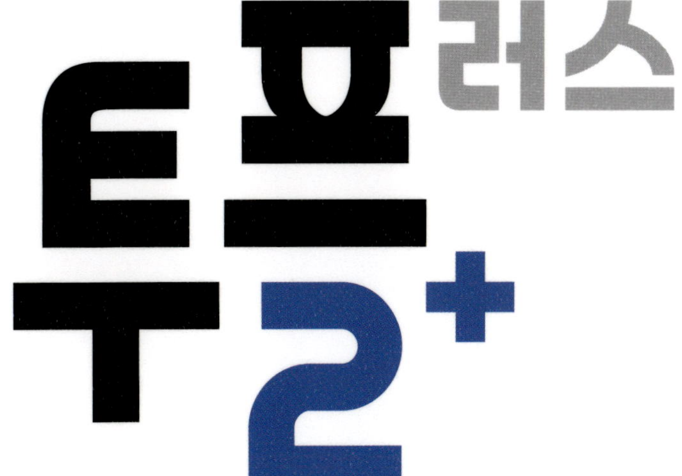

메가스터디
고등과학 기본서

투플러스 2+

실전에 강하다! 내신과 수능을 한번에!

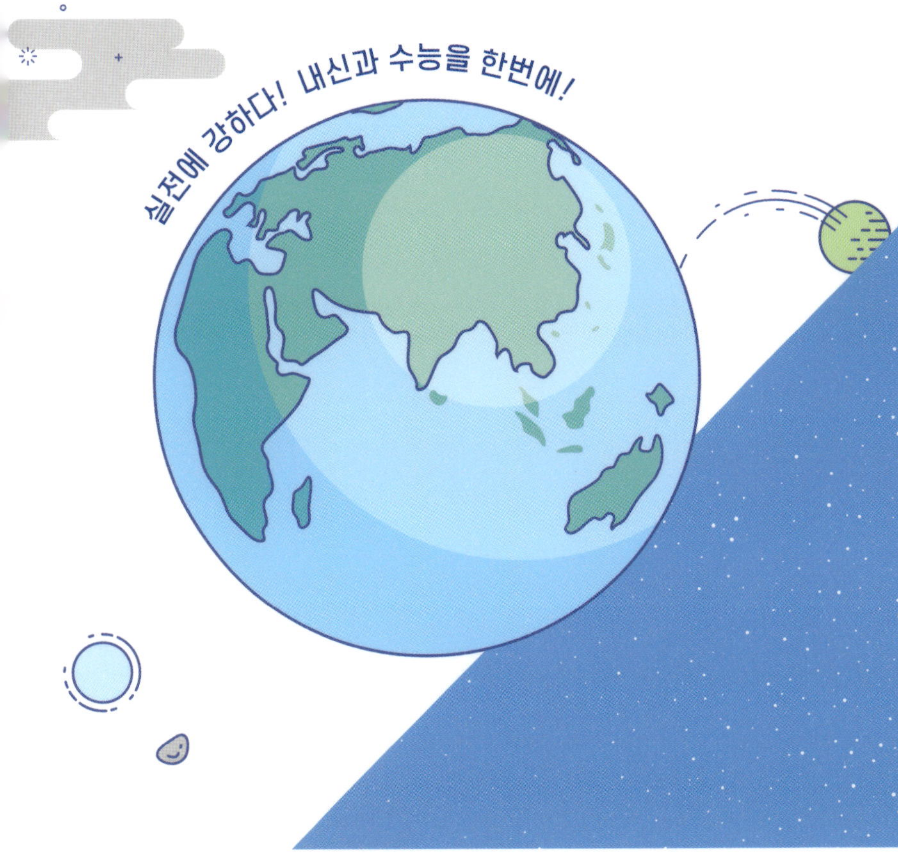

지구과학 I

정답과 해설

정답과 해설 내신 대비
정답과 해설 수능 대비

진짜 공부 챌린지 내/가/스/터/디

메가스터디BOOKS

투플러스 2+

지구과학 Ⅰ

정답과 해설

I. 고체 지구

1 지권의 변동

01 판 구조론의 정립 과정

개념 익히기 문제   p.011, 013

01 판게아	**02** 대륙 이동	**03** 원동력	**04** 대류
05 상승부	**06** 음향 측심법	**07** 해령, 해구	**08** ×
09 ○	**10** ×	**11** ○	**12** ×	**13** ○	**14** ○
15 해양저 확장설	**16** 해령	**17** 해구	**18** 해령	**19** 변환 단층
20 섭입대	**21** 대륙 이동설, 해양저 확장설		**22** ○
23 ○	**24** ×	**25** ×	**26** ×	**27** ×	**28** ○

01 지질 시대 동안 여러 차례의 초대륙이 형성되었으며, 고생대 말~중생대 초의 초대륙을 판게아라고 한다.

02 저위도 지방의 저지대는 기후가 온난하므로 빙하가 형성될 수 없다. 그럼에도 불구하고 이 지역에 빙하의 흔적이 나타나는 것은 고위도에 있던 대륙이 저위도로 이동하였기 때문이다.

03 대륙 이동설은 대륙 이동의 원동력을 명확하게 설명하지 못하였고, 맨틀 대류설 또한 맨틀 대류를 확인하지 못하였으므로 두 학설 모두 당시에는 인정받지 못하였다.

04 홈스는 대륙 이동의 원동력을 맨틀 대류설로 설명하여 대륙 이동설을 지지하였다.

05 맨틀 대류의 상승부에서는 대륙 지각이 장력을 받아 갈라지면서 새로운 해양이 형성된다.

06 음향 측심법은 '수심$=\dfrac{1}{2}\times$음파의 속력$\times$음파의 왕복 시간'의 관계식을 이용한 수심 측정 방법이다.

07 해령은 심해저에 솟아 있는 해저 산맥으로, 중앙부에는 열곡이 발달한다. 해구는 주로 대륙 주변부에 있으며, 폭이 좁고 수심이 매우 깊은 골짜기이다.

08 판게아가 형성되었을 때 인도 대륙은 남반구의 고위도에 있었고, 대륙이 분리된 후에는 점차 북쪽으로 이동하여 현재의 북반구에 도달하였다.

11 두 대륙판이 충돌하는 맨틀 대류의 하강부에서는 횡압력에 의해 두꺼운 습곡 산맥이 형성된다.

12 맨틀 대류설은 대륙 이동설을 지지하였으나 당시에는 과학자들에게 인정받지 못하였다.

13 '수심$=\dfrac{1}{2}\times$음파의 속력$\times$음파의 왕복 시간'이므로 음파의 왕복 시간이 길수록 수심이 깊다.

14 해구는 수심이 6 km 이상으로 깊으므로 해저 지형 중에서 수심이 가장 깊다.

15 해양저 확장설은 해양 지각이 해령에서 생성되어 해령으로부터 멀어지면서 해양저가 확장된다는 학설이다.

16 해령에서는 맨틀 물질이 상승하면서 해저 화산 활동이 일어나 새로운 해양 지각이 생성된다.

17 해구에서는 해령으로부터 이동해 온 해양 지각이 맨틀 속으로 섭입하여 소멸한다.

18 해양 지각이 해령에서 멀어지는 동안 암석에 기록된 지구 자기는 변하지 않으므로 고지자기 줄무늬는 해령에 대해 대칭적이고, 정상기와 역전기가 반복되어 나타난다.

19 변환 단층은 해령을 거의 수직으로 절단하여 형성되며, 변환 단층을 경계로 두 해양 지각은 서로 반대 방향으로 어긋나게 이동한다.

22 해령에서 새로운 해양 지각이 생성되고, 해양저가 확장되므로 해령으로부터 양쪽으로 멀어질수록 해양 지각의 나이가 증가한다.

23 해령으로부터 양쪽으로 멀어질수록 해양 지각의 나이가 증가하므로 해저 퇴적물의 두께도 두꺼워진다.

24 해양 지각을 이루는 암석에 남아 있는 잔류 자기는 지구 자기장이 역전되더라도 자화 방향이 변하지 않는다.

25 섭입대에서는 해구에서 해양 지각이 비스듬하게 맨틀 속으로 섭입하므로 해구에서 대륙 쪽으로 갈수록 진원의 깊이가 깊어진다.

26 암석권은 지각과 상부 맨틀을 포함하는 단단한 암석으로 된 부분이고, 연약권은 암석권 아래의 깊이 약 100~400 km까지의 부분이다.

27 판 구조론에서는 판의 상대적인 이동에 의해 판의 경계가 형성되고, 판의 경계에서 지각 변동이 일어나는 것으로 설명한다. 판 구조론에서는 판의 내부에서 지진과 화산 활동이 활발하게 일어나는 과정은 잘 설명하지 못한다.

🔍 탐구 집중 분석   p.014

예제 1

정답 ③

해설 | 수심$=\dfrac{1}{2}\times$(음파의 속력)$\times$(음파의 왕복 시간)이므로 음파의 왕복 시간이 길수록 수심이 깊다. 음파의 왕복 시간이 4초이면 수심$=\dfrac{1}{2}\times1500\,(\text{m/s})\times4\,(\text{s})=3000\ \text{m}$이다. A 해역은 5~7 지점에서 해저면의 경사가 매우 가파르고, 수심이 매우 깊으므로 해구가 나타나고, B 해역은 해저면이 위로 볼록하고 수심이 얕

으로 해령과 열곡이 나타난다.

예제 2

모범 답안 | 퇴적물이 퇴적되는 시간이 길어지므로 퇴적물의 두께가 두꺼워진다.

해설 | 해령에서 생성된 해양 지각은 해구 쪽으로 이동하면서 해양저가 확장되므로 해양 지각의 나이는 해령에서 해구 쪽으로 갈수록 증가한다. 또한 해양 지각의 나이가 많을수록 퇴적물이 오랜 시간 동안 퇴적되므로 퇴적물의 두께가 두꺼워진다. 따라서 해령에서 멀어질수록 퇴적물의 두께가 두꺼워진다.

개념 다지기 문제

p.015~017

01 ③	02 ④	03 ②	04 ⑤	05 ⑤	06 ③
07 ②	08 ①	09 ③	10 ⑤	11 ④	

고난도 12 ② 13 ②

서술형 14~17 해설 참조

---

01 ㄱ. 베게너는 1912년 대륙 이동설을 주장하였고, 1915년 여러 증거들을 모아 책으로 펴내면서 본격적으로 대륙이 이동하였음을 주장하였다.

ㄴ. 베게너가 제시한 대륙 이동의 증거로는 고생물 화석 분포의 연속성, 해안선 모양의 유사성, 지질 구조의 연속성, 빙하 흔적 분포 등이 있다.

바로알기 ㄷ. 베게너는 거대한 대륙을 움직이는 원동력이 무엇인지에 대해 명확하게 설명하지 못하였으므로 대륙 이동설은 당시의 과학자들에게 인정받지 못하였다.

02 ㄴ. 인도 대륙은 현재 저위도에 있으므로 빙하가 형성되지 않는다. 고생대 말기에 빙하가 형성된 것은 그 당시에 인도 대륙이 고위도에 있었기 때문이다.

ㄷ. 남아메리카 대륙과 아프리카 대륙은 마주보는 해안선의 모양이 비슷하며, 하나로 모아 보면 빙하의 흔적이 잘 들어맞는다. 이는 고생대 말기에 두 대륙이 하나로 모여 있었기 때문이다.

바로알기 ㄱ. 현재 적도인 곳에서 빙하의 흔적이 나타나는 것은 고생대 말기에는 고위도에 있었던 대륙이 현재의 적도로 이동하였기 때문이다.

03 ① 화석 분포의 연속성, ③ 지질 구조의 연속성, ④ 빙하 흔적의 연속성, ⑤ 해안선 모양의 유사성은 베게너가 대륙 이동설을 주장하면서 제시하였던 증거이다.

바로알기 ② 대서양 중앙부에서 나타나는 고지자기의 정상기와 역전기가 대칭적으로 분포하는 것은 해양저 확장설의 증거이고, 베게너 시기에는 드러나지 않았다.

04 ㄱ. A의 지하에서는 맨틀 대류가 상승하다가 A 지각 아래에서 수평 방향으로 멀어지므로 A 부근의 지각은 장력을 받아 분리된다.

ㄴ, ㄷ. B의 아래에서는 맨틀 대류가 하강하면서 두 지각의 경계에 해구가 형성된다.

---

05 ㄱ. A는 대륙 주변부를 따라 발달하며, 해저 지형 중에서 수심이 가장 깊은 곳이므로 해구이다.

ㄴ. B는 심해저에 솟아 있는 해저 산맥으로, 해령이다. 해령의 정상부에는 열곡이 발달한다.

ㄷ. C는 심해저에 발달하는 심해 평원으로, 해령(B)에서 생성된 해양 지각이 이동하여 형성되는 해저 지형이다.

06 ㄱ. 해령에서 생성된 해양 지각이 양쪽으로 이동하면서 해양저는 점차 넓어진다. 따라서 해양저는 해령을 중심으로 양쪽으로 확장된다.

ㄷ. 해양저 확장설이 인정을 받으면서 맨틀의 대류가 받아들여졌고, 대륙 이동의 원동력이 설명되면서 대륙 이동설도 인정을 받았다.

바로알기 ㄴ. 해양 지각은 맨틀 대류의 상승부인 해령에서 생성되고, 맨틀 대류의 하강부인 해구에서 소멸된다.

07

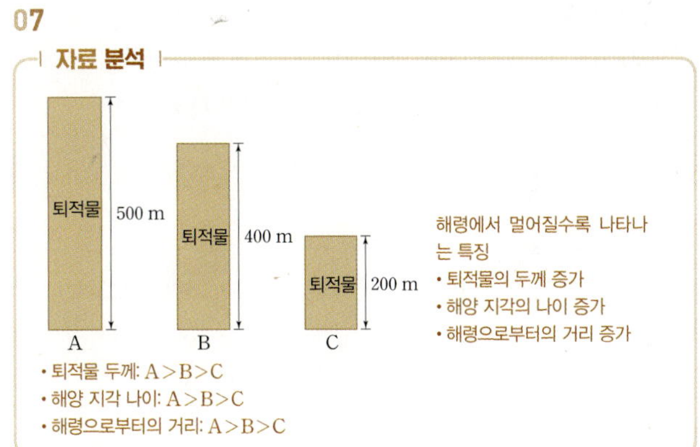

ㄴ. 해양저가 확장되면 해령으로부터의 거리가 멀수록 해양 지각의 나이와 퇴적물의 두께가 증가한다. 따라서 해양 지각의 나이가 가장 많은 지점은 A이다.

바로알기 ㄱ. 해령으로부터의 거리가 가장 먼 지점은 퇴적물의 두께가 가장 두꺼운 A이다.

ㄷ. A, B, C의 퇴적물 두께가 다른 것은 해양 지각의 나이가 다르기 때문이며, 퇴적물이 오랫동안 퇴적될수록 퇴적물의 두께가 두꺼워진다.

08 ② 변환 단층은 해양 지각의 확장 속도 차이에 의해 생긴다.

③ 고지자기 줄무늬가 해령에 대해 대칭적으로 나타나는 것은 해령에서 생성된 해양 지각이 양쪽으로 멀어지기 때문이다.

④ 해구에서 대륙 쪽으로 갈수록 진원의 깊이가 깊어지는 것은 해령에서 생성된 해양 지각이 해구에서 소멸하기 때문이다.

⑤ 해령으로부터 멀어질수록 해양 지각의 연령이 증가하는 것은 해양저가 확장되기 때문이다.

바로알기 ① 해양저 확장설에서는 해령에서 화산 활동이 일어나는 현상은 설명하지만 심해 평원의 화산섬과 해산은 설명하지 않는다.

09 ㄱ. A는 해령과 해령 사이에 있는 단층이므로 변환 단층이다.

ㄴ. B는 맨틀 대류의 상승부이므로 해양 지각이 생성되는 해령

이고, 이곳에서 생성된 해양 지각은 양쪽으로 멀어지므로 C의 해양 지각은 B에서 생성되었다.

바로알기 ㄷ. 변환 단층을 경계로 두 해양 지각은 서로 반대 방향으로 어긋나므로 C와 D의 해양 지각은 이동 방향이 서로 반대이다.

10 ㄱ. A와 B는 지각과 상부 맨틀의 일부를 포함하는 부분으로 암석권 또는 판이다.

ㄴ. A는 해양 지각을 포함하는 해양판, B는 대륙 지각을 포함하는 대륙판이다. 해양판은 대륙판보다 평균 밀도가 크다.

ㄷ. C는 암석권 아래의 부분으로 연약권이다. 연약권에서는 맨틀 대류가 일어난다.

11 ㄴ. 음향 측심 기술의 발달로 해령과 해구의 존재가 발견되었고, 이는 해양저 확장설(B)의 등장에 도움을 주었다.

ㄷ. 판 구조론에서는 판의 상대적인 운동에 의해 판의 경계에서 지진, 화산 활동 등의 지각 변동이 일어난다고 설명한다.

바로알기 ㄱ. A는 대륙 이동설이다. 고지자기 줄무늬는 해양저 확장설(B)에서 해저가 확장된다는 증거에 해당한다.

12

┌─ **자료 분석** ─┐

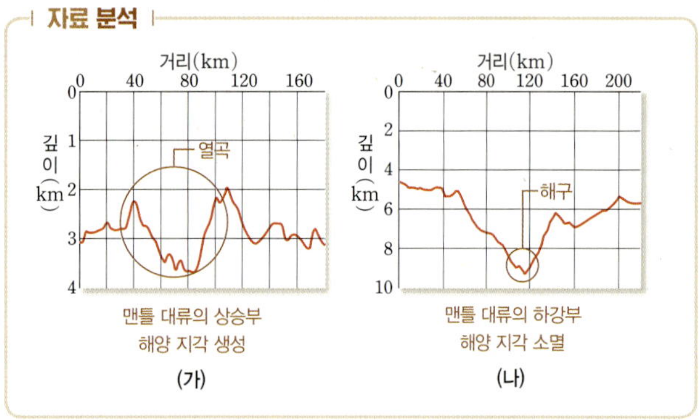

ㄷ. 해저면의 깊이가 깊을수록 음파의 왕복 시간이 길어진다. (나)에서는 기준점으로부터 100~120 km 거리에서 깊이가 가장 깊으므로 이곳에서 음파의 왕복 시간이 가장 길다.

바로알기 ㄱ. (가)는 지형이 위로 솟아 있고, 기준점으로부터 거리 80 km 부근에 열곡이 나타나므로 (가)에는 해령이 발달한다.

ㄴ. (나)는 기준점으로부터 100~120 km 거리에서 깊이가 9 km 이상인 지점이 나타나므로 이곳에 해구가 발달한다. 해구에서는 맨틀 대류의 하강부가 나타난다.

13 ㄴ. 해저의 확장 속도 $= \dfrac{\text{해령으로부터의 거리(cm)}}{\text{해양 지각의 연령(년)}}$ 이므로 해령으로부터 80 km($= 80 \times 10^5$ cm) 떨어진 A 지점의 연령이 4백만 년($= 4 \times 10^6$년)이면 해저의 확장 속도는 2 cm/년이다.

바로알기 ㄱ. 고지자기 줄무늬의 정상기와 역전기 분포는 지구 자기장의 자극 역전에 의해 생기므로 동일한 시기에 생성된 해양 지각의 자극은 관측 해역에 관계 없이 모두 같다. 따라서 고지자기 줄무늬의 폭이 더 크게 나타나는 (나)가 (가)보다 해저의 확장 속도가 빠르다.

ㄷ. 해양 지각의 연령이 같으면 고지자기 줄무늬는 같게 나타나므로 (나)에서도 역자극기가 나타난다.

14 서술형

모범 답안 | 메소사우루스가 번성하던 시기에 남아메리카 대륙과 아프리카 대륙은 한 덩어리를 이루었고, 이후에 대륙이 분리되고 이동하였기 때문이다.

해설 | 메소사우루스는 연안 지대에 살았던 파충류이므로 대서양을 헤엄쳐 건널 수 없었다. 그런데도 두 대륙에서 메소사우루스 화석이 산출되는 까닭은 메소사우루스가 번성하던 시기에 두 대륙은 갈라지기 이전이었고, 한 덩어리를 이루었기 때문이다.

채점 기준	배점
대륙의 분리와 이동으로 서술한 경우	100 %
대륙 이동 이외의 내용으로 서술한 경우	0 %

15 서술형

모범 답안 | 수심은 $d = \dfrac{1}{2} \times 1500\,(\text{m/s}) \times 12\,(\text{s}) = 9000\,(\text{m})$이다. 수심이 9000 m인 해저 지형은 해구이다.

해설 | 음파의 왕복 시간이 길수록 해저면의 수심이 깊으므로 이 해양에서 수심이 가장 깊은 곳은 100~120 km 구간이고, 수심 $= \dfrac{1}{2} \times 1500\,(\text{m/s}) \times 12\,(\text{s}) = 9000\,(\text{m})$이다. 수심이 9000 m이고, 좁은 계곡을 이루므로 이곳에는 해구가 발달한다.

채점 기준	배점
수심을 구하는 과정과 답 및 해저 지형이 모두 옳은 경우	100 %
수심을 구하는 과정과 답만 옳게 쓴 경우	70 %
해저 지형의 이름만 옳게 쓴 경우	30 %

16 서술형

모범 답안 | 지진 관측망 구축으로 알아낸 섭입대의 진원 깊이가 해구에서 대륙 쪽으로 갈수록 깊어지는 것은 해양 지각이 해구에서 섭입하여 소멸하기 때문이다.

해설 | 해령에서 해양 지각이 생성되어 해양저의 확장에 의해 양쪽으로 멀어지다가 밀도가 작은 또다른 지각과 만나게 되면 해양 지각이 지하로 섭입하므로 섭입대가 형성된다. 지진 관측 결과 해구에서 대륙 쪽으로 갈수록 진원의 깊이가 깊어지는 것을 알아냈는데, 이러한 섭입대의 존재는 해양 지각이 해구에서 소멸한다는 것을 의미한다.

채점 기준	배점
세 가지 용어를 모두 포함하여 옳게 설명한 경우	100 %
두 가지 용어만 포함하여 옳게 설명한 경우	60 %
한 가지 용어만 포함하여 옳게 설명한 경우	30 %

17 서술형

모범 답안 | 변환 단층, 서로 접하고 있는 두 해양 지각이 반대 방향으로 이동하기 때문이다.

해설 | 해령에서 생성된 해양 지각은 해령축에 대해 양쪽으로 멀어지므로 해령과 해령 사이 구간의 단층에서는 두 해양 지각이 서로 반대 방향으로 어긋나 이동하면서 지진이 발생한다.

채점 기준	배점
해저 지형의 이름과 지진 발생이 발생하는 까닭을 모두 옳게 서술한 경우	100 %
지진 발생이 발생하는 까닭만 옳게 서술한 경우	70 %
해저 지형의 이름만 옳게 쓴 경우	30 %

02 대륙 분포의 변화

개념 익히기 문제 p.019, 021

01 자기장, 자기력선	**02** 지자기 북극	**03** 진북, 자북
04 편각, 복각	**05** 잔류 자기	**06** 자화 방향
07 복각 **08** ×	**09** ○ **10** ×	**11** × **12** ×
13 ○ **14** ×	**15** 발산형	**16** 상승부, 하강부
17 동아프리카	**18** 대륙	**19** 변환 단층
20 로디니아	**21** 판게아	**22** ○ **23** ○
24 ○ **25** ×	**26** ○ **27** ×	**28** ○

01 지구는 내부에 자석이 들어 있는 것처럼 지구 자기장을 형성하고 있으며, 자기장의 방향을 선으로 나타낸 것을 자기력선이라고 한다.

02 지자기 북극 또는 자북극은 북반구에서 지구 자기장이 지표면과 만나는 지점이다.

03 지리상 북극과 지자기 북극은 일치하지 않으므로 지리상 북극 방향인 진북과 자침의 N극 방향인 자북도 일치하지 않는다.

04 편각은 진북 방향에 대해 나침반의 자침이 서쪽 또는 동쪽으로 회전해 있는 각도이고, 복각은 나침반의 자침이 수평면에 대해 기울어져 있는 각도이다.

05 암석이 생성될 때 당시의 지구 자기장 방향으로 암석이 자화된 후 현재까지 암석 내에 남아 있는 고지자기를 잔류 자기라고 한다.

06 암석이 생성될 때 지구 자기장에 의해 자화된 방향은 그 후 지구 자기장이 변하여도 암석 속 자성 광물의 자화 방향은 변하지 않고 그대로 유지된다.

07 복각은 자성체가 자화될 당시의 위도와 관련이 있으므로 고지자기 복각을 측정하면 대륙의 위도 변화를 알 수 있다.

08 지구의 자전축이 북반구에 있는 지표상의 지점과 만나는 곳을 지리상 북극이라고 한다.

10 자북극에서 복각은 $+90°$이고, 자북극에서 자기 적도로 갈수록 복각이 점차 감소하여 자기 적도에서 복각은 $0°$가 된다.

11 암석 내에 기록된 잔류 자기의 자화 방향은 대륙이 이동하여도 변하지 않는다.

12 현재와 마찬가지로 과거에도 지자기 북극은 1개였지만 대륙이 이동하였기 때문에 두 대륙에서 측정한 지자기 북극의 경로가 일치하지 않는다.

13 인도 대륙은 판게아 형성 당시에는 남극 대륙 부근에 있었고, 점차 북상하여 현재의 위치로 이동하였다.

14 인도 대륙의 이동 속도는 점차 느려졌으므로 남반구에 있을 때보다 북반구에 있을 때 더 느렸다.

17 동아프리카 열곡대는 아프리카 대륙이 갈라지면서 길게 열곡대가 형성된 지형이다.

18 수렴형 경계는 섭입형과 충돌형으로 구분할 수 있으며, 충돌형 수렴 경계는 밀도가 작은 두 대륙판이 충돌하여 형성된다.

19 변환 단층은 해령을 거의 수직으로 절단하여 형성되며, 해령과 해령 사이의 구간에 해당한다.

20 지질 시대 동안 여러 차례의 초대륙이 형성되었으며, 로디니아는 약 12억 년 전~8억 년 전에 형성된 초대륙이다.

21 판게아는 약 2억 년 전부터 분리되기 시작하였으며, 이때 분리된 대륙이 이동하여 현재와 같은 분포를 만들었다.

23 섭입형 수렴 경계에서는 해양판이 섭입하여 천발~심발 지진이 발생하고, 충돌형 수렴 경계에서는 대륙판이 충돌하여 천발~중발 지진이 발생한다.

24 섭입형 수렴 경계에서는 해양판이 지하 깊은 곳까지 섭입하지만, 충돌형 수렴 경계에서는 대륙판이 맨틀 깊은 곳까지 들어가지 못하므로 화산 활동이 거의 일어나지 않는다.

25 히말라야산맥은 두 대륙판이 충돌하여 형성되었고, 안데스산맥은 해양판이 대륙판 아래로 섭입하여 형성되었다.

26 해령은 단층에 의해 절단되어 있으며, 해령과 해령 사이의 구간은 판의 경계(보존형 경계)이므로 천발 지진이 발생한다.

28 판게아는 약 2억7천만 년 전에 형성되었으며, 북아메리카 대륙, 아프리카 대륙, 유럽 대륙이 모이면서 충돌하여 애팔래치아산맥이 만들어졌다.

자료 집중 분석 p.022

예제 1

정답 ③

ㄱ. A는 밀도가 작은 두 대륙판이 수렴하므로 충돌형 수렴 경계가 형성된다.

ㄴ. A에서는 히말라야산맥이, D에서는 안데스산맥이 나타난다. 히말라야산맥과 안데스산맥은 둘 다 습곡 산맥이다.

 ㄷ. A에서는 천발~중발 지진이 발생하고, D에서는 천발~심발 지진이 발생하므로 진원의 평균적인 깊이는 D가 A보다 깊다.

예제 2

정답 ⑤

ㄱ. (가)는 대륙판이 갈라지고 있으므로 맨틀 대류의 상승부이고, (다)는 해령이 있으므로 맨틀 대류의 상승부이다.

ㄴ. (나)에서 태평양판이 유라시아판 아래로 섭입하므로 판의 밀도는 태평양판이 유라시아판보다 크다.

ㄷ. (가)와 (다)는 대륙판이 갈라지거나 새로운 해양 지각이 생성되는 발산형 경계이므로 화산 활동이 일어나고, (나)는 오래된 해양 지각이 지하로 소멸되는 섭입형 수렴 경계이므로 화산 활동이 일어난다.

개념 다지기 문제

p.023~025

| 01 ③ | 02 ② | 03 ③ | 04 ④ | 05 ② | 06 ① |
| 07 ③ | 08 ⑤ | 09 ② | 10 ⑤ | | |

고난도 11 ③ 12 ①

서술형 13~16 해설 참조

01 ㄱ. 자기 적도보다 남쪽에 위치한 지점에서는 나침반의 N극이 하늘 쪽을 향하고, 자기 적도보다 북쪽에 위치한 지점에서는 나침반의 N극이 지표면 쪽을 향하므로 우리나라에서는 N극이 지표면 쪽을 향한다.

ㄷ. θ는 나침반의 자침이 수평면에 대해 기울어진 각도이므로 복각이다. 자기 적도에서 복각은 0°이다.

 ㄴ. 나침반의 자침이 기울어진 것은 지구 자기장 때문이다. 따라서 나침반 자침의 N극이 수평면에 대해 90°인 지점은 지리상 북극이 아니라 자북극이다.

02 ㄷ. A 지점은 자북극(자북)이고, B 지점은 지리상 북극(진북)이다. 따라서 C에서 측정한 A 쪽 방향과 B 쪽 방향 사이의 각도는 자북극과 지리상 북극이 이루는 각도에 해당하므로 편각이다.

 ㄱ. A 지점은 지구 자기장이 지표면에 대해 수직이므로 자북극이다.

ㄴ. C에서 나침반의 자침은 자북극인 A 지점을 향한다.

03 복각은 자북극에서 +90°로 가장 크고, 자북극에서 자기 적도로 갈수록 작아지므로 A, B, C 중 복각의 크기는 B 지점에서 가장 크고, C 지점에서 가장 작다.

04 ㄴ. (나)와 같이 3억 년 전의 지자기 북극을 일치시켜 보면 유럽 대륙과 북아메리카 대륙은 하나로 합쳐지는데, 이는 두 대륙이 3억 년 전에 한 덩어리였음을 나타낸다.

ㄷ. 지자기 북극의 이동 경로 연구를 통해 대륙 분포가 3억 년 전인 (나)에서 현재인 (가)로 변하였다는 것을 알 수 있으므로 이는 대륙 이동설을 지지하는 증거가 된다.

 ㄱ. 현재와 마찬가지로 과거에도 지자기 북극의 위치는 1개였다.

05 ㄴ. 인도 대륙은 5500만 년 전에는 남반구에 있었으나 3800만 년 전에는 북반구에 있으므로 북쪽으로 이동하였다. 따라서 한때 적도에 위치한 적이 있다.

 ㄱ. 암석 내의 고지자기 복각을 측정하면 인도 대륙이 어느 위도대에 있었는지 알 수 있다.

ㄷ. 7100만 년 전부터 5500만 년 전까지 1600만 년 동안 위도 19°를 이동하였고, 1000만 년 전부터 현재까지 1000만 년 동안 위도 4°를 이동하였으므로 인도 대륙의 이동 속도는 현재로 올수록 느려졌다.

06 ㄱ. A는 심해저에 솟아 있는 해저 산맥이므로 해령이다. 해령의 중앙부에는 열곡이 발달한다.

 ㄴ. B는 해령과 해령 사이의 단층 구간이므로 변환 단층이다. 변환 단층은 맨틀 대류의 상승부나 하강부가 아니다.

ㄷ. A는 맨틀 대류의 상승부이므로 장력이 우세하고, C(해구)는 맨틀 대류의 하강부이므로 횡압력이 우세하다.

07

자료 분석

ㄱ. A(히말라야산맥)는 충돌형 수렴 경계이므로 대륙판이 맨틀 깊숙이 섭입하지 못하여 화산 활동이 거의 일어나지 않는다. B(산안드레아스 단층)는 판이 생성되거나 소멸되지 않는 보존형 경계이므로 화산 활동이 거의 일어나지 않는다.

ㄷ. C는 동태평양 해령이므로 맨틀 대류의 상승부이고, D는 페루―칠레 해구이므로 맨틀 대류의 하강부이다.

 ㄴ. B를 경계로 남서쪽에는 태평양판이 있고, 북동쪽에는 북아메리카판이 있다. 태평양판은 북서쪽으로 이동한다.

08 ㄱ. 섭입형 경계에서는 섭입대의 위쪽에 있는 판에서 화산 활동이 일어난다. 따라서 유라시아판 쪽에서 화산 활동이 일어나므로 진앙도 유라시아판 쪽에 주로 분포한다.

ㄴ. 판의 경계인 해구와 나란하게 유라시아판과 필리핀판 쪽에 화산섬이 나열되어 있으므로 호상 열도가 각각 발달한다.

ㄷ. 밀도가 큰 판이 밀도가 작은 판 아래로 섭입하므로 판의 밀도는 태평양판 > 필리핀판 > 유라시아판이다.

09 ㄴ. (가)는 로라시아 대륙과 곤드와나 대륙이 거대한 해양인 판탈랏사로 둘러싸여 있으므로 판게아이다. 판게아가 형성될 때 북아메리카 대륙, 아프리카 대륙, 유럽 대륙이 충돌하여 애팔래

치아산맥을 만들었다.

바로알기 ㄱ. (가)는 약 2억7천만 년 전에 형성된 판게아이고, (나)는 약 12억 년 전에 형성된 로디니아이다.
ㄷ. 대서양은 (가)의 판게아가 분리되면서 형성되었다.

10 ㄱ. (가)에서 대륙이 한 덩어리로 모이므로 충돌에 의해 습곡 산맥이 형성된다.
ㄴ. (가) → (나)는 대륙의 분리가 일어나므로 해양저가 확장된다.
ㄷ. (다)에서 해양 지각이 섭입대에서 소멸하면 해양이 없어지면서 대륙과 대륙의 충돌이 일어난다.

11 ㄱ. 동아프리카 열곡대는 대륙이 갈라지는 단계에 있으며, 대륙이 완전히 분리되면 홍해와 같이 좁고 긴 바다가 형성된다.
ㄴ. (나)에서는 북아메리카판에서 화산 활동이 일어나므로 태평양판이 북아메리카판 아래로 섭입한다. 따라서 판의 밀도는 태평양판이 북아메리카판보다 크다.
바로알기 ㄷ. (가)는 대륙판이 갈라지는 곳이므로 맨틀 대류의 상승에 의해 화산 활동이 일어나고, (나)는 해양판이 소멸하는 곳이므로 맨틀 대류의 하강에 의해 화산 활동이 일어난다.

12

│ 자료 분석 │

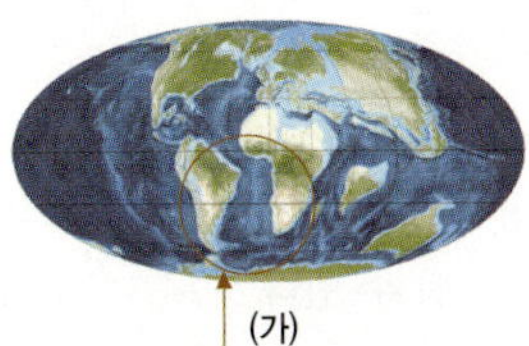
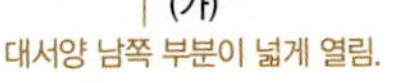
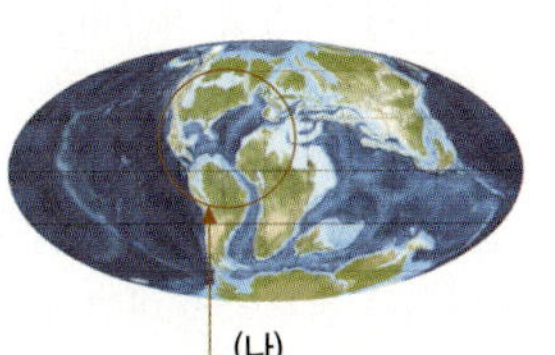

• 판게아 분리 이후 인도 대륙이 점차 북상함.
• 판게아 분리 이후 현재까지 대서양의 면적이 점차 넓어짐.
• (나)가 (가)보다 대륙 분포 시기가 먼저임.

ㄱ. 판게아는 약 2억 년 전부터 분리되기 시작하였다. (가)와 (나)는 판게아가 분리된 이후이므로 2억 년 전 이후의 대륙 분포이다.
바로알기 ㄴ. 판게아가 형성된 시기에 인도 대륙은 오스트레일리아 대륙과 함께 남극 대륙 부근에 있었으며, 대륙이 분리되면서 점차 북상하였다. (나)에서 인도 대륙은 남반구에 있으므로 유라시아 대륙과 충돌하기 전이며, 히말라야산맥은 형성되지 않았다.
ㄷ. 판게아가 분리되면서 대서양 면적은 점차 넓어졌으므로 (나)의 시기가 (가)의 시기보다 먼저이다. (나)에서 대서양의 북쪽 부분이 열렸고, (가)에서 대서양의 남쪽 부분이 넓게 열렸다. 따라서 북대서양이 남대서양보다 먼저 형성되기 시작하였다.

13 서술형
모범 답안 | 남쪽, 남반구, 자침의 N극은 북반구에서는 수평면 아래를 향하고, 남반구에서는 수평면 위를 향하며, 고위도로 갈수록 복각의 절댓값이 커지기 때문이다.
해설 | A 지점은 자침의 N극이 수평면 아래를 향하므로 북반구이고, A → B로 가면 복각이 감소하므로 남쪽으로 이동하였다. C에서는 자침의 N극이 수평면 위를 향하므로 남반구이다.

채점 기준	배점
나침반의 이동 방향과 이동한 후 위치 및 판단 근거를 모두 옳게 서술한 경우	100 %
나침반의 이동 방향과 판단 근거만 옳게 서술한 경우	50 %
나침반의 이동 방향만 옳게 서술한 경우	30 %

14 서술형
모범 답안 | 7100만 년 동안의 위도 차이가 50°이므로
$$\frac{50 \times 110 \times 10^5 \text{ cm}}{7100 \times 10^4 \text{년}} ≒ 7.7 \text{ cm/년, 즉 } 8 \text{ cm/년이다.}$$
해설 | 7100만 년 전과 현재의 복각이 각각 $-49°$, $36°$이므로 위도와 복각 관계 그래프에서 위도를 찾으면 각각 $30°S$, $20°N$이다. 즉, 위도 차이는 $50°$이고, 위도 $1°$ 사이의 거리는 110 km이므로 이동한 거리는 5500 km이다. 7100만 년 동안 5500 km를 이동하였으므로 인도 대륙의 평균 이동 속력은 $(5500 \times 10^5 \text{ cm})/(7100 \times 10^4 \text{년}) ≒ 7.7$ cm/년이고, 반올림하면 8 cm/년이다.

채점 기준	배점
과정과 답을 모두 옳게 쓴 경우	100 %
과정은 옳게 썼으나 답이 옳지 않은 경우	80 %
답만 옳게 쓴 경우	20 %

15 서술형
모범 답안 | 호상 열도, 해구 부근에서는 주로 천발 지진이 발생하고, 대륙 쪽으로 갈수록 진원의 깊이가 깊어져 심발 지진이 발생한다.
해설 | 섭입대를 따라 해양판이 소멸하면서 해구와 나란하게 화산 활동이 일어나 호상 열도가 형성된다. 섭입대가 해구에서 대륙 쪽으로 비스듬하게 형성되므로 해구 부근에서는 주로 천발 지진이 발생하고, 대륙 쪽으로 갈수록 진원의 깊이가 깊어져 심발 지진이 발생한다.

채점 기준	배점
지형과 진원의 특징을 모두 옳게 서술한 경우	100 %
지형과 진원의 특징 중 한 가지만 옳게 서술한 경우	50 %

16 서술형
모범 답안 | 해양판인 나스카판의 밀도가 대륙판인 남아메리카판의 밀도보다 크기 때문이다.
해설 | 나스카판은 해양판이고, 남아메리카판은 대륙판이다. 해양판은 대륙판보다 밀도가 크므로 두 판이 수렴하면 밀도가 큰 나스카판이 남아메리카판 아래로 섭입한다.

채점 기준	배점
두 판의 밀도를 옳게 비교하여 서술한 경우	100 %
두 판의 밀도가 다르기 때문이라고만 서술한 경우	20 %

개념 익히기 문제   p.027, 029, 031

01 상승부	**02** 수평	**03** 플룸 구조론	**04** 맨틀, 외핵
05 열점	**06** ×	**07** ○	**08** ○ **09** × **10** ×
11 안산암	**12** 유문암질 (또는 화강암질)		**13** 순상, 성층
14 유문암질	**15** 해령	**16** 현무암질	**17** 맨틀
18 ×	**19** ×	**20** ○ **21** × **22** ○	**23** ×
24 ○	**25** 염기성	**26** 유색 **27** 냉각 속도	**28** 세립질,
조립질	**29** 안산암	**30** 심성암, 화성암	**31** 현무암 **32** ×
33 ×	**34** ○	**35** ○ **36** × **37** ○	**38** ×

01 맨틀 대류의 상승부에서는 새로운 판이 생성되고, 맨틀 대류의 하강부에서는 오래된 판이 소멸된다.

02 해령과 해구 사이에서는 맨틀 대류가 수평 방향으로 일어나며, 대류하는 맨틀 위의 판은 마찰에 의해 수평 방향의 힘을 받아 움직인다.

03 플룸 구조론은 뜨거운 플룸의 상승과 차가운 플룸의 하강에 의해 연직 방향의 대규모 구조 운동을 설명하는 이론이다.

04 차가운 플룸은 섭입하는 해양판이 상부 맨틀과 하부 맨틀의 경계에 쌓여 있다가 맨틀과 외핵의 경계로 가라앉으면서 생성된다.

05 열점은 뜨거운 플룸이 상승하는 곳의 지하에 마그마가 생성되는 장소이다.

06 맨틀은 고체이지만 고온의 상태에서 유동성이 있기 때문에 대류가 가능하다.

07 해령에서는 새로운 판이 만들어지는 과정에서 판을 밀어내는 힘이 작용하고, 해구에서는 섭입하는 판에 의해 판을 당기는 힘이 작용한다.

08 차가운 플룸의 밀도는 주변 맨틀 물질의 밀도보다 크므로 아래로 하강하고, 뜨거운 플룸의 밀도는 주변 맨틀 물질의 밀도보다 작으므로 위로 상승한다.

09 지진파의 속도는 물질의 온도가 낮을수록 빠르고, 물질의 온도가 높을수록 느리다.

10 열점은 지하에 고정된 지점이므로 판이 이동하더라도 열점은 이동하지 않으며, 한 지점에서 계속 화산 활동을 일으킨다.

11 마그마에 녹아 있는 성분 중에는 SiO_2 함량이 가장 많으며, 이를 기준으로 현무암질 마그마, 안산암질 마그마, 유문암질 마그마로 구분한다.

12 유문암질 마그마는 안산암질 마그마보다 온도가 낮아 점성이 크고, 휘발 성분이 많다.

13 현무암질 마그마는 점성이 작으므로 순상 화산을 형성하고,

안산암질 마그마는 현무암질 마그마보다 점성이 크고, 화산재와 용암이 번갈아 분출하여 성층 화산을 형성한다.

14 대륙 지각은 화강암질 암석으로 이루어져 있으므로 가열에 의해 용융점보다 온도가 높아지면 유문암질 마그마 또는, 화강암질 마그마가 생성된다.

15 해령에서는 맨틀 대류에 의해 맨틀 물질이 상승하는데, 맨틀 물질의 온도가 용융점보다 높은 상태가 되면 현무암질 마그마가 생성된다.

16 열점에서는 뜨거운 플룸이 상승하면서 맨틀의 용융점보다 온도가 높은 상태가 되면 현무암질 마그마가 생성되고, 이 마그마가 분출하여 화산섬을 형성한다.

17 섭입대에서는 해양 지각이 지하 깊이 섭입하면서 온도와 압력이 상승하여 물이 빠져나오고, 이 물이 맨틀에 공급되어 맨틀의 용융점을 낮춤으로써 현무암질 마그마가 생성된다.

18 안산암질 마그마는 SiO_2 함량이 52~63 %이고, 유문암질 마그마는 SiO_2 함량이 63 % 이상이다.

19 휘발 성분이 많을수록 마그마 내부 압력이 커져 폭발적으로 분출한다. 유문암질 마그마는 현무암질 마그마보다 휘발 성분이 많아 폭발적으로 분출한다.

20 맨틀 물질에 물이 포함되면 용융점이 낮아지므로 맨틀의 용융이 일어나 현무암질 마그마가 생성될 수 있다.

21 열점에서는 뜨거운 플룸이 상승하여 맨틀 물질의 압력이 낮아지므로 맨틀 물질의 온도가 용융점보다 높은 상태로 되어 현무암질 마그마가 생성된다.

22 섭입대에서 물에 의한 맨틀 물질의 용융점 하강으로 현무암질 마그마가 생성되고, 현무암질 마그마에 의해 대륙 지각이 가열되면 유문암질 마그마가 생성되며, 현무암질 마그마와 유문암질 마그마가 혼합되면 안산암질 마그마가 생성된다.

23 해령과 열점에서는 맨틀의 대류에 의해 맨틀 물질이 상승하여 압력이 낮아지므로 현무암질 마그마가 생성되어 분출한다.

24 태평양 주변부를 따라 형성된 호상 열도와 화산은 주로 안산암질 마그마가 분출하여 형성되었다.

25 화성암은 SiO_2 함량에 따라 염기성암(52 % 이하), 중성암(52~63 %), 산성암(63 % 이상)으로 구분한다.

26 염기성암은 유색 광물의 함량이 많아 어두운색을 띠고, 산성암은 무색 광물의 함량이 많아 밝은색을 띤다.

27 화산암은 마그마가 지표 부근에서 빠르게 냉각되어 구성 광물의 결정 크기가 작고, 심성암은 마그마가 지하 깊은 곳에서 천천히 냉각되어 구성 광물의 결정 크기가 크다.

28 화산암은 결정의 크기가 작은 세립질 조직이 나타나고, 심성암은 결정의 크기가 큰 조립질 조직이 나타난다.

29 안산암은 SiO_2 함량이 52~63 %인 중성암이고, 화산 활동에 의해 생성되는 화산암이다.

30 반려암, 섬록암, 화강암은 마그마가 지하 깊은 곳에서 굳은 심성암이고, 현무암, 안산암, 유문암은 마그마가 지표 부근에서 굳은 화산암이다.

31 백두산, 제주도, 울릉도, 독도 등에서는 신생대의 화산 활동으로 현무암질 마그마가 분출하여 현무암 지형이 형성되었다.

32 염기성암 → 중성암 → 산성암으로 갈수록 Ca, Fe, Mg의 함량은 감소하고, Na, K, Si 함량은 증가한다.

33 화성암을 염기성암, 중성암, 산성암으로 구분하는 기준은 화학 조성(SiO_2 함량비)이다.

34 현무암질 마그마는 SiO_2 함량이 52 % 이하이며, 마그마가 냉각되는 깊이에 따라 현무암, 반려암이 생성될 수 있다.

35 유문암은 화산암이므로 세립질 조직이 나타나고, 섬록암은 심성암이므로 조립질 조직이 나타난다.

36 우리나라에서 볼 수 있는 대부분의 화성암은 중생대에 관입한 화강암이다.

37 설악산과 북한산은 심성암인 화강암 지형이므로 지하 깊은 곳에서 생성된 후 서서히 융기하여 현재는 지표에 노출되어 있다.

38 부산 황령산에서는 반려암 지형을 볼 수 있고, 경주 양북면 해안에서는 섬록암 지형을 볼 수 있다.

자료 집중 분석   p.032

예제 1

정답 ①

ㄱ. A는 현재 화산 활동 중이므로 열점은 A의 지하에 있다.

바로알기 ㄴ. A~D의 화산섬은 모두 A에서 생성되었다. A에서 D로 갈수록 화산섬의 나이가 증가하므로 판의 이동 방향은 북동쪽이다.

ㄷ. 뜨거운 플룸은 열점이 있는 A의 지하에서 상승하고 있다.

예제 2

정답 ③

ㄱ. 하와이섬의 지하에 열점이 있으므로 뜨거운 플룸이 상승하는 플룸 상승류가 있다.

ㄷ. 태평양판은 약 4300만 년 전 이전에는 북북서 방향으로 이동하였고, 이후에는 서북서 방향으로 이동하였으므로 태평양판의 이동 방향은 시계 반대 방향으로 변하였다.

바로알기 ㄴ. 호상 열도는 판이 섭입하여 형성되므로 A와 B는 호상 열도와 관련이 없다.

개념 다지기 문제   p.033~035

01 ②	02 ⑤	03 ③, ⑤	04 ③	05 ⑤	06 ②
07 ⑤	08 ④	09 ④	10 ③	

고난도 11 ④   12 ①

서술형 13~16 해설 참조

01

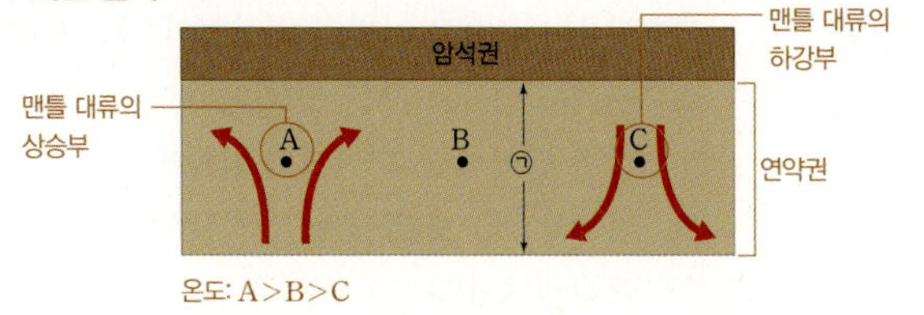

ㄴ. A에서는 고온의 맨틀 물질이 상승하고, C에서는 냉각된 맨틀 물질이 하강하므로 ㉠ 영역에 분포하는 물질의 온도는 A>B>C이다.

바로알기 ㄱ. ㉠ 영역은 맨틀의 대류가 일어나는 연약권이다. 고체 상태인 연약권에서 대류가 일어날 수 있는 것은 온도와 압력이 높아 유동성이 있기 때문이다. 따라서 ㉠ 영역에 분포하는 물질의 상태는 암석권보다 단단하지 않다.

ㄷ. A는 맨틀 대류의 상승부이므로 A 위쪽의 암석권에서는 해령이 형성되고, C는 맨틀 대류의 하강부이므로 C 위쪽의 암석권에서는 해구가 형성될 수 있다.

02 ㄱ. A는 해령이므로 새로운 판이 생성되고, B는 해구이므로 판이 소멸된다.

ㄴ. A에서는 새로운 판이 생성되면서 이미 형성된 판을 양쪽으로 밀어내는 힘으로 작용한다.

ㄷ. B에서는 냉각된 판이 섭입대를 따라 침강하면서 뒤이어 오는 판을 섭입대 쪽으로 당기는 힘이 작용한다.

03 ③ 차가운 플룸은 섭입대에서 냉각에 의해 밀도가 커져 침강하는 해양판이 상부 맨틀과 하부 맨틀의 경계에 쌓여 있다가 가라앉아 생성된다.

⑤ 플룸 구조론은 하와이섬에서의 화산 활동과 같이 판 구조론으로 설명이 어려웠던 판 내부에서 일어나는 대규모 화산 활동을 설명하기 위해 등장한 이론이다.

바로알기 ① 플룸 하강류는 차가운 플룸이므로 주변의 맨틀보다 밀도가 크다.

② 플룸 상승류가 있는 곳은 주변의 맨틀보다 온도가 높으므로 지진파의 속도가 느리다. 반면, 해구에서 섭입하는 판은 주변 맨틀보다 상대적으로 온도가 낮으므로 주변보다 지진파의 속도가 빠르다. 지진파의 속도 분포를 연구하면 맨틀의 온도 분포를 알 수 있다.

④ 뜨거운 플룸은 맨틀과 외핵의 경계에서 생성된다.

04

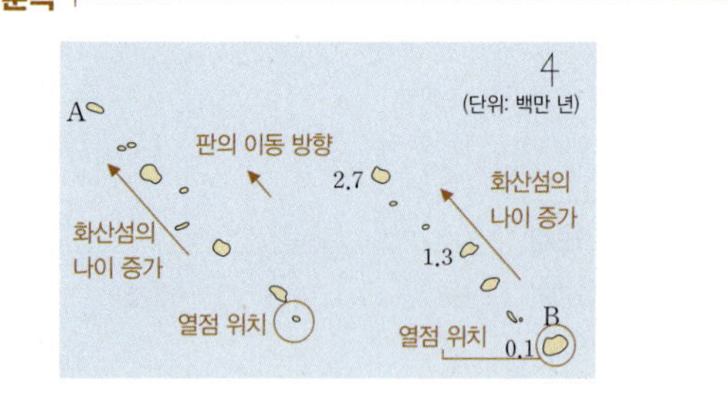

ㄷ. B는 현재 화산 활동이 일어나므로 B의 하부에 열점이 위치한다. 따라서 판이 북서쪽으로 이동하면 100만 년 후에 B는 북서쪽으로 이동해가고, B의 남동쪽에 새로운 화산섬이 형성된다.

바로알기 ㄱ. B에서 북서쪽으로 가면서 화산섬의 나이가 많아졌으므로 A가 포함된 화산섬들도 같은 경향을 보이게 된다. 따라서 열점은 A의 남동쪽 끝에 있는 화산섬의 지하에 있다.

ㄴ. 열점의 위치는 변하지 않으므로 판이 북서쪽으로 이동하여 화산섬이 한 방향으로 나열되었다.

05 ⑤ 유문암질 마그마는 현무암질 마그마보다 휘발 성분이 많으므로 폭발적으로 분출한다.

바로알기 ① 현무암질 마그마는 SiO_2 함량이 52 % 이하이다.
② 현무암질 마그마 → 안산암질 마그마 → 유문암질 마그마로 갈수록 마그마의 온도가 낮다.
③ 현무암질 마그마는 유문암질 마그마보다 점성이 작고, 유동성이 크다.
④ 안산암질 마그마가 지표에 분출하면 성층 화산을 형성한다.

06 ㄴ. 화산체의 경사가 매우 완만하므로 점성이 작고 유동성이 큰 현무암질 마그마가 분출하였다. 따라서 마그마의 SiO_2 함량은 52 % 이하이다.

바로알기 ㄱ. 경사가 완만하여 방패를 엎어놓은 듯한 모양이므로 순상 화산이다.

ㄷ. 순상 화산은 휘발 성분이 적은 마그마가 조용히 분출하여 형성된다.

07 ㄱ. 물이 포함된 화강암의 용융 곡선은 기울기가 왼쪽 아래로 향하므로 압력이 증가하면 용융점이 낮아진다.

ㄴ. A 상태의 화강암은 용융점보다 온도가 낮지만 A′로 온도가 상승하면 용융되어 마그마가 생긴다.

ㄷ. A 상태의 물이 포함된 화강암이 깊이 P보다 더 내려가면 지하의 온도가 물이 포함된 화강암의 용융점보다 높아지므로 용융되어 마그마가 생긴다.

08 ㄴ. 해령 하부에서 맨틀 물질이 상승하면 압력이 낮아지므로 맨틀 물질의 용융점도 낮아진다. 이로 인해 맨틀 물질의 온도가 용융점보다 높아져 현무암질 마그마가 생성된다.

ㄷ. 섭입대 하부에서 맨틀의 부분 용융에 의해 생성된 현무암질 마그마가 상승하여 대륙 지각 하부에 도달하면 대륙 지각을 가열하여 유문암질 마그마가 생성된다.

바로알기 ㄱ. 열점에서도 해령과 마찬가지로 뜨거운 플룸이 상승하면서 압력이 감소하고, 이로 인해 맨틀 물질의 온도가 용융점보다 높은 상태로 되어 현무암질 마그마가 생성된다.

09 ㄴ. 성층 화산은 SiO_2 함량이 52~63 %인 안산암질 마그마가 분출하여 생기므로 A보다 B가 많이 산출된다.

ㄷ. C는 SiO_2 함량이 63 % 이상이므로 산성암이다. 산성암은 유색 광물보다 무색 광물의 함량이 많아 밝은색을 띤다.

바로알기 ㄱ. A는 결정의 크기가 작은 화산암이므로 세립질 조직이 나타난다.

10 ㄱ. (가)는 현무암질 마그마가 지표에 분출하여 형성된 현무암 지형이므로 현무암을 볼 수 있다.

ㄴ. (나)는 화강암 지형이다. 화강암은 심성암이므로 지하 깊은 곳에서 생성된 후 융기하여 지표로 드러났다.

바로알기 ㄷ. 현무암은 어두운색을 띠고, 화강암은 밝은색을 띠므로 유색 광물의 함량은 (가)의 암석이 (나)의 암석보다 많다.

11

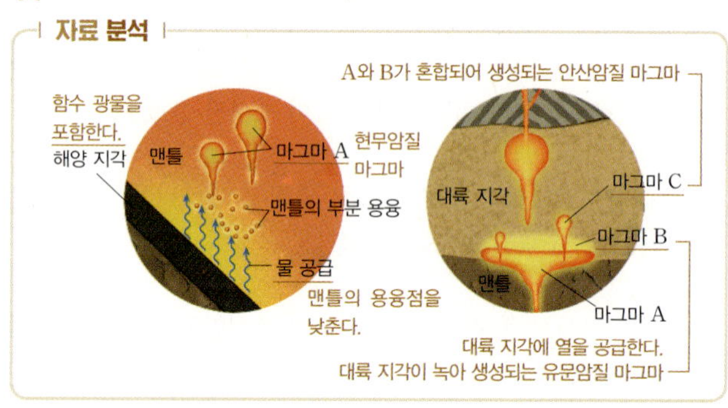

ㄴ. 맨틀의 부분 용융에 의해 생성된 마그마 A(현무암질 마그마)가 상승하여 대륙 지각 하부에 도달하면 지각을 가열하여 마그마 B(유문암질 마그마)가 생성된다. 따라서 A는 B보다 온도가 높다.

ㄷ. 마그마 C는 안산암질 마그마이므로 호상 열도에서 분출하는 마그마와 성분이 비슷하다.

바로알기 ㄱ. 해양 지각에서 방출된 물은 맨틀의 용융점을 낮추어 맨틀의 부분 용융이 일어나므로 마그마 A가 생성된다.

12 ㄱ. A는 SiO_2 함량이 63 % 이상이므로 산성암인 화강암이고, B는 SiO_2 함량이 63 %보다 적은 심성암이므로 반려암, C는 현무암이다. 산성암(화강암)은 염기성암(반려암)보다 Na와 K의 함량이 많다.

바로알기 ㄴ. 반려암(B)은 심성암이므로 화산암인 현무암(C)보다 광물 결정의 크기가 크다.

ㄷ. 설악산 울산바위는 화강암(A)으로 이루어져 있다.

13 서술형

모범 답안 | 인도 - 오스트레일리아판, 인도 - 오스트레일리아판에서는 남아메리카판에 작용하는 힘 이외에 해구에서 잡아당기는 힘이 추가로 작용하기 때문에 남아메리카판보다 이동 속도가 빠르다.

해설 | 남아메리카판은 두 가지의 힘, 즉 해령에서 밀어내는 힘과 판이 미끄러지는 힘이 작용하지만, 인도 - 오스트레일리아판은

두 가지의 힘뿐만 아니라 해구에서 잡아당기는 힘이 추가적으로 작용하기 때문에 인도 – 오스트레일리아판의 이동 속도가 더 빠르다.

채점 기준	배점
이동 속도가 더 빠른 것을 옳게 고르고, 판단 근거도 옳게 서술한 경우	100 %
판단 근거만 옳게 서술한 경우	50 %
이동 속도가 더 빠른 것만 옳게 고른 경우	30 %

14 서술형

모범 답안 | 상승하는 뜨거운 플룸, A 지점은 주변보다 지진파의 속도가 느린데, 이는 맨틀 밀도가 작기 때문이다. 따라서 A에서는 뜨거운 플룸이 상승한다.

해설 | 플룸 상승류가 있는 곳은 주변의 맨틀보다 온도가 높으므로 지진파의 속도가 느리다. 한편, 해구에서 섭입된 판은 주변 맨틀보다 상대적으로 온도가 낮으므로 주변보다 지진파의 속도가 빠르다.

채점 기준	배점
플룸의 종류와 판단 근거를 모두 옳게 서술한 경우	100 %
플룸의 종류와 판단 근거 중 한 가지만 옳게 서술한 경우	50 %

15 서술형

모범 답안 | (가)는 (나)보다 마그마의 유동성이 크다. (가)는 조용하게 분출하고, (나)는 폭발적으로 분출한다.

해설 | (가)는 (나)보다 화산체의 경사가 완만하므로 (가)는 유동성이 큰 마그마에 의해 형성된 순상 화산이고, (나)는 유동성이 작은 마그마에 의해 형성된 종상 화산이다. (가)는 (나)보다 휘발 성분이 적으므로 (가)는 조용하게 분출하고, (나)는 폭발적으로 분출한다.

채점 기준	배점
두 가지를 모두 옳게 비교하여 서술한 경우	100 %
한 가지만 옳게 비교하여 서술한 경우	50 %

16 서술형

모범 답안 | 현무암은 화강암보다 Mg와 Fe의 함량이 많다. Mg와 Fe의 함량이 많을수록 어두운색을 띠므로 현무암은 화강암보다 어둡다.

해설 | 현무암은 염기성암이므로 Mg와 Fe의 함량이 많고, 화강암은 산성암이므로 Mg와 Fe의 함량이 적다. Mg와 Fe의 함량이 많을수록 어두운색을 띠므로 현무암은 화강암보다 어둡다.

채점 기준	배점
Mg와 Fe의 함량 비교와 어두운색을 띠는 까닭을 모두 옳게 서술한 경우	100 %
Mg와 Fe의 함량 비교와 어두운색을 띠는 까닭 중 한 가지만 옳게 서술한 경우	50 %

① 1 ○   2 ○   3 ×   4 ×   5 ×
② 1 ○   2 ×   3 ×   4 ○   5 ○
③ 1 ×   2 ○   3 ○
④ 1 ×   2 ○   3 ○   4 ○
⑤ 1 ○   2 ○   3 ×   4 ×   5 ○
⑥ 1 ○   2 ○   3 ×   4 ×
⑦ 1 ○   2 ○   3 ○   4 ○   5 ○
⑧ 1 ○   2 ○   3 ○   4 ○   5 ○
⑨ 1 ×   2 ×   3 ○   4 ○
⑩ 1 ○   2 ○   3 ○   4 ○
⑪ 1 ○   2 ×   3 ○   4 ○   5 ×
⑫ 1 ○   2 ×   3 ○   4 ×   5 ×   6 ○

①-3 애팔래치아산맥은 판게아가 형성되면서 만들어졌다.

①-4 고생대 말에 인도 대륙은 남반구의 고위도에 있었으며, 남극 대륙, 오스트레일리아 대륙 등 여러 대륙과 함께 판게아를 이루었다.

①-5 베게너가 주장한 대륙 이동설은 당시에 인정받지 못하였고, 고지자기 연구에 의해 해양저 확장설이 등장하면서 대륙 이동설이 부활하게 되었다.

②-2 해령에서 양쪽으로 멀어질수록 해양 지각의 나이가 증가하는 것은 해령에서 새로운 해양 지각이 생성되고 양쪽으로 이동한 다음, 해구에서 오래된 해양 지각이 소멸하기 때문이다.

②-3 해령에서 해양 지각이 생성될 때 자화된 방향은 해양 지각이 해구 쪽으로 이동하더라도 변하지 않는다.

②-5 해구에서 대륙 쪽으로 갈수록 진원의 깊이가 증가하는 것은 해령에서 생성된 해양 지각이 해구에서 맨틀 내부로 비스듬하게 섭입하기 때문이다.

③-1 베게너는 대륙 이동의 여러 가지 증거를 제시하였지만 대륙 이동의 원동력을 명확하게 설명하지 못하여 당시 대부분의 과학자들에게 지지를 받지 못하였다.

③-2 음향 측심법의 발달로 해령과 해구의 모습이 자세히 밝혀지면서 해양저 확장설이 등장하는 데 도움이 되었다.

④-1 나침반의 자침은 지구 자기장의 방향으로 배열되므로 위도에 관계없이 항상 지구 자기장의 방향과 나란하게 나타난다.

④-2 자북극은 나침반 자침의 N극 방향이 지표면과 $90°$를 이루는 지점이다.

④-4 자기 적도에서 복각의 크기는 $0°$이고, 자북극으로 갈수록 복각의 크기는 커져 자북극과 자남극에서 복각은 각각 $+90°$, $-90°$이다.

⑤-1 암석에 기록된 고지자기의 복각을 측정하면 암석이 생성될 당시의 위도를 알 수 있다. 고위도에서 생성된 암석일수록 복각의 절댓값이 커진다.

⑤-3 과거나 현재나 자북극은 언제나 1개였다.

⑤-4 자기 적도보다 북반구에 있을 때는 복각이 (＋)이고, 자기 적도보다 남반구에 있을 때는 복각이 (－)이므로 인도 대륙의 복각이 －49°인 것은 인도 대륙이 남반구에 있었기 때문이다.

⑥-2 대륙판은 해양판에 비해 밀도가 작으므로 충돌형 수렴 경계에서 두 대륙판이 수렴하면 두 판의 밀도가 모두 작아 맨틀 깊은 곳으로 섭입하지 못한다.

⑥-3 섭입형 수렴 경계에서는 화산 활동이 활발하게 일어나고, 충돌형 수렴 경계에서는 화산 활동이 거의 일어나지 않는다.

⑥-4 안데스산맥은 섭입형 수렴 경계에서 형성된 습곡 산맥이다. 충돌형 수렴 경계에서 습곡 산맥이 형성된 예로 히말라야산맥이 있다.

⑦-3 발산형 경계에서는 화산 활동이 활발하게 일어나 새로운 판이 생성된다. 보존형 경계에서는 판이 생성되거나 소멸되지 않으므로 화산 활동이 거의 일어나지 않는다.

⑦-4 발산형 경계와 보존형 경계에서는 모두 천발 지진이 발생한다.

⑦-5 발산형 경계의 예로 대서양 중앙 해령, 동아프리카 열곡대 등이 있다. 보존형 경계는 주로 해령 주변에서 나타나지만 육지로 드러난 산안드레아스 단층도 있다.

⑧-1 로디니아는 약 12억 년 전부터 8억년 전까지 형성된 초대륙으로, (가) 단계에 해당한다.

⑧-2 (가)→(나) 과정에서 초대륙이 분리되므로 장력이 작용한다.

⑧-3 안데스산맥은 (다) 과정에서 대륙의 가장자리에 형성되었고, 히말라야산맥은 (라) 과정에서 대륙과 대륙 사이의 해저 퇴적물이 융기하여 형성되었다.

⑧-4 대서양은 판게아 이전에는 존재하지 않았으며, 판게아가 분리되면서 형성되었다.

⑧-5 판게아 시기에 아프리카 대륙과 인도 대륙은 한 덩어리로 붙어 있었으나 판게아가 분리되면서 인도 대륙은 남반구에서 북반구 저위도까지 이동하였지만, 아프리카 대륙은 아직 남반구에 위치하므로 위도 변화는 인도 대륙이 아프리카 대륙보다 크다.

⑨-1 차가운 플룸은 섭입대에서 침강한 해양판이 상부 맨틀과 하부 맨틀의 경계에 쌓여 있다가 가라앉아 생성된다.

⑨-2 지진파의 속도는 고온의 맨틀 물질보다 저온의 맨틀 물질을 더 빠르게 통과하므로 뜨거운 플룸이 있는 영역은 차가운 플룸이 있는 영역보다 지진파의 속도가 느리다.

⑩-1 물이 포함되지 않은 맨틀의 용융 곡선 그래프는 깊이 내려갈수록 오른쪽으로 기울어지므로 압력이 증가하면 용융점이 높아진다.

⑩-3 맨틀에 공급되는 물은 맨틀의 용융점을 낮추므로 C 과정으로 맨틀의 용융점이 변하여 현무암질 마그마가 생성된다.

⑪-1 해령에서는 맨틀 대류가 상승하므로 맨틀 물질이 상승하면서 용융점보다 맨틀 물질의 온도가 높아지면 현무암질 마그마가 생성된다.

⑪-2 열점에서는 뜨거운 플룸이 상승하면서 맨틀 물질의 온도가 용융점보다 높아지면 현무암질 마그마가 생성된다.

⑪-5 대륙 지각의 하부에서는 연약권에서 상승한 현무암질 마그마와 대륙 지각이 녹아 생성된 유문암질 마그마가 혼합되어 안산암질 마그마가 되므로 안산암질 마그마의 분출은 발산형 경계보다 수렴형 경계 부근에서 활발하게 일어난다.

⑫-2 감람석과 휘석은 유색 광물이다. 염기성암에는 산성암보다 감람석과 휘석의 함량이 많아 어두운색을 띤다.

⑫-3 염기성암 → 중성암 → 산성암으로 갈수록 Ca, Fe, Mg의 함량은 감소하고, Na, K, Si의 함량은 증가한다.

⑫-4 현무암, 반려암은 모두 염기성암으로 SiO_2 함량이 52 % 이하이다. 두 암석의 차이는 구성 광물의 결정 크기이다.

⑫-5 반려암은 염기성암이므로 암석의 색이 어둡고, 유문암은 산성암이므로 암석의 색이 밝다.

⑫-6 화강암은 석영과 정장석 등 무색 광물의 함량이 많아 밝은 색을 띠고, 현무암은 감람석, 휘석 등 유색 광물의 함량이 많아 어두운색을 띤다.

학교 시험 대비 문제 p.040~045

01 ②	02 ③	03 ③	04 ③	05 ④	06 ②
07 ④	08 ③	09 ⑤	10 ③	11 ④	12 ④
13 ①	14 ⑤	15 ③	16 ③	17 ③	18 ②
19 ④	20 ⑤				

고난도 21 ② 22 ⑤ 23 ③ 24 ②

서술형 25~30 해설 참조

01 ① 베게너는 대륙 이동의 원동력을 명쾌하게 설명하지 못하였으므로 당시의 과학자들에게 인정을 받지 못하였다.

③, ⑤ 고생대 말기의 빙하 흔적 분포, 메소사우루스 화석 분포 등은 대륙을 하나로 모아 보면 분포 지역이 일치하므로 대륙 이동설을 지지하는 증거이다.

④ 베게너는 약 2억 년 전부터 판게아가 분리되기 시작하였고, 대륙이 이동하여 현재와 같은 대륙 분포를 이루었다고 주장하였다.

바로알기 ② 맨틀 대류설은 대륙 이동설을 지지하였으나 당시의 과학 기술로는 맨틀 대류를 확인할 수 없어 맨틀 대류설도 인정받지 못하였다.

02 ㄱ, ㄴ. 애팔래치아산맥과 칼레도니아산맥은 판게아가 형성되면서 판의 충돌로 만들어진 다음 대륙이 분리되어 이동하였으므로 두 산맥은 현재 멀리 떨어져 있다. 따라서 두 산맥의 지질 구조는 연속성이 있다.

바로알기 ㄷ. 판게아가 형성되는 과정에서 대륙이 모여 충돌하면서 애팔래치아산맥과 칼레도니아산맥이 형성되었으며, 두 산맥이 형성될 당시에 대서양은 존재하지 않았다.

03 ㄱ. A의 지하에서 상승하는 맨틀 대류가 지각의 하부에서 수평 방향으로 이동하므로 A에서는 장력이 작용하여 대륙이 분리된다.

ㄴ. 맨틀 대류설에서 대륙은 맨틀 대류를 따라 이동하므로 A와 B 사이의 대류는 B 쪽으로 이동한다.

🔍 **바로알기** ㄷ. B에서는 맨틀 대류가 하강하므로 해양 지각이 맨틀 속으로 들어가고, 횡압력에 의해 두꺼운 산맥이 형성된다. 새로운 해양 지각이 생성되는 곳은 맨틀 대류의 상승부이다.

04 ㄱ. A(해령)는 심해 평원에 솟아 있는 해저 산맥이고, C(해구)는 대륙 주변부에 형성된 좁고 깊은 골짜기이므로 음파의 왕복 시간은 A가 C보다 짧다.

ㄷ. 지진 관측망이 구축되면서 C 부근의 진원 분포를 알아내어 섭입대의 존재를 알아냈다.

🔍 **바로알기** ㄴ. B(변환 단층)는 해양 지각이 서로 엇갈려 이동하면서 천발 지진이 자주 발생하지만 해양 지각이 생성되거나 소멸되는 곳이 아니므로 화산 활동은 거의 일어나지 않는다.

05 ㄴ. B에서는 음파의 왕복 시간이 대체로 짧으며, 중앙부에 음파의 왕복 시간이 가장 짧은 부분이 대칭적으로 분포하므로 심해 평원에 솟아 있는 해령이다. 해령의 중앙에서 음파의 왕복 시간이 약간 긴 부분이 분포하는 곳은 해령의 열곡이다.

ㄷ. A(해구)에서는 섭입대를 따라 천발~심발 지진이 발생하고, B(해령)에서는 열곡 부근에서 천발 지진이 발생하므로 진원의 평균적인 깊이는 A가 깊다.

🔍 **바로알기** ㄱ. A는 음파의 왕복 시간이 9초보다 길므로 수심이 6000 m 이상으로 깊다. 따라서 A에는 좁고 수심이 깊은 계곡인 해구가 발달한다. 해구의 지하에는 맨틀의 대류의 하강부가 있다.

06

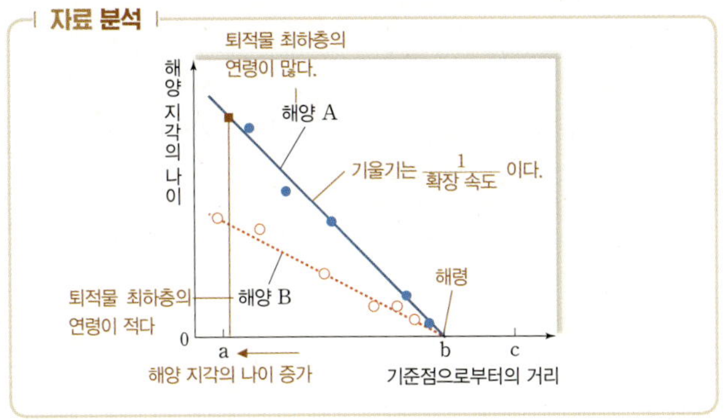

ㄴ. a 지점에서 해양 지각의 나이는 A가 B보다 많으므로 퇴적물도 A에서 먼저 쌓였다. 따라서 퇴적물 최하부층의 연령은 A가 B보다 많다.

🔍 **바로알기** ㄱ. 해양 지각은 b(해령)에서 생성되어 양쪽으로 이동하므로 b에서 a 쪽으로 갈수록 해양 지각의 나이가 증가한다. 해양저의 확장 속도=(b로부터의 거리)÷(해양 지각의 나이)이므로 그래프의 기울기가 완만할수록 확장 속도가 빠르다. 따라서 B가 A보다 해양저의 확장 속도가 빠르다.

ㄷ. b는 해양 지각이 생성되는 해령이므로 b에서는 천발 지진이 발생하고, c 부근에서는 지진이 거의 발생하지 않는다.

07 ㄴ. 동아프리카 열곡대는 대륙 지각에 장력이 작용하여 갈라지면서 긴 계곡이 형성되는 지역이므로 (가)의 단계에 해당한다.

ㄷ. (가), (나), (다)는 모두 맨틀 대류가 상승하는 발산형 경계이므로 화산 활동이 일어난다.

🔍 **바로알기** ㄱ. 대륙 지각이 갈라지고, 바다가 형성된 후 해양저가 확장되는 모습이므로 발산형 경계에서 일어나는 변화이다.

08 ㄱ. 고온의 용암에서는 철 성분이 자화되지 않으므로 지구 자기장의 방향과 관계없이 배열에 있어서 방향성을 보이지 않는다.

ㄴ. 용암이 식어 굳으면 자성을 띠는 광물은 생성 당시의 지구 자기장 방향으로 자화되어 한 방향으로 배열된다.

🔍 **바로알기** ㄷ. 화산암이 생성된 이후에는 대륙이 이동하더라도 화산암 내 자성 광물의 자화 방향이 변하지 않으므로 생성 당시의 지구 자기 정보가 그대로 보존된다.

09 ㄱ. A에서는 고지자기의 자화 방향이 현재와 같으므로 정자극기이고, 지자기 북극 방향은 현재와 같았다.

ㄴ. A와 B의 암석이 생성된 시기 사이에는 최소한 2회의 정자극기와 3회의 역자극기가 있었다.

ㄷ. 고지자기 줄무늬는 해령에 대해 대칭적으로 나타나므로 이 해령의 서쪽에서 연령이 400만 년인 해양 지각은 동쪽과 같이 역자극기에 형성되었다.

10 ㄱ. 자기 적도보다 북쪽에 있는 지점은 자침의 N극이 지표면 쪽을 향하므로 A는 북반구에 있다.

ㄷ. C 지점은 자침의 N극이 지표면과 나란하므로 복각이 0°이다. 복각이 0°인 지점을 자기 적도라고 한다.

🔍 **바로알기** ㄴ. B 지점은 자침의 N극이 지표면 위를 향하므로 자기 적도보다 남쪽에 있다. 따라서 B에서 자기 적도 쪽으로 가면 복각의 절댓값은 감소한다.

11 ㄴ. 북아메리카 대륙과 유럽 대륙의 잔류 자기로부터 추정한 1억 년 전의 지자기 북극이 일치하도록 대륙을 이동시켜 보면 대서양은 점차 좁아진다. 이는 최근 1억 년 동안 대서양은 점차 확장되었음을 알려준다. 실제 판게아가 갈라지기 시작한 시기는 지금으로부터 약 2억 년 전이므로 2억 년 전에는 대서양이 존재하지 않았다.

ㄷ. 지자기 북극의 이동 경로가 일치하지 않는 것은 초대륙 판게아가 갈라져 대륙이 이동하였기 때문이다.

🔍 **바로알기** ㄱ. 현재 지자기 북극이 1개인 것처럼 과거에도 지자기 북극은 1개였으며, 지자기 북극의 이동 경로가 일치하지 않는 것은 대륙이 이동하였기 때문이다.

12 ㄴ. B는 해구이므로 나스카판이 남아메리카판 아래로 비스듬하게 섭입하면서 마그마가 생성되어 남아메리카판에서 화산 활동이 일어난다.

ㄷ. C는 해령과 해령 사이의 구간에 있는 변환 단층이다. 변환 단층은 해양 지각의 확장 속도 차이에 의해 생기므로 C의 존재는 해양저 확장설을 지지하는 증거가 된다.

13 ㄱ. (가)는 두 해양판의 섭입형 수렴 경계, (나)는 해양판과 대륙판의 섭입형 수렴 경계, (다)는 두 대륙판의 충돌형 수렴 경계이므로 (가), (나), (다)는 모두 수렴형 경계이다.

ㄷ. 수렴형 경계에서는 습곡 산맥이 형성될 수 있다. (나)의 예로는 안데스산맥이 있고, (다)의 예로는 히말라야산맥이 있다.

14 ㄱ. (가)는 약 12억 년 전~8억 년 전까지의 초대륙인 로디니아이고, (나)는 약 2억7천만 년 전~2억 년 전의 판게아이므로 (가)가 (나)보다 먼저 형성되었다.

ㄴ. (나)의 시기에 인도 대륙은 아프리카 대륙, 오스트레일리아 대륙, 남극 대륙과 하나로 모여 곤드와나 대륙을 이루었다.

ㄷ. (나)에서 북아메리카 대륙과 유라시아 대륙이 분리되면서 대서양이 형성되기 시작하였다.

15 ①, ② 초대륙이 장력을 받아 대륙이 갈라지기 시작하면 열곡대가 형성되고, 대륙이 갈라지면 새로운 해양이 형성된다.

④, ⑤ 현재 판이 이동하는 방향과 속도로 미래의 대륙 분포를 추정하며, 약 2억~2억5천만 년 후에는 새로운 초대륙이 형성될 것으로 추정하고 있다.

16

| 자료 분석 |

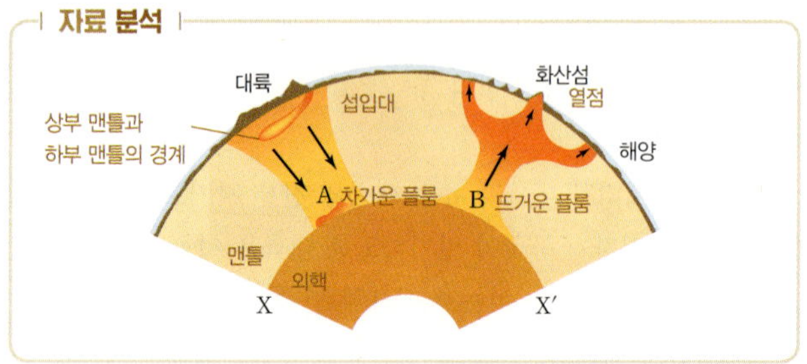

ㄱ. A는 섭입대에서 침강한 해양판이 상부 맨틀과 하부 맨틀의 경계에서 쌓여 있다가 가라앉아 생성된 차가운 플룸이다.

ㄴ. 하와이섬은 열점의 화산 활동으로 만들어졌으며, 열점은 뜨거운 플룸이 상승하다가 마그마가 생성되는 지점이므로 하와이섬은 B의 물질이 지표에 도달하여 만들어졌다.

17 ① ㉠은 물을 포함하지 않는 경우, ㉡은 물을 포함하는 경우 맨틀의 용융 곡선이다.

② A 과정으로 맨틀 물질이 상승하면서 압력이 낮아지면 맨틀 물질의 온도가 용융점보다 높아져 마그마가 생성된다.

④ B는 대륙 지각의 하부가 가열되어 유문암질 마그마가 생성되는 과정이다.

⑤ 섭입대에서 침강하는 해양판은 함수 광물을 포함하고 있으며, 함수 광물에서 방출된 물이 맨틀에 공급되면 맨틀의 용융점을 낮추어 C의 변화가 일어난다.

18 ㄷ. 태평양 주변부에는 해구와 나란하게 섭입대가 형성되므로 안산암질 마그마가 분출하여 성층 화산이 분포한다.

ㄴ. 현무암질 마그마는 유문암질 마그마보다 휘발 성분이 적어 조용하게 분출한다.

19 ㄴ. (가)는 어두운색을 띠고, (나)는 밝은색을 띠므로 유색 광물의 함량비는 (가)가 (나)보다 크다.

ㄷ. (가)는 입자의 크기가 작아 눈으로 결정을 구분하기 어려우므로 세립질 조직이 나타나고, (나)는 입자의 크기가 크므로 조립질 조직이 나타난다.

20 ㄱ. 북한산, 설악산 등 우리나라의 주요 산을 이루는 화강암은 중생대에 생성되었다.

ㄴ. (가)는 심성암인 화강암이므로 지하 깊은 곳에서 생성된 후 융기하여 지표로 드러났다.

ㄷ. (나)는 화산암인 현무암이다. (나)의 기둥 모양은 용암이 굳는 과정에서 수축하여 만들어졌다.

21

| 자료 분석 |

제시된 그림을 해석하여 A 지점부터 E 지점까지 해저 지형의 모습을 추정해 보면 아래와 같다.

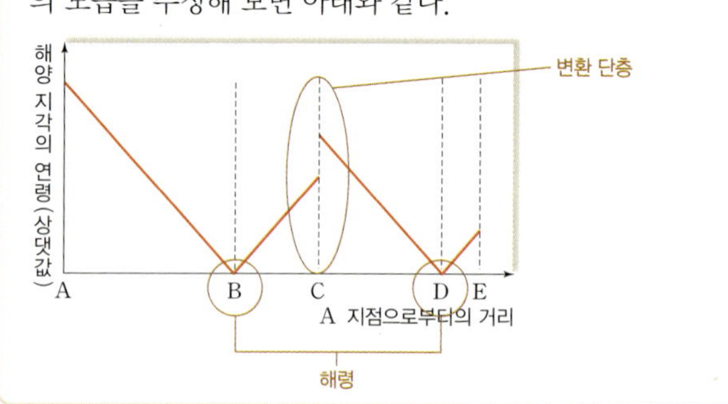

ㄷ. B는 해령이고, C는 변환 단층이므로 B와 C 모두 천발 지진이 발생한다.

ㄴ. B(해령)에서는 화산 활동이 활발하게 일어나지만, C(변환 단층)에서는 화산 활동이 거의 일어나지 않는다.

22 ㄱ. 7000만 년 전에 인도 대륙에서 복각이 약 −50°이므로 인도 대륙은 남반구에 있었다.

ㄴ. 동일한 기간 동안 복각의 변화가 클수록 대륙의 이동 속도가 빠르므로 A 시기가 B 시기보다 인도 대륙의 이동 속도가 빠르다.

ㄷ. 나침반 자침이 수평면과 나란하면 복각이 0°이다. 약 3000만 년 전에 복각이 0°이므로 이 시기에 나침반 자침은 수평면과 나란하였다.

23 ㄱ. 맨틀 물질의 온도가 높을수록 지진파의 속도가 느리므로 ㉠ 지점은 ㉡ 지점보다 온도가 높다. 따라서 맨틀의 밀도는 ㉠ 지점이 ㉡ 지점보다 작다.

ㄴ. ㉠ 지점에는 뜨거운 플룸이 있다. 뜨거운 플룸은 맨틀과 외핵의 경계부에서 생성되어 지표로 상승한다.

(바로알기) ㄷ. 맨틀 대류의 상승부는 판의 발산형 경계인 해령에 있으며, 하와이섬은 태평양판의 내부에 있다. 하와이섬은 열점에 의해 형성된 화산섬이다.

24

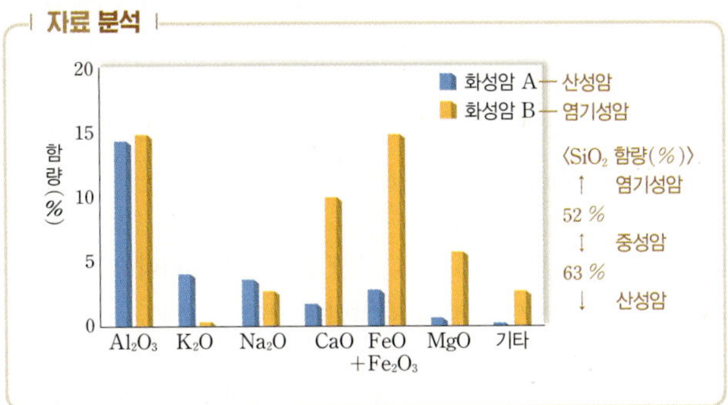

| 자료 분석 |

ㄴ. A는 B보다 Na와 K의 함량이 많고, Ca, Fe, Mg의 함량이 적으므로 A는 산성암이고, B는 염기성암이다. 감람석과 휘석은 염기성암에 많으므로 전체 광물 중 감람석과 휘석의 함량비는 A가 B보다 작다.

(바로알기) ㄱ. A는 산성암이므로 SiO₂ 함량이 63 % 이상이다.

ㄷ. B는 염기성암이므로 세립질 조직이 관찰되는 화산암이면 현무암이다.

25 (서술형)

모범 답안 | 약 2억 년 전에는 북아메리카 대륙과 아프리카 대륙이 한 덩어리였고, 대서양이 존재하지 않았기 때문이다.

해설 | 대서양의 해양 지각은 중앙 해령에서 생성된 후 점차 멀어지면서 해양저가 확장되었다. 그 결과 해령으로부터 멀어질수록 해양 지각의 나이가 많아져 대서양 연안에서 해양 지각을 구성하는 암석의 연령이 가장 많다. 따라서 암석의 연령이 2억 년보다 오래된 것이 나타나지 않는 것은 약 2억 년 전에는 북아메리카 대륙과 아프리카 대륙이 한 덩어리였고, 대서양이 존재하지 않았기 때문이다.

채점 기준	배점
2억 년 전의 대륙 분포와 대서양의 존재 유무를 모두 옳게 서술한 경우	100 %
'해양저 확장' 또는 '대륙 이동'만 서술한 경우	50 %

26 (서술형)

모범 답안 | 정자극기와 역자극기에 형성된 암석의 배열이 해령을 축으로 대칭적으로 분포하는 것은 해양저가 해령을 중심으로 양쪽으로 확장되었기 때문이다.

해설 | 해령을 축으로 양쪽의 고지자기 줄무늬가 대칭적으로 나타나고, 해령에서 멀어지면 고지자기의 정자극기와 역자극기가 반복적으로 나타난다. 지질 시대 동안 지구 자기장은 정자극기와 역자극기가 반복되었으므로 해령에서 해양 지각이 생성될 때 지구 자기장이 정자극기였다면 자성 광물은 그 방향으로 배열되어 해령의 양쪽으로 멀어지고, 새로운 해양 지각이 생성될 때 지구 자기장이 역전되었다면 자성 광물은 역전된 방향으로 배열되어 해령으로부터 멀어진다. 따라서 정자극기와 역자극기에 형성된 암석의 대칭적인 분포는 해양저가 확장되었다는 증거가 된다.

채점 기준	배점
정자극기와 역자극기에 형성된 암석이 분포하고, 고지자기 줄무늬가 해령을 축으로 대칭적으로 분포하기 때문이라고 서술한 경우	100 %
줄무늬가 해령을 축으로 대칭적으로 분포하기 때문이라고 서술한 경우	70 %

27 (서술형)

모범 답안 | A에서 B로 갈수록 진원의 깊이가 깊어지고, 해구와 나란하게 습곡 산맥이 형성될 수 있다.

해설 | A는 해구이고, 해구에서 해양판이 섭입하면 섭입대를 따라 지진이 발생하므로 A에서 B로 갈수록 진원의 깊이가 깊어진다. A에서 해양판이 섭입하면서 해저 퇴적물에 강한 횡압력이 작용하므로 해구와 나란하게 습곡 산맥이 형성될 수 있다.

채점 기준	배점
지진의 특징과 지형을 모두 옳게 서술한 경우	100 %
지진의 특징과 지형 중 한 가지만 옳게 서술한 경우	50 %

28 (서술형)

모범 답안 | 마그마의 점성은 A가 B보다 크고, B에서는 주로 현무암이 산출된다.

해설 | A는 B보다 밑면적이 좁고, 높이가 높으므로 화산체의 경사는 A가 B보다 급하다. 따라서 A는 B보다 점성이 큰 마그마가 분출하여 형성되었으며, A는 종상 화산이고 B는 순상 화산이다. 순상 화산은 현무암질 마그마가 분출하여 형성되므로 B에서는 주로 현무암이 산출된다.

채점 기준	배점
마그마의 점성과 화산암을 모두 옳게 서술한 경우	100 %
마그마의 점성과 화산암 중 한 가지만 옳게 서술한 경우	50 %

29 (서술형)

모범 답안 | 대륙에 장력이 작용하면 열곡대가 형성되고, 이후 대륙이 갈라지면 좁고 긴 바다가 되며, 점차 대서양과 같은 넓은 바다가 형성된다.

해설 | 대륙 아래에서 맨틀 대류가 상승하면 수평 방향으로 장력이 작용한다. 이 힘에 의해 대륙이 갈라지기 시작하여 열곡대가 형성되고, 대륙이 갈라지면 좁고 긴 바다가 형성된다. 이후에도 맨

틀 대류가 계속되면 대서양과 같은 넓은 바다가 형성된다.

채점 기준	배점
두 단어를 모두 포함하여 옳게 서술한 경우	100 %
두 단어 중 하나만 포함하여 옳게 서술한 경우	50 %

30 서술형

모범 답안 | A는 반려암, B는 유문암이다. 마그마가 냉각된 깊이는 A가 B보다 깊다.

해설 | A는 염기성암이고 조립질 암석이므로 반려암이고, B는 산성암이고 세립질 암석이므로 유문암이다. A는 심성암이고, B는 화산암이므로 마그마가 냉각된 깊이는 A가 B보다 깊다.

채점 기준	배점
A, B의 이름을 옳게 쓰고, 마그마가 냉각된 깊이를 옳게 비교하여 서술한 경우	100 %
A, B의 이름을 옳게 쓰고, 마그마가 냉각된 깊이는 옳게 서술하지 못한 경우	60 %
마그마가 냉각된 깊이는 옳게 서술하고, A, B의 이름을 옳게 쓰지 못한 경우	40 %

2 지구의 역사

04 퇴적 구조와 지질 구조

개념 익히기 문제 p.049, 051

01 속성 작용	**02** 교결 작용, 공극	**03** 유기적
04 역암, 석회암	**05** 층리 **06** 환경	**07** 점이 층리
08 ×	**09** ○ **10** × **11** ○	**12** × **13** ○
14 ×	**15** 중생대 **16** 습곡, 단층	**17** 장력, 횡압력
18 부정합 **19** 주상 절리	**20** ×	**21** × **22** ○
23 ○ **24** ○		

01 속성 작용은 퇴적물이 쌓인 이후부터 퇴적암이 되기까지의 모든 과정을 말한다.

02 속성 작용은 퇴적물의 무게에 의한 다짐 작용, 지하수에 녹은 물질이 공극을 채우는 교결 작용을 거치며, 속성 작용에 의해 공극의 부피가 점차 감소하고, 밀도가 증가한다.

03 쇄설성 퇴적암은 풍화·침식물에 의해 만들어지고, 화학적 퇴적암은 증발이나 침전 과정에 의해 만들어진다. 유기적 퇴적암은 생물의 유해에 의해 만들어진다.

04 역암은 자갈, 모래, 점토가 굳어져서 만들어지고, 석회암은 탄산 칼슘($CaCO_3$)이 굳어져서 만들어진다.

05 지층의 단면에 나타나는 나란한 줄무늬를 층리라고 한다. 층리는 퇴적물의 크기, 색깔 등의 차이로 인해 생긴다.

06 점이 층리, 사층리, 연흔, 건열 등을 퇴적 구조라고 한다. 퇴적 구조는 지층이 생성될 당시의 환경을 짐작하게 해 주고, 지층의 역전 여부를 판단하게도 해준다.

07 점이 층리는 입자의 크기가 다양한 퇴적물이 물속에서 가라앉을 때 입자의 크기가 큰 것부터 먼저 가라앉아 만들어지는 퇴적 구조이다.

08 퇴적물의 기원에 관계없이 모든 퇴적암은 속성 작용을 받아 만들어진다.

09 교결 작용이 일어나면 퇴적물 입자 사이의 공극에 교결 물질이 채워지므로 공극은 감소하고, 밀도는 증가한다.

10 화산재 등의 화산 분출물이 대기 중으로 방출되었다가 지표에 쌓이면 응회암과 같이 화산 기원의 쇄설성 퇴적암이 만들어진다.

12 물에 의해 운반되는 퇴적물은 입자의 크기가 작을수록 멀리까지 이동하므로 역암 → 사암 → 이암으로 갈수록 퇴적물이 퇴적되는 깊이가 깊다.

13 육상 환경에는 선상지, 하천, 호수, 사막 등이 있고, 연안 환경에는 삼각주, 강 하구 등이 있다.

14 연흔은 수심이 얕은 환경에서 잘 형성되고, 건열은 건조한 환경에서 잘 형성된다.

16 지층이 지하 깊은 곳에서 힘을 받으면 휘어져 습곡 구조가 형성되고, 지표 부근에서 힘을 받으면 끊어져 단층이 형성된다.

17 지층이 장력을 받으면 상반이 하반에 대해 아래로 내려가 정단층이 되고, 횡압력을 받으면 상반이 하반에 대해 위로 올라가 역단층이 된다.

18 부정합은 지층이 퇴적된 후 융기와 침식을 받는 과정에서 퇴적의 공백이 생긴 지질 구조이다.

19 주상 절리는 용암이 식으면서 수축하여 생긴 기둥 모양의 절리이다.

20 강원도 태백시 구문소의 석회암은 고생대의 바다에서 퇴적되었다.

21 지층이 끊어져 생기는 단층은 상대적으로 저온·저압의 지표 부근에서 잘 나타나고, 지층이 휘어져 생기는 습곡은 고온·고압의 지하 깊은 곳에서 잘 나타난다.

23 주상 절리는 용암의 수축에 의해 만들어지므로 화산암에서 잘 형성되고, 판상 절리는 암석의 융기와 팽창에 의해 만들어지므로 심성암에서 잘 형성된다.

24 관입암은 주변 암석을 뚫고 들어가 생성되었으므로 주변 암석보다 나중에 생성되었고, 포획암은 마그마가 주변 암석 조각을 포함한 것이므로 주변 암석보다 먼저 생성되었다.

개념 다지기 문제   p.053~055

01 ①	02 ③	03 ③	04 ⑤	05 ②	06 ①
07 ⑤	08 ③	09 ②	10 ②		

고난도 11 ②   12 ②

서술형 13~16 해설 참조

01 ②, ⑤ 퇴적물이 물밑에 가라앉으면 수평으로 쌓여 겹겹이 층을 이루고, 수평 방향의 줄무늬인 층리가 형성된다.
③, ④ 암석이 풍화와 침식을 받으면 부서지거나 깎여서 자갈, 모래, 진흙 등의 쇄설물이 되고, 이들 물질은 유수나 바람에 운반되어 퇴적된다.
바로알기 ① 대부분의 퇴적물은 바다로 운반되어 쌓이지만 육지의 강이나 호수 등에서 쌓이는 경우도 있다.

02 ㄱ. (가) → (나) 과정에서 퇴적물은 다짐 작용을 받으므로 공극의 부피는 감소한다.
ㄷ. (가) → (나) → (다)는 다짐 작용과 교결 작용을 받는 과정이므로 퇴적물의 밀도는 증가한다.

바로알기 ㄴ. A는 공극을 채워 퇴적물 입자를 단단하게 결합시키는 교결 물질이므로 지하수에 녹아 있는 탄산 칼슘, 규산염 광물, 철분 등이 이에 해당한다.

03 ㄱ. 암염은 Na^+와 Cl^-가 녹아 있는 해수가 증발하면서 NaCl이 침전하여 생성된다.
ㄴ. 응회암은 화산 쇄설성 퇴적물인 화산재가 쌓여 생성된다.
바로알기 ㄷ. 퇴적암을 쇄설성 퇴적암, 화학적 퇴적암, 유기적 퇴적암으로 구분하는 기준은 퇴적물의 기원이다.

04 ㄱ. 석회암은 탄산 칼슘이 침전하여 생성되거나 생물의 유해가 쌓여 생성되므로 (가)의 화학적 퇴적암과 (다)의 유기적 퇴적암에 모두 속한다.
ㄴ. ㉠ → ㉡ → ㉢으로 갈수록 퇴적물 입자의 크기가 커지므로 해안에서 멀리까지 운반되기 어렵다. 따라서 ㉠ → ㉡ → ㉢으로 갈수록 해양에서 생성되는 수심이 얕아진다.
ㄷ. 퇴적암은 퇴적물의 기원에 따라 분류하지만 모든 퇴적암은 퇴적물의 기원과 관계없이 속성 작용을 거쳐 만들어진다.

06

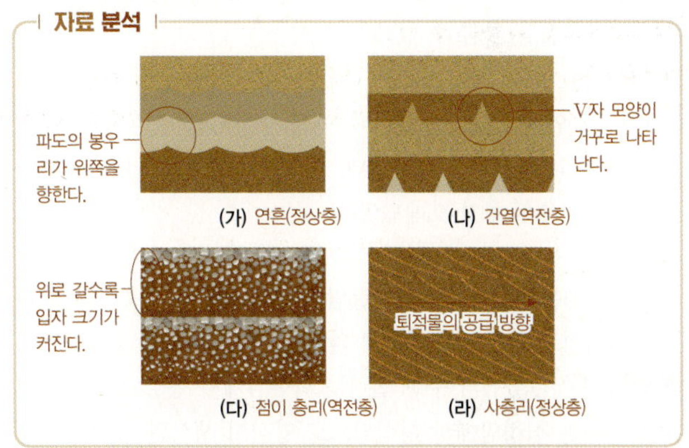

ㄴ. (가)는 연흔, (나)는 건열, (다)는 점이 층리, (라)는 사층리이다. (가)와 (라)는 수심이 얕은 곳, (나)는 건조한 대기에서 형성되고, (다)는 수심이 깊은 대륙대 등에서 형성된다. 따라서 수심이 가장 깊은 곳에서 형성된 것은 (다)이다.
바로알기 ㄱ. (나)는 갈라진 V자 모양이 거꾸로 나타나고, (다)는 위로 갈수록 입자의 크기가 커지므로 역전되었다.
ㄷ. (라)에서 퇴적물은 층리가 경사진 방향으로 공급되므로 왼쪽에서 오른쪽으로 공급되었다.

06 ㄱ. 습곡은 지하 깊은 곳에서 양쪽에서 미는 횡압력이 작용하여 형성된다.
바로알기 ㄴ. A는 볼록한 봉우리에 해당하는 부분이므로 배사이고, B는 오목한 골짜기에 해당하는 부분이므로 향사이다.
ㄷ. 축면이 수평면에 대해 똑바로 서 있고, 축면 양쪽의 날개가 대칭적이므로 정습곡이다.

07 ㄱ. A는 단층면을 따라 수평 방향으로 이동하였으므로 수평 이동 단층이다.
ㄴ. B는 단층면을 따라 상반이 하반에 대해 아래로 이동하였으므로 정단층이다.

ㄷ. B와 C 모두 상반이 하반에 대해 아래로 이동한 정단층이므로 장력이 작용하여 형성되었다.

08

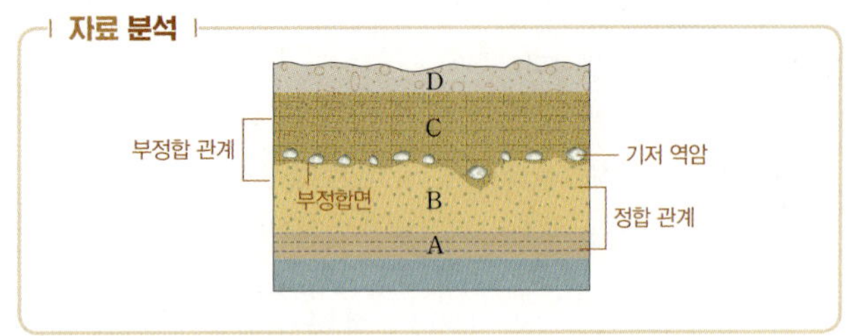

ㄱ. A와 B는 정합 관계이고, B와 C는 부정합 관계이므로 두 지층 간의 퇴적 시간 차이는 A−B가 B−C보다 작다.

ㄴ. 부정합이 형성되는 과정에서 퇴적 → 융기 → 침식 → 침강 → 퇴적이 일어나므로 이 지역은 지층 B가 퇴적된 후 융기한 적이 있다.

바로알기 ㄷ. C 하부의 자갈은 부정합면 위에 분포하는 기저 역암이므로 대부분 B의 암석 조각으로 이루어져 있다.

09 ㄷ. 층리는 퇴적암의 특징이므로 화산재가 쌓여 층리를 이룬다면 응회암을 관찰할 수 있다.

바로알기 ㄱ. 연흔과 건열은 수심이 얕은 물밑에서 형성되므로 (가)의 석회암은 수심이 얕은 바다에서 생성되었다.

ㄴ. (가)는 고생대, (나)는 중생대, (다)는 신생대에 형성되었으므로 (가)의 지층이 가장 오래되었다.

10 ㄴ. (가)는 지표로 분출한 용암이 냉각되면서 수축하여 생긴 주상 절리이므로 온도의 하강에 의해 형성되었다.

바로알기 ㄱ. (가)의 주상 절리는 화산암에서 형성되고, (나)의 판상 절리는 심성암에서 형성되므로 암석이 생성된 깊이는 (가)가 (나)보다 얕다.

ㄷ. (나)는 심성암 위에 쌓인 지층이 깎여나가면서 심성암에 가해지는 압력이 감소하여 심성암이 팽창하면서 만들어진다.

11 ㄴ. A는 암염, B는 응회암, C는 석회암이다. B는 화산재가 대기 중으로 방출되었다가 가라앉아 생성된 퇴적암이므로 쇄설성 퇴적암에 속한다.

바로알기 ㄱ. A(암염)는 물이 증발하면서 해수에 녹아 있는 나트륨 이온과 염화 이온이 화학적으로 결합하면서 침전하여 생성된다.

ㄷ. C(석회암)는 해수에 녹아 있는 칼슘 이온과 탄산 이온이 결합하여 생성되거나, 산호 등의 생물체 유해가 퇴적되어 생성된다. 식물체가 매몰되면 석탄이 생성될 수 있다.

12 ㄷ. (나)는 화강암 C 위에 기저 역암이 있으므로 C와 D는 부정합 관계이다. 즉, C가 지하 깊은 곳에서 생성된 후 융기하여 지표로 드러났고, 이후 침식과 침강이 일어난 다음 D가 퇴적되었다. 그 다음에는 지층이 다시 융기하여 현재 지표로 드러났다. 따라서 (나)의 지역은 최소한 2회 융기하였다.

바로알기 ㄱ. 지층 A가 횡압력을 받아 경사진 시기에 B는 없었

다. A를 포함한 지층이 침강한 이후에 B가 수평으로 퇴적되었다.

ㄴ. C와 D는 부정합 관계이므로 C가 주변 지층을 관입할 때 D는 퇴적되지 않았다.

13 서술형

모범 답안 유기적 기원의 석회암은 산호, 조개 등의 유해가 퇴적되어 형성되고, 석탄은 식물체가 땅속에 매몰되어 형성되기 때문이다.

해설 유기적 기원의 석회암은 산호, 조개 등 딱딱한 골격이나 껍질을 가진 생물이 살다가 그 유해가 퇴적되어 암석으로 굳은 것이다. 석탄은 지질 시대에 번성하였던 식물체가 땅속에 매몰되어 열과 압력을 받아 암석으로 굳은 것이다. 즉, 두 암석은 유기적 퇴적암에 속하므로 퇴적암 내에 화석이 산출될 수 있다.

채점 기준	배점
석회암과 석탄의 생성 과정을 퇴적물의 기원으로 옳게 서술한 경우	100 %
석회암과 석탄의 생성 과정 중 한 가지만 퇴적물의 기원으로 옳게 서술한 경우	50 %

14 서술형

모범 답안 입자가 작을수록 수심이 깊은 곳에서 퇴적되므로 수심이 점차 깊어졌다가 다시 얕아졌다.

해설 퇴적물의 입자가 작을수록 해안에서 멀리까지 운반이 가능하므로 해안가에서 멀어질수록 자갈 → 모래 → 진흙 순으로 퇴적된다. 이 지역의 지층은 위로 갈수록 역암(자갈) → 사암(모래) → 이암(진흙) → 사암(모래) 순으로 쌓여 있으므로 수심이 깊어졌다가 얕아졌다.

채점 기준	배점
해수면의 변화와 판단의 근거를 모두 옳게 서술한 경우	100 %
판단의 근거만 옳게 서술한 경우	60 %
해수면의 변화만 옳게 서술한 경우	40 %

15 서술형

모범 답안 횡압력이 작용하여 형성된 역단층이다.

해설 지층이 수평으로 쌓인 후 단층이 일어났다고 했으므로 지층을 수평인 상태에서 관찰하면 단층면의 왼쪽이 상반이고, 오른쪽이 하반이다. 즉, 이 단층은 횡압력이 작용하여 상반이 위로 올라간 역단층이다.

채점 기준	배점
작용한 힘과 단층의 종류를 모두 옳게 서술한 경우	100 %
작용한 힘과 단층의 종류 중 한 가지만 옳게 서술한 경우	50 %

16 서술형

모범 답안 주상 절리는 용암이 식으면서 수축하여 형성되므로 주상 절리가 발달한 암석은 용암이 빠르게 냉각될 수 있는 환경에 있었다.

해설 주상 절리는 지표에 분출한 용암이 빠르게 식는 과정에서 수축하여 다각형의 기둥 모양을 형성한 지질 구조이므로 이 암석은 화산암이다.

채점 기준	배점
암석의 생성 환경과 근거를 모두 옳게 서술한 경우	100 %
암석의 생성 환경만 옳게 서술한 경우	60 %
주상 절리의 형성 과정만 옳게 서술한 경우	40 %

05 지층의 생성 순서와 나이

개념 익히기 문제

p.057, 059

01 수평 퇴적	**02** 지층 누중	**03** 동물군 천이
04 관입 **05** 대비	**06** 건층, 표준	**07** ○ **08** ×
09 ○ **10** ×	**11** × **12** ○	**13** 상대 연령
14 방사성 동위 원소	**15** 반감기	**16** 2 **17** ×
18 × **19** ○	**20** ○	

01 수평 퇴적의 법칙은 물속에서 퇴적물이 가라앉아 쌓일 때 수평면과 나란하게 지층을 형성한다는 것을 의미한다.

02 지층 누중의 법칙은 하부에 놓인 지층일수록 먼저 퇴적되었다는 것을 의미한다.

03 동물군 천이의 법칙은 상부의 새로운 지층으로 갈수록 더 진화된 생물 화석이 산출된다는 것을 의미한다.

04 관입의 법칙은 관입한 화성암이 관입당한 주변 암석보다 나중에 생성되었음을 의미한다.

05 지층의 대비는 암상이나 화석을 이용하여 여러 지역에 퇴적된 지층의 선후 관계를 밝히는 것이다.

06 암상에 의한 대비는 건층을 연결하여 지층의 선후 관계를 판단하고, 화석에 의한 대비는 표준 화석을 연결하여 지층의 선후 관계를 판단한다.

07 지층의 역전 여부는 점이 층리, 사층리, 연흔, 건열 등의 퇴적 구조나 지층에서 산출되는 표준 화석을 해석하여 알아낸다.

08 화성암이 관입한 경우 주변 암석은 화성암과 접촉한 모든 부분에서 변성된 부분이 나타난다.

09 하부 지층이 지각 변동을 받아 경사진 시기에 상부 지층은 퇴적되지 않았고, 그 후 상부 지층이 생성된 것이므로 두 지층은 경사 부정합 관계이다.

10 멀리 떨어진 두 지역은 지층의 생성 순서나 암석의 종류 등이 달라질 수 있으므로 암상보다 표준 화석을 이용하여 대비한다.

11 건층은 넓은 지역에서 관찰되는 지층이 적합하므로 소규모로 퇴적된 사암층은 건층으로 적합하지 않다.

12 암상에 의해 지층을 대비할 때 여러 지역에서 관찰되는 지층이 특정 지역에서만 관찰되지 않는다면 그 지역에서는 퇴적되지 않은 것이므로 부정합이 나타난다.

13 상대 연령은 지질학적 사건의 선후 관계를 따지는 것을 말한다.

14 절대 연령은 방사성 동위 원소가 붕괴하여 시간이 지남에 따라 그 양이 감소하는 것을 이용하여 측정한다.

15 반감기는 방사성 동위 원소가 붕괴하여 처음 양의 절반으로 줄어드는 데 걸리는 시간이다.

16 반감기가 1억 년인 방사성 동위 원소는 2억 년이 지나면 반감기를 2회 거치므로 남은 양은 처음 양의 25 %가 된다.

17 상대 연령은 지질학적 사건의 선후 관계를 밝히는 것이므로 지사학의 여러 법칙을 적용하여 알아낸다.

18 방사성 동위 원소는 일정한 비율로 감소하지만 감소하는 양이 일정한 것은 아니다.

19 방사성 탄소는 반감기가 5730년 정도로 짧으므로 고대 유물의 연대 측정에 흔히 이용된다.

20 퇴적암은 생성 시기가 다른 여러 퇴적물이 쌓여 만들어지므로 직접 절대 연령을 측정하지 않고, 화성암이나 변성암의 절대 연령을 구한 후 간접적으로 알아낸다.

탐구 집중 분석

p.060

예제 1

정답 3배

해설 | 방사성 동위 원소 X의 반감기를 T라고 하면, 화성암 A는 X의 양이 처음 양의 12.5 %이므로 절대 연령이 3T이고, 화성암 B는 X의 양이 처음 양의 50 %이므로 절대 연령이 T이다. 따라서 화성암 A의 절대 연령은 B의 3배이다.

예제 2

모범 답안 | 2개, P와 Q의 상부에 변성 부분이 나타나지 않으므로 D의 하부와 P의 상부에 모두 부정합이 형성되었다.

해설 | 화성암 P와 Q는 이와 접촉하는 주변 암석에서 변성 부분이 나타나는데, P의 상부에 놓인 E와, Q의 상부에 놓인 D에서는 변성 부분이 나타나지 않으므로 부정합이 형성되었다. 따라서 D의 하부와 P의 상부에 모두 부정합이 형성되었다.

개념 다지기 문제

p.061~063

01 ②	**02** ③	**03** ④	**04** ④	**05** ②	**06** ③
07 ④	**08** ②	**09** ⑤	**10** ③		
고난도 **11** ④	**12** ⑤				
서술형 **13~16** 해설 참조					

01 ①, ④ 퇴적물은 주로 호수 바닥이나 해저와 같이 평탄한 곳에 쌓이며, 중력에 의해 아래에서부터 차곡차곡 쌓인다. 따라서 지층에 나타난 층리는 수평으로 형성되고, 아래의 지층일수록 먼저 생성되었다.

③ 부정합은 퇴적이 중단된 시기가 있는 두 지층 사이의 관계이므로 부정합면을 경계로 상하 두 지층은 퇴적 시간 간격이 크다.

⑤ 동물군 천이의 법칙에 의하면 오래된 지층에서 새로운 지층으로 갈수록 더 진화된 화석이 산출된다.

 ② 관입의 법칙에 따라 관입한 암석은 관입당한 암석보다 나중에 생성되었다.

02 ㄱ. A, B, C는 수평으로 쌓인 지층이므로 지층 누중의 법칙을 적용하여 생성 순서를 정한다.

ㄴ. P는 화성암이므로 A를 관입하였다. 따라서 관입의 법칙에 의해 A는 P보다 먼저 생성되었다.

 ㄷ. 지층의 역전 여부는 지층 누중의 법칙을 적용할 때 필요하며, 관입의 법칙에서는 지층의 역전 여부를 판단하지 않아도 된다.

03 ④ A는 B를 관입하였으므로 B가 퇴적된 후 A가 관입하였다. 그 후 부정합이 있었고, C가 퇴적되었다. D는 E의 암맥을 절단하고 있으므로 D가 E보다 나중에 분출하였다. 따라서 B 퇴적 → A 관입 → C 퇴적 → E 분출 → D 분출 순으로 지질학적 변화가 일어났다.

04

> **자료 분석**

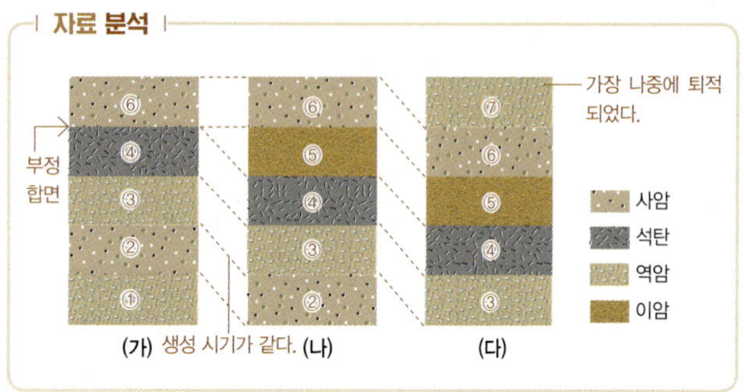

해설 ㄴ. (나)와 (다)에서는 석탄층 상부에 이암층이 퇴적되었으나 (가)에서는 이암층이 퇴적되지 않았으므로 (가)의 석탄층과 사암층은 부정합 관계이다. 따라서 부정합이 형성된 시기에 (가)와 (나)의 퇴적 환경은 서로 달랐다.

ㄷ. 지층을 대비해 보면 (다)의 최상부에 있는 역암층이 가장 나중에 퇴적되었다.

 ㄱ. (가)의 최하부에 있는 역암층은 (나)의 역암층보다 먼저 생성되었다.

05 ㄴ. 지층 ㉠은 D층에서 산출되는 화석과 같으므로 D층에 대비되고, 지층 ㉡은 B층에서 산출되는 화석과 같으므로 B층에 대비된다. 따라서 ㉠은 ㉡보다 나중에 생성되었다.

 ㄱ. 지층 ㉠은 D층에 대비된다.

ㄷ. 각각의 화석이 여러 지층에 걸쳐 산출되므로 퇴적암의 종류가 같더라도 다른 종류의 화석이 산출될 수 있다.

06 ㄱ. (가)는 단층이 부정합을 절단하고 있으며, 상반이 하반에 대해 하반에 대해 아래로 내려갔으므로 장력을 받았다.

ㄴ. (나)에서 B는 A와 C를 관입하였으므로 A와 C에서는 열에 의한 변성 부분이 나타난다.

 ㄷ. (가)는 부정합의 법칙과 지층 누중의 법칙에 따라 A → B → C 순으로 생성되었고, (나)는 관입의 법칙과 부정합의 법칙에 따라 A → C → B 순으로 생성되었다.

07 ㄴ. 이 지역의 지층과 암석이 생성된 순서는 A → B → C → E → D → G → F이므로 가장 나중에 생성된 것은 F이다.

ㄷ. 부정합이 형성되는 과정에서 침식 환경이 나타난다. 이 지역에는 2회의 부정합이 있으므로 과거에 최소한 2회의 침식 환경이 존재하였다.

 ㄱ. A, B, C의 퇴적 순서는 지층 누중의 법칙을 적용한다.

08 ㄴ. 방사성 동위 원소는 외부의 온도와 압력에 관계없이 일정한 비율로 붕괴하므로 절대 연령 측정에 이용할 수 있다.

 ㄱ. 방사성 동위 원소마다 붕괴 속도가 다르기 때문에 반감기가 다르게 나타난다.

ㄷ. 반감기 경과 횟수가 2회가 되면 남아 있는 방사성 동위 원소의 양은 처음 양의 25 %가 된다.

09 ㄱ. 반감기는 방사성 동위 원소의 양이 처음 양의 50 %로 되는 데 걸리는 시간이므로 A의 반감기는 1억 년이다.

ㄴ. B의 반감기는 0.4억 년이므로 $\dfrac{\text{B의 반감기}}{\text{A의 반감기}}$ 는 0.4이다.

ㄷ. 암석의 절대 연령이 2억 년이면 B는 반감기를 5회 거치므로 남아 있는 B의 양은 처음 양의 $\left(\dfrac{1}{2}\right)^5$ 배이다.

10 ㄱ. A가 C를 관입하였으므로 C가 A보다 먼저 생성되었다.

ㄷ. A는 반감기를 2회 거쳤으므로 절대 연령이 1억 년이고, B는 반감기를 1회 거쳤으므로 절대 연령이 0.5억 년이다. 또한, A → D → B 순으로 생성되었으므로 D의 절대 연령은 0.5억 년 ~1억 년이다.

 ㄴ. 화성암 A의 절대 연령은 1억 년이다.

11

> **자료 분석**

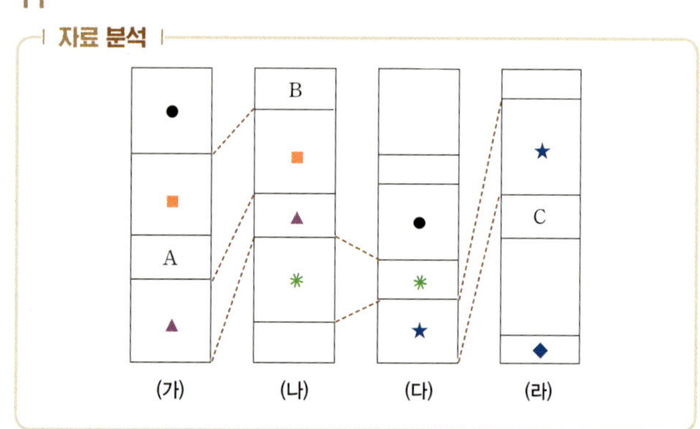

ㄴ. 동일한 표준 화석이 산출되는 지층은 동일한 시기에 퇴적된 것이므로 이를 근거로 지층을 대비해 보면 B층이 C층보다 나중에 퇴적되었다. 따라서 B층이 C층보다 더 진화된 화석이 산출된다.

ㄷ. 표준 화석을 이용하여 지층을 대비하는 것이므로 동물군 천이의 법칙이 적용된다.

🔍 **바로알기** ㄱ. 동일한 표준 화석이 산출되는 지층을 이어 보면 A층은 (가)에서 ▲가 산출되는 지층보다 나중에 생성되었고, C층은 (라)에서 ★가 산출되는 지층보다 먼저 생성되었으며 ▲는 ★보다 나중에 등장한 화석이다. 따라서 A층은 C층보다 나중에 생성되었다.

12

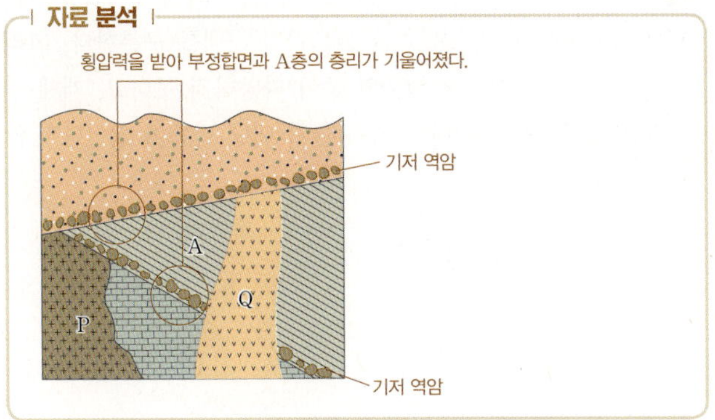

ㄱ. A의 하부와 상부에 각각 부정합면이 나타나는데, 부정합면이 기울어져 있는 것은 횡압력을 받았기 때문이다.

ㄴ. 이 지역은 2회의 부정합이 나타나므로 최소한 3회의 융기가 있었다.

ㄷ. 화성암 P는 모원소 함량이 11 %이므로 반감기를 3회보다 더 거쳤고, 화성암 Q는 모원소 함량이 54 %이므로 반감기를 1회보다 덜 거쳤다. 따라서 화성암 P의 절대 연령은 화성암 Q보다 3배 이상 크다.

13 서술형

모범 답안 | B, 동물군 천이의 법칙에 따르면 새로운 지층일수록 더 진화한 고생물 화석이 산출되기 때문이다.

해설 | 동물군 천이의 법칙에 따르면 새로운 지층 내의 고생물 화석은 오래된 지층 내의 고생물 화석보다 더 진화한 생물의 화석이 산출된다. A와 B는 역전된 지층이므로 B가 새로운 지층이다. 따라서 B가 A보다 더 진화한 고생물이 산출된다.

채점 기준	배점
지층을 바르게 고르고, 지사학의 법칙을 옳게 서술한 경우	100 %
지사학의 법칙만 옳게 서술한 경우	80 %
지층만 옳게 고른 경우	20 %

14 서술형

모범 답안 | 석탄은 특수한 환경에서 형성되고, 응회암은 넓은 지역에 동시에 퇴적되기 때문이다.

해설 | 석탄은 식물체가 지층에 매몰되어 생기므로 육상 식물이 번성하였던 특수한 환경에서 형성되고, 응회암은 화산재가 대기로 분출하여 넓은 지역에 동시에 퇴적되어 형성되므로 건층으로 이용하기에 적합하다.

채점 기준	배점
석탄층과 응회암층을 모두 옳게 서술한 경우	100 %
석탄층과 응회암층 중 한 가지만 옳게 서술한 경우	50 %

15 서술형

모범 답안 | 방사성 탄소(^{14}C)는 반감기가 짧아 정밀하게 절대 연령을 측정할 수 있기 때문이다.

해설 | 선사 시대는 지질학적 시간으로 보면 매우 가까운 과거에 해당한다. 따라서 ^{87}Rb은 반감기가 약 492억 년으로 매우 길어 붕괴한 양이 너무 적으므로 붕괴한 양을 측정하기 어렵다. 반면에 방사성 탄소는 반감기가 약 5730년으로 짧아 붕괴한 양을 좀 더 정밀하게 측정할 수 있다.

채점 기준	배점
모범 답안과 같이 서술한 경우	100 %
^{14}C의 반감기가 짧기 때문이라고만 서술한 경우	70 %

16 서술형

모범 답안 | 화성암의 절대 연령은 2억 년이고, 방사성 동위 원소 Y는 처음 양의 $\frac{1}{16}$배가 남아 있다.

해설 | 방사성 동위 원소 X의 반감기는 1억 년이며, 남아 있는 X의 양이 처음 양의 $\frac{1}{4}$배가 남아 있는 것으로 보아 반감기가 2회 지났음을 알 수 있다. 따라서 화성암의 절대 연령은 2억 년이다. 방사성 동위 원소 Y의 반감기는 0.5억 년이고, 2억 년 동안 붕괴하였다면 Y는 반감기를 4회 지났다. 따라서 방사성 동위 원소 Y는 처음 양의 $\frac{1}{16}$배가 남게 된다.

채점 기준	배점
절대 연령과 남아 있는 Y의 비율을 모두 옳게 서술한 경우	100 %
절대 연령과 남아 있는 Y의 비율 중 한 가지만 옳게 서술한 경우	50 %

06 지질 시대의 환경과 생물

개념 익히기 문제   p.065, 067

01 표준, 시상   **02** 빙하 시추물   **03** 탄소, 산소
04 중생대   **05** 3, 3   **06** ×   **07** ○   **08** ×
09 ○   **10** ○   **11** 오존층   **12** 실루리아   **13** 트라이아스
14 화폐석   **15** 5   **16** ×   **17** ○   **18** ×   **19** ○
20 ×

01 표준 화석은 지층의 생성 시기를 판단하는 데 이용되고, 시상 화석은 생물이 살았던 당시의 환경을 판단하는 데 이용된다.

02 빙하가 형성되는 과정에서 포획된 공기 방울과 눈에 포함된 산소 동위 원소를 연구하면 과거의 대기 조성과 기온 변화를 알 수 있다.

03 석순은 탄산 칼슘으로 이루어져 있으므로 석순의 형성 시기는 탄소 방사성 동위 원소를 이용한다. 한편, 석순이 형성될 당시의 기온은 산소 동위 원소를 이용한다.

04 중생대에는 전 기간에 걸쳐 비교적 기후가 따뜻하여 빙하기가 없었다.

05 지질 시대는 시생 누대, 원생 누대, 현생 누대로 구분하고, 현생 누대는 고생대, 중생대, 신생대로 구분한다.

06 지각 변동이 일어나면 생성된 화석이 변형되면서 파괴되기 쉽다.

07 표준 화석은 지층이 생성된 시기를 판단하는 데 이용되므로 생존 기간이 짧을수록 표준 화석으로써의 가치가 높다.

08 기온이 높을수록 ^{18}O가 결합된 물 분자의 증발이 활발해지므로 대기 중의 ^{18}O가 증가하여 빙하 속의 $\frac{^{18}O}{^{16}O}$의 비율이 높아진다.

09 지질 시대는 생물계의 출현과 멸종 등의 큰 변화, 부정합 등의 지각 변동, 기후 변화 등을 기준으로 구분한다.

10 지질 시대는 누대 → 대 → 기 단위로 구분하고, 시생 누대와 원생 누대를 합쳐 선캄브리아 시대라고 한다.

11 최초의 생명체가 바다에서 출현한 까닭은 지구의 대기에 오존층이 없어 강한 자외선이 지표까지 도달하였기 때문이다.

12 고생대 실루리아기에는 대기 중에 오존층이 존재하여 강한 자외선이 차단됨으로써 최초의 육상 식물이 출현하였다.

13 중생대 트라이아스기 말에 판게아가 분리되면서, 대륙의 이동에 의해 대서양과 인도양이 형성되기 시작하였다.

14 신생대 팔레오기와 네오기에는 유공충에 속하는 화폐석이 바다에서 번성하였다가 멸종하였다.

16 선캄브리아 시대 초기에는 대기 중에 산소가 거의 없었으며, 오존층은 고생대에 들어 형성되었다.

18 고생대에는 중기와 말기에 기후가 한랭하여 빙하기가 있었고, 중생대에는 전 기간에 걸쳐 기후가 온난하여 빙하기가 없었다.

20 지질 시대 동안 총 5회의 생물 대멸종이 있었으며, 규모가 가장 큰 것은 페름기 말에 일어났다.

탐구 집중 분석   p.068

예제 1

정답 ②

해설 | ② 그림은 중생대의 바다에서 번성하였던 암모나이트 화석이다. 이 시기에 육지에서는 공룡이 번성하였다.

바로알기 ① 판게아가 형성되기 시작한 것은 고생대 말이다.
③ 삼엽충은 고생대에 번성하였다.
④ 속씨식물이 초원을 형성한 것은 신생대이다.
⑤ 중생대에는 전 기간에 걸쳐 온난하여 빙하기가 없었다.

예제 2

모범 답안 | 원생 누대에는 생물의 종이 다양하지 못하고, 개체 수도 적었기 때문이다.

해설 | 현생 누대에는 생물의 종과 개체 수가 폭발적으로 증가하여 생물의 출현과 멸종을 기준으로 지질 시대를 구분한다. 그러나 선캄브리아 시대에는 생물의 종이 다양하지 못하고, 개체 수도 적었으므로 원생 누대 말에 생물의 대량 멸종이 일어나지 않았다.

개념 다지기 문제   p.069~071

| 01 ③ | 02 ④ | 03 ② | 04 ③ | 05 ⑤ | 06 ② |
| 07 ③ | 08 ③ | 09 ② | 10 ③ | | |

고난도 11 ⑤   12 ②

서술형 13 ~16 해설 참조

01 ① 생물의 모양이 퇴적물에 찍혀 있거나 생물이 파놓은 구멍 등도 화석이 된다.
② 생물체의 무른 조직보다는 단단한 뼈나 껍데기 등 단단한 조직이 화석으로 남기 쉽다.
④ 지각 변동을 받으면 화석이 파괴되기 쉬워진다.
⑤ 호박은 곤충 등이 나무의 진액에 갇혀 화석으로 남은 것이다.
바로알기 ③ 지층 속에 빨리 매몰되면 생물의 유해가 분해되지 않고 화석으로 남기 쉽다.

02 ㄴ. 시상 화석은 생존 기간이 길고, 특정한 환경에서 제한적으로 분포하는 것일수록 가치가 있으므로 시상 화석으로 가장 적합한 것은 C이다.
ㄷ. A는 표준 화석, C는 시상 화석으로 이용된다. 지층을 대비할 때는 표준 화석을 이용하므로 C보다 A를 이용하는 것이 좋다.
바로알기 ㄱ. A는 넓은 지역에 분포하지만, B는 한정된 지역에 분포하므로 B는 A보다 환경 변화에 민감하다.

03 ㄴ. 빙하 속에 포획된 공기 방울을 추출하면 빙하가 형성될 당시의 대기 조성을 알 수 있고, 빙하를 구성하는 산소의 동위 원소 비를 알면 당시의 기온을 추정할 수 있다.
바로알기 ㄱ. 기온이 높을수록 나무의 성장이 활발해지므로 나이테 간격이 넓어진다.
ㄷ. (다)는 시상 화석을 이용하여 고기후를 연구하므로 생존 기간이 길고, 분포 지역이 한정된 생물의 화석을 이용한다.

04 ㄱ. 고생대 중기와 후기에 기온이 크게 낮아져 한랭한 시기

가 있었으므로 고생대에는 최소한 2회의 빙하기가 있었다.

ㄴ. 중생대 후기의 따뜻했던 기후가 신생대 초기까지 이어졌으나 신생대 후기에는 기온이 낮아졌으므로 중생대 후기에는 신생대 후기보다 기온이 높았다.

🔍 **바로알기** ㄷ. 기온이 낮아져 빙하기가 되면 해수면이 낮아진다. 신생대 초기에는 빙하기가 없었고, 후기에는 여러 차례 빙하기가 있었으므로 신생대의 평균 해수면은 초기보다 후기에 낮았다.

05 ㄱ. 지질 시대의 상대적인 길이는 선캄브리아 시대(A)>고생대(B)>중생대(C)>신생대(D) 순이다. A는 선캄브리아 시대이므로 시생 누대와 원생 누대로 이루어져 있다.

ㄴ. B, C, D는 각각 고생대, 중생대, 신생대로, 이들 지질 시대를 통틀어 현생 누대라고 한다.

ㄷ. 고생대(B)는 6개의 기로 이루어지고, 중생대(C)는 3개의 기로 이루어지므로 기의 개수는 B가 C보다 많다.

06 ㄷ. 선캄브리아 시대 후기인 약 7억 년 전에 다세포 생물이 출현하였고, 이 시기의 일부 생물은 에디아카라 동물군 화석으로 남아 있다.

🔍 **바로알기** ㄱ. 석회암층과 석회 조류 화석이 발견되는 지층은 지층이 형성될 당시의 환경이 따뜻한 바다였음을 나타내므로 선캄브리아 시대 초기에는 온난한 기후였다.

ㄴ. 남세균은 대기와 해수에 산소가 거의 없는 환경에서 출현하였고, 남세균의 광합성에 의해 산소가 해수와 대기로 방출되었다.

07 ㄱ. 필석은 고생대, 화폐석은 신생대, 암모나이트는 중생대에 살았던 생물이다. 따라서 가장 먼저 퇴적된 지층은 A이다.

ㄷ. 중생대에 바다에서는 암모나이트가 번성하였고, 육지에서는 공룡이 번성하였다.

🔍 **바로알기** ㄴ. 방추충은 고생대에 번성하였으므로 B에서 방추충 화석이 산출될 수 없다.

08 ㄱ. 그림은 판게아가 형성된 고생대 말기(페름기)의 수륙 분포이므로 이 시기에 방추충과 삼엽충 등이 멸종하였다.

ㄴ. 페름기에는 육지에서 겉씨식물이 출현하였고, 중생대에는 겉씨식물이 번성하였다.

🔍 **바로알기** ㄷ. 판게아가 형성되는 과정에서 대륙의 충돌로 애팔래치아산맥, 우랄산맥 등이 형성되었다. 안데스산맥은 중생대에 판게아가 분리된 이후에 형성되었다.

09 ㄷ. (가)는 매머드를 비롯한 포유류가 번성한 시기이므로 신생대이고, (나)는 공룡을 비롯한 파충류가 번성한 시기이므로 중생대이다. 판게아의 분리 이후로 수륙 분포는 점차 현재에 가까워졌으므로 수륙 분포는 (가)의 시기가 (나)의 시기보다 현재 모습에 더 가까웠다.

🔍 **바로알기** ㄱ. 겉씨식물은 중생대인 (나)의 시기에 번성하였다.

ㄴ. 화폐석은 신생대 초기(팔레오기와 네오기)에 번성하였으므로 중생대인 (나)와 신생대 말기인 (가) 시기 사이에 번성하였다.

10 ㄱ. 고생대의 오르도비스기 말, 데본기 말, 페름기 말과 중생

대 트라이아스기 말, 백악기 말에 각각 대멸종이 일어나 총 5회의 대멸종이 있었다.

ㄴ. 멸종 규모가 가장 컸던 시기는 페름기 말의 대멸종으로, 삼엽충을 비롯한 고생대의 대부분 생물이 멸종하였다.

🔍 **바로알기** ㄷ. 판게아는 고생대 말~중생대 초에 존재하였으며, A는 중생대 말이므로 판게아의 형성과는 관련이 없다.

11 ㄱ. (가)는 중기와 말기에 빙하기가 있었으므로 고생대이고, (나)는 빙하기가 나타나지 않으므로 중생대이다. 고생대는 중생대보다 지속된 기간이 길었다.

ㄴ. 안데스산맥은 판게아의 분리 이후 대륙이 이동하면서 판의 경계에서 형성되었으므로 중생대인 (나)의 시기에 형성되었다.

ㄷ. 겉씨식물은 고생대 말기에 출현하여 중생대에 번성하였으므로 (나)의 시기에 번성하였다.

12 ㄷ. A는 오르도비스기 말, B는 데본기 말, C는 페름기 말, D는 트라이아스기 말, E는 백악기 말의 대멸종 시기이다. 판게아는 고생대 말~중생대 초의 초대륙이므로 판게아가 형성된 시기는 고생대 페름기 말의 대멸종 시기인 C 시기에 해당한다.

🔍 **바로알기** ㄱ. 생물의 멸종률이 가장 컸던 시기는 생물 과의 수가 약 57 % 감소하였던 C 시기이다.

ㄴ. 공룡과 암모나이트는 중생대 백악기 말에 멸종하였으므로 E 시기에 해당한다.

13 〔서술형〕

모범 답안 | 한랭하였던 기후가 온난 다습한 기후로 변하였다.

해설 | 빙퇴석은 빙하가 이동하는 동안 뜯겨 나온 암석 조각이 쌓여 형성되므로 이 시기의 기후는 한랭하였다. 고사리는 온난하고 다습한 환경에서 서식하므로 이 시기의 기후는 온난 다습하였다.

채점 기준	배점
기후 변화를 순서대로 모두 옳게 서술한 경우	100 %
기후 변화를 한 가지만 옳게 서술한 경우	50 %

14 〔서술형〕

모범 답안 | 기온이 높아졌다가 낮아졌다.

해설 | 기온이 온난할수록 나무가 빨리 성장하므로 나이테 간격이 넓어진다. 나무의 중심에서 껍질 쪽으로 가면서 나이테 간격이 넓어졌다가 좁아졌으므로 기온이 높아졌다가 낮아졌다.

채점 기준	배점
기온 변화를 옳게 서술한 경우	100 %
기온이 변하였다라고만 서술한 경우	20 %

15 〔서술형〕

모범 답안 | 해양 생물에 의한 광합성으로 대기에 산소가 축적되고, 오존층을 형성함으로써 육지에 생물이 출현할 수 있게 되었기 때문이다.

해설 | 오존층이 형성되기 전에는 강한 자외선에 의해 육지에 생물이 출현할 수 없었다. 따라서 바다에서 출현한 생물이 광합성에 의해 다량의 산소를 대기로 방출하고, 대기에 축적된 산소가 오

존층을 형성한 이후에야 육지에 생물이 출현할 수 있게 되었다.

채점 기준	배점
'광합성', '산소', '오존층'을 포함하여 옳게 서술한 경우	100 %
'광합성', '산소', '오존층'을 일부 포함하거나 서술이 충분하지 못한 경우	50 %

16 서술형

모범 답안 | 육지에서는 공룡, 해양에서는 암모나이트가 번성하였다.
해설 | 남아메리카 대륙과 아프리카 대륙이 갈라지면서 대서양이 형성되고 있으므로 중생대이다. 중생대의 육지에서는 공룡이 번성하였고, 바다에서는 암모나이트가 번성하였다.

채점 기준	배점
두 가지 모두 옳게 쓴 경우	100 %
한 가지만 옳게 쓴 경우	50 %

학교 시험 빈출 자료 MASTER

p.072~075

① 1 ○	2 ○	3 ○	4 ×			
② 1 ×	2 ×	3 ×	4 ○	5 ○		
③ 1 ○	2 ×	3 ×	4 ○	5 ×		
④ 1 ○	2 ×	3 ○	4 ×	5 ○		
⑤ 1 ○	2 ○	3 ×	4 ×	5 ○		
⑥ 1 ○	2 ○	3 ×	4 ○	5 ×		
⑦ 1 ○	2 ×	3 ○	4 ×	5 ×	6 ○	
⑧ 1 ○	2 ×	3 ○	4 ○	5 ○		
⑨ 1 ×	2 ○	3 ○	4 ○	5 ○		
⑩ 1 ○	2 ×	3 ×	4 ×	5 ○		
⑪ 1 ○	2 ○	3 ○	4 ○	5 ○	6 ×	7 ○
⑫ 1 ○	2 ○	3 ×	4 ○	5 ○	6 ○	

①-2 대부분의 퇴적 작용은 해저에서 일어나 해성층이 생성되지만, 육지의 강이나 호수 등에서 육성층이 생성되는 경우도 있다.

①-3 속성 작용은 퇴적물이 다져지고, 지하수에 녹아 있는 교결 물질이 퇴적물 사이를 채워 단단한 퇴적암으로 되는 전체 과정을 말한다.

①-4 퇴적물이 속성 작용을 받으면 공극의 부피는 감소하고, 퇴적물의 밀도는 증가한다.

②-1 셰일과 사암은 각각 진흙과 모래가 굳은 것이고, 응회암은 화산재가 굳은 것이므로 모두 쇄설성 퇴적암에 속한다.

②-2 셰일은 사암보다 퇴적물 입자의 크기가 작다.

②-3 암염은 해수가 증발하면서 해수 중의 염화 이온과 나트륨 이온이 NaCl로 침전하여 생기는 화학적 퇴적암이다.

②-4 석회암은 해수에 녹아 있는 탄산 이온과 칼슘 이온이 침전하여 화학적 퇴적암으로 생성되거나, 산호나 조개껍데기 등이 퇴적되어 유기적 퇴적암으로 생성된다.

③-2 사층리에서 층리의 윗부분은 기울기가 가파르지만 아래로 갈수록 기울기가 완만해져 기울어진 모습이 수평 방향의 층리면에 가까워진다.

③-3 연흔은 수심이 얕은 물밑에서 형성되고, 점이 층리는 수심이 깊은 대륙대 등에서 잘 형성된다.

③-5 사층리는 물이나 바람이 퇴적물 입자를 운반하여 만들어지므로 입자가 큰 자갈보다 모래나 진흙에서 잘 형성된다. 건열은 퇴적물에 포함된 수분이 증발하면서 표면이 수축하여 갈라진 것이므로 진흙이 퇴적된 경우에 잘 형성된다.

④-2 상반이 하반에 대해 아래로 이동한 지질 구조를 정단층이라 하고, 정단층은 장력이 작용하여 만들어진다.

④-4 부정합면을 경계로 상하 지층의 경사가 다른 부정합을 경사 부정합이라 하고, 부정합면 아래에 심성암이나 변성암이 있으면 난정합이라고 한다.

④-5 주상 절리는 지표에 분출한 용암이 냉각되어 수축할 때 만들어지고, 판상 절리는 심성암 위의 지층이 침식되어 심성암을 누르는 압력이 감소하면서 심성암이 팽창하여 만들어진다.

⑤-3 오래된 지층에서 새로운 지층으로 갈수록 더 진화된 생물의 화석이 발견된다는 법칙을 동물군 천이의 법칙이라고 한다.

⑤-4 관입의 법칙은 화성암이 주변 지층이나 암석을 관입하는 경우에 관입한 화성암이 주변 지층이나 암석보다 나중에 생성되었다는 법칙이다.

⑥-3 건층은 응회암과 같이 짧은 시간 동안 넓은 지역에 퇴적되거나 석탄과 같이 특수한 환경에서 생성되기 때문에 특정한 시기에 퇴적되는 지층이 적합하다.

⑥-5 서로 가까이 있는 두 지역은 지층의 생성 순서나 암석의 종류 등이 비슷하여 암상을 이용하여 대비할 수 있지만, 멀리 떨어진 두 지역은 동일 시기의 지층도 암상이 달라지므로 표준 화석을 이용하여 지층의 선후 관계를 비교한다.

⑦-2 붕괴하는 원래의 방사성 동위 원소를 모원소, 붕괴 산물을 자원소라고 하므로 '모원소의 양 + 자원소의 양'은 항상 일정한 값을 가진다.

⑦-4 방사성 동위 원소의 반감기는 시간이 경과해도 일정하다.

⑦-5 방사성 동위 원소는 온도와 압력에 관계없이 일정한 비율로 붕괴하므로 반감기는 시간에 관계없이 일정한 값을 가진다.

⑧-2 암모나이트 화석은 중생대의 표준 화석이고, 화폐석 화석은 신생대의 표준 화석이므로 암모나이트 화석이 산출된 지층이 먼저 퇴적되었다.

⑧-3 방추충은 바다에서 번성하였으므로 방추충 화석은 해성층에서 산출되고, 고사리는 육지에서 번성하였으므로 고사리 화석은 육성층에서 산출된다. 따라서 두 화석이 동일한 지층에서 산출될 수는 없다.

⑧-4 공룡 화석은 중생대의 화석이고, 고사리는 온난 다습한 환경에서 번성하므로 공룡 화석과 고사리 화석이 함께 산출되는 지층은 중생대의 따뜻한 기후에서 퇴적되었다.

9-1 빙하 시추물을 통해 수십만 년 전의 기후 변화를 알아낼 수 있으므로 나무의 나이테보다 더 오래된 과거를 연구하는 데 이용된다.

9-3 암염은 해수의 증발이 잘 일어나는 기후 환경을, 석탄은 식물이 번성할 수 있는 기후 환경을 지시한다.

9-4 빙퇴석은 빙하가 이동하는 동안 주변 암석에서 뜯겨 나온 암석 조각이 쌓인 것이므로 한랭한 기후에서 생성되었음을 나타낸다.

9-5 종유석과 석순은 지하수에 녹은 탄산 칼슘에 의해 생성되므로 종유석과 석순에 포함된 산소 동위 원소의 비율$\left(\frac{^{18}O}{^{16}O}\right)$을 측정하면 생성 당시의 기온을 알아낼 수 있다.

10-1 선캄브리아 시대는 대체로 온난하였으나 중기와 말기에 큰 빙하기가 있었다.

10-2 고생대에는 중기와 말기에 각각 큰 빙하기가 있었다.

10-3 중생대에는 전 기간에 걸쳐 온난하여 빙하기가 없었다.

10-4 기온이 한랭해져 빙하가 형성되면 해수면 높이가 낮아지므로 신생대에는 초기보다 말기에 평균 해수면 높이가 낮았다.

11-1 선캄브리아 시대에는 오존층이 없었으므로 육지에 생물이 살 수 없었다. 최초의 육상 식물은 고생대 중기에 출현하였다.

11-2 고생대부터 현생 누대가 시작되었으므로 캄브리아기에 들어 생물의 종과 개체 수가 폭발적으로 증가하기 시작했다.

11-5 신생대 초기에는 대형 유공충인 화폐석이 번성하였다가 멸종하였고, 말기에는 매머드가 번성하였다가 멸종하였다.

11-6 양치식물은 고생대 말기에 번성하였고, 겉씨식물은 중생대에 번성하였으며, 속씨식물은 신생대에 번성하였다.

11-7 대서양과 인도양은 판게아가 분리되어 대륙이 이동하면서 형성되었으므로 중생대에 형성되기 시작하였다.

12-2 A는 오르도비스기 말, B는 데본기 말, C는 페름기 말, D는 트라이아스기 말, E는 백악기 말의 대멸종 시기이다.

12-3 현생 누대 중에서 멸종률이 가장 컸던 시기는 페름기 말인 C 시기이다.

12-4 고생대 페름기 말(C)에는 삼엽충과 방추충을 비롯한 해양 생물종의 47 % 이상이 멸종하였다.

학교 시험 대비 문제
p.076~081

01 ③	02 ⑤	03 ⑤	04 ③	05 ④	06 ②
07 ①	08 ①	09 ③	10 ④	11 ③	12 ④
13 ③	14 ②	15 ⑤	16 ②	17 ⑤	18 ③
19 ①	20 ②				

고난도 21 ① | 22 ⑤ | 23 ① | 24 ②
서술형 25~30 해설 참조

01 ㄱ. 속성 작용은 퇴적물이 다짐 작용과 교결 작용을 받아 퇴적암이 되는 전 과정을 말한다.

ㄴ. 퇴적물이 다져지고, 교결되면 퇴적물 입자 사이의 공극이 감소하므로 퇴적물의 밀도가 커진다.

바로알기 ㄷ. 퇴적암은 퇴적물의 기원이나 종류에 관계없이 속성 작용을 거쳐 만들어진다.

02 ㄱ. 사암, 역암, 이암, 응회암 등은 쇄설성 퇴적암인 (가)에 속한다.

ㄴ. (나)는 화학적 퇴적암으로, 암염과 같은 증발암을 포함한다.

ㄷ. 석회암 중에는 산호, 조개껍데기 등이 쌓여 생성된 유기적 퇴적암도 있다.

03 ㄱ. 층리는 퇴적물이 수평으로 쌓일 때 생기는 줄무늬이며, 셰일에서는 층리가 발달한다.

ㄴ. 퇴적암에는 석탄, 석유와 같은 에너지 자원과 철 등의 광물 자원이 포함된 경우가 있다.

ㄷ. 퇴적암에는 화석이나 특징적인 퇴적 구조 등과 같이 지질 시대의 지구 환경에 대한 기록이 보존된 경우가 있다.

04 ㄱ. A는 강이나 호수 등에서 퇴적이 일어나는 육상 환경이므로 육성층이 퇴적된다.

ㄴ. 삼각주, 석호, 사주 등은 육지와 해양의 경계 지역에서 형성되므로 이곳의 퇴적 환경은 연안 환경인 B이다.

바로알기 ㄷ. 물이나 바람에 의해 모래가 운반되어 사층리가 형성되는 환경은 수심이 얕은 물밑이나 사막 환경이다. C는 대륙붕이나 대륙 사면에 쌓인 퇴적물이 한꺼번에 쓸려 내려가 대륙대에 다시 퇴적되는 해양 환경이므로 이곳에서는 점이 층리가 형성된다.

05 ㄴ. (가)는 연흔으로, 물결의 봉우리와 골짜기가 길게 이어진 모양이 나타나므로 층리면에서 관찰한 것이다. (나)는 사층리로, 층리가 기울어지거나 엇갈린 모양이 나타나므로 지층의 단면에서 관찰한 것이다.

ㄷ. 연흔과 사층리는 지층의 상하를 판단하는 데 이용된다.

바로알기 ㄱ. 퇴적물이 수면 위로 노출되어 갈라진 퇴적 구조는 건열이다.

06 ㄷ. (가)에서는 공룡 발자국 화석과 새 발자국 화석이 발견되므로 사암과 셰일이 육지에서 퇴적된 육성층이고, (나)에서는 삼엽충 화석, 완족류 화석이 발견되므로 석회암이 바다에서 퇴적된 해성층이다.

바로알기 ㄱ. 공룡 화석은 중생대의 표준 화석이므로 (가)는 중생대에 생성되었고, 삼엽충 화석은 고생대의 표준 화석이므로 (나)는 고생대에 생성되었다. 따라서 지층이 생성된 시기는 (나)가 먼저이다.

ㄴ. 지구상에 시조새가 출현한 시기가 중생대 중기(쥐라기 말)이므로 공룡 발자국 화석과 새 발자국 화석이 발견되는 (가)의 사암과 셰일은 중생대 말기에 생성되었다.

07 ㄱ. 지하 깊은 곳은 고온·고압의 환경이므로 암석이 잘 부서지지 않고 휘어져 습곡이 형성된다. 따라서 (가)는 (나)보다 지하 깊은 곳에서 형성되었다.

바로알기 ㄴ. (가)는 습곡이고, (나)는 역단층이므로 (가)와 (나)

모두 횡압력이 작용하여 형성되었다.

ㄷ. 수렴형 경계에서는 횡압력이 우세하고, 발산형 경계에서는 장력이 우세하므로 (나)는 수렴형 경계에서 잘 형성된다.

08 ㄱ. (가)는 부정합면을 경계로 상하 지층에 나타난 층리의 경사가 다르므로 경사 부정합이다. (나)는 부정합면을 경계로 상하 지층의 층리가 나란하므로 평행 부정합이다.

🔍**바로알기** ㄴ. (가)는 경사 부정합이므로 조산 운동과 조륙 운동을 받아 형성되었고, (나)는 평행 부정합이므로 조륙 운동을 받아 형성되었다.

ㄷ. 기저 역암은 ⊙과 ⓒ 지층에서가 아니라 부정합면 바로 위의 지층에서 발견된다.

09 ㄱ. A와 P는 부정합 관계이므로 P의 침식에 의해 생성된 암석 조각이 A의 하부에 쌓여 기저 역암으로 발견될 수 있다.

ㄴ. B는 P보다 먼저 생성되었으므로 P가 관입하는 동안 B의 암서 조각이 포획되어 남을 수 있다.

🔍**바로알기** ㄷ. P는 A보다 먼저 생성되었으므로 A의 하부에 열에 의해 변성된 부분이 나타날 수 없다.

10 ㄱ. 수평 퇴적의 법칙을 적용하면 사암과 석회암은 지각 변동을 받았다.

ㄴ. 셰일은 하부의 지층과 부정합 관계이므로 부정합 법칙을 적용하여 생성 순서를 파악할 수 있다.

ㄹ. 사암과 석회암의 생성 순서는 지층 누중의 법칙을 적용한다.

🔍**바로알기** ㄷ. 지층에서 화석이 산출되지 않으므로 동물군 천이의 법칙을 적용할 수 없다.

11

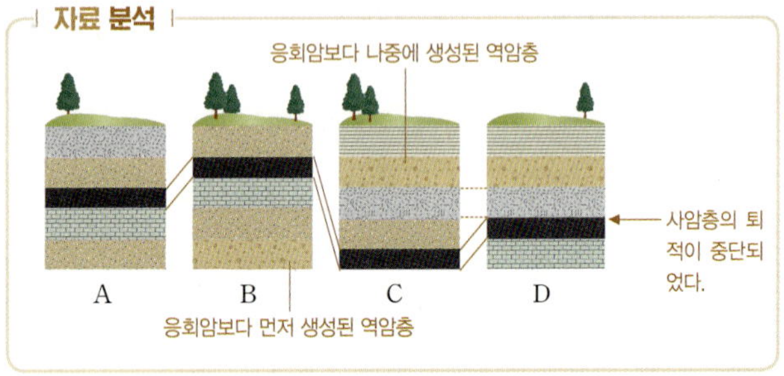

ㄱ. 응회암은 화산 분출로 방출된 화산재가 짧은 시간 동안 넓은 지역에 퍼져 퇴적된 것이므로 건층으로 적합하다.

ㄷ. C에는 응회암층 위에 사암층, 사질셰일층 순으로 퇴적되었지만, D에는 응회암층 위에 사질셰일층이 퇴적되었으므로 C에서 사암층이 퇴적된 기간 동안 D에서는 퇴적이 중단되었다.

🔍**바로알기** ㄴ. B의 역암층은 응회암보다 먼저 퇴적되었고, C의 역암층은 응회암보다 나중에 퇴적되었으므로 역암층의 생성 시기는 B보다 C가 나중이다.

12 ㄴ. A와 B는 부정합, B와 C는 정합이므로 퇴적 시간 간격은 A와 B 사이가 B와 C 사이보다 크다.

ㄷ. 부정합이 형성되는 과정에서 융기→침식→침강의 지각 변동이 일어난다. 이 지역에서는 A와 B 사이, D와 E 사이에 부정합이 형성되었으므로 과거에 최소한 2회의 침식 작용이 있었다.

🔍**바로알기** ㄱ. B에서 고생대의 삼엽충 화석이 산출되고, D에서 중생대의 암모나이트 화석이 산출되므로 C에서 신생대의 화석인 화폐석 화석이 산출될 수 없다.

13 ㄱ. 시간이 경과함에 따라 X는 감소하고, Y는 증가하므로 X는 모원소이고, Y는 자원소이다.

ㄴ. 방사성 동위 원소는 외부의 영향을 받지 않고 일정한 비율로 붕괴된다. X의 개수가 $16 \to 12$로 변하면 X의 감소 비율은 $\frac{1}{4}$이고, $12 \to 8$로 변하면 X의 감소 비율은 $\frac{1}{3}$이다. 따라서 X의 감소 비율은 $16 \to 12$인 때가 $12 \to 8$인 때보다 작으므로 $0 \to ⊙$의 시간도 T보다 작다.

🔍**바로알기** ㄷ. 이 방사성 원소의 반감기는 2T이다. 모원소 : 자원소=1 : 7이면 반감기를 3회 거친 것이므로 시간은 6T가 경과하였다.

14 ⊙ 표준 화석은 생존 기간이 짧고, 분포 면적이 넓을수록 가치가 높으므로 표준 화석으로 가장 적절한 것은 A이다.

ⓒ 시상 화석은 한정된 지역에 분포하고, 생존 기간이 길수록 가치가 높으므로 시상 화석으로 가장 적절한 것은 C이다.

15 ㄱ. 빙퇴석은 빙하에 의해 생성되므로 고기후를 알아내는 데 적절하다.

ㄴ. 종유석에서 산소 동위 원소를 분석하면 종유석이 성장한 기간 동안의 기온 변화를 알아낼 수 있다.

ㄷ. 암염은 해수의 증발에 의해, 건열은 건조한 기후 환경에서 형성되므로 둘 다 건조한 기후 환경이었음을 추리할 수 있다.

16 ㄴ. 기온이 높은 시기에는 해수면에서 ^{18}O의 증발이 활발해져 $\frac{^{18}O}{^{16}O}$ 비가 커지므로 눈이 내려 만들어지는 빙하에서도 $\frac{^{18}O}{^{16}O}$ 비가 커진다. 따라서 기온은 A 시기가 B 시기보다 낮았다.

🔍**바로알기** ㄱ. A 시기는 B 시기보다 $\frac{^{18}O}{^{16}O}$ 비가 작으므로 해수의 증발은 B 시기가 활발했다.

ㄷ. 기온이 낮아지면 해수의 팽창률이 감소하고, 빙하의 면적이 증가하므로 평균 해수면이 낮아진다. 따라서 평균 해수면 높이는 A 시기가 B 시기보다 낮았다.

17 ㄱ. 선캄브리아 시대에는 중기와 말기에 빙하기가 있었다.

ㄴ. (가)는 고생대, (나)는 중생대이다. (가) 시기는 (나) 시기보다 평균 기온이 낮았으므로 평균 해수면 높이가 낮았다.

ㄷ. (다)는 신생대이다. 신생대 후기에는 여러 차례의 빙하기와 간빙기가 나타났다.

18 ㄱ, ㄴ. (가)는 고생대의 바다에서 번성한 삼엽충이고, (나)는 중생대의 바다에서 번성한 암모나이트이므로 (가)가 (나)보다 먼저 번성하였다.

🔍**바로알기** ㄷ. (나)는 중생대에 번성하였으며, 이 시기에 육지에서는 겉씨식물이 번성하였다.

19 ㄱ. 에디아카라 동물군 화석은 선캄브리아 시대에 출현한 다

세포 생물의 흔적이 남은 것이다. 따라서 삼엽충의 출현 시기보다 먼저이므로 A 시기에 생성되었다.

🔍 **바로알기** ㄴ. 육상에 생물이 출현한 것은 오존층이 형성된 이후로, 고생대 중기이므로 B 시기이다.

ㄷ. B는 삼엽충이 출현한 고생대 초(약 5.41억 년 전)부터 방추충이 멸종한 고생대 말(약 2.52억 년 전)까지로, 약 2.9억 년에 해당한다. 남세균은 약 35억 년 전에 출현하였으므로 A가 B보다 시간 길이가 길다.

20 ㄴ. 판게아는 고생대 말~중생대 초에 형성되었으므로 A 시기에 해당한다. 판게아가 형성되면 대륙붕 면적이 감소하고, 해류 분포가 변하여 해양 환경이 크게 달라지므로 판게아의 형성은 A 시기의 대멸종에 영향을 주었다.

🔍 **바로알기** ㄱ. A는 고생대 페름기 말의 대멸종이고, B는 중생대 백악기 말의 대멸종이다. A는 B보다 생물 과의 수 변화가 더 크므로 멸종한 생물 과의 수가 많다.

ㄷ. B는 중생대 백악기 말에 일어났다.

21 ㄱ. 속성 작용이 일어나면 퇴적물이 다져지고, 공극에 교결 물질이 채워지므로 공극의 부피는 감소하고, 퇴적물의 밀도는 증가한다. 따라서 ㉠은 공극의 부피이다.

🔍 **바로알기** ㄴ. (가)의 교결 물질은 지하수에 녹은 탄산 칼슘 등의 광물질이며, 지하수가 공극 사이를 흐르면서 침전하여 퇴적물 사이를 채운다.

ㄷ. 속성 작용은 모든 종류의 퇴적암에서 일어나는 과정이다. 탄산 칼슘도 속성 작용을 거치면 석회암이 된다.

22

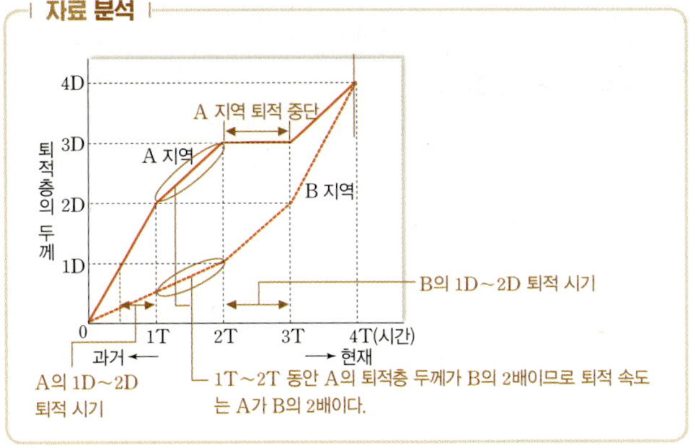

ㄱ. A 지역의 시간 2T~3T에서는 퇴적층의 두께 변화가 없으므로 퇴적이 일어나지 않았다.

ㄴ. 퇴적 속도$=\dfrac{퇴적층의 두께}{시간}$이므로 1T~2T 구간의 동일한 시간 동안 퇴적층의 두께가 두꺼운 지역이 퇴적 속도가 빠르다. A는 퇴적층의 두께가 3D−2D=D이고, B는 퇴적층의 두께가 1D−0.5D=0.5D이므로 퇴적 속도는 A 지역이 B 지역의 2배이다.

ㄷ. 1D~2D 퇴적층의 퇴적 시기는 A는 0.5T~1T이고, B는 2T~3T이므로 퇴적층의 평균 나이는 A가 B보다 많다.

23 ㄱ. 화성암은 단층 f_2-f_2'의 단층면은 관입하였으나 단층

f_1-f_1'에 의해 절단되었으므로 생성 순서는 단층 f_2-f_2' → 화성암 → 단층 f_1-f_1' 순이다. 따라서 단층 f_1-f_1'는 f_2-f_2'보다 나중에 생성되었다.

🔍 **바로알기** ㄴ. 석회암층에서 고생대의 바다에서 번성하였던 삼엽충 화석이 산출되고, 사암층에서 중생대의 바다에서 번성하였던 암모나이트 화석이 산출되므로 석회암층과 사암층은 모두 바다에서 퇴적되었다.

ㄷ. 생성 순서는 석회암 → 역암 → 사암 → 셰일 → 단층 f_2-f_2' → 화성암 → 단층 f_1-f_1'이므로 화성암은 사암층보다 나중에 생성되었다. 사암층에서 중생대(2.52억 년 전~0.66억 년 전)의 화석인 암모나이트 화석이 산출되므로 화성암의 절대 연령은 중생대의 시작 시점인 2.52억 년보다 적다. 방사성 동위 원소 X가 처음 양의 $\dfrac{1}{8}$이면 3억 년에 해당하므로 화성암에 포함된 방사성 원소 X의 양은 처음 양의 $\dfrac{1}{8}$보다 많다.

24 ㄷ. (나)는 현재의 대륙을 이루는 각각의 조각이 하나로 모여 있으므로 고생대 말기의 판게아 시기이다. 이 시기에는 삼엽충, 방추충을 포함하여 대다수의 해양 생물이 멸종하였다.

🔍 **바로알기** ㄱ. (가)는 고생대 초기, (나)는 고생대 말기의 대륙 분포이다. 고생대 초기는 오존층이 형성되기 전이고, 고생대 말기는 오존층이 형성된 이후이므로 대기 중의 오존 농도는 (나) 시기가 높았다.

ㄴ. (가)와 (나) 사이의 지질 시대는 고생대이다. 고생대에는 중기와 말기에 각각 기후가 한랭해져 빙하기가 있었다.

25 서술형

모범 답안 | A, B, C로 구분한 기준은 퇴적물의 기원이고, A의 암석을 구분한 기준은 퇴적물 입자의 크기이다.

해설 | 퇴적암은 퇴적물의 기원에 따라 쇄설성 퇴적암(A), 유기적 퇴적암(B), 화학적 퇴적암(C)으로 구분한다. 쇄설성 퇴적암의 종류에는 풍화 쇄설물이 속성 작용을 받아 형성된 이암, 사암, 역암과 화산 쇄설물이 속성 작용을 받아 형성된 응회암 등이 있다. 이암, 사암, 역암은 각각 진흙, 모래, 자갈 등이 퇴적된 것이므로 퇴적물 입자의 크기가 다르다.

채점 기준	배점
구분 기준 두 가지를 모두 옳게 서술한 경우	100 %
구분 기준 중에서 한 가지만 옳게 서술한 경우	50 %

26 서술형

모범 답안 | 건열, 연흔, 점이 층리, 이 지역은 지층이 퇴적되는 동안 수심이 점차 얕아져 수면 위로 드러났다.

해설 | 지층의 아래에서 위로 가면서 건열, 연흔, 점이 층리가 관찰된다. 그런데 각각의 퇴적 구조가 뒤집혀 있어 지층이 역전되었다. 따라서 퇴적 구조가 생성된 순서는 점이 층리 → 연흔 → 건열이다. 점이 층리는 수심이 깊은 곳, 연흔은 수심이 얕은 곳에서 형성되며, 건열은 퇴적물이 수면 위로 노출되어 형성된다. 따라서 이 지역은 지층이 퇴적되는 동안 수심이 점차 얕아져 수면 위로 드러났다.

채점 기준	배점
퇴적 구조와 환경 변화를 모두 옳게 서술한 경우	100 %
환경 변화만 옳게 서술한 경우	70 %
퇴적 구조만 옳게 서술한 경우	30 %

27 서술형

모범 답안 | 지하 깊은 곳에서 생성된 화강암은 상부의 지층이나 암석들이 침식되면서 깊이가 얕아져 현재는 지표로 드러났다. 이로 인해 화강암을 누르는 압력이 감소하면서 화강암이 팽창하여 판상 절리가 형성되었다.

해설 | 화강암은 지하 깊은 곳에서 마그마가 굳어져 생성되었다. 화강암이 생성된 후 상부의 지층이나 암석들이 침식되면서 화강암의 깊이가 점차 얕아져 현재는 지표로 드러났다. 이 과정에서 화강암을 누르는 압력이 감소하면서 화강암이 팽창하여 판상 절리가 형성되었다.

채점 기준	배점
제시된 순서대로 절리의 형성 과정을 옳게 서술한 경우	100 %
제시된 각 단계 중 한가지만 옳게 서술한 경우	30 %

28

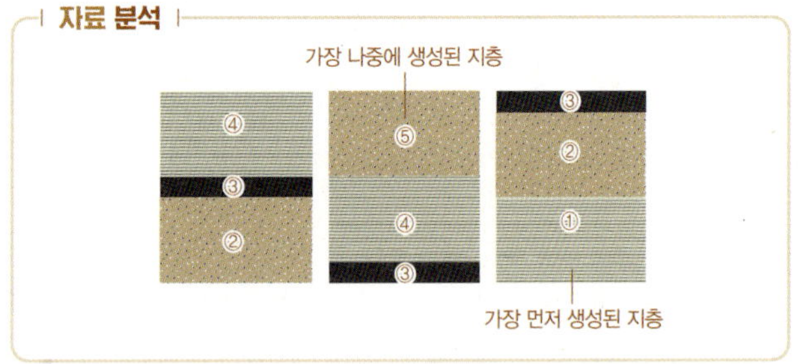

모범 답안 | 지층의 개수는 5개이고, 가장 먼저 퇴적된 지층은 (다) 지역의 셰일층이다.

해설 | 응회암층을 건층으로 하여 세 지역의 지층을 대비해 보면 셰일층과 사암층은 퇴적 시기가 다른 것이 있으며, 지층의 개수는 5개이고, 가장 먼저 퇴적된 지층은 (다) 지역의 셰일층이다.

채점 기준	배점
지층의 개수와 가장 먼저 퇴적된 지층을 모두 옳게 서술한 경우	100 %
지층의 개수와 가장 먼저 퇴적된 지층 중 한 가지만 옳게 서술한 경우	50 %

29 서술형

모범 답안 | X는 3회의 반감기를 거쳤으므로 반감기가 $\frac{1}{3}t$이고, Y는 2회의 반감기를 거쳤으므로 반감기가 $\frac{1}{2}t$이다. 따라서 $\frac{\text{Y의 반감기}}{\text{X의 반감기}} = \frac{3}{2}$이다.

해설 | t년 동안 X의 개수는 $\frac{1}{8} = \left(\frac{1}{2}\right)^3$으로 줄어 3회의 반감기를 거쳤으므로, X의 반감기는 $\frac{1}{3}t$이다. 같은 기간 동안 Y의 개수는 $\frac{1}{4} = \left(\frac{1}{2}\right)^2$로 줄어 2회의 반감기를 거쳤으므로, Y의 반감기는 $\frac{1}{2}t$이다. 따라서 $\frac{\text{Y의 반감기}}{\text{X의 반감기}} = \frac{3}{2}$이다.

채점 기준	배점
구하는 과정과 답을 모두 옳게 서술한 경우	100 %
답만 옳게 쓴 경우	40 %

30 서술형

모범 답안 | 전 기간에 걸쳐 온난하였으며, 해양에서는 암모나이트가 번성하였다.

해설 | 지질 시대의 길이는 선캄브리아 시대 > 고생대 > 중생대 > 신생대이므로 A는 중생대이다. 중생대에는 전 기간에 걸쳐 온난하였으며, 해양에서는 암모나이트가 번성하였다.

채점 기준	배점
A 시기의 기후와 생물을 모두 옳게 서술한 경우	100 %
A 시기의 기후와 생물 중 한 가지만 옳게 서술한 경우	50 %

Ⅰ 단원 한번에 정리하기　　　　p.082~083

01 판 구조론의 정립 과정
❶ 지질 구조 ❷ 대류 ❸ 해령 ❹ 해령 ❺ 변환 단층 ❻ 깊어진다

02 대륙 분포의 변화
❶ 복각 ❷ 이동 ❸ 습곡 산맥 ❹ 변환 단층

03 맨틀의 운동과 화성암
❶ 해구 ❷ 현무암질 ❸ 유문암질 ❹ 증가 ❺ 안산암질 ❻ 현무암질
❼ 안산암 ❽ 화강암

04 퇴적 구조와 지질 구조
❶ 교결 ❷ 응회암 ❸ 석회암 ❹ 석회암 ❺ 역전

05 지층의 생성 순서와 나이
❶ 부정합 ❷ 암상 ❸ 방사성 동위 원소 ❹ $\frac{1}{2}$

06 지질 시대의 환경과 생물
❶ 표준 ❷ 시상 ❸ 바다 ❹ 겉씨 ❺ 속씨 ❻ 페름기

1등급 실전 문제　　　　p.084~089

01 ②	02 ③	03 ⑤	04 ②	05 ③	06 ⑤
07 ②	08 ①	09 ③	10 ②	11 ②	12 ①
13 ②	14 ②	15 ③	16 ⑤	17 ④	18 ③
19 ②	20 ⑤				

서술형　21~25 해설 참조

01 ㄷ. 고생대 말의 빙하의 이동 흔적을 연결해 보면 대륙들이 하나로 모이므로 고생대 말의 빙하 흔적 분포는 대륙 이동설(다)의 증거이다.

바로알기 ㄱ. (가)는 맨틀 대류설, (나)는 해양저 확장설, (다)는 대륙 이동설이므로 학설이 등장한 순서는 (다) → (가) → (나)이다.

ㄴ. 당시의 탐사 기술로는 맨틀 대류를 확인할 수 없었으므로 (가)가 발표될 당시에는 인정받지 못하였다.

02 ㄱ. A는 해양 지각의 연령이 0이므로 해양 지각이 생성되는 해령이고, B와 B′는 A에서 생성된 다음 양쪽으로 이동하였다.

ㄴ. 자극의 역전 현상은 지구 자기장의 변화에 의해 생기므로 B의 암석이 생성될 당시 역자극기였다면 B와 생성 시기가 같은 B′의 암석이 생성된 시기도 역자극기였다.

 ㄷ. B의 암석이 A에서 생성된 이후 B까지 이동하는 동안 지자기 역전이 일어나더라도 잔류 자기의 자화 방향은 변하지 않는다.

03

┌ **자료 분석** ┤

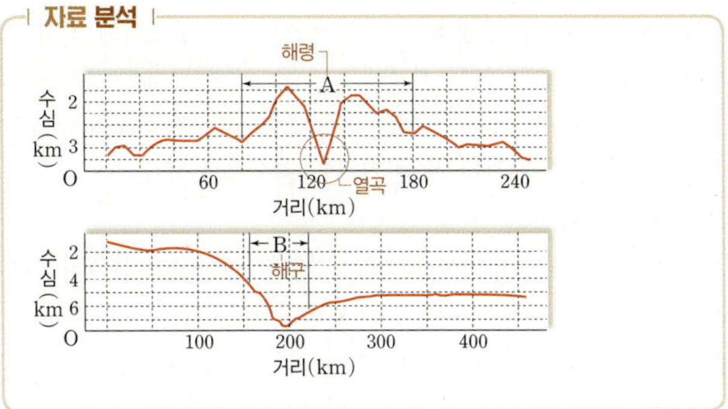

ㄱ. A는 해저에 솟아 있고, 중앙부에 열곡이 있으므로 해령이다. B는 해저에서 수심이 매우 깊고, 좁은 골짜기가 나타나므로 해구이다. 해령에서는 맨틀 대류가 상승하고, 해구에서는 맨틀 대류가 하강한다.

ㄴ. 수심이 깊을수록 음파의 왕복 시간이 길어지므로 해수면에서 해저면까지 음파의 왕복 시간이 가장 긴 지점은 해구인 B에 있다.

ㄷ. 해구 부근에서 섭입하는 해양판은 대륙 쪽으로 기울어져 있으므로 B에서 기준점(O)으로 갈수록 진원의 깊이가 깊어진다.

04 ㄴ. 복각의 절댓값이 점차 감소하여 0°에 가까워졌으므로 남반구에 있던 대륙이 점차 북상하여 자기 적도에 가까워졌다.

 ㄱ. A 시기에 복각이 −60°이므로 자침이 수평면과 이루는 각도는 60°이다.

ㄷ. 고지자기의 복각은 당시의 대륙이 자북극(또는 자남극)으로부터 얼마나 멀리 떨어져 있는지를 나타낸다. B, C와 같이 복각이 (−)에서 (+)로 급변한 것은 대륙의 위치가 적도를 경계로 북반구와 남반구를 왕복한 것이 아니라 지구 자기장의 역전에 의해 B와 C 시기가 역자극기였기 때문이다.

05

┌ **자료 분석** ┤

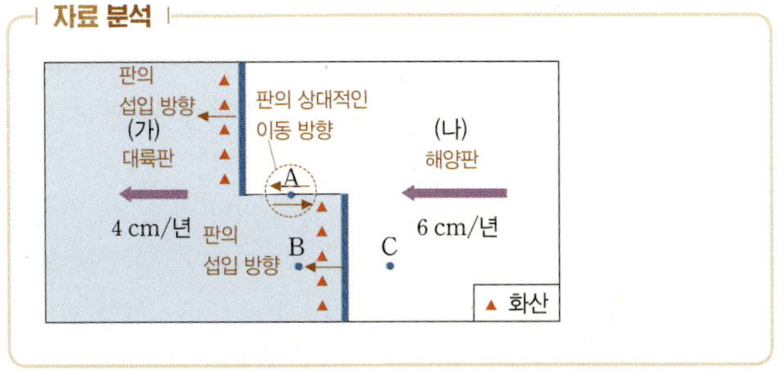

ㄱ. 섭입대에서 화산 활동은 밀도가 작은 판에서 일어난다. (가)에서 화산 활동이 일어나므로 (가)는 대륙판, (나)는 해양판이다.

ㄴ. (가)보다 (나)의 이동 속도가 빠르므로 A에서 두 판의 상대적인 이동 방향은 서로 반대 방향으로 엇갈려 나타난다. 따라서 이

곳에서는 변환 단층이 발달한다.

 ㄷ. 섭입대에서 섭입하는 해양판은 B 쪽으로 기울어지므로 심발 지진은 주로 C보다 B 주변에서 일어난다.

06 ㄱ. 애팔래치아산맥은 판게아의 형성 과정에서 대륙 지각의 충돌로 형성되었으므로 A → B의 변화에 해당한다.

ㄴ. B는 초대륙이 형성된 시기이다. 고생대 말~중생대 초에는 판게아가 형성되었으므로 B에 해당한다.

ㄷ. 대서양은 판게아가 분리되어 형성되었으므로 대서양이 형성되기 시작하는 시기는 C이다.

07 ㄷ. C는 섭입대에서 침강한 해양판이 쌓여 있는 곳으로, 이곳의 물질은 맨틀과 외핵의 경계부까지 하강하여 플룸 하강류를 이룬다.

 ㄱ. P파의 속도 편차가 작을수록 고온의 영역이며, 고온부는 저온부보다 밀도가 작다. A는 B보다 P파의 속도 편차가 작으므로 고온의 영역이다. 따라서 물질의 밀도는 A가 B보다 작다.

ㄴ. B 부근에는 차가운 플룸이 형성되므로 열점의 형성과는 관련이 없다.

08 ㄱ. 하와이섬은 태평양판의 내부에 있으므로 열점에서 마그마가 분출하여 현재 화산 활동이 일어난다. 따라서 현재 하와이섬의 지하에는 열점이 있다.

 ㄴ. 열점은 맨틀 심부에 고정되어 있으며, 태평양판이 북서쪽으로 이동하여 화산섬이 한 방향으로 배열되어 있다.

ㄷ. 열점에서는 맨틀 물질의 상승에 의한 부분 용융으로 현무암질 마그마가 생성되므로 A와 B의 암석은 대부분 현무암으로 이루어져 있다.

09 ㄱ. ㉠은 대륙 지각 하부가 가열되어 유문암질 마그마가 생성되는 과정이고, ㉢은 맨틀에 물이 공급되어 맨틀의 용융점이 낮아지면서 현무암질 마그마가 생성되는 과정이다. 따라서 ㉠과 ㉢은 섭입대인 B에서 마그마가 생성되는 과정이다.

ㄷ. A에서는 현무암질 마그마가 생성되고, B에서는 현무암질, 안산암질, 유문암질 마그마가 모두 생성되므로 마그마의 평균 SiO_2 함량(%)은 A가 B보다 작다.

 ㄴ. ㉡은 맨틀 물질이 상승하면서 압력 하강으로 맨틀 물질의 온도가 용융점보다 높아져 현무암질 마그마가 생성되는 과정이다.

10 ㄷ. 산성암은 염기성암보다 Na와 K의 함량이 많고, Fe와 Mg의 함량이 적으므로 A는 염기성암, B는 산성암이다. 산성암은 SiO_2 함량이 63 % 이상이다.

 ㄱ. 산성암(B)은 염기성암(A)보다 석영과 정장석의 함량(%)이 커서 밝은색을 띤다.

ㄴ. A는 염기성암이므로 A에 속하는 화성암 중에서 조립질 조직이 관찰되면 반려암이다.

11 ㄴ. (가)는 산성암이고, (나)는 중성암이므로 SiO_2 함량(%)은 (가)가 (나)보다 크다.

 ㄱ. (가)는 화산암이고, (나)는 심성암이므로 광물 결정의 크기는 (가)가 (나)보다 작다.
ㄷ. 안산암은 중성암이므로 (나)와 화학 조성이 비슷하다.

12 ㄱ. 퇴적물이 쌓인 후 위에서 누르는 힘이 작용하면 퇴적물의 공극이 감소하고, 공극 사이에 교결 물질이 채워져 퇴적물의 밀도는 증가한다.
 ㄴ. A가 화산재이면 속성 작용을 거쳐 생성되는 A′는 응회암이 된다.
ㄷ. A가 증발에 의한 침전물이면 A′는 증발암이므로 화학적 퇴적암이 된다.

13

┌─ 자료 분석 ┐

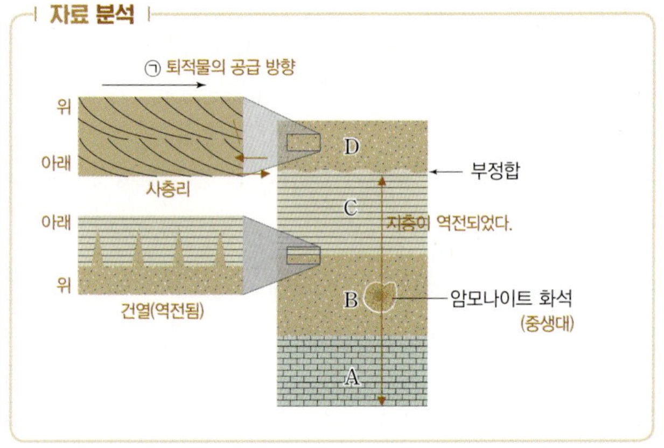

ㄴ. D층에서 사층리가 관찰된다. 사층리에서 퇴적물은 층리가 기울어진 방향을 따라 공급되므로 퇴적물은 ① 방향으로 공급되었다.
 ㄱ. B층과 C층 사이의 건열은 뒤집혀 있으므로 지층이 역전되었다. 따라서 B가 A보다 먼저 생성되었다. B에서 중생대의 암모나이트 화석이 관찰되므로 A에서는 고생대의 필석 화석이 산출될 수 없다.
ㄷ. 건열은 수면 아래에서 퇴적물이 쌓인 후 수면 위로 노출되어 갈라진 퇴적 구조이다. 퇴적물의 낙하 속도 차이에 의해 형성되는 퇴적 구조는 점이 층리이다.

14 ㄷ. (나)는 심성암인 화강암으로 이루어져 있으므로 심성암이 지표로 드러나는 과정에서 팽창하여 절리가 생성된다.
 ㄱ. (가)는 고생대에 생성되었고, (나)는 중생대에 생성되었다.
ㄴ. 석회암은 해수 중의 탄산 이온과 칼슘 이온이 침전 반응을 일으켜 생성되므로 (가)의 암석이 생성될 당시 이 지역은 바다였다.

15 ㄱ. (나)에서 A층은 양쪽에서 미는 힘을 받아 습곡 구조가 형성되었으므로 횡압력을 받았다.
ㄴ. (다)는 A층이 융기하여 상부가 침식되는 과정을 가정한 것이다.
 ㄷ. (라)에서 A층은 경사져 있고, B층은 수평으로 쌓여 있으므로 두 지층은 경사 부정합 관계이다.

16 ㄱ. A와 B는 모두 부정합면 위에 퇴적되어 습곡을 받았으므로 부정합면을 기준으로 상부에 있는 A가 B보다 나중에 퇴적되었다.
ㄴ. 화성암 P는 1회의 반감기(50 % : 50 %)를 조금 지났으므로 P의 절대 연령은 1억 년보다 조금 많고, 화성암 Q는 2회의 반감기(25 % : 75 %)를 지나기 전이므로 Q의 절대 연령은 2억 년보다 조금 적다. 지층의 상대 연령은 Q(2억 년 미만) → B → P(1억 년 이상) 순이므로 B는 중생대에 퇴적되었다.
ㄷ. 상반이 하반에 대해 위로 이동하였으므로 횡압력에 의해 역단층이 생성되었다.

17 ㄴ. 화석 c는 d보다 생존 기간이 짧으므로 표준 화석으로써의 가치가 높다.
ㄷ. 화석을 이용한 대비를 할 때는 동일한 화석군이 산출되는 지층은 동일한 시기에 퇴적된 것으로 판단한다. 따라서 화석 a, b, g가 산출되는 지층은 이 지역의 지층 (라)에 대비된다.
 ㄱ. 산출되는 화석을 이용하여 지질 시대를 세 개의 시기로 구분하면 그 경계는 (나)와 (다) 사이, (라)와 (마) 사이가 되므로 (라)와 (마)는 서로 다른 시기에 속한다.

18 ㄱ. 산소 동위 원소인 ^{18}O는 ^{16}O보다 무거우므로 기온이 높을 때는 상대적으로 ^{18}O의 증발이 활발하고, 기온이 낮을 때는 상대적으로 ^{18}O의 증발이 둔화된다. 따라서 기온이 높을수록 증발(A)에 의한 $\dfrac{^{18}O}{^{16}O}$의 이동 비율이 증가한다.
ㄴ. 극지방이나 고산 지대에서 빙하는 B 과정으로 눈이 내리고 다져져 만들어지며, 이 과정에서 빠져나오지 못한 공기는 빙하 속에 포획된다.
 ㄷ. 기온이 높은 시기에 만들어진 빙하는 $\dfrac{^{18}O}{^{16}O}$ 비율이 크고, 기온이 낮은 시기에 만들어진 빙하는 $\dfrac{^{18}O}{^{16}O}$ 비율인 작으므로 빙하기에는 간빙기보다 빙하 속의 $\dfrac{^{18}O}{^{16}O}$ 비율이 작다.

19 ㄴ. 바다에 삼엽충이 번성하므로 고생대의 지구 환경이다. 고생대 초는 어류의 시대라고 불릴 정도로 어류가 번성하였다.
 ㄱ. 육지에 겉씨식물이 번성한 것은 중생대이다.
ㄷ. 판게아가 분리되기 시작한 것은 중생대 초기이다.

20 ㄱ. 데본기 말에 육상 생물의 43.6 %가 멸종하였으므로 육상 생물은 데본기 이전에 출현하였다. 따라서 데본기에는 강한 자외선을 차단해 주는 오존층이 존재하였다.
ㄴ. 해양 생물의 멸종 비율은 페름기 말에 가장 컸고, 이 시기에 방추충, 삼엽충 등이 멸종하였다.
ㄷ. 공룡은 백악기 말에 멸종하였으며, 이 시기에는 해양 생물의 멸종 비율이 육상 생물의 멸종 비율보다 컸다.

21 서술형
정답 | (1) B−C 구간
모범 답안 | (2) 해양저가 확장되지 않는다면 A−D 전 구간에서 지

진이 발생하지만, 해양저가 확장되면 판이 어긋나는 B−C 구간에서만 지진이 발생하고, 이는 관측 사실과 부합되기 때문이다.

해설 | (1) A−B 구간과 C−D 구간에서는 단층을 경계로 위쪽과 아래쪽이 동일한 판이고, B−C 구간에서는 서로 다른 판이 엇갈려 이동하므로 변환 단층은 B−C 구간에 나타난다.

(2) 해양저가 확장되지 않고, A−D 구간에 주향 이동 단층이 발달한다면 A−D 전 구간에서 지진이 발생하게 된다. 그러나 해령을 축으로 해양저가 확장되면 A−B 구간과 C−D 구간은 해양 지각의 이동 방향이 같으므로 지진이 발생하지 않지만, B−C 구간에서는 해양 지각의 이동 방향이 서로 반대이므로 지진이 발생한다. 따라서 변환 단층에서만 지진이 발생하는 것은 해양저가 확장되기 때문이다.

채점 기준	배점
변환 단층에서 판의 운동 방향과 해양저 확장을 관련지어 옳게 서술한 경우	100 %
변환 단층이 발견되기 때문이라고만 서술한 경우	20 %

22 서술형

모범 답안 | 상하 지층의 경사가 다르다. 화성암 상부 지층에 변성 부분이 없다. 기저 역암이 분포한다. 고생대와 신생대 사이의 중생대 지층이 없다. 등

해설 | 부정합은 상하 지층 사이에 긴 퇴적 시간 간격이 있는 지질 구조이다. 따라서 하부 지층이 경사층, 상부 지층이 수평층으로 지질 구조가 다른 것, 화성암 상부의 지층에서는 변성 부분이 없는 것, 기저 역암이 분포하는 것, 고생대인 하부 지층과 신생대인 상부 지층 사이에 중생대 지층이 없는 점 등은 부정합이 존재한다는 증거이다.

채점 기준	배점
세 가지 증거를 모두 옳게 서술한 경우	100 %
두 가지 증거만 옳게 서술한 경우	60 %
한 가지 증거만 옳게 서술한 경우	30 %

23 서술형

모범 답안 | 빙하 시추물 속의 공기 방울은 빙하가 생성될 당시의 공기가 포획되어 현재까지 남아 있는 것이기 때문이다.

해설 | 눈이 쌓이면서 점차 다져지면 공기는 대부분 빠져나가지만 일부는 포획되어 빙하가 생성될 때 공기 방울로 남아 있게 된다. 따라서 현재 빙하 시추물 속의 공기 방울을 추출하여 조사하면 빙하가 만들어질 당시의 대기 조성을 알아낼 수 있다.

채점 기준	배점
공기 방울의 생성 과정과 관련지어 옳게 쓴 경우	100 %
공기 방울의 생성 과정과 관련지어 옳게 쓰지 못한 경우	0%

24 서술형

정답 | (1) 고생대

모범 답안 | (2) 방사성 동위 원소가 2회의 반감기를 거치면 2.4억 년이 되어 남아 있는 방사성 원소는 처음 양의 25 %가 된다. 그런데 화성암 P는 2.4억 년보다 나이가 많으므로 남아 있는 방사성 원소의 양은 25 %보다 적다.

해설 | (1) 지층과 암석의 생성 순서는 B → P → A이고, A와 B에서 모두 고생대의 화석이 산출되므로 화성암 P는 고생대에 생성되었다.

(2) 방사성 동위 원소의 반감기가 1.2억 년이므로 2회의 반감기를 거치면 2.4억 년이 되고, 이때 남아 있는 방사성 동위 원소는 처음 양의 25 %이다. 그런데 화성암 P는 고생대에 생성되었으므로 중생대의 시작 시점인 2.52억 년보다 나이가 많다. 즉, 화성암 P의 나이가 2.4억 년보다 많으므로 남아 있는 방사성 원소의 양은 25 %보다 적다.

채점 기준	배점
화성암의 생성 시기를 2회의 반감기와 비교하여 옳게 서술한 경우	100 %
2회의 반감기만 옳게 서술한 경우	50 %

25 서술형

모범 답안 | (1) 섭입하는 해양 지각에서 방출된 물이 맨틀의 용융점을 낮추어 현무암질 마그마가 생성된다.

(2) 현무암질 마그마가 상승하여 대륙 지각을 가열하면 화강암의 용융점보다 온도가 높아져 유문암질 마그마가 생성된다.

(3) 유문암질 마그마와 현무암질 마그마가 혼합되면 안산암질 마그마가 생성된다.

해설 | (1) 해양 지각은 함수 광물을 포함하므로 섭입대에서 해양 지각이 섭입하여 지하 깊은 곳에 도달하면 물이 방출되어 맨틀에 공급된다. 맨틀은 물을 포함하면 용융점이 낮아지므로 맨틀 물질의 부분 용융이 일어나 현무암질 마그마가 생성된다.

(2) 섭입대에서 생성된 현무암질 마그마가 상승하여 대륙 지각 하부에 도달하면 대륙 지각을 가열하여 온도가 상승한다. 대륙 지각은 화강암질 암석으로 이루어져 있으므로 대륙 지각의 온도가 화강암의 용융점보다 높아지면 유문암질 마그마가 생성된다.

(3) 대륙 지각 하부에서 생성된 유문암질 마그마와 섭입대에서 상승한 현무암질 마그마가 혼합되면 안산암질 마그마가 생성된다.

채점 기준	배점
(1), (2), (3)을 모두 옳게 서술한 경우	100 %
(1), (2), (3) 중 두 가지만 옳게 서술한 경우	60 %
(1), (2), (3) 중 한 가지만 옳게 서술한 경우	30 %

1 대기와 해양의 변화

01 기압과 날씨 변화

개념 익히기 문제   p.093, 095

01 기단	**02** 층운형	**03** 한랭	**04** 폐색 전선	**05** 하강
06 시베리아 고기압	**07** ○	**08** ×	**09** ×	**10** ○
11 ×	**12** ×	**13** 정체 전선	**14** 편서풍	**15** 한랭
16 남서풍	**17** 가시 영상	**18** ○	**19** ×	**20** ×
21 ○	**22** ×	**23** ×		

03 한랭 전선이 통과하면 찬 공기가 접근하므로 기온이 낮아지고, 기압이 높아진다. 풍향은 한랭 전선 통과 전에는 남서풍이, 통과 후에는 북서풍이 분다.

04 전선의 이동 속도는 한랭 전선이 온난 전선보다 빠르므로, 온대 저기압의 중심 부근부터 한랭 전선이 온난 전선을 따라잡아 폐색 전선이 형성되기 시작한다.

05 고기압 중심부에는 하강 기류가 발달하므로 날씨가 맑고, 저기압 중심부에는 상승 기류가 발달하므로 흐린 날씨가 나타난다.

07 시베리아 기단이 황해를 통과하는 동안 황해로부터 다량의 수증기를 공급받고 기단 하층이 가열되면서 불안정해져 적란운이 형성된다. 이 적란운은 우리나라의 서해안에 폭설을 내리게 된다.

08 한랭 전선의 후면에서는 주로 적운형 구름이 발달하여 소나기가 내린다.

12 북태평양 고기압은 고기압 중심부가 한자리에 머물러 있으면서 수축과 팽창을 반복하며 영향을 미치는 규모가 큰 정체성 고기압이다. 이러한 고기압에는 북태평양 고기압 외에도 오호츠크해 고기압, 시베리아 고기압 등이 있다.

13 온대 저기압은 한대 전선대 부근의 찬 공기와 따뜻한 공기가 만나 형성되는 정체 전선에서 형성된다.

14 우리나라는 중위도에 위치하므로, 편서풍의 영향을 받고 있다. 따라서 온대 저기압, 태풍, 황사 등은 우리나라 부근에서 서 → 동으로 이동한다.

17 가시 영상은 구름에서 반사된 가시광선의 세기를 측정하므로, 구름이 두꺼워 가시광선 반사율이 높을수록 밝게 나타난다. 따라서 가시 영상에서는 구름이 두꺼울수록 밝게, 얇을수록 어둡게 나타난다.

18 온대 저기압 중심을 기준으로 남서쪽에는 찬 공기가 남하하면서 한랭 전선을 형성하고, 남동쪽에는 따뜻한 공기가 북상하면서 온난 전선을 형성한다.

19 중심 기압이 낮을수록 저기압의 세력이 강하다. 따라서 온대 저기압의 세력은 중심 기압이 낮을수록 강하다.

22 적외 영상은 구름의 최상부에서 방출되는 적외선의 세기를 이용하므로, 구름 최상부의 높이를 알 수 있다.

23 가시 영상은 태양빛이 없는 야간에는 관측할 수 없다.

탐구 집중 분석   p.096

예제 1

정답 ④

해설 | 온대 저기압은 편서풍의 영향으로 서쪽에서 동쪽으로 이동한다. 온난 전선이 통과한 후에는 기온이 상승하고, 온난 전선의 전면에는 층운형 구름이 발달하며, 소나기는 한랭 전선의 후면에서 내린다. 온난 전선과 한랭 전선 사이에 위치한 지역에는 남서풍이 우세하게 분다.

예제 2

모범 답안 | A 지역은 북서풍, B 지역은 남서풍이 우세하게 불며, 기온은 A가 B보다 낮다.

해설 | 이 온대 저기압에서 한랭 전선은 A와 B 사이에, 온난 전선은 B의 북쪽에 위치하며, 저기압 중심부에는 폐색 전선이 발달해 있다.

개념 다지기 문제   p.097~099

01 ①	**02** ④	**03** ①	**04** ③	**05** ③	**06** ③
07 ③	**08** ②	**09** ①	**10** ①		

고난도 **11** ⑤   **12** ④

서술형 **13~15** 해설 참조

01 ㄱ. 대륙은 해양보다 건조하므로, 대륙에서 형성된 기단이 해양에서 형성된 기단보다 건조하다.

바로알기 ㄴ. 고위도는 저위도보다 한랭하다. 따라서 고위도에서 형성된 기단은 저위도에서 형성된 기단보다 한랭하다.

ㄷ. 우리나라의 한여름 무덥고 습한 날씨는 북태평양 기단의 영향으로 나타난다.

02 ㄱ. A는 D보다 위도가 높은 대륙에서 형성되었으므로 A는 D보다 한랭 건조하다.

ㄷ. 장마 전선은 북태평양 기단인 D와 오호츠크해 기단인 E에 의해 형성된다.

바로알기 ㄴ. 봄, 가을에 주로 영향을 미치는 기단은 양쯔강 기단인 B이다.

03 ㄱ. (가)는 온난 전선이며, 온난 전선은 따뜻한 기단이 찬 기단을 완만하게 타고 오를 때 형성된다.

바로알기 ㄴ. (나)는 한랭 전선이다. 한랭 전선에서 강수 구역은 전선의 후면에 나타난다.

ㄷ. (다)는 온난 전선과 한랭 전선의 기호가 같은 방향으로 겹쳐 있는 폐색 전선이다.

04 ㄱ. 고기압 중심부에는 하강 기류가 발달한다.

ㄴ. 북반구의 저기압 중심부에서는 바람이 시계 반대 방향으로 불면서 중심을 향해 수렴한다.

바로알기 ㄷ. 시베리아 고기압과 북태평양 고기압은 정체성 고기압이다.

05 ③ 온대 저기압은 남쪽의 따뜻한 기단과 북쪽의 찬 기단 사이에 형성되는 정체 전선에서 형성된다(나). 이 정체 전선에 파동이 형성되면 저기압성 회전이 만들어지면서 온난 전선과 한랭 전선이 만들어진다(가). 이후 한랭 전선이 온난 전선 쪽으로 이동하면서 폐색 전선이 형성된다(다). 따라서 온대 저기압의 발달과 소멸 순서는 (나) → (가) → (다)이다.

06 ㄱ. ㉠은 뒤따르던 한랭 전선이 앞서가던 온난 전선을 따라잡으면서 형성된 전선이므로 폐색 전선이다.

ㄴ. 이동 속도는 한랭 전선이 온난 전선보다 빠르다.

바로알기 ㄷ. 폐색 전선이 형성되면 찬 공기가 따뜻한 공기를 위로 밀어 올리고 지표 부근에는 찬 공기만 위치하게 되어 기층이 안정해지므로 더 이상 위치 에너지의 감소량이 없어 온대 저기압의 세력은 약해진다.

07 ㄱ. A는 한랭 전선의 전면에, B는 한랭 전선의 후면에 위치하므로, 기온은 A 지점이 B 지점보다 높다.

ㄴ. A 지점은 저기압 중심에 가깝고 기압은 1012 hPa보다 낮다. C 지점의 기압은 1012 hPa보다 높다. 따라서 기압은 A 지점이 C 지점보다 낮다.

바로알기 ㄷ. 강수는 온난 전선의 전면과 한랭 전선의 후면에서 나타난다. 따라서 A 지점은 비가 내릴 가능성이 매우 낮다.

08 ㄴ. 가시 영상을 통해서 구름의 두께를 알 수 있다.

바로알기 ㄱ. 가시 영상은 구름에서 반사된 태양 빛을 이용하므로, 태양 빛이 없는 밤에는 관측할 수 없다.

ㄷ. 적외 영상은 구름 최상부에서 방출되는 적외선을 관측한다. 따라서 적외 영상을 통해서는 구름 최상부의 높이를 알 수 있다.

09 ㄱ. (가)는 구름 자체에서 방출되고 있는 전자기파를 이용하여 구름을 관측하고 있으므로 적외 영상을 촬영하는 방법이다. 따라서 구름에서 방출되고 있는 전자기파는 적외선이다.

바로알기 ㄴ. (나)는 가시 영상을 촬영하는 방법이다. 구름이 두꺼울수록 구름에서 반사되는 가시광선이 강하므로, 가시 영상을 통해서는 구름의 두께를 알 수 있다.

ㄷ. 적외선은 시간에 관계 없이 방출되므로 밤에도 관측이 가능하지만, 가시 영상은 태양 빛이 구름에서 반사되는 정도를 관측하므로 태양이 떠 있는 낮에만 관측이 가능하다.

10

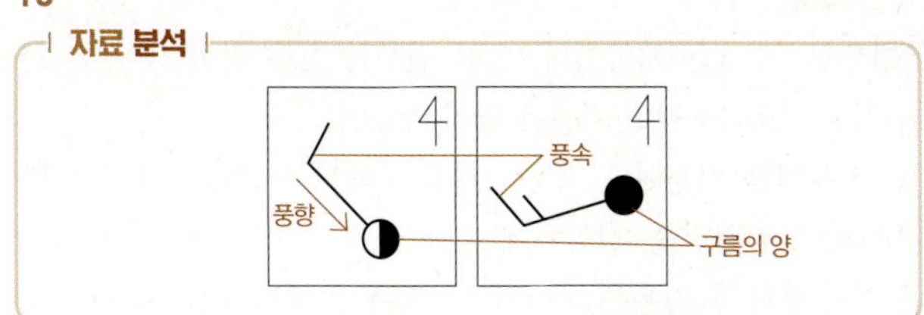

ㄱ. 일기 기호로 보아 (가)에는 북서풍이 불고 있다.

바로알기 ㄴ. 풍속은 (가)에서 5 m/s, (나)에서 7 m/s이다.

ㄷ. 구름의 양은 (나)가 (가)보다 많다.

11 ㄱ. (가)는 찬 공기가 이동하면서 따뜻한 공기를 밀어 올리고 있으므로 한랭 전선이다.

ㄴ. (나)는 따뜻한 공기가 찬 공기를 타고 올라가면서 형성되는 온난 전선이다. 따라서 C의 기온이 D보다 높다.

ㄷ. 전선 주변에서 강수는 한랭 전선의 후면과 온난 전선의 전면에서 나타난다. 따라서 비가 내리는 지역은 A와 D이다.

12 ㄱ. 적외 영상에서는 구름의 온도가 낮아 방출되는 적외선의 세기가 약할수록 밝게 나타난다. 따라서 관측된 적외선의 세기는 A가 B보다 강하다.

ㄷ. 적외선은 시간에 관계없이 방출되므로 한밤중에도 관측 가능하다.

바로알기 ㄴ. 적외 영상에서는 구름 최상부의 높이가 높을수록 밝게 나타난다. 따라서 구름 최상부의 높이는 A가 B보다 낮다.

13 서술형

정답 | (1) 정체 전선

모범 답안 | (2) 기온은 A가 높다. 전선 기호로 보아 따뜻한 공기가 오른쪽 위로, 찬 공기가 왼쪽 아래로 이동하면서 정체 전선을 형성하고 있기 때문에 기온은 A가 B보다 높다.

해설 | (1) 온난 전선과 한랭 전선 기호가 서로 반대 방향으로 겹쳐 있으므로 정체 전선이다.

(2) 온난 전선의 전면에는 찬 공기가, 한랭 전선의 전면에는 따뜻한 공기가 위치한다. 따라서 기온은 A가 B보다 높다.

채점 기준	배점
A와 B의 기온 비교가 맞고, 그 까닭을 옳게 서술한 경우	100 %
A와 B의 기온 비교는 맞으나, 적절한 설명이 부족한 경우	50 %

14 서술형

모범 답안 | 여름철 일기도이다. 우리나라 남동쪽에 정체성 고기압인 거대한 북태평양 고기압이 발달해 있기 때문이다.

해설 | 겨울철에는 우리나라의 북서쪽에 시베리아 고기압이 발달하고, 여름철에는 우리나라의 남동쪽에 북태평양 고기압이 발달한다.

채점 기준	배점
계절을 옳게 고르고, 그 까닭을 옳게 서술한 경우	100 %
계절을 옳게 골랐으나, 적절한 설명이 부족한 경우	50 %

15 서술형

모범 답안 | (1) A는 기압이다. 온난 전선과 한랭 전선 사이에서는 기압이 주변보다 낮고 기온은 높기 때문이다.

(2) ㉠은 한랭 전선이다. 우리나라를 통과하는 온대 저기압은 남서쪽에 한랭 전선을, 남동쪽에 온난 전선을 동반하며, 한랭 전선은 전선 통과 후 기온은 낮아지고 기압은 높아지기 때문이다.

해설 | (1) 온대 저기압의 동－서 방향 단면에서 중심에 가까울수록 기압은 낮고 기온은 높다. A는 중심 부근에서 상대적으로 낮은 값을 나타내고 있으므로 기압이다.

채점 기준	배점
A의 물리량을 옳게 고르고, 그 까닭을 옳게 서술한 경우	100 %
A의 물리량을 옳게 골랐으나, 적절한 설명이 부족한 경우	50 %

(2) ㉠은 온대 저기압의 동－서 방향 단면에서 상대적으로 서쪽에 위치한 전선이며, 전선을 기준으로 서쪽의 기온이 더 낮다. 따라서 ㉠은 한랭 전선이다.

채점 기준	배점
전선의 종류를 옳게 고르고, 그 까닭을 옳게 서술한 경우	100 %
전선의 종류를 옳게 골랐으나, 적절한 설명이 부족한 경우	50 %

02 태풍과 우리나라의 주요 악기상

개념 익히기 문제 p.101, 103

01 태풍	**02** 응결열	**03** 북동	**04** 오른	**05** 시계 반대
06 시계	**07** ×	**08** ×	**09** ×	**10** ×	**11** ○
12 ×	**13** 한대 전선대	**14** 성숙	**15** 우박	**16** 시베리아
17 편서풍	**18** ○	**19** ○	**20** ×	**21** ×	**22** ×

02 태풍은 수증기가 물로 응결하면서 방출하는 응결열(또는 숨은열)이 주요 에너지원이다.

03 태풍은 전향점에 이르는 동안에는 대체로 무역풍의 영향을 받아 북서쪽으로 이동하다가, 전향점 통과 이후에는 편서풍의 영향으로 북동쪽으로 이동한다.

05 태풍이 통과하는 동안 안전 반원에 위치한 지역에서는 풍향이 시계 반대 방향으로, 위험 반원에 위치한 지역에서는 풍향이 시계 방향으로 변한다.

07 태풍은 수온이 높은 해상에서 발생하지만, 적도 해상에서는 전향력이 작용하지 않으므로 발생하지 않는다. 태풍은 수온이 높은 위도 5°~25°의 열대 해상에서 발생한다.

10 전향점은 태풍의 이동 방향이 바뀌는 지점이므로 일반적으로 이동 속도가 느리다.

11 태풍에 의한 해일 피해는 해수면의 높이가 높은 시기인 만조와 겹칠 때 크다.

16 시베리아 기단이 따뜻한 황해를 지나오는 동안 기단의 변질로 서해안에 폭설을 내린다.

17 중국과 몽골에서 발생한 황사는 편서풍을 타고 우리나라로 이동한다.

18 등압선의 간격이 좁을수록 바람이 강하다. 열대 저기압은 등압선 간격이 매우 좁으며 동심원 형태로 나타난다.

20 뇌우에서 강수량은 상승 기류와 하강 기류가 모두 나타나는 성숙 단계에서 가장 많다.

22 황사 발원지에 저기압이 발달할수록 상승 기류에 의해 모래 먼지가 상층으로 올라가기 쉽다.

💡 탐구 집중 분석 p.104

예제 1

정답 ④

해설 | 태풍은 주로 열대 해상에서 발생하며, 저위도 지역에서는 무역풍의 영향을 받아 이동한다. 태풍이 북상할수록 해수면의 온도가 낮아지므로 수증기의 공급이 줄어들어 세력이 약해진다.

예제 2

모범 답안 | 태풍 진행 방향의 오른쪽 반원에서는 저기압 중심으로 불어 들어가는 바람의 방향과 태풍의 이동 방향이 같아 풍속이 크다.

해설 | 태풍은 저기압이므로 바람은 중심을 향해 시계 반대 방향으로 불면서 수렴한다. 따라서 태풍 진행 방향의 오른쪽 반원에서는 태풍의 이동 방향과 풍향이 같아 풍속이 강하며, 왼쪽 반원에서는 태풍의 이동 방향과 풍향이 반대가 되어 상대적으로 풍속이 약하다.

개념 다지기 문제 p.105~107

01 ⑤	**02** ②	**03** ⑤	**04** ①	**05** ④	**06** ①
07 ⑤	**08** ⑤	**09** ④	**10** ②	**11** ③	
고난도 **12** ②	**13** ③				
서술형 **14~15** 해설 참조					

01 ⑤ 우리나라는 중위도에 위치하여 편서풍의 영향을 받고 있다. 따라서 우리나라 부근에서는 태풍이 주로 편서풍의 영향을 받아 이동한다.

02 ㄷ. 그림에서 9월~11월에 발생한 태풍은 30°N보다 아래에서 태풍의 진행 방향이 바뀌고 있다.

바로알기 ㄱ. 태풍은 주로 위도 5°~25°의 열대 해상에서 발생한다. 전향력이 작용하지 않는 적도에서는 발생하지 않는다.
ㄴ. 그림에서 우리나라에 직접적으로 영향을 미치는 태풍은 주로 여름철인 7, 8월에 발생한다.

03 ㄴ. 기압은 태풍의 중심에서 가장 낮고, 바깥쪽으로 갈수록 높아진다. 따라서 기압은 B가 C보다 낮다.
ㄷ. 태풍은 저기압이므로, C에서는 바람이 태풍 중심을 향해 시계 반대 방향으로 불면서 수렴한다.
바로알기 ㄱ. A는 태풍의 눈이다. 태풍의 눈에서는 약한 하강 기류가 나타난다.

04 ㄱ. 평균 풍속은 위험 반원이 안전 반원보다 빠르다.
바로알기 ㄴ. 북반구에서 위험 반원은 태풍 진행 경로의 오른쪽 반원에 해당한다.
ㄷ. 위험 반원에서는 태풍의 진행 방향과 바람의 방향이 같아 풍속이 강하다.

05 ㄴ. 해수면 온도가 낮을수록 해수에서 태풍으로 공급되는 수증기의 양이 감소하므로 태풍의 세력이 약해진다.
ㄷ. 태풍은 해수면 온도가 낮아지거나 육지에 상륙하면 수증기의 공급이 줄면서 세력이 점차 약해지다가 온대 저기압으로 변질된 후 점차 소멸한다.
바로알기 ㄱ. 태풍은 저기압이므로 세력이 약해질수록 중심 기압이 상승한다.

06 ㄱ. (가)는 전선을 동반하지 않은 열대 저기압이다. 열대 저기압의 주요 에너지원은 수증기의 응결열(숨은열)이다.
바로알기 ㄴ. (나)는 온난 전선과 한랭 전선을 동반한 온대 저기압이다. 온대 저기압은 주로 한대 전선대 부근에서 발생한다. (가)의 열대 저기압은 주로 열대 해상에서 발생한다.
ㄷ. 우리나라 부근에서는 편서풍이 불고 있기 때문에 온대 저기압과 열대 저기압 모두 편서풍의 영향을 받아 대체로 북동쪽으로 이동한다.

07 ㄴ. 뇌우는 지표면의 불균등 가열이나 한랭 전선 후면, 태풍 등 상승 기류가 강하게 발달할 때 잘 발생한다.
ㄷ. 뇌우는 천둥과 번개를 동반한 강한 비를 의미한다.
바로알기 ㄱ. 뇌우는 상승 기류가 강할 때 발생하므로, 온난 전선보다 한랭 전선 주위에서 잘 발생한다.

08 ㄱ. 상승 기류가 강할수록 무거운 우박이 구름 속에서 잘 성장할 수 있다.
ㄴ. 우박은 얼음 덩어리 형태로 내리는 강수를 의미한다.
ㄷ. 우박은 눈 결정 주위에 차가운 물방울(과냉각 물방울)이 달라붙어 성장한다.

09 ㄴ. 집중 호우를 형성한 수증기는 우리나라 남쪽에 위치한 북태평양 고기압으로부터 유입된 것이다.
ㄷ. 집중 호우 구름이 우리나라의 중부 지방에 형성되어 있다. 집중 호우는 대기가 매우 불안정한 지역에 집중적으로 비가 내리는 현상이다. 집중 호우가 내리는 지역에는 대기가 불안정하여 천둥, 번개, 돌풍 등의 기상 현상이 동반된다.
바로알기 ㄱ. 대기가 매우 불안정하여 상승 기류가 강하게 발달할 때 적란운이 만들어진다. A 지역에는 집중 호우 구름이 형성되어 있으므로 하강 기류보다 상승 기류가 우세하다.

10 ㄷ. A의 차고 건조한 공기는 따뜻한 바다를 지나는 동안 하층이 가열되면서 불안정해진다. 이로 인해 B에서는 상승 기류가 발달한다.
바로알기 ㄱ. 차고 건조한 공기는 따뜻한 바다를 지나는 동안 기온과 습도가 높아진다. 따라서 기온은 A가 B보다 낮다.
ㄴ. 기단의 변질로 우리나라의 서해안에 폭설을 내리는 기단은 시베리아 기단이다.

11 ㄱ. 발원지에서 상층 대기로 유입된 황사는 편서풍을 타고 동쪽으로 이동한다.
ㄴ. 발원지가 건조할수록 황사가 대기로 유입되기 쉽다. 발원지에 눈이나 비가 자주 내릴수록 황사 가능성은 낮아진다.
바로알기 ㄷ. 저기압이 발달하면 상승 기류가 강해진다. 우리나라에 저기압이 발달하면 상승 기류가 강해지면서 상층 대기의 모래 먼지가 우리나라로 유입되기 어렵다.

12 ㄴ. 태풍에서 기압은 중심에 가까울수록 낮아진다. 따라서 중심 기압은 약 960 hPa이다.
바로알기 ㄱ. A는 중심으로 갈수록 점차 낮아지고, B는 중심부로 갈수록 점차 증가하다 중심에서 0에 가깝다. 따라서 A는 기압, B는 풍속이다.
ㄷ. 태풍의 눈에서는 바람이 거의 불지 않으며, 최대 풍속은 태풍의 눈 경계 부근에서 나타난다.

13

ㄱ. A는 태풍 진행 경로의 왼쪽에 위치하므로 안전 반원에 위치한다.
ㄷ. B는 태풍 진행 경로의 오른쪽인 위험 반원에 위치하므로 풍향은 점차 시계 방향으로 변할 것이다.
바로알기 ㄴ. 바람은 태풍 중심을 기준으로 시계 반대 방향으로 불면서 중심을 향해 수렴한다. 따라서 A는 북풍 계열의 바람이 우세하게 분다.

모범 답안 | 뇌우는 여름철에 강한 일사로 지표 부근의 공기가 국지적으로 가열될 때, 한랭 전선 부근에서 따뜻한 공기가 찬 공기 위로 빠르게 상승할 때, 온난 습윤한 공기가 산사면을 타고 빠르게 상승할 때, 온대 저기압이나 태풍 등에 의해 강한 상승 기류가 일어날 때 잘 나타난다.

해설 | 뇌우는 다양한 원인으로 강한 상승 기류가 일어날 때 잘 나타난다.

채점 기준	배점
강한 상승 기류가 나타나는 조건 2가지를 옳게 서술한 경우	100 %
강한 상승 기류가 나타나는 조건을 1가지만 옳게 서술한 경우	50 %

15 서술형

모범 답안 | 발원지에서는 모래 먼지가 대기로 유입되어야 하므로 저기압이, 우리나라에서는 상층의 모래 먼지가 가라앉아야 하므로 고기압이 발달해야 한다.

해설 | 저기압은 상승 기류가 발달하므로 황사를 상층 대기로 유입시키는 역할을 하고, 고기압은 하강 기류가 발달하므로 상층의 황사를 지표로 끌어내리는 역할을 한다.

채점 기준	배점
발원지와 우리나라의 기압 배치를 옳게 서술한 경우	100 %
기압 배치는 맞으나, 설명이 부족한 경우	50 %

03 해수의 성질

개념 익히기 문제 p.109, 111

01 증가　**02** 클　**03** 저압대　**04** 낮을, 클　**05** 광합성
06 ○　**07** ×　**08** ○　**09** ×　**10** ○　**11** 낮아
12 혼합　**13** 수온 약층　**14** 낮을　**15** 밀도 약층
16 수온 염분도　**17** ○　**18** ×　**19** ○　**20** ×
21 ×

03 적도 지역은 저압대가 발달하여 구름이 많으므로 증발량보다 강수량이 많다.

04 기체의 용해도는 수온이 낮을수록, 수압이 클수록 크다.

05 표층에서는 식물성 플랑크톤에 의한 광합성이 활발하게 일어나므로 용존 산소량이 많다.

06 표층 염분은 담수의 유입이 많은 연안이 대양의 중심보다 낮다.

07 저압대가 발달해 있는 적도 지역은 구름이 많아 고압대가 발달해 있는 중위도 지역보다 증발량이 적다.

08 표층 염분 분포는 대체로 (증발량−강수량) 분포와 일치한다.

09 심해층에는 극지방의 산소가 풍부한 해수가 공급되므로, 용존 산소량이 증가한다.

11 해수의 수온은 주로 태양 복사 에너지의 영향을 받으므로 수심이 깊어질수록 수온은 대체로 낮아진다.

13 수온 약층은 수심이 깊어짐에 따라 수온이 급격하게 낮아지는 층이다. 따라서 표층과 심층 해수의 온도 차가 클수록 수온 약층이 잘 발달한다.

15 밀도 약층은 수온이 급격하게 낮아지면서 밀도가 급격하게 증가하는 층이다.

19 해수의 밀도는 염분보다 수온의 영향을 더 크게 받는다.

21 황해는 담수의 유입이 많아 표층 염분이 낮고, 연중 난류의 영향을 받는 남해는 표층 염분이 높다.

탐구 집중 분석 p.112

예제 1

정답 ③

해설 | 표층 용존 산소량은 표층의 수온이 낮을수록 많다. 여름철은 겨울철보다 표층 수온이 높으므로 용존 산소량이 겨울보다 적다. 우리나라 주변 해역에서 표층 수온은 난류의 영향을 받는 남쪽으로 갈수록 대체로 높아진다.

예제 2

모범 답안 | 울릉도 부근 해역에서 표층 수온은 2월이 8월보다 낮으며, 표층 염분은 2월이 8월보다 높다. 따라서 2월이 8월보다 수온이 낮고 염분이 높으므로 밀도가 크다.

해설 | 해수의 밀도는 수온이 낮을수록, 염분이 높을수록 크다.

개념 다지기 문제 p.113~115

01 ⑤	02 ⑤	03 ①	04 ②	05 ②	06 ②
07 ①	08 ②	09 ④			

고난도 10 ③　11 ①
서술형 12~14 해설 참조

01 ㄱ. 여름철에는 북극 빙하의 해빙이 일어나므로, 북극 해역의 표층 염분이 낮아진다.

ㄴ. 강수량이 많아지면 표층 염분은 낮아진다.

ㄷ. 염분비 일정 법칙에 따르면 염분이 달라도 해수에 녹아 있는 염류의 질량비는 거의 일정하다.

02 ㄱ. 적도 부근에서 최댓값을 갖는 B는 강수량, 중위도에서 최댓값을 갖는 A는 증발량이다.

ㄴ. 강수량은 저압대가 발달해 있는 적도가 고압대가 발달해 있는 중위도 해역보다 많다.

ㄷ. 표층 염분은 대체로 (증발량−강수량) 값에 비례한다. 적도

는 증발량보다 강수량이 많고, 중위도 해역은 강수량보다 증발량이 많으므로 표층 염분은 적도가 중위도 해역보다 낮다.

03 ㄱ. 해수에서 기체의 용해도는 수압이 높을수록, 수온이 낮을수록 크다.

바로알기 ㄴ. 기체의 용해도는 이산화 탄소가 산소보다 크다. 따라서 표층 해수에서 용존 기체량은 이산화 탄소가 산소보다 많다.

ㄷ. 표층 해수의 용존 산소량은 수온이 낮을수록 많다. 따라서 고위도로 갈수록 수온이 낮아지므로 용존 산소량은 증가한다.

04 ㄷ. 산소의 용해도는 수온이 낮을수록, 수압이 높을수록 크다. B보다 C의 깊이에서 수온이 낮고 수압이 높으므로 산소의 용해도는 B보다 C의 깊이에서 크다.

바로알기 ㄱ. A에서 용존 산소량이 많은 까닭은 식물성 플랑크톤의 광합성 때문이다.

ㄴ. 식물성 플랑크톤에 의한 광합성은 햇빛을 필요로 하기 때문에 표층에서 가장 활발하다. 따라서 광합성은 B보다 A에서 활발하다.

05 혼합층은 바람과 파도에 의한 혼합 작용이 활발하게 일어나 깊이에 따른 수온 변화가 거의 없는 층이다. 따라서 바람이 강할수록 해수의 연직 혼합이 더욱 깊은 곳까지 일어나기 때문에 해수의 수온이 일정한 층인 혼합층의 두께가 두꺼워진다.

06 ㄷ. 풍속이 강할수록 혼합층의 두께가 두껍다. 혼합층의 두께는 위도 30° 해역이 적도보다 두꺼우므로 평균 풍속은 위도 30° 해역이 적도보다 빠르다.

바로알기 ㄱ. A는 표층에서 깊이에 따른 수온 변화가 거의 없는 혼합층이다.

ㄴ. 깊이에 따른 수온 변화는 혼합층과 심해층 사이에 위치한 수온 약층(B)에서 가장 크다.

07
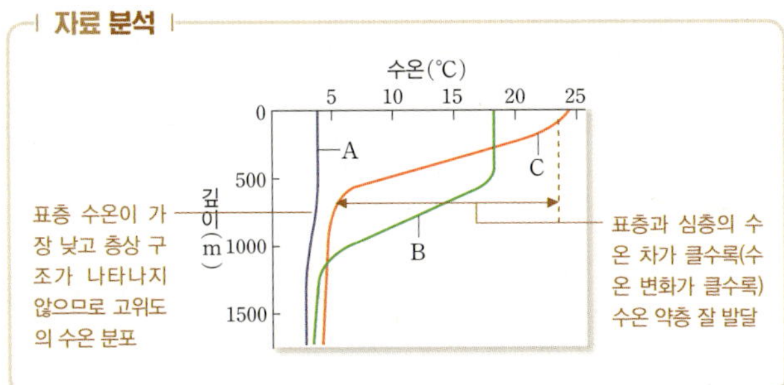

ㄱ. 위도가 높을수록 표층 수온이 낮다. 따라서 표층 수온은 A가 B보다 낮으므로, 위도는 A가 B보다 높다.

바로알기 ㄴ. 혼합층은 표층에서 수심에 따른 수온 변화가 거의 나타나지 않는 층이다. 따라서 혼합층의 두께는 B가 C보다 두껍다.

ㄷ. 심해층과 표층의 온도 차가 클수록 수온 약층이 뚜렷하게 발달한다. A는 깊이에 따른 수온 변화가 거의 없으므로 수온 약층이 발달해 있지 않다.

08 ㄷ. 해수의 밀도는 수온에 가장 큰 영향을 받으며 수온이 낮을수록 밀도가 크다. 표층 수온은 적도에서 가장 높으므로, 표층 해수의 밀도는 적도에서 가장 작다.

바로알기 ㄱ. A는 적도 부근에서 최대이고 고위도로 갈수록 낮아지므로 수온이다.

ㄴ. 해수의 밀도는 수온이 높을수록 작아진다.

09 ㄱ. A는 수심이 깊어질수록 감소하고 있으므로 수온이며, B는 수심이 깊어질수록 증가하고 있으므로 밀도이다. 따라서 해수의 밀도는 해수면에서 가장 작다.

ㄷ. 해수의 밀도는 수온과 밀접한 관계가 있다. 수온이 급격하게 낮아지는 구간에서 밀도는 급격하게 커지고 있다.

바로알기 ㄴ. 수심에 따른 밀도 변화가 큰 곳은 수심에 따른 수온 변화가 큰 곳이다. 따라서 수심에 따른 밀도 변화는 수온 변화가 큰 수온 약층에서 가장 크다.

10 ㄱ. 적도 해역은 (증발량－강수량)이 (－) 값을 나타내고 있다. 이는 증발량보다 강수량이 많다는 것을 의미한다. 적도 해역에는 저압대가 발달해 있기 때문에 증발량보다 강수량이 많다.

ㄷ. 그래프에서 (증발량－강수량) 값이 클수록 표층 염분이 대체로 높게 나타나는 것을 알 수 있다.

바로알기 ㄴ. 위도 30° 부근 해역은 (증발량－강수량) 값이 (＋) 값을 나타내고 있다. 따라서 증발량이 강수량보다 많다.

11
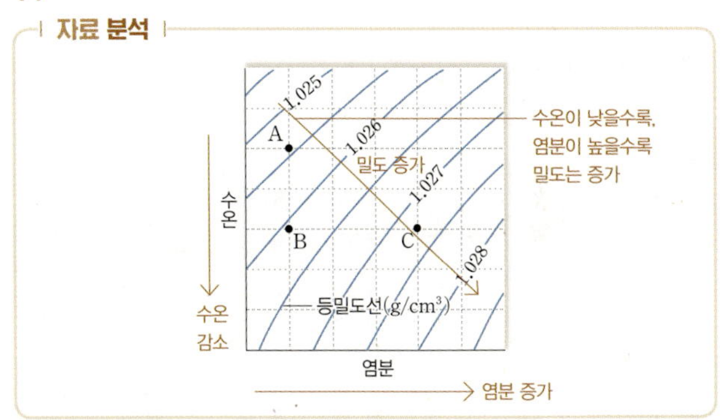

ㄱ. 등밀도선을 통해 오른쪽 아래로 갈수록 밀도가 증가하고 있음을 알 수 있다. 따라서 수온은 아래로 갈수록 낮아지며, 염분은 오른쪽으로 갈수록 높아진다. A는 B보다 위에 위치하므로 수온은 A가 B보다 높다.

바로알기 ㄴ. B는 C보다 왼쪽에 위치하므로 염분이 낮다.

ㄷ. A는 C보다 왼쪽 위에 위치하므로 밀도가 더 작다.

12 서술형
모범 답안 | 연안은 강물과 같은 담수의 유입이 많이 일어나므로 담수의 유입이 거의 없는 대양의 중심에서보다 표층 염분이 낮다.

해설 | 연안에서는 강이나 하천수 및 지하수에 의한 담수의 유입이 활발하게 일어나므로 표층 염분이 낮다.

채점 기준	배점
담수의 유입을 통해 표층 염분이 낮게 나타나는 까닭을 옳게 서술한 경우	100 %
적절한 설명이 부족한 경우	50 %

13 서술형

모범 답안 | 해수의 표층에서는 이산화 탄소가 광합성에 이용되기 때문에 농도가 낮다.

해설 | 표층에서는 식물성 플랑크톤에 의한 광합성이 활발하게 일어나기 때문에 이산화 탄소가 소모되어 농도가 낮다.

채점 기준	배점
광합성과 관련지어 이산화 탄소 농도가 낮은 까닭을 옳게 서술한 경우	100 %
적절한 설명이 부족한 경우	50 %

14 서술형

모범 답안 | 해수면 온도는 주로 태양 복사 에너지에 의해 결정된다. 태양 복사 에너지는 고위도로 갈수록 작아지므로, 고위도로 갈수록 표층 수온은 낮아진다. 따라서 등온선은 대체로 위도와 나란하게 나타난다.

해설 | 고위도로 갈수록 태양 복사 에너지양이 감소하여 표층 수온이 낮아지므로 등온선은 대체로 위도와 나란하게 나타난다.

채점 기준	배점
태양 복사 에너지를 이용하여 까닭을 옳게 서술한 경우	100 %
고위도로 갈수록 수온이 낮아지는 까닭을 적절하게 설명하지 못한 경우	50 %

학교 시험 빈출 자료 MASTER

p.116~118

① 1 × 　2 ○ 　3 × 　4 × 　5 ○ 　6 ×
② 1 ○ 　2 ○ 　3 × 　4 × 　5 ○ 　6 ○
③ 1 ○ 　2 ○ 　3 × 　4 × 　5 × 　6 ○
④ 1 × 　2 × 　3 ○ 　4 ○ 　5 ○ 　6 ×
⑤ 1 ○ 　2 × 　3 × 　4 ○ 　5 ×
⑥ 1 ○ 　2 × 　3 × 　4 ○ 　5 ×
⑦ 1 ○ 　2 × 　3 ○ 　4 ○ 　5 ○
⑧ 1 × 　2 ○ 　3 × 　4 × 　5 ○ 　6 ○
⑨ 1 × 　2 × 　3 ○ 　4 ○ 　5 ○ 　6 ○

①-1 (가)에서 형성된 전선은 정체 전선이다.

①-3 (다)에서 층운형 구름은 주로 온난 전선의 전면에 발달한다.

①-4 온난 전선과 한랭 전선 모두 강수는 찬 공기가 위치한 곳에서 나타난다.

①-6 폐색 전선이 형성되면 찬 공기가 아래에 위치하고, 따뜻한 공기는 상층으로 이동하기 때문에 찬 공기의 위치 에너지는 폐색 전선이 형성되기 전보다 작아진다.

②-3 온난 전선과 한랭 전선 사이는 따뜻한 공기가 위치하므로 기온이 높다.

②-4 한랭 전선 뒤쪽에는 소나기성 강수가 나타난다.

②-6 전선면의 기울기는 한랭 전선이 온난 전선보다 급하다.

③-3 적외 영상에서는 구름의 온도가 높아 방출하는 적외선의 세기가 강할수록 어둡게 나타난다.

③-6 적란운은 구름이 매우 두껍고 구름 최상부의 고도가 매우 높아 온도가 매우 낮다. 따라서 가시 영상과 적외 영상에서 모두 밝은색으로 나타난다.

④-1 태풍은 반지름이 수백 km에 이르지만, 높이는 10 km 내외이다. 따라서 수평 규모가 수직 규모보다 훨씬 크다.

④-6 태풍에서 최대 풍속은 태풍의 눈 경계 부근에서 가장 빠르고, 태풍의 눈에서는 바람이 거의 불지 않는다.

⑤-3 태풍 진행 방향의 왼쪽 반원은 안전 반원에 해당하므로 오른쪽 반원보다 평균 풍속이 느리다.

⑤-5 편서풍대에서는 태풍이 대체로 북동쪽으로 이동하며, 편서풍도 북동쪽으로 분다.

⑥-2 A는 뇌우가 발달하기 시작하는 적운 단계이다.

⑥-5 뇌운에서 하강 기류가 발달할수록 뇌우의 세력은 약해진다. 상승 기류와 하강 기류가 함께 나타날 때가 세력이 가장 강하다.

⑦-1 적도 지역에는 저압대가 발달하여 강수량이 많고, 중위도 지역에는 고압대가 발달하여 강수량이 적다.

⑦-4 (증발량−강수량) 값이 클수록 표층 염분이 대체로 높다.

⑧-3 혼합층은 바람이 강할수록 두껍다. 적도 부근은 바람이 약해 혼합층의 두께가 얇지만, 중위도 부근은 바람이 강하기 때문에 혼합층의 두께가 두껍다.

⑧-4 고위도 해역은 표층 수온이 매우 낮아 혼합층이나 수온 약층이 나타나지 않는다.

⑨-3 해수의 밀도는 염분이 높고 수온이 낮을수록 크며, 수온의 영향을 가장 크게 받는다. A는 B보다 염분은 낮으나 수온이 낮아 밀도가 크게 나타난다.

학교 시험 대비 문제

p.119~123

01 ① 　02 ③ 　03 ③ 　04 ② 　05 ② 　06 ②
07 ① 　08 ① 　09 ③ 　10 ④ 　11 ⑤ 　12 ②
고난도 　13 ① 　14 ② 　15 ④ 　16 ②
서술형 　17~20 해설 참조

01 ㄱ. 온난 전선 기호와 한랭 전선 기호가 서로 반대 방향으로 겹쳐 있으므로 이 전선은 정체 전선(장마 전선)이다.

🔍 바로알기 ㄴ. A 지점은 정체 전선보다 남쪽에 위치하고 있으므로 고온 다습한 북태평양 기단의 영향을 받고 있다.

ㄷ. 6월 29일부터 7월 1일까지 정체 전선은 북상하였다. 정체 전선 남쪽에 위치한 북태평양 기단의 세력이 오호츠크해 기단의 세력보다 강해지면 정체 전선(장마 전선)은 북상한다.

02 ㄱ. B는 온난 전선과 한랭 전선 사이에 위치한 지점이므로 기온이 높다. C는 온난 전선 전면에 위치한 지점이므로 기온이 낮다.

ㄴ. A는 한랭 전선 후면에 위치한 지점이므로 소나기성 강수가 나타난다.

🔍 바로알기 ㄷ. C는 온난 전선의 전면에 위치하고 있으므로 남동풍이 우세하게 분다.

03 ㄱ. 우리나라 부근에서 온대 저기압은 편서풍의 영향을 받아 동쪽으로 이동한다. 따라서 관측 순서는 (가)가 (나)보다 먼저이다.

ㄴ. 이 기간 동안 A 지점은 온난 전선과 한랭 전선이 모두 통과하였으므로 풍향은 시계 방향으로 변하였다.

🔍 바로알기 ㄷ. B는 온대 저기압 중심이므로 기압은 주변보다 낮다.

04

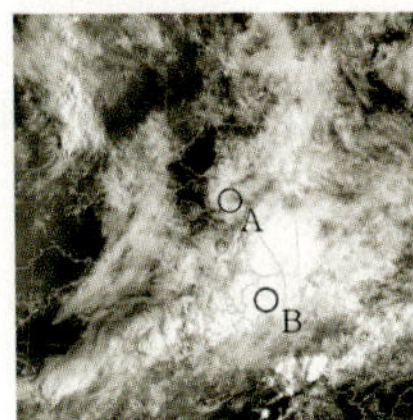 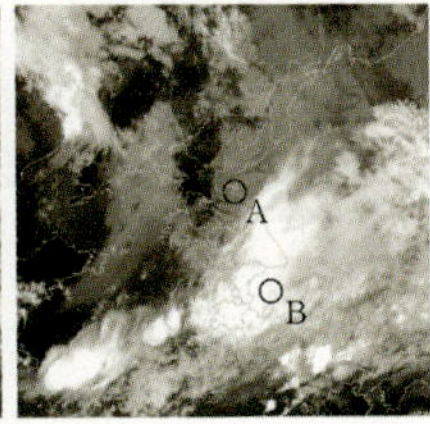

ㄴ. (나)는 적외 영상이다. 적외 영상에서는 구름 최상부의 고도가 낮아 온도가 높을수록 어둡게 나타난다. 따라서 구름 최상부의 온도는 A가 B보다 높다.

🔍 바로알기 ㄱ. (가)는 가시 영상이므로 (가)를 통해 구름의 두께를 알 수 있다.

ㄷ. 적란운은 두께가 매우 두껍고, 최상부의 고도가 매우 높으므로 가시 영상과 적외 영상에서 모두 밝게 나타난다. 따라서 적란운이 존재할 가능성은 B가 A보다 높다.

05 ㄴ. A가 우리나라를 통과하는 동안 P는 태풍 진행 경로의 오른쪽에 위치하였으므로 위험 반원에 위치하였다.

🔍 바로알기 ㄱ. 태풍의 세력은 중심 기압이 낮을수록 강하다. 태풍 발생 당시 기압은 A가 995 hPa, B가 1000 hPa이므로 발생 당시 세력은 A가 B보다 강했다.

ㄷ. B가 P에 영향을 미치는 동안 P는 태풍 진행 경로의 왼쪽에 위치하였다. 따라서 P에서 풍향은 시계 반대 방향으로 변했다.

06

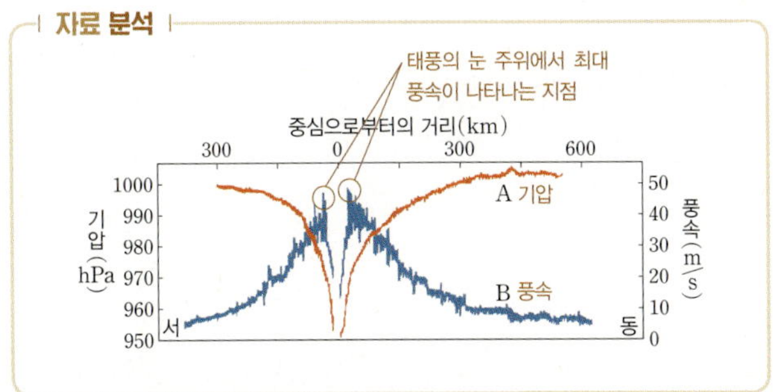

ㄷ. B는 풍속을 나타낸 그래프이다. 북반구에서 북상하는 태풍

은 태풍 중심의 오른쪽인 위험 반원이 동쪽에 위치하므로, 태풍의 눈 주변에서 최대 풍속은 태풍 중심의 동쪽에서 크게 나타난다.

🔍 바로알기 ㄱ. 중심으로 갈수록 작아지는 A는 기압, 중심부로 갈수록 증가하다가 태풍의 눈에서 급격히 감소하는 B는 풍속이다.

ㄴ. 기압은 태풍 중심에서 가장 낮다.

07 ㄱ. 시베리아 부근에 강력한 정체성 고기압이 발달해 있고 그 영향이 우리나라에도 미치고 있으므로 우리나라는 시베리아 고기압의 영향을 받고 있다.

🔍 바로알기 ㄴ. 바람은 고기압에서 저기압을 향해 분다. 따라서 이날은 서풍 계열의 바람이 우세하게 불었다.

ㄷ. ㉠은 우리나라의 서해안에 해당하며, 이곳에 내린 폭설은 황해에서 공급된 수증기로 인해 발생하였다.

08 ㄱ. 풍속은 등압선의 간격이 좁을수록 크다. 등압선의 간격은 발원지가 우리나라보다 좁으므로 풍속은 발원지가 우리나라보다 컸다.

🔍 바로알기 ㄴ. 황사는 편서풍을 타고 동쪽으로 이동한다.

ㄷ. 발원지에 고기압이 발달하면 하강 기류가 강해져 황사가 대기 중으로 유입되기 어렵다. 따라서 (가)의 발원지에 고기압이 발달했다면 우리나라의 황사 피해는 더 적었을 것이다.

09 ㄱ. A에 용존 산소량이 많은 것은 식물성 플랑크톤의 광합성이 주로 표층에서 일어나기 때문이다.

ㄴ. 용존 이산화 탄소량은 깊이가 깊어질수록 대체로 증가하고 있다. 이는 수압이 높고 수온이 낮아 용해도가 증가하기 때문이다.

🔍 바로알기 ㄷ. 표층인 A에서 용존 기체의 양은 해수에 대한 용해도가 큰 이산화 탄소가 산소보다 많다.

10 ④ A는 혼합층이 가장 두껍고 표층 수온은 B보다 낮고 C보다 높다. B는 표층 수온이 가장 높고 혼합층의 두께는 A보다 얇다. C는 표층 수온이 가장 낮으며, 혼합층과 수온 약층은 나타나지 않는다. 따라서 A는 b, B는 c, C는 a에 해당한다.

11 ㄱ. 수심 1 m에서의 수온은 연안 쪽이 바다 쪽보다 낮다.

ㄴ. 수심 1 m와 50 m에서의 수온 차는 연안 쪽이 바다 쪽보다 크다.

ㄷ. 수온 염분도에서 오른쪽 아래로 갈수록 수온은 낮아지고 염분은 높아지므로 밀도가 증가한다. 따라서 수심 50 m에서의 밀도는 수온 염분도에서 상대적으로 오른쪽 아래에 위치한 연안 쪽 해수가 바다 쪽 해수보다 크다.

12 ㄷ. A 지점은 B 지점보다 수온이 높고 염분은 낮다. 따라서 표층 해수의 밀도는 A 지점이 B 지점보다 작다.

🔍 바로알기 ㄱ. 황해의 평균 수온이 24 ℃보다 높으므로 관측 시기는 겨울철이 아니다.

ㄴ. A 지점의 표층 염분은 담수의 유입이 많을수록 낮다. 이 시기는 여름철에 해당하며, 여름철에 담수의 유입이 많으므로 표층 염분이 평소보다 낮다. 따라서 1년 중 표층 염분이 가장 높은 시기가 아니다.

13 ㄱ. 관측 기간 동안 기온이 급격히 내려간 시기가 있으므로 이 기간 동안 통과한 전선은 한랭 전선이다.

🔍바로알기) ㄴ. 한랭 전선은 15시 무렵에 통과하였으므로 이보다 이전인 13시에는 남서풍이 우세하게 불었다.

ㄷ. 한랭 전선 주변에서 강수는 한랭 전선 통과 후에 나타난다. 한랭 전선은 15시 무렵에 통과하였으므로 비가 내릴 가능성은 17시가 13시보다 높다.

14 ㄷ. (가)에서 태풍의 중심은 A의 왼쪽으로 북상하였으며, (나)에서 온대 저기압의 중심은 A보다 북쪽을 통과하였다. 따라서 (가)와 (나) 모두 저기압이 통과하는 동안 A 지점에서는 풍향이 시계 방향으로 변하였다.

🔍바로알기) ㄱ. (가)의 저기압은 태풍이며, 태풍은 열대 해상에서 생성된다.

ㄴ. (나)의 저기압은 온대 저기압이며, 온대 저기압의 에너지원은 찬 공기의 위치 에너지이다.

15 ㄴ. 뇌우의 세력은 점차 약해지면서 상승 기류보다 하강 기류가 우세하게 나타난다. 따라서 뇌우의 세력은 A보다 B 단계에서 강하다.

ㄷ. 우박이 내릴 가능성은 상승 기류와 하강 기류가 모두 존재하는 성숙 단계인 B 단계에서 가장 높다.

🔍바로알기) ㄱ. 뇌우는 적운 단계(C) → 성숙 단계(B) → 소멸 단계(A)를 거친다. 따라서 뇌우의 발달 순서는 C → B → A이다.

16 ㄷ. 수온 약층은 표층과 심해층의 온도 차가 클수록 뚜렷하게 발달한다. 0 m와 300 m에서의 수온 차는 2월보다 8월에 크므로, 수온 약층은 2월보다 8월에 뚜렷하게 발달한다.

🔍바로알기) ㄱ. 수심 300 m에서 8월은 2월보다 수온은 낮고 염분은 높다. 따라서 밀도는 8월이 2월보다 크다.

ㄴ. 계절에 따른 염분 차이는 강수량의 영향을 직접 받는 0 m가 300 m보다 크다.

17 (서술형)

정답 | (1) 정체 전선(장마 전선)

모범 답안 | (2) A는 북태평양 기단이다. 북태평양 기단의 세력이 강해지면 장마 전선인 ㉠은 점차 북상하게 된다.

해설 | (1) ㉠은 온난 전선과 한랭 전선이 반대 방향으로 겹쳐 있는 정체 전선이다.

(2) A는 북태평양 기단이다. 북태평양 기단의 세력이 강해지면 장마 전선은 북상하고, 오호츠크해 기단의 세력이 강해지면 장마 전선은 남하한다.

채점 기준	배점
기단 A의 세력과 정체 전선의 위치 관계를 옳게 서술한 경우	100 %
북상한다라고만 쓴 경우	50 %

18 (서술형)

정답 | (1) 시베리아 기단

모범 답안 | (2) 폭설이 내렸을 가능성은 A 지역이 더 크다. 시베리

아 기단이 확장하면서 황해를 통과하게 되고, 황해를 통과하는 동안 수증기를 공급받고 기단의 하층이 가열되면서 불안정해져 적란운이 형성된다. 이 적란운은 서해안에 위치한 A 지역에 폭설을 내린다.

해설 | (1) 시베리아 부근에 강력한 정체성 고기압인 시베리아 고기압이 발달해 있다.

(2) 시베리아 기단의 변질로 만들어진 적란운은 주로 서해안에 폭설을 내린다.

채점 기준	배점
지역과 까닭을 모두 옳게 서술한 경우	100 %
지역이나 까닭 중 1가지만 옳게 쓴 경우	50 %

19 (서술형)

정답 | (1) 기온은 A가 B보다 낮다.

모범 답안 | (2) 한대 전선대 부근에서 형성된 정체 전선에 파동이 형성되면, 저기압성 회전이 나타나게 된다. 이후 저기압 중심의 남서쪽에는 한랭 전선이, 남동쪽에는 온난 전선이 형성되면서 온대 저기압으로 발달한다.

해설 | (1) 한대 전선대 부근에서는 따뜻한 공기와 찬 공기가 만나 정체 전선을 형성한다.

(2) 저기압성 회전이 나타나면서 저기압 중심의 남서쪽에는 찬 공기가 남하하면서 한랭 전선을, 저기압 중심의 남동쪽에는 따뜻한 공기가 북상하면서 온난 전선을 형성한다.

채점 기준	배점
온난 전선과 한랭 전선의 형성 과정을 옳게 서술한 경우	100 %
종류와 위치 중 1가지만 옳게 쓴 경우	50 %

20 (서술형)

정답 | (1) (나)

모범 답안 | (2) 수온 약층은 (나)에서 더 뚜렷하다. 수온 약층은 깊이에 따른 수온 변화가 큰 층이므로 등수온선의 간격이 좁게 나타난다. 등수온선의 간격은 (나)가 (가)보다 좁으므로 수온 약층은 (나)에 더 뚜렷하게 발달해 있다.

해설 | (1) 우리나라 부근 해역에서 표층 수온은 8월이 2월보다 높다.

(2) 수온 약층은 깊이에 따른 수온 변화가 큰 층이므로, 등수온선이 조밀하게 분포한다.

채점 기준	배점
수온 약층이 뚜렷한 층과 등수온선과 수온 변화의 관계를 모두 옳게 서술한 경우	100 %
수온 약층이 뚜렷한 층과 까닭 중 1가지만 옳게 쓴 경우	50 %

04 해수의 표층 순환과 심층 순환

개념 익히기 문제 p.127, 129

01 평형	**02** 직접, 간접	**03** 편서풍	**04** 아열대
05 시계 반대		**06** 쿠로시오	**07** ×
08 ×	**09** ○	**10** ○	**11** ○	**12** ×	**13** 밀도
14 북대서양 심층수	**15** 남극 저층수		**16** 용존 산소
17 심층수	**18** 용승	**19** ×	**20** ○	**21** ×
22 ○	**23** ○	**24** ×	**25** ○	

02 해들리 순환과 극순환은 열대류에 의해 형성된 직접 순환에 해당하며, 페렐 순환은 간접 순환에 해당한다.

03 북태평양 해류와 남극 순환 해류는 편서풍에 의해, 북적도 해류와 남적도 해류는 무역풍에 의해 형성된 해류이다.

05 남태평양의 아열대 순환은 남적도 해류가 서쪽으로, 남극 순환 해류가 동쪽으로 흐르면서 시계 반대 방향으로 일어난다.

07 적도 지역은 지구 복사 에너지양보다 태양 복사 에너지양이 많아 에너지 과잉 상태이다.

08 대기와 해양에 의한 열에너지 수송량은 태양 복사 에너지양과 지구 복사 에너지양이 같은 위도 약 $38°$ 부근에서 최대이다.

10 난류는 한류에 비해 수온과 염분이 높고, 용존 산소량과 영양염은 적다.

12 우리나라 동해에서는 동한 난류와 북한 한류가 만나 조경 수역을 형성한다.

13 심층 순환은 해수의 수온과 염분 변화에 따른 밀도 차에 의해 나타나므로 열염 순환이라고도 한다.

14 북대서양 심층수의 밀도는 남극 저층수보다 작고 남극 중층수보다 크다.

18 심층수는 표층수와 연결되어 있으며, 심층수는 용승한 후 표층수로 연결된다.

19 해수의 침강은 밀도가 클수록 활발하다. 따라서 수온이 낮고 염분이 높을수록 침강이 활발하다.

20 심층 순환은 직접 관측이 어려울 정도로 유속이 매우 느리다.

21 해수의 수온이 낮아지거나 염분이 증가하여 밀도가 커지면 해수는 서서히 침강하여 심해에서 느리게 이동한다.

24 남극 중층수는 남반구에서 형성되어 북쪽으로 흐른다.

25 표층 순환과 심층 순환은 독립적으로 나타나는 것이 아니라 서로 컨베이어 벨트처럼 연결되어 있으므로 하나의 순환에 변화가 생기면 전체 해수 순환에 변화가 일어나고, 전 지구의 기후에 영향을 준다.

예제 1

정답 ⑤

해설 해수의 밀도는 수온이 낮을수록, 염분이 높을수록 크다. 혼합층은 바람에 의한 혼합에 의해 해수의 온도가 거의 일정하게 나타나는 층이다. 일반적으로 해수의 온도는 태양 복사 에너지의 영향을 가장 크게 받으므로, 수심이 깊어짐에 따라 낮아진다.

예제 2

모범 답안 같은 양의 A와 B를 혼합하면, 혼합 후 해수의 수온과 염분은 두 해수의 평균값을 갖는다. 따라서 혼합 후 해수의 밀도는 혼합 전보다 커진다.

해설 같은 양의 A와 B를 혼합하면 수온과 염분은 A와 B를 연결한 직선의 중간값을 갖게 된다. 따라서 밀도는 혼합 후가 더 크다.

개념 다지기 문제 p.131~133

01 ③	**02** ②	**03** ⑤	**04** ②	**05** ⑤	**06** ⑤
07 ②	**08** ④	**09** ②	**10** ④	**11** ③	

고난도 **12** ① **13** ②

서술형 **14~16** 해설 참조

01 ㄱ. 저위도 지방에서는 B가 A보다 많고, 고위도 지방에서는 A가 B보다 많다. 저위도 지방은 에너지 과잉, 고위도 지방은 에너지 부족 상태이므로 A는 지구 복사 에너지, B는 태양 복사 에너지이다.

ㄷ. 저위도의 남는 에너지는 대기와 해양에 의해 고위도로 수송된다.

🔍 **바로알기** ㄴ. 저위도는 태양 복사 에너지양이 지구 복사 에너지양보다 많으므로 에너지 과잉 상태이다.

02 ㄷ. 지구가 자전하지 않는 경우 적도 지방에서는 상승 기류, 극지방에서는 하강 기류가 발달하여 각 반구에 하나의 순환 세포가 발달한다. 지구가 자전하는 경우에는 각 반구에 세 개의 순환 세포가 발달한다.

🔍 **바로알기** ㄱ. 간접 순환은 지구가 자전하는 경우에 나타나는 직접 순환인 해들리 순환과 극순환 사이에서 나타나는 페렐 순환에 해당한다.

ㄴ. 북반구 지표 부근에서는 북극에서 적도로 바람이 불고 있으므로 북풍이 우세하게 분다.

03 ㄱ. 페렐 순환은 간접 순환, 해들리 순환과 극순환은 직접 순환에 해당한다.

ㄴ. 극순환에서 지표를 따라 저위도로 부는 바람은 극동풍이다.

ㄷ. 해들리 순환은 적도 부근의 따뜻한 공기가 상승한 후 위도 $30°$ 부근에서 하강하며 형성된 순환이다.

04 ㄷ. 무역풍인 A에 의해 북적도 해류가, 편서풍인 B에 의해 북태평양 해류가 형성된다. 이로 인해 북태평양의 아열대 표층 순환이 형성된다.

 ㄱ. A는 무역풍이다.

ㄴ. B는 페렐 순환에 의해 지표 부근에서 부는 바람인 편서풍이다.

05 ㄱ. 북태평양의 아열대 순환은 북적도 해류, 쿠로시오 해류, 북태평양 해류, 캘리포니아 해류가 연결되어 시계 방향으로 순환한다.

ㄴ. 아열대 순환은 열대 순환과 아한대 순환 사이에서 나타난다.

ㄷ. 쿠로시오 해류는 난류이므로 저위도에서 고위도로, 캘리포니아 해류는 한류이므로 고위도에서 저위도로 흐른다.

06 ㄱ. A는 연해주 한류로부터 갈라져 나온 한류이며, 동해안을 따라 남쪽으로 흐르고 있으므로 북한 한류이다.

ㄴ. A는 한류, B는 난류이다. 한류는 난류에 비해 영양염과 용존 산소량이 많으므로, A가 B보다 영양염과 용존 산소량이 많다.

ㄷ. B는 쿠로시오 해류이며, 쿠로시오 해류는 북적도 해류, 북태평양 해류, 캘리포니아 해류와 함께 북태평양의 아열대 순환을 구성하는 해류이다.

07 ㄴ. 유속은 표층 순환이 심층 순환보다 빠르다. 심층 순환은 유속이 너무 느려 직접 관측이 어렵다.

 ㄱ. 표층 순환은 주로 바람에 의해, 심층 순환은 해수의 밀도 차에 의해 발생한다.

ㄷ. 심층 순환은 주로 수온 약층 아래에서부터 해저면까지 나타난다.

08 ㄱ. 해수의 밀도는 고위도에 위치하여 해수의 냉각이 일어나는 B 해역이 저위도 해역인 A보다 크다.

ㄷ. 심층 해수는 고위도에서 침강한 후 저위도로 이동한다.

 ㄴ. A는 적도 부근에 위치한 해역이므로 해수의 냉각보다 가열이 활발하게 일어난다.

09 ㄷ. B는 평균 밀도가 가장 큰 남극 저층수이다. 남극 저층수는 남극 웨델해 부근에서 침강한 후 해저면을 따라 북쪽을 향해 흐른다.

 ㄱ. 세 수괴 중 평균 밀도가 가장 작은 A는 남극 중층수, 평균 밀도가 가장 큰 B는 남극 저층수이다.

ㄴ. 남극 중층수인 A는 북대서양 심층수보다 평균 밀도가 작으므로, 북대서양 심층수보다 위에서 흐른다.

10 ㄴ. 해수의 밀도가 클수록 아래쪽에 위치한다. B는 A보다 위쪽에서 흐르는 해수이므로, 해수의 평균 밀도는 A가 B보다 크다.

ㄷ. C는 남극 저층수이며, 남극의 웨델해에서 생성되어 해저를 따라 북반구 중위도까지 흐른다.

 ㄱ. B는 남반구에서 생성되어 북대서양 심층수인 A의 위에서 북쪽으로 흐르고 있으므로 남극 중층수이다.

11 ㄱ. A 해역은 심층수가 표층수로 바뀌는 지점이다. 심층수가 표층수로 바뀌기 위해서는 심층 해수의 용승이 일어나야 한다.

ㄴ. 그린란드 해역과 웨델해에서는 표층수가 심층수로 바뀌고 있

으므로 이 해역에서는 심층수가 생성된다.

 ㄷ. 표층 순환과 심층 순환은 독립되어 있지 않고 서로 연결되어 있으므로, 표층 순환이 약해지면 심층 순환도 약해진다.

12 ㄱ. A는 북반구 중위도에서 동쪽으로 부는 바람이므로 편서풍이다.

 ㄴ. 북태평양 해류는 북반구 중위도에서 편서풍에 의해 형성된 해류이므로 A에 의해 형성된다.

ㄷ. A는 동쪽으로, B는 서쪽으로 부는 바람이므로, A와 B에 의해 형성된 해류는 각각 동쪽과 서쪽으로 흐른다.

13

│ 자료 분석 │

심층류	수온(℃)	염분(psu)
북대서양 심층수	3	34.9
남극 저층수	−0.5	34.6

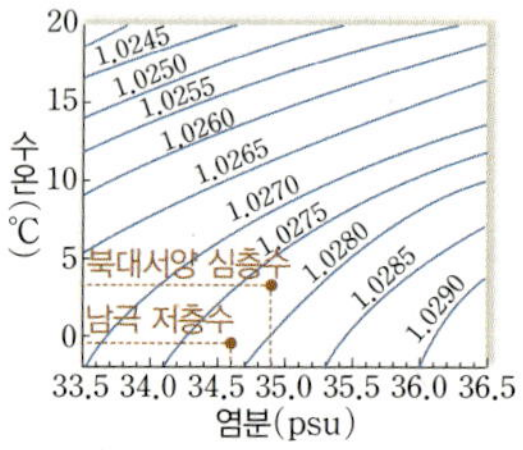

ㄴ. 남극 저층수가 생성되는 해역에서는 해수의 냉각으로 인해 결빙이 일어나면서 밀도가 증가한다.

 ㄱ. 표에서 주어진 수온과 염분을 수온 염분도에 나타내 보면 평균 밀도는 남극 저층수가 북대서양 심층수보다 크다.

ㄷ. 남극 저층수는 북대서양 심층수보다 밀도가 크므로, 북대서양 심층수보다 아래에서 해저를 따라 이동한다.

14 서술형

모범 답안 | 실제 지구에는 전향력이 작용하기 때문에 각 반구에 3개씩 순환 세포가 나타나지만, 해들리는 지구의 자전을 고려하지 않았기 때문이다.

해설 | 문제의 그림은 지구가 자전하지 않고 태양이 적도 상공에 위치하며, 지표면이 균질하다고 가정했을 때의 대기 대순환 모형이다.

채점 기준	배점
지구 자전을 고려하지 않았다는 내용이 포함된 경우	100 %
적절한 설명이 부족한 경우	50 %

15 서술형

모범 답안 | 쿠로시오 해류는 난류이고, 캘리포니아 해류는 한류이다. 따라서 쿠로시오 해류는 캘리포니아 해류에 비해 수온과 염분이 높고, 용존 산소량과 영양염은 적다.

해설 | 쿠로시오 해류는 저위도 → 고위도로, 캘리포니아 해류는 고위도 → 저위도로 흐른다.

채점 기준	배점
수온, 염분, 용존 산소량, 영양염을 모두 옳게 비교한 경우	100 %
수온, 염분, 용존 산소량, 영양염 중 3가지만 옳게 비교한 경우	75 %
수온, 염분, 용존 산소량, 영양염 중 2가지만 옳게 비교한 경우	50 %
수온, 염분, 용존 산소량, 영양염 중 1가지만 옳게 비교한 경우	25 %

모범 답안 | 파란색 물은 종이컵 안의 얼음에 의해 냉각되어 밀도가 커진다. 따라서 종이컵 아래로 가라앉은 후, 수조의 바닥을 따라 퍼져나갈 것이다.

해설 | 얼음에 의해 수온이 낮아진 종이컵 안의 물은 밀도가 커져 수조 바닥으로 가라앉는다.

채점 기준	배점
종이컵에서 빠져나오는 물의 온도와 밀도를 옳게 서술한 경우	100 %
물의 밀도 변화에 대한 설명없이 물의 이동만 설명한 경우	50 %

05 대기와 해양의 상호 작용

개념 익히기 문제
p.135, 137

01 오른쪽	**02** 용승	**03** 북동	**04** 라니냐
05 라니냐	**06** 서	**07** ×	**08** ○	**09** ○
10 ○	**11** ○	**12** ○	**13** 워커 순환	**14** 엘니뇨
15 라니냐	**16** 동	**17** 많아	**18** ×	**19** ○	**20** ×
21 ×	**22** ○		

02 우리나라의 동해에 남풍이 지속적으로 불면 표층 해수는 동쪽으로 이동하므로, 용승이 활발하게 일어난다.

03 북동 무역풍은 서쪽으로 불고 북반구에서 표층 해수는 바람의 오른쪽 직각 방향으로 이동하므로, 표층 해수가 북쪽으로 이동한다.

06 엘니뇨 시기에는 무역풍이 약해지면서 서태평양의 따뜻한 해수층의 두께가 얇아진다.

07 북반구에서 고기압 주변은 바람이 시계 방향으로 불어 나간다. 따라서 표층 해수는 고기압 중심부로 수렴하게 되어 침강이 일어난다.

10 무역풍이 강할수록 적도 부근의 따뜻한 표층 해수가 서태평양으로 많이 이동하므로 적도 부근 서태평양 해수의 온도는 높아진다.

11 평상시에는 무역풍에 의해 서태평양의 해수면 높이가 동태평양보다 높다. 라니냐 시기는 무역풍이 평상시보다 강하므로 서태평양의 해수면 높이는 더 높아지고 동태평양의 해수면 높이는 더 낮아진다.

14 엘니뇨 시기에는 서태평양의 평균 수온이 낮아지므로 해면 기압은 높아진다.

16 평상시 워커 순환에서 상승 기류는 서태평양에서 나타난다. 엘니뇨 시기에는 워커 순환에서 상승 기류가 평상시보다 동쪽에서 나타난다.

17 라니냐 발생 시 서태평양의 수온은 평상시보다 높아져 기압이 낮아지므로 강수량은 많아진다.

18 평상시 워커 순환에서 상승 기류는 서태평양에서 나타난다.

21 열대 태평양의 수온 변화는 기압 변화를 일으키기 때문에 수온 변화와 기압 변화는 서로 밀접한 관계가 있다. 이를 엘니뇨 남방 진동이라고 한다.

22 엘니뇨 시기에는 열대 태평양에서 따뜻한 해수층이 넓어지므로 열대 해역에서 대기로 공급되는 열과 수증기의 양이 많아진다.

개념 다지기 문제
p.139~141

01 ⑤	**02** ②	**03** ③	**04** ④	**05** ①	**06** ③
07 ⑤	**08** ④	**09** ②	**10** ②	**11** ⑤	**12** ④
고난도 **13** ③	**14** ①				
서술형 **15~16** 해설 참조					

01 ㄴ. 표층 해수가 수렴하면 해수의 침강이 일어난다.

ㄷ. 표층 해수가 먼 바다 쪽으로 이동하면 연안에서 해수의 발산이 일어나므로 용승이 일어난다.

🔍 **바로알기** ㄱ. 용승이 일어나면 심층의 찬 해수가 올라오므로 표층 수온이 낮아진다.

02

자료 분석

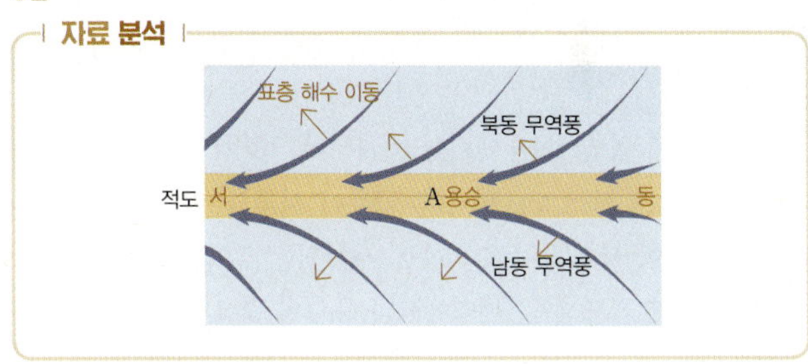

ㄷ. A 해역에서는 북동 무역풍과 남동 무역풍에 의한 해수의 수송에 의해 A 해역의 해수가 발산하므로 용승이 활발하게 일어난다.

🔍 **바로알기** ㄱ. 무역풍은 적도 부근에서 서쪽을 향해 분다.

ㄴ. 남동 무역풍은 남반구에서 부는 바람이므로 바람의 왼쪽 직각 방향으로 해수가 이동한다. 따라서 표층 해수는 남쪽으로 이동한다.

03 ㄱ. 바람이 A를 중심으로 시계 방향으로 불고 있다. 북반구에서 고기압성 바람은 고기압 중심을 중심으로 시계 방향으로 분다. 따라서 이 지역에는 고기압성 바람이 불고 있다.

ㄴ. 북반구에서 바람에 의한 표층 해수의 이동은 바람의 오른쪽 방향으로 일어난다. 따라서 표층 해수는 A를 향해 수렴한다.

🔍 **바로알기** ㄷ. 표층 해수가 A를 향해 수렴하고 있으므로 A에서는 표층 해수의 침강이 일어난다.

04 ㄴ. 엘니뇨 시기에는 동태평양에서 강수량이 증가한다.
ㄹ. 엘니뇨 시기에는 무역풍이 약해지므로 서쪽으로 이동하는 해수의 흐름이 약해져 서태평양의 해수면 높이가 낮아진다.
바로알기 ㄱ. 엘니뇨 시기는 평소보다 무역풍이 약하다.
ㄷ. 엘니뇨 시기에는 무역풍이 약해지면서 동태평양 해역에서의 용승이 약해진다.

05 ㄱ. 라니냐 시기에는 무역풍이 강해지면서 서태평양 해역의 표층 수온이 높아지기 때문에 서태평양에서의 강수량이 많아진다.
ㄴ. 라니냐 시기에는 동태평양 해역의 표층 수온이 낮아지면서 평균 기압이 높아진다.
바로알기 ㄷ. 라니냐 시기에는 동태평양 해역에서의 용승이 강해지므로 표층 수온은 낮아진다.
ㄹ. 라니냐 시기는 무역풍이 강하기 때문에 동태평양 해역에서의 용승이 강해져 수온 약층이 나타나기 시작하는 깊이가 얕아진다.

06 ㄱ. 동태평양 적도 부근 해역의 해수면 수온 편차가 (+) 값을 보이므로, 이 해역의 수온이 평상시보다 높아졌다. 따라서 이 시기는 엘니뇨 시기이다.
ㄴ. 동태평양 적도 부근 해역에서의 해수면 수온이 높아졌으므로 기압이 낮아져 상승 기류가 발달하여 강수량은 평상시보다 많다.
바로알기 ㄷ. 엘니뇨 시기에는 무역풍이 약해지므로, 무역풍에 의해 서쪽으로 이동하던 표층의 따뜻한 해수의 흐름이 약해진다. 따라서 동태평양 적도 부근 해역의 해수면은 평상시보다 높아진다.

07 ㄱ. 무역풍이 강할수록 서태평양으로 이동하는 표층 해수의 흐름이 강해지므로 서태평양의 해수면 높이는 높아지고 동태평양의 해수면 높이는 낮아져 동-서 방향 해수면 경사가 커진다. 따라서 무역풍의 세기는 동-서 방향 해수면 경사가 큰 B일 때 더 강하다.
ㄴ. 해수면이 A일 때는 엘니뇨 시기이며, 이 시기에는 동태평양에서의 용승이 약해지므로 수온 약층이 시작되는 깊이는 깊어진다. 따라서 이 시기에 수온 약층이 시작되는 깊이는 C이다.
ㄷ. 동태평양 적도 부근 해역에서의 용승이 평상시보다 강해지면 수온 약층이 시작되는 깊이는 얕아지므로 D에 해당한다.

08 바로알기 ④ 라니냐 시기는 평소보다 무역풍이 강해지므로, 워커 순환의 방향이 반대가 되는 것이 아니라 서태평양에서의 상승 기류가 더 강해지고, 동태평양에서의 하강 기류가 더 강해진다.

09 ㄴ. 엘니뇨 시기에는 무역풍이 약해져 타히티 부근 해역에서의 표층 수온이 높아지므로 상승 기류가 강해진다.
바로알기 ㄱ. 엘니뇨 시기에 서태평양에 위치한 다윈섬 부근 해역은 표층 수온이 낮아지므로, 기압은 높아진다.
ㄷ. 라니냐 시기에는 무역풍이 강해지므로 다윈섬에서의 기압은 낮아지고, 타히티섬에서의 기압은 높아진다.

10 ② 엘니뇨 시기에는 워커 순환의 상승 기류가 평상시보다 동쪽에서 나타난다. 열대 태평양 지역의 기압 분포 변화가 시소처

럼 한쪽이 올라가면 다른 한쪽은 내려가는 경향을 나타내는 것을 남방 진동이라고 한다.

11 바로알기 ⑤ 엘니뇨 시기에는 서태평양에 위치한 인도네시아, 인도, 호주 등지에 강수량이 줄어들면서 가뭄이 발생하기도 한다. 따라서 이 시기에 인도네시아, 인도, 호주 등지에서 농작물 생산량은 감소한다.

12 ㄴ. A 지역은 저기압의 발달로 평상시보다 강수량이 많아져 습해졌으므로, 이 지역은 기압이 평상시보다 낮다.
ㄷ. 평상시 워커 순환은 서태평양에서 상승 기류, 동태평양에서 하강 기류가 나타난다. 라니냐 시기에는 서태평양의 수온이 높아지고 동태평양의 수온이 낮아지면서 워커 순환이 평상시보다 강해진다.
바로알기 ㄱ. 서태평양의 강수량이 많아지고, 동태평양의 강수량은 감소했으므로 이 시기는 라니냐 시기이다.

13 ㄱ. 표층 해수가 바람의 오른쪽 직각 방향으로 이동하고 있으므로 이 지역은 북반구에 위치한다.
ㄴ. 표층 해수가 먼 바다 쪽으로 이동하고 있으므로 연안에서는 용승이 일어난다. 용승이 일어나면 심층의 용존 산소와 영양염이 풍부한 해수가 올라오므로 플랑크톤이 많아진다.
바로알기 ㄷ. 심층의 차가운 해수가 용승하고 있으므로 해수면 온도는 해안에 가까울수록 낮아진다.

14 ㄱ. 평상시에는 따뜻한 해수층이 분포하는 서태평양 해역에서 워커 순환의 상승 기류가 나타난다.
바로알기 ㄴ. 라니냐 시기에는 무역풍이 강화되므로 서태평양에서의 상승 기류가 더욱 강해진다.
ㄷ. 무역풍이 약해지면 상승 기류가 나타나는 위치가 동쪽으로 이동하여 중앙 태평양에서 상승 기류가 나타난다.

15 서술형
모범 답안 | (1) 등수온선이 조밀한 부분은 수온이 급격하게 낮아지는 층이므로 동태평양에서 수온 약층은 수심이 약 50 m보다 얕은 곳에서부터 나타나기 시작한다.
(2) 라니냐 시기는 평상시보다 용승이 활발한 시기이므로, 평상시에는 용승이 약해져 수온 약층이 나타나기 시작하는 깊이가 더 깊어진다.
해설 | (1) 수온 약층은 수온이 급격하게 낮아지는 층이므로 등수온선이 조밀하다.

채점 기준	배점
등수온선 분포를 이용하여 수온 약층이 나타나기 시작하는 깊이와 까닭을 옳게 서술한 경우	100 %
깊이나 까닭 중 1가지만 옳게 쓴 경우	50 %

(2) 라니냐 시기는 무역풍이 평소보다 강하다. 무역풍이 강하면 동태평양 해역에서의 용승이 활발해진다.

채점 기준	배점
무역풍의 세기 변화와 용승 현상을 연결하여 옳게 서술한 경우	100 %
깊어진다고만 쓴 경우	50 %

16 서술형

모범 답안 | 엘니뇨와 라니냐는 해양의 수온 변화를, 남방 진동은 대기의 기압 패턴의 변화를 의미하는데, 서로 밀접하게 관련되어 있기 때문에 이 둘을 합하여 엘니뇨 남방 진동(엔소, ENSO)이라고 한다.

해설 | 해양의 수온 변화와 기압 변화는 독립된 현상이 아니라 서로 밀접한 관계가 있다.

채점 기준	배점
해양의 수온 변화와 기압 변화를 연관지어 옳게 서술한 경우	100 %
대기와 해양의 유기적 관계라고만 설명한 경우	50 %

06 지구의 기후 변화

개념 익히기 문제　　　　　　　　　　p.143, 145

01 세차 운동	**02** 겨울	**03** 높아	**04** 10만	**05** 멀어
06 흑점	**07** ○	**08** ×	**09** ×	**10** ○ **11** ○
12 ○	**13** 감소	**14** 에어로졸	**15** 길	**16** 온실 기체
17 온난화	**18** 열팽창	**19** ×	**20** ○	
21 ○	**22** ○	**23** ×		

02 현재 북반구를 기준으로 근일점에서의 계절은 겨울이다.

05 지구 공전 궤도 이심률이 클수록 공전 궤도가 납작해지므로 근일점 거리는 가까워지고 원일점 거리는 멀어진다.

06 태양 활동이 활발할수록 흑점 수가 많아진다. 따라서 흑점 수의 변화를 통해 태양 활동의 변화를 유추할 수 있다.

07 세차 운동의 주기는 약 26000년, 지구 자전축 기울기 변화의 주기는 약 41000년이다.

08 지구 자전축 기울기가 커지면 남반구와 북반구 모두에서 겨울철 기온은 낮아지고 여름철 기온은 높아져 기온의 연교차가 커진다.

09 지구 공전 궤도가 원에 가까울수록 이심률은 0에 가까워진다.

10 지구 공전 궤도 이심률이 커질수록 근일점 거리는 가까워지고, 원일점 거리는 멀어진다.

12 태양의 흑점은 강한 자기장에 의해 생성되므로, 태양의 활동이 활발할 때 흑점 수가 많아진다.

13 빙하는 반사율이 매우 크므로, 빙하 면적이 감소하면 반사율은 감소한다.

16 온실 기체는 지구에서 방출하는 복사 에너지를 흡수하여 온실 효과를 일으킨다.

18 지구 온난화에 따른 해수면 상승은 해수 온도 상승에 의한 열팽창이 주요 요인이며, 대륙 빙하의 융해에 의해서도 해수면이 상승한다.

19 화산재는 지표면에 도달하는 태양 복사 에너지양을 감소시켜 지구 평균 기온을 낮추는 역할을 한다.

21 대기 중에 포함된 온실 기체의 양은 수증기가 이산화 탄소보다 훨씬 많다. 따라서 온실 효과에 미치는 기여도는 수증기가 이산화 탄소보다 크다.

23 지구 온난화로 인해 우리나라는 여름이 길어지고 겨울이 짧아지면서 봄꽃의 개화 시기는 점차 빨라지고 있다.

개념 다지기 문제　　　　　　　　　　p.147~149

01 ⑤	**02** ④	**03** ③	**04** ④	**05** ②	**06** ②
07 ①	**08** ③	**09** ④	**10** ④	**11** ③	

고난도 **12** ⑤　　**13** ⑤

서술형 **14~15** 해설 참조

01 **바로알기** ⑤ 지구 공전 궤도 이심률의 변화는 지구 기후 변화의 외적 요인에 해당한다.

02 ㄱ. 지구 자전축 경사 방향이 팽이처럼 회전하고 있는 이러한 변화를 세차 운동이라고 한다.
ㄷ. 현재 북반구는 근일점에 위치할 때 겨울이다. 지구 자전축 방향이 현재와 반대가 되면 근일점에서의 계절은 여름이 되어 현재와 반대가 된다.
바로알기 ㄴ. 지구 자전축 경사 방향의 변화 주기는 약 26000년이다.

03 ㄱ. 태양 빛은 북반구의 지표면에 수직으로 입사하고 있으므로 북반구에서의 계절은 여름이다.
ㄷ. 지구 자전축 기울기가 21.5°로 현재보다 작다. 따라서 겨울철 기온은 현재보다 높고 여름철 기온은 현재보다 낮다.
바로알기 ㄴ. 현재 자전축 기울기는 약 23.5°이므로 이 시기에 지구 자전축 기울기는 현재보다 작다.

04 ㄴ. 이심률이 클수록 공전 궤도가 납작해지므로, 근일점 거리는 가까워지고 원일점 거리는 멀어진다.
ㄷ. 공전 궤도 이심률 변화의 주기는 약 10만 년, 지구 자전축 기울기의 변화 주기는 약 41000년이다.
바로알기 ㄱ. 이심률이 작을수록 공전 궤도는 원에 가까워진다.

05 ㄴ. 태양 활동이 활발한 시기에는 태양의 자기장이 강해지면서 흑점이 많아진다. 따라서 흑점 수가 많은 시기에 태양 활동이 활발하다. A는 흑점 수의 극대기, B는 흑점 수의 극소기이므로, 태양 활동은 A 시기가 더 활발했다.

🔍**바로알기** ㄱ. 흑점 수의 변화 주기는 약 11년이다.

ㄷ. 평균 흑점 수는 ㉠ 기간이 ㉡ 기간보다 적다. 따라서 태양의 활동은 ㉡ 기간에 더 활발했으므로, 지구에 도달하는 평균 태양 복사 에너지양은 ㉡ 기간이 ㉠ 기간보다 많았다.

06 🔍**바로알기** ② 빙하는 반사율이 매우 크므로, 빙하가 형성되면 지표면의 반사율은 높아진다.

07 ㄱ. 화산 분출 이후 기온 편차가 점차 작아지다가 (ー) 값을 보이고 있다. 따라서 화산 분출 이후 지구 평균 기온은 낮아졌다.

🔍**바로알기** ㄴ. 대규모 화산 폭발은 다량의 화산재를 대기 중으로 방출하여 지구에 들어오는 태양 복사 에너지의 반사율을 증가시킨다. 태양 복사 에너지의 반사율이 증가하면 지구의 평균 기온은 낮아진다. 따라서 지구의 태양 복사 에너지 반사율은 화산 폭발 이전의 기온이 높았던 A 시기보다 화산 폭발 이후 기온이 낮았던 B 시기가 크다.

ㄷ. 화산 분출 이후 지구 평균 기온은 낮아지고 있다. 화산 가스에 포함된 다량의 수증기와 미량의 이산화 탄소 및 용암은 오히려 기온을 상승시키는 역할을 하며, 그 영향은 화산재에 의한 반사율 증가에 비해 무시할 정도로 작다.

08 ㄱ. 대기 중 에어로졸은 태양 빛의 산란과 반사를 일으키기 때문에 지구 기온을 낮추는 역할을 한다.

ㄴ. 사막화가 진행되면 식물의 광합성에 의한 이산화 탄소 제거 효과가 낮아진다.

🔍**바로알기** ㄷ. 온실 기체는 태양 복사 에너지보다 지구 복사 에너지를 잘 흡수하므로, 온실 기체의 증가는 지구 복사 에너지의 흡수율을 크게 증가시킨다.

09 ㄱ. 이산화 탄소는 온실 기체이며, 온실 효과를 일으킨다. 그래프에서 이산화 탄소의 농도가 높을수록 평균 기온이 높아지고 있음을 알 수 있다.

ㄷ. 빙하에는 빙하가 형성될 당시의 대기가 미량 포함되어 있으므로, 이를 분석하면 빙하 형성 당시의 대기 조성 및 온실 기체의 농도를 알 수 있다.

🔍**바로알기** ㄴ. 과거 40만 년 동안 기온 편차는 대체로 (ー) 값을 나타내고 있다. 따라서 이 기간 동안 지구 평균 기온은 현재보다 낮았다.

10 ㄴ. 온실 효과가 없다면 지구 평균 기온은 현재보다 낮아진다.

ㄷ. 지구 대기에는 파장이 짧은 태양 복사 에너지보다 파장이 긴 지구 복사 에너지가 잘 흡수된다.

🔍**바로알기** ㄱ. 온실 효과로 인해 낮과 밤의 기온 차는 작아진다.

11 ㄱ. 메테인의 농도는 꾸준히 증가하고 있다.

ㄴ. 온실 기체의 농도가 모두 증가하고 있으므로 온실 효과가 커

졌을 것이다. 따라서 이 기간 동안 지구 평균 기온은 상승하였을 것이다.

🔍**바로알기** ㄷ. 이산화 탄소 농도는 1950년까지는 완만하게 증가하였으나, 최근 들어 증가 속도가 매우 빨라졌다.

12 ㄱ. 근일점에서 태양 빛은 남반구에 수직으로 입사하고 있기 때문에 남반구의 계절은 여름, 북반구의 계절은 겨울이다.

ㄴ. 세차 운동의 주기는 약 26000년이기 때문에 13000년 후에는 지구 자전축의 방향이 현재와 반대가 되어 계절도 반대가 된다. 현재 원일점에서 북반구의 계절은 여름이므로, 13000년 후에는 원일점에서 겨울이 된다.

ㄷ. 현재 북반구는 원일점에서 여름이지만, 13000년 후에는 근일점에서 여름이다. 따라서 북반구에서 여름철 평균 기온은 현재가 13000년 후보다 낮다.

13

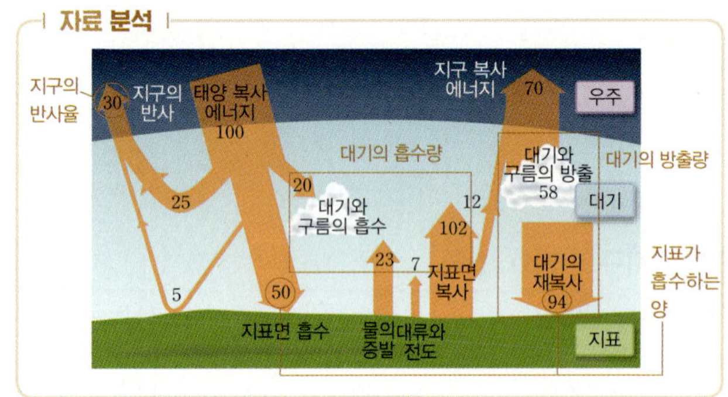

ㄱ. 지구에 입사하는 태양 복사 에너지 중 30은 흡수되지 못하고 반사되어 다시 우주로 돌아간다. 따라서 지구의 반사율은 30이다.

ㄴ. 지표면은 태양 복사 에너지 중 50을, 대기의 재복사에 의해 94를 흡수하므로 지표면이 흡수하는 에너지의 총량은 144이다.

ㄷ. 지표와 대기는 복사 평형 상태이기 때문에 흡수하는 에너지의 총량과 방출하는 에너지의 총량은 같다.

14 서술형

모범 답안 | 지구 자전축이 기울어져 있기 때문에 더운 계절과 추운 계절이 나타나면서 여름과 겨울이 나타난다. 만약 지구 자전축 경사가 현재보다 커질 경우, 여름은 더 더워지고 겨울은 더 추워지게 된다. 따라서 북반구에서 기온의 연교차는 현재보다 커지게 된다.

해설 | 지구 자전축이 경사져 있기 때문에 더운 계절과 추운 계절이 나타난다. 따라서 지구 자전축 경사가 커질수록 더운 계절은 더 더워지고, 추운 계절은 더 추워져 기온의 연교차가 커진다.

채점 기준	배점
여름철 기온과 겨울철 기온 변화를 이용하여 연교차가 커지는 까닭을 옳게 서술한 경우	100 %
기온의 연교차가 커진다라고만 쓴 경우	50 %

15 서술형

모범 답안 | (1) 평균 해수면 높이 편차가 (ー) 값에서 (＋) 값으로 지속적으로 커지고 있으므로 이 기간 동안 평균 해수면은 지속적

으로 상승하고 있음을 알 수 있다.
(2) 해수면 상승은 해수의 온도가 높아지면서 해수의 열팽창이 일어나고, 빙하가 융해되기 때문에 나타난다. 이러한 해수의 열팽창과 빙하의 융해는 지구 온난화로 인해 지구 평균 기온이 상승했기 때문이다.

해설 | (1) 평균 해수면 높이 편차가 (+) 값일수록 해수면이 높아진 것이다.

채점 기준	배점
평균 해수면 높이 편차의 값을 이용하여 옳게 서술한 경우	100 %
해수면이 상승한다라고만 쓴 경우	50 %

(2) 지구 온난화로 인해 해수의 온도가 상승했기 때문에 해수면이 상승하고 있다. 해수면 상승은 주로 해수의 열팽창에 의해 일어나며, 대륙 빙하의 융해에 의해서도 해수면이 상승한다.

채점 기준	배점
지구 온난화와 해수면 상승 요인을 옳게 서술한 경우	100 %
적절한 설명이 부족한 경우	50 %

p.150~153

	1	2	3	4	5	6
①	○	×	×	○	×	○
②	○	○	○	○	×	×
③	○	×	○	○	×	○
④	○	×	×	○	○	×
⑤	×	○	×	×	○	
⑥	○	○	○	○	×	×
⑦	○	×	×	○	×	○
⑧	○	○	○	○	×	
⑨	○	○	○	○	×	
⑩	○	×	○	×	×	
⑪	×	○	○	×	○	
⑫	○	×	○	○	○	○

①-3 저위도 지역은 태양 복사 에너지양이 지구 복사 에너지양보다 많아 에너지 과잉 상태이다.

①-5 저위도의 과잉 에너지는 대기와 해수의 순환에 의해 고위도로 수송된다.

②-3 해들리 순환과 페렐 순환의 경계는 위도 30° 부근에 나타나며, 하강 기류가 발달한다. 따라서 이 지역에는 고압대가 발달한다.

②-6 지구가 자전하지 않는다면 전향력이 작용하지 않으므로 각 반구에 하나씩의 순환 세포가 나타난다.

③-3 북태평양에서 아열대 순환은 북적도 해류가 서쪽으로, 북태평양 해류가 동쪽으로 흐르므로 시계 방향으로 나타난다.

③-5 아한대 순환은 대륙의 영향으로 인해 북반구에서만 나타난다.

④-1 북대서양 심층수는 그린란드 부근 해역에서 해수의 침강으로 형성된다.

④-5 심층수는 직접 관측이 어려울 정도로 유속이 느리다.

⑤-2 적도 용승은 북동 무역풍과 남동 무역풍에 의해 적도 부근 해수가 발산하면서 일어난다.

⑤-5 페루 연안은 동태평양에 위치하며, 동태평양 해역에서의 용승은 무역풍이 강한 라니냐 시기에 더 활발하다.

⑥-2 엘니뇨 시기에는 무역풍이 약하므로, 적도 해류도 약하게 흐른다.

⑥-5 평상시에는 무역풍에 의해 적도 부근의 따뜻한 해수가 서쪽으로 이동하여 서태평양 해역에서의 해수면이 높지만, 엘니뇨 시기에는 무역풍이 약해지면서 서태평양 해역에서의 해수면이 평상시보다 낮아진다.

⑦-3 라니냐 시기에는 동태평양 해역에서의 용승이 활발해지므로 수온 약층이 나타나기 시작하는 깊이가 얕아진다.

⑦-6 라니냐 시기에는 서태평양 해역의 표층 수온이 높아지므로 강수량이 많아진다.

⑧-2 강수량은 상승 기류가 발달하는 해역에서 많다.

⑧-5 라니냐 시기에는 서태평양 해역의 표층 수온은 더욱 높아지고, 동태평양 해역의 표층 수온은 더욱 낮아진다. 그 결과 서태평양에서의 상승 기류가 강해지고, 동태평양에서의 하강 기류도 강해진다.

⑨-2 지구 자전축 기울기가 현재보다 커지면 여름은 더 더워지고 겨울은 더 추워진다.

⑨-4 지구 자전축 기울기가 현재보다 커지면 여름철 태양의 남중 고도는 높아지고, 겨울철 태양의 남중 고도는 낮아진다.

⑩-2 현재 남반구의 여름은 근일점에서, 겨울은 원일점에서 나타난다.

⑩-4 북반구는 현재 원일점에서 여름이지만, 13000년 후에는 근일점에서 여름이다. 따라서 여름철 평균 기온은 현재가 13000년 후보다 낮다.

⑪-1 지구 공전 궤도 이심률이 작을수록 공전 궤도가 원에 가깝다.

⑪-4 이심률은 B보다 A일 때 크다. 이심률이 클수록 근일점 거리는 가까워지고 원일점 거리는 멀어지면서 근일점과 원일점에 위치할 때 받는 태양 복사 에너지양의 차가 커진다.

⑫-2 태양 복사 중 대기에 흡수되는 양은 25, 지표면에 흡수되는 양은 45이다.

⑫-6 지구 대기에 의한 온실 효과가 커지면, 지표에서 방출되는 지구 복사 에너지 중 대기에 흡수되는 양이 많아지고, 대기가 지표로 재방출하는 양도 많아지기 때문에 지표면이 방출하는 에너지양은 현재의 133보다 커진다.

01 ②	02 ③	03 ②	04 ⑤	05 ②	06 ④
07 ②	08 ④	09 ⑤	10 ②	11 ④	12 ⑤
13 ③	14 ②	15 ③	16 ④		
고난도 17 ②	18 ④	19 ①	20 ②		
서술형 21~24 해설 참조					

01 ㄴ. ㉢은 북적도 해류이며, 북적도 해류는 무역풍인 C에 의해 형성된다.

바로알기 ㄱ. A는 극동풍이며, 극동풍은 극순환에 의해 형성된 바람이다.

ㄷ. ㉠, ㉡, ㉢은 각각 쿠로시오 해류, 캘리포니아 해류, 북적도 해류이며, 이들 해류는 북태평양의 아열대 순환을 이루고 있다.

02 ③ B와 E는 각각 북태평양 해류, 남극 순환 해류이며, 이들 해류는 편서풍에 의해 형성된다.

바로알기 ① A는 쿠로시오 해류이며 난류이다.
② 평균 수온은 난류인 C가 한류인 D보다 높다.
④ D는 한류이며, 고위도에서 저위도로 흐른다.
⑤ 북태평양에서 아열대 순환은 시계 방향으로 일어난다.

03 ㄴ. B는 북대서양 심층수이고, C는 남극 저층수이다. 북대서양 심층수는 남극 저층수 위에서 흐르므로, 평균 밀도는 북대서양 심층수인 B가 남극 저층수인 C보다 작다.

바로알기 ㄱ. A는 남극 중층수이다.

ㄷ. 남극 저층수인 C는 남극 대륙 부근의 웨델해에서 생성된다.

04 ㄱ. A와 B는 표층수가 심층수로 바뀌는 해역이므로 해수의 침강이 일어난다.

ㄴ. 해수의 이동 속도는 표층수가 심층수보다 빠르다.

ㄷ. 해수의 순환은 전 지구적으로 일어나며, 이러한 순환은 저위도의 남는 에너지를 고위도로 수송하면서 위도에 따른 에너지 불균형을 해소하는 역할을 한다.

05 ㄷ. 염분 분포의 폭은 가로 방향의 변화가 가장 큰 A가 가장 크다.

바로알기 ㄱ. A는 밀도가 가장 작으므로 북대서양 중앙 표층수, B는 남극 중층수, C는 북대서양 심층수, 밀도가 가장 큰 D는 남극 저층수이다.

ㄴ. 평균 밀도는 A가 가장 작다.

06 ㄴ. 무역풍의 세기는 엘니뇨 시기인 (나)일 때가 평상시인 (가)일 때보다 약하다.

ㄷ. 동태평양 적도 부근 해역의 용승은 엘니뇨 시기인 (나)일 때 약하다.

바로알기 ㄱ. (가)는 워커 순환에서 상승 기류가 서태평양에 나타나므로 평상시, (나)는 엘니뇨 시기이다.

07 ㄴ. 동태평양에 위치한 페루 연안에서 수온 편차가 (+)인 시기는 엘니뇨, (-)인 시기는 라니냐 시기이다. 1970년은 수온 편차가 (-)이므로 라니냐 시기이며, 이 시기는 무역풍이 강한

시기이다.

바로알기 ㄱ. 1982년은 수온 편차가 (+)이므로 엘니뇨 시기이다.

ㄷ. 페루 연안에서의 강수량은 엘니뇨 시기에 많다. 따라서 수온 편차가 (-)인 1970년보다 (+)인 1957년에 더 많았을 것이다.

08

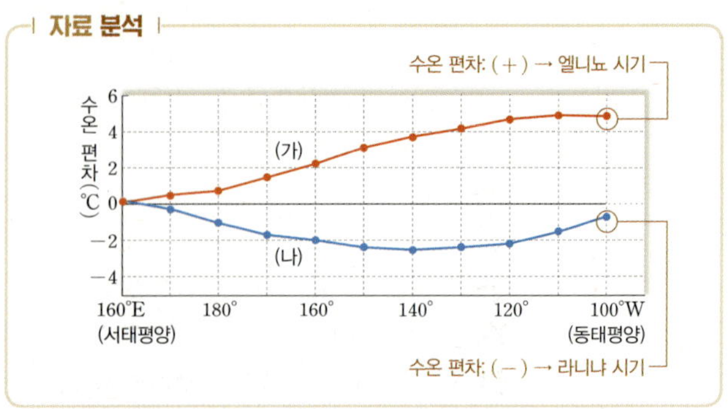

ㄴ. 동태평양 해역에서 수온 편차가 (+)인 (가)는 엘니뇨 시기, 수온 편차가 (-)인 (나)는 라니냐 시기이다. 따라서 무역풍은 라니냐 시기인 (나)일 때 강했다.

ㄷ. 서태평양 해역에서의 강수량은 라니냐 시기에 많다. 따라서 엘니뇨 시기인 (가)보다 라니냐 시기인 (나)일 때 많다.

바로알기 ㄱ. (가)는 엘니뇨 시기이다.

09 ㄱ. 동태평양 적도 부근 해역의 수온 편차가 (-)인 A는 라니냐 시기, 수온 편차가 (+)인 B는 엘니뇨 시기이다.

ㄴ. A 시기는 라니냐 시기이며, 이 시기에 해수면의 평균 높이는 ㉠ 해역이 ㉡ 해역보다 높다.

ㄷ. 엘니뇨 시기인 B 시기에는 무역풍이 약해지므로 ㉡ 해역의 표층 수온은 평상시보다 높아진다.

10 ㄴ. 서태평양에는 다습한 기후가, 중앙 태평양과 동태평양에는 한랭 건조한 기후가 나타나므로 라니냐 시기이다. 라니냐 시기에는 동태평양 해역에서 용승이 강해지므로 수온 약층이 나타나기 시작하는 깊이가 평상시보다 얕다.

바로알기 ㄱ. 이 시기는 라니냐 시기이다.

ㄷ. 라니냐 시기에 워커 순환에서 상승 기류는 서태평양 해역에서 나타난다.

11 ㄴ. 우리나라에서는 지구가 근일점에 위치할 때 겨울이다. A 시기보다 현재 근일점 거리가 멀기 때문에 겨울철 기온은 더 낮다. 따라서 우리나라에서 연교차는 현재가 A 시기보다 크다.

ㄷ. 지구 공전 궤도는 현재가 A 시기보다 원에 가깝다. 따라서 이심률은 현재가 A 시기보다 작다.

바로알기 ㄱ. 현재 북반구는 근일점에서 겨울, 원일점에서 여름이다.

12 ㄱ. 여름철 기온은 낮아지고, 겨울철 기온은 높아지므로 기온의 연교차는 작아진다.

ㄴ. 지구 자전축 기울기가 작아졌으므로 겨울철 평균 기온은 높아진다.

ㄷ. 1만 년 후에는 지구 자전축 기울기가 현재보다 작다. 따라서 여름철 태양의 남중 고도는 낮아진다.

13 ㄱ. (가)에서 지구가 원일점인 A에 위치할 때의 계절은 여름이다.

ㄷ. (가)에서는 원일점에 위치할 때 여름, 근일점에 위치할 때 겨울이지만, (나)에서는 원일점에 위치할 때 겨울, 근일점에 위치할 때 여름이다. 따라서 기온의 연교차는 (가)보다 (나)일 때 크다.

🔍 **바로알기** ㄴ. (가)에서는 근일점에서 겨울이지만, (나)에서는 원일점에서 겨울이다. 따라서 겨울철 평균 기온은 (가)보다 (나)일 때 낮다.

14 ㄷ. 우리나라에서 여름철 태양의 남중 고도는 지구 자전축 기울기가 클수록 높다. 5만 년 후 지구 자전축 기울기는 현재보다 작으므로 여름철 태양의 남중 고도는 현재가 5만 년 후보다 높다.

🔍 **바로알기** ㄱ. 지구 공전 궤도 이심률의 변화 주기는 약 10만 년, 지구 자전축 경사각의 변화 주기는 약 41000년이다. 따라서 지구 공전 궤도 이심률의 변화는 변화 주기가 긴 B이다.

ㄴ. a 시기는 지구 자전축 기울기가 현재보다 크고, 이심률은 작다. 따라서 우리나라에서 기온의 연교차는 현재가 a 시기보다 작다.

15 ㄱ. 빙하 면적 감소율은 2000년 이전보다 2000년 이후가 크다.

ㄷ. 대기 중 온실 기체가 증가하면 온실 효과가 증가하므로, 지표가 방출하는 지구 복사 에너지인 B와 대기가 지표면으로 재복사하는 C에 해당하는 값이 증가한다.

🔍 **바로알기** ㄴ. 북극 지방에서 빙하의 면적이 감소하고 있으므로 반사율인 A는 감소한다.

16 ㄴ. 최근 10만 년 동안 기온 편차는 (−) 값을 나타내고 있다. 따라서 최근 10만 년 동안 지구 평균 기온은 현재보다 낮았다.

ㄷ. 최근 급격한 CO_2 농도 증가는 화석 연료 사용량 증가에 따른 인위적 요인 때문이다.

🔍 **바로알기** ㄱ. CO_2 농도 변화 경향과 기온 편차 경향이 매우 비슷하게 나타나고 있다. 따라서 지구의 기온은 CO_2 농도가 높을수록 높았다.

17 ㄷ. 이 기간 동안 표층 수온이 낮아졌으므로 용승이 활발하게 일어났으며, 북반구의 A 해역에서 용승이 일어나기 위해서는 A 해역의 표층수가 먼 바다 쪽으로 이동해야 한다.

🔍 **바로알기** ㄱ. 용승이 일어나면 표층 수온이 낮아지고, 심층에서 용존 산소량이 풍부한 물이 용승하기 때문에 용존 산소량은 증가한다.

ㄴ. 북반구의 동해안에서 연안의 해수가 먼 바다 쪽으로 이동하기 위해서는 남풍 계열의 바람이 불어야 한다.

18 ㄴ. B 시기는 A 시기보다 동태평양의 표층 수온이 높아졌으므로 엘니뇨 시기에 해당한다. 따라서 무역풍의 세기는 평상시인 A 시기가 엘니뇨 시기인 B 시기보다 강하다.

ㄷ. 서태평양의 해수면 높이는 평상시가 무역풍이 약한 엘니뇨 시기보다 높다. 따라서 A 시기가 B 시기보다 높다.

🔍 **바로알기** ㄱ. 표층 수온은 A 시기가 B 시기보다 낮다.

19

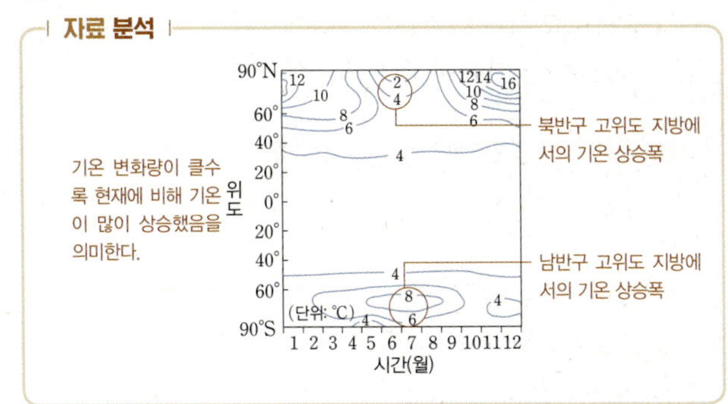

ㄱ. 이산화 탄소 농도가 현재보다 2배 증가할 경우 전 지구적인 기온 상승이 일어나므로, 평균 해수면 높이가 높아진다.

🔍 **바로알기** ㄴ. 60°N에서 여름철인 6~8월보다 겨울철인 12~2월에 기온 상승 폭이 크다. 따라서 기온의 연교차는 작아질 것이다.

ㄷ. 고위도 지방에서 7월에 기온 상승폭은 남반구가 북반구보다 크다.

20 ㄴ. (나)에서 지구가 근일점에 위치할 때 태양의 시지름이 크므로, 북반구의 계절은 겨울이다.

🔍 **바로알기** ㄱ. 지구 공전 궤도 이심률이 작을수록 근일점 거리는 멀어지고 원일점 거리는 가까워진다. 현재가 A 시기보다 이심률이 작으므로 근일점 거리는 현재가 더 멀다.

ㄷ. 현재는 근일점에 위치할 때 남반구의 계절이 여름이다. 현재는 A 시기보다 이심률이 작아 근일점 거리가 멀어지므로 여름철 기온이 낮아진다. 따라서 남반구에서 기온의 연교차는 현재가 A 시기보다 작다.

21 🟧 서술형

정답 | (1) A: 북태평양 해류, B: 북적도 해류

모범 답안 | (2) 북태평양에서 아열대 순환은 시계 방향으로 나타난다. 남태평양에서는 북태평양과는 반대로 시계 반대 방향으로 나타난다.

해설 | (1) A는 편서풍에 의해 형성된 북태평양 해류, B는 무역풍에 의해 형성된 북적도 해류이다.

(2) 북태평양에서는 서쪽으로 흐르는 북적도 해류와 동쪽으로 흐르는 북태평양 해류에 의해 아열대 순환이 시계 방향으로 나타나며, 남반구는 순환의 방향이 반대로 나타난다.

채점 기준	배점
북태평양의 아열대 순환 방향을 옳게 서술하고 남반구와 비교를 정확히 한 경우	100 %
북태평양의 아열대 순환 방향을 옳게 서술했으나 남반구와 비교를 정확하게 하지 못한 경우	50 %

정답 | (1) A: 북한 한류, C: 쿠로시오 해류

모범 답안 | (2) A는 한류이고 B는 난류이다. 한류와 난류가 만나는 해역에서는 위도에 따른 수온 차가 급격하게 나타나므로 조경 수역이 형성된다.

해설 | (1) A는 동해안을 따라 남하하고 있는 북한 한류이며, C는 북태평양의 아열대 순환을 구성하고 있는 쿠로시오 해류이다.

(2) 조경 수역은 수온이 다른 두 수괴가 만나 형성되는 수역이다. 조경 수역에서는 수온이 급격하게 변한다.

채점 기준	배점
난류와 한류의 수온을 이용하여 조경 수역이 형성되는 까닭을 옳게 서술한 경우	100 %
난류와 한류가 만나기 때문이라고만 쓴 경우	50 %

23 서술형

정답 | (1) 엘니뇨 시기

모범 답안 | (2) 평상시에는 강수 구역이 A 부근에서 나타난다. 왜냐하면 평상시에는 엘니뇨 시기보다 무역풍이 강해져 따뜻한 해수층이 서태평양에 많아지면서 A 부근에 상승 기류가 발달하기 때문이다.

해설 | (1) 평상시와 라니냐 시기에는 무역풍에 의해 서태평양 해역에 고온의 해수가 많이 분포하므로 서태평양에 상승 기류가 발달한다. 엘니뇨 시기에는 서태평양의 고온의 해수가 중앙 태평양으로 이동하므로, 상승 기류는 중앙 태평양에 나타난다.

(2) 엘니뇨 시기에 비해 평상시에는 서태평양에 고온의 해수층이 많아지므로 동태평양에 위치한 B보다 서태평양에 위치한 A에 강수 구역이 나타난다.

채점 기준	배점
무역풍의 세기와 따뜻한 해수층의 분포를 이용하여 강수 구역의 변화를 옳게 서술한 경우	100 %
강수 구역과 까닭 중 1가지만 옳게 쓴 경우	50 %

24 서술형

정답 | (1) 여름

모범 답안 | (2) 현재 우리나라는 근일점에서 겨울, 원일점에서 여름이다. 지구 공전 궤도 이심률이 현재보다 작아지면 근일점 거리는 멀어지고 원일점 거리는 가까워진다. 따라서 겨울철 평균 기온은 낮아지고 여름철 평균 기온은 높아진다.

해설 | (1) 원일점에 위치할 때 태양 빛은 북반구에 수직으로 입사한다. 따라서 북반구는 여름, 남반구는 겨울이다.

(2) 지구 공전 궤도 이심률이 작아지면 공전 궤도는 원에 가까워진다. 따라서 근일점 거리는 멀어지고 원일점 거리는 가까워진다.

채점 기준	배점
이심률 변화에 따른 근일점 거리와 원일점 거리 변화를 이용하여 기온 변화를 옳게 설명한 경우	100 %
이심률 변화에 따른 근일점 거리와 원일점 거리 변화를 이용하지 않고 기온 변화만 옳게 설명한 경우	50 %

01 기압과 날씨 변화
❶ 시베리아 기단 ❷ 장마 전선 ❸ 정체 전선 ❹ 두께

02 태풍과 우리나라의 주요 악기상
❶ 무역풍 ❷ 편서풍 ❸ 오른쪽 ❹ 왼쪽 ❺ 적운 ❻ 편서풍

03 해수의 성질
❶ 클 ❷ 광합성 ❸ 수온 약층 ❹ 커 ❺ 강수

04 해수의 표층 순환과 심층 순환
❶ 해들리 ❷ 시계 ❸ 심층 순환 ❹ 남극 저층수

05 대기와 해양의 상호 작용
❶ 용승 ❷ 엘니뇨 ❸ 라니냐 ❹ 엘니뇨 남방 진동

06 지구의 기후 변화
❶ 세차 운동 ❷ 커 ❸ 온실 효과

1등급 실전 문제   p.162~167

01 ②	02 ⑤	03 ①	04 ④	05 ⑤	06 ②
07 ①	08 ③	09 ④	10 ④	11 ④	12 ②
13 ④	14 ⑤	15 ①	16 ①	17 ④	18 ⑤
19 ②	20 ⑤				

서술형   21~25 해설 참조

01 ㄴ. 이날 태풍의 중심은 황해에 위치하고 있다. 서울은 태풍 중심보다 오른쪽인 위험 반원에 위치하고 있으므로 풍향은 시계 방향으로 변했을 것이다.

🔍 **바로알기** ㄱ. 장마 전선을 기준으로 A는 북쪽에 위치하고 있으므로 오호츠크해 기단, B는 남쪽에 위치하고 있으므로 북태평양 기단이다. 따라서 기단의 평균 온도는 B가 A보다 높다.

ㄷ. 우리나라에 영향을 미치고 있는 저기압은 열대 저기압인 태풍이다. 열대 저기압의 에너지원은 수증기의 응결열이다.

02 ㄱ. A 지역의 기압은 (가)일 때 1016 hPa보다 높았고, (나)일 때는 1012 hPa보다 낮았다. 따라서 이 기간 동안 A 지역의 기압은 낮아졌다.

ㄴ. 온대 저기압 중심의 기압은 (가)보다 (나)일 때 낮으므로 이 기간 동안 온대 저기압의 세력은 강해졌다.

ㄷ. 이 기간 동안 A 지역은 한랭 전선이 통과하였으므로 풍향은 남서풍에서 북서풍으로 바뀌며 시계 방향으로 변하였다.

03

┌ 자료 분석 ┐

ㄱ. A는 한랭 전선의 후면에, C는 한랭 전선의 전면에 위치하고 있으므로 기온은 A가 C보다 낮다.

 ㄴ. A는 한랭 전선의 후면에 위치하고 있으므로 서
풍 계열의 바람이 우세하게 분다.
ㄷ. B에는 한랭 전선에 의해 형성된 적란운이 발달해 있다. 따라
서 B의 구름은 한랭 전선에 의해 형성되었다.

04 ㄴ. 적란운은 가시 영상과 적외 영상에서 모두 밝게 나타난
다. 따라서 적란운은 A보다 B에 발달해 있을 것이다.
ㄷ. 구름 최상부에서 방출되는 적외선의 세기는 적외 영상인 (가)
를 통해 판단할 수 있다. 적외 영상에서는 적외선의 세기가 강할
수록 어둡게 나타나므로, 구름 최상부에서 방출되는 적외선의 세
기는 A가 B보다 강하다.
 ㄱ. 구름의 두께는 (나)의 가시 영상을 통해 판단할
수 있다. 가시 영상에서는 구름의 두께가 두꺼울수록 밝게 나타
나므로, 구름의 평균 두께는 A가 B보다 얇다.

05 ㄱ. A에서는 풍향이 북동풍 → 남남동풍 → 남서풍으로 점
차 시계 방향으로 바뀌고 있다. 따라서 A는 위험 반원에 위치하
였다.
ㄴ. 06시에 관측소 A와 B에서는 모두 북풍 계열의 바람이 불었
다. 태풍 중심보다 북쪽에 위치한 지역에서는 북풍 계열의 바람
이 우세하게 분다. 따라서 06시에 태풍의 중심은 A와 B보다 남
쪽에 위치하였다.
ㄷ. 태풍 중심까지의 거리가 가까울수록 관측소에서 측정한 기압
은 낮다. 12시에 관측한 기압은 A에서가 B에서보다 낮으므로,
12시에 관측소로부터 태풍 중심까지의 거리는 A가 B보다 가
깝다.

06 ㄴ. 태풍 중심에는 바람이 약하게 부는 태풍의 눈이 발달해
있으며 약한 하강 기류가 나타난다.
 ㄱ. 기압은 태풍 중심으로 갈수록 낮아지며, 풍속은
태풍의 눈 주변에서 최대이고, 이로부터 멀어질수록 느려진다.
따라서 X는 기압, Y는 풍속이다.
ㄷ. 그래프에서 태풍 중심을 기준으로 왼쪽보다 A가 위치한 오
른쪽의 풍속이 크다. 북반구 중위도에서 북상하고 있는 태풍에서
위험 반원은 태풍 중심보다 오른쪽인 동쪽에 해당하므로, A 지
점은 태풍 중심보다 동쪽에 위치한다.

07 ㄱ. 황사는 편서풍을 타고 동쪽으로 이동한다.
 ㄴ. 황사 발원지에서는 저기압이 발달할수록 상승 기
류를 타고 황사가 대기 중으로 유입되기 쉽다. 따라서 백령도에
영향을 준 황사의 발원지는 고기압의 영향을 받는 A보다 저기압
의 영향을 받는 B일 가능성이 크다.
ㄷ. 3월 6일은 백령도에 황사 농도가 가장 높았던 시기이다. 만
약 이날 고기압이 발달했다면 하강 기류가 강해져 황사 농도는
더 높았을 것이다.

08

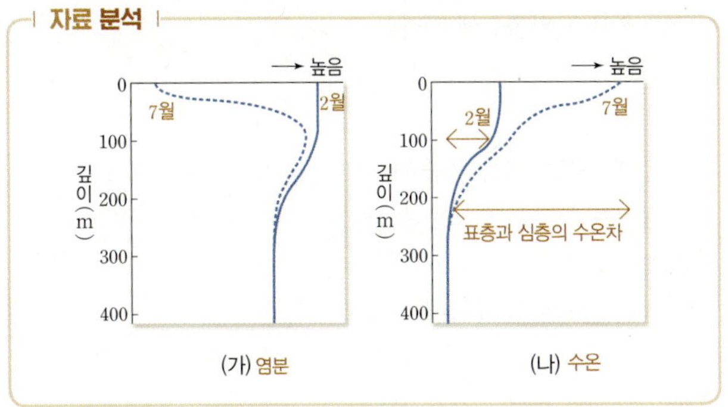

③ 7월이 2월보다 표층 해수의 수온은 높고 염분은 낮다. 따라서
표층 해수의 밀도는 7월이 2월보다 작다.
 ① (나)는 수심에 따라 지속적으로 감소하고 있는 수
온이며, (가)는 염분이다.
② 2월은 7월보다 염분이 높고 수온은 낮으므로 점선은 7월에 관
측한 자료이다.
④ 연중 수온 변화는 수심이 깊을수록 작다. 따라서 연중 수온 변
화는 표층이 깊이 400 m보다 크다.
⑤ 수온 약층은 표층 수온이 높아 심해층과 표층의 온도 차가 클
수록 뚜렷하게 발달한다. 따라서 수온 약층은 표층 수온이 높은
7월에 더 뚜렷하게 발달한다.

09 ㄱ. 밀도가 오른쪽 아래로 갈수록 커지고 있으므로, 아래로
갈수록 수온이 낮고, 오른쪽으로 갈수록 염분은 높다. 따라서 염
분은 800 m보다 2000 m에서 높다.
ㄷ. 0 m~500 m 구간에서 수온 변화는 약 11 °C, 500 m~
1000 m 구간에서 수온 변화는 약 3 °C이다. 따라서 수온 변화는
0 m~500 m 구간이 더 크다.
 ㄴ. 밀도 약층은 수심에 따른 밀도 변화가 매우 큰 층
이다. 2000 m~5000 m 구간에서는 밀도 변화가 거의 없으므로
밀도 약층이 아니다.

10 ㄴ. 같은 양의 C와 D를 혼합하면, 혼합 후 해수의 수온과 염
분은 C와 D의 수온과 염분의 평균값을 가지므로, 밀도는 혼합
전의 밀도인 1.026 g/cm³보다 크다.
ㄷ. 염분의 변화 없이 수온이 5 °C 상승한다고 할 때 C는 밀도가
약 0.002 g/cm³ 작아지고, D는 밀도가 약 0.001 g/cm³ 작아진
다. 따라서 밀도 변화량은 C가 D보다 크다.
 ㄱ. A와 B의 염분은 거의 같고, 수온은 A가 훨씬 높
으므로, 해수의 밀도는 A가 B보다 작다.

11 ④ 우리나라 주변에 흐르는 동한 난류와 황해 난류는 쿠로시
오 해류의 지류이다.
 ① 남반구의 아열대 표층 순환은 시계 반대 방향으로
나타난다.
② 북적도 해류와 남적도 해류는 무역풍에 의해 형성된 해류
이다.
③ 쿠로시오 해류는 난류이므로 한류인 캘리포니아 해류에 비해
수온과 염분이 높다.

⑤ 동해에서 남쪽으로 흐르는 해류는 북한 한류이며, 북한 한류는 여름철보다 겨울철에 강하다.

12 ㄷ. A 해역에서는 표층 해수의 침강이 일어나므로 A 해역에서 침강하는 해수의 밀도는 표층수인 ㉠의 밀도보다 크다.

🔍**바로알기** ㄱ. ㉡은 북대서양 심층수이다. 따라서 ㉡은 북대서양의 그린란드 부근 해역에서 형성된다.

ㄴ. ㉡은 심층수이며, ㉠과 ㉡은 연결되어 있으므로 ㉡의 흐름이 강해지면 ㉠의 흐름도 강해진다.

13 ㄴ. C는 남극 대륙 주변을 순환하고 있는 남극 순환 해류이다. 남극 순환 해류는 편서풍에 의해 형성된 해류이므로, 남극 대륙 주변을 ㉠ 방향으로 순환하며 흐른다.

ㄷ. A 해역에는 한류인 페루 해류가, B 해역에는 난류인 브라질 해류가 흐르고 있다. 용존 산소량은 수온이 낮은 한류에 많으므로, 용존 산소량은 A 해역이 B 해역보다 많다.

🔍**바로알기** ㄱ. B에서 해류는 적도 부근인 저위도에서 남극 방향인 고위도로 흐른다.

14 ㄱ. A 해역은 주변 해역에 비해 수온이 낮으므로 용승이 일어나고 있다.

ㄴ. 영양염은 심해의 차가운 물에 풍부하므로, 용승이 일어나는 해역에서 농도가 높다. C 해역은 용승이 활발하게 일어나는 해역이므로, 영양염은 B 해역보다 C 해역이 많다.

ㄷ. 남반구에 위치한 C 해역에서 용승이 활발하게 일어나기 위해서는 남풍 계열의 바람이 지속적으로 불어야 한다.

15 ㄱ. A 시기에 서태평양의 기압 편차는 (＋) 값을 나타내고 있으므로 기압이 평상시보다 높아졌고, 동태평양의 기압 편차는 (－) 값을 나타내고 있으므로 기압이 평상시보다 낮아졌다.

🔍**바로알기** ㄴ. 서태평양의 기압은 높아지고, 동태평양의 기압은 낮아진 A 시기는 엘니뇨 시기이다. 엘니뇨 시기에 동태평양 해역에서의 용승은 평년보다 약해진다.

ㄷ. A 시기 이후 서태평양의 기압은 낮아지고, 동태평양의 기압은 높아졌으므로 무역풍의 세기는 강해졌다.

16 ㄴ. 평상시에는 서태평양에 상승 기류가, 엘니뇨 시기에는 중앙 태평양에 상승 기류가 발달한다. 따라서 (가)는 평상시, (나)는 엘니뇨 시기이다. (나)의 엘니뇨 시기에는 무역풍이 평상시보다 약하다.

🔍**바로알기** ㄱ. (가)는 서태평양에 상승 기류가 나타나는 평상시 모습이다.

ㄷ. 라니냐 시기에는 무역풍이 강해지므로, 평상시보다 서태평양에 나타나는 상승 기류가 더욱 강해진다.

17

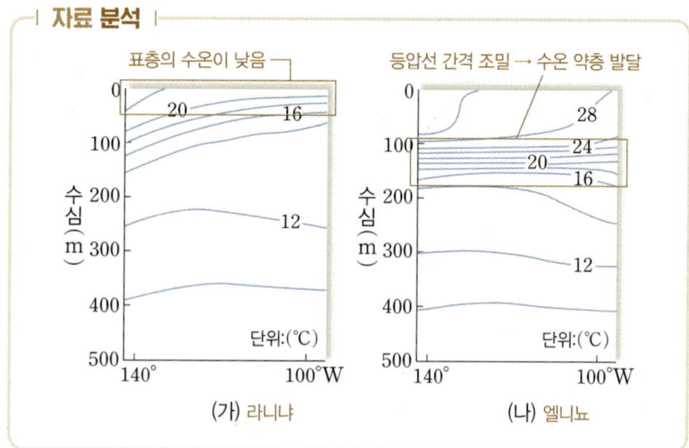

ㄴ. 표층 용존 산소량은 심층의 용존 산소량이 풍부한 해수가 용승을 통해 표층으로 이동할 때 많아진다. 용승은 (나)보다 (가) 시기에 활발했으므로 표층 용존 산소량은 (가) 시기가 (나) 시기보다 많다.

ㄷ. 수온 약층은 깊이에 따른 수온 변화가 커 등수온선의 간격이 조밀하다. 따라서 수온 약층은 (가)보다 (나) 시기에 뚜렷하게 발달한다.

🔍**바로알기** ㄱ. 무역풍의 세기가 강할수록 동태평양 해역에서 용승이 강해져 표층 수온이 낮아진다. 표층 수온은 (나)보다 (가)일 때 낮으므로, 무역풍의 세기는 (가)일 때가 더 강했다.

18 ㄱ. A는 에어로졸에 의한 기후 변화이다. 따라서 A는 기후 변화의 인위적 요인에 해당한다.

ㄴ. B는 초대륙이 분리되는 현상이다. 초대륙의 분리로 대륙 분포가 복잡해지면 해류의 분포와 기후가 다양해진다.

ㄷ. 에어로졸인 A와 화산재인 C는 모두 태양 복사 에너지를 반사하거나 산란시키므로, 이로 인해 지표에 도달하는 태양 복사 에너지양은 감소한다.

19 ㄴ. (가)에서 남반구의 겨울은 원일점에서 나타난다. (나)에서는 남반구의 겨울이 근일점에서 나타나며 자전축 경사각도 작아졌으므로 남반구 겨울철 평균 기온은 (가)보다 (나)일 때 높다.

🔍**바로알기** ㄱ. (가)일 때 북반구는 근일점에서 겨울, 원일점에서 여름이지만, 남반구는 근일점에서 여름, 원일점에서 겨울이다. 따라서 기온의 연교차는 남반구가 북반구보다 크다.

ㄷ. 우리나라에서 여름철 태양의 남중 고도는 지구 자전축 경사각이 클수록 높다. 따라서 자전축 경사각이 큰 (가)일 때가 (나)일 때보다 높다.

20 ㄱ. 지구 자전축 경사각의 변화 주기는 약 41000년, 지구 공전 궤도 이심률 변화 주기는 약 10만 년이다. 따라서 변화 주기가 짧은 ㉠은 지구 자전축 경사각의 변화 주기에 해당한다.

ㄴ. A 시기는 현재보다 지구 자전축 경사각이 크고, 이심률도 크다. 지구 자전축 경사각이 클수록 연교차가 커지고, 이심률이 클수록 근일점 거리는 가까워지고 원일점 거리는 멀어지므로 남반구에서 기온의 연교차는 현재보다 크다.

ㄷ. 이심률이 클수록 원일점 거리는 멀어지고 근일점 거리는 가까워지므로 (원일점 거리－근일점 거리)는 커진다. 이심률은 A

시기가 B 시기보다 크므로 (원일점 거리−근일점 거리)는 A 시기가 B 시기보다 크다.

21 서술형

정답 | (1) 고기압

모범 답안 | (2) 기온은 B 지역이 C 지역보다 낮다. B와 C 사이에는 한랭 전선이 위치하며, 한랭 전선은 찬 공기가 따뜻한 공기 아래를 파고들면서 형성되기 때문에 한랭 전선의 전면보다 후면의 기온이 더 낮다.

해설 | (1) A는 주변보다 기압이 높으므로 고기압이다.
(2) 한랭 전선의 전면에는 따뜻한 공기가, 한랭 전선의 후면에는 찬 공기가 위치하므로 기온은 B가 C보다 낮다.

채점 기준	배점
한랭 전선의 형성 원리와 관련지어 옳게 서술한 경우	100 %
기온 비교와 까닭 중 1가지만 옳게 쓴 경우	50 %

22 서술형

정답 | (1) A: 수온, B: 염분, C: 밀도

모범 답안 | (2) 표층 염분은 위도 30° 지역이 적도보다 높다. 적도 지역은 증발량이 많으나 저압대에 위치하여 강수량이 훨씬 많으므로 표층 염분이 낮고, 위도 30° 지역은 고압대에 위치하여 증발량이 강수량보다 많아 표층 염분이 높다.

해설 | (1) 수온은 적도 부근이 가장 높으며 고위도로 갈수록 낮아진다. 밀도는 수온이 낮을수록 크므로, 수온이 가장 높은 적도에서 가장 낮고, 수온이 낮은 고위도로 갈수록 커진다.
(2) 적도는 증발량보다 강수량이 많아 염분이 낮고, 중위도는 강수량보다 증발량이 많아 염분이 높다.

채점 기준	배점
증발량과 강수량을 이용하여 염분 비교를 옳게 서술한 경우	100 %
위도 30° 지역이 적도보다 표층 염분이 높다라고만 쓴 경우	50 %

23 서술형

모범 답안 | 부산에서의 최대 풍속은 태풍 A가 지나갔을 때가 더 컸을 것이다. A가 지나갈 때 부산은 위험 반원에 위치하였고, 태풍 중심으로부터의 최단 거리가 B가 지나갈 때보다 가까웠기 때문이다.

해설 | 태풍 중심으로부터의 거리가 가까울수록 기압이 낮고 풍속이 크며, 안전 반원보다 위험 반원에 위치할 때 풍속이 크다.

채점 기준	배점
태풍 중심으로부터의 거리 및 위험 반원과 관련지어 옳게 서술한 경우	100 %
A가 지나갈 때 풍속이 더 크다라고만 쓴 경우	50 %

24 서술형

모범 답안 | 라니냐 시기이다. 라니냐 시기에는 무역풍이 강해지므로 서태평양의 표층 수온이 높아져 저기압이 발달하기 때문에 강수량이 증가한다.

해설 | 표층 수온이 높아지면 저기압이 발달하게 되면서 강수량이 증가한다. 이 시기에는 서태평양 해역에서의 강수량이 증가했으므로 이 해역에서의 수온이 상승했다. 따라서 이 시기는 무역풍이 평상시보다 강한 라니냐 시기이다.

채점 기준	배점
서태평양 해역의 표층 수온 변화와 강수량을 관련지어 옳게 서술한 경우	100 %
라니냐 시기만 옳게 쓴 경우	50 %

25 서술형

정답 | (1) A: 70, B: 129, C: 88

모범 답안 | (2) 지구 온난화가 가속화된다면 지표에서 방출되는 에너지 중 대기에 흡수되는 양인 B의 값이 증가한다. 대기가 흡수하는 에너지의 양이 증가하므로 대기가 지표로 재복사하는 에너지의 양도 증가한다. 따라서 C의 양도 증가한다.

해설 | (1) A는 지구가 우주로 방출하는 복사 에너지의 총량이므로, 지구가 흡수한 태양 복사 에너지의 총량인 70과 같아야 한다. 지표가 방출한 에너지의 총량이 133이므로, 지표가 흡수한 에너지의 총량도 133이어야 한다. 따라서 C는 88이다. 대기가 흡수한 에너지의 총량인 (25+B)는 대기가 우주로 방출한 에너지인 66과 지표로 방출한 C의 합과 같아야 한다. 따라서 B는 129이다.
(2) 온실 효과의 강화로 대기가 흡수하는 B가 증가하게 되고, B의 증가로 인해 대기가 지표로 재방출하는 C도 증가한다.

채점 기준	배점
지구 온난화로 인해 달라지는 B와 C의 변화를 옳게 서술한 경우	100 %
B와 C 값의 변화 중 1가지만 옳게 쓴 경우	50 %

1 별과 외계 행성계

01 별의 물리량과 H−R도

개념 익히기 문제   p.171, 173

01 흑체	**02** 플랑크	**03** 표면 온도	**04** 색지수
05 분광형(스펙트럼형)	**06** 흡수선	**07** ×	**08** ○ **09** ×
10 ×	**11** ×	**12** ×	**13** ○ **14** 광도 **15** 반지름
16 클, 낮	**17** H−R도	**18** 주계열성	**19** 광도 계급
20 ×	**21** ×	**22** ○	**23** × **24** ○ **25** ○

02 플랑크 곡선은 흑체의 표면에서 방출하는 에너지의 세기를 파장에 따라 나타낸 곡선으로, 흑체의 표면 온도가 높을수록 짧은 파장 영역에서 방출하는 에너지의 비율이 높다.

04 색지수는 서로 다른 파장 영역에서 측정한 겉보기 등급의 차로, 주로 $(B-V)$ 또는 $(U-B)$를 사용한다. 색지수의 값이 작을수록 별의 표면 온도가 높다.

06 20세기 초 피커링과 캐넌은 별의 스펙트럼에서 관측되는 흡수선의 종류와 세기를 기준으로 별을 표면 온도에 따라 7가지 분광형으로 분류하였다.

07 흑체의 표면에서 방출하는 복사 에너지의 특징은 물질의 성분과 관계가 없고, 표면 온도에 의해 결정된다.

08 별의 표면 온도가 높을수록 최대 에너지를 방출하는 파장이 짧아져 별이 파란색으로 보인다.

09 슈테판·볼츠만 법칙에 의해 $E=\sigma T^4$(σ: 슈테판·볼츠만 상수)이므로, 별의 표면 온도(T)가 2배 높아질 때 단위 시간 동안 단위 면적에서 방출하는 에너지양(E)은 $2^4=16$배가 된다.

10 색지수 $(B-V)$가 작은 별일수록 표면 온도가 높은 별이다.

11 고온·저밀도의 수소 기체는 방출 스펙트럼을 형성한다. 백열등이 연속 스펙트럼을 형성한다.

15 별의 절대 등급으로부터 광도를 알아낸 후, 광도와 표면 온도를 이용하여 별의 반지름을 구할 수 있다.

16 별의 광도(L)와 표면 온도(T)를 알면 별의 반지름(R)을 구할 수 있다. $L=4\pi R^2 \cdot \sigma T^4$이므로 별의 반지름은 광도가 클수록, 표면 온도가 낮을수록 크다.

17 가로축에 별의 분광형 또는 표면 온도, 세로축에 별의 절대 등급 또는 광도를 나타낸 그래프를 H−R도라고 한다.

18 H−R도에서 왼쪽 위에서 오른쪽 아래로 이어지는 좁은 띠 영역에 분포하는 별들을 주계열성이라고 한다.

20 1등급인 별은 6등급인 별보다 100배 밝다. 따라서 별의 등급이 1등급 차이날 경우에 밝기의 비는 $100^{\frac{1}{5}}=$약 2.5배이다.

21 별의 광도는 별의 반지름의 제곱에 비례하고, 표면 온도의 4제곱에 비례하므로 별의 반지름이 2배, 표면 온도가 2배 커지면 $2^2 \times 2^4 = 2^6 = 64$배 커진다.

22 H−R도에 별들을 나타내면 별들의 약 90 %가 왼쪽 위에서 오른쪽 아래로 이어지는 대각선상에 분포하는데, 이 별들을 주계열성이라고 한다.

23 H−R도에서 별의 평균 밀도가 가장 큰 별들의 집단은 백색 왜성이다. 초거성은 평균 밀도가 가장 작다.

25 태양은 분광형이 G2형이고, 주계열성(Ⅴ)에 속하므로 태양을 분광형과 광도 계급을 고려하여 분류하면 G2Ⅴ형이다.

🔵 자료 집중 분석   p.174

예제 1

정답 ②

해설 | ㄴ. 수소(HⅠ) 흡수선은 흰색의 A형 별에서 가장 잘 나타난다.

🔍 **바로알기** ㄱ. 헬륨(HeⅠ, HeⅡ) 흡수선은 고온의 O형, B형 별에서 뚜렷하게 나타나므로 붉은색 별보다 파란색 별에서 잘 나타난다.

ㄷ. 태양의 분광형은 G형이므로 태양의 스펙트럼에서는 철(FeⅠ, FeⅡ) 흡수선과 칼슘(CaⅡ) 흡수선이 잘 나타난다.

개념 다지기 문제   p.175~177

01 ④	**02** ①	**03** ①	**04** ④	**05** ②	**06** ②
07 ④	**08** ⑤	**09** ④	**10** ②		
고난도 **11** ①	**12** ①				
서술형 **13~15** 해설 참조					

01 ㄴ. 별은 흑체에 매우 가까운 성질을 갖고 있으므로 흑체 복사 법칙으로 별의 복사 특징을 설명할 수 있다.

ㄷ. 별은 흑체와 마찬가지로 단위 시간 동안 단위 면적에서 방출하는 복사 에너지양은 표면 온도의 4제곱에 비례한다(슈테판·볼츠만 법칙).

🔍 **바로알기** ㄱ. 흑체는 입사된 모든 복사 에너지를 100 % 흡수하고, 흡수한 에너지를 모두 방출하는 이상적인 물체이다.

02 ㄱ, ㄴ. 최대 복사 에너지를 방출하는 파장이 짧을수록 표면 온도가 높다. 따라서 표면 온도는 별 A가 가장 높고, 최대 복사 에너지를 방출하는 파장은 별 D가 가장 길다.

🔍 **바로알기** ㄷ, ㄹ. 별 A에서 별 D로 갈수록 별의 표면 온도가 낮아져 점점 붉은색으로 보일 것이며, 색지수가 커질 것이다.

03 ㄱ. (가)는 연속 스펙트럼, (나)는 흡수 스펙트럼, (다)는 방출 스펙트럼이다.

🔍 바로알기 ㄴ. (나)는 연속 스펙트럼의 빛 중에서 특정 파장의 빛을 흡수할 때 나타나는 흡수 스펙트럼으로, 검은색의 흡수선이 있다.

ㄷ. (다)에서 관측되는 선 스펙트럼은 특정 기체에 의해 만들어진 방출 스펙트럼이다. 백열등에서는 (가)와 같은 연속 스펙트럼이 나타난다.

04 ㄴ. 별의 표면 온도는 분광형이 B형인 ㉡이 가장 높다.

ㄷ. 태양의 분광형은 G2형이므로 스펙트럼의 특징이 태양과 가장 비슷한 별은 분광형이 G형인 ㉢이다.

🔍 바로알기 ㄱ. ㉠은 분광형이 M형이므로 붉은색 별이다.

05 ㄴ. 별의 광도(L)는 반지름(R)의 제곱에 비례하고, 표면 온도(T)의 4제곱에 비례한다($L=4\pi R^2\cdot\sigma T^4$).

🔍 바로알기 ㄱ. 별은 등급의 숫자가 작을수록 밝다. 따라서 절대 등급은 별의 실제 밝기를 의미하므로 별의 광도가 클수록 절대 등급이 작다.

ㄷ. 별의 반지름은 광도가 클수록, 표면 온도가 낮을수록 크다.

06 광도를 L, 표면 온도를 T, 별의 반지름을 R라고 하면, 광도 $L=4\pi R^2\cdot\sigma T^4$이므로 $R\propto\dfrac{\sqrt{L}}{T^2}$이다. 따라서 별의 반지름은

$㉠\left(\dfrac{\sqrt{1}}{0.5^2}=4\right)>㉢\left(\dfrac{\sqrt{100}}{2^2}=2.5\right)>㉡\left(\dfrac{\sqrt{10}}{4^2}\fallingdotseq0.2\right)$ 순이다.

07 (가)는 H−R도에서 별의 약 90 %가 모여 있는 주계열성이다. (나)는 H−R도에서 주계열성의 왼쪽 아래에 위치한 백색 왜성이다. (다)는 H−R도에서 적색 거성보다 위쪽에 위치한 초거성이다.

08

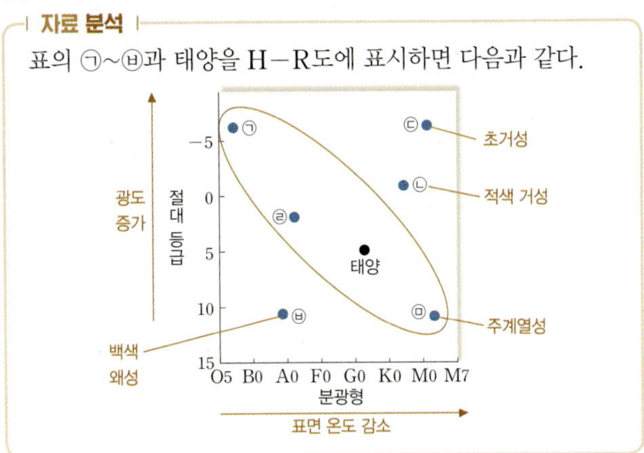

㉠, ㉣, ㉤, 태양은 H−R도에서 왼쪽 위에서 오른쪽 아래로 이어지는 대각선상에 위치하므로 주계열성이다. ㉡은 태양보다 표면 온도가 낮지만 광도가 큰 적색 거성이다. ㉢은 표면 온도가 낮고, 광도가 매우 큰 초거성이다. ㉥은 표면 온도가 비교적 높고, 광도가 작은 백색 왜성이다.

09 A는 초거성, B는 적색 거성, C는 주계열성, D는 백색 왜성이다.

ㄴ. 태양은 주계열성이므로, C에 속한다.

ㄷ. 별의 평균 밀도는 H−R도에서 왼쪽 아래로 갈수록 커지므로, D가 가장 크다.

🔍 바로알기 ㄱ. 별의 반지름은 H−R도에서 오른쪽 위로 갈수록 크므로, 초거성 A가 적색 거성 B보다 크다.

10 광도 계급이 Ⅰ이면 초거성, Ⅱ이면 밝은 거성, Ⅲ이면 거성, Ⅳ이면 준거성, Ⅴ이면 주계열성, Ⅵ이면 준왜성, Ⅶ이면 백색 왜성이다.

ㄷ. 별의 분광형이 같을 때 H−R도에서 위로 갈수록 절대 등급이 작아 광도가 커지고, 광도 계급의 숫자가 작아진다.

🔍 바로알기 ㄱ. 대부분의 별들은 주계열성에 속하고, 주계열성의 광도 계급은 Ⅴ이다.

ㄴ. 백색 왜성의 광도 계급은 Ⅶ이다.

11

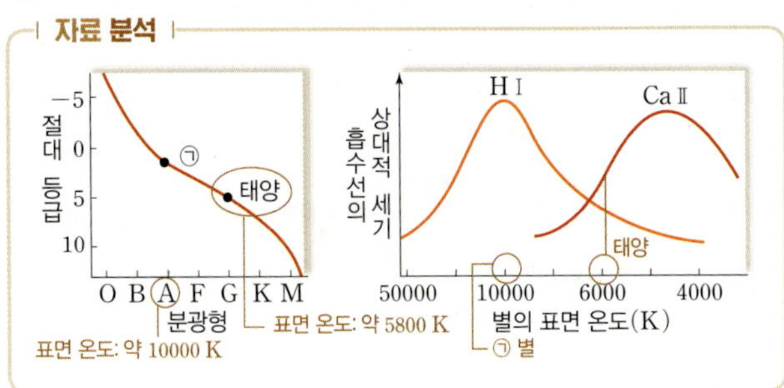

ㄴ. 태양의 분광형은 G2형이고, 표면 온도가 약 5800 K이므로 H Ⅰ 흡수선보다 Ca Ⅱ 흡수선이 뚜렷하다.

🔍 바로알기 ㄱ. 분광형이 A0형인 별 ㉠은 표면 온도가 10000 K 이고, 분광형이 G2형인 태양은 표면 온도가 약 5800 K이다. 따라서 H Ⅰ 흡수선의 세기는 별의 표면 온도가 더 높은 별 ㉠이 태양보다 강하다.

ㄷ. 색지수 ($B-V$)가 작을수록 별의 표면 온도가 높다. 따라서 태양보다 색지수 ($B-V$)가 작은 별에서는 Ca Ⅱ 흡수선이 태양보다 약하게 나타난다.

12 ㄱ. 절대 등급은 a가 c보다 5등급이 작으므로 별의 실제 밝기인 광도(L)는 a가 c보다 100배 크다. 표면 온도(T)는 a가 c의 0.5배이고, 반지름 $R\propto\dfrac{\sqrt{L}}{T^2}$이므로 반지름은 a가 c의 $\dfrac{\sqrt{100}}{0.5^2}=40$배 이다.

🔍 바로알기 ㄴ. 주계열성은 광도가 클수록 질량이 크므로 별의 질량은 b>c>d이다.

ㄷ. a와 d는 표면 온도가 같으므로 같은 분광형에 속하기 때문에 스펙트럼의 특징이 거의 같다.

13 서술형

모범 답안 (1) (가), 최대 복사 에너지를 방출하는 파장이 짧을수록 별의 표면 온도가 높기 때문이다.

(2) (가)에서 색지수 ($B-V$)는 0보다 작고, (나)에서 색지수 ($B-V$)는 0보다 크다.

해설 (1) 별 (가)는 (나)보다 짧은 파장 영역에서 방출하는 복사 에너지의 비율이 높으므로 표면 온도가 더 높다.

채점 기준	배점
(가)를 쓰고, 그 까닭을 옳게 서술한 경우	100 %
(가)만 옳게 쓴 경우	50 %
그 까닭만 옳게 서술한 경우	50 %

(2) (가)에서는 B 필터를 통과한 빛이 V 필터를 통과한 빛보다 많다. 밝게 보일수록 등급이 작으므로 (가)는 $(B-V)<0$이고, (나)는 $(B-V)>0$이다.

채점 기준	배점
색지수 $(B-V)$의 크기를 (가), (나) 구별해서 모두 옳게 서술한 경우	100 %
색지수 $(B-V)$는 (가)가 (나)보다 작다고 서술한 경우	70 %

14 서술형

모범 답안 | 별의 광도 L=별의 표면적×별이 단위 시간 동안 단위 면적에서 방출하는 에너지양=$4\pi R^2 \times E$이므로 별의 반지름 R는 $\sqrt{\dfrac{L}{4\pi E}}$이다.

채점 기준	배점
별의 반지름을 구하는 식을 광도식에서 유도하여 옳게 서술한 경우	100 %
광도식에서 유도하여 서술하였지만 별의 반지름을 구하는 식을 옳게 쓰지 못한 경우	50 %
별의 반지름을 구하는 식만 옳게 쓴 경우	50 %

15 서술형

모범 답안 | ㉠은 주계열성, ㉡은 초거성이다. ㉠은 H−R도에서 왼쪽 위에서 오른쪽 아래로 이어지는 대각선상에 분포하고, ㉡은 태양보다 표면 온도가 낮고 광도가 훨씬 크기 때문이다.

해설 | H−R도에서 주계열성은 왼쪽 위에서 오른쪽 아래로 이어지는 대각선상에 분포하는 별이며, 태양도 주계열성에 속한다. 적색 거성은 태양보다 표면 온도가 낮고 광도가 크므로 H−R도에서 태양의 오른쪽 위에 분포하며, 초거성은 적색 거성보다 광도가 크므로 H−R도에서 가장 위쪽에 분포한다.

채점 기준	배점
㉠과 ㉡에 해당하는 별의 종류를 모두 옳게 쓰고, 그 까닭을 옳게 서술한 경우	100 %
㉠과 ㉡에 해당하는 별의 종류만 모두 옳게 쓴 경우	50 %
㉠과 ㉡에 해당하는 별의 종류를 한 가지만 옳게 쓴 경우	25 %
그 까닭만 옳게 서술한 경우	50 %

02 별의 진화와 에너지원

개념 익히기 문제

p.179, 181, 183

01 낮, 큰	**02** 작을	**03** 주계열성		**04** 낮, 커	**05** 적색 거성
06 초거성	**07** ×	**08** ×	**09** ○	**10** ○	**11** ○
12 ○	**13** 백색 왜성	**14** 철	**15** 블랙홀	**16** 중력 수축	
17 수소	**18** 질량	**19** ○	**20** ×	**21** ×	**22** ×
23 ○	**24** ×	**25** ○	**26** 탄소	**27** 정역학	**28** 복사층
29 대류	**30** 헬륨	**31** 철	**32** 초거성	**33** ×	**34** ×
35 ×	**36** ×	**37** ×	**38** ×	**39** ×	

02 원시별의 질량이 작을수록 진화 속도가 느리므로 원시별에서 주계열성이 되는 데 걸리는 시간은 질량이 작을수록 길다.

04 주계열성 단계에서 거성 단계로 진화할 때, 팽창이 일어나면서 표면 온도가 낮아진다.

07 원시별 단계에서는 중력 수축에 의해 별의 크기가 작아지고, 중심부의 온도가 높아진다.

08 원시별이 수축하여 중심부의 온도가 높아져 약 1000만 K에 이르면 수소 핵융합 반응이 일어나기 시작한다.

09 질량이 큰 원시별은 주로 표면 온도가 크게 증가하여 광도가 큰 주계열성이 되고, 질량이 작은 원시별은 주로 광도가 크게 감소하여 광도가 작은 주계열성이 된다.

10 주계열성은 질량이 클수록 수소 핵융합 반응의 효율이 높아 수소 연료를 빠르게 소비한다. 따라서 질량이 클수록 주계열성의 수명이 짧아진다.

11 주계열성 단계를 벗어나 거성 단계로 진입하면 중심부의 헬륨핵을 둘러싼 영역에서 수소 껍질 연소가 일어난다.

13 질량이 태양과 비슷한 별은 최종 단계에서 행성상 성운을 남기고 백색 왜성으로 진화한다.

14 초거성의 중심부에서는 핵융합 반응을 통해 최종적으로 철로 이루어진 핵이 형성된다. 이후 빠르게 수축하다가 폭발하는데, 이를 초신성 폭발이라고 한다.

15 질량이 태양보다 매우 큰 별은 진화의 최종 단계에서 초신성 폭발을 거친 후 중성자별 또는 블랙홀을 남긴다.

19 별의 내부가 불안정하여 수축과 팽창을 주기적으로 반복하는 별을 맥동 변광성이라고 한다. 맥동 변광성 단계를 거친 후 행성상 성운이 형성된다.

20 진화의 최종 단계에서 생성된 천체의 밀도는 백색 왜성<중성자별<블랙홀이다.

21 초신성 폭발이 일어날 때 금, 은, 우라늄 등 철보다 무거운 원소들이 생성된다.

22 초신성 폭발은 질량이 태양보다 매우 큰 별이 진화할 때 나타난다.

24 중심부의 온도가 약 1800만 K보다 높은 별에서는 양성자·양성자 반응보다 CNO 순환 반응이 더 우세하게 일어난다.

26 거성 단계에서 일어나는 헬륨 핵융합 반응에서는 3개의 헬륨 원자핵이 융합하여 1개의 탄소 원자핵을 생성한다.

29 태양보다 질량이 2배 이상인 주계열성의 중심부에는 수소 핵융합 반응 중 CNO 순환 반응이 우세하게 일어나는 대류핵이 존재한다.

30 적색 거성의 중심부에서는 헬륨 핵융합 반응이 일어난다.

31 초거성의 내부에서는 핵융합 반응을 통해 최종적으로 철이 생성될 수 있다. 철보다 무거운 원소는 초신성 폭발 과정에서 생성된다.

32 초거성의 내부에서는 많은 핵융합 반응이 일어나 중심부에 가까울수록 무거운 원소로 이루어진 층이 존재하기 때문에 마치 양파 껍질 같은 구조를 가진다.

33 중심부에서 수소 핵융합 반응만 일어나는 별은 주계열성이다.

34 주계열성의 표면에서는 기체 압력 차로 발생한 힘과 중력이 평형을 이루고 있다.

35 질량이 태양의 2배 이상인 주계열성의 내부 구조는 중심핵(대류핵)과 중심핵을 둘러싼 복사층으로 이루어져 있다.

36 질량이 태양과 비슷한 주계열성의 중심부에서는 CNO 순환 반응보다 $p-p$ 반응이 우세하게 일어난다.

37 적색 거성에서는 헬륨 핵융합 반응까지 일어날 수 있다. 탄소 핵융합 반응은 초거성의 내부에서 일어날 수 있다.

38 초거성은 중심부로 갈수록 무거운 원소로 이루어진 층이 존재한다.

39 질량이 매우 큰 별의 중심부에서는 많은 핵융합 반응을 통해 철까지 생성될 수 있다. 철보다 무거운 원소는 초신성 폭발 과정에서 생성된다.

🌀 자료 집중 분석
p.184

예제 1

정답 ②

해설 | ② (나) 주계열성의 중심부에서는 수소 핵융합 반응이 안정적으로 오랫동안 일어난다.

🔍**바로알기** ① (가)는 원시별이다.

③ (다)는 적색 거성이므로, 별의 크기가 일정하게 유지되지 않는다. 정역학 평형 상태이기 때문에 별의 크기가 일정하게 유지되는 것은 (나) 주계열성이다.

④ (라)는 백색 왜성으로, 핵융합 반응이 일어나지 않는다.

⑤ 백색 왜성은 점점 식어가면서 갈색 왜성을 거쳐 흑색 왜성이 된다. 초거성 이후에 초신성 폭발이 일어난다.

예제 2

정답 ③ 적색 거성, ⓛ 행성상 성운, ⓒ 백색 왜성

해설 | 분광형이 G형인 별은 질량이 태양과 비슷하다. 따라서 주계열성 이후 이 별은 적색 거성 → 행성상 성운 → 백색 왜성의 순으로 진화한다.

개념 다지기 문제
p.185~187

01 ②	02 ②	03 ④	04 ①	05 ①	06 ④
07 ③	08 ⑤	09 ③	10 ③		

고난도 11 ② 　 12 ④

서술형 13~15 해설 참조

---

01 ㄷ. 질량이 큰 원시별은 주계열성이 되기까지 광도 변화가 작고, 표면 온도의 변화가 크다.

🔍**바로알기** ㄱ. 원시별의 질량이 클수록 진화 속도가 빠르므로 주계열성에 빨리 도달한다.

ㄴ. 광도는 절대 등급이 작을수록 크다. 따라서 원시별의 질량이 클수록 광도가 크고, 절대 등급이 작은 주계열성이 된다.

02 ㄴ. A → C로 이동하는 동안에는 표면 온도가 매우 낮아지고, B → D로 이동하는 동안에는 광도가 커지며 표면 온도가 낮아진다. 따라서 별의 광도는 반지름의 제곱에 비례하고, 표면 온도의 4제곱에 비례하므로 A와 B는 C와 D로 진화하는 동안 광도가 커졌기 때문에 모두 별의 반지름이 커진 것을 알 수 있다.

[또 다른 풀이]
주계열성에서 거성으로 진화할 때 별의 반지름이 커진다.

🔍**바로알기** ㄱ. 주계열성은 H−R도에서 질량이 클수록 왼쪽 위에 위치한다. 별의 질량은 A가 B보다 크므로 진화하는 데 걸리는 시간은 A → C 과정이 B → D 과정보다 짧다.

ㄷ. 주계열성의 중심핵에서 수소를 모두 소진한 이후에 거성으로 진화하므로, C와 D의 중심핵에는 수소가 없다.

03 ㄴ. 별의 질량이 클수록 진화 속도가 빠르다. 주계열성 단계에서 머무는 시간은 A가 B보다 짧으므로 원시별 단계에서 머무는 시간도 A가 B보다 짧다.

ㄷ. 별의 질량이 클수록 거성 단계에서 광도가 크다. 따라서 거성 단계에서 광도는 A가 B보다 크다.

🔍**바로알기** ㄱ. 주계열성 단계에서 머무는 시간은 별의 질량이 클수록 짧다. 따라서 A는 주계열성 단계에서 머무는 시간이 5백만 년이므로 태양(약 100억 년)보다 훨씬 질량이 큰 별이다.

04 ㄱ. 태양보다 질량이 매우 큰 별은 초거성이 된 후 초신성 폭발 단계를 거쳐 중성자별 또는 블랙홀로 진화한다.

🔍**바로알기** ㄴ. 질량이 태양과 비슷한 별은 적색 거성이 된 후 행성상 성운을 형성한다.

ㄷ. 초거성의 내부에서는 철(Fe)까지 만들어지며, 철보다 무거운 원소는 초신성 폭발 때 생성된다.

05 ㄱ. A는 백색 왜성으로, 주로 탄소와 산소로 이루어져 있다.

🔍**바로알기** ㄴ. A는 반지름이 태양보다 작다.

ㄷ. B는 적색 거성 단계 이후 별의 바깥층이 우주 공간으로 방출되어 형성된 행성상 성운이다.

06 ㄴ. ㉠은 초거성이며, 중심부에서는 핵융합 반응으로 헬륨, 탄소, 산소, 네온, 규소, 철 등이 생성될 수 있다.

ㄷ. ㉡은 진화의 최종 단계에서 형성되는 중성자별 또는 블랙홀이다. 따라서 별의 평균 밀도는 ㉠(초거성)이 ㉡보다 작다.

바로알기 ㄱ. 이 별은 진화하는 동안 초신성 폭발을 일으키므로 질량이 태양보다 매우 크다. 따라서 주계열성 단계에서 머무는 시간은 별의 질량이 클수록 짧으므로 이 별은 태양보다 짧다.

07 ③ 중심부에서 수소 핵융합 반응이 일어나는 별은 주계열성이다.

바로알기 ①, ② 이 반응은 수소 핵융합 반응으로, 4개의 수소 원자핵(㉠)이 융합하여 1개의 헬륨 원자핵을 만든다.

④ 수소 핵융합 반응은 별의 중심핵 온도가 약 1000만 K 이상일 때 일어난다. 별의 중심핵 온도가 약 1억 K 이상일 때는 헬륨 핵융합 반응이 일어난다.

⑤ 생성된 헬륨 원자핵 1개의 질량은 수소 원자핵 4개를 합친 질량보다 작고, 핵융합 반응에서 감소한 질량은 에너지로 전환된다.

08 ㄱ, ㄴ, ㄷ. 주계열성의 표면에서는 표면에서 중심 쪽으로 중력이 작용하고, 표면에서 바깥쪽으로 기체 압력 차로 발생한 힘이 작용한다. 주계열성은 표면에서 두 힘이 평형을 이루어 별의 크기가 일정하게 유지된다.

09 ㄱ. (가)는 질량이 태양의 약 2배 이상인 별이고, (나)는 질량이 태양의 약 2배 이하인 별이다.

ㄴ. p−p 반응은 질량이 작은 주계열성 (나)에서 우세하고, CNO 순환 반응은 질량이 큰 주계열성 (가)에서 우세하다.

바로알기 ㄷ. 질량이 큰 (가)의 내부 구조는 대류핵과 복사층(㉠)으로 이루어져 있다.

10 ㄱ, ㄴ. (가)는 수소 핵융합 반응만 일어나는 주계열성이고, (나)는 헬륨 핵융합 반응이 일어나는 적색 거성이다. 따라서 광도와 반지름은 (나)가 더 크고, 표면 온도는 (나)가 더 낮다. 중심부의 온도는 헬륨 핵융합 반응이 일어나는 (나)가 더 높다.

바로알기 ㄷ. (가)는 중심부에서 수소 핵융합 반응이 일어나는 주계열성이고, (나)는 중심부에 탄소핵이 존재하는 적색 거성이다.

11

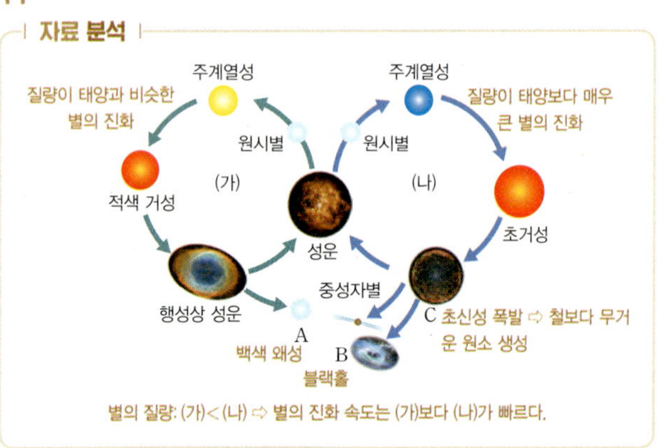

ㄷ. C에서 초신성 폭발이 일어나므로 철보다 무거운 원소들이 생성될 수 있다.

바로알기 ㄱ. A는 백색 왜성이고, B는 블랙홀이다. 질량은 B가 A보다 크고, 반지름은 A가 B보다 크므로 $\dfrac{질량}{반지름}$은 A가 B보다 작다.

ㄴ. 별의 질량은 (나)가 (가)보다 크므로 별의 진화 속도는 (나)가 더 빠르다.

12 ㄱ. (가)는 p−p 반응, (나)는 CNO 순환 반응이며, 두 반응에서 최종적으로 생성되는 원자핵은 헬륨 원자핵으로 동일하다.

ㄷ. 주계열성의 중심부 온도가 1800만 K 이하이면 p−p 반응이 우세하다. 따라서 중심부 온도가 약 1500만 K인 태양에서는 p−p 반응이 CNO 순환 반응보다 우세하다.

바로알기 ㄴ. (나)에서 탄소 원자핵은 촉매로 작용한다.

13 서술형

모범 답안 | 원시별은 중력 수축 에너지, 주계열성은 수소 핵융합 반응에 의한 에너지가 주요 에너지원이다.

해설 | 원시별의 에너지원은 중력 수축 과정에서 발생하는 에너지이고, 주계열성의 에너지원은 중심부에서 일어나는 수소 핵융합 반응에 의한 에너지이다.

채점 기준	배점
주요 에너지원을 두 가지 모두 옳게 서술한 경우	100 %
주요 에너지원 중 한 가지만 옳게 서술한 경우	50 %

14 서술형

모범 답안 | (1) (가)가 (나)보다 많다.

(2) (가)가 (다)보다 길다. 별의 질량이 클수록 진화 속도가 빠르므로 주계열성 단계에서 머무는 시간이 짧기 때문이다.

해설 | (1) (가)는 최종 단계에서 백색 왜성으로 진화하므로, 태양과 질량이 비슷한 별이다. (나)와 (다)는 각각 중성자별과 블랙홀로 진화하므로 (가)보다 질량이 크다. 또한, 태양과 질량이 비슷한 (가)는 CNO 순환 반응보다 p−p 반응에 의한 에너지의 생성량이 많지만, 질량이 큰 (나)와 (다)는 p−p 반응보다 CNO 순환 반응에 의한 에너지의 생성량이 많다.

채점 기준	배점
(가)가 (나)보다 많다고 서술한 경우	100 %

(2) 질량이 큰 별일수록 중심부의 온도가 높기 때문에 수소 핵융합 반응이 일어날 수 있는 영역이 넓고, 반응의 효율이 높다. 이로 인해 중심부의 수소를 소비하는 속도가 빨라서 주계열성 단계에서 보내는 시간이 짧다.

채점 기준	배점
주계열성 단계에서 머무는 시간을 옳게 비교하고, 그 까닭을 옳게 서술한 경우	100 %
주계열성 단계에서 머무는 시간만 비교하여 옳게 서술한 경우	50 %
그 까닭만 옳게 서술한 경우	50 %

15 서술형

모범 답안 | (1) A는 중력이고, B는 기체 압력 차로 발생한 힘이다.

(2) 중심부에서는 수축이 일어나므로 A가 B보다 크고, 표면에서는 팽창이 일어나므로 A가 B보다 작다.

해설 | (1) A는 별의 바깥쪽에서 중심 쪽으로 작용하는 중력이고, B는 별의 중심 쪽에서 바깥쪽으로 작용하는 기체 압력 차로 발생한 힘이다.

채점 기준	배점
A와 B를 모두 옳게 쓴 경우	100 %
A와 B 중 한 가지만 옳게 쓴 경우	50 %

(2) 정역학 평형 상태인 주계열성은 중력과 기체 압력 차로 발생한 힘이 평형을 이루고 있어 별의 크기가 일정하게 유지된다. 하지만 거성으로 진화할 경우에는 중심부는 수축하므로 중력이 기체 압력 차로 발생한 힘보다 크고, 표면은 팽창하므로 중력보다 기체 압력 차로 발생한 힘이 크다.

채점 기준	배점
별의 중심부와 표면에서 A와 B의 크기 차이를 모두 옳게 서술한 경우	100 %
별의 중심부와 표면에서 A와 B의 크기 차이 중 한 가지만 옳게 서술한 경우	50 %

03 외계 행성계와 외계 생명체 탐사

개념 익히기 문제 p.189, 191

01 공통 질량	**02** 식	**03** 반지름	**04** 중력	**05** 미세 중력
렌즈	**06** 적외선	**07** ○	**08** ×	**09** ×	**10** ○
11 ×	**12** ×	**13** 시선 속도	**14** 크	**15** 생명 가능
지대	**16** 액체	**17** 클	**18** SETI	**19** ×	**20** ○
21 ×	**22** ○	**23** ×	**24** ×	**25** ○

03 행성의 반지름이 클수록 중심별이 행성에 의해 가려지는 면적이 넓어지므로 중심별의 겉보기 밝기가 많이 감소한다.

05 미세 중력 렌즈 현상을 이용할 경우에는 행성의 공전 궤도면과 관측자의 시선 방향이 이루는 각에 관계 없이 행성의 존재를 확인할 수 있다.

08 식 현상을 이용하는 방법은 관측자의 시선 방향과 행성의 공전 궤도면이 거의 나란할 경우에만 가능하다.

09 식 현상을 이용한 외계 행성의 탐사 방법은 행성의 반지름이 클수록 중심별의 밝기 변화가 커지므로 행성의 존재 여부를 확인하기 쉽다.

11 두 별이 시선 방향에 나란하게 위치할 경우, 앞쪽 별의 미세 중력 렌즈 현상에 의해 뒤쪽 별의 밝기가 증가할 수 있다.

12 중심별과 행성 사이의 거리가 너무 가까우면 별빛의 세기에 비해 행성의 밝기가 너무 약하기 때문에 행성을 직접 촬영하기 어려워진다.

14 크기와 질량이 큰 행성들이 발견되기 쉽기 때문에 현재까지 발견된 외계 행성들은 대부분 지구보다 크기와 질량이 큰 경향이 있다.

17 별의 질량이 너무 크면 별의 수명이 짧기 때문에 주변 행성에서 생명체가 탄생하여 진화할 시간이 부족하다.

18 외계 지적 생명체 탐사 프로젝트를 SETI라고 하는데, 이는 전파 망원경을 이용하여 외계로부터 오는 인공적인 신호를 찾거나 전파 방출을 통해 외계 지적 생명체를 찾는 탐사 방법이다.

19 직접 관측하는 방법은 외계 행성계의 거리가 매우 가까울 경우에만 이용이 가능하므로 현재까지 발견된 외계 행성 중 직접 관측을 통해 발견된 행성은 매우 적다.

21 별의 광도가 작을수록 생명 가능 지대의 폭은 좁아지고, 중심별로부터 생명 가능 지대까지의 거리는 가까워진다.

22 지구는 태양계에서 생명 가능 지대에 위치하는 유일한 행성이다. 또한, 지구는 표면에 액체 상태의 물이 다량으로 존재하는 유일한 행성이다.

23 행성은 적절한 두께의 대기층이 있어야 적절한 온도를 유지할 수 있고, 유해한 자외선을 차단하여 생명체가 살 수 있는 환경이 된다.

24 별의 질량이 작으면 행성이 생명 가능 지대에 위치하더라도 중심별로부터 너무 가까워 동주기 자전을 할 가능성이 매우 크기 때문에 행성에서 생명체가 탄생하고 진화하기에 적합하지 않다.

개념 다지기 문제 p.193~195

01 ①	**02** ②	**03** ④	**04** ①	**05** ④	**06** ②
07 ⑤	**08** ⑤	**09** ②	**10** ②		
고난도 **11** ④	**12** ⑤				
서술형 **13~15** 해설 참조					

01 ㄱ. 중심별과 행성이 공통 질량 중심 주위를 회전할 때 나타나는 중심별의 시선 속도 변화를 관측하여 외계 행성의 존재를 확인한다.

바로알기 ㄴ. 별빛의 스펙트럼에 나타난 흡수선의 파장 변화를 관측하여 중심별의 시선 속도를 측정할 수 있다.

ㄷ. 행성의 공전 궤도면이 관측자의 시선 방향에 수직하면 별빛의 스펙트럼에서 흡수선의 파장 변화가 관측되지 않는다.

02 ㄷ. (나)의 별빛 스펙트럼에서 흡수선의 파장이 길어지는 적색 편이가 나타나므로 별은 지구로부터 멀어지고 있다.

바로알기 ㄱ. 별과 행성은 공통 질량 중심을 중심으로 같은 방향으로 공전한다.

ㄴ. 행성의 질량이 클수록 중심별의 공전 속도가 커져 시선 속도가 커지기 때문에 별빛의 파장 변화가 커진다.

03 ㄴ, ㄷ. 행성의 공전 궤도면이 관측자의 시선 방향과 나란할 경우에는 중심별의 시선 속도 변화 이용법, 식 현상 이용법으로 외계 행성의 존재를 확인할 수 있다.

🔍 **바로알기** ㄱ. 별의 분광형을 조사하면 표면 온도를 알 수 있지만, 행성의 존재 여부는 알 수 없다.

04 ㄱ. 행성에 의한 식 현상이 나타나는 주기는 행성의 공전 주기와 같다. 자료에서 식 현상 주기가 2일보다 약간 짧으므로(2.3일−0.5일=1.8일) 행성의 공전 주기도 2일보다 약간 짧다.

🔍 **바로알기** ㄴ. 식 현상을 이용한 행성의 탐사 방법은 관측자의 시선 방향과 행성의 공전 궤도면이 거의 나란한 경우에만 이용할 수 있다.

ㄷ. 중심별의 밝기 감소율은 행성의 단면적(πR^2)에 비례하므로 행성의 반지름(R)이 2배가 되면 중심별의 밝기 감소율은 $2^2=4$배가 된다.

05 ㄱ. ㉠은 별 X의 주변에 위치한 행성의 중력에 의해, ㉡은 별 X의 중력에 의해 일어난 별 Y의 겉보기 밝기 변화에 해당한다. 따라서 별 X는 행성을 갖고 있다.

ㄷ. 미세 중력 렌즈 현상은 뒤쪽에 있는 별로부터 오는 빛이 앞쪽에 있는 별과 행성의 중력에 의해 굴절되어 나타나는 현상이다. 따라서 지구로부터 별까지의 거리는 별 X가 별 Y보다 가깝다.

🔍 **바로알기** ㄴ. 별 X에 의한 별 Y의 밝기 변화는 ㉡이고, 행성에 의한 별 Y의 밝기 변화는 ㉠이다.

06 ㄷ. 식 현상을 관측하여 발견된 행성들은 공전 궤도 반지름이 대부분 지구의 공전 궤도 반지름(1 AU)보다 작으므로 공전 주기도 대부분 지구보다 짧을 것이다.

🔍 **바로알기** ㄱ. 지구의 질량은 목성 질량의 약 $\frac{1}{300}$배이다. 따라서 발견된 외계 행성들은 대부분 지구보다 질량이 크다.

ㄴ. 행성들은 대부분 중심별의 시선 속도 변화와 식 현상을 이용하여 발견되었다.

07 ㄱ. 중심별의 광도가 클수록 중심별에서 생명 가능 지대까지의 거리는 멀어지고, 생명 가능 지대의 폭은 넓어진다. 태양 탄생 이후 현재까지 중심별에서 생명 가능 지대까지의 거리가 멀어지고, 생명 가능 지대의 폭이 넓어졌다.

ㄴ. 30억 년 후에 화성의 공전 궤도(약 1.5 AU에 위치)는 생명 가능 지대에 포함된다.

ㄷ. 중심별의 광도가 클수록 생명 가능 지대의 폭이 넓어진다. 따라서 현재부터 40억 년 후까지 생명 가능 지대의 폭이 계속해서 넓어지는 것으로 보아 태양의 광도는 계속 증가할 것이다.

08 ㄱ. 생명 가능 지대는 별 주변에 액체 상태의 물이 존재할 수 있는 영역이므로 세 행성에는 모두 액체 상태의 물이 존재할 수 있다.

ㄴ. 행성의 공전 궤도 반지름은 별에서 행성까지의 거리이고, 중심별의 광도가 클수록 별에서 생명 가능 지대까지의 거리가 멀어진다. 따라서 별에서 생명 가능 지대까지의 거리는 B가 C보다

멀기 때문에 생명 가능 지대의 폭은 B가 C보다 넓다.

ㄷ. 주계열성은 질량이 클수록 광도가 크고, 생명 가능 지대의 폭은 별의 광도가 클수록 넓다. 따라서 생명 가능 지대의 폭은 C가 A보다 넓으므로 별의 질량은 C가 A보다 크다.

09 ㄷ. 액체 상태의 물은 생명체가 존재하기 위한 가장 필수적인 조건이다.

🔍 **바로알기** ㄱ. 중심별의 질량이 매우 작은 경우에는 행성이 자전 주기와 공전 주기가 같을 가능성이 커서 낮과 밤이 없어지기 때문에 생명체가 존재하기 어려워진다.

ㄴ. 행성의 자기장은 우주에서 들어오는 고에너지 입자와 중심별에서 오는 항성풍을 차단해 주는 역할을 한다.

10 ㄴ. 액체 상태의 물은 생명체가 존재하기 위한 중요한 조건이므로 생명체를 탐사할 때는 가장 우선적으로 고려해야 한다.

🔍 **바로알기** ㄱ. 주로 전파를 이용한 외계 생명체 탐사 프로젝트를 수행하고 있다.

ㄷ. 중심별의 질량이 너무 크면 별의 진화 속도가 빠르기 때문에 행성에서 생명체가 탄생하여 진화하기 위한 충분한 시간을 확보하기 어렵다.

11

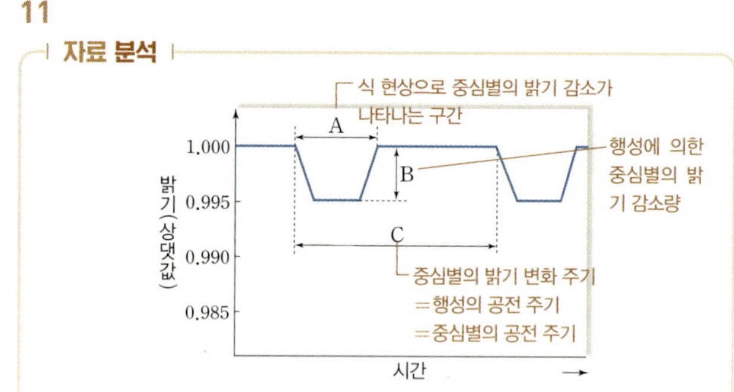

ㄴ. B는 행성이 중심별을 가리는 면적($=\pi R^2$)에 비례하므로 행성의 반지름(R)이 클수록 커진다.

ㄷ. C는 식 현상이 일어나는 주기이기 때문에 행성의 공전 주기에 해당한다. 따라서 C는 중심별이 공통 질량 중심을 도는 주기와 같다.

🔍 **바로알기** ㄱ. A는 행성에 의해 식 현상이 나타나는 구간이다. 따라서 A는 행성이 중심별의 앞면을 지나가는 데 걸리는 시간에 해당하므로 행성의 공전 속도가 빠를수록 짧아진다.

12 ㄱ. 중심별의 질량이 같을 때, 행성의 질량이 클수록 공통 질량 중심은 중심별로부터 멀어진다. 따라서 중심별에서 공통 질량 중심까지의 거리는 (가)보다 (나)에서 멀다.

ㄴ. 행성의 질량이 같을 때, 행성이 중심별에 가까울수록 중심별에 미치는 중력이 커서 시선 속도의 변화량이 커진다. 따라서 도플러 효과에 의한 별빛의 최대 편이량은 (나)가 (다)보다 크다.

ㄷ. 식 현상에 의한 중심별의 밝기 감소량은 $\dfrac{\text{행성의 단면적}}{\text{중심별의 단면적}}$에 비례한다. (가), (나), (다)는 중심별과 행성의 반지름이 모두 동일하므로 중심별의 밝기 감소량도 모두 같다.

13 서술형

모범 답안 | 청색 편이는 ⓒ, 적색 편이는 ⊙일 때 나타난다. ⊙일 때 중심별은 지구로부터 멀어지고, ⓒ일 때 중심별은 지구로부터 가까워지기 때문이다.

해설 | 행성은 ⊙ → ② → ⓒ → ⓛ 순으로 공전한다. 중심별은 행성과 같은 방향으로 공전하므로 행성이 ⊙일 때 중심별은 지구로부터 멀어지고, 행성이 ⓒ일 때 중심별은 지구 쪽으로 가까워진다. 따라서 ⊙일 때 별빛의 스펙트럼에서 흡수선의 파장이 길어지는 적색 편이가 나타나고, ⓒ일 때 별빛의 스펙트럼에서 흡수선의 파장이 짧아지는 청색 편이가 나타난다.

채점 기준	배점
청색 편이와 적색 편이가 관측될 때 행성의 위치를 모두 옳게 쓰고, 그 까닭을 옳게 서술한 경우	100 %
청색 편이와 적색 편이가 관측될 때 행성의 위치만 모두 옳게 쓴 경우	50 %
청색 편이와 적색 편이가 관측될 때 행성의 위치 중 한 가지만 옳게 쓴 경우	25 %
그 까닭만 옳게 서술한 경우	50 %

14 서술형

모범 답안 | 외계 행성까지의 거리가 매우 가까워야 한다. 행성과 중심별 사이의 거리가 비교적 멀어야 한다. 행성의 크기가 클수록 유리하다 등

해설 | 외계 행성계의 거리가 매우 가까운 경우에는 외계 행성에서 반사된 중심별의 별빛을 관측하거나, 행성 자체의 복사 에너지를 직접 관측하여 행성의 존재 여부를 알 수 있다. 행성이 중심별에 너무 가깝거나, 행성의 크기가 작은 경우에는 직접 관측하기 어렵다.

채점 기준	배점
두 가지를 모두 옳게 서술한 경우	100 %
두 가지 중 한 가지만 옳게 서술한 경우	50 %

15 서술형

모범 답안 | (1) 광도는 케플러 186이 태양보다 작다.
(2) 케플러 186 f, 질량이 작은 주계열성일수록 진화 속도가 느리므로 생명 가능 지대에 더 오래 머물 수 있기 때문이다.

해설 | (1) 중심별의 광도가 작을수록 중심별에서 생명 가능 지대까지의 거리가 가깝고, 생명 가능 지대의 폭이 좁아진다.

채점 기준	배점
광도 크기를 비교하여 옳게 서술한 경우	100 %

(2) 자료에서 중심별인 케플러 186은 태양보다 질량과 광도가 작은 별이므로 태양보다 수명이 길다.

채점 기준	배점
행성의 이름을 옳게 쓰고, 그 까닭을 옳게 서술한 경우	100 %
행성의 이름만 옳게 쓴 경우	50 %
그 까닭만 옳게 서술한 경우	50 %

	1	2	3	4	5	6
①	1 ○	2 ×	3 ○	4 ×	5 ○	6 ×
②	1 ×	2 ×	3 ×	4 ○	5 ○	6 ○
③	1 ○	2 ×	3 ○	4 ○	5 ×	
④	1 ×	2 ×	3 ○	4 ○	5 ×	6 ○
⑤	1 ○	2 ○	3 ○	4 ×	5 ○	6 ×
⑥	1 ×	2 ○	3 ×	4 ×	5 ○	6 ○
⑦	1 ○	2 ○	3 ×	4 ○	5 ○	6 ○
⑧	1 ×	2 ×	3 ×	4 ○	5 ×	6 ○
⑨	1 ○	2 ○	3 ×	4 ×	5 ×	
⑩	1 ×	2 ×	3 ×	4 ○	5 ×	
⑪	1 ○	2 ○	3 ×	4 ×	5 ○	
⑫	1 ○	2 ○	3 ×	4 ○	5 ×	

①-2 최대 복사 에너지 세기를 갖는 파장은 A가 B의 2배 $\left(=\dfrac{600\,\text{nm}}{300\,\text{nm}}\right)$ 이고, 빈의 변위 법칙에 의하면 표면 온도는 최대 복사 에너지 세기를 갖는 파장에 반비례하기 때문에 A가 B의 $\dfrac{1}{2}$ 배이다.

①-3 단위 시간 동안 단위 면적에서 방출하는 에너지양은 표면 온도의 4제곱에 비례하므로 A가 B의 $\dfrac{1}{2^4}$ 배이다.

①-4 A와 B는 주계열성이므로 별의 질량은 표면 온도가 낮은 A가 B보다 작고, 광도는 A가 B보다 작다.

①-5 별의 광도가 클수록 절대 등급이 작으므로 별의 절대 등급은 A가 B보다 크다.

①-6 두 별의 겉보기 등급이 같다면, 지구로부터의 거리는 절대 등급이 작은(광도가 큰) B가 A보다 멀다.

②-1 별의 스펙트럼에 나타난 흡수선들은 대부분 별의 대기층에서 형성되고, 일부 흡수선은 빛이 우주 공간을 진행하다가 성간 물질을 통과할 경우에 만들어질 수 있다.

②-2 태양의 분광형은 G2형이므로, 태양의 스펙트럼에서는 헬륨 흡수선(He I, He II)보다 철 흡수선(Fe I, Fe II)이 뚜렷하게 나타난다.

②-3 수소 흡수선(H I)은 분광형이 A0형인 흰색의 별에서 가장 강하게 나타난다.

②-4 분광형이 O형에 가까울수록 고온의 별로 파란색을 띠고, M형에 가까울수록 저온의 별로 붉은색을 띤다.

②-6 수소 흡수선(H I)은 A형 별에서 뚜렷하게 나타나고, 분자 흡수선(TiO)은 M형 별에서 뚜렷하게 나타난다.

③-1 1등급 간에는 약 2.5배의 밝기 차이가 난다. 따라서 A와 B는 5등급 차이가 나므로 100배 광도 차이가 난다.

③-2 빈의 변위 법칙에 의하면 최대 복사 에너지를 방출하는 파장은 표면 온도에 반비례하므로, 표면 온도가 낮은 C가 B보다 길다.

③-3 별의 반지름 $R \propto \dfrac{\sqrt{L}}{T^2}$ (L: 광도, T: 표면 온도)이고, A와 B는 표면 온도가 같다. 따라서 광도는 A가 B보다 100배 크므로 A는 B보다 반지름이 $\sqrt{100}=10$배 크다.

③-4 별 B와 C는 절대 등급이 같으므로 광도가 같다. 별의 광도가 같을 때 별의 표면 온도가 낮을수록 반지름이 크다.

③-5 별 C는 표면 온도가 태양(약 5800 K)과 비슷하므로 스펙트럼의 특징이 태양과 유사할 것이다.

④-1 A 집단은 광도가 가장 큰 집단으로, 초거성이다.

④-2 태양은 주계열성이므로, C 집단에 속한다.

④-5 H−R도에서 별의 평균 밀도는 왼쪽 아래로 갈수록 증가한다. 따라서 A∼D 집단 중 별의 평균 밀도는 D 집단이 가장 크다.

⑤-4 진화 과정에서 원시별의 주요 에너지원은 중력 수축 에너지이다.

⑤-6 질량이 큰 원시별일수록 주계열성이 되었을 때 H−R도의 왼쪽 위에 위치한다.

⑥-1 태양의 진화 경로는 원시별 → 주계열성 → 적색 거성 → 행성상 성운, 백색 왜성이므로, (가)는 원시별이다.

⑥-3 중력과 기체 압력 차로 발생한 힘이 평형을 이루어 별이 안정된 상태로 가장 오랜 시간을 보내는 단계는 주계열성 단계이므로 (나)이다.

⑥-4 행성상 성운은 적색 거성 (다)에서 백색 왜성 (라)로 진화하는 동안 형성된다.

⑦-3 (가)는 양성자−양성자 반응이고, (나)는 탄소·질소·산소 순환 반응이다. 태양의 중심부에서는 (가)가 (나)보다 활발하게 일어난다.

⑧-1 (가)는 태양 질량의 2배 이하인 주계열성의 내부 구조이고, (나)는 태양 질량의 2배 이상인 주계열성의 내부 구조이다.

⑧-2 중심부의 온도가 약 1800만 K 이상인 주계열성은 CNO 순환 반응이 우세하며, 중심부에 대류핵이 있다. 따라서 별의 중심부 온도는 (가)보다 (나)가 높다.

⑧-3 태양의 내부 구조는 (가)이다.

⑧-5 주계열성의 질량이 클수록 중심부의 온도가 높고, 중심핵의 크기가 크다. 따라서 수소 핵융합 반응이 일어나는 영역의 크기는 (가)보다 (나)가 크다.

⑨-3 (가)와 같이 별과 행성이 위치하면 별이 관측자 방향으로 접근하므로 별빛 스펙트럼에서 청색 편이가 나타난다.

⑨-4 (나)에서 행성의 반지름이 클수록 중심별을 가리는 면적이 넓어지므로 중심별의 밝기 변화량이 커진다.

⑨-5 (가)는 행성의 공전 궤도면이 관측자의 시선 방향과 수직하지 않을 경우에 이용이 가능하고, (나)는 행성의 공전 궤도면이 관측자의 시선 방향과 거의 나란할 때 이용할 수 있다.

⑩-1 미세 중력 렌즈 현상을 이용한 탐사 방법은 행성의 공전 궤도면이 관측자의 시선 방향과 이루는 각에 관계 없이 이용할 수 있다.

⑩-2 ㉠∼㉢ 중 별 Y의 밝기는 별 X와 Y가 거의 일직선상에 위치한 ㉡일 때 가장 밝다.

⑩-3 미세 중력 렌즈 현상은 주기적으로 나타나는 현상이 아니므로 별의 밝기 변화는 한 번만 관측된다.

⑩-5 미세 중력 렌즈 현상은 별 X와 그 주변에 있는 행성의 질량이 클수록 뚜렷하게 나타나고, 별 Y의 질량과는 관계가 없다.

⑪-3 식 현상을 이용하여 발견된 행성들은 대부분 공전 궤도 반지름이 지구(1 AU)보다 작다.

⑪-4 발견된 행성의 공전 궤도 반지름은 식 현상 이용법보다 시선 속도 변화 이용법에서 크다. 따라서 행성의 공전 주기는 공전 궤도 반지름이 클수록 길므로 대체로 식 현상을 이용하여 발견한 행성보다 시선 속도 변화를 측정하여 발견한 행성이 길다.

⑫-3 A는 생명 가능 지대 영역보다 안쪽에 위치하고, C는 생명 가능 지대 영역보다 바깥쪽에 위치하므로 행성의 표면 온도는 A보다 C가 낮을 것이다.

⑫-5 지구는 생명 가능 지대에 위치하지만 C는 생명 가능 지대보다 바깥쪽에 위치한다. 따라서 단위 시간당 행성의 단위 면적에 입사하는 중심별의 에너지양은 지구가 C보다 많다.

학교 시험 대비 문제   p.200∼205

01 ②	02 ④	03 ④	04 ②	05 ①	06 ②
07 ④	08 ②	09 ③	10 ①	11 ①	12 ③
13 ①	14 ③	15 ④	16 ③	17 ①	18 ①
19 ⑤	20 ③				

고난도 21 ⑤   22 ②   23 ④   24 ③

서술형 25∼30 해설 참조

---

01 ㄷ. 광도는 A와 B가 같고, 표면 온도는 B가 A의 2배이다. 따라서 반지름은 표면 온도의 제곱에 반비례하므로 A가 B의 4배이다.

바로알기 ㄱ. 빈의 변위 법칙에 의하면 흑체의 표면 온도(T)가 높을수록 최대 에너지를 방출하는 파장(λ_{max})이 짧아진다 $\left(\lambda_{max}=\dfrac{a}{T}\right)$. 따라서 최대 에너지를 방출하는 파장이 A는 600 nm이고, B는 300 nm이므로 표면 온도는 B가 A의 2배이다.

ㄴ. 슈테판·볼츠만 법칙에 의하면 단위 면적에서 단위 시간 동안 방출하는 에너지양은 표면 온도의 4제곱에 비례하므로 B가 A의 $2^4=16$배이다.

02 ㄱ, ㄷ. 백열등은 연속 스펙트럼이 나타나며, 저온의 기체에 의해 특정 파장의 빛이 흡수되어 흡수 스펙트럼이 나타난다.

바로알기 ㄴ. 백열등이 없는 상태에서는 저온의 기체만으로 흡수선이 생성될 수 없다.

03 ㄱ. A와 B는 절대 등급이 5등급 차이가 나므로 광도는 100배 차이가 난다.

ㄷ. A는 B보다 광도가 크고, 표면 온도가 높으므로 H−R도에서 A는 B보다 왼쪽 위에 위치한다.

바로알기 ㄴ. 별의 광도 $L=4\pi R^2 \cdot \sigma T^4$이므로 표면 온도($T$)

는 광도(L)가 클수록, 반지름(R)이 작을수록 높다. 광도는 A가 B의 100배이고, 반지름은 A가 B의 $\frac{1}{4}$배이므로 표면 온도는 A가 B보다 높다.

04 ㄷ. 분자 흡수선 TiO는 붉은색 별인 M형 별에서 잘 나타난다.
 ㄱ. He I 흡수선은 O형, B형 별에서 잘 나타나며, 분광형이 G2형인 태양에서는 상대적으로 거의 나타나지 않는다.
ㄴ. H I 흡수선은 흰색 별인 A0형 별에서 가장 강하게 나타난다.

05 ㄱ. He 흡수선은 ㉡보다 ㉠에서 뚜렷하고, H 흡수선은 ㉠보다 ㉡에서 뚜렷하다.
 ㄴ. 분자 흡수선 TiO는 ㉢에서 뚜렷하므로 표면 온도는 ㉢이 ㉠보다 낮다.
ㄷ. 표면 온도는 He 흡수선이 뚜렷한 ㉠이 가장 높고, 분자 흡수선이 뚜렷한 ㉢이 가장 낮다. 주계열성은 표면 온도가 높을수록 광도가 크므로 광도가 가장 큰 별은 ㉠이다.

06 ㄴ. 슈테판·볼츠만 법칙($E=\sigma T^4$)에 의하면 단위 면적에서 단위 시간 동안 방출하는 에너지양(E)은 표면 온도(T)가 높을수록 많고, 분광형이 G, F, A형 순으로 갈수록 표면 온도가 높기 때문에 분광형이 A0형인 ㉢이 가장 많다.
 ㄱ. 광도는 절대 등급이 작을수록 크므로 ㉠이 가장 크다.
ㄷ. ㉢은 ㉡보다 표면 온도가 높지만, 광도가 작다. 만약 ㉡과 ㉢이 모두 주계열성이라면 표면 온도가 높은 별이 광도도 커야 한다.

07 ④ C는 주계열성이다. 주계열성은 왼쪽 위로 갈수록 표면 온도와 질량이 증가한다.
 ① H−R도에서 세로축의 물리량 ㉠은 광도, 가로축의 물리량 ㉡은 표면 온도이다.
② A는 광도가 가장 큰 집단이므로 초거성이다.
③ 태양은 주계열성이므로 C에 속한다.
⑤ 별의 반지름은 백색 왜성 D보다 초거성 A가 크다.

08 ㄴ. 태양은 주계열성이며, 주계열성의 광도 계급은 Ⅴ이다.
 ㄱ. 광도 계급의 숫자가 작을수록 대체로 광도가 크다.
ㄷ. 스펙트럼의 특징은 표면 온도뿐만 아니라 광도에 따라서도 달라지므로 별을 표면 온도와 광도에 따라 2차원적 분류를 할 수 있다.

09 ㄱ, ㄷ. A와 B는 모두 원시별이며, 진화하는 동안 중력 수축하면서 크기가 작아져 주계열성으로 진화한다.
 ㄴ. 원시별의 질량이 클수록 주계열성에 빨리 도달하며, H−R도상에서 왼쪽 위에 위치한다.

10 ㄱ. H−R도에서 주계열성은 질량이 클수록 광도가 증가하므로, 질량이 클수록 절대 등급이 작다.
 ㄴ. 광도는 A가 태양의 100배이고, 표면 온도는 A가 태양보다 높다. 반지름은 광도의 제곱근에 비례하고, 표면 온도의 제곱에 반비례하므로 A가 태양의 10배보다 작다.

ㄷ. 별의 질량은 A가 태양보다 크므로 주계열성 단계에 머무는 기간은 A가 태양보다 짧다.

11 ㄱ. A 층에서는 헬륨핵이 수축하면서 온도가 상승한다.
 ㄴ. 바깥층(C 층)은 팽창이 일어나므로 정역학 평형 상태를 유지하지 못한다.
ㄷ. 이 별은 표면 온도가 낮아지면서 광도가 증가하므로 H−R도에서 오른쪽 위로 이동한다.

12 ㄱ. a → b 과정에서 중력 수축에 의해 별의 중심부 온도가 높아진다. 중심부 온도가 약 1000만 K에 이르면 수소 핵융합 반응이 일어나는 주계열성(b)이 된다.
ㄷ. c → d 과정에서 행성상 성운이 형성되고, 백색 왜성(d)으로 진화한다.
 ㄴ. 거성(c) 단계에서는 수소 껍질 연소와 헬륨 핵융합 반응이 일어난다. 백색 왜성으로 진화하는 별은 질량이 작으므로 거성 단계에서는 탄소 핵융합 반응이 일어나지 않는다.

13 ㄱ. A는 기체 압력 차로 발생한 힘이고, B는 중력이다.
 ㄴ. 주계열성의 중심핵은 정역학 평형 상태이므로 A와 B의 크기가 같다.
ㄷ. 이 별은 주계열성이므로 중심핵에서는 수소 핵융합 반응이 일어난다.

14 A와 B는 주계열성, C는 백색 왜성, D는 중성자별이다.
ㄱ. 주계열성인 A, B의 중심부에서는 수소 핵융합 반응이 일어난다.
ㄴ. 중성자별 또는 블랙홀로 진화하는 B가 백색 왜성으로 진화하는 A보다 질량이 크다.
 ㄷ. 별의 평균 밀도는 백색 왜성이 중성자별보다 작다.

15 ㄴ. 주계열성은 질량이 클수록 표면 온도가 높고 광도가 크므로 단위 시간당 생성되는 에너지양이 많다.
ㄷ. 자료에서 그래프의 기울기는 CNO 순환 반응이 p−p 반응보다 크다. 따라서 온도에 따른 에너지 생성률의 변화는 p−p 반응보다 CNO 순환 반응이 크다.
 ㄱ. 태양에서는 p−p 반응이 우세하다. 따라서 태양의 중심핵 온도는 약 1800만 K(p−p 반응과 CNO 순환 반응에서 에너지 생성률이 같을 때의 온도)보다 낮다.

16 외계 행성을 탐사하는 방법에는 직접 촬영하는 방법, 식 현상을 이용하는 방법, 미세 중력 렌즈 현상을 이용하는 방법, 중심별의 시선 속도 변화를 이용하는 방법 등이 있다.

17 ㄱ. 중심별과 행성은 공통 질량 중심을 중심으로 같은 방향, 같은 주기로 공전하므로 행성의 공전 방향은 A이다.
 ㄴ. 현재 위치에서 별은 지구 쪽으로 접근하므로 별빛의 스펙트럼에서는 청색 편이가 나타난다.
ㄷ. 별과 행성이 공통 질량 중심 주위를 회전하는 동안 공통 질량 중심의 위치는 변하지 않는다. 따라서 별과 행성은 공통 질량 중심 주위를 같은 주기로 회전함을 알 수 있다.

18 ㄱ. 관측자의 시선 방향이 행성의 공전 궤도면과 나란한 경우에는 식 현상을 이용하는 방법을 이용할 수 있다.

🔍**바로알기** ㄴ. 중심별의 겉보기 밝기가 최소일 때는 행성과 중심별이 관측자의 시선 방향에 수직한 방향으로 이동하므로 중심별의 스펙트럼에서 편이가 나타나지 않는다.

ㄷ. 행성의 반지름(R)이 2배가 되면 중심별을 가리는 면적(πR^2)이 4배가 되므로 a는 4배로 커진다.

19 ㄱ. 발견된 외계 행성들은 대부분 지구보다 질량이 크다.

ㄴ. 식 현상을 이용하여 발견된 행성들의 공전 궤도 반지름은 1 AU(지구의 공전 궤도 반지름)보다 대체로 작다.

ㄷ. ㉠에 들어갈 수 있는 탐사 방법에는 미세 중력 렌즈 현상을 이용하는 방법, 직접 촬영하는 방법 등이 있다.

20 ㄱ, ㄴ. H−R도에서 주계열성은 왼쪽 위에서 오른쪽 아래로 이어지는 대각선상에 분포한다. ㉠은 태양보다 광도가 크므로 별에서 생명 가능 지대까지의 거리는 ㉠이 태양보다 멀다.

🔍**바로알기** ㄷ. 주계열성의 수명은 태양이 ㉡보다 짧으므로 생명 가능 지대에 위치한 행성에 액체 상태의 물이 존재할 수 있는 기간은 태양보다 ㉡에서 길다.

21

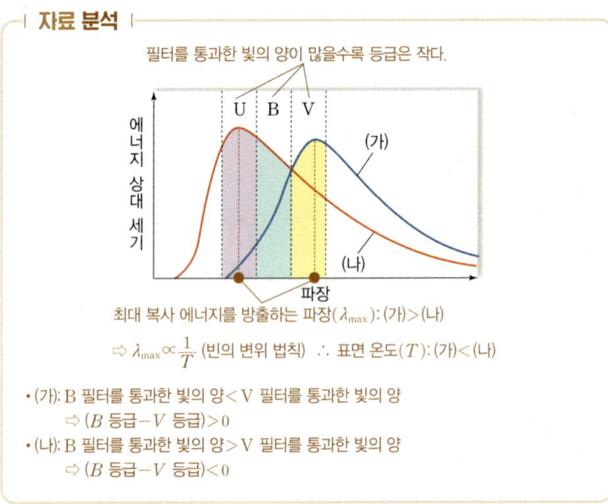

ㄱ. 빈의 변위 법칙$\left(\lambda_{max}=\dfrac{a}{T}\right)$에 의하면 별의 표면 온도($T$)는 최대 복사 에너지를 방출하는 파장($\lambda_{max}$)이 짧을수록 높다. 따라서 별의 표면 온도는 (나)가 (가)보다 높다.

ㄴ. (나)에서는 U 필터 영역에 해당하는 빛이 가장 강하므로 필터를 통과한 빛의 양은 U가 V보다 많다.

ㄷ. 필터를 통과한 빛의 양이 많을수록 등급이 작으므로 (B 등급−V 등급)은 (가)가 (나)보다 크다.

22 ㄴ. H−R도에서 왼쪽 위에 위치한 주계열성일수록 별의 질량과 반지름이 크고, 표면 온도가 높다.

🔍**바로알기** ㄱ. (가)에서는 가로축의 물리량 X가 오른쪽으로 갈수록 증가해야 하므로 표면 온도는 물리량 X가 될 수 없다.

ㄷ. A의 절대 등급은 태양보다 5등급이 작으므로 광도는 A가 태양보다 100배 크다. (나)에서 광도가 태양보다 100배 큰 주계열성은 질량이 태양의 10배보다 작다.

23 ㄴ. 이 성단의 별들은 같은 시기에 생성되었고, A는 백색 왜성, B는 주계열성, C는 적색 거성이다. 따라서 별의 진화 속도는 A가 B보다 빠르기 때문에 원시별일 때 질량은 A가 B보다 크다.

ㄷ. 주계열성에서는 중심부에서 수소 핵융합 반응이 일어나지만, 적색 거성이 된 후에는 중심부에서 헬륨 핵융합 반응이 일어난다. 따라서 별의 중심부 온도는 B보다 C가 높다.

🔍**바로알기** ㄱ. 광도는 절대 등급이 가장 작은 C가 가장 크다.

24 ㄱ. A는 식 현상이 나타나는 주기이므로 행성의 공전 주기와 같다.

ㄴ. 별이 관측자에게 가까워지면 별빛의 파장이 짧아져 청색 편이가 나타나며, 이 시기에 행성은 지구로부터 멀어진다.

🔍**바로알기** ㄷ. 중심별의 질량이 클수록 행성이 중심별에 미치는 영향이 감소하여 중심별의 시선 속도가 작아지기 때문에 행성의 존재 여부를 확인하기 어려워진다.

25 서술형

모범 답안 (1) 표면 온도는 ㉠이 ㉡보다 낮고, 광도는 ㉠이 ㉡보다 크다.

(2) 반지름은 ㉠이 ㉡보다 크다. ㉠과 ㉡은 표면 온도 차이는 작지만 광도는 ㉠이 ㉡보다 훨씬 크기 때문이다.

해설 (1) 표면 온도는 분광형이 G5형인 ㉠보다 G0형인 ㉡이 높다. 광도 계급의 숫자가 작을수록 광도가 크다.

채점 기준	배점
표면 온도와 광도를 비교하여 모두 옳게 서술한 경우	100 %
표면 온도와 광도 중 한 가지만 비교하여 옳게 서술한 경우	50 %

(2) 별의 반지름은 광도의 제곱근에 비례하고, 표면 온도의 제곱에 반비례한다. ㉠과 ㉡은 표면 온도의 차가 작은 반면에, 광도는 크게 차이가 나기 때문에 별의 반지름은 광도에 의해 결정된다.

채점 기준	배점
반지름을 옳게 비교하고, 그 까닭을 옳게 서술한 경우	100 %
반지름만 비교하여 옳게 서술한 경우	50 %
그 까닭만 옳게 서술한 경우	50 %

26 서술형

모범 답안 평균 밀도는 ㉢>㉠>㉡이다. H−R도에서 별의 평균 밀도는 오른쪽 위로 갈수록 작아지기(= 왼쪽 아래로 갈수록 커지기) 때문이다.

해설 ㉠은 주계열성, ㉡은 적색 거성, ㉢은 백색 왜성이다. H−R도에서 별의 평균 밀도는 왼쪽 아래로 갈수록 증가한다.

채점 기준	배점
별의 평균 밀도의 크기 순서를 옳게 쓰고, 그 까닭을 옳게 서술한 경우	100 %
별의 평균 밀도의 크기 순서만 옳게 쓴 경우	50 %
그 까닭만 옳게 서술한 경우	50 %

27 서술형

모범 답안 이 별은 태양보다 질량이 매우 큰 별이 진화하여 생성된 초거성이다. 이 별은 앞으로 초신성 폭발을 일으킨 후 중성자별 또는 블랙홀로 진화할 것이다.

해설 | 초거성은 중심부로 갈수록 무거운 원소로 이루어진 층이 존재하여 양파 껍질과 비슷한 구조를 갖는다. 초거성은 최종 진화 단계에서 초신성 폭발을 거쳐 중성자별 또는 블랙홀로 진화한다.

채점 기준	배점
초거성, 초신성 폭발, 중성자별, 블랙홀을 사용하여 모두 옳게 서술한 경우	100 %
초거성, 초신성 폭발을 사용하여 옳게 서술한 경우	60 %
초거성만 옳게 서술한 경우	20 %

28 서술형

모범 답안 | 중심부 온도는 (가)가 (나)보다 낮다. (가)에서는 $p-p$ 반응이 우세하고, (나)에서는 CNO 순환 반응이 우세하다.

해설 | (가)는 핵, 복사층, 대류층으로 이루어져 있으므로 질량이 태양의 2배 이하인 별이고, (나)는 대류핵, 복사층으로 이루어져 있으므로 질량이 태양의 2배 이상인 별이다. 별의 중심부 온도는 질량이 큰 (나)가 (가)보다 높고, 별의 중심부에서는 (가)의 경우에 $p-p$ 반응이 우세하고, (나)의 경우에 CNO 순환 반응이 우세하다.

채점 기준	배점
중심부의 온도를 옳게 비교하고, 우세하게 일어나는 수소 핵융합 반응의 종류를 모두 옳게 서술한 경우	100 %
중심부의 온도만 비교하여 옳게 서술한 경우	40 %
우세하게 일어나는 수소 핵융합 반응의 종류만 옳게 서술한 경우	60 %

29 서술형

모범 답안 | 중심별 X가 행성을 가지고 있으므로 별 X에 의한 밝기 변화와 행성에 의해 추가적인 밝기 변화가 모두 나타난다.

해설 | 외계 행성계에 의해 미세 중력 렌즈 현상이 일어날 경우에는 오른쪽 그림과 같이 중심별 X에 의한 밝기 변화뿐만 아니라 행성에 의한 밝기 변화가 추가로 나타난다.

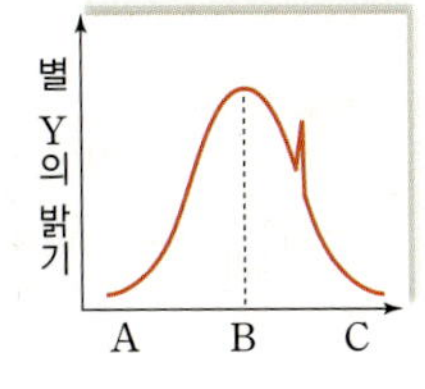

채점 기준	배점
별 X와 행성에 의한 별 Y의 밝기 변화를 모두 옳게 서술한 경우	100 %
별 X에 의한 별 Y의 밝기 변화만 서술한 경우	50 %
행성에 의한 별 Y의 밝기 변화만 서술한 경우	20 %

30 서술형

모범 답안 | B, 중심별에서 B까지의 거리는 태양과 지구 사이의 거리인 1 AU보다 멀 것이다.

해설 | 단위 시간당 단위 면적이 받는 복사 에너지가 지구와 비슷한 B가 생명 가능 지대에 위치할 것이다. 중심별은 주계열성으로 질량이 태양보다 크므로 태양보다 광도가 크다. 광도가 클수록 중심별에서 생명 가능 지대에 위치한 행성까지의 거리가 멀다.

채점 기준	배점
생명 가능 지대에 위치한 행성을 옳게 쓰고, 중심별과 행성 사이의 거리에 대해 옳게 서술한 경우	100 %
생명 가능 지대에 위치한 행성만 옳게 쓴 경우	40 %
중심별과 행성 사이의 거리에 대해서만 옳게 서술한 경우	60 %

2 외부 은하와 우주 팽창

04 외부 은하

개념 익히기 문제   p.209

01 가시광선	**02** 타원	**03** 막대	**04** 불규칙	**05** 전파
06 퀘이사	**07** 세이퍼트		**08** ○	**09** ×
10 ×	**11** ○	**12** ×	**13** ○	**14** ×

02 타원 은하는 편평도(납작한 정도)에 따라 원에 가까운 E0부터 가장 납작한 E7까지 세분할 수 있다.

05 전파 은하는 중심에 핵을 가지고 있으며, 양쪽에 로브라고 불리는 거대한 돌출부가 있다. 로브와 핵은 은하 중심부에서 방출되는 제트로 연결되어 있다. 로브의 크기는 은하의 수 배 정도, 로브 사이의 간격은 은하 크기의 수백 배에 이른다.

06 퀘이사는 수많은 별들로 이루어진 은하이지만 너무 멀리 있어 하나의 별처럼 보이며, 적색 편이가 매우 크다.

07 세이퍼트은하는 보통의 은하들에 비하여 밝은 핵과 넓은 방출선 스펙트럼이 관측되는 은하이다. 세이퍼트은하는 대부분 나선 은하 형태로 관측된다.

09 은하 중심부를 가로지르는 막대 모양의 구조가 존재하는 은하는 막대 나선 은하이다.

10 나선 은하는 은하핵과 나선팔로 구성되어 있다. 나선팔에는 젊은 별과 성간 물질이 상대적으로 풍부하고, 중앙 팽대부와 헤일로에는 늙은 별이 많고 성간 물질이 거의 없다.

12 불규칙 은하는 타원 은하에 비해 젊고 표면 온도가 높은 별의 비율이 크다.

14 두 은하가 서로 충돌하더라도 별들 사이의 평균 거리가 매우 멀기 때문에 내부의 별들이 서로 충돌할 가능성은 거의 없다.

자료 집중 분석   p.210

예제 1

정답 ④

해설 | A는 타원 은하, B는 정상 나선 은하, C는 막대 나선 은하, D는 불규칙 은하이다. 불규칙 은하는 성간 물질이 풍부하여 젊은 별의 비율이 타원 은하보다 크다.

개념 다지기 문제   p.211~213

01 ②	**02** ①	**03** ⑤	**04** ④	**05** ①	**06** ③
07 ③	**08** ⑤	**09** ②	**10** ②		
고난도 **11** ⑤	**12** ⑤				
서술형 **13~14** 해설 참조					

01 이 은하는 타원 모양을 하고 있는 타원 은하이다. 타원 은하는 성간 물질이 적은 편이어서 새로운 별의 탄생이 활발하지 않으며, 주로 나이가 많은 별들로 이루어져 있다.

02 ㄱ. 나선 은하는 중앙 팽대부, 은하 원반, 나선팔 구조를 갖고 있다.

🔍 **바로알기**) ㄴ. 나선 은하는 은하핵의 크기와 나선팔의 감긴 정도에 따라 Sa, Sb, Sc 또는 SBa, SBb, SBc로 세분한다.

ㄷ. 나선팔에는 젊은 별과 성간 물질이 풍부하고, 중앙 팽대부와 헤일로에는 늙은 별이 많고 성간 물질이 거의 없다.

03 ㄴ. (나)는 정상 나선 은하, (다)는 막대 나선 은하이다. 우리 은하는 막대 나선 은하에 속한다.

ㄷ. (라)는 규칙적인 모양이 없는 불규칙 은하로 다른 은하에 비해 성간 물질이 많고, 젊은 별을 많이 포함하고 있다.

🔍 **바로알기**) ㄱ. (가)는 타원 은하로, 이 은하를 구성하는 대부분의 별들은 나이가 많다.

04 ㄴ. Irr형(불규칙) 은하는 E형(타원) 은하에 비해 성간 물질이 많고 젊은 별의 비율이 크다.

ㄷ. 나선 은하는 Sa에서 Sc로 가면서 은하핵의 크기가 작아지고 나선팔의 감긴 정도가 느슨해진다.

🔍 **바로알기**) ㄱ. 허블은 외부 은하를 가시광선에서 관측되는 형태에 따라 분류하였다.

05 ㄱ. (가)는 막대 나선 은하, (나)는 정상 나선 은하, (다)는 타원 은하이므로 (가)의 은하들은 막대 구조를 갖고 있다.

🔍 **바로알기**) ㄴ. 우리은하는 막대 나선 은하 (가)에 속하며, 모양에 따른 은하의 분류 비율은 정상 나선 은하 (나)가 가장 크다.

ㄷ. 타원 은하 (다)는 대부분 표면 온도가 낮은 별들로 이루어져 있어 별들의 평균 색지수가 다른 은하 집단에 비해 크다.

06 전파 은하의 특징에 대한 내용이다. 전파 은하는 전파 영역에서 강한 복사를 방출하는 은하이다. ①은 퀘이사, ②는 정상 나선 은하, ③은 전파 은하, ④는 행성상 성운, ⑤는 초신성 잔해이다.

07 ㄱ. 이 은하는 퀘이사이다. 퀘이사는 모든 파장에 걸쳐 많은 양의 에너지를 방출하는 은하로, 광도는 우리은하의 수백 배에 이른다.

ㄴ. 퀘이사는 매우 먼 거리에 있어 후퇴 속도가 크므로 적색 편이도 크다.

🔍 **바로알기**) ㄷ. 퀘이사는 우주 초기에 형성된 은하이다.

08 ⑤ 세이퍼트은하는 일반적인 은하에 비해 중심핵이 아주 밝고 스펙트럼에서 폭이 넓은 방출선이 나타나는 것이 두드러진 특징이다.

🔍 **바로알기**) ① 세이퍼트은하를 가시광선 영역에서 관측하면 대부분 나선 은하로 보인다.

② 세이퍼트은하는 은하를 구성하는 가스운이 매우 빠른 속도로 회전하고 있으므로 스펙트럼에서 넓은 방출선이 관측된다.

③ 수많은 별들로 이루어져 있지만 하나의 별처럼 보이는 은하는 퀘이사이다.

④ 전파 영역에 관측할 때 제트와 로브의 모습을 관측할 수 있는 은하는 전파 은하이다.

09 A는 우주 생성 초기에 형성된 퀘이사이다. 퀘이사는 특이 은하에 속하며, 지구로부터 거리가 매우 멀어 별처럼 보이는 천체이다. 지구로부터 매우 멀리 떨어져 있다는 것은 우주 생성 초기에 만들어진 천체임을 의미한다. B는 대부분 나선 은하로 관측되는 세이퍼트은하이다. C는 제트와 로브 구조를 갖고 있는 전파 은하이며, 전파 은하를 가시광선 파장으로 관측하면 대부분 타원 은하로 관측된다.

10 ㄷ. 충돌 은하에서는 거대한 분자 구름이 서로 충돌하고 압축되면서 새로운 별들이 활발하게 탄생한다.

🔍 **바로알기**) ㄱ. 은하가 충돌하더라도 충돌 후에 특정한 모양으로 진화하지는 않는다.

ㄴ. 은하가 서로 충돌할 경우, 내부에 있는 별들이 서로 충돌하는 일은 거의 없다.

11 ㄱ. (가)는 주로 젊은 별들로 이루어진 불규칙 은하이고, (나)는 젊은 별과 늙은 별들이 모두 존재하는 나선 은하이다. 성간 물질의 비율은 젊은 별들의 비율이 높은 (가)가 (나)보다 크다.

ㄴ. (다)는 주로 늙은 별들로 이루어진 타원 은하로, 구에 가까운 형태의 E0부터 가장 납작한 형태의 E7까지 세분할 수 있다.

ㄷ. 은하의 크기는 타원 은하인 (다)가 매우 작은 은하에서 가장 거대한 은하까지 다양하다.

12

┌─ **자료 분석** ┤

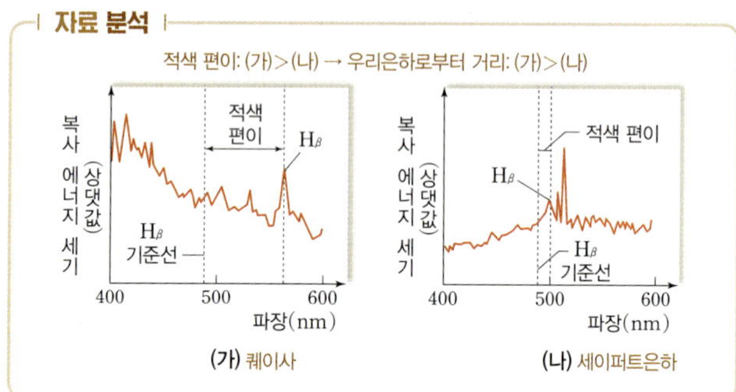

(가)는 매우 멀리 있어 후퇴 속도가 매우 큰 퀘이사이고, (나)는 가시광선으로 관측할 때 대부분 나선 은하의 형태로 관측되는 세이퍼트은하이다.

ㄱ, ㄷ. 퀘이사는 우주 초기에 생성된 천체로 지구에서 멀리 떨어져 있어 적색 편이가 매우 크게 나타나며 하나의 별처럼 관측된다.

ㄴ. 세이퍼트은하는 은하 내의 가스 구름이 매우 빠른 속도로 회전하고 있어 넓은 방출선이 나타난다.

13 서술형

모범 답안 | (가) < (나), (가)는 대부분 붉은색 별로 이루어져 있는 타원 은하이고, (나)는 푸른색 별이 상대적으로 많은 불규칙 은하이다. 따라서 주계열성 중 태양보다 질량이 크고 표면 온도가 높은 별의 비율은 (나)가 (가)보다 크다.

채점 기준	배점
(가)와 (나)의 비율을 옳게 비교하고, 그 까닭을 옳게 서술한 경우	100 %
(가)와 (나)의 비율만 옳게 비교한 경우	40 %

14 서술형

정답 | (1) 가시광선 영역: (가), 전파 영역: (나)

모범 답안 | (2) 제트와 로브 구조가 나타난다. 전파 영역에서 방출하는 에너지양이 보통 은하보다 훨씬 많다.

해설 | 전파 은하는 전파 영역에서 매우 강한 복사를 방출하는 은하로, 가시광선 영역에서 관측하면 대부분 타원 은하의 형태로 관측되지만, 전파 영역에서 관측하면 중심에 핵이 있고, 양쪽에 로브라고 불리는 거대한 돌출부가 있으며, 로브와 핵이 제트로 연결되어 있다.

채점 기준	배점
전파 은하의 특징 두 가지를 모두 옳게 서술한 경우	100 %
전파 은하의 특징 중 한 가지만 옳게 서술한 경우	50 %

05 우주 팽창과 빅뱅 우주론

개념 익히기 문제 p.215, 217, 219

01 붉은	**02** 길	**03** 적색	**04** 비례	**05** $\frac{v}{r}$	**06** 허블
07 나이	**08** 빛	**09** ×	**10** ○	**11** ×	**12** ×
13 ○	**14** ×	**15** 빅뱅	**16** 일정	**17** 우주 배경 복사	
18 3, 1	**19** 지평선	**20** 자기 홀극		**21** ○	**22** ×
23 ×	**24** ×	**25** ×	**26** ○	**27** 급팽창	**28** 편평
29 가속	**30** 암흑	**31** 암흑	**32** 임계	**33** ○	**34** ×
35 ○	**36** ×	**37** ○	**38** ○		

03 허블은 외부 은하의 스펙트럼에서 흡수선의 파장이 원래의 파장보다 붉은색 쪽으로 치우치는 적색 편이가 나타나는 것을 확인하였다.

05 외부 은하의 후퇴 속도를 v, 거리를 r라고 할 때, $v = H \times r$ (H: 허블 상수, r: 거리)가 성립하므로 허블 상수는 $\frac{v}{r}$이다.

06 허블 상수는 단위 거리당 우주가 팽창하는 속도를 나타내는 값에 해당한다. 최근의 연구에 의하면 허블 상수는 약 68 km/s/Mpc이다.

07 우주의 팽창 속도가 일정하다고 가정할 때, 허블 법칙으로부터 우주의 나이 $t = \frac{r}{v} = \frac{r}{H \cdot r} = \frac{1}{H}$이다. 즉, 우주의 나이는 허블 상수의 역수에 해당한다.

08 관측 가능한 우주의 크기를 R라고 할 때 R는 빛의 속도로 멀어지는 지점까지에 해당한다. 따라서 관측 가능한 우주의 크기 $R = \frac{c}{H}$ (c: 빛의 속도)이다.

09 허블은 은하들의 스펙트럼에서 흡수선의 위치가 파장이 긴 쪽으로 치우치는 현상을 발견하였다. 이러한 현상을 적색 편이라고 한다.

11 우주는 모든 방향에 대해 균질하게 팽창하므로 다른 외부 은하에서 관측하더라도 허블 법칙이 동일하게 성립한다. 따라서 우주는 특별한 중심점 없이 모든 방향에 대해 균질하게 팽창한다고 할 수 있다.

12 외부 은하의 거리를 가로축 물리량, 후퇴 속도를 세로축 물리량으로 나타낸 그래프에서 기울기는 허블 상수이다.

14 우주 팽창을 나타낸 풍선 모형에서 풍선이 부풀어 오를 때, 스티커 사이의 거리 변화는 거리가 멀수록 더 크게 나타난다.

16 정상 우주론에서는 우주가 무한하며, 우주가 팽창하더라도 항상 우주의 밀도와 온도가 일정하게 유지된다고 주장한다.

17 우주 배경 복사는 우주의 나이가 약 38만 년일 때 중성 원소가 생성되면서 빛이 물질의 방해를 받지 않고 진행할 수 있게 되었을 때 생성된 복사이다.

18 우주 전역에 존재하는 수소와 헬륨의 질량비는 약 3 : 1이고, 수소와 헬륨의 개수비는 약 12 : 1이다.

19 정반대 방향에 위치한 두 영역에서 오는 우주 배경 복사가 거의 균일하게 관측된다. 두 영역은 서로 상호 작용할 수 없는 위치에 있기 때문에 우주 배경 복사의 균질성을 설명하기 어렵다. 이 문제를 우주의 지평선 문제라고 한다.

21 정상 우주론에서는 우주가 팽창할 때 허블 법칙이 성립하지만, 빅뱅 우주론과 달리 새로운 물질이 계속 만들어져 우주의 밀도가 일정하게 유지된다고 설명한다.

22 빅뱅 우주론에 따르면 우주의 크기와 나이는 유한하다.

23 우주 배경 복사는 우주의 온도가 약 3000 K일 때 방출되던 복사이다.

25 기존의 빅뱅 우주론에서는 우주 배경 복사가 방향에 관계없이 거의 완전하게 균일한 까닭을 설명하기 어려웠다. 이는 급팽창 이론을 이용하여 설명할 수 있다.

26 최근의 정밀한 관측에 의하면 우주는 거의 완벽하게 평탄하다는 것이 알려졌다. 기존의 빅뱅 우주론에서는 우주가 평탄한 까닭을 설명하기 어렵다.

27 급팽창 이론에 따르면 빅뱅이 일어난 지 $10^{-35} \sim 10^{-32}$초 사이에 우주가 빛보다 빠른 속도로 급격한 팽창을 일으켰으며, 이 시간 동안 우주의 크기는 대략 10^{50}배 커졌다.

29 Ⅰa형 초신성을 관측한 결과, 현재 우주는 가속 팽창하고 있다는 것이 밝혀졌다.

30 암흑 물질은 전자기파와 상호 작용하지 않지만, 질량을 갖고 있으므로 중력 렌즈 현상 등을 통해 그 존재를 확인할 수 있다.

31 플랑크 우주 망원경을 이용하여 관측한 결과, 우주는 보통 물질 4.9 %, 암흑 물질 26.8 %, 암흑 에너지 68.3 %로 이루어져 있음이 알려졌다.

32 우주의 팽창 속도가 점점 감소하여 0으로 수렴하게 되는 우주의 밀도를 임계 밀도라고 한다. 우주의 밀도가 임계 밀도와 같으면 우주의 곡률은 0이다.

34 빅뱅 이후 급팽창이 일어났고, 이후 우주의 팽창 속도는 점점 감소하다가 암흑 에너지 효과가 우세해지기 시작하면서부터 현재까지 가속 팽창하고 있다.

35 나선 은하에서 별들의 회전 속도를 분석하여 빛을 내는 물질 외에도 질량을 갖고 있는 암흑 물질이 존재한다는 것을 확인할 수 있다.

36 암흑 물질은 중력 렌즈 현상을 관측하여 그 존재를 확인할 수 있으나, 암흑 에너지는 현재까지 그 존재를 추정만 할 수 있을 뿐이다.

37 우주의 구성 성분 중 보통 물질과 암흑 물질은 인력으로 작용하지만, 암흑 에너지는 중력과 반대로 척력으로 작용한다.

38 최근의 관측 결과에 따르면, 현재 우주의 밀도는 임계 밀도와 같으므로 평탄 우주이며, 우주의 팽창 속도는 암흑 에너지에 의해 가속되고 있다.

자료 집중 분석
p.220

예제 1

정답 ③

해설 | 허블 상수는 $\dfrac{\text{후퇴 속도}}{\text{거리}} = \dfrac{15000 \text{ km/s}}{300 \text{ Mpc}} = 50 \text{ km/s/Mpc}$

이므로 ㉠은 후퇴 속도$=50 \text{ km/s/Mpc} \times 100 = 5000 \text{ km/s}$이고, ㉡은 $20000 \text{ km/s} = 50 \text{ km/s/Mpc} \times$㉡에서 ㉡은 400 Mpc이 된다.

예제 2

모범 답안 | (1) 은하의 후퇴 속도$=c \times \dfrac{\varDelta\lambda}{\lambda_0}$이므로 $3 \times 10^5 \text{ km/s} \times \dfrac{5 \text{ nm}}{500 \text{ nm}} = 3000 \text{ km/s}$이다.

(2) $v = Hr$에서 $3000 \text{ km/s} = 68 \text{ km/s/Mpc} \times r$가 된다. 따라서 $r ≒ 44 \text{ Mpc}$이 된다.

---

01 ④   02 ③   03 ⑤   04 ③   05 ②   06 ④
07 ②   08 ③   09 ①   10 ②
고난도 11 ②   12 ②
서술형 13~15 해설 참조

---

01 ㄱ. (가)와 (나)는 모두 흡수선의 파장이 정지 상태의 파장보다 길어졌으므로 적색 편이가 나타난다.

ㄷ. (나)는 (가)보다 적색 편이가 크므로 후퇴 속도도 크다. 한편, 허블 법칙으로부터 거리가 먼 은하일수록 후퇴 속도가 크므로 우리은하로부터의 거리는 (나)가 (가)보다 멀다.

바로알기 ㄴ. (나)는 (가)보다 흡수선의 적색 편이가 크므로 후퇴 속도도 (나)가 (가)보다 크다.

02 ㄱ. 은하 A의 거리와 후퇴 속도를 이용하여 허블 상수(H)를 구하면 $H = \dfrac{v}{r} = \dfrac{800 \text{ km/s}}{10 \text{ Mpc}} = 80 \text{ km/s/Mpc}$이다.

ㄴ. 허블 법칙에 의하면 거리가 먼 은하일수록 후퇴 속도가 크다. 문제의 그림에서 후퇴 속도는 B가 A의 3배이므로 은하까지의 거리도 B가 A의 3배이다.

바로알기 ㄷ. B에서 관측할 때 은하 A까지의 거리는 20 Mpc이므로 후퇴 속도는 $80 \text{ km/s/Mpc} \times 20 \text{ Mpc} = 1600 \text{ km/s}$이다.

03 ㄴ. 우주 배경 복사는 빅뱅 우주론에서만 설명할 수 있다.

ㄷ. 허블 법칙은 멀리 있는 은하일수록 더 빠른 속도로 멀어진다는 것이며, 이것은 빅뱅 우주론과 정상 우주론에서 모두 설명할 수 있다.

바로알기 ㄱ. 정상 우주론에 따르면 우주는 시작도 끝도 없으며 크기는 무한하다. 우주가 한 점에서 시작되었다고 설명하는 우주론은 빅뱅 우주론이다.

04 ㄱ. 거리가 멀수록 후퇴 속도와 적색 편이가 크다. x로부터의 거리는 z가 y보다 멀므로 x에서 측정한 적색 편이도 z가 y보다 크다.

ㄴ. 멀리 있을수록 더 빨리 멀어지며, x에서 z까지의 거리는 (가)보다 (나)에서 멀다. 따라서 x에서 측정한 후퇴 속도도 (가)보다 (나)에서 크다.

바로알기 ㄷ. (가)와 (나)에서 우주의 팽창 속도가 계속 일정하므로 거리에 대한 후퇴 속도의 비는 같다. 즉, 허블 상수 $\left(H = \dfrac{\text{후퇴 속도}}{\text{거리}}\right)$는 (가)와 (나)에서 같다.

05 ㄷ. 우주 배경 복사는 우주의 온도가 약 3000 K일 때 형성되었고, 우주의 팽창에 의해 우주의 온도는 점점 낮아졌다. 또한, 복사 에너지의 파장은 복사체의 온도가 낮을수록 길어지므로, 우주의 온도가 낮아질수록 우주 배경 복사의 강도가 최대인 파장은 점점 길어졌다.

바로알기 ㄱ. 우주 배경 복사는 우주의 모든 방향에서 거의 일정한 세기로 관측된다.

ㄴ. 우주 배경 복사는 우주의 온도가 약 3000 K일 때 형성되었

고, 현재는 약 2.7 K의 흑체가 방출하는 복사 에너지와 파장별 에너지 분포 곡선이 일치하게 관측된다.

06 ㄴ. (나)의 우주론에 따르면 우주는 빅뱅 직후 A 시기에 빛보다 빠른 속도로 급격하게 팽창하였다.

ㄷ. 우주의 급팽창 이론은 기존의 빅뱅 우주론에서 설명하기 어려웠던 우주의 지평선 문제를 설명할 수 있다. 현재 관측 결과 우주의 모든 영역에서 물질이나 우주 배경 복사가 거의 균일한데 이는 멀리 떨어진 두 지역이 과거에는 정보 교환이 있었다는 것을 의미한다. 그러나 빅뱅 우주론에서는 빛이 이동할 수 있는 시간보다 우주의 나이가 더 적기 때문에 이를 설명하지 못하였는데, 이를 우주의 지평선 문제라고 한다.

🔍**바로알기** ㄱ. (가)는 기존의 빅뱅 우주론에서 설명하는 우주의 크기 변화이고, (나)는 급팽창 이론에서 설명하는 우주의 크기 변화이다.

07 ㄴ. 은하의 회전 속도 곡선에서 예측값 A는 보통 물질만을 고려한 것이고, 실제 관측값 B는 보통 물질과 암흑 물질에 의해 나타난 결과이다. 따라서 A와 B의 차이는 암흑 물질로 설명할 수 있다. 별을 비롯한 물질이 은하의 중심에 집중되어 있다면 은하 중심부에서 멀어질수록 회전 속도가 느려져야 한다. 그런데 실제로 관측한 결과는 은하 중심에서 멀어져도 회전 속도가 거의 일정한 것으로 나타났다. 이러한 결과는 은하의 외곽에도 상당한 양의 물질이 분포하고 있으며 그 물질의 질량으로 인해 회전 속도가 감소하지 않고 오히려 증가하거나 거의 일정하게 된다는 것을 의미한다. 그런데 이렇게 은하의 회전 속도에 영향을 미치는 물질의 질량은 별과 성간 물질을 관측하여 계산한 질량보다 훨씬 크다. 과학자들은 이와 같이 은하 질량의 대부분을 차지하지만 눈에 보이지 않는 물질을 암흑 물질이라고 부르게 되었다.

🔍**바로알기** ㄱ. 별을 비롯한 대부분의 보통 물질은 은하 외곽부보다 은하 중심에 많다.

ㄷ. 은하 외곽부에 존재하는 물질의 양이 적을수록 중력 효과가 감소한다. 따라서 중심에서 멀어질수록 은하의 회전 속도는 급격히 감소할 것이다.

08 ㄱ, ㄴ. 그림에서 그래프의 기울기는 시간에 따른 우주의 크기 변화이므로 우주의 팽창 속도에 해당한다. 현재는 그래프의 기울기가 점점 증가하므로 우주의 팽창 속도도 점점 증가한다고 할 수 있다.

🔍**바로알기** ㄷ. 우주가 팽창할수록 공간이 늘어나 빛의 파장이 길어진다. 따라서 은하의 적색 편이는 점점 증가할 것이다.

09 ㄱ. ㉠은 현재 가장 많은 비율을 차지하므로 암흑 에너지이다.

🔍**바로알기** ㄴ. 암흑 에너지는 중력과 반대 방향으로 작용하여 우주를 가속 팽창시키는 역할을 한다.

ㄷ. 현재 우주에서 암흑 물질은 약 26.8 %, 보통 물질은 약 4.9 %를 차지하므로 ㉡은 ㉢보다 크다.

10 ㄴ. B는 우주의 밀도가 임계 밀도보다 크다. 따라서 B는 닫힌 우주로 양(＋)의 곡률을 갖는다.

🔍**바로알기** ㄱ. A는 우주 밀도가 임계 밀도보다 작으므로 열린 우주에 해당한다.

ㄷ. C는 우주 밀도와 임계 밀도가 같으므로 평탄 우주이다. 만약 암흑 에너지가 없는 평탄 우주라면 팽창 속도가 0으로 수렴할 것이고, 암흑 에너지가 포함된 평탄 우주라면 가속 팽창할 것이다. 두 가지 경우 모두 우주가 다시 수축하지 않는다.

11

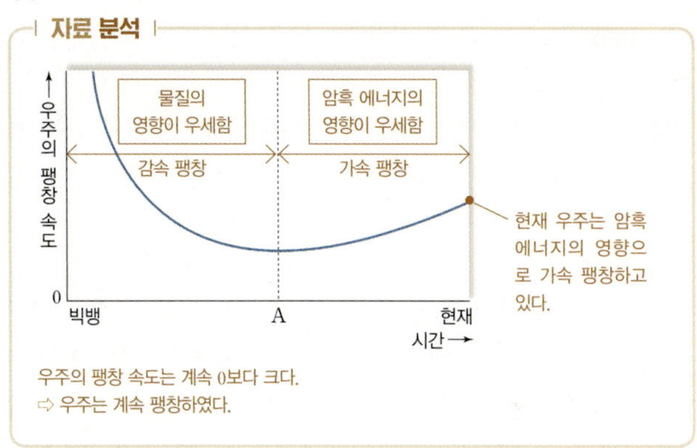

ㄴ. 현재 우주는 팽창 속도가 증가하고 있으므로 가속 팽창하고 있다.

🔍**바로알기** ㄱ. A 시기 이전에 우주의 팽창 속도만 감소하였을 뿐 우주는 계속 팽창하고 있다. 만약 우주가 수축한다면 우주의 팽창 속도는 (－) 값을 가질 것이다.

ㄷ. 우주가 팽창함에 따라 우주의 평균 밀도는 감소한다.

12 허블 법칙에 의해 팽창 우주론이 등장하였고, 우주 배경 복사를 발견하면서 빅뱅 우주론이 확립되었다. 빅뱅 우주론은 우주의 지평선 문제, 편평성 문제, 자기 홀극 문제를 설명하기 어려웠으나, 급팽창 이론을 통해 이러한 문제점을 해결해 주었다. 최근 우주가 가속 팽창하는 것이 확인되면서 표준 우주 모형이 정립되었다.

13 서술형

정답 | (1) 50 km/s/Mpc

해설 | (1) 은하 A까지의 거리는 300 Mpc, 후퇴 속도는 15000 km/s 이므로 허블 상수는 $H = \dfrac{15000 \text{ km/s}}{300 \text{ Mpc}} = 50 \text{ km/s/Mpc}$이다.

모범 답안 | (2) 외부 은하까지의 거리와 후퇴 속도는 비례하므로 B까지의 거리는 A의 $\dfrac{4}{3}$배이다. 따라서 B까지의 거리는 400 Mpc 이다.

(2) 허블 상수는 50 km/s/Mpc이고, B의 후퇴 속도는 20000 km/s 이므로 B의 거리는 $r = \dfrac{20000 \text{ km/s}}{50 \text{ km/s/Mpc}} = 400 \text{ Mpc}$으로 구할 수도 있다.

채점 기준	배점
B까지의 거리를 구하는 과정과 B까지의 거리를 모두 옳게 서술한 경우	100 %
B까지의 거리를 구하는 과정과 B까지의 거리 중 한 가지만 옳게 서술한 경우	50 %

모범 답안 | 급팽창 이전에는 우주의 크기가 우주의 지평선보다 작아서 서로 상호 작용하여 균질해질 수 있었다. 급팽창 이후에는 A와 B 지점은 서로 상호 작용할 수 없었으나 급팽창 이전에 충분히 상호 작용하여 거의 균질할 수 있게 되었다.

채점 기준	배점
우주의 크기와 우주의 지평선 크기를 급팽창 전과 후를 비교하여 옳게 서술한 경우	100 %
급팽창 전에는 우주가 상호 작용할 수 있었다는 점만 서술한 경우	50 %

15 서술형

정답 | (1) C
모범 답안 | (2) 우주가 팽창함에 따라 우주 밀도에서 물질(보통 물질과 암흑 물질)이 차지하는 비율은 감소하지만 암흑 에너지 밀도가 차지하는 비율은 증가한다. 따라서 A와 C는 감소하고, B는 증가한다.
해설 | A는 암흑 물질, B는 암흑 에너지, C는 보통 물질이다. 우주가 팽창함에 따라 물질 밀도의 비율은 감소하는 반면, 암흑 에너지는 단위 부피당 차지하는 밀도가 일정한 값을 유지한다. 따라서 시간이 흐를수록 우주의 밀도에서 암흑 에너지가 차지하는 비율은 증가한다.

채점 기준	배점
A, B, C의 비율 변화를 모두 옳게 서술한 경우	100 %
A, B, C의 비율 변화 중 두 가지만 옳게 서술한 경우	60 %
A, B, C의 비율 변화 중 한 가지만 옳게 서술한 경우	30 %

학교 시험 빈출 자료 M ASTER

p.224~226

①	1 ○	2 ○	3 ○	4 ×	5 ×	6 ○	7 ○
②	1 ×	2 ×	3 ○	4 ○	5 ○	6 ×	
③	1 ○	2 ○	3 ○	4 ○	5 ○	6 ○	7 ×
	8 ○						
④	1 ×	2 ○	3 ○	4 ○	5 ×		
⑤	1 ○	2 ○	3 ○	4 ○	5 ○	6 ○	7 ×
	8 ×						
⑥	1 ○	2 ○	3 ○	4 ×	5 ○	6 ×	
⑦	1 ○	2 ○	3 ○	4 ×	5 ×		
⑧	1 ○	2 ○	3 ×	4 ○	5 ○	6 ○	
⑨	1 ○	2 ○	3 ○	4 ○	5 ×	6 ○	7 ○
	8 ×						

①-1 A에 속한 은하 중 C는 타원 은하, D는 나선 은하이다. 한편, B는 불규칙 은하이다. 따라서 A와 B를 분류하는 기준은 모양의 규칙성 여부이다.

①-5 은하의 진화와 은하의 형태 사이에는 관련성이 없다는 사실이 밝혀졌다.

②-1 이 은하는 전파 영역에서 많은 양의 에너지를 방출하는 전파 은하이다.

②-2 전파 은하를 가시광선 영역으로 관측하면 대부분 타원 은하로 관측된다. 현재 문제의 그림은 제트와 로브가 나타나므로 전파 영역에서 관측한 것이다.

②-6 은하의 양쪽 옆에 둥근 돌출부는 로브이다. 로브에서는 강한 전파를 방출하므로 가시광선 영상보다 전파 영상에서 잘 나타난다.

③-7 퀘이사는 우주 생성 초기에 만들어진 천체이므로 우리은하로부터의 거리가 매우 멀어서 마치 하나의 별처럼 보인다. 따라서 은하까지의 거리는 (가) 세이퍼트은하보다 (나) 퀘이사가 더 멀다. 주어진 자료만으로 해석을 해도 적색 편이량이 (가)보다 (나)가 크므로 (나)가 퀘이사임을 알 수 있다.

④-1 은하가 충돌하더라도 은하 내부의 별들이 서로 부딪혀 파괴되는 일은 거의 일어나지 않는다.

④-5 두 은하가 충돌하게 된 주요 원인은 두 은하 사이에 작용하는 중력이다. 암흑 에너지는 인력이 아니라 척력으로 작용한다.

⑤-1 자료에 의하면 외부 은하까지의 거리가 멀수록 후퇴 속도가 크다.

⑤-2 대부분의 외부 은하들은 우리은하로부터 멀어지므로 외부 은하의 스펙트럼을 관측하면 흡수선의 파장이 고유 파장보다 길어진 위치에서 즉, 붉은색 쪽으로 이동한 위치에서 관측된다.

⑤-5 거리 400 Mpc에 위치한 은하의 후퇴 속도는 40000 km/s이다. 따라서 허블 상수는 100 km/s/Mpc이다.

⑤-7 그래프의 기울기는 허블 상수에 해당하며, 허블 상수의 역수는 우주의 나이에 해당한다.

⑤-8 허블 상수가 100 km/s/Mpc이므로 거리가 1400 Mpc인 은하의 후퇴 속도는 140000 km/s이다.

⑥-1 (가)는 빅뱅 우주론 모형이고, (나)는 정상 우주론 모형이다.

⑥-2 (가)의 빅뱅 우주론에서는 우주가 팽창함에 따라 우주의 밀도는 감소한다.

⑥-4 (나)의 정상 우주론에서는 시간이 흐르더라도 우주의 온도는 계속 일정하다.

⑥-6 우주 배경 복사의 존재는 빅뱅 우주론이 옳고, 정상 우주론이 틀렸다는 결정적인 근거이다.

⑦-3 이 복사 에너지는 우주 배경 복사이다. 우주 배경 복사는 현재 마이크로파 영역에서 관측되며, λ_{max}(약 1.9 mm)는 전파 영역에 해당한다.

⑦-4 우주 배경 복사가 처음 형성될 당시에는 약 3000 K의 흑체 복사에 해당하였으나 현재는 약 2.7 K의 흑체 복사와 일치한다.

⑦-5 우주 배경 복사의 세기는 하늘의 모든 방향에서 거의 균일한 세기로 관측된다.

⑧-3 (가)는 기존의 빅뱅 우주론에서, (나)는 급팽창 이론에서 우주의 크기 변화를 나타낸 것이다. (나)에서는 A 기간에 일어난 급팽창을 이용하여 우주의 편평성 문제를 설명할 수 있다.

⑨-2 A는 암흑 물질, B는 암흑 에너지, C는 보통 물질이다. A, B, C 중에서 전자기파와 상호 작용하는 것은 C뿐이다.

⑨-5 B(암흑 에너지)는 우주의 가속 팽창을 관측하여 그 존재를 추정할 수 있고, A(암흑 물질)는 우리은하의 회전 속도 곡선을 해석하여 그 존재를 확인할 수 있다.

⑨-8 현재 우주는 암흑 에너지(B)에 의해 가속 팽창하고 있다.

학교 시험 대비 문제

p.227~231

01 ②	02 ④	03 ③	04 ①	05 ⑤	06 ④
07 ⑤	08 ②	09 ④	10 ②	11 ⑤	12 ①
13 ④	14 ②	15 ③			
고난도 16 ⑤	17 ③	18 ①	19 ⑤		
서술형 20~25 해설 참조					

---

01 ② (가)는 막대 구조는 없고 나선팔이 존재하므로 정상 나선 은하이고, (나)는 특정한 형태가 없는 불규칙 은하이며, (다)는 막대 구조와 나선팔이 존재하므로 막대 나선 은하이다.

02 ㄱ. A는 타원 은하와 나선 은하로 구성되어 있으므로 규칙적인 모양을 갖고 있는 은하들이다. 따라서 A에 속하지 않는 은하는 불규칙 은하이다.
ㄷ. 우리은하는 막대 모양의 구조가 있는 나선 은하 즉, 막대 나선 은하이므로 E에 속한다.
바로알기 ㄴ. B는 타원 은하, C는 나선 은하이다. B와 C를 분류하는 기준은 나선팔의 존재 여부이다.

03 (가)는 정상 나선 은하, (나)는 막대 나선 은하, (다)는 타원 은하이다.
ㄱ. 나선 은하의 경우 a → b → c로 갈수록 은하핵의 크기가 작아지고, 나선팔의 감긴 정도가 느슨해진다.
ㄴ. (나)에 속한 은하들은 모두 막대 나선 은하이므로 막대 구조가 있다.
바로알기 ㄷ. (다)는 타원 은하이며, 편평도를 기준으로 구 모양에 가까운 은하를 E0, 가장 납작한 은하를 E7로 분류하였다.

04 ㄱ. (가)는 나선팔 구조를 갖고 있는 나선 은하이고, (나)는 규칙적인 모양이 없는 불규칙 은하이다.
바로알기 ㄴ. 불규칙 은하 (나)는 비교적 젊은 푸른색 별들로 이루어져 있다.
ㄷ. 두 은하 모두 우리은하로부터 매우 가까운 거리에 있다고 하였으므로 적색 편이가 매우 크게 나타나지는 않는다.

05 ㄱ. (가)는 제트와 로브가 잘 보이므로 전파로 관측한 영상이다.
ㄴ. (나)는 가시광선에서 관측한 영상이며, 타원 은하로 분류할 수 있다. 전파 은하는 대부분 타원 은하로 관측된다.
ㄷ. 전파 은하를 전파 영역에서 관측하면 중심핵에서 뻗어 나온 제트와 양 끝에 둥근 형태의 로브가 나타난다.

06 ㄴ. 은하까지의 거리는 적색 편이가 큰 B가 A보다 멀다.
ㄷ. 특이 은하는 모두 중심부에 질량이 매우 큰 블랙홀이 존재한다.
바로알기 ㄱ. A는 세이퍼트은하, B는 퀘이사이다. 세이퍼트은하는 나선팔이 있으므로 나선 은하에 속한다.

07 ㄱ, ㄴ. 세 은하 모두 수소 방출선의 파장이 정지 상태의 방출선 파장보다 길게 관측되었다. 적색 편이를 비교하면 (가) < (나) < (다)이므로 후퇴 속도는 (다)가 가장 크다.
ㄷ. 외부 은하들이 모두 멀어지는 것처럼 관측되는 것은 은하들이 실제로 멀어지기 때문이 아니라 우주가 팽창하기 때문이다.

08 우주의 나이는 허블 상수의 역수에 해당하며, 관측 가능한 우주의 크기는 빛의 속도로 멀어지는 지점에 해당한다. 관측 가능한 우주의 크기를 r라고 하면, r 지점에서 우주는 빛의 속도로 멀어진다. 따라서 $v=c=Hr$로부터 $r=\dfrac{c}{H}$이다.

09 ㄱ. 그래프의 기울기는 은하의 거리(r)에 대한 후퇴 속도(v)의 비이므로 허블 상수$\left(\dfrac{v}{r}=H\right)$에 해당한다. 따라서 허블 상수가 가장 큰 것은 기울기가 가장 큰 A이다.
ㄷ. A, B, C에서 모두 은하의 거리가 멀수록 후퇴 속도가 크게 관측되었다.
바로알기 ㄴ. 우주의 나이는 허블 상수의 역수에 해당하므로 우주의 나이는 기울기가 가장 작은 C에서 가장 많다.

10 ② 이 우주 모형은 빅뱅 우주론을 나타낸 것이다. 따라서 A에서 B로 갈 때, 우주가 팽창하면서 우주의 온도와 밀도는 감소한다.
바로알기 ⑤ 우주의 지평선 문제는 기존의 빅뱅 우주론에서는 설명하기 어렵고, 급팽창 이론을 이용하여 설명할 수 있다.

11 ㄱ. 우주 배경 복사는 현재 우주 전체에 거의 균일하게 퍼져 있는 빛이다.
ㄴ. A일 때가 B일 때보다 우주 배경 복사의 온도가 높으므로 A는 최초로 우주 배경 복사가 방출되었던 빅뱅 후 38만 년일 때의 흑체 복사 곡선이다.
ㄷ. 우주가 팽창함에 따라 우주의 온도가 낮아지고, 우주 배경 복사의 파장이 점점 길어졌다.

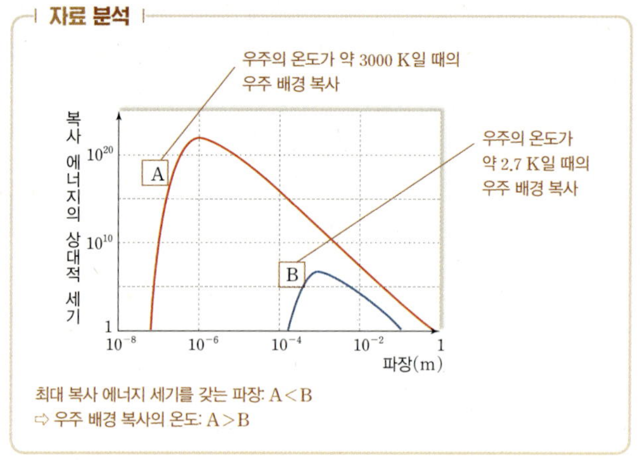

12 ㄱ. 현재 우주에서는 상호 작용할 수 없는 두 지점에서 오는 우주 배경 복사가 거의 균일하다. 이를 우주의 지평선 문제라고 한다.

바로알기 ㄴ, ㄷ. 급팽창 이전에는 우주의 크기가 우주의 지평선보다 작아서 서로 상호 작용하여 균질해질 수 있었으나, 현재는 A와 B가 우주의 지평선 부근에 위치하여 정보 교환이 불가능하다.

13 ④ (가)는 우주의 곡률과 관련된 편평성 문제이고, (나)는 우주 배경 복사가 균질하게 관측되는 지평선 문제이다. (가)와 (나)의 문제점은 급팽창 이론을 이용하여 설명할 수 있게 되었다.

14 빅뱅 직후 우주의 급팽창이 일어났고, 중성 원자가 생성된 이후에 우주 배경 복사가 형성되었다. 최초의 별이 형성된 후에 은하가 만들어졌으며, 암흑 에너지의 비율이 충분히 증가한 후부터 우주의 가속 팽창이 시작되었다.

15 ㄱ. 은하단의 강한 중력에 의해 멀리 있는 퀘이사의 빛이 굴절되는 중력 렌즈 현상이 나타났다.

ㄴ. 퀘이사 A, B, C는 실제로 하나의 퀘이사이기 때문에 스펙트럼에 나타난 적색 편이는 모두 동일하다.

바로알기 ㄷ. 암흑 물질의 양이 증가하면 중력이 증가하여 빛을 더욱 크게 휘어지게 할 것이다.

16 ㄱ. 우리은하는 막대 나선 은하이므로 ㉠에 해당한다.

ㄴ. 자료에서 ㉠과 ㉡은 나선 은하이고, ㉢은 타원 은하이다. 나선 은하의 비율은 64 %이고, 나선팔 구조가 없는 은하의 비율은 36 %이다.

ㄷ. 타원 은하(㉢)를 구성하는 별들은 대부분 나이가 많아 붉은색을 띤다.

17 (가)는 세이퍼트은하, (나)는 전파 은하이다.

ㄱ. 세이퍼트은하의 중심에는 거대 질량의 블랙홀이 있으며, 블랙홀 주변을 고속으로 회전하는 가스에 의해 폭이 매우 넓은 방출선이 만들어진다.

ㄴ. 전파 은하는 중심핵에서 제트가 분출되어 형성된 둥근 모양의 로브(전파 방출원)가 양쪽에 대칭으로 나타난다.

바로알기 ㄷ. 가시광선 영역에서 관찰하면 (가)의 세이퍼트은하는 나선 은하, (나)의 전파 은하는 타원 은하로 관측된다.

18 ㄱ. 허블 상수는 우주의 팽창 속도에 해당한다. 관측된 허블 상수는 a＜b＜c이므로 이 값을 기준으로 판단하면 우주의 팽창 속도는 a에서 가장 느리다.

바로알기 ㄴ. 우주 팽창 속도가 일정하게 유지되었다고 가정하면 우주의 나이는 허블 상수의 역수에 해당한다. 따라서 우주의 나이는 b보다 c에서 적다.

ㄷ. 관측 가능한 우주의 크기는 허블 상수가 클수록 작다. 따라서 허블 상수가 가장 큰 c에서 관측 가능한 우주의 크기가 가장 작다.

19 ㄱ. A와 B는 모두 평탄 우주 모형이므로 우주의 밀도와 임계 밀도가 같다.

ㄴ. A에서 우주는 가속 팽창하고, B에서 우주는 팽창 속도가 점점 0으로 수렴한다. 따라서 암흑 에너지 비율은 A가 B보다 크다.

ㄷ. 우주의 나이는 우주의 크기가 0에서 현재까지 걸린 시간에 해당하므로 A가 B보다 많다.

20 (서술형)

모범 답안 | ㉠, ㉤은 불규칙 은하, ㉡, ㉢은 정상 나선 은하, ㉣은 타원 은하, ㉥은 막대 나선 은하이다.

해설 | 허블은 외부 은하를 가시광선 영역에서 관측되는 형태에 따라 타원 은하, 나선 은하, 불규칙 은하로 분류하였다. ㉠과 ㉤은 규칙적인 모양이 없고, ㉡, ㉢, ㉥은 나선팔 구조가 있다. ㉥은 은하 중심부에 막대 구조가 있다. ㉣은 타원형 모양으로 관측된다.

채점 기준	배점
모범 답안과 같이 분류한 경우	100 %
네 가지 종류의 은하 중 두 가지만 옳게 분류한 경우	50 %

21 (서술형)

정답 | (1) A: 제트, B: 로브

모범 답안 | (2) 은하의 종류는 전파 은하이고, 관측한 파장 영역은 전파 영역이다.

해설 | 이 은하는 중심부에서 방출된 제트(A)로 연결된 로브(B)가 중심부의 양쪽에 대칭으로 나타난다. 따라서 전파 은하이며, 로브가 뚜렷하게 나타나는 것으로 보아 전파 영역에서 관측한 자료이다.

채점 기준	배점
은하의 종류와 관측한 파장 영역을 모두 옳게 서술한 경우	100 %
은하의 종류와 관측한 파장 영역 중 한 가지만 옳게 서술한 경우	50 %

22 (서술형)

모범 답안 | 은하 내부에서 별들 사이의 거리는 매우 멀다. 두 은하가 서로 충돌하면 은하를 구성하는 천체의 배열이 달라질 뿐 은하를 구성하는 별이 서로 충돌할 가능성은 거의 없다.

채점 기준	배점
모범 답안과 같이 서술한 경우	100 %
별 사이의 거리가 멀기 때문이라고만 서술한 경우	70 %

23 서술형

모범 답안 | (1) 이 은하의 적색 편이 $z=\dfrac{25\,\text{Å}}{5000\,\text{Å}}=0.005$이므로 후퇴 속도는 $v=cz=3\times10^5\,\text{km/s}\times0.005=1500\,\text{km/s}$이다.

채점 기준	배점
과정과 후퇴 속도를 모두 옳게 서술한 경우	100 %
과정과 후퇴 속도 중 한 가지만 옳게 서술한 경우	50 %

(2) 허블 상수는 거리에 대한 후퇴 속도의 비이므로

$$H=\frac{1500\,\text{km/s}}{30\,\text{Mpc}}=50\,\text{km/s/Mpc}$$이다.

해설 | 자료에서 흡수선의 기준 파장이 5000 Å, 흡수선의 파장 변화량이 25 Å이므로 적색 편이는 0.005이고, 후퇴 속도는 광속의 0.5 %(1500 km/s)이다. 이 은하의 거리가 30 Mpc이고, 후퇴 속도가 1500 km/s이므로 허블 상수는 50 km/s/Mpc이다.

채점 기준	배점
과정과 허블 상수를 모두 옳게 서술한 경우	100 %
과정과 허블 상수 중 한 가지만 옳게 서술한 경우	50 %

24

정답 | (1) (가) 빅뱅 우주론, (나) 정상 우주론

모범 답안 | (2) (가)에서는 우주의 온도가 점점 낮아지고, (나)에서는 일정하다.

해설 | (가)에서는 우주가 팽창함에 따라 밀도가 감소하지만, (나)는 밀도가 유지된다. 따라서 (가)는 빅뱅 우주론, (나)는 정상 우주론에 해당한다. 정상 우주론에서는 우주가 팽창하더라도 항상 동일한 상태를 유지한다고 주장하지만, 빅뱅 우주론에서는 우주의 온도와 밀도가 감소한다고 주장한다.

채점 기준	배점
(가)와 (나)에서의 변화를 모두 옳게 서술한 경우	100 %
(가)와 (나)에서의 변화 중 한 가지만 옳게 서술한 경우	50 %

25 서술형

모범 답안 | (가)는 평탄 우주, (나)는 닫힌 우주, (다)는 열린 우주이다. 따라서 $\dfrac{\text{우주의 밀도}}{\text{임계 밀도}}$는 (가)에서 1이고, (나)에서 1보다 크고, (다)에서 1보다 작다.

해설 | 열린 우주는 우주의 밀도가 임계 밀도보다 작고, 곡률이 음($-$)인 우주이다. 닫힌 우주는 우주의 밀도가 임계 밀도보다 크고, 곡률이 양($+$)인 우주이다. 평탄 우주는 우주의 밀도가 임계 밀도와 같고, 곡률이 0인 우주이다.

채점 기준	배점
(가), (나), (다)를 모두 옳게 서술한 경우	100 %
(가), (나), (다) 중 두 가지만 옳게 서술한 경우	60 %
(가), (나), (다) 중 한 가지만 옳게 서술한 경우	30 %

01 별의 물리량과 H−R도
❶ 색지수　❷ 흡수선　❸ 광도　❹ 적색 거성　❺ 백색 왜성

02 별의 진화와 에너지원
❶ 질량　❷ 수소　❸ 중성자별　❹ 수소　❺ 정역학　❻ 철

03 외계 행성계와 외계 생명체 탐사
❶ 증가　❷ 액체

04 외부 은하
❶ 가시광선　❷ 막대　❸ 블랙홀　❹ 타원　❺ 퀘이사　❻ 나선

05 우주 팽창과 빅뱅 우주론
❶ 나이　❷ 우주 배경　❸ 지평선　❹ 회전 속도　❺ 가속　❻ 암흑 물질

1등급 실전 문제　　　　　p.234~239

01 ①	02 ③	03 ①	04 ③	05 ④	06 ③
07 ③	08 ①	09 ②	10 ③	11 ⑤	12 ③
13 ②	14 ①	15 ③	16 ⑤	17 ③	18 ⑤
19 ④	20 ③				

서술형　**21~25 해설 참조**

01 ㄱ. 흰색 별의 분광형은 A형이므로 H Ⅰ 흡수선이 He Ⅰ 흡수선보다 강하게 나타난다.

바로알기 ㄴ. 분자 흡수선이 뚜렷한 별은 분광형이 M형인 붉은색 별이므로 Fe Ⅰ 흡수선이 He Ⅰ 흡수선보다 강하게 나타난다.

ㄷ. 광도는 태양의 0.01배, 반지름은 태양의 0.1배인 별의 표면 온도는 별의 광도식 $L=4\pi R^2\cdot\sigma T^4$을 통해 $\left(\dfrac{L}{R^2}\right)^{\frac{1}{4}}$에 비례하므로 $\left(\dfrac{0.01}{0.1^2}\right)^{\frac{1}{4}}=1$이다. 따라서 이 별은 태양과 표면 온도가 같으므로 Fe Ⅰ 흡수선이 He Ⅰ 흡수선보다 강하게 나타난다.

02 ㄱ, ㄴ. 빈의 변위 법칙에 의하면 $\lambda_{\max}=\dfrac{a}{T}$이므로 별의 표면 온도($T$)는 복사 에너지를 최대로 방출하는 파장($\lambda_{\max}$)의 길이에 반비례한다. 따라서 복사 에너지를 최대로 방출하는 파장의 길이가 (가)<(나)<(다)이므로 별의 표면 온도는 (가)>(나)>(다)이다. 태양은 분광형이 G형이므로 (나)는 태양보다 표면 온도가 높다.

바로알기 ㄷ. 세 별의 광도가 같으므로 별의 반지름은 표면 온도가 낮을수록 크다. 따라서 별의 반지름은 (나)가 (다)보다 작다.

03 별 ㉠~㉣과 태양을 H−R도에 표시해 보면 ㉠, ㉢, 태양은 주계열성, ㉡은 초거성, ㉣은 백색 왜성임을 알 수 있다.

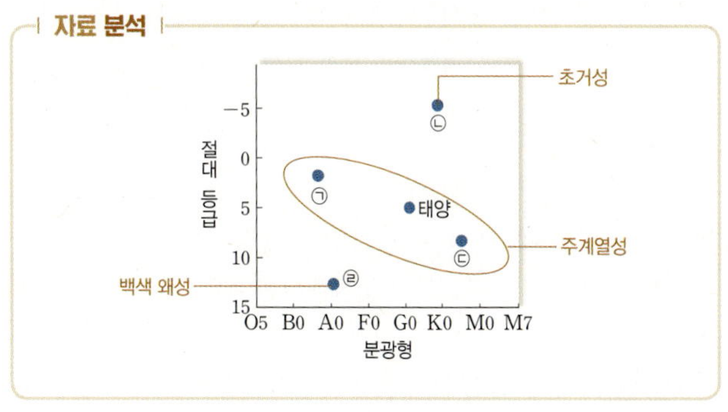

자료 분석

ㄱ. ㉠은 주계열성으로, 태양보다 광도가 크고 표면 온도가 높기 때문에 질량이 태양보다 크다.

🔍 바로알기 ㄴ. ㉡은 초거성이므로 중심부에서는 수소보다 무거운 원소의 핵융합 반응이 일어난다.

ㄷ. ㉠~㉣ 중 백색 왜성은 ㉣뿐이므로 1개이다.

04

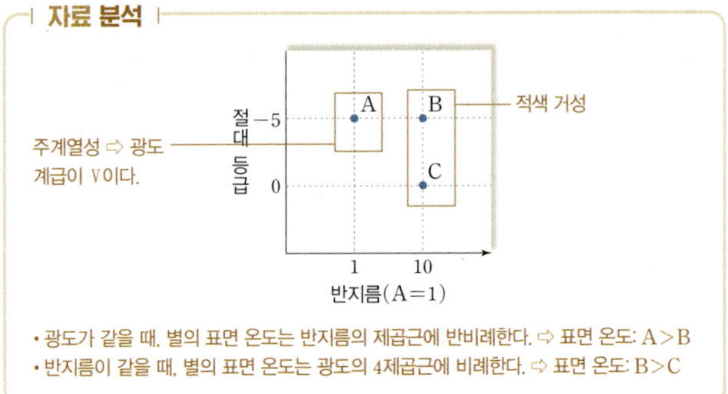

- 광도가 같을 때, 별의 표면 온도는 반지름의 제곱근에 반비례한다. ⇨ 표면 온도: A>B
- 반지름이 같을 때, 별의 표면 온도는 광도의 4제곱근에 비례한다. ⇨ 표면 온도: B>C

ㄱ. 광도가 같을 때, 표면 온도는 반지름의 제곱근에 반비례하므로 A가 B의 $\dfrac{1}{\left(\dfrac{1}{10}\right)^{\frac{1}{2}}}=10^{\frac{1}{2}}=\sqrt{10}$배이다. 반지름이 같을 때, 표면 온도는 광도의 4제곱근에 비례하므로 B가 C의 $100^{\frac{1}{4}}=\sqrt{10}$배이다. 따라서 별의 표면 온도는 A>B>C이며, 광도는 A=B>C이다.

ㄷ. 별의 중심부 온도는 주계열성 A보다 적색 거성 C에서 높다.

🔍 바로알기 ㄴ. 별의 반지름은 A<B=C이므로 A는 주계열성, B와 C는 적색 거성이다. A는 주계열성이므로 광도 계급이 Ⅴ이다.

05 ㄴ. B와 D는 주계열성이므로 반지름은 광도가 큰 B가 D보다 크다. C는 백색 왜성이므로 주계열성 D보다 반지름이 작다. 따라서 반지름은 B>D>C이다.

ㄷ. A는 초거성이므로 수소 껍질 연소가 일어나고, B와 D는 주계열성이므로 중심핵에서 수소 연소가 일어난다. 따라서 A, B, D에서는 모두 수소 핵융합 반응이 일어난다.

🔍 바로알기 ㄱ. A는 표면 온도가 10000 K 이상이고, 광도가 태양 광도의 약 $10^{5.5}$배 이상이므로 초거성이다.

06 성단의 별들은 모두 같은 성운에서 같은 시기에 중력 수축하기 시작하였으므로 질량이 큰 원시별일수록 주계열성에 빨리 도달한다. 따라서 (가)는 주계열성이고, (나)는 아직 주계열성에 도달하지 못한 원시별이다.

ㄱ. (가)는 주계열성이므로 정역학 평형 상태를 유지한다.

ㄷ. 주계열성에서는 중심부에서 수소 핵융합 반응이 일어나기 때문에 중심부 온도는 주계열성 (가)가 원시별 (나)보다 높다.

🔍 바로알기 ㄴ. (나)는 원시별이므로 주계열성으로 진화할 것이다.

07 ㄱ. 주계열성 A는 B보다 질량이 크다. 별의 진화 시간은 질량이 클수록 짧으므로 A → A′가 B → B′보다 짧다.

ㄴ. A → A′에서는 중심부의 헬륨핵이 수축하므로 중심부 온도가 높아진다.

🔍 바로알기 ㄷ. B → B′는 주계열성에서 적색 거성으로 진화하는

과정이다. 행성상 성운은 질량이 태양과 비슷한 별의 진화 중 마지막 단계에 이르렀을 때 형성된다.

08 ㄱ. (가)는 p−p 반응의 경로이다. ㉠은 p−p 반응에서 최종적으로 생성되는 헬륨 원자핵이다. 헬륨 원자핵 1개의 질량은 수소 원자핵 4개의 질량보다 작다.

🔍 바로알기 ㄴ. (나)에서는 대류핵이 존재하므로 태양보다 질량이 약 2배 이상인 주계열성의 내부 구조이다.

ㄷ. (나)의 중심핵에서는 p−p 반응보다 CNO 순환 반응에 의한 에너지 생성량이 훨씬 많다.

09 ㄴ. 질량이 태양의 2배 이하인 주계열성은 핵, 복사층, 대류층으로 이루어져 있고, 질량이 태양의 2배 이상인 주계열성은 대류핵, 복사층으로 이루어져 있다. 따라서 ㉠은 복사층, ㉡은 대류층이다.

🔍 바로알기 ㄱ. A는 별의 중심부에서 증가하다가 어느 부분부터는 일정해지므로 수소 함량 비율이고, B는 별의 중심부에서 표면으로 갈수록 작아지므로 온도이다.

ㄷ. 핵에서는 수소 핵융합 반응이 일어나 헬륨 함량 비율이 높지만, ㉠과 ㉡에서는 수소 핵융합 반응이 일어나지 않기 때문에 헬륨 함량 비율이 동일하다.

10 ㄱ. 행성의 공전 주기는 중심별의 시선 속도 변화 주기와 같으므로 (t_2-t_1)의 2배이다.

ㄴ. 중심별이 지구로부터 멀어질 때 행성은 지구 쪽으로 가까워진다. t_1 이전에 행성은 지구 쪽으로 가까워졌고, $t_1{\sim}t_2$까지 행성은 지구로부터 멀어졌으므로 지구에서 행성까지의 거리는 t_1보다 t_2일 때 멀다.

🔍 바로알기 ㄷ. 행성에 의한 중심별의 밝기 감소량 ㉠은 행성의 단면적에 비례한다. 따라서 ㉠은 행성의 반지름이 클수록 커진다.

11 ㄱ. 식 현상을 이용한 탐사는 행성의 공전 궤도면이 관측자의 시선 방향에 거의 나란한 경우에 이용이 가능하다.

ㄴ. (가)의 행성들은 모두 지구보다 질량이 크다. 따라서 행성들의 평균 질량은 (가)가 (나)보다 크다.

ㄷ. 직접 관측을 통해 행성을 발견하려면 지구에서 행성까지의 거리가 매우 가까워야 한다.

12 ㄱ. ㉠은 생명 가능 지대에 위치하므로 물이 액체 상태로 존재할 수 있다.

ㄴ. ㉡은 생명 가능 지대보다 안쪽에 위치하고, ㉢은 생명 가능 지대보다 바깥쪽에 위치한다. 따라서 행성의 표면 온도는 ㉡이 ㉢보다 높다.

🔍 바로알기 ㄷ. 생명 가능 지대가 중심별에 가까울수록 생명 가능 지대의 폭이 좁아지므로 생명 가능 지대의 폭은 C에서 가장 좁을 것이다.

13 (가)는 막대 나선 은하, (나)는 정상 나선 은하, (다)는 불규칙 은하, (라)는 타원 은하이다.

ㄴ. 성간 물질의 비율은 막대 나선 은하보다 불규칙 은하에서 크다.

🔍 바로알기 ㄱ. (가)는 핵의 크기와 나선팔이 감긴 정도에 따라 세분할 수 있다.

ㄷ. 타원 은하 (라)는 주로 붉은색 별들로 이루어져 있어 다른 은하들에 비해 별의 평균 색지수가 크다.

14 A는 타원 형태로 관측되므로 타원 은하이고, B는 규칙적인 모양이 없으므로 불규칙 은하이다.
ㄱ. A는 B보다 표면 온도가 대체로 낮은 별들로 이루어져 있으므로 붉은색 별의 비율은 ①으로 적절하다.
🔍**바로알기** ㄴ. 우리은하는 막대 나선 은하이다.
ㄷ. 은하의 형태에 대한 연구 결과, 은하의 형태와 진화 사이에는 연관성이 없다는 것이 알려졌다.

15 ㄷ. 세이퍼트은하에서는 은하 중심부를 회전하는 가스의 속도가 매우 커서 방출선의 폭이 넓게 나타난다.
🔍**바로알기** ㄱ. 세이퍼트은하는 대부분 나선 은하 형태로 관측된다.
ㄴ. 스펙트럼에 나타난 방출선들의 파장은 대체로 300 nm ~700 nm 사이이므로 주로 가시광선 영역에 해당한다.

16 ㄱ. A에서 관측되는 B의 후퇴 속도는 B에서 관측한 A의 후퇴 속도와 같으므로 방출선의 파장은 614 nm로 관측된다.
ㄴ. A에서 C까지의 거리는 A에서 B까지의 거리의 3배이므로 A에서 관측되는 후퇴 속도는 C가 B의 3배이다.
ㄷ. B에서 관측할 때, C의 거리는 A의 2배이므로 (나)에서 파장 변화량도 C가 A의 2배가 되어야 한다. 따라서 정지 상태의 파장 λ_0은 600 nm이다.

$$628 - \lambda_0 = 2(614 - \lambda_0) \rightarrow \lambda_0 = 600 \text{ nm}$$

17 ㄱ. 급팽창 이전에는 우주의 크기가 우주의 지평선보다 작아서 전체적으로 상호 작용할 수 있었다.
ㄴ. 급팽창 시기에 우주는 빛보다 빠르게 팽창하여 우주의 크기가 우주의 지평선보다 커지게 되었다.
🔍**바로알기** ㄷ. 급팽창 이후에는 우주의 크기가 우주의 지평선보다 커서 전체적인 상호 작용이 불가능하였다.

18

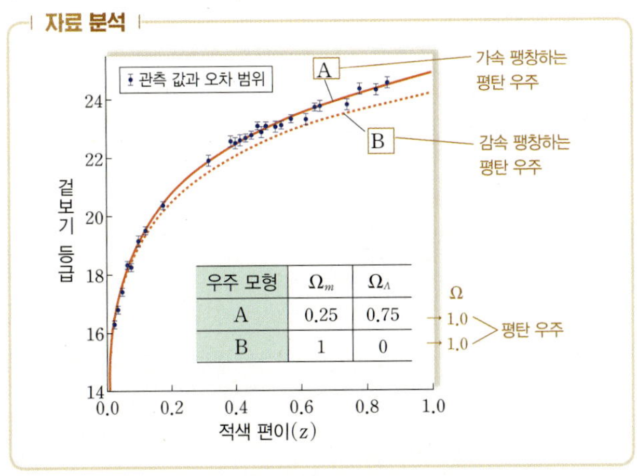

우주의 밀도(ρ)는 물질 밀도(ρ_m)와 암흑 에너지 밀도(ρ_Λ)의 합이다. → $\rho = \rho_m + \rho_\Lambda$
각각의 값을 임계 밀도(ρ_c)에 대한 비로 나타내면 다음과 같다.

→ $\dfrac{\rho_m}{\rho_c} = \Omega_m$, $\dfrac{\rho_\Lambda}{\rho_c} = \Omega_\Lambda$, $\dfrac{\rho}{\rho_c} = \Omega$

ㄱ. A와 B에서 우주의 밀도는 임계 밀도와 같으므로 두 모형 모두 평탄 우주 모형에 해당한다.
ㄴ. 적색 편이가 커질수록 A와 B에서 예측한 값의 차가 커진다.
ㄷ. 실제 관측된 Ia형 초신성의 겉보기 등급은 B보다 A에서 예측한 값에 가깝다.

19 ㄱ. (가)의 우주론은 급팽창을 포함한 빅뱅 우주론이다. 이 우주론에 따르면 우주가 팽창함에 따라 우주의 밀도는 점점 작아진다.
ㄴ. ① 시기의 급팽창은 빅뱅 직후에 아주 짧은 시간 동안 일어났으며, 우주 배경 복사는 우주의 나이가 약 38만 년이 되었을 때 형성되었다.
🔍**바로알기** ㄷ. 우주가 팽창함에 따라 우주 배경 복사에서 최대 세기의 복사 에너지를 방출하는 파장(λ_{max})은 점점 길어졌고 온도는 점점 낮아졌다.

20 플랑크 우주 망원경으로 관측한 결과를 바탕으로 할 때, 우주는 약 4.9 %의 보통 물질, 약 26.8 %의 암흑 물질, 약 68.3 %의 암흑 에너지로 구성되어 있다.
ㄱ. A는 가장 많은 비율을 차지하는 암흑 에너지로, 가속 팽창의 원인으로 알려져 있다.
ㄴ. B는 암흑 물질로 우주가 팽창함에 따라 밀도가 낮아지므로 상대적인 비율이 점점 감소한다. 암흑 에너지는 우주가 팽창하더라도 밀도가 일정하게 유지되므로 상대적인 비율이 계속 증가한다.
🔍**바로알기** ㄷ. 우리은하는 보통 물질보다 암흑 물질이 차지하는 질량비가 크다.

21 서술형
정답 | (1) A가 B보다 높다.
(2) A는 B보다 지구로부터 거리가 멀다. 두 별이 모두 주계열성이므로 광도는 A가 B보다 크지만 단위 시간 동안 지구로 입사되는 에너지양은 A가 B보다 적기 때문이다.
해설 | (1) 최대 에너지를 방출하는 파장이 짧을수록 별의 표면 온도가 높다.

채점 기준	배점
표면 온도를 비교하여 옳게 서술한 경우	100 %

(2) 두 별이 모두 주계열성이므로 광도는 별의 반지름이 클수록, 표면 온도가 높을수록 크다. 파장에 따른 복사 에너지 곡선에서 그래프와 가로축이 이루는 면적은 지구에 입사하는 총 에너지양에 해당한다. 따라서 지구로 입사하는 총 에너지양은 A가 B보다 적지만, 실제 별이 방출하는 에너지양(광도)은 A가 B보다 많기 때문에 A가 B보다 멀리 있다.

채점 기준	배점
지구로부터 별까지의 거리를 옳게 비교하고, 그 까닭을 옳게 서술한 경우	100 %
지구로부터 별까지의 거리만 비교하여 옳게 서술한 경우	50 %
그 까닭만 옳게 서술한 경우	50 %

22 서술형

모범 답안 | (1) (가)가 (나)보다 길다.

(2) 중심별의 반지름이 같으므로 식 현상에 의해 나타난 중심별의 밝기 감소 비율은 행성의 반지름의 제곱에 비례한다. 따라서 행성의 반지름은 (가)의 행성보다 (나)의 행성이 $\sqrt{\dfrac{1.000-0.990}{1.000-0.997}} = \sqrt{\dfrac{10}{3}}$ 배 크다.

해설 | (1) 식 현상이 지속되는 시간은 중심별의 겉보기 밝기가 감소한 구간의 시간에 해당하므로 (가)가 (나)보다 길다.

채점 기준	배점
식 현상이 지속되는 시간을 비교하여 옳게 서술한 경우	100 %

(2) 식 현상에 의해 나타난 중심별의 밝기 감소 비율은 행성의 단면적, 즉 행성의 반지름의 제곱에 비례한다.

채점 기준	배점
행성의 반지름 크기를 비교하는 과정을 옳게 서술한 경우	100 %
과정없이 행성의 반지름 크기를 비교하여 옳게 서술한 경우	30 %

23 서술형

모범 답안 | (가)의 중심별보다 (나)의 중심별이 광도가 크다. 두 행성은 모두 생명 가능 지대에 위치하며, 중심별로부터의 거리는 (가)가 (나)보다 훨씬 가깝기 때문이다.

해설 | 별의 광도가 작을수록 중심별에서 생명 가능 지대까지의 거리가 가깝다.

채점 기준	배점
두 별의 광도를 옳게 비교하고, 그 까닭을 옳게 서술한 경우	100 %
두 별의 광도만 비교하여 옳게 서술한 경우	50 %
그 까닭만 옳게 서술한 경우	50 %

24 서술형

정답 | (1) ㉠ 수소, ㉡ 헬륨

모범 답안 | (2) 빅뱅 우주론에서는 우주 전역에 존재하는 수소와 헬륨의 질량비를 3 : 1로 예측하였으며, 이 값은 실제 관측 자료에서 수소와 헬륨의 질량비와 잘 일치하므로 빅뱅 우주론의 증거가 될 수 있다.

해설 | 빅뱅 우주론에 따르면 우주를 구성하는 물질(보통 물질)의 약 25 %가 헬륨으로 이루어져야 수소와 헬륨의 질량비가 약 3 : 1이 되는데, 이 예측은 실제 관측 결과와 잘 들어맞는다. 따라서 이 문제에서 제시한 관측 자료는 빅뱅 우주론이 옳다는 근거가 될 수 있다.

채점 기준	배점
수소와 헬륨의 질량비와 질량비 예측에 대한 내용을 포함하여 서술한 경우	100 %
빅뱅 우주론에서 예측한 질량비와 일치하기 때문이라고만 서술한 경우	70 %

25 서술형

모범 답안 | T_1 시기에는 암흑 에너지의 비율이 물질의 비율보다 크므로 가속 팽창하고, T_2 시기에는 암흑 에너지의 비율이 물질의 비율보다 작으므로 감속 팽창한다.

해설 | 암흑 물질과 보통 물질은 인력으로 작용하여 우주의 팽창 속도를 감소시키는 역할을 하고, 암흑 에너지는 척력으로 작용하여 우주의 팽창 속도를 증가시키는 역할을 한다.

채점 기준	배점
T_1 시기와 T_2 시기의 우주 팽창 속도를 모두 옳게 서술한 경우	100 %
T_1 시기와 T_2 시기 중 한 시기의 우주 팽창 속도만 옳게 서술한 경우	50 %

I. 고체 지구

1 지권의 변동

수능 빈출 자료 MASTER p.06~10

1
자료1	1 ○	2 ○	3 ×	4 ○	5 ○
자료2	1 ×	2 ○	3 ○	4 ×	
자료3	1 ×	2 ×	3 ○	4 ×	

2
| 자료1 | 1 × | 2 ○ | 3 × | 4 × | 5 ○ |
| 자료2 | 1 × | 2 ○ | 3 × | 4 ○ | 5 × |

3
자료1	1 ○	2 ○	3 ○	4 ×
자료2	1 ○	2 ○	3 ×	4 ×
자료3	1 ○	2 ○	3 ×	4 ×

4
자료1	1 ×	2 ×	3 ○	4 ○
자료2	1 ○	2 ○	3 ○	4 ×
자료3	1 ×	2 ○	3 ×	

5
자료1	1 ○	2 ○	3 ×	4 ×
자료2	1 ○	2 ×	3 ×	
자료3	1 ×	2 ○	3 ×	

1 **1-3** 가장 오래된 퇴적물의 연령이 많을수록 퇴적물이 오 랫동안 퇴적되므로 두께가 두꺼워진다.

1-4 해양 지각은 해령에서 생성되어 양쪽으로 멀어지므로 P_3 과 P_7 사이의 거리는 점점 증가한다.

2-1 해양 지각의 연령이 많을수록 퇴적물이 오랫동안 퇴적되 므로 두께가 두꺼워진다. A는 B보다 해양 지각의 연령이 적으므 로 퇴적물의 두께는 B가 더 두껍다.

2-2 (가)와 (나)는 해령의 수심이 거의 같으므로 해저면 경사가 급할수록 수심 차가 크다. 따라서 (해령으로부터 거리가 600 km 지점의 수심－해령의 수심)은 (가)가 (나)보다 작다.

2-3 확장 속도＝$\dfrac{\text{해령으로부터의 거리}}{\text{해양 지각의 연령}}$이므로 최근 3천만 년 동 안의 평균 확장 속도는 (가)가 (나)보다 빠르다.

3-2 B 지점은 역자극기이므로 해양 지각이 생성될 당시 지구 자기장의 방향은 현재와 반대였다.

3-3 A, B 지점은 해령으로부터 같은 거리에 있지만 해양 지 각의 나이는 B 지점이 적으므로 해양 지각의 평균 이동 속력은 (가)보다 (나)에서 빠르게 나타난다.

3-4 해양 지각의 나이가 많을수록 퇴적물의 두께가 두꺼우므 로 퇴적물의 두께는 A에서 더 두껍다.

2 **1-1** 지리상 북극의 겉보기 위치가 변한 것은 인도 대륙이 이동하였기 때문이다. 6000만 년 전부터 2000만 년 간격으로 지 리상 북극의 위치를 비교해보면 현재로 올수록 이동한 거리가 감 소하므로 인도 대륙의 이동 속도는 느려졌다.

1-2 6000만 년 전에 지리상 북극의 겉보기 위치는 현재 위치 에서 약 45° 남쪽에 있으므로 인도 대륙은 현재 위치인 약 20°N

에서 남쪽으로 약 45° 이동하여 약 25°S에 있었다. 같은 원리로 4000만 년 전에 지리상 북극의 겉보기 위치는 현재 위치에서 약 15° 남쪽에 있으므로 인도 대륙의 위치는 약 5°N에 있었다. 따라 서 인도 대륙은 6000만 년 전~ 4000만 년 전에 적도 부근에 위 치하였다.

1-3 인도 대륙은 6000만 년 전부터 현재까지 계속 북쪽으로 이동하였으므로 4000만 년 전부터 현재까지 인도 대륙에서 고지 자기 복각의 크기는 계속 커졌다.

2-1 250~500 Ma에 고지자기극의 실제 위치는 현재의 지리 상 남극이지만 겉보기 위치는 계속 변하였다. 즉 500 Ma일 때 A 지점과 고지자기극의 겉보기 위치 사이의 위도 차는 약 60°이 므로 500 Ma의 고지자기극의 겉보기 위치를 남쪽으로 이동시켜 현재의 지리상 남극으로 가져가면 A 지점도 60°만큼 남쪽으로 이동한다. 따라서 500 Ma일 때는 남반구에 위치하였다.

2-2 300 Ma일 때와 250 Ma일 때 고지자기극의 겉보기 위치 를 실제 위치(지리상 남극)로 가져가면 A 지점도 각각 고지자기 극이 이동한 각도만큼 남쪽으로 이동하며, A 지점과 고지자기극 (지리상 남극) 사이의 각도는 300 Ma일 때가 작다. 따라서 복각 의 절댓값은 지리상 남극에 가까이 있는 300 Ma일 때가 크다.

2-5 380 Ma와 300 Ma 사이에 A 지점은 고지자기극의 겉보 기 위치 부근에 있으므로 지리상 남극 부근에 있었다.

3 **1-1** ㉠의 하부에는 섭입대가 있으므로 섭입대에서 해양판 이 침강하면서 판을 잡아당기는 힘이 작용한다.

1-4 ㉠ 부근에는 섭입형 경계가 있으므로 횡압력이 우세하게 작용하여 습곡 산맥이 형성되었다. ㉡ 부근에서는 아프리카판이 장력을 받아 갈라지면서 동아프리카 열곡대가 형성되었다.

2-2 동일한 시간 동안 해령으로부터 이동한 거리가 멀수록 이 동 속력이 크다. 최근 4천만 년 동안 이동한 거리는 B가 속한 판 이 C가 속한 판보다 멀다. 따라서 평균 이동 속도는 B가 속한 판 이 크다.

2-3 C는 판의 경계가 아니고, D는 발산형 경계(해령)이므로 지진 활동은 D가 활발하다.

2-4 해령에서는 판을 미는 힘이 우세하고, 섭입대에서는 판을 당기는 힘이 우세하다.

3-2 해령을 축으로 왼쪽의 판은 4 cm/년, 오른쪽의 판은 6 cm/년으로 이동하므로 해령에서 두 해양판은 1년에 각각 5 cm(＝10 cm/년 ÷2)씩 생성된다.

3-3 해령을 축으로 고지자기 줄무늬가 대칭이므로 해령 축에 대해 양쪽의 해저 확장 속도는 같아야 한다. 그런데 왼쪽의 판은 4 cm/년, 오른쪽의 판은 6 cm/년으로 이동하는 것은 해령이 1 년에 1 cm/년씩 동쪽으로 이동하기 때문이다.

4 **1-1** 뜨거운 플룸이 상승하면서 마그마가 생성되는 장소를 열 점이라고 한다. A는 열점이므로 뜨거운 플룸이 상승하는 곳이다.

1-3 차가운 플룸이 맨틀과 외핵의 경계부에 도달하면 그 영향 으로 뜨거운 플룸이 형성되어 상승한다.

1-4 B의 지하에는 섭입대가 있다. 섭입대에서는 냉각된 해양

지각이 침강하면서 차가운 플룸을 형성한다.

2-1 A는 해구 부근의 지점이므로 맨틀 대류의 하강류가 있다.

2-3 B는 현재 화산 활동이 일어나는 곳이고, B에서 ㉠ 방향으로 갈수록 해산의 연령이 증가하므로 판의 이동 방향은 ㉠이다.

2-4 태평양판의 이동 방향은 약 4700만 년 전 이전에는 북쪽이었으나 이후에는 북서쪽이므로 태평양판의 이동 방향이 시계반대 방향으로 변하였다.

3-1 하와이섬, 연령이 2600만 년인 화산, 5100만 년인 화산 사이의 거리를 비교해보면 태평양판의 이동 속도는 일정하지 않았다.

3-3 열점은 현재 화산 활동이 일어나는 하와이섬의 지하에 있고, 새로 생성되는 섬은 태평양판의 이동에 의해 하와이섬의 남동쪽에 위치한다.

5 **1-1** a → a′ 과정으로 유문암질(화강암질) 마그마가 생성되고, b → b′ 과정으로 현무암질 마그마가 생성되므로 SiO_2 함량은 a → a′ 과정으로 생성되는 마그마가 많다.

1-2 b → b′ 과정으로 상승하면 주위의 온도는 낮아지지만 상승하는 물질의 온도는 거의 변하지 않으므로 주위보다 온도가 높아진다.

1-3 맨틀에 물이 공급되면 암석의 용융 곡선은 ㉢에서 ㉡으로 변한다. 따라서 ㉡ 곡선과 대륙과 해양의 지하의 온도 곡선이 각각 만나는 두 점을 비교해 보면 맨틀 물질의 용융이 시작되는 깊이는 대륙 하부에서가 해양 하부에서보다 깊다.

2-1 A에서 생성된 마그마는 판의 경계가 아닌 곳에서 분출하므로 A는 열점이고, A의 하부에는 플룸 상승류가 있다.

2-2 (나)의 ㉠은 맨틀에 물이 포함되어 용융점이 낮아지는 과정이므로 C에서 일어난다.

2-3 C에서는 현무암질 마그마가 생성되고, D에서는 유문암질 또는 안산암질 마그마가 생성되므로 SiO_2 함량은 D가 높다.

3-1 섭입대에서 생성된 현무암질 마그마(B)가 상승하면서 대륙 하부를 가열하여 유문암질(화강암질) 마그마를 만들고, 두 마그마가 혼합되어 안산암질 마그마(A)가 된다.

3-2 B는 섭입하는 해양판에서 빠져나온 물이 맨틀에 공급되어 맨틀 물질의 용융점이 하강하여 생성된다.

01 ②	02 ②	03 ②	04 ③	05 ③	06 ③
07 ②	08 ④	09 ①	10 ⑤	11 ⑤	12 ②
13 ⑤	14 ③	15 ③	16 ②	17 ②	18 ⑤
19 ①	20 ②	21 ④	22 ③	23 ①	24 ③

01 ㄴ. 판게아 시기에 남아메리카와 아프리카는 하나로 모여 있었으므로 판게아가 분리되면서 형성된 두 대륙은 마주보는 해안선의 모양이 유사하다.

바로알기 ㄱ. 판게아는 고생대 말에 형성되었으므로 이 시기에 대륙이 충돌하면서 (가)의 산맥이 형성되었다.

ㄷ. 판게아가 형성된 시기에 여러 대륙들은 현재의 남극 대륙 주변에 모여 있었으므로 여러 대륙에서 빙하가 형성되었다. 따라서 이 시기에 대륙 빙하가 적도까지 확장된 것은 아니다.

02 ㄷ. A와 B의 줄무늬는 해령에서 해양 지각이 생성될 당시의 자극 방향을 나타내므로 A의 줄무늬는 정자극기와 역자극기를 한 번씩 더 지난 B의 줄무늬보다 나중에 생성되었다.

바로알기 ㄱ. (가)는 해저 확장설이고, (나)는 대륙 이동설이므로 (나)는 (가)보다 먼저 등장하였다.

ㄴ. 메소사우루스나 글로소프테리스의 화석이 여러 대륙에서 나타나는 것은 이들 고생물이 번성할 당시에 대륙이 한 덩어리를 이루어 대서양이 존재하지 않았기 때문이다.

03

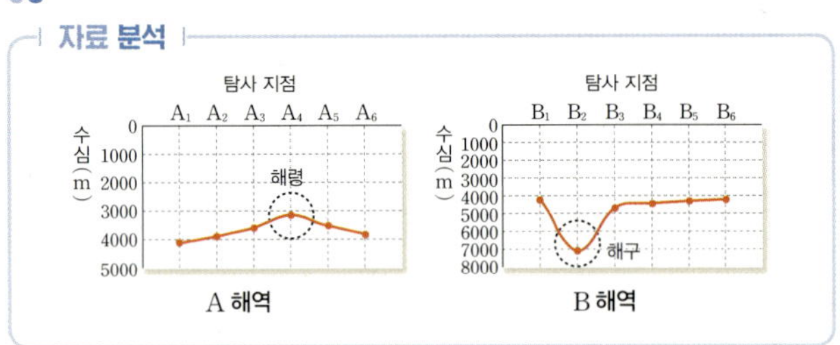

ㄴ. 수심이 깊을수록 음파의 왕복 시간이 길므로 B 해역에서 수심이 가장 깊은 곳은 B_2이고, 수심 $= \frac{1}{2} \times 9.4 \times 1500 = 7050(m)$이므로 7000 m보다 깊다.

바로알기 ㄱ. A 해역에는 위로 볼록한 지형이 나타나고, 수심이 가장 얕은 곳은 A_4이다. 따라서 이곳에는 발산형 경계인 해령이 존재한다.

ㄷ. A에는 해령, B에는 해구가 존재한다. 해양 지각은 해령에서 생성되고, 해구 쪽으로 이동하여 소멸되므로 평균 연령은 B 해역이 A 해역보다 많다.

04 ㄱ. 해양 지각의 나이가 많을수록 퇴적물이 오랫동안 퇴적되므로 두께가 두꺼워진다. 따라서 거리가 1인 곳에서 퇴적물의 두께는 A가 두껍다.

ㄷ. 해저의 확장 속도 $= \frac{해령으로부터의 거리}{해양 지각의 연령}$ 이므로 그래프에서 기울기의 역수에 해당한다. 따라서 A, B의 확장 속도(상댓값)는 각각 $\frac{1}{2}$, 2이므로 B가 A보다 4배 빠르다.

바로알기 ㄴ. 고지자기의 역전 현상은 지구 자기장의 변화에 의해 일어나므로 A, B 해역에서 함께 나타난다. 따라서 해양 지각의 연령이 많을수록 고지자기 역자극기 횟수가 많아진다. 거리가 2인 곳에서 B는 A보다 해양 지각의 나이가 적으므로 역자극기의 횟수가 A보다 많을 수 없다.

05 ㄱ. (가)의 해양 지각은 5000만 년 동안 3000 km 이상을 이동하였고, (나)의 해양 지각은 5000만 년 동안 약 1000 km를 이동하였으므로 해저의 확장 속도는 (가)가 빠르다.

ㄷ. (가)는 수심 변화가 완만하고, (나)는 수심 변화가 크므로 해저면의 평균 경사는 (가)가 (나)보다 완만하다.

바로알기 ㄴ. 퇴적 속도가 같으므로 퇴적물의 두께는 해령으로부터 이동한 거리와는 관련이 없고, 퇴적물이 쌓이는 시간이 길수록 두껍다. 두 해역 모두 5000만 년 동안 퇴적물이 쌓인다면 두께가 같다.

06 ㄱ. ㉠ 부근에는 심발 지진이 발생하고, ㉡ 부근에는 천발 지진이 발생하므로 판의 경계는 ㉡에 가깝다.

ㄷ. 판 B가 판 A 아래로 섭입하면서 화산 활동이 일어나므로 화산 활동은 판 A 쪽에서 일어난다.

바로알기 ㄴ. 열곡은 발산형 경계에서 나타나므로 ㉠과 ㉡ 사이에서는 발달하지 않는다.

07 ㄷ. C와 D 사이에서는 해양판이 대륙판 아래로 섭입하므로 해구가 발달한다.

바로알기 ㄱ. A에서는 두 판이 서로 반대 방향으로 엇갈려 이동하므로 변환 단층이 발달한다. 변환 단층에서는 화산 활동이 거의 일어나지 않는다.

ㄴ. B는 해령이고, C는 해령으로부터 멀리 떨어진 지점이므로 지각의 나이는 B가 C보다 적다.

08

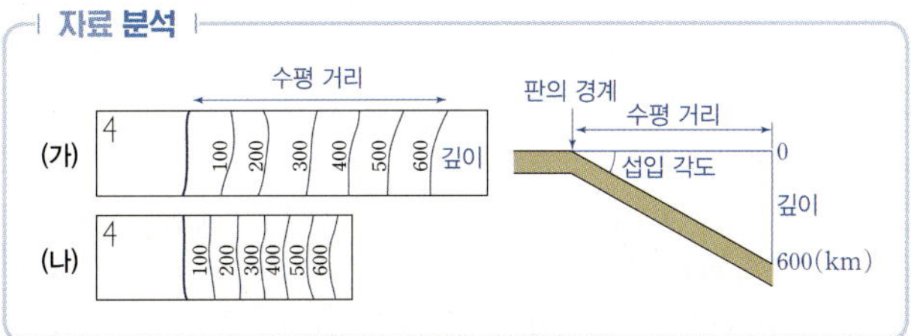

ㄴ. (가)에서 섭입대가 동쪽으로 경사져 있으므로 서쪽의 판이 동쪽의 판보다 밀도가 커서 섭입하는 경우이다.

ㄷ. 섭입대에서 화산 활동은 밀도가 작은 판 쪽에서 일어나므로 판 경계의 동쪽에서 화산 활동이 활발하게 일어난다.

바로알기 ㄱ. $\dfrac{판이\ 섭입한\ 깊이}{판\ 경계로부터의\ 수평\ 거리}$가 클수록 섭입 각도가 크다. 따라서 판의 경계로부터 600 km까지의 수평 거리가 짧은 (나)가 (가)보다 섭입 각도가 크다.

09 ㄱ. A(충돌형 경계)에서는 히말라야산맥이 발달하고, C(섭입형 경계) 부근에서는 안데스산맥이 발달한다.

바로알기 ㄴ. B(발산형 경계)에서는 해양판이 생성되어 양쪽으로 멀어지므로 두 판의 밀도가 거의 같고, C에서는 해양판과 대륙판이 경계를 이루므로 두 판의 밀도 차가 크다.

ㄷ. B는 해령이므로 판이 생성되면서 판을 미는 힘이 우세하고, C는 해구이므로 판이 소멸되면서 판을 당기는 힘이 우세하다.

10 ㄱ. 해양 지각의 연령은 해령에서 해구 쪽으로 갈수록 증가한다. A는 B보다 해구에 가까우므로 해양 지각의 연령은 A가 더 많다.

ㄴ. 섭입형 경계에서 화산 활동은 밀도가 작은 판 쪽에서 일어난다. 따라서 판의 밀도는 태평양판이 가장 크고, 유라시아판이 가장 작다.

ㄷ. 필리핀판과 태평양판은 섭입대를 이루므로 화산 활동에 의해 호상 열도가 형성된다.

11

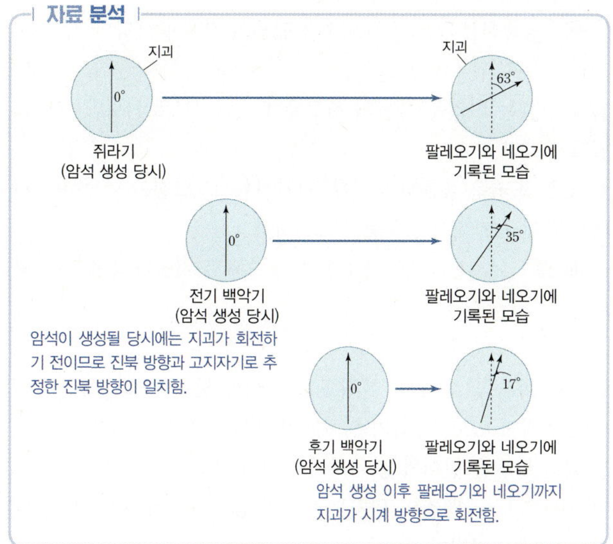

ㄱ. 자기 적도에서 복각은 0°이고, 자기 적도보다 북반구에서는 (+), 남반구에서는 (−) 값을 가진다. 팔레오기와 네오기에 고지자기 복각이 +50°이므로 이 지괴는 북반구에 위치하였다.

ㄴ. 지자기 북극으로 갈수록 복각이 커져 지자기 북극에서 복각은 +90°이다. 전기 백악기에서 후기 백악기로 가면 복각이 +36°에서 +44°로 증가하므로 백악기 동안 이 지괴는 고위도 방향으로 이동하였다.

ㄷ. 진북의 위치가 변하지 않았으므로 쥐라기 이후 이 지괴는 백악기 → 팔레오기와 네오기를 거치면서 점차 시계 방향으로 회전하여 현재의 진북 방향과 고지자기의 진북 방향이 일치하게 되었다.

12 ㄴ. 고지자기극은 지리상 북극과 같고, 위치가 변하지 않았으므로 150 Ma일 때의 고지자기극(겉보기 위치)을 현재 지리상 북극으로 가져가면 지괴의 위치는 약 50°N이 된다. 같은 원리로 100 Ma일 때는 지괴의 위치가 약 30°N이 된다. 지괴가 저위도 쪽으로 이동하였으므로 고지자기 복각은 감소하였다.

바로알기 ㄱ. 200 Ma일 때 지괴는 고지자기극(겉보기 위치)에서 매우 가까이 있었으므로 북반구에 위치하였다.

ㄷ. 200 Ma에서 0 Ma로 올수록 50 Ma 간격의 거리가 감소하였으므로 고지자기극의 겉보기 이동 속도가 느려졌다. 따라서 지괴의 이동 속도가 느려졌다.

13 ㄱ. 현생 누대에는 고생대 말~중생대 초에 초대륙 판게아가 형성되었고, 새로운 초대륙은 앞으로 2억~2.5억 년 후에 형성될 것으로 예측된다.

ㄴ. 동아프리카 열곡대는 아프리카 대륙이 갈라지면서 형성된 좁고 긴 계곡이므로 (나)~(다) 단계에 해당한다.

ㄷ. (라)~(마) 단계에는 판의 섭입형 경계나 충돌형 경계가 형성되므로 습곡 산맥이 형성된다.

14 ㄱ. ㉠은 섭입대에서 침강한 해양 지각이 가라앉으면서 차가운 플룸을 형성하는 모습에 해당한다.

ㄷ. ⓒ은 뜨거운 플룸이 상승하는 곳에 해당한다. 뜨거운 플룸이 상승하면서 마그마가 생성되는 지하의 지점을 열점이라고 한다. 따라서 열점의 하부에는 ⓒ에 해당하는 플룸이 존재한다.

(바로알기) ㄴ. 비커의 바닥은 차가운 플룸이 도달하고, 뜨거운 플룸이 상승하는 곳이므로 외핵과 맨틀의 경계에 해당한다.

15 ㄱ. A는 차가운 플룸의 하강류가 나타나므로 B보다 물질의 밀도가 크다.
ㄷ. C는 뜨거운 플룸의 상승류가 나타나므로 열점을 형성하여 판 내부의 대규모 화산 활동을 일으킨다.

(바로알기) ㄴ. B는 C보다 온도가 낮으므로 지진파의 속도가 빠르다.

16 ㄷ. 화산섬 A~E가 현재 E 위치에서 생성되었으므로 이 위치에 열점이 있고, 열점의 위치는 변하지 않으므로 50만 년 후에도 화산 활동은 현재의 E 위치에서 일어난다.

(바로알기) ㄱ. 열점의 위치는 변하지 않으므로 250만 년 전 열점의 위치도 현재의 E에 있었다.
ㄴ. 화산섬이 북서쪽으로 이동한 것은 태평양판이 북서쪽으로 이동하였기 때문이다.

17 ㄴ. A는 SiO_2 함량이 53 % 이하이므로 현무암질 마그마이고, B는 SiO_2 함량이 63 % 이상이므로 유문암질 마그마이다. 현무암질 마그마는 유문암질 마그마보다 점성이 작으므로 화산체의 경사는 A가 B보다 완만하다.

(바로알기) ㄱ. A는 B보다 휘발 성분이 적으므로 A는 조용하게 분출하고, B는 폭발적으로 분출한다.
ㄷ. A는 열점이나 해령에서 분출하고, B는 주로 섭입대 위에서 생성된다.

18 ㄱ. 물을 포함하는 맨틀은 물을 포함하지 않는 맨틀보다 용융점이 낮으므로 맨틀에 물이 공급되면 용융점은 ⓐ에서 ⓑ으로 변한다.
ㄴ. 깊이 h_1보다 얕은 곳의 화강암은 온도가 용융점보다 낮으므로 녹지 않지만 열이 공급되면 온도가 상승하여 화강암질 마그마가 생성된다.
ㄷ. 물을 포함하지 않는 맨틀 물질이 깊이 h_2에서 빠르게 상승하면 용융 곡선 ⓐ의 용융점보다 온도가 높아져 현무암질 마그마가 생성된다.

19 ㄱ. A는 해령이고, B는 열점에서 생성된 화산섬이다. A의 지하에서는 맨틀 대류가 상승하면서 압력 하강으로 현무암질 마그마가 생성되고, B의 지하에서는 뜨거운 플룸이 상승하면서 맨틀의 압력 하강으로 열점에서 현무암질 마그마가 생성된다.

(바로알기) ㄴ. C에서는 침강하는 해양 지각에서 빠져나온 물이 맨틀에 공급되어 맨틀의 용융점이 낮아져 현무암질 마그마가 생성된다.
ㄷ. C에서 생성된 현무암질 마그마가 상승하여 대륙 지각에 도달하면 지각에 열을 공급하여 화강암질 마그마가 생성된다.

20 ㄴ. (가)는 석영, 정장석, 사장석 등 무색 광물의 함량이 많고, (나)는 휘석, 각섬석 등 유색 광물의 함량이 많으므로 암석의 색은 (가)가 (나)보다 밝다.

(바로알기) ㄱ. A는 염기성암과 산성암에 공통적으로 많은 광물이므로 사장석이다.
ㄷ. (나)는 유색 광물의 함량이 많은 염기성암이므로 심성암이라면 반려암이다.

21 ㄴ. 산성암에서 염기성암으로 갈수록 Fe, Mg 등 금속 원소의 함량이 증가하므로 암석의 밀도가 커진다. 따라서 A는 C보다 암석의 밀도가 크다.
ㄷ. 산성암에서 염기성암으로 갈수록 Fe, Mg의 함량은 증가하고, Na, K의 함량은 감소하므로 $\dfrac{(Na+K)\ 함량}{(Fe+Mg)\ 함량}$ 은 B가 C보다 작다.

(바로알기) ㄱ. A는 중성암이고, 심성암이므로 섬록암이다.

22 ㄱ. (가)는 마그마가 지하 깊은 곳에서 천천히 식어 굳은 심성암(반려암)이므로 조립질 조직이 나타난다.
ㄴ. (가)는 (나)보다 암석의 색이 어두우므로 유색 광물의 함량비는 (가)가 (나)보다 크다.

(바로알기) ㄷ. (나)는 밝은색을 띠는 화산암이므로 유문암이다. 유문암질 마그마는 대륙 지각 하부에서 지각 물질의 용융에 의해 생성된다.

23 ㄱ. A는 SiO_2 함량이 52 % 이하인 염기성암이고, 세립질 조직이 나타나므로 현무암이다.

(바로알기) ㄴ. A는 염기성암이고, B는 산성암이다. 염기성암은 금속 원소의 함량이 많아 산성암보다 밀도가 크다.
ㄷ. A는 세립질 조직이 나타나는 화산암이고, B는 조립질 조직이 나타나는 심성암이므로 마그마가 냉각된 깊이는 A가 B보다 얕다.

24 ㄱ. (가)의 암석은 어두운색을 띠고, (나)의 암석은 밝은색을 띠므로 유색 광물의 함량은 (가)의 암석이 더 많다.
ㄴ. (나)의 화강암은 심성암이므로 지하 깊은 곳에서 생성되었고, 현재는 지표에 노출되어 있으므로 암석이 생성된 후 서서히 융기하였다.

(바로알기) ㄷ. (가)의 암석은 신생대의 화산 분출로 생성되었고, (나)의 암석은 중생대의 마그마 관입으로 생성되었으므로 (가)의 암석이 나중에 생성되었다.

1 자료1 1 ✕ 2 ○ 3 ✕ 4 ✕
자료2 1 ✕ 2 ✕ 3 ○ 4 ○
자료3 1 ○ 2 ○ 3 ○

2 자료1 1 ○ 2 ○ 3 ○ 4 ✕ 5 ✕
자료2 1 ○ 2 ○ 3 ○ 4 ✕
자료3 1 ○ 2 ○ 3 ○ 4 ✕

3 자료1 1 ○ 2 ✕ 3 ✕
자료2 1 ✕ 2 ○ 3 ✕ 4 ○ 5 ✕
자료3 1 ✕ 2 ○ 3 ○ 4 ✕

4 자료1 1 ○ 2 ○ 3 ✕
자료2 1 ○ 2 ○ 3 ✕ 4 ✕
자료3 1 ✕ 2 ✕ 3 ○ 4 ✕ 5 ✕

5 자료1 1 ✕ 2 ✕ 3 ○ 4 ✕
자료2 1 ○ 2 ✕ 3 ✕ 4 ○
자료3 1 ○ 2 ✕ 3 ✕

1 **1-2** (나)는 지층 내에서 위로 올라갈수록 입자의 크기가 감소하는 점이 층리이다. 이는 크기가 다양한 퇴적 입자들이 물 속에 떠 있을 때 크기가 큰 것부터 먼저 가라앉아 생긴 퇴적 구조이다.

1-3 (가)는 흐르는 물이나 바람이 퇴적물을 운반하여 생성된 사층리이고, (나)는 주로 대륙 사면에 쌓인 퇴적물이 한꺼번에 쓸려 내려가 수심이 깊은 대륙대에서 쌓여 생기는 점이 층리이다. 따라서 (가)는 (나)보다 수심이 얕은 곳에서 잘 생긴다.

2-1 가장 얕은 수심에서 형성된 것은 역암층이다.

2-2 A는 물이나 바람에 의해 퇴적물이 운반되어 생성되는 사층리이고, B는 물결의 흔적이 퇴적물에 남아있는 연흔이다. 따라서 A와 B는 자갈이 굳어진 역암층보다는 진흙이나 모래가 굳어진 이암층이나 사암층에서 관찰된다.

2-3 A는 지층 단면에서 관찰되고, B는 층리면에서 관찰된다.

2-4 퇴적 입자의 크기가 작을수록 해안에서 멀리까지 운반되므로 자갈(역암) → 모래(사암) → 진흙(이암)으로 갈수록 퇴적 환경은 수심이 깊어진다.

3-1 A(점이 층리), B(연흔), C(건열)은 모두 상하 모양의 특징이 다르므로 지층의 상하 판단에 이용된다.

3-3 C는 진흙 등의 퇴적물이 쌓인 후 수면 위로 드러나 수분이 빠져나가면서 갈라진 건열이다. 따라서 C는 생성되는 동안 건조한 대기에 노출된 시기가 있었다.

2 **1-1** (가)는 A가 마그마 상태에서 주변 암석인 B를 뚫고 들어가 형성되었으므로 A는 B를 관입하였다.

1-3 A는 관입암이므로 (가)는 B → A 순으로 생성되었고, D는 포획암이므로 (나)는 D → C 순으로 생성되었다. 관입암과 포획암의 나이가 같으므로 (가)와 (나)는 B → A(=D) → C 순으로 생성되었다. 따라서 암석의 나이는 C가 가장 적다.

1-4 A가 B를 관입하였으므로 마그마와 접촉한 B에서 열에 의한 변성 작용이 일어났다.

2-1 (가)는 습곡 구조 중에서 아래로 오목하게 내려간 부분이므로 향사 구조가 나타난다.

2-3 (가)는 습곡이므로 횡압력을 받아 휘어졌고, (나)는 상반이 하반에 대해 위로 이동하였으므로 횡압력을 받아 형성된 역단층이다.

2-4 (가)는 지하의 고온·고압 환경에서 잘 형성되고, (나)는 지표 부근의 환경에서 잘 형성된다.

3-1 (가)는 습곡, (나)는 주상 절리이다. 습곡은 지하 깊은 곳에서 형성되고, 주상 절리는 용암이 식으면서 수축하여 형성된다. 따라서 (가)는 (나)보다 깊은 곳에서 형성되었다.

3-3 A는 B가 관입하는 과정에서 주변 암석의 일부가 깨져 포획된 것이므로 A는 B보다 먼저 생성되었다.

3 **1-1** A의 반감기는 7억 년, B의 반감기는 5000만 년이므로 A의 반감기가 B의 14배가 된다.

1-3 그래프를 보면 B는 1억 년 동안 반감기를 두번 거쳤다. 따라서 $\dfrac{\text{B의 양}}{\text{B의 자원소 양}}$ 은 $\dfrac{25}{75}=\dfrac{1}{3}$ 이 된다.

2-1 기저 역암은 부정합면 위에 쌓인 지층의 하부에서 나타난다. B는 A보다 나중에 생성되었으므로 A층의 하부에 B의 암석 조각이 기저 역암으로 나타날 수 없다.

2-3 B는 반감기를 1회, D는 반감기를 2회 거쳤고, B가 D보다 나중에 생성되었으므로 B는 Y를, D는 X를 포함한다. 따라서 B와 D의 절대 연령은 각각 1억 년, 4억 년이고, 연령 차는 3억 년이다.

2-5 포획암은 이를 포획한 화성암보다 먼저 생성된 것이다. D는 A보다 먼저 생성되었으므로 A의 암석 조각이 포획암으로 관찰되지 않는다.

3-1 화성암 F, G의 절대 연령은 2억 년, 1억 년이고, 퇴적암 A의 생성 시기는 F → A → G이므로 A는 중생대(약 2.52억 년 전~약 0.66억 년 전)에 퇴적되었다.

3-2 D가 단층에 의해 절단되었으므로 D가 퇴적된 이후에 단층 $f-f'$이 형성되었다.

3-3 단층 상반에 위치한 F는 생성된 후 최소 2회의 부정합이 있었으므로 단층 상반과 하반의 F 모두 최소 2회 육상에 노출되었다.

3-4 F를 절단한 단층 $f-f'$는 상반이 하반에 대해 위로 이동하였으므로 횡압력에 의해 역단층이 형성되었다.

4 **1-1** A는 고생대 오르도비스기에 출현한 어류이고, B는 고생대 석탄기에 출현한 파충류, C는 중생대 트라이아스기에 출현한 포유류이다.

1-3 히말라야산맥은 신생대에 형성되었다. B가 최초로 출현한 시기와 C가 최초로 출현한 시기 사이는 고생대~중생대이다.

2-1 A는 고생대, B는 중생대, C는 신생대이다. 고생대 말에는 판게아가 형성되었다.

2-3 (가)는 중생대의 바다에서 번성하였던 암모나이트이므로 B 시기의 표준 화석이다.

2-4 B 시기 말은 C 시기 말보다 기온이 높았으므로 평균 해수면 높이는 B 시기 말이 높았다.

3-1 최초의 다세포 생물은 원생 누대(ⓒ) 말에 출현하였고, 이 때의 고생물이 에디아카라 동물군 화석으로 남아있다.

3-2 생물의 광합성이 최초로 일어난 것은 남세균이 출현한 시생 누대(ⓐ)이다.

3-3 최초의 육상 식물이 출현한 것은 고생대(ⓒ) 실루리아기 말이다.

3-4 중생대는 빙하기가 없는 온난한 시기였다.

3-5 방추충은 고생대에 번성한 생물이다.

5 **1-1** A는 고생대 캄브리아기에 해당하며 생물의 종이 크게 증가하였던 시기이다. 육상 동물이 출현한 것은 실루리아기이므로 B(오르도비스기 말) 직후이다.

1-2 현생 누대 동안 가장 큰 규모의 생물 멸종이 일어난 것은 C(고생대 말) 시기이다.

1-4 C 시기에는 판게아가 형성되면서 해양 생물의 서식 환경에 큰 변화가 일어났다.

2-1 삼엽충은 고생대 말에 멸종하였고, 완족류는 현재까지 있으므로 A는 삼엽충이다.

2-2 갑주어는 고생대 오르도비스기에 출현하여 데본기 말에 멸종하였으므로 ⓐ 시기(오르도비스기 말) 이후에 멸종하였다.

2-4 생물 과의 멸종 비율이 가장 높았던 시기는 고생대 페름기 말이고, 이때 삼엽충을 비롯한 대량의 해양 생물이 멸종하였다.

3-1 최초의 다세포 생물은 선캄브리아 시대 말기인 약 7억 년 전에 출현하였다.

3-3 판게아가 분리되기 시작한 시기는 중생대 초기이고, 이 시기에 해수면은 현재보다 낮았다.

수능 대비 문제

p.22~28

01 ④	02 ③	03 ⑤	04 ②	05 ①	06 ③
07 ⑤	08 ②	09 ②	10 ③	11 ②	12 ①
13 ①	14 ⑤	15 ⑤	16 ③	17 ④	18 ①
19 ⑤	20 ⑤	21 ③	22 ④	23 ⑤	24 ⑤
25 ①	26 ②	27 ②	28 ④		

01 ㄴ. 퇴적물 입자의 크기가 작을수록 더 멀리 운반되므로 해수는 모래보다 점토를 더 멀리 운반한다.

ㄷ. (다)는 퇴적물이 쌓이면서 속성 작용을 받는 단계이므로 다짐 작용과 교결 작용이 일어난다.

바로알기 ㄱ. 석회암은 쇄설성 퇴적암이 아니므로 (가) 단계를 거치지 않는다.

02 ㄱ. (가)는 응회암, (나)는 석탄, (다)는 처트이다. 응회암은 화산 기원의 쇄설성 퇴적암에 속한다.

ㄷ. 처트는 규질의 생물체가 해저에 퇴적되어 생성되거나 해수에서 침전한 규질 성분이 굳어 생성되므로 유기적 퇴적암과 화학적 퇴적암에 모두 속한다.

바로알기 ㄴ. 석탄은 식물체가 육지의 습지에 퇴적되어 생성되고, 처트는 바다에서 규질 성분이 침전하여 생성되므로 양치식물 화석은 (나)에서 많이 산출된다.

03 ㄱ. A(선상지)는 경사가 급한 계곡이 평탄한 지역과 만나는 곳으로 크기가 다양한 퇴적물이 섞여 있고, B(삼각주)에는 유수에 의해 운반되어 입자가 작은 퇴적물이 쌓여 있다. 따라서 퇴적물 입자의 평균 크기는 A가 크다.

ㄴ. 연흔은 수심이 얕은 곳에서 생긴 물결 자국이 퇴적물에 남아 있는 것이므로 D(대륙대)보다 C(연안)에서 잘 형성된다.

ㄷ. D의 퇴적물은 대륙 사면 등에 쌓인 퇴적물이 대륙대로 한꺼번에 쓸려 내려와 쌓인 것이므로 크기가 다양한 퇴적물로 이루어진다.

04 ㄷ. 물속에서 퇴적 속도의 차이에 의해 점이 층리가 형성되는 과정을 알아보는 실험이므로 이 퇴적 구조는 심해 환경에서 만들어질 수 있다.

바로알기 ㄱ. 퇴적물 입자의 크기가 큰 것은 빨리 낙하하여 아래에 쌓이고, 크기가 작은 것은 느리게 낙하하여 위에 쌓인다.

ㄷ. 퇴적물 입자의 크기가 위로 가면서 작아지므로 점이 층리의 형성 과정을 설명할 수 있다.

05

| 자료 분석 |

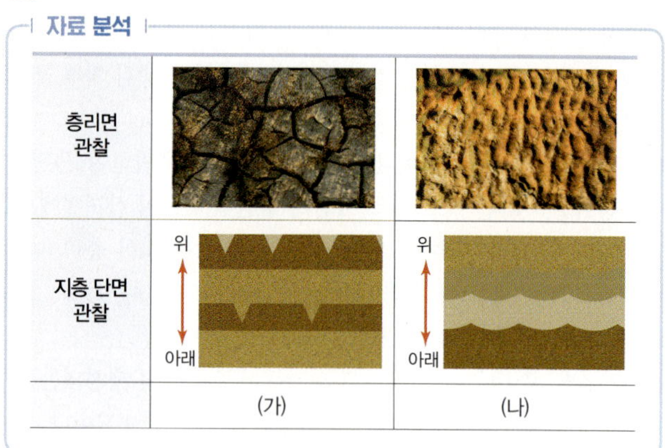

ㄱ. (가)는 건열이므로 점토질 퇴적물이 쌓인 후 수면 위로 노출되어 수분이 증발하면서 갈라져 형성된다.

바로알기 ㄴ. (나)는 수심이 얕은 물밑의 퇴적물에 물결의 흔적이 남은 연흔이다. 경사면을 따라 퇴적물이 쌓이면서 층리가 기울어진 퇴적 구조는 사층리이다.

ㄷ. (가)와 (나) 모두 층리면에서 관찰한 모습이다. 지층 단면에서 관찰하면 (가)는 V자 모양의 틈이 나타나고, (나)는 파의 봉우리와 골짜기가 단면으로 나타난다.

06 ㄱ. (가)는 석회암이 두꺼운 지층을 이루므로 해성층이고, (나)는 공룡 발자국과 새 발자국 화석이 발견되므로 육성층이다.

ㄴ. (가)는 고생대에 퇴적된 태백 구문소 지층, (나)는 중생대에 퇴적된 고성군 덕명리 지층, (다)는 신생대에 퇴적된 제주도 수월봉 지층이다. 따라서 퇴적암이 생성된 순서는 (가) → (나) → (다) 이다.

바로알기 ㄷ. 화산탄은 화산 분출이 일어날 때 방출된 고온의 용암이 덩어리 상태로 퍼져 나간 것을 말하며, 수월봉의 응회암층에서는 화산탄이 퇴적된 화산재에 낙하하여 지층을 누르는 구조가 나타난다. 이는 기저 역암과는 관련이 없다.

융기하여 침식 작용을 받는 것을 가정한 활동이다.

ㄷ. (라)에서 칼로 자른 면은 침식면인 부정합면에 해당하고, 이를 경계로 하부 지점토에는 단층 구조가 나타나지만 상부 지점토에는 단층 구조가 나타나지 않는다. 따라서 부정합 형태의 지질 구조가 만들어진다.

바로알기 ㄱ. 지층을 양쪽에서 당기는 힘을 장력, 지층을 양쪽에서 미는 힘을 횡압력이라고 한다. 따라서 ㉠에 해당하는 힘은 장력이다.

08 ㄴ. 상반이 하반에 대해 위로 이동한 역단층이 나타난다.

바로알기 ㄱ. 습곡 구조 중에서 위로 볼록한 배사 구조가 나타난다.

ㄷ. 열곡대에는 판이 갈라지므로 장력이 우세하게 작용한다. 이 지역의 단층은 횡압력에 의한 역단층이므로 열곡대에서 나타나는 단층과 종류가 다르다.

09

| 자료 분석 |

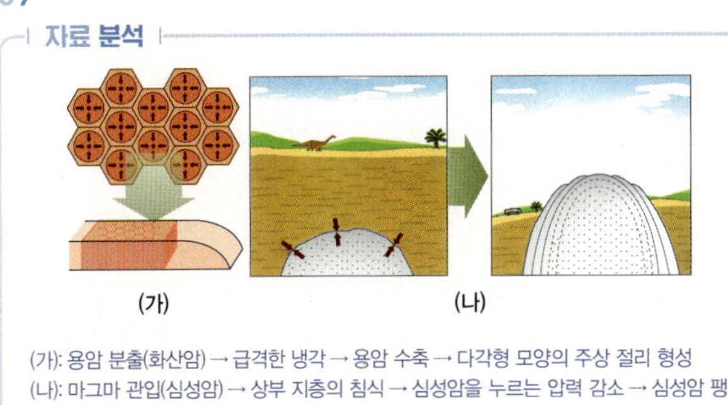

(가): 용암 분출(화산암) → 급격한 냉각 → 용암 수축 → 다각형 모양의 주상 절리 형성
(나): 마그마 관입(심성암) → 상부 지층의 침식 → 심성암을 누르는 압력 감소 → 심성암 팽창 → 얇은 판 모양의 판상 절리 형성

ㄷ. (가)는 주상 절리가 형성되는 과정이고, (나)는 판상 절리가 형성되는 과정이다. 북한산은 심성암인 화강암으로 이루어져 있으므로 (나)로 형성된 절리를 볼 수 있다.

바로알기 ㄱ. (가)는 화산암에서 나타나고, (나)는 심성암에서 나타나므로 (가)의 암석은 (나)의 암석보다 형성되는 깊이가 얕다.

ㄴ. (가)는 용암이 수축하는 과정에서 부피가 감소하여 형성되고, (나)는 심성암이 융기하는 과정에서 외부의 압력이 감소하면서 부피가 증가하여 형성된다.

10 ㄱ. (가)는 부정합면을 경계로 상하 지층의 층리가 나란한 평행 부정합이고, (나)는 부정합면을 경계로 상하 지층의 층리가 경사져 있는 경사 부정합이다.

ㄴ. (가)에서 A와 B는 두 지층이 연속적으로 퇴적된 정합 관계이고, B와 C는 두 지층이 불연속적으로 퇴적된 부정합 관계이므로 두 지층의 퇴적 시간 간격은 A−B가 B−C보다 작다.

바로알기 ㄷ. (가)는 지층의 융기에 의한 평행 부정합이므로 조륙 운동을 거쳐 형성되고, (나)는 지층의 융기와 습곡에 의한 경사 부정합이므로 조산 운동을 거쳐 형성된다.

11 ㄷ. 생성 순서는 A 퇴적 → B 퇴적 → C 퇴적 → E 퇴적 → D 관입 → (부정합) → G 퇴적 → F 관입 순이다. 따라서 A∼G 중 가장 나중에 생성된 것은 F이다.

바로알기 ㄱ. 지층은 수평 퇴적의 법칙에 따라 수면에 나란하게 퇴적된다. 따라서 A, B, C가 기울어진 것은 수평으로 퇴적된 후 지각 변동을 받아 기울어졌기 때문이다.

ㄴ. D와 G는 부정합 관계이므로 부정합의 법칙을 적용하여 D → G 순이다.

12

| 자료 분석 |

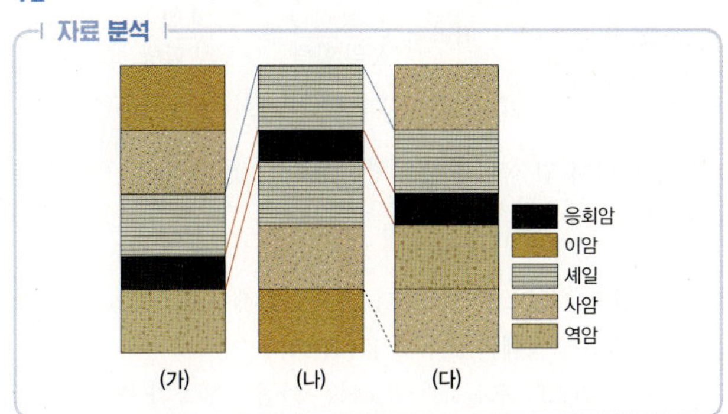

ㄱ. (가)는 응회암 아래에 역암이 있고, 위로 셰일 → 사암 → 이암 순으로 쌓여 있으므로 (나)와 (다)에서 각각 응회암을 기준으로 상하의 암상을 비교해 보면 (가)의 퇴적 환경은 (나)보다 (다)와 유사하다.

바로알기 ㄴ. (가)의 셰일은 응회암보다 나중에 생성되었고, (나)의 사암은 응회암보다 먼저 생성되었으므로 (가)의 셰일은 (나)의 사암보다 나중에 생성되었다.

ㄷ. 응회암을 건층으로 하여 지층을 대비해 보면 (나)의 이암이 가장 오래된 암석이다.

13

| 자료 분석 |

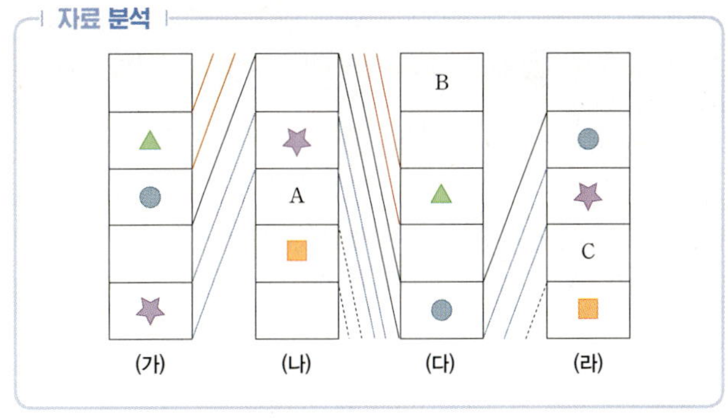

ㄱ. A층은 ★의 지층보다 먼저 생성되었고, B층은 ★의 지층보다 나중에 생성되었으므로 A층은 B층보다 먼저 생성되었다.

바로알기 ㄴ. 가장 오래된 화석은 (나)와 (라) 지역의 화석 ■이다.

ㄷ. ▲은 ●보다 시기가 나중이므로 (라)에서 ●가 산출되는 지층보다 먼저 생성된 C층에서 ▲가 산출될 수 없다.

14 ㄱ. 사암층이 쌓인 후 화강암이 관입하였고, 그 후 부정합이 형성되었으므로 ㉠ 시기에 융기와 침식 작용이 있었다.

ㄴ. 사암층은 화강암보다 먼저 생성되었다. ㉠과 ㉡ 사이의 시기에 화강암이 관입하였으므로 사암층은 ㉡ 시기 중에 퇴적되었다.

ㄷ. 건열은 점토질 퇴적물이 말라 갈라지면서 형성된다. 셰일층에서 건열이 관찰되므로 셰일층은 건조한 환경에 노출된 적이 있다.

15 ㄱ. 암석이 생성될 당시 X의 함량은 12개였으나 현재는 3개이므로 2회의 반감기를 거쳤고, 암석의 절대 연령이 t이므로 반감기는 $\frac{1}{2}t$이다.

ㄴ. t시간 동안 X는 2회의 반감기를 거쳤으므로 $\frac{X'의\ 함량}{X의\ 함량}$은 25 % 또는 $\frac{1}{4}$이고, Y는 1회의 반감기를 거쳤으므로 $\frac{Y'의\ 함량}{Y의\ 함량}$은 50 % 또는 $\frac{1}{2}$이다. 따라서 $\frac{X'의\ 함량}{X의\ 함량}$은 $\frac{Y'의\ 함량}{Y의\ 함량}$보다 작다.

ㄷ. t시간 동안 Y가 붕괴한 양은 처음 양의 $\frac{1}{2}$이므로 반감기는 t이다. 따라서 암석의 절대 연령이 0.5억 년이면 Y의 반감기는 0.5억 년이다.

16 ㄱ. 방사성 원소 P는 Q보다 반감기가 매우 짧으므로 고고학의 유물 연령 측정에는 P가 더 유용하다.

ㄴ. 방사성 원소의 모원소가 감소하는 만큼 자원소가 증가하므로 모원소의 감소량은 A 구간이 B 구간보다 크다.

🔍**바로알기** ㄷ. 방사성 원소 Q는 반감기가 1.5억 년이므로 모원소가 처음 양의 $\frac{1}{4}$이면 반감기를 2회 거쳤으므로 암석의 연령은 3억 년이다.

17 ㄱ. 기저 역암과 지질 구조를 보면 이 지역은 최소한 3회의 부정합이 있었다. 부정합이 형성되는 과정에서 융기가 일어나며, 현재 지층 전체가 육지로 드러나 있으므로 이 지역은 최소한 4회 이상의 융기가 있었다.

ㄴ. 방사성 원소 X의 반감기를 T라고 할 때, 방사성 원소 X가 반감기를 1회 거치면 50 %가 되어 암석의 연령은 T가 되고, 2회 거치면 25 %가 되어 암석의 연령이 2T가 된다. 따라서 화성암 P의 연령은 2T보다 크고, Q의 연령은 T보다 작다. 따라서 $\frac{P의\ 절대\ 연령}{Q의\ 절대\ 연령}$은 2보다 크다.

🔍**바로알기** ㄷ. 지층과 암석이 생성된 순서는 A 퇴적 → (부정합) → B 퇴적 → (부정합) → R 관입 → (부정합) → C 퇴적 → P 관입 → (부정합) → D 퇴적 → Q 분출이다.

18 ㄱ. 방추충, 삼엽충, 필석은 고생대의 표준 화석이므로 석회암층과 셰일층은 고생대에 퇴적되었다.

🔍**바로알기** ㄴ. 방추충, 산호, 삼엽충, 필석은 해양 생물이고, 고사리는 육상 생물이다. 이 지역의 지층이 석회암 → 셰일 → 사질 셰일의 순으로 쌓여 있으므로 퇴적 환경은 바다에서 육지로 바뀌었다.

ㄷ. 고사리는 온난 습윤한 환경에서 번성하므로 사질 셰일이 퇴적될 당시 이 지역은 따뜻하고, 다습하였다.

19 ㄱ. 필석, 방추충, 화폐석은 해양 생물이므로 (가)는 해성층이다. 겉씨식물, 공룡, 매머드는 육상 생물이므로 (나)는 육성층이다.

ㄴ. B의 방추충은 고생대에 번성하였고, C의 화폐석은 신생대에 번성하였다. 따라서 B와 C 사이에는 중생대 지층이 없으므로 B층과 C층 사이에는 퇴적이 중단된 적이 있다.

ㄷ. 필석과 방추충은 고생대, 화폐석은 신생대의 표준 화석이다. 겉씨식물은 중생대에 번성하였고, 공룡은 중생대, 매머드는 신생대의 표준 화석이다. 따라서 지층의 평균 연령은 (가)가 많다.

20

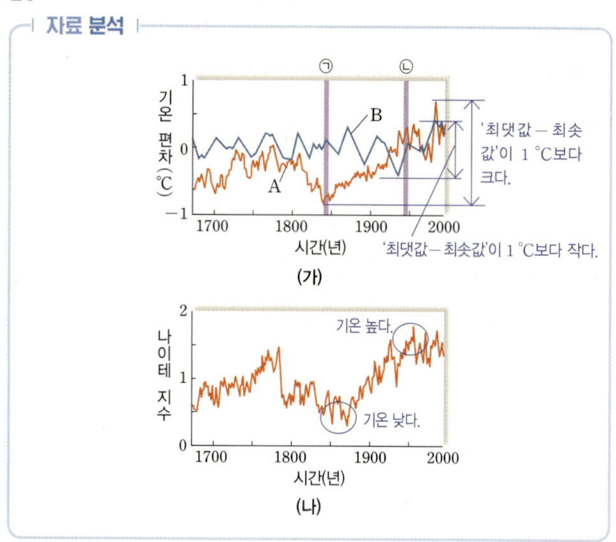

ㄱ. A 지역은 ㉠ 시기가 ㉡ 시기보다 나이테 지수가 작다. 나이테 지수가 클수록 기온이 높으므로 A의 기온은 ㉠ 시기가 ㉡ 시기보다 낮다.

ㄷ. A 지역은 ㉠과 ㉡ 시기의 기온 편차 값의 차이가 크지만 B 지역은 ㉠과 ㉡ 시기의 기온 편차가 거의 같다. 기온 차가 클수록 나이테 지수의 차가 크게 나타날 것이므로 ㉠과 ㉡ 시기의 나이테 지수 차는 B가 A보다 작을 것이다.

🔍**바로알기** ㄴ. 기온 편차의 최댓값과 최솟값의 차는 A 지역에서 1 ℃ 이상이지만 B 지역에서는 1 ℃ 미만이므로 A가 B보다 크다.

21 ㄱ. 석순은 탄산 칼슘으로 이루어져 있으므로 탄소 동위 원소를 이용하면 절대 연령을 측정할 수 있다.

ㄴ. 기온이 높은 시기에는 해수에서 ^{18}O의 증발이 상대적으로 활발해지므로 대기 중에 $^{18}O/^{16}O$ 비가 높아지고, 강설에 의해 만들어지는 빙하에도 $^{18}O/^{16}O$ 비가 높아진다.

🔍**바로알기** ㄷ. 암염은 기후가 온난 건조하여 해수의 증발이 활발하게 일어나는 환경에서 잘 생성된다.

22 ㄴ. (가)는 신생대, (나)는 고생대이다. 신생대는 말기에 여러 차례 빙하기가 있었고, 고생대는 중기와 말기에 빙하기가 있었다.

ㄷ. 신생대 초기에는 기온이 높았으므로 평균 해수면 높이가 높았고, 말기에는 기온이 낮아졌으므로 평균 해수면 높이가 낮아졌다.

🔍**바로알기** ㄱ. (가)는 초기에 기온이 높았다가 말기로 갈수록 기온이 점차 낮아졌으므로 신생대의 기온 변화이다.

23 ㄱ. A는 원생 누대, B는 현생 누대이므로 A는 선캄브리아 시대에 속한다.

ㄴ. C는 고생대, D는 중생대, E는 신생대이다. 기의 개수는 C가 6개, D와 E는 각각 3개이므로 C는 D보다 기의 개수가 많다.

24 중생대에는 공룡, 암모나이트, 겉씨식물이 번성하였고, 고생대 페름기 말에는 삼엽충, 방추충 등의 멸종을 비롯하여 최대 규모의 생물 대멸종이 일어났다.

ㄱ. A 시기는 공룡과 암모나이트가 번성하였으므로 중생대(백악기)에 속한다.

ㄴ. 지질 시대 동안 식물계에서는 양치식물→겉씨식물→속씨식물 순으로 번성하였으므로 ㉠은 겉씨식물이고, ㉡은 양치식물이다.

ㄷ. B 시기 말에 삼엽충과 방추충이 멸종하였으므로 B는 고생대 페름기에 해당한다. 지질 시대 동안 5회의 생물 대멸종이 있었으며, 고생대 페름기 말에 최대 규모의 대멸종이 있었다.

25 ㄱ. (가)는 중생대 말(백악기)의 대륙 분포이고, (나)는 고생대 말(페름기)의 대륙 분포이다. 속씨식물은 중생대 말인 (가) 시기에 출현하여 신생대에 번성하였다.

🔍**바로알기** ㄴ. 암모나이트는 중생대에 번성하였다가 말기에 멸종하였으므로 (가) 시기에 멸종하였다.

ㄷ. 대기 중에 오존층이 형성된 것은 육상 생물이 출현하기 이전이며, 최초의 육상 생물은 고생대 실루리아기 말에 출현하였으므로 (나) 시기 이전이다.

26 ㄴ. ㉠은 고생대 데본기이다. 육상 식물은 고생대 실루리아기 말에 출현하였으므로 A 시기에 해당한다.

🔍**바로알기** ㄱ. 양서류는 고생대 데본기, 파충류는 고생대 석탄기, 포유류는 중생대 트라이아스기에 출현하였으므로 ㉠은 양서류, ㉡은 파충류, ㉢은 포유류이다.

ㄷ. ㉢은 중생대 트라이아스기이므로 육상에는 겉씨식물이 번성하였다.

27 ㄴ. (가)~(라)는 모두 해양 생물이므로 해양에서 번성하였다.

🔍**바로알기** ㄱ. (가)는 고생대 초기에 출현한 해양 동물이고, (라)는 선캄브리아 시대 말기에 출현한 다세포 동물이므로 (라)가 먼저 출현하였다.

ㄷ. 화폐석은 신생대 초기에 번성하였으므로 공룡이 번성한 중생대와는 시기가 다르다.

28 ㄴ. 해양 무척추동물의 과의 수는 A 시기 말에는 500보다 적었고, B 시기 말에는 500보다 많았다.

ㄷ. C 시기는 신생대이므로 화폐석이 번성하였다.

🔍**바로알기** ㄱ. 육상 식물은 대기에 오존층이 형성된 이후에 출현하였으므로 해양 무척추동물보다 나중에 출현하였다.

Ⅱ. 대기와 해양

1 대기와 해양의 변화

수능 빈출 자료 MＡSTER　　　　　　　p.30~34

		1	2	3	4	5	6
1	자료 1	1 ×	2 ○	3 ×	4 ×	5 ×	
	자료 2	1 ×	2 ×	3 ×	4 ×	5 ○	6 ○
	자료 3	1 ○	2 ○	3 ○	4 ×		
2	자료 1	1 ×	2 ○	3 ○	4 ○	5 ×	
	자료 2	1 ×	2 ○	3 ○	4 ×	5 ○	
3	자료 1	1 ○	2 ×	3 ×	4 ○	5 ×	
	자료 2	1 ○	2 ×	3 ○	4 ○	5 ×	6 ○
	자료 3	1 ×	2 ×	3 ○	4 ○		
4	자료 1	1 ○	2 ○	3 ○	4 ×	5 ×	
	자료 2	1 ○	2 ×	3 ○	4 ×	5 ×	
	자료 3	1 ×	2 ○	3 ○	4 ×		
5	자료 1	1 ×	2 ○	3 ○	4 ○	5 ×	
	자료 2	1 ○	2 ○	3 ×			
	자료 3	1 ×	2 ○	3 ×	4 ○		

1 **1-1** 한랭 전선의 후면에는 적운형 구름이 발달한다.

1-2, 5 (나)에서 실선은 높아졌다가 낮아지고 있으며, 점선은 낮아졌다가 높아지고 있다. 따라서 실선은 기온, 점선은 기압에 해당한다. 온도가 02시 무렵 갑자기 낮아졌으므로 이 시기에 한랭 전선이 통과했다. 따라서 (나)는 B의 관측 자료이다.

1-3 (가)에서 B는 온난 전선과 한랭 전선 사이에, A는 한랭 전선의 후면에 위치하고 있으므로 기온은 A가 B보다 낮다.

1-4 (나)의 관측소는 B이고, ㉠ 기간 동안 한랭 전선이 통과하였으므로 풍향은 남서풍에서 북서풍으로 바뀌며 시계 방향으로 바뀌었다.

2-1, 3 저기압의 중심은 동쪽으로 이동 중이며 폐색 전선은 나타나지 않는다.

2-2 저기압의 세력은 중심 기압이 낮을수록 강하다. 중심 기압은 (가)보다 (나)일 때 낮으므로, 저기압의 세력은 (나)일 때가 더 강하다.

2-4 (가)에서 A는 온난 전선과 한랭 전선 사이에 위치하며 맑은 날씨가 나타났으나, (나)에서 A 지점은 한랭 전선 후면에 위치하여 소나기가 내린다. 따라서 (가)에서 (나)로 변하는 동안 비는 (나) 시기 무렵에 잠시 내렸을 것이다.

2-6 (가)일 때 A는 온난 전선과 한랭 전선 사이에 위치하므로 남서풍이 우세하게 분다.

3-2 제주 지방은 온난 전선이 통과했으므로, 풍향이 남동풍에서 남서풍으로 바뀌며 시계 방향으로 변했다.

3-3 상대적으로 북쪽에 위치한 온대 저기압의 중심 기압은 992 hPa보다 낮고, 상대적으로 남쪽에 위치한 온대 저기압의 중심 기압은 992 hPa보다 높다. 따라서 상대적으로 북쪽에 위치한 온대 저기압의 중심 기압이 낮아 세력이 더 강하다.

3-4 온대 저기압의 중심이 가까워지면서 제주 지방의 중심 기압은 낮아졌다.

2 **1-1** 가시 영상은 구름에서 반사된 태양빛을 이용하므로 밤에는 관측할 수 없다.

1-3 (나)는 적외 영상이며, 적외 영상을 통해 구름 최상부의 높이를 알 수 있다.

1-4 적외 영상에서 A는 B보다 밝게 나타나 있다. 적외 영상에서는 구름의 온도가 낮을수록 밝게 나타나므로 구름 최상부의 온도는 A가 B보다 낮다.

1-5 적란운은 구름의 두께가 매우 두껍고, 최상부의 고도도 매우 높다.

2-2 가시 영상에서 육지가 바다보다 밝게 보이고 있다. 이는 육지가 바다보다 가시광선의 반사율이 높기 때문이다.

2-3 구름 A와 B의 두께는 가시 영상을 통해 비교할 수 있다. 가시 영상에서 A와 B의 밝기가 비슷하다고 했으므로 A와 B의 두께는 서로 비슷하다.

2-4 적외 영상에서 B가 A보다 밝다고 하였으므로 구름 최상부의 온도는 B가 A보다 낮다.

2-5 육지와 바다의 온도는 적외 영상을 통해 비교할 수 있다. 적외 영상에서 바다가 육지보다 밝다고 했으므로 바다의 온도가 육지보다 낮다.

3 **1-1** 태풍의 영향을 받는 동안 기압은 대체로 낮아졌다가 높아진다.

1-2 A에서 풍향은 북풍 → 북동풍 → 동풍 → 남동풍으로 변하였다. 따라서 풍향은 점차 시계 방향으로 변하였다.

1-4 안전 반원에 위치한 관측소에서는 풍향이 시계 반대 방향으로 변하며, 위험 반원에 위치한 관측소에서는 풍향이 시계 방향으로 변한다. 이 기간 동안 A에서 풍향은 시계 방향으로 변하였으므로 A는 위험 반원에 위치하였다.

1-5 빨간선은 풍향, 파란선은 기압, 녹색 점선은 기온이다. $T_4 \sim T_5$ 동안 기온은 하강하였다.

2-1 ㉠과 ㉡일 때 태풍은 북서쪽으로 이동하였으며, 이동 속도는 ㉠이 ㉡보다 빨랐다.

2-2 태풍은 전향점에 가까워지는 동안 대체로 이동 속도가 느려진다. 1일 간격으로 나타낸 태풍의 위치를 통해서도 전향점에 가까워지는 동안 태풍의 이동 속도가 느려지고 있음을 알 수 있다.

2-3 16일 이후 태풍의 중심 기압이 높아지고 있으므로 태풍의 세력은 점차 약해졌다.

2-5 태풍이 지나가는 동안 A 지점은 안전 반원에 속해 있으므로 풍향은 시계 반대 방향으로 변한다.

3-1 태풍의 중심을 기준으로 최대 풍속은 A 지점이 C 지점보다 크다. 따라서 A는 태풍 진행 방향의 오른쪽인 위험 반원에, C는 태풍 진행 방향의 왼쪽인 안전 반원에 위치한다.

3-2 적란운은 태풍의 눈 주변에서 가장 두껍게 발달하며, 태풍의 눈에서는 구름이 거의 발생하지 않는다.

3-3 기압은 태풍 중심으로 갈수록 낮아지며, 태풍 중심에서 기압이 가장 낮다.

4 **1-1** 북반구에서는 7~8월이 여름이며, 남반구는 12~1월이 여름이다. 이 해역은 8월에 수온이 가장 높으므로 북반구에

위치한다.

1-4 일반적인 수온－염분도와는 다르게 이 그래프는 X축이 수온이며, Y축이 염분이다. 따라서 왼쪽 위로 갈수록 수온이 낮아지고 염분이 높아지기 때문에 왼쪽 위로 갈수록 밀도가 커진다.

1-5 8월에는 수온이 가장 높고 염분이 가장 낮기 때문에 8월에 표층 해수의 밀도가 가장 작다.

2-1 A는 황해에 위치한 해역이며, B는 북한 한류가 흐르는 해역이다. 따라서 수온은 A가 B보다 높다.

2-3 ㉠과 ㉡은 각각 B와 C 해역 중 하나이다. ㉠과 ㉡은 염분은 서로 비슷하지만, 수온은 ㉠이 더 높다. 따라서 수온이 높은 ㉠은 C, 수온이 낮은 ㉡은 B에 해당한다.

2-4 A에 비해 수온이 낮고 염분이 높은 B의 밀도가 크다.

2-5 B와 C의 염분은 비슷하지만 수온은 ㉠이 높아 밀도가 작다. 따라서 B와 C의 밀도 차이는 염분보다 수온의 영향이 더 크다.

3-1 A와 B의 밀도는 같지만, 염분은 A가 더 높다. 따라서 A의 수온인 ㉠은 10보다 커야 한다.

3-2 B와 C의 수온은 같지만, 염분은 C가 더 낮다. 따라서 C의 밀도는 B의 밀도인 $1,027 \text{ g/cm}^3$보다 작아야 한다.

3-3 (증발량－강수량)의 값이 클수록 염분이 높다. 염분은 A 해역이 가장 높으므로, (증발량－강수량)의 값도 A가 가장 크다.

3-4 염분비 일정 법칙에 따라 염류가 차지하는 비율은 거의 비슷하다.

5 **1-1** A와 B는 난류이고, C는 한류이다.

1-2 B는 동한 난류이며, 난류의 세기는 겨울철보다 여름철에 강하다.

1-4 A는 쿠로시오 해류이며, 쿠로시오 해류는 북태평양의 아열대 표층 순환을 구성하는 해류이다.

1-5 용존 산소량은 수온이 낮은 한류에 더 많다. 따라서 용존 산소량은 한류인 C가 난류인 B보다 많다.

2-1 양쯔강 연안수는 담수의 유입이 활발하므로 염분이 황해의 평균 염분보다 낮다.

2-2 양쯔강 연안수는 염분이 낮기 때문에 밀도가 작아 대체로 표층에 분포한다.

2-3 이 해역에 북풍이 불면 표층 해수는 대륙 쪽으로 이동하기 때문에 연안수의 확장이 어려워진다.

3-1, 2 황해는 담수의 유입이 많아 염분이 낮다.

3-3 A는 난류, D는 한류이다. 용존 산소량과 영양염은 난류보다 한류에 풍부하기 때문에 D가 A보다 풍부하다.

3-4 염분은 난류가 한류보다 높다. 따라서 평균 염분은 난류인 A가 한류인 D보다 높다.

수능 대비 문제 p.35~39

01 ⑤	02 ①	03 ②	04 ⑤	05 ②	06 ③
07 ④	08 ①	09 ①	10 ③	11 ②	12 ①
13 ①	14 ②	15 ①	16 ③	17 ③	18 ③
19 ②	20 ③				

01 ㄱ. 기단의 변질로 우리나라의 서해안에 폭설을 내리는 기단은 시베리아 기단인 A이다.

ㄴ. 오호츠크해 기단인 B와 북태평양 기단인 D에 의해 장마 전선이 형성될 수 있다.

ㄷ. 우리나라에 황사를 일으키는데 관련이 깊은 기단은 양쯔강 기단인 C이다.

02 ㄱ. A 지점의 풍향은 남동풍 → 남서풍 → 북서풍 순으로 바뀌고 있으므로 시계 방향으로 변하였다.

🔍 **바로알기**) ㄴ. A와 B의 경도는 같고, 온대 저기압이 통과하는 동안 A에서의 풍향은 시계 방향으로, B에서는 주로 북풍 계열의 바람이 불었다. 따라서 A는 온대 저기압 중심보다 남쪽에 위치하였고, B는 온대 저기압 중심보다 북쪽에 위치하였다. 결국 위도는 B가 A보다 높다.

ㄷ. ㉠ 시기는 약 10시 무렵이며, 이 시기에 A 지점에는 남서풍이 우세하게 불고 있다. 따라서 이 시기에는 한랭 전선과 온난 전선 사이에 위치하였다.

03

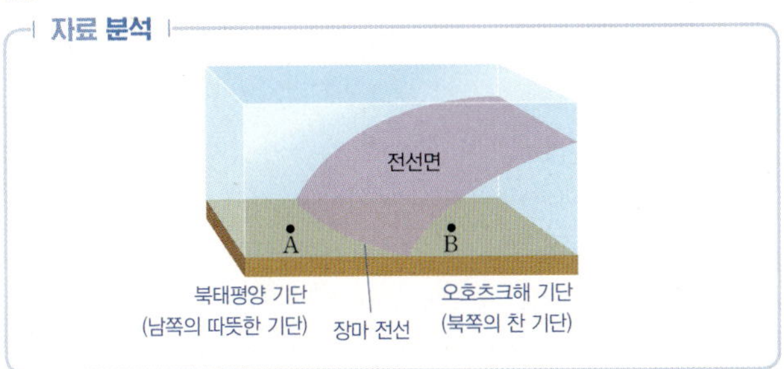

ㄷ. 장마 전선을 형성하는 두 기단 중 기온은 북태평양 기단이 높다. 전선면의 기울기로 보아 기온은 A가 B보다 높으므로 A에는 북태평양 기단이, B에는 오호츠크해 기단이 위치한다. A가 위치한 북태평양 기단의 세력이 강해지면 전선은 북상한다.

🔍 **바로알기**) ㄱ. A가 B보다 온도가 높으므로, 위도는 A가 B보다 낮다.

ㄴ. 정체 전선 부근에서 강수는 찬 공기가 위치한 지역에서 주로 나타난다. 따라서 강수량은 B가 A보다 대체로 많다.

04 ㄱ. (가)는 가시 영상이므로 밝을수록 구름이 두껍다. 영상에서 A가 B보다 밝으므로 구름의 두께는 A가 B보다 두껍다.

ㄴ. 이날 A 지역에는 정체 전선이 형성되어 있으며, A 지역의 구름을 형성한 수증기는 전선의 남쪽에 위치한 북태평양 기단에서 주로 공급된 것이다.

ㄷ. B 지역의 남동쪽에는 고기압이, 북서쪽에는 저기압이 위치하고 있다. 바람은 고기압에서 저기압을 향해 불기 때문에, B 지역의 지상에서는 남풍 계열의 바람이 분다.

05 ㄷ. C 지역은 정체 전선의 남쪽에 위치하므로 북태평양 기단이 위치하며, 북태평양 기단의 세력이 강해질수록 정체 전선은 북상한다.

🔍 **바로알기**) ㄱ. A 지역에는 정체 전선에서 발달한 구름이 발달해 있으므로 저기압이 발달해 있다.

ㄴ. A 부근에는 구름이 동서로 길게 발달해 있으며, B에는 구름

이 원형으로 발달해 있다. 따라서 정체 전선은 A에 위치한다. B는 태풍이다.

06 ㄱ. A는 태풍 진행 방향의 오른쪽에 위치하고 있으므로 A 지역에서 풍향은 시계 방향으로 변한다.

ㄴ. B는 고기압이므로, 하강 기류가 상승 기류보다 우세하다.

🔍 **바로알기**) ㄷ. 장마 전선이 일본 남쪽에 위치하고 있으므로 우리나라는 북태평양 기단보다 오호츠크해 기단의 영향을 더 많이 받고 있다.

07

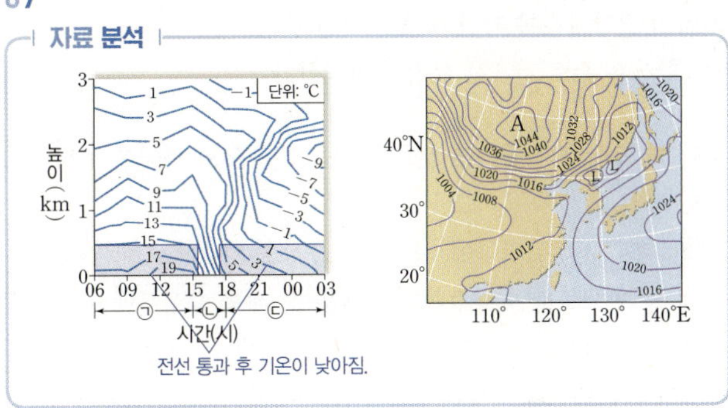

ㄴ. 연직 기온 분포를 보면, ㉡ 시기 이후 급격히 기온이 낮아지고 있음을 알 수 있다. 따라서 이 시기에 한랭 전선이 통과하였다. 한랭 전선 통과 후 서쪽에 있는 강력한 고기압이 접근하므로, 기압은 ㉢ 시기가 ㉠ 시기보다 높다.

ㄷ. 한랭 전선 통과 후 관측소는 서쪽에 위치한 A 기단의 영향을 받을 것이다.

🔍 **바로알기**) ㄱ. 전선 통과 후 기온이 낮아지는 전선은 한랭 전선이다.

08 ㄱ. 풍속을 나타낸 그래프는 실선이며, 최대 풍속은 A 시기가 B 시기보다 컸다.

🔍 **바로알기**) ㄴ. B 시기에 풍향은 북동풍 → 북서풍 → 남서풍으로 시계 반대 방향으로 변하였다. 따라서 안전 반원에 위치하였다.

ㄷ. A 시기에 수온이 급격하게 낮아졌다. 수온이 낮아지면 태풍에 공급되는 수증기의 양이 줄어들면서 태풍의 세력은 약해진다.

09 ㄱ. 4~6시에는 기압이 가장 낮았다. 따라서 이 시기에는 상승 기류가 우세하였다.

🔍 **바로알기**) ㄴ. 풍속이 최대일 때는 4시 무렵이며, 이 시기에는 기압이 가장 낮았다.

ㄷ. (나)에서 풍향은 북동풍 → 북서풍으로 바뀌고 있으므로 시계 반대 방향으로 변했다. 따라서 태풍 진행 경로의 왼쪽인 안전 반원에 위치하였다.

10 ㄱ. 태풍이 A 해역으로 접근하는 동안 중심 기압이 점차 낮아졌으므로 태풍의 세력은 강해졌다.

ㄴ. 태풍이 P에 가장 가까이 접근했을 때는 관측소에서 측정한 기압이 가장 낮았던 18시 무렵이다. 이 시기에는 동풍 계열의 바람이 우세하게 불었다.

🔍 **바로알기**) ㄷ. (나)에서 풍향은 시계 방향으로 변하고 있기 때문

에 관측소는 태풍 진행 경로의 오른쪽인 위험 반원에 위치하였
다. 따라서 실제 태풍의 이동 경로는 a이다.

11 ㄴ. 적란운은 천둥과 우박을 동반하기도 한다.
🔍**바로알기** ㄱ. 적란운은 대기가 불안정하여 상승 기류가 발달할
때 형성되므로, 온난 전선보다 한랭 전선에 의해 잘 형성된다.
ㄷ. 적란운은 대기가 불안정한 여름철에 잘 형성된다.

12 ㄱ. 황사는 편서풍을 타고 동쪽으로 이동한다.
🔍**바로알기** ㄴ. 우리나라에 고기압이 발달하면 하강 기류를 따라
상층의 황사 먼지가 지표로 내려오기 쉬워지므로, 우리나라에 고
기압이 발달할수록 황사 피해가 커진다.
ㄷ. 황사는 주로 건조한 봄철에 발생한다.

13 ㄱ. 그림에서 풍속은 태풍 중심을 기준으로 북동쪽이 남서쪽
보다 빠르다.
🔍**바로알기** ㄴ. 북반구에서는 태풍 중심을 기준으로 바람이 시계
반대 방향으로 불면서 수렴하기 때문에, 태풍 중심부에서는 해수
의 발산이 일어나 용승이 활발하게 일어난다.
ㄷ. 태풍의 북동쪽이 남서쪽보다 풍속이 빠르므로 북동쪽은 위험
반원, 남서쪽은 안전 반원에 해당한다. 따라서 태풍은 북서쪽으
로 이동하고 있다.

14 ㄴ. 수온 약층은 깊이에 따른 수온 변화가 커 등수온선이 조
밀하게 나타난다. 따라서 수온 약층은 9월이 5월보다 뚜렷하게
나타난다.
🔍**바로알기** ㄱ. 표층에서 최고 수온은 약 12.5 $^{\circ}$C, 최저 수온은
약 5.5 $^{\circ}$C이므로 수온의 연교차는 10 $^{\circ}$C보다 작다.
ㄷ. 6 $^{\circ}$C 등수온선은 5월에 수심 약 50 m 부근에서, 11월에 수
심 약 80 m 부근에서 나타난다. 따라서 6 $^{\circ}$C 등수온선은 11월이
5월보다 깊은 곳에서 나타난다.

15 ㄱ. 동해에서 표층 해수의 밀도는 수온이 높고 염분이 낮은
여름에 더 작다. 따라서 A는 여름에, B는 겨울에 관측한 것이다.
🔍**바로알기** ㄴ. 혼합층은 수심에 따른 수온 변화가 거의 없는 층
이다. 따라서 B에서 혼합층 두께는 약 150 m이다.
ㄷ. 해수면에서 바람의 세기가 강할수록 혼합층의 두께가 두꺼워
진다. 혼합층의 두께는 A보다 B일 때 두꺼우므로 평균 풍속은
B일 때가 더 크다.

16 ㄱ. 수온 약층은 표층과 심해층의 온도 차가 클수록 뚜렷하
게 나타난다. 심해층의 온도는 비슷하지만, 표층의 수온은 가을
철이 더 높다. 따라서 수온 약층은 봄보다 가을철에 더 뚜렷하게
나타난다.
ㄴ. 표층 수온은 봄이 더 낮고, 표층 염분은 봄이 더 높다. 따라
서 표층 해수의 밀도는 봄이 가을보다 크다.
🔍**바로알기** ㄷ. 계절에 따른 수온 변화는 수심이 깊을수록 작다.

17 ㄱ. 깊이에 따른 수온 변화는 A 구간에서 약 7 $^{\circ}$C, B 구간에
서 약 2 $^{\circ}$C이다. 따라서 깊이에 따른 수온 변화는 A 구간이 B 구
간보다 크다.

ㄴ. B 구간에서는 수온이 낮아지고 염분이 높아진다. C 구간에
서는 수온 변화의 폭은 B 구간과 비슷하지만 염분은 오히려 조금
낮아졌다. 따라서 밀도 변화는 B 구간이 C 구간보다 크다.
🔍**바로알기** ㄷ. D 구간에서 수온은 거의 변화가 없지만, 염분은
크게 높아지고 있다. 따라서 이 구간에서 해수의 밀도 변화는 주
로 염분의 영향을 받아 변하였다.

18 ㄱ. 수온이 가장 낮은 수괴는 C이다. 용존 산소량은 C가 가
장 많다.
ㄴ. A는 C보다 수온이 높고 염분은 낮다. 따라서 밀도는 A가 C
보다 작다.
🔍**바로알기** ㄷ. B와 C는 수온이 낮고 염분이 높은 해수이다. 수
온이 낮고 염분이 높은 두 해수가 혼합되었을 때, 혼합 후의 수
온은 두 해수 중 최고 수온보다 높을 수 없으며 염분은 두 해수의
최저 염분보다 낮을 수 없다. 따라서 두 해수보다 수온이 훨씬 높
고 염분이 낮은 A는 형성될 수 없다.

19 ㄴ. 염분비 일정 법칙에 따르면 염분은 달라도 각각의 염류
가 차지하는 비율은 서로 같다. (가)에서 $MgCl_2$가 기타 염류의
양보다 많으므로, (나)에서도 $MgCl_2$가 기타 염류의 양보다 많아
야 한다. 따라서 ⓒ은 ⓔ보다 크다.
🔍**바로알기** ㄱ. $NaCl$의 함량은 (나)가 (가)보다 많으므로
$MgSO_4$도 (나)가 (가)보다 많아야 한다. 따라서 ㉠은 ⓒ보다 작다.
ㄷ. $NaCl$의 함량은 (나)가 (가)보다 많으므로 나머지 염류도 (나)
가 (가)보다 많다. 따라서 염분은 (나)가 (가)보다 높다.

20 ㄱ. 수온은 수심이 깊어짐에 따라 계속 낮아진다. 따라서 ㉠
은 수온이다.
ㄴ. 해수면 해수의 수온은 약 16 $^{\circ}$C, 염분은 약 34.0 psu이며, 깊이
500 m에서 해수의 수온은 약 6 $^{\circ}$C, 염분은 약 33.3 psu이다. 이를
수온-염분도에 나타내보면 밀도는 해수면의 해수가 더 작다.
🔍**바로알기** ㄷ. A 구간에서는 수온이 급격하게 낮아지고 있으며
염분은 낮아졌다가 높아지고 있다. 이 구간에서 해수의 밀도 변
화는 수온의 영향을 더 크게 받는다.

2 대기와 해양의 상호 작용

수능 빈출 자료 MASTER

1
자료1	1 ○	2 ×	3 ○	4 ○	5 ×
자료2	1 ○	2 ×	3 ○	4 ×	5 ×
자료3	1 ○	2 ×	3 ○	4 ×	

2
| 자료1 | 1 ○ | 2 ○ | 3 × | 4 ○ | 5 × |
| 자료2 | 1 ○ | 2 ○ | 3 ○ | 4 × | 5 ○ |

3
| 자료1 | 1 ○ | 2 ○ | 3 ○ | 4 ○ | 5 × |
| 자료2 | 1 × | 2 ○ | 3 × | 4 ○ | 5 ○ |

4
자료1	1 ○	2 ○	3 ×	4 ○	5 ×
자료2	1 ×	2 ○	3 ○	4 ×	5 ×
자료3	1 ×	2 ×	3 ○	4 ○	

5
| 자료1 | 1 × | 2 ○ | 3 ○ | 4 ○ | |
| 자료2 | 1 × | 2 × | 3 ○ | 4 ○ | 5 ○ |

1 **1**-1 해류 A는 북태평양 해류이며, 편서풍의 영향을 받아 형성되었다.

1-2 해류 B는 북태평양의 아한대 순환을 구성하는 해류이다.

1-3 북아메리카 해안에서 발견된 운동화는 유실된 지점에서 북태평양 해류를 따라 이동한 것이다.

1-5 지도에서 동쪽으로 흐르던 해류가 북쪽과 남쪽으로 흐른다. 이중에서 북쪽으로 흐르는 해류는 알래스카 해류이고, 남쪽으로 흐르는 해류는 캘리포니아 해류이다.

2-1 A에는 고온·고염분의 난류가, B에는 저온·저염분의 한류가 흐르고 있다. 따라서 염분은 A 지점이 B 지점보다 높다.

2-2 용존 산소량은 표층 수온이 낮은 한류에 더 많다.

2-3 B 지점에는 한류인 캘리포니아 해류가 고위도에서 저위도로 흐르고 있다.

2-5 표층 수온은 주로 태양 복사 에너지의 영향을 받아 달라진다. 따라서 고위도로 갈수록 표층 수온은 대체로 낮아진다.

3-2 A는 중위도 해역에서 서 → 동으로 흐르는 북대서양 해류이다. 북대서양 해류는 편서풍에 의해 형성된다.

3-3 A는 대서양의 서안에서 고위도로 흐르는 서안 경계류이며, B는 대서양의 동안에서 저위도로 흐르는 동안 경계류이다. 서안 경계류는 동안 경계류보다 폭이 좁고 유속이 빠르다.

3-4 영양염은 한류가 난류보다 많다. A는 난류, B는 한류이므로, 영양염은 한류인 B가 난류인 A보다 풍부하다.

2 **1**-1 ㉠에서는 그린란드 부근 해역에서 표층수의 침강으로 북대서양 심층수가 형성된다. 따라서 ㉠에서 형성된 수괴는 남극 저층수보다 수온과 염분이 높은 A에 해당한다.

1-2 A와 B는 심층 해수이며, 심층 해수는 용존 산소량이 풍부하여 심층에 산소를 공급한다.

1-3 심층 순환은 표층 순환에 비해 유속이 매우 느리다.

1-5 A는 북대서양 심층수이며, B는 남극 저층수이다. 밀도는 남극 저층수가 북대서양 심층수보다 크다.

2-2 A 해역은 심층 해수의 연령이 매우 작으므로 심층수가 형성되는 지역이다. 따라서 A 해역에서는 표층 해수가 침강한다.

2-3 B를 기준으로 고위도에서 저위도로 갈수록 심층 해수의 연령이 많아지고 있다. 따라서 B에는 고위도에서 저위도로 흐르는 심층 해수가 있다.

2-4 심층수의 형성이 활발하게 일어나는 지역에서는 심층 해수의 연령이 작아야 한다. 태평양 적도 해역에서 심층 해수의 연령은 대체로 많다.

3 **1**-1 해수면 기압 차는 (동태평양 기압−서태평양 기압)이므로, 해수면 기압 차가 (+) 값일 때는 동태평양에서의 기압이 서태평양에서의 기압보다 높다.

1-3 (나)는 서태평양에서 따뜻한 해수층의 두께가 얇아지고 동태평양에서 따뜻한 해수층의 두께가 두꺼워졌으므로 엘니뇨 시기이다.

1-5 동태평양 적도 부근 해역에서 구름양은 엘니뇨 시기가 라니냐 시기보다 많다.

2-1 라니냐 시기에 중앙 태평양 부근 해역에서의 강수량은 평년보다 감소한다.

2-4 서태평양 적도 해역과 동태평양 적도 해역 사이의 해수면 높이 차는 평상시보다 라니냐 시기가 크다.

2-5 북적도 해류와 남적도 해류는 평상시보다 라니냐 시기에 강하게 흐른다.

4 **1**-1 지구 자전축 경사 방향은 약 26000년을 주기가 변하므로, 13000년 후에는 지구 자전축 경사 방향이 현재와 반대가 된다.

1-3 우리나라에서 여름철 태양의 남중 고도는 지구 자전축 경사각에 따라 달라진다. 13000년 후 지구 자전축 경사각은 현재보다 작아지므로, 여름철 태양의 남중 고도는 현재보다 낮다.

1-4 13000년 전 지구 자전축 경사각은 현재보다 컸으며, 지구 공전 궤도 이심률은 현재보다 컸다. 또한 지구 자전축 경사 방향도 현재와 반대가 된다. 따라서 $30°N$에서 기온의 연교차는 현재가 13000년 전보다 작다.

1-5 6500년 후 지구 자전축 경사각은 현재보다 작다.

2-2 지구 자전축 경사각이 작을수록 여름철 기온은 낮아지고 겨울철 기온은 높아지므로, 북반구와 남반구에서 기온의 연교차는 작아진다.

2-3 ㉡ 시기는 현재보다 지구 자전축 경사각이 크다. 따라서 $30°S$에서 기온의 연교차는 현재가 ㉡ 시기보다 작다.

2-5 1년 동안 지구에 입사하는 평균 태양 복사 에너지양은 지구와 태양 사이의 평균 거리에 따라 달라진다. 이 값은 지구 자전축 경사각의 변화와 관계없다.

3-1 지구가 근일점에 위치할 때 태양 빛은 북반구에 수직으로 입사하므로, 북반구의 계절은 여름이다.

3-2 지구가 원일점에 위치할 때 남반구의 계절은 여름이며, 근일점에 위치할 때 겨울이다. 따라서 지구가 A에 위치할 때 남반구의 계절은 가을이다.

3-4 지구 자전축 경사각이 커지면, 남반구와 북반구 모두 여름철 기온은 높아지고 겨울철 기온은 낮아지면서 연교차가 커진다.

5 **1**-1 그래프에서 ㉠ 시기 동안 CO_2의 평균 농도는 안면도가 전 지구보다 높게 나타난다.

1-2 ㉢ 시기 동안 전 지구의 기온 상승률보다 우리나라의 기온 상승률이 크다.

1-3 전 지구 해수면의 평균 높이는 지구의 기온 상승으로 해수의 평균 온도가 상승하면서 점차 높아지고 있다. 따라서 ㉢ 시기가 ㉡ 시기보다 높다.

2-1 지구 평균 기온 상승은 1940년 이전에 비해 이후에 크게 나타난다.

2-2 흑점 수의 변화는 기후 변화의 자연적 요인에 해당한다. ㉠은 온실 기체만을 고려한 기온 편차이다.

2-4 대기권에 도달하는 태양 복사 에너지양의 변화는 자연적 요인이므로 ㉡에 해당한다.

2-5 B 시기에 자연적 요인만을 고려했을 때는 지구 평균 기온이 낮아져야 하지만, 관측 기온은 점차 높아지고 있다. 따라서 이 시기의 기온 변화는 자연적 요인보다 온실 기체에 의한 영향이 더 크다.

수능 대비 문제

p.45~50

01 ④	02 ⑤	03 ⑤	04 ②	05 ③	06 ③
07 ④	08 ③	09 ④	10 ③	11 ⑤	12 ①
13 ①	14 ③	15 ①	16 ②	17 ③	18 ②
19 ⑤	20 ③	21 ③	22 ③	23 ④	24 ③

01 ㄴ. 해수의 이동 속도는 표층수가 심층수보다 빠르다.

ㄷ. 해수의 표층 순환과 심층 순환은 서로 연결되어 저위도의 과잉 에너지를 고위도로 수송하는 역할을 한다.

바로알기 ㄱ. A 해역에서는 표층수가 심층수로 바뀌고 있으므로 표층 해수의 침강이 일어난다.

02 ㄱ. 평균 수온은 C가 가장 높고 B가 가장 낮다. 따라서 A의 관측값은 ㉡이다.

ㄴ. (나)의 수온─염분도에서 오른쪽 아래에 위치할수록 밀도가 크다. B 해역은 수온이 가장 낮으므로 ㉢에 해당하며, ㉢의 밀도가 가장 크다.

ㄷ. C에는 북적도 해류가 흐른다. 북적도 해류는 무역풍에 의해 형성된다.

03 ㄱ. 적도 부근에서는 태양 복사 에너지가 지구 복사 에너지보다 많다. 따라서 실선은 태양 복사 에너지, 점선은 지구 복사 에너지이다.

ㄴ. 적도 부근에서는 태양 복사 에너지가 지구 복사 에너지보다 많으므로, A는 에너지 과잉량이다.

ㄷ. 저위도는 에너지 과잉, 고위도는 에너지 부족 상태이므로, 저위도의 과잉 에너지는 대기와 해수에 의해 저위도에서 고위도로 이동된다. ㉠에서는 에너지 수송량이 최대이다.

04 ㄴ. B는 밀도가 가장 큰 남극 저층수이다. 남극 저층수는 남극 대륙 부근 웨델해에서 생성된 후 해저를 따라 북쪽으로 흐른다.

바로알기 ㄱ. 남극 중층수는 북대서양 심층수보다 위에서 흐르므로, 평균 밀도는 남극 중층수가 북대서양 심층수보다 작다.

ㄷ. (나)의 a 구간에서는 수온 변화가 거의 없고 염분만 변하고 있다. 따라서 이 구간에서 밀도 변화는 수온보다 염분의 영향을 더 받았다.

05 ㄱ. A는 해들리 순환이며, B는 페렐 순환이다. 해들리 순환은 직접 순환, 페렐 순환은 간접 순환에 해당한다.

ㄴ. A의 순환은 적도 부근에서 상승한 공기가 고위도로 이동하면서 순환을 형성하므로, 저위도의 에너지를 고위도로 수송한다.

바로알기 ㄷ. 북적도 해류는 해들리 순환(A)의 지표 부근에서 부는 바람인 무역풍에 의해 형성된다.

06 ③ 침강이 더 잘 일어나기 위해서는 수조의 물과 종이컵 안의 물의 밀도 차가 커야 한다. 종이컵에 더 차가운 소금물을 붓게 되면, 종이컵 안의 물의 밀도가 커지므로 침강이 더 잘 일어난다.

07 ㄴ. 적도 부근에서보다 고위도 지역에서의 기온 하강 폭이 크다. 따라서 저위도와 고위도 사이의 기온 차는 증가하였다.

ㄷ. 그림에서 고위도 지방의 기온이 훨씬 많이 낮아졌다. 이는 저위도에서 고위도로 흐르는 해류의 순환이 약해졌기 때문이다. 따라서 그린란드 해역에서의 침강이 약해졌음을 알 수 있다.

바로알기 ㄱ. 저위도에서 고위도로 수송되는 에너지양이 많을수록 저위도와 고위도의 기온 차가 작아진다. 그림에서는 고위도와 저위도의 기온 차가 증가하였으므로 저위도에서 고위도로 수송되는 에너지양이 감소했음을 알 수 있다.

08 ㄱ. 심층 순환의 세기가 강할수록 심층수가 형성되는 해역에서의 침강이 강하다. A 시기가 B 시기보다 심층 순환의 세기가 강하므로 북대서양 심층수가 형성되는 해역에서 해수의 밀도는 A 시기가 B 시기보다 커 해수의 침강이 활발하게 일어났을 것이다.

ㄴ. 심층 순환과 표층 순환은 서로 연결되어 있기 때문에 심층 순환이 활발해지면 표층 순환도 활발해진다. 따라서 북대서양에서 고위도로 이동하는 표층 순환의 세기는 A 시기가 B 시기보다 강하다.

바로알기 ㄷ. 심층 순환의 세기가 강할수록 표층 순환도 강해지며, 표층 순환이 강해질수록 고위도와 저위도의 표층 수온 차는 작아진다. 따라서 고위도와 저위도의 표층 수온 차는 심층 순환의 세기가 약한 B 시기가 A 시기보다 크다.

09 ㄴ. B일 때는 서태평양 적도 부근 해역의 표층에 도달하는 태양 복사 에너지가 평년보다 많다. 따라서 이 시기에는 구름의 양이 적었으므로 엘니뇨 시기이다. 엘니뇨 시기에는 서태평양 적도 부근에서 강수량이 감소한다.

ㄷ. A는 라니냐, B는 엘니뇨 시기이다. A인 라니냐 시기에는 동태평양 해면 기압은 높아지고, 서태평양 해면 기압은 낮아진다. 따라서 $\dfrac{\text{서태평양 해면 기압}}{\text{동태평양 해면 기압}}$ 은 라니냐 시기인 A가 엘니뇨 시기인 B보다 작다.

바로알기 ㄱ. (나)에서는 동태평양에서 20 °C 등수온선의 깊이가 깊어졌으므로 엘니뇨 시기이다. 따라서 (나)는 B 시기에 해당한다.

10 ㄱ. A에서는 표층 해수가 북동 무역풍과 남동 무역풍에 의해 고위도로 이동하면서 발산이 일어나 심층 해수의 용승이 일어난다.
ㄷ. C의 표층 수온은 용승에 의해 낮다. 따라서 용승이 강할수록 표층 수온은 낮아진다.

바로알기 ㄴ. B는 북반구에 위치하며, 용승이 나타나기 위해서는 표층 해수가 서쪽으로 이동해야 한다. 따라서 이 지역에서의 용승은 북풍 계열의 바람에 의해 발생한다.

11

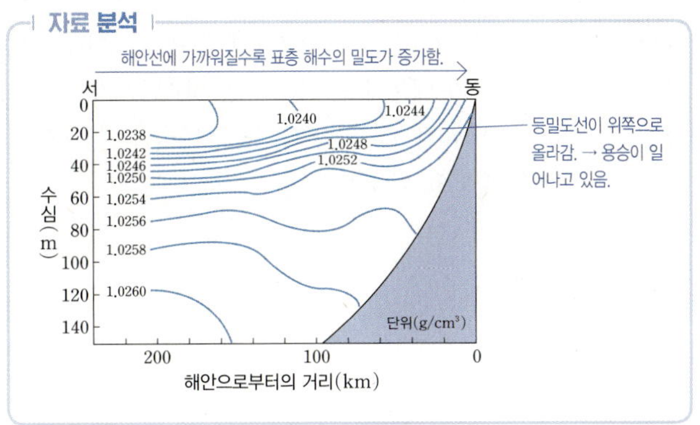

ㄱ. 표층 해수의 밀도는 해안에 가까워질수록 커지고 있다.
ㄴ. 이 해역에는 용승이 일어나고 있으므로 표층 해수가 서쪽으로 이동해야 한다. 이 해역에 북풍이 지속적으로 불고 있으므로 북풍이 불 때 해수가 서쪽으로 이동하는 이 해역은 북반구에 위치한다.
ㄷ. 이 해역은 용승이 일어나기 때문에 해안에 가까울수록 표층 해수의 밀도가 커지고 있다.

12 ㄱ. 그림에서 태평양 적도 부근 해역에서 구름양은 (가) 시기가 (나) 시기보다 많다.

바로알기 ㄴ. 엘니뇨 시기에는 서태평양의 따뜻한 해수가 동쪽으로 이동하므로 따뜻한 해수가 분포하는 면적이 넓어져 구름양이 많다. 따라서 (가)는 엘니뇨 시기, (나)는 라니냐 시기이다. 무역풍의 세기는 엘니뇨 시기인 (가)가 라니냐 시기인 (나)보다 약하다.
ㄷ. A는 동태평양 적도 부근에 위치한 해역이며, 이 해역에서의 용승은 라니냐 시기인 (나) 시기에 더 강하다.

13 ㄱ. 동태평양 적도 부근에서의 수온 편차가 (＋)이면 평상시보다 수온이 높아진 시기이므로 엘니뇨 시기, 수온 편차가 (－)이면 평상시보다 수온이 낮아진 시기이므로 라니냐 시기이다. 따라서 A는 엘니뇨 시기이다.

바로알기 ㄴ. B는 라니냐 시기이며, 이 시기에 동태평양 해역의 평균 해수면은 평상시보다 낮다.
ㄷ. 라니냐 시기에 동태평양 해역은 용승이 활발하여 표층 수온이 낮아지므로 강수량은 감소한다.

14 ㄱ. 그림에서 수온 약층이 나타나기 시작하는 깊이는 서태평양에서 얕아지고 동태평양에서 깊어졌다. 이는 태평양 적도 부근

표층의 따뜻한 해수가 상대적으로 동쪽으로 이동했기 때문이므로 이 시기는 엘니뇨 시기이다.
ㄴ. 동태평양 적도 해역에서 수온 약층이 나타나기 시작하는 깊이가 깊어졌으므로 혼합층의 두께는 증가한다.

바로알기 ㄷ. 엘니뇨 시기이므로 평년에 비해 동태평양 적도 해역에서 표층 수온은 높아진다.

15

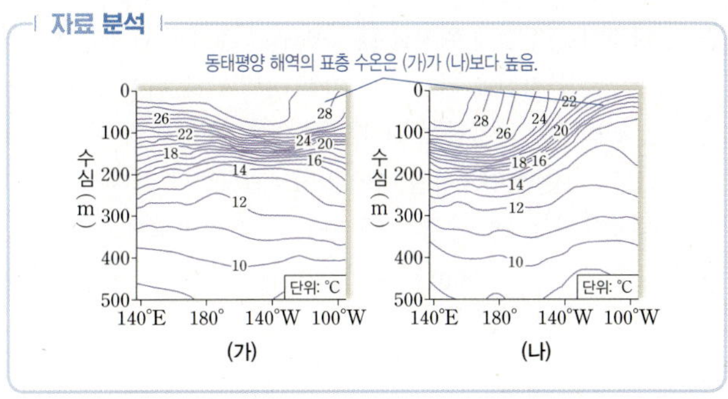

ㄱ. 동태평양 적도 해역에서 수온은 (가) 시기가 (나) 시기보다 높다. 따라서 (가)는 엘니뇨, (나)는 라니냐 시기이다.

바로알기 ㄴ. 동태평양 적도 부근 해역에서 용승이 활발할수록 표층 수온이 낮아진다. 따라서 이 해역에서 용승은 (나) 시기가 (가) 시기보다 강하다.
ㄷ. 영양염은 심층의 해수에 풍부하므로, 용승이 활발하게 일어날수록 표층 해수에 영양염이 많아진다. 용승은 (나) 시기에 활발하므로, 동태평양 적도 부근 해역에서 표층 해수의 영양염은 (나) 시기가 (가) 시기보다 많다.

16 ㄴ. A에서는 상승 기류가 나타나므로 저기압이 발달한다. 따라서 해면 기압은 A 해역이 B 해역보다 낮다.

바로알기 ㄱ. 평상시와 라니냐 시기에는 워커 순환에서 상승 기류가 서태평양에서 나타나지만, 엘니뇨 시기에는 중앙 태평양에서 나타난다. 따라서 이 시기는 라니냐 시기이다.
ㄷ. 평상시에 워커 순환에서 상승 기류는 서태평양인 A 해역에서 나타난다.

17 ㄱ. 현재 우리나라는 근일점에서 겨울, 원일점에서 여름이다. 공전 궤도 이심률이 커지면 근일점 거리는 가까워지고 원일점 거리는 멀어지면서 겨울철 평균 기온은 높아지고 여름철 평균 기온은 낮아진다.
ㄴ. 현재 남반구 중위도 지역은 근일점에서 여름이지만 공전 궤도 이심률이 커지면 근일점 거리가 가까워지면서 여름철 평균 기온이 높아진다. 따라서 기온 연교차는 커진다.

바로알기 ㄷ. 1년 동안 지구가 받는 태양 복사 에너지양은 지구와 태양의 평균 거리에 따라 달라진다. 지구와 태양의 평균 거리는 변하지 않으므로 1년 동안 지구가 받는 태양 복사 에너지양도 변하지 않는다.

18 ㄴ. 현재는 30°S에서 근일점에 위치할 때 여름이다. 13000년 후 지구 자전축 경사 방향이 반대로 바뀌므로 원일점에서 여름이 된다. 따라서 여름철 기온이 낮아지면서 연교차는 작아진다. 따라서 30°S에서 기온의 연교차는 (가)가 (나)보다 크다.

🔍 **바로알기** ㄱ. 30°N에서 하짓날 태양의 남중 고도는 지구 자전축 경사각에 따라 달라진다. (가)와 (나)에서 지구 자전축 경사각은 같으므로, 하짓날 태양의 남중 고도도 변하지 않는다.

ㄷ. (나)에서 근일점에 위치할 때가 여름이다. 지구 공전 방향을 고려하면, 북반구의 계절이 가을일 때 지구는 ⓒ 방향에 위치한다.

19 ㄱ. 그림에서 지구가 근일점에 위치할 때 지구 중심을 지나는 지구 공전 궤도면의 수직축을 기준으로 북극이 태양쪽에 위치한다. 따라서 근일점에 위치할 때 북반구의 계절은 여름이다.

ㄴ. 북반구는 근일점에 위치할 때 여름, 원일점에 위치할 때 겨울이지만, 남반구는 근일점에 위치할 때 겨울, 원일점에 위치할 때 여름이므로 기온의 연교차는 북반구가 남반구보다 크다.

ㄷ. 이날로부터 13000년 후 지구 자전축 경사 방향은 반대로 바뀌게 된다. 따라서 13000년 후 지구가 원일점에 위치할 때 남반구의 계절은 겨울이다.

20 ㄱ. 현재가 8000년 전보다 지구 자전축 경사각이 작다. 경사각이 작을수록 연교차가 작으므로 우리나라에서 겨울철 평균 기온은 현재가 8000년 전보다 높다.

ㄴ. 현재가 8000년 후보다 지구 자전축 경사각이 크다. 경사각이 클수록 연교차가 크므로 남반구 중위도 지역에서의 연교차는 현재가 8000년 후보다 크다.

🔍 **바로알기** ㄷ. 1년 동안 지구가 받는 태양 복사 에너지양은 지구와 태양의 평균 거리에 따라 달라진다. 지구와 태양의 평균 거리는 변하지 않으므로 1년 동안 지구가 받는 태양 복사 에너지양도 변하지 않는다.

21 ㄱ. (가)는 대기가 없는 경우, (나)는 대기가 있는 경우이다. 대기가 있는 경우 온실 효과가 나타나므로 지표면의 평균 온도가 높다. 따라서 지표면의 평균 온도는 (가)가 (나)보다 낮다.

ㄷ. 대기 중 온실 기체의 양이 증가하면 지표면에서 방출되는 지구 복사 에너지가 대기에 의해 흡수되는 양인 A가 증가한다.

🔍 **바로알기** ㄴ. 지표면이 방출하는 에너지의 총량은 대기가 있을 때가 대기가 없을 때보다 많다. 따라서 (가)가 (나)보다 적다.

22 ㄱ. 지구 온난화로 북극해 얼음 면적은 감소하고, 전 지구 해수면 높이는 높아진다. 따라서 A는 북극해 얼음 면적에 해당한다.

ㄷ. 북극 해역에서 얼음 면적은 ㉠ 기간이 ㉡ 기간보다 많다. 얼음은 반사율이 크므로, 얼음 면적이 넓을수록 반사율이 크다. 따라서 북극 해역에서 태양 복사 에너지 반사율은 ㉠ 기간이 ㉡ 기간보다 크다.

🔍 **바로알기** ㄴ. 북극 해역에서 얼음 면적은 감소하고 해수면 높이가 높아지고 있는 것으로 보아 평균 기온이 지속적으로 상승하고 있음을 알 수 있다. 따라서 북극 해역의 평균 기온은 ㉠ 기간이 ㉡ 기간보다 낮다.

23 B. 도시화로 태양 복사 에너지의 흡수율과 저장량이 증가하면 지표 부근 평균 기온이 상승한다.

C. 온실 기체가 증가하면 지표면이 방출하는 지구 복사 에너지가 대기에 흡수되는 양이 많아지고, 대기가 지표면으로 재복사하는 에너지의 양도 많아지면서 지표 부근 평균 기온이 상승한다.

🔍 **바로알기** A. 황사는 상층에서 지표에 입사하는 태양 복사 에너지를 산란하고 반사하므로 지표 부근 평균 기온이 하강한다.

24 ㄱ. CO_2 농도와 기온 편차 그래프가 비슷한 패턴으로 나타나고 있으므로, CO_2 농도가 높을 때 지구의 기온이 높음을 알 수 있다.

ㄴ. 과거 40만 년 동안 지구의 기온 편차는 대체로 (−)값을 나타내고 있으므로 평균 온도가 현재보다 낮았음을 알 수 있다. 평균 온도가 현재보다 낮았으므로 평균 해수면의 높이도 현재보다 낮았을 것이다.

🔍 **바로알기** ㄷ. 최근 CO_2 농도가 급격하게 증가하는 이유는 화석 연료의 사용량 증가 때문이며, 이는 최근 몇 백 년 이내에 나타난 현상이다. 과거 40만 년 동안 CO_2 농도의 변화는 대체로 자연적인 요인에 의해 변한 것이다.

Ⅲ. 우주

1 별과 외계 행성계

 p.52~56

1 자료1 1 ○ 2 × 3 × 4 ○
자료2 1 ○ 2 ○ 3 ○ 4 ×
자료3 1 × 2 × 3 ○ 4 ○

2 자료1 1 × 2 × 3 ○ 4 × 5 ○ 6 ○
자료2 1 × 2 × 3 ○ 4 ○ 5 ×

3 자료1 1 ○ 2 × 3 × 4 ×
자료2 1 ○ 2 ○ 3 × 4 ○
자료3 1 ○ 2 × 3 ○ 4 ○

4 자료1 1 ○ 2 ○ 3 ○ 4 × 5 ×
자료2 1 ○ 2 × 3 ○ 4 × 5 ×
자료3 1 × 2 × 3 ○ 4 × 5 ○

5 자료1 1 ○ 2 × 3 ○ 4 ×
자료2 1 × 2 ○ 3 × 4 × 5 ×
자료3 1 × 2 ○ 3 × 4 ×

1 **1**-1 H I 흡수선의 세기는 A형>B형>O형이므로 B형 별보다 표면 온도가 높은 별은 H I 흡수선이 더 약하다.

1-3 태양과 광도가 같고 반지름이 작은 별은 표면 온도가 높으므로 태양보다 Ca Ⅱ 흡수선이 약하다.

2-4 (가)에서 A의 광도가 태양의 100배이므로 (나)에서 광도가 100배인 별의 질량을 확인해 보면, 태양의 10배보다 작다.

3-1 A와 B는 광도가 같고, 반지름은 B가 A보다 10배 크므로 표면 온도는 A가 B의 $\sqrt{10}$배이다.

3-2 표면 온도는 B가 C보다 높으므로 복사 에너지를 최대로 방출하는 파장은 B가 C보다 짧다.

3-3, 4 A는 주계열성, B는 초거성, C는 거성이다.

2 **1**-1 대부분의 별은 주계열성이므로 별의 개수는 주계열성인 ㉡이 가장 많다.

1-2 ㉠은 거성이므로 초거성과 적색 거성을 포함한다.

1-4 정역학 평형 상태를 유지하는 별은 주계열성인 ㉡이다.

2-1 A는 광도가 매우 크고, 표면 온도가 높은 편이므로 청색 초거성에 해당한다.

2-2 B는 광도가 매우 크고, 표면 온도가 낮으므로 적색 초거성에 해당한다.

2-5 C는 태양보다 표면 온도가 높은 주계열성이므로 질량이 크다. 따라서 별의 수명은 C보다 태양이 길다.

3 **1**-2 별은 일생의 대부분을 주계열 단계에서 보낸다.

1-3 질량이 작은 별일수록 주계열 단계에 오래 머문다. 따라서 블랙홀로 진화하는 별은 질량이 커서 주계열 단계에 머무는 시간이 매우 짧다.

1-4 A는 태양보다 질량이 작으므로 p−p 반응이 CNO 순환

반응에 비해 우세하게 일어난다.

2-3 태양의 중심핵에서 CNO 순환 반응이 일어나고 있으므로 B와 B′의 중심핵에는 모두 탄소가 존재한다.

2-4 최종 진화 단계에서 A는 중성자별이나 블랙홀이 되고 B는 백색 왜성이 된다. 밀도는 중성자별이나 블랙홀이 백색 왜성보다 크다.

3-2 (가)는 중성자별, (나)는 백색 왜성으로 진화하므로 질량은 (가)보다 (나)가 크다. 따라서 질량이 작은 (나)가 (가)보다 주계열 단계에 오래 머문다.

4 **1**-4 주계열성의 중심부에서 CNO 순환 반응이 p−p 반응보다 우세하게 일어날 경우 대류가 활발한 대류핵이 형성된다.

1-5 (나)는 주계열성이므로 정역학 평형 상태에 있으며, 기체 압력 차에 의한 힘과 중력이 평형 상태이다.

2-2 ㉡은 백색 왜성으로 핵융합 반응이 일어나지 않는다.

2-4 ㉣은 적색 거성으로 중심부가 수축하고 외곽층이 팽창하므로 정역학 평형 상태를 유지하지 못한다.

2-5 태양과 질량이 비슷한 주계열성의 중심부에서는 CNO 순환 반응보다 p−p 반응이 우세하다.

3-1 이 별은 분광형이 G2로 태양과 같으므로 내부 구조도 태양과 같다. 따라서 ㉠은 복사층, ㉡은 대류층이다.

3-2 주계열성의 내부에서 온도는 중심부에서 표면으로 갈수록 낮아진다. 따라서 A는 수소 함량 비율, B는 온도이다.

3-4 ㉠과 ㉡에서는 수소 핵융합 반응이 일어나지 않으므로 헬륨 함량 비율이 거의 같다.

5 **1**-2 행성과 중심별은 같은 방향으로 공전한다. 따라서 행성의 공전 방향은 ㉡이다.

1-4 (가)에서 중심별은 지구로부터 멀어지며, 멀어지는 속도는 점점 감소한다. 따라서 (가)의 관측 시간은 (나)에서는 T_4~T_5에 해당한다.

2-1 (가)는 식 현상, (나)는 미세 중력 렌즈 현상을 이용한 탐사 방법이다.

2-3 (가)에서 중심별의 밝기가 최소일 때 중심별은 시선 방향에 대해 거의 수직 방향으로 움직이므로 시선 속도는 0이며, 흡수선의 파장 변화는 나타나지 않는다.

2-4 (나)의 그래프는 배경별의 밝기 변화를 관측한 것이다.

2-5 (가)는 행성의 공전 궤도면이 시선 방향에 나란한 경우에만 이용할 수 있지만, (나)는 행성의 공전 궤도면과 시선 방향이 이루는 각에 관계없이 이용할 수 있다.

3-1 행성의 반지름이 클수록 중심별의 밝기 변화가 크므로 행성의 존재를 확인하기 쉽다.

3-3 미세 중력 렌즈 현상을 이용하여 발견한 행성의 수는 식 현상이나 시선 속도 변화를 이용하여 발견한 행성의 수보다 적다.

3-4 식 현상을 이용하여 발견된 행성들은 공전 궤도 반지름이 시선 속도 변화 또는 미세 중력 렌즈 현상을 이용하여 발견된 행성들보다 작다.

01 ③	02 ⑤	03 ②	04 ⑤	05 ③	06 ⑤
07 ④	08 ⑤	09 ①	10 ①	11 ②	12 ③
13 ①	14 ③	15 ④	16 ⑤	17 ①	18 ③
19 ⑤	20 ②	21 ②	22 ④	23 ②	24 ③

01 ㄱ. 최대 복사 에너지 세기를 갖는 파장은 (가)가 (나)보다 짧으므로 표면 온도는 (가)가 (나)보다 높다. 따라서 (가)는 백색 왜성, (나)는 주계열성이다.

ㄴ. 별의 질량이 태양과 같다고 했으므로 (나)는 태양과 질량, 표면 온도가 같은 별이다. 따라서 스펙트럼의 특징은 (나)와 태양이 유사하다.

🔍 **바로알기** ㄷ. 별이 단위 표면적에서 단위 시간 동안 방출하는 에너지양은 표면 온도의 4제곱에 비례하므로 (가)가 (나)보다 많다.

02 ㄱ. 그래프(플랑크 곡선)와 가로축 사이의 면적은 단위 시간 동안 단위 표면적에서 방출하는 에너지에 해당하므로 표면 온도의 4제곱에 비례한다. 자료에서 그래프의 면적은 태양이 (가)의 4배이므로 표면 온도는 태양이 (가)의 $\sqrt{2}$배이다.

ㄴ. 그래프의 면적은 태양이 (나)의 16배이므로 표면 온도는 태양이 (나)의 2배이다. 광도는 태양과 (나)가 같으므로 반지름은 (나)가 태양의 4배이다.

$$R \propto \frac{\sqrt{L}}{T^2} \Rightarrow \frac{R_{(나)}}{R_{태양}} = \sqrt{\left(\frac{L_{(나)}}{L_{태양}}\right)} \times \left(\frac{T_{태양}}{T_{(나)}}\right)^2 = 4$$

ㄷ. (가)는 (나)보다 표면 온도가 높고, 광도가 같으므로 H−R도에서 (나)보다 왼쪽에 위치한다.

03 ㄴ. 슈테판−볼츠만 법칙($L = 4\pi R^2 \cdot \sigma T^4$)으로부터 광도는 B가 C의 $(10)^2 \times \left(\frac{1}{2}\right)^4 = 6.25$배이다. 광도가 100배일 때, 절대 등급이 5만큼 작다. C의 절대 등급이 6.0이므로 B의 절대 등급은 1.0보다 크다.

🔍 **바로알기** ㄱ. A는 C보다 절대 등급이 크고, 표면 온도가 높으므로 반지름이 작다.

ㄷ. A는 색깔이 흰색이므로 표면 온도가 약 10000 K이고, B와 C는 표면 온도가 각각 3000 K, 6000 K이다. 따라서 세 별 중 Fe I 흡수선은 A에서 가장 약하다.

04

───┤ **자료 분석** ├───

분광형 　　　　　　　　 광도 계급	주계열성 V (가)	거성 Ⅲ (나)	초거성 Ib (다)
B0	−4.1	−5.0	−6.2
A0	+0.6	−0.6	−4.9
G0	+4.4	+0.6	−4.5
M0	+9.2	−0.4	−4.5

광도 증가 ⟶

● 분광형이 같을 때, 광도가 클수록 광도 계급은 작다.

ㄱ. 분광형이 같을 경우 광도 계급이 작을수록 절대 등급이 작다. 따라서 (가)는 광도 계급이 V이다.

ㄷ. (다)에서 분광형이 G형인 별과 M형인 별의 광도가 같으므로 반지름은 표면 온도가 높은 G형 별이 작다.

🔍 **바로알기** ㄴ. (나)에서 광도가 가장 작은 별의 분광형은 G0으로 표면 온도는 M0보다 높다.

05 ㄱ. 별 A와 B에서 단위 시간당 동일한 양의 복사 에너지를 방출하는 면적은 A가 B의 625배이다. 그러므로 단위 시간당 단위 면적에서 방출하는 에너지양은 B가 A의 625배이며, 이 값은 표면 온도의 4제곱에 비례한다. 따라서 표면 온도는 B가 A의 5배이다.

ㄴ. 광도는 A가 B의 40배이고, 표면 온도는 A가 B의 $\frac{1}{5}$배이므로 반지름은 A가 B의 $\sqrt{40} \times 5^2 = 158$배이다.

🔍 **바로알기** ㄷ. 최대 에너지를 방출하는 파장은 표면 온도가 높은 B가 A보다 짧다.

06 ㄱ. (가)는 질량이 태양의 2배 이하인 주계열성이며, A는 대류층이다.

ㄴ. ㉠ 단계에서는 중심핵을 둘러싼 영역에서 헬륨 껍질 연소와 수소 껍질 연소가 모두 일어난다.

ㄷ. 탄소핵이 수축하면 중력 수축에 의한 열에너지가 발생하여 온도가 상승한다.

07 ㄴ. ㉡은 표면 온도가 30000 K 이상이므로 O형 별이다. 따라서 초신성 폭발을 일으킨다.

ㄷ. 질량은 ㉢이 가장 크므로 주계열 단계에 머무는 시간은 ㉢이 가장 짧다.

🔍 **바로알기** ㄱ. ㉠은 표면 온도와 반지름이 태양과 비슷한 주계열성이다. 따라서 내부 구조가 태양과 비슷하며, 대류핵이 존재하지 않는다.

08 ㄱ. 별 ㉠, ㉡, ㉢을 H−R도에 표시해 보면 ㉠은 주계열성, ㉡은 초거성, ㉢은 적색 거성에 속한다.

ㄷ. H−R도에서 별의 밀도는 왼쪽 아래로 갈수록 커지므로 초거성 ㉡ < 적색 거성 ㉢ < 주계열성 ㉠이다.

🔍 **바로알기** ㄴ. 초거성 ㉡은 태양보다 질량이 큰 주계열성이 진화하여 형성된다.

09 ㄱ. 별의 평균 밀도는 백색 왜성 A > 주계열성 B > 적색 거성 C이다.

🔍 **바로알기** ㄴ. (나)에서 별의 중심부는 수축하고, 바깥층은 팽창하므로 (나)는 적색 거성 C의 내부 구조이다.

ㄷ. (나)에서 ㉠은 연소가 일어나지 않는 영역이고, ㉢은 수축이 일어나는 헬륨핵이다. 따라서 헬륨의 비율은 ㉢에서 더 높다.

| 자료 분석 |

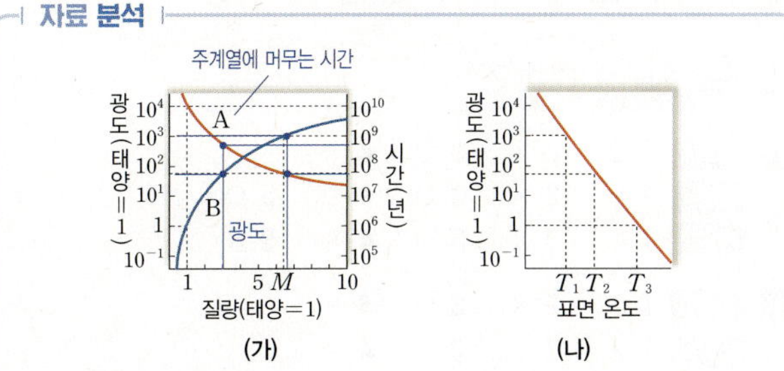

- (가): 질량이 태양 질량의 3배인 별 → 광도는 태양의 100배보다 작고, 주계열에 머무는 시간은 10^9년보다 짧다.
  질량이 태양 질량의 M배인 별 → 광도는 태양의 1000배이고, 주계열에 머무는 시간은 10^7년보다 길다.
- (나): 표면 온도가 T_1인 별 → 광도는 태양의 1000배이므로 질량이 태양의 M배이다.
  표면 온도가 T_2인 별 → 광도는 태양의 100배보다 작고, 질량은 태양의 약 3배이다.

ㄱ. A는 질량이 클수록 감소하므로 주계열에 머무는 시간이고, B는 질량이 클수록 증가하므로 광도이다.

바로알기 ㄴ. 질량이 M인 별은 광도가 태양의 1000배이므로 표면 온도는 T_1이다.

ㄷ. 표면 온도가 T_2인 별은 광도가 태양의 100배보다 약간 작으므로 질량이 태양의 약 3배이고, 주계열 단계에 머무는 시간이 10^9년보다 짧다. 한편 표면 온도가 T_1인 별은 질량이 M이고, 주계열 단계에 머무는 시간이 10^7년보다 길다. 따라서 표면 온도가 T_2인 별은 T_1인 별보다 주계열 단계에 머무는 시간이 100배보다 짧다.

11 ㄷ. 핵융합 반응이 일어날 때 질량 감소가 일어나므로 세 별 모두 시간이 흐를수록 질량이 감소한다.

바로알기 ㄱ. 세 별은 모두 주계열성이므로 질량이 클수록 중심부 온도가 높다. 질량은 표면 온도가 높은 ⓒ이 ㉠보다 크므로 중심부 온도도 ⓒ이 ㉠보다 높다.

ㄴ. 이 핵융합 반응은 p−p 반응이다. p−p 반응은 중심부 온도가 높을수록 에너지 생산량이 많아지므로 ⓒ에서 가장 많다.

12 ㄱ. 중심부 온도가 높아지면 CNO 순환 반응이 p−p 반응보다 에너지 생성량이 많아지므로, A는 CNO 순환 반응, B는 p−p 반응이다.

ㄷ. 중심부 온도가 ⓒ인 주계열성은 CNO 순환 반응이 p−p 반응보다 우세하므로 태양보다 질량이 크고, 수명이 짧다.

바로알기 ㄴ. 중심부 온도가 ㉠인 주계열성은 CNO 순환 반응보다 p−p 반응이 우세하므로 대류핵이 나타나지 않는다.

13 ㄱ. 수소 흡수선은 분광형이 A형인 별에서 가장 뚜렷하다.

바로알기 ㄴ. B와 C가 방출하는 에너지는 대부분 핵융합 반응에 의해 생성되므로 핵융합 반응에 의한 에너지 생성량은 B가 C보다 적다.

ㄷ. C는 적색 거성이므로 중심부에서는 수소 핵융합 반응이 일어나지 않는다. 따라서 중심부에서 CNO 순환 반응은 일어나지 않는다.

14 ㄱ, ㄴ. ㉠은 수소 핵융합 반응이 일어나는 중심핵이다. ⓒ은 주로 복사에 의해 에너지가 전달되는 복사층이고, ⓒ은 주로 대류에 의해 에너지가 전달되는 대류층이다.

바로알기 ㄷ. 태양 반지름을 R라고 할 때, 대류층의 범위는 $0.7R \sim 1.0R$이므로 대류층이 차지하는 부피비는 $\dfrac{R^3 - (0.7R)^3}{R^3} \fallingdotseq 0.66$이다.

15 ㄴ. (나)에서 A와 B는 진화하는 동안 질량은 거의 변화가 없지만 반지름이 커지므로 밀도가 감소한다.

ㄷ. 별의 질량은 A가 B보다 크므로 주계열에 머무르는 시간은 A가 B보다 짧다.

바로알기 ㄱ. (가)에서 A와 B는 원시별에서 주계열성으로 진화하고 있다. 이 시기 동안 별의 주요 에너지원은 중력 수축 에너지이다.

16 중심부에서 수소 핵융합 반응이 일어나므로 수소 함량은 중심부보다 바깥층에서 높고, 헬륨은 바깥층보다 중심부에서 높다. 따라서 A는 수소, B는 헬륨이다.

ㄱ. 시간이 흐를수록 태양의 중심부에서 수소가 헬륨으로 바뀌므로 수소 함량(%)이 감소한다. 따라서 태양의 나이는 (가)보다 (나)일 때 많다.

ㄴ. 핵에서는 수소 핵융합 반응에 의해 수소의 비율이 계속 감소한다. 따라서 핵의 반지름은 수소의 비율 감소가 일어나는 2×10^5 km이다.

ㄷ. ㉠은 태양의 가장 바깥쪽 영역이므로 대류층에 해당한다.

17 ㄱ. 중심별의 시선 속도가 최소(A)에서 최대(B)가 되는데 약 8일 걸린다. 따라서 행성의 공전 주기는 약 16일이다.

바로알기 ㄴ. A일 때 별이 지구 쪽으로 가장 빠르게 접근하므로 청색 편이가 최대이다. 따라서 이때 수소 흡수선의 파장은 가장 짧게 나타난다.

ㄷ. B일 때 중심별은 지구로부터 멀어지고 행성은 지구 쪽으로 접근한다. 이때 행성의 시선 속도의 크기는 중심별보다 크다. 따라서 B일 때 행성의 시선 속도는 −5 m/s보다 빠르다.

18 ㄱ. 행성에 의한 밝기 감소 비율이 3가지 유형 A, B, C로 나타나므로 이 외계 행성계에서 행성의 수는 최소 3개이다.

ㄴ. 식 현상이 반복되는 주기는 A가 약 10일이고, C가 40일보다 길다. 따라서 행성의 공전 주기는 C가 A의 4배보다 길다.

바로알기 ㄷ. 밝기 감소율은 B가 A의 약 3배이므로 반지름은 B가 A의 $\sqrt{3}$배이다.

19 ㄱ. 행성의 공전 궤도면이 관측자의 시선 방향과 나란하므로 식 현상을 이용하여 행성의 존재를 확인할 수 있다.

ㄴ. 중심별과 행성은 같은 방향으로 공전하므로 중심별의 회전 방향은 A → B → C이다.

ㄷ. B일 때 중심별은 시선 방향에 대해 수직 방향으로 이동하므로 시선 속도는 0이다. C일 때 중심별은 시선 방향으로 멀어지므로 별빛 스펙트럼의 파장 변화량은 B보다 C에서 크다.

20 ㄷ. (나)에서 별 A와 행성에 의해 미세 중력 렌즈 현상이 모두 나타났으므로 A가 행성을 가지고 있다는 것을 알 수 있다.

바로알기 ㄱ. (나)에서 ⊙ 시기에 행성에 의한 미세 중력 렌즈 현상이 추가로 나타났다. 따라서 ⊙ 시기에는 관측자와 행성, 별 B가 거의 일직선상에 위치한다.

ㄴ. (나)에서 별의 밝기는 대략 3배 증가하였다. 1등급 차이날 때 밝기 비는 약 2.5배이므로 (나)에서 별의 겉보기 등급 최대 변화량은 1등급보다 약간 크다.

21 ㄷ. 중심별과 행성은 공통 질량 중심 주위를 같은 주기로 공전하고, 공통 질량 중심으로부터의 거리는 중심별이 행성보다 가깝다. 따라서 공전 속도는 중심별이 행성보다 느리다.

바로알기 ㄱ. 행성의 반지름이 2배 커지면 식 현상에 의한 밝기 감소량 A 값은 4배가 된다.

ㄴ. t 동안 행성이 지구로부터 멀어지므로 중심별은 가까워지고 청색 편이가 관측된다.

22 ㄴ. A는 B보다 공전 주기가 짧으므로 식 현상이 나타나는 주기가 짧다.

ㄷ. C는 중심별이 태양과 질량이 같은 주계열성이고, 공전 주기가 지구와 비슷하므로 생명 가능 지대에 위치한다. 따라서 C에는 액체 상태의 물이 존재할 수 있다.

바로알기 ㄱ. 외계 행성은 공전 주기는 대부분 지구의 공전 주기인 365일보다 짧다.

23 ㄴ. B는 생명 가능 지대에 위치하므로 B의 표면에는 액체 상태의 물이 존재할 수 있다.

바로알기 ㄱ. B는 1 AU에 위치하며 생명 가능 지대에 있다. 따라서 B의 중심별은 태양과 질량이 비슷하다. 한편 생명 가능 지대의 거리는 B보다 A에서 가까우므로 질량은 A의 중심별이 태양보다 작다.

ㄷ. C는 생명 가능 지대보다 바깥쪽 영역에 위치하므로 단위 면적에 입사하는 에너지양이 지구보다 적다.

24 광도 계급으로부터 (가)와 (나)는 주계열성, (다)는 초거성이다.

ㄷ. 중심별의 주계열 수명은 초거성인 (다)가 가장 짧다. 주계열성 (가)와 (나) 중에서는 표면 온도가 높은 (나)가 (가)보다 주계열 수명이 짧다.

바로알기 ㄱ. (가)와 (나)의 중심별은 주계열성이므로 생명 가능 지대의 폭은 표면 온도가 높은 (나)가 (가)보다 넓다.

ㄴ. (나)의 중심별은 주계열성이고, (다)의 중심별은 초거성이다. 따라서 광도는 (다)의 중심별이 크고, 생명 가능 지대까지의 거리도 더 멀다.

2 외부 은하와 우주 팽창

1 자료1 1 ○ 2 × 3 ○ 4 ×
   자료2 1 × 2 × 3 ○ 4 ○ 5 ○
   자료3 1 ○ 2 × 3 ○ 4 × 5 ×

2 자료1 1 ○ 2 × 3 ○ 4 ×
   자료2 1 × 2 ○ 3 × 4 ×
   자료3 1 ○ 2 × 3 ○ 4 ×

3 자료1 1 × 2 ○ 3 × 4 ×
   자료2 1 ○ 2 ○ 3 × 4 ×
   자료3 1 × 2 ○ 3 × 4 ×

4 자료1 1 × 2 ○ 3 ○ 4 ○ 5 ×
   자료2 1 ○ 2 × 3 ○ 4 ○
   자료3 1 ○ 2 × 3 × 4 ○

1 **1-2** 파란색 별의 비율은 은하 중심부보다 나선팔에서 높으므로 색지수는 은하 중심부가 나선팔보다 크다.

1-4 은하의 모양과 진화 사이에는 특별한 연관성이 없다.

2-1 (가)는 나선팔과 막대 구조가 있는 막대 나선 은하이다. 편평도에 따라 세분할 수 있는 은하는 타원 은하인 (라)이다.

2-2 우리은하는 막대 나선 은하 (가)에 속한다.

3-2 은하의 형태와 진화 사이에는 관련성이 없다는 사실이 밝혀졌다.

3-4 평균 색지수가 작은 은하일수록 표면 온도가 높고, 나이가 적은 별들의 비율이 높다. Sa형 은하는 Sc형 은하보다 색지수가 크므로 젊은 별의 비율은 Sa형 은하가 Sc형 은하보다 낮다.

3-5 타원 은하는 주로 늙은 별들로 이루어져 있으며, 새로 탄생하는 별의 수가 매우 적다.

2 **1-2** 은하의 거리는 B가 A의 3배이다. 겉보기 밝기는 거리의 제곱에 반비례하므로 A가 B보다 9배 밝다.

1-4 20억 년 전에는 C가 현재보다 가까운 곳에 위치하였으므로 후퇴 속도가 더 느렸다.

2-1 A에서 관측된 방출선 (가)의 파장 변화량은 $(5103-4860)$Å이다. 따라서 A의 후퇴 속도 v는

$$c \times \frac{5103-4860}{4860} = 0.05c \ (c\text{는 광속})\text{이다.}$$

2-3 B에서 관측된 방출선 (나)의 적색 편이는 방출선 (가)의 적색 편이와 같다. 따라서 $\frac{(5346-4860)}{4860} = \frac{(\text{⊙}-4340)}{4340}$ 이고,

$$\text{⊙} = 4340 + 4340 \times \frac{5346-4860}{4860} = 4774 \ \text{Å}\text{이다.}$$

2-4 A와 B가 동일한 시선 방향에 있고, 후퇴 속도는 B가 A의 2배이므로 B에서 A를 관측하면 방출선 (가)의 파장은

$$4340 + 4340 \times \frac{1}{20} = 4557 \ \text{Å}\text{이다.}$$

3-2 풍선이 팽창할 때 A로부터 멀어지는 속도는 더 멀리 위치한 C가 B보다 크다.

3-4 풍선 표면에서 특별한 팽창의 중심점은 존재하지 않는다.

 1-1 우주 배경 복사는 과거에 우주의 온도가 현재보다 훨씬 높았음을 나타낸다. 따라서 우주 배경 복사는 빅뱅 우주론의 증거가 된다.

1-2 우주 배경 복사는 우주의 온도가 약 3000 K일 때 방출되었다.

1-4 우주 배경 복사는 우주 전역에서 관측되며, 방향에 따라 매우 미세한 차이가 있다.

2-3 우주론 B에서 우주의 온도는 계속 일정하다. 따라서 B는 정상 우주론에 해당한다. 우주 전역에서 수소와 헬륨의 질량비가 3 : 1로 관측되는 까닭은 빅뱅 우주론 A에서 잘 설명된다.

2-4 빅뱅 우주론(A)에서는 우주의 밀도가 감소한다고 설명하고, 정상 우주론(B)에서는 일정하다고 설명한다.

3-1 ㉠은 우주에서 가장 풍부한 수소이고, ㉡은 수소 다음으로 풍부한 헬륨이다.

3-4 수소와 헬륨의 질량비가 약 3 : 1이라는 관측 결과는 빅뱅 우주론의 증거가 된다.

4 **1-1** A는 암흑 물질, B는 보통 물질, C는 암흑 에너지이다.

1-5 우주가 팽창함에 따라 암흑 에너지 C의 비율은 계속 증가한다.

2-2 우주 모형 B에서는 우주의 밀도가 임계 밀도와 같으므로 평탄 우주이며, 우주의 곡률은 0이다.

2-4 B는 가속 팽창하는 평탄 우주 모형이므로 세 모형 중 현재 우주에 가장 잘 부합하는 모형이다.

3-2 현재 우주에서는 암흑 에너지가 차지하는 비율이 가장 높다.

3-3 우주 배경 복사의 파장은 우주가 팽창할수록 점점 길어진다.

수능 대비 문제

p.67~71

01 ⑤	02 ④	03 ⑤	04 ③	05 ④	06 ⑤
07 ①	08 ③	09 ③	10 ②	11 ②	12 ①
13 ④	14 ③	15 ①	16 ⑤	17 ③	18 ④
19 ②	20 ③				

01 ㄱ. 규칙적인 구조를 갖는 은하들은 크게 타원 은하와 나선 은하로 구분할 수 있다. 따라서 '나선팔이 있는가?'는 타원 은하와 나선 은하를 구분하는 기준이 될 수 있다.

ㄴ. ㉡은 규칙적인 구조가 존재하지 않는 은하이며, 허블 은하 분류 체계에서 불규칙 은하로 분류된다.

ㄷ. B 그룹에 속한 은하들은 타원 은하이다. 타원 은하들은 '구에 가까운 정도'에 따라서 E0~E7까지 세분할 수 있다.

02 ㄴ. (가)와 (나)는 모두 나선팔을 갖고 있는 나선 은하이며, 막대 구조가 없는 (가)는 정상 나선 은하, 막대 구조가 있는 (나)는 막대 나선 은하이다.

ㄷ. 나선 은하는 핵의 크기와 나선팔이 감긴 정도에 따라 Sa, Sb, Sc 또는 SBa, SBb, SBc로 세분할 수 있다.

바로알기 ㄱ. 우리은하는 막대 구조가 있으므로 (나)의 집단에 속한다.

03

자료 분석

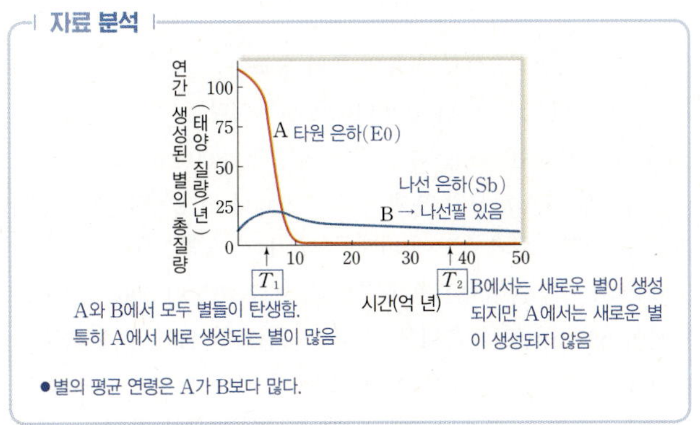

● 별의 평균 연령은 A가 B보다 많다.

ㄱ. A는 오래 전에 생성된 별들로 이루어진 타원 은하(E0)이고, B는 A보다 젊은 별의 비율이 높은 정상 나선 은하(Sb)이다.

ㄴ. T_1일 때 단위 시간 동안 생성된 별의 총질량은 A가 B보다 크다.

ㄷ. T_2일 때 A는 B에 비해 나이 많은 별들로 이루어져 있으므로 별의 평균 표면 온도가 더 낮다.

04 ㄱ. (가)는 타원 은하이며 보통의 은하에 해당한다. (나)는 하나의 별처럼 보이는 퀘이사이다. (다)는 나선 은하에 해당하는 세이퍼트은하이다.

ㄷ. 세이퍼트은하의 스펙트럼에서는 방출선의 폭이 매우 넓게 나타난다.

바로알기 ㄴ. 퀘이사가 방출하는 에너지양은 보통의 은하에 비해 훨씬 많으므로 광도는 (나)가 (가)보다 크다.

05 ㄱ. 약 80억 광년 거리에 있는 퀘이사 1개와 약 4억 광년 거리에 있는 은하 1개로 이루어져 있으나, 가운데 위치한 은하의 중력 렌즈 효과로 은하 뒤에 있는 퀘이사가 4개로 보인다.

ㄷ. 퀘이사가 방출하는 에너지양은 우리은하의 수백 배 이상이다.

바로알기 ㄴ. 거리는 퀘이사가 가운데 위치한 은하보다 훨씬 멀리 있기 때문에 적색 편이도 크다.

06 ㄱ, ㄴ. 이 은하는 가시광선 영상 (가)에서는 타원 은하로 보이지만, 전파 영상 (나)에서는 제트와 로브 구조가 잘 관측된다.

ㄷ. 이 은하는 특이 은하로 중심부에 질량이 매우 큰 블랙홀이 존재한다.

07 ㄱ. 퀘이사의 스펙트럼에서는 적색 편이가 매우 크다. 따라서 퀘이사는 방출선의 파장 변화량이 더 큰 (나)이다.

바로알기 ㄴ. 은하의 후퇴 속도는 방출선의 파장 변화량에 비례하므로 (가)가 (나)보다 작다.

ㄷ. $\dfrac{\text{은하 중심부에서 방출되는 에너지}}{\text{은하 전체에서 방출되는 에너지}}$ 는 일반 은하보다 특이 은하인 퀘이사가 크다.

08 ㄱ. 가로축이 거리, 세로축이 후퇴 속도이므로 그래프의 기울기는 허블 상수에 해당한다.

ㄷ. ㉠, ㉡, ㉢은 동일한 시선 방향에 위치하므로 ㉡에서 관측할 때, ㉠과 ㉢의 거리가 같다. 따라서 후퇴 속도는 ㉠과 ㉢이 같다.

🔍바로알기 ㄴ. 적색 편이는 후퇴 속도에 비례하므로 ㉢이 ㉠의 3배이다.

09 ㄱ. 허블 법칙으로부터 A의 후퇴 속도는

70 km/s/ Mpc×20 Mpc＝1400 km/s이다.

ㄴ. B에서 관측한 우리은하의 후퇴 속도가 2800 km/s이므로 우리은하에서 관측한 B의 후퇴 속도도 2800 km/s이다. 흡수선의 파장 변화량은 후퇴 속도에 비례하므로 B가 A의 2배이다.

🔍바로알기 ㄷ. A에서 B를 관측하면, 기준 파장이 500 nm인 흡수선이 507 nm로 관측되므로 A에서 관측한 B의 후퇴 속도는 4200 km/s이다. 이 값은 우리은하에서 관측한 A의 후퇴 속도 1400 km/s와 B의 후퇴 속도 2800 km/s를 합한 값이다. 따라서 우리은하에서 관측할 때, A의 시선 방향과 B의 시선 방향은 정반대이다.

10 ㄷ. 이 모형을 이용하여 팽창하는 우주에서 허블 법칙이 성립함을 설명할 수 있다.

🔍바로알기 ㄱ. A로부터 멀어지는 속도는 거리가 멀수록 크므로 B보다 C에서 크다.

ㄴ. 우주 배경 복사의 밀도는 우주가 팽창할수록 감소하므로 (가)보다 (나)에서 작다.

11 ㄴ. (가)와 (나)에서 모두 우주가 팽창하므로 허블 법칙이 성립한다. 하지만 우주 배경 복사는 빅뱅 우주론 (가)에서만 설명할 수 있다.

🔍바로알기 ㄱ. (가)는 빅뱅 우주론 모형, (나)는 정상 우주론 모형이다.

ㄷ. (가)의 우주론에서는 우주의 시작점이 존재하지만 (나)의 우주론에서는 우주의 크기와 나이는 무한하다.

12 ㄱ. 우주 배경 복사의 미세한 차이는 (가)보다 (나)에서 더 세밀하게 나타나 있다. 이는 관측 기술의 발달로 보다 정밀하게 관측할 수 있기 때문이다.

🔍바로알기 ㄴ. 현재 A와 B는 서로 상호 작용할 수 없는 영역에 위치한다. 즉, A의 관측자를 기준으로 할 때, B는 우주의 지평선 영역 바깥쪽에 존재한다.

ㄷ. A와 B에서 모두 약 2.7 K의 우주 배경 복사가 관측되므로 최대 에너지 세기를 갖는 파장은 (가)와 (나)에서 거의 같다.

13 ㄴ. (나)의 우주론에 따르면 A 시기에 우주가 빛의 속도보다 빠르게 팽창하는 급팽창이 일어났다.

ㄷ. 현재 우주가 거의 완전하게 평탄하게 관측되는 것을 우주의 평탄성 문제라고 하며, 이 문제는 우주의 급팽창을 도입하여 설명할 수 있다.

🔍바로알기 ㄱ. (가)는 기존의 빅뱅 우주론에 해당하며, 우주가 팽창함에 따라 우주의 밀도는 계속 감소한다.

14 ㄱ. 우주 배경 복사의 균질성은 우주의 급팽창을 이용하여 설명할 수 있다.

ㄴ. 우주의 나이가 60억 년일 때에는 현재보다 우주 배경 복사의 온도가 높았다.

🔍바로알기 ㄷ. A에서 출발한 우주 배경 복사는 약 138억 년이 지났을 때 우리은하에 도달한다. 따라서 A에서 출발한 우주 배경 복사는 약 60억 년 후에 A 지점과 우리은하 사이에 위치한다.

15 ㄱ. 물질의 밀도는 우주가 팽창함에 따라 점점 감소하였다.

🔍바로알기 ㄴ. 우리은하는 최초의 별이 탄생한 시점 이후에 형성되었고, 태양계는 우리은하가 형성된 시점 이후에 은하의 나선팔에서 형성되었다.

ㄷ. 우주의 가속 팽창은 척력으로 작용하는 암흑 에너지에 의해 일어나는 것으로 알려져 있다.

16 현재 우주의 구성 요소 비율은 암흑 에너지(C)＞암흑 물질(A)＞보통 물질(C)이다.

ㄱ. A는 암흑 물질로 우주의 팽창 속도를 감소시키는 역할을 한다.

ㄴ. B는 보통 물질로 전자기파와 상호 작용한다.

ㄷ. C는 암흑 에너지로 우주가 팽창하더라도 일정한 밀도를 유지한다.

17

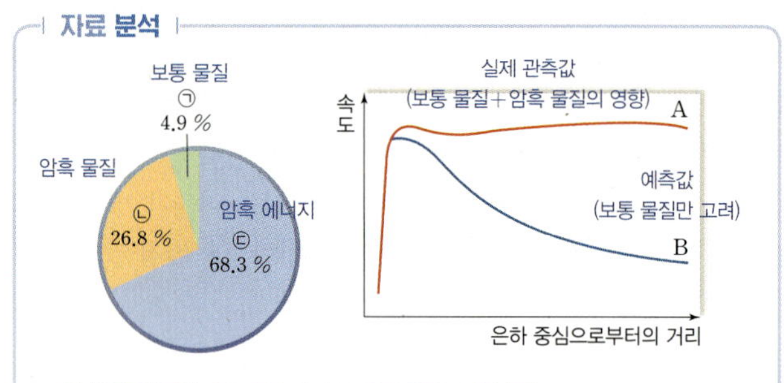

ㄱ. ㉠은 보통 물질, ㉡은 암흑 물질, ㉢은 암흑 에너지이다. 성간 물질은 보통 물질에 해당한다.

ㄴ. (나)에서 B는 관측 가능한 보통 물질만을 고려하여 추정한 값이고, A는 실제 관측한 값이다.

🔍바로알기 ㄷ. A와 B의 회전 속도 차이는 우리은하의 외곽에 분포하는 암흑 물질(㉡)의 영향으로 나타난다.

18 우주의 밀도가 임계 밀도와 같을 경우, 우주의 곡률은 0이며, 평탄 우주라고 한다.

ㄱ. A는 평탄 우주, B는 닫힌 우주, C는 열린 우주이다.

ㄷ. C에서는 우주 팽창 속도가 0으로 수렴하지 않고 계속 팽창한다.

🔍바로알기 ㄴ. 현재 우주는 곡률이 0인 평탄 우주에 해당한다.

19 ㄷ. 빅뱅 이후 현재까지 우주의 팽창 속도는 계속 양(＋)의 값을 가지므로 관측 가능한 우주의 크기는 계속 커졌다. 따라서 ㉠ 시기보다 ㉡ 시기에 크다.

🔍바로알기 ㄱ. 우주가 팽창함에 따라 암흑 에너지가 차지하는 비율은 계속 증가하였다.

ㄴ. 우주 배경 복사는 빅뱅 후 약 38만 년이 지났을 때 형성되었으며, ㉠ 시기는 가속 팽창이 시작된 시기로 현재로부터 대략 50억 년 전으로 추정한다.

20 ㄱ. A 모형은 암흑 에너지에 의해 가속 팽창하는 우주로 $\Omega_m=0.3$, $\Omega_\Lambda=0.7$인 우주(물질 비율 30 %, 암흑 에너지 비율 70 %인 우주)에 해당한다.

ㄴ. A에서 ㉠ 시기에는 물질의 영향이 우세하여 우주 공간의 팽창 속도가 감소한다.

🔍**바로알기** ㄷ. (나)에서 $z=1$에 해당하는 거리 지수는 C 모형보다 B 모형에서 크다. 따라서 $z=1$인 천체에서 방출된 빛이 지구에 도달하는 데 걸리는 시간은 거리 지수가 작은 C보다 거리 지수가 큰 B에서 오래 걸린다.